中国年鉴精品工程
High Quality Project of China's Yearbook

大同年鉴
DATONG YEARBOOK
2019

中共大同市委党史研究室
大同市地方志研究室 编

方志出版社
Publishing House of Local Records

图书在版编目（CIP）数据

大同年鉴．2019 / 中共大同市委党史研究室、大同市地方志研究室编．-- 北京：方志出版社，2019.12
ISBN 978-7-5144-3913-7

Ⅰ．①大… Ⅱ．①中… ②中… Ⅲ．①大同－2019－年鉴 Ⅳ．①Z522.53

中国版本图书馆CIP数据核字（2019）第230531号

大同年鉴（2019）

编　　者：中共大同市委党史研究室、大同市地方志研究室编
责任编辑：冯　松
出 版 者：方志出版社
地址 北京市朝阳区潘家园东里9号（国家方志馆4层）
邮编 100021
网址 http://www.fzph.org
发　　行：方志出版社图书经销中心
电话（010）67110500
经　　销：各地新华书店
印　　刷：大同市海德印务有限公司
开　　本：889×1194　1/16
印　　张：38.75
字　　数：1546千字
版　　次：2019年12月第1版　2019年12月第1次印刷
印　　数：0001~1500册
ISBN 978-7-5144-3913-7　定价：298.00元

《大同年鉴》编纂委员会

中共大同市委党史研究室（市地方志研究室）

《大同年鉴》编纂人员

大同市行政区划图

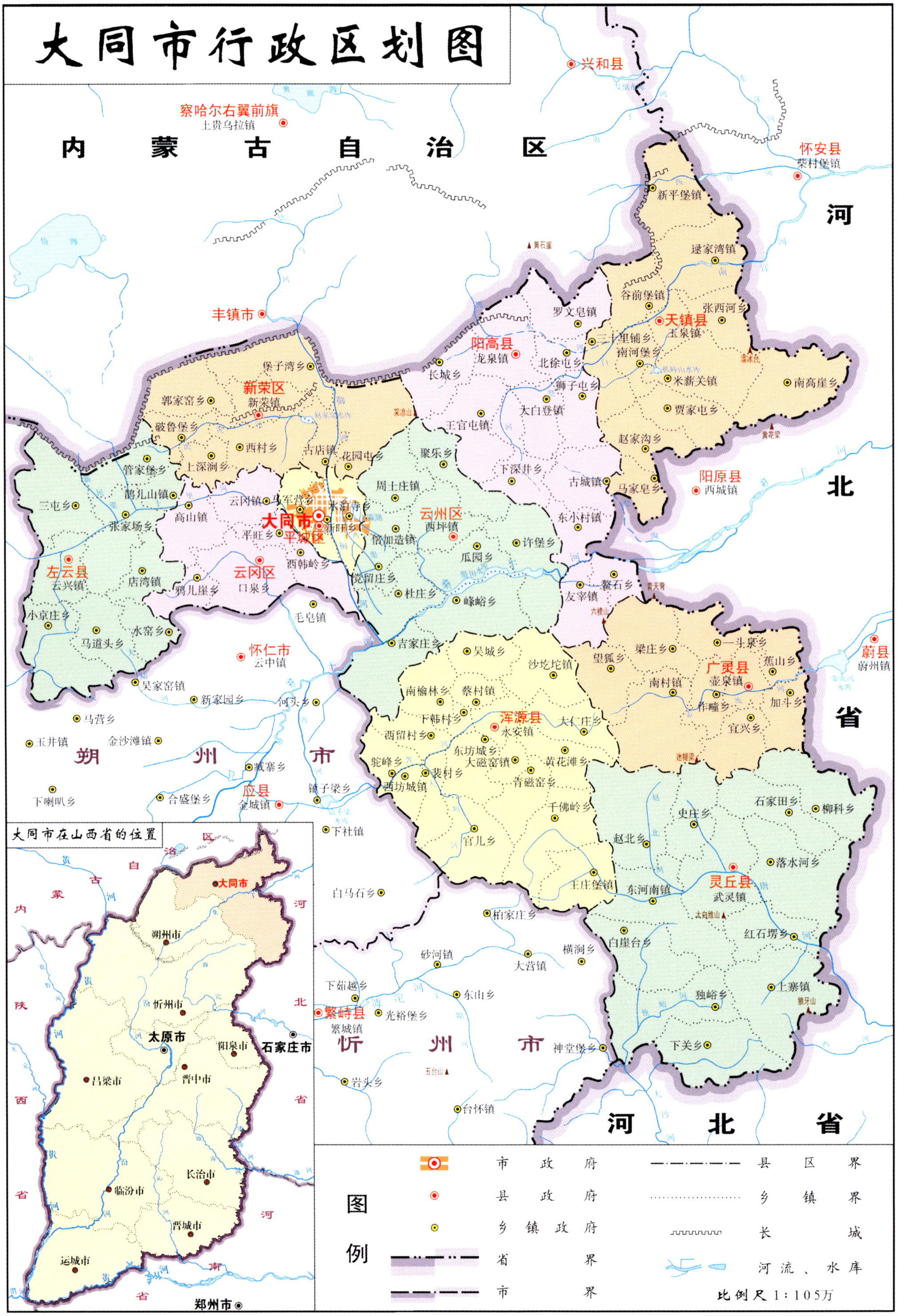

山西省地图集编纂委员会办公室编制　　审图号：同 S（2019）002 号　　2019 年 11 月

大同市交通旅游图

山西省地图集编纂委员会办公室编制　审图号：同S（2019）002号　2019年11月

数字大同 2018

综合

全市地区生产总值1271.8亿元

人均地区生产总值36874元

居民消费价格比上年上涨1.7%

城镇新增就业人员5.3万人

城镇登记失业率3.0%

农业

农作物种植面积321710公顷

粮食总产量123.29万吨

工业、建筑业

规模以上工业企业工业增加值比上年增长5.7%

规模以上工业企业实现主营业务收入1860亿元

实现利税156.5亿元，实现利润69.5亿元

建筑业增加值93.2亿元

房屋建筑施工面积778.4万平方米

房屋竣工面积318.8万平方米

能源

一次能源生产折标准煤0.62亿吨

二次能源生产折标准煤0.47亿吨

外输电力306.7亿千瓦时

全社会用电量154.7亿千瓦时

固定资产投资

全社会固定资产投资549.2亿元

房地产开发投资155.5亿元

房地产开发施工面积1391.9万平方米

房屋竣工面积78.5万平方米

商品房屋销售面积248.3万平方米

固定资产投资施工项目837个

国内贸易

社会消费品零售总额700亿元

城镇消费品零售额597.1亿元

乡村消费品零售额102.9亿元

批发业零售额64.7亿元

零售业零售额556.3亿元

住宿和餐饮业零售额79亿元

对外经济

海关进出口总额37.6亿元

新设立外商投资企业4家

利用外资18194万美元

交通、邮电和旅游

公路通车里程12715千米

公路密度90.2千米/百平方千米

民用航空航线19条

民用车辆保有量68.9万辆

邮电业务总量66.1亿元

邮政业务总量3.7亿元

固定及移动电话用户447.48万户

邮政局所146个，邮路总长度3754千米

旅游总收入620.9亿元

财政、金融和保险

一般公共财政预算收入119.7亿元

税收收入88.7亿元

一般公共财政预算支出334.7亿元

金融机构各项存款余额2879.5亿元

金融机构各项贷款余额1378.2亿元

注册保险机构41家

保费收入65亿元

支付各类保险赔款及给付20.3亿元

科学技术、教育

申请国家专利2235件

获国家授权专利1181件

省级以上重点实验室和工程技术研究中心10家

高新技术企业42家

气象台站8个

降水量437毫米，年平均气温7.6摄氏度

普通高校1所、中等职业教育33所

普通高中45所、普通初中156所

普通小学校357所、特殊教育学校6所

学前教育562所

文化、卫生和体育

文化艺术馆11个，艺术表演团体10个

公共图书馆12个，博物馆12个，档案馆13个

广播电视台11个，中波发射台1座，微波站8座

有线电视网10个，有线电视用户34.4万户

卫生机构（含诊所、村卫生室）3237个

床位21108张

卫生技术人员22349人

参加第十五届省运会（竞技体育组）获88枚金牌

组织全民健身活动200余项

环境保护

二级以上良好天数288天，全省排名第一

空气质量综合指数5.18

主城区新增供热面积402万平方米

城市集中供热率100%

天然气用户65万户，城市气化率98.7%

城市供水管网889千米、供水普及率99.7%

市本级污水处理厂处理生活污水8300万立方米

污水处理率93%

市区日处理生活垃圾1100吨

城市生活垃圾无害化处理率98%

建成区新增绿化面积134.9万平方米

造林面积1.56万公顷

人口、人民生活和社会保障

常住人口345.6万人

出生人口3.48万人，人口出生率10.09‰

死亡人口2.11万人，死亡率6.13‰

人口自然增长率3.96‰

居民人均可支配收入21590元

城镇居民人均可支配收入29911元

农村居民人均可支配收入9710元

企业养老保险参保职工59.9万人

城乡居民基本养老保险参保人数110.6万人

城镇职工基本医疗保险参保人数82.8万人

纳入城市最低生活保障的居民7.3万人

纳入农村最低生活保障的居民16.1万人

提供住宿的社会服务机构68个，床位9422张

社区服务设施795个

销售社会福利彩票4.03亿元

筹集社会福利资金3396万元

城市荣誉

国家历史文化名城

中国13个较大的市

中国优秀旅游城市

中国雕塑之都

中国大古都

中国特色魅力城市200强

全国性交通枢纽城市

最具生态竞争力城市

最具旅游文化发展潜力城市

国家园林城市

国家新能源示范城市

影响世界的中国文化旅游名城

中国十佳运动休闲城市

中国避暑旅游城市

全国双拥模范城市

丝绸之路十佳特色旅游城市

国家级旅游改革创新先行区

最美中国榜上榜城市

美丽山水城市

最具投资潜力旅游目的地城市

中国最具潜力避暑旅游城市

中国十佳冰雪旅游城市

最佳全域旅游目的地

明堂公园　　（刘玉军 摄）

大同古城云路街牌坊　　（程志成 摄）

平流雾中的大同古城 （李文军 摄）

大同御东新区西京街绿廊 （刘玉军 摄）

御河生态园　　（刘玉军 摄）

御河夜景　　（王 明 摄）

大同南环桥 （李雪琴 摄）

大同北都桥

大同首座蝶状互通立交桥　　（王 明 摄）

（张湛滨 摄）

大同古都灯会龙凤呈祥灯组　　（张湛滨 摄）

游客观看灯展表演　　（张湛滨 摄）

2018年2月2日至3月10日，大同古都灯会在大同古城墙场地举行。图为古都灯会南城墙全景　（张湛滨 摄）

同古都灯会九曲黄河灯阵　（戎禹仁 摄）

大同古都灯会一帆风顺灯组　（李冬宾 摄）

2018年6月1日，第四届成龙国际动作电影周新闻发布会在北京召开　（张燕伟 摄）

2018年7月18日，第四届成龙国际动作电影周开幕式在大同古城内代王府举行

2018年7月22日闭幕式上，省委常委、市委书记张吉福（右一）现场向成龙赠送非物质文化遗产产品“龙凤杯”（张燕伟 摄）

2018年7月18日开幕式上，成龙深情献唱

（李冬宾 摄）

2018年7月20日，成龙（左三）与省委常委、市委书记张吉福（左二）到浑源县助力脱贫攻坚 （张燕伟 摄）

2018年7月20日，第四届成龙国际动作电影周举行大同市精准扶贫名优特产展暨2018“百台千品”全国巡展（张燕伟 摄）

（李 毅摄）

2018年9月22日，天镇县南洋河畔农民在喜庆丰收节　　（于　宏　摄）

2018年9月22日，阳高县首届农民丰收节暨“西红柿红了”农业嘉年华活动在县城体育馆主会场开幕

2018年9月21日，浑源县以“东西南北庆丰收”为题举办当地特色活动　（张燕伟 摄）

（张湛滨 摄）

2018年9月23日，云冈区西韩岭乡马辛庄村玉米机收场景　（张湛滨 摄）

2018年9月21日，浑源县农民在丰收节上展示农家技艺　（张燕伟 摄）

2018年9月23日，广灵菇农的喜悦　（戎禹仁 摄）

2018年8月9日，首届大同能博会开幕　　（张湛滨 摄）

2018年8月9日，省委常委、市委书记张吉福（左二），市委副书记、市长武宏文（左三）在能博会上参观　　（张燕伟 摄）

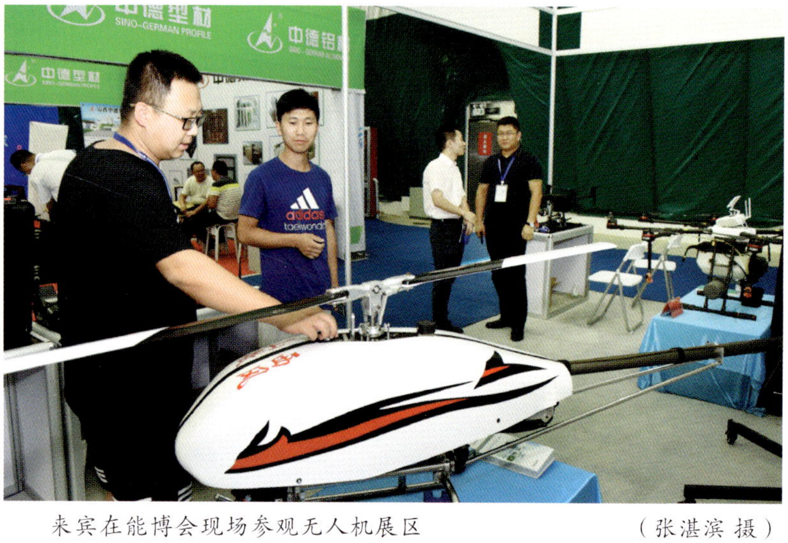

来宾在能博会现场参观无人机展区　　（张湛滨 摄）

来宾在能博会现场参观大同墨西展区　（张湛滨 摄）

大同市国际能源博览中心外景　（于 宏 摄）

阳高县贫困户种植的“BLISS阳高红”西红柿喜获丰收　　（张湛滨 摄）

阳高县道贤移民新村的屋顶光伏发

灵丘县上北泉新农村

（张湛滨 摄）

云州区把菊花种植作为农民脱贫攻坚的重要产业 （李冬宾 摄）

（张和平 摄）

广灵巧娘在编织工艺品 （张湛滨 摄）

大同黄花种植带动农民脱贫 （张湛滨 摄）

2018年10月20日，2018“影像的力量”中国（大同）国际摄影文化展在雕塑博物馆开幕。图为出席嘉宾合影（张湛滨 摄）

镜美尊获得者［阿联酋］阿里·哈里发·本·塔里斯向参观者介绍他的摄影作品（张湛滨 摄）

嘉宾及游客观看展览 （张湛滨 摄）

序一

国务院办公厅2015年8月印发的《全国地方志事业发展规划纲要（2015—2020年）》（以下简称《规划纲要》）要求，到2020年要做到地方综合年鉴一年一鉴，公开出版，实现省、市、县三级综合年鉴全覆盖。《规划纲要》还要求，坚持存真求实，正确处理质量与进度的关系，将精品意识贯穿于年鉴编纂出版工作全过程。2015年12月，中国地方志指导小组办公室启动中国年鉴精品工程，将其与先期实施的中国志书精品工程视为姊妹工程，一道作为加强地方志质量建设的重要抓手。

实施中国年鉴精品工程有助于推动中华优秀传统文化传承发展。近年来，在党中央、国务院的高度重视和关心支持下，全国地方志事业发展迎来最好的发展时期。年鉴编纂发端于欧洲，鸦片战争后被引入我国，在我国走过了100多年的发展历史。在长期的编纂中，年鉴在内容和形式上不断发展，逐渐演变成为适合反映中国国情、具有鲜明中国特色的一种文化载体，并在改革开放后出现了快速发展的局面。2006年5月，国务院《地方志工作条例》颁布施行，明确将地方综合年鉴纳入地方志工作范畴，年鉴工作走上了有法可依的轨道。《规划纲要》出台，为从依法编鉴转变到依法治鉴指明了方向。2016年12月，中国地方志指导小组印发《全国年鉴事业发展规划（2016—2020年）》，更进一步明确了到2020年全国年鉴事业的任务书、时间表、路线图。经过多年的发展，年鉴工作已经成为地方志工作的重要组成部分，成为中华民族优秀文化传统的有机组成部分，其存史、育人、资政作用日益彰显。实施中国年鉴精品工程，是年鉴工作者紧扣时代脉搏、坚持创新发展的一项重要举措，对于坚定文化自信，传承弘扬好中华优秀传统文化意义重大。

实施中国年鉴精品工程有助于为全面建成小康社会提供更多智力支持和历史借鉴。党的十八大作出全面建成小康社会的战略部署。党的十八届五中全会提出到2020年如期实现全面建成小康社会的目标要求。完成《规划纲要》确定的目标任务是年鉴工作者的神圣使命，更是年鉴工作者以自身力量为全面建成小康社会献上的厚礼。一方面，可以更好地利用年鉴这种年度资料性文献，及时记录各地区在全面建成小康社会伟大征程中每年取得的新成绩和新经验、出现的新情况和新问题、涌现的优秀人物和典型事迹等；另一方面，可以更好地积累地情、国情资料，为推动经济社会发展和深化改革提供智力支持，为推进国家治理体系和治理能力现代化提供历史借鉴。

实施中国年鉴精品工程有助于全面推进地方志事业转型升级。地方志不是单纯修志编鉴工作，而是全体方志人“修志问道，以启未来”的一项事业，这项事业包含着巨大的时代担当与使命追求。地方志工作要在“五大建设”总体布局和“四个全面”战略布局中发挥与其自身价值、功能相匹配的作用，就要因时而谋、乘势而上、顺势而为，全面推进地方志事业转型升级。转型升级，当下最重要的目标就是完成“两全”目标，包括“年鉴全覆盖”目标；长远的目标就是基本形成地方志编修体系、理论研究和学科建设体系、质量保障体系、资源开发利用体系、工作保障体系“五位一体”的地方志事业发展综合体系，包括“五位一体”的年鉴事业发展综合体系。中国年鉴精品工程是一项探索工程，也是一项创新工程，是推进地方志事业转型升级的重要内容。通过实施中国年鉴精品工程，不仅有助于确保年鉴质量，不断编纂出版具有鲜明时代特征、年度特点和地域特色的精品年鉴，也有助于推动年鉴工作适应经济社会发展形势和时代需要，不断改革创新，与时俱进。

多年来，在中国地方志指导小组办公室的指导和全国各级地方志工作机构的共同努力下，年鉴种类数量快速增长，年鉴成果粲然可观，为实施中国年鉴精品工程奠定了坚实的基础。实施中国年鉴精品工程，就是要在全国地方志系统起到示范作用，进一步培育精品意识，打造精品年鉴，以点带面，在提高年鉴质量方面探索出一条切实可行之路，使这项探索工程和创新工程能够积累经验，发挥引领作用。

“万山磅礴，必有主峰；龙衮九章，但挈一领。”实施中国年鉴精品工程，是筑牢地方志事业特别是年鉴事业发展根基之举，其意义与价值不言而喻。但编修出年鉴精品佳作，绝非朝夕之功，需要付出长期艰辛的努力。希望通过实施中国年鉴精品工程，能够进一步推进年鉴质量建设，使年鉴真正成为传承中华民族优秀传统文化的重要载体，成为展示中国国情、地情的重要窗口，成为“为当代提供资政辅治之参考、为后世留下堪存堪鉴之记述”的资源宝库，在全面建成小康社会过程中作出更大贡献。

是为序。

中国社会科学院原副院长
中国地方志指导小组原常务副组长

序二

地方志是中华优秀传统文化的根与魂，积淀着中华优秀传统文化最深层的精神追求，代表着中华民族独特的精神标识。新时代坚持和发展中国特色社会主义，更加需要深刻把握人类发展历史规律，更加需要编修出传承不辍的精品志鉴，才能使后代在对历史的深入思考中汲取智慧、走向未来。伟大的时代，为地方志发展提供了取之不尽、用之不竭的源泉，同时也为全国年鉴工作提供了极大的机遇。

党的十九大报告中明确提出“质量强国”，“努力实现更高质量、更有效率、更加公平、更可持续的发展”，这为年鉴事业高质量发展指明了方向。按时、保质完成《全国地方志事业发展规划纲要（2015—2020年）》规定的“两全目标”任务，打造一批资辅当前、存鉴后世、经得起历史检验的精品佳作，不仅是一种法定职责，而且具有重要的政治意义、现实意义和历史意义。中国特色社会主义进入新时代，年鉴事业也进入新时代，呈现快速、稳步发展态势，在各方面都取得了新的显著成绩，包括年鉴编纂进度大大加快，年鉴编纂范围不断扩大，年鉴资源优势得到充分发挥，年鉴开发利用水平全面提升，而且年鉴质量保障机制逐步完善、质量持续提升。因此，在全社会关注质量发展的黄金时期，尤其是在完成“两全目标”任务的关键期，在狠抓进度的时候，实施中国年鉴精品工程更是恰当其时。年鉴工作者要投身于时代，为时代放歌，书写复兴华章，把出品更多的精品年鉴使命落实在实现中国梦的恢宏大业中。

习近平总书记说，精品之所以“精”，就在于其思想精深、艺术精湛、制作精良。中国年鉴精品工程紧扣时代脉搏，拓宽视野，围绕人民群众的美好生活，用精品记录新时代，为新时代新气象新作为留下真实、鲜活、生动、翔实的记录。实施中国年鉴精品工程，既是全面贯彻落实《全国地方志事业发展规划纲要（2015—2020年）》的重要举措，也是培育精品意识和精品年鉴、提高年鉴质量的重要手段；既是发挥年鉴存史、资治、教化功能的根基所在，也是年鉴工作者坚持创新发展、传承弘扬中华优秀传统文化的关键步骤。这不仅有助于坚定文化自信，讲述好中国故事，传播好中国声音，更有助于为决胜全面建成小康社会提供更多智力支持和更大精神动力。

实施中国年鉴精品工程顺应地方志进入新时代的历史潮流。“充实之谓美，充实而有光辉之谓大。”党的十九大报告指出，我国的社会主要矛盾已经转化为人民日益增长的美好生活需要和不平衡不充分的发展之间的矛盾。党章修正案、宪法修正案把习近平新时代中国特色社会主义思想确立为我们党和国家的行动指南，我国的发展进入到新的历史方位。为适应这些重大变化，党和国家随之出台更多重大的举措、推出更多有力的措施。年鉴如何全方位地、开创性地记述这些历史性变化，如何充分记述我们党领导人民进行的伟大斗争、建设的伟大工程、推进的伟大事业、实现的伟大梦想，是新时代地方志工作需要深入思考探究的问题。中国年鉴精品工程正是呼应新时代新变化新要求，致力于在全国地方志系统进一步培育精品意识、打造精品年鉴，从而以点带面，在提高年鉴质量方面探索出一条切实可行之路，充分发挥中国精品年鉴的辐射效应，引领带动全国范围内年鉴质量的全面提高，切实推动年鉴事业转型升级。

实施中国年鉴精品工程要全面把握以人民为中心的发展理念。以人民为中心，贯穿于改革开放以来我们党推进中国特色社会主义文化建设的全过程。新时代把握新机遇，年鉴作为记录新时代地方年度历史的重要载体，应当以习近平新时代中国特色社会主义思想为指导，牢固确立以人民为中心的理念。中国年鉴精品工程始终坚持人民是历史的创造者和改革开放事业的实践主体，始终坚持文化发展为人民服务、为社会主义服务，充分记录人民的首创精神，凸显人民在文化建设中的主体作用，不断满足人民的精神文化需求。年鉴工作要深深扎根于人民之中，坚持以事系人，记载人民群众中的先进典型，内容充分体现社会民生和为民服务的举措。在此基础上，实施中国年鉴精品工程还要建立精品长效机制，逐步推进精品年鉴传播最优化和效益最大化，使精品年鉴能够不断满足人民群众对美好生活的新需要新期待，在铸就中华文化新辉煌的过程中更好地构筑中国精神、中国价值、中国力量的方向上不断努力。

实施中国年鉴精品工程是坚定文化自信的体现。习近平总书记说，文化兴国运兴，文化强民族强。没有高度的文化自信，没有文化的繁荣兴盛，就没有中华民族的伟大复兴。中华优秀传统文化是中华民族的文化根脉，其蕴含的思想观念、人文精神、道德规范，不仅是我们中国人思想和精神的内核，对解决人类问题也有重要价值。地方志是中华优秀传统文化的精神之脉，是中华优秀传统文化基因的真正传承者和发展者。精品年鉴正是从中华民族世世代代形成和积累的优秀传统文化中汲取营养和智慧，记录传承的文化基因，记录思想精华，展现精神魅力。实施中国年鉴精品工程，以时代精神激活中华优秀传统文化的生命力，推进中华优秀传统文化创造性转化、创新性发展，把传承和弘扬中华优秀传统文化同坚定文化自信统一起来，有助于引导人民树立和坚持正确的历史观、民族观、国家观、文化观，不断增强中华民族的归属感、认同感、尊严感、荣誉感。

用精品记录新时代，用奋斗铸就新辉煌。地方志植根于历史，内涵于历史，镌刻于历史之上，是中华民族在漫长历史中形成的区别于其他民族的独特精神标识，精品年鉴是地方志的“守护者”“传承者”，是地方志成果创造性转化创新性发展的“探路者”“先行者”。习近平总书记强调，凡是传世之作、千古名篇，必然是笃定恒心、倾注心血的作品。希望全国年鉴工作者齐心协力，坚持历史唯物主义立场、观点、方法，立足中国、放眼世界，立时代之潮头，通古今之变化，发思想之先声，推出一批有思想穿透力的精品力作，培养一批年鉴专家，充分发挥存史、育人、资政作用，为推动全国年鉴事业转型升级作出新的更大贡献。

是为序。

中国地方志指导小组秘书长
中国地方志指导小组办公室主任 冀祥德

编辑说明

一、《大同年鉴》由中共大同市委、大同市人民政府主办，中共大同市委党史研究室（市地方志研究室）组织编纂出版，是全面了解大同的一部地方综合性资料文献。《大同年鉴》逐年记载大同市自然、政治、经济、文化、社会等方面情况的现状及新成就、新进展和新经验，为全市科学发展提供决策依据和借鉴，为广大读者了解和研究大同提供信息和资料。《大同年鉴》创办于1987年，《大同年鉴（2019）》是第24卷。

二、《大同年鉴（2019）》坚持以马克思列宁主义、毛泽东思想、邓小平理论、“三个代表”重要思想、科学发展观、习近平新时代中国特色社会主义思想为指导，坚持辩证唯物主义和历史唯物主义的立场、观点、方法，求真求实，为大同的改革开放和社会主义现代化建设服务。

三、《大同年鉴（2019）》记述时限为2018年1月1日至2018年12月31日。

四、《大同年鉴（2019）》框架在保持历年相对稳定的基础上作了适当增加和调整。为了使年鉴类目编排更加合理，“农林水利”类目调整为“农业”类目，“水利”改为“水资源保护”归入“生态保护”类目，“商贸 会展”“无线电通信邮政”类目整合为“商贸服务业”“经贸合作”两个类目，“住房和城乡建设 环境保护”类目分设为“城乡建设”“生态保护”两个类目，“财政 税务”类目归入“经济管理”类目；为突显大同旅游文化名城地位，把“文物 旅游业”类目调整为“旅游业”类目，“文物”归入“文化”类目；为突出全面建设小康社会的历史使命，特设“脱贫攻坚”类目。

五、《大同年鉴（2019）》采用分类编辑法记述，全书分三个层次编排，即类目、分目、条目，个别分目设次分目。全书共设特载、大事记、市情概览、中国共产党大同市委员会、大同市人民代表大会、大同市人民政府、中国人民政治协商会议大同市委员会、纪检监察、民主党派和工商联、群众团体、法治、军事、经济管理、农业、工业 建筑业、商贸服务业、旅游业、经贸合作、交通运输、金融、城乡建设、生态保护、科学技术、教育、文化、新闻出版 广播影视、医疗卫生、体育、脱贫攻坚、社会生活、人物、县区概览、附录33个类目，总字数1546千字。

六、《大同年鉴（2019）》全书条目标题统一用黑体字加【 】表示，书前有中文目录，后有索引，特意增设书口要目，便于读者查找。索引采用主题词索引法编纂，主题词按首字汉语拼音音序排列。

七、《大同年鉴（2019）》所载信息由市辖各部门、机关企事业单位提供，经《大同年鉴》编辑部编辑，出版社出版。所用“统计资料”由大同市统计局提供，正文中数据由各部门提供，因统计口径不同等原因，故统计表中同类项的数据互有差异，有关部门所用个别数据与“统计资料”中的数据不尽一致，引用时以大同市统计局数据为准。除个别计量单位遵从习俗外，其余所涉计量单位均使用法定计量单位。

目　录

特　载

大事记

市情概览

中国共产党大同市委员会

大同市人民代表大会

大同市人民政府

中国人民政治协商会议大同市委员会

纪检监察

民主党派和工商联

群众团体

法 治

军事

经济管理

农　业

商贸服务业

旅游业

交通运输

金 融

城乡建设

生态保护

科学技术

教　育

文　化

目录

目录

脱贫攻坚

社会生活

人　物

县区概览

附 录

索 引

改革开放四十年 古都大同换新颜

——改革开放四十年经济社会发展成就简述

（2018 年 9 月 18 日）

大同市统计局

改革开放 40 年来，历届大同市委、市政府在中国共产党的正确领导下，紧跟全国改革开放步伐，始终以马列主义、毛泽东思想、邓小平理论、“三个代表”重要思想、科学发展观和习近平新时代中国特色社会主义思想为指导，深入贯彻习近平总书记系列重要讲话和治国理政新理念新思路新战略，深入贯彻习近平总书记视察山西时的重要讲话精神，团结带领全市人民坚持改革开放不动摇，励精图治、顽强拼搏，开启了新征程，实现了新跨越，全市经济和社会发展取得了翻天覆地的变化。

（一）综合经济实力不断增强，运行质量显著提高。改革开放 40 年来，大同人民锐意改革，不断创新，以转型综改试验区建设为统领，聚焦大同转型发展，改变“一煤独大”传统经济结构模式，实现了全市国民经济的快速、均衡和可持续发展。2017 年，全市地区生产总值实现 1121.8 亿元，比 1978 年的 10.2 亿元增长 109.0 倍，年均增长 8.9%。公共财政预算收入完成 108.3 亿元，是 1978 年的 64.9 倍，年均增长 11.3%。公共财政预算支出 325.5 亿元，是 1978 年的 221.4 倍，年均增长 14.9%。人均地区生产总值由 1978 年的 496 元增加到 2017 年的 32687 元，增长 65.9 倍，年均增长 7.9%。

（二）经济增长方式实现转变，产业结构调整成效显著。改革开放 40 年来，大同立足名城、区位、资源优势，不断探索和完善新的发展思路，实现了支柱产业多元化，经济可持续发展能力明显提高，三次产业结构向更加合理方向发展。在经济总量持续增长的过程中，三次产业结构的比重也由 1978 年的 25.5∶59.8∶14.7 调整为 2017 年的 5.6∶36.9∶57.6。

——农业基础地位继续增强，特色农业迈出新步伐。2017 年，全市农林牧渔业总产值达到 116.8 亿元，比 1978 年增长 42.3 倍，年均增长 10.1%；粮食产量稳步提高，2017 年更是达到 114.6 万吨，创历史最高水平，比 1978 年增长 2.3 倍。肉类总产量 15.0 万吨，比 1978 年增长 12.3 倍，牛奶产量达到 26.8 万吨，比 1978 年增长 670 倍。

——工业经济大幅提升，工业结构不断优化。2017 年，全市全部工业增加值实现 329.8 亿元，较 1978 年增长了 63.5 倍，年均增长 8.1%。其中，规模以上工业增加值年均增长 7.9%。主要工业产品产量大幅增长。2017 年，规模以上工业统计的主要产品产量中，均比 1978 年有大幅度的增长。其中，原煤 10860 万吨，比 1978 年增长 3.7 倍，年均增长 3.4%；发电量 406.4 亿千瓦时，比 1978 年增长近 38.3 倍，年均增长 9.8%。新动能发展逐步壮大。2017 年，全市战略性新兴产业增加值累计完成 27.8 亿元，同比增长 18.4%，占全市工业增加值的比重为 9.7%；高技术产业增加值累计完成 19.5 亿元，同比增长 1.3%，占全市工业增加值的比重为 6.8%。产业结构继续优化。全市煤炭工业增加值占规模以上工业增加值的比重由 2012 年的 75.2% 下降到 2017 年的 45.1%，6 年下降 30.1 个百分点。煤与非煤比例由 2012 年的 75.2∶24.8 调整为 2017 年的 45.1∶54.9，非煤产业对经济增长的贡献不断提升。高技术产业投资持续高增长。2017 年，全市高技术产业项目投资完成 22.4 亿元，同比增长 98.7%。

——服务业发展水平不断提升，实现了由传统的餐饮、交通运输业向旅游、邮电通信服务业、金融保险等现代服务业的转变。全市社会消费品零售总额在 1984 年超 10 亿元，2002 年超 100 亿元，2016 年突破 600 亿元大关。2017 年，全市社会消费品零售总额比 1978 年增长了 142.9 倍，年均增长 13.6%。邮电通信业务总量达到 37.6 亿元，比 1978 年增长 313.3 倍。金融保险事业健康发展，2017 年，全市保费收入达 66.4 亿元，比 1994 年增长 53.5 倍。

（三）基础设施日益完善，区域中心城市地位进一步巩固。近 40 年间，全市全社会固定资产投资累计完成 8971.4 亿元。2017 年，全社会固定资产投资完成 489.3 亿元，是 1978 年的 146.5 倍，年均增长 13.6%。特别是党的十八大以来，全市狠抓了一批重大工程建设，倾力增强发展后劲，基础设施得到明显改善。全市固定资产投资累计投资达 5787.9 亿元。其中，基础设施投资累计达 846.2 亿元。巨大的投资引擎，给大同市的经济和社会发展注入了强大动力，成为推动全市经济稳定增长的主要力量。

（四）旅游事业蓬勃发展，外经外贸取得新成绩。改革开放的近 40 年时间里，全市旅游总收入由 1978 年的 145.1 万元提高到 2017 年的 483.1 亿元，增长 3.3 万倍，年均增长 30.6%。其中，国内旅游收入 480.3 亿元，年均增长 34.8%。2017 年全市共接待国内、外旅游者 5391.1 万人次，比 1978 年增长 177.9 倍。其中，接待国内旅游者 5383.7 万人次，比 1978 年增长 177.7 倍。大同被确定为全省唯一的国家级旅游业改革创新先行区，建设国际一流的全域旅游目的地目标正在不断推进。

2017 年与 1993 年相比，全市海关进出口总额完成 24.6 亿元，增长 144.7 倍。其中，出口完成 18.2 亿元，增长 107.1 倍。吸收外资规模不断扩。1993 年到 2017 年，全市累计实际利用外资 16.33 亿美元。大同国际陆港进口肉类指定查验场通过审核验收。吸引外资领域扩展到工业、贸易、饮食等各个领域，为大同市经济带来了巨大的生机与活力。

（五）城乡居民生活不断改善，消费水平普遍提高。近 40 年来，随着全市经济综合实力的迅猛发展，城乡居民生活逐步由温饱、低层次的小康走向全方位提升的、更加全面的小康生活。2017 年，大同市城镇居民人均可支配收入 27981 元，比 1978 年增长 101 倍，年均增长 12.6%。农村居民收入 8862 元，比 1978 年增长 92.3 倍，年均增长 12.3%。单位从业人员年平均工资 58097 元，是 1978 年的 88.2 倍，年均增长 12.2%。居民储蓄存款余额达 1885.5 亿元，比 1978 年增长 3928 余倍。在城乡居民收入不断增长的推动下，居民消费水平迅速提高。全市城镇居民人均生活消费支出由 1978 年的 275 元增加到 2017 年的 12776 元，增长 46.5 倍，年均增长 10.3%；农村居民人均生活消费支出由 1978 年的 90 元增加到 2017 年的 6814 元，增长 75.7 倍，年均增长 11.7%。

（六）生态文明建设取得新成效，和谐发展呈现新景象。

改革开放以来，大同市持续高度重视生态建设，举全市之力，全面实施生态工程，大兴植树造林，打造了多处大面积防护林带，不仅明显改善了区域生态环境，而且为京津地区构筑起一道绿色屏障。特别是近五年来，是全市城市生态文明建设成效最为显著的五年，成功创建国家园林城市，新增城市绿化面积 1120.5 万平方米。2017 年，建成区绿化覆盖率、绿地率、人均公园绿地面积分别达 41.79%、37.67% 和 15.36 平方米 / 人。成功入列 2017 美丽山水城市。市区全年二级以上良好天气达到 304 天，二级以上良好天数连续排名全省第一，“大同蓝”已经成为响亮的金字招牌。

回顾大同改革开放四十年来的发展历程，一组组数据使我们感到，是解放思想、改革开放造就了全市高速发展和古城翻天覆地的变化，是全市人民凝心聚力、开拓创新、奋力拼搏的结果。全市上下经受住了各种重大挑战和考验，经济社会发展取得的成绩来之不易。

面对未来，大同已经站在了新的历史起点上。全市将高举习近平新时代中国特色社会主义思想伟大旗帜，以党的”十九大”精神为指引，不忘初心，牢记使命，在省委、省政府坚强领导下，为决胜全面建成小康社会、为加快推进现代化建设、为早日实现美丽富裕幸福大同作出新的更大的贡献！

大同强力推进能源革命

2017 年 6 月，习近平总书记怀着对老区人民的深厚感情和深切牵挂，踏上了三晋大地，对山西工作提出了总体要求和五项重大任务；2017 年 8 月，省委书记骆惠宁来大同调研，赋予大同争当能源革命和对外开放“尖兵”的重大使命。为把中央和省委的决策部署在大同不折不扣地落地生根，我市坚持以习近平新时代中国特色社会主义思想和习总书记视察山西重要讲话精神统揽全市工作大局，努力把当好“两个尖兵”作为大同扬帆起航的新起点，举全市之力实施能源革命突破行动，积极推动融入京津冀对外开放桥头堡建设。2018 年，一个又一个高端制造项目、一所又一所科研院校走进新时代的千年古都，让大同全面转型发展的脚步愈发铿锵有力。

破解煤炭依赖

曾经以“煤都”享誉世界的大同，多年来“因煤而兴也因煤而困”，改变“一煤独大”的经济结构迫在眉睫。为做好传统能源与新能源两篇文章，我市积极谋划传统经济发展方式的突围之路，通过大力推动“三去一降一补”，以“减、优、绿”为方向，深化能源供给革命，提升传统能源煤炭的清洁化、绿色化程度，为战略性新兴产业腾出更多发展空间。

我市确定了以同煤集团为主的 10 座煤矿作为转型试点，多产业集聚合成、多项目承载联动、产业链耦合共生的循环经济园区正在“成长”。2018 年 10 月 10 日，大同市转型升级重点示范项目展集中展示了正在推进的 10 家煤炭企业煤炭资源“减、优、绿”洁净化利用项目等，各示范项目通过科技创新、节能减排、提质增效，践行绿色发展理念，推进安全高效绿色智能化开采、清洁高效低碳集约化利用，为推动大同由“煤都”向“新能源之都”转型献力。

增强转型动能

2018 年 4 月 16 日，能源革命十大突破工程、工业振兴项目暨大同正道清洁能源汽车产业基地、启迪大同新能源产业创新中心、中国能源信息技术产业基地、中国科学院工程热物理研究所大同分所等项目破土动工，我市 2018 年转型项目建设年项目集中推进活动随即启动。涉及高端装备制造、节能环保、新能源、新材料、信息技术等一系列项目相继落地、开工建设，拉开了当好能源革命和对外开放“两个尖兵”、率先走出资源型城市创新驱动转型升级新路的大幕。总投资 360 亿元的能源革命十大突破工程项目，都是国内一流新能源研发制造企业，全部建成后可为全市新增 2600 兆瓦的新能源供给能力，推动传统能源走向质的提升。

大开开放之门，拓展国际合作，我市先后与德国、以色列、比利时等多个国家开展国际化合作，规划建设了通航产业园，引进了中德轻型飞机研发制造、迪默透航空发动机等项目，设立了中以科技合作办公室，与德国能源署签署了战略合作谅解备忘录。

“项目是抓好经济的有效支撑，是加快转型的强大引擎。”企业全力以赴推动项目建设进程，有的甚至实现了当年进场、当年建成、当年见效的目标。2018 年 9 月 30 日，山西省首个氢燃料电池公交示范运营项目暨山西省首个加氢站建设启动；10 月 4 日，大同隆基乐叶光伏科技有限公司一期项目 500 兆瓦高效单晶太阳能电池组件项目投产；10 月 28 日，总规划 50 平方千米的“氢都”大同新能源产业城首期工程开工；10 月 29 日，大同现代纺织新城——新建中银羊毛羊绒产业链生产基地洗毛生产线开始投产；11 月 10 日，中国 – 乌克兰大同玄武岩新材料创新研究中心成立，山西晋投玄武岩开发有限公司大同年产 5 万吨岩棉项目投产……一批批项目建成后，将全面改善大同经济结构、延长产业链条，为“大同制造”向“大同创造”转变增添新动能。

凝聚思想共识

为凝聚全民能源革命共识，2018 年 6 月 9 日下午“氢时代掀起能源革命新风潮”系列讲座首期开讲。讲座通过专家宣讲、全民参与的形式，让市民从了解能源革命的重要性与必然性出发，潜移默化地改变对新能源的认识，加深对能源革命的理解。截至 2018 年 12 月 31 日，该系列讲座已成功举办 89 期，涉及氢能、太阳能、金融创新的相关知识，专家的讲解回荡在讲座现场，并延伸至全市各大、中、小学校园，广大市民正在成为大同能源革命的见证者、宣传者，成为掀起能源革命新风潮的生力军。此外，复旦大学主题日讲座、首届山西（大同）数字经济发展促进大会、2018“氢都”大同氢能产业发展高峰论坛陆续在我市召开，行业内专家学者、精英大咖对接“互联网 +”发展数字经济，探讨氢能产业发展之路，以全面推动大同数字化发展水平，为大同从黑色“煤都”向绿色“氢都”转变献策开方。

大同日报、大同广播电视台每天固定版面、固定时间专题刊登播放讲座内容，传播大同奋力争当能源革命和对外开放“尖兵”的时代强音，以赢得全社会更热切的关注、更深刻的理解、更广泛的支持。

加大开放合作

在开启能源革命“尖兵”之路上，我市以对外开放提升行动，进一步强化对接大企大院大校大所，以创新驱动转型发展。

作为能源革命十大突破工程的“重中之重”，大同市国际能源革命科技创新园聘请北京建工集团设计院以及丹麦、德国等国内外优秀团队，按照国际一流水准进行顶层设计，建设零碳、绿色、海绵、智慧园区。园区将重点引进中科院 10 个所和中关村智造大街、清华启迪能源集团、全科盟大同新能源产业技术研究院、北大 1898 国家级众创空间、上海田鼎金融集团、以色列国家创新合作中心所属特拉维夫大学高科技成果合作中心等国内外高端能源机构，突出高科技研发、高端产业孵化、高端成果转化“三大功能”，把园区建成能源革命领域的典范，打造节能、低碳、绿色、智能的标杆。

我市采用“引进来、走出去”的模式，进一步加强与全国各地的沟通交流，以寻求更多领域、更高层次的合作契机，探索能源革命发展路径、促进能源经济转型。为期一个月的 2018 大同市首届“能源革命、对外开放”国际智慧能源系统及未来新能源产品展示交易博览会，是对大同争当能源革命和对外开放“尖兵”行动的一次大推动、大招商、大突破和大宣传。2018 年，在北京举行的第十二届中国新能源国际高峰论坛、在深圳召开的山西省招商引资推介会以及蒙晋冀（乌大张）长城金三角合作区第五届联席会议上，各方畅谈机遇、精准对接、共谋发展，拓展了能源革命新空间。

我市还充分发挥中科院能源领域十大科研院所的智库作用，创建以“大同市新能源战略咨询委员会”为指导，“全科盟新能源产业技术研究院”为支撑，“能源革命科技创新产业园”为依托，“中科院工程热物理研究所大同分所”为引领，“大同市新能源产业局”为服务的“五个一”协作共进机制，重点围绕煤炭清洁高效利用、太阳能、生物质能、智能电网、氢能、储能、节能等七大领域，采用院地合作模式，实现科技成果就地转化和产业转型升级，逐步向智慧能源、能源大数据和传统能源的清洁化、低碳化、绿色化利用以及新能源重点领域的技术研发、孵化、装备制造等全产业链成长方面拓展，努力探索能源产业转型升级路径，为构建大同现代产业体系起好步、布好局。

一年来，我市将能源革命作为新时代大同转型升级的必答题、经济实现高质量发展的突破口，全面开启了向“新能源之都”战略转型的征程。全市上下以争当“尖兵”的雄心和决心，用非常之力，下恒久之功，促进新动能加快积聚，新经济加速成长，坚定不移推动能源革命，破解资源型城市转型难题，致力于走出一条产业优、质量高、效益好、可持续的转型发展新路。

（摘自《大同日报》2019 年 1 月 10 日 第一版）

特载

大事记

1月

1日

●大同至北京K696/5次旅客列车冠名"大同蓝号"。

●大同市家庭服务业协会成立。

●大同县获批创建全国绿色食品原料（黄花菜）标准化生产基地。基地面积0.23万公顷，覆盖大同县西坪、倍加造和瓜园3个乡（镇）。

1月初

●大同煤矿"万人坑"遗址纪念馆、灵丘县平型关大捷遗址、平型关烈士陵园3景区入列全国红色旅游经典景区名录。

●中国（大同）古都灯会吉祥物"彤彤"发布。

3日

●纪录片《煤有人家》在南郊区鸦儿崖乡鸦儿崖村举行开机仪式。该片讲述中国北方煤矿村落历史变迁、文化、居住形态等，以鸦儿崖、马林涧等村庄村民为主线，通过祭祖、生活、过节、民俗、工作、考学等场景讲述。

10日

●市委副书记、市长武宏文与中铁建设集团有限公司董事长、党委书记赵伟一行座谈，会谈沟通拓展合作领域、实现共赢发展等事宜，并初步达成推进绿色金融、康养产业等合作项目建设共识。

●全省"五小"竞赛成果精品展在太原落幕，大同市59项优秀成果和1家优秀组织单位受到表彰。其中，3项优秀成果获一等奖，14项优秀成果获二等奖，42项优秀成果获三等奖。

12日

●大同吹响争当"尖兵"集结号，绘制能源革命、对外开放突破行动"路线图"。

●省政府印发《关于同意大同市调整阳高县马家皂乡行政区划的批复》，同意把阳高县马家皂乡整建制划归天镇县管辖。

●由云冈石窟研究院和北京大学考古文博学院共同主办的"另一个世界的想象"——大同沙岭7号北魏墓葬壁画与云冈石窟艺术展在北京大学赛克勒考古与艺术博物馆开展。

13日

●央视《东西南北贺新春》特别节目大同主会场在华严寺广场录制。民俗表演有威风锣鼓、秧歌、挠搁、舞龙、舞狮、跑驴、旱船、长号等当地特色节目，原汁原味地体现着大同民风民情。

14日

●山西大同大学与凯德世家股份有限公司校企战略合作协议签约仪式在山西大同大学举行。此次签约是山西大同大学首次与省内优秀民营企业合作。

15日

●商务部投资促进事务局与市政府在北京签署投资促进合作协议，开展多渠道、多层次、多形式的交流合作，支持大同市围绕重点产业开展招商引资等工作。

19日

●总投资109.74亿元的环保+新能源高端装备制造产业园项目、大同云中e谷大数据中心项目、大同黄花菜真空冷冻干燥工程项目、大同平城康养中心项目、全钒液流电池产业化项目落户大同经济技术开发区。

23日

●大同市首次引进道路病害预警雷达监测车，可发现地下空洞并预警，避免道路塌陷发生。

26日

●大同云冈机场开通大同—合肥—深圳、大同—南京两条首航航线。

●数字电影《我在大同古城等你2018》开机仪式在大同举行。

●"大同蓝"车队亮相ISPO慕尼黑国际户外展。

27日

●由中国科协调宣部主办，中国科协创新战略研究院、中国城市规划学会承办的"中国工业遗产保护名录"发布会在中国科技会堂举行，同煤晋华宫矿国家矿山公园入选名录。

28日

●大同市留守儿童救助协会成立，是大同市第一个关爱留守儿童的专业公益性社会组织。

30日

●市政府印发《关于调整阳高县马家皂乡行政区划的通知》，决定把阳高县马家皂乡整建制划归天镇县管辖。

31日

●第八届海峡两岸中小学校长教书育人研讨会在大同召开。来自海峡两岸的26位中小学校长围绕"海峡两岸教育现状和发展"这一主题展开交流和研讨。

●"情满大塞北"2018乌大张草根春节文艺晚会在山西大同大学举

行。来自大同、乌兰察布、张家口三市的演职人员表演歌舞、相声、小品，向三地人民献上新春祝福。

2月

1日

●大同青年志愿者服务春运“暖冬行动”在大同云冈机场启动。

2日

●大同市晋剧（杜派）艺术研究中心成立。

3日

●武宏文与中国广核新能源控股公司执行董事、总经理李亦伦，金风科技集团执行副总裁、风机产业集团总经理曹志刚一行座谈，双方达成合作发展新能源产业共识，并签署大同风机装备制造暨清洁能源产业基地共建协议。

●“王者有道·天下大同——2018大同首届沙雕艺术节”在大同古城开幕。

3日至4日

●中国（大同）首届国际机器人展览会在市和阳美术馆举行。展会主要展出格斗机器人、仿生机器蜻蜓、无人机、智能协作机器人、四足仿生机器人、情感机器人、水中鱼机器人、“飞天”舞蹈机器人（山西大同大学自主研发）等国内外先进技术的机器人。

4日

●首届中国动物画名家邀请展·走进大同在明堂遗址公园北朝艺术博物馆举行，展出10位来自全国各地的知名动物画名家115幅作品。

5日

●2018丝路沿线旅居养老城市联盟文化交流嘉年华在市和阳美术馆举行。

6日

●“美丽大同·幸福家园”2018大同市春节电视文艺晚会在山西大同大学举行。

7日至9日

●由柬埔寨暹粒省副省长岸彼隆带队的柬埔寨暹粒省政府代表团一行到山西大同访问。武宏文代表大同市与暹粒市市长苏帕拉东签署发展友好城市关系及交流合作意向书。

8日

●2018大同古都灯会开幕，至3月10日结束，灯会主场地观灯人数127万人次。

●大同市首批12个“农民工驿站”启动。

●大同市首届“美丽大同 幸福家园”图片展在古城墙展出。展出全市人民建设“美丽大同 幸福家园”丰硕成果摄影作品400幅。

9日

●国务院印发《关于同意山西省调整大同市部分行政区划的批复》。同意撤销大同市城区、南郊区、矿区，设立大同市平城区、云冈区；同意把南郊区古店镇划归新荣区管辖；同意撤销大同县，设立大同市云州区。

●2018“翰墨吟春”共绘大美大同书法国画暨山西大同大学油画精英展在市和阳美术馆开展。展出来自全市100位书画家和书画爱好者近150幅书画作品、大同大学师生60余幅书法作品、大同大学美术学院13位教师70余幅油画作品。

13日

●法国前总统乔治·蓬皮杜之子、大同国际艺术社区荣誉区长阿兰·蓬皮杜在法国巴黎的办公室里以视频方式通过市领导向大同人民拜年。

14日

●中央电视台2018年《东西南北贺新春》特别节目在综艺频道首播，大同作为全国五个主场地之一参与节目录制，通过一系列地域风情表演，向全国电视观众展示大同特色民风民俗。

2月中旬

●省委常委、省纪委书记、省监委主任任建华到大同，走访慰问部分困难党员、困难群众、老党员、残疾人士，给他们送去党和政府关怀，送去新春祝福与问候。

16日

●2018大同古都灯会——春节文化庙会在华严寺广场、纯阳宫广场、关帝庙广场、清远街、教场街、鼓楼东西街等地举行。

27日

●“大同，我心中的城”2018元宵节名家诵大同诗歌朗诵会在山西大同大学举行。

2月下旬

●省爱卫会命名大同市为山西省卫生城市2017—2019周期省卫生城市，大同市连续九年被授予“省级卫生城市”称号，大同县、南郊区、浑源县、灵丘县、阳高县、左云县和广灵县被评为2016—2018周期“省级卫生县城（区）”。

28日至3月6日

●第26届全国摄影艺术展优秀作品展在市和阳美术馆举行，展出摄影作品包括记录类、艺术类、商业类、多媒体类四大类、379件摄影作品。同时开展的大同首届大中画幅摄影作品展，展出11位大同本土摄影人创作的66幅作品。

3月

2日

●2018大同古都灯会民俗文化大展演在古城和阳门外广场举行，20支表演队近3500人参加展演。

●在吉尔吉斯斯坦首都比什凯克举行的2018摔跤亚锦赛女子57公斤级决赛中，代表中国队出战的大同选手裴星茹夺得冠军。

6日

●山西大同大学与同药集团有限公司签署战略合作协议，双方在共建平台、共报项目、共育人才方面开展合作。设在同药集团生产基地的山西大同大学科技成果转化和教育教学实践基地、山西大同大学实验动物中心挂牌成立。

8日

●大同市庆祝“三八”国际劳动妇女节首届女子画展开展。

8日至9日

●副省长贺天才带领省直有关部门负责人到大同，调研安全生产、环境保护、国土资源管理、地震防震减灾等工作，并召开座谈会，听取相关汇报。

10 日

●山西省女医师协会大同分会成立大会在市第一人民医院召开。

11 日至 12 日

●副省长、省公安厅厅长刘新云到市公安局机关和部分省级公安检查站、交通岗区、派出所、消防中队等基层单位检查安保工作并慰问一线民警。

13 日至 14 日

●副省长陈永奇率省农业、扶贫等相关部门负责人到天镇、阳高两县部分企业、乡村、易地扶贫搬迁安置点、光伏电站，调研脱贫攻坚、乡村振兴及“三农”工作，并召开座谈会，研究措施，解决问题，推动工作。

14 日

●大同市举行新闻发布会，通报秋冬季大气污染防治攻坚行动工作情况。上年，大同市空气质量持续改善，全年良好天气连续五年全省第一，实现“五连冠”。

3 月中旬

●大同市出台《大同市科技计划管理办法》，内分应用基础研究、重点研发、科技成果转化、平台基地和软科学研究五类计划。

21 日

●大同市政府驻京联络处，加挂“大同市人民政府驻京津冀高科技产业转移项目处”新牌。

●市第三人民医院远程医学中心首次为患者提供国际远程会诊服务，通过与美国麻省总医院专家连线，共同分析患者病情。

22 日至 23 日

●大同县举办全国黄花烘干设备实验对比演示会暨烘干设备性能介绍会、黄花烘干技术研讨会。

25 日

●大同市“扫黑恶、清枪爆、打盗抢、治黄赌、铲毒害、净网络、严管控”为主要内容的“春季攻势”严打整治专项行动启动。

26 日

●中芬（大同）启迪冰雪体育中心项目在芬兰大使馆邸签约，此为大同首个四季型冰雪项目。

27 日

●省委常委、市委书记张吉福与国家开发银行山西省分行党委书记、行长马红一行座谈，交流对接金融合作、助力脱贫攻坚、加强农村基础设施建设等事宜。

29 日至 4 月 1 日

●中国人民政治协商会议第十四届山西省大同市委员会第二次会议在市工人文化活动中心举行。会议补选李春平为政协第十四届山西省大同市委员会副主席。通过政协第十四届山西省大同市委员会第二次会议关于常务委员会工作报告的决议；通过政协第十四届山西省大同市委员会提案委员会关于十四届二次会议提案审查情况的报告；通过政协第十四届山西省大同市委员会第二次会议政治决议；通过政协大同市委员会关于政协委员履行职能的考评办法。

●张吉福与国家农业发展银行山西省分行行长钱德辉一行座谈，交流对接加强政银合作、助力脱贫攻坚、加快乡村振兴等事宜。

30 日至 4 月 2 日

●大同市第十五届人民代表大会第三次会议在市工人文化活动中心举行。张强当选大同市第十五届人民代表大会常务委员会副主任；梁晓旭当选大同市监察委员会主任；王伟当选大同市第十五届人民代表大会常务委员会委员。会议表决通过关于大同市政府工作报告的决议；表决通过关于计划的决议；表决通过关于预算的决议；表决通过关于大同市人大常委会工作报告的决议；表决通过关于大同市中级人民法院工作报告的决议；表决通过关于大同市人民检察院工作报告的决议。

●大同市与省体育局签署战略合作框架协议，合作共建冬季项目场馆并承担第二届全国青年运动会比赛任务，组建山西省通航职业技术学院，共建山西女子足球甲级队。

31 日

●陕汽大同专用汽车有限公司专用车底盘月产第 1000 辆下线。

4 月

1 日

●大同市实现基本养老保险、基本医疗保险、工伤保险、失业保险、生育保险统一征缴。

2 日

●张吉福、武宏文分别与上海田鼎投资管理公司董事长王荣奎、雄韬股份总裁张华农等一行座谈，交流对接深化项目合作、加快氢能产业发展等事宜。

4 月初

●中国国土经济学会发布“2018 百佳深呼吸小城入围名单”，全国 200 个县（市/区）候选单位中，山西省有 7 个县入围，大同县名列其中。

4 日

●在中央组织部组织开展的第十四届全国党员教育电视片观摩交流活动中，由市委组织部党员教育中心拍摄的典型事迹片《李培斌》、市委组织部与临汾市委组织部联合摄制的《山桃花》均获一等奖和“十佳”编导奖。

●2018 首列入晋旅游专列到达大同，开启“华夏古文明，山西好风光”之旅。

9 日

●由央视中文国际频道（CCTV-4）《走遍中国》栏目组拍摄的四集系列片《大同大不同》首播，共 4 集，即《“洁”煤成长记》《废能新用》《逆境求生》《“大同蓝”保卫战》。

●新荣区 10 千伏桥南开关站工程开工建设。

10 日至 16 日

●2018 阳高杏花节在守口堡旅游景区举行。其间，接待游客 8 万人，带动餐饮、住宿、购物、娱乐等消费收入 1100 万元。

4 月上旬

●市文物局文物监察大队在文物安全巡查时，在古城内发现 100 余块明代洪武时期城砖，部分城砖上有“洪武四年”“官□”“官造”和“官自造”款印文。

●山西大同大学炭材料研究所人工种植栽培羊肚菌技术获得成功。

11 日

●大同府衙修复工程开工。

11 日至 12 日

●由中央电视台电影频道节目中心节目部主任王平久、1905 电影网董事长李玮带队的央视电影频道节目组一行到大同考察。在大同考察期间，张吉福、武宏文与考察组一行座谈交流。

11 日至 13 日

●CGTN 英语新闻频道（原中央电视台英语新闻频道 CCTV NEWS）《旅游指南》栏目组走进云冈石窟景区，拍摄《你所不知道的大同》专题片。该节目向海外展示大同悠久历史与蓬勃发展的今天。

14 日

●大同市第十届职工文化博览会·风筝放飞活动暨大同市第八届风筝节在大同县乌龙峡景区启幕，20 支代表队 300 名风筝爱好者参加竞技。

●首届青少年机器人竞赛在市图书馆举行。

4 月中旬

●由中车大同电力机车有限公司自主研制的中国首台永磁直驱电力机车技术方案通过专家评审。

●市文物局考古所在市南郊区沙岭建材市场东发现 13 座北魏墓，在墓葬群中发现一座用石板垒筑的石椁墓，有前廊后室，墓室内有两具保存完好的尸骨，未发现盗扰。专家推断是夫妻合葬墓。该墓葬的发现，对研究大同在北魏时期葬俗、葬制包括夫妻合葬墓的演化规律都有重要价值。

15 日

●大同市与中国科学院洁净能源创新研究院、大同全科盟新能源产业技术研究院三方签署共建协议，中国科学院洁净能源创新研究院大同转化基地成立。

●同药集团生物制药院士工作站成立。

●张吉福、武宏文与中国工程院院士刘中民、中国科学院院士高福座谈，相互交流煤炭资源清洁高效利用和生物医药产业合作等事宜。

16 日

●“转型项目建设年”千亿百项转型项目集中开工，能源革命、工业振兴落地实战。

●大同市 2018 农村公益电影放映启动。市电影公司放映队到赵北乡中学、王成庄小学放映电影《战狼 2》《铁道飞虎》《娘子军传奇》等影片。

20 日

●省人民政府印发《关于同意大同市调整部分行政区划的批复》。同意撤销大同市城区、南郊区、矿区，设立大同市平城区、云冈区；同意把南郊区古店镇划归新荣区管辖；同意撤销大同县，设立大同市云州区。

●“红十字关爱生命健康教育项目”在大同市启动，该项目由中央专项彩票公益金支持，计划培训初级救护员 4000 名，普及培训 2 万人次。

21 日

●第五届国际脑科学大同研讨会暨国家神经系统疾病临床医学研究分中心揭牌仪式在山西大同大学医学院举行。

22 日

●“书香年华·2018 大同阅读季”活动在市工人文化活动中心举行。活动包括“2018 大同阅读榜样”颁奖、“2018 阅读书单”推荐、中国经典话剧演出片段欣赏。

●全国第五届大学生艺术展演活动在上海落下帷幕。由山西大同大学团委推荐选送的器乐类作品《山鹰》参加展演并获艺术表演类一等奖，山西大同大学获高校优秀组织奖。

23 日

●副省长张复明到大同实地调研大同市冰雪运动产业发展和高等院校“1331 工程”实施情况。

●“翰墨丹青金三角”乌大张（乌兰察布、大同、张家口）三地书画联展在市图书馆举行，展出三地名家创作的 150 余幅书画作品。

25 日

●2018 全国百城千村健身气功交流展示活动山西启动仪式在大同古城南城墙关城举行，来自全市 2700 名健身气功爱好者进行气功展示。

26 日

●“95128”全国统一出租汽车电召平台在大同市开通上线。

27 日

●市气排球协会在大同机车技师学院成立。

28 日

●大同市首个多功能音乐喷泉广场——西京街绿轴景观带音乐喷泉广场开放。

●第十三届中国法学会“环渤海区域法治论坛”组委会第一次会议在大同召开。会议讨论并原则通过《第十三届“环渤海区域法治论坛”实施方案》和《关于第十三届“环渤海区域法治论坛”征文的通知》。

●2018 中国（大同）首届海棠花会在西城墙海棠公园启幕。

●山西省环境与资源保护协会第一分会在大同市成立。

●由大同博物馆与柳州博物馆联合主办的“西京印迹——大同辽金元文物展”在柳州博物馆举行。此次参展文物有 135 件（套），通过茶饮酒宴、丧葬器具、壁画风姿等主题凸显辽金元时期西京大同胡汉融合的别样风情。

5月

4 日

●大同市纪念五四运动 99 周年暨“青春助力脱贫攻坚”表彰动员大会召开。

5 月初

●“中国旅游影响力调查 2018——山西省最具影响力十大景区”揭晓，云冈石窟以旅游影响力指数综合得分 88.6、位列第三。

5 日至 6 日

●由省政协主席黄晓薇任组长，省委常委、市委书记张吉福和副省长王一新任副组长的省委第三督导检查组，督导检查大同市贯彻落实习近平总书记视察山西重要讲话精神情况。

●天津投资考察团到大同与市各相关部门交流对接，并考察部分文旅、康养等项目。

7 日

●浑源县“新时代农民讲习所”在驼峰乡西郭家庄村揭牌成立，是该县为农民设立的首个理论辅导教室。

7 日至 18 日

●大同市第四届职业教育活动周暨首届中等职业学校技能大赛在市职业教育中心举行。该届技能大赛由市教育局、市人力资源和社会保障局共同主办，分教师组和学生组，设信息化教学设计、信息技术、加工制造、文化艺术等 8 个大类 21 个赛项。28 所学校 350 余名选手参赛，评选出 35 个一等奖，43 个二等奖，61 个三等奖，74 个优秀奖。

8 日

●大同市房产交易租赁管理中心投入运营。市房产交易租赁管理中心隶属市房产管理局，整合各类涉房交易、金融服务资源，引入开发企业、中介机构、金融机构、律所机构、公证机构等，共同打造房产交易租赁“超市”。

10 日

●“国家级众创空间”北大一八九八咖啡馆落户大同。

●交通运输部副部长刘小明一行到大同，调研推进交通强国建设工作，并与省交通运输厅和市有关县（区）、部门及省部分运输企业代表座谈交流。

●由全国政协民族和宗教委员会驻会副主任杨小波任组长的调研组到大同，专题调研治理佛教道教商业化工作情况。调研组与市相关部门人员座谈。

11 日

●2018 大同市中学生田径运动会在市示范性综合实践基地体育场举行。

●市政府与山西省文化旅游投资控股集团有限公司签署战略合作框架协议，双方交流座谈携手发展文旅产业并达成共识。

●武宏文与山西工商学院董事长、院长牛三平一行座谈，双方对接校地合作办学等具体事宜，并达成初步意向。

12 日

●由市歌舞剧院排演的话剧《太阳照在南洋河上》在市工人文化活动中心首演，是国家艺术基金 2018 年度资助项目，反映大同市天镇县妇女外出务工情景。

13 日

●以罗哲文夫人杨静华、儿子罗杨，梁思成外孙于晓光、外孙女于葵等为骨干的中国古建筑文化遗产研究委员会专家团一行 30 余人到大同，重走梁思成、罗哲文当年在大同考古调查时的路线。

15 日

●山西省“请城砖回家·为长城疗伤”活动在长城古堡得胜堡启动。省委常委、市委书记张吉福，副省长张复明为大同、忻州、朔州、阳泉长城沿线四市代表授“爱我中华，修我长城”旗帜，并接受当地村民代表捐赠古老长城砖石。

5 月中旬

●作为第十四届中国（深圳）文博会主题活动之一，在文化成就旅游品牌高峰论坛暨优质文旅项目推介会上，“2018 中国最美县域榜单”公布，大同市浑源县被授予“2018 中国最美县域”称号。

●2018 年度全国“最美家庭”和第十一届全国“五好家庭”评选揭晓。大同市有 4 户家庭上榜。其中，张贵秀家庭、石美珍家庭被评为全国“最美家庭”，房秀美家庭、杜香云家庭被评为第十一届全国“五好家庭”。

17 日

●大同市全域旅游直通车运营，9 条直通车线路方便游客与市民便捷直达全市及各县（区）的旅游景区景点。

18 日

●灵丘博物馆开馆，是大同市第一个县级综合性博物馆。

●市未成年人保护中心依托南关街道办事处建立起全市首个未成年人保护工作站。

19 日

●以“全民健身·健康中国·幸福大同”“我要走——走进新时代”为主题的全国徒步大会（大同站）“5·19”全国联动日暨大同第二届环文瀛湖健步走活动举行，来自全市 37 个团队近 1 万名健步走爱好者参加活动。曾 8 次攀登珠峰的登山家罗申到大同参加活动。

20 日

●2018 中国（大同）文化旅游商品创意设计大赛启动仪式暨大同市政府与中国青年报社战略合作签约仪式在山西大同大学举行。

●首届 G 地挑战上海城市业余跑酷公开赛举行，国际跑酷界运动明星、大同小伙张云鹏在比赛中夺得专业组竞速冠军。

23 日

●由水利部海河水利委员会总工梁凤刚带队的水利部海委河长制工作督查组到大同，通过听取汇报、查阅台账资料、实地检查等方式，督导检查大同市推行河长制工作情况。

23 日至 25 日

●大同大学举行第十二届运动会。该届运动会有 45 支学生代表队和 27 支教职工代表队，约 2950 名运动员参加比赛。设立 36 个比赛项目，除传统竞赛项目外，有 21 个趣味竞赛项目。体育学院 2017 级足球一班戴永睿以 14.08 米成绩打破大学男子乙组三级跳远 13.88 米校运会记录。

5 月下旬

●市民杨敬斌发明的一种用秸秆制作建材的加工设备和一种秸秆墙体自保温大棚专利获国家知识产权局授权。

25 日

●大同市与京东集团在北京签订战略合作协议。

●“讴歌新时代描绘新大同”大同市文化艺术学校美术教师作品展在北城墙中国雕塑博物馆举行。

26 日

●2018 全国武术套路锦标赛（女子赛区）暨第 18 届亚运会武术比赛选拔赛在大同大学体育馆举行。来自全国 37 个代表队 340 余名运动员参加比赛。

●中国联通“匠心网络万里行 2018”应急通信保障拉动演练及展示大同站活动在华严寺广场举行。

26 日至 27 日

●全国毛泽东文艺思想研究会 2018 学术年会暨“新时代中国特色社会主义文艺思想”学术研讨会在山西大同大学举行。来自全国各高校、科研院所，及文化、传媒等单位 80 余名专家学者参加会议。

27 日

●大同全科盟三创孵化园召开第一次项目入园评审会。专家组评审首批申报入园的 9 个项目，海归文化传媒公司等 4 个项目通过评审。

28 日

●大同市部分行政区划调整工作

动员会在御东行政中心召开，宣读省政府《关于同意大同市调整部分行政区划的批复》，大同市行政区划调整工作进入实施阶段。根据国务院、省政府的批复，撤销城区、南郊区、矿区、大同县，设立平城区、云冈区、云州区。

29 日

●大同经济技术开发区招商引资24个项目在大同市国际能源革命科技创新产业园集中签约，总投资350.73亿元。

●大同市平城区、云冈区、云州区挂牌。新荣区古店镇同时挂牌。

●市人大常委会、市政府联合举行《大同市电梯安全条例》（简称《条例》）新闻发布会。该《条例》于6月1日起施行，内容涵盖电梯生产和经营、使用管理、维护保养、检验检测、事故救援和处理、监督管理、法律责任等。

●美国YL绿色能源科技咨询公司大同分公司成立，进驻大同市国际能源革命科技创新产业园。

30 日

●经省政府批准，国家教育部备案，同意设立大同师范高等专科学校，并撤销山西大同大学大同师范分校建制。

5 月下旬

●灵丘县入选全国100个农村创业创新典型县范例。

6月

1 日

●在天镇，随着首对500米长轨铺设在轨道道床上，大同至张家口高速铁路全线进入铺轨阶段。

2 日

●武宏文与全国政协委员、中关村智造大街董事长程静一行在大同市国际能源革命科技创新产业园座谈整合优势创新资源、打造研发孵化和科技成果转化平台等事宜，并初步达成合作共识。

●大同云冈机场新增由桂林航空公司承运“桂林—大同—大连”航班。

5 日

●大同市北路梆子传习中心排演的新编历史剧《平城赋》在北京梅兰芳大剧院演出，该剧演出是代表山西省参加中宣部、文化和旅游部举办的2018全国基层院团戏曲会演。

●国家艺术基金2018年度大型舞台剧资助项目——大型二人台现代戏《杏泉沟》在市工人文化活动中心首演。

5 日至 6 日

●副省长曲孝丽率调研组到大同调研大同市区划调整、康养产业发展及旅游景区标准化建设等工作。

6 日

●中国农业科学院专家组到大同考察调研有机旱作农业及杂粮产业发展、加强院地合作等工作。张吉福主持召开座谈会，与专家组一行座谈交流。

●中国工程院院士杨秀敏、王景全、任辉启、岳清瑞，及北京工业大学副校长杜修力等一行到大同，考察山西晋投玄武岩开发有限公司玄武岩纤维及制品的技术研发应用等。张吉福与杨秀敏一行座谈，双方交流深度研发，共同打造世界一流玄武岩产业基地等事宜。

7 日

●2018全国普通高校招生考试开考，大同市参加高考人数22707人，比上年减少747人。其中，文科7776人，理科14931人。

●全国党建研究会会长李景田，全国党建研究会副会长、第十三届全国人大农业委员会副主任委员杜德印，中央组织部党建研究所巡视员、全国党建研究会专职副秘书长陈东平到大同市云冈区口泉乡杨家窑村和平城区振华南街惠民里社区，调研基层党建工作。

●大同市25个招商引资项目在大同市国际能源革命科技创新园集中签约。此次签约总投资额178.79亿元，涉及新能源、新材料、农产品加工、现代煤化工、节能环保、资源综合利用等领域。

9 日

●“氢时代掀起能源革命新风潮”专题讲座开讲。授课专家来自北京大学、复旦大学等高校、科研院所的学者。

●市博物馆举行的“融合之路”——拓跋鲜卑迁徙与发展历程展览。展览涉及内蒙古博物院、乌兰察布市博物馆、通辽市博物馆、盛乐博物馆、额尔古纳民族博物馆、市考古所、大同北朝艺术博物馆、天镇县文管所等11家文保单位的各类器物378件（组）。

11 日至 12 日

●大同·左云摩天岭长城杯2018中国公路自行车联赛第三站、2018中国青少年自行车U系列赛暨全国青少年冠军赛（北区预赛）在左云县举行，来自全国各地18支代表队、270名运动员参加赛事。其中，2018中国青少年自行车U系列赛暨全国青少年冠军赛（北区预赛），来自全国各地8支代表队的105名青少年自行车爱好者，参加个人计时赛。个人计时赛上，来自山西代表队的张鑫宇获男子甲组冠军，女子甲组冠军是来自北京代表队的杨佳怡；山西代表队的李阳宇获男子乙组冠军，山西代表队夏艺凤获女子乙组冠军；男子丙组冠军是呼和浩特体校的刘宇泽，女子丙组冠军是天津宁河区体校的赵晴。

12 日

●山西大同大学马克思主义学院在大同大学成立。

12 日至 13 日

●省委常委、政法委书记商黎光到大同调研脱贫攻坚、政法综治和扫黑除恶专项斗争等工作，并召开座谈会听取大同市有关工作汇报。张吉福主持调研座谈会。

15 日至 17 日

●2018榜样大会在北京召开，大同市王泉生和常勇上榜2017年度“身影”全国榜样嘉宾代表。

16 日

●2018第二届大同重机国际摩托车滚雷巡游节开幕式在大同古城南城墙永泰门举行。来自国内外260余家重机俱乐部2000余台机车、5000余名车友参加巡游活动。

●大同长城学会阳高分会成立，是大同长城学会首家挂牌的县（区）分会。

20 日

●大同市与复旦大学合作的大同

市中华民族寻根工程研究院在古城内揭牌。

●"中关村智造大街"入驻大同。

●武宏文与全国政协委员、中关村智造大街董事长程静一行座谈，并达成合作共识，市政府与北京硬创梦工场科技有限公司签订大同市国际能源革命科技创新园创新发展合作协议。

22 日

●"书香大同·芝兰竞秀"——首届山西省女子书法展开展。展出来自全省各地的女书法家作品 55 件。

●同煤集团职工医疗和生育保险纳入社会统筹暨社保卡发放启动仪式举行，市政府与同煤集团签署企业医保纳入社会统筹协议，向退休职工代表发放社保卡。

23 日

●"2018 中国（大同）全域旅游攻略大赛"在大同古城清远门前启动。

26 日

●市晋剧院新编反腐倡廉晋剧《河清海晏》在北京梅兰芳大剧院演出，来自北京的党政机关、企事业单位等各界人士，以及中央党校部分学员近 1000 人欣赏独特的晋腔晋韵。

28 日

●山西大同大学第一临床医学院在市第五人民医院挂牌成立。

●大同长城学会同煤分会挂牌。

29 日

●民族歌剧《党的女儿》在市工人文化活动中心上演。

30 日

●大同市纪念中国共产党成立 97 周年先进基层党组织和优秀共产党员代表座谈会召开。张吉福出席会议并讲话，武宏文主持会议。会议表彰郭丽荣等 50 名优秀共产党员和平城区振华南街惠民里社区党支部等 20 个先进基层党组织。

●2018 大同云冈文化旅游活动季启幕。活动举办文化艺术、旅游、体育竞赛、宗教类等 73 项文化活动，10 月 1 日前夕结束。其间，全市接待国内外游客 3060.73 万人，旅游总收入 284.16 亿元。

7月

1 日

●大同交警"一网通一次办"平台上线运行，群众通过山西公安审批服务"一网通一次办"平台办理交管业务。

●北京电影学院、中央戏剧学院艺术教育培训基地在大同挂牌成立。

●大同市住房公积金手机 APP 和微信公众号上线运行，缴存职工通过扫描二维码下载 APP 安装应用程序或关注"大同市住房公积金"微信公众号，可办理各种住房公积金个人业务。

7 月初

●"国家远程医疗与互联网医学中心远程协作平台"在北京启动，大同市第三人民医院成为"国家远程医疗与互联网医学中心大同协同中心"。

3 日

●大同云冈机场开通大同—香港航线。

4 日

●省石墨烯技术应用院士专家工作站在山西大同大学挂牌成立。

5 日

●国家税务总局大同市税务局挂牌成立。

7 日

●大同入选 2018 中国"最具潜力避暑旅游城市"名单。

●农业农村部党组副书记、副部长余欣荣率中央农办联合调研组一行到大同，调研市农村改厕等农村人居环境整治工作。

11 日

●山西大同大学社会科学界联合会成立暨第一次代表大会召开。会议宣读省社科联关于同意山西大同大学成立社会科学界联合会的批复，通过《山西大同大学社会科学界联合会章程》。

11 日至 12 日

●上海漕河泾新兴技术开发区考察团一行到大同考察调研，并与大同经济技术开发区签订开发区战略合作框架协议。

12 日

●首届大同黄花丰收活动月在大同市云州区启幕。

12 日至 13 日

●省委常委、统战部长徐广国率调研组到大同调研市非公经济发展和民族宗教工作。省委统战部副部长赵雁峰，市委常委、统战部部长黄岑丽陪同调研。

14 日

●跑酷吉尼斯世界纪录保持者、亚洲跑酷第一人、大同小伙张云鹏在大同东城墙和阳门外护城河边道路上空翻飞跃 4 辆跑车，创造新的世界纪录。

16 日

●省政协副主席、农工党山西省主委、山西医科大学校长李思进到大同调研中药材（黄芪）产业发展情况，并与市相关单位和部门的负责人座谈。

●以"让世界了解中国·魅力大同！"为主题的大同品牌行（美国站）活动在美国芝加哥迈考密展览中心启动。大同市人民政府代表团带领市 12 家农产品企业，携大同特色农产品参加展览。活动内容有产品展览展示、商务对接洽谈、招商引资推介 3 个方面。

17 日

●成龙百部电影海报展暨第四届成龙国际动作电影周志愿者上岗仪式在中国雕塑博物馆举行。国际电影艺术家成龙，省委常委、市委书记张吉福，副市长郭蕾，1905 电影网董事长李玮，成龙国际集团 CEO 谭祖慧等出席仪式。

18 日至 22 日

●第四届成龙国际动作电影周在大同举行。该届电影周入围主竞赛单元的有 12 部影片，最终评选出最佳动作片、最佳动作导演等 11 项钢铁人动作类奖项。

●国家体育总局副局长赵勇一行到大同，专题调研第二届全国青年运动会体育场馆建设进展情况。

19 日

●全国政协副主席、民革中央常务副主席郑建邦率队到大同，调研优化能源配置、推动能源供给侧改革等工作。张吉福等陪同调研。

●以"美丽大同 我是行动者"为

主题，市、县（区）、乡三级人大代表联动的 2018 大同环保行暨环保执法检查活动启动。

●市卫计系统院士（博士）工作站启动仪式暨市二医院与省肿瘤医院博士签约仪式在市二医院举行。

20 日

●国际电影艺术家成龙携团队到大同市云州区、浑源县，走进田地，走进农家，落实电影频道和成龙共同发起的“脱贫攻坚战——星光行动”，助力脱贫攻坚。

21 日

●第四届成龙国际动作电影周文瀛湖会谭在文瀛湖畔举行。会谭中，大同市政府和成龙国际集团签署战略合作协议。

23 日至 26 日

●首期大同新能源科技领军人才培训班在大同全科盟新能源产业技术研究院举行。

24 日

●省委常委、常务副省长、桑干河省级河长林武到大同，调研“河长制”工作推进、流域生态修复和转型项目建设等情况。

24 日至 26 日

●由省人大常委会副主任、民进山西省委主委卫小春带队的民进山西省委会调研组到大同，开展脱贫攻坚民主监督调研活动。

27 日

●武宏文与英国曼彻斯特大学博士、研究员马克・比赛特一行座谈加强科技研发、拓展合作领域等事宜。大同新成新材料有限责任公司与英国曼彻斯特大学签订石墨烯受电弓碳滑板强基合作研究协议。武宏文见证签约并向马克・比赛特颁发大同市新能源产业战略咨询委员会委员聘书。

28 日至 30 日

●以“中国古都・天下大同”为主题的 2018 第五届大同国际骑游大会举行，200 名自行车爱好者沿左云古长城八台子至新荣得胜堡段骑游。

29 日

●市三医院呼吸与危重症医学王辰院士工作站揭牌成立，是晋北地区医疗卫生行业的首个院士专家工作站。

8月

2 日

●大同云冈足球队成立冠名仪式在云冈石窟举行。

8 月初

●山西省第十六届运动会申办城市考察通报及陈述推荐会在太原召开，晋城、晋中、大同、朔州 4 个申办城市公平竞选第十六届省运会承办权。经过考核评估、申办陈述、宣传片播放、无记名投票等环节，大同市被确定为 2022 年山西省第十六届运动会建议承办城市。

2 日至 4 日

●由南方科技大学总会计师叶秦带队的南方科技大学考察团一行到大同考察调研。武宏文与考察团成员座谈政学企合作、助推高质量发展等事宜，并达成项目合作一系列共识。

3 日

● 2018 中国（大同）国际汽车文化嘉年华在大同古城南城墙内开幕。南城墙内五大区域九大主题展示分别位于瓮城区域的改装车、重机车展示，月城区域的汽车后市场博览会、名优土特产品展销和方特欢乐世界、小模特大赛、安全知识大讲堂等主题文化活动展示，关城和西耳城内的品牌车展示，东耳城的路虎模拟挑战区，展区总面积 2.3 万平方米。

6 日

●中国检验检疫学会会长、国家质检总局原副局长魏传忠率中国检验检疫学会调研组到大同，调研大同市质量工作情况并听取工作汇报。

7 日

●省政协副主席、省经信委主任李晓波到大同，调研工业企业转型项目推进情况。

8 日

●党员扶贫电影《黄花故事》启动仪式在云州区中国黄花馆举行。

●中国（大同）第二届全国万人广场舞大赛在华严广场启幕，来自山西、陕西、河北等 10 个省 1.3 万名广场舞爱好者参加比赛。

9 日

●首届大同能博会——首届“能源革命、对外开放”国际智慧能源系统及未来新能源产品展示交易博览会开幕。9 月 9 日博览会结束。有 170 余家优秀参展商集中展示特色新能源、高科技商品，产品涵盖节能环保、智慧交通、网络大数据、新型建材、氢燃料、石墨烯产品等新能源领域，其间 6 万人观展。

9 日至 10 日

●由省人大常委会副主任李悦娥带队的立法调研组到大同，开展《山西省人大常委会关于秸秆综合利用和禁止露天焚烧的决定（草案）》《山西省大气污染防治条例（修订草案）》立法调研。

10 日

●首届中国青少年雕塑展在大同古城北城墙中国雕塑博物馆开展。

11 日至 12 日

●由国家发展改革委员会城市和小城镇改革发展中心副主任沈迟带队，国家发改委、自然资源部、生态环境部、水利部、工业和信息化部、文化和旅游部、国务院发展研究中心、全国供销合作社、国家开发银行等的有关领导专家组成的调研组到大同，专题调研新型城镇化和特色小镇建设工作。张吉福等参加调研座谈会。

13 日

●大同市与海淀区签订合作备忘录、与丰台区签署战略合作框架协议。

14 日

●中国残联副主席王新宪到大同调研做好残疾人民生实事工作。

●中国民用航空局总工程师殷时军一行到大同专题调研大同市发展通用航空产业、建设国家通用航空产业示范园区等事项。

17 日至 18 日

● 2018“中国大同・北魏文化论坛”在古都大同举行。此次论坛主题为“北魏平城——开放融合的世界城市”。论坛收到学术论文 60 余篇，来自国内外北魏文化领域的专家学者通过“政治制度”“考古宗教”“文化艺术”三个分论坛，共同论道北魏文化，探究中华文明。

18 日

●第十五届山西省运动会在省体育中心体育馆闭幕。大同市有 588 名运动员参赛，获得88枚金牌、87枚银牌、99枚铜牌，总分2901.5分，位列全省第二；大同市群众体育组织参加全部20个大项比赛，获得14个一等奖、12个二等奖、15个三等奖，成绩名列全省第一。

18日至28日

●中国（大同）潘家园传统文化艺术节举行，汇集曲艺展演、画展、书法展、玉石展等艺术文化元素。

●大同墨西科技有限责任公司国内首条物理催化法石墨烯生产线投产运营。

19日至21日

●以日本大牟田市市长中尾昌弘为团长的日本大牟田市政府代表团和日中友好第十次大牟田市市民访华团一行到大同访问。武宏文会见代表团成员，并与中尾昌弘签署友好交往备忘录。

21日

●大同市举行工业振兴2018上半年奖励兑现会，拿出25408万元奖励贡献突出的同煤集团、大同宇林德石墨设备股份有限公司等191户企业，表彰省联社大同市审计中心等8家单位。

22日

●第二届广灵湿地文化节暨第三届“聚焦域美广灵”摄影大赛颁奖晚会在广灵县涧东新区举行。

24日

●自然资源部华北片区不动产登记工作经验交流会在大同召开。来自北京、天津、河北、内蒙古及山西省各市等地不动产登记部门相关负责人230余人参加会议，并相互交流典型经验。

24日至25日

●国务院参事、全国工商联副主席、全国政协常委、北京大学新结构经济学研究院院长林毅夫率专家学者到大同考察调研。武宏文与考察团一行座谈交流携手做好大同转型发展这篇大文章等事宜。市政府与北大新结构经济学研究院签订《大同市资源型城市经济结构转型升级研究》编制协议书。

24日至28日

●中国山西食品餐饮旅游博览会暨大同面食文化节在大同古城墙西月城内举行。此次活动以“大新同创、大美同享、天下大同”为主题，汇集各地200余家企业80余种名特优美食和食材。

27日

●以省总工会副主席辛旭光为组长的省总工会督查调研组到大同，慰问奋战在生产一线的职工，督查调研困难职工帮扶工作及工会“三基建设”情况。

28日

●大同国际陆港进口肉类指定查验场正式开关，大同电子口岸正式开关运营，结束大同市无外向型口岸功能的历史。大同国际陆港总投资56亿元，位于大同经济技术开发区装备制造园区，占地447.13公顷，是集国际物流中心、金融商贸中心、信息数据中心为一体的综合性国际陆港。

28日至29日

●武宏文与联合国粮农组织高级顾问秦永军教授、荷兰莱顿大学医学院阿卜杜教授一行座谈交流合作推进皮肤模型产业发展情况，并达成共识。市政府与山西百傲基因科技有限公司签订大同生命医学再生组织工程、百傲大同基因科技创新产学研一体化项目合作协议。

30日

●大同市劳模（职工）技术服务队成立。

●大同正道新能源汽车有限责任公司30万辆清洁能源汽车（增程式纯电动汽车）项目评估论证会在北京召开。

9月

1日

●市三医院内分泌代谢病学宁光院士工作站揭牌成立。

●2018全国热气球锦标赛在市北岳机场（大同航空运动学校新址）举行。

●大同市首家“国家标准化代谢性疾病管理中心（MMC）”在市三医院挂牌成立。

2日

●平城区政府、华体集团、山西三盛源股权投资有限公司三方组建公司签订项目合作框架协议，标志大同市御河运动休闲特色小镇项目落地启动，这是全国首批96个运动休闲特色小镇之一，也是大同市唯一获批的国家级特色小镇。

5日至6日

●省委常委、宣传部部长廉毅敏，省委宣传部副部长董晓林一行到大同，调研学习贯彻全国宣传思想工作会议精神。

8日

●张吉福与中国农业大学校长孙其信一行座谈，双方交流探讨合作、创新机制，发挥高校人才优势及服务地方等功能，携手在大同打造相关产业研究院等事宜。

●43家绿色、零碳、智慧能源系统服务企业与大同市签订《大同市智慧能源共享大街入驻协议》。

●2018第八届大同读书节在大同书城开幕。该届读书节举办改革开放40年最美读书人和藏书家庭评选、全国百家出版社图书联展、大同国学馆名家文化讲座、城市阅读空间开放等。

8日至9日

●第五届中国（大同）车河国际有机农业论坛在大同举行。该届论坛的主题是：有机农业与乡村振兴。来自国内外300名有机农业、生态环境知名专家学者参加论坛。

9日至12日

●以中央政法委法治室副主任陈川为组长的中央扫黑除恶第2督导组第二下沉组到大同开展下沉督导。督导期间，第二下沉组召开汇报会，听取大同市扫黑除恶专项斗争工作情况汇报。

10日

●张吉福与参加首届山西（大同）数字经济发展促进大会的部分嘉宾座谈推进数字经济与传统产业、实体经济深度融合，加快大同经济转型升级事宜。

11日

●首届山西（大同）数字经济发展促进会在大同举行。会议相继举行首批企业入驻京东（大同）电商产业园暨山西老字号电商运营中心启动仪式、京东（大同）数字经济产业园启动仪式、“人同好粮”区域公用品牌联盟发布仪式，以及京东集团与山西省老字号协会战略合作签约仪式、京东云数字养殖示范基地签约仪式。

12 日

●全国人大监察和司法委员会调研组一行到大同，调研国家监察体制改革进展情况和《中华人民共和国监察法》实施情况。调研组召开汇报座谈会，听取大同市汇报。

13 日

●市政府与大同大学共建大数据、新能源、通用航空、对外经贸、文物保护与修复 5 所学院挂牌成立。

15 日

●2018“曾竹韶雕塑艺术奖学金”优秀毕业生雕塑作品展在北城墙中国雕塑博物馆开展。共有包括中央美术学院、中国美术学院、清华大学美术学院等 20 所学校 123 名毕业生参加，参展作品 350 件（组）。现场为 5 位“曾竹韶雕塑艺术奖学金”曾竹韶奖获得者及 20 位提名奖获得者颁奖。

●山西通用航空职业技术学院建设项目在云州区杜庄乡下泉村南开工。

18 日

●大同市三大转型发展重点项目开工投产：雄韬氢雄大同氢能产业园年产 10 万套燃料电池系统一期工程投产、中国大同环保企业总部基地项目建设开工、中关村智造大街公共服务中心大同服务平台投入使用。

●武宏文会见由澳大利亚国际商会首席执行官麦克·果先生率领的代表团一行，双方友好交流搭建创新驱动交流平台、开展多领域合作等事宜。

19 日

●张吉福与国网山西省电力公司党委书记、董事长刘宏新一行座谈交流深化电力体制改革、加快电网和相关基础设施建设等事宜。

20 日

●以“好粮庆丰收·神州享大同”为主题的大同好粮·京东云州首届农民丰收节举行，数百位农民代表与各界来宾共庆第一个农民自己的丰收节。

20 日至 24 日

●第五届中国（山西）民族民间工艺美术暨首届（人同）文旅产业博览会在市和阳美术馆举行。展会期间，观展观众 8.1 万人次，现场成交 9300 万元，现场签约 11 亿元。

●第三届中国黑陶艺术展在市和阳美术馆开展。展出来自全国 13 个省市 40 余位黑陶艺术家的 300 余件黑陶作品。

21 日

●阳高县首届农民丰收节暨 2018 西红柿红了农业嘉年华活动在县体育场举行。

●大国工匠文化论坛在大同举行，论坛以“弘扬中华文化传承工匠精神”为主题，来自全国各地的工艺美术大师和非遗传承人 100 余人参加。

22 日

●大同新石器遗址吉家庄黑陶文化研讨会在云州区吉家庄黑陶基地举行。

24 日

●古都大同 2018 中秋音乐会在古城代王府景区举行，来自社会各界 3000 余名观众欣赏音乐会。

28 日

●大同航空动力公司首台 DT40 标准工程样机成功点火启动。

●“天下大同·魏碑故里”全国书法名家作品邀请展在中国（大同）潘家园书展展厅开展。

29 日

●大同第七座跨河大桥——开源桥竣工通车。

30 日

●山西省首个氢燃料电池公交示范运营项目暨加氢站建设在大同启动。

●大同云冈机场开通大同—曼谷航线。

10 月

8 日

●国庆长假大同市接待游客 897.67 万人次，旅游收入 409350.74 万元。

9 日

●中国（大同）2 万人排舞挑战世界纪录活动在南城墙关城内举行。经世界纪录认证机构（WRCA）官方人员现场审核确认，成功创造“世界最大规模的排舞”世界纪录。

10 日至 11 日

●省人民检察院党组书记、检察长杨景海一行到大同市检察机关，调研指导市县两级检察工作。

11 日

●华北地区家政服务劳务对接扶贫暨“天镇保姆”推介交流会在大同召开。

●2018 中国美丽乡村广场舞大赛山西大同站暨“强健体魄·阳光生活·共享青运”山西广场舞总决赛在代王府举行。晋城市代表队、运城市代表队获特等奖，并代表山西省参加全国广场舞总决赛。孝义市老年体协代表队、大同铁路老年艺术团队、大同市群艺馆队、大同市云州区凤凰飞舞队获一等奖；吕梁市文水县广场舞联合会队，吕梁全民健身广场舞协会贺昌中学社区队，大同 616 活动站队，大同平城区卧虎湾社区代表队获二等奖；同煤钢厂来海霞舞蹈队、大同平城区新建北路惠达三站队、大同云冈区口泉乡羊坊村腊腊舞蹈队，朔州市代表队获三等奖。

13 日

●“强健体魄·阳光生活·共享青运”2018 全国千村健身气功交流展示系列活动山西大同广灵站举行，500 余名健身爱好者参加活动。

10 月中旬

●中国健康养老产业联盟、标准排名城市研究院联合发布“2018 年中国康养城市排行榜 50 强”。大同市以指数 77.06 的成绩位列第 39 名，为全省唯一上榜城市。

13 日至 18 日

●“水墨金章——2018 魏广君中国书画展览”在中国雕塑博物馆开展。此次展览主要展出魏广君 2013—2015 年《广君高兴》系列作品 81 幅及《扇面》系列作品 23 幅。

14 日

●武宏文与德国能源署建筑能效部副主任 Nicole Pillen 等一行座谈交流高能效建筑和可持续城市发展领域等事宜。

●山西省预防医学会过敏病预防与控制专业委员会成立大会暨首届学术大会在市三医院召开。

17 日

●电影频道发起开展“脱贫攻坚战——星光行动”在北京启动。成龙为大同的黄花、凉粉、黄芪、杂粮等代言，云州区、阳高县、天镇县、浑源县、广灵县、灵丘县6个贫困县（区）干部代表亮相现场，向全国观众推介各地优质特色产品。

●2018 大同市第二届全国万人广场舞大赛举行总决赛，27 支参赛队伍经过比赛，平城区源梦艺术团、新荣区社区舞蹈队获一等奖，五爱大队等3 支舞队获三等奖，云冈区杨家窑舞队等 19 支舞队被授予优胜舞队称号。

19 日

●大同市政府与德国能源署签署战略合作谅解备忘录。

●上海漕河泾（大同）国际创新创业园启动。

●全市贫困地区农产品“五进”（进机关、进企业、进校园、进社区、进军营食堂）产销对接会在宜民公司“大同黄花馆”举行。全市 6 个贫困县（区）20 家农产品加工企业和农民专业合作社与 4 家单位签约，签约 243 万元。

●副省长陈永奇到左云县，调研指导非洲猪瘟疫情处置与防控及乡村振兴工作，并召开专题会议安排部署全省防控工作。

●武宏文与德国能源署署长安德烈亚斯·库尔曼一行探讨深化能源国际合作、寻求能源革命发展路径、促进能源经济转型等事宜，在实施能源高精尖项目等实质性合作方面达成共识，并签署战略合作谅解备忘录。

19 日至 20 日

●全省 2018 年拟退出贫困县对标提升现场推进会在阳高县召开。副省长陈永奇出席会议并讲话。

20 日

●2018“影像的力量”中国（大同）国际摄影文化展颁奖典礼在中国（大同）潘家园举行。现场颁出“影像的力量”大众摄影征集作品一、二、三等奖及优秀奖，向瑞士摄影大师马克·丹纳、阿联酋摄影大师阿里·哈里发·本·塔里斯敬献“镜美尊”。

●2018“影像的力量”中国（大同）国际摄影文化展在中国雕塑博物馆启幕，设主宾国主题展、创新举办“大道有形”文化传播创新工程展、2018 第十届三影堂摄影奖展览、大同市纪念改革开放 40 周年摄影展、能源革命特展、“影像的力量”征集作品展、摄影器材体验互动展等 13 个板块，展出 400 余位作者 1000 余幅摄影作品。11 月 4 日落幕。

●武宏文会见瑞士驻华大使戴尚贤、阿拉伯联合酋长国驻华大使阿里·扎希里及夫人、比利时王国驻华大使马文克及夫人，双方共叙友好，共话合作，并达成开展能源、文化等领域实质性交流共识。

26 日

●“影像见证 40 年”全国摄影大展在市和阳美术馆开展。展出来自全国 200 余位摄影家 200 余幅作品。

28 日

●“氢都”大同新能源产业城开工。

●大同“农业嘉年华”项目奠基仪式在平城区水泊寺乡马家小村举行。

●大同云冈机场“重庆—大同—大连”新航线开航。

29 日

●大同现代纺织新城——新建中银羊毛羊绒产业链生产基地洗毛生产线投产。

●由大同怡亚通供应链有限公司从美国进口的 23.6 吨冻猪蹄在大同国际陆港正式通关。这是大同国际陆港进口肉类指定查验场正式验收后的首批进口肉类业务。

30 日

●“氢都”大同新能源产业城招商推介会在北京召开，现场签约 126 个项目，总投资 1012 亿元。

31 日

●由省委常委、常务副省长林武任组长，省人大常委会副主任、省总工会主席高卫东和省政府副秘书长翟振新任副组长的省委第四督导检查组到大同，督导检查大同市贯彻落实省委十一届六次全会精神及系列专项部署情况。

●中央文明办发布 10 月“中国好人榜”，大同市吴德斌、葛向栋、王春芳分别上榜见义勇为好人、诚实守信好人、孝老爱亲好人。

●“大同市传统工艺振兴工作站”在广灵剪纸艺术博物馆挂牌成立。

11 月

1 日

●大同市“12349”智能化居家养老服务平台上线。

●拥有完全自主知识产权的永磁直驱大功率交流传动电力机车在中车大同电力机车有限公司正式下线，这是中国首次采用永磁和直驱技术的大功率交流传动电力机车。

1 日至 5 日

●第十六届中国国际农产品交易会暨第二十届中国中部（湖南）农业博览会在长沙国际会展中心举办。来自大同市的东方亮生命科技股份有限公司、华建油脂有限责任公司、白老大食品有限公司等 11 家企业 100 余种优质农产品参展。现场销售 20 万元，达成贸易协作意向 200 万元。

6 日

●大同方志馆开馆揭牌仪式在市图书馆举行。

10 日

●乌克兰“国字号”团队——中国—乌克兰大同玄武岩新材料创新研究中心成立。

●山西能源交通投资有限公司装配式建筑大同产业园开工建设。

●山西晋投玄武岩开发有限公司大同年产 5 万吨岩棉项目正式投产。

●大同首届无人机航测技术发展与应用交流会召开，来自全国及省内的多位航测专家及企业参加交流会。

13 日

●2018 大同市“政协论坛”举行，该论坛主题为“同心同力、共谋发展”。市政协主席部向华等出席论坛。

●《伟大的变革——庆祝改革开放 40 周年大型展览》在北京国家博物馆开展，大同市有两项展览要素入展：第四展区第三单元展出 1980 年有第一台电视机的大同市左云县上张家坟村；第四展区第九单元有被追授为“全国优秀共产党员”的大同市阳高县信访服务中心原主任李培斌。

15 日

●全国人大常委会委员、全国人大教科文卫委员会副主任委员吴恒到大同，走访看望驻大同全国人大代表、大同市公交公司三分公司驾驶员冯冰，并调研大同市实施科技进步法相关情况。

17 日

●2018 长三角文旅产业论坛暨2018《中国国家旅游》年度榜单颁奖在上海举行，大同市被评为 2018 年度《中国国家旅游》最佳全域旅游目的地。

17 日至 18 日

●由市政府组织、大同企业离岸创新孵化基地（北京站）承办的创新发展“实战”培训在北京中关村智造大街举行，232 家规模以上工业企业、10 家新能源企业和 10 家“小升规”企业负责人走进智造大街，“零距离”感受一站式硬科技服务体系的产业生态，提升企业核心技术创新能力。

18 日

●山西通用航空职业技术学院在大同建设。

●华宇方圆农业发展有限公司挂牌及华宇方圆新物流生态圈项目山西运营启动。

20 日

●“千年壁画、百年沧桑——古代壁画暨流失海外珍贵壁画再现传播与展示巡回展”在云冈美术馆举行。

21 日

●山西大学和市考古研究所联合考古队在市云州区瓜园乡李汪涧村南发现并发掘李汪涧遗址，发现遗物 1870 件。专家称，该遗址距今约 6 万年，属于晚更新世中晚期，为泥河湾盆地旧石器时代中到晚期的过渡，是现代人类起源的重要节点，对泥河湾文化起源、发展、消失的规律性认知，揭示泥河湾文化与周边文化，与周口店北京人文化的关系提供新的佐证。

●市政府与 7 家单位签订《大同市御河利仁皂和桑干河固定桥两个国考断面退出劣 V 类水质责任清单》。

22 日

●大同市图书馆试运行。

●山西大同大学附属肿瘤医院在市二医院、肿瘤医院揭牌。

●“不同·2018 中国大同雕塑双年展”在北城墙中国雕塑博物馆开幕。该届双年展由深圳雕塑院院长孙振华、中央美术学院雕塑系主任吕品昌担任总策展人，参展作品分为“器物”“具象”“材料”“户外”“科技”5 个板块、250 件作品。

24 日至 25 日

●全省信访基础业务规范化建设推进会在大同召开。省委常委、政法委书记商黎光出席会议并讲话。

29 日

●全国规范公路治超执法优化营商环境现场会在大同召开。交通运输部公路局局长吴德金出席会议并讲话。

30 日

●山西省招商引资推介会在深圳举行，大同市承办新能源和现代医药及医疗器械产业专题对接会，与 150 余家企业对接，签约 13 个项目，总投资 192.3 亿元。

12 月

2 日

●大同市“天镇保姆”推介会在北京举行。国家人社部副部长张义珍，国家人社部原副部长杨志明，北京市商务局党组书记、局长闫立刚，国家人社部机关党委常务副书记崔长征等出席推介会。省委常委、市委书记张吉福，省妇联主席张葆，省人社厅副厅长吴海亮，市委副书记刘振国等出席会议。

●全国双拥模范个人欧学联因病医治无效逝世，享年 75 岁。

12 月初

●大同市警方侦破首起跨国走私贩毒部督目标案件，抓获毒犯 15 人，缴获毒品 6 千克、土制海洛因 130 克、冰毒 200 克、毒资 19 万元。

3 日

●市政府与北京长鹰蜜蜂科技有限公司签订北航蜜蜂飞机制造项目合作协议。

●张吉福到位于北京市海淀区的大禹伟业（北京）国际科技有限公司考察，与该公司董事长黄金星一行交流对接，双方初步达成在大同建设新型建材项目等共识。

5 日

●大同汽车客运东站试运营，大同城际（旅游）公交运营。

●由北京市投资促进局与北京外商投资企业协会组成的考察团一行 12 人到大同考察投资和扶贫项目合作。张吉福与考察团一行座谈，双方沟通交流产业扶贫、文化旅游和新能源产业合作等事宜。

7 日

●人社部保障农民工工资支付工作专项调研会在大同召开。人社部劳动监察局局长王程、省人社厅副巡视员张永东参加会议，副市长荆虎主持会议。

8 日

●大同新能源科技成果转化落地项目暨大同能源互联网与智能电网研究所共建合作协议签署。

●武宏文与英国前教育部部长尼尔·卡迈克尔及部分企业家座谈，探讨新兴工业和高科技工业项目合作的切入点及具体路径，在教育培训、高端智能制造、新能源发展等方面达成合作意向，并现场签署相关合作备忘录。

9 日

●大同市举行 2018“氢都”大同氢能产业发展高峰论坛。

●中科院工程热物理研究所大同分所暨大同煤炭清洁高效利用研究所召开第一次理事会，审定研究所章程和领导班子组成及工作计划。

●市政府与四川荣创新能科技有限公司、北京华云景晟置业有限公司、北达控股有限公司及南京大学昆山创新研究院签订框架合作协议。

10 日

●大同市支持民营企业发展大会召开。会议宣布《市委办公厅、市政府办公厅关于市领导联系民营企业的通知》及《大同市委、市政府关于鼓励和支持民营企业发展的“二十条”政策措施》的说明。

●住房和城乡建设部网站发布《关于第五批拟列入中国传统村落名录的村落基本情况公示》，大同市云冈区高山镇高山村、天镇县谷前堡镇白羊口村、天镇县马家皂乡安家皂村、广灵县壶泉镇涧西村、灵丘县独峪乡花塔村、云州区峰峪乡徐疃村5个村入列其中。

11日

●大同市启动下一年重型汽车产业链“百亿工程”，陕汽大同专用汽车有限公司与山西北宇专用车有限公司签订战略合作协议。

12日

●市政协庆祝改革开放40周年光辉历程图片展开展。此次图片展的主题为：不忘初心再出发，牢记使命铸辉煌。集中展示市政协各个历史时期珍贵图片337幅。

14日

●大同市体育运动学校新址揭牌。该校投资3.82亿元，占地面积11.13万平方米，总建筑面积4.52万平方米。

●首届中蒙（大同）合作论坛暨中蒙（大同）商品展销峰会在大同市和阳美术馆举行。

●大同市防震减灾科普馆正式开馆。

17日至18日

●副省长贺天才到大同市部分能源企业和项目工地，调研座谈大同经济技术开发区土地管理和能源革命工作，并现场办公。武宏文等陪同调研。

18日

●“凝思聚识助力发展”大同市人大议政论坛举行，11位人大代表围绕市“三大任务、三大振兴、三大攻坚战”战略目标，以及人民群众关心关注的民生问题出谋划策、建言献计。省委常委、市委书记张吉福，市委副书记、市长武宏文，市委副书记刘振国，市人大常委会主任赵向东，市政协主席郜向华等市四套班子领导出席会议。

●主题为“同心同力、共谋发展”的2018大同市“政协论坛”在御东行政中心报告厅举行。10位来自不同领域的政协委员、专家学者代表畅谈牢记使命担当、凝聚发展共识的心声。张吉福、刘振国、赵向东、郜向华等市四套班子领导出席会议。

19日

●全市黄花产业发展大会在黄花产业园区召开。

●云冈石窟景区入围2018中国品牌旅游景区TOP20。

20日

●第二届大同道德模范发布仪式在大同广播电视台演播厅举行。杨怀奎、宋金为“助人为乐模范”，徐文彪、吴德斌为“见义勇为模范”，苏裕田、张晓龙为“诚实守信模范”，郭二仁、徐海龙为“敬业奉献模范”，辛荣达、王春芳为“孝老爱亲模范”，张瑞亮、王孝和、关权、侯建文、葛向栋、孙秀莲、郑剑兴、魏官元、李元连、郤连枝10人获提名奖。

●大同农村商业银行股份有限公司揭牌成立，是全省首家农村商业银行和高风险农信社以新设合并方式组建的法人机构。

20日至21日

●全国饮水型氟超标改水工作现场推进会在大同召开。

21日

●副省长陈永奇到市云州区倍加造镇实地检查指导“大棚房”问题清理整治工作。

22日

●中国画名家精品展在北朝艺术博物馆开展，全国70余位老、中、青三代画家100余幅作品参展。

23日

●大同被授予“2018中国十佳冰雪旅游城市”称号。

●“伟大变革中的大同——大同市庆祝改革开放40周年摄影展”在市和阳美术馆开幕。展览以图片、文字、影像资料等形式展示改革开放40年来大同经济社会发生的巨变。

●2018蒙晋冀长城金三角合作区文艺交流晚会在市工人文化活动中心举行。

●由中国小说学会主办的2018年度中国小说排行榜揭晓，有6部长篇、10部中篇、10部短篇小说入选，其中大同市作家王祥夫创作的《一粒微尘》入选中篇小说榜。

24日

●2018蒙晋冀（乌大张）长城金三角合作区第五届联席会议在大同召开。

25日

●中国地质科学院地质研究所苏德辰研究员和孙爱萍等人在云冈石窟发现侏罗纪古地震遗迹。遗迹发生在距今1.6亿至1.8亿年间的侏罗纪，填补该时期华北古地震记录的空白。古地震遗迹位于“山堂水殿”景点北侧道路的山体崖面下，是一套紫红色泥页岩与砂岩交互出现的侏罗纪地层，地表出露长度约80米。

26日

●大同宇林德石墨设备股份有限公司年产5万吨超高功率石墨电极项目投产，填补国内直径600毫米以上超高功率石墨电极空白。

●市第三人民医院医疗集团挂牌。市第三人民医院与市第二人民医院、市第四人民医院等9家医院及新建北路社区卫生服务中心、振华南街社区卫生服务中心等9家基层医疗机构组建成立医疗集团。

●大同市胸痛区域中心联盟成立暨胸痛急救地图发布会召开。大同市胸痛区域中心联盟由市第三人民医院1个理事长单位，市第五人民医院、同煤总医院2个副理事长单位和市第二人民医院、市第四人民医院、大同大学附属医院、市急救中心、云州区医疗集团等19个理事单位组成。

27日

●大同市与同煤集团签约移交同煤住房公积金管理机构。

●大同云冈机场实现年旅客吞吐量首次突破100万人次大关，并跻身全国百万级机场行列。

●中国第一条重载铁路大秦铁路开通运营30年来，累计运煤62.68亿吨。

28日

●大同公交“智能调度系统”暨“易公交APP”上线。

29日

●2019大同市新年音乐会在市工人文化活动中心举行。

●“春华秋实”——中国当代名家八人作品巡展在中国（大同）潘家园展厅启幕，50幅作品展现当代画坛8位艺术家对时代的讴歌，表达歌颂祖国、赞美家乡。（编辑部）

市情概览

自然地理

【位置】 大同市地处山西省北部，位于北纬39°54′～40°44′，东经112°06′～114°33′。北以外长城为界，与内蒙古自治区乌兰察布市兴和县、丰镇市、凉城县毗邻，西、南与山西省朔州市右玉县、怀仁市、应县及忻州市繁峙县相连，东与河北省张家口市怀安县、阳原县、蔚县及保定市涞源县、阜平县连接。 （编辑部）

【面积】 大同市东西宽136.9千米，南北长189千米，总面积1.41万平方千米。2018年大同县改为云州区，成为新的城区，新调整大同市区面积为3578平方千米。 （编辑部）

【地质】 大同市处于华北台地的山西台背斜与阴山隆起交接部位。北为北口隆地，西南为大同—静乐凹陷，东南为桑干河新断陷。该区域在多期地壳构造变动中形成一系列构造形迹，新生代喜马拉雅期，以断陷、堆积、火山活动较为活跃阶段。东部为世界地质奇观大同火山群，与云南腾冲构成南北两大火山群。 （编辑部）

【地貌】 大同市山地面积5285.9平方千米，占总面积37.4%；丘陵面积3318平方千米，占总面积23.5%；台地面积1700.9平方千米，占总面积12.1%；平川面积3136平方千米，占总面积22.2%；盆地面积238.9平方千米，占总面积1.7%；河沟面积432.9平方千米，占总面积3.1%。

大同西北部山脉属阴山山脉和吕梁山脉，主要有白登山、双山、二郎山、云门山、采凉山等；东南部山脉属太行山脉，主要有恒山、太白山、六棱山等。全市一般海拔在1000～1500米，最高处为阳高县境内六棱山黄羊尖（海拔2420米），最低处为灵丘县境内花塔村冉河出口处（海拔558米）。桑干河自西南向东北横贯全市，形成周围高、中间低、两山夹一川的槽型盆地。除桑干河外，境内主要河流有御河、十里河、淤泥河、口泉河、南洋河、壶流河、唐河、大沙河等。

（编辑部）

【气候】 2018年，大同市主要气候特点：降水偏多但时空分布不均，气温略偏高，日照偏少，无霜期偏长，大风沙尘天气偏少；农业气象条件总体满足作物生长需求。

降水　全年全市年平均降水量439.2毫米，较常年同期偏多13%，比上年偏多13%；降水时空分布不均，8县（区）年降水量介于378.8（灵丘县）～491.6毫米（浑源县），灵丘县偏少8%，其余各地偏多4%～22%。春、夏季偏多，秋、冬季偏少；1月、4月、5月、7月、8月偏多，其余月份均偏少。各季降水特点：冬季（2017年12月至2018年2月）全市平均降水量3.3毫米，较常年同期偏少52%；8县（区）降水量介于1.5～7.5毫米，广灵偏多，其余各地偏少。12月，全市平均降水量0.3毫米，较常年同期异常偏少86%；仅左云县、广灵县出现0.7毫米和1.7毫米降水，广灵县偏多31%，左云县偏少72%，其余各地偏少100%。1月偏多74%，2月异常偏少100%。降水主要集中在1月上旬和下旬。春季（3月至5月）全市平均降水量97.6毫米，较常年同期偏多53%，比上年同期偏多154%；8县（区）降水量介于80.6～120.2毫米，较常年同期偏多14%～82%。3月偏少37%，4月、5月分别偏多111%和48%；降水主要集中在4月上、下旬和5月中、下旬。夏季（6月至8月）全市平均降水量279.4毫米，较常年同期偏多17%，比上年同期偏多10%；8县（区）降水量介于250.1～311.0毫米，灵丘偏少5%，其余各地偏多13%～28%。6月偏少45%，7月、8月分别偏多67%和1%；降水主要集中在7月和8月上、中旬。秋季（9月至11月）全市平均降水量58.6毫米，较常年同期偏少26%，比上年同期偏少32%；8县（区）降水量介于21.4～84.4毫米，平城区、阳高分别偏多6%和1%，其余各地偏少14%～71%。9月偏少20%，10月偏少22%，11月异常偏少88%。降水主要集中在9月上、中旬和10月中旬。

气温　全年全市年平均气温7.6℃，较常年同期偏高0.6℃，比上年偏低0.5℃；8县（区）年平均气温介于6.7℃（左云县）～8.6℃（灵丘县），平城区偏低0.3℃，浑源县与常年持平，其余各地偏高0.6℃～1.0℃。春、夏季气温偏高，秋、冬季气温偏低；1月、2月、9月、10月、12月偏低，其余各月偏高。全市年极端最高气温35.7℃（8月4日出现在天镇县），年极端最低

气温 -33.2℃（1 月 23 日出现在广灵县）。各季气温特点：冬季（2017 年 12 月至 2018 年 2 月）全市平均气温 -8.7℃，较常年同期偏低 0.1℃；12 月偏高 1.3℃，1 月偏低 0.6℃，2 月偏低 0.8℃。春季（3 月至 5 月）全市平均气温 11.3℃，较常年同期异常偏高 2.7℃；各月气温均偏高，3 月异常偏高 4.9℃，4 月偏高 1.8℃，5 月偏高 1.3℃。夏季（6 月至 8 月）全市平均气温 22.4℃，较常年同期偏高 1.6℃；各月气温均偏高，6 月偏高 1.5℃，7 月偏高 1.1℃，8 月异常偏高 2.3℃。秋季（9 月至 11 月）全市平均气温 6.1℃，较常年同期偏低 0.9℃。9 月偏低 1.4℃，10 月偏低 1.7℃，11 月偏高 0.5℃。

日照 大风 沙尘 全年全市年平均日照时数 2594 小时，较常年同期偏少 117 小时，比上年偏少 118 小时；8 县（区）年日照时数介于 2394 ~ 2776 小时，平城区、浑源县偏多，其余各地偏少。全年大风、沙尘天气偏少。8 县（区）年大风日数介于 3 ~ 26 天，灵丘县最少，浑源县最多，平均大风日数 12.6 天，较常年同期偏少 4.3 天，比上年偏少 1.8 天。全市无沙尘暴；各地扬沙日数 2 ~ 9 天。

霜冻 无霜期 全年终霜冻偏早，初霜冻和常年持平，无霜期偏长。全市终霜冻日平均出现在 4 月 29 日，较常年同期偏早 14 天。其中，阳高县、灵丘县出现在 4 月 16 日，其余各县和平城区均出现在 5 月 3 日，偏早 7 ~ 24 天。全市初霜冻日平均出现在 9 月 25 日，与常年持平，其中阳高县、左云县、灵丘县偏晚 3 ~ 7 天，天镇县持平，其余各地偏早 1 ~ 6 天。全市无霜冻期介于 140 ~ 169 天，平均 148 天，较常年同期偏长 14 天。

（赵晓光）

【土地资源】 大同市地处黄土高原东部边缘和太行山脉交接地带，地势高亢，境内受燕山运动影响，地貌类型复杂多样，山地、丘陵、盆地、平川兼备，自西北向东南呈“T”字形。全市土地总面积 1405639.67 公顷，其中建设用地 94384.61 公顷，占总面积 6.72%；农用地 767099.57 公顷，占总面积 54.57%；未利用地 544155.49 公顷，占总面积 38.71%。全市耕地面积 376066.98 公顷、基本农田面积 310226.67 公顷。（市国土资源局）

【水资源】 大同市境内河道属永定河水系的有桑干河、壶流河、南洋河、御河等，属大清河水系的有唐河。永定河水系流域面积 10831 平方千米；属大清河水系流域面积 2071 平方千米。主要河道有一级河桑干河、南洋河、壶流河、唐河 4 条；二级河浑河、御河、口泉河、白登河、黑水河、段家沟、涧西沟、华山河、塌涧河 9 条，境内最大的河流为桑干河，自西向东北横贯全市，流经云州区（原大同县）、阳高县等县（区），长 55.6 千米，流域面积 7262 平方千米，年均流量 7.34 亿立方米。主要支流有浑河、御河、口泉河等。全市大小水库 111 座，其中中型水库 6 座，即册田、孤山、十里河、恒山、赵家窑、文瀛湖水库。总库容量 6.79 亿立方米。其他小水库库容 1.06 亿立方米。市内水资源贫乏，且区域分布不平衡，边境多水，盆地少水，山区缺水。人均水资源占有量仅为全国平均水平 15%。（编辑部）

【矿产资源】 大同市是一个典型的内陆资源型城市，矿产资源丰富，以煤炭为主，查明储量并录入山西省矿产资源储量数据库及《山西省矿产资源储量简表》的主要矿产有 25 种，分别是煤、金、银、铁、锰、铜、铅、锌、镁、钼、冶金用白云岩、磷、普通萤石、耐火黏土、石墨、沸石、长石、水泥用灰岩、水泥配料用黏土、水泥配料用砂岩、陶瓷土、膨润土、饰面用花岗岩、珍珠岩、饰面用大理岩。

煤炭资源 全市煤炭资源矿区有 52 处，截至 2018 年年底，累计查明资源储量约 277 亿吨，其中侏罗纪约 80 亿吨（全部被煤矿企业占用），主要分布在左云县、云冈区、新荣区、广灵县；石炭纪约 197 亿吨（矿山占用约 96 亿吨），主要分布在左云县、云冈区、浑源县。

金属矿产 全市主要有黑色金属矿产、有色金属矿产和贵金属矿产。黑色金属矿产主要包括铁矿、锰矿。铁矿区有 23 处，主要分布在浑源县、灵丘县、广灵县，天镇县、阳高县、新荣区有零星分布；锰矿主要分布在灵丘县太白巍山。铁矿石累计查明储量 15473.3 万吨；锰矿石累计查明储量 113.26 万吨。有色金属矿产主要有铜矿、铅矿、锌矿、镁矿和钼矿。铜矿集中分布在灵丘县，累计查明矿石储量 982.4 万吨。铅、锌矿主要分布在灵丘县、天镇县一带，铅矿石累计查明储量 3338 万吨，锌矿石累计查明储量 3430 万吨。镁矿（炼镁白云岩）主产地在广灵县，累计查明矿石储量 7723 万吨，钼矿主产地在灵丘县，累计查明矿石储量 369.6 万吨。贵金属矿产主要有金、银。金矿主要分布在灵丘县、阳高县，累计查明岩金金属量 18545.7 千克，矿石量 968.17 万吨。银矿主要分布在灵丘县，累计查明银金属量 4411.8 吨，矿石量 3320.65 万吨。

非金属矿产 全市非金属矿产主要有化工原料非金属矿产、冶金辅助原料非金属矿产、建材，以及其他非金属矿产。有些非金属矿产在全省乃至全国都属于优势矿产，如分布在浑源县、灵丘县一带的沸石，累计查明储量 16637 万吨，是全省唯一产地，居全国首位，由于开发利用程度有限，仅用做水泥生产添加剂；全省珍珠岩唯一产地的灵丘塔地珍珠岩矿区，累计查明储量 5893 万吨，居全国第二位。

（市国土资源局）

历史溯源

【人文大同】 大同这座承载两千余年人类历史的古城，境内桑干河支流、御河纵贯南北，古称平城、云州、云中，辽代改称大同，曾是北魏京都，辽金陪都，明清重镇，处在内外长城之间，是北方的边陲重地，是胡汉文化交融的地方，具有多民族交融形成的独特文化。早在春秋战国时期，赵武灵王就是在这里摈弃汉人笨重的战车长袍，推广轻便的胡服骑射，从而成就一代霸业。汉朝时，刘邦率军抗击匈奴，在平城白登山被困七天七夜，后来用陈平的计策，贿赂匈奴单于的妻子阏氏，才得以突围。这一次战争失利使西汉政府改变对匈奴的策略，与匈奴结下和亲之约，也就有后来传为佳话的昭君出塞。登国元年（386），鲜卑族首领拓跋珪在内蒙古盛乐（今和林格尔）建立北魏，成为中国历史上第一个与南方汉族政权抗衡的少数民族王朝。天兴元年（398）七月，迁都于平城（今大同市内）。在此经历六帝七世，直到太和十八年（494）魏孝文帝迁都洛阳为止，平城作为北魏的都城近百年之久。在平城“营宫室、建宗庙、立社稷、造宫城”，经过近百年的苦心经营，平城成为当时北方的政治、军事、经济和文化中心。重熙十三年（1044），辽兴宗把云州升为西京府。云州又被列入五京，成为辽国京师的陪都。清宁八年（1062），辽人仿照鲜卑族人立五帝丈六金像的做法，“奉安诸帝石像，铜像”，在云州建筑规模宏大、祖佛一体的华严寺。辽金时西京大同再度兴盛于北方，成为中原与北方少数民族交往的中转站，联系各民族的纽带，大同再度辉煌。明朝时大同改变都城文化风貌。当年朱元璋率明军攻克元大都，结束元朝在全国的统治，元军残部退回蒙古高原，元气大伤，但仍对中原念念不忘，对明朝北部边境构成严重威胁。明王朝因此格外重视北部边境的防御，在北方设立9个防务重镇，称为九边，大同成为九大军事重镇之一，其中大同镇的战略位置尤为重要，当时全国十二分之一的军队驻守在这里，明成祖和明英宗都曾到此御驾亲征，有“大同士马甲天下”的美誉。洪武五年（1372）朱元璋派大将徐达督率军民，在辽、金、元土城的基础上，把大同扩建成新的砖城。顺治二年（1645）五月，清廷派恭顺侯吴惟华攻大同，姜瓖把驻大同农民军将领张天琳等杀死，投降清军。光绪二十六年（1900），大同义和团和全国一样风起云涌，有四五百人，设4个团，杀洋鬼子，烧教堂。七月下旬被官府暴力扑灭，马正太等8名首领被杀。八国联军侵入北京后，慈禧偕光绪西逃，1900年8月30日到大同，驻跸4日，沿途狂奔乱逃，军令不行，所过州、县“十室九空”，给大同人民带来奇祸。辛亥革命武昌起义后，大同人民于1911年11月30日午夜举义，攻下总兵府，成立军政府，后清军围城，太原革命军派续桐溪率忻代宁民团北上增援，与清军对峙。直到12月11日达成协议，革命军南撤。1937年9月25日凌晨，震惊中外的平型关战役发生在大同灵丘县白崖台乡的乔沟，八路军一一五师将士在林彪和聂荣臻率领下，全歼侵华日军板垣师团辎重部队1000余人，缴获大批武器和军用物资。杨成武率领独立团在灵丘驿马岭阻击歼灭日军增援部队300余人。此战既是八路军挺进华北抗日前线的首战告捷，也是抗战以来中国军队出击日军的第一个辉煌胜利。

大同境内名胜古迹遗存众多：五岳中的恒山，是塞外高原通向冀中平原之咽喉要冲，是佛教、道教、儒教三教同修的圣地，主峰天峰岭海拔2016.1米，被称为“人天北柱”“绝塞名山”。境内有全国“文物之最”6处：（1）北魏风韵的世界文化遗产“云冈石窟”，位于大同市西16千米的武周山麓，依山开凿，东西绵延1000米，现存洞窟53个，石雕造像5万余尊。其中，尤为珍贵的是第十六至二十窟，世称“昙曜五窟”，是北魏名僧昙曜奉文成帝旨意开凿的，距今有1500余年的历史。令人惊奇的是昙曜五窟中的五尊大佛，竟然是北魏几代帝王的真实写照，连脸上、脚上的黑痣也相吻合。《魏书》记载，“是年诏有司为石像，令如帝身。既成，颜上足下各有黑石，冥同帝体上下黑子”。（2）华严寺大雄宝殿，建筑面积之宏伟，殿顶鸱吻之高大，均为全国佛寺之最；华严寺天宫楼雕塑艺术，堪称辽金时期的“海内孤品”。（3）善化寺是国内现存最完整的辽金寺院。（4）九龙壁建于明朝洪武年间，是明初代王朱桂府的照壁，是国内建筑最早、规模最大、保存最好的龙壁。（5）悬空寺是中国唯一的高空绝壁建筑，也是中国罕见的佛、道、儒三教合一的寺庙。（6）雁塔为国内建筑位置罕见的城墙上八角七级空心砖质瞭望塔。

大同市有非物质文化遗产保护项目79项。其中，国家级保护项目有雁北耍孩儿、灵丘罗罗腔、恒山道乐、晋北鼓吹、广灵剪纸、左云楞严寺庙音乐、北路梆子、大同铜器制作技艺8项。

大同是中国首批历史文化名城，中国首批13个较大的市之一、中国优秀旅游城市、中国雕塑之都、中国大古都之一、中国特色魅力城市200强、全国性交通枢纽城市、最具生态竞争力城市、最具旅游文化发展潜力城市、国家园林城市、国家新能源示范城市、影响世界的中国文化旅游名城、中国十佳运动休闲城市、中国避暑旅游城市、全国双拥模范城市、丝绸之路十佳特色旅游城市、国家级旅游改革创新先行区、最美中国榜上榜城市、美丽山水城市、最具投资潜力旅游目的地城市、中国最具投资潜力避暑旅游城市、全国十佳冰雪旅游城市。

（编辑部）

【建置沿革】 夏　大同区域的部落称熏鬻，商时称鬼方，西周称北戎。

春秋　大同地区为北狄所居。北狄系指以狩猎为生的游牧部落林胡、楼烦。据《战国策·释地》载：“今山西岢岚州以北，故楼烦胡地也；大同、朔州以北。故林胡地。”大同至内蒙古河套一带，春秋时为林胡活动之地。（唐）尧帝封羲和氏子为北岳长老，其二子和叔来宅。《山海经》中古大同为古平国。商汤封同姓于此地，代子立国。

战国　大同地区为代国，后并入赵地。据《史记·赵世家》载：“子晰告赵简子曰，主君之子将克二国于北，皆子姓也。及简子卒，毋立，是为襄子。北登夏屋，使宰人操铜击杀代王，遂兴兵平代地。”又载：“（武灵王）二十六年（前300），复攻中山，攘地北至燕代，西至云中、九原。”《史记·匈奴传》载：“赵武灵王亦变俗胡服，习骑射，北破林胡、楼烦，筑长城。自代并阴山下，至高阙为塞，而置云中、雁门、代郡。”雁门郡（治所在今朔州市右玉县南），因雁门山而得名。代郡（治所在今河北省蔚县东北），因代国而得名。其地为雁门郡，东属代郡。当时城邑有：平邑（今许堡村）、新城（又名小平城，在今朔州西南）、延陵（今天镇新平）、平舒（今广灵平城）、武州塞（今左云古城）、平城（今大同城北御河西岸，以祈福思安而得名）。大同其地由赵武灵王开辟，远在公元前300年，成为赵国边陲要地。

秦 秦始皇十八年（前229），秦攻赵，次年破赵，公子嘉率其宗族数百人逃到代郡，自立为代王。公元前222年，秦派王贲攻代，虏代王嘉，赵亡。秦始皇二十六年（前221），秦始皇统一中国，废分封制，立郡县，全国设36郡，今大同境内为雁门郡、代郡之地。其时见于记载的城邑有：平城、代、善无、延陵、平舒、武周塞、新城、班氏、马邑等。

西汉 沿袭秦郡县制，其地仍为雁门郡、代郡之地。雁门郡属并州刺史部，治所善无，辖14县：善无、沃阳、繁峙、中陵、阴馆、楼烦、武州、汪陶、剧阳、崞、埒、马邑、疆阴、平城，平城为东部都尉治。代郡属幽州刺史部，治所桑干，辖18县，在今大同境内者10县：道人、高柳、班氏、示氏、平舒、延陵、灵丘、且如、平邑、参合。

东汉 各州置州牧，后改州牧为刺史。大同地区为雁门、代郡之地。雁门郡属并州刺史部，治阴馆，属县十四，今大同市境内有4县：繁峙、武州、崞、平城。代郡属幽州刺史部，治高柳，属县十一，在今大同市境内有6县：高柳、道人、班氏、示氏、北平邑、平舒。建武中，卢芳之乱，沿边八部并废，徙雁门、代郡之民于常山关、居庸关东。东汉建武二十七年（51），复置郡，自善无移雁门郡治阴馆，县仍属。代郡治高柳。"建安中省云中、定襄五郡，立新兴郡于太原界，郡为一县隶之，而别置平城县于勾注陉南，往属焉"。汉末天下大乱，陉北之地弃为荒徼。建安二十年（215），曹操讨伐乌桓，平定代地。安集北边郡县之民，在今代县东五里置平城县，属冀州新兴郡。魏黄初元年（220），复置并州，平城属并州雁门郡。无论属冀州新兴郡平城，还是并州雁门郡平城，均为同名异地，非今大同。

三国 大同地区为乌桓、鲜卑所据。

晋 大同北部为鲜卑族领地，南部为雁门郡地，其时郡迁至广武，属县有：广武、崞、汪陶、平城、俊人、繁峙、原平、马邑。晋永嘉四年（310），晋并州牧刘琨，以拓跋猗卢有救援之功，上书晋怀帝，请封鲜卑拓跋猗卢为代公。西晋建兴元年（313），拓跋猗卢定盛乐为北都，修秦汉故平城为南都，平城复还故治，属代国。

北魏 天兴元年拓跋珪（398）自盛乐迁都平城，改号皇帝，并置司州、代尹，治代都平城。徙六州二十二郡守宰、豪杰、吏民三千家于代郡。"营宫室，建宗庙，立社稷"，进行一系列大规模的首都建设。次月"诏有司正封畿，制郊甸"，划定京畿范围："东至代郡，西至善无，南及阴馆，北尽参合。郊甸范围：东至上谷军都关，西至河（黄河），南至中山隘门塞，北至五原，地方千里。"又设四方四维，置八部帅统兵镇守。平城由宫城、京城（都城）和郭城组成。北魏延和元年（432），改司州为万年尹。皇兴三年（469），在城西立平齐郡，旋废。北魏曾在平城南郊置鼓城县，属代郡，不久废。神麚二年（429）太武帝时，于平城以北，阴山以南，自西而东设置沃野（内蒙古五原县北）、怀朔（内蒙古固阳县西南）、抚冥（内蒙古四子王旗东南土城子）、武川、柔玄（内蒙古兴和县台基庙东北）、怀荒（河北张北县）六个军事重镇，用以拱卫京都，组成北部又一道军事防线。太平真君七年（446）六月，发司、幽、定、冀四州十万人，筑畿上塞围（北魏长城），东起上谷，西至河，广袤皆千里。北魏在平城建都97年，历经六帝七世，平城一直是中国北方政治、经济、文化中心。北魏平城时代又是"丝绸之路"东方起点。北魏太和十八年（494），迁都洛阳后，置恒州，治平城，管辖6郡14县：代郡治平城，领平城、太平（大同西15千米）、武周（旧高山村）、永固（大同北镇川堡）。孝昌二年（526），六镇之变，平城陷废。北魏末分东魏、西魏。

北齐 天保元年（550），东魏被北齐所代，大同为北恒州、北朔州地，属县未有大的变化。天保七年（556），改北恒州为恒安镇（今大同），又名东州城，隶属恒州太平县，徙豪杰三千家以实之。翌年废镇，仍为北恒州。周齐之间，突厥渐强，为防御突厥、柔然、契丹，于天保三年（552），自西河总秦戍筑长城，东至渤海200余千米。天保六年（555），发夫180万人筑长城，自幽州夏口，西至恒州450余千米。天保七年（556），先自西河总秦戍筑长城东至海。

北周 天保八年（557），西魏为北周所代替。北周建德六年（577），灭齐后，州县并废，复置恒安镇，改朔州置北朔州总管府。改太平县为云中县（这是大同称云中之始）。灵丘属蔚州，为灵丘郡治。

隋 开皇元年（581），重新统一中国后，改诸州为郡，其地为马邑郡、雁门郡之地。马邑郡治善阳，辖善阳、神武、云内、开阳。雁门郡治雁门，辖雁门、繁峙、崞县、五台、灵丘。恒安镇隶属马邑郡云内县。开皇五年（585），置代州总管府。

唐 初依隋实行州县制。唐武德四年（621），平刘武周，复于故恒安镇置北恒州。武德六年（623），于雁门郡之灵丘别置蔚州。武德七年（624），北恒州废。贞观元年（627），分天下13道，云、蔚、朔等州属河东道。云州治云中，辖县云中。蔚州治兴唐，辖兴唐、飞狐、灵丘。朔州治善无，辖善阳、马邑。唐末，以浑源川为名，置浑源州；以雁门山、龙首山南北呼应为名，置应州。贞观十四年（640），于故云内县置定襄县，兼云州治。龙朔三年（663），置云中都护府。永淳元年（682），为东突厥默啜所破，州县俱废，移百姓于朔州。开元十八年（730），复置县，改定襄为云中县。废北恒州为东州城，复置云州。天宝元年（742），改云州为云中郡。乾元元年（758），改云中郡为云州。会昌三年（843），以云、蔚诸州为大同道，罢属河东，置都团练使，治云州。咸通十年（869），置大同军节度。中和二年（882），改大同节度为雁门节度。四年（884），云州复隶河东道。唐至德以后，中原运兵刺史皆管军戎，大同防御使由云州刺史领管，辖云、蔚、朔三州。

五代 其地为后唐所占，区划未有大的变动。云中县，为云州治，隶属河东道。李克用与契丹耶律阿保机相会于云州东城，易袍马为兄弟，因取"怀想仁人"之义，改名怀仁县；后唐同光二年（924），析蔚州兴唐县设置广陵县（今广灵县）。同光三年（925），复以云州为大同军节度。

辽　后晋天福二年（937），辽进占云州。初为大同军节度，辽重熙十三年（1044），改云州为西京，设西京道大同府，重熙十七年（1048），析云中，置大同县，为辽之陪都。辽西京道所辖：大同府，治所大同。统2州7县：弘州、德州、大同县、云中、天成、长青、奉义、怀仁、怀安县。蔚州，治蔚州，统灵仙、定安、飞狐、灵丘、广陵。应州，治金城，统金城，浑源、河阳。朔州，治善阳，统善阳、武州、宁远、马邑、神武。

宋　大同地区为路、州、县三级制，全国设15路。宋宣和五年（1123），预置云中府路，治云中府，统云中及武、应、朔、蔚、奉圣、归化、儒、妫8州，与云州合称“山后九州”。为宋金联盟攻辽的预置版图。后金失约，除武、应、朔、蔚诸州于宣和五年（1123），一度归宋，旋为金人所取外，西京仅在雍熙三年（986），云州观察使杨业攻占云州3个月外，再未进入宋之版图。

金　辽保大二年（1122），金宗翰攻占大同府，仍以大同为西京，改西京道为西京路，府治、县治未变。西京路辖2府、7节镇、8刺郡、39县，9镇。皇统元年（1141），以西京路隶属元帅府，旧置兵马都部署司。金天德二年（1150），改置西京路总管府，后更置留守司。置转运使及中都西京路提刑司。大同府辖大同、云中、宣宁、怀安、天成、白登、怀仁7县。省奉义县为镇，入大同。

元　初大同仍称西京。元太祖七年（1212），置警巡院。至元二年（1265），省云中县入大同。元划为省、路、府（州）县四级制，至元二十五年（1288），改西京道大同府为大同路，隶属中书省河东山西道宣慰使司，管辖一领事八州。一领事是录事司，设在大同。属县有大同、白登、宣宁、平地、怀仁五县；八州为弘、浑源、应、朔、武、丰、东胜、云内。上都路管辖今大同和河北部分地区。顺宁府治所蔚州，领灵仙、飞狐、定安、灵丘、广灵。元改天城为天城县，隶属宣德府。后隶属兴和路。大德四年（1300），在西京黄花岭立屯田。大德六年（1302），立万户府。

明　洪武二年（1369），左副将军常遇春攻取大同。明行政区划为省、府、州、县四级制，洪武七年（1374），改大同路为大同府，隶属山西行中书省。洪武九年（1376），改为承宣布政使司。大同府治大同县，辖浑源、应、朔、蔚四州，大同、怀仁、马邑、山阴、广灵、灵丘、广昌7县。宣宁县并入大同县。明军事上实行卫所制，洪武四年（1371），置大同都卫治白羊城。洪武八年（1375），改为山西行都指挥使司。洪武二十五年（1392），徙治大同。初领卫二十六，管辖范围：东至北京居庸关；西起黄河转弯处偏关，北临丰州滩，南抵雁门关，东西延绵千余千米，南北亦有数百千米。其范围之大，实属九边之首。后领卫十四，有大同前卫、后卫、左卫、阳和、天成、威远、平鲁、云川、玉林、镇鲁、高山、宣德、东胜。洪武二十九年（1396），置分守冀北道，驻大同，嘉靖中移驻朔州。永乐六年（1408），置巡抚都御史。永乐七年（1409），置大同镇，设镇守总兵官，为镇之最高指挥官。成化七年（1471），设巡抚。正德八年（1513），设总制，辖13卫所，823堡寨，307座墩台。大同分4道，辖9路，驻军最多135778员，战马51654匹。时有“大同士马甲天下”之称。明王朝为防御蒙古、女真无休止侵扰，采用“高筑墙、广积粮”政策，各府、州、县城修筑得十分坚固，全部砖砌。尤以大同城“为肩背之地，镇守攸重”。明洪武五年（1372），大将军徐达“因旧土城南之半增筑”，东西长1.8千米，南北长1.82千米，周长7.24千米，面积3.28平方千米。城设四门，东曰和阳，南曰永泰，西曰清远，北曰武定。

清　清大同府治大同县，初因明治，领州四县七，隶属山西布政司，后改为山西省。顺治十三年（1656），裁宣大总督，置山西总督，驻大同。康熙四年（1665），裁总督，并入雁门道。雍正四年（1726），于右玉林卫置朔平府，并废除明代卫所，改天镇卫为天镇县，阳高卫为阳高县，左云川卫为左云县，右玉林卫为右玉县，平虏卫为平鲁县。大同府治所大同县，辖浑源、应州，大同、怀仁、山阴、阳高、天镇、广灵、灵丘二州七县和丰镇厅。清末，大同县辖580村，城东194村，城南177村，城西91村，城北118村。朔平府治所右玉县，辖右玉、左云、平鲁、朔州、马邑。

民国　民国元年（1912），大同废府留县，大同县属北路观察使。民国2年（1913）五月，置雁门道，治大同，辖雁北13县、忻县地区13县，共26县。后晋北镇守使在大同驻扎。民国16年（1927），废道后，大同为县，直属山西省，县辖5个行政区，9街585村。

抗日战争时期，大同地区行政区划为三种。日伪行政区划：1937年9月13日，日本关东军侵占大同城，10月15日成立伪“晋北自治政府”，隶属伪“蒙疆联合委员会”，统辖雁北13县；1939年9月改为伪“晋北政厅”，隶属伪“蒙古联合自治政府”；1943年又改为伪“大同省公署”，隶属伪“蒙古自治邦政府”。大同县划为2街、22个联合村。国民党行政区划。1937年9月至1939年12月为山西省第一行政区和第二行政区。第一行政区治所五台，属县十七，在大同地区有灵丘、广灵、浑源、应县、山阴、怀仁、大同、阳高、天镇9县。第二行政区治所岢岚，属县十三，在大同地区有朔县，平鲁、左云、右玉4县。1945年8月，大同被国民党阎锡山政府所统治，恢复事变前原县建制，仍属山西省，辖5个区，86个治村。成立卫戍司令部和城防司令部，建立雁北“第二战区长官司令部大同领导组”，管辖雁北各县，分第十、十一两个专署。第十区辖大同、怀仁、阳高、天镇、浑源、广灵、灵丘7县；第十一区辖右玉、山阴、应县、左云、平鲁、偏关6县。行政督察员兼保安司令。1947年军政分家，改为“山西省政府大同行政公署”，大同县辖4区、30街、70治村。“雁北专员公署”“雁北城防司令部”驻在大同城内。到1948年雁北13县政府流亡大同，大同城内集中国民党行政组织机关22个、党务机关7个、特务机关11个。共产党领导下的行政区划。东雁北：1937年年底属晋东北十八县政治主任公署，1938年6月改为晋东北行政督察专员公署，1940年2月成立第二专员公署，属县有灵丘、繁峙、广灵、浑源、应山县。归晋察冀北岳区管辖。西雁北（大同以西）：1937 年冬属晋西北根据地，1940 年建立晋西北民主政权。1941 年 8 月属晋西北行政公署，1943 年 11 月，改为晋绥边区行政公署，归晋绥边区管辖。

中国共产党领导下的根据地，改东雁北二专署为第五专署，属县有灵丘、繁峙、浑源、应县、代县、山阴、大同、阳高、怀仁。1946 年 5 月，第五专署改为冀晋区第一专署，1949 年 2 月，撤销晋绥边区，西雁北划为晋西北区，设置晋西北行政公署雁北分署。

（编辑部）

人口 方言

【人口】 2018 年，大同市常住人口 345.60 万人，比上年增加 1.36 万人。全年全市出生人口 3.48 万人，人口出生率 10.09‰；死亡人口 2.11 万人，死亡率 6.13‰；自然增长率 3.96‰。

（市统计局）

2018 年大同市人口主要情况表

指 标	年末数（万人）	比重（%）
全市常住人口	345.6	100.0
其中：城镇	221.1	64.0
乡村	124.5	36.0
其中：男性	175.7	50.8
女性	169.9	49.2

【方言】 大同市及天镇县、阳高县、左云县方言，属晋语大包片，浑源县、灵丘县方言属晋语五台片，大包片、五台片方言均有入声，东北部的灵丘县属北方官话，无入声。

大同市方言语音特点为平翘舌音不分，如“四与十”“资与支”同音。无鼻音韵尾，前后鼻音不分，韵尾为喉擦音，比如“根与更”“音与英”同音。部分古入声字舒化，舒入两读字增加，如“活动”的“活”为入声，“大活人”的“活”为舒声。有丰富的儿化韵，如“您”说“您儿”，“他”说“他儿”。

大同市方言词汇特点为有大量的特色词缀，如“圪置蛋”（普通话意思是块），“忽眨”（普通话意思是眨），“日脏”（普通话意思是脏），“蹦达”（普通话意思是蹦）等。叠音词丰富，如“绿莹莹、粉呐呐、红外外”（下划浪线表示为同音字代替）等。有丰富的四字格俗成语，如“白皮泛脸、灰眉处眼”等。有分音词，比如：“摆”说成“不来”，“圈”说成“圐圙”等。

大同市方言非常经济简洁，表现在语法上以简便为特点，如“他去了没？”（普通话意思是“他去了还是没去呢？”），“吃顿儿饭叫我”（普通话意思是“吃饭的时候叫我”），“你拿去哇”（普通话意思是“你去拿回来吧”），等等。 （蒋文华）

民族 宗教

【民族】 大同市属于少数民族散杂居地区。截至 2018 年年底，大同市有少数民族 38 个，共计 16210 人。其中，回族 8720 人，满族 4237 人，蒙古族 1522 人，其他少数民族 1731 人。全市有 4 个少数民族聚居村，分别是：平城区马军营乡田村，云州区杜庄乡马家会村、周士庄镇三条涧村，天镇县马家皂乡袁家皂村。全市无民族社会组织。 （市宗教局）

【宗教】 截至 2018 年年底，大同市有佛教协会、道教协会、伊斯兰教协会、天主教爱国会、基督教三自爱国运动委员会五大市级宗教团体。全市信教群众 22.39 万人，有正式登记、依法开放的宗教活动场所 353 处。其中，佛教场所 164 处，道教场所 29 处，伊斯兰教场所 3 处，天主教场所 11 处，基督教场所 146 处。全市有宗教教职人员 608 人。其中，佛教 448 人，道教 52 人，伊斯兰教 8 人，天主教 24 人，基督教 76 人。 （市宗教局）

行政区划

【概况】 1949 年 5 月 1 日，大同和平解放，成立大同市，隶属察哈尔省直辖，大同市分 5 个区。1949 年 10 月，东西雁北合并，划归察哈尔省，设雁北专署，属县有：灵丘、广灵、浑源、应县、山阴、大同、怀仁、朔县、平鲁、右玉、左云。1952 年，察哈尔省撤销，大同市与雁北 13 县重归山西省，1952 年 12 月，大同市辖一、二、三区和口泉矿区。1954 年 7 月，大同县与怀仁县合并为大仁县。1958 年 6 月，大同市隶属雁北专区。1959 年 1 月 23 日，雁北与忻县合并为晋北专区，大同市隶属晋北专区。雁北合并为 6 个县：阳高、浑源、灵丘、左云、山阴、朔县。1961 年 7 月 24 日，晋北专区撤销，大同市复归雁北专区领导，辖城区、口泉区、古城区、怀仁区。同年 11 月复归山西省直辖。1962 年，雁北恢复 13 个县设置，1964 年 11 月撤销古城区、怀仁区，恢复大同县、怀仁县，市辖两区、两县。1965 年 7 月把大同、怀仁二县划归雁北专区。1966 年 2 月把城区、口泉区所辖农业区划出，成立郊区，大同市辖三个区。1970 年 4 月，大同市划归雁北领导，9 月建立矿区，10 月成立南郊区、北郊区和口泉镇。1971 年，北郊区改为新荣区。1972 年 3 月复归省辖市，辖城区、矿区、南郊区、新荣区 4 个区，17 个街道办事处，287 个居民委员会，22 个乡，5 个镇，252 个生产大队，1125 个生产队，351 个自然村。1989 年 1 月，朔州市成立，雁北管辖的平鲁、朔县、山阴划归朔州市。1993 年 7 月 10 日，雁北地区撤销，地市合并，怀仁、应县、右玉 3 县划归朔州市，把天镇、阳高、广灵、灵丘、浑源、左云、大同 7 县划归大同市，实行市管县。大同市辖城区、矿区、南郊区、新荣区 4 区 7 县。下辖 182 个乡（镇），2645 个村民委员会，40 个街道办事处，638 个居民委员会，全市总面积 14155 平方千米，总户数 726171 户，总人口 276.74 万人。2001 年，市县（区）乡（镇）、村（居委会）撤并，全市 4 区 7 县，有 66 个乡，33 个镇，38 个街道办事处。1950 个村民委员会，305 个社区居民委员会。2017 年，大同市辖 4 区 7 县，分别是城区、矿区、南郊区、新荣区、天镇县、阳高县、广灵县、灵丘县、浑源县、左云县、大同县。另设大同经济技术开发区（国家级）。全市辖66个乡，33个镇，40个街道办事处，334个社区居民委员会，1955个村民委员会。（编辑部）

【区划调整】 2018年2月9日、4月20日，国务院、省政府分别印发《关于同意山西省调整大同市部分行政区的批复》，同意撤销大同市城区、南郊区、矿区，设立大同市平城区、云冈区；同意把南郊区古店镇划归新荣区；同意撤销大同县，设立大同市云州区。区划调整后，全市辖4区6县，分别是平城区、云冈区、新荣区、云州区、左云县、阳高县、天镇县、浑源县、广灵县、灵丘县。另设大同经济技术开发区（国家级），全市辖66个乡，33个镇，40个街道办事处，347个社区居民委员会，1911个村民委员会。（编辑部）

2018年大同市行政区划表

县区	乡、镇、街道名称	村、社区
平城区	3乡12个街道办事处：水泊寺乡 新旺乡 马军营乡 南关街道办事处 北关街道办事处 东街街道办事处 西街街道办事处 南街街道办事处 北街街道办事处 新建南路街道办事处 新建北路街道办事处 大庆路街道办事处 新华街街道办事处 向阳里街道办事处 振华街街道办事处	139个社区 60个村
云冈区	2镇4乡28个街道办事处：高山镇 云冈镇 口泉乡 西韩岭乡 平旺乡 鸦儿崖乡 西花园街道办事处 老平旺街道办事处 新胜街道办事处 新平旺街道办事处 煤峪口街道办事处 永定庄街道办事处 同家梁街道办事处 四老沟街道办事处 忻州窑街道办事处 白洞街道办事处 雁崖街道办事处 挖金湾街道办事处 晋华宫街道办事处 马脊梁街道办事处 大斗沟街道办事处 王村街道办事处 姜家湾街道办事处 新泉路街道办事处 民胜街道办事处 口泉街道办事处 马口街道办事处 燕子山街道办事处 杏儿沟街道办事处 青磁窑街道办事处 平泉路街道办事处 四台沟街道办事处 和顺街道办事处 和瑞街道办事处	127个社区 120个村
新荣区	2镇6乡：古店镇 新荣镇 破鲁堡乡 郭家窑乡 花元屯乡 西村乡 上深涧乡 堡子湾乡	5个社区 144个村
云州区	3镇7乡：西坪镇 倍加造镇 周士庄镇 吉家庄乡 峰峪乡 杜庄乡 党留庄乡 瓜园乡 巨乐乡 许堡乡	12个社区 169个村
阳高县	7镇5乡：龙泉镇 罗文皂镇 大白登镇 王官屯镇 古城镇 东小村镇 友宰镇 长城乡 北徐屯乡 狮子屯乡 下深井乡 鳌石乡	15个社区 241个村
天镇县	5镇7乡：玉泉镇 谷前堡镇 米薪关镇 逯家湾镇 新平镇 三十里铺乡 南河堡乡 贾家屯乡 赵家沟乡 南高崖乡 张西河乡 马家皂乡	12个社区 227个村
广灵县	2镇7乡：壶泉镇 南村镇 一斗泉乡 蕉山乡 加斗乡 宜兴乡 作疃乡 梁庄乡 望狐乡	6个社区 172个村
灵丘县	3镇9乡：武灵镇 东河南镇 上寨镇 落水河乡 史庄乡 赵北乡 石家田乡 柳科乡 白崖台乡 红石楞乡 下关乡 独峪乡	13个社区 249个村
浑源县	6镇12乡：永安镇 西坊城镇 蔡村镇 沙圪坨镇 王庄堡镇 大磁窑镇 下韩村乡 南榆林乡 吴城乡 黄花滩乡 大仁庄乡 千佛岭乡 东坊城乡 裴村乡 驼峰乡 西留村乡 官儿乡 青磁窑乡	11个社区 301个村
左云县	3镇6乡：云兴镇 鹊儿山镇 店湾镇 管家堡乡 张家场乡 三屯乡 马道头乡 小京庄乡 水窑乡	7个社区 226个村

注：大同经济技术开发区管辖2个村

国民经济和社会发展

【概况】 2018年，大同市地区生产总值1271.8亿元，按可比价格计算，比上年增长6.8%。其中，第一产业增加值64.5亿元，比上年增长3.6%；第二产业增加值464.5亿元，比上年增长5.4%；第三产业增加值742.8亿元，比上年增长8.2%。第一产业增加值占地区生产总值比重5.1%，第二产业增加值比重36.5%，第三产业增加值比重58.4%。全市人均地区生产总值36874元，比上年增长6.0%。

全年全市居民人均可支配收入21590元，比上年增长8.5%。按常住地分，城镇居民人均可支配收入29911元，比上年增长6.9%；城镇居民人均消费支出13936元，比上年增长9.1%。农村居民人均可支配收入9710元，比上年增长9.6%；农村居民人均消费支出7623元，比上年增长11.9%。

全年居民消费价格比上年上涨1.7%。其中，食品烟酒类价格比上年上涨1.7%；衣着类比上年下降0.3%；居住类比上年上涨0.6%；教育文化及娱乐类比上年上涨1.5%；医疗保健类比上年上涨10.6%；生活用品及服务类比上年下降0.9%；交通通信类比上年上涨0.4%；其他用品及服务类比上年上涨1.2%。全年商品零售价格比上年上涨2.1%。工业生产者出厂价格比上年上涨5.4%。

全年全市城镇新增就业人员5.30万人。转移农村劳动力2.47万人。年末城镇登记失业率3.0%。（市统计局）

【农业】 2018年，大同市农作物种植面积321710公顷，比上年减少5090公顷。其中，粮食种植面积266530公顷，比上年减少4150公顷。在粮食种植面积中，秋粮种植面积266530公顷，比上年减少4150公顷。全市油料作物种植面积14780公顷，比上年减少3020公顷；蔬菜面积19530公顷，比上年增加3510公顷；饲草作物种植面积6090公顷，比上年增加1940公顷。

全年全市粮食总产量123.29万吨，比上年增加8.67万吨，比上年增长7.6%。其中，秋粮产量123.29万吨，比上年增长7.6%。

全年全市生猪出栏102.9万头，比上年下降0.9%；牛出栏8.9万头，比上年增长3.9%；羊出栏196.4万只，比上年下降0.2%；家禽出栏399.1万只，比上年增长1.0%。年末猪存栏60.3万头，比上年下降8.8%；牛存栏18.0万头，比上年下降4.2%；羊存栏195.9万只，比上年下降9.8%。全市肉类总产量14.6万吨，比上年下降1.3%。其中，猪羊肉产量12.6万吨，比上年下降1.6%。牛奶产量27.8万吨，比上年增长3.8%。禽蛋产量7.3万吨，比上年增长7.9%。

全年生猪出栏103.8万头，比上年增长1.4%；牛出栏8.6万头，比上年增长7.1%；羊出栏196.8万只，比上年增长10.7%；家禽出栏395.3万只，比上年增长9.7%。年末猪存栏66.1万头，比上年增长9.1%；牛存栏18.8万头，比上年增长4.9%；羊存栏217.3万只，比上年增长7.8%。全市肉类总产量15.0万吨，比上年增长3.1%。其中，猪羊肉产量12.8万吨，比上年增长2.7%。牛奶产量26.8万吨，比上年增长8.3%。禽蛋产量6.8万吨，比上年增长18.3%。

全年农业机械总动力（不包括农用运输车动力）96.39万千瓦。机械耕地面积233320公顷，比上年增长4.4%；机械播种面积187890公顷，机械收获面积95820公顷，分别比上年增长3.1%和11.7%。农村用电量3.85亿千瓦小时，比上年增长5.6%；化肥施用量23.73万吨，比上年减少8.9%。（市统计局）

【工业·建筑业】 2018年，大同市规模以上工业企业工业增加值比上年增长5.7%。

全年全市规模以上工业企业实现主营业务收入1860.0亿元，比上年增长10.8%。实现利税156.5亿元，比上年增长27.7%。其中，国有控股工业企业实现利税127.5亿元，比上年增长25.3%。实现利润69.5亿元，比上年增长60.0%。其中，国有控股工业企业实现利润50.3亿元，比上年增长69.9%。

全年全市建筑业增加值93.2亿元，比上年增长4.9%。全市具有建筑业资质等级的总承包和专业承包建筑业企业建筑业总产值184.5亿元，比上年增长14.0%。房屋建筑施工面积778.4万平方米，比上年增长0.9%；房屋竣工面积318.8万平方米，比上年增长10.6%。（市统计局）

2018年大同市规模以上工业增加值增长速度表

指 标	比上年增长（%）
规模以上工业	5.7
其中：国有及国有控股	3.6
其中：轻工业	17.4
重工业	4.7
其中：中央企业	14.8
地方企业	4.1
省属企业	1.5
其中：能源工业	0.6
材料与化学工业	13.5
消费品工业	18.2
装备制造业	30.0
其他工业	8.3
在总计中：	
非煤工业	14.5
高技术产业	28.5
战略性新兴产业	28.1

2018 年大同市规模以上工业主要产品产量及其增长速度表

产品名称	单 位	产 量	比上年增长（%）
原煤	万吨	11167	2.2
发电量	亿千瓦小时	457.6	7.5
其中：风电	亿千瓦小时	37.3	4.8
烧碱	万吨	1.8	1.4
合成橡胶	万吨	2.8	–7.6
水泥	万吨	492.2	3.8
生铁	万吨	61.9	76.3
粗钢	万吨	69.7	86.8
机车	台	112	80.7
汽车变速箱	台	122054	9.4
化学原料药	万吨	2.6	3.1
精甲醇	万吨	51.2	–2.2
活性炭	万吨	6.4	55.7
石墨及碳素制品	万吨	13.9	76.2
洗煤	万吨	5447.5	12.8

【能源】 2018 年，大同市一次能源生产折标准煤 0.62 亿吨，比上年增长 2.6%；二次能源生产折标准煤 0.47 亿吨，比上年增长 16.4%。

全年外输电力 306.7 亿千瓦时，比上年增长 5.9%，外输电量占发电量比重 66.5%。全社会用电量 154.7 亿千瓦时，比上年增长 8.3%。其中，第一产业用电量 1.2 亿千瓦时，比上年下降 11.6%；第二产业用电量 115.3 亿千瓦时，比上年增长 8.2%；第三产业用电量 21.5 亿千瓦时，比上年增长 11.0%；居民生活用电量 16.7 亿千瓦时，比上年增长 5.4%。

（市统计局）

【固定资产投资】 2018 年，大同市全社会固定资产投资 549.2 亿元，比上年增长 12.3%。其中，国有经济单位投资 234.9 亿元，比上年增长 32.1%；民间投资 290.1 亿元，比上年下降 6.9%。分产业看，第一产业投资 18.5 亿元，比上年下降 76.7%；第二产业投资 203.8 亿元，比上年增长 26.5%；第三产业投资 327.0 亿元，比上年增长 31.4%。在第二产业中，工业投资 203.8 亿元，比上年增长 25.6%。

全年全市房地产开发投资 155.5 亿元，比上年增长 39.6%。其中，住宅投资 120.4 亿元，比上年增长 52.1%。全年全市房地产开发施工面积 1391.9 万平方米，比上年下降 11.8%。其中，住宅施工面积 869.6 万平方米，比上年下降 8.0%。房屋竣工面积 78.5 万平方米，比上年下降 78.7%。其中，住宅竣工面积 51.6 万平方米，比上年下降 79.0%。商品房屋销售面积 248.3 万平方米，比上年增长 23.8%。

全年全市固定资产投资施工项目 837 个，其中新开工 616 个。全部建成投产项目 461 个（不含房地产）。新增固定资产 133.4 亿元。永泰南广场建设主体完工，跨御河开源桥建成通车，推进同煤至云冈机场高架快线工程建设。（市统计局）

2018 年大同市分行业固定资产投资及其增长速度表

行 业	投资额（万元）	比上年增长（%）
总 计	549.2	12.3
农林牧渔业	19.3	–75.9
采矿业	37.6	–36.3
制造业	91.1	48.3
电力、燃气及水的生产和供应业	75.1	79.4
建筑业	—	—
交通运输、仓储和邮政业	20.2	0.1
批发和零售业	3.0	–75.1
住宿和餐饮业	0.6	–63.5
房地产业	208.1	53.1
租赁和商务服务业	4.3	–64.4
科学研究、技术服务和地质勘查业	2.7	–45.6
水利、环境和公共设施管理业	73.3	89.5
居民服务和其他服务业	0.2	–79.5
教 育	5.9	138.3
卫生、社会保障和社会福利业	1.7	–49.3
文化、体育和娱乐业	3.1	–8.8
公共管理和社会组织	1.9	–77.9

【国内贸易】 2018年，大同市社会消费品零售总额700.0亿元，比上年增长8.1%。按经营地统计，城镇消费品零售额597.1亿元，比上年增长8.2%；乡村消费品零售额102.9亿元，比上年增长7.6%。按行业统计，全年全市批发业零售额64.7亿元，比上年增长9.7%；零售业零售额556.3亿元，比上年增长8.0%；住宿和餐饮业零售额79.0亿元，比上年增长7.8%。

在限额以上批发零售业中，石油及制品类比上年增长22.5%；中西药品类比上年增长28.0%；烟酒类比上年增长24.3%；服装鞋帽、针纺织品类比上年下降0.7%；汽车类比上年下降17.5%。 （市统计局）

2018年大同市社会消费品零售总额及其增长速度表

指标	绝对数（亿元）	比上年增长（%）
社会消费品零售总额	700.0	8.1
分地域：城镇	597.1	8.2
乡村	102.9	7.6
分行业：批发业	64.7	9.7
零售业	556.3	8.0
住宿和餐饮业	79.0	7.8

2018年大同市限额以上批发零售业零售额及其增长速度表

指标	绝对数（亿元）	比上年增长（%）
汽车类	50.0	-17.5
石油及制品类	45.4	22.5
文化办公用品类	1.0	-26.8
家用电器和音像器材类	8.0	2.6
中西药品类	10.0	28.0
日用品类	1.3	-19.9
粮油、食品类	5.9	-4.8
饮料类	0.8	-9.4
烟酒类	2.5	24.3
服装、鞋帽、针纺织品类	18.9	-0.7
化妆品类	1.2	-3.4
金银珠宝类	8.0	-6.3

【对外经济】 2018年，大同市海关进出口总额37.6亿元，比上年增长52.5%。其中，出口21.9亿元，比上年增长20.2%；进口15.7亿元，比上年增长144.2%。

全年全市新设立外商投资企业4家。实际利用外资18194万美元，比上年增长6.9%。大同国际陆港开关运营。 （市统计局）

【交通·邮电·旅游】 2018年，大同市公路通车里程12715千米，其中高速公路560千米。全市公路密度90.2千米/百平方千米。民用航空航线19条。大同云冈机场旅客年吞吐量突破百万人次。大西（大同—西安）、大乌（大同—乌兰察布）高铁列入国家“八横八纵”交通网络。

全年全市民用车辆保有量68.9万辆，比上年增长2.4%。其中，新注册汽车5.4万辆，比上年下降14.3%；个人汽车60.2万辆，比上年增长7.9%。年末载客汽车保有量55.7万辆，比上年增长8.8%。其中，个人载客汽车53.2万辆，比上年增长8.6%。年末轿车保有量37.6万辆，比上年增长9.6%。其中，个人轿车36.4万辆，比上年增长9.3%。

全年全市邮电业务总量66.1亿元，比上年增长75.8%。其中，电信业务总量62.4亿元，比上年增长85.2%；邮政业务总量3.7亿元，比上年下降5.5%。年末全市固定及移动电话用户447.48万户。其中，固定电话用户30.46万户、移动电话用户417.02万户。在移动电话用户中，4G用户254.83万户，比上年增长34.5%。全市计算机互联网络用户78.27万户，比上年增长8.6%。全市邮政局所146个，邮路总长度3754千米。订销报纸3932万份，比上年增长5.5%；订销杂志142万份，比上年下降6.4%；国内函件48万件，比上年下降24.2%。国内包裹137万件，比上年增长52.2%。

全年全市旅游总收入620.9亿元，比上年增长28.5%。其中，国内旅游收入616.9亿元，比上年增长28.4%。全年全市接待国内游客6911.2万人次，比上年增长28.4%；接待入境旅游者8.2万人次，比上年增长11.3%；旅游外汇收入4889万美元，比上年增长14.1% （市统计局）

【财政·金融】 2018年，大同市一般公共财政预算收入119.7亿元，比上年增长10.5%。税收收入88.7亿元，比上年增长21.7%。其中，国内增值税增长11.2%、企业所得税增长57.1%、个人所得税增长1.5%、资源税增长17.3%。

全年全市一般公共财政预算支出334.7亿元，比上年增长2.9%。其中，文化体育与传媒支出增长9.0%；社会保障与就业支出增长7.0%；医疗卫生支出增长4.9%；城乡社区事务支出增长5.5%；交通运输支出增长65.7%。

年末，全市金融机构各项存款余额2879.5亿元,比年初增加183.5亿元,比年初增长6.8%。年末，全市金融机构各项贷款余额1378.2亿元，比年初增加134.1亿元，比年初增长10.8%。

年末，全市有注册保险机构41家。全年全市保费收入65.0亿元，比上年下降2.1%。其中，寿险业务保费收入45.4亿元，比上年下降4.5%；财产险业务保费收入19.6亿元，比上年增长4.0%。全年全市累计支付各类保险赔款及给付20.3亿元，比上年下降15.7%。其中，寿险业务给付10.0亿元，比上年下降18.5%；财产险业务赔款10.3亿元，比上年下降12.7%。 （市统计局）

2018 年大同市金融机构人民币各项存贷款及其增长速度表

指 标	单 位	年末数	比年初增长（%）
各项存款余额	亿元	2879.5	6.8
其中：住户存款	亿元	2017.5	7.0
各项贷款余额	亿元	1378.2	10.8
其中：住户贷款	亿元	283.1	20.6

【科学技术·教育】 2018 年，大同市申请国家专利 2235 件。其中，发明专利 843 件、实用新型专利 1290 件、外观设计专利 102 件。全市获国家授权专利 1181 件。其中，发明专利 119 件、实用新型专利 991 件、外观设计专利 71 件、有效发明专利拥有量 592 件。省级以上重点实验室和工程技术研究中心 10 家。高新技术企业 42 家。

全市中等职业教育招生人数 5909 人，在校生人数 19152 人。其中，职业高中招生 4075 人，在校生人数 13562 人。全市基础教育招生人数 11.09 万人，在校生人数 41.26 万人。其中，初中中学招生人数 3.18 万人，在校生人数 8.86 万人；普通高中招生数 1.84 万人，在校生数 5.95 万人。

年末，全市获资质认定证书产品质量检验检测机构 20 家。全年监督抽查 194 家企业 74 种 230 批次产品。全年强制检定计量器具检定 9.92 万台件。全市有气象台站 8 个。开展 121 电话天气自动答询的台站 1 个。开展人工影响天气业务的单位 7 个。防雹、增雨累计收益面积 1.5 万平方千米，增雨量 2.3 亿立方米。全市有卫星云图接收站 8 个。全年全市降水量 437 毫米，年平均气温 7.6 摄氏度，无霜期 148 天。（市统计局）

【文化·卫生·体育】 2018 年，大同市有文化艺术馆 11 个，艺术表演团体 10 个，公共图书馆 12 个，博物馆 12 个，档案馆 13 个。全市有广播电视台 11 个，中波发射台 1 座，微波站 8 座，有线电视网 10 个。广播人口覆盖率 99.13%，电视人口覆盖率 99.57%，有线电视用户 34.4 万户。举办古都灯会、第四届成龙国际动作电影周。

年末，全市有卫生机构（含诊所、村卫生室）3237 个，床位 21108 张。其中，医院 122 个，卫生院 146 个，社区卫生服务中心（站）125 个；疾病预防控制中心 13 个；妇幼保健院 14 个。全市卫生机构有卫生技术人员 22349 人。其中，执业医师和执业助理医师 9511 人，注册护士 9208 人；疾病预防控制中心卫生技术人员 318 人；妇幼保健卫生技术人员 273 人；农村乡（镇）卫生院卫生技术人员 1059 人。

全市在第十五届省运会中（竞技体育组）获 88 枚金牌、87 枚银牌、99 枚铜牌；在群体项目比赛中，获 14 个一等奖、12 个二等奖、15 个三等奖。全市组织全民健身活动 200 余项。在白登山万龙滑雪场启动 2018—2019 年山西省群众冬季运动推广普及系列活动。承办全国热气球锦标赛、全国百城健身气功交流展示活动。举行摩天岭长城中国公路自行车联赛、中国青少年自行车 U 系列赛暨全国青少年冠军赛、第三届中国大同大型徒步“走长城”、全国徒步大会（大同站）“5·19”全国联动日暨大同第二届环文瀛湖健步走活动、首届中国（大同）AMC 国际航空模型节等赛事。（市统计局）

2018 年大同市各类教育事业发展情况表

指 标	学校数（所）	招生数（人）	在校生（人）	毕业生（人）
普通高校	1	7504	27251	7255
中等职业教育	33	5909	19152	9143
普通高中	45	18383	59500	19998
普通初中	156	31815	88627	29266
普通小学校	357	31566	195376	32993
特殊教育学校	6	103	433	66
学前教育	562	29069	68626	27918

【环境保护】 2018 年，大同市二级以上良好天数 288 天，全省排名第一。空气质量综合指数 5.18。

全年全市主城区新增供热面积 402 万平方米，实际集中供热面积 6663 万平方米，城市集中供热率 100%。天然气用户 65 万户，城市气化率 98.7%。城市供水管网 889 千米，城市日供水能力 62 万立方米，城市供水普及率 99.7%，水质合格率 100%；市本级污水处理厂处理生活污水 8300 万立方米，污水处理率 93%；中水回用 1800 万立方米，中水回用率 22%。市区日处理生活垃圾 1100 吨，城市生活垃圾无害化处理率 98%。

全年全市建成区新增绿化面积 134.9 万平方米。城市建成区绿化覆盖率、绿地率、人均公园绿地分别为 42.87%、38.75% 和 15.88 平方米/人。

全年全市造林面积 1.56 万公顷，其中人工造林 1.46 万公顷。

（市统计局）

【社会保障】 2018 年，大同市企业养老保险参保职工人数 59.9 万人。城乡居民基本养老保险参保人数 110.6 万人，城镇职工基本医疗保险参保人数 82.8 万人，失业保险参保人数 45.6 万人，工伤保险参保人数 43.3 万人，生育保险参保人数 44.3 万人。全年全市纳入城市最低生活保障居民 7.3 万人，发放城市低保资金 3.6 亿元；纳入农村最低生活保障居民 16.1 万人，发放农村低保资金 4.7 亿元。

全年，提供住宿的社会服务机构 68 个，床位 9422 张，收养救助 5135 人。全市建立各种社区服务设施 795 个，其中综合性社区服务中心 160 个。全年销售社会福利彩票 4.03 亿元，筹集社会福利资金 3396 万元。

（市统计局）

中国共产党大同市委员会

综　述

【概况】2018年，中共大同市委把学用习近平新时代中国特色社会主义思想和中共十九大精神作为必修课，在“学懂、弄通、做实”上下功夫。举办7期市管干部中共十九大精神专题研讨班、2期新思想读书班，在全市副科级以上干部和普通党员干部中分类开展政治理论考试和电视知识竞赛，编印发放《党建基础知识微手册》1.6万册。成立1200个宣讲团，宣讲中共十九大精神1万余场，覆盖干部群众110万余人次。推进“两学一做”学习教育常态化制度化，巩固拓展“维护核心、见诸行动”主题教育成果。围绕习近平总书记视察山西提出的总体要求和五大任务，成立学习贯彻落实习近平总书记视察山西重要讲话精神推进领导组，举办纪念习近平总书记视察山西一周年专题座谈会。围绕中共省委书记骆惠宁调研大同指示要求，出台《关于贯彻落实省委书记骆惠宁在大同调研重要讲话精神的实施方案》和对外开放、能源革命等四个专项行动方案，做到人员、责任、工作、效果“四个到位”。执行新形势下党内政治生活若干准则和党内监督条例，落实民主集中制和“三会一课”（定期召开支部党员大会、支部委员会、党小组会，按时上好党课）制度，召开市委常委班子民主生活会，开设支部“三会一课”微课堂，试点建立“互联网＋三会一课”管理平台，推广运用“山西智慧党建”APP，加强党内政治生活监督检查。成立中央巡视反馈意见整改落实领导组，制订《大同市关于落实中央第十五巡视组巡视山西省反馈意见整改工作的实施方案》，明确4个方面66项具体整改任务，把任务分解到9名市级领导和40个责任单位。58项任务整改完成并长期坚持，其余8项任务按进度推进。出台《加强党内政治文化建设的实施意见》，在全省率先举办县处级领导干部政治建设专题研讨班，拓展“六个一”（走访一遍全村农户、记录一本民情笔记、写好一份调研报告、作出一份公开承诺、联系一户困难家庭、办好一些惠民实事）主题教育活动，创新政治文化教育方式，选树20个先进基层党组织，表彰50名优秀共产党员，以“全国优秀共产党员”李培斌为原型的《李司法的冬暖夏凉》在全国播放，开展向“全国优秀环卫工人”“山西省特级劳模”郭丽荣学习等活动。（张　喆）

【改革开放】2018年，中共大同市委聚焦重要领域和关键环节，以改革促发展，以开放促转型。确定49项改革任务，推出14项先行先试综改任务，召开13次领导组会议，出台《中共大同市委全面深化改革领导小组2018年工作要点及责任分工》，制订《关于实行改革项目“挂图作战”的通知》《改革任务挂图作战一览表》，审议通过25项改革文件，建立领导包领、层层压责、步步督导三大机制。49项改革任务完成。推进国资国企改革，12户企业公司化改制，依法破产出清27户僵尸企业，推动市属87户国有企业向19户整合，成立4家混合所有制企业，驻大同27户央企和省属企业“三供一业”[供水、供电、供热（供气）和物业管理]分离移交工作全部完成。开发区“三制”（领导班子任期制、全员岗位聘任制和绩效工资制）落实到位。农村集体产权制度改革步伐加快，出台《大同市推进农村集体产权制度改革实施方案》，211个村完成产权制度改革任务，占总村数86%。出台《关于推进安全生产领域改革发展的实施意见》，48项安全生产改革任务完成45项，序时推进3项。一大批经济民生领域改革进展明显，国家级旅游业改革创新先行区获批，云冈石窟、恒山等9大景区“两权分离”（管理权和经营权分离）改制完成。平城、云冈、新荣、云州行政区划调整完成。同煤“三供一业”改革，左云、阳高医疗卫生机构一体化改革省级试点任务走在全省前列，车河模式、扶贫超市、天镇保姆等一批改革为全省提供可复制可推广经验。参与“一带一路”建设和雄安新区建设，分别在北京、上海、深圳设立京津冀、长三角、珠三角高科技产业转移项目处，启动建设上海漕河泾开发区国家级东部产业转移大同示范区工程，在以色列特拉维夫和中国大同分别设立中以高科技产业项目处，与24个“一带一路”沿线国家开展对外贸易，进出口市场扩展到六大洲64个国家和地区，拥有进出口自营权企业375家。扩大与东盟自贸区经贸合作，主动融入中蒙俄经济走廊，与蒙古国科布多省、俄罗斯鄂木斯克州、柬埔寨暹粒市、美国马斯卡廷市等7个城市建立友好合作关系，与二连浩特签订边贸区域合作框架协议。大同国际陆港开关运营，召开乌大张长城金三角第五次联席会议，成功申办2022年十六届省运会。“大同品牌行”（美国站）活动、首届中蒙（大同）合作论坛及中蒙（大同）商品展销峰会举办，落实与商务部投资促进局签署的《投资促进合作协议》。出台《大同市高端制造产业招商引资十条奖励政策》和《招商引资重点产业指导目录》，筹备建设大同市招商引资服务中心，召开以“能源革命、造福人类”为主题的第十二届中国新能源国际高峰论坛暨山西大同“氢都”新能源产业城招商推介会等一系列招商引资会议，组织参加2018中国·天津投资贸易沿洽会暨PECC博览会等一系列国内重要招商会议，与京东、北辰、北京建工等大型企业签约。签约项目168个，总投资额1601.63亿元，79个项目实现当年签约当年开工，开工率41.02%。（张 喆）

【经济建设】 2018年，中共大同市委落实国发42号文件精神，实施“136”（“1”是打造区域性中心城市，“3”是三条主线，“6”是六项措施）发展战略，推进“33310”目标任务。重点发展“清洁能源、医药健康、通用航空”三大主导产业，培育“智能装备、新型材料、节能环保”三大潜力产业，提速发展文化旅游业，形成“3+3+1”现代产业体系。玄武岩纤维、石墨烯、高铁受电弓三大项目全部投产，同煤60万吨甲醇、10万吨活性炭等煤化工产业与传统产业形成互补逐步迈向新型化。新能源电力总装机容量319.89万千瓦，占全市电力总装机容量19.37%，全省排名第一。前三季度，三次产业结构为3.9∶37.6∶58.5，一煤独大的状态逐步改善。

供给侧结构性改革。推进“三去一降一补”，去除煤炭产能290万吨，先进产能占比56.58%；商品房销售增长32.6%；为各类企业减负69.33亿元；置换化解政府债务33.57亿元。农业供给侧改革，推进“一带三区”和10个农业提质增效工程，加快发展特色农业产业，畜牧、蔬菜、杂粮、药果4大农业主导产业做优做强，种植业结构持续优化，全年粮食总产量12.3亿千克，增长7.4%。平城区列入省级城郊农业示范区，云冈区入选全国155个一二三产业融合发展先导区和省级农林文旅示范区，灵丘县入选全国农村创业创新典型范例。实施能源革命十大突破工程，围绕打造“氢能与燃料电池产业、储能蓄能产业、新能源汽车装备制造产业、光伏产业、煤炭清洁高效利用”五大产业集群，布局实施总投资360亿元的能源革命十大突破工程项目，建设大同国际能源革命科技创新园、“氢都”大同新能源产业城，中科院10个研究所，太原理工、大同大学两所高校，同煤、京能两大集团全部入驻大同市国际能源革命科技创新产业园。对接能源科研前沿，与启迪、协鑫、高迈等对接形成战略合作，与中科院建立中科院洁净能源创新研究院大同转化基地，与以色列希伯莱大学共建技术转移中心，举行多场煤炭高技术转化项目路演说明会，促进产学研有机融合。以举办能源革命科技周国际高峰论坛和新能源产品交易博览会为契机，举办“能源革命、对外开放”科技周大型科普活动，邀请百名氢能领域科学家、企业家开展“氢时代、掀起能源革命新风潮”百场讲座活动，打造能源革命交流平台和会展品牌。建立健全能源革命保障机制，成立能源革命领导组，组建全国首家新能源产业局，组建大同新能源产业战略咨询委员会，设立1亿元的科研奖励资金、10亿元财政扶持资金，启动组织100亿元规模的产业基金，支持金融机构加大能源项目建设融资，推进电力交易平台建设。

实施工业振兴。制定《大同市转型项目建设年（2018）行动方案》，全年安排工业转型项目176项，总投资1616.4亿元，全年竣工或部分竣工项目85个，新增产值56.3亿元。完善政策支撑，出台工业振兴激励政策10条、产业转型招才引智10条、高端装备制造奖励10条三个“十条”，奖励199家工业振兴贡献突出企业2.54亿元，小升规企业37户，有16家企业被评为省级“专精特新企业”，19家企业被评为省级“四新”企业。发展战略性新兴产业，编制《大同市战略性新兴产业中期发展规划》《大同市新兴产业集群化发展实施方案》，战略性新兴产业、高技术产业增长27.9%和26.2%，位居全省前列。医药健康产业向打造中国北方医药生产代工中心迈进，《大同市康养产业规划（2017—2025）》编制完成；中航货运航空有限公司落户大同，与省体育局共建山西通航职业技术学院；实施晋北国际物流园项目；中国能源信息产业技术基地开工建设，中科院大同新能源产业技术研究院运行，启迪科技城、能谷研发中心、未来能源馆等项目启动，中关村软件园山西基地落户大同，“云中云”大数据产业园开工建设，智能机器人生产线进入试产阶段。

实施文旅振兴。启动《大同市全域旅游规划》和《古长城旅游规划》两个专项规划编制工作，出台《文旅振兴2018年行动方案》《促进旅游投资和消费的实施意见》《推进长城太行旅游板块的实施方案》。开展产业对接，促进产业融合，推进规划总投资192.8亿元的14个旅游项目，加快“长城一号”旅游公路建设，潘家园文旅项目建成运营，推进火山群、神泉古域、神溪湿地、桑干河湿地公园等，云冈石窟景区综合影响力跻身全国AAAAA景区50强，恒山AAAAA级旅游景区创建启动，大同方特欢乐世界入选国家AAAA级景区，恒山和大同古城墙入列山西品质旅游景区，晋华宫国家矿山公园入选首批中国工业遗产保护名录。举办成龙国际动作电影周等70余项大型活动，古都灯会被评为“2018中国最负盛名十大节庆”，被评为2018年度《中国国家旅游》最佳全域旅游目的地、2018中国品牌城市提名城市百强榜和中国十大最具潜力避暑旅游城市、中国最具投资潜力旅游目的地城市、首批国民休闲旅游胜地、2018中国十佳冰雪旅游城市、2018年中国十大最佳自驾游目的地，获中国世界遗产旅游推广联盟大会主办权。2018年旅游总收入620.93亿元，同比增长28.52%。

推进乡村振兴。全市乡村振兴战略总规划（2018—2022）和乡村振兴战略“5+1”六个专项规划抓紧编制，编制完成《大同市传统村落保护规划编制技术导则》、20个实用性村庄规划和95个易地扶贫搬迁安置点规划设计。出台《关于推进乡村振兴战略的实施意见》和《2018年行动计划》，召开市委农村工作暨脱贫攻坚会议、乡村环境提升工程现场会、乡村振兴暨农业农村重点工作会议、特色农业产业扶贫现场会等会议，安排部署乡村振兴和“三农”工作。市级财政投入10亿元，引导撬动各类资金28.2亿元实施乡村环境提质工程，创建乡村环境提升工程示范村102个，整治村1259个；出台《大同市农村人居环境整治三年行动实施方案》，投资2860万元创建农村人居环境改善示范村33个，投入1.31亿元支持农业农村重点工作。加强与北京首农、京东集团等行业领军企业的洽谈合作，全年引进落地项目9个，引资54亿元；与中国农大、山西农大签订合作协议，举办第五届中国（大同）车河国际有机农业论坛，全年农产品加工企业实现销售收入107.1亿元，同比增长16.8%。

优化发展环境。开展打造“六最”（审批最少、流程最优、体制最顺、机制最活、效率最高、服务最好）营商环境十大专项行动，试行企业投资项目承诺制，开展投诉直通车和入企服务长效化，实施引人才、聚人气“双人计划”，出台招才引智奖励政策。与中科院等科研机构建立战略合作关系，实现1000名科技人才服务大同。出台《鼓励和支持民营企业发展的“二十条”政策措施》，召开支持民营企业发展大会，制定市级领导联系民营企业家制度。制定《大同市关于实施科技创业券的意见（试行）》，187家市场主体认领2040万元“科技创业券”。（张　喆）

【脱贫攻坚】 2018年，大同市264个贫困村脱贫、10.40万人稳定脱贫，贫困发生率降至1.78%，阳高、灵丘、云州三个县区完成脱贫摘帽各项任务。制定《大同市关于坚决打赢脱贫攻坚战三年行动的实施方案》，召开脱贫攻坚领导小组会议74次，市县都成立脱贫攻坚指挥部，实行政府专项扶贫“双组长”责任制，组织186个市直单位、34位联点领导和帮扶县（区）、乡（镇）“责任双签”。在市级领导中推行“1+5”工作模式，在驻村帮扶队员中推广“七个入户工作法”，建立考核、督导、监督、入户等“七大机制”，全年提拔重用扶贫干部89人，严肃问责226人。市级财政投入脱贫攻坚资金12亿元，投入总量和增幅“双增长”。

管好用好帮扶队伍，出台《乡（镇）挂职干部管理办法》《关于对驻村帮扶干部不作为、慢作为进行问责追责的规定》，组织开展6轮巡查暗访，举办“激发内生动力，凝聚帮扶合力”主题演讲，选派826名机关干部到乡（镇）挂职，4215名帮扶干部和875名第一书记驻村开展工作。全市党群部门招录132名公务员，其中88人到贫困县（区）工作；757名在外人才回乡创业，储备各类农村后备人才3883名。

投资34.5亿元，发展特色产业大项目29个，带动贫困人口13.8万人增收，全市6个贫困县（区）344个贫困村达到特色产业扶贫“五有”标准。安排8462万元专项资金用于扶持云州、阳高、天镇、广灵4个贫困县（区）发展村级集体经济，全市农村集体经济收入全部突破5万元，10万元以上的占行政村总数63.2%。推动黄花特色产业扶贫行动，召开黄花产业发展大会，出台10条扶持产业政策，以6个贫困县（区）为重点，加快实施“六个一”工程，建设全国优质黄花种植基地、产品集散中心和标准化示范区。实施助力攻坚深度贫困“百千百工程”，推动“百企帮百村”。做强扶贫超市，361个扶贫项目被企业认领，资金3215.31万元，其中竣工210个项目，竣工率94.3%。发挥金融扶贫作用，累计向贫困户发放小额信贷12852户6.4亿元。易地扶贫搬迁投资18.4亿元，竣工率98.36%，入住率65.6%，18456户危房改造竣工，3个脱贫摘帽县（区）搬迁任务完成。生态扶贫效果显现，兑现省级退耕还林补助款858万元，为2000名贫困劳力提供生态管护岗位。光伏扶贫建设村级电站120个，467个村贫困户受益。电商扶贫覆盖村552个，带动人数5628人。教育扶贫五项政策落实，10.5万名学生享受资助政策。解决饮水安全贫困人口11.79万人，累计解决14.82万人。

（张　喆）

【意识形态】 2018年，中共大同市委召开全市宣传思想工作暨网络安全和信息化工作会议，落实意识形态工作责任制。印发《中共大同市委意识形态工作领导小组工作规则》《大同市意识形态工作责任制考核办法（试行）》，召开意识形态工作领导小组会议3次，常委会专题研究意识形态工作4次，通报意识形态领域情况2次，向省委书面专题汇报意识形态工作2次。开展党委（党组）意识形态工作责任制落实情况专项督查2次。开展“清朗”专项行动，处罚10家违法违规网站、微信公众号，开展网络安全大检查，整改安全漏洞58起；研判处置网络舆情，印发《关于进一步加强网络舆情处置工作的实施意见的通知》，召开全市网络安全和信息化工作会议，收集并妥善有效处置舆情线索851条。举办“伟大变革中的大同——大同市庆祝改革开放40周年摄影展”等系列宣传活动。

启动文明城市创建活动，制定《创建文明城市实施方案》，出台《大同市未成年人思想道德建设测评工作方案》，开展“我的中国梦”“传家训、立家规、扬家风”等主题实践活动，举办以“微笑迎宾，文明先行”为主题的市民文明行动倡议活动，129个集体被评为省级精神文明创建先进典型；培育选树“中国好人”“山西好人”等先进典型，3人上榜“中国好人榜”，2人上榜“山西好人”，4人入选第七届山西道德模范候选人；开展学雷锋志愿服务活动，志愿者人数14万人，7家单位和个人入选全省2018年学雷锋志愿服务先进典型；7家单位被评为首批省级社会主义核心价值观示范点，申报省级爱国主义教育基地示范点4个。

组织举办电视春节晚会、春节文化庙会、古都中秋音乐会、第八届大同读书节等文化活动，送戏下乡1894场，农村公益电影放映2.3万场，“戏曲进校园”演出精品剧目27场。话剧《热泉》入选“学习强国”学习平台，北路梆子历史剧《平城赋》作为全省唯一入选剧目参加2018年全国基层院团会演，新编历史廉政剧《河清海晏》应邀到北京梅兰芳大剧院演出，《太阳照在南洋河上》、二人台现代戏《杏泉沟》在全市巡演，数字电影《我在大同古城等你》首映，一系列图书和歌曲出版发行。（张　喆）

【民生保障】　2018年，大同市一般公共预算支出81.5%用于民生，支出272.89亿元。新增城镇就业53996人，农村劳动力转移就业24748人，城镇登记失业率3.01%，低于4.2%控制目标。制定大同市《关于培育和发展住房租赁市场的实施办法》，加快建立多主体供给、多渠道保障、租购并举的住房制度。实施全民参保计划，登记入库率98.7%，构建起覆盖全民、城乡统筹、保障适度、可持续的多层次社会保障体系。落实适度性、普惠性社会福利政策，农村、城市社区老年人日间照料中心覆盖率74.8%、12.9%，被列为全国第三批社区和居家养老服务试点城市。新（改、扩）建公办幼儿园14所，所有县（区）通过国家义务教育均衡验收复评，大同师范高等专科学校挂牌，全年全市被清华北大录取16人，排名全省第四。在全省率先完成城市医疗集团建设任务、实现“互联网+医改监测+医疗+分级诊疗”市县乡村四级全覆盖、推行公立医疗机构二次议价。

围绕“四区联动”（古城区、御东新区、同煤新区、开发区联运发展）战略，实施城建工程109项，新建续建道路129.28千米，新建改造城市供热管网126千米、供气管网86千米、供水管网130千米，建成区清洁取暖覆盖率100%，燃气普及率98%以上，供水普及率99.7%以上，水质合格率100%，生活污水处理率93%，再生水回用率22%以上，市本级建成区绿化覆盖率、绿地率、人均公园绿地面积分别42.51%、38.39%和15.78平方米/人。推进古城东北隅商业项目、西南隅四合院修复、九龙聚四合院修复、府衙修复等工程建设，启动城隍庙、永兴坊、里坊巷3个文化旅游项目。首座互通立交大桥开源桥全线通车，开展体育中心、大剧院、美术馆内外装修工程，按工期推进国际会展中心PPP合作项目，推进高铁站北广场综合枢纽工程。10件惠民实事中，拥军路、云冈路桥涵积水改造工程竣工，25座公共停车场免费开放，9座过街人行天桥主体结构全部竣工。

加强扫黑除恶工作，中共大同市委常委会15次研究扫黑除恶工作。全市打掉涉黑涉恶犯罪团伙106个。其中，黑社会性质组织7个，恶势力犯罪集团25个，恶势力犯罪团伙74个。排查出涉黑涉恶线索750条，涉黑涉恶腐败问题及“保护伞”线索55条。给予6名涉黑涉恶“保护伞”人员开除党籍、开除公职处分，处理45名涉黑涉恶腐败人员，党纪政务处分30人；问责处理工作失职失责、推动专项斗争工作不力的26名党员领导干部、8家单位。

探索“枫桥经验”大同实践，召开全市学习推广新时代“枫桥经验”、提升基层社会治理现代化水平交流会，确定云州区和广灵县为全市学习推广新时代“枫桥经验”试点县（区），开展先行先试。化解信访矛盾，全年进京到重点地区上访人次下降66.25%；到省集体访人次下降21.3%。加强公共安全，制定《加强和完善城乡社会治理的实施意见》，开展专项整治行动，刑事立案数同比下降18.3%。落实“党政同责”“一岗双责”，出台《大同市党政领导干部安全生产责任制实施办法》，亿元地区生产总值死亡率下降至0.033。（张　喆）

【污染防治】　2018年，大同市实施大气、水、土壤污染防治三大攻坚战，制定《关于全面加强生态环境保护坚决打好污染防治攻坚战实施意见》。“大同蓝”做法被国务院通报表扬，浑源神溪湿地晋级国家湿地公园。通过“控煤”“管车”“治污”“禁燃”等措施，全年优良天数288天，空气质量综合指数5.18，连续六年全省最好。落实“河长制”“湖长制”，紧盯“消除地表水国考断面劣Ⅴ类水质”，分阶段开展4次水环境质量攻坚行动。全市10条主要河流12个考核断面，Ⅲ类及以上优良水体断面3个，比上年增加1个，比例25%，超额完成省定任务；2个劣Ⅴ类国考断面主要考核指标浓度下降。实施土壤污染防治行动计划，制定土壤污染防治工作方案、土壤污染治理与修复规划及年度行动计划，编制完成《大同市土壤环境污染事件应急预案》，重点行业企业污染地块调查完成基础信息采集，建立大同市2018年污染地块名录，“开源一号”污染场地治理修复项目列入国家土壤项目储备库。

健全环境执法与环境司法联动机制，开展查处违法排污“百日行动”，取缔一批非法排污企业，捣毁一批污染严重的散乱污企业。针对浑源矿山无序开采破坏生态问题，坚持铁腕治污、综合施策。对标对表整改，出台《大同市党政领导干部生态环境损害责任追究实施细则（试行）》，中央环境保护督察反馈意见涉及由大同市牵头推进的2大项5小项，与其他市共同推进的3大项6小项落实，并向省整改领导小组办公室申请销号备案；与其他市共同推进的1大项（重发展轻保护问题）5小项立行立改并长期坚持；推进3大项8小项中长期任务，并达到阶段性整改要求；省第二环境保护督察组反馈意见涉及5大类45小项整改任务，提前整改落实2项，按期6项，达到序时进度32项。（张　喆）

【民主法治】　2018年，中共大同市委坚持党的领导，发展社会主义民主法治。支持人大及其常委会依法履行职能。抓宪法学习宣传和贯彻落实，维护宪法权威，保证宪法法律贯彻实施。坚持党管干部原则与依法行使任免权相统一，落实宪法宣誓制度；制定《文瀛湖保护条例》等法规3件，修订2件，废止3件；举办以“凝思聚识，助力发展”为主题的人大议政论坛，支持人大践行行使监督权。支持政协依法依章程履行职能，制定《中共大同市委关于加强人民政协协商民主建设的实施意见》，支持政协组织专题调研，开展协商议政，加强民主监督，建言献策。举办主题为“同心同力、共谋发展”的大同市政协论坛。完善多党合作制度，制定《大同市2018年政党协商计划》。推进非公经济“两个健康”和新的社会阶层人士工作，牵线民营企业参加招商引资活动4次，指导成立商会4家，成立社会阶层人士活动站15个。加强和改进党的群团工作，维护民族宗教领域和谐稳定，落实中央宗教督查工作任务。推动“法治大同”建设，建立健全法制建设机构，制定《中共大同市委法制建设领导小组工作制度》等八项制度。开展“七五”普法宣传教育，开展宪法宣传周活动，推进执法司法规范化建设。加强国防后备力量建设，开展双拥共建和国防教育，制定《关于进一步加强新形势下双拥模范城建设的意见》。落实优抚安置政策，推进退役军人安置登记工作，协助驻地部队停止有偿服务项目330个。发展军民融合产业，总投资3.2亿元的轻型航空发动机军民融合项目录入国家重大建设项目库。（张　喆）

【从严治党】 2018年，中共大同市委常委会把管党治党主体责任放在心上、抓在手上、落实到行动上，专题听取人大、政府、政协、法检两院5个党组和各县（区）党委管党治党工作汇报，47次研究全面从严治党工作。推行“两级三责法”，市委主要领导作出管党治党批示150次，批准初核、立案、处分72人次。全市因两个责任落实不力问责180人。其中，追究主体责任171人、监督责任9人，追究一把手96人。加强干部队伍建设。出台《干部政治素质评价标准及办法（试行）》，建立“四个干部信息库”、开展“高素质专业化干部队伍”大调研；科学选用干部，全年调整县处级干部427名，150名实绩突出、担当负责的优秀干部被提拔重用；完善干部日常考核，查核领导干部个人有关事项报告，加大提醒函询诫勉力度。制定出台《关于进一步激励广大干部新时代新担当新作为努力建设高素质专业化干部队伍的实施意见》《关于适应新时代要求大力发现培养选拔优秀年轻干部的实施意见》，选派29名优秀年轻干部到国家部委、沿海发达省市挂职锻炼。实施《大同市实施“凤凰人才”三年发展规划》《大同市“百名博士研究生引进工程”实施办法》，配套出台《大同市乡村振兴人才激励十条奖励政策》等三项奖励政策，7个院士工作站、2个博士工作站落户大同，引进博士研究生21人。

巩固“三基建设”成果。制定出台《中共大同市委党建领导小组2018年工作要点》和《全市2018年“三基建设”实施方案》，专项列支6703万元用于基层党建和“三基建设”工作。7个县（区）有44个行政村撤并。实行农村党组织书记“四诺四评”（党建责任承诺、发展经济承诺、为民服务承诺、廉政建设承诺和个人述评、班子互评、群众测评、乡镇考评）制度，开展农村党组织“争旗提档”（竞夺“组织建设先锋旗”“产业发展标杆旗”“争先旗”“乡村振兴示范旗”“和谐稳定模范旗”，实现自身党建规范化程度提档升级）、社区党组织“创星升级”（争创组织建设先锋星、共建共治融合星、基础保障有力星、服务群众满意星、宜居稳定幸福星，推动党组织建设上新台阶）活动，制定城市基层党建“1+6”（包括《组织生活规范化建设意见》及配套“三会一课”、组织生活会、基层党组织按期换届、党员日常管理、党内组织生活纪实和主题党日6项）制度体系，常态化开展“两新”组织（非公有制经济组织和社会组织）“三帮三促”（帮班子促能力提高，帮优困促和谐稳定，帮创业促带富发展）专项行动，43个街道建成“大工委”、158个社区建成“大党委”“两新”组织党组织覆盖率92%和86%，整顿转化205个软弱涣散党组织。反对“四风”，修订《关于进一步贯彻落实中央八项规定精神的实施细则》，查处违反中央八项规定精神和“四风”问题165人，党纪政务处分124人。开展形式主义、官僚主义专项整治行动，累计查处“不作为、慢作为、乱作为”问题841起，问责处理1251人，其中县处级干部81人。坚持教育在先、警示在先、预防在先，制定《关于进一步做好彻底肃清腐败影响工作的实施意见》，拍摄《歧路》《他把自己规划进了贪腐的牢笼》2部警示教育片，制作5部不作为、慢作为、乱作为系列动漫，公开曝光各类违纪违法问题236起441人。开展反腐败斗争，全市纪检监察机关处置问题线索5456件、立案1530件、党纪政务处分1445人、移送司法机关59人，分别增长81.86%、71.52%、72.64%、555%；查处群众身边不正之风和腐败问题651件，处理974人，其中扶贫领域问题349件、527人。实践运用监督执纪“四种形态”，处理党员干部5051人次，其中第一种形态占70.4%，使红脸出汗成为常态。深化监察体制改革，制定《关于进一步深化监察体制改革试点工作实施方案》，配置县级派驻机构和乡镇监察人员，实现县（区）所有行使公权力的公职人员监察全覆盖。发挥巡察作用，出台《十五届大同市委巡察工作规划》，部署开展第三轮、第四轮巡察，巡察27个重点民生部门和扶贫工作主要牵头单位及28个县级以上所属单位党组织，组织各县（区）同步交叉巡察81个民生扶贫部门、9个乡（镇）128个村，推动十五届市委巡察全覆盖。（张　喆）

督导检查

【省委第三督导检查组到大同督导检查】 2018年5月5日，省政协主席黄晓薇任组长，省委常委、市委书记张吉福和副省长王一新任副组长的省委第三督导检查组督导检查大同市贯彻落实习近平总书记视察山西重要讲话精神情况。5月6日，召开督导检查见面汇报会，黄晓薇提出督导检查工作要求，张吉福主持，武宏文代表市委、市政府汇报工作。黄晓薇强调，省委督导检查组围绕贯彻落实习近平总书记视察山西重要讲话精神和中共十九大精神，依照省委两个实施意见和省委十一届四次、五次全会等会议文件的部署，通过听取汇报、查验资料、现场查看、召开座谈会、个别访谈、开展暗访、第三方评估等方式，在督导检查基础上，突出督导检查重大举措落实情况。希望大同市委及各级党员干部支持和配合督导检查。

5月31日，督导检查组反馈督导检查情况意见。黄晓薇通报督导意见，张吉福主持。武宏文代表市委、市政府表态发言。在为期10天的督导检查中，督导组实地查看大同市7个县6个乡（镇）7个村，1个开发区（3个园区）、47户企业，其中17个转型项目。召开5次座谈会和研究分析会，随机抽查和暗访7次，与28名人员个别谈话，形成“一报告两清单”，并报送省委，经省委常委会会议通过。黄晓薇指出，大同市在推动经济转型发展、“三农”工作、脱贫攻坚和民生保障、生态文明建设、严肃党内政治生活等方面仍存在一些问题和不足，大同市应根据督导反馈意见，制定整改方案，建立整改台账，逐项整改，12 月底要与交办问题落实情况一并向省委作出专项报告。

（茗 泉）

【省委第三督导检查组反馈意见整改落实推进会】 2018年6月5日，大同市召开省委第三督导检查组反馈意见整改落实推进会，贯彻落实习近平总书记视察山西重要讲话精神和省委第三督导组督导检查大同意见反馈会精神，坚持问题导向，部署整改落实工作。省委常委、市委书记张吉福出席会议并讲话，市长武宏文主持。

5 月 5 日至 15 日，省委第三督导检查组督导检查大同市贯彻落实习近平总书记视察山西重要讲话精神情况。5 月 31 日，督导组反馈督导意见，在肯定成绩的同时指出存在的五个方面 15 个问题，并提出工作建议。张吉福强调，要以督导整改为契机，全面排查，加强领导责任、部门协同和监督问责，由市委、市政府督查室牵头，查结果、查实事、查动作，如期落实整改目标任务。宋涛通报省委第三督导检查组督导反馈意见，薛明耀宣读大同市整改工作方案。会议以视频形式召开，市四套班子领导，市法检两长，市直各部门负责人等在主会场参加会议。各县（区）设分会场。

（茗 泉）

【省委第二督导检查组到大同督查河长制工作】 2018 年 8 月 1 日，省环保厅总工程师李凌昇带队的省委第二督导检查组到大同，通过听取汇报、查阅台账资料、实地检查等方式，督查大同市河长制运行机制及作用发挥等工作。省委常委、常务副市长薛明耀参加座谈会。

市委、市政府重视河长制工作，出台市、县、乡推行河长制实施方案，1541 名河长履行管河治河职责。在听取汇报后，督导组指出，推行河长制要做好统筹水资源工作，在保障工农业用水外，更要保障好生态基流，做好水污染防治、水生态修复、水环境风险防控工作。薛明耀要求，全市各级各相关部门要按照督导组提出的要求落实各项工作。

（茗 泉）

【中央扫黑除恶督导组到大同督导检查】 2018 年 9 月 9 日至 12 日，中央政法委法治室副主任陈川为组长的中央扫黑除恶第二督导组第二下沉组到大同市部分县（区）及相关政法单位、部分市直单位及农村、社区，采取听取汇报、个别谈话、走访问询、查阅资料等形式，实地了解扫黑除恶专项斗争开展情况，督促问题整改，征求意见建议。

9 月 13 日，大同市召开中央扫黑除恶督导组督导整改会议，通报中央扫黑除恶第二督导组第二下沉组在大同开展督导检查情况，再安排、再部署边督边改工作、推动扫黑除恶开展工作。省委常委、市委书记张吉福出席会议并讲话。市委常委、政法委书记姚鸿波主持会议并通报有关情况。市扫黑除恶专项斗争领导小组成员单位主要负责人、各县（区）政法委书记等参加会议。

（茗 泉）

【省委第四督导检查组到大同督导检查】 2018 年 10 月，省委常委、常务副省长林武任组长，省人大常委会副主任、省总工会主席高卫东和省政府副秘书长翟振新任副组长的省委第四督导检查组督导检查大同市贯彻落实省委十一届六次全会精神及系列专项部署情况。10 月 31 日，召开督导检查汇报会，市长武宏文代表市委、市政府作工作汇报。

林武指出，通过督导检查省委十一届六次全会精神及系列专项部署落实情况，“回头看”5 月省委督导检查全省贯彻落实习近平总书记视察山西重要讲话精神反馈意见落实情况，把思想统一到省委十一届六次全会的部署要求上来，督促完成全年目标任务，推动习近平总书记视察山西重要讲话精神的贯彻落实。（茗 泉）

市委重要会议

【市委常委会会议】 2018 年 1 月 6 日，市委常委会会议传达学习全省市委书记、党（工）委书记履行责任制情况述职评议会议精神和全省企业家大会精神，审议并原则通过《大同市城市建设管理综合行政执法体制改革实施方案》。

2 月 1 日，市委常委会会议传达学习中央全面深化改革领导小组第二次会议精神，听取“两委”换届工作汇报等。

2 月 11 日，市委常委会会议传达学习全国全省组织部部长会议、宣传部部长会议、统战部部长会议精神，传达学习中央、省委政法工作会议精神，全国、全省扫黑除恶专项斗争电视电话会议精神，并研究大同市相关贯彻实施意见。传达省纪委十一届三次全会精神等。审议通过《市委常委会 2018 年工作要点》、市纪委十五届三次全会文件等。

2 月 25 日，市委常委会会议传达学习习近平总书记在打好精准脱贫攻坚战座谈会上的重要讲话精神，传达学习省委农村工作暨脱贫攻坚会议精神，听取市人大常委会、市政府、市政协、市法检两院党组 2017 年工作汇报等。

3 月 19 日，市委常委会会议传达学习习近平总书记在十九届中央军民融合发展委员会第一次全体会议上的重要讲话精神，听取大同市军民融合发展现状情况汇报，会议审议并原则通过《关于做好深化国防和军队改革期间及 2017 年军队转业干部安置工作的通知》《关于建立健全大同市“十三五”规划纲要实施机制的意见》《大同市 2017 年国民经济和社会发展计划执行情况与 2018 年国民经济和社会发展计划（草案）》《大同转型项目建设年（2018）行动方案》《大同市推进农村集体产权制度改革实施方案》《关于进一步加强新形势下双拥模范城建设的意见》《关于推进防灾减灾救灾体制机制改革的实施意见》《关于加强党内政治文化建设的实施意见》等，研究大同市部署贯彻落实情况。

3 月 27 日，市委常委会会议审议并原则通过《中共大同市委党建工作领导小组 2018 年工作要点》《大同市推进乡村振兴战略的实施意见》《大同市实施乡村振兴战略 2018 年行动计划》《大同市 2018 年脱贫攻坚行动方案》《关于大同市2017年全市和市本级预算执行情况与2018年全市和市本级预算(草案)的报告》《2018年转型项目建设年项目集中开工工作方案》《大同市人才工作2017年基本情况及2018年打算》，会议审议大同市第十五届人民代表大会第三次会议上的《政府工作报告（讨论稿）》，听取大同市第十五届人民代表大会第三次会议和政协第十四届大同市委员会第二次会议筹备情况汇报。

3月30日，市委常委会会议听取1月至2月全市安全生产工作情况通报，安排部署具体工作。

4月8日，市委常委会会议传达学习中央全面深化改革委员会第一次会议精神、中央财经委员会第一次会议精神、全省党政机要密码工作会议精神和全省保密工作会议精神，会议审议并原则通过《大同市党政领导干部生态环境损害责任追究实施细则（试行）》《中共大同市委员会 大同市人民政府关于推进安全生产领域改革发展的实施意见（送审稿）》《关于2018年大同市申报山西省“五一”表彰名单的请示》。

4月20日，市委常委会会议传达学习习近平总书记在十九届中央国家安全委员会第一次会议上重要讲话精神，学习习近平总书记关于整治群众身边腐败问题的重要论述等，安排部署贯彻落实习近平总书记视察山西重要讲话精神。会议传达贯彻孙春兰在山西调研讲话精神，传达省委第69次常委会会议精神，研究大同市相关贯彻落实意见。分析一季度全市经济形势，研究部署下一步经济工作。会议传达学习《中央巡视工作规划（2018—2022）》，审议并原则通过《关于开展民生领域腐败问题和不正之风专项整治的实施方案》《政协大同市委员会2018年度协商计划》《大同市关于实施文旅振兴战略2018年行动计划》《大同市外事工作领导体制改革推进落实工作方案》等。听取2018年全市污染防治主要目标及一季度污染防治工作情况汇报。

5月12日，市委常委会会议传达学习习近平总书记在中央政治局第五次集体学习时重要讲话精神、习近平总书记在中共中央政治局会议上重要讲话精神、习近平总书记在深入推进长江经济带发展座谈会上重要讲话精神，传达全省易地扶贫搬迁运城现场推进会和全省2018年26个计划退出县分析研判会精神，传达省属国有企业深化改革转型发展推进会及省剥离国有企业办社会职能和解决社会遗留问题攻坚会议精神，审议并原则通过《2018年法治大同建设工作要点（送审稿）》《市领导联系重点项目建议名单（送审稿）》，听取全市扫黑除恶专项斗争情况汇报、全市2017年度目标责任考核等次评定情况汇报及2018年度考核指标设置建议、大同市2018年国企国资改革工作主要任务汇报。

5月27日，市委常委会会议传达学习习近平总书记在全国生态环境保护大会上重要讲话精神、习近平总书记在中央深改委员会第二次会议上重要讲话精神、习近平总书记在中央审计委员会第一次会议上重要讲话精神、中共中央办公厅和国务院办公厅印发《地方党政领导干部安全生产责任制规定》及省委书记骆惠宁4月26日在省委常委会上讲话精神，研究大同市贯彻落实意见。会议传达学习中共中央办公厅《关于进一步激励广大干部新时代新担当新作为的意见》《关于加强调查研究提高调查研究实效的通知》，传达省委贯彻落实中央巡视工作规划推进会精神，审议并原则通过《大同市2018年政党协商计划》《大同市创建精神文明城市实施方案》《大同市第七届山西道德模范推荐名单》《2015—2016年度大同市文明创建先进集体表彰名单》。

6月15日，市委常委会会议传达学习习近平总书记在中国科学院第十九次院士大会、中国工程院第十四次院士大会上重要讲话精神，传达学习5月31日中央政治局会议精神，传达学习习近平总书记脱贫攻坚工作重要指示和李克强总理批示要求，研究大同市贯彻落实意见。会议听取大同市2017年脱贫攻坚问题整改工作情况报告，传达学习《关于深入推进军队全面停止有偿服务工作的指导意见》，听取驻大同部队停止有偿服务工作总结汇报。审议并原则通过《十五届大同市委巡察工作规划（送审稿）》《大同市创新发展引才聚才十条奖励政策》等。

7月11日，市委常委会会议传达学习习近平总书记在中央外事工作会议上重要讲话精神、学习习近平总书记同团中央新一届领导班子成员集体谈话精神，传达学习全省激励干部担当作为暨加强改进选调生工作座谈会与推进“三基建设”座谈会精神，传达全省开发区改革创新发展推进会精神，研究大同市贯彻落实意见。听取《大同市转型项目建设年进展情况汇报》，审议通过《大同市党政主要负责人履行推进法治建设第一责任人职责2018年度工作清单》。会议传达全国扫黑除恶专项斗争督导工作培训班精神和全省扫黑除恶专项斗争领导小组第二次会议精神，通报大同市扫黑除恶专项斗争情况，传达学习全国省区市纪检监察工作座谈会精神及省纪委监委有关会议精神，传达关于全省建立政府向本级人大常委会报告国有资产管理情况制度推进会精神，并研究大同市贯彻落实意见。

7月25日，市委常委会会议传达学习习近平总书记推进中央和国家机关党的政治建设重要指示精神，传达学习习近平总书记防汛抢险救灾工作重要指示，传达学习习近平总书记对吉林长春长生生物疫苗案件重要指示精神，研究部署大同市贯彻落实意见；听取市扫黑除恶专项斗争情况汇报，听取2018年上半年全市党风廉政建设和反腐败工作汇报，审议并原则通过《大同市健全落实社会治安综合治理领导责任制细则（送审稿）》《大同市御河流域生态保护条例（草案）》和《大同市文瀛湖保护条例（草案）》《大同市意识形态责任制考核办法（试行）》《中共大同市委意识形态工作领导小组工作规则》《大同市乡村振兴人才激励十条奖励政策》。

8月29日，市委常委会会议传达学习7月31日中共中央政治局会议精神，传达学习习近平总书记在7月17日召开的党外人士座谈会上重要讲话精神，传达学习8月16日中共中央政治局常务委员会会议精神，传达学习省委常委班子召开巡视整改专题民主生活会会议精神，分析全市经济形势并研究部署下一步经济工作。会议传达晋办发〔2018〕45号《关于当前全省意识形态领域形势的通报》，听取全市上半年意识形态领域形势汇报；听取《关于全省党委系统法律顾问和公职律师工作会议有关情况的汇报》和《大同市2018年上半年贯彻执行中央八项规定精神工作情况汇报》等。审议并原则通过《关于加快县域经济发展的指导意见》《关于配合做好中央扫黑除恶专项斗争督导工作的实施方案》《大同市庆祝改革开放40周年活动方案》《关于对驻村帮扶干部不作为、慢作为进行问责追责的规定》等。会议决定，8月31日召开中共大同市委十五届五次全会。

9月25日，市委常委会会议传达学习9月21日中共中央政治局会议精神和习近平总书记在中共中央政治局第八次集体学习时重要讲话精神，传达学习习近平总书记在全国教育大会上重要讲话精神，传达学习省委书记骆惠宁、省长楼阳生在全省攻坚深度贫困现场推进会上讲话精神，传达学习《关于在全省深入开展宪法学习宣传活动的实施方案》，研究大同市贯彻落实意见。审议通过《大同市关于落实中央第十五巡视组巡视山西省反馈意见整改工作的实施方案》《关于适应新时代要求大力发现培养选拔优秀年轻干部的实施意见》《大同市农村人居环境整治三年行动实施方案》《关于加强和完善城乡社区治理的实施意见》《关于贯彻落实省委统一战线领导小组工作会议精神的实施意见》，听取全市安全生产、信访、宗教等工作情况汇报，研究部署下一步工作。

11月9日，市委常委会会议传达学习习近平总书记在中央全面依法治国委员会第一次会议上重要讲话精神、全省机构改革动员大会会议精神、骆惠宁在全省深化扫黑除恶专项斗争边督边改工作会议上讲话精神，传达学习中央办公厅《关于统筹规范督查检查考核工作的通知》和省委办公厅《关于认真贯彻落实中办关于严格规范督查检查考核工作的通知》，传达学习《山西省党务公开实施细则（试行）》《山西省贯彻落实〈地方党政领导干部安全生产责任制规定〉实施细则》，听取全市意识形态领域形势汇报、生态环境保护督查自查自纠汇报、全市非洲猪瘟疫情防控工作情况汇报，研究并安排部署下一步工作。会议审议并通过《大同市党政领导干部安全生产责任制实施办法》，通报全市1月至10月安全生产情况；审议并通过《中共大同市委关于建立人民政府向市人大常委会报告国有资产管理情况制度的意见》《大同市落实中央扫黑除恶专项斗争督导反馈意见整改工作方案》《大同市环境空气质量改善量化问责办法（试行）》《大同市水污染防治量化问责办法》《关于坚决打赢全市脱贫攻坚战三年行动的实施方案》。

11月19日，市委常委会会议传达学习习近平总书记在中央全面深化改革委员会第五次会议上重要讲话精神，传达学习骆惠宁在支持民营企业发展座谈会上的讲话精神，骆惠宁在忻州调研时讲话精神，传达中央纪委、省纪委关于集中整治形式主义官僚主义有关精神，研究大同市贯彻落实意见；审议大同市《贯彻落实省委第四督导检查组督查反馈意见整改工作方案》，听取中央生态环境保护督察“回头看”大同市边督边改进展情况汇报，研究部署下一步工作。会议听取全市前三季度经济运行情况、前三季度省考核指标推进落实情况、全市改革进展情况、整治规范浑源矿山秩序工作情况、省委脱贫攻坚第一督导组督导云州区和浑源县脱贫攻坚工作意见及两个县（区）整改落实情况、全市“大棚房”专项清理整治行动进展情况汇报。审议并原则通过大同市《“学习身边典型、当好施工队长”主题活动方案》《中共大同市委关于加强人民政协协商民主建设的实施意见》。

11月27日，市委常委会会议传达学习11月26日中共中央政治局会议精神和习近平总书记在中共中央政治局第十次集体学习时重要讲话精神，听取大同市贯彻落实习近平总书记对山西重要批示整改情况汇报，审议大同市《贯彻落实习近平总书记对山西重要批示情况“回头看”整改工作方案》，听取中央第二生态环境保护督察组“回头看”交办案件边督边改情况汇报和中央环保督察反馈意见整改情况汇报。

12月10日，市委常委会会议传达山西省党政代表团到广东学习考察情况，传达学习全国、全省党委秘书长会议精神，传达全省发现培养选拔优秀年轻干部推进会精神，部署大同市贯彻落实工作。审议并通过市委、市政府关于《鼓励和支持民营企业发展的“二十条”政策措施》。会议传达学习《中共山西省委、山西省人民政府关于防范化解政府隐性债务风险的实施意见》，听取大同市政府隐性债务有关情况汇报；听取第二届全国青年运动会大同赛区赛事冬季项目单板滑雪比赛事宜有关情况汇报、蒙晋冀“乌大张”长城金三角合作区第五届联席年会筹备情况汇报，听取《浑源矿山治理生态修复工作规划及设计方案》，审议《中共大同市委办公厅、大同市人民政府办公厅关于支持检察机关依法开展公益诉讼工作的意见》等。

12月21日，市委常委会会议传达学习12月13日中共中央政治局会议精神，传达学习12月9日骆惠宁在《山西信息》上批示精神，研究大同市关于加快构建现代产业体系实施意见；听取大同通航产业推进情况及发展思路汇报和全市2018年度意识形态工作及研判情况汇报；审议并通过《关于做优做强黄花产业加快乡村产业振兴助推脱贫攻坚的实施意见》《扶持黄花产业发展十条政策》《中共大同市委关于浑源县矿山治理生态修复情况的报告》《整治规范浑源矿山秩序工作实施方案》《大同市燃煤污染防治条例》《大同市党务公开实施细则》；研究成立大同市古城保护与发展领导组、重大项目落地推进工作领导组事宜。

12月24日，市委常委会会议传达学习中央经济工作会议精神，传达学习中共中央办公厅国务院办公厅《防范和惩治统计造假、弄虚作假督查工作规定》，中纪委和省委办公厅《关于贯彻落实习近平总书记重要讲话精神严肃整治领导干部利用名贵特产类特殊资源谋取私利问题的通知》精神，研究大同市贯彻落实意见。审议《大同市党政机构改革方案（送审稿）》。　（茗　泉）

【市委常委会（扩大）会议】 2018年1月6日，市委常委会（扩大）会议传达学习习近平总书记1月5日在学习贯彻中共十九大精神研讨班开班式上重要讲话精神，传达学习中央农村工作会议和全国扶贫开发工作会议精神，传达学习省委经济工作会议精神，传达学习全省干部监督业务培训会上2018年个人事项报告工作有关精神，安排部署学习贯彻落实工作。会议传达中央电视台新闻联播通报《河北省委对张家口市及有关县扶贫领域突出问题严肃问责》有关情况。

1月23日，市委常委会（扩大）会议专题传达学习中共十九届二中全会精神，传达学习省委书记骆惠宁在省委常委会（扩大）会议上讲话精神。

2月1日，市委常委会（扩大）会议专题传达学习省十三届人大一次会议和省政协十二届一次会议精神。

3月1日，市委常委会（扩大）会议传达学习贯彻中共十九届三中全会精神和3月1日省委常委会会议精神。

6月21日，市委常委会（扩大）会议围绕习近平总书记视察山西重要讲话精神和在深度贫困地区脱贫攻坚座谈会上的讲话精神专题学习研讨。

7月17日，市委常委会（扩大）会议学习传达骆惠宁在阳泉市调研时主持召开的全省工业经济运行座谈会上讲话精神，安排部署贯彻落实工作。市委常委会班子集体研究省委办公厅印发的《关于进一步激励广大干部新时代新担当新作为 努力建设高素质专业化干部队伍的实施意见（征求意见稿）》，并提出意见和建议。

8月27日，市委常委会（扩大）会议专题传达学习省委十一届六次全体会议精神和骆惠宁在全会上讲话精神，研究部署大同市贯彻落实意见。

9月4日，市委常委会（扩大）会议专题传达中央扫黑除恶第2督导组督导山西省工作动员会精神，贯彻落实骆惠宁在省配合做好中央扫黑除恶专项斗争督导工作领导小组会议上讲话精神，再次听取全市扫黑除恶工作情况，安排部署配合督导工作。

11月5日，市委常委会（扩大）会议专题传达学习习近平总书记在民营企业座谈会上重要讲话精神，研究大同市贯彻落实意见。

12月29日，市委常委会（扩大）会议传达学习省委十一届七次全体会议精神和省委办公厅、省政府办公厅《关于贯彻中办发电〔2018〕45号文件精神 做好2019年元旦春节期间有关工作的通知》，安排部署大同市两节期间有关工作。（茗　泉）

【能源革命对外开放突破行动动员会议】 2018年1月12日，大同市2018年能源革命、对外开放“两个尖兵”突破行动动员会议举行。会议动员全市在习近平新时代中国特色社会主义思想指引下，学习贯彻落实中共十九大精神，践行习总书记视察山西重要讲话精神和骆惠宁到大同调研讲话精神，按照中央、省委部署要求，统一思想认识，振奋精神，打造好能源革命和对外开放“两个尖兵”，推进经济转型步伐。省委常委、市委书记张吉福，市委副书记、市长武宏文出席会议并讲话，市人大常委会主任赵向东、市政协主席部向华等市四套班子领导出席会议。市委常委、常务副市长刘振国主持会议。（张　喆）

【大同国家级绿色金融改革创新试验区建设座谈会】 2018年1月14日，大同国家级绿色金融改革创新试验区建设座谈会召开，来自中国人民大学、中关村新华新能源产业研究院、中国社会科学院旅游研究中心等专家学者为大同加快试验区建设步伐、实现绿色转型发展建言献策。省委常委、市委书记张吉福等参加座谈会。座谈会前，张吉福与中国人民大学党委书记靳诺等会谈交流借助高校智力人才资源支持大同市转型发展等。（茗　泉）

【市委十五届四次全体会议暨经济工作会议】 2018年1月20日，市委十五届四次全体会议暨经济工作会议召开。会议学习贯彻中共十九大、十九届二中全会和中央经济工作会议精神，贯彻落实省委十一届五次全会和省委经济工作会议决策部署，回顾大同经济社会发展取得的成绩，要求全市坚持以习近平新时代中国特色社会主义思想为指导，按照省委“一个指引、两手硬”思路和要求，围绕示范区、排头兵、新高地三大目标，实施“136”发展战略。会议由市委常委会主持。省委常委、市委书记张吉福受市委常委会委托作工作报告。市长武宏文安排部署2018年经济工作。出席会议的市委委员48人，候补委员8人。（张　喆）

▲2018年1月20日，中共大同市委十五届四次全体会议暨经济工作会召开（张燕伟 摄）

【全市学习贯彻落实习近平总书记视察山西重要讲话精神推进会】 2018年4月13日，大同市举行学习贯彻落实习近平总书记视察山西重要讲话精神推进会。省委常委、市委书记张吉福出席会议并讲话。张吉福强调，全市各级要对标对表，按照中央和省委部署要求，围绕五大任务目标，发力前行，奋勇争先。市人大常委会主任赵向东、市政协主席部向华等市领导及有关部门负责人参加会议。市委常委、组织部部长宋涛主持会议。与会人员观看习总书记视察山西专题片，重温习近平总书记视察山西重要讲话精神。会议以电视电话会议形式举行。各县（区）设分会场。（茗 泉）

【全市贯彻落实习近平总书记视察山西重要讲话精神汇报交流会】 2018年6月22日，全市贯彻落实习近平总书记视察山西重要讲话精神汇报交流会召开，会议总结一年来全市贯彻落实习近平总书记视察山西重要讲话精神情况，回顾一年来在习近平总书记视察山西重要讲话精神指引下全市发展取得的新成效。省委常委、市委书记张吉福出席会议并讲话。会议以电视电话会议形式召开。市长武宏文主持会议。刘振国、赵向东、部向华等市四套班子领导及市各行各业代表在主会场参会，各县（区）设分会场。与会人员观看习近平总书记视察山西的纪录片。副市长荆虎、大同大学马克思主义学院院长张莉、同煤集团副总经理武望国、阳高县委书记冯晓雷、广灵县委书记李润军、市发改委主任王明生、市商务局局长曹旭、天镇县赵家沟乡党委书记高平福、原大同县人大常委会副主任赵德清、灵丘县武灵镇黑龙河村党支部书记刘忠孝交流发言。（茗 泉）

【纪念中国共产党成立97周年座谈会】 2018年6月30日，大同市召开纪念中国共产党成立97周年先进基层党组织和优秀共产党员代表座谈会，省委常委、市委书记张吉福出席会议并讲话，市长武宏文主持会议，市委副书记刘振国及市委常委参加。宋涛宣读《关于表彰全市优秀共产党员、先进基层党组织的决定》。会议表彰郭丽荣等50名优秀共产党员和平城区振华南街惠民里社区党支部等20个先进基层党组织。同煤集团燕子山矿彩亮克尘工作室主任冯彩亮、大同新成新材料股份有限公司党支部书记钱晶荣、市平城投资集团有限公司党总支书记王开龙、大同五中党总支书记陈建平在会上发言。（茗 泉）

【全市创建文明城市动员会议】 2018年8月22日，全市创建文明城市动员会议召开。省委常委、市委书记张吉福出席会议并讲话，会议要求，要以习近平新时代中国特色社会主义思想和党的十九大精神为指导，贯彻习近平总书记视察山西重要讲话精神，落实全国、全省精神文明建设表彰大会工作部署，打赢创建文明城市攻坚战。市长武宏文主持会议，市领导刘振国、黄岑丽、宋涛、姚鸿波、薛明耀、穆国新、冯苏京、张翠萍、张强、尚建军、马安全、武保洲及同煤集团、大同大学主要负责人等参加会议。（张 喆）

【市委十五届五次全体会议暨全市经济形势分析会】 2018年8月31日，市委十五届五次全体会议暨全市经济形势分析会召开。会议由市委常委会主持。会议以习近平新时代中国特色社会主义思想和中共十九大精神为指导，总结一年来学习贯彻习近平总书记视察山西重要讲话精神情况，贯彻省委十一届六次全会精神，推进中央第十五巡视组反馈意见整改，部署落实省委书记骆惠宁调研大同指示要求，加速推进全市重点工作、重点项目。出席会议的市委委员40人，候补委员9人。省委常委、市委书记张吉福向全会作工作报告。市长武宏文作全市经济运行形势分析并点评各县（区）经济运行情况和部分单位考核指标落实情况。（茗 泉）

组织工作

【概况】 2018年，大同市有地方党委11个，其中市委1个，县（区）党委10个，基层党组织11368个。城市街道43个，全部建立党工委；城市社区252个，建立5个总支、247个支部。乡（镇）99个，全部建立党委；乡（镇）社区82个，建立81个党支部；建制村1955个，建立1个党委，26个党总支，1925个党支部。全市2839家非公企业中建立942个基层党组织（13个党委、16个党总支、913个党支部）。全市有党员212071人，其中女性党员44670人，占21.06%。全年新发展党员1927人，其中女性511人，占26.52%。市委组织部率先实施干部政治素质考察评价，激励广大干部担当作为，发现培养选拔优秀年轻干部，平稳完成区划调整，推进机构改革工作。在全市开展“三基建设”工作，构建“1+6”体系推动全国城市基层党建示范市建设，“四诺四评”“争旗提档”“创星升级”“三帮三促”等举措，推动各领域党建工作与中心任务融合发展。聚焦招才引智服务转型，实施“凤凰人才”三年发展规划和“百名博士研究生引进工程”“走出去”招才引才，建立院士工作站、博士工作站，一系列聚才育才政策落地落实，为全市打造转型综改区和能源革命、对外开放“两个尖兵”聚集一大批高层次紧缺型人才。大同市组织工作的典型做法受到《光明日报》《中国组织人事报》等媒体关注。（市委组织部）

【政治建设】 2018年，市委组织部推动从严治党向纵深发展。聚焦民主生活会、组织生活会和开展民主评议党员工作，专门派出4个督导组全覆盖检查县以上党组织民主生活会、基层党组织组织生活会；在左云县试点“互联网+三会一课”智慧管理平台工作，推广运用“山西智慧党建”APP，推动组织生活便捷化、规范化。平城区总结出以“培训覆盖、注册覆盖、应用覆盖、督导覆盖”为重点，指导基层党组织集成导入数据、快速展开注册、采录信息的先进经验。出台《干部政治素质评价标准及办法（试行）》，列出正负评价清单，为考准考实干部政治表现划出“硬杠杠”；制定《关于在发展党员中严格政治标准的意见（试行）》，明确20条正面标准和21条政治不合格表现，严控发展党员“入口关”；严考干部政治表现的做法被《光明日报》《山西日报》刊发报道。在《大同日报》开辟“牢记嘱托、感恩奋进”专栏，各县（区）委书记及市直单位负责人，对照习总书记视察山西重要讲话精神，谈认识、讲体会、作表率；组织开展“中共十九大精神百题”知识竞答；在全市副科级以上干部和普通党员干部中分类开展政治理论考试；编印《党建基础知识微手册》1.6万册发放到基层党组织。（市委组织部）

【人才强市战略】 2018年，大同市实施“凤凰人才”三年发展规划，开展“百名博士研究生引进工程”，引进博士18人；配套出台产业转型招才引智、创新发展引才聚才、乡村振兴人才激励“三个十条”奖励政策，出台《大同市关于实施科技创业券的意见（试行）》，吸引各类人才到大同发展。全市187家市场主体认领“科技创业券”2040万元，4200名大中专以上毕业生落户大同。建立人才发展专项资金定期增长机制，市财政设立1亿元科研奖励资金，各县（区）同步建立总量500万元的人才发展专项资金；全市累计建成人才公寓3927套，审核公示1011名就业大学生和引进人才的租房需求。成立“大同新能源产业战略咨询委员会”，邀请能源专家举办53期系列讲座，为能源革命提供高端智力支撑。常态化开展专家人才大同行、晋商晋才创新创业大同行等系列活动，建立7个院士工作站、2个博士工作站，营造服务发展、激发活力、拴心留人的人才发展环境。

（市委组织部）

【干部队伍建设】 2018年，市委组织部建立县处级干部储备库、年轻干部基础信息库、选调生干部信息库、领导干部考核电子档案信息库。围绕机构改革、区划调整工作，开展“高素质专业化”大调研，掌握班子配备和干部队伍情况，区划调整中涉及分流干部全部安置。出台《关于进一步激励广大干部新时代新担当新作为努力建设高素质专业化干部队伍的实施意见》，提出33条务实举措，一大批优秀干部脱颖而出。坚持近期需求和长远需要相结合，出台《关于适应新时代要求大力发现培养选拔优秀年轻干部的实施意见》，提出21条措施，整体设计年轻干部工作。加强源头储备，加大公务员和选调生招考力度，为干部队伍注入源头活水；选派、抽调优秀年轻干部到上级机关、发达地区、基层一线和重点工作中增长见识、锤炼本领；发现培养，开展优秀年轻干部专题调研工作，为做好年轻干部工作打牢基础。把干部政治素质表现、担当作为情况、机关效能建设三项指标纳入年度考核体系；差异化设指标，针对各县（区）的发展基础、产业布局和市直机关单位职能职责，差异化设置考核内容和分值；常态化抓调度，建立预警机制，按月印发《主要指标运行情况报告》，开展中期督查调研，确保各项任务按节点有序推进；细化严考量，对表量化打分，加大民意评价力度，提高考核精准度。

（市委组织部）

【干部管理监督】 2018年，市委组织部坚持管好关键人、管到关键处、管住关键事、管在关键时。加强选任监督，落实“凡提四必”，开展“一报告两评议”，提醒谈话2017年度民主评议分数较低的市直单位负责人。加强日常管理，重点推动市管干部个人有关事项报告核查，查核信访举报案件，开展选人用人专项检查，发现问题集中反馈、限期整改。引深“不作为、慢作为、乱作为”集中整治活动，分批曝光典型问题，严肃查处问责相关责任人，改善干部工作作风。

（市委组织部）

【基层组织建设】 2018年，市委组织部制定《全市2018年“三基建设”实施方案》，运用“五大体系”（素质培养、知事识人、选拔任用、从严管理、正向激励）推进年度13项28条任务按要求落实或铺开，总体实现“两年不断深化拓展、显著改观”目标。针对农村集体经济制约基层发展问题，出台《关于进一步发展壮大村级集体经济的三年行动方案》，安排8767万元专项资金用于扶持4个贫困县（区）发展村级集体经济，全市1955个行政村集体经济收入全部突破5万元，10万元以上占63.2%。选派826名优秀年轻干部到乡（镇）挂职帮助工作，选派4223名干部、895名第一书记驻村开展帮扶工作；700余名在外人才回乡创业，为农村储备后备人才3883名。筹建全市农村党组织书记培训学校，实施履职能力提升等“五大工程”，培训各级各类干部21.6万人；市级投入党建工作经费6703万元，专项列支5000万元用于基层党建和“三基建设”。乡（镇）、农村、社区运转经费分别70万元、9.5万元、10.5万元；村、社区“两委”主干平均报酬分别1.73万元、3.13万元；乡（镇）办公用房、干部周转房、“五小”场所、农村和社区阵地达标。创新党建工作机制，推进规范化建设。在农村开展“争旗提档”活动，设立组织建设先锋旗、产业发展标杆旗、脱贫攻坚争先旗、乡村振兴模范旗、团结稳定和谐旗，每面旗帜按照1.5万元标准给予奖励。全市选树农村红旗党组织819个，授旗1425面，落实奖励资金2137万元，全部用于发展壮大集体经济。在社区，开展“创星升级”活动，设置组织建设先锋星、共建共治融合星、基础保障有力星、服务群众满意星、宜居稳定幸福星，每颗星按2万元标准给予奖励，全市创建星级社区党组织136个，授星251面，落实奖励资金502万元，推动提升社区党组织规范化水平。在非公和社会组织党组织开展“双强六好”创建活动，召开党建工作专项推进会，常态化开展“三帮三促”专项行动，创建示范点20个，推动“两新”组织党组织覆盖率分别达到92%和86%，党的工作实现全覆盖。针对村党组织书记责任落实问题，探索“四诺四评”机制，由村书记对照上级要求、村民诉求，作出党建责任、发展经济、为民服务、廉政建设四类承诺，通过个人自评、班子互评、群众评议、乡（镇）考评“四方评议”，一年一诺、一年一评，全村公示，群众监督，把群众想的变成村书记干的，把群众急的变成村书记抓的，倒逼村党组织书记为民干事。针对城市党建政治功能不强等问题，创建“1+6”文件体系，从建立“四级联动”机制、深化街道职能调整和体制改革、社工队伍建设、社区场所建设等方面作出城市基层党建“四梁八柱”制度性设计，建成43个街道“大工委”、158个社区“大党委”。围绕加强社区党组织的政治功能和服务功能，在平城区打造3个智慧社区示范点，并计划投资2500万元，筹建1个6500平方米的集党性教育、智慧党建、综合服务等功能于一体的市级党群服务中心。针对脱贫攻坚中驻村干部压责不实等问题，召开2次干部驻村帮扶工作推进会，出台《关于对驻村帮扶干部不作为、慢作为进行问责追责的规定》，选树8名优秀驻村干部在6个国定贫困县巡回开展“激发内生动力，凝聚帮扶合力”主题演讲，通过严密督查、典型带动，力促驻村干部履职尽责。针对党建抓不严、考不实的问题，坚持考党建与考业务相贯通，把党建考核纳入年度考核，明确党建考核达不到“好”等次的年度考核“一票否优”，使“抓好党建是最大政绩”的理念更加牢固。针对流动党员教育管理难的问题，出台《关于进一步加强和改进流动党员管理服务工作的意见（试行）》，召开流动党员教育管理服务座谈会、现场观摩会，建立流动党员台账和电子信息库，提升流动党员管理水平。针对基层党组织软弱涣散等问题，结合扫黑除恶专项斗争，摸排报送涉黑涉恶线索33件、涉黑涉恶“保护伞”线索26件；整顿290个软弱涣散党组织工作，增强基层党组织战斗力。（市委组织部）

【干部教育培训】 2018年，市委组织部以学习贯彻新思想新精神为核心内容，举办7期市管干部专题研讨班和2期读书班，分类举办县处级领导干部进修班、中青年干部培训班、军转干部培训班，轮训县处级干部、科级干部3000余人次。在全省率先举办县处级领导干部政治建设专题研讨班，围绕“什么是政治、什么是讲政治、政治建设建什么、政治建设怎么建”，集中培训220余名县处级主要领导干部；开展“千人万场”大宣讲，覆盖干部群众80万余人次。依托干部在线学院、远程教育平台、大同党建网、党建公众号，推送新思想新精神内容，提升干部学习新思想、践行新使命的思想自觉和行动自觉。（市委组织部）

【《李培斌》等教育电视片获奖】 2018年3月，市委组织部党员教育中心拍摄的典型事迹片《李培斌》、与临汾市委组织部联合摄制的《山桃花》在中央组织部组织开展的第十四届全国党员教育电视片观摩交流活动中分获一等奖和“十佳”编导奖。（茗 泉）

【农村“领头雁”示范培训】 2018年3月12日至14日，大同市农村“领头雁”示范培训班在市委党校举办，全市9个农业县（区）的101名村党支部书记和22名大学生村干部参加培训。市委组织部针对村“两委”换届后农村干部队伍建设和农村基层党组织建设实际情况，在培训课程、授课方式、师资力量等方面研究筛选。培训内容涵盖中共十九大精神、习近平新时代中国特色社会主义思想、中央1号文件精神等理论政策专题解读，村党支部书记职责任务、党务工作基本知识、村级治理和矛盾调解等实用知识辅导。授课方式有课堂教学、观看专题教育片、交流讨论等。（茗 泉）

【全市基层党建工作重点任务暨“三基”建设推进会】 2018年5月15日，全市基层党建工作重点任务暨“三基”建设推进会召开。市委常委、组织部部长宋涛出席会议。会议传达中央组织部和省委组织部有关会议精神。南郊区、左云县、阳高县、浑源县、灵丘县、大同经济技术开发区和市住建委交流抓基层党建的做法和经验。宋涛强调，要提高政治站位、把握工作重点、突出务实创新。（茗 泉）

【人才工作座谈会】 2018年5月17日，大同市人才工作座谈会召开。市委常委、组织部部长宋涛出席会议，围绕“如何用好引进博士研究生人才，科学发挥人才的专业特长和作用”与相关部门负责人及引进人才代表座谈交流。大同市重视人才工作，上年6月制定《大同市实施“凤凰人才”三年发展规划（2017—2019）》。联系对接158名博士研究生。座谈会上，与会人员结合工作实际、创业实际和观察思考，围绕主题，提出意见和建议，为建立健全引进博士研究生工作机制提供依据。（茗 泉）

【干部选拔任用工作专题培训班】 2018年8月21日至22日，大同市干部选拔任用工作专题培训班在市委党校开班。学习贯彻中共十九大精神、全国组织工作会议精神和《党政领导干部选拔任用工作条例》，通过教育培训干部调整任免程序、干部档案管理、职数审批、公务员登记等工作制度、流程及要求，解决部分县（区）和市直单位选人用人工作中存在的突出问题，提升全市干部选拔任用工作水平。培训采用专题辅导、现场答疑、分组讨论、理论测试相结合方式，邀请省委组织部干部处室相关负责人授课。各县（区）委组织部干部科科长，市直机关、事业单位、市管企业人事科科长和市委组织部机关全体干部300余人参加培训。（茗 泉）

【全市组织工作会议】 2018年9月26日，大同市组织工作会议召开，省委常委、市委书记张吉福出席会议并讲话。市委副书记刘振国主持会议，市领导黄岑丽、宋涛、姚鸿波、梁晓旭、李春平等出席会议。张吉福指出，要加强组织体系建设，全市各级党组织必须担负起职责使命，发挥好应有作用。要聚焦好干部标准，加强干部队伍建设。要聚焦人才争夺战，加大引才力度。宋涛安排部署全市组织工作。（茗 泉）

【流动党员教育管理暨“三会一课”智慧党建现场观摩会】 2018年12月5日至6日，大同市召开流动党员教育管理暨“三会一课”智慧党建现场观摩会。参会人员参观平城区、云冈区、左云县、浑源县和市就业指导中心、市人才交流服务中心。会议肯定平城区神寅置业公司党支部流动党员经营户挂牌示范、云冈区推进支部大院建设、浑源县建机制强服务搭平台管理流动党员、左云县运用互联网技术创新开展“三会一课”，市人才交流中心把流动党支部建到北京等方面做出的有益探索，为全市提升基层党组织组织力，加强新形势下流动党员管理工作，发挥智慧党建引领作用和服务功能提供经验。市委组织部相关科室负责人，各县（区）委组织部部长、副部长、党管或组织科长，及部分市直单位党办负责人参加会议。（茗 泉）

【全市选调生示范培训班】 2018年12月17日至25日，市委组织部在市委党校举办全市选调生示范培训班，2015年以来录用的88名选调生参加培训。培训采取集中授课、现场教学、座谈交流相结合的方式，设置中共十九大精神、习近平新时代中国特色社会主义思想、党的革命历史和优良传统、政治纪律和政治规矩意识、大同的改革发展形势及转型发展的重点任务，以及公文写作、保密意识等课程，并集体收看“庆祝改革开放40

周年大会”直播。在现场教学中，组织学员到平城区、云冈区、云州区、阳高县模范村庄（社区）参观学习基层党建、集体经济、脱贫攻坚等方面经验做法，到阳高县大泉山展览馆和李培斌先进事迹展览馆、市廉政教育基地开展党性教育和警示教育，到大同市国际能源博览中心、市新能源新材料新技术展示厅参观学习产业转型、能源革命的最前沿成果。在座谈交流中，邀请2004年以前招录的优秀选调生、优秀“第一书记”代表与大家座谈交流，帮助选调生解决在基层工作中遇到的问题与疑惑。培训班实行分组管理，参训学员全程自我管理、自我教育、自我服务。在开班仪式上举行宪法宣誓。（茗　泉）

宣传工作

【概况】　2018年，市委宣传部统筹送戏下乡1894场，农村公益电影放映24326场。举办电视春节晚会、元宵节名家诵大同诗歌诵读会等文化活动。话剧《热泉》、历史剧《平城赋》、廉政剧《河清海晏》等在北京、山西展演。6月至11月，为提升全市网络安全管理能力和防护水平，加快构建全市关键信息基础设施安全保障体系，市委宣传部通过部署培训、摸底登记、自查整改、抽查评估和整改验收五个阶段，在全市范围内开展关键信息基础设施网络安全检查。8月22日，召开创建文明城市动员大会，印发《大同市创建文明城市实施方案》。11月，在中国人民大学举办新闻发布工作、马克思主义新闻观专题培训班。邀请中央党校、清华大学、中国人民大学、中国传媒大学、新华社、《人民日报》、中国政府网专家学者和教授，围绕习近平的新闻观、新闻发言人制度、政务微博发布与管理技巧、新闻发布与城市形象品牌推介、新时代社会稳定风险沟通与舆论引导艺术、大数据与新媒体、采访写作与务实、领导干部媒介素养等内容授课。12月4日，在中国人民大学举办新时代大同市理论骨干综合素养提升培训班。特邀中央党校教授竹立家和李旭章、中国政法大学教授贾文华、中国传媒大学教授王灿发和李继东，围绕“习近平新时代中国特色社会主义思想解读”“改革开放40年经济形势分析”“当前国际、国内政治形势分析”“如何做好新时代理论宣传工作”“怎样做好意识形态工作”等方面讲解，使参训人员学以致用、指导实践。（市委宣传部）

【理论武装】　2018年，市委宣传部制定年度学习计划，服务市委中心组学习16次；举办市民大讲堂；开办“新时代农民讲习所”试点，推动理论武装向农村基层延伸；组织市内新闻媒体开设“在习近平新时代中国特色社会主义思想指引下——新时代新作为新篇章”等专题专栏；在全市道旗、公交车体和沿街电子显示屏等载体上展示习近平视察山西重要讲话、习近平新时代中国特色社会主义思想以及中共十九大精神；开展“十九大精神进基层”千人万场宣讲1.46万场；举办学习贯彻中共十九大精神报纸竞答、理论考试和电视知识竞赛。

（市委宣传部）

【舆论引导】　2018年，市委宣传部制定《季度新闻舆论宣传报道要点》和各类专题宣传报道方案，在抓中央、省、市重大会议和活动宣传报道基础上，开展习近平总书记视察山西一周年，改革开放四十周年，精准脱贫攻坚战，打造先行区、当好“两个尖兵”、实施“三大振兴”，扫黑除恶，全面从严治党等一系列宣传活动。加强对外联络，落实《大同市网上舆论引导工作方案》，加强和改进经济、民生、环保、反腐等领域热点问题和突发事件舆论引导。

（市委宣传部）

【社会主义核心价值观建设】　2018年，市委宣传部制定《创建文明城市实施方案》，召开全市创建文明城市动员大会，举办以“微笑迎宾，文明先行”为主题的市民文明行动倡议活动，选树先进典型，开展群众性精神文明创建工作。持续在全市各级各类媒体刊播公益广告，在道旗、电子显示屏等载体上悬挂显示标语，利用古都灯会、春节民俗文化展演等重大文化活动，宣传弘扬社会主义核心价值观。

（市委宣传部）

【讲师团】　2018年，中共大同市委讲师团（简称“市委讲师团”）网站设置10余个栏目，设立专门网站管理人员，传播党中央重大理论创新成果及省市委重大决策部署，全年编辑转发各类理论文章、宣讲资料120余篇。发表文章4篇：《落实落实再落实》《贯彻新战略开启新征程》《以全国宣传思想工作会议精神为引领扎实做好理论宣讲工作》《科学认识和把握我国社会主要矛盾的新变化》。撰写两篇文章《关于改革开放40年发展战略的理论与实践》《深入推进农村土地制度改革大力实施乡村振兴战略》，作为大同市推荐参加山西省庆祝改革开放40周年理论研讨会推荐论文。市委讲师团在市直系统党员科级干部轮训班上，安排一次课专门讲授改革开放40周年辉煌成就；收集整理国务院诸多部委及国内专家学者文章20篇，编印《庆祝改革开放40周年宣讲资料》一书（约10万字，1000册），发放到各县（区）及市直机关。在市水务局、卫计委、司法局、质监局、食药监局、老干部局、体育局、同煤集团及市直机关党员科级干部轮训班等单位、会场讲授习近平新时代中国特色社会主义思想、中共十九大精神、决胜全面建成小康社会、《中国共产党章程》《中华人民共和国宪法》、全面推进国家治理体系治理能力现代化等内容50余场。

中共十九大精神宣传与轮训　2018年，市委讲师团组建四个督查组，从2月底至3月下旬督查11个县（区）及大同经济技术开发区、20个市直单位、市国资系统32户企业、驻大同20家单位中共十九大精神宣讲情况。3月1日，组织全市副科级以上干部闭卷理论考试，参与监考、巡考、试卷回收及阅卷工作。考试后，把全市1.2万参考人员成绩反馈回各县（区）、各单位。4月19日，市直单位、各县（区）、驻大同单位经过习近平新时代中国特色社会主义思想及中共十九大精神知识竞赛初赛选出的59支队伍参加复赛考试。市委讲师团准备试题，参与监考、试卷分发及回收工作。

讲师团5名教师集中阅卷。20日，核总登记参加复赛的176份试卷，按照参赛队员总得分排出参赛队名次。7月30日至9月7日，市委讲师团和市直机关工委联合集中轮训市直系统3500余名科级党员干部，主要内容为学习贯彻中共十九大精神，举办六期，每期培训五天。（柴常娥）

【庆“七一”系列活动】2018年，市委宣传部组织开展庆祝建党97周年纪念活动。邀请中国城市规划设计研究院院长杨保军、《求是》杂志社评论部主任杨煌围绕习近平新时代中国特色社会主义思想为全市干部群众专题讲座；开展学习贯彻习近平新时代中国特色社会主义思想和中共十九大精神电视知识竞赛决赛；组织话剧《太阳照在南洋河上》县（区）巡演和歌剧《党的女儿》专题演出；举办“讴歌新时代、颂歌献给党”合唱比赛；市委宣传部机关全体党员到市党纪教育基地开展主题教育。激励全市党员干部不忘初心、牢记使命。（市委宣传部）

【中共十九大精神百题知识竞赛】2018年1月至5月，由市委宣传部、市委组织部牵头，市委讲师团、大同日报社具体实施，开展中共十九大精神百题知识竞赛。竞赛以书面答题形式进行，各县（区）、各单位，以及各界群众，通过单位组织、个人邮寄或上门报送等形式参与，收到有效答题卡8106张。5月4日，市委宣传部、市委组织部在市御诚公证处公证，教育局、卫计委等单位代表见证下，按程序组织抽奖，确定一等奖10名，二等奖20名，三等奖50名，优秀组织奖10名。（市委宣传部）

【全市宣传系统工作会议】2018年2月22日，市委宣传部召开全市宣传系统工作会议，市委常委、宣传部部长、统战部部长黄岑丽听取市委宣传部和市直宣传系统各单位负责人单位基本情况及下一步工作打算汇报。会议要求，宣传系统干部职工学习领会中共十九大精神和习近平新时代中国特色社会主义思想，提高政治站位，加强“四个意识”，各部门主要负责人落实好主体责任，加强党的建设，严明各项纪律，做好部门工作。（市委宣传部）

【记者行主题采访活动】2018年4月20日至6月底，大同市“打造先行区、当好两个尖兵、实施三大振兴”记者行主题采访活动举行。启动仪式上，大同市委副书记刘振国给各采访组授旗，市委常委、宣传部部长、统战部部长黄岑丽出席启动仪式。

该次采访活动是大同市宣传思想文化战线深入学习贯彻中共十九大精神和习近平新时代中国特色社会主义思想的重要举措，是全市新闻媒体打好主动仗、弘扬主旋律、深入“走转改”、提升宣传实效的一次实战练兵。采访活动中，市直新闻单位和省驻大同媒体的30余名记者分成4个小组，到各县（区）、乡（镇）、农村和市直部门、企业采访，挖掘鲜活经验，选树先进典型，营造舆论氛围，为推动转型发展、加快建设美丽富裕幸福大同，提供凝聚团结奋进的精神力量。（翠 松）

【全市网信工作座谈会】2018年5月18日，市委宣传部组织召开全市网信工作座谈会，安排2018年网信工作，并部署开展2018年“清朗”专项行动，印发《大同市网络宣传资源共享工作实施意见》。市委常委、宣传部部长、统战部部长黄岑丽出席会议并讲话，她要求各级各部门提高认识，贯彻全国网络安全和信息化工作会议精神，围绕全市中心工作，在学网、懂网、用网上下功夫。（市委宣传部）

【国家网络安全宣传周活动】2018年9月17日至23日，主题为“网络安全为人民，网络安全靠人民”的第五届国家网络安全宣传周活动举行。大同“国家网络安全宣传周”活动由市委宣传部、市网信办、市教育局、市公安局、市总工会、团市委、各县（区）委宣传部和网信办等部门联合主办和参与，宣传贯彻习近平总书记在全国网络安全和信息化工作会议上的重要讲话精神，普及网络安全知识，发动群众参与网络安全教育活动。网络安全宣传周期间，大同各部门面向社会、企业、网民和青少年组织开展“综合日”“校园日”“电信日”“法治日”“金融日”“青少年日”“个人信息保护日”等主题日活动，通过摆放网络安全宣传展板展架、悬挂横幅、宣读倡议书、设置咨询服务台、发放宣传资料、扫描公众号二维码、主题班会、专家讲座、互动体验等形式，宣传网络安全法律法规，讲解个人信息保护方法和预防网络金融诈骗等相关网络安全知识，提升全社会网络安全意识和防护技能。（墨 竹）

【“网媒看大同”活动】2018年9月25日至30日，市委宣传部、市互联网信息办公室联合举办以“网媒汇聚 天下大同”为主题的“网媒看大同”宣传活动，央视网、新华网、新浪、腾讯、百度新闻等20余家全国主流网络媒体记者齐聚大同。活动中，媒体采访团到大同市国际能源革命科创园、文化创意众创空间、中德飞机制造园区、云冈文化产业园、同煤集团国家矿山公园、代王府、华严寺、潘家园、天镇县、阳高县等地参观采访，宣传报道大同市改革开放40年经济社会发展取得的成就，在产业转型、能源革命、脱贫攻坚、文化旅游等方面工作，活动期间刊发稿件300余篇，扩大大同市在全国的知名度和影响力。（市委宣传部）

【大同市展览要素入展《伟大的变革——庆祝改革开放40周年大型展览》】2018年11月13日，《伟大的变革——庆祝改革开放40周年大型展览》在北京国家博物馆开展，大同市有两项展览要素入展：（1）第四展区第三单元有1980年有第一台电视机的大同市左云县上张家坟村；（2）第四展区第九单元有被追授为“全国优秀共产党员”的大同市阳高县信访服务中心原主任李培斌。

《伟大的变革——庆祝改革开放40周年大型展览》以坚持和发展中国特色社会主义为主题，聚焦大事要事，多角度、全景式集中展示改革开放40年的历程、成就和经验，突出展示中共十八大以来，人民群众生产生活发生的变迁。展览第四展区第三单元是关于改革开放以来文艺作品和群众精神文化生活方面的，左云县上张家坟村入展的表述是：1980年，山西省左云县上张家坟村有了第一台电视机。第四展区第九单元展示100位优秀共产党员，其中有山西省平顺县西沟村党总支副书记申纪兰和2016年被追授为“全国优秀共产党员”的大同市阳高县信访服务中心原主任李培斌。（悠 菊）

【“伟大变革中的大同”——庆祝改革开放40周年摄影展】 2018年11月23日，中共大同市委、市政府主办，市委宣传部承办的“伟大变革中的大同”——大同市庆祝改革开放40周年摄影展在和阳美术馆举行，省委常委、市委书记张吉福出席开展仪式并致辞，市四套班子领导及全市各界代表出席。展览以图片、文字、影像资料等形式，分六大板块（“牢记嘱托·不忘初心”“转型发展·富裕大同”“伟大工程·坚强保障”“文化旅游·欣欣向荣”“和谐发展·美丽大同”和“共建共享·幸福大同”）展示改革开放40年来大同经济社会发生的巨变。（市委宣传部）

统战工作

【概况】 2018年，全市有12个党委统战部，即市委统战部和10个县（区）委统战部，以及开发区党工委统战部。全市统一战线组织有市政协和11个县（区）政协组织；民革、民盟、民建、民进、农工党、九三学社6个民主党派市委；市工商联、市侨联2个群众团体；市佛教协会、市道教协会、市伊斯兰教协会、市天主教爱国会、市基督教“三自”爱国会5个宗教团体。民主党派成员2443名。其中，民革240名，民盟576名，民建521名，民进423名，农工党430名，九三学社253名。市工商联会员8985个。其中，企业会员2787个，团体会员174个，个人会员6024名。全市归侨290人，侨眷1万余人（其中，城区189人，矿区22人，天镇县40人，阳高县34人，左云县4人，大同县1人），全市纳入当地最低生活保障归侨31人。其中，城区7人，阳高县10人，天镇县14人。归侨主要由20世纪80年代前后回国的蒙古国归侨组成。全市有少数民族38个，1.6万人，全市5种宗教信教群众22.39万人，宗教教职人员608人，正式登记、依法开放宗教活动场所353处。全市党外干部461人。其中，副厅级5人，县处级56人。大同市新的社会阶层人士总体规模12.9万人。其中，私营企业和外资企业中管理技术人员8.2万人，中介组织从业人员1.8万人，新媒体从业人员0.2万人，自由职业人员2.7万人。大同市新的社会阶层人士联谊会会员196人，平城区新的社会阶层人士联谊会会员176人。（张国成）

【民族宗教工作】 2018年1月5日，全市统战系统举办民族政策与民族关系专题讲座。讲座特邀中国少数民族地区公共管理与公共政策研究中心主任李俊清主讲，围绕民族政策和民族关系为统战干部辅导。专题讲座促使相关部门加强学习民族理论、民族政策、民族法律法规和民族基本知识，开创民族工作新局面。市委常委、宣传部部长、统战部部长黄岑丽，市委统战部全体机关干部、市宗教局、各民主党派成员、工商联、市直机关统战委员、城区统战系统成员、市少数民族民营企业家，及新社会阶层人士代表300余人参加讲座。

2月5日，黄岑丽看望慰问宗教界人士和信教群众。她希望宗教界人士继续学习中共十九大、十九届二中全会精神和《宗教事务条例》，学习贯彻落实党的宗教政策，在团结信教群众，净化心灵、启迪智慧方面发挥作用。

5月30日，市委统战部、市民族宗教局组织召开全市各县（区）统战部长、宗教局长参加的专项工作会议，贯彻落实全省宗教工作会议精神、国宗发88号文件、基督教专项治理方案。黄岑丽出席会议。各县（区）汇报专项工作开展情况，安排部署下一步工作。黄岑丽强调，各部门要加强组织领导、坚持依法管理、发挥宗教团体作用、加强部门协作、落实宗教工作责任制。（张国成）

【党外知识分子座谈培训会】 2018年1月19日，大同市委召开党外人士座谈会。会议听取各民主党派市委会、市工商联、无党派人士代表所提的经济形势和2018年经济工作的意见和建议。省委常委、市委书记张吉福主持会议并讲话。市长武宏文等市四套班子领导出席会议。市委副书记刘振国在会上传达中央和省委经济工作会议精神，通报2017年全市经济运行情况和2018年全市经济工作总体思路。各民主党派主委、市工商联主席、无党派人士代表提出推动转型发展、深化改革、发展新兴战略性产业、加快对外开放步伐、继续建设好国际化

▲2018年1月5日，全市统战系统举办民族政策与民族关系专题讲座（张国成 摄）

全域旅游目的地等意见建议。

3月28日，市委常委、宣传部部长、统战部部长黄岑丽，市委常委、常务副市长薛明耀出席党外人士座谈会，听取征求各民主党派、工商联负责人和无党派代表人士所提的《政府工作报告》的意见建议。薛明耀简要说明《政府工作报告》起草过程及内容。各民主党派、工商联负责人和无党派代表人士一致认为《政府工作报告》内容重点突出、实事求是，符合新时代要求、符合大同发展实际。与会人员围绕人才引进培养、加强创新驱动、实施能源革命、发展文化产业等提出意见和建议。

6月13日至14日，市委统战部举办全市统战系统干部及党外人士能力提升培训班。特邀省委统战部常务副部长郭海刚作"坚定中国特色社会主义制度自信"专题讲座。省委统战部办公室主任梁艳萍、副主任侯国柱围绕"公文写作技巧""动态信息及建言献策写作技巧"等主题授课。黄岑丽主持培训班开班仪式。党外省政协委员，市委统战部机关全体干部，各民主党派主委、副主委及机关全体干部，市工商联、市侨联、市民宗局机关全体干部，各宗教团体负责人，各市直商协会会长、秘书长，各县（区）委统战部部长、分管信息工作领导、信息员，部分民主党派成员及无党派人士250余人参加培训。（张国成）

【"强基固本"行动】2018年2月1日，全市统战系统传达学习省"两会"精神会议召开。市委统战部、各民主党派、工商联、侨联、宗教局全体机关干部出席会议。会议传达学习省政府工作报告、省人大常委会工作报告、省政协常委会工作报告。市委常委、宣传部部长、统战部部长黄岑丽主持会议并强调，统战系统干部要按照省"两会"精神，提高政治把握、参政议政、组织领导、合作共事四种能力，推动省"两会"精神落到实处。

3月14日，市委统战部举办统战系统保密培训班。市保密局专职人员杨军围绕统战工作中涉密事项、失泄密案件的查处、涉密载体保密和办公自动化管理保密常识等为统战干部讲解。市委统战部、各民主党派、工商联、侨联、及民宗局机关全体干部50余人参加培训。

6月22日，市委常委、宣传部部长、统战部部长黄岑丽，市委常委、组织部部长宋涛在大同广播电视台演播大厅观看全市学习贯彻习近平新时代中国特色社会主义思想和中共十九大精神知识竞赛决赛，并为获奖参赛队伍颁奖。市委组织部、市委宣传部共同在全市范围内开展科级以上干部理论知识考试，在《大同日报》上面向全社会开展百题有奖知识竞答，在全市科级以下青年党员干部中开展理论知识竞赛。经过预赛和复赛，61支队伍中有8支代表队获知识竞赛的一、二、三等奖，10家单位获优秀组织奖。（张国成）

【新的社会阶层人士统战工作】2018年3月26日至27日，省委统战部副部长刘海芸率调研组一行到大同调研新的社会阶层人士统战工作。市委常委、宣传部部长、统战部部长黄岑丽参加调研汇报会。调研组听取新的社会阶层人士统战工作汇报，分别与新的社会阶层人士统战工作联席会议成员单位、新的社会阶层代表人士座谈。到南郊区牧同乳业公司、大同互联网+服务产业园区、大同云冈书画院实地参观，了解大同市新的社会阶层人士的组织架构、队伍建设、活动开展等情况。刘海芸强调，做好新形势下新的社会阶层人士统战工作意义重大，要提高认识，打牢基础，注重选好人才、建好队伍，结合优势、抓住重点、创品牌创特色，调查研究、破解难题，总结可借鉴、可推广模式，为全省工作开展提供大同经验。

4月21日，市委统战部新的社会阶层人士联谊会举办《建设统战文化，增强文化自信》专题讲座。中国金融作家协会主席、作家阎雪君，以《建设统战文化，增强文化自信——为我们共同的事业记载和讴歌》为题，与观众分享人生感悟，以自身经历为切入，传授提高写作能力方法。全市各民主党派、工商联、新的社会阶层人士联谊会、欧美同学会120余人参加讲座。

5月22日，市委统战部在中国海洋大学举办大同市新的社会阶层人士·非公经济人士培训班。来自全市新的社会阶层人士、非公经济人士，及县（区）统战部部长、工商联主席60余人参加培训。黄岑丽出席会议并讲话。学员们通过集中学习、分组研讨、现场观摩等形式，系统学习政治理论、经济政策、企业管理，提高参政议政、民主监督、合作共事的思想认识和能力素质。现场教学参观青岛海尔集团、青岛啤酒博物馆、中共青岛地方支部旧址纪念馆。（张国成）

【纪念"五一口号"发布70周年】2018年4月25日，市委统战部举办

▲2018年4月25日，市委统战部举办"不忘合作初心 继续携手前进"——纪念"五一口号"发布70周年演讲比赛（张国成 摄）

“不忘合作初心 继续携手前进”——纪念“五一口号”发布70周年演讲比赛。来自6个民主党派的12名选手参加比赛，最终民盟大同市南郊支部刘洁获比赛第一名。4月28日，大同市委召开纪念“五一口号”发布70周年座谈会，市委常委、宣传部部长、统战部部长黄岑丽出席会议并讲话。会议邀请各民主党派、工商联、无党派代表人士，共同回顾多党合作历程、畅谈多党合作重大意义作用。市委统战部在广大民主党派成员中开展纪念“五一口号”发布70周年征文活动，近百名统战成员提交主题文章，经过评审团评出特别奖6名、优胜奖6名、优秀奖28名。在《大同日报》专版刊登市委常委、宣传部部长、统战部部长黄岑丽及各民主党派主委纪念文章。通过市委统战部门户网站、官方微信平台等网络新媒体，宣传“五一口号”精神，报道民主党派、无党派人士学习动态、反映反响、经验做法等，做到学习贯彻“五一口号”精神全知晓、全动员、全覆盖。（张国成）

【市委统一战线工作领导小组会议】 2018年5月27日，大同市委统一战线工作领导小组会议召开，省委市委、市委书记张吉福主持会议，会议研究通过《中共大同市委统一战线工作领导小组关于进一步加强全市基督教工作的实施方案》，安排部署全市基督教工作。5月31日，大同市印发《关于进一步加强全市基督教工作的实施方案》。安排部署全市各级各部门加强大局意识、落实工作责任，共同破解基督教领域的重点难点问题。9月25日，大同市委统一战线工作领导小组2018年第二次会议召开，张吉福主持会议，会议研究大同市贯彻落实省委统一战线工作领导小组暨省宗教工作领导小组扩大会议精神和省委统一战线工作小组2018年3号文件精神的具体举措。会议审议通过《大同市关于贯彻落实省委统一战线工作领导小组工作会议精神的实施意见》，安排全市进一步做好加强佛道教商业化治理、防范和抵御境外利用基督教渗透、加强天主教爱国组织建设、强化伊斯兰教中国化方向引领、加强宗教活动场所管理五方面重点工作。会议同意10月中旬以市委名义开展一次全市宗教工作督查。（张国成）

政策研究

【概况】 2018年，中共大同市委政策研究室（市改革办、综改办）（简称“市委政研室”）参与起草各类文稿70余篇。编辑《习近平总书记关于全面深化改革论述摘编》和《骆惠宁书记讲话摘编》；收集省环保督查组整改督查大同市调阅资料及大同市促进转型发展有关文件、汇报材料等内容19篇；接受市农委邀请，参加由中国农业大学农业科学规划研究所编制的大同市乡村振兴战略3个《专项规划》专家研讨会，发表如何进一步用好政策、把握机遇，找准国家、省有关政策和发展战略与大同转型发展的契合点，借鉴外地发展模式和机制创新意见建议；撰写政研室改革开放实录，即《精心谋发展良策 努力促改革开放——中共大同市委政策研究室改革开放40年综述》，1万余字。

（田牧天）

【调查研究】 2018年，市委政研室撰写《大同市实施乡村振兴战略调研报告》并上报省农工办。撰写《中共大同市委大同市人民政府关于推进乡村振兴战略的实施意见》，以同发〔2018〕9号文件印发。文章《以中共十九大精神为引领 坚持走中国特色社会主义乡村振兴道路——关于我市实施乡村振兴战略的调查与思考》在《今日大同》和《大同政研》刊发。围绕县域经济发展的主要难题调研，起草《关于加快县域经济发展的指导意见》，以市委文件形式印发。围绕脱贫攻坚，撰写《看，前营村变了样儿》扶贫综述和《看，前营村变样子》调研报告，分别在《中国扶贫》杂志和省委《前进》杂志上刊发；《指路明灯照我前行——践行习近平总书记关于扶贫工作的重要论述精神》一文在《中国扶贫》杂志刊发。按照省委政研室要求，调研市文旅体制改革情况，形成《关于大同市文旅体制改革情况的调研报告》，上报省委政研室。组成7个调研组，调研乡村振兴、脱贫攻坚、教育发展、新兴产业等方面，形成《大同市农村普惠金融调研报告》《我市移民搬迁安置房入住情况调查》《人生百年立于幼学，奋力谱写新时代学前教育发展新篇章》《关于我市基础教育发展情况的调研报告》《关于我市职业教育发展情况的调研报告》等调研报告。其中1篇供市委领导参阅，2篇被用作政协发言稿，1篇提交至省委宣传部做论文，其余分别在《大同政研》《今日大同》等刊物发表。（田牧天）

【政策研究信息化建设】 2018年，市委政研室向省委改革办上报改革信息50余篇，其中5篇被《山西改革信息》采用。借鉴省委信息工作模式，创办并发行《改革信息》30余期，记录大同市改革工作取得的成绩和做法。组织开展大同市纪念改革开放40周年征文活动。按照市委关于改革项目要实行信息化管理、无纸化办公要求，维护和完善“大同市全面深化改革管理平台”，使市委、市政府主要领导能够通过信息平台随时查询了解各项改革项目相关信息、进展情况，并按时作出批示，促进改革发展进程。

（田牧天）

【全市深化改革助推】 2018年，市委政研室起草《中共大同市委全面深化改革领导小组2018年工作要点》《中共大同市委关于调整市委全面深化改革领导小组及办公室组成人员的通知》等文件。整理汇总《大同市城区大力扶持“双创”，激发转型新动能》等10条“以改革促转型”典型案例。收集整理改革开放40年来大同市转型发展历程，撰写《改革开放是推动大同转型发展的根本动力——改革开放40年大同发展经验与启示》。组织召开市委全面深化改革领导小组第31次至第41次会议，研究讨论28项改革议题，审议通过22项改革文件。配合省委考核组梳理、自查大同市上年5项重点改革任务，形成《大同市深化改革任务完成情况汇报材料》《2017年度目标责任考核大同市“全面深化改革”指标完成情况报告》。3月，配合省委党政机构改革调研组梳理总结大同市、县（区）两级党政机构设置情况，形成《大同市党政机构改革情况汇报》。4月，陪同省委政研室了解大同市深改经验做法及问题启示，并配合起草《狠抓关键一招“大同动能”迸发磅礴力量——关于大同市全面深化改革情况的调查与思考》，刊登于省委《调查与分析》第二期。10月，依照省委督察组通知，汇总形成《大同市全面深化改革落实情况自查报告》《大同市党政主要负责人亲力亲为抓改革情况报告》《大同市全面深化改革考核指标完成情况》《大同市国企国资改革落实情况报告》《大同市开发区改革创新落实情况报告》《大同市全面深化改革典型案例报告》等材料，上报省委督察组。

（田牧天）

【市委政研室与大同大学马克思主义学院签署战略合作协议】 2018年7月18日，市委政研室与大同大学马克思主义学院举行战略合作协议签字仪式，市委常委、组织部部长宋涛，大同大学党委书记马存根参加。市委政研室担负着有关政治、党建、意识形态等方面政策研究和调查分析职责，与马克思主义学院“推动马克思主义学习、研究、宣传”工作职责契合。宋涛希望，双方在合作过程中坚持问题导向，把握意识形态领域热点、重点、弱点问题，丰富调研课题，理顺合作机制，把调研成果转化为推动工作办法思路，把学习研究与市委、党委中心工作结合起来。（茗　泉）

党史研究

【概况】 2018年，中共大同市委党史办公室（简称“市委党史办”）开展撰写山西改革开放口述回忆资料工作，征集回忆文章80余篇。启动山西省大同市抗日战争口述史料征集、整理与研究工作。组织编撰《美丽大同》一书，记录大同市委发展新成就。承办“学党史、知党恩、跟党走”主题教育活动。协助市委宣传部开展庆祝改革开放40周年图片展筹备工作，整理80余幅图片和3000余字材料。11月，市委党史办参与庆祝改革开放40周年图片资料审查、筛选工作。

（张晓雁）

【电视文献片《征途——大同共产党人的足迹》出版】 2018年12月，大型电视历史文献片《征途——大同共产党人的足迹》由山西出版传媒集团·山西春秋电子音像出版社出版。该片记述中国共产党领导大同人民90余年革命、建设、改革历程，记录中共大同市委领导全市人民取得的成就。该片以实地拍摄和采访见证人为主，穿插情景再现与相关影视、图片、实物资料。（张晓雁）

【《中共大同执政实录（2016—2017）》出版】 2018年，《中共大同执政实录（2016—2017）》由中共党史出版社出版。《中共大同执政实录（2016—2017）》全书约180万字、40余幅图片，收录2015年、2016年两年中共大同市委召开的会议、发布的文件、开展的工作，系统反映市委各部委、市直各部门党组织、各企事业单位党组织、各县（区）党委、各乡（镇）党委工作概况。（张晓雁）

【《大同改革开放实录》出版】 2018年12月，《大同改革开放实录》由中共党史出版社出版。该书是中央党史和文献研究院、山西省委党史研究院部署开展的重大项目，是大同市庆祝改革开放40周年活动之一。《大同改革开放实录》贯彻中共十九大精神，坚持“一突出”“两跟进”基本要求，展示改革开放40年大同市（含原雁北地区）政治、经济、文化、社会、生态文明等方面建设发展变化，重点反映在推进改革开放过程中富有特色的重大决策、重大事件、重要成果、重要经验等。全书分上、中、下3卷，收录全市各单位撰写的100余篇专题稿件，选编80余幅图片。市委党史办从《大同改革开放实录》稿件中优选同煤集团、市环保局稿件，作为《山西改革开放实录》第一批选题，上报省委党史研究院。（张晓雁）

机构编制

【概况】 2018年，大同市机构编制委员会办公室（简称“市编办”）设计印发涉及机构编制职数、在职人员等7类表格，摸底区划调整县（区）基本情况，掌握涉改县（区）机构编制情况，提出《关于大同市部分行政区划调整涉及机构编制调整方案》。印发《乡镇（街道）机关事业单位机构编制交接表》，汇同组织部门完成乡（镇）整体成建制划转工作。市编办两次到太原，一次到北京，协调国家和省登记局新建事业单位登记管理终端并移交登记管辖数据，组织涉及县（区）业务人员培训，提前完成大同市区划调整后各县（区）事业单位登记和机关群团赋码工作。

开展减证便民工作，抓国务院、省政府取消下放行政审批等事项落实承接工作，抓市本级行政审批等事项取放调工作。印发《大同市人民政府关于落实省政府取消16项行政许可事项的通知》（同政发〔2018〕14号），相应取消7项行政审批事项。印发《大同市人民政府关于落实和承接省政府取消下放一批行政职权事项的通知》（同政发〔2018〕93号），取消15项，承接24项，调整20项。清理规范市政府部门行政审批事项前置申请材料、行政审批事项相关证照年审年检和政府指定培训事项，保留行政审批事项前置申请材料3318项（精简478项，精简率12.59%），相关证照年审年检39项（精简43项，精简率52.44%），政府指定培训5项。梳理行政审批中介服务事项，动态调整各部门行政审批中介服务事项，形成调整后市政府部门行政审批中介服务事项清单，印发《大同市人民政府办公厅关于调整市政府部门行政审批中介服务事项清单的通知》（同政办发〔2018〕17号），重新调整后，行政审批中介服务事项40项。开展权责清单标准化、规范化建设，印发《大同市人民政府办公厅关于调整市政府部门权责清单的通知》（同政办发〔2018〕70号），调整市政府部门权责清单139项行政职权事项的职权名称、职权依据等要素和内容。印发《大同市人民政府办公厅关于调整市政府部门权责清单行政职权事项的决定》（同政办发〔2018〕184号），取消10项，调整28项。与市法制办联合印发《关于转发省编办、省法制办转发〈中央编办、法制办关于深入推进和完善地方各级政府工作部门权责清单制度的指导意见〉的通知》（同编办字〔2018〕39号），加强权责清单管理，巩固改革成果。配合省直部门编制本系统市、县通用清单，加强审核，不断推进。省政府公布省、市、县行政职权标准清单。按照省委编办《关于进一步扩大相对集中行政许可权改革试点有关事宜的通知》（晋编办函字〔2018〕31号）要求，报省委编办推荐申报左云县扩大相对集中行政许可权改革试点。

市编办连续七年被山西省精神文明建设指导委员会评为省级文明单位。（李万民）

【党政机构改革方案】 2018年，市编办组织全办干部反复研读中央省委一系列深化党政机构改革文件掌握精神实质，掌握大政方针，初步形成《大同市党政机构改革政策问答（47问）》和《大同市机构改革涉及机构编制事宜的规定（50条）》两个市内政策学习资料性文件（草案）。调研摸底，为深化党政机构改革提供数据支撑。11月，摸底涉改的40家单位划出划入职能以及承担职能的科室、人员。通过四次调研，涉改机构情况摸清，为模拟改革方案、制定部门"三定"方案提供基础数据支撑。压实改革责任，通过细化分解工作任务形成改革合力，起草《关于深入贯彻落实中共十九届三中全会精神深化全市党政机构改革的实施意见》。起草《关于印发〈中共大同市委深化党政机构改革领导小组办公室工作细则〉的通知》（同深改办发〔2018〕1号）规定领导小组办公室机构性质，明确主要职责。起草《市委机构改革办工作分组安排》（同深改办发〔2018〕2号），在办公室内部成立市直改革组、县（区）改革组、市直事业改革组、综合协调组、文稿保障组五个工作小组，确保机构改革准备工作规范有效。草拟《大同市机构改革主要任务的安排意见（28条）》《关于落实〈大同市机构改革方案〉任务分解的通知》，明确改革成员单位责任和涉改部门工作责任。出台《关于市编办攻坚党政机构改革重点任务实施分组制扁平式管理办法》。模拟改革方案，在盘点机构编制基础上开展内部练兵，6月，模拟起草三套党政机构改革方案（A方案），在办内部"练兵"。8月，按照机构限额55个和47个，再模拟机构设置，形成四套改革方案（B方案），单位内部二次"练兵"。10月，全省机构改革动员大会和全省编办主任座谈会召开，大同市党政机构限额确定后，按49个机构限额再模拟，形成一套改革方案（C方案），单位内部第三次"练兵"。到省委编办对接后，明确限额形成D方案实战练兵。梳理涉改事项，制定"三定"框架。盘点市编制总量，根据职能划转情况测算各涉改单位编制数。市级各部门三定框架草拟稿全部制定完毕。（李万民）

【综合行政执法体制改革方案】 2018年，市编办印发《大同市城市建设管理综合行政执法体制改革实施方案》《大同市商务综合行政执法体制改革实施方案》结合上年出台的《大同市深化综合行政执法体制改革实施方案》《大同市文化综合行政执法体制改革实施方案》，市编办形成《关于组建大同市城乡建设管理综合行政执法队的请示》（同编办字〔2018〕26号）、《关于尽快确认大同市文化市场综合行政执法队副处级规格的请示》（同编办字〔2018〕29号）、《关于组建大同市商务综合行政执法队的请示》（同编办字〔2018〕43号），上报省委编办。各县（区）《综合执法体制改革方案》初步拟定，结合下一步党政机构改革一并报市编委审批。（李万民）

【事业单位改革方案】 2018年，市编办根据中央、省委党政机构改革精神，围绕承担行政职能事业单位改革，按照除行政执法机构外，清理事业单位承担的行政职能，把行政职能划归党政机构。印发《关于对市直承担行政职能事业单位进行进一步摸底和梳理的通知》《关于做好承担行政职能事业单位行政职能划转摸底工作的通知》，梳理各部门上报情况，摸清承担行政职能事业单位底数，形成目录建立台账。推进从事生产经营活动事业单位改革，1月，召集相关主管部门，传达省委办公厅、省政府办公厅印发《关于从事生产经营活动事业单位改革的实施意见》的通知，强调各涉改部门责任落实。2月，起草《关于从事生产经营活动事业单位改革的实施意见》。6月，印发《关于对我市从事生产经营活动事业单位改革工作进行调研的通知》，摸底调研涉改事业单位经营状况和推进从事生产经营活动事业单位改革存在的困难、问题。强调各涉改部门加快制定改革方案，有8个市直部门上报相关改革方案。（李万民）

【机构编制管理】 2018年，市编办统筹编制资源，实现优化配置。根据县（区）派驻纪检监察机构全覆盖要求，调整机构编制，加强县（区）纪检监查力量。推进国企分离办社会职能，成立大同市同煤医疗保险管理服务中心，同煤医疗和生育保险纳入社会统筹管理。同煤集团公积金管理机构移交大同市住房公积金管理中心，设立大同市住房公积金管理中心同煤集团分中心。科学布局教育资源，报经省委编办批准，更名山西省大同大学大同师范分校为大同师范高等专科学校。保障养老保险改革，审核上报49家单位，1957名在职人员，1557名退休人员，并加注意见（盖章）。加大人才引进，通过人才编制周转池制度，为全市引进的9名博士生办理相关入编手续。加强机构编制监督管理，抓全市机构、编制、领导职数及实有情况年度统计等资料汇编工作。根据市直各单位编制实有等情况，制定市直机关、事业单位编制使用计划。加强和完善实名制管理，培训县区实名制系统管理人员，为市直机关事业单位《机构编制管理证》年检变更。推进与组织、人社、财政等部门机构编制、实有人员等信息数据共享工作。督促各县（区）开通"12310"举报电话，建立"12310"网上举报平台。加强事业单位登记管理和电子政务建设，实行"不见面"审批、"网上申报、受理、审核"模式和寄送纸质申请材料、法人证书等方式变更登记事项。减少和简化申办要件，压缩办结时限，即时办结率90%以上。情况比较复杂、需进一步审查的，实行限时办结。推行容缺办理，无不良信用记录的事业单位，申请材料存在个别形式缺欠、不影响后续审查和判断的，经申请人作出书面说明、承诺限期补正后予以办理。加强和创新事业单位法人登记监管，提高事业单位法人公示信息书面审查和实地核查比例，规范实地核查，推进事业单位信用监管，全年实地核查20家市直事业单位，超额完成核查任务。落实税务体制改革后税务系统重新赋码工作。推进机构编制信息化建设，抓中文域名服务管理工作，审核党政机关事业单位新开办网站资格和复核开办网站资格。推进“机构编制云平台”建设，更新市直部门权责清单动态调整后的平台数据，实现数据更新与清单事项调整同步。

（李万民）

信访工作

【概况】 2018年，全市到北京上访总量781批次1303人次。到北京重点地区上访70批次111人次，同比（320人次）下降65.3%，其中集体访2批次27人次。到山西省集体访46批次489人次，同比（44批次621人次）下降21.3%。到大同市上访1216批次3002人次，人次同比（5776人次）下降48%。其中，个体访1018批次1241人次，集体访198批次1761人次。

年内，市委提出“降量退位”工作目标［全市到北京上访总量下降，到北京重点地区上访量退出全省第一位，各县（区）退出全省前十位］。党政主要领导抓部署、抓督促，推动责任落实。市委多次听取信访工作汇报，分析研究信访形势，从政策层面推动解决疑难信访问题。市委召开党政联席会议，出台《关于解决国有土地上房屋权属登记历史遗留问题的工作方案》，为162个项目10万业主解决后顾之忧。市政府多次召开专题会议，研究解决重点信访事项，包案化解信访突出问题（原南郊区水泥预制厂、东小城二期等），督促检查落实情况。2月，省信访局为大同市信访工作把脉会诊。各位市委常委按联系县（区）包案104件，各位副市长按分管领域包案65件，协调推动所联系县（区）和分管部门领域化解信访问题。省联席办印发“省领导包案化解重点市和重点领域信访突出问题”32件，按照问题属地、领域原则交办各市委常委、副市长包案，办结32件，办结率100%；化解31件，化解率96.9%。

（市信访局）

【专项攻坚活动】 2018年，市信访局开展中央巡视组交办案、“四个重点”攻坚战、“扫黑除恶”专项行动、进京集访专项治理等9次积案化解专项治理活动。疑难、重点积案实行市、县两级党政主要领导“双包案”，一案一策化解难题。建立案件流程化管理、跟踪、督办机制，信访积案实施建账、对账、查账、销账、交账“五账”工作法，推动信访问题按时化解。全市累计攻坚中央、省交办各类信访积案1042件，办结1042件，办结率100%，化解987件，化解率94.7%，实现信访存量逐年减少目标。规范初信初访初网受理、办理、复查、复核、文书送达、信息录入等环节，信访部门按时受理率97.12%，责任单位按时受理率93.7%，信访事项按期办结率93.73%，信访机构群众满意率98.49%，责任单位群众满意率98.6%，大多数信访问题就地化解。

（市信访局）

【多元化解体系】 2018年，市信访局加强矛盾纠纷排查化解。针对重大敏感节点（全国“两会”、上合组织青岛峰会等）健全矛盾排查调处工作体系，加大排查化解重点群体、重点人员、重点案件。排查出625名重点人员、8个重点群体，逐案建立台账，逐案落实“五包一”稳控措施，随时掌握动向，严防失控漏管。加大领导干部接访力度，市级领导接待78批次552人次，推动11个重点信访事项处理。与司法局联合开展访调对接工作，信访接待大厅开设访调窗口，增设人民调解室，借助人民调解力量，化解信访矛盾纠纷；开展律师参与信访工作，参与接待信访案件170件，引导调处通过法律途径依法解决26件。完善协调会商制度，召开协调会议130次，推动重点案件化解。

（市信访局）

【预警处置】 2018年，市联席办、市维稳办加强情报信息搜集、分析、研判和报送工作，随时掌控重点人员、重点对象、重点群体动向，掌握工作主动权。处理信访预警信息238条，收集网络舆情信息164条，把隐患消除在萌芽状态。在重大敏感节点期间，坚持信访信息“零报告”，重大紧急信息随时发现、随时报送。加强综治、维稳、公安、安全、信访、铁路、交通等部门信息互通共享，做到通报情况、评估风险、按时应对无缝衔接。加大依法处置力度，固定进京到省信访活动中违法行为证据，依法处置。

（市信访局）

【“规范化建设年”活动】 2018年，市信访局按照全省《“规范化建设年”实施方案》要求，健全规范信访工作业务制度，编写基础业务规范化操作流程手册，建立完善标准化业务工作体系，推进信访工作精细化管理。在全省率先开通微信信访平台、信访手机APP、视频接访平台，实现信访网上办理、问题网上会商、事项网上督查。通过“请进来走出去”模式，开展12次大规模基础业务培训，全市各级信访工作人员850余人次参训，培训内容涉及录入、受理、办理、答复、送达、督察督办等环节，到全市10个县（区）巡回指导。11月24日至25日，全省信访基础业务规范化建设推进会在大同召开。省委常委、政法委书记商黎光出席并讲话，大同市作经验介绍，与会代表现场观摩市信访服务中心、平城区信访接待大厅、平城区退役军人服务站、平城区水泊寺乡石家寨村矛盾纠纷调解中心，实地感受大同市信访基础业务规范化建设的经验做法。

（市信访局）

【全市信访工作会议】 2018年2月7日，全市信访工作会议召开，会议回顾总结大同市上年信访工作，安排部署2018年信访重点任务。省委常委、市委书记张吉福出席会议并讲话。市委常委、政法委书记姚鸿波主持会议，副市长、市公安局局长尚建军通报全市信访工作情况。会议以电视电话会议形式召开，各县（区）设分会场。张吉福强调，全市各级要加强信访工作组织领导，定期分析研判、研究化解重点问题，带头落实领导干部接访下访和包案化解信访问题制度。加强信访干部队伍建设，配齐配

▲ 2018 年 2 月 7 日，全市信访工作会议召开 （市信访局 供图）

强各级信访班子，打造阳光信访、责任信访和法治信访。 （茗 泉）

对台事务

【两地交流】 2018 年，市台办把握两岸关系和平发展主题，以贯彻“寄希望于台湾人民”的方针为主线，创新工作思路，建立与台湾中小学生、中小学校长、基层社区民众交流机制。1 月，应市台办邀请，台北市文教协会组织台湾高雄中小学校长交流团一行 35 人到大同市杨家窑小学、北师大附中和城区十八校太阳城校区等中小学校参访，并举办第八届海峡两岸中小学校长教书育人研讨会。5 月，市台办联络来自台湾大同大学等教育界人士组成的台湾高校交流团一行 23 人到山西大同大学举行大同台湾两地高等教育座谈会，并和对口学院（系）交流座谈，参观大同大学图书馆、微结构电磁功能材料实验室和脑结构研究所。6 月，应市台办邀请，台湾高雄市大仁中学校长郭虹珠率领学校师生一行 40 人，与大同市第一职业中学部分师生，在市图书馆举行第七届“家乡美、两岸情、中华魂”大同台湾中学生交流文艺汇演。10 月，来自台湾云林县的社区交流团一行 26 人到大同市平城区华北星城社区、云冈区杨家窑村参访，并在华北星城社区举办“同台基层社区交流活动”。年内，应台北文教协会邀请，大同市组织科技团、教育团、青年团、农业经济团 80 余人到台湾开展交流回访活动。参观台湾新竹科学工业园区、台湾中国医药大学附设医院、天明制药股份有限公司、生物科技股份有限公司等科学园区。台湾中华全球亚健康国家发展协会与大同市中医养生协会签署友好交流意向书。访问新北市立新庄高级中学、高雄市大仁中学、内坜高级中学等学校，拜访台湾信托金融园区、云林金湖农业园区、高雄集盒 kubic 文创园区等，并与台北市经贸协会及台湾青年企业家座谈交流。（市台办）

【涉台宣传培训】 2018 年，市台办、县（区）台办干部 15 人次参加国台办、省台办组织的业务培训，国台办部分领导及有关专家学者专题辅导讲座中共十九大精神、两岸关系形势、对台交流、对台宣传、新时期对台工作、如何做好港澳工作等方面，帮助市台办干部理解和把握中央对台工作大局要求，提高全市对台工作人员政策法规水平和业务工作素质。8 月，市台办通过省台办联系台湾《旺报》杂志编辑部，在 8 月 17 日《旺报》上刊登“塞上古都 天下大同”专版，宣传大同文化旅游和经济社会发展情况。市台办向《台湾工作通讯》《两岸关系》《山西对台工作》等对台刊物投稿，全年被采用稿件 10 余篇、新闻图片 30 余张。 （市台办）

【对台招商引资】 2018 年 3 月 8 日至 9 日，台湾润泰环保公司一行 3 人在总经理曾建华（台商）带领下，考察洽谈拟在新荣区投资建设大同市工业固废处置示范中心项目。在市台办领导、新荣区负责招商引资副区长及新荣区经信、国土、环保、招商、规划、水务等相关部门主要负责人陪同下，实地考察得胜工业园区并初步进行项目选址，达成在大同市新荣区得胜工业园区建设大同市工业固废处置示范中心的初步协议，由新荣区政府做好选定用地属性变更，待台湾润泰环保公司董事会同意后进一步对接。8 月，台湾润泰环保公司与新荣区招商局签订初步合同，因原选址为高铁经过路段，待重新选址双方协议通过后，签订最终正式合同。（市台办）

【救助台胞王复华】 2018 年 9 月 2 日，大同市浑源县境内发生一起交通事故。台胞王复华被撞成重伤，市台办立即向市委、市政府、省台办分别汇报情况，与市卫计委、市三医院联系，说明情况，为其开通绿色救治通道。省台办主任刘可宏肯定市台办协调、处置台胞突发事件。王复华经过近两个月治疗，创伤基本治愈，于 10 月下旬出院，并对市台办表示感谢。 （市台办）

市直机关党建

【市直机关党组织和党员队伍概况】 2018 年，中国共产党大同市直属机关工作委员会（简称“市直机关工委”）辖直属党委（总支、支部）104 个（党委 54 个，总支 20 个，支部 30 个），党员 24080 名。 （市直机关工委）

【习近平新时代中国特色社会主义思想学习贯彻】 2018 年，市直机关工委按照市委要求，召开专题会议研究市直机关学习贯彻落实习近平新时代中国特色社会主义思想、中共十九大精神和习近平总书记视察山西重要讲话精神和推进“两学一做”学习教育常态化制度化各项工作。购买《习近平谈治国理政》（第二卷）1500 册发放到市直机关各级党组织；购买《习近平新时代中国特色社会主义思想三十讲》2.7 万册发放至市直机关所有党组织和党员。在市直机关开展学习贯彻习近平新时代中国特色社会主义思想和中共十九大精神知识竞赛，34 个参赛队 102 人参赛。7 月 30 日至 9 月 7 日，市直机关工委集中轮训市直机关 3489 名科级党员干部（包括主任科员、副主任科员），轮训内容为习近平新时代中国特色社会主义思想及中共十九大精神、习近平总书记视察山西重要讲话精神、《中华人民共和国宪法》《中华人民共和国监察法》等。（市直机关工委）

【“三基建设”】 2018 年，市直机关工委开展“三基建设”，加强市直基层党组织规范化建设，提高基层党组织建设质量。开展机关效能建设，制定《机关工委效能建设实施方案》，成立效能建设领导小组。贯彻落实省市委“三基建设”推进会精神，建立市直机关工委“三基建设”联系点制度，整顿软弱涣散基层党组织，按照 2% ~ 3% 比例确定整顿对象，实现整顿对象台账制、整顿措施责任制和整顿任务销号制。优化支部工作台账，推进党支部工作标准化、规范化建设。完善市直机关党员信息管理系统，推进党员组织关系网上接转，提升党员信息化管理水平。全年，40 个基层党组织按照组织程序完成换届和增补委员等工作。培训入党积极分子并发展预备党员 118 名。举办“山西智慧党建”手机客户端管理人员培训班和信息录入工作推进会，培训“山西智慧党建”业务管理员 200 余人。组织市直机关 100 名党员干部到部队参加首届军营开放活动、组织市直机关 100 名党员干部到大同市革命烈士陵园参加向革命烈士敬献花篮仪式。在市工人文化宫一宫举办电影《李司法的冬暖夏凉》市直机关专场，700 名党员干部观看影片。

针对机关党建“灯下黑”问题，参照省直机关工委做法，要求市直党组织换届时由行政一把手担任书记，市直机关工委成立督导组，制定督查方案，全覆盖检查 103 个市直党委、总支、直属支部上年度党建目标责任制落实、学习教育开展情况、严肃党内组织生活、党费收缴使用管理、支部主题党日、落实“三会一课”基本制度等基层党建工作。要求所辖党组织召开县以上领导干部年度民主生活会。会前，市直各党组织准备专题民主生活会各项材料后报市直机关工委审核，领取专题民主生活会批复后开会，并上报市直机关工委专题民主生活会情况报告。明确要求市直各党组织县处级以上领导干部要以普通党员身份参加所在支部各项活动组织生活会，并列入机关党建责任目标，年底考核验收。（市直机关工委）

【庆祝建党 97 周年活动】2018 年，市直机关工委开展庆祝建党 97 周年表彰活动，表彰先进基层党组织 47 个，优秀共产党员 147 名，优秀党务工作者 30 名，“履职尽责好书记”10 名，落实“上年市直机关党建目标责任制”先进基层党组织 9 个。围绕市委脱贫攻坚工作部署，市直机关工委表彰 11 名“脱贫攻坚优秀第一书记”、19 名“脱贫攻坚驻村帮扶工作队优秀共产党员”。（市直机关工委）

【机关精神文明建设】 2018 年，市直机关工委通过元旦、春节送温暖活动，医疗救助困难职工 147 人，救助金额 10.5 万元；参与举办大同第二届环文瀛湖万人健步走、中国大同第五届环古城全民健步、市直 2018 年大同市飞镖培训及比赛、“全民健身月”和大同市“科学健身进机关”健身技能培训班等活动，市直机关干部职工 5000 余人次参加活动。举办市直机关第七届“薰风杯”羽毛球比赛、第七届“银星杯”乒乓球比赛，累计 68 个单位 355 名运动员参加。通过“走进新时代、当好主力军”主题学习教育活动，选树“金牌职工”27 名。加强工会“三基建设”，新组建工会 3 个，换届 3 个；近 500 名市直机关妇女干部参加妇工委参与举办的“魅力女性，芳华演绎”衣橱管理知识讲座、妇女干部培训班、巾帼农家书屋挂牌，及赠书、心理健康讲座等活动。

（市直机关工委）

【党风廉政建设】 2018 年，市直机关工委根据市纪委安排部署，监督检查元旦、春节、五一、端午、国庆、中秋期间落实中央八项规定精神和纠正“四风”问题，及市直机关领导办公用房情况。结合市委、市纪委监委落实八项规定精神实施细则和工作实际，制定《市直机关工委落实中央八项规定精神实施细则》。组织机关全体人员学习新颁布的《中国共产党纪律处分条例》。纪工委检查市直机关驻村扶贫干部在岗情况。到阳高县，天镇县，浑源县和云州区检查市直机关驻村扶贫干部在岗情况，印发 6 起不在岗情况函询通知书，要求其所属单位给予组织处理，加强驻村扶贫干部责任意识。纪工委谈话函询 8 件，批复 17 件，案件审理 11 件。

（市直机关工委）

【创建文明城市专题会】 2018 年 8 月 22 日，大同市创建文明城市动员

▲ 2018 年 9 月 7 日，大同市直机关第七届“银星杯”乒乓球比赛落幕（郭鹏飞 摄）

大会召开后，市直机关工委召开专题会议，研究部署相关工作。制定《市直机关工委创建文明城市的实施方案》《市直机关工委关于先进典型宣传推广工作的实施方案》，并印制倡议书 2.7 万份，发到市直机关所有党员手中。9 月 14 日，召开创建文明城市市直机关推进会。（市直机关工委）

老干部工作

【概况】 2018 年，中国共产党大同市委员会老干部局（简称“市委老干部局”）组织离退休干部学习、领会习近平新时代中国特色社会主义思想和中共十九大精神，学习党的基本理论、路线、方针、政策和中央、省市委重大决策部署。为老干部订阅党报党刊和期刊，保证老干部了解党中央大政方针和决策部署、省市委主要工作。开展“全市离退休干部学习贯彻中共十九大精神知识答题”活动，7500 余名老干部参加。“不忘初心跟党走，争当尖兵我助力”宣讲团到部分县（区）和市直单位宣讲 6 场，听众 1100 人。全市举办老干部学习报告会、座谈会、辅导讲座 148 场次。全市有离退休干部党工委 3 个，党总支 6 个，单独党支部 252 个，混建党支部 335 个。摸底调查全市离退休干部党组织，采集录入 252 个党支部书记基本信息，建立大同市单独离退休干部信息数据库。组织离退休干部党支部书记参加省委老干部局举办的党支部书记培训班，举办全市离退休干部党支部书记培训班，80 余名党支部书记参加培训。离退休干部单独党支部工作经费全部列入本级年度财政预算，落实离退休干部党支部书记每人每月不低于 100 元的工作补贴。（申 辉）

【离退休干部服务】 2018 年，市委老干部局为市直困难企业离休干部发放各类津补贴 197 万元，为外地看病住院的离休干部报销医药费 199.85 万元，组织全市 10770 名老干部健康体检，定期邀请专家教授为离退休干部讲座健康知识。坚持每逢重大节日、离退休干部生病住院和家庭发生重大变故都登门慰问老干部制度。全市慰问离退休干部 23116 人次，发放慰问金 373.97 万元。中秋前夕，市委老干局领导带队，慰问易地安置离休干部。改进和完善特困帮扶机制，市、县两级帮扶特困离退休干部及离休干部遗孀 6067 人，发放帮扶资金 426.4 万元。探索利用社会资源为老干部精神文化生活提供服务，市老年大学与山西广播电视大学大同分校联合办学，扩大市老年大学办学规模，提高教学管理水平。全市老干部活动场所投入资金 47.8 万元，改扩建现有场所，增加活动设施。（申 辉）

【离退休干部活动】 2018 年，大同市举办各类文艺演出、书画展、体育活动等 60 余场次，参与老干部 1 万人次。市委老干部局组织“增添正能量·共筑中国梦——大同市离退休干部纪念改革开放 40 周年系列活动”，内容有“畅谈大同新变化，展望大同新发展”喜迎改革开放 40 周年征文、“我看改革开放新成就”专题访谈、“大同大不同”书画摄影网上展示、“纪念改革开放 40 周年”广场文化、“我运动、我快乐、我健康”趣味运动、“大同发展我参与”离退休干部志愿服务活动等。12 月 19 日，市委老干部局召开“大同市离退休干部纪念改革开放 40 周年系列活动表彰大会”，表彰在活动中取得优秀成绩的个人。（申 辉）

【离退休干部先进典型】 2018 年，市委老干部局利用党报党刊、电视广播、网站等媒体，选树在全市精准脱贫路上心系家乡，带领村民脱贫致富的原南郊区委副书记杨文华；为老区尽快脱贫贡献自己技术和智慧的阳高县农委退休干部池吉山；退休后把全部精力奉献在社区党建工作岗位上的灵丘县沙嘴社区退休干部刘胜英等典型，为离退休干部确立风向标，彰显离退休干部正能量。（申 辉）

【老干部巡回宣讲报告会】 2018 年 9 月 6 日，全省“践行十九大精神，助力脱贫攻坚”老干部巡回宣讲报告会在大同市举行。报告会上，4 位宣讲团成员讲述他们离岗不离党，退休不褪色，爱党、忧党、兴党、护党情怀。他们致力脱贫攻坚，作出贡献。市直、各县（区）离退休干部代表，各县（区）委老干部局局长，市直单位老干科长，市委老干部局系统全体干部 300 余人参加巡回报告会。（茗 泉）

保密工作

【概况】 2018 年，市国家保密局通过自查自评开展督导工作。5 月起，按月度向山西省国家保密局报告工作开展情况。6 月，山西省委保密办（局）现场督查大同市保密自查自评工作。8 月，大同市组织召开全省保密局长座谈会暨重点工作现场推进会。11 月，向山西省国家保密局上报全年自查自评开展情况。全年共检查机关单位 60 余家，检查计算机 515 台，登记保存违规计算机 10 台，U 盘 3 个，送达整改通知书 6 份。发挥以查促防、以查促管、以查促教、以查促改等指导监督作用。修订完善定密责任人确定报备。根据区划调整和机构改革中人员变动情况动态调整定密责任人，督促梳理全市机关、单位国家秘密事项，制定国家秘密事项一览表，规范定密程序，明确定密权限。按照《涉密工程确定和保密管理办法》通知要求，指导全市机关单位涉密工程的定密工作。全年答复各县（区）及市直机关单位各类定密管理工作内容咨询 30 余次，专题培训单位定密管理讲座 6 次。按照《涉密人员管理指南》要求，加大涉密人员出国（境）管理力度。把出境人员大致分为两类，一类为在职人员，一类为离退人员。离退人员分为两类，一类为脱密期未满人员，一类为脱密期满人员，按照《涉密人员管理指南》分类管理不同情况人员，加大离退休涉密人员出国境管理力度，在出国（境）前履行填写涉密载体清退登记表、离岗离职保密承诺书等规定性程序。执行行前教育制度，无论是在职干部还是离职干部，出国（境）前均要求其所在单位做好出国（境）保密教育，结合当前形势及各种失泄密案例教育提醒涉密人员需要注意的事项，签订涉密人员出国（境）行前保密教育情况表。完善备案制，做到细化可操作。建立涉密人员回访制度，要求出境人员归国

15日内报告保密承诺履行情况。全市办理涉密人员出国境150余人次，形成涉密人员出国（境）保密审查备案常态化。开展“七五”期间全市保密法治宣教工作，按照年度教育培训计划“精准滴灌”。组织召开全市机要保密工作会议。采取现场及视频分会场相结合方法，配合市公安局分5期保密轮训公安系统3500余名协警。组织全市重点涉密单位保密委主任保密专题培训，《大同日报》《今日大同》、大同电视一台要闻频道均有报道。12月，组织培训全市360余名保密专兼职业务骨干。为云州区、浑源县、组织部、统战部、法院、公安局、审计局、中海油公司等单位举行保密专题讲座，受训各类人员7300余人。全年起草各类文件通知、工作总结、情况报告、新闻报道等各类文字材料5万字左右。在《山西保密工作》《保密工作动态》刊稿10余篇，在《保密工作》刊稿2篇。保密技术监管“三个平台”平稳运行，全年监测市直机关敏感信息3.8万条（次），监测全市党政机关门户网站信息1.5万条（次）。销毁全市机关单位涉密载体5吨；年检换证全市17个试卷保密室；服务保障各类国家级考试20余次；涉密会议屏蔽服务10余次。调查中海油左云煤制气项目组网络受木马病毒攻击事件，给予相关责任人严厉警告批评。推进县（区）互联网出口信息监测平台建设，8个县（区）进入系统集成阶段。 （市国家保密局）

【保密委主任（组长）保密专题培训】 2018年11月26日至30日，市国家保密局举办保密委主任（组长）保密专题培训，全市各级机关单位保密委主任、副主任、保密工作专兼职干部参加。培训中，教授和专家讲授新形势下国家安全环境与应对策略、认清保密形势与提高保密意识、信息公开与保密安全、干部压力管理与自我调适、保密检查与查处等方面。结业典礼上，6位学员代表表态发言。通过培训，参训学员了解保密工作形势，明确肩负责任，提高保密本领，增强做好保密工作信心。 （茗 泉）

▲ 2018年12月11日，大同市举办专（兼）职保密业务骨干专题培训班

（市国家保密局供图）

【专（兼）职保密业务骨干专题培训班】 2018年12月11日，大同市举办专（兼）职保密业务骨干专题培训班。各县（区）、市直各单位、驻同各单位专（兼）职保密业务骨干360余人参加培训。省委办公厅保密委、省国家保密局技术检查中心、北京智华天成科技有限公司相关负责人讲解机关工作中的保密注意事项、保密技术检查与防范、计算机终端信息检查与消除系统操作规范等。授课结束后，举行保密知识考试，增强培训针对性和实效性。 （茗 泉）

党校教育

【学校教学】 2018年，中共大同市委党校增强理论教育和党性教育的针对性和实效性，确保理论教育和党性教育占到总课时70%以上。开设一系列体现马克思主义中国化最新成果的理论课。在主体班次把习近平新时代中国特色社会主义思想单设一个教学单元。组织学员到古田干部学院、井冈山干部学院、延安市委党校、太行干部学院、大寨干部学院开展延伸培训。创新“六个一”教学模式，安排学习中央、省市委关于廉洁从政各项规定教学内容，组织学员参观党纪教育基地，观看警示教育片，在山西省党性教育基地汾阳贾家庄和阳高县大泉山开展现场教学。全年举办各类班次31期，培训各级各类干部4216人次。其中，主体班5期（包括2期市管干部读书班），培训学员370人次；全市市管干部学习贯彻习近平新时代中国特色社会主义思想和中共十九大精神专题研讨班4期，培训学员821人；全市领导干部政治能力建设专题培训班1期，培训学员214人；全市军队转业干部培训班1期，培训学员137人；市委组织部、市委统战部、市政法委、市老干局、市总工会、市妇联、市科协、市档案局等各类培训轮训班20期，培训轮训干部2674人次。 （赵廷俊）

【理论研究成果】 2018年，中共大同市委党校推进教学科研一体化，坚持教学出题目，科研做文章，成果进课堂、做到以教学带科研、以科研促教学。全年出版专著1部，10余篇学术论文在国家级、省市级刊物上发表。7月，在第六次山西省党校行政学院系统教学经验交流会上有2篇论文获二等奖，2篇论文获三等奖；1名教师在第五届全省党校行政学院系统教师赛讲中获三等奖。在全市党校系统庆祝改革开放40周年理论研讨会上，2篇论文获一等奖，2篇论文获二等奖，2篇论文获三等奖。加强咨政能力。多次组织教师到厂矿、乡村、社区、学校调研，围绕大同市经济社会发展重点、热点、难点问题，开展应用对策性研究，并把调研课题转化为理论成果。向山西省委宣传部

组织的习近平新时代中国特色社会主义思想暨山西实践理论研讨会报送论文1篇。6名教师参加大同市习近平新时代中国特色社会主义思想宣传研究中心课题组，取得阶段性研究成果。5名教师申报的2018—2019年山西省党校行政学院系统课题全部获准立项。1名教师申报的大同市软科学研究项目获准立项。提出《2018—2022年全省干部教育培训规划（征求意见稿）》意见建议。参与市委、市政府关于加快县域经济发展指导意见的文件评审工作。向省委党校、市委办公厅报送各类信息20余篇。围绕重大理论课题，开展学术研讨。11月，组织召开全市党校系统庆祝改革开放40周年理论研讨会，扩大全市党校系统科研协作和学术交流，提升科研学术水平。（赵廷俊）

【理论宣讲】 2018年，中共大同市委党校领导、部分教师到9个县（区）、40余个市直单位宣讲中共十九大精神、省市党代会精神。2名教师到左云县社区宣讲，10名参加市委专家学者宣讲团的教师到机关、企业、社区宣讲。派出多名教师到扶贫工作点天镇县三十里铺乡阳和塔村宣讲中共十九大精神。与有关部门单位协作开展培训，宣讲习近平新时代中国特色社会主义思想和中共十九大精神。

（赵廷俊）

【教学改革】 2018年，中共大同市委党校聚焦主业主课，围绕“四个突出”，优化教学内容。突出马克思主义中国化理论成果，把习近平新时代中国特色社会主义思想作为重中之重；突出马克思主义经典著作课教学；突出党章党纪党规学习和党性锻炼，把党章党规党纪的学习教育作为党性教育的重中之重。突出中央、省市委的重大决策部署。安排新宪法与社会主义法律体系、党章修改等专题辅导，专题学习习近平总书记视察山西重要讲话精神、省委书记骆惠宁在大同调研讲话精神。每期主体班都邀请市委领导、市有关部门负责人作大同市经济社会发展问题专题报告。创新教学方式，加强和改进讲授式、互动式、案例式、研讨式、现场体验式等教学基础，推进教学方式创新，打造开放、互动教学方式，营造教学相长、学学相长氛围。围绕师生论坛、学员论坛探索、改进和创新，使学员感受到理论是如何指导实践并和实际相联系的。结合大同转型发展实际，在主体班次开展市情与经济社会发展、新时代与大同发展专题教学，开展各类主题活动、实践调研活动等，学习研讨中央和市委重大战略思想，以及全市发展理论和现实问题，提高学员立足大同实际分析研究问题、推动科学发展的素质和能力。完善教学评估制度、学员评价制度。创新优化课堂教学考核评估与激励机制，确保教学质量。加强学员学习考核，规范培训相关纪律，制定学员管理若干规定，签订学员培训承诺书，加强在训期间管理；建立全市县处级干部培训档案，完善干部教育培训考核和激励机制。

（赵廷俊）

【师资建设】 2018年，中共大同市委党校开展“不作为、乱作为、慢作为”专项集中整治活动，加强“三基建设”，创建全国文明城市等专题活动。拓宽培训渠道，选派多名教师参加中央党校教学科研骨干研修班、全省党校系统师资培训班、全市理论骨干培训班。安排部分教师随主体班学员参加延伸培训活动。4月，组织全市党校系统8名专职教师到乌兰察布市委党校，参加中央党校针对“乌大张”三市党校系统举办的第二届精品课教学师资研修班。3名教师参加在哈尔滨工业大学、中山大学、山西财经大学举办的山西省宣传文化系统“四个一批”理论人才专题培训班。7月，在南京市委党校举办全市党校系统第三期管理与教学能力提升研修班，46名管理及教学人员学习观摩全国党校系统精品课、全国行政学院系统优秀课，参加研讨式、案例式、体验式等教学，实施乡村振兴战略、旧城改造等现场教学，参观国家领军人才创业园，到雨花台烈士陵园开展党性教育活动。组织教师参加市委中心组扩大学习以及市民大讲堂专家讲座。组织开展教师赛讲、教学观摩、教学经验交流、理论研讨会等活动。在管好用好专职教师队伍基础上，扩大兼职教师队伍，制定并完善关于兼职教师聘用管理的有关制度。聘请中央党校、省委党校专家教授授课，提升培训规格，增强培训效果。每期主体班都邀请市委领导、市纪委、信访、发改委、安监、环保等市直部门领导和有关专家作专题辅导。

（赵廷俊）

【全市领导干部政治建设专题培训班】 2018年3月15日至16日，全市领导干部政治建设专题培训班举行。省委常委、市委书记张吉福作专题辅导，市委副书记刘振国主持开班仪式，市四套班子领导，市法、检两长等参加开班仪式。围绕政治建设这一主题，张吉福结合案例和工作实践，从“什么是政治？什么是讲政治？”“政治建设建什么”“政治建设建什么”三个方面为大家作专题辅导。各县（区）四套班子主要负责人，市直单位、正处级市直事业单位和市管企业党政主要负责人等参加培训。

（赵廷俊）

【大同市军队转业干部培训班】 2018年4月13日至15日，大同市军队转业干部培训班举行。市委常委、组织部部长宋涛出席开班仪式并作动员讲话，市委党校常务副校长任建刚主持开班仪式。培训以贯彻落实中共十九大精神、市委十五届四次全会暨全市经济工作会议精神和省委市委关于全面加强“三基”建设的各项要求为主线，加强军队转业干部政治理论、能力素质教育培训，完成由军队到地方的平稳过渡，提升适应机关工作基本能力。全市2016—2017年安置的140余名军队转业干部参加培训。

（赵廷俊）

【市委党校新校区建设项目开工】 2018年8月16日，市委党校新校区建设项目开工建设，前期完成项目评估、立项、规划设计、审批等工作。市委党校新校区位于大同市御东新区北环路北侧片区，总占地面积17.38万平方米，总建筑面积6.08万平方米，绿地面积5.8万平方米。规划建筑物分为四个区域，包括学员公寓、教学会议中心、文体活动中心、图书信息中心。概算总投资4.2亿元，工期为三年。项目建成后，可达近1000人的办学规模。

（赵廷俊）

大同市人民代表大会

综 述

【概况】 2018年，大同市人大常委会依法履行宪法法律赋予的职责，完成市十五届人大一次会议确定的各项目标任务。召开市人民代表大会1次，常委会8次，主任会议37次，制定、修改地方性法规5件，听取审议市“一府两院”专项工作报告19项，开展执法检查和视察调研103次，决定重大事项10项，任免国家机关工作人员25人（次）。 （贯鸿铸 陈 力）

【市人大组织构成】 2018年，大同市第十五届人民代表大会有代表341名。其中，城区70名、矿区56名、南郊区32名、新荣区16名、左云县15名、大同县19名、阳高县31名、天镇县21名、浑源县37名、灵丘县24名、广灵县20名。市人大常委会工作机构有：法制委员会、内务司法委员会、财政经济委员会、研究室、法制工作委员会、教科文卫工作委员会、城乡建设环境保护工作委员会、农业和农村工作委员会、人事代表工作委员会、民族宗教侨务外事工作委员会、代表资格审查委员会、信访办公室。 （贯鸿铸 陈 力）

【法规审议】 2018年，市人大法制委优先生态环境领域立法，审议法规8件。其中，制定法规3件，修改2件，废止3件。制定《御河流域生态保护条例》《文瀛湖保护条例》《燃煤污染防治条例》。修订《云冈石窟保护条例》，废止《集市贸易市场管理条例》《动物和动物产品检疫条例》等法规。 （茗 泉）

【司法审议】 2018年，市人大内司委提交常委会审议出台决定1项，提交执法检查报告2份，提交调研报告6份，组织人大代表集中视察1次，旁听法院庭审2次，办理涉法涉诉信访事项14件。

调研全市“两院”司法体制改革情况和全市交通秩序管理工作整改情况，履职评议常委会任命法官、检察官，组织部分常委会组成人员和市人大代表，到市中院全程旁听法院庭审。专题调研大同市贯彻落实国家机关“谁执法谁普法”普法责任制工作实施情况，组织起草《关于加强监督司法工作的决定》，研究审议市检察院《关于进一步加强公益诉讼工作的决定》并建议列入常委会会议审议。调研全市康养产业发展情况，执法检查全市律师法贯彻实施情况，组织全国、省、市和区四级人大代表集中调研视察全市公安机关扫黑除恶专项斗争工作。 （茗 泉）

【财经审查】 2018年，市人大财经委严格预算审查监督制度，向人代会提交2018年市本级财政预算（草案）审查报告，审查上年市本级财政决算《草案》，提交审查报告。向人代会提交2018年计划（草案）审查报告；提交常委会审议通过《大同市人大常委会关于争当能源革命尖兵、加快经济转型发展的决定》。建立市政府向市人大常委会报告国有资产管理情况制度工作，组织开展“十三五”规划实施情况中期评估调研、国发42号文件贯彻落实情况调研等。税法执法检查《中华人民共和国税收征收管理法》等法律法规，向常委会提交执法检查报告。 （茗 泉）

人大重要会议

【大同市第十五届人民代表大会第三次会议】 2018年3月30日至4月2日，大同市第十五届人民代表大会第三次会议在工人文化宫举行。应出席代表341人，实出席308人。会议主席团成员54人。

大会议程9项：（1）听取和审议大同市市长武宏文关于政府工作报告；（2）审查和批准市人民政府关于大同市2017年国经经济和社会发展计划执行情况与2018年国民经济和社会发展计划草案报告；（3）审查批准市人民政府关于2017年全市和市本级预算执行情况与2018年全市市本级预算草案报告，批准大同市2018年市本级预算；（4）听取和审议大同市人大常委会主任赵向东关于大同市人大常委会工作报告；（5）听取和审议大同市中级人民法院院长白永旺关于大同市中级人民法院工作报告；（6）听取和审议大同市人民检察院检察长段运生关于大同市人民检察院工作报告；（7）补选大同市第十五届人大常委会副主任、委员；（8）补选大同市监察委员会主任；（9）其他事项。

大会收到代表提出的议事原案15件。经议案审查委员会审查后报大会主席团决定，其中3件立为议案，会后交由市人大常委会和市人大有关专门委员会审议办理，其余12件转作

▲ 2018 年 3 月 30 日，大同市召开第十五届人民代表大会第三次会议　（张燕伟　摄）

代表建议、批准和意见处理。收到代表提出的建议、批准和意见 195 件，加上转为建议的 3 件议事原案共 198 件。依照规定分别交由有关机关和组织办理，并在法定时间内答复代表。选出 11 件列为重点建议，由市政府及其有关部门重点办理，会后，市人大重点督办，并向社会公开。大会选举张强为市人大常委会副主任，选举梁晓旭为大同市监察委员会主任；选举王伟为市人大常委会委员；会议通过关于市政府工作报告的决议等 6 个决议。在大同的省十三届人大代表，出席市政协十四届二次会议的委员，市直各部门负责人，国省属驻大同单位负责人列席会议，14 名社会各界人士旁听会议。　（贾鸿铸　陈　力）

【大同市第十五届人大常委会会议】 2018 年，大同市人大常委会举行 8 次常委会会议。

第 12 次会议。2018 年 3 月 1 日举行。市人大常委会主任赵向东，副主任张翠萍、刘美、雷雪峰、冯境城、张忠义、王淑琴，秘书长郭普跃和委员 34 人出席会议。会议听取审议市人大法制委员会关于《大同市云冈石窟保护管理条例（修订草案）》审议结果报告，市政府关于 2017 年国民经济和社会发展计划执行情况与 2018 年国民经济和社会发展计划安排情况汇报、关于 2017 年市本级财政预算执行情况与 2018 年预算安排汇报，市政府提请审议的《大同市域城镇体系规划（2016–2030）》编制情况说明，市政府关于提请审议的人事任免职议案说明。市政府拟任职人员与常委会组成人员见面，并作供职发言。会议审议市人大常委会 2018 年工作要点（草案）和大同市人大常委会关于召开市第十五届人民代表大会第三次会议的决定（草案）。会议表决通过《大同市云冈石窟保护管理条例（修订草案）》，市人大常委会 2018 年工作要点（草案）和大同市人大常委会关于召开市第十五届人民代表大会第三次会议的决定（草案），人事任免名单。决定任命薛明耀为大同市人民政府副市长，并颁发任命书，进行宪法宣誓。市政府副市长尉连生，市中级人民法院院长白永旺，市监察委员会、市人民检察院有关负责人，市人大常委会副秘书长，市纪委驻机关纪检监察组组长，市人大各专门委员会部分组成人员，市人大常委会各工作机构负责人，市政府有关部门负责人，各县（区）人大常委会负责人列席会议。

第 13 次会议。2018 年 3 月 28 日举行。赵向东、张翠萍、刘美、雷雪峰、冯境城、张忠义、王淑琴、郭普跃和委员 38 人出席会议。会议听取审议关于市第十五届人民代表大会第三次会议筹备工作情况报告、关于代表变动情况和补选代表的代表资格审查报告、关于市第十五届人民代表大会第一次会议主席团交付代表议案办理情况报告，市政府关于市第十五届人民代表大会第一次会议代表所提建议、批评和意见办理情况报告。审议市人大常委会工作报告（稿）、市十五届人大三次会议建议议程（草案）、市十五届人大三次会议主席团和秘书长名单（草案）、市十五届人大三次会议议案审查委员会组成人员名单（草案）等。会议表决通过大同市人大常委会工作报告（稿）、市人大常委会关于大同市第十五届人民代表大会第一次会议主席团交付代表议案办理情况报告、大同市第十五届人民代表大会常务委员会代表资格审查委员会关于代表变动和补选代表的代表资格审查报告、大同市人大常委会关于变更大同市第十五届人民代表大会第三次会议召开时间的决定、大同市第十五届人民代表大会第三次会议建议议程（草案）、大同市第十五届人民代表大会第三次会议主席团和秘书长名单（草案）、大同市第十五届人民代表大会第三次会议议案审查委员会组成人员名单（草案）、大同市第十五届人民代表大会第三次会议列席人员名单、大同市第十五届人民代表大会第三次会议旁听人员名单。副市长郭蕾，市监察委员会、市中级人民法院、市人民检察院负责人，市人大常委会副秘书长，市纪委监委驻机关纪检监察组组长，市人大各专门委员会部分组成人员，市人大常委会各工作机构负责人，市政府有关部门负责人列席会议。

第 14 次会议。4 月 27 日举行。赵向东、张翠萍、刘美、雷雪峰、冯境城、张忠义、王淑琴、张强、郭普跃和委员 36 人出席会议。会议听取和审议市人民政府关于提请审议《大同市文瀛湖景区保护条例（草案）》说明，关于提请审议《大同市御河生态保护条例（草案）》说明，市人民政府关于《大同市档案管理办法》实施情况报告，关于 2017 年全市环境状况和环境保护目标完成情况报告，市中级人民法院关于司法改革工作情况报告，市人民检察院关于深化司法体制改革工作情况报告。听取市人大常委会建设环保工委关于《大同市文瀛湖景区保护条例（草案）》研究意见报告，市人大常委会农工委关于《大同市御河生态保护条例（草案）》研究意见报告。审议市人大常委会执法检查组关于《大同市档案管理办法》

执法检查情况报告，市人大常委会调研组调研全市法院司法体制改革情况报告、调研全市检察机关司法体制改革工作情况报告、调研城市垃圾分类处理情况报告。会议表决通过市人民政府关于《大同市档案管理办法》实施情况报告、市人民政府关于2017年全市环境状况和环境保护目标完成情况报告，市中级人民法院关于司法改革工作情况报告，市人民检察院关于深化司法体制改革工作情况报告。副市长马安全，市人民检察院检察长段运生，市中级人民法院负责人，市人大常委会副秘书长，市纪委驻市人大机关纪检监察组组长，市人大常委会各工作机构负责人，市政府有关部门负责人，各县（区）人大常委会负责人和2名市人大代表列席会议。

第15次会议。6月28日举行。赵向东、张翠萍、刘美、冯境城、张忠义、王淑琴、郭普跃和委员34人出席会议。会议听取市人民政府关于废止《大同市集市贸易市场管理条例》说明、关于废止《大同市建设项目预防性卫生监督管理办法》说明、市人民政府关于大同市2017年市本级财政决算（草案）报告、市人大财经委员会审查2017年市本级财政决算（草案）报告、市人民政府关于大同市2017年市本级预算执行和其他财政收支情况审计工作报告、关于《大同市物业管理条例》实施情况报告、关于《大同市河道管理条例》及河长制实施情况报告、有关人事事项，被提请任命人员与常委会组成人员见面，并供职发言。会议审议市人大常委会执法检查组关于《大同市物业管理条例》执法检查情况报告、关于《大同市河道管理条例》执法检查及河长制实施情况报告、市人大常委会关于全市职业教育发展情况调研报告、关于全市博物馆建设情况调研报告、关于《宗教事务条例》《山西省宗教事务条例》和《山西省清真食品监督管理条例》执法调研报告。会议表决通过市人大常委会关于废止《大同市集市贸易市场管理条例》决定、关于废止《大同市建设项目预防性卫生监督管理办法》决定、市人大常委会关于批准大同市2017年市本级财政决算决议和2017年市本级财政决算。会议满意度表决市人民政府关于大同市2017年市本级预算执行和其他财政收支情况审计工作报告、关于《大同市物业管理条例》实施情况报告、关于《大同市河道管理条例》及河长制实施情况报告，均通过表决。会议表决通过市人大常委会关于接受田培山辞去市人大常委会委员职务的请求的决定、人事任免名单，并向新任命人员颁发任命书，进行宪法宣誓。会议表决通过其他事项。尉连生、郭蕾，市监察委员会、市人民检察院负责人，市人大常委会副秘书长，市纪委驻市人大机关纪检监察组组长，市人大及其常委会各机构负责人，市政府有关部门负责人，各县（区）人大常委会负责人列席会议。

第16次会议。8月28日至29日举行。赵向东、张翠萍、刘美、雷雪峰、冯境城、张忠义、王淑琴、张强、郭普跃出席会议。会议听取和审议市人民政府关于大同市2018年上半年全市国民经济和社会发展计划执行情况报告、关于大同市2018年上半年全市财政收支预算执行情况报告、关于全市科技创新工作情况报告及市人民政府、市中级人民法院、市人民检察院关于提请审议人事任免职议案说明。听取市监察委员会关于履行监督职责情况报告。审议《大同市御河流域生态保护条例（草案）》、市人民政府关于提请废止《大同市动物和动物产品检疫条例》议案和审议《大同市防治燃煤污染条例（草案）》议案、市人大常委会执法检查组关于税法执法检查情况报告、市人大财政经济委员会关于大同市2018年上半年经济运行情况调研报告、市人大常委会调研组关于全市科技创新工作情况调研报告、市人大内务司法委员会关于全市康养产业发展情况和关于进一步贯彻落实国家机关“谁执法谁普法”普法责任制情况调研报告、市人大常委会教科文卫工委关于全市学前教育发展情况调研报告、市人大常委会农工委关于全市有机旱作农业发展情况调研报告、大同市人大常委会关于争当能源革命尖兵、加快经济转型发展决定（草案）。会议表决通过《大同市御河流域生态保护条例》，市政府关于提请废止《大同市动物和动物产品检疫条例》议案，市人大常委会关于争当能源革命尖兵、加快经济转型发展决定。满意度表决市政府关于全市科技创新工作情况报告，通过报告。表决通过人事任免事项，赵向东向新任职人员颁发任命书，新任命的市人民防空办公室（民防局）主任（局长）赵晓周进行宪法宣誓。市委常委、常务副市长薛明耀，市委常委、市纪委书记、市监委主任梁晓旭，副市长郭蕾，市检察院检察长段运生，市监察委员会、市中级人民法院负责人，市人大常委会副秘书长，市纪委驻市人大机关纪检监察组组长，市人大及其常委会各机构负责人，市政府有关部门负责人，各县（区）人大常委会负责人列席会议。

第17次会议。10月26日举行。赵向东、张翠萍、刘美、冯境城、张忠义、王淑琴、郭普跃和委员32人出席会议。会议听取市人大法制委员会关于《大同市文瀛湖保护条例（草案）》审议结果报告，市人大法制委员会关于修改《大同市人民代表大会常务委员会讨论决定重大事项的规定》决定（草案）说明，市人大常委会人事代表工委关于大同市人大常委会《关于完善人大代表联系人民群众制度的实施意见》实施办法（草案）说明，市政府关于市十五届人大三次会议代表所提建议、批评和意见办理进展情况报告，市政府关于2018年市本级财政预算调整方案（草案）说明，市人大财政经济委员会关于2018年市本级预算调整方案（草案）审查报告，市政府关于全市体育工作开展情况报告、关于《中华人民共和国环境保护法》贯彻实施情况报告、关于《中华人民共和国出境入境管理法》《中华人民共和国外国人入境出境管理条例》执行情况报告、关于提请审议人事任免职议案说明，市政府拟任职人员与常委会组成人员见面，并作供职发言。会议表决通过《大同市文瀛湖保护条例》，市人大常委会关于修改《大同市人民代表大会常务委员会讨论决定重大事项的规定》决定、关于批准大同市2018年市本级财政预算调整方案决议、关于全面加强生态环境保护和依法推动打好污染防治攻坚战决定、《关于完善人大代表联系人民群众制度的实施意见》实施办法。会议满意度表决市政府关于全市体育工作开展情况报告、关于《中华人民共和国环境保护法》贯彻实施情况报告、关于《中华人民共和国出境入境管理法》《中华人民共和国外国人入境出境管理条例》执行情况报告，均通过表决。会议表决通过人事任免职事项，向新任命人员颁发任命书，举行宪法宣誓。市委常委、常务副市长冯苏京，副市长、市公安局局长尚建军，市监察委员会、市中级人民法院、市人民检察院负责人，市人大常委会副秘书长，市纪委驻市人大机关纪检监察组组长，市人大及其常委会各机构负责人，市政府有关部门负责人，各县（区）人大常委会负责人，部分省、市人大代表列席会议。

第18次会议。12月14日举行。赵向东、张翠萍、刘美、雷雪峰、冯境城、张忠义、王淑琴、郭普跃和委员37人出席会议。会议听取市监察委员会关于提请审议人事免职议案说明、市人民政府关于提请审议人事任免职议案说明，市人民政府拟任职人员与常委会组成人员见面，并作供职发言。表决通过人事任免职事项，向新任命人员颁发任命书，举行宪法宣誓。尚建军，市监委、市中级人民法院、市人民检察院负责人列席会议。市人大常委会副秘书长，市纪委监委驻市人大机关纪检监察组组长，市人大及其常委会各机构负责人，市政府办公厅负责人列席会议。

第19次会议。12月28日举行。赵向东、刘美、冯境城、张忠义、王淑琴，秘书长郭普跃和委员35人出席会议。会议听取大同市人大法制委员会关于《大同市燃煤污染防治条例（草案）》审议结果报告，市人民政府关于2017年市本级预算执行和其他财政收支情况审计查出问题整改工作报告、关于大同市乡村振兴战略实施情况报告、关于贯彻实施《中华人民共和国律师法》情况报告、关于扫黑除恶专项斗争工作情况报告、关于规范市区交通秩序管理工作整改情况报告、关于大同市国民经济和社会发展第十三个五年规划纲要中期评估报告、关于大同市贯彻落实国务院《关于支持山西省进一步深化改革促进资源型经济转型发展的意见》情况报告。会议审议大同市人大常委会关于废止《大同市人大常委会关于对大同市人民政府贯彻执行〈环境保护法〉和〈水污染防治法〉的工作报告的决议》和《大同市人大常委会关于对市人民政府〈关于水资源管理情况的报告〉的决议》决定（草案），关于加强监督司法工作决定（草案），大同市人大常委会关于加强检察机关公益诉讼工作决定（草案），市人大常委会执法检查组关于开展《中华人民共和国律师法》执法检查情况报告，市人大常委会调研组关于全市乡村振兴战略实施情况调研报告、关于规范市区交通秩序管理工作整改情况调研报告、关于全市公安机关扫黑除恶专项斗争工作情况调研报告，市人大财政经济委员会关于2017年市本级预算执行和其他财政收支情况审计查出问题整改情况调研报告，关于十三五规划实施中期评估情况调研报告，关于贯彻落实国务院《关于支持山西省进一步深化改革促进资源型地区经济转型发展的意见》情况调研报告，关于大同市就业创业工作情况调研报告，关于转型发展、能源革命、对外开放和工业振兴等调研情况调研报告，市人大常委会教科文卫工委关于全市深化医药卫生体制改革情况调研报告，市人大常委会建设环保工委关于加快推进全市城市精细化管理工作调研报告，市人大常委会农工委关于《山西省农村扶贫开发条例》《大同市人大常委会关于推进脱贫攻坚工作的决定》贯彻执行情况调研报告。会议表决通过《大同市燃煤污染防治条例》、大同市人大常委会关于废止《大同市人大常委会关于对大同市人民政府贯彻执行〈环境保护法〉和〈水污染防治法〉的工作报告的决议》和《大同市人大常委会关于对市人民政府〈关于水资源管理情况的报告〉的决议》决定、大同市人大常委会关于加强监督司法工作决定、大同市人大常委会关于加强检察机关公益诉讼工作决定。满意度表决市人民政府关于贯彻实施《中华人民共和国律师法》情况报告、关于规范市区交通秩序管理工作整改情况报告、关于2017年市本级预算执行和其他财政收支情况审计查出问题整改工作报告，均通过表决。薛明耀，尚建军，段运生，市监察委员会、市中级人民法院负责人，市人大常委会副秘书长，市纪委监委驻市人大机关纪检监察组组长，市人大及其常委会各机构负责人，市政府有关部门负责人，各县（区）人大常委会负责人，部分市人大代表列席会议。

（贾鸿铸　陈　力）

【全市乡（镇）人大主席街道人大工委主任履职能力提升培训班】 2018年7月5日，全市乡（镇）人大主席、街道人大工委主任履职能力提升培训班开班。邀请省委党校、大同大学、省人大常委会的专家学者围绕学习贯彻习近平新时代中国特色社会主义思想和中共十九大精神、人民代表大会制度和宪法，提高履职能力、增强履职意识，做好新时代人大工作专题辅导。（茗　泉）

【市县人大常委会主任座谈会暨人事代表工作推进会议】 2018年9月14日，大同市市县人大常委会主任座谈会暨人事代表工作推进会议在灵丘县召开。市人大常委会主任赵向东出席会议并讲话，副主任张翠萍主持会议，副主任张强致辞。副主任刘美、雷雪峰、张忠义、王淑琴，秘书长郭普跃出席会议。10个县（区）人大常委会主任、分管人事代表工作副主任、人事代表工委主任及部分乡（镇）人大主席（街道工委主任）参加会议。会议传达省人大常委会省市人事代表工作会议精神，10个县（区）人大常委会主任围绕人事代表工作交流发言。与会人员实地观摩灵丘县东河南镇人大代表之家建设情况、车河有机社区人大代表联络站建设情况，查看红石塄乡边台村三级人大代表助力脱贫攻坚情况。（贾鸿铸　陈　力）

【全市建立政府向本级人大常委会报告国有资产管理情况制度推进会议】 2018年7月30日，市人大常委会召开建立政府向本级人大常委会报告国有资产管理情况制度推进会议，安排部署全市推进建立和实施国有资产管理情况报告制度，明确2018年市级层面要建立国有资产报

▲ 2018 年 7 月 30 日，全市建立政府向本级人大常委会报告国有资产管理情况制度推进会召开

（贾鸿铸 摄）

告制度，下年扩大到有条件的县。市人大常委会主任赵向东出席会议并讲话，副主任张翠萍主持会议，秘书长郭普跃出席。会议传达学习全省建立政府向本级人大常委会报告国有资产管理情况制度推进会精神，宣读关于大同市建立政府向本级人大常委会报告国有资产制度工作方案，市财政局、国资委、国土资源局 3 个部门主要负责人表态发言。市人大财经委、市政府办公厅负责人，各县（区）人大常委会、财经（工）委，市、县（区）财政、国土资源和国有资产管理职能部门主要负责人参加会议。

（贾鸿铸 陈 力）

【《大同市水土保持管理办法》修订工作协调会议】 2018 年 11 月 16 日，市人大常委会农工委召集法制委、市水务局等单位相关负责人召开专题协调研究会，座谈交流《大同市水土保持管理办法》修订工作。市人大常委会农工委主任李彬主持会议，与会人员围绕《大同市水土保持管理办法》修订工作提出意见建议。《大同市水土保持管理办法》是 1995 年 12 月 21 日经大同市第十届人民代表大会常务委员会第 17 次会议通过实施，1997 年修正一次。该管理办法中的有些条款亟需调整和修订。2018 年，召开两次《大同市水土保持管理办法》修订工作协调会，市水务等有关部门组织相关专家、学者多次研究讨论，形成《大同市水土保持管理办法》讨论稿。会议希望各级、各部门关心关注《大同市水土保持管理办法》修改工作，完善管理办法。

（贾鸿铸 陈 力）

【市人大议政论坛】 2018 年 12 月 18 日，"凝思聚识 助力发展"市人大议政论坛举行，省委常委、市委书记张吉福出席会议并讲话。市领导武宏文、刘振国、赵向东、郜向华等出席会议。论坛中，冯锋、李文杰、宣宏斌、张月英、李迎东、杨近源、费勇、张培林、甄泽斌、孟庆洲、刘琨等 11 位人大代表围绕"开启能源革命快捷键，跑出大同尖兵加速度""民生无小事，枝叶总关情""加快推进我市工业经济转型升级""盘活农村闲置房屋，振兴乡村特色旅游""促进全域旅游发展""发展都市现代农业""大同古城文化旅游产业""推进产业结构升级""体育赛事与旅游业深度融合""鼓励扶持我市商务服务业，为转型发展提供配套服务"等方面发言交流。市直有关部门和市政府工作部门负责人，金融机构负责人，县（区）人大负责人，部分全国、省、市、县（区）、乡（镇）人大代表等参加论坛。

（贾鸿铸 陈 力）

人事任免

【市政府部门机构人员任免】 2018 年，大同市十五届人大常委会第 12 次会议根据市长武宏文提名，决定免去刘振国大同市人民政府副市长职务，决定任命薛明耀为大同市人民政府副市长。第 15 次会议根据市中级人民法院院长武宏文提名，决定免去宋世义大同市市政管理委员会主任职务，丁玉柱大同市交通运输局局长职务；决定任命田培山为大同市市政管理委员会主任，梁翼龙为大同市交通局局长。第 16 次会议根据武宏文提名，决定免去李灵瑞大同市人民防空办公室（民防局）主任（局长）职务；决定任命赵晓周为大同市人民防空办公室（民防局）主任（局长）。第 17 次会议根据武宏文提名，决定免去李有清大同市经济和信息化委员会主任职务，麻树田大同市农业委员会主任职务；决定任命董宪军为大同市经济和信息化委员会主任，张颖龙为大同市农业委员会主任。第 18 次会议根据武宏文提名，决定免去尉连生大同市人民政府副市长职务，周灏大同市政府国有资产监督管理委员会主任职务；决定任命王宏栓为大同市政府国有资产监督管理委员会主任。

（贾鸿铸 陈 力）

【市中级人民法院人员任免】 2018 年，大同市第十五届人大常委会第 16 次常委会议根据市中级人民法院院长白永旺提名，免去车占山大同市中级人民法院副院长、审判委员会委员、审判员职务，董秉权大同市中级人民法院审判委员会委员、审判员职务，何首华大同市中级人民法院刑事第一审判庭副庭长、审判员职务，杨爱清大同市中级人民法院审判员职务。（贾鸿铸 陈 力）

【市人民检察院人员任免】 2018 年，大同市第十五届人大常委会第 16 次常委会议根据市人民检察院检察长段运生提名，批准任命郭明哲大同市平城区人民检察院检察长，王永明大同市云冈区人民检察院检察长，苑曙光大同市云州区人民检察院检察长；任命陈景杰大同市人民检察院检察委员会委员、检察员。（贾鸿铸 陈 力）

【市监察委员会人员任免】 2018 年，大同市第十五届人大常委会第 15 次会议根据市委常委、市纪委书记、市监委主任梁晓旭提名，免去李春雨大同市监察委员会委员职务。第18次会议根据梁晓旭提名，免去张有茀大同市监察委员会副主任职务。（贾鸿铸 陈 力）

执法监督

【《大同市档案管理办法》执法检查】 2018年3月19日至20日，在市人大常委会副主任冯境城带领下，市人大常委会教科文卫工委组织部分常委会委员和市人大代表执法检查全市贯彻实施《大同市档案管理办法》情况。检查组一行到市档案局、城区、阳高县检查《大同市档案管理办法》各项制度落实，及设施建设、配备、使用情况。召开座谈会听取市档案局、城区、阳高县政府相关工作汇报。了解市县（区）档案馆建设、档案设施设备配备、档案安全体系建设、档案规范化管理、信息化建设、档案资源建设及开发利用等内容。检查组针对出现的问题提出建议和意见。（贾鸿铸 陈 力）

【税法执法检查】 2018年5月14日至6月1日，市人大常委会在全市范围内开展税法综合执法检查。市人大常委会副主任张翠萍参加执法检查。执法检查组一行到市国家税务局、地方税务局，及大同县和左云县国家税务局、地方税务局听取税务部门贯彻税法实施情况汇报，考察办税大厅运行情况。召集不同类型工业和商业企业召开4次座谈会，听取企业贯彻税法实施情况意见和建议。检查组通过大同电视台、《大同日报》、大同人大网站等新闻媒体向社会各界征询税法实施情况意见和建议。检查组发现一些问题和困难，并提出建议和意见，执法检查组梳理执法检查情况，形成执法检查报告提请市人大常委会会议听取和审议。（贾鸿铸 陈 力）

【《大同市河道管理条例》及河（湖）长制执法检查】 2018年5月15日至17日，市人大常委会副主任雷雪峰率市人大常委会《大同市河道管理条例》执法检查组及河（湖）长制调研组执法检查全市贯彻落实《大同市河道管理条例》情况并调研河（湖）长制落实情况。执法检查及调研组到御河流域南环桥段至京大高速桥河道治理工程现场、3#橡胶坝河道蓄水段、得大高速桥至京包铁路桥段河道治理工程现场、御东污水排污口现场、孤山水库；十里河流域十里河入御河湿地项目现场、五九公路桥段河道治理工程现场、高山桥段河道综合整治工程现场；桑干河流域固定桥生态蓄水工程现场、天阳盆地地下水水源置换工程现场、阳高白登河河道治理工程现场、黑水河马家庄至南徐屯段河道现场、天镇县洋河县城段河道现场、天镇县污水厂排污口现场；唐河流域灵丘县唐河县城段河道治理工程现场、唐河下北泉段河道现场、浑源县河湖连通及神溪湿地补水工程现场、唐峪河（龙蓬峪）生态清洁小流域项目现场，实地检查项目进展及河道污染情况，并在孤山水库、浑源县分别召开座谈会，听取市水务、环保，及南郊区、阳高县、天镇县、灵丘县、浑源县政府汇报。参加执法检查及调研的人大代表和部分常委会组成人员与参会部门负责人和参会县（区）政府负责人交流并发表意见。（贾鸿铸 陈 力）

【开发区工业项目及“双十”引领转型尖端项目建设考察】 2018年7月10日，市人大常委会主任赵向东率领常委会组成人员、市人大财经委组成人员、部分市人大代表到大同经济技术开发区集中考察工业项目和“双十”引领转型尖端项目建设情况。市人大常委会副主任张翠萍、刘美、雷雪峰、冯境城、张忠义，秘书长郭普跃参加视察。视察组一行到大同通用航空产业园（中德）项目、大同市中银纺织科技有限公司中银纺织园项目、大同装配式绿色建筑集成产业基地项目、大同大昶移动能源有限公司铜铟镓硒薄膜电池项目、大同墨西科技有限责任公司石墨烯绿色科技产业园等项目，了解项目建设及推进情况。在听取大同经济技术开发区总体情况介绍后，赵向东提出开发区下一步工作发展要求。（贾鸿铸 陈 力）

【《中华人民共和国出境入境管理法》执法检查】 2018年9月11日至12日，市人大常委会副主任刘美率部分常委会组成人员和部分在县（区）工作的市人大代表到浑源县和云冈区，执法检查贯彻执行《中华人民共和国出境入境管理法》《中华人民共和国外国人入境出境管理条例》（简称“一法一条例”）情况。检查组到浑源县公安局出入境办证服务大厅、浑源县永安派出所、浑源县贝壳酒店、大同市公安局出入境恒安接待大厅等地实地调研，现场了解公民办理出入境手续、外国人办理入住登记、公安部门办事效率等情况，并在大同市公安局恒安分局召开座谈会，听取市出入境管理局和市外侨办关于“一

▲2018年7月10日，市人大常委会主任赵向东等到大同经济技术开发区集中考察工业项目和“双十”引领转型尖端项目建设情况 （贾鸿铸 摄）

法一条例”贯彻落实情况工作汇报，收集大家提出的意见和建议。

（贯鸿铸 陈 力）

【《中华人民共和国安全生产法》贯彻实施情况检查】 2018年9月28日，市人大常委会副主任张翠萍带领市人大财经委工作人员，到天镇县、阳高县重点企业执法检查《安全生产法》贯彻实施情况。天镇县、阳高县人大常委会主任刘世清、李晓红和两县部分省、市、县三级人大代表、政府分管领导、安监部门负责人参加检查座谈会，市安监局局长梁全胜一同检查。检查组检查华润新能源（大同）风能有限公司大梁山风电场、山纳合成橡胶有限责任公司安全生产情况，通过与一线职工座谈、查阅资料、询问交流等方式，了解安全生产法律法规宣传普及、长效监管机制、安全生产主体责任落实情况存在的问题。汇报座谈会上，检查组听取天镇县政府、山纳合成橡胶有限责任公司及两县安监部门汇报。执法检查组成员从加大法律法规宣传力度、加大执法人员培训力度、责任追究、农村和农业生产安全、环境污染防治等方面提出意见建议。（贯鸿铸 陈 力）

【环境保护执法检查】 2018年，市人大常委会建设环保委在市十五届人大常委会第十四次会议上，听取和审议市政府关于上年度全市环境状况和环境保护目标完成情况报告，并进行满意度测评。组织开展上年大同环保行暨环保执法检查发现问题整改情况“回头看”活动，督促相关环境污染问题按时整改到位。组织开展以“美丽大同，我是行动者”为主题的2018年度“大同环保行”活动。牵头开展《中华人民共和国环境保护法》和《山西省环境保护条例》贯彻实施情况执法检查活动，分7个小组，执法检查全市10个县（区），出台《关于全面加强生态环境保护，依法推动打好污染防治攻坚战的决定》。10月17日，市人大常委会主任赵向东率市人大常委会环境保护法执法检查组，到市东郊污水处理厂、御东污水处理厂、新城环境卫生工程有限公司，实地检查环境保护法实施情况。执法检查组一行到市东郊污水处理厂、御东污水处理厂，实地察看水质水况和排放监测指标，询问处理能力和处理工艺，了解环境保护法实施和污水提质改造工程进展情况。执法检查组到市新城环境卫生工程有限公司，听取该公司在道路治污、城市保洁、垃圾清运及智慧环卫方面情况。（贯鸿铸 陈 力）

【律师法执法检查】 2018年10月23日至24日，市人大常委会副主任张忠义带领部分市人大常委会委员、市人大代表及内司委、市司法局相关人员，执法检查全市贯彻实施《中华人民共和国律师法》情况。检查组一行到左云县司法局、左云县法律援助中心、云冈律师事务所、宝翰律师事务所及沙龙律师事务所，实地检查律师法实施情况。召集县（区）人大、司法局，及律师事务所主任、律师座谈，听取相关工作情况汇报，了解司法行政机关、律师事务所律师法贯彻实施情况及工作中存在的问题和建议。

（贯鸿铸 陈 力）

【全市公安机关扫黑除恶专项斗争开展情况检查】 2018年11月19日至23日，市人大常委会副主任张忠义带领部分全国、省、市、县四级人大代表和市人大常委会组成人员、市人大内司委委员及相关工作人员，到市公安局、左云县、新荣区、平城区公安机关，通过现场查看资料、观看宣传片、座谈交流等方式，了解掌握公安机关推进扫黑除恶专项斗争工作思路、具体举措和阶段性成效。（贯鸿铸 陈 力）

代表工作

【概况】 2018年，市人大人事代表工委培训省市人大代表、乡（镇）人大主席、街道人大工委主任、常委会组成人员、县（区）人大常委会主任500余，表彰19名履职优秀的市人大代表。完善“人大代表之家”建设180家，在灵丘县召开全市人事代表工作现场推进会。行政区划调整后，重新划分平城区、云冈区代表团代表。组织省人大代表到大同市一县三区19个项目基地开展专题调研和集中考察。人事代表工委依法任免25名国家机关工作人员。（茗 泉）

【市人大代表议案建议办理】 2018年，大同市十五届人大三次会议期间，市人大代表提出建议、批评和意见198件（其中议案3件），其中向市政府系统提出建议183件，占会议期间建议总数92.32%。截至2018年年底，建议落实和落实中超过八成。其中，建议被采纳，反映问题解决或落实101件，占50.6%；建议富有建设意义，反映问题在逐步研究解决落实71件，占35.6%；建议有积极意义，受国家政策、资金、规划等客观条件限制，短期难以落实22件，占13.8%。（贯鸿铸 陈 力）

大同市第十五届人民代表大会第三次会议代表提出的议案和重点建议情况表

案 由	领衔代表及人数	议案编号	代表团	承办单位
关于修改《大同市水土保持管理办法》的议案	刘志忠等12名代表	001号	矿区代表团	市人大常委会法制委
关于修改《恒山风景名胜区保护条例》的议案	岳利芳、杨素卿等26名代表	002号与003号	浑源县代表团	市人大常委会法制委
关于修订《大同市城市市容和环境卫生管理办法》的议案	郝连志等12名代表	004号	城区代表团	市人大常委会法制委

续　表

案　由	领衔代表及人数	议案编号	代表团	承办单位
关于出台《营造法治环境促进民营经济发展的决定》的议案	于翠红等 11 名代表	005 号	城区代表团	市人大常委会财经委
关于启动万泉河水生态环境综合整治的建议	徐恩军	036	新荣区代表团	市生态环境局 新荣区政府
关于加大对新荣得胜堡群保护与开发支持力度的建议	邓志蓉	045	新荣区代表团	市文物局 市文化和旅游局
关于黄花产业可持继发展的建议	白雪峰	050	浑源县代表团	市农业农村局
关于尽快修建大同火山群国家地质公园西侧对外交通南北路的建议	杨近源	065	大同县代表团	市规划和自然资源局 云州区政府
关于无人村落合理开发利用的建议	张月英	093	阳高县代表团	市文化和旅游局 市农业农村局 阳高县政府
关于做实装配式建筑的建议	张广忠	098	大同县代表团	市住房和城乡建设局
关于加快大同市城市副中心基础设施建设的建议	张满兴	106	矿区代表团	市规划和自然资源局 市商务局 云冈区政府
关于解决开发商代收维修基金挪用问题的建议	赵海燕	115	矿区代表团	市住房和城乡建设局
关于加强我市公办普惠性幼儿园建设的建议	赵海燕	118	矿区代表团	市教育局
关于打通南环西路与规划一路交会处 T 字路口的建议	苏志远	133	城区代表团	市公安局 市规划和自然资源局
关于在大同市区车站和路口设立中英文对照景区路标的建议	王瑞霞	154	南郊区代表团	市规划和自然资源局 市文化和旅游局
关于启用荣乌高速大磁窑镇恒山出口的建议	曹仙峰	177	浑源县代表团	大同南高速公路公司

注：2018 年大同市进行区划调整，故原代表团的议案由新的辖区办理

【省市人大代表第一期培训班】 2018 年 1 月 16 日，市人大常委会举办省、市人大代表第一期培训班。市委常委、组织部部长宋涛，市人大常委会副主任张翠萍、刘美，秘书长郭普跃出席动员会并参加培训，张翠萍动员讲话，刘美主持动员会。邀请副市长马安全为代表介绍大同市经济运行情况；北京市人大代表、北京市人大制度理论研究会副会长席文启为代表们作人大代表如何履行好代表职务辅导讲座；北京太极计算机有限公司专业人员为省人大代表讲解代表履职操作实务。在大同的省十三届人大代表、部分市十五届人大代表、县（区）人大机关工作人员 150 余人参加培训，培训采取集中授课方式。（贾鸿铸　陈　力）

【市人大代表旁听人民法院法庭庭审】 2018 年 5 月 28 日，广灵县人民法院在大同市中级人民法院宣判一批“扫黑除恶”案件。7 名市人大代表在旁听席旁听案件宣判。庭审结束后，市人大内司委组织代表们座谈，大家一致认为，通过代表旁听并评议庭审，为代表了解庭审流程、开展监督提供载体渠道，

为人民法院主动接受人大监督，听取人大代表意见建议，提高审判质量提供途径。（贾鸿铸 陈 力）

【市人大常委会指导行政区划调整有关人大选举工作】 2018年6月7日，市人大常委会副主任张翠萍率人事代表工委人员到市平城区和云冈区调研和座谈区划调整有关人大选举工作。座谈会上，两区人大筹备组组长王丽萍、李杰分别汇报区划调整过程中两区人大筹备工作进展情况及存在问题。听取汇报后，张翠萍提出两个区在区划调整筹备工作中选区划分、选民登记、代表名额分配、代表候选人酝酿提名及开好两区第一届人民代表大会第一次会议等工作指导意见。（贾鸿铸 陈 力）

【“美丽大同 我是行动者”活动】 2018年7月19日，以“美丽大同 我是行动者”为主题，市、县（区）、乡三级人大代表联动的2018年大同环保行暨环保执法检查活动启动。活动（检查）由市人大常委会建设环保工委牵头，《大同日报》《大同晚报》等新闻媒体记者组成环保记者团，邀请部分常委会委员和三级人大代表参加。宣传、执法检查各级政府实施新环保法和全省环保条例情况；大气污染综合治理、禁燃区建设以及冬季清洁供暖情况；水环境整治、饮用水水源地保护情况；农用地及重点行业、企业用地土壤污染状况详查进展情况、土壤污染治理与修复情况；重点行业主要污染物减排情况；固体废物、危险废物处置情况；环保监管重点企业和散、乱、污染企业整治情况等。（茗 泉）

【人大代表重点建议议案督办】 2018年11月2日，市人大常委会副主任刘美带领民侨委和提建议的市人大代表与市政府承办单位负责人座谈，督办市十五届人大三次会议期间代表甄泽斌提出的《关于以体育赛事拉动旅游业的发展实现体育赛事与旅游业共同发展的良好局面的建议》。会上，督办组听取市旅发委关于建议办理情况汇报，探讨办理中具体问题。代表满意办理情况，交流旅游和体育融合发展意见。11月9日，市人大常委会副主任王淑琴带领城环委和有关市人大代表，召集市政府督查室及各承办单位负责人座谈，督办市十五届人大三次会议期间孔维盛等代表提出的4件重点建议办理情况。督办组听取市政管委会《关于尽快启用已建好的公共厕所的建议》《关于进一步加强永固街综合治理的建议》、市房管局《关于合理提高房屋征收补偿标准的建议》、市规划局《关于尽快修建大同火山地质公园西侧对外交通南北路的建议》建议办理情况工作汇报，讨论和协调具体问题。代表们满意建议办理情况，并交流相关工作意见。11月16日，王淑琴带领建设环保工委及提议案的市人大代表召集政府相关部门，督办市十五届人大三次会议期间杨琳代表领衔提出的《关于尽快增加大同市城市供热热源的议案》。督办组听取承办单位市国资委、市政管理委员会、市热力公司城市供热及热源情况汇报，了解各单位办理工作进展情况及办理过程中遇到的困难和问题。代表们满意办理情况，并提出加快建设城市供热热源建设建议。11月22日，市人大常委会教科文卫工委带领部分市人大代表，到市卫计委和教育局督办市十五届人大三次会议期间薛志远等代表提出的2件重点建议，分别为《关于依法打击医闹行为及建立解决机制的建议》《关于加强乡村小学师资队伍建设，充实教育力量的建议》。座谈会上，督办组听取市卫计委、教育局建议办理情况汇报，提建议代表满意办理结果，2件重点建议办理完毕。（贾鸿铸 陈 力）

【市人大常委会走访联系市人大代表】 2018年12月21日，市人大常委会副主任张翠萍带领人事代表工委相关人员到浑源县走访联系市人大代表并座谈交流。座谈会上，张翠萍听取曹仙峰、姜美琴、王少华3位市人大代表工作生活和履职情况，询问代表们在工作生活及履职过程中遇到的困难和问题，征求代表们对市人大常委会相关工作及市经济社会发展方面意见建议。代表们建议人大常委会加强与人大代表联系，组织人大代表学习培训和开展活动。（贾鸿铸 陈 力）

大同市人民政府

综　述

【经济运行质量改善】 2018年，大同市地区生产总值1271.8亿元，增长6.8%，增速排名全省第六；规模以上工业增加值334.9亿元，增长5.7%，增速排名全省第六；固定资产投资549.2亿元，增长12.3%，增速排名全省第三；第三产业增加值742.8亿元，增长8.2%，增速排名全省第七；公共财政预算收入119.7亿元，增长10.5%，增速排名全省末位；社会消费品零售总额700亿元，增长8.1%，增速排名全省第六；城乡常住居民人均可支配收入分别29911元和9710元，增长6.9%和9.6%，增速均排名全省第二；外贸进出口总额37.56亿元，增长52.5%，增速排名全省第二。

（红　远）

【对外开放与区域合作】 2018年，大同市实施走出去战略，设立京津冀、长三角、珠三角、雄安新区、一带一路、以色列特拉维夫六大高科技产业项目处，与国家商务部投促局、上海漕河泾开发区、中关村智造大街建立常态化对接合作机制，建立中关村智造大街大同服务平台和大同企业离岸创新孵化基地北京站，与北京海淀区、丰台区、上海松江区、华东理工大环境工程学院、南方科大创新创业学院、复旦大学生命工程学院等区校签订战略合作协议，搭建产业合作新平台。启动谋划京晋（大同）协作新区和魏都新区，打造对外开放新窗口。在北京、深圳、西安、苏州举办大同“氢都”新能源产业城招商推介会，新引进项目139个、总投资1200亿元。坚持古城区、御东新区、同煤新区、开发区“四区”联动发展战略。开源桥建成通车，永泰南门广场主体完工，云冈机场跻身全国百万级机场行列，同煤至云冈机场快速干线加快实施，大西、大乌高铁列入国家“八横八纵”交通网络，对外开放城市形象提升。

（红　远）

【经济转型】 2018年，大同市规模以上工业总产值突破千亿元大关。非煤工业增加值增长14.5%，占规模以上工业增加值比重56.1%；制造业增加值占规模以上工业增加值比重增长3.5%；战略性新兴产业、高技术产业增速分别28.1%和28.5%，占规模以上工业增加值比重17.5%和8.5%。开展转型项目建设年活动，全年开工建设的176个工业转型大项目建成99个，墨西科技年产10吨石墨烯粉体、雄韬年产1万套氢燃料电池发动机总成、中银纺织2条洗毛生产线、西安隆基单晶硅电池组件、晋投玄武岩等一批高端项目相继投产。出台鼓励和支持民营企业发展的“二十条”政策措施，拿出5亿元工业振兴奖励专项资金，奖励、扶持同煤集团、同车公司、宇林德石墨、新成新材料等贡献突出企业。加快全域旅游示范区创建，运作古都灯会和成龙国际动作电影周，潘家园古玩市场落成运营，推进“火山天路”、古长城旅游路等项目建设。全市旅游总收入620.9亿元，同比增长28.5%。三次产业结构调整为5.1∶36.5∶58.4。

（红　远）

【农业农村】 2018年，大同市粮食总产量123万吨，实现“九连丰”。推进“一带三区”建设，粮改饲、设施农业、标准化养殖、有机旱作农业加快发展。拿出10亿元专项资金，实施乡村环境提升工程，安家皂、涧西等102个示范村实现村容村貌、户容户貌整治全覆盖。与北京首农、广东农垦、中国农大、中国农科院、山西农大、京东集团等名企名校开展战略合作，“大同好粮”走上特色化、品牌化、市场化发展之路。聚焦深度贫困，云州黄花特色产业扶贫、灵丘资产收益扶贫、阳高集中式搬迁扶贫等工作走在全省前列，3个贫困县（区）、264个贫困村、10.4万贫困群众实现脱贫摘帽，全市贫困发生率降至1.78%。

（红　远）

【生态环境】 2018年，大同市划定城市禁煤区，依法淘汰燃煤锅炉和柴油机车，新增及更换新能源或清洁能源公交车比重75%，扩大城市集中供热覆盖面，取缔“散乱污”企业209家，全市空气质量二级以上优良天数比例占83.7%，全省排名第一，从“煤都黑”到“大同蓝”的典型经验和做法获国务院通报表扬。保障“大同清”，实施桑干河流域五大污水处理厂提标改造工程，集中开展河道清淤清障，加大黄河生态补水增量，加快御河生态湿地修复，水生态环境得到改善。厚植“大同绿”，打造环首都生态安全屏障，营造林1.3万公顷，建成区新增绿化面积165.7万平方米、绿化覆盖率42.87%、绿地率38.75%、人均公园绿地面积15.88平方米。（红　远）

【民生保障】 2018年，大同市财政民生支出占比81.5%。教育事业加快发展，普惠性幼儿园覆盖率86.7%，县域义务教育均衡发展通过国家复评。全面改薄累计投入资金8.39亿元，城乡中小学办学条件得到改善。县管校聘改革成效明显，高中教育办学水平提升。省教育厅与大同市共建大学模式取得进展。加强传统文化村落和非物质文化遗产保护工作，春节文化庙会和民俗大展演等文化活动普惠群众，群众性文体活动蓬勃开展。大同图书馆、市少儿图书馆、市群众艺术馆免费开放。全国第二届青年运动会冬季项目举办。拓宽就业渠道，就业创业完成年度目标任务。加强公立医院改革，市五医院等三大医疗集团挂牌成立；在全省首家实行药品二次议价，年可节约医保资金和患者个人费用2亿元；推进分级诊疗、医养结合等便民医疗改革。完善社会保障体系，落实社会救助资金10.8亿元，发放各类低保金6.7亿元，农村低保标准高于全省平均水平。在9个农业县（区）建立"孝养基金"试点，列入全国第三批社区和居家养老服务试点城市。推进安居工程，全市棚改项目开工8806套，建成22772套，公租房建成2810套，投资27.29亿元。解决国有土地上房屋权属登记历史遗留问题，分8批办理102个小区房屋权属登记工作。创新社会治理体系，抓基础能力建设。治超工作根本转变。防震减灾工作获国家级表彰。开展扫黑除恶专项斗争，打掉涉黑涉恶犯罪团伙106个、全省排名第二。市政府年初确定的10件惠民实事全部兑现。

（红　远）

【"12345"热线平台建设】 2018年，大同市"12345"政府服务热线受理市民诉求607233件，办结564119件，办结率92.9%，满意率99.6%；日均受理2038件，日最高受理3011件。提升热线服务水平和质量，"7212345"行政投诉热线、"96302"企业服务热线并入，整治群众身边腐败问题、打击非法营运等专项活动指定"12345"热线为举报投诉电话，实现资源共享、成本节约；热线诉求统计分析结果以图表形式在受理大厅大屏幕实时显示，每月以工作简报汇总上报，为市委、市政府科学决策提供依据；开展县（区）政府和市直部门"一把手"接听热线活动35期、接听电话617个，现场办结552个，转办44个，群众诉求全部解决。年内起，热线工作列入全市市直机关效能建设考核，分值占总评分25%；建设"12345"热线帮挪车系统，扩展服务范围，解决市民挪车难题。扩大热线影响力，打造服务品牌，在边远农村发放宣传资料6000余份，热线网站发布信息8553条，微博发布信息1817条、关注人数近17万人，微信发布信息1280条、关注人数近6万人，年内起把每年5月的第二个星期六定为热线宣传日。大同市"12345"热线入选全国政府服务热线"百分百接通榜"，大同市成为全国32个入选地级市之一，在服务质量榜单"城市总体排行榜""服务水平排行榜"均排名第七；获全国政府服务热线高质量发展"卓越奖"。

（王晓敏）

政府重要会议

【市政府常务会议】 2018年，大同市人民政府召开常务会议16次。

第11次常务会议。2018年1月5日召开，市长武宏文主持。传达贯彻省委经济工作会议和全省企业家大会精神，部署全市安全环保等重点工作。

第12次常务会议。2月14日召开，武宏文主持。专题研究全市安全生产、转型发展和军民融合等相关事宜，安排部署"两节"期间各项工作。审议研究《关于推进安全生产领域改革发展实施意见》《关于建立健全大同市"十三五"规划实施机制的意见》《大同市转型项目建设年（2018）行动方案》《大同市推进农村集体产权制度改革实施方案》《大同市科技计划管理》《关于推进防灾减灾救灾体制机制改革的实施意见》等14个议题。

第13次常务会议。3月1日召开，武宏文主持。专题研究部署2018年新开工和续建项目建设等相关事宜。审议并原则通过《大同市人民政府领导班子"三重一大"决策制度实施办法（试行）》《大同市2017年国民经济和社会发展计划执行情况与2018年国民经济和社会发展计划（草案）》《关于大同市2017年财政预算执行情况及2018年财政预算初步安排情况的汇报》。

第14次常务会议。3月26日召开，武宏文主持。传达学习贯彻全国"两会"精神，贯彻省委、市委落实"两会"精神指示，讨论《政府工作报告（征求意见稿）》，研究部署2018年全市转型项目建设等事宜。传达中央、省委农村工作会议精神，审议并原则通过《大同市推进乡村振兴战略的实施意见（送审稿）》《大同市实施乡村振兴战略2018年行动计划》《大同市2018年脱贫攻坚行动方案（送审稿）》《大同市关于实施科技创业券的意见（试行）》。

第15次常务会议。4月8日召开，武宏文主持。专题研究部署2018年政府工作报告重点工作任务分工，明确各级各部门职责、任务。《大同市2018年政府工作报告重点工作任务分工》分解出44个大项322项具体任务，涉及53个牵头责任单位。

第16次常务会议。4月20日召开，武宏文主持。专题研究部署全市经济运行、安全生产、生态环保等事宜。分析全市一季度经济运行情况，安排部署区域经济转型升级考核评价指标任务分解工作。审议《2018年污染防治主要目标及一季度污染防治工作情况汇报》《大同市关于实施文旅振兴战略2018行动方案》《关于进一步促进旅游投资和消费的实施意见》《关于推进长城太行旅游板块的实施方案》，审议市政府法制办提请制定《大同市文瀛湖保护条例（草案）》《大同市御河生态保护条例（草案）》和废止《大同市集市贸易市场管理条例》《大同市动物及动物产品检疫条例》《大同市建设项目预防性卫生监督管理办法》。

第17次常务会议。5月12日召开，武宏文主持。审议大同市部分行政区划调整相关工作方案，研究部署行政区划调整相关工作。

第18次常务会议。6月20日召开，武宏文主持。传达全省攻坚深度贫困现场推进会精神，分析全市1月至5月经济运行，审议《大同市政府领导干部外出报备制度》《大同市能源革命和对外开放重要活动邀请报告制度》《大同市人民政府聘请专家顾问工作机制》《大同市企业投资项目承诺制改革试点方案》《大同市创新发展引才聚才十条奖励政策》《大同市进一步引导和鼓励高校毕业生到基层工作的实施意见》《大同市开展公立医院薪酬制度改革试点工作的实施方案（讨论稿）》《大同市高端制造产业招商引资十条奖励政策》《大同市招商引资“三十条”奖励政策兑现办法及项目手续办理流程》《关于加快推进大同经济技术开发区改革创新发展的若干意见》《大同市农业保险保险费补贴及农业保险风险基金管理暂行办法》。

第19次常务会议。7月18日召开，武宏文主持。传达学习省委书记骆惠宁在全省工业经济运行座谈会上讲话精神，研究部署全市经济运行、扫黑除恶、人才培育等工作。听取市公安机关扫黑除恶专项斗争工作进展汇报，全市上半年主要经济指标完成情况汇报。审议《关于调整大同市人民政府安全生产工作的领导分工的通知》和大同大学关于落实厅市（山西省教育厅、大同市人民政府）共建协议有关事宜。

第20次常务会议。8月6日召开，武宏文主持。研究部署全市扫黑除恶、博览会筹备、农村人居环境整治等事宜。听取全市扫黑除恶专项斗争工作开展情况汇报、博览会方案汇报。传达省长楼阳生关于二青会场馆建设有关要求，听取大同市承办第十六届省运动会相关情况汇报。审议《关于对市人大代表、政协委员提案办理情况的说明》《大同市妇女、儿童发展“十三五”规划》《大同市防治燃煤污染条例（草案）》《大同市道路货物运输违法超限超载治理条例（草案）》《加强和完善城乡社区治理的实施意见》《大同市农村人居环境整治三年行动实施方案》。

第21次常务会议。8月20日召开，武宏文主持。专题研究工业振兴奖励兑现相关事宜，再动员、再安排、再部署工业振兴。听取市经信委工业振兴奖励兑现大会筹备情况汇报，确定奖励表彰企业和单位。

第22次常务会议。8月25日召开，武宏文主持。传达省委十一届六次全会精神和省委书记骆惠宁在全会上讲话精神，研究部署能源革命相关事宜。

第23次常务会议。10月9日召开，武宏文主持。研究部署第四季度经济工作、脱贫攻坚、生态环保、安全生产等事宜。听取能源革命十大工程进展、工业振兴、1月至8月经济与区域经济转型升级考核评价指标、大同市国际能源革命科技创新园工程进展和绿色节能建筑工程规程及十条奖励政策解读等情况汇报。听取2018年污染防治前三季度形势分析及第四季度工作重点、污水处理厂提标改造等情况汇报，审议《省委省政府环境保护督察“回头看”大同组初步反馈意见问题整改责任分解》《大同市环境空气质量改善量化问责办法（试行）》《大同市水污染防治量化问责办法（试行）》。听取文旅振兴、招商引资、信访工作等情况汇报，审议《大同市党政领导干部安全生产责任制实施办法》。

第24次常务会议。11月15日召开，武宏文主持。学习习近平总书记在民营企业座谈会上重要讲话精神，研究谋划下年项目，部署经济运行、中央生态环保督察“回头看”边督边改等工作。听取市招商局、大同经济技术开发区招商情况汇报，1月至10月经济运行情况汇报，关于中央生态环境保护督查“回头看”大同边督边改进展情况汇报，关于全市非洲猪瘟防控工作情况汇报。

第25次常务会议。12月4日召开，武宏文主持。传达山西省党政代表团到广东考察学习情况，部署整治规范矿山秩序、安全生产等工作。听取整治规范浑源矿山秩序工作情况汇报。

第26次常务会议。12月12日召开，武宏文主持。30个市直部门、10个县（区）和大同经济技术开发区负责人通过PPT演示，汇报2019年重大产业项目和基础设施领域项目的工作思路和谋划情况。（红　远）

【市政府和社会资本合作专题培训会】 2018年1月10日，市政府和社会资本合作专题培训会举办。中国财政科学研究院研究员、博士生导师、中国财政学会PPP专业委员会主任委员贾康，财政部科研所、中国PPP专业委员主任委员助理陈通专题指导市部分项目和PPP模式结合，200余人聆听讲座。（红　远）

【新开工工业项目专题汇报会议】 2018年2月11日，新开工工业项目专题汇报会议召开，市长武宏文主持会议，会议听取大同经济技术开发区和11个县（区），以及市发改委、新能源产业局、商务局、招商局等市直部门新开工工业项目情况汇报。

（红　远）

【全市经济运行调度分析例会】 2018年6月21日，全市经济运行调度分析例会召开，市长武宏文主持会议。会议从产业分类、目标实现等方面梳理项目底数，剖析各县（区）和大同经济技术开发区上半年经济运行情况。市发改委、新能源产业局、经信委、住建委、商务局、农委、统计局、旅发委和经建投公司等负责人，围绕经济运行特别是固定资产投资工作中存在的问题，研究提出措施。（红　远）

【固定资产投资调度会议】 2018年6月25日，全市固定资产投资调度会议召开，市长武宏文主持会议。会议听取各县（区）固定资产投资情况汇报，分析投资面临的形势和存在的问题，安排部署下一步任务。

（红　远）

【“双十项目”推进会议】 2018年7月23日，“双十项目”推进会议召开，市长武宏文主持会议。会议汇报1月至6月工业经济运行及重点项目进展等情况。中聚晶科半导体、中银纺织、石墨烯、中德轻型飞机等项目负责人提出项目推进过程中困难和问题，并提出项目诉求。武宏文要求开发区和相关部门按照问题清单，逐一“认领”，明确责任，

尽快解决。（红 远）

【首届山西（大同）数字经济发展促进大会】 2018年9月11日，由省经济和信息化委员会、市政府联合主办，大同经济技术开发区，以及市发改委、经信委、农委、商务局、扶贫办、京东云承办的首届山西（大同）数字经济发展促进大会召开，来自全国各地的专家学者和企业代表探讨山西数字经济发展新课题、山西能源经济转型升级之路。大会举行首批企业入驻京东（大同）电商产业园暨山西老字号电商运营中心启动仪式、京东（大同）数字经济产业园启动仪式、“大同好粮”区域公用品牌联盟发布仪式以及京东集团与山西省老字号协会战略合作签约仪式、京东云数字养殖示范基地签约仪式。在“数行三晋·智赢未来”主论坛和“发展数字经济·助力产业升级”“数字经济创新·助力乡村振兴”两场分论坛上，10余位专家学者分别围绕数字经济、工业转型升级、现代农业发展、能源互联网等发表主题演讲，并以“发展数字山西、探讨数字大同经济发展前景和路径”为主题设置圆桌论坛，为大同数字经济“把脉”。大会还推出“京心·同魄·云聚·业兴”主题成果展示。（红 远）

【县（区）谋划推进下年项目汇报会议】 2018年11月6日，县（区）谋划推进下年项目汇报会议召开，市长武宏文主持。平城区、云冈区、新荣区、云州区、阳高县、天镇县、浑源县、灵丘县、广灵县、左云县等负责人汇报谋划推进下年项目和2018年项目落地建设完成等情况。武宏文要求市相关部门和金融机构，梳理研究项目，支持、推进项目。（红 远）

【蒙晋冀（乌大张）长城金三角合作区第五届联席会议】 2018年12月24日，以“绿色发展 合作共赢”为主题的蒙晋冀（乌大张）长城金三角合作区第五届联席会议在大同市召开。市委副书记、市长武宏文主持会议。山西省委常委、大同市委书记张吉福、乌兰察布市委书记杜学军、张家口市委书记回建代表三市分别发言。会上，乌大张三市签署相关经济发展合作协议：内蒙古丰镇市与大同市新荣区关于共同建设晋蒙新兴产业合作园合作协议；三市防控非洲猪瘟等重大动物疫病联防联控工作协议；三市食品药品和市场监管合作框架协议；三市文化合作战略协议。召开平行论坛、工业振兴合作座谈会、文化旅游合作座谈会。

会议期间，参会代表实地考察大同市国际能源革命科创园、大同市国际能源博览中心、大同大昶移动能源有限公司、中科院工程热物理研究所大同分所、大同通用航空产业园等项目。（红 远）

▲2018年12月24日，以“绿色发展 合作共赢”为主题的蒙晋冀（乌大张）长城金三角合作区第五届联席会议在大同市召开 （张燕伟 摄）

政府协议

【市政府与省政府外侨办签署工作支持协议】 2018年1月4日，市委副书记、市长武宏文与省外侨办党组书记、主任武绍忠在太原签署《山西省人民政府外事侨务办公室与大同市人民政府工作支持协议》，是省外侨办与地市签署的第一份工作支持协议。

▲2018年1月4日，市委副书记、市长武宏文与省外侨办党组书记、主任武绍忠在太原签署《山西省人民政府外事侨务办公室与大同市人民政府工作支持协议》 （张 玮 摄）

按照协议，省外侨办围绕创新驱动、转型升级，在海外引资引智引技、对外交流平台建设、对外宣传、利用外事资源服务大同经济社会发展、友城建设、侨务资源涵养、大同与港澳互动等方面，加大支持力度，促进大同对外交往与合作。（红 远）

【市政府与省电力公司战略合作】 2018年1月24日，市政府与国网山西省电力公司签署《服务能源革命“争排头做尖兵” 实现“双创双赢”战略合作协议》，为转型升级、创新驱动发展提供电力保障。副市长荆虎与国网山西省电力公司副总经理刘人楷代表双方签订协议。（红 远）

【大同风机装备制造暨清洁能源产业基地共建协议签署】 2018年2月3日，市委副书记、市长武宏文与中国广核新能源控股公司执行董事、总经理李亦伦，金风科技集团执行副总裁、风机产业集团总经理曹志刚一行座谈，达成合作发展新能源产业共识，并签署大同风机装备制造暨清洁能源产业基地共建协议。两大企业相关人员与大同经济技术开发区，及市发改委、新能源产业局、经信委等部门负责人，探讨共建打造风电全产业链基地相关事宜。（红 远）

【省市体育事业战略合作】 2018年3月30日，大同市政府与山西省体育局签署全面战略合作框架协议，共建冬季项目场馆并承担第二届全国青年运动会比赛任务，组建山西省通航职业技术学院，共建山西女子足球甲级队。省体育局党组书记、局长赵晓春，市委常委、副市长武宏文见证签约。副市长郭蕾与省体育局副局长杜荣签约。（红 远）

【市政府与京能集团战略合作】 2018年4月15日，市委副书记、市长武宏文与京能集团董事长姜帆签署《大同市人民政府与京能集团战略合作框架协议》。京能集团是北京地区最大的供热、供电企业，以“电力生产和供应，热力生产和供应，煤炭生产和销售，房地产开发经营、物业管理”为主营业务。根据框架协议，双方围绕能源互联网、氢能产业化、城市供热等开展一系列战略合作。（红 远）

【市政府与北京赫宸能源科技股份有限公司共建智慧能源】 2018年5月31日，市委副书记、市长武宏文在大同市国际能源革命科技创新产业园与北京赫宸能源科技股份有限公司董事长赵健飞一行座谈，交流推进智慧能源建设，签订战略合作框架协议。按照协议要求，双方在大同市共同建设燃煤污染物减排国家工程实验室传热与换热中心、全国传热与换热设备生产基地、智慧能源产业园等项目。（红 远）

【省市农业科技合作】 2018年6月5日，市政府与省农业科学院签署农业科技战略合作协议，双方围绕有机旱作农业、乡村振兴、农业科技协作、产业调整、科技决策与咨询、人才培育与培训等方面内容开展战略合作。市委常委、常务副市长薛明耀与省农科院副院长张强签署协议。（红 远）

【市政府与华东理工大学科技合作】 2018年7月26日，市委副书记、市长武宏文与中国科学院院士、华东理工大学副校长刘昌胜一行座谈，双方交流合作推进煤炭清洁高效利用、人才培育等，并签订战略合作框架协议，通过聚焦科技、优势互补，推动大同新旧动能转换和经济社会可持续发展，提升华东理工大学的竞争力和影响力，实现共赢发展。武宏文向刘昌胜颁发大同市新能源产业战略咨询委员会副主任委员聘书。在大同期间，刘昌胜一行到恒安大厦、大同石墨烯+绿色科技产业园项目、国药威奇达药业、新成新材料公司和大同市国际能源革命科技创新园等处调研。（红 远）

【市政府与北京市丰台区战略合作】 2018年8月13日，省委市委、市委书记张吉福，市委副书记、市长武宏文率团到北京市丰台区考察学习。考察团一行到丰台区北京建龙重工集团有限公司、晶龙科技控股有限公司、中国铁路通信信号股份有限公司、贝壳控股集团等地考察，了解丰台区优势产业发展现状、发展方向及未来发展布局等情况。大同市与丰台区签署战略合作框架协议，双方实现全领域、多产业合作。（红 远）

政务督查

【政务督查督办】 2018年，大同市政府办公厅加强督查督办，落实“13710”督查制度，65项省政府督办任务、101项市政府督办任务做到事事有结果、件件有回音。分解部署省政府工作报告任务320项、市政府工作报告任务323项，按季督查工作进度，半年实地督查，推动目标任务落实；坚持每周跟踪督查，推进转型项目建设，督促相关部门协调解决“双十”项目事项29项。盯重大决策抓督查，督办市委市政府领导批示件；跟踪督查市政府常务会议、办公会议议定事项，每月汇总进度并向市政府领导反馈。盯重点问题抓督查，跟踪督查水环境综合治理和大气污染防治涉及的环保重点问题，以及扫黑除恶专项斗争工作，特别是断面水质改善31项重点任务做到日督查日报告，大同市从“煤都黑”到“大同蓝”的典型经验做法，受到国务院通报表扬。盯重要节点抓督查，按照市政府领导要求，在重大节日期间督查全市各县（区），及部门、企业等173个单位值班情况，通报2次；配合市纪委监委督查节日期间各单位执行中央八项规定情况。盯民生民情抓督查，督办人大代表建议193件、政协委员提案300件，办复率100%；督办“12345”热线和网络舆情群众反映问题；持续跟踪、督促落实省市确定的16件民生实事，全部兑现承诺。（王晓敏）

【省政府第五督查组反馈督查大同安全生产情况】 2018年3月28日，省经信委总经济师乔丽刚为组长的省政府第五督查组反馈督查大同市“两节”“两会”期间安全生产情况。1月24日至3月28日，省政府第五督查组采取听汇报、查资料、现场考核等方式，督查大同市“两节”“两会”期间安全生产工作。反馈会上，督查组听取相关工作汇报，督查组要求完

善建立问题整改、挂牌督办、追责问责、联合惩戒四个清单，确保问题隐患整改到位。（红　远）

【省政府质量工作核查组到大同】 2018年4月11日，省商务厅总经济师赵贵全带队的省政府质量工作核查组到大同，围绕上年度市级政府质量工作考核评分细节核查，抽查县（区）、企业，核实材料，集中评议。副市长、市公安局局长尚建军汇报大同市2016—2017年质量工作情况。省核查组提出加强组织领导、总结经验、加大宣传力度等方面要求和建议。（红　远）

【省督查调研组到大同督查《38条措施》落实情况】 2018年4月19日至20日，省工商联党组成员、副主席李剑英带队的省委省政府第六督查调研组到大同，督导检查大同市贯彻落实《山西省营造企业家健康成长环境弘扬优秀企业家精神更好发挥企业家作用的若干措施》（简称《38条措施》）情况，到大同通用航空产业园、英莱壳润滑油有限责任公司、北方机械集团公司等处调研，了解企业生产经营、产品研发、发展环境等情况。听取有关工作汇报，与企业家代表座谈。（红　远）

【省督导组到大同督导扫黑除恶专项工作】 2018年5月21日至23日，省扫黑除恶专项斗争第二督导组组长严奴国带队的督导组到大同督导扫黑除恶工作。督导组一行到浑源县、南郊区和市扫黑办、纪检、组织、公、检、法、司等县（区）和部门实地督导。座谈中，纪检、组织、公安、检察、法院、司法等部门分别介绍在扫黑除恶专项斗争中的做法。严奴国认为大同市重视扫黑除恶工作，各相关部门工作措施有力。（红　远）

【省政府安委办第三督查组到大同】 2018年6月11日，省住建厅副厅长张学锋为组长的省政府安委办第三督查组到大同，督导检查安全生产情况。重点督促检查市县（区）政府及相关部门，通过抽查企业检验市县（区）政府工作落实情况，重点抽查检查煤矿、非煤矿山、危险化学品等重点行业领域企业。听取大同市相关工作汇报，督查组强调做到居安思危，发挥督导检查安全生产工作积极作用，加强监管，严格执法，推动企业落实隐患排查治理主体责任。（红　远）

【省政府安委办第五综合督查组到大同召开反馈意见会议】 2018年10月11日，省政府安委办副主任、省安监局副巡视员张震海为组长的省政府安全生产大检查第五综合督查组反馈大同市安全生产大检查工作情况意见。市委常委、常务副市长薛明耀参加反馈意见会。督查组听取安全生产大检查工作情况汇报，指出，大同市安全生产大检查工作部署及时，事故查处力度大，但也存在个别单位不够重视安全生产大检查工作、资料准备不足、隐患排查治理不及时等问题，需引起重视。（红　远）

政务服务

【概况】 大同市政务服务中心（市公共资源交易中心）进驻窗口单位41家，另有市政府采购中心、国土交易中心、建设工程交易中心三家入驻，工作人员550名，集中办理各类行政审批119项、便民服务17项。

2018年，该中心编制完成《审批事项“容缺后补”目录清单》，试行非主审要件“容缺后补”；梳理核对投资项目审批事项，重点是受理条件、前置申请材料、前置审批事项等；设计制作并联审批总流程图、并联流程图、施工图联合审查流程图、竣工验收流程图。组织召开全市性清理公共服务事项大会，历经5个月，清理完成全市公共服务事项工作，编制事项清单。督促指导各县（区）同步完成公共服务事项清理工作。事项清单经市编办和市法制办审核后，上报省政务服务中心。20家部门单位“零报告”无公共服务事项，56家部门单位上报594项公共服务事项，全部录入省政务服务事项动态管理系统。市政务服务中心制订《加快推进入驻大厅政务服务事项“全程网办”实施方案》，明确时间表、路线图、任务书，把事项分为“实现全程网办”“拟实现全程网办”和“暂缓全程网办”三种形式，先易后难，逐步推进“一号”申请、“一窗”受理、“一网”通办。年内，该中心获山西省五一劳动奖状，被授予“市青年文明号”称号，被评为市级“精神文明单位”“责任目标考核优秀单位”。（张婷婷）

【大同市行政投诉中心】 2018年7月25日，大同市行政投诉热线“7212345”开通。把行政投诉工作作为优化营商环境、服务经济社会发展的重要工作来做，做到群众投诉件

▲2018年7月25日，大同市行政投诉热线启动　（张晓雯　摄）

事事有回音，件件有落实。受理投诉件226件，即时转办226件，转办率100%；在办结期限内收到反馈211件，办结反馈率100%；承办单位经过核查投诉内容，确有问题有明确处罚结果的14件；属于重大紧急的投诉件4件，其中1件转民政局纪检组，3件上报市纪委信访室。制定《大同市行政投诉管理办法（试行）》。出台《投诉件受理制度》《投诉件处办制度》《投诉件反馈制度》《投诉件保密制度》《投诉件档案管理制度》《行政投诉中心请销假制度》《投诉件回避制度》。（张晓雯）

【企业投资项目承诺制改革】2018年，大同市政务服务中心开展企业投资项目承诺制改革试点工作。全年受理建设项目112个，投资总额约488亿元，办结各类审批手续1529项。承诺制改革前，建设项目从立项到竣工验收办理45项审批事项，改革后，企业只需办理11项审批事项，缩减75%，涉及部门从19个缩减到8个，缩减58%。5项企业信用承诺事项，企业承诺即出具批文，压缩报审时间。11项政府统一服务事项，释放企业在该类手续报批之前大量时间和办事精力，涉及的应由企业承担的费用纳入财政预算，以及“一费制”统一收费管理模式，杜绝搭车收费和乱收费，为企业节省费用。通过承诺制改革，使项目开工时间提前3个月以上，为项目推进、企业发展赢得商机。优化营商环境，吸引有效投资。全市签约、落地、开工项目计划投资额均大幅增长。3月6日，副市长马安全在市政务服务中心参加集中办理大同市2018年首批企业投资项目承诺制改革试点项目手续启动会，推进首批15个试点项目前期手续办理。（张晓雯）

外事 侨务

外 事

【概况】 2018年，大同市接待到访团组32批712人次。服务市领导重大外事活动20余场。指导配合市直有关单位完成国际会展等外事活动10余场。推动大同市与省外侨办签署《工作支持协议》。审批全市领导干部因公出国（境）46批131人次。办理APEC商务旅行卡30张。与柬埔寨暹粒省暹粒市、蒙古国科布多省、摩洛哥王国苏斯–马赛大区塔鲁登特市、肯尼亚共和国蒙巴萨郡基索尼市、俄罗斯鄂木斯克州、美国艾奥瓦州马斯卡廷市和塞尔维亚共和国松博尔市7个国家的省州市新建友好关系。与英国贝利市8所中小学新建姐妹学校关系。10名医务人员到非洲援外。妥善处置3起涉外事件和1起领保事件。巴基斯坦、美国等驻华使馆发来贺电贺信，肯定大同市外事工作。大同市人民政府外事侨务办公室被省人社厅、省外侨办评为“山西省外事侨务工作先进集体”。

（张 玮）

2018年大同市友好城市、友好合作伙伴表

建立时间	城市名	内 容
2月8日	柬埔寨暹粒省暹粒市	2月7日至9日，应大同市邀请，由柬埔寨暹粒省副省长岸彼隆带队的柬埔寨暹粒省政府代表团一行到大同工作访问。8日，市委副书记、市长武宏文会见代表团成员，并与暹粒市市长苏帕拉东签署发展友好城市关系及交流合作意向书
3月19日	蒙古国科布多省	3月19日，由蒙古国大使馆、中国工业经济联合会和蒙古国经济合作联合会共同主办的“一带一路”工商协会联盟系列活动之“蒙古国的机遇”项目推介会暨中国大同市与蒙古国科布多省发展友城关系意向书签字仪式在北京召开。市委常委、副市长冯苏京致辞并作项目推介。冯苏京与蒙古国科布多省议会秘书长桑达噶苏伦签署发展友城意向书
3月26日	摩洛哥王国苏斯–马赛大区塔鲁登特市	3月24日至4月3日，大同市政府代表团随山西省外侨办代表团访问非洲摩洛哥、肯尼亚和马达加斯加三国。3月26日，大同市外侨办主任刘锋与塔鲁登特市议会主席斯麦尔·埃尔哈里里签署《中华人民共和国山西省大同市与摩洛哥王国苏斯马赛大区塔鲁登特市发展友好城市关系备忘录》
3月30日	肯尼亚共和国蒙巴萨郡基索尼市	3月24日至4月3日，大同市政府代表团随山西省外侨办代表团访问非洲摩洛哥、肯尼亚和马达加斯加三国。3月30日，大同市外侨办主任刘锋与肯尼亚基索尼市市长阿比拉赫曼·伊德利斯签署《中华人民共和国山西省大同市与肯尼亚共和国蒙巴萨郡基索尼市发展友好城市关系意向书》
5月17日	俄罗斯鄂木斯克州	5月17日，市委常委、副市长冯苏京与俄罗斯鄂木斯克州第一副州长瓦列里·别特洛维奇签署友好合作意向书
9月8日	美国马斯卡廷市	9月8日，副市长马安全会见由美国马斯卡廷—中国友好城市委员会主席、市长特别代表丹·斯泰因率领的美国马斯卡廷市代表团一行。马安全与丹·斯泰因签署发展友好城市关系备忘录
12月1日	塞尔维亚松博尔市	11月29日至12月2日，应塞尔维亚松博尔市长邀请，市外侨办主任刘锋到塞尔维亚访问。12月1日，刘锋与松博尔市市长杜珊卡签订发展友好城市关系意向书

▲2018年2月8日，市委副书记、市长武宏文与暹粒市市长苏帕拉东签署发展友好城市关系及交流合作意向书 （张 玮 摄）

【外事活动】 2018年1月8日，省委常委、市委书记张吉福会见到大同访问的联合国和平大学校长罗哈斯一行。

4月9日至13日，应以色列国家创新署邀请，副市长荆虎率团访问以色列，与以色列国家创新署、特拉维夫大学及其产业转移中心、高科技企业考察对接，达成多项共识并签署合作工作备忘录。

5月5日至12日，应柬埔寨暹粒省政府和越南工商联合会胡志明分会邀请，以市委常委、副市长冯苏京为团长的大同市政府代表团友好访问两国，探讨在柬埔寨投资酒店和旅游事业、云冈石窟与吴哥窟建立联系、从越南进口农副产品等并达成共识。

8月20日至23日，以日本大牟田市市长中尾昌弘为团长的日本大牟田市政府代表团和日中友好第十次大牟田市市民访华团一行18人到大同访问。市委副书记、市长武宏文会见代表团成员，并与中尾昌弘签署友好交往备忘录。

9月17日，冯苏京会见由东北亚地区地方政府联合会秘书长洪钟庆带领的联合会代表团一行。

9月18日，武宏文会见由澳大利亚国际商会首席执行官麦克·果先生率领的代表团一行，双方交流搭建创新驱动交流平台、开展多领域合作等。

9月22日，俄罗斯鄂木斯克州财政部副部长科·尤·丘洛夫斯基率代表团一行到大同，与市政府及商务、旅游、教育、国际陆港等部门单位负责人、部分民营企业代表座谈商讨深化交流合作，签署备忘录。

9月26日，荆虎会见马来西亚中华工商联合会总会长、马来西亚国家经济发展委员会主席、金狮集团董事局主席、创始人钟廷森一行。

10月15日至18日，英国贝利市中小学校长代表团到大同访问。副市长郭蕾与代表团一行座谈。市实验小学、平城区18校、大同大学附属小学、市逸夫小学、云冈区和瑞第二小学、大同三中、北师大大同附中和市外国语学校分别与贝利市8所中小学签署建立姐妹学校关系合作备忘录。

（张 玮）

【“中国中等城市可持续发展的新路径”（MEDIUM）国际学术研讨会】 2018年5月9日至11日，由欧盟重大合作项目课题组和山西大同大学联合主办的“中国中等城市可持续发展的新路径”（MEDIUM）国际学术研讨会在大同举行。来自法国、意大利、瑞士、英国等18名外国专家学者，以及杭州师范大学、中山大学、大同大学、大同市政府部门、地方企业代表等40余名国内学者共聚一堂，围绕大同市城市环境困境、城市产业发展、创新和集聚经济和城市建构、城市治理和社会包容等主题研讨。 （张 玮）

侨 务

【关爱侨界民生】 2018年，大同市外侨办走访慰问归侨侨眷69人，发放慰问、救济金5.75万元；为25名困难三侨生发放助学金3.52万元；为76名年满60周岁的归侨每人每月发放补助金200元。为7名“三侨生”落实在中、高考给予加分的政策规定。处理归侨侨眷信访150件次。其中，反映生活困难25件，政策咨询95件，反映养老医保、就业、退休、工龄连续计算等问题30件。 （张 玮）

【侨务活动】 2018年，大同市外侨办参加省外侨办组织的“中华大乐园”活动，市选拔1名教师到泰国华校支教。5月7日至11日，市外侨办举办“2018年侨爱工程送温暖免费体检暨侨法宣传活动”，为100名困难归侨免费“一站式”健康体检和侨法宣传。7月19日至20日，来自美国、加拿大、西班牙、柬埔寨等国300名华裔青少年在大同市参加“华裔青少年寻根之旅夏令营——山西营（大同站）”活动。

（张 玮）

人事人才

【全市行政机关公务员考录和事业单位招聘】 2018年，大同市经过申报、资格审查、笔试、面试及体检等环节，办理164人录用手续。面向公安院校招录33名公安专业毕业生，同市公安局到新疆招录2名维语专业人才。市教育系统公开招聘教师283名，市卫生系统公开招聘医护人员77名，市发改委公开招聘新能源专业工作人员9名。备案上年度公务员年度考核审核。全市参加考核人数1万余人。其中，被确定为考核优秀等次1700余人、称职8800余人、三等功58人。向上级推荐先进集体198个，先进工作者（含劳动模范）231人。其中，国家级先进集体3个、省级先进集体189个、省级先进个人228人。

（温建斌）

【事业单位人事管理】 2018年，大同市人力资源和社会保障局落实事业单位岗位设置政策，动态调整机构编制发生变化的40家市直事业单位的岗位设置方案，完成4区6县及开发区上半年的岗位设置和岗位聘用备案。为市直534家次事业单位3855人次办理岗位聘用变动备案及合同鉴证手续。（温建斌）

【学术技术带头人选拔】 2018年初，大同市第五批学术技术带头人推荐选拔工作结束。重点选拔在支柱产业、优势产业、新兴产业领域、各类园区中重点工程和重大科研项目，以及教育、卫生、文化艺术、新闻出版等方面作出重大贡献和取得突出业绩的优秀专业技术人才47人。其中，教育领域14名、卫生领域9名、工业领域13名、农业领域6名、社科领域5名。市专项资金为入选的大同市学术技术带头人一次性发放特殊津贴1万元。（鹤 梅）

【招才引智政策出台】 2018年5月13日，大同市人力资源和社会保障局牵头制定出台《大同市产业转型招才引智十条奖励政策》。为加快落实“创新培育行动”，引进世界知名院校和全国“双一流”全日制本科及以上学历毕业生在大同创业就业，加快人才强市步伐，促进转型升级，实施乡村振兴战略，推动各路人才、工商资本、公共资源三下乡，营造重视人才、尊重人才发展环境，大同市委、市政府制定出台《大同市创新发展引才聚才十条奖励政策》《大同市乡村振兴人才激励十条奖励政策》等招才引智奖励政策。9月1日，“三十条”奖励政策兑现工作启动，市政府专门在大同市人力资源和社会保障局设立大同市人才奖励政策兑现服务办公室，提供有关政策咨询和兑现服务。截至2018年年底，山西清新新能源科技有限公司院士工作站等4个院士工作站、大同市经济技术开发区装备制造产业园区智慧能源站等4个国家级人才项目、山西普德药业有限公司博士后创新实践基地等4个博士后创新实践基地列入兑现名册；15名博士、38名“双一流”硕士、10名“双一流”本科生按照奖励政策开展兑现。（温建斌）

【去产能职工安置】 2018年，大同市去产能工作涉及同煤集团两个煤矿，涉及职工3519人，经与同煤集团多次对接，指导、帮助他们完善职工安置方案，采用上年同煤集团内部转岗分流，安置所有去产能职工，截至2018年11月底，全部安置完毕3519名去产能职工。（温建斌）

【参加省人才智力交流大会】 2018年12月8日至9日，山西（太原）人才智力交流大会举行，大会以“聚集三晋才智、助力就业创业”为主题，集高校毕业生就业洽谈、高层次人才需求发布、优秀创业项目推介展示于一体，大会设展位450个，组织580余家省内外用人单位参与，推出2.4万余个招聘岗位。大同市代表团围绕转型发展、产业园区建设、“双创”基地培育、技能人才培养等方面需求，组织81家优秀企事业单位1054个优质岗位和4个大学生星火创业项目参加，求职者与用人单位达成就业意向约300人次。（温建斌）

机关事务管理服务

【概况】 2018年，市机关事务管理服务中心根据全市公共机构节能工作规划和垃圾分类工作部署，制订文瀛湖办公楼能源合同管理服务方案，优化能源管理系统，节能技术改造能耗系统，建立能效管理平台，实现办公楼水电能耗比上年下降10%的目标，该项目签署合同进入实施阶段。制订文瀛湖办公楼垃圾分类工作服务方案，加强实地检查和监督考核等措施，该项目进入设备投放、初步实施阶段。

年内，市机关事务管理服务中心为满足机关干部职工生活需求，丰富地下业态服务，以委托经营管理服务形式开设浴室和理发室，洗浴价格是市场价40%，理发免费，试运行一年，根据试运行情况于年底采购确定服务运营商；调整原地下洗车服务点，更换服务承包商，增加汽车维修保养服务项目；梳理食堂整改措施13条，制订文瀛湖办公区膳食营养方案并根据实际调整和更新；升级维护一卡通消费系统，信息更新驻楼单位餐卡等。食堂、洗浴、理发、医务室等服务实现刷卡、支付宝、微信等收费功能。全年洗浴服务4.68万人次，理发服务7400余人次，门诊服务4171人次、专项医疗保障73次和急救8次，餐饮日常服务70.04万人次、会议餐103次4802人。根据部分办公区职工需求和实际，在惠民西城等办公区以配餐方式保障职工午餐。

（市机关事务管理服务中心）

【办公用房管理】 2018年，市机关事务管理服务中心依托文瀛湖办公楼等9处集中办公区，加大工作力度，把借房租房办公或分布较散的单位调整到集中办公区办公，形成全市31个机关综合办公区集中办公格局，实现全市党政机关事业单位集中办公和统一管理。调整分配小品文选刊杂志社、市质监局云冈分局、市文化交流中心等198家单位1.9万平方米办公用房；接收15家单位闲置办公用房，97间2233.59平方米；合理合规支付13家租房单位466.92万元租金。统筹推进市人大原办公楼、市规划局原办公场所、市艺校旧址再利用工作。重新核定登记原商校、原会校、原卫校、科技局，以及惠民西城、华林新天地等地办公用房中信息不清使用情况不明单位，校正35家单位错误信息，摸底全市市直机关办公用房情况，分类汇总收集到的84家县级单位办公用房资料。原会校办公区和迎宾街98号办公区因部分驻楼单位拖欠热力公司取暖费导致迟迟不能供暖，该中心协调后，恢复供暖，保障驻楼单位正常开展工作。保障15名异地任职市级干部周转住房服务，其中租赁房屋2套；租赁房屋保障2名挂职县级干部过渡性住房服务。

制订办公用房维修方案、招标或询价择优选用施工单位、高标准验收，维修市老干局云松园下水管道工程、市政府消防管道维修等零星工程、原卫校机关综合办公楼供排水管道及屋顶防水改造工程、人防办主楼及人防工程维修、辅楼电路、给排水及屋顶防水维修工程、市会校办公楼维修工程、原国资委办公楼维修工程（应急工程）、科技局原办公楼电路改造工程，项目竣工率100%。降低办公用房安全隐患，改善驻楼单位办公环境。

（市机关事务管理服务中心）

【办公区物业管理】 2018年，市机关事务管理服务中心加大各集中办公区物业服务监管力度，建立多项物业服务工作记录和动态；加强分级管理，实施总结报告制度、开展联合巡检制度，组织专项检查；加强安全管理，开展休息日、节假日安全检查；加强节能管理，运用楼宇节能自控系统降低能源消耗，每天节电876度，开展节能降耗宣传，规范垃圾处理、节能改造等管理。加强门卫管理，加强昼夜巡逻，严格外来人员到访登记，不留疑点，节假日安排昼夜值班和节前安全大检查；为保障办公楼安全，更换进入办公楼车辆通行证，制订方案，反复讨论，主任会议研究，协调新证旧证衔接，利用2个月时间按期有序完成，办理7132张车辆通行证；严格人员、车辆进出管理，规范院内车辆停放，保证院内环境井然有序、道路畅通；全年人流量271万人次，车流量195.7万辆次，到访人员登记20.11万人次，处理群体上访259起、个访1939起，总人数8350余人，均妥善处理，重点区域专人把控，发现混入上访人员12起，经劝解带离办公区。注重消防安全，召集驻楼单位，及保安、物业、餐饮、超市等服务单位举行消防知识培训和灭火器实操训练。加大保洁服务日常巡检、现场管理与监督指导力度，保持办公环境干净亮丽、整洁有序；用好绿化租摆服务，提高花木档次；聘请专门虫控消杀公司在鼠患重点区域放药布粘板，在办公楼外围及周边绿化带喷洒杀虫；整改办公区所有灌溉设施，添置绿化养护设备，定期修剪整理，更换、种植花卉树木4万余株，移植花卉8535平方米，冬季保温保护苗木8000平方米，增强绿化景观效果。加强机关大楼设施设备管理、日常检查和维护保养工作，落实好制度培训和应急预案，零维修9200余处，保障办公区基础设施正常运转；更换增补隐形喷头盖、检修防火卷帘防火阀故障等2600余处，粘贴消火栓使用方法、喷涂标识等910处；清理及检查维修办公楼电梯机房、轿顶、底坑、机舱1100余次，更换磨损严重客梯导靴和靴衬120套，更换、整改及调试32台客梯129台五方通话装置；为保证安全运行，调试曳引钢丝绳拉升达极限的14台客梯。保障御河西路132号、市政府大院、科技园、惠民西城等办公区和宾西园人员物资来往登记，基础设施维修保养、检查更新、保洁维护、人员培训等工作。（市机关事务管理服务中心）

【会议服务】 2018年，市机关事务管理服务中心保障市委十五届四次和五次全会，市委学习宣传贯彻中共十九大精神会议，市政府共建全科盟新能源产业技术研究院签约、大同市新能源产业战略咨询委员会成立仪式，大同市能源革命、对外开放“两个尖兵”突破行动动员大会，全市振兴工业经济动员会，市纪委十五届三次全会暨全市党风廉政建设干部大会，全市纪念中国共产党成立97周年大会等会议召开。完成中央环保督察、省政府督查等重大活动后勤保障工作。全年参与保障各类会议1918场11.15万人次，其中在文瀛湖办公楼召开的会议1826场。加强会服人员仪容仪表、站姿走姿、礼貌用语、倒水方式和频次及会议设备操作技术培训，提高会议保障能力。升级改造文瀛湖办公楼2号、3号多功能厅及科技园一层、三层会议室的音响设备，在2号多功能厅新增LED屏。

（市机关事务管理服务中心）

【公务用车管理】 2018年，市机关事务管理服务中心严格公车配备使用管理，举办各类驾驶员安全教育培训班，提升驾驶员安全行车意识。张贴市级290余辆公车标识。配合全市事业单位车改工作，整理现行平台情况及事业单位车改后平台建设方案，收缴事业单位公车。建立“航天科技北斗导航大同市公务用车智慧管理系统”，集中统一管理市级公务用车，实现线上申请派车、审批和车辆运行轨迹实时监控功能，提高公务车辆使用透明度，保障全市公务出行任务。全年接收任务4219件，有效派车3934件。其中，接待中央国家级任务446件，省级任务645件，接待台胞及外宾153件，保障市级领导、各单位调研及紧急任务2690件，任务量较上年增长50%。

（市机关事务管理服务中心）

【网络维修】 2018年，市机关事务管理服务中心根据全市能源革命和招商引资工程进度，按要求为大同国际能源革命科技产业园接入600兆互联网电路，并由3家运营商分别提供服务，保障全年无间断无故障运行；为市招商引资服务中心办公楼接入200兆互联网电路。二期改造文瀛湖办公楼综合机房并组织专家组验收，协助国土局实施60千伏安UPS（不间断电源）独立增容，协助市审计局、市质监局网络设备迁入综合机房，完成市人大常委会监督财政预算、国资、审计、统计机房建设；二期改造文瀛湖办公楼安防监控系统，经市公安局安全技术防范办公室验收合格；测试文瀛湖办公楼两条互联网电路，各项技术指标均达到访问下行带宽995.8兆以上，整改没有达到要求的铁通公司并于12月达标更换电路；在办公区安装i-Datong无线网络设备770台；定期清洁检查、维修保养各类机房、设备间，全年无安全事故发生。

（市机关事务管理服务中心）

中国人民政治协商会议大同市委员会

综 述

【概况】 2018年，中国人民政治协商会议山西省大同市委员会(简称“市政协”)委员344人。其中，中国共产党16名，中国国民党革命委员会大同市委员会9名，中国民主同盟大同市委员会9名，中国民主建国会大同市委员会9名，中国民主促进会大同市委员会8名，中国农工民主党大同市委员会8名，九三学社大同市委员会7名，无党派人士12名，共青团大同市委员会3名，大同市总工会6名，大同市妇女联合会12名，大同市青年联合会6名，大同市工商联合会29名，大同市科学技术协会5名，大同市归国华侨联合会2名，文化艺术界12名，科学技术界15名，社会科学界8名，经济企业界35名，农业界18名，教育界20名，体育界3名，新闻出版界9名，医药卫生界14名，对外友好界5名，社会福利和社会保障界6名，少数民族界4名，宗教界5名，特别邀请人士49名。大同市所辖县（区）政协委员：平城区政协委员279名，云冈区政协委员239名，新荣区政协委员119名，云州区政协委员151名，左云县政协委员141名，浑源县政协委员157名，灵丘县政协委员157名，广灵县政协委员164名，阳高县政协委员165名，天镇县政协委员160名。 （边文斌）

【协商民主建设】 2018年，市政协发挥重要渠道和专门协商机构作用，通过开展调研、视察、协商、监督等形式，部署落实中央和省委、市委重大决策，形成一批协商议政成果。以规范协商活动为重点，加强与党委、政府工作衔接，制订《政协大同市委员会2018年度协商工作计划》，协助市委出台《中共大同市委关于加强人民政协协商民主建设的实施意见》，推动协商民主工作规范化、制度化和程序化。由市政协牵头的“加强协商民主制度建设”改革任务，被列入大同市2018年深化改革任务中。组织召开政协第十四届山西省大同市委员会第二次会议，政协委员们围绕政府工作报告、发展计划报告、财政预算报告、“法检”两院报告等提出意见建议。10名政协委员围绕《用“大数据”助推能源革命 促进转型发展》《光大北魏文化 唱响平城品牌》《加大金融支持大同市县域经济发展的建议》等发言。市政协举办“加强古城管理运营”“推进康养产业发展”“助力大同市乡村振兴战略实施”专题常委会，形成协商报告。市政协专题月度协商“挖掘长城古村落资源”“人才兴市工作”“招商引资”“水污染治理”“桑干河流域大同段清水复流”“推进我市义务教育均衡发展”等问题。调研论证“全民健身场地建设”“金融产业发展”“发挥宗教界和归侨人员作用”等课题，形成调研报告。（边文斌）

【政协民主监督】 2018年，市政协落实市委《关于加强和改进人民政协民主监督的实施意见》，制定《政协大同市委员会民主监督工作实施细则》。组织政协委员调研视察新型高科技工业十大引领项目和能源革命十大突破工程项目，集中参观市国际能源博览中心，组织召开“双十”引领转型尖端项目民主监督调研座谈会，听取市政府项目进展情况汇报。连续两年组织政协委员专项民主监督市转型项目建设、脱贫攻坚情况，到云州区、阳高县、灵丘县、天镇县、浑源县和广灵县开展监督性调研视察“扶贫超市”项目开展情况，有270个项目被认领，认领项目资金2128.31万元，涉及9县（区）44乡107村。

（边文斌）

【政协参政议政】 2018年，市政协制定《进一步加强与市政协工作联系的制度》《市人大代表建议和市政协提案办理工作制度》，加强与市政府联络协调，规范政协提案办理流程，推动协商活动纳入决策程序、议政建言纳入施政环节。征集提案345件。其中，党派团体集体提案28件，委员提案317件。经审查，立案317件，转为来信处理28件，分别占提案总数91.88%，8.12%，所立提案回复率100%。涉及提升水环境质量、农村环境治理、中小学教师队伍建设等28件委员重点提案，全部得到职能部门办结和回应。市政协与市广播电视台合办《提案追踪》和《提案回音》栏目，追踪报道社会热点和民生问题重点提案。重新修订《大同市政协系统社情民意信息工作考评办法》，全年收集各级政协委员、民主党派和工商联成员反映的社情民意信息1245篇，被全国政协采用12篇，被省政协采用29篇。“建议山西省细化公务出差乘机规定”“关于ICU住院费用一日一报的建议”等信息被省领导批示，“关于做好行政区划调整期间群众服务工作的建议”“关于传染病医院搬离市区的建议”等信息，市委、市政府主要领导批示有关部门参照政协意见落实。年内，市政协信息工作在全国政协24个信息联系点中排名第二，在全市84个信息报送单位中排名第三。

（边文斌）

2018年大同市政协重点提案选题表

案　　由	提案者	案号	承办单位
关于建议我市政府门户网站问题整改及政务微信平台搭建的提案	吕志刚	43	市政府信息中心
关于提升水环境质量的建议	赫　瑞	151	市水务局 市政管委会
大力开展羊养殖 促进农民精准脱贫	魏子璉	190	市农委
加强城市绿化养护管理的建议	闫亚梅	2	市园林局
关于实施城乡生活垃圾分类的建议	刘立新	176	市政管委会
关于对农村环境治理中应急需解决的几个问题的建议	大同县政协	227	市政管委会
关于提升古城整体形象整治古城牌匾的建议	何雪松	264	市规划局
关于加快大同市文化旅游发展步伐的提案	段爱旭	3	市旅发委
关于加快推进大同市旅游文化产业的提案	蒋　煜	22	市旅发委
关于加快大同市文化旅游发展步伐的建议	九三大同市委	63	市旅发委
关于加强对大同古城特色旅游商品（纪念品）产业规划和扶持力度的建议	高中元	84	市旅发委
关于完善激励机制稳定大同市中学教师队伍的建议	朱壮彦	147	市教育局
建立特殊人才绿色通道提高艺术院团演艺水平	年　权	170	市人社局 市文化局
关于促进大同市医养结合的几点建议	洪维英	173	市卫计委 市民政局
抓住机遇，打造长城古堡文化旅游带	民革大同市委	181	市旅发委
关注我市中等专业教育	侯　泽	203	市教育局
快速推进大同古城核心旅游景区发展的建议	王一明	277	市旅发委
让长城“筑”进每一位来同游客心中	崔晓霞	312	市旅发委
关于尽快建立重点项目推进碰头会、通报考核、奖惩机制的建议	段贵宏	49	市发改委
关于我市工业经济转型及能源革命的建议	民盟大同市委	57	市发改委
关于建设大同循环经济静脉产业园的建议	马　江	73	市发改委
发展多能互补，助推能源革命	民进大同市委	118	市新能源产业局
加大金融支持县域经济发展的建议	孟庆洲	125	市金融办
推进我市康养产业发展的建议	农工大同市委	157	市民政局
关于推行网上行政审批提高行政效率的提案	任志强	27	市政务服务中心
关于开展“资智聚同”工程促进大同经济社会又好又快发展的提案	闫亚梅	41	市人社局
发展工业电商助推我市振兴工业经济的建议	崔转正	167	市经信委
关于推进我市职业教育改革发展的提案	曹　晖	202	市人社局

【"政协论坛"首次创办】 2018年，市政协首次以"同心同力，共谋发展"为主题举办三场"政协论坛"，畅通政民联系渠道、发挥政协"智库"作用。11月13日，市政协举办"三大振兴"重大工作部署、社会民生领域"政协论坛"，30位发言代表围绕推进"工业振兴、乡村振兴、文旅振兴"和社会民生发展过程中面临的难题短板提出对策和建议。12月18日，"政协论坛"（综合篇）举行。省委常委、市委书记张吉福，市委副书记刘振国，市人大常委会主任赵向东，市政协主席郜向华等市四套班子领导出席会议。王宝林、张瑞林、朱少英、闫亚梅、李进、张小泉、张忠堂、王雅丽、刘志财、张汉英10位市政协常委、委员、专家学者围绕打造区域性中心城市、争当能源革命和对外开放"两个尖兵"、扶持民营经济发展、实施"三大振兴"等主题发言，提出意见与建议，53位委员提交书面材料。

（边文斌）

政协重要会议

【政协第十四届大同市委员会第二次会议】 2018年3月29日至4月1日，中国人民政治协商会议第十四届山西省大同市委员会第二次会议举行。省委常委、市委书记张吉福，市委副书记、市长武宏文等市领导出席会议，听取委员大会发言，参加委员联组讨论，与委员们共商改革发展大计。市政协主席郜向华代表政协第十四届大同市委员会常务委员会向大会作工作报告，市政协副主席许进娥向大会作十四届一次会议以来政协提案工作情况报告，选举产生一名市政协副主席。委员们列席大同市第十五届人民代表大会第三次会议，听取并讨论武宏文作的政府工作报告，听取并讨论其他报告和文件，并提出意见建议。会议期间，全体委员通过大会发言、小组讨论、提案、反映社情民意信息等形式协商议政。郜向华主持闭幕会议。

（边文斌）

【政协第十四届大同市委员会常委会议】 2018年，政协第十四届大同市委员会常务委员会召开5次常委会议。

第5次常委会议。3月23日举行。市政协主席郜向华，及副主席、秘书长、委员59人出席会议。市委常委、市委秘书长、副市长薛明耀，市中级人民法院院长白永旺、市人民检察院和市直有关部门负责人应邀列席会议。会议听取市政府工作报告、市中级人民法院工作报告、市人民检察院工作报告、发展计划报告、财政预算报告、市政协常委会工作报告、提案工作报告和市委办公厅市政府办公厅提案办理情况等内容讨论综合情况通报；决定市政协十四届二次会议于3月29日召开；审议并原则通过《政协第十四届山西省大同市委员会常务委员会工作报告（征求意见稿）》《政协第十四届山西省大同市委员会常务委员会关于十四届一次会议以来提案工作情况的报告（征求意见稿）》《政协大同市委员会关于政协委员履行职能的考评办法（修订稿）》《政协大同市委员会2018年度协商计划（征求意见稿）》；有8位委员因工作调整辞去市政协委员职务，同时增补9位市政协委员；审议通过《关于授权主席会议审议政协第十四届山西省大同市委员会常务委员会第5次会议未尽事宜的决定》。

第6次常委会议。3月30日举行。郜向华、武保洲、许进娥、郭俊岗、杨硕平、王剑辉、王德成、李安云与常委61人参加会议。郭俊岗主持会议。市委常委组织部部长宋涛作人事事项说明。会议审议候选人建议名单、常务委员辞职决定（草案）、政协第十四届山西省大同市委员会第二次会议选举办法（草案）、政协第十四届山西省大同市委员会第二次会议总监票人和监票人名单（草案）、政协第十四届山西省大同市委员会第二次会议政治决议（草案）、政协第十四届山西省大同市委员会第二次会议关于常务委员会工作报告的决议（草案）。

第7次常委会议。7月3日举行。郜向华、许进娥、郭俊岗、杨硕平、王剑辉、王德成、李春平、李安云出席会议。会议听取副市长尉连生古城建设管理运营有关情况报告；5位常委、委员在大会上发言；审议并通过市政协《关于尽快解决古城管理运营突出问题的建议》《政协山西省大同市委员会常务委员会2018年工作要点》及人事事项。

第8次常委会议。9月26日举行。武保洲、许进娥、郭俊岗、杨硕平、王德成、李春平和李安云出席会议。会议传达学习省委十一届六次全会精神和市委十五届五次全会精神；听取市委常委、副市长冯苏京关于康养产业发展有关情况报告；郜德民、王宝林、王庆棠、贾文骐、孔志强5名政协委员在会上发言；审议通过市政协《关于推进我市康养产业发展的建议》。

第9次常委会议。12月7日举行。郜向华出席会议并讲话，市委常委、常务副市长薛明耀列席会议并作乡村

▲2018年3月29日，市政协十四届第二次会议在市工人文化活动中心召开（边文斌 摄）

振兴战略实施有关情况报告，武保洲、许进娥、郭俊岗、王德成、李安云出席会议。会议传达学习习近平总书记在民营企业座谈会上的重要讲话精神和省委书记骆惠宁在支持民营企业发展大会上的讲话精神；协商讨论并审议通过市政协《关于助力大同市乡村振兴战略实施的建议》；审议通过人事事项。（边文斌）

【政协第十四届大同市委员会月度协商会议】 2018年，政协第十四届大同市委员会常务委员会召开6次月度协商会议。

第1次月度协商会议。4月26日召开，主题为“保护利用长城古村落资源，助推我市全域旅游发展”。市政协主席郜向华，市政协副主席武保洲、杨硕平，市政协秘书长李安云出席会议。市政协副秘书长胡成启、学习文史委主任王海玲参加会议。会前，市政协组织部分委员和专家学者到云州区、浑源县和灵丘县部分长城古村落调研，掌握第一手材料。会上，委员和专家发言如何借助保护利用长城古村落资源助推全域旅游发展，并提出意见建议。市交通局、旅发委、文物局负责人现场解答委员、专家提出的问题，其他部门书面汇报。

第2次月度协商会议。6月28日召开，主题为“人才兴市”。6位市政协委员提出“人才兴市”政策和措施等意见。组织部、发改委、教育局、人社局、卫计委、科技局、科协等部门单位和大同大学负责人介绍“人才兴市”战略情况。

第3次月度协商会议。8月3日召开，主题为“招商引资”。市政协副主席许进娥，市政协副秘书长胡成启，提案委员会主任何永毅参加会议。市发改委、招商局、开发区管委会、经信委、商务局等相关部门负责人，部分市政协委员和企业家代表发言和交流大同市招商引资工作进展情况及如何解决存在的困难问题，提出产业结构调整和经济发展方式转变意见建议。

第4次月度协商会议。8月16日召开，主题为“大同市教育集团化办学”。市政协主席郜向华，副市长郭雷，市政协副主席武保洲、许进娥、郭俊岗、王剑辉、王德成出席会议，许进娥主持会议。大同一中、大同三中、大同六中、大同十八中、实验小学等集团校负责人和部分市政协委员，及教育局、财政局、规划局、人社局、编办负责人发言，从不同角度介绍大同市教育集团化办学情况，提出理顺管理机制、提升办学水平意见和建议。

第5次月度协商会议。9月20日召开，主题为“水污染治理”。市政协副主席武保洲出席并主持会议，市政协副秘书长、研究室主任陈玉田，市政协经济和人口资源环境委员会主任姚建平参加会议。环保局、市政管委会、水务局负责人通报水污染治理情况；市政协委员张建成、王宏栓、许香荣及企业代表王利军发言；与会政协委员、企业代表与市政府有关部门负责人交流水污染治理。

第6次月度协商会议。10月30日召开，主题为“桑干河流域大同段清水复流和保护治理”，市政协副主席王剑辉主持会议，农村委主任李润新参加会议。市水务局、市环保局、市册田水库、市水文水资源勘测分局情况通报“桑干河流域大同段清水复流和保护治理”，提出存在的困难和问题。市政协委员提出意见建议。

（边文斌）

【政协第十四届大同市委员会季度报告会议】 2018年，政协第十四届大同市委员会常务委员会召开3次季度报告会议。

第1次季度报告会。4月24日召开。市旅发委主任高莹向委员们作市文化旅游产业发展情况报告。市政协主席郜向华，市政协副主席武保洲、许进娥、郭俊岗、王德成，市政协秘书长李安云出席会议，郭俊岗主持报告会。高莹阐述市文化旅游市场发展现状与总体规模、旅游景区发展运营分析、文化旅游产业创意融合、城市形象营销等状况和前景。

第2次季度报告会。8月2日召开。郜向华、武保洲、许进娥、郭俊岗、王德成、李安云出席报告会。市委农工办主任、市农委主任麻树田作实施乡村振兴战略报告，介绍农业基本情况、三农发展现状、存在问题及下一步工作安排等；王德成传达省政协党组有关文件精神。

第3次季度报告会。12月12日召开。郜向华、武保洲、许进娥、杨硕平、王德成、李安云出席会议，武保洲主持。副市长马安全向省、市政协委员通报市经济社会发展情况。市经信委负责人作工业振兴推进情况报告。（边文斌）

【市政协召开省政协委员情况通报会议】 2018年1月23日，省政协十二届一次会议召开前夕，市政协召开大同的省政协委员情况通报会。省委常委、市委书记张吉福出席通报会并讲话。市政协主席郜向华主持会议，市委常委、统战部部长黄岑丽，市委常委、组织部部长宋涛，市委常委、市委秘书长薛明耀，副市长郭雷、马安全，市政协副主席武保洲等出席会议。马安全围绕全市转型发展、脱贫攻坚、文化旅游、城市建设等向委员们作情况通报。

（边文斌）

【全市政协系统理论研讨会议】 2018年6月20日，市政协召开全市政协系统学习习近平总书记关于加强和改进人民政协工作的重要思想理论研讨会。省政协副主席李武章出席会议并讲话，市政协主席郜向华主持会议，市政协副主席郭俊岗、杨硕平、王剑辉、王德成，市政协秘书长李安云参加会议。7位县（区）政协、各民主党派政协委员代表交流发言。论述新时代如何做好人民政协工作、加强民主监督工作、加强委员队伍建设、发挥委员主体作用等，查找推进人民政协工作、委员履职、委员主体作用发挥等发面存在的不足，并提出意见和建议。（边文斌）

【“双十”引领转型尖端项目民主监督调研座谈会议】 2018年8月24日，市政协召开“双十”引领转型尖端项目民主监督调研座谈会。市政协主席郜向华主持座谈会并讲话，副市长尉连生作情况通报，市政协副主席武保洲、许进娥、郭俊岗、杨硕平，市政协秘书长李安云参加座谈会。会前，市政协组成4个调研组，分别视察调研新型高科技工业十大引领项目和能源革命十大突破工程项目，集中参观市国际能源博览中心，了解项目推进情况，听取“双十”引领转型尖端项目进展情况通报。

（边文斌）

【北魏文化高峰论坛暨建设魏碑碑馆（廊）座谈会议】 2018年11月8日，市政协召开座谈会，邀请长期研究北魏文化的专家学者，协商座谈举办北魏文化高峰论坛和建设魏碑碑馆（廊）事宜。市政协主席部向华，市政协副主席武保洲，市政协秘书长李安云参加座谈。武保洲主持会议。与会专家学者、委员们协商交流举办“2019·大同北魏文化高峰论坛”相关事宜，包括成立高峰论坛秘书处、高峰论坛主题，及参会人员范围、出版北魏文化论坛及高峰论坛系列丛书等；北魏研究中心机构设置，包括科室设置、人员配置、编制申请等；建设魏碑碑馆（廊）事宜，包括建馆地点、陈列内容等。（边文斌）

政协重要活动

【市政协迎新春书画作品展】 2018年2月7日至3月8日，以“不忘初心 牢记使命”为主题的市政协迎新春书画作品展展出。作品展由市政协主办，市政协办公厅、市政协学习文史委员会、市书法家协会承办，市委老干部局、市文物局、同药集团有限公司、大同市东吴房地产开发有限公司、市美术家协会、市诗书画印研究会协办。展出书画作品200余件。省委常委、市委书记张吉福，市委副书记、市长武宏文，市政协主席部向华等与各界人士一起参观展览。王善、高树华、赵一明、赵显荣、董其高等退休人员观看展览。（边文斌）

【政协第十四届大同市委员会第二期委员培训班】 2018年6月19日至20日，政协第十四届大同市委员会举办第二期委员培训班。市政协主席部向华在开班式上作动员讲话，市政协副主席武保洲主持开班仪式，市政协副主席郭俊岗、杨硕平、王剑辉、王德成，秘书长李安云参加。邀请全国政协原文史和学习委员会副主任卞晋平和省委党校教授刘树信、高建生为委员们授课。委员们集中学习习近平新时代中国特色社会主义思想，习近平总书记关于加强和改进人民政协工作的重要思想，习近平总书记在庆祝人民政协成立65周年大会上的重要讲话，新修订的《政协章程》，及政协委员如何撰写提案和社情民意信息、开展调查研究和撰写好调研报告等内容。（边文斌）

【2018中国（大同）北魏文化论坛】 2018年8月17日至19日，由大同市政协、山西大同大学主办，市政协办公厅、大同大学云冈文化研究中心、市文化局、市文物局、云冈石窟研究院承办的2018中国（大同）北魏文化论坛举行。中国魏晋南北朝史学会会长楼劲、国际专家南恺时，中共山西省委常委、大同市委书记张吉福，山西省政协秘书长赵光国，大同市政协主席部向华，山西大同大学党委书记马存根等出席会议。论坛以“北魏平城——开放融合的世界城市”为主题，收到学术论文60余篇。张庆捷、南恺时、吕宗力、张鹤泉、范兆飞5位专家学者作主旨发言，来自国内外120余位研究北魏文化的专家学者在“政治制度”“考古宗教”“文化艺术”三个分论坛研讨交流。北魏地域政协的代表围绕“传承北魏文化，加强区域合作，推动文化旅游业发展”主题，从加强北魏地域间文化研究、打造北魏历史文化旅游线路、发展跨区域旅游业、做好北魏文化研究成果转化工作等方面提出意见建议，从理论和实践层面探讨和交流。闭幕式上，中国魏晋南北朝史学会会长楼劲向云冈石窟研究院授予中国魏晋南北朝史学会北魏研究中心牌匾。（边文斌）

▲2018年8月17日，“中国（大同）北魏文化论坛”在大同市举行　（边文斌 摄）

【庆祝改革开放40周年光辉历程图片展】 2018年12月12日，市政协举办主题为“不忘初心再出发，牢记使命铸辉煌”的庆祝改革开放40周年光辉历程图片展。市政协主席部向华，市政协副主席武保洲、许进娥、杨硕平、王德成，市政协秘书长李安云，及驻大同省政协委员、部分市政协委员、各民主党派和工商联成员、市政协全体机关干部参观展览。图片展集中展示市政协各个历史时期珍贵图片337幅，记录市政协围绕全面深化改革和经济社会发展重大问题履职尽责的精彩瞬间，见证市政协事业发展历程。

（边文斌）

专委会工作

【提案调研】 2018年，市政协提案委员会征集提案345件。其中，党派团体集体提案28件，委员提案317件。经审查，立案315件，转为来信处理30件，分别占提案总数91.3%、8.7%，所立提案回复率100%。编写《提案选题导向》，组织开展视察调研活动和委员培训，编辑出版《2017年履职成果汇编提案篇》。召开主要承办单位办理工作推进会、办理现场检查督促、市领导领办督办重点提案、召开提案交办会等。各专门委员会发挥自身优势，把提案关注热点、难点问题纳入调研和视察课题，融合调研视察、月度协商、专委会专门性工作与提案工作，推进议政协商工作。加强理论学习，借鉴先进工作经验，提升工作标准；加强提案宣传工作与信息化建设，注重提案与其他履职形式转化，增强履职效力，凝聚工作合力。（边文斌）

【经济和资源环境调研建言】 2018年，按照年度协商计划，市政协经济和人口资源环境委员会以“古城建设管理运营”为议题，组织召开市政协十四届7次常委会议，形成《关于尽快解决古城管理运营突出问题的建议案》；为协助市委、市政府打好“污染防治”攻坚战，该委在召集部分市政协委员和业内人士调研基础上，组织召开“水污染治理”月度协商会议，并起草上报《关于突出重点攻克难点持续强力打好我市水污染治理攻坚战的建议报告》；为推动全市经济转型升级，争当能源革命和对外开放“两个尖兵”，该委组织部分市政协委员专题调研金融产业发展情况，形成《加快我市金融产业发展争当全省能源革命尖兵的建议报告》；按照省政协关于省、市、县三级联动调研工作安排，全年配合省政协4次联动调研，撰写上报4份调研报告，分别是：《关于加强大气污染防治的调研报告》《关于安全生产重点工作推进情况的调研报告》《关于以能源革命为突破助力资源型经济转型发展的调研报告》和《关于加强自然保护区建设与管理的调研报告》。全年该委组织委员报送社情民意信息63篇。其中，被全国政协采用1篇，省政协采用2篇，市政协采用4篇。（边文斌）

【农村工作调研建言】 2018年，市政协农村委员会组织召开议题为“助力乡村振兴战略实施”的市政协十四届第9次常委会议和“推进桑干河流域大同段生态修复与治理”月度协商会议；专题调研视察大同市全省攻坚深度贫困落实情况中“一县一策”、易地扶贫搬迁等政策落实情况及遇到的问题。报送100余篇社情民意信息，多篇被全国及省政协采用。推进“扶贫超市”，有270个项目被认领，涉及9县（区）44乡107村；携手顶新公益基金会为天镇、灵丘、阳高、广灵等县1000余户贫困群众及市儿童福利院送去20万余元节日慰问品，为23名步入大学贫困学子发放助学金9.2万元。（边文斌）

【教科文卫体调研建言】 2018年，市政协教科文卫体委员会举办论坛传承北魏文化，与大同大学联合筹备北魏文化论坛相关事宜。8月，论坛举办，6个国家和地区130余名专家学者参会，北魏研究中心落户大同。围绕北魏文化高峰论坛、平城碑馆建设和北魏研究中心机构设置等组织专家座谈并向市委、市政府提出建议。与经环委共同承办主题为“古城管理运营”的常委会议，向市委市政府提出建议。组织委员与相关部门对话协商区域内义务教育均衡发展，并提出建议。调研视察全民健身场地建设等民生问题并上报建议。到贫困村进农家访真情，组织委员、专家义诊，发放药品。与兄弟省市政协联谊交流，全年接待10批100余人次。组织委员撰写提案、报送社情民意信息。（边文斌）

【社会法制调研建言】 2018年，市政协社会法制委员会组织召开常委会专题议政建言，围绕“康养产业促进全市经济转型发展”议题带领委员到北京市西城区、秦皇岛市、灵丘县等地调研，形成常委会建议案，报送市委、市政府。组织召开“人才兴市”月度协商会并建言。专题调研不动产证办理改革情况、交通秩序管理和车管所审批便民服务情况、宗教界和归侨人员发挥作用情况等。加强沟通联系，举办会议等活动提前向市领导及相关部门发出邀请，会议结束后报送建议案、协商报告；配合全国政协和省政协联合调研4次；接待兄弟省市政协6次；外出调研和参加活动20余次；召开与党政对口部门工作联系会议和联系座谈会；组织委员参加对口联系部门活动30余次。全年组织委员报送社情民意信息65篇。（边文斌）

【文史学习活动】 2018年，市政协学习文史委员会以“懂政协、会协商、善议政”为主题，组织开展政协委员学习培训班和政协常委能力提升班；以“存史、资政、团结、育人”为宗旨，收集整理《大同回族百年记忆》；创建大同市政协文史资料数据库，提升政协文史资料宣传服务功能；组织召开以“保护利用长城古村落资源 助推全域旅游发展”为主题的月度协商会，围绕古村落、文化古镇保护利用，多次组织调研视察。举办以“不忘初心牢记使命”为主题的市政协迎新春书画作品展、“天下大同·魏碑故里”全国书法名家作品邀请展、“不忘初心再出发，牢记使命铸辉煌”为主题的市政协庆祝改革开放40周年光辉历程图片展。（边文斌）

纪检监察

综　述

【概况】 2018年，大同市纪委监委和全市纪检监察机关加强党对反腐败工作的集中统一领导。市委主要领导带头扛起管党治党政治责任，主持市委常委会研究全面从严治党工作47次，作出管党治党150次批示。市纪委监委向市委请示报告政治生态研判、重要问题线索、重大案件查办等情况。全市查处违反政治纪律行为47人。加强政治生态建设，检查民主集中制各项制度、组织生活制度、党内监督制度执行情况。加强服务保障和监督检查，制定全市纪检监察机关服务保障民营企业发展"七条意见"。针对中央和省环保督察发现的问题，问责处理117人；中央电视台"3·15"晚会曝光问题，问责处理17人；"大棚房"问题，问责处理148人；全市公安系统"吃空饷"问题，问责处理37人；云州区"12·31"较大非法生产爆炸事故，问责处理12人；浑源县矿产开采破坏生态环境问题，谈话、询问、讯问1236人次，调取材料6500余份，立案36人（其中，采取留置措施7人、党纪政务处分13人、移送司法机关9人）。全市因"两个责任"落实不力问责118案180人。其中，追究主体责任171人、监督责任9人。追究"一把手"96人。市纪委监委对照中央纪委提出的四个方面12条问题、省纪委提出的六个方面26条问题，查找形式主义、官僚主义在大同的表现，特别是脱贫攻坚、环境保护、重大工程、重点项目等10个重点领域21家重点部门40余类关键窗口岗位，精准监督。全市查处"不作为、慢作为、乱作为"问题841件，处理1251人。各级纪检监察机关关注"四风"新动向新表现，抓住重要时间节点正风肃纪，把常态化检查、集中督查和督促自查自纠结合起来。全市查处违反中央八项规定精神和"四风"问题108案165人，其中党纪政务处分124人。各级纪检监察机关坚持纪律在前、监督在前，既发现问题、纠正偏差，又坚决查处、从严执纪。严格纪律监督，全市党纪处分党员干部1199人，同比增长57.56%；加强监察监督，全市政务处分公职人员291人，同比增长123.9%；深化派驻监督，全市派驻机构处置问题线索1424件、立案267件、处分255人、组织处理580人，同比分别增长257.8%、217.9%、207.2%、523.7%；夯实巡察监督，全市立案审查调查案件中92件问题线索来源于巡视巡察。乡（镇）监察全覆盖后，全市乡镇（街道）处置问题线索1284件，同比增长12.9%；立案524件，同比增长43.6%；处分528人，同比增长43.9%。全市运用"四种形态"处理5051人次，同比增长97.6%，其中第一、二种形态占比95.5%，监督执纪由"惩治极少数"向"管住大多数"拓展。把日常监督与执纪问责、审查调查衔接，处置监督中发现的问题线索，全市纪检监察机关接受信访举报4850件次，同比增长81.4%；处置问题线索5456件，同比增长81.9%；谈话函询2234件次，同比增长73%。加强后续监督被谈话函询人员，把选人用人情况作为日常监督重点，市纪委监委回复党风廉政意见447人次，协助市委把好政治关、品行关、作风关、廉洁关。开展党章党规、宪法监察法教育，各级媒体发布宣传报道1038篇次，其中中央纪委国家监委和省纪委监委采用相关理论文章、经验材料、工作信息272篇次。保持惩治腐败高压态势，实现审查调查数量质量"双提升"。市委主要领导批准初核、立案、处分72人次。市纪委监委坚持无禁区、全覆盖、零容忍，立案审查调查市管干部58人。全市纪检监察机关立案1530件，同比增长71.5%；党纪政务处分1445人，同比增长72.6%；组织处理1663人次，同比增长111.6%；采取留置措施37人；移送司法机关59人；收缴或暂扣违纪违法款4493.8万元；8人投案自首，27人主动交代组织未掌握的违纪违法问题。严肃查处大同公路分局原局长李忠、大同市质监局原局长张渊启、大同市人社局原副局长郭书、浑源县政府原副县长陈利军、浑源县人大原副主任季玉祥、云冈区委统战部原部长姚文章、山西煤炭运销集团小窑头煤业有限公司原董事长葛聪忠等人。坚持以审判为中心的证据标准，提级审核把关县一级移送司法机关35案

47人，移送起诉案件无一退回补充调查。实行宣布违纪党员处分决定时由其所在单位党组织召开专题民主（组织）生活会制度，向发生问题的县（区）和部门提出纪检监察建议，通过组织阅读忏悔录、观看警示教育片及通报重大案情开展警示教育，点名道姓通报曝光各类典型案件236起441人。重视基层正风反腐，市委主要领导4次集体约谈县（区）党委书记和相关单位“一把手”。市纪委监委协助市委整治扶贫领域腐败、民生领域腐败、涉黑涉恶腐败工作，集中整治“不作为、慢作为、乱作为”。“大起底”近年来受理的相关问题线索，重新处置未办结或办理不到位案件，从严从快查处新受理案件。全市查处群众身边腐败和作风问题651件974人，同比分别增长169%、189%。其中，查处扶贫领域问题349件527人，同比分别增长160%、180%；给予6名涉黑涉恶“保护伞”人员开除党籍、开除公职处分，处理45名涉黑涉恶腐败人员，党纪政务处分30人，问责26名党员领导干部和8个基层党组织。（市纪委监委）

【监察体制改革】 2018年，市县两级纪委监委成立由党委书记任组长的反腐败领导小组，对标监察法及新出台的法规制度，在全省率先制定市纪委监委执纪监督监察工作制度，形成符合大同实际的纪法贯通、法法衔接制度规范；率先把派驻纪检监察组人员工资关系、组织关系划转纪委监委统一管理，破解制约派驻监督工作开展的体制机制障碍；率先设立市纪委监委第二案件审理室，破解派驻机构全覆盖后与市直纪工委职能交叉问题，解决派驻纪检监察组查审不分和量纪不平衡问题；率先创设派驻监督检查专题会议、审理专题会议制度，加强市纪委监委统一领导派驻机构查办案件；率先主动依法向市人大常委会作专项工作报告，为全省市级层面探索接受人大监督发挥示范作用；率先联合市法院、检察院建立公益诉讼线索移送反馈机制和职务犯罪案件指定管辖沟通协调机制，完善监察程序与司法程序衔接机制；率先出台纪检监察干部内部监督监察工作试行办法，把权力关进制度笼子；率先实现市级纪检监察专网全覆盖，建立被谈话对象医保数据适时查询平台，推进纪检监察工作与信息技术融合发展。（市纪委监委）

纪委监委重要会议

【市纪委十五届三次全体会议】 2018年2月12日，中共大同市第十五届纪律检查委员会第三次全体会议召开，省委常委、市委书记张吉福出席会议并讲话。市委副书记、市长武宏文，市人大常委会主任赵向东，市政协主席郜向华，市委常委黄岑丽、张韬、刘振国、宋涛、姚鸿波、薛明耀、穆国新、冯苏京出席会议。市委常委、市纪委书记、市监委主任梁晓旭主持会议，并代表市纪委常委会作《加强党对反腐败工作的集中统一领导 坚决贯彻落实十九大全面从严治党战略部署》工作报告。省纪委监委有关负责人到会指导。市人大、市政府、市政协领导班子成员，市法院院长、市检察院检察长，市纪委委员、市监委委员，各县（区）委书记、县（区）长，市直有关单位主要负责人、纪委书记（纪检组长），部分驻大同行政、企事业单位主要负责人、纪委书记（纪检组长），市委巡察机构副处级以上干部，市纪委各派出机构主要负责人，市纪委监委机关各厅部室、直属事业单位主要负责人和正、副处级检查员等参加会议。（市纪委监委）

【第三轮巡察工作动员部署会】 2018年5月2日，第十五届大同市委第三轮巡察工作动员部署会召开。市委巡察工作领导小组副组长宋涛主持会议，市委巡察工作领导小组组长梁晓旭作动员讲话。会议传达《中央巡视工作规划（2018—2022）》精神，部署十五届市委第三轮巡察工作。2018年5月起，市委8个巡察组开展为期两个月巡察，涉及市财政局、市环保局、市林业局等16个重点民生部门、扶贫工作主要牵头单位及20个县级以上所属单位党组织。相关县（区）同步开展巡察。（市纪委监委）

【《山西省纪委监委执纪监督监察工作制度》专题辅导会】 2018年5月7日，大同市纪委监委以电视电话会议形式，组织市、县两级纪委监委机关干部、派驻机构、巡察机构等人员，集中学习省纪委监委新修改的《山西省纪委监委执纪监督监察工作制度》。市委常委、市纪委书记、市监委主任梁晓旭传达省纪委监委部署市县两级纪检监察干部“四个一”工作制度学习培训，专题辅导省纪委监委新修订的《山西省纪委监委执纪监督监察工作制度》，重点讲解新增加、修改部分。5月7日至8日，市纪委监委组织全市纪检监察干部集中开展学习讨论。（市纪委监委）

【全市整治群众身边腐败问题领导小组会议】 2018年5月18日，全市整治群众身边腐败问题领导小组会议召开。省委常委、市委书记张吉福主持会议，学习贯彻全省整治群众身边腐败问题领导小组会议精神及省委书记骆惠宁在会上讲话精神，听取领导小组办公室、阳高县、浑源县、市教育局、市公安局、市扶贫办开展整治情况汇报，安排部署下一步工作。市领导宋涛、薛明耀、梁晓旭、尚建军等参加会议。4月，全市集中开展整治群众身边腐败问题工作以来，查处群众身边腐败案件涉及52人，给予重处分6人，移送司法1人；查处扶贫领域腐败案件涉及26人，给予重处分3人。市纪委监委通报曝光29起48人，4月27日起连续三天在《大同日报》、大同广播电视台等媒体点名道姓公开通报曝光近期查处的22起38人典型案例。会议提出要求：各级党委加强领导、督促和协调专项整治工作；市专项整治工作领导小组办公室统筹协调、督促检查；纪委监委、组织、宣传、政法，及信访、扶贫等部门注重协调联动；市直各单位部署、督促专项整治工作；注重案件查办，抓实整治效果；采取多种方式加强舆论宣传，用好追责问责和公开曝光“利器”。（市纪委监委）

【全市党风廉政建设和反腐败会议】 2018年7月25日，全市党风廉政建设和反腐败会议召开。市委常委会、市委反腐败领导小组专题听取上半年全市党风廉政建设和反腐败工作情况汇报，肯定工作成绩，分析形势，部署任务。贯彻落实全国省区市纪检监察工作座谈会精神。省委常委、市委书记张吉福提出的“五个继续”“五个持续发力”要求。“五个继续”：继续以习近平新时代中国特色社会主义思想武装头脑、指导实践、推动工作，增强“四个意识”；继续加强党领导反腐败工作，把握“两个维护”政治任务；继续聚焦主责主业，履行好监督职责；继续发挥纪委监委合署办公优势，相互衔接贯通；继续坚持严管厚爱，激发干部干事创业动力。“五个持续发力”：在减存量、遏增量上持续发力；在整治民生领域腐败、扶贫领域腐败、涉黑涉恶腐败问题上持续发力；在受贿行贿一起查上持续发力；在加强日常监督、“治未病”上持续发力；在修复净化政治生态上持续发力。（市纪委监委）

【第三轮巡察整改工作专题部署会】 2018年9月10日，第十五届大同市委第三轮巡察整改专题部署会召开。市委常委、市纪委书记、市监委主任梁晓旭讲话，市政协副主席、市委组织部常务副部长、市委巡察工作领导小组成员李春平参加会议。梁晓旭在会上传达市委书记张吉福在专题会上听取巡察情况汇报时的讲话精神，并强调保持全面从严治党战略定力，落实“两个责任”，持续纠治“四风”问题，加强整改落实日常监督。（市纪委监委）

【第四轮巡察工作动员部署会】 2018年10月24日，第十五届市委第四轮巡察工作动员部署会召开。会议传达学习习近平总书记听取中央首轮巡视情况汇报时重要讲话精神和赵乐际在中央第二轮巡视工作动员部署会上讲话精神，宣布巡察方案。市委巡察工作领导小组副组长宋涛主持会议，市委巡察工作领导小组组长梁晓旭讲话。市委巡察工作领导小组成员、市委巡察办、市委巡察组全体干部，市纪委监委、市委组织部、市委宣传部、市审计局、市信访局有关人员，被巡察单位党组织主要负责人、派驻纪检监察组组长及总联络员，各县（区）委巡察工作领导小组组长、巡察办主任、巡察组组长参加会议。根据市委统一部署，10月下旬起，市委6个巡察组巡察市发改委、市房管局、市国资委等11个重点民生部门、扶贫工作主要牵头单位及8个所属单位党组织，为期两个月。机动巡察涉黑涉恶腐败和“保护伞”问题。按照市县统筹巡察要求，各县（区）同步交叉巡察81个民生扶贫部门、9个乡（镇）128个村。（市纪委监委）

纪律检查和巡察督查

【概况】 2018年，市纪委监委开展市县巡察，发挥政治监督和政治导向作用。协助市委办结中央巡视组交办的6批352件次信访举报件，党纪政务处分100人，组织处理50人，采取留置措施5人，移送司法机关7人。落实中央、省委巡视规划要求，修订十五届市委巡察工作规划。组织开展市委第三、第四轮巡察，专项巡察27个重点民生部门、扶贫工作主要牵头单位及其28个所属党组织，每轮专门成立1个机动巡察组开展涉黑涉恶腐败问题“机动式”巡察；由市委组织部成立专项检查组，开展选人用人情况“嵌入式”巡察。统筹市县巡察，全市巡察583个党组织。注重巡察发现问题线索“过程管理”，规范接收、统计、审核、移交全过程，市委第三轮巡察发现共性问题531个、问题线索102件。坚持发现问题与整改落实并重，市纪委监委把巡察报告、反馈意见、整改方案作为日常监督依据，把整改落实情况督查督办作为日常监督内容，优先处置移交问题线索。加强干部队伍建设，组织各级各类培训87期7573人次，全市处置纪检监察干部问题线索130件，谈话函询58人次，组织处理38人次，处分12人。（市纪委监委）

【监督方式创新】 2018年，市纪委监委坚持开门整治，创新监督方式，畅通举报渠道，加强协作机制，构筑“点线面”三维立体监督格局。开通微信公众号举报平台，覆盖全市各级各部门办公场所，在群众集中办事重点单位设立现场举报投诉台；整合举报平台资源，公开举报电话和举报邮箱；加强与市委组织部、市委巡察办和市信访局等部门协作配合，建立问题线索互转渠道，实行问题线索日报告制度。结合整治内容突出“四个紧盯”，紧盯重大事项查，聚焦涉及脱贫攻坚、环境保护、重点项目等十个重点领域，房管、质监、人社等重点部门，采取分组包片形式开展监督检查。紧盯重点对象查，聚焦领导干部这个“关键少数”，严肃查处拖沓怠惰、执行不力、推诿扯皮等行为。紧盯关键环节查，深挖细查滥用权力、违法行政，特别是增加办事环节、提高办事门槛及群众身边“微腐败”等问题。紧盯民生热点查，采取电话访问、蹲点访谈、舆情监测等方式，监督检查履职尽责不到位、群众反映强烈问题。早发现、早教育、早查处苗头性、倾向性问题。诫勉谈话、通报批评、书面检查、谈话提醒情节较轻人员，从严查处情节严重、顶风违纪人员。（市纪委监委）

【首次向市人大常委会作专项工作报告】 2018年8月28日，市委常委、市纪委书记、市监委主任梁晓旭代表市监察委员会，向大同市第十五届人民代表大会常务委员会第16次会议作《关于履行监督职责情况的报告》。报告内容包括国家监察体制改革根本目的、发挥纪委监委合署办公优势，“4个一”（一心为党、一身正气、一丝不苟、一尘不染）和“1+4”制度。市监委组建运行以来，依据《中华人民共和国监察法》，首次向市人

大常委会作专项工作报告，主动接受人大监督。（市纪委监委）

【市纪委监委服务保障民营企业发展】 2018年，市纪委监委出台《关于全市纪检监察机关服务保障民营企业发展的意见》，要求全市纪检监察机关加大监督检查力度，构建新型政商关系。倡导各级领导干部和民营企业经营者真诚交往，鼓励各级领导干部积极作为、靠前服务，帮助民营企业经营者解决实际困难。建立直接联系、服务民营企业工作机制，开通民营企业反映问题线索“绿色通道”，专题调研和专项检查民营企业反映强烈的突出问题。监督制约党员干部和公职人员权力运行，加大查处乱检查、乱摊派、乱收费、乱罚款、乱募捐民营企业等行为，查处损害民营企业权益、影响民营企业发展行为。审慎使用审查调查措施，妥善处理涉民营企业案件。任何纪检监察干部非因工作需要、非经有关领导批准，不得擅自进入民营企业行使纪检监察职权。查处侵害民营企业合法权益或以权谋私的纪检监察干部。（市纪委监委）

【“大棚房”专项整治】 2018年，市纪委监委推动相关部门落实“大棚房”问题专项清理主体责任，跟进监督执纪问责工作。主持专题会议，研究成立以分管执纪监督室常务副书记任组长、分管常委任副组长，各相关执纪监督室负责人为成员的“大棚房”专项清理整治督导检查和追责问责领导组。明确市纪委监委执纪监督室、派驻纪检监察组、县（区）纪委监委上下联动、分工协作制度，建立全市“大棚房”问题摸排情况日报告制度，问题整改落实台账销号制度等工作机制。市纪委监委履行监督首责，分管领导与县（区）主要领导、纪委书记打招呼、压责任，抓排查整改工作。约谈市国土局负责人和平城区、云冈区、云州区国土局局长，督促其履行监管职责，摸清底数。各执纪监督室和派驻相关单位纪检监察组加强跟进督促各县区和国土、农业、工商、住建、公安等部门履责情况，发现问题短板、推动责任落实。云冈区纪委监委核查2件“大棚房”问题线索；新荣区纪委监委核查1件“大棚房”问题线索；平城区纪委监委责令国土部门立案3起。市纪委监委专项督导检查组到重点县（区）乡村一线、田间地头，通过明察暗访、实地查看、入户了解等方式，督促检查“大棚房”问题摸排整改工作。严查“大棚房”乱象背后不担当不作为、失职渎职等问题，以督导问责倒逼责任落实、问题整改。（市纪委监委）

【市纪委监委集体约谈市级部门单位负责人】 2018年9月18日，市委常委、市纪委书记、市监委主任梁晓旭集体约谈在扫黑除恶专项斗争中履责不到位的7家市级部门单位主要负责人、纪检监察组组长（纪委书记）。梁晓旭强调，明确行业工作重点，梳理行业内部关键环节和风险点，找准该行业在社会和群众中的关注点，把隐患解决在萌芽状态。厘清行业监管部门在扫黑除恶中的职责，增强参与专项斗争的自觉性、主动性；发挥行业监管职能，消除源头监管治理盲区；发挥“一把手”表率作用。（市纪委监委）

【案件审理建设】 2018年，市纪委监委设立第二案件审理室（第二申诉复查室），加强派驻机构全覆盖后案件审理工作。加强审核把关职能作用，加强审理队伍建设特别是细化审理组人员分工、责任和工作流程，提高审理质量特别是把握执纪执法标准和运用政策能力，推动纪检监察内部纪法贯通特别是执纪审查与依法调查对接，加强与政法机关协调配合。理顺派出机构工作关系。市纪委监委分管组织人事、案件审理工作的班子成员带队，调研市级纪检监察机构全覆盖后各派驻纪检监察组、市直纪工委，发现和解决存在的问题。严格查审分离，实现派驻机构全覆盖后审理工作全覆盖。把市纪委监委派驻纪检监察组的工资关系、党组织关系全部划入市纪委监委机关，市直纪工委行政编制、领导职数、实有人员也划入市纪委监委机关。调整案件审理室不增加行政编制、不增加领导职数、不增加工作人员，只优化工作职责、工作机制。原案件审理室（申诉复查室）更名为第一案件审理室（第一申诉复查室），新增“受理第二案件审理室所审理案件申诉和复审、审核把关市监委指定县（区）办理的涉嫌职务犯罪移送案件”职责。新设立第二案件审理室（第二申诉复查室），与市直纪工委实行一套人马、两块牌子，审理市直单位科级，及以下党员、公职人员违纪违法案件，审核把关县（区）扶贫领域违纪违法案件、县（区）自办的涉嫌职务犯罪移送案件，受理第一案件审理室所审理案件申诉和复审。

（市纪委监委）

【中央巡视组交办件办结】 2018年，市纪委监委快处置、快核查、快结案中央巡视组交办件。中央第十五巡视组交办的6批352件次信访举报件全部办结，党纪政务处分100人，组织处理50人，采取留置措施5人，移送司法机关7人。中央巡视组交办第一批信访举报件后，市纪委监委召开全市专题推进会，制定《关于对中央第十五巡视组交办信访举报件优先办理的通知》，细化办理程序和职责分工，市纪委监委主要负责人主动向市委报告线索台账、处置情况、办理进度。坚持快处快办，明确信访部门取件当天录入系统、当天分流转办；明确承办县（区）、部门分析研判交办件，收信当天处置事实简单明了问题线索，一周内处置疑难复杂问题线索，处置核查重要问题线索，快查快结。加强日常督办，通过轨迹跟踪督促转办、录入，逐件跟进处置方式及办理结果，办理进度落后的单位倒排工期，掌握县（区）和部门整体办理情况。重点督办涉及侵害群众利益、多次向中央巡视组反映的热点焦点问题。不定期组织“回头看”办结案件，特别是初核了结、谈话函询了结案件。坚持“十天一反馈，查处日日报”的工作机制，统一制定处置进展情况登记表、办结情况登记表，一案一表。实名举报案件，要求承办县（区）、部门反馈反映人案件办结情况；匿名举报案件，通过合理方式反馈。重点通报曝光脱贫攻坚、民生领域、干部作风等群众关注的热点问题典型案例。

（市纪委监委）

【乡（镇）纪检监察工作】2018年，市纪委监委推动纪检和监察职能向基层延伸拓展。全市142个乡镇（街道）全部消除“零办案”。每个乡镇（街道）设置2名监察员，1名由乡（镇）纪委书记兼任，1名由乡（镇）具有公务员身份人员担任，配备249人。构建全新监督监察网，实现基层行使公权力公职人员及基层群众自治组织中从事集体事务管理人员监察全覆盖。市县两级纪委监委举办30期乡镇（街道）纪检监察干部培训班，受训833人次，培训扶贫领域、民生领域监督执纪问责和监督调查处置实务、程序、工作特点和技巧等专项课程。由市纪委监委第一执纪监督室牵头，每周通报乡镇（街道）信访举报、问题线索处置、立案、处分等。

（市纪委监委）

【“三层联动”巡察会商机制】2018年，市委巡察机构构建“三层联动”式巡察会商机制。每轮巡察开展前，市委巡察办组织召开县（区）巡察办主任座谈会，专题研究巡前筹备工作。落实办组会商巡察报告制度，召开办组会商会议，“把脉会诊”巡察报告。巡察工作中期汇报会前和实地巡察结束后，市委巡察办召集各组组长或单个组围绕巡察发现的主要共性问题和反映重点人重要问题线索集体会商或一对一分析研判。巡察期间，各巡察组坚持单独办公、互不干扰，市委巡察办发挥统筹协调职能和优势，搭建信息交流共享平台，适时召集各巡察组召开工作经验交流会，提升巡察工作整体水平。（市纪委监委）

【公益诉讼线索移送反馈机制】2018年，大同市纪委监委、市人民检察院联合印发《关于建立公益诉讼线索移送反馈机制的意见（试行）》，规定公益诉讼案件移送范围、移送机制、移送程序、移送责任。市纪检监察机关在履行职责当中发现在生态环境和资源保护、食品药品安全、国有财产保护、国有土地使用权出让、英雄烈士保护等领域负有监督管理职责的行政机关违法行使职权或者不作为，致使国家利益或者社会公共利益受到侵害的公益诉讼案件线索，应当移送同级检察机关。检察机关在上述领域发现行使公权力公职人员涉嫌违纪违法的案件线索，应当移送同级纪检监察机关。市纪委监委案件监督管理室和检察机关案件管理中心为具体承办线索移送工作专门机构，加强日常工作交流反馈与信息共享，并建立相应档案管理制度。市纪检监察机关和检察机关每半年召开一次联席会议，汇总案件线索和问题线索，反馈办理情况。明确线索移送程序。公益诉讼线索移送反馈机制监督公职人员履职行为，整合监督资源，增强合力，推进公益诉讼工作，保护国家和社会公共利益。

（市纪委监委）

【市一级纪检监察专网全覆盖】2018年，市纪委监委加强信息化建设，升级核心设备，加强硬件设施建设。听取专题汇报，作出部署安排。信息中心利用两个月时间，升级改造纪检监察专网核心设备，原有普通核心设备升级为企业级核心设备，建立全新网络安全域。新增派驻纪检监察组涉密终端56台，市一级纪检监察系统内网终端146台；改造驻楼派驻机构专网线路196条，专网建设3个汇聚间、49个办公室；新建分散在外的派驻和内设机构机房1个、增加布线点位306个，实现专网全覆盖。安装并运行市县两级“纪检专网”电子身份认证系统，实现专网应用系统统一用户管理、单点登录、访问控制和权限管理。根据人员调整实际，按时跟进调整电子身份认证Key。建成市纪委监委“保密公文系统”，实现委机关公文批阅无纸化高效化运行。优化内网栏目版块，新设立市委巡察办和机关内设机构子页栏目。加强保密教育，组织观看保密宣传教育片，举办保密培训班，与涉密终端使用人员和管理人员签订保密责任书。加强监督检查，做到专网使用安全规范。

（市纪委监委）

民主党派和工商联

民革大同市委员会

【概况】 2018年，民革大同市委员会（简称“民革市委会”）补选驻会副主委，杜慧娥当选民革大同市第十一届委员会驻会副主委。民革市委会内部监督委员会成立并召开第一次会议，高中元当选民革市委会内部监督委员会主任，杨小洁、李喜柱任副主任。全年发展新党员8名。党员人数240人，平均年龄51岁。其中，本科以上学历154人，硕士研究生34人，博士研究生5人；中级以上职称129人；厅级1人，县处级12人，科级31人。党员中省、市、县三级人大代表、政协委员33人。其中，省级2人，市级19人，县（区）级12人。民革市委会下设9个基层支部、6个专门工作委员会。1月2日，民革市委会召开纪念民革成立70周年大会。6月，由民革市委会、山西宝翰律师事务所等部门主办的“京师刑事业务技能公益巡讲”在晨光国际酒店开讲，来自全国230名律师、检察官、法官、法学教授学者和企业家聆听讲座。12月4日，在国家“第五个”宪法宣传日，市人大常委会法制委员会与大同大学签订《大同大学法学院实践教学基地协议》，成为大同大学法学院实践教学基地。党员们在履职同时也取得成绩和荣誉。副主委李喜柱晋升同煤总医院副院长，毛立新获大同市教育局工会举办的教育系统教工书法美术摄影及手工艺品展书法篆刻类作品二等奖和综合类作品三等奖，并当选为大同三中妇女委员会主任。张忠堂在《汉藏语学报》发表学术论文1篇。刘彬组建的山鹰乐团获国家教育部主办的第五届全国大学生艺术展演一等奖，并获优秀指导教师奖。王鹏龙申报国家哲学社科艺术类基金项目，获经费20万元；李佳主持山西省哲学社会科学年度项目1项并晋升为副教授；任红锋申报大同大学重点教改项目1项，并作为第一参与人获山西省高等教育教学成果二等奖，被授予大同大学优秀教育工作者称号。 （民革市委会）

▲2018年1月2日，民革大同市委员会召开纪念民革成立70周年大会

（民革市委会 供图）

【参政议政】 2018年，民革市委会在两会期间上交提案和建议29篇，大会发言7篇。集体提案《抓住机遇 打造长城古堡文化旅游带》、高中元撰写的提案《关于加快大同市文化旅游发展步伐的建议》、朱壮彦撰写的提案《大力发展中医药产业，健全我市医疗结构体系》被列为市政协重点提案。杨素卿撰写的建议《留住文化记忆 守住古城之魂》、高中元撰写的提案《关于加快大同市文化旅游发展步伐的建议》被大同电视台追踪报道。民革市委会承接加强传统村落保护开发利用课题，课题组到左云县、浑源县、广灵县和安徽南部调研古村落保护与开发利用，形成《关于我市传统村落保护开发利用》调研报告。刘美撰写的《监察体制改革山西试点经验的启示》，杨素卿、刘美合作撰写的《对参政党执行〈监察法〉相关概念的认识》被民革中央《监察法实施与民主党派内部监督制度衔接研讨会论文集》收录，刘美在研讨会上交流发言。在市政协开展的《深入开展习近平总书记加强和改进人民政协工作的重要思想学习研讨》活动中，张忠堂、王莉分别作题为《简论新时代中国特色社会主义民主监督》和《提高“四种能力”

增强履职实效》的发言。在市政协举办的“同心同力、共谋发展”主题论坛上，张忠堂、王宝林、池卫东、任红锋分别作题为《大同长城的生态保护和旅游开发》《借力“一带一路”建设 打造丝路热点城市》《关于加快我市中医药事业发展的建议》《关于深入推进辅警管理改革及其职业保障的几点建议》的发言。民革市委会收到党员上报社情民意、信息124篇，其中高中元撰写的《建议我省细化公务出差乘机规定》被省政协采用并被省委组织部部长吴汉圣批示。杨素卿撰写的《机构改革应关注撤并部门档案整理收集》被全国政协采用，并被省委会参政议政工作骨干培训班作为经典案例讲解。王宇杰撰写的《关于机构改革中司法部门和政府法制部门职能调整面临的问题和建议》被全国政协综合采用；吴欣蕾撰写的《关于规范文物鉴宝活动进一步加强文物资源保护的建议》被省政协综合采用；刘美撰写的《〈中华人民共和国监察法〉实施中需要明确的几个问题》和杨素卿撰写的《从长春长生“疫苗事件”看我国监检分离的重要性》被省政协直报全国政协。杨小洁撰写的《建档立卡患者就医不正之风必须扼制》《关于强化中小学校在校生定期体检制度的建议》，朱壮彦撰写的《基于预防为主的医疗卫生改革建议》《关于用医保卡购买商业医疗保险的建议》《建议大力提升产科麻醉与分娩镇痛使用率》，李慧娟撰写的《关于中小学生校服面料硬性规定的建议》，王文魁撰写的《少数民族地区准考证中汉语归为外语语种的问题应引起注意》，吴欣蕾撰写的《关于共享单车管理问题的建议》被市政协采纳或经市政协直报全国政协。（民革市委会）

【支教助学】 2018年，民革市委会在“六一”儿童节前夕，到浑源县沙圪坨学校开展支教助学活动。向学校捐赠价值6500元办公用品和文体用品（打印复印一体机2台，遮阳帽210顶，描红纸50套，笔墨30套，羽毛球、排球若干），用于帮助学校开展日常教学和学生课外文体活动。捐赠仪式后，民革党员李茂林、邱雨、纪长生为学生们辅导书法，并向学校赠送书法作品。

（民革市委会）

【民革纪念“五一口号”发布70周年】 2018年，民革市委会组织开展“不忘合作初心，继续携手前进——纪念中共中央发布‘五一口号’70周年”主题征文活动，征集各类文章21篇。召开纪念“五一口号”70周年座谈会。邀请刘美讲“筑牢文化自信，坚定理想信念”主题党课。组织党员参与中共大同市委统战部开展的征文比赛。杨素卿获特别奖，张忠堂获优胜奖。高中元、杨小洁、李喜柱，肖晋辉、董佳琳、王莉、王鹏龙获优秀奖。选送张忠堂、董佳琳参加中共大同市委统战部举办的“不忘合作初心，继续携手前进”演讲比赛，均获优秀奖。

（民革市委会）

【民革纪念改革开放40周年活动】 2018年，中山画院以回顾40年来伟大历史进程、展示中国特色社会主义事业取得的辉煌成就为中心内容，举办“纪念改革开放40周年书画展和笔友会”，征集并展出书法、绘画、摄影等各类作品80余幅，参加笔友会的书画爱好者共同创作作品《春和景明》，讴歌改革开放。

（民革市委会）

【基层支部活动】 2018年，民革市委会推动“达标支部”创建活动，挖掘和树立基层组织和党员先进典型，以点带面，激发基层组织活力。一支部组织党员到雄安新区学习调研，开展趣味运动会。二支部发挥支部党员优势，连续五年免费书法培训29小学校学生，启动秋雨社会服务中心进社区活动，依托街道社区开展社区传统文化教育、文体活动及社区养老服务，该项目获大同市平城区街道公益创投项目二等奖，并通过自办支部小报宣传。三支部把天镇县米薪关镇段家沟村作为脱贫攻坚成果巩固调研试点，长期观察、定点跟踪，调查研究如何巩固脱贫攻坚成果。四支部关注生态环境与大景区相融合相关课题，组织党员到南郊区古店亮马河及桑干河大峡谷景区开展调研活动。五支部根据新党员多、党员普遍较为年轻的特点，邀请民革市委会主委杨素卿为党员讲党课，组织党员到怀仁县鹅毛口永利风景区和新荣区得胜堡饮马河周边调研水源地环境治理情况。六支部组织党员收听文庙国学公益大讲堂，制定《支部委员会会议制度》《支部委员会分工制度》《支部组织生活会制度》《学习培训制度》《例会制度》《党员党费缴纳制度》《支部经费管理制度》《支部档案管理制度》。七支部多次到社区、学校、乡村开展心肺复苏等急救培训，参与扶贫义诊。八支部组织党员走长城天路、访古宅文化，强文化自信，开展国学讲座。九支部开展传统文化支部、书香支部建设。组织党员学习油画、茶艺，红酒文化，到平旺乡拖皮村花卉、瓜果、蔬菜大棚和白马城村惠农专业合作社调研新农村建设。（民革市委会）

【基层组织工作经验交流会】 2018年11月24日，民革大同市委基层组织工作经验交流会召开。学习民革全国组织建设工作会议精神。会议总结2018年各支部年度考核与奖励成果，通报各支部各项工作年度考核得分，评选出2018年度先进集体；各支部、各专委会在会上交流支部、专委会活动、调研，及报告、社情民意信息、达标支部创建活动等方面工作。（紫　妍）

民盟大同市委员会

【概况】 2018年，民盟大同市委员会（简称“民盟市委会”）吸纳33名中青年入盟，平均年龄38岁，其中硕士3名。盟员576人，平均年龄54.5岁，具有中、高级专业技术职称的占76.39%，大学以上学历盟员占70%，下设6个专委会、24个支部、2个小组。截至2018年年底，民盟大同市委有委员24人，各级人大代表10人、政协委员33人。栋梁实业公司“盟员之家”、恒岳重工“盟员之家”被民盟中央评为先进“盟员之家”。“两会”期间，提交提案40件，其中集体提案4件，大会发言4件。集体提案《关于我市工业经济转型及能源革命建议》获市政协十四届二次会议优秀提案；委员王海玲、侯丽、郭凤琴的提案《关于挖掘大同历史文化资源，加快文化旅游产业发展的建议》《积极创建“三品一标”，推进农业绿色发展》《关于加强我市电动自行车管理的建议》获市政协十四届一次会议优秀提案；委员马建军、赵建国的提案《发展冰雪经济壮大文旅产业》《关于以科技支撑大同特色农业发展的建议》获市政协十四届二次会议优秀提案。全年报送社情民意信息42件。开办培训、讲座，帮助大家掌握基本技能，增强创业意识，挖掘创业潜力。

（张理华）

【议政调研】 2018年2月24日，民盟市委会到新宝源药业、国药集团威奇达药业、通用航空产业园（中德园）调研，了解工业转型和能源革命基本情况和发展瓶颈、民营经济和招商引资存在的问题。2月27日，调研市房屋产权交易和不动产登记工作。3月20日，专题调研市人力资源和社会保障局（大同市就业指导中心、人才开发交流服务中心）、山西大同大学引进、发掘、培养优秀人才工作。6月2日，配合民盟中央调研组，到新荣区调研“一带一路”文化。6月12日，民盟市委会同发改委、经信委相关负责人座谈“新能源革命”课题。贯彻民盟山西省委“六个一”跟踪调研部署，民盟市委会选取云州区的1个社区、1个学校、1个乡村、1个城镇、1个医院、1个景点作为长期跟踪调研试点。

（张理华）

【民盟纪念“五一口号”发布70周年】 2018年4月23日，民盟市委会举办纪念“五一口号”发布70周年演讲会，6位盟员畅谈中国共产党领导的多党合作和政治协商制度优越性，抒发新时代民盟人理想信念。4月25日，在全市统一战线纪念中共中央发布“五一口号”70周年演讲会上，盟员贾俊杰、刘洁演讲《新时代、新征程，矢志永不改》《携手新时代，共创新未来》，获比赛一等奖和三等奖。

（张理华）

【参政议政和社会服务工作会议】 2018年5月9日，民盟大同市委参政议政和社会服务工作会议召开，市政协副主席许进娥出席会议，会议传达民盟山西省委有关会议精神，回顾总结民盟大同市委参政议政工作，部署2018年参政议政工作。

（紫　妍）

【民盟新盟员培训会】 2018年5月9日，民盟市委会上年度新盟员培训会出席会议举行。市政协副主席许进娥出席会议并讲话。与会新盟员观看盟史纪录片，两位老盟员代表谈如何做一名优秀盟员体会。

（紫　妍）

【民盟大同市委成立60周年活动】 2018年10月15日，民盟市委会主办“同心远航——纪念改革开放40周年暨民盟市委会成立60周年书画摄影展”。11月6日，召开民盟市委会成立六十周年大会，回顾60年历程，同时举办“我与民盟”征文活动。

（张理华）

▲2018年10月15日，民盟市委会举办同心远航——纪念改革开放40周年暨民盟市委会成立60周年书画摄影展

（张理华 摄）

民建大同市委员会

【概况】 2018年，中国民主建国会大同市委员会（简称“民建市委会”）有16个支部委员会（其中老龄支部3个），有会员521名。发展会员25名，其中男性16名，女性9名，平均年龄37岁，本科13名，研究生2名，中级职称1名，副高级职称1名。年内，11个支部换届，新设立支部1个。

（民建市委会）

【参政议政】 2018年，民建市委会组织民建届别政协委员到市星瑞工程设计有限公司开展“两会”前视察调研活动。委员们听取企业代表介绍主营业务现状、发展环境，与其他城市同行业对比及其发展方向，共同探讨无人机测绘高新技术应用到建设领域建议。“两会”期间，民建市委会在省、市两会上提交议案、提案31篇，大会发言8篇。专职副主委张瑞林撰写的《挖掘民办博物馆资源，提升我市核心文化竞争力》和《以创新驱动发展为引领，全力以赴争当能源革命尖兵》，委员张之莉撰写的《发挥电视专题片的宣传优势 抢救保护大同地方文化遗产》入选2018政协论坛材料汇编，并在市政协11月和12月论坛会上作重点发言。张瑞林撰写的社情民意《国家应严厉打击农业大棚内改建私家庄园的行为》被直报到省政协和全国政协，会员撰写的建议《〈厉害了，我的国〉在全社会免费播放》《跨境电商发展现状及建议》《我国中小学游学教育乱象的问题亟待引起重视》被市政协直报全国政协；张瑞林撰写的《关于做优做强黄花产业，加快乡村产业振兴，助推脱贫攻坚的实施意见》为大同市黄花产业发展提出建议和措施。全年28名会员报送社情民意33篇。根据中共大同市委统战部调研课题安排，民建市委会成立调研组并制订调研方案。5月，组织调研组一行6人到哈尔滨职业技术学院、齐齐哈尔铁路工程学校、齐齐哈尔技师学院、黑河爱辉区职教中心学习调研，提交调研报告《山西省民办职业教育发展情况分析及对策研究》。“大同民建”微信公众号发布宣传文章60余篇。民建市委会组织会员参加民建山西省委组织的“纪念改革开放40周年”征文活动，张之莉撰写的诗歌《大同颂》和申少斌撰写的《家乡的变化—纪念改革开放40年》作为优秀征文刊登在“山西民建”公众号上。民建市委会10名会员当选民建山西省委各专委会委员。

（民建市委会）

【会员培训】 2018年，民建市委会组织专题培训学习5次，参加民建中央、民建山西省委会、市委统战部举办的各类培训学习班7次。

（民建市委会）

【纪念“五一口号”发布70周年】 2018年4月25日至27日，民建市委会组织会员参加市委统战部举办的“不忘合作初心，继续携手前进”——纪念“五一口号”发布70周年演讲比赛、座谈会及征文比赛，获1个优胜奖、1个特别奖、3个优秀奖。民建南郊支部组织会员以情景剧《永远的长征》为参赛节目，参加区统战部组织的纪念“五一口号”发布70周年大型文艺汇演，其他各支部以各种形式召开纪念“五一口号”发布70周年专题学习座谈会。（民建市委会）

【送温暖献爱心】 2018年6月3日，民建大同基层支部到云州区倍加皂镇任家小村，开展“关注农村教育、送温暖”主题活动，会员们送去书籍、校服、生活用品、健身器材等价值1.3万元捐赠物资，市第一人民医院与新凤凰女子医院会员们给师生及任家小村村民免费健康体检。为纪念中国人民解放军建军91周年，民建大同综合四支部组织会员到平城区云中路119消防支队开展“八一拥军慰英雄”活动。

（民建市委会）

【开展创业技能培训】 2018年，民建市委会会员温海波担任校长的新火职业技术学校，是民建市委会培训基地，在阳高县和天镇县举办农村电商就业创业服务培训班，参加全民技能提升工程培训人员1000余名。11月20日，在天镇县召开全省统一战线“百千百”工程天镇田间管理实用技能培训班，温海波被授予省人民政府颁发的“三晋技术能手”称号，新火职业技术学校被省人力资源和社会保障厅评为“技能大师工作室”。

（民建市委会）

民进大同市委员会

【概况】 2018年，中国民主促进会大同市委员会（简称“民进市委会”）发展会员20人。有会员424人，平均年龄50.4岁。教育界会员占68.3%，中高级职称会员占71%。有16个基层支部，5个专门委员会。8名会员被民进省委会评为宣传思想先进个人，民进市委会被民进省委会评为思想宣传工作先进集体。会员曹金文被民进中央授予全国宣传思想工作先进个人称号。4名会员被评为省五优会员。在统战部举办的纪念“五一口号”发布70周年演讲比赛、征文、座谈会等一系列活动中，5名会员在征文活动中获奖，李媛、李绍华在演讲活动中分获二等奖和优秀奖，多名会员支持和参加南郊区统战部组织的纪念中共中央“五一口号”发布70周年文艺演出。（民进市委会）

【参政议政】 2018年，民进市委会开展调查研究，建言献策，参加中共大同市委、市委统战部举行的民主协商会、情况通报会、征求意见会、专题座谈会，提出脱贫攻坚、全市经济工作运行情况等意见、建议。为推动长城旅游板块开发，6月至8月，专题调研长城旅游板块开发利用，形成《关于大同市长城旅游板块开发利用的调研报告》，汇报给市委。提案《深化地方金融改革推动我省地方商业银行发展》被省政协列为重点督办提案。社情民意信息中，《关于尽快建立煤炭去产能企业安置员工创业就业转岗分流安置基金和政府补贴机制的建议》被全国政协采用；《关于ICU病房治疗费用一日一报的建议》获省领导批示，《关于规范学生仰卧起坐动作的建议》由市政协直报全国政协；《关于做好行政区划调整期间群众服务工作的建议》获市领导批示。民进市委会被市政协评为“反映社情民意信息工作先进单位”。（民进市委会）

【组织建设】 2018年，民进市委会为基层组织配齐班子。推进大同大学支部、同煤总支科技支部增补班子成员工作，完善基层组织建设。民进市委会执行《会章》和《民进山西省委会组织发展工作规程》（进晋发〔2018〕13号）规定，坚持“三个为主”原则，正确处理“三种关系”，发展新会员，在联系考察期间，要求新会员上交学习党章、会章笔记，学习民进会史；在考察阶段，严把入口关，成立考察组，并邀请市委统战部共同考察新入会会员，征求单位党组意见，了解新会员政治思想表现、和学习工作等情况，培训新会员。增强基层组织活力，把握“有活动才有活力”的基层组织建设规律，坚持民进市委会班子成员与基层支部“一对一”对接联系制度，民进市委会班子成员到基层组织参加学习和开展工作20余次。加强和改进会费收缴、管理和使用，各基层组织按时收缴会费并向会员公布会费使用情况，会费使用以购买学习资料、书籍为主，没有出现未按规定使用会费情况。在基层组织中开展星级基层组织创建活动，民进城区总支和师范支部被评为五星级支部，大同三中支部和大同大学支部被评为四星级支部。民进市委会利用到基层组织开展活动和发展新会员机会，做好与支部所在单位党委或统战部交流和沟通，了解支部会员在单位的工作情况。（民进市委会）

【学习培训】 2018年，民进市委会组织或选派会员参加各类培训，提高政治素养，提升履职能力。邀请市委讲师团副团长白培枝作题为《将改革进行到底——我国改革开放40年取得的辉煌成就及经验启示》专题辅导讲座，纪念改革开放40周年。组织民进市委会班子成员、骨干会员和机关干部到延安参加民进省委会组织的干部培训，组织民进市委委员和各支部主委学习中共在延安13年的历史；选派17人次参加统战部组织的培训；民进界别政协委员20余人次参加市政协组织的培训。组织会员观看电影《知心法官》，通过多种途径，提高自身素质和能力。（民进市委会）

【社会服务】 2018年，民进市委

会参加助力攻坚深度贫困“百千百”工程。资助天镇县3名贫困大学生，在开学前给予9000元资金资助，指定会员和学生们交流，在思想上引导和帮助受助学生树立人生观、世界观和价值观。开展广灵望狐帮扶活动，捐赠价值5000余元学习生活用品和2000余元电饭锅。学习传达民进山西省委会助力脱贫攻坚暨向杨良杰学习大会精神，号召各支部和广大会员，支持和参与脱贫攻坚工作。选派王肖倧到灵丘县史庄乡挂职副乡长，刘东旭、任慧芬、卫凯林等人为扶贫队长和队员，直接进入扶贫第一线开展工作。施君创办南郊区解放农业科技开发有限公司，在大同县聚乐乡西阁老村开展以“讲给农民听，做给农民看，带着农民干，领着农民富”为主题的农业科技培训，第一阶段为期4天，培训农民89人。吕志刚组织青年志愿者协会会员，到云州区峰峪乡收购价值1.3万元农产品，鼓励农民发展特色农业。李泽光常年参加脱贫攻坚工作，获2018年市脱贫攻坚奉献奖。文艺支部连续十二年在“八一”期间入军营，在武警大同支队开展系列文艺活动。大同大学支部连续两年，组织支部会员走进市光荣院御东分院开展敬老爱老活动，并送去慰问品。

（民进市委会）

农工党大同市委员会

【概况】 2018年，农工党大同市委员会（简称“农工党市委会”）召开第七届委员会第十一次会议。补选秘书长为专职副主委。提任1名办公室副主任为办公室主任，产生新一届市委会。农工党市委会有党员430人，其中女党员217人，医疗卫生界别党员占总数72.8%，党员中具有高级职称的占36.4%，中级职称的占51.6%。有21个基层组织，包括10个支部及1个活动小组。加强基层组织建设，引导各基层支部开展活动。农工党市委会18人次在《关于表彰先进组织、先进个人的决定》中受到表彰，农工党市委会被授予“宣传思想工作先进集体”。（贾文骐）

【参政议政】 2018年，农工党市委会参政议政，除在“两会”上要求每位政协委员提交提案及社情民意外，组织视察调研，摸清情况。主委郭俊岗多次带领市政协常委和成员中的市政协委员、市人大代表到部分县（区）、市政府职能局和企事业单位参加督查、视察、检查、慰问等活动。9月14日，郭俊岗与副市长郭蕾一起带领市卫计委相关负责人到德泉中医医院、黄经世纪国医诊所、北京同仁堂大同药店华严街坐堂医诊所、城区北关社区卫生服务中心，调研中医诊所设置、管理和经营等情况。郭俊岗在市政协全会上，代表农工党作《关于推进我市康养产业发展的建议》发言；在市政协九月月度协商会上作《全面推进我市康养产业发展 助力脱贫攻坚》专题发言；在市政协举办的“政协论坛”上作《打好大气、水和土壤污染防治三大战役》专题发言。提交农工党山西省委会的调研报告《关于我省社区医疗机构改革的建议》获农工山西省委会优秀调研报告一等奖。农工党市委会提交省政协提案3件、立案3件。向省政协、市政协、农工山西省委会提交社情民意28条。其中“关于严厉打击黑加油点的建议”等被市领导批示，并专题督办；《关于加强大同潘家园古玩市场销售珠宝质量监管和合理招商的建议》被市政协采用；《关于打造山西环形旅游带构建国家全域旅游示范区的建议》经农工党山西省委会上报省两会，被列为2018年省领导领办督办重点提案，受到重视和采纳。

（贾文骐）

【学习培训】 8月16日，农工党市委会组织召开七届八次（扩大）会议，开展“三学一讲”专题活动，市委委员、机关干部及党员代表29人参加学习，主委郭俊岗带头以《民主合作不忘初心 团结聚合继续前进》为题，讲授党课。2018年，农工党市委会举办和参加农工党山西省委、中共大同市委统战部、大同市政协举行的学习座谈会、研讨会、报告会、理论征文等活动；农工党市委会领导班子成员多次参加省政协、省委统战部举办会议，选派基层组织负责人和机关干部参加省委在山西省晋中市举办的全省基层组织负责人培训班暨基层组织建设工作会等。发挥党刊、微信等在理论学习和思想建设中的作用，为全体成员订阅农工党中央刊物《前进论坛》，组织编辑“大同农工——足迹”画册并出版发放。宣传报道农工党市委会重要活动，及农工成员在参政议政、社会服务等方面成绩。运营农工大同微信公众号等。（贾文骐）

【社会服务】 2018年，农工党市委会组织农工党员中医疗专家多次自带医疗设备到贫困山区为农民群众提供医疗义诊服务。开展5次公益讲座活动，1月6日，由市图书馆主办，农工党市委员会、市易兆文化传媒有限公司承办的“书法平城讲坛”在市图书馆举行。50余名大同农工党员到现场聆听讲座；10月26日，由市二医院肿瘤医院、市卫计委肿瘤质控部主办，农工党市委会、市卫生与健康协会协办的乳腺癌防治公益讲座举行。开展义诊及健康咨询活动5次，9月21日，农工党市委会文教支部联合山西大同大学中医药健康服务学院部分教师及市平城区北关社区卫生服务中心医护员工，在市云冈区口泉街道义诊。开展助力扶贫攻坚活动3次，根据《山西统一战线助力攻坚深度贫困“百千百”工程实施方案》精神，分组对点帮扶天镇县3名贫困大学生及临县1名大学生。助力打赢脱贫攻坚，帮助深度贫困户子女“上得了学，上得起学，上得好学”，捐资1万元。

（贾文骐）

【纪念改革开放40周年暨农工党市委会成立30周年大会】 2018年10月17日举办“农工党大同市委庆祝改革开放40周年，暨纪念农工党大同市委成立30周年大会”，回顾中国改革开放40年来辉煌成绩及农工党市委会成立30年来奋斗历程。会上表彰64名先进党员。（贾文骐）

九三学社大同市委员会

【概况】 2018年，九三学社大同市委员会（简称“九三学社市委会”）发展新社员13人。其中，女性5人，40岁以下成员8人，硕士研究生6人，博士研究生1人，高级职称2人，中级职称5人，科技界别8人，经济界别3人，新社会阶层2人。全年组织领导班子及骨干成员20余人，参加各类专题培训班。（张天举）

【参政议政】 2018年，九三学社市委会人大代表、政协委员“两会”期间提交意见、建议2件，提案10个，其中集体提案3个，大会发言2个，分别是《发展轨道交通产业促进制造业转型升级》《合理利用开发地热水资源发展我市康养、旅游产业》《抢抓机遇勇于作为 推动大同成功逆袭登上新时代的高速快车》《全面促进大同大学与能源革命科技创新产业园合作共赢》《关于加快大同市文化旅游发展步伐的建议》。5月28日至6月1日，九三学社市委会成立调研组，由副主委刘志忠带队到河北省唐山市、秦皇岛市调研生态建设用水问题，了解两市在生态建设用水中的成功经验，组织唐山市、秦皇岛市市政管理、园林、环保、水务、林业等部门座谈，学习了解两市在生态建设用水方面的现状、先进经验和做法。

全年，报送社情民意信息114篇，其中5篇被省领导批示和各级政协采用。其中杨硕平的《关于加强大同与中车株洲电力机车有限公司开展全方位合作的建议》被市领导批示，李雁华的《关于机构改革中司法部门和政府法制部门职能调整面临的问题和建议》被全国政协《政协信息》采用，王树海的《关于增设中英文公共空间路标的建议》被市政协《社情民意》采用，段贵宏的《关于全面筑牢国家安全防线的建议》被市政协直报全国政协，王存莲的《关于允许医保个人账户资金自愿购买商业医疗保险的建议》被全国政协办公厅转送采用。（张天举）

【宣传工作】 2018年，九三学社市委会申请开通微信公众号，加强宣传工作。该社机关按时整理文字、图片资料，组稿编印4期社讯，完成九三省委、市政协、市委统战部和市地方志、党史办布置的有关九三学社市委会的相关历史信息采集、录入、上报等。在微信群组织开展九三社员微课讲座，每周六或周日晚上由副秘书长郝俊峰组织，邀请社内各位专家学者轮流讲座，活动内容报送社省委宣传部。（张天举）

【社会服务】 2018年3月19日，九三学社市委会到天镇县贾家屯乡袁家窑村帮扶，为该村贫困户送去4000千克科技有机肥，为春耕做好施肥准备。3月20日，到浑源县沙圪屯村扶贫，送2000千克科技有机肥。7月21日，九三学社市委会组织社内医疗系统专家、医护人员20余人，由主委杨硕平带队，到市云州区开展义诊活动，检查患者160余人，直接诊断患者70余人，免费发放各种健康宣传资料1000余份。到天镇县扶贫1次，浑源县扶贫1次，参与社省委、市委统战部组织的“百千百”工程2次。8月9日至10日，山西统一战线助力攻坚深度贫困“百千百”工程——九三学社山西省委结对帮扶万家寨贫困大学生活动由社省委会专职副主委李效玲带队在偏关县开展，九三学社山西省委委员、九三学社市委驻会副主委刘志忠参加，并捐助贫困生1名。8月29日，市委统战部组织市民主党派工商联到天镇县开展“百千百”帮扶工作，资助3名大学生，每人3000元，连续资助三年。（张天举）

【九三学社纪念“五一口号”发布70周年】 2018年4月24日，九三学社市委会参加由市委统战部组织的纪念“五一口号”发布70周年征文活动，收集文章17篇，其中7篇获奖，优胜奖1名、优秀奖5名、特别奖1名。4月25日，市委统战部组织纪念“五一口号”发布70周年演讲比赛活动，九三学社大同市委员会选出2名选手参赛。主委杨硕平观看演讲比赛，并为获奖者颁奖。（张天举）

【九三学社调研生态建设用水问题】 2018年6月10日，九三学社市委会组成调研组，到市水务、环保、市政、园林、绿化等部门，调研生态建设用水问题。调研组听取情况汇报，并到东郊污水处理厂和十里河入御河处人工湿地建设现场，了解生态建设用水相关情况。调研组希望相关部门在生态建设用水方面节约用水，加强水资源综合利用，保护水源。（张天举）

【纪念改革开放40周年暨九三学社创建73周年座谈会】 2018年9月9日，九三学社市委会召开“纪念改革开放40周年暨九三学社创建73周年座谈会”。主委杨硕平出席会议并讲话。会上，3位老中青社员代表畅谈心得体会。会议表彰上年换届以来涌现出的先进集体和先进个人，2018年新社员依次登台自我介绍。会后举行联谊活动。（张天举）

大同市工商业联合会

【概况】 2018年，大同市工商业联合会（简称“市工商联”）制定“五好”县级工商联建设工作实施方案，完善商会数据库、组织数据库填报工作，督促更新新版数据库信息；到市直商协会组织开展“四好”商会建设学习，加强指导所属商会党建工作力度，推进商会规范化建设。吸纳脱钩后的经济类社团组织作为团体会员加入工商联组织，新组建成立大同市右玉商会、大同市浙江商会和大同市青年企业家商会。大同市国际同商总会被全国工商联办公厅认定为2017—2018年度全国“四好”商会。年内，泰瑞集团、华林有限责任公司、山西省古建筑集团、仟源医药集团、华岳建设集团被评为山西省100强民营企业。山西省第四届优秀中国特色社会主义事业建设者8家：山西省古建筑集团工程有限公司、山西悦凌空调有限公司、同药集团、大同泰瑞集团股份有限公司、恒岳重工有限责任公司、大同新成新材料股份有限公司、大同华岳集团、大同市牧同乳业有限公司。（张艳霞）

【民企招商引资服务】 2018年，市工商联组织参加由浙江省人民政府主办“2018年中国义乌国际装备博览会”、第四届军民融合发展高新技术装备成果展。3月12日，市工商联与考察的山西厦门商会会长柴明强交流“一带一路”、东部产业转移等战略实施、两地间项目建设。接待张家口市工商联、赤峰市工商联及企业家考察调研团，参与部分民营企业招商、开业、项目对接和企业经营等活动，支持民营企业做大做强。推进山西欧科起重机有限公司投资兴建的年产1000台新型简约智能起重机、10万台减速机、电机项目，市工商联领导多次到现场调研、督导，该项目车间、办公及宿舍楼交付使用，11月初试生产。

（张艳霞）

【理想信念教育】 2018年，市工商联组织开展年轻一代民营企业家理想信念教育系列活动，到阳高县大泉山精神纪念馆、范家窑村、采凉山泉水业有限公司学习、慰问、参观。9月20日，市工商联纪念改革开放40周年暨理想信念教育培训班在“右玉干部学院”开班学习，市工商联机关干部、商会会长秘书长、县（区）工商联主席秘书长30余人参加培训。以纪念改革开放40周年为重点，开展以“不忘合作初心、接力改革伟业”为主题的理想信念教育实践活动，开展弘扬企业家精神、争做新时代表率主题征文活动，6篇优秀征文被省联采用。

（张艳霞）

【民营经济政策解读】 2018年5月29日，市工商联举办民营企业产业政策宣讲暨全科盟科技成果转化交流会。市工商联班子成员、各县（区）工商联主席、秘书长，市直各商（协）会会长、秘书长，市工商联企业家副主席、副会长130余人参加会议。会议邀请市科技局局长王成舜、市招商局副局长刘洪文解读大同市招商引资、招才引智、科技奖励等政策。邀请大同全科盟新能源产业技术研究院执行院长崔鹭介绍全科盟的使命、优势、发展战略构想、科技成果转化方式等。6月27日，市工商联召开经济发展形势与思路报告会。市工商联班子成员、各县（区）工商联主席、秘书长，市直各商（协）会会长、秘书长，市工商联企业家副主席、副会长、执委200余人参加会议。会议邀请市发改委主任王明生作题为“大同市经济发展形势与思路”的报告，让民营企业家了解大同上年经济发展状况及2018年经济发展总体思路，为企业制定发展规划提供依据。12月13日至27日，市工商联主席刘若亮带队到商会、民营企业解读市委市政府《鼓励和支持民营企业发展“二十条”政策措施》的内容，帮助民营企业家把握支持民营企业发展的优惠政策，破解企业经营过程中遇到的困难。 （张艳霞）

【市工商联十四届二次执委会议】 2018年6月27日，市工商业联合会（总商会）召开十四届二次执委会议，200余名执委参会。市委常委、统战部部长黄岑丽出席会议并讲话。会议审议通过市工商联主席刘若亮代表常委会向大会所作的工作报告。 （张艳霞）

【大同市青年企业家商会第一届会员大会】 2018年8月8日，大同市青年企业家商会第一届会员大会召开。市委统战部副部长、工商联党组书记张团，市工商联主席刘若亮出席会议，市工商联副主席王建平、办公室主任刘治国，大同市民政局民间组织管理科副科长杨卫鸿应邀参会。会议听取大同市青年企业家商会筹备工作报告，审议通过《大同市青年企业家商会章程（草案）》《大同市青年企业家商会财务管理办法（草案）》《大同市青年企业家商会会费收缴和管理办法（草案）》等。大会以无记名投票方式选举产生第一届理事、会长、常务副会长、副会长、秘书长和监事长。大同微兔超宝电子商务有限公司董事长周博当选为会长。商会会员172名。

（紫 妍）

【企业发展软环境优化】 2018年9月19日，市检察院联合市工商联开展支持和服务企业家调研走访活动，印发《关于加强大同市检察机关与工商联协作共同服务企业家创新创业营造良好法治环境工作办法》。10月31日，市中级人民法院与市工商联联合组织部分民营企业家到法院开展庭审观摩、座谈活动。建立关于支持服务企业家创新创业，营造良好法治环境的领导机构，建立长效沟通协调机制，共同解决企业家在经营过程中遇到的问题，提升企业风险预防和矛盾化解能力，为全市民营经济又好又快发展提供司法保障。 （张艳霞）

【大同市浙江商会成立会议】 2018年10月22日，大同市浙江商会成立大会暨产业扶贫项目签约仪式举行。全国工商联原副主席沈建国，浙江省工商联秘书长林建良，大同市委常委、统战部部长黄岑丽，大同市人大常委会副主任张忠义，大同市政协副主席武保洲，山西省政协常委、省工商联企业家副主席、山西省浙江商会会长黄志强，大同市委统战部副部长、工商联党组书记张团，大同市工商联主席刘若亮等领导出席会议。大同市直相关部门、各地市兄弟商会负责人和大同市浙江商会会员600余人参加，山西建泰输变电制造有限公司董事长陈志余当选为大同市浙江商会首任会长，会议期间，陈志余与山西广灵荞宝生物科技有限公司董事长马仙荷签约产业扶贫项目。大同市浙江商会为企业注资500万元，扩大荞麦种植面积，促进当地农民增收致富。 （张艳霞）

▲2018年9月19日，市检察院、市工商联在同药集团联合召开支持和服务企业家创新创业营造良好法治环境座谈会 （张艳霞 摄）

群众团体

大同市总工会

【概况】 2018年大同市总工会下辖1个开发区、4个区、6个县总工会。总计5588个基层工会。其中，独立基层工会5289个，联合基层工会299个。基层工会涵盖单位14374家，职工总人数855901名（女性327413名），其中农民工148852名（女性37807名）。加入工会会员840208名（其中女性322508名，农民工147643名，女性农民工37684名）。（常学良）

【“五小”竞赛】 2018年1月8日，大同市总工会携26项“五小”优秀精品成果参加山西省“五小”竞赛，内容涉及煤炭、电力、机械等技术领域，展览为期三天。全市获3项一等奖、14项二等奖、42项三等奖。市总工会获优秀组织奖。大同市6家企业获山西省“五小”竞赛优胜单位奖。（常学良）

【“农民工驿站”工程启动】 2018年2月8日，大同市总工会在6个贫困县73个乡镇开展“农民工驿站”工程建设。采取招投标办法，市纪委驻政协纪检组参与监督。投入资金99.24万元，登记54766名农民工，成功介绍就业6331人。中华全国总工会网站、《工人日报》《山西日报》《山西工人报》、大同电视台等媒体跟踪报道“农民工驿站”工程建设情况。（常学良）

【“三八”表彰会议】 2018年3月5日，大同市总工会“三八”表彰大会召开。会议表彰作出贡献的先进女职工集体和个人，授牌新建的“妈咪小屋”。市人大常委会副主任、市总工会主席雷雪峰出席并讲话。总工会常务副主席姚夏冬主持会议。市总工会副主席李安军和张燕琴宣读表彰决定。市总工会领导班子全体成员出席并为获奖者代表颁奖。授予同煤日报社媒体部等10个集体为大同市十大杰出女子班组称号；授予赵红英等10人“大同市十大杰出女职工”称号；授予同煤集团四老沟矿地质科等50个集体为大同市五一巾帼标兵岗称号；授予于阳等100名个人为大同市五一标兵称号；评选大同煤矿集团有限责任公司等30个集体为大同市维护女职工权益先进单位。（常学良）

【工会第十六届全委会议】 2018年3月5日，大同市总工会第十六届五次全委会议在大同召开，市委副书记刘振国出席并讲话，市人大常委会副主任、市总工会主席雷雪峰代表市总常委会向大会作工作报告，市总工会党组成员、经审委主任王彪以书面形式作经费审查工作报告。市总工会第十六届委员会体委员、经费审查委员会全体委员、各县（区）总工会负责人、部分基层工会负责人200余人参加会议。

会议选举大同市总工会第十六届委员会替补委员，姚夏冬当选为市总工会第十六届委员会常务副主席，苗晓勇当选为市总工会第十六届委员会挂职副主席，王学军、杨玉禧、刘志华当选为市总工会第十六届委员会兼职副主席，郭同生当选为市总工会第十六届委员会委员。

11月19日，大同市总工会召开十六届六次全委（扩大）会议。会上，传达学习习近平总书记同全国总工会新一届领导班子成员集体谈话时的重要讲话精神，中国工会十七大会议精神，省总工会十三届五次全委（扩大）会议精神和主席高卫东讲话精神。姚夏冬出席会议并讲话，市总工会副主席王俊仁主持会议并传达相关精神，市纪委监委驻市政协纪检组组长王伟及市总班子成员出席会议。市总机关各部门负责人，各县（区）总工会负责人，部分基层工会负责人出席会议。（常学良）

【“我奋斗·我幸福”职工巡回演讲】 2018年4月27日，大同市总工会举办“我奋斗·我幸福”职工巡回演讲活动。首场宣讲在大同市经济技术开发区职工活动中心举行。大同电力机车公司电焊工、全国五一巾帼标兵获得者陈玉荣，仟源医药集团综合制剂车间职工洪流，大齿集团有限公司全国五一劳动奖章获得者徐玉成，市政府办公厅军转干部、驻阳高县大白登镇潘寺村第一书记、省劳动模范获得者刘忠利，同煤集团大斗沟煤业公司职工、全国五一劳动奖章获得者王学军作宣讲。（常学良）

【职工（劳模）创新工作室】 2018年，大同市总工会在全市各行业开展“职工（劳模）创新工作室”创建活动，经过前期组织、宣传、创建、验收、评比，按照“七有”（有带头人、有团队、有创新项目、有工作场地、有经费支持、有规章制度、有台账管理）标准，考评申报优秀创新项目的劳模创新工作室。4月28日，市总工会命名39个工作室为大同市“职工（劳模）创新工作室”，并给予创新活动经费支持。（紫 妍）

【王泉生 常勇入选全国榜样嘉宾代表】 2018年6月15至17日，主题为“榜样晋京·文化晋京·品牌晋京”的2018榜样大会在北京召开，王泉生和常勇上榜上年度“身影”全国榜样嘉宾代表。大会评出上年度“身影”全国榜样人物、上年度“身影”全国榜样嘉宾代表和2018榜样大会榜样代表70余人。王泉生是太原铁路局山西三晋铁建集团大同路兴工程公司职工，曾获全国铁道团委“雷锋式铁路青年”和“铁路五四青年奖章”。常勇是太原铁路局房建段大同方园物业公司职工，因拾金不昧和助养3个孤儿被评为“全国道德模范”。（紫 妍）

【在全省职工职业技能大赛中获奖】 2018年7月，山西省总工会联合省内多个单位共同举办山西省第六届职工职业技能大赛。大赛涉及钳工、焊工、数控加工中心操作工（四轴）、数控机床装调维修工、计算机网络安全员、砌筑工6个工种，每个工种由1名领队、1名技术指导、3名选手组成。大同市代表队获团体第二名。其中，大齿公司王志兴获数控机床装调维修工个人第四名；泰瑞集团史观潮获砌筑工个人第六名。（常学良）

▲2018年8月30日，大同市总工会成立市劳模技术（职工）服务队。图为农业科技分队专家传授果树栽培知识（常学良 摄）

【大同市劳模（职工）技术服务队】 2018年8月30日，大同市总工会成立大同市劳模技术（职工）服务队。由全国劳动模范刘奇任大队长，全国劳动模范冯彩亮、毕雁军、南利军和全国五一劳动奖章获得者王学军任副队长。服务队设煤炭、电力建设、机械制造、制药、供电、农业科技、市直机关扶贫14个分队，由大同市154名高级技师、高级专家、专家组成。各分队均由全国、省和市劳动模范担任队长和副队长，以“送技术下基层、送服务下基层”为宗旨，帮助技术薄弱部门、单位提高技术。全年开展技术交流服务活动16场。（常学良）

【第七届全国职工全健排舞大赛】 2018年10月30日至11月2日，“中国梦·劳动美”第七届全国职工全健排舞大赛在大同市举办。来自全国20余个省、直辖市和18个行业的46支参赛代表队1400余人参加。国内50余家媒体报道。赛事期间发80余篇稿件，首次开通（全国）网络直播平台，开幕式当天点击量接近40万，到赛事结束，网络直播点击量422.36万，评论数10827条，网络投票数170万余票。50辆摆渡车定时定点发车。120名志愿者全程服务。大同市有14支代表队参加，获14金、5银成绩，有8家单位被组委会评为“全国全健排舞推广先进单位”。大同市总工会获中华全国总工会宣教部颁发的“特殊贡献奖”。在闭幕式上，大赛组委会宣布第八届全国健排舞大赛主办城市为陕西省西安市，市人大常委会副主任、市总工会主席雷雪峰向下届主办方代表陕西省总工会副主席张剑传递会旗。（常学良）

▲2018年10月30日，“中国梦·劳动美”第七届全国职工全健排舞大赛在大同市举行（常学良 摄）

【大同市首届家政行业技能竞赛】 2018年12月21日，由大同市总工会、大同市私营企业工会联合委员会主办的大同市首届“天镇保姆杯”家政技能竞赛在天镇县阳光职业培训学校举行。来自全市11家家政服务公司的81名家政服务人员同场竞技，大赛分设育婴护理、烹饪、面点三个项目，每个项目由理论和实操两部分组成。理论考核包括职业素养和基础理论等内容，实操注重对平时实践工作的考核。最终决出一等奖3名、二等奖6名、三等奖9名、荣誉奖若干名。（常学良）

共青团大同市委

【概况】2018年，共青团大同市委（简称“团市委”）推进基层服务型团组织建设，新建“青年之家”25个，引导资源、项目、力量向基层倾斜；以行业建团、产业建团、园区建团、网络建团等新兴建团模式，推进非公有制经济组织、社会组织等新兴领域组织覆盖和工作覆盖。截至2018年年底，全市有青年80万名（其中14～28周岁青年36.2万人），团员7.6万人，团员与青年比例为20.9%。基层团委285个，团工委3个，团总支23个，团支部4499个。专职团干部163名。团市委直属10个县（区）、35个市直单位、9所中职院校共54个团委。（张媛）

【青少年思想引领】2018年，团市委出台《共青团大同市委实施“青年大学习”行动方案》《共青团大同市委认真学习宣传贯彻党的十九大精神的通知》和《关于进一步推进青年大学习行动的通知》，组织开展“青年大学习”活动32场次，其中包括3场“青年大学习 建功新时代”青年投身转型发展事迹分享会和市青联委员集中参加的2次“新青年·学习社”主题团日活动。开展各类宣讲调研活动118场，覆盖青年2100余人。邀请《中长期青年发展规划（2016—2025）》编写组成员张豪、中央团校教授韦平伟、北京青年政治学院教授周敏、北京市少先队荣誉总辅导员王延风等老师为团干部和团员青年分析解读习近平总书记关于青年工作的重要思想、中共十九大精神、共青团和少先队改革工作重点等内容。开展“飞扬五四青春校园”“向上向善好青年”“奋斗的青春最美丽”“红领巾相约中国梦”“我是新时代的好队员”活动。通过团属微信公众平台发布19期相关推送内容，阅读量1.3万人次，点赞数1000余个；各级共青团系统微博编写、转发相关内容300余条，阅读量累计突破6万；制作动画视频短片《提纲挈领——分分钟让你了解习总书记关于青年工作的重要思想》，在各大网络平台推广宣传。推进“两学一做”学习教育常态化制度化、维护核心见诸行动主题教育，加强“三基建设”，结合“学习总书记讲话 做合格共青团员”教育实践，市县两级团组织领导班子成员开展专题辅导20余次，全市4380个团支部召开组织生活会，9万余名团员参与其中。（张媛）

【团市委主题活动】2018年，团市委开展“青春兴同”引人才系列活动，引导大同籍在外青年回到家乡，为大同当好对外开放、能源革命“两个尖兵”目标任务贡献青春力量，累计覆盖青年2万余人次。联合市农委、文化局、扶贫办启动青年服务乡村战略“双争双兴”（指青年要争当乡村产业振兴时代新人，争当乡村文化振兴时代新人）工程，突出促进青年创业致富、促进乡村文化两个重点，引导广大团员青年自觉投身乡村振兴实践。（张媛）

【困难（境）青少年关爱帮扶】2018年，团市委承接建设青草地关爱帮扶困难青少年服务站和平型关义工联关爱帮扶困境青少年改革示范点2个全省共青团改革示范点。首创“49412+N”工作方法，组成“爱心妈妈”队伍走访社区内贫困家庭并组织25名大同籍大学生参与服务站各项工作，摸排建档青少年179名；帮助平型关义工联建立起灵丘县孤儿和事实孤儿等困境留守儿童台账360人，为灵丘县境内的困境儿童及青少年开展30余次物资帮扶、心理矫正、困难救助活动。（张媛）

【“青少年事务社工宣传服务月”活动】2018年3月20日是第十二个国际社工日，团市委联合城区团委、市耘铧青少年社会工作服务中心在城区东街水泉湾龙园社区举行“青少年事务社工宣传服务月”活动启动仪式。该活动以“发展青少年社会工作，共建新时代美丽社区”为主题，现场发放宣传资料，讲解工作内容，接受案例咨询，向社区居民普及青少年社会工作专业知识、政策法规、典型案例，介绍青少年事务社工重要意义、界定标准、服务领域。宣传服务月期间，团市委联合相关单位到城区多个街道、社区开展宣传咨询活动，举办青少年心理健康知识讲座，帮扶特殊困难青少年家庭。（紫妍）

【“脱贫路上好青年”评选】2018年5月4日，团市委、市青年联

▲2018年5月4日，大同市举行纪念五四运动99周年暨“脱贫路上好青年”表彰大会（张媛 摄）

合会联合举行大同市纪念五四运动99周年暨“汇聚青春力量，助力脱贫攻坚”表彰动员会。3月，团市委在全市范围内开展“脱贫路上好青年”评选活动。评选历时两个月，通过团组织推荐、社会举荐、个人自荐三种方式产生候选人。活动组委会遴选出20名脱贫攻坚青年候选人和10个助力脱贫候选团队，在青春大同活动专题网页展示，并以微文微图微视频的形式接受网友投票。最终确定授予高姗姗等10人“脱贫路上好青年”称号，大同县吉家庄中心村农牧专业合作社返乡创业青年团队等5个团队“脱贫攻坚青年突击队”称号，杜涛等10人“脱贫路上好青年”提名奖，左云县三屯乡人民政府扶贫工作队等5个团队“脱贫攻坚青年突击队”提名奖。广灵县蕉山乡杜家庄村大学生村干部何涛代表优秀青年表态发言。市委副书记刘振国参加会议并代表大同市委对优秀青年提出要求和希望。市青联与广灵县政府签署《大同市青年联合会助力大同市广灵县脱贫协议书》。大同市星港房地产开发公司、大同旭日文化产业集团、同药集团3家企业现场认领“扶贫超市”项目，并分别与3家受助方代表交接项目认领。

（张　媛）

【大学生模拟法庭比赛】 2018年5月22日，由团市委、大同大学团委、大同大学政法学院联合主办的大学生模拟法庭大赛决赛举行。来自市中级人民法院现职法官、政法学院教授及知名律师现场点评，800余名师生到场观摩。经过初赛、复赛角逐出来的大同大学音乐学院、医学院、数计学院三支代表队分别选取真实的民事、刑事案件展开模拟审判，所有角色均由在校大学生担任。整个庭审过程严谨、规范、流畅。最终评出一等奖1个、二等奖2个、三等奖3个。（紫　妍）

【团市委十六届二次全委（扩大）会议】 2018年5月25日，团市委第十六届二次全委（扩大）会议召开。市委常委、统战部部长黄岑丽出席会议并讲话。会议通过共青团大同市第十六届二次全委（扩大）会议关于委员卸职确认案和关于委员递补案；表彰上年先进单位；广灵团县委、大齿集团团委负责人在会上发言。（紫　妍）

▲ 2018年6月29日，大同市青年联合会第十届一次全体会议召开　（张　媛　摄）

【青联第十届委员会第一次全体会议】 2018年6月29日，大同市青联第十届委员会第一次全体会议召开。会议审议并通过大同市青年联合会第九届常务委员会工作报告，选举产生第十届委员会主席、副主席和常务委员，表彰青联优秀委员，徐殿海当选第十届青联主席。会议确定大同市青联今后五年工作任务。市委副书记刘振国代表市委、市政府向大会的召开和新当选的新一届青年委员表示祝贺。（张　媛）

【大同市学生联合会第一次代表大会】 2018年7月4日，大同市学生联合会第一次代表大会召开。来自全市各大专、中职、中学94名学生代表研究讨论，共谋学联建设，共商学联发展，履行代表职责。大会通过《大同市学生联合会章程》，选举产生大同市学联第一次代表大会主席、副主席、秘书长。张泽彪当选市学联第一届主席。大同师范高等专科学校学生会主席张泽彪受大同市学生联合会（筹备）委员会委托，向大会作题为《始终牢记使命激昂奋进　勇于锤炼本领担当重任　争做绘就新时代中国特色社会主义大同篇章的追梦人圆梦人》报告。团市委书记杨亚丁参加会议并讲话。（张　媛）

【团市委主题活动】 2018年春节期间，团市委开展“文化认同·乡情故土——青春兴同行动”活动。发挥组织优势，联系和帮扶创业青年，搭建青年回大同创业就业交流平台。3月20日，联合城区团委、市耘铧青少年社会工作服务中心举行“青少年事务社工宣传服务月”活动。到城区多个街道、社区开展宣传咨询、青少年心理健康知识讲座，帮扶特殊困难青少年家庭。7月25日，由团市委、市青联主办，大同星港房地产开发有限公司协办的第五届创青春“星港·御澜湾杯”大同青年创新创业大赛开赛。大赛以“青春建功新时代，创业展现新作为”为主题，审核选手商业计划书，评审项目发展优劣势和未来前景。大同市15家初创企业、6家成长型企业，在127个报名项目中脱颖而出。9月10日，团市委组织团干部及青年志愿者开展“创建文明城市　清朗网络空间”为主题的网络安全集中宣传活动。通过悬挂横幅、宣读倡议书、发放宣传单向过往群众宣传网络安全知识。线上开展网络安全知识问答进校园活动，为广大青少年普及网络安全意识和防护技能。10月，启动主题为“文明创建邀你同行”的创建文明城市随手拍活动。作品以团市委官方抖音号“青春大同”获得的点赞数量排名，作为最终评选标准。与大同大学200余名团员青年现场通过“文明青年说”优秀青年志愿者演讲、争做文明青年承诺签名、环保布袋免费发放形式，向市民宣传创建文明城市的必要性和重要性。12月4日，团市委机关干部和青年志愿者通过摆放宣传展板，发放宣传资料，宣传《中华人民共和国宪法》《中华人民共和国未成年人保护法》《中华人民共和国预防未成年人犯罪法》等法律知识，普及禁毒防艾、校园暴力、防拐卖等知识。发放宣传资料5000余份，接待群众数百人次。（张 媛）

【专题学习培训】 2018年8月21日，团市委联合市团校举办习近平总书记“7·2”重要讲话精神和团十八大精神专题培训。各县（区）团委班子成员、出席共青团山西省委第十五次代表大会代表、大同团市委第十六届委员、候补委员及团市委机关干部（含挂职）70余人参加培训。培训采用课堂讲授、研讨交流、现场观摩等方式。11月20日，大同市团干部及少先队辅导员素质能力提升培训在北京举行。来自市直、县（区）团干部、少先队辅导员60余人参加培训。“学习贯彻党章，做实基层基础”和“新媒体策划与写作——讲好青年故事的技巧”两场专题讲座，分别从抓基层团建及基层宣传工作入手，为共青团改革和少先队工作拓宽思路。（张 媛）

【中国少年先锋队大同市第三次代表会议】 2018年9月28日，中国少年先锋队大同市第三次代表大会召开。会议选举产生中国少年队大同市第三届委员会主任、副主任，通过相关工作报告。许晓婧当选主任。市委副书记刘振国出席并讲话，市人大常委会副主任张忠义，省少先队总辅导员刘帆参加会议。（张 媛）

【“青春法治”18岁成人仪式】 2018年12月4日，由团市委、市司法局、市教育局共同主办的“12·4”国家宪法日“青春法治”大同市18岁成人仪式在大同二职中举行。团市委、市司法局、市教育局等有关负责人为参加仪式的学生代表佩戴成人纪念章、赠送《中华人民共和国宪法》读本，二职中高三年级全体学生面向国旗，发出青春誓言，合唱《宪法伴我们成长》。参加仪式的全体学生与家长携手一同踏上红地毯，步入“成人门”。（紫 妍）

大同市妇女联合会

【概况】 2018年，大同市妇女联合会（简称“市妇联”）加强组织建设，全市县（区）妇联数10个，乡（镇）妇联数99个，街道妇联数44个。基层召开妇女代表会9次。在非公有经济组织中建立妇女组织369个。下属单位有市妇女儿童教育中心。

（陈淑娟）

【妇女就业创业】 2018年，市妇联和市人力资源和社会保障局、市扶贫办、市总工会联合开展“迎三八·促就业”女性就业招聘会暨随军家属专场招聘会，提供就业岗位262个，现场达成用工意向364人次。组织全市妇女剪纸艺术家和爱好者参加第五届“三晋巧姐”手工艺品暨纪念改革开放40周年妇女剪纸作品展评活动、选拔6名选手参加中国技能大赛——山西省第四届“晋嫂”家政服务技能大赛、组织7家家政服务机构代表参加“晋嫂”家政服务机构家庭健康生活服务师资素质提升培训班暨母婴服务产业发展研讨会。在云冈区和瑞街道举办大同市云冈月嫂护理培训班；在广灵县职业技术学校举办妇女手工编织培训暨产品展示活动；在新火职业培训学校培训41名贫困妇女缝纫操作技能等；在阳高县潘家屯村举办“巾帼脱贫行动——妇女实用技能（枸杞种植）”培训班。组织贫困县65名妇女参加全省贫困地区妇女就业技能培训班。制订《大同市妇联推进“乡村振兴巾帼行动”实施方案》《实施乡村振兴战略2018年行动计划》，形成《在基层妇女群众推进“乡村振兴巾帼行动”中的工作举措和意见建议》。（陈淑娟）

【妇联改革】 2018年，市妇联指导督促各县（区）均以县（区）委办文件出台《改革方案》；总结整理全市会改联、配备兼职副主席、乡镇妇联区域化建设改革成果，汇编成册；与市委组织部联合出台《关于印发〈关于进一步加强非公经济组织和社会组织等领域中妇女组织建设工作的实施意见〉的通知》，推进妇女组织组建率。全市机关事业单位建立妇委会546个，非公经济组织建立妇女组织369个，社会组织建立妇女组织16个，达到应建率90%；全市有47个村（社区）建立141个妇女小组，建立妇女组织示范点32个，“妇女之家”示范点35个，为建立的488个“妇女之家”挂牌。市妇联印发《大同市妇联关于在全市村（社区）“两委”换届选举工作中加强女性进“两委”工作的通知》，制订实施方案，推动村（社区）妇联主席进“两委”，完成2279个（1958个村、321个社区）村级组织换届100%女性进“两委”工作。

（陈淑娟）

【妇女思想引领】 2018年，市妇联以“巾帼心向党·建功新时代”为主题，开展中共十九大精神“巾帼大宣传”学习宣传教育活动、女性文化学堂讲座164场；组织中共十九大女代表、“最美家庭”、三八红旗手、岗位建功标兵等开展巡讲20场，编印妇女先进典型事迹宣传册500册；在“大同妇女”微信公众号上开展“中共十九大女代表接力宣讲网上行”活动。（陈淑娟）

【妇联活动】 2018年，市妇联在“三八”活动期间联合市委宣传部、民盟大同市委、市文联举办为期6天的首届女子主题画展暨评选活动，展出各类绘画作品120幅。举行全市妇女优秀健身项目展示、妇女毽球联赛、妇女门球赛等。市妇联推荐山西省“最美女性”“魅力女性”2名；8个岗位、9人被命名“山西省巾帼文明岗”和“山西省巾帼建功标兵”。联合市双拥办、大同军分区政治工作处，在全市范围内开展寻找大同“最美军嫂”和“心系国防最美家庭”活动，产生17名“最美军嫂”和10户“心系国防最美家庭”。在《大同日报》《大同晚报》开展三八红旗手、巾帼建功标兵、大同最美家庭事迹展示6篇，全年在省市级主流媒体宣传报道市妇联工作40余篇（次）。到广灵县东蕉山村开展农村移风易俗工作调研，形成专题调研报告。为畅通线上线下妇女工作新渠道，市妇联出台《大同市妇联系统加强网络意识形态、新媒体工作和妇女儿童舆情研判处置的指导意见》，建立微信公众号4个，微信工作群1000余个，覆盖1.6万人次。开展“向三八红旗手学习 为三八红旗手点赞”和“巾帼建功标兵点赞”、亲子阅读点赞等活动，阅读点赞量突破5万人次；参与“争做巾帼好网民”活动，挖掘先进典型，灵丘县心理咨询师李彩和被评为全国“巾帼好网民”。大同微信公众号发布200余篇，阅读量近10万人次。全年举办“美丽家园”建设系列活动11次，2702名妇女义务植树19111株。在6个贫困县开展“巾帼脱贫六个一”活动。（陈淑娟）

【妇女儿童关爱】 2018年，市政府妇儿工委牵头，成立由市财政局、市人社局、市卫计委、市扶贫办、市妇联、市计生协会等相关部门为成员的“两癌”检查工作领导组，协调推进6个贫困县建档立卡农村妇女“两癌”免费检查工作。免费为贫困县所有35～64岁农村妇女（共计93475名）“两癌”筛查，实现全覆盖。完成上年农村妇女“两癌”免费检查项目数据采集系统网上填报、审核。市妇联在市二医院举办“两癌”预防知识培训班；6个贫困县分别举办农村妇女“两癌”预防知识宣传讲座，培训600余人，印制发放3000张宣传画。为符合救助条件的94名贫困妇女申请到“贫困母亲两癌救助”基金94万元。向省妇基会申请“紫气东来·幸福启航——为三晋妇女儿童送健康”公益项目，为20名贫困妇女“两癌”患者申请到每人2000元救助金。市妇联在市直机关妇委会协助下，为云州区巨乐村、新边村和浑源县东兴庄村捐赠4062本图书，并为3个村的巾帼农家书屋挂牌。由市妇联推荐的广灵县巧娘宫专业合作社被评为“全国巾帼脱贫示范基地”，并获5万元基地创建经费；推荐6个贫困县申报农业、家政、巧手6个“三晋巾帼脱贫示范基地”。利用募集资金，全年救助300名困境儿童和12名困境妇女。为大同市贫困县（区）的7所学校申请“迎冬奥会乡村少年英语普及计划”外教项目；为广灵县、天镇县申请4个扶贫儿童阅读基地。

（陈淑娟）

【家庭文明创优选树】 2018年，市妇联制订寻找“最美家庭”活动方案，全年选树“最美家庭”28户，“励志脱贫好家庭”12户，“移风易俗好家庭”20户、“心系国防好家庭”10户和“亲子阅读好家庭”35户。向全国妇联推荐2户“最美家庭”和2户“五好文明家庭”；向省妇联推荐9户“三晋最美家庭”，10户“五好文明家庭”；2户家庭被授予全国五好家庭称号、2户家庭被授予全国“最美家庭”称号；4户家庭被授予2016—2017年山西省文明家庭称号。开展“树清廉家风 创最美家庭”主题征文评奖工作，评选出122篇优秀文稿，编辑成册。出台《大同市关于指导推进家庭教育的五年规划（2016—2020）》，在“大同妇女”微信公众号上推送30期“家庭教育微课堂”。举办家庭教育讲座8场，2000余人次受益。命名一批家庭亲子阅读体验基地，新增家庭教育指导服务中心12个，家教家风创新实践基地11个，亲子阅读体验基地12个。选派28名相关人员参加2018年山西省家庭教育师资培训班。市妇联联合市科协分别在平城区33校和35校开展以“走近科学 关爱儿童”为主题的科普大篷车进校园展示活动；到浑源县蔡村镇蔡村小学、天镇县赵家沟小学和大同县乳娘村慰问。在平城区兴国寺广场和浑源县永安镇东兴庄村开展以“推进家庭教育 培育时代新人”为主题的条例宣传活动。（陈淑娟）

【妇女维权服务】 2018年，市妇联制订《在全市开展婚姻家庭矛盾风险防范化解专项行动的实施方案》。6月，市妇联发出《在全市推进妇女议事会工作的通知》，建立妇女议事会示范点108个。7月至12月在全市范围内集中开展婚姻家庭矛盾风险防范化解专项行动。全年排查出婚姻家庭矛盾纠纷149件，化解140件，化解率93.96%，参与法院家事调解、审判20余件，调解成功4件。市妇联围绕妇女关注法律热点，创新宣传形式，在“大同妇女”微信公众号上推出普法微课堂《法律小屋》栏目19期，浏览量2000余人次。在国际禁毒日、世界艾滋病日、国家宪法日等重大节点适时推出相关内容宣传栏目；国际反家暴日，联合市司法局通过信息平台向全市手机用户发送公益短信。举办全市妇联系统维权干部培训班，80名妇联干部参加培训。（陈淑娟）

【妇联参与社会治安综合治理活动】 2018年，市妇联选树市级平安示范家庭100户，无毒家庭50户。6月4日，印发《关于组织开展禁毒宣传月活动的通知》，以6月26日国际禁毒日为契机，在全市妇联系统开展以“建绿色无毒家庭，创古城净土蓝天”为主题的禁毒预防宣传教育活动；6月8日开展禁毒宣传进家庭活动，进入家庭面对面向妇女宣传禁毒知识，配合市禁毒办录制禁毒宣传专题节目；组织50名巾帼志愿者参加禁毒宣传活动；配合市公安局禁毒支队作为两名未成年嫌疑人指定监护人参与全程讯问。安排部署艾滋病宣传教育工作，在市妇联微信公众号上针对2018年宣传主题推出防艾知识专题。（陈淑娟）

【“两规”实施】 2018年，大同市妇儿工委制定《大同市妇女发展“十三五”规划》《大同市儿童发展“十三五”规划》，明确全市妇女儿童发展目标、任务，及实现目标所采取的策略、措施和监测评估办法。在法律、法规的颁布纪念日和“三八”维权周，“六一”儿童节等节日期间，到社区、基层宣传“两规”、《妇女权益保障法》《未成年人保护法》《反家暴法》等有关妇女、儿童的法律法规。全年开展“两规”专项宣传活动4次，发放“两规”宣传册2000余册，发放其他相关法律法规知识材料3万余份，接待咨询200余人次，借助大同市第十二次妇女代表大会宣传、发放各类宣传资料1750册。12月13日，省妇女儿童发展“十三五”规划中期评估督导组到大同，督导检查大同市实施情况。（陈淑娟）

▲ 2018 年 11 月 14 日，大同市第十二次妇女代表大会开幕　（陈淑娟 摄）

【大同市第十二次妇女代表会议】 2018 年 11 月 14 日至 16 日，大同市第十二次妇女代表大会召开。省委常委、市委书记张吉福等市四套班子领导及各民主党派和人民团体负责人出席大会；省妇联主席张葆致辞，市委副书记刘振国在开幕式和闭幕式讲话，市科协主席周谋代表人民团体发表祝词，46 个单位和组织发来贺信贺电。会上审议通过市妇联第十一届执委会工作报告，选举产生市妇联第十二届执行委员会委员 102 名，常委 30 名，主席 1 名、副主席 3 名，兼职副主席 6 名。各县（区）妇联完成换届工作。换届后基层一线优秀妇女在妇联代表、执委、常委中所占比例 80%、40%、20%。10 月至 11 月，市妇联培训县（区）妇联换届后常委、执委。　（陈淑娟）

大同市文学艺术界联合会

【概况】 大同市文学艺术界联合会（简称“市文联”）所属大同市作家协会、大同市戏剧家协会、大同市美术家协会、大同市音乐家协会、大同市曲艺家协会、大同市书法家协会、大同市摄影家协会、大同市舞蹈家协会、大同市电视艺术家协会、大同市民间文艺家协会 10 个协会。2018 年，《小品文选刊》出版 24 期，云冈编辑部出版《云冈》2 期。　（市文联）

【市作协与平城区政府战略合作】 2018 年 6 月 6 日，市委常委、统战部部长黄岑丽参加平城区政府筹备组与市作家协会战略合作签约仪式。平城区政府筹备组负责人介绍合作项目的意义、定位，及出版、宣传、发行等工作计划，市作协负责人介绍《北魏历史人物传记文学系列丛书》创作思路、具体要求和进展情况。双方在研究弘扬大同历史文化方面，以“北魏历史人物传记文学丛书”项目为龙头，在大同历史文化开发战略中广泛合作。　（紫　妍）

【“黑宣金彩 盛世丹青—李尔山家庭艺术特展”开展】 2018 年 7 月 28 日，“黑宣金彩 盛世丹青—李尔山家庭艺术特展”开展，共展出李尔山家庭成员创作的书画作品百余幅，包括花鸟、山水、人物画，书法作品和篆刻作品。　（市文联）

【“天下大同·魏碑故里”全国书法名家作品邀请展】 2018 年 9 月 28 日，“天下大同·魏碑故里”全国书法名家邀请展在大同潘家园开展。展览由中国书法家协会、山西省文联、大同市委、市政府、市政协主办，山西省书协、大同市委宣传部、大同市书协承办。展出以孙伯翔、张建会、李松、洪厚甜等为代表的当代书法家作品及书写平城魏碑和大同历史题材作品 131 件，并展出由当代名家金石题跋作品及重要魏碑原拓 27 件。平城魏碑是北魏建都平城时期，鲜卑王朝在汉隶基础上进行书法改革的成果，平城作为北魏时期的政治、军事、文化中心，留下以云冈石窟为标志的诸多历史文化遗产，也产生中国书法史上一种全新面目的书体，是大同的文化遗产与瑰宝，是城市重要的文化名片。　（市文联）

▲ 2018 年 9 月 28 日，“天下大同·魏碑故里”全国书法名家邀请展在大同潘家园美术馆开幕　（市文联 供图）

【"花美大同 画境云中"国庆书画创作写生采风系列活动】 2018年10月1日，"花美大同 画境云中"献礼国庆书画创作写生采风系列活动在大同市御河东岸御河生态林内启幕。活动由市委宣传部、市园林局主办，大同御河生态林管理处、大同御河文苑承办，市文联、市美术家协会、大同女画家协会等协办。开展中小学生研学游写生创作和采风系列等活动，包括花鸟写生创作，国画、油画、版画、儿童画等，并融入琴棋书画、摄影、太极等综合艺术活动，由专家现场点评指导，使他们在学习美、感受美、描画美的过程中得到艺术提升，使孩子们的心灵和性情从小得到陶冶。10月6日，在位于御河生态林西岸的御河文苑，大同市书画家现场评议小画家们写生作品，评出活动一、二、三等奖。10月7日，举行颁奖仪式及艺术研讨会。（市文联）

【中国永定河诗词大会座谈会在大同举行】 2018年10月19日，中国永定河诗词大会座谈会在大同举行。中国永定河诗词大会由中国文化管理协会文化传承与发展委员会联合北京市门头沟文联、大同市文联等永定河流过城市的文联联合发起，通过诗词作品征集、颁奖晚会、诗词朗诵、诗书画创作展、书籍发行等形式，推动永定河文化交流，弘扬和发展中国诗歌艺术，传承发展中华优秀传统文化。中国永定河诗词大会组委会多位发起人与市作家诗人30余人交流座谈永定河文化。座谈会上，与会嘉宾作《中国永定河文化介绍》《中国永定河文化与诗词文化的关系》主题发言。（市文联）

大同市科学技术协会

【概况】 2018年，大同市科学技术协会（简称"市科协"）有县级科协10个，乡（镇）科协27个。市科协所属市级学会有26个。其中，理科学会1个，工科学会1个，农科学会3个，医科学会18个，综合交叉学科学会3个。企事业科协、高校科协、乡（镇）科协等科协基层组织壮大，新成立2个企事业科协，1个高校科协，截至2018年年底，共有企事业科协16个，高校科协1个。按照市科协《关于组织科技工作者开展服务转型发展建言献策活动的通知》，通过各单位推荐，收到调研报告28篇，建言献策92篇。经市科协组织评审委员会评审，评选出大同市优秀调研报告一等奖4篇，二等奖6篇，三等奖7篇；优秀建言献策一等奖5篇，二等奖10篇，三等奖15篇。在"全国科技工作者日"座谈会上，表彰获奖的优秀调研报告和建言献策作者，并颁发证书。（薛瑞强）

【科普进农村】 2018年，市科协在全市开展"绿水青山就是金山银山"百场科普报告，机关抽调7名人员，在副主席带领下，到农村、学校、厂矿、基地进行科普宣讲，重点到农村讲解秸秆燃烧、大粪散堆、农药化肥使用不当等不良生产生活习惯的危害。市科协在太阳宫布置"绿水青山就是金山银山"6块科普展板，在大同大学，华岩寺广场布置30块展板，在机关、大学、社区进行为期一年的科普宣传。（薛瑞强）

【科普进校园】 2018年1月15日，市科协在大同二中报告厅举办"青少年科技创新大赛"专题培训班。关云成为大家讲解青少年科技创新方面的知识。5月21日，市科协开展主题为"开启智慧，创造未来"的北师大大同附中第二届科技节开幕仪式，并举办科普大篷车流动展览。中国航天员大队原队长申行运为学生作《中国航天员是怎样炼成的》的专题讲座。5月22日、24日，在城区33校和35校开展以"走近科学 关爱儿童"为主题的科普大篷车进校园展示活动，推动中小学校科学知识宣传普及。举办第33届青少年科技创新大赛和大同市首届青少年机器人竞赛，提高广大青少年科学素质及实践动手能力。6月20日，到广灵县第二小学校开展科普教育进校园活动。（薛瑞强）

【学术交流】 2018年2月，市科协在《大同科普》开辟专栏，宣传科协组织、一线科技工作者和重大科技成果。5月26日，由市科协主办、市中西医结合学会承办的大同科学大讲堂第一讲举行。该活动也是华北地区眼底病领域一年一度的学术交流论坛，邀请北京、杭州、内蒙古专家到会，作眼底病领域新技术、新知识、新经验专题报告。5月30日，市林学会召开科技工作者代表座谈会，来自基层一线代表20余人参加会议。大家交流探讨科技工作现状、学会承接政府转移职能等内容。（薛瑞强）

【科普进县城】 2018年3月，按省科协要求，市科协开展2018年基层科普行动计划转移支付资金项目书填报工作，5月底完成。资金落实后，各县（区）按照预算开展活动，推进e站、惠农中心服务站建设。4月至5月，"中国流动科技馆"巡展活动在天镇县举行，巡展由中国科协与地方科协，中国科技馆与省级科技馆协作，流动展示科普成果，发放科普图书、杂志和宣传资料，1万余名中小学生和群众观看展出。（薛瑞强）

【第33届青少年科技创新大赛】 2018年3月，市科协举办第33届青少年科技创新大赛，收集中小学生各类参赛作品1366件。经过市级评委们评审，选出210件报送省科协，参加4月在省青少年科技活动中心举办的比赛。111件作品在省级比赛中获奖。其中，7件作品获一等奖，21件作品获二等奖，83件作品获三等奖。（紫妍）

【大同市首届青少年机器人竞赛】 2018年4月14日，由市科协主办，市图书馆、市机器人学会承办的"大同市首届青少年机器人竞赛"举行，来自大同市实验小学、大同大学附小、城区十八校等学校的70余名学生，22支参赛队参加比赛。博佳机器人、U智机器人二队、乐高机器人一队分获FLL工程竞技赛的前三名；快递取件器、儿童密码箱、提醒带钥匙装置分获机器人

自主创新设计前三名。（赵新萍）

【科普进社区】 2018年5月12日，市科协举办“防震减灾，科普先行”“弘扬抗震救灾精神，提高防震减灾能力”“防震减灾，科普先行，全民健身，平安中国，幸福大同”地震科普展。举行“平安中国”防灾宣导暨古城墙健步走活动。5月17日，市科协开展世界高血压日大型义诊及健康宣教活动。5月18日，市科协组织大同卫校30余名师生组成的专家护理团及红十字志愿者走进万达广场，为古城人民带来心肺复苏技术和慢病防治等健康知识。举行主题为“科技创新，强市富民”宣传活动，摆放科普宣传展板，向群众发放科普宣传单2000份，发放若干科普杂志和宣传袋，向现场群众宣讲科技知识。（薛瑞强）

【科技人才库】 2018年5月15日，市科协印发《大同市科协关于创建市级人才库的通知》（同科协字〔2018〕19号）文件，征集、评选各行业、各领域的优秀科技工作者，形成面向社会、科学分类、信息完整、动态管理的大同市科协系统人才智库。有100余位副高级以上职称专家入库。（薛瑞强）

【科普进企业】 2018年5月24日，市科协转发《关于组织申报2018年度山西省“金桥工程”立项工作的通知》文件，7月初完成筛选申报工作。根据中国科协和山西省科协2018年科技服务产品应用推广项目的实施要求及工作安排，申报《山西省2018年科技服务产品应用推广项目实施办法》D类项目，在大同市开展科技信息项目培训。培训内容为企业创新人才培育、企业创新辅导精准服务、企业创新成效采集统计及案例分析等。市科协组织山西晋投玄武岩开发有限公司参加2018年中国创新创业成果交易会，为企业了解最新科技创新成果打开眼界。（薛瑞强）

【“5·30”科技工作者日活动】 2018年5月29日，市科协联合市科技局召开庆祝“全国科技工作者日”座谈会。市委副书记刘振国出席会议并讲话。市人大常委会副主任冯境城、市政协副主席王德成出席会议。会上，市领导向在撰写调研报告和建言献策方面取得成就的科技工作者颁发证书。5月30日，市科协主席周谋、党组书记任志强分别带队到同药集团、晋投玄武岩开发有限公司看望基层一线优秀科技工作者代表。（薛瑞强）

【同煤集团科协活动】 2018年5月30日，同煤集团科协组织开展同煤集团2018年工程技术人员科普知识竞赛答题活动，来自集团公司20个生产一线矿井的130余名工程技术人员参加现场答题。《同煤日报》刊登试题全部内容，各基层生产单位科协组织单位工程技术人员参与活动，收到试卷2300份，评出一等奖20个，二等奖40个，三等奖100个，组织奖10个。（薛瑞强）

大同市归国华侨联合会

【概况】 2018年，大同市归国华侨联合会（简称“市侨联”）组织成立大同市海外亲属联谊会、大同市归国华侨青年联合会、大同市蒙古归侨联谊会、大同市侨联长城文化艺术院、大同市留学人员创业创新联盟5个侨界社团。举办座谈会、书画笔会、文艺演出等活动。市侨联扩大联系领域和范围，增强凝聚力和向心力。有归侨、侨眷1万余人，其中归侨主要由新中国成立前后回国的东南亚归侨和80年代前后回国的蒙古国归侨组成。在全国第十次归侨侨眷代表大会上，左云县侨眷陈鹰被中国侨联、国务院侨务办公室被评为“全国归侨侨眷先进个人”；侨眷张艳萍被中国侨联评为“全国侨联系统先进个人”。（市侨联）

【会员学习培训】 2018年，市侨联在大同市公务员培训中心举办侨联系统干部培训班，学习传达中国侨联“十代会”精神及山西省侨联“十代会”精神，市侨联机关干部、在大同的侨联副主席、委员、各县（区）侨联和侨胞之家主要负责人60人参加培训。选派基层侨联干部到广西参加山西省侨联服务转型综改专题培训班；组织全市侨联干部、“侨胞之家”工作人员112人参加侨规侨法考试，评选出6个优秀组织奖和10份优秀答卷；按照省侨联工作安排，市侨联党组书记葛德军参加由中国侨联举办的第23期干部培训班。（市侨联）

【全省侨联例会在大同举行】 2018年7月16日至17日，全省侨联工作座谈会在大同市召开，省侨联党组书记、主席王维卿主持会议并讲话，省侨联副主席范安龙，省侨联秘书长、副巡视员陈蕾参加会议。市委常委、统战部部长黄岑丽在会上致欢迎辞。市侨联介绍上半年工作推进情况、基层组织建设情况及经验做法；督导年度重点工作，并安排部署下半年工作。各地市侨联领导和部分工作人员参加会议。会议期间，组织与会人员考察大同国际同商总会侨胞之家、开发区侨联、装备园区侨资企业、市侨联培训教育基地。（市侨联）

【“送温暖·献爱心”活动】 2018年，市侨联推进“送温暖·献爱心”活动，联合县（区）侨联为全市58位困难归侨侨眷发放慰问金3.1万元。2月6日至7日，省侨联党组书记、主席王维卿到大同调研并慰问归侨侨眷。市委常委、统战部部长黄岑丽，市侨联党组书记葛德军、市侨联主席张兰萍陪同调研。王维卿走访86岁泰国老归侨陈其竹和86岁印尼老归侨黄约翰，为他们送去关怀和节日问候。（市侨联）

【侨企公益活动】 2018年，市侨联联合三友眼镜公司、大同市消化病医院、大同市凤凰妇产医院、大同新侨妇产医院、大同市滨河医院及相关“侨胞之家”到周边县（区）乡村、敬老院、孤儿院等地，为群众送医送药、义诊体检，发放老花镜和健康手册。开展8场公益活动，服务群众950余人次。3月8日，联合城区妇女联合会和城区计生协会在大同凤凰妇产医院举行“微创治疗子宫肌瘤及妇科疑难病——暨百万基金公益救助活动”启动仪式。6月15日，市侨联携平城区委统战部、平城区工商联在大同市特种教育学校启动献爱心系列活动。11月，联合滨河医院到新荣区郭家窑乡芦家窑村、左云县敬老院、天镇县高家店村开展义诊活动，为300余人免费体检。12月4日，市侨联联合新侨妇产医院，到大同市十里店家怡敬老院，慰问200余位老人。（市侨联）

【“晋侨·金桥”行动】 2018年1月18日，市侨联以侨商侨企联络处“侨胞之家”为依托，市侨联党组书记葛德军、主席张兰萍会见巴拿马侨商总会会长黄伟文、冯振华一行人，对接大同市侨商总会的筹备与成立事宜。9月12日，邀请蒙古国欧亚贸易协会会长阿闰萨那一行三人到左云县山西金茂源农牧开发有限公司考察并洽谈，达成初步合作意向，对接洽谈《北魏王朝》电视剧、航空运动产业、新型建材等项目。（市侨联）

大同市残疾人联合会

【概况】 2018年，大同市残疾儿童和持证残疾人19096人，得到和使用基本康复服务14379人；残疾人基本康复服务率75.3%，超出省基本康复服务率75%目标。其中，全市有基本辅具适配需求的残疾儿童和持证残疾人11092人，得到和使用基本辅具8855人，基本辅具适配率79.83%，超出省定任务比例；建档立卡贫困残疾人中有康复需求人数4409人，得到和使用基本康复服务3444人，康复服务率78.11%；有需求的因病致（返）贫残疾儿童和持证残疾人1335人，得到和使用基本康复服务1004人，基本康复服务率75.21%；全市有基本辅具需求的建档立卡残疾儿童和持证残疾人3163人，得到和使用基本康复服务2766人，基本康复服务率87.45%，超出省定80%标准；有需求的孤独症儿童和持证精神残疾人中有康复需求人数1574人，得到康复服务1030人，康复服务率65.44%。（王晓婕）

【残疾人康复项目】 2018年，大同市残疾人联合会（简称“市残联”）承担省政府民生实事残疾人康复项目，包括0～6岁初筛阳性儿童的残疾筛查和诊断，疑似残疾人评定和0～6岁残疾儿童抢救性康复项目。承担残疾预防重点干预和残疾儿童抢救性康复项目任务3645人，完成4632人，完成率127.08%。其中，筛查诊断300余名儿童，确诊残疾儿童186名，完成率103.33%；评定4000余名疑似残疾人，评出各类残疾人3976名，完成率132.53%；康复救助470名残疾儿童，完成率101.08%。（王晓婕）

【超额完成残疾儿童康复任务】 2018年，大同市聋儿康复中心承担残疾儿童康复任务81名。其中，聋儿40名，智力残疾儿童33名，自闭症儿童8名，超额完成年度康复训练任务，且整体康复训练效果良好，家长培训率95%以上，儿童康复训练总有效率80%以上，儿童康复评估、训练建档率100%，残疾孩子家长满意率95%以上。培训家长17次，引导、帮助残疾儿童家长掌握正确家庭康复训练方法，形成“家庭+机构”康复模式；探索聋儿、智障及自闭症儿童康复规律，通过多渠道、多途径、多层次组织开展社会实践活动15次。12月29日，大同市聋儿康复中心启聪部和语训部联合沃华幼儿园，举行元旦联欢会。该中心邀请大同市残疾人联合会、大同报社等嘉宾参加。（王晓婕）

【残疾人事业宣传】 2018年，市残联组织开展残疾人事业宣传报道工作，在大同电视一台《民生大同》周刊开办残疾人手语专栏，每周播出一次；在《共享阳光》广播专栏每月组稿二期；与《大同日报》合办《倡导助残风尚 构建和谐社会》栏目，每月刊登一期专栏报道；推进建立市级残联微信公众号；围绕多个主题宣传日，利用广场LED显示屏、公交电视、广播、微信公总号等传媒，宣传残疾人法、康复救助等残疾人相关政策法规。市爱无疆公益协会、越野e族、市肢残协会携手平城区残联举办“五个一”残疾人文化进家庭活动。市本达修健身俱乐部免费为残疾人朋友提供健身活动场地，市新火职业学校、珍壹缘婚姻服务有限公司联手平城区、云冈区残联举办首届公益残疾人相亲会，帮助单身残疾朋友寻找另一半，现场牵手成功5对。（王晓婕）

【爱残助残系列活动】 2018年，市残联投放体彩资金110万元，为全市各县（区）建立20余所体育活动室，为残疾人康复训练和强身健体提供活动场所。组队参加山西省第十一届残疾人运动会，获5金8银8铜成绩，12名运动员、2名教练员获体育道德风尚个人奖，大同代表队获体育道德风尚奖。组织“第二十八次全国助残日”“爱耳日”“残疾人文化周”“全国残疾预防日”等残疾人事业活动。（王晓婕）

【市残联召开第七次代表大会】 2018年4月2日，市残联召开第七次代表大会，总结大同市残疾人联合会近几年工作，研究确定今后五年工作任务。副市长郭蕾、省残联副巡视员尹惠民等领导出席会议，市直有关单位、各县（区）残联、大中型企业97名代表参加会议。会议选举产生第七届主席团主席郭蕾，副主席曹晖、幸学武、张若军、李明新、赵鹏、徐宽、于建华，第七届执行理事会理事长幸学武，副理事长武雁红。（王晓婕）

【“残疾预防日”宣传活动】 2018年8月25日是全国第二个“残疾预防日”，市县两级残联及下属单位开展预防残疾宣传活动，向群众普及残疾预防知识，宣传残疾预防法规政策，提高公众残疾预防意识。宣传活动主题为“预防残疾，从我做起”，通过发放宣传单、播放宣传片、悬挂条幅、义诊等形式，宣传有效控制出生缺陷和发育障碍致残、防控疾病致残、减少伤害致残、改善康复服务状况等。云冈区残联邀请同煤总医院、云冈区中医院、市心理门诊部、启星儿童自闭症干预中心等家医疗机构开展宣传教育活动。浑源县残联组织工作人员及县希望公益服务中心30余名志愿者，在栗毓美广场开展宣传活动，向市民普及残疾预防相关知识。（紫 妍）

▲2018 年 12 月 17 日，大同市第二届残疾人职业技能竞赛开幕　（王晓婕 摄）

【第二届残疾人职业技能竞赛】 2018 年 12 月 17 日，大同市举行第二届残疾人职业技能竞赛，该竞赛由市残联主办，市新火职业培训学校承办。职业技能竞赛设美容、美发、美甲、化妆、保健按摩、中式烹调、中式面点、装饰美工 8 个项目，全市 121 名残疾人代表参加比赛。美容组朱月琴获第一名；刘果、王莉获第二名；樊海、丁世刚、来代会获第三名。美发组陈艳楠获第一名；付利、张爱平获第二名；周维斌、金玉海、支建伟获第三名。美甲组张静获第一名；寇永菊、党丽琴获第二名；贾睿婕、党佳英、陈丽青获第三名。化妆组高芸获第一名；闫转霞、王翔获第二名；郝素云、冯敏、赵丽华获第三名。保健按摩组王福梅获第一名；肖连东、海向前获第二名；樊永利、苏运强、孙瑞连获第三名。中式烹调组郝虎虎获第一名；余凤英、王兴华获第二名；胡山女、李亚琴、徐德谦获第三名。中式面点组刘彩琴获第一名；智玉叶、杨小平获第二名；李红日、李三里、张伟获第三名。装饰美工组吴广获第一名；王翔、李云峰获第二名；权瑶、水燕霞、李杰获第三名。（王晓婕）

大同市红十字会

【概况】 大同市红十字会拥有由市政府投资按国库标准建设的 1028 平方米的备灾救灾储备库 1 个。市县两级红十字会有基层组织 143 家、团体会员单位 116 家，成人会员 22696 人，青少年会员 45078 人，冠名医疗单位 5 家，行业红十字会 2 家，注册志愿者 2579 人，红十字志愿服务队 16 支。2018 年，大同市红十字会依法开展“三救”（应急救援、应急救护、人道救助）、“三献”（捐献造血干细胞、捐献遗体器官、推动无偿献血）、志愿服务、红十字青少年和人道传播工作，服务总时长 4220 小时。（市红十字会）

【应急救援】 2018 年，大同市红十字会重新修订《大同市红十字会突发自然灾害应急救助预案》，启用备灾救灾储备库，完善内部设施，建立健全各项规章制度。储备库储备棉衣 1857 件，棉被 918 床，应急救护训练器械 1930 件。3 月 8 日，省委常委、市委书记张吉福和省政府副省长贺天才视察储备库。7 月 19 日，省红十字会党组书记、常务副会长郑红在副市长郭蕾陪同下视察储备库。市红十字会与市直机关工委、市精神文明办联合开展 2018 年“博爱一日捐”募捐工作，市县两级接收捐款 292.33 万元，其中市直捐款 151.36 万元。（市红十字会）

【应急救护】 2018 年，大同市红十字会开展应急救护知识普及教育和救护员培训工作。落实中央专项彩票公益金“红十字关爱健康生命教育”17 万元项目款。4 月 20 日，举办由市县两级项目专职人员和大同大学红十字会 28 位项目人员参加的全市“红十字关爱健康生命教育”项目培训班，全年 4 万余人接受应急救护普及教育，6128 人接受应急救护员资格培训，经过理论和实践考核合格取得《山西省红十字会现场应急救护资格证》，超额完成项目要求的普及教育 2 万人次、应急救护员 4000 人的任务。（市红十字会）

【人道救助】 2018 年元旦春节期间，大同市红十字会在广灵县举行“红十字博爱送万家”活动。救助 4713 户特困家庭，发放救助款物 98.15 万元。市县两级红十字会现场发放价值 44.34 万元救助款物，1500 户特困家庭受益。组织开展的“红十字春霖助学”行动，为广灵、天镇两个国定深度扶贫县贫困家庭 100 名考取二本以上的大学生发放助学金 20 万元。六一儿童节前夕，在浑源县开展“关爱留守儿童慰问”活动，为 100 位留守儿童发放价值 1 万余元书包和保暖裤。组织开展第十三届“花园圣诞献爱心”活动，捐款 5.46 万元，受益特困家庭 273 户。全年接待日常求助人员 150 余人次，为符合救助的 20 位贫困人员发放 2.24 万元助困款。协助省红十字会在国定贫困县浑源县开展“红色之旅、精准扶贫”星光大道获奖演员义演活动。审核 14 岁以下贫困家庭 10 位白血病、7 位先天性心脏病患儿的资料并上报省红十字会，为 3 位先天性心脏病、7 位白血病患儿落实助医款 49.5 万元。（市红十字会）

【“曜阳快助”项目】 2018 年，大同市红十字会为第三人民医院、第五人民医院、大同康复医院和大同公元 398 博爱国际康养服务中心申报省红十字会、省卫计厅首批山西省红十字福寿安康试点基地。协助中国红十字会总会事业发展中心举办“2018 年第一期曜阳养老护理员培训班”。大同公元 398 博爱国际康养服务中心推出的智慧居家养老模式得到中国红十字会总会、山西省红十字会认可，被命名为“曜阳快助”项目。该项目在“第四届

▲ 2018 年 7 月 20 日，红十字福寿安康养老服务基地授牌仪式在大同市第五人民医院召开（市红十字会 供图）

中国养老服务业发展高层论坛”上启动，大同市被确定为项目试点市。中国红十字会总会事业发展中心主任江丹，省红十字会党组书记郑红，市领导郭蕾、郭俊岗先后视察该中心。9 月 26 日，市政协常委会议听取 398 负责人孔志强关于居家智慧养老进展情况汇报。12 月，市红十字会与市民政局、市卫计委三家联合印发《关于实施“曜阳快助”大同示范项目的通知》。（市红十字会）

【“三献”工作】 2018 年，大同市红十字会推进无偿献血宣传动员工作，保证临床用血，大同市被授予“全国无偿献血先进城市”称号。超额完成省造血干细胞捐献者资料库管理中心布置的 300 份血样采集和送达任务，逐一电话回访采血的 340 位志愿者，前期宣传动员 3 例采集的高分辨志愿者，为 1 例志愿者采集高分辨血样。依法开展器官遗体捐献工作，全年登记 22 例，捐献 3 例，挽救 9 例脏器衰竭患者。（市红十字会）

【红十字青少年与志愿服务】 2018 年，大同市红十字会组织全市中小学校红十字青少年参加由中国红十字会总会举办的“全国红十字防灾避险知识竞赛活动”，3300 名红十字青少年参加活动。与大同大学红十字会联合开展“12·1”艾滋病日宣传活动；举办“红动青春，十字于心”迎新春晚会。参加山西省红十字会组织的“弘扬人道、博爱三晋”红十字主题宣传活动，市县两级撰稿 30 余篇，提供图片资料 350 余张。大同市红十字会加强志愿服务管理，重新审核确认 8 支市级志愿服务队，明确各志愿服务队工作职责。（市红十字会）

【“5·8”世界红十字日宣传纪念活动】 2018 年 5 月 8 日，大同市红十字会召开纪念“5·8”世界红十字日暨“博爱一日捐”募捐救助工作会。市直各部委局办、驻大同国省属企事业单位、驻大同部队、全市红十字系统专兼职干部、各基层红十字会负责人、红十字志愿者代表和新闻媒体记者 350 余人参加纪念会。会议通报上年大同市“博爱一日捐”募捐救助工作，安排部署 2018 年“博爱一日捐”募捐工作，向全市广大市民发出“行善举，献爱心”——“博爱一日捐”募捐倡议书和“大爱善举，生命永续”——捐献造血干细胞、捐献器官遗体倡议书，为大同大学红十字青少年志愿服务队、大同市红十字综合志愿服务队等 8 支红十字志愿服务队、5 支承担中央公益彩票专项基金“红十字关爱生命健康教育”项目团队授队旗，为全市唯一获中国红十字会总会“红十字人道服务奖章”的大同市教育局颁发证书。（市红十字会）

【全市红十字能力建设提升培训班】 2018 年 9 月 11 日至 13 日，大同市红十字会举办全市红十字系统专兼职干部、骨干志愿者能力建设提升培训班，来自市县（区）红十字会专兼职干部、行业红十字会、团体会员单位及冠名红十字医疗单位等基层红十字负责人 80 人参加培训。培训班组织学员学习《中华人民共和国宪法》《中华人民共和国监察法》《习近平视察山西重要讲话精神》《中国共产党的历史》《中华人民共和国红十字会法》和红十字会干部应具备的四个意识、八种能力。（市红十字会）

▲ 2018 年 5 月 8 日，市红十字会举行“5·8”世界红十字日暨“博爱一日捐”募捐救助工作会。会上向红十字志愿服务队授旗（市红十字会 供图）

法　治

人大立法

【概况】 2018年，大同市人民代表大会常务委员会制定大同市地方性法规3部:《大同市文瀛湖保护条例》《大同市御河流域生态保护条例》《大同市燃煤污染防治条例》；修改大同市地方性法规2部：《云冈石窟保护条例》《大同市人大常委会讨论决定重大事项的决定》；废止大同市地方性法规3部：《大同市建设项目预防性卫生监督管理办法》《大同市集市贸易市场管理条例》《大同市动物和动物产品检疫条例》。（贾鸿铸　陈　力）

【《云冈石窟保护条例》修订】 2018年1月12日，市人大常委会办公厅在《大同日报》、大同人大门户网站发布公告，征求《云冈石窟保护条例（修订草案）》意见。5月31日，新修订的《云冈石窟保护条例》（简称“新《条例》”）在山西省第十三届人民代表大会常务委员会第3次会议上获批并于8月1日起施行。《云冈石窟保护管理条例》（1997年8月22日经大同市第十届人民代表大会常务委员会第31次会议通过，1997年9月28日经山西省第八届人民代表大会常务委员会第30次会议批准）同时废止。新《条例》五章四十六条。涉及立法目的、适用范围、保护原则、预算保障、责任部门、社会力量参与等问题；规定保护计划制定、保护范围、日常保养维护、文物监测、生态监测等11项内容;规范景区利用原则、科学研究、知识产权、影视拍摄、文物展陈、门票管理、交通管理、商业活动等13项内容；规定违反文物安全管理责任、违反场所及设施管理责任、违反车辆管理责任、违反商业管理责任、相关机构和工作人员责任等;确定施行日期。（贾鸿铸　陈　力）

【市人大常委会调研组到云州区立法调研】 2018年6月27日，市人大常委会副主任张忠义带领法工委相关人员到云州区立法调研《大同市文瀛湖保护条例（草案）》《大同市御河流域生态保护条例（草案）》。云州区人大组织部分区人大常委会委员及区环保局、水务局、林业局、国土局、农委、文化局和旅游文化发展服务中心等相关单位负责人参加立法座谈会。各单位围绕御河河流区域确权划界、御河农业面源污染防治、25°以上坡地实行退耕还湿、文瀛湖景区内林木资源应禁止变相出租出让等方面提出意见建议。座谈后，张忠义调研云州区黄花生产基地，询问种植户黄花种植情况、出产情况和销售现状。鼓励他们扩大种植面积，提高加工品质，在规模化基础上打响品牌。（贾鸿铸　陈　力）

【市人大常委会开展《大同市旅游条例》立法修订工作】 2018年10月30日至31日，市人大常委会副主任刘美率法制委、民侨委和市旅发委部分人员，到广灵县壶流河湿地、涧西古堡和殷家庄，灵丘县存孝故里、上沿河村、唐河湿地、黑龙河村等地查看当地旅游开发情况，并征求当地干部群众意见建议。刘美指出，调研组梳理研究征集到的立法建议，吸收加以应用，推进《大同市旅游条例》修订工作。（贾鸿铸　陈　力）

【市人大法制委召开立法征求意见会】 2018年11月2日，市人大法制委召开《大同市燃煤污染防治条例（草案）》《大同市人大常委会2019年立法计划（草案）》立法协商协调会。部分市人大代表、市政协委员、政府部门工作人员和市民代表参会，并提出意见建议。与会人员认为《大同市燃煤污染防治条例(草案)》能够契合地方燃煤污染防治工作实际，语言简洁，可操作性强。《大同市人大常委会2019年立法计划（草案）》部署亟需实施的法律修订工作，提出的《大同市旅游条例》《大同市大气污染防治条例》《大同市节约用水管理办法》等10个立法项目（含预备立法项目、调研项目）切实可行、意义重大。市人大法制委探索创新和完善立法协商工作机制，发挥政协委员、民主党派、人民团体和社会组织等在立法中的作用。（贾鸿铸　陈　力）

【《大同市燃煤污染防治条例》立法论证会】 2018年12月18日，市人大法工委召开《大同市燃煤污染防治条例》（简称《条例》）立法论证会。市人大常委会法工委主任刘欣主持会议，来自法学教授、市仲裁委委员、律所主任等社会群体部分市人大常委会立法咨询专家出席会议，市环保局相关负责人亦应邀出席。参加论证的栗培林、刘友和、杨兴香等专家论证《条例》中重点内容，研究和探讨《条例》立法原则、燃煤污染防治措施、减少燃煤污染物源头治理和相应法律责任设定等问题，在法理依据、专业内容、文字表述和可操作性等方面提出意见和建议。法工委逐项梳理意见、研判和吸纳。

（贾鸿铸 陈 力）

政法委及综治工作

【概况】 2018 年，大同市各级政法机关打击各种渗透颠覆破坏活动，防范各类暴力恐怖风险和网络安全风险，完善涉恐重点人员管理机制，组织开展"净网 2018"专项行动。制定扫黑除恶工作制度 19 项，印发领导小组及办公室文件 29 个，召开领导小组会、协调会、研判会等专题会议 40 余次，开展专项督导 2 轮次，划拨扫黑除恶专项经费近 5000 万元。组织开展 4 轮次集中宣传活动，印制发放各类宣传资料 450 万份，发布各类宣传信息 200 万条，制定涉黑涉恶线索举报奖励办法，奖金 20 万元。打掉涉黑涉恶犯罪团伙 106 个，破获刑事案件 578 起，抓获涉案人员 583 人，查处涉案金额 3.02 亿元。举办 2 期扫黑除恶专项斗争培训班，参训人员 600 余人次。搭建行业领域治理"1 + N"专项行动平台，推动 24 家市级行业监管部门部署开展 52 个行业整治专项行动。开展"春季攻势""夏季风暴""秋风行动""冬季行动"等严打整治专项行动，内容为打击枪爆犯罪、盗抢骗民生小案、黄赌违法犯罪等。立各类刑事案件 7797 起，同比下降 18.3%；立八类案件（故意杀人、故意伤害致人重伤或者死亡、强奸、抢劫、贩卖毒品、放火、爆炸、投毒）372 起，同比下降 27.3%；破获各类刑事案件 3076 起，破案率 39.5%，同比增长 3.9%；抓获各类刑事作案成员 1844 人，刑事拘留 1786 人，同比增长 5.1%；打掉各类犯罪团伙 186 个，抓获涉案团伙犯罪嫌疑人 1921 人。围绕交通、消防、寄递物流等重点领域，以及学校、医院、商场、旅馆、出租房屋等重点场所，开展安全隐患排查整治工作。完成中共十九届三中全会、全国和省"两会"、中非合作论坛北京峰会、古都灯会等重大活动、重要节点安保维稳任务。全市 10 个县（区）、142 个乡镇（街道）、2347 个村（社区）综治中心均更名和挂牌，按照有群众接待室、监控研判室（视频会议室）、矛盾纠纷调处室、心理咨询室、网格化管理服务中心国家标准要求，新建、改造 1544 个综治中心。其中，升级县级 5 个、乡级 126 个、村级 1413 个。出台《依托综治中心和矛调中心开展心理服务疏导和危机干预的工作实施细则》，建成市级特殊人群心理服务场所 4 个，县级心理咨询室 10 个，乡镇（街道）级心理咨询室 57 个，村（社区）级心理咨询室 126 个，配备工作力量 247 人，为特殊人群提供服务 2000 余人次。全市累计投资近 16 亿元，在城区和建成区建设前端点位 7000 余处，安装高清监控探头 2 万余台；各县（区）公安（分）局、市直公安分局、交警和派出所建设安装视频监控探头近 4000 台。政府、企事业单位、村、居民小区和个体工商户安装高清视频监控探头近 4 万台。6 个县（区）把公安机关视频监控图像信息接入综治中心，38 个乡镇（街道）建成视频监控平台，接入视频监控 9000 余台，实现城镇道路交叉口无死角，主要道路关键节点无盲区，人员密集区域无遗漏，以及要害部位、重要涉外场所、案件高发区域、治安复杂场所主要出入口等全域覆盖。

年内，大同市委政法委落实"谁执法谁普法"责任制，以市委办公厅、市政府办公厅文件印发《关于进一步贯彻落实国家机关"谁执法谁普法"普法责任制的实施意见》《大同市党政主要负责人履行推进法治建设第一责任人职责 2018 年度工作清单》。出台《关于在实施乡村振兴战略中加强乡镇（街道）村（社区）法治建设的实施意见》，组织开展"送法下乡"大型法治宣传活动和宪法宣传活动。以"学习宣传宪法、提升法治建设能力"为主题，举办专题培训班，组织全市 2018 年度无纸化学法用法及考试工作，征集上报 55 个法治惠民项目。规范执法司法行为，组织开展执法司法规范化大检查活动，检查督导部分县（区）和市政法单位，通报执法不规范、警力设置不科学等问题，并责令限期整改。落实领导干部干预司法活动和插手具体案件处理、司法机关内部人员过问案件、司法人员接触交往等规定，排除非法干预执法司法活动。制定《2018 年全市社会治安综合治理工作重点任务清单》，建立市县两级党政主要领导、分管领导上年度综治实绩档案，与 176 家单位签订 2018 年综治（平安建设）工作目标管理责任书，出台《大同市健全落实社会治安综合治理领导责任制实施细则》。2018 年度综治考核大同市排名全省第一，群众满意度测评大同市位列全省第三。

（市委政法委）

【新时代"枫桥经验"学习贯彻】 2018 年，大同市委政法委在全省率先召开全市学习推广新时代"枫桥经验"、提升基层社会治理现代化水平交流会，省委常委、市委书记张吉福出席会议并部署。编写《大同市推广新时代"枫桥经验"典型经验材料汇编》，收录 116 家单位典型经验材料，确定广灵县和云州区为全市学习推广新时代"枫桥经验"试点县（区），开展先行先试。选树身残志坚的新荣区西村乡司法所所长魏官元、以"三温"调解法化解疑难复杂纠纷的平城区"老温"调解工作室等调解工作先进个人和先进集体。加强专业性、行业性调解组织建设，建成一批李培斌式工作室和"金牌调解室"，培养 200 余名李培斌式调解员，建立矛盾纠纷巡回调解、经验交流等机制，出台一系列规范性文件。全年排查各类矛盾纠纷 15157 起，调处 13954 起，调处率 92.06%。

（市委政法委）

【信访专项治理】 2018 年，大同市委政法委组织开展"四个重点"攻坚战、进京上访问题专项治理"百日攻坚"活动、房地产领域专项治理，加大重点信访攻坚力度，中央巡视组交办重点疑难信访问题 260 件，办结 260 件。"四个重点"攻坚战第一批中央交办 39 件，办结 39 件，办结率 100%，化解 34 件，化解率 87.2%；第二批省交办 31 件，办结 31 件，办结率 100%，化解 27 件，化解率 87.1%。进京上访的人数和批次，同比大幅下降，均退居全省第二，实现

"降量退位"工作目标。11月24日至25日，全省信访业务规范化建设推进会召开，大同作经验介绍。

（市委政法委）

【特殊人群服务管理】 2018年，大同市委政法委落实精神障碍患者监护人以奖代补政策，与1829名患者签订以奖代补协议，经审核发放以奖代补奖金217.92万元。市县两级财政专项预算710万元，集中拨到市第六人民医院，用于精神障碍患者免费治疗，市财政拨款100万元，由市综治办统一为严重精神障碍患者购买市人保财险公司的不记名监护人责任险。年内未发生严重精神障碍患者致人重伤或死亡案件。部署开展"特殊人群大起底、服务管理大提升百日行动"。依托大同市山威社会工作服务中心，开展矛盾调处、特殊人群帮扶和心理疏导、犯罪预防、普法宣传、灾难事故应急处置、培训发展社工服务专业人员等工作，组建综合救援队、普法艺术团和500余人平安志愿者服务队，其中刑满释放和社区矫正人员占20%，全年调解各类矛盾128起，服务群众330人次。（市委政法委）

【营商环境优化】 2018年，大同市委政法委查处涉企违法行为，部署开展"支持和服务企业家创新创业、营造良好法治环境"专项活动和"打击破坏生态环境违法犯罪"专项行动，受理各类经济犯罪案件231起，立案侦查172起，破案152起，抓获犯罪嫌疑人131人，涉案金额19亿元，挽回经济损失5300万余元，与上年同期相比，受理数增长60.5%，立案数增长36.5%，破案数增长14.3%。融合司法实务与保险服务，在全省首家推行"执行无忧"悬赏保险制度，加强失信被执行人信用惩戒，依法保障申请执行人合法权益，新收执行案件8011件，结案6072件，执结率75.8%，执行到位率42.94%，实际到位金额21.2亿元。推进为民服务"最多跑一次"改革，政法各单位按照"一窗受理、集成服务"要求，开展"一站式服务"，推进行政审批改革，精简一批行政许可事项，开启公安"一网通一次办"。（市委政法委）

【政法新媒体建设】 2018年，大同市委政法委成立新媒体工作室，采取"抓人才强班子、抓平台强保障、抓宣传强导向、抓话题强圈粉、抓大V(指在新浪、腾讯、网易等微博平台上获得个人认证，拥有众多粉丝的微博用户）强品牌"的"五抓五强"工作法，涌现一批诸如"大同微笑""正义老马""正义伟业""执法巡查"等地方性大V，累计发表文章5700篇、视频1029篇，阅读量3.3亿人次，吸粉53万，大同政法新媒体影响力连续二十一周进入全国前三，受到中央政法委表彰。

（市委政法委）

【市委政法委电视电话会议】 2018年2月13日，大同市委政法工作会议、全市扫黑除恶专项斗争电视电话会议召开。省委常委、市委书记张吉福出席会议并讲话。市领导张韬、姚鸿波、尚建军、白永旺、段运生参加会议。市委常委、市政法委书记姚鸿波总结上年工作，分析形势，安排2018年政法工作，部署扫黑除恶专项斗争工作。市委政法委员会委员，市政法各部门党组成员（党委委员），市维稳办、市委防范办、市信访局班子成员，各县（区）委书记、政法委书记、政法各部门党组（党委）书记在主会场参加会议。会议设分会场，各县（区）相关人员在县（区）分会场参加会议。（市委政法委）

【"环渤海区域法治论坛"组委会会议在大同召开】 2018年4月28日，第十三届中国法学会"环渤海区域法治论坛"组委会第一次会议在大同召开。会议由山西省法学会主办。省法学会会长左世忠，中国法律年鉴社总编诸葛平平出席会议并讲话。市委副书记刘振国致辞。市委常委、市政法委书记姚鸿波，市法学会会长、市政协副主席王德成出席会议。省法学会党组成员、专职副会长马俊主持会议。"环渤海区域法治论坛"逐步成为环渤海七省(市、自治区)法学界、法律界的重要工作沟通平台，为推进环渤海地区法治建设、服务环渤海地区经济社会发展发挥作用。刘振国向与会人员介绍大同市基本情况和法治建设现状。会议讨论并原则通过《第十三届"环渤海区域法治论坛"实施方案》和《关于第十三届"环渤海区域法治论坛"征文的通知》。来自北京、天津、河北、辽宁、山东、内蒙古及山西等七省（市、自治区）法学会和市法学会负责人参加会议。（紫 妍）

【扫黑除恶专项斗争领导小组会议】 2018年5月17日，市委常委、市政法委书记姚鸿波主持召开市扫黑除恶专项斗争领导小组会议。市中级人民法院院长白永旺出席会议。会议要求，各级各部门贯彻习近平总书记重要指示精神，按照市委统一部署和省委常委、市委书记张吉福的要求，依法严惩，协同发力，综合治理，加大扫黑除恶力度。（紫 妍）

【全省政法队伍建设座谈会在大同召开】 2018年9月14日，山西省政法队伍建设座谈会在大同召开。会议总结近年来全省政法系统加强政法队伍建设取得的成绩，分析政法队伍建设存在的问题，安排部署下一阶段相关工作。省委政法委副书记、省综治办主任苗伟出席会议并讲话，省委政法委政治部主任龚景华主持会议，市委常委、市政法委书记姚鸿波参加会议。省政法系统各单位政治部主任，各市委政法委分管领导、政治部主任，省委政法委政治部负责人及大同市政法系统政治部主任参加会议。会议听取各单位各部门开展政法队伍集中整肃专项活动进展情况汇报，并提出今后工作要求。（紫 妍）

【市综治委全体（扩大）会议】 2018年11月28日，市综治委全体(扩大）会议暨扫黑除恶专项斗争督导整改工作推进会召开。学习贯彻习近平总书记关于推进平安中国建设、推动社会治理创新的新理念新思想新战略，贯彻中央和省委近期关于推进扫黑除恶工作的一系列指示精神，分析研究全市平安建设工作，安排部署下一阶段重点工作，特别是扫黑除恶专项斗争督导整改工作。省委常委、市委书记张吉福出席会议并讲话。市委常委、市政法委书记姚鸿波主持会议。市领导张强、尚建军、王德成、白永旺等参加会议。会上，尚建军通报2018年以来全市平安建设重点工作开展情况、中央扫黑除恶第二督导组督导山西省反馈情况及大同市整改情况，部分县（区）和市直单位主要负责人汇报工作并表态发言。（紫 妍）

【全市综治（平安建设）工作培训班开班】2018年12月11日，全市综治（平安建设）工作培训班开班，市委常委、市政法委书记姚鸿波出席仪式并讲话。培训班为期两天，学习贯彻习近平总书记关于加强和创新社会治理的重要论述精神，贯彻落实中央和省、市关于加强综治队伍建设要求精神。开班仪式结束后，省委政法委有关负责人作专题讲座。举行大同市严重精神障碍患者监护人责任保险签约仪式。（紫 妍）

法治政府建设

【概况】2018年，大同市人民政府法制办公室制定《大同市文瀛湖景区保护条例》《大同市御河生态保护条例》《大同市燃煤污染防治条例》和《大同市道路货物运输违法超限超载治理条例》4部地方性法规草案，废止《大同市集市贸易市场管理条例》《大同市动物和动物产品检疫条例》《大同市建设项目预防性卫生监督管理办法》3部地方性法规和《大同市城市房屋室内装饰装修管理规定》1部政府规章，均按程序提交市人大常委会和市政府常务会会议审议。市直部门行政执法人员参加公共法律知识培训和资格认证考试，向省法制办申办执法证件1061个，各县（区）行政执法人员参加资格认证考试。合法性审查市商务、粮食等部门综合执法改革方案，提出修改意见。协调处理市房管局、规划局和部分企业在行政执法中遇到的法律适用问题。按照精简放权和“放管服”改革要求，审核市审改办送审的调整市政府部门行政审批中介服务事项清单40项，市政府落实上级取消和承接的行政审批事项46项，“减证便民”专项行动前置申请材料事项3322项，市政府调整权责清单事项138项。开展证明事项清理工作，大同市各县（区）、各部门梳理证明事项395项，拟保留328项，取消67项。梳理市本级设定的证明事项34项，拟取消11项，保留23项。清理结果由市政府发文并向社会公示。全年，市政府法制办接待复议申请人、到访群众315人次，涉及案件60余件，除答复协调解决外，依法受理行政复议案件21件，审结13件，在审8件，送达行政复议意见书5件，法定期限结案率100%，案件差错率零。涉及市政府本级行政复议应诉案件8件，向省政府答复。涉及市政府行政应诉案件累计58件。其中，一审行政应诉案件21件，开庭18件，审结15件，驳回诉讼请求7件，驳回起诉6件，撤诉2件；在审3件，未开庭3件。二审行政应诉案件33件，审结23件，驳回上诉维持原判17件，撤销原判、确认违法4件，撤销原判、发回重审2件；在审10件。最高院再审行政应诉案件4件，驳回再审申请3件，在审1件。案件结果及特殊案件处办意见专报市政府，并按照市领导批示逐一落实。办理涉及大同市政府民事诉讼案件3件。统计分析及上报2018年全市案件工作；组织复议应诉工作培训。（于喜泉）

【规范性文件审查】2018年，大同市人民政府法制办公室合法性审查送审的38件涵盖优化营商环境、产业发展扶持、乡村振兴战略等领域市委、市政府规范性文件，前置审查财政、住建、房管等部门50件规范性文件，在审查过程中合法性审查文件制定主体、权限、内容等方面，指出并纠正管理理念滞后、管理方式不当措施内容、意见及依据。（于喜泉）

【政府法律事务】2018年，大同市人民政府法制办公室组织政府法律顾问多次参加市政府有关会议，研究论证、协调处理“晋商银行产权问题”“大同市会展中心PPP项目”“水资源费改税问题”等市政府有关涉法事项14件，审查重点产业项目投资、教育科技、精准扶贫、金融互联网等领域市政府合同71件，参加涉法事项调查32件。市政府法律顾问和法律专家库成员参与审查和咨询论证400余人次。（于喜泉）

公 安

综 述

【概况】2018年，大同市公安局辖平城区、云冈区、新荣区、云州区4个城市分局，天镇、阳高、浑源、灵丘、广灵、左云6个县公安局及直属、直属第二、开发区、御东、云泉和恒安6个直属分局。开展以“人、地、物”为重点的社会面治安隐患集中排查整治行动，整治范围为全市所有重点群体、重点人员、重点领域、重点区位、重点问题、重点物品、重点网络社区等，排查出的重点场所和重要设施等落实“人防、物防、技防”措施，加强定点巡防和机动巡查治安防范力度，防范个人极端等公共安全事件发生。全年受理群众来信到访1392件（次）。其中，来信203件，到访909起1189人（次）。受理初信26件，初访129起，查结1194件，查结率85.8%；受理查结上级交办案件118件，查结118件，查结率100%。全市举办各类大型活动108大项1020场次，参与活动443万人次，出动安保警力19万人次，完成古都灯会、成龙国际动作电影周等重大活动、青岛峰会等重要节点安全保卫工作任务。全年，市县公安局组织50岁以下男民警和45岁以下女民警365人“轮训轮值”，培训两期284名基层所队长，239人参加省厅派出所所长、教导员六期轮训。各警种、部门开展点对点业务培训，累计培训228期25558人（次）。举行全局法律知识竞赛。开办两期“法制大讲堂”活动，邀请知名专家团队给1400名民警讲授“办理刑事案件证据要求和非法证据排除”“经济犯罪实务要点”等专题讲座。组织民警参加庭审活动8次，开展案例点评活动6次，邀请检法机关开展案件评查活动1次。坚持挺纪在前、有案必查、违纪必究，快查快处快办发生在群众身边的“微腐败”问题，立案查处违法违纪民警142人。其中，党纪处分 31 人次，政纪处分 25 人次，组织处理 113 人次；处置涉民警维权案件 13 起，给予 9 名不法侵害人员刑事强制措施、行政处罚 8 人次，给 4 名民警印发正名回告通知书，维护一线执勤民警合法权益。全市公安机关记个人一等功 1 人，个人二等功 5 人，嘉奖 275 人；向省公安厅呈报二级英模 1 人，二等功 9 人，集体三等功 7 个，集体嘉奖 1 个，个人三等功 177 人。市公安局和城区分局被市委、市政府评为“2017 年度 12345 政府服务热线办理工作先进单位”。市公安局巡特警支队女子大队被授予 2016—2017 年山西省优秀“青少年维权岗”称号。（许善平）

【扫黑除恶专项斗争】 2018 年，市公安局建立重案督办、责任追究、情况通报等 26 项制度机制。抽调民警充实到市公安局扫黑办，全市公安机关专业扫黑除恶人员 274 人。市政府为市公安局拨付扫黑除恶专项经费 2600 万元，各县（区）同步保障扫黑除恶专款 1492.4 万元。拨付 200 万元见义勇为奖励资金重奖举报人。全市收集掌握各类涉黑涉恶线索 685 条，办结 619 条，办结率 90.4%。打掉涉黑涉恶团伙 106 个。其中，黑社会性质组织 7 个、恶势力犯罪集团 25 个、恶势力犯罪团伙 74 个；抓获犯罪嫌疑人 583 人，刑拘 562 人，涉及公职人员 13 人，党员 15 人；破获、查处各类案件 578 起；查处涉案资金、房产、车辆折合人民币 3.02 亿元。（许善平）

【公安基层基础建设】 2018 年，大同市天眼工程实现全覆盖和无缝对接，建成大数据库和一体化智能平台，扩建数字集群通信系统基站。为全市公安机关升级或新配应用终端 2800 余台，完备网络管理和安全系统，完善涉毒、涉恶、涉枪、涉爆、涉稳高危人员专题数据库。建成市级信息资源服务平台，编辑共享资源目录 130 余种，标准化数据项 1100 余项。加强以派出所、看守所、刑警队、巡警队、交警队、消防队、网络情报技术保障大队及公安检查站建设为主要内容的“两所五队一站”建设，为网安支队增加 40 名专业技术人才，各分县局整合网安、科通、技侦、图侦和情报部门力量，组建“网络情报技术保障大队”。执法规范化建设，推进执法权力运行机制改革，落实以审判为中心的诉讼制度改革，编写组织、领导传销活动罪、故意杀人罪、故意伤害罪、强奸罪、非法拘禁罪、侵犯公民个人信息罪等常见刑事证据指引。利用警务综合应用平台，跟踪审核把关案件源头、过程、出口全流程，审核行政案件 89 起，审核刑事案件 220 起，办理行政复议案件 26 起，印发案件巡查通报 19 期，纠正未按规定受立案 5 起，执法办案中存在突出问题 17 个。推进执法全流程平台建设应用工作，落实专项资金 1600 万元，市、县两级指挥中心全部实现四个功能升级改造，按时完成执法全流程智能管理“一室三区”建设任务并投入运行。监所集约化整合和监管医疗监区建设，市直看守所整合交接，4 个片区监所整合完成。建成市公安局监管医疗监区。（许善平）

【公安服务全市经济建设和改革发展】 2018 年，市公安局深化行政审批改革，精简公安行政许可事项，推进线上审批服务工作。全市“一网通一次办”平台访问量 600 万余次，平均日访问量 1.8 万次；发布各类信息 9000 余条，受理群众各类诉求和网上业务 14 万件并全部答复；办理 12345 政府服务热线群众诉求 1.5 万件，实现“事事有回音，件件有落实”。制定《“十三五”平安大同建设实施方案》《助力全市项目建设“十大行动”工作方案》《大同市公安局优化“六最”营商环境行动计划》。开展打击虚开、骗税犯罪专项行动，受理涉税犯罪案件 79 起，立案侦查 46 起，破案 22 起，采取强制措施 22 人，移送起诉 18 起，为国家挽回经济损失 1100 万余元。开展打击侵犯知识产权犯罪和假冒伪劣犯罪专项行动，破案 7 起，抓获犯罪嫌疑人 17 人，涉案金额 1065 万元。开展“打击恶意阻工扰工”专项行动，破获恶意阻工扰工刑事案件 1 起，刑事拘留 5 人，取保 1 人。制订《大同市公安局创建文明城市实施方案》，成立创建文明城市工作领导小组，逐一分解 16 项内容，明确工作标准、责任单位和责任人。5 次组织召开工作推进部署会，听取各单位情况汇报。每月定期通报工作进展情况，层层抓落实。（许善平）

【“110”宣传日活动】 2018 年 1 月 10 日，市公安局举行“110”宣传日活动，副市长、市公安局局长尚建军出席。1997 年，大同市建立公安指挥中心、设立“110”报警服务台。2018 宣传主题是“110，守护新时代美好生活”。全市各县（区）公安局同步开展集中宣传活动，设

▲ 2018 年 1 月 10 日，市公安局在和阳门广场举行以“110，守护新时代美好生活”宣传活动

（许善平 摄）

立宣传点 50 余个，印发宣传单 10 万份，参加宣传警力 1500 余人，出动宣传车辆 80 余台次，接受群众咨询 1 万人次。（紫　妍）

【警院教学基地共建合作】 2018 年 1 月 17 日，市公安局与山西警察学院举行教学基地共建签约授牌仪式。山西警察学院党委副书记、院长张惠选，副市长、市公安局局长尚建军及市公安局党委班子成员出席签约授牌仪式，市公安局所属相关单位主要负责人、警院部分院领导和部门负责人参加签约授牌仪式。张惠选向市公安局授予“山西警察学院教育基地”牌匾，并与尚建军签署《教学基地共建协议书》。（许善平）

▲ 2018 年 1 月 17 日，山西警察学院与大同市公安局举行共建教学基地签约授牌仪式　　（许善平　摄）

【大同交警“一网通一次办”平台】 2018 年 7 月 1 日，大同交警“一网通一次办”平台上线运行，群众通过平台办理交管业务，搜索或扫描二维码，关注微信公众号“山西公安”，实名认证后点击“交管”版块即可。“一网通一次办”平台交管版块设置秩序、车管、交通事故 3 部分。其中，秩序包括交通违法处理及罚款缴纳、载货车辆限行区域通行证的发放、交通违法行为异议申诉等 12 项业务；车管包括机动车、驾驶证办理等 77 项业务；交通事故包括交通事故快处等 2 项业务。平台注册成功后，车主可通过手机处理非现场不记分 200 元以下交通违法并缴纳罚款。根据交管业务办理流程不同，平台所办业务分为互联网办业务、预约业务及窗口业务 3 大类。其中，互联网业务 48 项，预约业务 14 项，窗口办理业务 29 项。（紫　妍）

治安管理

【安全管理】 2018 年，市公安局加强社会面巡逻防控，街面巡逻民警现场抓获各类违法犯罪嫌疑人 203 人，制止打架纠纷 313 起，抓获持刀伤人嫌疑人 33 人，解救传销人员 73 人，接受群众求助 946 起。开展缉枪治爆专项行动，取得逃犯抓捕、案件办理、打击收缴、系统考核、信息平台建设五个全省第一成绩，全市危爆物品安全事故“零发生”。立涉枪涉爆案件 20 起，抓获违法犯罪嫌疑人 52 人，其中 5 名部督涉爆逃犯全部抓获。加强民爆物品流向监管，检查涉枪涉爆单位、易制爆危险化学品从业单位 1703 家（次），发现并整改安全隐患 98 起；收缴各类枪支 793 支、子弹 11845 发、炸药 183.92 吨、雷管 37464 枚、弩 141 支、管制刀具 2228 把、索类 2222.6 米、易制爆危险化学品 250 千克、氰化钠 25 千克、战争遗留炸弹 4 枚、手榴弹 2 枚。开展 9 轮“大清查、大排查、大整治、大化解、大处罚”集中统一行动，排查整治社会治安隐患和治安乱点，清查宾馆、酒店、夜总会等重点场所和治安乱点 13932 处，责令整改 443 家，停业整顿 88 家，取缔 77 家。发现受理治安案件 14496 起，查处 14316 起，查处治安违法人员 15155 人。（许善平）

【涉枪盗窃团伙案破获】 2018 年 1 月 11 日，市公安局巡特警支队配合直属分局民警打掉一个涉枪盗窃团伙。是日，某企业厂区内发生一起恶性团伙盗窃案。据厂区保卫人员反映，作案人员可能携带刀具和枪械，110 指挥中心指令巡特警支队迅速调派警力，配合直属分局民警实施抓捕嫌疑人。巡特警支队接到指令后，调集特战大队 14 名警力到案发现场。初步了解情况后，特战民警经过 2 个余小时搜查，5 名嫌疑人除 1 人逃窜外，其余 4 人悉数落网。民警搜查嫌疑人交代的 2 个窝点，收缴仿制式转轮手枪 2 支、发令枪改装手枪 1 支、钢珠枪 3 支、各类组装枪支工具及枪支零部件 13 件，以及长刃砍刀、短刀、钢筋钳等作案工具和大量钢珠子弹。4 名犯罪嫌疑人被刑拘。（紫　妍）

【集中统一销毁非法枪爆物品活动】 2018 年 9 月 20 日，市公安局举行集中统一销毁非法枪爆物品活动暨新闻发布会。销毁枪支 577 支（公务用枪 483 支、收缴非法枪支 94 支），管制刀具 418 把。《山西法制报》、黄河新闻网、《大同日报》、大同电视台等家媒体代表参与并报道活动。（许善平）

犯罪侦查

【刑事犯罪侦破】 2018 年，市公安机关开展“冬季行动”“春季攻势”“夏季风暴”“秋风行动”等严打整治专项行动，立各类刑事案件 8421 起，同比下降 18.3%；立八类案件 393 起，与上年 540 起相比下降 27.2%；破获各类刑事案件 3499 起，破案率 41.6%，同比上升 3%；刑事拘留 3070 人，同比增长 9.7%；打掉各类犯罪团伙 186 个，抓获涉案团伙成员 1921 人，抓获网上在逃人员 683 人，其中抓获历年逃犯 155 人。全市刑事案件和八类案件立案数持续下降，刑事警情控制在日均30起内。落实命案"一长双责制"和图侦、刑技、技侦、网安等多警种联动、联侦、同步上案侦办机制，破案率100%，破获命案积案12起。坚持市县联动联侦，领导亲自上案靠前指挥，破获八类主要案件295起，破案率75.1%，同比上升11.2%。（许善平）

【侵财犯罪侦破】 2018年，大同市多发性侵财犯罪初步遏制，实现发案下降、破案率上升、抓获现行率上升"一降两升"目标。全市立侵财案件7373起，同比下降20.4%；破获2622起，破案率35.6%，同比上升1.6%；立"两抢一盗"案件5434起，同比下降29.1%，破获2079起，破案率38.3%，同比上升2.9%，抓获"盗抢骗"作案人员807人。打掉"两抢"犯罪团伙24个，破获一系列跨地区、团伙性侵财大案要案。（许善平）

【经济犯罪侦破】 2018年，大同市集中打击金融领域经济犯罪，全市受理各类经济犯罪案件269起，立案侦查231起，破案202起，抓获犯罪嫌疑人165人，涉案金额33亿元，挽回经济损失5600万余元。与上年同期相比，受理数上升86.8%，立案数上升83.3%，破案数上升51.8%，抓获犯罪嫌疑人上升30.9%。（许善平）

【文物违法犯罪侦破】 2018年，大同市公安机关破获督办文物案件1起，其他文物案件3起，抓获犯罪嫌疑人6人。其中，抓获省督文物逃犯1人，追缴古墓葬明代遗物2件、清代古建筑构件1件。（许善平）

【网络犯罪侦破】 2018年，大同市网安部门破获涉网刑事案件82起，抓获犯罪嫌疑人272人；办理行政案件16起，行政拘留28人；配侦案件1858起，抓获犯罪嫌疑人629人。侦破部督"印象彩票"网络赌博案件，抓获犯罪嫌疑人6人，冻结赌资300万余元；侦破李某跨境破坏计算机信息系统案件，扣押涉案财物折合人民币1800余万元；侦办部督"1802100"专案，打掉黑社会性质犯罪组织1个、恶势力犯罪集团2个，抓获犯罪嫌疑人24人，破获各类刑事案件36起。打击电信网络诈骗，全年立网络电信诈骗案件1028起，录入公安部电信诈骗案件侦办平台945起，破案826起，止付涉案账户1506个，止付涉案金额5323万元，返还17笔81.94万元。破获部督网络兼职刷单系列团伙诈骗案件，抓获犯罪嫌疑人5人，串并案件320余起；首次全链条打击侦破"4·29"特大电信网络诈骗系列案件，抓获犯罪嫌疑人5人，串并全国案件600余起，为群众追赃挽损90万余元。（许善平）

【涉黄涉赌违法犯罪侦破】 2018年，大同市公安机关开展"打击农村赌博""打击涉黄涉赌违法犯罪""打击涉赌博机违法犯罪""打击线上组织卖淫""打击整治娱乐场所黄赌毒违法犯罪""断链行动"等严打整治专项行动，抓获"5·29"专案涉案在逃人员14人；侦破省督案件4起，办理"黄赌"刑事案件67起，刑事拘留95人；办结涉黄涉赌行政案件190起，行政拘留363人。（许善平）

【食药违法犯罪侦破】 2018年，大同市公安机关在食药打假"利剑"专项行动中，立食药刑事案件48起，破案44起，采取强制措施68人，移送起诉43人，打击处理犯罪团伙5个，扣押假冒各类名酒1000余箱、高档香烟1000余条，涉案价值500万余元。核查公安部分配线索910余条，核查案件105起、破获部督案件2起。（许善平）

缉　毒

【概况】 2018年，市公安局开展"两打两控""雷霆扫毒"专项行动和禁毒人民战争，破毒品刑事案件190起；抓获犯罪嫌疑人220余人；缴获各类毒品180余千克；立部级目标案件2起、省级目标案件3起。破获部督特大跨国走私制造贩卖毒品案件，抓获犯罪嫌疑人10余人。全年查处吸毒人员1500余人。其中，强制戒毒900余人，社区戒毒300余人，治安处罚200余人。社区戒毒、社区康复执行率均100%。全市70余名病残吸毒人员全部收戒清零。（许善平）

【禁毒宣传活动】 2018年5月15日，市禁毒办召开全市禁毒宣传月活动专题部署会，动员部署主题为"建绿色无毒家园 创古城净土蓝天"禁毒宣传月活动。市委宣传部、市教育局、市文化局、市总工会、团市委、市局禁毒支队及大同电视台、《大同日报》《大同晚报》等媒体相关负责人参加会议。6月26日，市禁毒办、平城区禁毒委联合主办的全市"6·26"国际禁毒日暨"建绿色无毒家园，创古城净土蓝天"主题活动举行。副市长、市公安局局长尚建军出席活动并讲话。市禁毒委、市公安局、市总工会、团市委、市妇联、市教育局、平城区各街道等有关部门，以及全市工人代表、青年志愿者代表、妇女代表、学生代表1000余人参加活动，20余家新闻媒体现场采访报道。（许善平）

【禁毒人民战争"三年攻坚战"活动】 2018年5月29日，大同市召开禁毒工作暨部署禁毒人民战争"三年攻坚战"动员部署会，副市长、市公安局局长尚建军，及市禁毒委员会各位副主任、委员出席会议。尚建军总结回顾上年全市禁毒工作情况，分析毒情形势及存在问题，提出开展好禁毒人民战争"三年攻坚战"、遏制毒品问题发展蔓延、推进全市禁毒工作要求。（许善平）

【平城区分局破获一起特大跨省贩毒案】 2018年8月17日，平城分局破获一起特大跨省贩毒案件，抓获犯罪嫌疑人6人，缴获毒品甲卡西酮60余千克、咖啡因500余克、冰毒20余克，冻结涉案资金130万元。该案是一起典型的家族式团伙贩毒案件，贩毒团伙从河南省向大同市贩运大量毒品。在侦办过程中，专案组民警到山东聊城、河南濮阳、浙江杭州、广东深圳、北京等地调查取证，形成一条完整证据链。犯罪嫌疑人王某等6人被批准逮捕。（许善平）

【跨境走私制造贩卖毒品案】 2018年11月20日，市公安局侦破部督目标案件，斩断一跨境走私贩毒通道，打掉分销网络2条，捣毁制毒窝点2处，抓获毒贩包括境外主犯10余人，缴获吗啡、土制海洛因、冰毒等毒品及大量制毒原料、工具。（许善平）

交通安全管理

【概况】 2018年，大同市公安局开展交通秩序大整治行动，集中查处酒驾醉驾、涉牌涉证等严重交通违法行为，加大管理整治行人、非机动车力度，提高路面通行能力，改善道路交通状况。查处各类交通违法行为为104万起。其中，酒驾2739起、毒驾31起、涉牌涉证违法4778起；超员1032起，超载1486起，逾期未检验5204起，逾期未报废1026起，违停21.44万起，货车不靠右行驶6.64万起，查扣三轮车1200余辆。（许善平）

【清华大学专家会诊大同市交通症结】 2018年1月5日，清华大学交通研究所专家组受邀到大同研究商讨解决市区道路交通存在的问题，并与市公安局交警支队相关业务部门和市区大队民警座谈。清华大学交通研究所副所长李瑞敏带队的专家组了解大同市城市规模、道路规划建设情况、城市人口数、机动车保有量、驾驶员数量、市区交通问题及道路交通管理工作存在的主要问题。专家组利用一周时间实地调研、座谈、论证，并拟定改进市区交通管理工作的意见及建议。（紫妍）

【“6·30”较大交通肇事逃逸案】 2018年6月30日，市云州区倍加造村302省道发生一起交通肇事逃逸事故，造成4人死亡、1人受伤。副市长、市公安局局长尚建军到现场督导案件侦办工作。云州分局交警大队与市局交警支队增援特勤民警配合，经过6小时奋战，侦破“6·30”较大交通肇事逃逸案件。7月9日，省公安厅交管局印发通报表扬，并号召全省交警学习大同交警侦破交通逃逸案件工作中成功经验。（许善平）

消　防

【概况】 大同市消防支队有14个大队和12个执勤中队。全市有政府专职消防队6个，5个企业建立单位专职消防队，全市有城市消防站19个。有市政消火栓1341个，市政消防水鹤79个，天然水源5处。消防网格组织5547个，网格员5547人。公安派出所165个，监管社会单位13315个。全市建成重点单位、街道、社区微型消防站分别为876个、47个、241个，完成率均100%。2018年3月，公安消防部队不再列入武警序列，组建国家综合性消防救援队伍，由新成立的应急管理部领导，设置专门的中国消防救援队队旗、队徽、队训、队服，建立专门的衔级职级序列和消防救援职业荣誉体系。大同市消防救援支队于12月28日在机关体育馆举行迎旗、授衔和换装仪式。年内，大同市消防支队成功处置浑源县“11·6”恒山深山救援事件和平城区惠民西城“12·11”居民楼爆炸事故等，完成各项重大消防安保任务和各类急难险重事故处置任务。全市发生火灾934起，同比下降6.22%，直接财产损失496.5万元，同比下降3.67%，未发生较大以上火灾事故。建立常态化督导机制，开展督查暗访120余次，督办问题200余条次，给予1名违纪战士除名处分。完善消防责任体系建设，实现市、县、街道和社区“四级四覆盖”。组织开展商业综合体、博物馆和文物建筑等10余个消防安全专项整治行动，消除火灾隐患。围绕夏季消防检查和冬春火灾防控工作，消防安全监管宾馆饭店、商场市场、公共娱乐场所、博物馆、文物建筑和化学危险品企业等重点单位场所，开展消防安全隐患大排查大整治。践行“放管服”工作，建立审批提速制度，全年办理消防设计审核项目396项，同比上年工作量提升40%。省、市两级政府确定的214个重点工程项目民生工程开通消防审批“绿色通道”。开展“业务大学习、能力大比拼、素质大提升”全员练兵活动，创新开展“小操法”“小演练”“小比武”基础训练，开展攻坚组队员、专业岗位士官、水域救援等培训4期，熟悉重点单位2600余家次，开展实战演练2600余家次。制订《灭火救援调度指挥方案》，建立“日发布、周分析、月综述”警情分析研判机制。该支队指挥中心与5个政府专职队、6个企业专职队、876个微型消防站建立电话抽点、视频巡查、应急拉动、实战协同“四合一”联勤模式。该支队被山西省消防总队授予“先进支队级党委”“先进支队”“安全工作先进支队”称号，8个基层大、中队和21名指战员受到表彰。（吴伟）

【太阳宫中队入驻新营区】 2018年4月26日，大同市公安消防支队城区大队太阳宫中队入驻新营区仪式举行，大同市公安消防支队支队长王鹏、支队机关和城区大队全体干部、太阳宫中队全体官兵参加仪式。太阳宫中队是大同市消防支队成立伊始下辖的二中队，也是大同市成立时间最早的中队之一，承担着大同市御东新区40余平方千米辖区消防安全任务。太阳宫中队历经三次更名（二中队、北关中队、太阳宫中队）和四次迁址（县隍庙、119消防岗、操场城街、天祥街）。40余年来，涌现李巍蔚、李瑞雪、郭志刚、黄威、郭武刚等数十位获得一等功、二等功、三等功的灭火救援英雄。（吴伟）

【指挥中心搬迁升旗仪式】 2018年5月5日，大同市公安消防支队在指挥中心新址举行升国旗仪式，标志该支队新建指挥中心投入使用，该支队党委常委、机关全体干部、2018年转业干部、主城区大队干部、文职雇员及战士代表149人参加仪式。仪式后，该支队党委常委与参加仪式官兵合影留念，组织2018年转业干部参观新建指挥中心并座谈。新建消防支队指挥中心位于御东新区文盛街与文兴路交会口，占地面积14248平方米，建筑面积14670平方米。新指挥中心建有跃层作战指挥中心，设置有消防决策分析平台等9个平台和3个系统，可实现集中接处警、作战指挥、灾情研判等项功能；建有综合档案室，配备有电子遥控式密集架，可实现档案的一站式便捷管理；建有全省最新设备。

（吴　伟　许善平）

【庆祝建军 91 周年文艺晚会】2018 年 8 月 1 日，大同市公安消防支队举行“站在新起点，迈向新征程”庆“八一”文艺晚会。大同市公安局副局长曹居兰、市公安局政治部主任庞忠杰、大同军分区政治工作处主任蔡和军、中国工商银行大同市分行行长王东山、市消防支队政治委员戴岩峰等与全市消防官兵、文职雇员及家属，共建单位同煤集团、中国工商银行大同市分行 1000 余人参加晚会。晚会分三大篇章。戴岩峰在晚会上致辞，该支队领导在晚会现场为评选出的张晓民、郭志刚等 10 名“特别贡献奖”官兵颁发奖状。（吴　伟）

▲ 2018 年 8 月 1 日，大同市公安消防支队举行“特别贡献奖”颁奖仪式（吴　伟　摄）

【“12·11”居民楼爆炸事故】2018 年 12 月 11 日，位于大同市平城区惠民西城一处居民楼住户家发生爆炸起火，大同市消防支队接警后，调集 5 个中队 14 辆消防车 72 名指战员救援，该支队全勤指挥部闻警出动。仅过 5 分钟，辖区特勤一中队便抵达现场，指挥员立即把参战官兵分成 4 个小组展开战斗，制订搜救疏散计划，成立搜救小组，逐层展开搜救工作。通过呼喊和敲击房门引起被困群众注意，疏散 30 余名群众。火势被控制。（吴　伟）

【“119”消防奖颁奖晚会】2018 年 12 月 28 日，大同市消防支队举办“全民关注消防，共建文明大同”“119”消防奖颁奖晚会。副市长、市公安局局长尚建军出席晚会并致辞，副市长郭蕾，大同大学校长冯锋，副校长寇福明，大同市消防支队军政主官，市消防安全委员会成员单位、共建单位，消防安全重点单位负责人，消防志愿者等 1000 余人出席晚会。晚会以“履行新使命，扛起新责任、创造新业绩”为主线，综合运用文艺表演、视频回顾、采访互动等形式展现。为获得大同市“119”消防奖的先进单位和个人代表颁奖，同时为大同大学消防志愿队伍授旗。（吴　伟）

▲ 2018 年 12 月 28 日，大同市消防救援支队在机关体育馆举行迎旗、授衔和换装仪式（吴　伟　摄）

检　察

【概况】2018 年，大同市人民检察院批准和决定逮捕 1919 人，提起公诉 2076 人。批准逮捕涉枪涉爆类犯罪专项行动 9 件 33 人，提起公诉 16 件 51 人。批准逮捕抢夺、抢劫、盗窃、故意伤害、故意杀人等犯罪 559 件 749 人，提起公诉 612 件 807 人。市、县两级院受理监察委员会移送的职务犯罪案件 49 件 61 人，决定逮捕 29 件 37 人，判决 30 件 43 人，受邀提前介入 49 件 61 人。依法提起省人民检察院交办的 2 名厅级干部贾某某、王某职务犯罪案公诉。深化涉法涉诉信访改革，健全导入、纠错、退出机制，接收、办理群众信访 493 件次。办理国家赔偿案件 6 件。办理刑事申诉案件 71 件，公开审查其中 16 件案件。依法惩治非法吸收公众存款、集资诈骗、非法经营、组织领导传销等涉众型经济犯罪。批准逮捕 193 人，提起公诉 218 人。被告人王某某在签订履行合同过程中虚构事实，隐瞒真相，骗取其他公司、企业 2000 万元用于个人挥霍，被依法起诉后判处无期徒刑。冀某某以为他人办工作为由骗取 80 余名被害人 800 万余元一案，依法提起公诉。市人民检察院参与扶贫领域腐败问题专项治理，打击涉农及扶贫领域职务犯罪案件，批准逮捕5件6人，提起公诉17件23人。开展“国家司法救助推进年专项活动”，为143名被害人或其亲属，发放救助金117.3万元。批准逮捕污染环境、盗伐滥伐林木等破坏环境资源犯罪38人，提起公诉25人，提出完善环境监管体制、机制检察建议364条。批准逮捕破坏经济秩序类犯罪71件143人，提起公诉105件193人；办理涉企申诉案件5件，民事行政执行活动监督2件，刑事羁押必要性审查3件。打击“黑作坊”“黑市场”，批准逮捕制售有毒有害和不符合安全标准食品、假药劣药等犯罪10人，提起公诉19人；督促行政机关查处销售假药和走私药品25种。监督侦查机关立案91件、撤案72件，同比分别增长122%和94.6%；纠正漏捕73人，同比上升143.3%；提出纠正侦查活动违法366件次，同比上升71.8%。介入命案33件，提出侦查取证意见60余条。提出刑事抗诉44件，提出书面纠正意见审判活动违法120件。确有错误的民事裁判提出和提请抗诉33件，提出再审检察建议9件；监督纠正民事行政审判活动违法213件、执行活动违法187件。依法审查减刑、假释、暂予监外执行案件154件，监督纠正监管活动和财产刑执行违法违规案件1604件。加强羁押必要性审查，提出变更强制措施建议146件，办案机关采纳143件，采纳数量居全省前列。向监管机关发出检察建议17件，纠正违法160件次。发现并纠正脱管漏管隐患23件。发现公益诉讼案件线索1555件，立案1389件，进入诉前程序1389件；发出诉前检察建议182份，起诉4件5人，移送刑事犯罪和职务犯罪线索31件。政治巡察5个县（区）人民检察院，诫勉谈话8人次，提醒谈话4人次、约谈4人次、给予党纪政务处分2人。市、县两级检察机关向市人大及其常委会报告重点工作、重要部署20次，配合司法改革情况专题调研和执法检查7次；梳理人大代表意见、建议358条；邀请各级人大代表参加视察调研、执法检查、案件评查、庭审评议、公开听证等活动120人次；邀请人大代表、政协委员、人民监督员、特约检察员及新闻媒体参加检察开放日15次。向政协和民主党派、无党派人士通报检察工作3次，召开新闻发布会2次。市人民检察院案件管理中心、云冈区人民检察院、天镇县人民检察院被省人民检察院评为“山西省检察机关先进集体”，刘尚平被最高人民检察院记个人一等功；方奕、李飞被省人民检察院记三等功；池春雷、张云山、安莉、武雪梅、韩伟民被省人民检察院评为“山西省检察机关先进个人”。市人民检察院在全省检察机关综合考评中进入第一方阵，受到省人民检察院表彰。 （刘星亮）

【关爱未成年人成长】 2018年，市检察机关关爱未成年人成长，探索建立“捕诉监防一体化”工作模式，加强与团委、妇联等合作，推动建立10个观护帮教基地，接受帮教19人，救助未成年人11人。涉罪未成年人不批捕14人，不起诉9人。向有关部门发出各类检察建议100余份，推动整治净化校园周边环境。坚持“普法从娃娃抓起”，8名检察官被聘请为中小学法治副校长，组建5个宣讲团开展100余场“法治进校园”巡讲，5万余名师生、家长参加法治宣传活动。 （刘星亮）

【检察智能化服务】 2018年，大同市人民检察院推进“12309”检务平台建设。公开发布案件程序性信息5083条、法律文书1234份、重要案件信息34条、办理辩护与代理申请147次，接待律师398人次，为律师提供电子卷宗光盘刻录351件次。加强新媒体建设，实现“两微一端”全覆盖，关注数2万余人，总点击量40万余次，打造“大同检察微信公众号”“知心姐姐青年志愿者法律服务队”等品牌。 （刘星亮）

【扫黑除恶专项行动】 2018年，大同市检察机关受理审查逮捕涉黑涉恶案件144件481人，批准逮捕124件398人，追捕21人，立案监督4件12人，提起公诉51件182人。在办理段某某等人涉嫌组织、领导、参加黑社会性质组织罪中，检察机关提前介入19次，提出取证意见151条。深挖彻查保护伞线索8条。增强检察建议运用，在办理张某某涉嫌寻衅滋事罪一案中，以检察建议督促乡（镇）党委解决基层党组织软弱、战斗力不强问题。 （刘星亮）

【司法改革】 2018年，大同市、县两级检察机关入额院领导办案2367件。完成全市检察机关第2批41名员额检察官遴选、考核考试、公示及88名员额检察官等级晋升工作。推进市、县两级检察院优秀人才上下挂职交流。完善“一类事项由一个部门办理”的内设机构改革。坚持“谁办案谁负责、谁决定谁负责”原则，推进以审判为中心的司法责任制改革。 （刘星亮）

【违法堆放煤渣污染环境公益诉讼案】 2018年，市浑源县人民检察院在履行职责中发现，某露天储煤场位于浑源县下韩村乡中韩村凤凰山砖瓦黏土矿内。该露天储煤场占地0.67公顷，距离恒山景区神溪片区1千米，无环评和营业执照手续，储存煤渣未密闭，产生扬尘直接排入大气。5月28日，浑源县人民检察院依法向浑源县下韩村乡人民政府发出浑检行公建〔2018〕9号检察建议书，建议其履行监管职责，取缔该非法露天储煤场，修复破坏的生态环境。浑源县下韩村乡人民政府收到检察建议后组织相关部门人员整治非法露天储煤场。出动2台推土机、2台挖掘机、4辆翻斗车、清运煤渣240吨，80车次。该非法储煤场及相关设施清除，复垦土地面积3.4公顷。 （刘星亮）

【庭审实质化推进】 2018年3月23日，大同市人民检察院与市中级人民法院、市公安局相关领导和部门召开座谈会，讨论研究推进庭审实质化工作进程。会上，市中级人民法院刑一庭副庭长贺旭东通报公诉案件在事实查明、涉案财物、刑民交叉、毒品案件检材提取、证据复印件，及公、检、法三机关配合方面存在的问题。市人民检察院刑检一部副部长杨尚荣通报法院在案件受理、庭前准备法庭审理和庭外调查等方面存在的问题。参会人员围绕会议主题和存在问题发言和讨论。市公安局副局长张文学、市人民检察院副检察长姚锦、市中级人民法院副院长王发分别讲话。参加会议的有市中级人民法院副院长王永胜、市中级人民法院刑庭、刑二庭、未审庭全体人员；市人民检察院刑检一部、刑检二部、刑检五部全体人员；市公安局法制、刑侦、经侦、禁毒、食药及直属分局负责人和部分干警。会议研究讨论《刑事案件证据要求（讨论稿）》。（刘星亮）

【检察机关 “扫黑除恶”专题培训】 2018年5月18日，大同市检察机关开展题为“坚决贯彻‘扫黑除恶’决策部署，充分发挥法律监督职能作用，为专项斗争全面胜利作出积极贡献”的“扫黑除恶”专题培训，市人民检察院“扫黑除恶”专项斗争领导组成员、各县（区）人民检察院分管领导和“扫黑除恶”领导组相关人员、市人民检察院刑检部全体干警参加培训。培训会传达中央、省、市相关会议精神，梳理和总结涉黑、涉恶犯罪相关法律规定、司法解释、有关规范性文件等，结合典型案例解读最高人民检察院《关于办理黑恶势力犯罪案件若干问题的指导意见》，讲解正确认识检察机关参加“扫黑除恶”专项斗争的指导思想、工作目标和具体任务，提出检察机关在“扫黑除恶”专项斗争中履行好职责要求。（紫 妍）

【公益诉讼新闻发布会】 2018年8月31日，市人民检察院召开公益诉讼新闻发布会。副检察长李勇、韩斌、政治部主任王文萍、行政检察部副部长汪鹏云出席新闻发布会，并现场回答有关环境保护、食品药品安全等涉及公共利益安全问题。（刘星亮）

法 院

【概况】 2018年，大同市、县两级法院受理各类诉讼案件28568件，审结27435件，结案率96.03%。其中，市中级人民法院受理5208件，审结5008件，结案率96.16%。制定《关于全市法院为优化营商环境提供有力司法保障和优质法律服务的实施意见》《关于充分发挥审判职能作用为企业家创新创业营造良好法治环境的意见》。10月31日，与市工商业联合会联合召开知名民营企业家庭审旁听暨征求意见座谈会，交流为民营企业家答疑解惑，依法保护企业家合法权益。制定《社会治安综合治理及平安大同建设工作意见》，延伸审判职能作用，市、县两级法院领导和法官多次到10个县（区）和重点项目工地调研、指导工作。（段力平）

【刑事案件审理】 2018年，大同市、县两级法院受理刑事案件2451件，审结2373件，结案率96.82%。依法审结故意杀人、故意伤害、抢劫、绑架、强奸等严重危害社会安全暴力类犯罪案件297件。审结盗窃、抢夺、诈骗等多发性侵财类犯罪案件547件，审结传销案件24件、电信网络犯罪案件16件，审结涉毒案件98件、涉枪案件15件。审结合同诈骗、贷款诈骗、票据诈骗、信用卡诈骗等涉金融类犯罪案件100件。集中开展打击破坏生态环境违法犯罪专项行动，审结各类破坏环境资源犯罪案件19件。加强与监察机关配合，加大惩治行贿、受贿犯罪力度，审结贪污贿赂、渎职等涉腐败类犯罪案件50件。参与社会治安防控体系建设，促进犯罪源头预防、矛盾纠纷基层化解。加强人权司法保障，落实罪刑法定、疑罪从无等原则，宣告2名被告人无罪，依法免于刑事处罚30人。规范减刑、假释程序，全年审结减刑、假释案件561件。（段力平）

【民事案件审理】 2018年，大同市、县两级法院受理民商事案件16728件，审结16238件，结案率97.07%，标的额70余亿元。审结买卖、借贷等合同案件7710件，审结劳动争议案件662件，审结民间借贷案件1576件，审结人身、医疗、交通事故损害赔偿等案件1964件，审查申请、强制破产清算及重整案件108件，执行转破产案件2件，配合政府清理“僵尸企业”和基本解决执行难工作，审结知识产权案件24件，审结农村土地承包经营权纠纷案件217件，涉农林渔牧等合同纠纷案件52件。落实最高人民法院《关于做好为军队和武警部队全面停止有偿服务保障工作的通知》精神，受理涉军民事案件91件，审执结88件，案件类型涉及合同、医疗、劳动、家事等矛盾纠纷，其中涉军停止有偿纠纷案件64件。（段力平）

【行政案件审理】 2018年，大同市、县两级法院运用法治思维和方式化解行政争议，开展行政案件相对集中管辖和交叉管辖，规避地方保护主义，规范行政机关行政行为。落实履行“谁办案、谁普法”责任，与市级行政机关及各县（区）政府加强沟通交流，督促支持行政机关负责人亲自出庭应诉，推进行政案件繁简分流。受理行政案件377件，审结369件，结案率97.88%。探索行政案件处理新机制、新方法，把协调和解机制引入行政诉讼案件审理中。全年撤诉各类行政案件率30.91%。（段力平）

【司法保障】 2018年，大同市中级人民法院推进家事审判方式改革，发挥法院教育、疏导功能，探索建立健全家事案件心理辅导干预、家事调查、诉前调解、案后回访等制度，审结婚姻、继承等家事案件3497件。其中，调解1267件、撤诉625件，调撤率49.53%；平城区法院形成可复制推广的试点经验。快审、快结、优先执行追索赡养费、抚养费等涉及群众基本生活保障的案件。开展为农民工“讨薪”专项行动，追回拖欠工资110万余元。设立司法救助委员会，统一救助条件标准，办理国家司法救助案件38件，发放司法救助款 228 万元，帮助无法获得有效赔偿的受害人摆脱生活困境。为 362 件案件困难当事人减缓免交诉讼费 440 万余元。每周一“院长接待日”面对面接待当事人及群众到访 868 人次。全年受理司法鉴定案件 1130 件，结案 1071 件，结案率 94.6%。

（段力平）

【司法改革】 2018 年，大同市、县两级法院完成以司法责任制为核心的基础性改革，两级法院入额法官 276 人，组建 97 个审判团队。健全院庭长权责清单，落实院庭长办案制度，推进院庭长办案常态化，全年市中级人民法院院庭长办结案件 1848 件，占全部结案 44.79%。制定《关于健全完善人民法院专业法官会议工作机制的意见（试行）》，成立刑事、民事、行政三个法官专业委员会，促进法律适用统一、类案同判；完善审判委员会制度，确保审判权依法行使。推进以审判为中心的刑事诉讼制度改革，制定出台《庭前会议操作规范》《非法证据排除规则》《庭审实质化改革裁判文书制作规范》等配套文件。3 月 23 日，市中级人民法院与市人民检察院、市公安局召开全市推进刑事案件庭审实质化座谈会，推进庭审实质化改革，确保诉讼证据出示在法庭、案件事实查明在法庭、控辩意见发表在法庭、裁判结果形成在法庭，成为刑事审判新常态。制定《关于开展便民服务“最多跑一次”改革实施细则》，明确工作目标和服务措施，建立规范各项便民利民规章制度，集中优质服务资源为当事人提供“一站式”司法服务，当场立案率 96.5%。

（段力平）

【司法公开】 2018 年，大同市、县两级法院推进“智慧法院”建设，投资2100万余元完善审判流程公开、裁判文书公开、执行信息公开、庭审直播公开四大平台建设运行。上线“云桌面”系统，进行审判系统 PC 集中化改造，配备全省法院移动审务终端，实现业务网上办理、全流程依法公开。电子卷宗随案生成诉讼案件全省法院排名第一，在全省 134 家三级法院中，率先完成历史卷宗电子化，推进电子卷宗应用。全市两级法院庭审直播 6832 场，直播率 35.16%，其中市中级人民法院庭审直播2637场，位居全省中院第一、全国中院第六。法院官网发布各类信息 580 条、专网 600 余条，在人民、新浪和腾讯网发布微博 200 余条，微信公众号编发信息 103 期，连续五年被最高人民法院评为“全国法院网络宣传先进单位”。

（段力平）

【完善多元化纠纷解决机制】 2018 年，大同市中级人民法院推进“互联网 + 诉讼服务”，全市建成 12 个诉讼服务中心“升级版”，推行网上立案、网上信访、电子法院等。推进矛盾纠纷多元解决机制改革，设立专门诉调对接窗口和矛盾纠纷多元化调解工作室，完善特邀调解、律师调解等“五项制度”，聘请 24 家律师事务所 55 名律师为特约调解员，常年驻市中级人民法院诉讼服务中心大厅轮流值班，为上访群众提供法律帮助，参与化解和代理涉诉信访案件。与司法行政、公安交警、保险业协会共同建立交通事故损害赔偿纠纷“网上数据一体化处理”改革联席会议制度，审结交通事故赔偿案件 182 件；与人社行政管理机关共同建立劳动人事争议仲裁与诉讼衔接机制，审结劳动争议案件 124 件。（段力平）

【法院接受司法监督】 2018 年，大同市中级人民法院自觉接受人大监督、政协民主监督。贯彻落实市人大及其常委会的各项决议和决定，坚持重大事项报告制度，完善人大代表、政协委员联络机制。征求人大代表、政协委员意见建议 35 类 227 条，办结人大代表议案 1 件，邀请视察、座谈、旁听庭审 26 次。依法接受检察机关法律监督，邀请检察长列席审判委员会 8 次，参与讨论案件 11 件，办结抗诉案件 21 件。扩大人民陪审员参审案件范围，466 名人民陪审员参审案件 6174 件，陪审率 85.71%。接受律师、当事人、社会公众和新闻媒体监督，召开扫黑除恶、环境审判、执行攻坚等专题新闻发布会，畅通民意沟通渠道，回应社会关切。（段力平）

【扫黑除恶专项斗争】 2018 年，大同市中级人民法院落实中央和省、市委有关开展扫黑除恶专项斗争指示精神，制订《全市法院扫黑除恶专项斗争工作方案》等 6 个指导性文件，审结案件 42 件，判处罪犯 147 人。从重惩处黑恶势力首要分子、骨干成员及“保护伞”，判处五年有期徒刑以上刑罚 21 人。分 6 批集中公开宣判 27 案 105 人，同步对外发布。

（段力平）

【法院“基本解决执行难”攻坚战】 2018 年，市政府专门拨付 300 万元司法救助专项基金，给予执行不能案和刑事附带民事等涉民生案件生活困难当事人司法救助。市委政法委出台《关于进一步支持人民法院解决执行难的意见》和《关于建立执行工作联动机制的实施意见》。全市人民法院配齐配强执行队伍，从事执行工作人员中，员额法官占比 52.56%，中央政法编制占比 66.18%。全市法院执行干警开展集中执行行动，紧盯“骨头案”“钉子案”，综合运用各种执行强制手段。完善失信被执行人联合信用监督、警示和惩戒机制，4438 名主体纳入失信被执行人名单库、司法拘留 54 人、移送追究拒执罪刑事责任案件 15 件、判决拒执罪 1 案 1 人，“一处失信、处处受限”联合惩戒大格局初步建立。与保险公司合作，在全省首家推行“执行无忧”悬赏保险制度，维护申请执行人合法权益。推行执行裁决权与实施权分离，执行异议案件交由独立于执行局的综合审判团队审查处理，审结执行异议案件 206 件。探索执行警务化管理新模式，成立司法警察执行大队。全年受理执行案件 8576 件，执结 8035 件，执结率 93.69%，实际到位金额 6.79 亿元。其中，有财产可供执行案件法定期限内执结率 97.11%，终结执行合格率 99.95%，执行信访案件办结率 100%，整体执结率（即以终本方式结案率与法定期限内实际执结率之和）92.67%，完成“基本解决执行难”攻坚战目标任务。

（段力平）

【全市“基本解决执行难”工作推进会】 2018年2月7日，全市“基本解决执行难”工作推进会召开。省委常委、市委书记张吉福出席会议并讲话。会议通报全市“基本解决执行难”工作情况，分析存在的问题，并提出下一步工作重点。张吉福强调，各级人民法院发挥好主力军作用，把事情解决好、落实好。各相关部门主动支持、协助、配合好人民法院开展工作。全市各有关单位负责人参加会议。（紫 妍）

【刑事案件庭审实质化推进座谈会】 2018年3月23日，全市推进刑事案件庭审实质化座谈会在市中级人民法院召开。会议由市中级人民法院、市人民检察院、市公安局共同举办。会上，各相关单位从事刑事侦查、审查起诉、刑事审判的人员讨论刑事案件审判实践中遇到的问题、困难、应对措施，论述庭审实质化内涵和意义；提出市中级人民法院、市人民检察院、市公安局庭审实质化改革工作建议和意见。会议讨论市中级人民法院起草的《刑事案件的证据要求》。（紫 妍）

司法行政

【概况】 2018年，市司法局推进安置帮教基地建设，检查指导16家过渡性安置帮教基地，把大同市安置帮教基地打造为样板基地，帮助该基地建立健全工作制度，完善工作档案，为基地配备投影仪、电脑、心理咨询工作室及沙盘等设备。该基地采取动员社会力量参与联动等方式、方法，安置刑满释放人员213人。山西省委政法委书记商黎光、山西省司法厅厅长薛永辉、市长武宏文等到该基地视察。《人民调解》第八期刊登大同市《争创安置帮教一流业绩》经验文章，10月17日，山西省委政法委、省司法厅组织召开特殊人群服务管理现场会，山威刑满释放人员安置帮教基地负责人在会上介绍经验。抓信息核查工作，全市服刑人员信息核查率超过95%，成功率90%以上。全市衔接刑满释放人员774人，其中重点帮教对象57人，重点帮教对象接送率100%。全市安置总人数674人，安置率87%；帮教总人数774人，帮教率100%。（陈海林）

【国家统一法律职业资格考试】 2018年，大同考区国家统一法律职业资格考试客观题考试1298人报名，实际参考1051人，缺考247人，缺考率19%，成绩合格349人，通过率26%；主观题考试考生559人（含忻州、朔州考生）参加，实际参考554人，缺考5人。（陈海林）

【扫黑除恶专项斗争】 2018年，大同市司法局制定《大同市司法局关于举报涉黑涉恶犯罪线索奖励办法（试行）》，鼓励戒毒人员为扫黑除恶专项斗争行动提供线索；市直两个戒毒所开展深挖涉毒、涉黑、涉恶违法犯罪线索专项行动，“两所”民警职工签订廉洁自律不做黑恶势力“保护伞”承诺书418份，发放公开信1200余份，摸排到各类违法犯罪线索915条，其中有价值的违法犯罪线索238条，上报有关部门核实。排查社区矫正服刑人员和刑满释放人员，建立“两类人员”涉黑涉恶工作台账，涉黑涉恶重点帮教对象落实“必接必送”和“双列管”工作制度，涉黑涉恶社区服刑人员一律执行手机或电子腕带定位监管等措施。刑满释放人员中排查出涉黑人员7人，涉恶人员53人，社区矫正服刑人员中排查出涉恶人员36人，全市社区服刑人员和安置帮教人员中摸排线索44条；855名社区服刑人员签订社区服刑人员扫黑除恶保证书，1951名刑满释放人员签订刑满释放人员扫黑除恶保证书。召开大同市律师行业参与扫黑除恶专项斗争工作培训会，出台《大同市律师协会关于律师参与扫黑除恶案件辩护代理工作的指导意见》，依法建立律师代理涉黑涉恶案件报告制度，全市律师事务所代理涉黑涉恶类案件86起。大同市司法局把宣传扫黑除恶作为普法工作重要内容，全系统组织开展扫黑除恶专项斗争宣传活动150余次，发放宣传资料3万余份。市司法局成立5个督导组3次督导检查全系统扫黑除恶专项斗争工作。（陈海林）

【打击破坏生态环境违法犯罪专项行动】 2018年，大同市司法局把环保法律法规列入全市普法重点内容。开展律师参与“生态环境保护”专项法律行动，建立环保重点企业法律服务工作专题报告制度，实时了解律师服务工作；学习和贯彻落实《最高法最高检司法部关于将环境损害司法鉴定纳入统一登记管理范围的通知》，组织全市司法鉴定机构开展服务“生态环境保护”专项行动，向社会宣传《司法部环境保护部关于规范环境损害司法鉴定管理工作的通知》《环境损害司法鉴定机构登记评审办法》《环境损害司法鉴定机构登记评审专家库管理办法》，并与市环保部门联系，可行性调研成立环境损害司法鉴定机构，经过调研和摸底，大同市没有单位或组织符合《环境损害司法鉴定机构登记评审办法》《司法鉴定机构登记管理办法》规定设立条件。动员基层法律服务工作者在办理法律事务过程中，通过“以案释法”等方式，开展环保法律法规宣传。（陈海林）

【戒毒所管理】 2018年，市司法局职业技能培训戒毒学员，市强制隔离戒毒所和市现代健康职业学校联合为戒毒人员开办按摩理疗和美发技能培训班，市落阵营强制隔离戒毒所和市新火职业学校联合为戒毒人员开办电子工艺、饰品加工技能培训班。组织“两所”开展“6·26”国际禁毒日系列宣传及场所文化月活动，组织民警开展禁毒戒毒法治宣传进机关、学校、街道、社区活动。“大回访”2015年1月至2018年12月解戒大同籍戒毒人员，摸清戒毒人员出所后复吸率和保持操守率。协调召开大同地区司法行政机关、监狱、戒毒所联防联治联席工作会议，明确目标任务。健全安全隐患排查整治常态化机制，贯彻

法治

实施“双六条禁令”“六个一律”铁规禁令，紧盯关键部位、关键环节和关键人员，杜绝捎、买、带问题。重点管制戒治区，督促“两所”加强尿检措施，每周至少突查、抽查5%戒毒人员，每半年至少组织一次普查。

（陈海林）

【社区矫正】 2018年，市司法局推进社区矫正中心建设，实现“晋中模式”全覆盖。灵丘县在建设社区矫正中心基础上，创新建立社区矫正中心联系会议工作制度，浑源县司法局落实60万余元新建社区矫正中心，面积440平方米。广灵县社区矫中心建成集报到、安置帮教、咨询为一体多功能办案窗口。开展全市社区矫正“双查”专项行动，评查各县（区）所有在册社区矫正人员工作档案和执行档案、社区矫正中心建设等基础工作，查阅解除矫正档案80余份，执行档案60余份，工作档案80余份，刑满释放人员安置帮教档案60余份，督查组逐一核查、记录查出的问题和不足，并提出整改建议。开展社区矫正档案评查活动，成立2个档案评查小组，评查10个县（区）社区矫正档案、调查评估档案，查阅社区矫正档案125份，调查评估档案80余份，重点评查“专案”人员夏某档案，并提出整改建议。推进社区矫正工作社区、社会组织、社会工作“三社联动”，印发《大同市司法局关于建立社区矫正工作“三社联动”机制的实施意见》。推进互联网+社区矫正工作，摸底统计各县（区）社区矫正机构和场所设备情况，建设社区矫正视频督查系统所需场所和政务外网准备工作；推进各县（区）使用全省社区矫正智能管理系统，补充相关工作人员和工作机构信息，录入社区矫正人员电子档案。平城区司法局建立“大同城区社矫管理中心”社矫微信号，设计《社区矫正工作在线培训考试系统》软件，平城区、云冈区、云州区、阳高县投资40万余元购置腕带275套，全市配发定位手机512部。开展选派戒毒人民警察参与社区矫正工作，制定《大同市司法局戒毒人民警察挂职参与社区矫正工作实施办法（试行）》，全市首批13名戒毒人民警察，分派到6县4区参与社区矫正工作。在册社区矫正人员815人，累计接收社区矫正人员4032人，累计解除3217人。累计撤销缓刑27人，累计暂予监外执行罪犯收监执行28人，累计警告212人次，无脱管漏管情况发生。（陈海林）

【人民调解】 2018年，大同市司法局学习新时代“枫桥经验”，在全市部署开展优秀金牌调解员、矛盾纠纷排查化解活动。推进人民调解参与信访矛盾化解工作，与市信访局联合印发《关于在部分县区开展人民调解参与信访矛盾化解试点工作的通知》，在平城区、天镇县部署开展人民调解参与信访矛盾化解试点工作，制定《访调对接工作流程》《信访事项人民调解组织工作制度》，在市信访局、平城区信访大厅、天镇县信访大厅分别设立人民调解室，派驻人民调解员，调处信访案件197件。推进民事纠纷诉调对接工作，与市中级人民法院联合制定《关于建立民事纠纷案件诉调对接工作机制的实施办法》和《关于进一步规范诉调对接工作推进多元化解机制的指导意见》《大同市诉调对接联席会议制度》等文件制度，召开全市推进矛盾纠纷多元化解机制工作座谈会，与市中级人民法院共同选聘55名特邀人民调解员，在全市成立24个诉调对接办公室，在各县（区）人民法院分别设立11个诉调对接工作室，在县（区）人民法院聘任125名人民调解员。选树人民调解先进典型西村司法所所长魏官元，市司法局党组作出向魏官元学习决定，省委政法委、省司法厅作出向魏官元学习决定，《法制日报》于9月19日刊登《司法所长魏官元的22年调解之路》采访报道。协同市中级人民法院和大同市电视台政法栏目组，拍摄制作诉调对接暨多元化解工作视频影像资料，在大同市电视台政法栏目播放，并在山西法制网刊登大同市诉调对接工作、南郊区诉调对接工作文章。大同市“枫桥经验”人民调解专题片在全省人民调解工作会上播放，魏官元、温庭儒两位人民调解员代表在会上介绍工作经验。全市人民调解组织调解纠纷5547件，调解成功5145件，成功率93%。（陈海林）

【公共法律服务平台建设】 2018年，大同市司法局改造建成10个县（区）公共法律服务中心、142个乡镇（街道）公共法律服务工作站、2260个村（居）公共法律服务工作室，涵盖法治宣传、律师咨询、法律援助、公证服务、司法鉴定、人民调解、社区矫正等工作范围。整合“一村（社区）一法律顾问工作”资源，建立市、县（区）、乡镇（街道）、村（社区）四级微信群，创建大同市公共法律服务微信公众号，设置法律援助、普法、公证、律协等法律栏目。扩大法律援助覆盖面，把涉及劳动保障、婚姻家庭、食品药品、教育医疗等与民生相关的事项纳入各级法律援助补充事项范围，重点为农民工、下岗失业人员、妇女、未成年人、老人、残疾人和军人军属群体提供法律援助服务。参与对接以审判为中心的刑事诉讼制度改革，健全完善刑事法律援助制度，推进看守所、人民法院援助工作站规范化建设，制定《驻看守所值班律师工作联席会议制度》。全市建成法律援助中心驻看守所工作站9个，犯罪嫌疑人、被告人申请值班律师法律帮助132人次。全市各法律援助中心提供各类法律咨询21371次。其中，12348热线接听8596人次，法律援助大厅接待到访12775人次。受理案件1568件；为21371名受援人提供法律援助；挽回经济损失4750.34万元。

（陈海林）

【司法鉴定管理】 2018年，大同市司法局落实中办、国办《关于健全统一司法鉴定管理体制的实施意见》和司法部、省司法厅《关于严格司法鉴定准入和监管的实施意见》，制订《大同市司法鉴定整改工作方案》，书面审查和实地检查全市7家司法鉴定机构鉴定资质、业务范围、人员资格、仪器配置等；落实司法鉴定管理与使用衔接措施，召开司法鉴定机构负责人和司法鉴定人座谈会，专题讨论完善工作程序规范司法鉴定委托与受理等内容。与大同市中级人民法院司法技术管理中心协调落实《最高人民法院、司法部关于建立司法鉴定管理与使用衔接机制的意见》任务分解。安排各鉴定机构学习山西省司法厅司法鉴定管理信息系统操作程序，补充完善各鉴定机构资料。全市7家鉴定机构办理司法鉴定案件2462件，收费695.62万元。（陈海林）

【律师事务】 2018年，大同市司法局与市中级人民法院、市人民检察院、市公安局等单位共同建立律师参与化解和代理涉法涉诉信访案件工作制度，市司法局制定《关于对律师参与化解和代理涉法涉诉信访案件工作给予专项资金补助的办法》。接到市中级人民法院移交的16件重大疑难信访案件，化解13件。抓律师参与“三大攻坚战”和“三大目标”专项法律服务工作，召开律师服务经济转型发展工作专题座谈会，听取律师代表意见，了解相关法律顾问工作情况，部署市经济技术开发区、市装备制造产业园区等法律服务保障工作，建立法律顾问工作专项汇报制度。开展“法律扶贫专项行动”，与阳高县、天镇县政府对接，云冈律师事务所成立“法律扶贫专项行动小组”，在天镇县司法局召开“法律扶贫专项活动”座谈会，制订帮扶方案，开展律师下乡进村法律咨询宣传活动。组织全市律师参加中华全国律协主办的全国律协律师专家巡回讲师团西部培训班、北京京师刑事业务技能公益巡讲等专业培训班。全市有律师事务所47家，律师454名。其中，专职律师397名，兼职律师14名，法律援助律师25名，公职律师18名。（陈海林）

【公证事务】 2018年，大同市司法局推进公证体制改革，成立大同市首家合作制公证机构——大同市平城公证处，2月，该公证处正式办证，有员工15人。其中，执业公证员6人、行政及辅助人员9人。办公区域使用面积690平方米，设有接待大厅、谈话室、档案室、录音录像室等专门场所。全年办理公证10622件，收费576.7万元。推进事业体制机构机制创新，与市编办、财政、人社等部门沟通，制订《加快推进全市事业体制公证机构机制创新工作的实施方案》并送达各县司法局及公证机构。加强公证质量监管，开展“铁证工程”建设专项行动，实现公证机构身份识别设备、人脸识别设备、照相录像设备全覆盖；规范全省公证书编号，全市9家公证机构启用新编公证书编号；全市公证机构开展“三查活动”，召开全市公证工作督导暨公证质量交叉检查工作会议，评查全市9家公证机构2017—2018年办结的涉及继承、遗嘱、房屋买卖、委托和赋予强制执行效力债权文书等110份案卷，交换问题意见并分析总结。组织全市公证机构梳理2014—2016年投诉案件和撤证案件情况，跟踪核查处理结果并上报备案。举办大同市公证“最多跑一次”便民服务工作培训会，并向社会公布事项清单、办证流程图、服务承诺、各公证机构咨询电话和监督电话。各公证机构探索建立公证与审判、金融管理部门长效联系机制，在法院设立公证法律服务平台，办理企业融资引资、金融贷款等经济类公证事务，开通办理公证金融业务“绿色通道”；开展公证服务开发区（工业园区）建设活动，制订《公证服务我市开发区（工业园区）改革创新发展工作实施方案》，与国家级大同经济技术开发区、左云县经济技术开发区、大同市塔山工业园区、阳高县龙泉工业园区4家园区对接；在市房产交易租赁管理中心设立办证窗口。全市办理各类公证案件33330件，收费1759.46万元。（陈海林）

【全国律协律师专家讲师团到大同培训】 2018年6月2日至3日，由中华全国律师协会主办，省律师协会、大同大学政法学院、市律师协会承办，市司法局行政支持的“全国律协律师专家讲师团西部培训——大同”开课，来自全省约900名律师和大同大学法学院师生聆听讲座。华东政法学院法学士、上海市金源方程事务所主任、上海市律师协会监事、上海市女律师联谊会副会长金缨主讲《政府法律顾问实务》，福建天衡联合律师事务所一级律师、华侨大学法学院硕士生导师张照东解读公司法，辽宁罗力彦律师事务所主任、辽宁省刑法学会常务理事、中国人民大学律师学院客座教授罗力彦解读《职务犯罪辩护技巧》，辽宁省地方立法研究会常务理事、辽宁省律师协会副会长、沈阳市律师协会副会长李宗胜为学员们讲解《民事诉讼与律师实务》。（紫　妍）

【“送法下乡”宣传活动】 2018年，大同市司法局开展“送法下乡”法治宣传活动，助推乡村振兴战略。活动从2月起，到12月结束。学习宣传习近平新时代中国特色社会主义思想、《中华人民共和国宪法》，及维护农村和谐稳定、农村经济社会发展、农民生产生活密切相关的法律法规，提高农村治理法治化水平。活动要求，各县（区）、市直各单位普法办各司其职，各负其责，落实中办、国办《关于实行国家机关“谁执法谁普法”普法责任制的意见》，抓好联动普法。（紫　妍）

【宪法宣传活动】 2018年，大同市司法局制订《大同市2018年开展宪法学习宣传工作方案》，组织全市开展宪法读本进万家、进军营、进社区、进学校、进机关、进企业、进单位、进乡村活动，组织市银河普法艺术团、阳高县普法艺术团等到10个县（区）巡回演出，利用电视、网络，及普法公众号、普法微信、普法微博等媒体和手机短信平台，使用微场景出品宪法知识小课堂等方式，开展宪法及相关法律法规宣传。全市举办宪法主题讲座130余场，宣传活动300余次，发放宣传资料5万余份，悬挂宣传标语1000余幅，形成“线下+线上”“网上+网下”宪法宣传学习大格局。组织安排全市各县（区）、市直各单位开展2018年度无纸化学法用法及考试工作，全市5万余国家工作人员参加学法用法宪法考试。12月2日，

法治

组织全市150余名律师在市司法局二楼会议室开展“大同市律师集体宣誓活动”；12月3日，邀请市人大代表、市政协委员、学校师生代表、公众代表和媒体代表举办大同市司法局机关开放日活动。“12·4”国家宪法宣传日活动当天，省委常委、市委书记张吉福在《大同日报》发表《让宪法精神凝聚新时代大同发展磅礴力量》署名文章。市委政法委、市委法治办、市司法局、市普法依法治理办公室联合举办主题为“尊崇宪法、学习宪法、遵守宪法、维护宪法、运用宪法”国家宪法日宣传活动，全市60余家行政执法单位参加活动，展出展板100余块，发放宣传资料80余种5万余份，解答群众咨询500余人次。市司法局、市普法办与大同大学联合举办宪法宣传专场文艺汇演。（陈海林）

【市戒毒所开展场所开放日活动】2018年12月6日，市戒毒所组织开展以“弘扬宪法精神建设法治场所”为主题的戒毒场所开放日活动。活动中，市新闻媒体代表、云州区综治办，以及驻地附近乡、镇、村负责人和来自运城、阳泉、吕梁、朔州等地戒毒人员家属代表听取该所戒治工作情况汇报，提出戒毒场所建设意见和建议，参观戒毒人员康复训练中心、习艺劳动场所、教育戒治区、卫生所及戒毒人员食堂，了解戒毒人员日常工作、学习和生活情况。受邀人员观看戒治成果汇演，民警和戒毒人员共同表演文艺节目。（紫 妍）

仲 裁

【概况】2018年，大同仲裁委员会办公室推行仲裁法律制度，依法解决民商事经济合同纠纷。受理仲裁案件124件，标的额14.1亿元，仲裁收费375万元；案件审结率95%，和解调解率50%。根据《中华人民共和国仲裁法》和《国务院办公厅关于加强金融消费者权益保护工作的指导意见》精神和工作要求，12月6日，成立大同金融仲裁院。（于喜泉）

【仲裁工作管理】2018年，大同市人力资源和社会保障局和市劳动人事争议仲裁委员会按季度汇总报送市各仲裁委员会案件办理情况及其他相关资料。规范全市劳动人事争议仲裁案件管辖，根据《中华人民共和国劳动争议调解仲裁法》《劳动人事争议仲裁办案规则》和《山西省劳动人事争议仲裁管辖暂行办法（试行）》的有关规定，制定《大同市劳动人事争议仲裁管辖暂行办法》，并在各县（区）推广施行。（温建斌）

【调解仲裁工作业务培训】2018年，大同市人力资源和社会保障局和市劳动人事争议仲裁委员会举办全市劳动人事争议调解仲裁业务培训班，培训仲裁办案系统、仲裁员管理系统、数据统计系统等内容。完善劳动人事争议纠纷多元化处理机制，提升仲裁人员相关业务能力。（温建斌）

【劳动人事争议仲裁院承办劳动人事日常工作】2018年9月21日，大同市人力资源和社会保障局信访仲裁科和大同市劳动人事争议仲裁院职能分工整合，由仲裁院承办劳动人事争议处理工作。10月8日，市劳动人事争议仲裁委员会签发授权书，根据《中华人民共和国劳动争议调解仲裁法》《劳动人事争议仲裁组织规则》和《劳动人事争议仲裁办案规则》相关规定，授权市仲裁院具体承担争议受理、调解、仲裁等日常工作。（辛 媛）

【调解仲裁办案信息化】2018年10月，大同市劳动人事仲裁院根据人力资源社会保障部办公厅关于《“互联网+调解仲裁”2020行动实施计划》及省人力资源和社会保障厅《关于在全省推广使用调解仲裁办案信息系统的通知》要求，组织相关人员参加全省劳动人事争议调解仲裁办案信息系统推广使用培训班，促进办案信息系统投入使用。全市80%以上案件进入系统办案，超额完成省厅制定的在线办案率不低于40%的目标任务。（温建斌）

【建立“裁审衔接”工作制度】2018年11月，大同市人力资源和社会保障局与市中级人民法院成立劳动人事争议仲裁与诉讼衔接联席会议领导组，建立联席会议制度，专人联络、专案对接制度，类案同判互通机制，裁审衔接宣传工作，信息共享制度，裁审各环节相互学习、借鉴机制，联合培训制度，群体、重大、疑难案件研判机制。（温建斌）

军　事

大同军分区

【概况】 2018年，大同军分区贯彻执行上级命令指示，开展“传承红色基因、担当强军重任”主题教育活动。组织官兵到大同煤矿“万人坑”遗址纪念馆参观，开通“军营之声”广播，诵读英模传记、红色故事。阳高县人民武装部组织官兵到驻地大泉山纪念馆、“瓮城惨案”遗址参观见学，天镇县人民武装部开展军委主席负责制学习教育。大同军分区加强政策制度建设，制定《进一步加强廉洁征兵工作措施》，完善军地联合惩防机制，推动征兵风气持续好转。加大训风演风考风、选人用人、工程建设、经费使用等重点领域监督监察力度，开展监督监察20余次，审查17名选拔后备、调整使用和晋职晋衔干部廉洁自律情况，调查处理上级批转的3起群众来信反映问题线索。按照中央军委命令，落实原城区、矿区、南郊区、大同县4个人民武装部整编工作。解决官兵实际困难，协调地方落实5名随军家属就业安置，10名军人子女实行中高考加分优待。在中国地方志指导小组、中国地方志学会组织的第五届全国地方志优秀成果（年鉴类）评审活动中，《大同军事年鉴（2017）》获二等年鉴；《大同县军事大事记（2017）》获三等年鉴。　（傅三星）

【战备训练】 2018年，大同军分区执行中部战区“18–02”、省军区“2·12”作战行动任务，动员民兵和人民群众参加，完成上级任务，3次在省军区介绍经验。灵丘县人民武装部开展作战值班专项整治，抓“岗位要点一口清”检查考核。改建升级作战指挥大厅，规范值班要素、完善器材库室、加强信息支撑，提升作战指挥效能。全员参加省军区三级首长机关集训，抓群众性岗位练兵活动，集中开展基本技能、工作业务、应急应战能力培训。盛振伟等4人分获省军区群众性岗位练兵比武竞赛活动个人综合成绩前二十名和个人单项成绩第一名，受到省军区通报表彰。新荣区人民武装部、广灵县人民武装部召开军地训练动员大会。组织国防动员“太行–2018B”课题训练，实践运用国防动员智能辅助决策系统，市县两级地方领导全程参与，召开检讨反思会、党委议训会制定整改措施。选拔60名教练员组织教学能力评比，专武干部马经纬、民兵骨干薄天旺和3名人民武装部主官被省军区授予“优秀教练员”称号。　（傅三星）

【国防动员】 2018年，大同军分区承担省军区国防动员“智慧动员”试点任务，采取搭建数据系统、实现功能升级、整合数据链路、融入全军指挥平台“四步走”方针。抓基层整组工作，担负民兵基层建设试点任务，成果被省军区采纳推广。平城区人民武装部、原矿区人民武装部（已撤销现并入云冈区人民武装部）、云冈区人民武装部、云州区人民武装部分别承担街道、国企、高校、开发区4种类型民兵试点任务。推进国防动员工作制度化规范化，印发《大同市国防动员委员会正规化建设标准》，军地联动保障中部战区“18–05”战场勘察活动，受到中部战区首长肯定。推进依法征兵，完成年度新兵、直招士官征集任务。推进全民国防教育，军分区司令员穆国新、军事专家罗援分别为地方党政领导干部宣讲国家安全形势，指导团以上领导干部到中小学校授课辅导国防教育，协调开展全市首届军营开放活动。左云县人民武装部举办全县中学生国防文化专题晚会，与3所中学建立国防教育共育机制。　（傅三星）

【基层建设】 2018年，大同军分区召开全区“三个一线”建设现场观摩会，集中学习观摩云冈区人民武装部正规化建设成果和抓建“三个一线”特色做法，开展“一线战斗堡垒、一线带兵人”课题研究。解决基层实际问题，移交退休干部工作，投入12万元整修机关干部宿舍，改善市征兵办办公环境，投入44万元安装大型LED征兵宣传电子屏，筹措经费88万元解决移交地方职工房租补贴问题，投入110万余元改善营区基础设施。加大从严治军力度，组织开展安全隐患大排查，梳理汇总问题84条，送达问题整改清单30余份，汇编整理《事故案例警示教育汇编》。　（傅三星）

【保障能力建设】 2018年，大同军分区贯彻落实新的战备工作条例，充实战备物资器材，加强节日战备演练，提升应急保障能力。协调推进军队停偿活动，按照时间节点清停全市有偿服务项目，做法转发全省学习借鉴。专项整治财务、住房、油料，退缴自购油料款25万元，收回账外油料36.18吨；调查摸底全区公寓住房，完成住户信息采集、面积核准、调整规范工作。健全完善财务、物资采购、车辆维修等制度，出台《零星工程审计管理办法》《机关公寓住房管理规定》《福利待遇管理规定》。协调军地各方力量，完成报废弹药调运任务。（傅三星）

【国防教育大课堂】 2018年，大同军分区要求各县（区）委书记为当地人民武装部武装工作史馆举行揭幕仪式，组织四套班子到史馆、展厅过组织生活，作为党政领导干部接受红色教育的课堂。各人民武装部组建国防教育宣讲团。发挥展厅、宣讲团、微信公众号功能作用，全区人民武装部建设武装工作史馆和国防教育展厅，并配备解说员；各人民武装部全部建立国防教育微信公众号，并指定专人维护更新，推出最新内容。每月组织全区交叉打分各人民武装部国防教育微信公众号内容更新及质量情况，通报成绩排名，总分作为年终国防教育先进单位评比表彰参考标准。城区国防教育微信公众号推出《致敬退役军人》《萌漫带你揭秘兵哥哥的周末时光》等作品。全市国防教育展厅累计接待领导干部1000余名、学生1.3万人次参观学习。（傅三星）

【“五个用好”传承红色基因】 2018年，大同军分区用好廉政文化，在军分区营院、办公区内设立廉政文化橱窗12个、灯箱18个、廉政文化墙2块、电子读报机4个。用好军营广播，开通“军营之声”广播，专题播放“红色先锋”英模事迹16期、革命战争故事23期，把英模事迹整理成册。用好红色讲堂，由各人民武装部政委为全区辅导授课；邀请军事专家宣讲辅导，市四套班子领导，党群、政府机关、市直单位、各县（区）负责人和驻大同部队350余人听课。组织官兵和职工集中观看《信仰》《红海行动》《苦难辉煌》系列红色影片12部，各人民武装部主官到驻地大专院校、中小学校宣讲16场。用好当地红色教育资源，组织全区官兵、民兵骨干到平型关大捷纪念馆、大同煤矿“万人坑”遗址、大同革命烈士陵园等红色基地参观。依托军分区、人民武装部党委机关网、国防教育微信公众号，设置“传承红色基因”专栏。用好身边先进典型，在全区范围内选树1个先进单位、4名先进个人作典型事迹报告。（傅三星）

【组织“国防教育示范学校”评审】 2018年1月8日至16日，大同军分区政治工作处联合市教育局组成工作组，评审验收全市申报“国防教育示范学校”的36所中小学校。工作组根据省、市《关于创建国防教育示范学校的通知》，梳理出23条达标细则和评审办法，并制定评审实施计划。采取实地查看、随机提问、座谈交流等方式，打分排队参评学校开展国防教育方法形式、活动内容、人员参与面等情况。经工作组综合评定，申报“国防教育示范学校”的36所中小学校全部达到标准要求。市国防教育委员会为达标单位发放牌匾，并把评审结果通报全市。（傅三星）

【军民融合项目揭牌】 2018年1月30日，大同市在示范性综合实践基地举行军民融合项目揭牌仪式。山西省军区原政治部副主任、山西省军区军民融合发展服务中心指导办主任巩保成，市委常委、常务副市长刘振国，大同军分区政委张弛参加挂牌仪式。大同军分区司令员穆国新主持仪式。挂牌仪式后，巩保成介绍军地融合项目。（紫 妍）

【民兵调整改革】 2018年2月至8月，大同军分区推进民兵调整改革。受领试点任务后，该军分区成立试点任务领导小组。试点中，按照普通民兵、基干民兵两种力量，区分街道、国有企业、开发区、高校民兵营（连）4种类型，把任务分解至原城区、矿区、南郊区和开发区4家单位，制订《大同军分区民兵基层建设试点实施方案》《民兵基层建设标准细则》，各任务单位对照方案、细则逐项逐条落实。通过该军分区集中会审、省军区集中汇编，试点成果上报山西省军区和军委国防动员部，并以山西省政府办公厅名义出台《山西省民兵基层建设细则》，为各级提供依据和遵循。该军分区联合市政府制订《大同市“十三五”时期民兵调整改革方案》，指导各县（区）科学调整辖区内民兵规模种类、组织结构、力量布局。大同军分区被省军区评为民兵调整改革先进单位。（傅三星）

【“智慧动员”平台建设】 2018年2月，大同军分区开展以潜力调查常态化、数据运用实战化、平台运行智能化为主要内容的“智慧动员”试点建设。受领试点任务后，大同军分区采取搭建数据系统、实现功能升级、整合数据链路、融入全国全军信息指挥平台“四步走”做法，以军事综合信息网和电子政务网为承载网络，实现基于网络版潜力数据的人工采集、基于引接地方重点数据源专用信道的异构数据采集和基于互联网的终端采集3种手段，实现潜力采集互补、精准掌握、动态更新；依托“大数据中心”，结合矢量、影像电子地图和标绘技术，融合叠加多元信息，综合展现目标周边战场环境、潜力分布状态，形成动员态势一张图；运用云计算、大数据、人工智能等科技成果，自动解析动员文书、动态生成需求清单、智能评估潜力储备、自动生成动员预案，动员任务分解从几个小时压缩至几秒钟，提升智能化动员工作效率；综合应用互联网＋、物联网技术，开发移动端软件系统，实时精确跟踪动员任务落实率、交接率和返还率，形成国防动员全流程、数字化、可视化指挥新形态。（傅三星）

【军地自学考试】 2018年，军队自考大同军分区考点设立，作为军队高等教育自学考试考点之一，与全国自考同步组织大同市军队考生参考。分别于4月14日至15日、10月20日至21日，两次组织军队自考保障工作，实现“考试组织零失误、考生零违纪”目标要求。（傅三星）

【议战议训议教议管会议】 2018年7月12日，大同军分区党委召开议战议训议教议管会议。集中学习军委办公厅《关于聚力深入纠治和平积弊的通知》、军委纪委《关于印发〈纠正形式主义、官僚主义问题清单〉的通知》，人民武装部检讨式发言，大同军分区司令员穆国新分析上半年作战训练工作形势，查找8个方面突出问题；会议突出整风整改导向，拉榜排名全区上半年参加省军区三期集中轮训成绩，区分单位与个人两个方面，点名批评训练落实不好、发生问题的单位与个人，起到统一思想、凝聚共识、加油鼓劲作用。（傅三星）

【基干民兵实弹射击训练考核】2018年7月13日至14日，大同军分区组织基干民兵进行实弹射击训练考核，各级领导同步参训。训练考核严格要求每名参训人员着装、卧姿、动作、口令，参训地方领导到普通职工，动作一致、沉着稳定，完成实弹射击考核。（傅三星）

【双拥考核评比】2018年7月，大同军分区政治工作处联合市民政局等有关单位，采取听、看、查、访、评等方法，检查评比全市10个县（区）双拥创建工作。到驻地单位征求意见建议，实地检查35个乡镇（街道）、62个农村（社区），和优抚对象、退役士兵座谈，对照《考核验收评分标准》11个方面81项具体内容，逐项量化打分，呈报市委主要领导检查情况，并在全市排名通报。以现场答疑、现场办公方式，解决各县（区）下岗失业困难退伍军人就业、军人军属维权等问题。（傅三星）

【区划改革人民武装部整编调整】2018年，大同市撤销城区、矿区、南郊区、大同县，设立平城区、云冈区、云州区，大同军分区按照省军区《关于部分人民武装部整编调整的通知》要求，完成部分人民武装部整编调整任务。在原城区人民武装部基础上成立平城区人民武装部；在原矿区、南郊区人民武装部基础上合并成立云冈区人民武装部；原大同县人民武装部更名为云州区人民武装部；原矿区人民武装部营院改建为大同军分区综合训练基地。大同军分区成立整编调整领导组织，制订《大同军分区关于部分人民武装部合并整编、名称调整工作实施方案》。8月1日，平城区、云冈区、云州区3个新组建人民武装部揭牌运行。（傅三星）

【军营开放活动】2018年9月16日，省委常委、市委书记张吉福等市四套班子领导和市各界代表走进部队，参加“走进火热军营，汇聚强军力量”——大同驻军首届军营开放活动。启动仪式后，参加活动的人员共同观看军营文化特色表演，参观部队军事装备、营区设施等。观看捕俘拳、硬气功、五点攀登固定、400米障碍等军事课目演示。军营开放活动当天在武警大同支队某分队设立分会场，市直学校师生、大同大学师生、企业职工代表等分别在主会场、分会场参加活动。（傅三星）

▲2018年9月16日，大同军分区举行“走进火热军营，汇聚强军力量”——大同驻军首届军营开放活动（戎禹仁 摄）

【“三个一线”建设研讨会议】2018年9月29日，大同军分区召开“三个一线”（一线指挥部、一线战斗堡垒、一线带兵人）建设现场研讨会，采取现地式观摩、课题式汇报、研讨式交流等方式，抓学习，抓主责，抓干部，抓稳定，抓考评。学习贯彻习近平总书记重要讲话精神，落实军委国防动员部和省军区部署要求，推动军分区建设。（傅三星）

武警山西省总队大同支队

【概况】2018年，武警山西省总队大同支队（简称“武警大同支队”）召开第一次党代表大会，开展“学训词、铸军魂、开新篇”专题教育和“传承红色基因、担当强军重任”主题教育。全年在军内外各类纸质、网络媒体刊稿100余篇，微电影《兄弟突击》被武警总队评为微电影创作三等奖，灵丘中队指导员赵星被总队表彰为“十佳”优秀“四会”政治教员。推进军事职业教育和“智慧磐石”工程，训练场地全部达标。创新开展执勤“四个基本、一个演练”活动，治理31处执勤隐患。全年完成“古都灯会”执勤安保、朔州山林火灾前置备勤等临时性任务30起。教导队被武警部队评为一级教导队，机动大队大队长李建中被武警部队评为“百名优秀指挥员”，执勤一中队中队长李发强被总队评为优秀基层指挥员，教导队队长石保历被总队评为优秀教练员。以专题讲评干部、每月士官考核、严格组织生活为载体，发挥“三支队伍”作用。组织纲要培训，逐级审定基层按纲建队计划，按纲抓建能力提高。用好“三帮一带”和季度考核等载体。落实“禁酒令”，规范安全工作，该支队被武警部队表彰为安全工作先进单位。注重在复杂环境中开展“一组五队”实战化训练，组织驾驶员、军械员、炊事员和司务长集中培训，应急保障能力增强。专项审计检查基层伙食费、生活费，依法依规组织物资采购、工程建设，推进后勤领域“清仓归零”、装备大点验、枪弹安全和军车专项整治活动，支队生活费、运输油料、被装军粮、工程建设、装备管理秩序更加正规。到基层巡诊送药，组织官兵体检，为基层购置营产营具，农副业生产有特色有成效。从严规范组织设置、汇报思想、交纳党费等内容，专项培训机关党支部书记和党小组长，加强部队党的建设。2 次组织警示教育大会，7 名干部因履职不力受处理。整改武警党委巡视和总队巡察反馈问题，依规依纪问责处理党组织及个人。公开透明处理敏感事项。武警山西省总队授予武警大同支队政治工作处副主任张晓峰三等功，武警大同支队机动大队大队长李建中三等功。　（张文政）

▲ 2018 年 6 月 30 日，市人防系统工作人员参加省市两级人防指挥通信系统跨区拉动协同演练“砺兵 –2018”　（市人防办 供图）

【野营拉练】 2018 年 1 月 3 日，武警大同支队按照计划安排，组织首长机关带机动大队野营拉练。拉练全程按实战步骤实施，融入战术背景，支队随机导调，沿途结合任务实际组织强行军、丛林搜索、案例复盘推演等重难点科目。设立蓝军分队给部队出难题、布迷阵、设险局，把拉练工作作为学打仗、研打仗、练打仗的出发点和落脚点，提升部队实战化训练水平和核心军事能力。　（张文政）

【灭火救援前置备勤】 2018 年 3 月 14 日，武警大同支队作战勤务值班室接市委办公厅电话：“通报朔州市山阴县方向发生火灾”，请求派兵增援。该支队接报后，向总队汇报情况，接到总队出动命令后，该支队机关靠前指挥、任务部队依案而动。支队长赵学军、副支队长张振坡带领机动一中队、机动二中队向事发地开进。到达任务现地后，该支队采取“干部指挥、兵力分组、机动备勤、高度警惕、全时待命、确保安全”的做法，安排部队在 G18 国道一线机动待命，严防火线越过国道。完成一起灭火救援前置备勤任务。　（张文政）

【“传承红色基因、担当强军重任”主题教育活动】 2018 年 4 月 11 日，武警大同支队组织召开“传承红色基因、担当强军重任”主题教育动员部署会。政治工作处主任赵凤昌宣读支队主题教育活动实施方案，明确主题教育指导思想、组织领导、时间安排、推进步骤及相关要求。政委杨文广从增强政治自觉、提升质量效益、加强组织三个方面动员。支队长赵学军提出要求。7 月 25 日，武警大同支队组织官兵到平型关大捷纪念馆参观见学。在平型关大捷参战主要将领像前，官兵们奏唱《中华人民共和国国歌》后为革命先烈敬献花篮，重温军人誓词。8 月 7 日，武警大同支队组织官兵到红色教育基地——阳高县大泉山纪念馆参观见学。官兵分两批次组织参观大泉山水土保持科技示范园和东方红纪念馆。该支队官兵到大泉山村和敬老院，为百姓清扫街道、组织义诊、理发。　（张文政）

【地震应急救援综合演练】 2018 年 7 月 24 日，武警大同支队为提高预防和应对地震突发性事件应急救援和联动作战能力，经大同市委市政府商请，根据总队命令，出动兵力到浑源县参加市地震应急救援综合演练。部队摩托化行军到浑源县后，协同当地救援队开展破拆救援、竖井救援、高空救援、危化品泄露救援等课目演练。　（张文政）

人民防空

【概况】 2018 年，大同市人民防空办公室（简称“市人防办”）修订全市防空袭方案。以遂行人防准备能力建设为目的，参与人防实战化训练演练。6 月，大同市与张家口市举行人防联合训练演练。两市人防部门在大同开展移动站互联互通、电台开设等实战化训练演练，达到预期目的。市人防办与乌兰察布市人防办签订《人民防空指挥通信跨区保障协议》，开辟毗邻城市人民防空指挥通信跨区保障应急支援新途径。6 月 30 日至 7 月 7 日，山西省市两级开展人防指挥通信系统跨区拉动协同演练“砺兵 – 2018”。市人防系统工作人员随指挥通信车全程参与，演练机动指挥所开设、野外适应性训练、多种通信手段应用、信号采集切换及跨省区协调联络等课目。11 月，参加省军区组织的“太行 – 2018B”国防动员演练；12 月，参加省人防办组织的“太行 – 2018”人民防空演习演练。　（市人防办）

【人民防空心理防护专业队】 2018 年，大同市人民防空心理防护专业队成立，并授旗、挂牌。举办专业培训。大同市建有抢险抢修、医疗救护、防化、通信、运输和治安专业队伍。　（市人防办）

【人防志愿者队伍组建】 2018 年，市人防志愿者队伍组建，市人防办集中培训和考核考试注册人防志愿者《人防志愿者章程》《人防志愿者管理办法》及人民防空基本知识技

能等相关内容。（市人防办）

【人防宣传教育】 9月18日，市人防办在警报试鸣日当天，通过广播、电视、报纸、街头电子显示屏以及手机短信发放等形式，向市民宣传人民防空知识和技能。组织人防宣传教育活动，制作并展出人民防空辉煌成就展板，向市民演示便携式警报器，发放人民防空宣传教育资料等。各县（区）人防部门在各自辖区开展宣传活动。市人防办推进人防宣传教育进机关、进学校、进社区、进企业、进网络的“五进”工作。5月，在领导干部培训班上，举行人民防空专题知识讲座，并播放《天盾》和《第七次全国人民防空会议》纪录片。（市人防办）

双拥工作

【走访慰问】 2018年元旦春节期间，大同市领导慰问驻大同团以上部队及优抚事业单位20余家，慰问品价值115万元。“八一”期间，市、县两级开展“关爱功臣”活动，慰问辖区内的驻地部队、复转退伍军人、伤残军人、烈属、牺牲病故军人家属及军队离退休干部，截至8月15日，全市走访各类优抚对象、退役军人等，发放慰问金180.01万元。市双拥办专程慰问拥军模范欧学联和李月花，每人送上5000元慰问金。7月30日，省委常委、市委书记张吉福在平城区走访慰问驻大同部队官兵和部分退伍军人。“八一”建军节当天，到大连，看望以大同市名字命名的“大同舰”广大官兵，给他们送上慰问金和大同人民情谊。8月1日，市委副书记、市长武宏文走访慰问驻大同部队官兵。市领导分组慰问驻大同部队、武警官兵，走访看望部分退役军人等。全年平城区用于走访慰问资金98万元。“八一”建军节来临之际，“兵妈妈”李月花在军营警营，给子弟兵送去节日慰问和夏日清凉。平城区振华南街惠民南院社区工作人员给社区退伍、转业军人家庭送上“光荣之家”牌匾及慰问品。8月1日，市通达出租汽车公司拥军爱民示范车队开展给现役军人献爱心活动，现役军人凭军官证、士兵证可免费乘坐拥军爱民示范车队出租车。（温家华）

【新兵接待转运】 2018年9月，大同市军供站启动军供保障应急预案，抓各项服务保障工作，以确保完成新兵接待转运工作。市军供站把“以兵为本，为兵服务，部队满意”作为新兵运输工作原则，实施由领导带班，全员参与昼夜全天候保障工作，做到领导到位，人员到位，设备到位，服务到位四位一体工作机制。每天在站内室外显示屏滚动播放欢送新兵宣传标语，休息厅外悬挂着“让军人成为全社会尊崇的职业”横幅，营造拥军氛围，使新兵获得荣誉感；在调整大厅给过往新兵提供饮用水供应、休息服务，使新兵体会温情感；在中转等候期间，设专人给新兵放映爱国主义题材影片，使新兵增强使命感。连续一周完成新兵运输保障任务。（温家华）

【革命烈士纪念日活动】 2018年9月30日，全国第五个“烈士纪念日”，大同市领导、部分老战士、革命烈士家属、双拥模范、驻大同部队官兵及社会各界代表1000余人，在市革命烈士陵园举行向革命烈士敬献花篮公祭活动。省委常委、市委书记张吉福，市委副书记、市长武宏文，市人大常委会主任赵向东，市政协主席郜向华，大同军分区司令员穆国新代表市党政军、人民团体和各界群众向烈士敬献花篮，向纪念塔三鞠躬表达哀思和敬意。敬献花篮后，市党政军领导与各界代表共同瞻仰革命烈士纪念塔和烈士墓碑。（温家华 刘峰）

▲2018年9月30日，大同市领导、部分老战士、双拥模范、驻大同部队官兵及社会各界代表在市革命烈士陵园举行向革命烈士敬献花篮公祭活动（张燕伟 摄）

经济管理

发展与改革

【概况】 2018年，大同市发展和改革委员会(简称"市发改委")编制《大同市国际能源革命科技创新园智慧能源系统建设实施方案》《大同市乡村振兴总体规划（2018—2022）》《大同市战略性新兴产业发展规划》等方案规划，支持全市能源革命、乡村振兴、工业振兴战略实施；围绕生态文明建设，牵头编制《大同市"十三五"控制温室气体排放实施方案》等方案；围绕营商环境改善，牵头编制《大同市加强政务诚信建设实施方案》《大同市政务信息系统整合共享工作方案》等方案。组织各牵头单位建立健全基本制度，逐月调度分析，组织编制《大同市2018年度区域经济转型升级考核评价指标解释》《2018年大同市区域经济转型升级考核评价指标调度评分办法（试行）》等方案，形成调度推进体系和办法。年内，全市地区生产总值1272亿元，增长6.8%，超过目标任务0.3%，增速全省第六；固定资产投资549亿元，增长12.3%，超过目标任务2.3%，增速全省第三。发展速度整体快于上年。

制订《大同市转型项目建设年（2018）行动方案》，加强项目库管理。2018年，省、市两级重点工程分别为37项和94项，累计投资263.5亿元，完成率124.9%，全省排名第三，占全市固定资产投资48%，超过目标任务10.8%。围绕新兴产业、传统升级改造、科技创新等七大领域持续谋划储备项目，全年储备项目704个，总投资4866亿元，是上年全市固定资产投资实际完成额的9倍。逐月调整，做实做细建设库，优化项目结构、提高转型项目比重，全年建设项目库项目656个，年度计划投资639亿元，转型项目投资389.2亿元，占全市固定资产投资70.9%，超过目标任务10%。 （市发改委）

【新兴产业培育】 2018年，大同市布局新能源、新材料、通用航空、信息技术、现代物流等新兴产业集群，构建现代产业体系，推动经济转型升级。引进20名院士和71名专家建成转型智库，成立新能源产业技术研究院、新能源产业战略咨询委员会以及全国地市级城市首家新能源产业局，规划布局"一园一城"产业平台，谋划并启动五大行动·十大突破工程，北京新研、深圳雄韬等项目落地开工，西安隆基500兆瓦单晶硅太阳能电池组件项目投产、光伏发电应用领跑基地项目并网发电，新能源装机规模是全省的三分之一。策划百名科学家百家讲坛系列活动，举办首届大同"能源革命、对外开放"科技周国际高峰论坛、第十二届中国新能源国际高峰论坛暨山西大同"氢都"新能源产业城招商推介会、2018"氢都"大同氢能产业发展高峰论坛等活动。引进中科院工程热物理所、中关村智造大街、北大1898双创孵化器等项目，与清华大学、北京大学、以色列特拉维夫大学等院校签订合作协议，在北京、深圳设立成果转化平台和创新研发中心，为全市转型发展提供项目支撑、智力支持和平台保障。编制《大同市通用航空产业发展规划（2018—2030）》，谋划通航产业发展图景；组织编制《山西省暨大同市低空空域管理改革试点方案》，大同市被列为全省两个低空空域改革试点基地之一。编制《大同市国家级通用航空产业综合示范区实施方案》，全国第二批通用航空产业综合示范区工作得到省发改委和国家发改委支持。推动项目建设，有3家企业进驻大同市通用航空产业园，中德轻型飞机制造项目投产运行，轻型航空发动机制造项目实现样机生产，中美园项目办理前期手续。筹划新一代信息产业，投资60亿元、容纳20万台服务器的网宿科技中国能源信息技术产业基地落地大同，开工建设。贯彻市委打造资源型经济转型综改示范区的先行区战略，支持制造业发展，帮助新成新材料公司申报到国家"增强制造业核心竞争力"专项扶持资金，推进新成新材料公司年产20万条受电弓碳滑条项目早日达产达效。委托交通部科学研究院、中国铁道科学研究院等机构，编制《大同市综合交通物流体系发展规划总报告》，从服务大同乃至全省经济社会发展全局高度，优化大同市物流产业布局和空间布局，从中提炼智能物流、多式联运、电商物流、城市配送、冷链物流、危险品物流和物流大数据信息系统等一批重大基础设施项目。抓住建设国家级旅游业改革先行区机遇，运用景区价格调控、旅游市场体制改革、中央预算内资金投入等手段，发展"旅游+"，推动旅游产业与相关产业融合发展，打造大旅游产业发展格局。 （市发改委）

【振兴战略实施】 2018年，大同

市实施“工业立市、工业富市、工业强市”发展战略，完善创新一系列政策机制，制定出台三个“十条”及“创新产业券”激励政策，全年兑现奖金5亿元，奖励企业200余家。引进高科技项目和行业领军人才，推进工业振兴2018·百项转型项目建设行动，实施工业转型大项目176个，其中战略性新兴产业项目109个，99个竣工。全年工业总产值1065.8亿元，首次突破千亿大关。

文旅振兴实现新突破。围绕建设历史文化名城、国际一流全域旅游目的地、综合康养产业区三大定位，推进36项文化旅游项目落地落实，开展总投资192.8亿元的14个文旅重点项目。云冈石窟、北岳恒山、古城三大核心景区整体升级；大同火山群、古长城、北魏皇陵三大新型景点加速开发；方特欢乐世界、温泉旅游、乡村旅游三大休闲体验式景点人气集聚。开通“大同蓝号”和“云冈号”城际旅游列车及城际旅游公交，旅游交通体系更加健全。成功举办古都灯会、成龙国际动作电影周等一系列大型文旅活动，全市接待国内旅游者6911.2万人次，同比增长28.4%；全市旅游总收入620.9亿元，同比增长28.5%。旅游人数和旅游收入连续三年增长近30%。

乡村振兴上新台阶。编制大同市乡村振兴战略规划，与产业兴旺等其他7个专项规划形成落实中央一号文件的政策框架。种植业结构优化质量提升，全年粮食产量123万吨，实现“九连丰”，“三品一标”产品128个。雁门关农牧交错带建设推进，全年新增苜蓿种植5万亩，粮改饲15万亩，推进奶牛、生猪、草食畜三大产业集聚区。农业产业化经营水平提高，全市农产品加工企业销售收入107.1亿元，同比增长16.8%。发展特色农业，筹建“特色农产品”应用示范中心及“互联网+现代农业”产业示范中心；市政府出台《扶持黄花产业发展十条政策》，黄花产业步入发展快车道，“大同好粮”唱响大江南北；特色农业观光区建设启动，大张高铁123千米沿线、19个乡（镇）、68个行政村发展特色作物10万亩，推进有机旱作农业样板区建设，全年新发展有机旱作农业150万亩。市财政投入10亿元专项资金开展农村人居环境综合整治。 （莫 俪）

【改革发展体系建立】 2018年，市发改委推进“能源革命体制机制、供给侧机构性改革、电力体制机制改革、金融体制机制改革、‘转型项目建设年’管理体制、投融资体制机制改革”六项改革任务。大同市国际能源革命科技创新园增量配电业务试点获批，能源革命建设工作全省领先。牵头完成全市事业单位公车改革工作，每年可节支财政资金1143万元；获批大同市国际能源革命科技创新园增量配电业务试点；完善公共资源交易平台系统化建设和全流程电子化招标工作，实现公共资源交易透明化管理、规范化运行、电子化操作；推进社会信用体系建设，政务信息资源共享交换平台建成，并与省平台对接；全市域推行企业投资项目承诺制改革，重大投资项目开通审批“绿色通道”，所有项目全部上线山西省投资项目审批监管平台，办结率100%。 （市发改委）

【重大项目落实】 2018年，市发改委推进“能源革命尖兵”五大行动·十大突破工程项目。帮助企业申请上级资金支持，协调解决投资企业住房问题；协助企业办理备案手续，督促相关单位协助企业进行工商注册、规划、拆迁等事宜；与金融办、财政局、商业银行对接，帮助企业解决融资难问题；帮助企业对接院士、博士等专家学者，搭建“政产学研”全产业链条。服务引进全球出货量最大的单晶硅企业——西安隆基1吉瓦光伏组件制造、中科院工程热物理所大同分所等转型发展标志性项目落地大同。设立中关村智造大街公共服务中心大同服务平台，引进中关村智造大街七星服务生态。推进大张和大集高铁项目，大张高铁投资108亿元，占计划投资76.4%。原大乌高铁列入山西省和内蒙古自治区“十三五”铁路建设规划，大西、大乌高铁列入国家“八横八纵”交通网络。大集高铁项目由中国铁路设计集团有限公司编制可行性研究报告，大同段线路走向拟采用推荐方案。推进国家光伏基地二期项目，协调各方，解决基地项目用地面积1466.67公顷；协调国网大同供电公司投资新建碾槽沟光伏升压站——平城220千伏线路1条，长度16.9千米，110千伏线路2条，总长8.34千米；协调各相关部门和县（区）政府，加快办理基地项目各项手续，为项目备案开辟绿色通道。 （市发改委）

【城乡功能体建设】 2018年，大同市实施城建工程89项，涵盖市政道路、桥梁、场馆、广场、快速路、高架桥、机场口岸、交通客运枢纽等，总投资130.9亿元。老城区、御东新区、同煤新区、开发区“四区”同城化进程加快，开源桥全线通车、开源街快速路建设中、中银纺织新城“三横九纵”道路建设工程竣工；永泰门广场主体竣工，推进体育馆、大剧院、美术馆，高铁站北广场综合枢纽建设。农村基础设施改善，“四好农村路”完工里程1912千米，建制村通客车新增23个。市级投入2860万元重点建设33个高标准美丽宜居乡村。加快农村集体产权制度改革，省级试点阳高县、市级试点灵丘县改革任务完成，农村土地确权完成省、市、县三级验收。 （莫 俪）

国有资产管理

【概况】 2018年，大同市市属国有企业70户。其中，市政府管理1户，大同市人民政府国有资产监督管理委员会（简称“市国资委”）监管40户，部门管理29户。市国资委监管企业40户，资产总额537.7亿元，负债总额372.3亿元，所有者权益总额165.4亿元。营业总收入40.2亿元，同比增长26.38%，上缴税金1.4亿元，资产保值增值率101.02%，劳动生产总值13亿元，工业总值5.7亿元，工业增加值2.8亿元。

市国资委抓招商引资、项目服务，国资系统全年总投资21.3亿元。在新兴产业项目方面重点推进“通航产业园”项目和“云中e谷产业园”项目。其中，“中德园”项目投资2.8亿元；“云中e谷产业园”项目投资4亿元。生态环境保护项目重点推进“两河生态湿地”项目，投资16.2亿元。文化旅游产业重点推进“阳高县农村产业融合发展示范园”项目，投资2.9亿元。实施产业扶贫，宜民产业公司“黄花产业园区”项目投资1.18亿元；国腾生物有机肥公司“年产20万吨生物有机肥”项目投资6000万元；云城乳业“年产300万袋标准食用菌”项目，省农垦局拨付资金350万元，投资220万元。（徐　征）

【国企监管】 2018年，市国资委制定《2018年国企国资改革主要任务》《国企国资改革十大工程》，把省“八方面38项重点工作”和市深改组国企国资改革工作要点细化分解为105项具体工作，制定国企国资工作台账，落实中央和省、市委决策部署。加强国有产权管理，围绕资产出租、资产处置、产权变更等，开展企业国有资产、破产企业资产分类监管。清查全市关闭破产企业国有资产和留守人员，印发《关于清查市属关闭破产企业国有资产和留守人员的通知》，分类建立国有资产、国有土地、机器设备和留守人员登记档案。印发《关于对市属企业开展自查自纠内部审计的通知》，开展监管企业资产出租、出售收益未列入财政预算管理问题专项整治，督促整改监管存在的问题。在全市开展企业国有产权管理检查工作，印发《关于组织开展市属企业国有产权管理检查工作的通知》，通过企业自查和市国资委重点抽查方式，盘点企业国有产权登记和产权转让问题并专项通报。规范国有企业产权处置行为，印发《关于进一步做好企业国有产权转让进场交易的通知》，规范国有产权事前、事中、事后监管，杜绝国有产权交易过程中腐败现象。加强企业财务和审计监督，建立《国资快报》信息平台，重点企业经济运行情况月月排名，月月通报。履行审计监督职能，开展脱钩接收企业、出租资产收益、职工安置费发放专项审计。实行国有企业信息公开制度，37户监管企业在政府网主动公开财务状况、经营业绩、重大投资等事项，接受社会公众监督。完善经营业绩考核，实施监管企业“一企一策”分类考核，亏损企业重点考核降低负债率，人员负担重的企业重点考核全员劳动生产率。组织开展19户企业上年度目标责任完成情况考核，与33户企业签订2018年度经营业绩考核目标责任书。加强国有企业法制建设，监管的运营企业全部聘请法律顾问，合法性审查印发的规范性文件，重大行政决策和企业重大事项、重要合同法律审核把关率100%。应对处置6起企业涉诉案件，保证企业正常经营，防止国有资产流失。

市国资委监管市属国有企业公司化改制工作，指导未脱钩仍由部门管理企业的公司制改革；推动外部董事选派工作，建立企业外部董事人才库；结合企业领导人契约化管理，开展市场化选聘文旅集团下属国际旅行社总经理工作，发布招聘公告并资格审核；加强市属企业内部“三项制度”改革，制订《关于加强市属国有企业用工管理工作的指导意见》《关于市属国有企业科技研发人员激励机制的指导意见》《市属国有企业负责人薪酬管理暂行办法》，规范招聘用工、薪酬、干部管理行为。综合考虑市属国有企业现状，特别是脱钩企业存在的问题，制定《市属国有企业整合重组方案》。结合“三供一业”分离移交，成立国瑞、中瑞、云瑞、晋瑞4个国有物业公司，农业（农垦）产业集团完成工商登记，核准5个子公司名称，下属云城乳业公司办理出资人变更手续；粮油产业集团等企业部分实施整合重组，划转整合6户脱钩企业。

市国资委整合现有城市资产及相关管理单位，发挥城市资产在融资、化债、服务经济发展等方面作用。制订《政府存量国有资产集中储备统筹使用工作方案》和《大同城市国有资产经营管理有限公司组建方案》，起草《关于加强市政府投资建设城市资产管理的通知》和《关于进一步加强市政府投资建设城市资产管理的补充通知》，推进城市资产集中统一监管。大同城市资产管理有限责任公司完成工商名称核准，城市资产出售、出租、抵债等事项实行资产评估、公开进场交易。市国资委规范企业投融资行为，加强企业风险防控。摸底所监管企业的欠薪、欠息、欠税及民间借贷和对外担保情况，规范市经济建设投资公司为民营企业新成新材料公司提供1.5亿元担保事项，加入反担保内容。专项清理监管企业应收款项、交易性金融资产及带息负债等；汇总上报市经济建设投资公司、市开发集团、市供排水公司、市经济发展投资公司和平城建设开发公司5户企业隐性债务。通过落实国家有关惠企政策，监管企业总体资产负债率69.2%，较上年同期下降4.1%。（徐　征）

【国企参股民企】 2018年，大同市通过国有企业参股民营企业，支持战略新兴产业发展。大同市经济建设投资公司和新成新材料混合所有制改革达成初步意向，以债转股形式支持新材料产业发展，聘请中介机构完成尽职调查和法律意见书。市公交公司落实乡村振兴战略，与雁运公司合作引入灵羲客运、新阳出租两家民营企业发展城乡公共交通客运；市公交公司与北京中航讯科技股份公司合作组建大同启航智慧交通科技公司，发展城市公交服务领域软件研发、软件服务、数据处理等业务。市经济发展投资公司拟与中国石油化工股份有限公司山西石油分公司、北京数据在线国际供应链管理有限公司共同合作成立大同中石化供应链管理有限公司，开发建设货运物流在线管理平台项目。国投公司所属大同能谷科技投资有限公司与北京硬创梦工场科技有限公司共同出资组建大同能创能源科技有限公司，打造新能源高端产业示范平台及科技成果交易示范中心。国顺贸易公司拟与怡亚通供应链有限公司、中控物总有限公司合作成立进出口贸易公司，开展大宗商品进出口业务及农产品出口业务，发展外向型经济。商贸国资公司与山西福源药业合作组建股份公司，建设规模型药业批发零售市场。（徐　征）

【供排水集团资产证券化】 2018

年，市国资委成立供排水集团上市工作领导小组。组织人员调研摸底，与省黄河供水公司协调，明确土地、股改、同业竞争、三年利润率四项重点任务，评估供排水集团国有土地，制订《关于深化供排水体制改革的建议方案》《大同市黄河供水有限公司股权比例调整协议书》和《统一供水市场协议书》。（徐 征）

【“僵尸企业”出清】 2018年，市国资委根据国家有关政策和企业实际，经过摸底，制订《2018年僵尸企业出清计划》，组织实施27户“僵尸企业”市场化出清工作。配合市中级人民法院依法履行破产清算法律程序，办理企业注销手续，并按现行职工安置政策妥善安置职工。（徐 征）

【国有企业办社会职能剥离】 2018年5月11日，市政府组织召开剥离国有企业办社会职能和解决历史遗留攻坚会议。27户央企和省属企业“三供一业”分离移交完成阶段性目标，按照“先接收后改造”要求，6月25日，签订“三供一业”分离移交协议；9月28日，供水、供电、供热、供气和物业分离移交，12月底，医疗、教育、市政和社区分离移交初步完成，维修改造资金按时上报，全省排名第一。市分离办建立“1+9”工作机构和“一月一通报、一月一督查”制度，召开工作例会，与同煤集团共同组建10个工作对接小组，完成“三供一业”分离移交工作。（徐 征）

财 政

【概况】 2018年，大同市一般公共预算执行情况：全市一般公共收入预算115.8亿元，与备案预算一致；支出预算由225.2亿元变为340.4亿元，主要是转移支付补助资金增加81.6亿元、地方政府债券资金增加20.7亿元、调入资金6.8亿元、上年结转6.1亿元，净增支出115.2亿元。一般公共预算收入119.7亿元，占预算103.3%，增长10.5%。全市一般公共预算支出执行334亿元，占预算98.1%，增长2.6%。其中，民生支出执行272.9亿元，占一般公共预算支出81.5%。主要收入项目情况：税收收入88.7亿元，占预算110.9%，增长21.7%。其中，增值税33.6亿元，占预算169.9%；企业所得税16.6亿元，占预算93.3%；个人所得税3.2亿元，占预算51.7%；资源税8.4亿元，占预算85.7%；其他税收26.9亿元，占预算101.2%。非税收入31亿元，占预算86.5%，下降12.4%。其中，专项收入8.8亿元，占预算67.7%；行政事业性收费1.9亿元，占预算80.2%；罚没收入2.8亿元，占预算131.8%；国有资源有偿使用收入6.7亿元，占预算122.2%；政府住房基金收入10亿元，占预算84.1%；其他非税收入0.8亿元，占预算77.2%。主要支出项目执行情况：一般公共服务支出执行27.5亿元，占预算99.5%，同比（下同）下降15.7%；公共安全支出执行18亿元，占预算99.9%，与上年持平；教育支出执行51.9亿元，占预算98.2%，与上年持平；科学技术支出执行2.2亿元，占预算99.7%，与上年持平；文化体育与传媒支出执行8.8亿元，占预算99%，增长7.8%；社会保障和就业支出执行44.5亿元，占预算97.3%，增长2.3%；医疗卫生与计划生育支出执行29.8亿元，占预算98.4%，增长6%；节能环保支出执行7.4亿元，占预算88.1%，与上年持平；城乡社区支出执行28.3亿元，占预算99.8%，增长3.2%；农林水支出执行57.8亿元，占预算98.2%，增长45.3%，主要是扶贫投入力度加大；交通运输支出执行19.8亿元，占预算97.4%，增长64.6%，主要是公共交通场站建设和购置交通设备一次性投入所致；资源勘探信息等支出4.4亿元，占预算99.9%，下降25.2%；商业服务业等支出1.7亿元，占预算98.2%，增长5.2%；国土海洋气象等支出5.1亿元，占预算99.3%，下降18.5%；住房保障支出执行14.7亿元，占预算98.7%，下降55.2%，主要是保障性住房建设改由政府性基金预算列支所致；粮油物资储备支出执行0.8亿元，占预算97.9%，下降23.6%，与上年持平；债务付息支出执行7.8亿元，占预算100%，增长45.3%；其他支出执行3.3亿元，占预算86.8%，下降43.7%。

市本级一般公共预算执行情况：收入78.5亿元，与备案预算一致；支出预算由97.1亿元变为112.6亿元，主要是转移支付补助资金增加7亿元、地方政府债券资金增加1.6亿元、调入资金4.8亿元、上年结转2.1亿元，净增支出15.5亿元。一般公共预算收入76.1亿元，占预算97%，增长4.5%。一般公共预算支出执行110.8亿元，占预算98.4%，比上年下降4.5%，主要是市级加大县级专项转移支付支出所致。主要收入项目情况：税收收入56.6亿元，占预算109.9%，增长20.4%。其中，增值税20.3亿元，占预算240.9%；企业所得税12.9亿元，占预算85.9%；个人所得税2.1亿元，占预算40.9%；资源税4.1亿元，占预算83.8%；其他税收17.2亿元，占预算94.4%。非税收入19.5亿元，占预算72.4%，下降24.4%。其中，专项收入4.9亿元，占预算51.3%；行政事业性收费0.9亿元，占预算118.3%；罚没收入1.4亿元，占预算127.3%；政府住房基金收入8.7亿元，占预算66.9%；其他非税收入3.6亿元，占预算143.6%。主要支出项目执行情况：教育支出执行12.9亿元，占预算99.9%，增长4.4%；医疗卫生与计划生育支出执行17.6亿元，占预算99.1%，增长12%；社会保障和就业支出执行9.8亿元，占预算93.9%，下降25%，主要是退休人员工资发放改由社保基金列支所致；文化体育与传媒支出执行5.8亿元，占预算100%，增长9.9%；节能环保支出执行2亿元，占预算82.3%，增长55.8%；农林水支出执行7.4亿元，占预算99.4%，增长25.3%；科学技术支出执行1亿元，占预算99.6%，增长83.5%；国土海洋气象等支出0.6亿元，占预算100%，增长28.7%；住房保障支出执行3.9亿元，占预算100%，下降70.3%，主要是保障性住房建设改由政府性基金预算列支所致；城乡社区支出执行10.9亿元，占预算99.5%，增长2.7%。其他项目支出情况：一般公共服务支出执行8.8

亿元，占预算 99.7%，增长 13.8%；公共安全支出执行 12.1 亿元，占预算 99.9%，增长 6.8%；交通运输支出执行 6.4 亿元，占预算 99.3%，增长 18.7%；资源勘探信息等支出 1.7 亿元，占预算 100%，下降 51.6%；商业服务业等支出 0.7 亿元，占预算 98.5%，下降 33.1%；粮油物资储备支出执行 0.4 亿元，占预算 100%，下降 34.8%；债务付息支出执行 7.8 亿元，占预算 100%，增长 45.3%。

省转移支付大同市执行情况：转移支付 181.3 亿元，与上年持平。其中，返还性收入 8.9 亿元，与上年持平；一般性转移支付 116.2 亿元，增长 4.6%；专项转移支付 56.2 亿元，下降 8.1%。

财政预算收支平衡情况：市县两级财政均实现当年收支平衡并消化赤字 0.5 亿元，截至 2018 年年底，全市历年财政赤字全部消化完毕。

年内，全市政府性基金收入 80.9 亿元，占预算 72.4%，增长 41.7%，其中市本级 75.2 亿元，占预算 69.8%，增长 54.1%。全市政府性基金支出执行 99.3 亿元，占预算 89.8%，增长 64.7%，其中市本级支出 80.3 亿元，占预算 90.9%，增长 104.8%。

年内，全市国有资本经营预算收入 2.3 亿元，占预算 32.3 倍，下降 74.8%；预算支出执行 15.2 亿元，占预算 100%，增长 83.6%。其中，市本级国有资本经营预算收入 566 万元，占预算 80.9%，下降 99.3%；预算支出执行 14.8 亿元，占预算 100%，增长 84.9%（主要是支付上年结转省级“三供一业”等专项资金所致）。

年内，全市社会保险基金预算收入 154.4 亿元，占预算 113.5%，下降 2.4%；预算支出执行 153.3 亿元，占预算 112.8%，下降 2.2%。其中，市本级社会保险基金预算收入 106.3 亿元（包括市级财政兜底补助 2.3 亿元养老保险补助和 2.5 亿元医疗保险补助），占预算 102.2 %，增长 14.2%；动用历年结余 3.2 亿元，预算支出执行 109.6 亿元，占预算 119.2%，增长 18.7%。

年内，财政厅核定大同市新增政府债务规模 36.9 亿元，其中市本级留用 16.9 亿元，转贷各县（区）20 亿元，主要用于精准脱贫、市政建设、生态治理、教育文化及交通运输等重点民生领域建设和支持转型综改发展。财政厅转贷大同市置换债券 33.7 亿元，其中市本级留用 31 亿元，转贷各县（区）2.7 亿元，全部用于置换存量政府债务。大同市政府债务限额 334.5 亿元，年末政府债务余额 320.5 亿元，比政府债务限额少 14 亿元，全市政府债务率 75%。（莫 俪）

2018 年大同市公共财政预算收入表

单位：万元

指 标	2018 年	2018 年比 2017 年 ±%
公共财政预算收入	1196911	10.5
增值税	336056	11.2
营业税	1496	–53.5
企业所得税	166062	57.1
个人所得税	32330	1.5
资源税	83723	17.3
城市维护建设税	64419	7.4
房产税	27000	13.1
城镇土地使用税	32484	7.3
印花税	22826	25.4
行政性收费收入	18866	–25.8
罚没收入	28327	25.8
专项收入	88032	–0.2

2018 年大同市公共财政预算支出表

单位：万元

指 标	2018 年	2018 年比 2017 年 ±%
公共财政预算支出	3347386	2.9
一般公共服务	280950	15.8
公共安全	179734	-2.0
教育	518147	-5.7
科学技术	21843	0.0
文化体育与传媒	87281	9.0
社会保障和就业	446812	7.0
医疗卫生	297026	4.9
节能环保	73780	-17.8
农林水事务	579161	45.4
城乡社区事务	291292	5.5
交通运输	196767	65.7
其他支出	33987	-46.8

2018 年大同市分县（区）公共财政预算收入表

单位：万元

县 区	2018 年	2018 年比 2017 年 ±%
全 市	1196911	10.5
平城区	49335	36.8
云冈区	106225	0.3
新荣区	23224	35.0
云州区	23289	24.7
阳高县	13381	8.3
天镇县	14251	39.5
广灵县	14900	42.5
灵丘县	14787	9.4
浑源县	24849	-7.9
左云县	100995	55.6
开发区	50559	32.2

2018 年大同市分县（区）公共财政预算支出表

单位：万元

县　区	2018 年	2018 年比 2017 年 ±%
全　市	3347486	2.9
平城区	168441	—
云冈区	291556	—
新荣区	124427	—
云州区	183489	13.5
阳高县	241674	2.1
天镇县	255248	29.0
广灵县	207474	5.5
灵丘县	223838	16.7
浑源县	278599	9.2
左云县	194176	43.6
开发区	68584	–27.8

【财政预算管理】 2018 年，大同市财政局落实上级支持转移支付及补助资金 185 亿元，缓解预算收支平衡压力。依法清理盘活存量资金 26.23 亿元，统筹用于经济社会发展亟需资金支持的领域，提高财政资源配置效率。加强部门支出主体责任，加快财政支出进度。调整优化支出结构，压减一般性支出，优先保工资、保运转、保民生、保重点。执行国库集中收付制度，规范财政专户资金管理。加强财政监督检查，推进内控体系建设，提升财政管理质量。 （刘国鑫）

【财政保障债务风险防范】 2018 年，大同市财政局加强预算管理、限额管理、预警管理和应急管理机制建设，出台《大同市政府性债务风险应急处置预案》和《大同市人民政府办公厅关于地方政府性债务（2018—2020）风险防控与化解的实施方案》，规范举债融资行为，建立全口径债务线上监测系统。置换存量政府债务 33.71 亿元，落实新增债券资金 36.9 亿元，优先安排专项化债资金，化解存量，控制增量，支持重点建设，处理好防风险和促发展关系，促进经济平稳发展。 （刘国鑫）

【财政保障脱贫与污染防治】 2018 年，大同市财政局把打好脱贫攻坚战作为实施乡村振兴战略任务，市级财政投入 12.7 亿元，超额完成财政专项扶贫投入总量和增幅“双增长”目标。用新增债券安排扶贫 12.2 亿元，筹集扶贫周转金 3.6 亿元，统筹整合贫困县涉农资金 19.2 亿元，推进产业扶贫、易地搬迁、就业、教育、医疗卫生、基础设施各项扶贫攻坚行动。拨付生态环保资金 4.9 亿元，解决大气、土壤和水污染防治等问题。推进煤改气煤改电等清洁能源利用、污水处理、矿山地质环境治理、河道综合治理、林业生态建设、空气预报预警、污染源普查和监控，维护“大同蓝、大同清、大同绿”。 （刘国鑫）

【财政政策落实】 2018 年，大同市财政局落实结构性减税和普遍性降费政策，给各类企业减负 75 亿元，支持企业增强活力，转型升级；落实市优惠开发区财税政策，完善开发区财政体制改革，推动开发区尽快形成转型综改主战场；安排专项资金 10 亿元，支持能源革命突破十大行动、十大引领项目落地开工，构建科技创新平台，引进顶尖技术人才，变革经济发展方式；推进支持工业振兴战略，拨付专项资金 5 亿元，重点支持石墨烯、中银纺织、晋投玄武岩等战略性新型高科技项目落地投产，促进工业结构反转巩固提升；支持乡村振兴战略实施，突出财政政策对县域经济发展的引导和激励作用，建立税收增长奖励扶持机制，对县级新兴产业、第三产业税收增量按 100% 予以奖励；围绕创建国际一流全域旅游目的地和国家级旅游业改革创新先行区目标，拨付资金 3.2 亿元，支持启动市县两级全域旅游规划编制，支持古城、恒山、云冈三大重点，古长城旅游、白登山滑雪场、古城灯会、成龙国际电影周等一批重点项目建设和活动举办；投入17.4亿元用于城市道路、桥梁、场馆、交通枢纽、高架快线等基础设施建设，提升城市形象环境和承载能力。（刘国鑫）

▲2018年10月27日，中政企山西省PPP合作基金贰号成立暨大同棚改项目、大同能源产业发展投资基金合作签约仪式举行（刘国鑫 摄）

【财政预算制度改革】 2018年，大同市财政局健全政府预算体系，所有政府收支全部纳入预算管理范围。改进预算管理和控制，建立跨年度预算平衡机制。推行财政预算绩效评价，提高财政资金使用效益。实现预决算公开全覆盖，政府和部门预决算及“三公”经费预决算公开率100%，财政透明度在全国295个市级政府中列第46名。发挥财政资金引导作用，全市25个项目纳入财政部PPP项目库，投资总额167.9亿元。财政引入国家级中国PPP基金，设立山西省规模最大的49亿元的“大同市棚改PPP合作基金”，设立100亿元规模的“大同能源产业发展投资基金”，发挥相关领域重点投资基金和社会资本的引领带动作用。加快人大与财政联网并网，配合人大适时监督预算执行。推进财政事权和支出责任改革，逐步厘清公共服务领域责任边界。落实国家有关费改税政策，征管改革水资源税和环境保护税。配合实施行政区划调整有关财政事项，设计和建立与新行政区划相匹配的财税体制。拓展政府购买服务范围，促进事业单位分类改革和公共服务能力提升。编制政府综合财务报告，促进政府财务管理水平提高和财政经济可持续发展。

（刘国鑫）

【财政保障民生】 2018年，大同市财政公共预算民生支出执行272.9亿元，占公共预算总支出81.5%。投入51.8亿元推动城乡义务教育一体化发展，改善贫困地区义务教育薄弱学校基本办学条件，实现资源优质均衡配置，完善生均拨款制度和学生资助制度。投入44.7亿元推动公共就业服务，提高城乡低保补助标准，提高退休人员基本养老金及城乡居民基础养老金水平，推进城乡居民医保制度整合，开展农村建档立卡贫困人口医疗保险帮扶，支持社会养老服务及康养产业发展。投入29.7亿元落实政府投入公立医院政策，加强基层医疗卫生机构服务能力建设，提高基本公共卫生服务项目人均财政补助标准。投入14.6亿元支持棚户区改造、农村危房改造、公共租赁住房建设和住房货币化补贴。（刘国鑫）

【《政府会计制度》培训班】 2018年8月13日至22日，大同市举办全市行政事业单位政府会计制度——行政事业单位会计科目和报表培训班。政府会计制度——行政事业单位会计科目和报表由财政部于上年发布，于下年1月1日实施。政府会计改革是财政改革重点内容之一。市财政局针对各县（区）财政部门及行政事业500余家单位的会计专业人员1000余人，举办3期专门培训，培训内容包括政府会计制度——行政事业单位会计科目和报表，以及该科目和报表与行政单位会计制度、事业单位会计制度有关衔接问题的处理，“数字财政”知识讲座等。（莫 俪）

税　务

【概况】 2018年，大同市税务系统组织入库税收225.66亿元，增收37.19亿元，同比增长19.73%。其中，市县级公共预算收入88.69亿元，同比增收19.78亿元，增长18.82%，占市政府年初计划79.98亿元的109.53%。非税收入7.58亿元。依法减免各项税收44.5亿元。年内，全市国税地税机构合并。7月5日，市级税务机构挂牌，7月20日，县级税务机构挂牌，划转社保费和非税收入征管职责。（张 涛　胡志鹏）

【税收营商环境优化】 2018年，大同市税务系统开展千名税干入企和领导干部驻厅服务工作，送上信息包、政策包、服务包提供企业信用融资、混改转型、挂牌上市等方面支持，收集解决各类问题262个。编制涉税业务“最多跑一次清单”和“全程网上办”清单，提升办税质效。推行新办纳税人办税事项“套餐”服务，实现新办纳税人相关办税事项的一次办理和纳税人多业务联办。建立市、县两级税务机关联动帮扶企业机制，给100户全市重点转型升级项目企业和100户民营企业配备“税务秘书”，实行服务前置，领导包点，专人帮办，全程服务。编制《税收优惠新篇——税到渠成》《落实鼓励投资政策招商引资重点产业税收优惠指引》《民营企业税收优惠政策汇编》政策指引，推送税收政策服务。出台支持和服务民营经济发展30条措施，鼓励和支持民营经济健康发展。印发《进一步优化税收营商环境行动方案（2018—2020）》，牵头召开全市窗口单位优化营商环境再提速推进会，联合14个职能部门作出优化营商环境十项承诺，把“放管服效”改革推向更深层

次更高水平。（张 涛 胡志鹏）

【税制改革】 2018年，大同市税务局推广应用个人所得税系统、宣传辅导新政策等工作，减税红包惠及广大纳税人。落实增值税税率调整等三项改革措施，全市4618户一般纳税人享受减税红利3.04亿元，503户纳税人办结一般纳税人转小规模纳税人事项，59户纳税人享受增值税留抵退税3966.42万元；全年申报出口退（免）税1.79亿元。开展以税源管户大清查为主要内容的征管业务比看系列活动，摸清管户底数，税源分布及重点税源户情况，开展机构改革“金三”系统配置、管户迁移和并库各项准备工作。规范税收风险管理，总结推行“一清、二审、三谈、四查、五结”五步工作法，全年各基层单位接收并完成税收风险任务61批，评估税款5458.75万元。抓税种管理工作，汇算清缴企业所得税，非居民税收收入6710.16万元。（张 涛 胡志鹏）

【税收执法】 2018年，大同市税务系统联合大同大学启动“税法进校园”活动，开展“我与宪法”专题培训。制定落实《山西省税收保障办法》十项具体措施，开展宣传，与有关部门、单位在涉税信息交换、协税护税等方面建立健全长效合作机制。开展扫黑除恶专项斗争工作，加强部门间协调配合，与市公安局经侦部门共同侦办“508”涉税专案，移送涉黑线索3条。增强税务稽查震慑力，全年全市稽查部门组织检查高风险行业企业197户，查补入库各类税款1.13亿元，其中开展“打虚打骗”专项检查98户，向公安部门移交25户。抓执法监督检查，上线应用内控监督管理平台，响应、督促纠错全市1.3万条预警过错数据，确保税收执法督察效果。

（张 涛 胡志鹏）

【出口退税工作落实】 2018年，国家税务总局大同市税务局落实国务院加快退税进度的决策部署，优化大同市外贸经济营商环境，通过优化出口退税企业分类管理、推行无纸化退税申报、支持外贸新业态发展和抓出口退税服务等措施，促进外贸稳定增长。

大同市税务局优化出口企业分类管理结构，按照新评定标准和调整要求把一、二类企业在所有出口企业中的比重调整到不低于50%；改革外贸企业出口退税核准权限，把所有外贸企业的出口退税核准权限下放至县级税务机关；实现无纸化退税申报一类、二类出口企业全覆盖；压缩退税时间，把所有企业的退税平均时间压缩到10天以内，二类企业的退税平均时间压缩到7天以内；改革出口退（免）税审核方式，把现行一、二类外贸企业使用增值税专用发票交叉稽核比对相符信息办理退税的方式，调整审核使用电子底账勾选认证信息，审核无误即可办理退税；抓出口退（免）税服务政策宣传辅导，通过新闻媒体、网站、短信平台、电子邮件、微信等途径开展政策宣讲，定期提醒出口企业退（免）税申报、审核、退库进度及申报退（免）税期限等情况，便于出口企业及时、足额获取出口退税。（蕙 兰）

【市税务局挂牌成立】 2018年7月5日，国家税务总局大同市税务局挂牌成立。国家税务总局山西省税务局联合党委委员、副局长张澎湧，市委常委、常务副市长薛明耀参加挂牌仪式并讲话。

张澎湧在致辞中要求全市各级税务部门贯彻落实好党中央、国务院重大决策部署，做好后续各项改革工作，确保改革取得成功，更好地服务纳税人和缴费人，服务全市经济社会发展，展现新税务机构的新作为、新风貌。薛明耀在讲话中强调，推进国税地税机构合并，对于加强党对税收工作的全面领导、提高税收征管效率、降低税收征纳成本、筑强税收事业长远发展根基具有重大意义。希望全市税务系统以新税务机构挂牌为新起点，围绕全市高质量转型发展大局，发挥税收职能作用，抓好组织收入工作，优化税收营商环境，确保国家税收安全，为全市经济社会发展提供财力保障。（蕙 兰）

【市各县（区）新税务机构挂牌】 2018年7月20日，按照国家税务总局国税地税征管体制改革统一部署和要求，国家税务总局大同市税务系统各县（区）税务机关全部挂牌，各乡镇（街道）税务分局（所）随后挂牌。新的县级税务局及乡镇（街道）税务机构组建后，原国税、地税机构职责和工作由继续行使其职权的新税务机构承继。全市各级税务部门以此为起点，遵循“机构改革、服务先行”理念，推进办税服务厅资源整合和功能优化升级，抓社保费和非税收入的征收管理准备工作，在线下和线上持续为纳税人和缴费人提供服务，减轻办税负担，降低办税成本，回应纳税人和缴费人关切问题，提升老百姓获得感和满意度。（蕙 兰）

▲2018年7月5日，国家税务总局大同市税务局挂牌成立（张 涛 摄）

【支持民营企业发展税企座谈会】 2018年12月18日，大同市召开支持民营企业发展税企座谈会，省税务局党委书记、副局长胡军，市委常委、常务副市长薛明耀参加座谈会。座谈会上，新成新材料、中银纺织、恒岳重工、同达药业、大同国际陆港、华岳集团、泰瑞集团7家民营企业负责人，与省税务局、市税务局干部交流沟通民营企业发展过程中遇到的税收征缴、社保缴纳，以及如何理解、运用税收优惠新政策等专业问题。

（莫 俪）

价格管理

【概况】 2018年，大同市采取价格管理、价格监测、成本监审、市场监督等多项措施，保障全市物价水平平稳，全年全市居民消费价格指数1.7%，低于全省涨幅。动态管理重大项目库中教育和卫生系统项目，把市三医院、五医院、大同一中集团校凯德校区建设项目等9个拟建设项目补录到国家重大项目库备存。统筹协调区划调整后续社会民生服务工作，保障居民生产生活、就业就医、教育住房等需求无缝对接。资源循环利用方面，大同富乔—驰奈循环经济产业园被列入国家50家资源循环利用基地单位名单，大同驰奈餐厨垃圾资源化处理工程率先通过终期验收，大同市生活垃圾焚烧发电项目系统性规划和布局得到国家发改委批复。落实农林水、生态环境治理、产业转型升级、教育文化卫生、基础设施建设等中央预算内投资项目20项，总投资3.1亿元。摸底调研大同市特色小镇建设情况，组织挖掘各县（区）特色小镇，提炼总结16家较为成熟的特色小镇，选择1家作为典型案例报送至省发改委，入选国家发改委70个典型案例库。 （市发改委）

【价格改革】 2018年，大同市印发《中共大同市委大同市人民政府关于价格机制改革的实施意见》等政策文件，落实中央、省关于价格机制改革精神和决策部署。更新公布大同市市级政府定价或政府指导价的经营服务性收费目录清单、涉企经营服务收费目录清单、涉企行政审批中介服务（前置服务）收费目录清单等目录清单。修订完善水价形成机制、电价形成机制、天然气价格形成机制、热力价格形成机制等体制机制。推进城市公立医院医疗服务价格改革，完成价格补偿工作任务。 （姜 冰）

【价格调控】 2018年，大同市落实国家、省有关价格调控政策，取消、降低部分政府性基金及附加合理调整电价结构，降低工商业销售电价。明确清洁采暖居民电采暖用户用电计价方式和用电价格，以及电采暖用电输配电价标准；明确对钢铁、水泥、电解铝行业水耗达不到强制性标准的产能，实行超定额用水累进加价政策；落实取消零时接电费和减免余热余压余气自备电厂系统备用费。出台《关于放开市区再生水价格的通知》，市区再生水价格由供用水双方协商确定。出台《关于放开我市车用压缩天然气销售价格的通知》，车用压缩天然气销售价格由经营企业根据市场运营成本和供求状况等因素自主确定，发挥市场在资源配置中的决定性作用。起草《大同市物流业降本增效专项实施方案》，采取简政放权、降税清费、价格调控等措施，解决物流领域存在的成本过高问题。 （姜 冰）

【价格监管】 2018年，大同市加强旅游市场价格监管，统筹旅游景区门票专项检查及景区文化游乐场所、交通业、服务、零售业等旅游市场相关产业价格规范管理，杜绝各类乱收费行为。完善明码标价制度，提高普及率和准确率，净化消费环境与经营环境。定期开展全市教育、医疗、水电、物业等民生领域收费行为专项监审检查，保障全市物价稳定和群众放心消费。开展全市商品房销售价格行为联合检查工作和商品房销售明码标价监制工作，规范商品房市场价格行为，解决商品房销售中标价混乱、信息不透明、价格欺诈等问题。 （姜 冰）

【市区居民用管道天然气价格调整听证会】 2018年11月22日，市发改委召开调整市区居民用管道天然气销售价格和核定其配气价格，及建立天然气上下游价格联动机制听证会。拟订方案，两套价格调整听证方案都采用阶梯定价的方式。方案一：居民阶梯第一档用气量28立方米（含）以内，价格调整为2.61元/立方米；第二档用气量28～42立方米，价格调整为2.87元/立方米；第三档用气量42立方米以上，上调额为0，仍是3.39元/立方米。居民独立采暖用气价格，第一档用气量460立方米（含），价格调整为2.61元/立方米；第二档用气量460立方米以上，价格调整为2.87元/立方米。执行居民气价的非居民用户气价由2.49元/立方米调整为2.74元/立方米。方案二：居民阶梯第一档用气量28立方米（含）以内，价格调整为2.65元/立方米；第二档用气量28～42立方米，价格调整为2.92元/立方米；第三档用气量42立方米以上，价格调整为3.45元/立方米。居民独立采暖用气价格，第一档用气量460立方米（含），价格调整为2.65元/立方米；第二档用气量460立方米以上，价格调整为2.92元/立方米。执行居民气价的非居民用户气价由2.49元/立方米调整为2.79元/立方米。听证会上，包括消费者、经营者、人大代表、政协委员、专家学者等在内的21名听证代表各抒己见，发表意见看法，普遍支持方案一。

（莫 俪）

审　计

【概况】 2018年，大同市审计机关审计和审计调查318个审计项目（市审计局审计项目112个），查出主要问题金额203.89亿元（市审计局查出196亿元）。其中，违规金额66.14亿元（市审计局查出64.64亿元）、损失浪费金额6049万元（市审计局查出6049万元）、管理不规范金额137.15亿元（市审计局查出130.75亿元），发现非金额计量问题477个（市审计局发现非金额计量问题444个），移送案件和问题线索29件（市审计局移送29件），提出审计建议379条（市审计局提出审计建议321条）。有54人次受到党纪政纪处分和组织处理。审计查出问题整改率91%。审计文章在国家、省、市级刊物或媒体采用47篇，审计报告、专题报告或简报被领导批示15次；推进被审单位完善规章制度14项。

市审计局被省人社厅、省政府法制办授予“山西省依法行政先进集体”称号；在上年度全省审计系统目标责任考评中被授予“先进市审计局”称号；在山西省审计厅关于2018年全省优秀审计项目评选中，浑源县人民政府2016年度扶贫政策措施落实和扶贫资金分配管理使用情况审计项目获查处重要问题线索表彰项目；大同县农村信用联社2015年和2016年度资产负债损益情况审计项目获推动完善制度表彰项目；在山西省审计厅关于2018年全省大气环境保护和污染防治专项审计考核中，获第三名。

（陶雁飞）

【跟踪审计】 2018年，大同市审计局跟踪审计市本级和各县（区）11大类16个项目的重大政策措施落实情况，汇总整理上报山西省审计厅大同市上年四季度重大政策措施落实情况跟踪审计整改报告。全年按照每个季度审计要点，重点围绕防范化解重大风险、精准脱贫、污染防治、推进放管服改革、重点工程项目推进、稳就业、清理规范涉企收费、户籍制度改革等政策措施落实情况跟踪审计，抽审单位214家，抽审项目143项，出具审计报告35份。审计上年市本级财政及9个市直一级预算单位预算执行和其他财政收支情况，其中财政局、发展和改革委员会是每年重点审计单位，金融工作办公室和市政府发展研究中心是近些年审计未涉及单位。重点关注重大政策措施落实、重大专项资金使用绩效、财政收支真实合法效益、地方政府债务管理、“三公”经费支出和贯彻中央八项规定精神等情况，注重反映市本级财政和预算单位在财政财务收支管理和财政政策实施效果等方面突出问题。延伸审计19个二级预算单位，审计发现23个问题，涉及违规资金15.38亿元，盘活存量资金56.99万元。（陶雁飞）

【交叉审计】 2018年，大同市审计局交叉审计朔州市山阴县、平鲁区上年度扶贫资金，抽审资金2.23亿元，占到位资金99%，抽审155个项目，占开工项目数95%，查出问题金额1.4亿元，移送纪检监察部门案件线索1件，处理相关责任人3人。审查扶贫政策措施落实情况、扶贫资金管理中的违规违法问题及扶贫项目建设运营情况，扶贫审计全覆盖。查出问题金额3.04亿元。移送纪检监察部门问题线索13件。组织市县两级近90人跟踪审计晋中市上年城镇保障性安居工程。重点审计安居工程建设管理和保障性住房分配使用情况，重点检查80个安居工程项目建设管理情况，入户调查563户农村危房改造家庭，审计总金额25.33亿元，查出违纪违规问题金额11.47亿元。交叉审计长治市2015—2017年大气环境保护和污染防治情况，发现该市大气污染防治存在大量专项资金闲置滞留、淘汰落后产能措施执行不到位、机动车污染防治工作存在管理漏洞、大气面源治理措施执行不到位等问题，提出把中央和省各项环保政策措施落到实处、建立财政结余结转资金定期清理机制、建立成品油质量抽检联查联动机制等8条审计建议。查出问题金额2.29亿元。开展同煤集团医疗保险、生育保险移交大同市社会统筹审计工作，重点审计大同煤矿集团有限责任公司医疗保险、生育保险基金收缴、使用、结余情况，审计发现9个问题，审计后医疗保险基金累计结余增加22.8亿元。审计调查全市城市供热行业2016年和上年建设运营管理情况，发现问题17个，涉及问题金额38.9亿元。专项审计政府回购存量商品房情况，分析研究存在的问题和风险并形成专项报告。（陶雁飞）

【财政审计】 2018年，大同市审计局审计市中医院财务收支情况，重点围绕财政财务收入支出及相关经济活动情况审计，查出新建医院用房未进行决算验收即交付使用、固定资产账实不符、往来款项清理不及时等问题，涉及问题金额3844.47万元。审计原南郊区、原矿区截至4月底财政收支、税费及基金征管、财政资金结存、政府性债务、财政供养人员、国有资产等情况，以及行政区划调整划出的4个乡（镇）财政财务收支情况。审计发现贯彻落实政策、财政收支、预算管理和人财物清查等5个方面26个问题，涉及问题金额22.51亿元，审计促进整改落实有关问题资金15.62亿元。5月至6月，审计原南郊区、原矿区人民政府2016年、上年财政决算，关注重大政策措施落实、预算管理和收支执行、存量资金统筹、政府性债务、“三公”经费以及社保基金征缴等内容，并延伸审计相关部门和单位有关事项。发现问题金额20.32亿元，收缴入库财政资金765.93万元。7月底至9月底，审计左云县人民政府2016年、上年财政决算，重点关注重大政策措施贯彻落实、地方政府债务管理、重点民生项目资金、重大专项资金投入使用管理及贯彻中央八项规定精神等情况。发现重大政策贯彻落实、财政收支管理和财政管理等方面24个问题，涉及金额7.09亿元，收缴入库财政资金617.47万元。完成省审计厅审计大同市2015年和2016年财政决算查出问题的整改报告，涉及54个具体问题、金额145.9亿元。整改到位问题12个，部分整改问题12个，制定措施问题18个，说明具体情况、无须整改问题12个，整改和落实问题金额58.45亿元，整改报告上报省审计厅。（陶雁飞）

【区划调整审计】 2018年上半年，大同市审计局组织实施原南郊区、原矿区行政区划调整审计，把两个区财政财务收支审计与重大政策措施落实情况跟踪审计、财政决算审计、领导干部经济责任审计、扶贫审计等项目结合起来。出具审计报告10份，收缴财政资金760万余元，提出审计意见和建议40余条。审计署网站、省厅网站和《山西审计》均有报道。

（陶雁飞）

【固定资产投资审计】 2018年，大同市审计局固定资产投资审计朔州环线西南段高速公路建设项目竣工财务决算草案，发现在决算编制、投资控制情况、财务管理、工程管理、运营管理、合同管理、征地拆迁及其他方面31个问题，涉及金额23.15亿元，核减金额3498.29万元。审计大同市南瓮城广场及地下空间建设项目、市北都街道路及管廊工程项目、城市智慧照明工程项目、大同市光荣院（一期）建设项目及大同市车管所建设项目竣工决算，发现65个问题，涉及金额3332.26万元，核减金额438.77万元。（陶雁飞）

【经济责任审计】2018年，大同市审计局按照“党政同责、同责同审”要求，提升经济责任审计覆盖面，结合预算执行审计、企业资产负债损益审计等项目经济责任审计54名市管领导干部，查出问题金额15.64亿元。自然资源资产离任审计左云县原县委书记胡勇、原县长苏智，采取“四审合一”方式，与财政决算审计及扶贫资金审计一起审计，摸清其任期内该县（区）自然资源资产实物量和生态环境质量状况变化情况，揭示在自然资源资产环境领域存在的问题，提升领导干部履行自然资源资产管理和生态环境保护责任感。审计发现问题金额2.1亿元。（陶雁飞）

【金融审计】2018年，大同市审计局开展企业（金融）审计和审计调查，摸底上年大同银行发放的涉及1个营业部、2个支行262笔、1310万元扶贫贷款。调查统计全市金融机构及类金融机构底数。审计大同银行股份有限公司2016年和上年资产负债损益情况，审计查出问题金额11.14亿元，发现非金额计量问题2个，审计促进整改落实有关问题资金6766.89万元。审计市热力有限责任公司2016年和上年资产负债损益情况，审计查出问题金额39.65亿元，审计发现管网工程未按规定进行财务决算、少提折旧、少记收入、少缴税金等12个问题，审计促进整改落实有关问题资金5.02万元。审计市供水排水集团有限责任公司2016年和上年资产负债损益情况，审计查出问题金额1.35亿元，发现非金额计量问题3个，审计促进整改落实有关问题资金1.35亿元。审计市保安服务总公司2016年和上年资产负债损益情况，审计查出问题金额756.84万元，审计促进整改落实有关问题资金128.03万元。（陶雁飞）

【创新审计方法】2018年，大同市审计局采取“1+N”审计新模式，提升审计效能。通过“多审合一”统筹部署、“大兵团”组织行动、“一盘棋”谋划实施，达到信息互通、一审多用、成果共享目的，实现审计计划聚合、人力资源整合、实施过程融合、审计现场配合、审计成果综合“五位一体”审计工作模式。市审计局“多审合一”项目47项，占全年审计任务42%。坚持“党政同责、同责同审”原则，有23个领导干部经济责任审计项目，占全年经济责任审计项目41%。通过公开招录、严格筛选、实地考察等办法建立审计人才库，制定管理办法，根据实际需要随机抽取专业人员参与审计，提升审计质量、审计水平。落实业务指导跟进、沟通汇报跟进、现场审理跟进和监督检查跟进，提高审计效率，防范审计风险，保证审计质量。（陶雁飞）

【内部审计】2018年4月，大同市审计局调查摸底全市内审机构设置和内审工作开展情况，向76家市县机关单位、社会团体和金融机构发出《大同市审计局关于开展内审机构设置和人员配备情况摸底工作的通知》，收到56家单位情况反馈。其中，13个单位设有专职内审机构，12个单位设有兼职内审机构或成立内部审计领导组，31个单位未设内审机构。全市内审人员159人。其中，专职人员109人，兼职人员50人。有14个单位明确出台内部审计工作制度。组织参加省审计厅举办的2018年内部审计法规制度和内部审计风险导向培训班，提高内部审计人员工作能力和业务能力，提升“科技强审”和大数据运用能力。学习贯彻《审计署关于内部审计工作的规定》，组织全市审计人员参加审计署、省审计厅内审知识答题活动。（陶雁飞）

统计管理

【国家调查统计】2018年，大同城镇常住居民人均可支配收入29911元，同比增长6.9%。人均生活消费支出13936元，同比增长9.1%。城镇居民收入的四项构成全面增长，消费支出较快增长，消费水平稳步提高。大同农村常住居民人均可支配收入9710元，同比增长9.6%，分别比全国、山西省，及周边张家口市、乌兰察布市减少4907元、2040元、1821元、1054元。增幅比全国、山西省，及周边乌兰察布市高0.8%、0.7%、0.3%，比周边张家口市下降2.4%。人均生活消费支出7623元，同比增长11.9%。大同市居民消费价格总水平同比增长1.7%。其中，非食品烟酒价格增长1.8%，食品价格增长1.6%，非食品价格增长1.8%，服务价格增长2.5%。居民消费价格整体运行温和平稳。大同工业生产者出厂价格同比增长5.4%。大同市工业生产者出厂价格（PPI）月平均同比指数105.4%，购进价格（IPI）月平均同比指数101.6%。（曹宝义）

【大同第四次全国经济普查】2018年4月3日，市政府印发《关于认真做好我市第四次全国经济普查工作的通知》（同政发〔2018〕22号），部署大同第四次全国经济普查工作。大同第四次全国经济普查对象是在全市境内从事第二产业和第三产业的全部法人单位、产业活动单位和个体经营户。普查的主要内容包括普查对象基本情况、组织结构、人员工资、生产能力、财务状况、生产经营和服务活动、能源消费、研发活动、信息化建设和电子商务交易情况等。普查标准时点为12月31日，普查时期资料为2018年度资料。6月至7月，大同市第四次全国经济普查市级综合试点灵丘县武灵镇城内村、古城社区、沙坡村、平安社区4个试点地区完成。综合试点全面模拟普查各项业务流程和主要环节，检验普查方案和软件程序科学性、可行性，积累经验，为修订完善山西省普查方案提供意见和建议。9月11日至11月11日，按照山西省第四次全国经济普查单位清查工作部署，大同市、县两级普查机构、统计部门和相关部门配合，出动4500余名普查“两员”，清查全市18万家调查单位，开展入户登记、查遗补漏、行业编码、数据审核验收、质量抽查、数据质量评估等工作，初步摸

清全市各类法人单位、产业活动单位以及个体经营户基本情况，为现场登记奠定基础。（朱 乐）

工商行政管理

【概况】2018年，大同市实有各类市场主体177069户，同比增长12.42%；新登记注册市场主体40219户，较上年增长22.5%；提升工商登记便利化水平，发放电子营业执照277张，受理企业名称自主申报3632户，765户企业通过简易程序注销；全年受理申诉举报10314件，综合办结率95.29%，为消费者挽回经济损失705.38万元；服务地方经济，实施商标战略，全年新增注册商标1397件。

年内，大同市工商行政管理局（简称"市工商局"）被省文明委评为全省精神文明创建先进集体。（朱晓婧）

【工商改革】2018年1月1日，《大同市加快推进"多证合一"改革工作实施方案》实施，在原有"五证合一"和全省"十七证合一"基础上，扩大证照整合范围，增加13个证照整合事项，形成"三十证合一、一照一码"。6月，印发《关于调整大同市加快推进"多证合一"改革实施方案证照整合目录的通知》。市商事制度改革领导小组办公室（设在市工商局）制订《进一步推进我市"多证合一"改革的实施方案》《关于加强"多证合一"改革信息化工作的通知》，全市从7月1日起实行"三十六证合一"，截至2018年年底，8076户企业领取"多证合一"营业执照。

5月18日，大同市"证照分离"改革试点工作推进会在御东行政会议中心召开。会议由市商事制度改革领导小组办公室召集，市编办（审改办）、市政府法制办、市工商局、市公安局等26个市直有关部门负责人和大同经济技术开发区管委会及相关对口部门工作人员50余人参加。会议明确在大同经济技术开发区推行"证照分离"改革试点，采取5类管理方式，97项行政审批事项实施"证照分离"。11月9日，市工商局组织召开全市推开"证照分离"改革动员部署会，复制开发区试点经验，11月10日起，按照直接取消审批、审批改为备案、实行告知承诺、优化准入服务四种方式，实施第一批106项涉企行政审批事项"证照分离"改革。为925户企业办理1028项涉及证照分离目录的证照事项。

召开进一步压缩企业开办时间动员部署会，副市长马安全布置工作。动员部署会后，市政府办公厅组织召开新闻发布会，解读实施方案，宣布从2018年10月1日起，把企业开办时间压缩至5天内（工商部门设立登记3天，公安部门公章刻制1天，税务部门发票申领1天）。市工商局采取全覆盖方式，市、县两级从10月1日起压缩到位，企业开办办理环节明确为企业设立登记、公章刻制和发票申领三个环节。（朱晓婧）

【市场监管】2018年，市工商局加强节日市场监管和安全生产大检查工作，1月15日起，市工商局分4个组督查全市工商和市场监管部门开展安全生产大检查和"两节"市场监管工作情况。开发区工商分局，在市场监管中有机结合检查与宣传，双管齐下引导商户守法经营；矿区工商分局在日常值班之外建立"12315"应急值班制度；新荣工商分局"网格化"管理重点行业，签订"包干责任状"，实现责任到人、专人专管；南郊工商分局多次开展"清洁行动"；阳高县工商局主动履职，告知异地审批主管部门排查中存在的跨区域安全生产隐患线索；城区工商分局告知主管部门有照无证经营户。全市工商和市场监管部门排查安全生产重点行业市场主体690户，工商和市场监管部门教育无照经营户并督促其办理；没有办理相关许可证的，按照职责告知监管部门。（英 俪）

【全市跨县（区）处置消费投诉协作机制启动】2018年3月8日，市工商局、市消协举办"品质消费 美好生活'3·15'"国际消费者权益日主题宣传活动新闻发布会。市工商局党组书记、局长武献民宣布活动启动，来自全市的消费者代表、企业代表、消协代表、市工商局班子成员及各部门负责人、各分局消保工作人员和省市媒体代表受邀出席发布会。发布会上，市工商局宣布全市跨县（区）处置消费投诉协作机制启动。消费者在大同市内任何一个县（区）购买商品或接受服务，其合法权益受到侵害后，既可以向事发地工商和市场监管部门投诉，也可以向居住地工商和市场监管部门投诉，异地投诉通过"12315"平台网络，由市工商局"12315"指挥中心流转。跨县（区）处置消费投诉协作机制降低消费者维权成本、提高消费投诉处办效率。

（朱晓婧）

【"3·15"消费警示和消费投诉十大热点】2018年，"3·15"国际消费者权益日，市工商局根据上年度消费者投诉举报情况，发布消费警示和消费投诉十大热点。贵重物品的消费要索要发票，了解购买商品的材质和性能；以节日、店庆等名义的促销活动要谨慎参与；理性网购避免发生纠纷；注意旅游市场暗藏陷阱；保健品市场的营销需警惕。投诉热点排名前十的依次为：交通工具（汽车）、服装鞋帽、餐饮和住宿服务、家居用品、通信产品、家用电器、美容美发服务、装修建材、首饰、互联网服务。交通工具类（汽车）投诉问题主要集中在合同、售后服务和产品质量上。服装鞋帽类投诉主要涉及质量和售后服务等问题。餐饮和住宿服务类投诉主要集中在服务态度差，收费不合理，团购券或优惠券限制使用等。住宿类投诉主要集中在退房纠纷，宣传不实，预订房间未能给予保留等。（朱晓婧）

【工商局设立科技创业券申领窗口】2018年4月，大同市出台《大同市关于实施科技创业券的意见（试行）》，市工商局及各区、县登记窗口开设专门申领科技创业券的单一窗口，为符合条件的企业申领科技创业券提供方便。当年注册登记从事科技创新创业活动的市场主体、以及搬迁到大同市的科技型企业和科研机构，在工商部门注册时均可申领科技创业券。申领行业领域主要有新能源（电力）、新材料（制造业）、IT产业（信息、软件、制造业）、环保产业（环保）、煤炭清洁利用（制造业）、装备制造（制造业）、生物制药（医药、制造业）行业。科技创业券六个等级，分别是10万元、20万元、30万元、50万元、70万元、100万元券。科技创业券由市科技创业券管理工作领导小组办公室按照市政府安排兑现。（莫 俪）

【工商执法监管体系建设】 2018年4月，全市工商和市场监管部门日常各业务条线执法检查工作纳入到“双随机”监管体系，国家市场监管总局发起的双随机抽查任务1次、省工商（市场监管）局发起抽查任务5次，市各业务条线抽查5次、跨部门联合抽查1次。其中，定向检查9次，覆盖金融、教育培训、医疗美容、环保知识产权代理、广告发布和经营、商标印制、成品油经营等领域市场主体；不定向检查3次，抽查全市企业、农民专业合作社、个体工商户8343户，检查结果通过国家企业信用信息公示系统向社会公示。5月11日，全市企业信用信息公示系统和“双随机、一公开”监管培训班举办，来自各县（区）和市商事制度改革领导小组成员单位120人参加培训。会议通报13710督办项目之一的“双告知”认领工作，市工商局向各成员单位宣讲解读《国家企业信用信息公示系统（山西）管理暂行办法》《大同市企业信息公示和信用约束管理暂行办法》《大同市关于全面推行跨部门联合“双随机一公开”监管的实施办法（试行）》，操作指导“双告知”认领、“双随机、一公开”监管平台、信用信息公示系统及协同监管平台。10月10日，大同市商事制度改革领导小组办公室召开全市“双随机、一公开”监管工作推进暨操作应用平台业务培训会。各县（区）人民政府、市各相关部门承担“双随机、一公开”监管工作负责人及系统管理员约90人参加培训。会议要求企业信息公示系统建成社会约束失信的“天网”、政府惩治不法的“法网”和市场主体诚信建设的“金网”。工商部门讲解山西省市场监管信息平台的“双随机、一公开”抽查系统各模块功能、操作流程及相关事项。年内，全市精准推送数据15977条，全市各部门认领8563条，退回6656条，未处理758条，认领率99.95%。信息归集总量61344条。其中，行政许可58913条，行政处罚2018条，小微企业扶持信息24条，抽查检查信息293条，联合惩戒信息96条。（朱晓婧）

【“诚信经营 放心消费”示范店（街）评选】 2018年6月5日，市工商局印发《关于开展“诚信经营放心消费”示范店（街）评选活动的通知》，在全市开展“诚信经营 放心消费”示范店（街）评选活动。评选活动设置投票环节，15天时间点击量4万余次，7000余名消费者通过《大同广播电视台消费报》官方微信公众平台和《大同日报》选票邮寄方式参与评选。根据县（区）工商和市场监管部门初选推荐、市工商局实地考察、公众投票、大同电视台展播和公示，最终评定大同市居然之家有限公司、大同云冈石窟景区食货街等33家商业企业，4条商业街为2018年大同市“诚信经营 放心消费”示范单位。10月23日，市工商局举行“诚信经营放心消费”示范单位表彰推进会，表彰37家单位。（朱晓婧）

【首次市级跨部门“双随机”抽查】 2018年6月6日，市工商局发起，市质监局、食药监局、科技局三家部门参加市级部门跨部门“双随机”抽查首次工作碰头会。7月30日，四部门联合印发《大同市2018年跨部门“双随机、一公开”联合抽查实施方案》。按照10%比例，抽取20户市工商局登记的大型超市、食品生产经营企业检查，参与执法人员68人。检查内容包括：国家市场监管总局《随机抽查事项清单》（第二版）中的31条抽查事项；食品经营相关的资质、条件，食品标签等外观质量状况，食品安全管理机构和人员，及对从业人员、经营过程管理控制情况；涉及质量监管的计量器具、定量包装和特种设备；违反专利法律法规的行为。抽查结果全部录入山西省“事中事后综合监管系统”，并由系统完成数据交换自动归集至市场主体名下，通过“国家企业信用信息公示系统”向社会公示。（朱晓婧）

【“法治惠民”系列活动】 2018年，市工商局向市委法治建设领导组申报“品质消费 美好生活”为主题的法律服务惠民活动。活动联合大同日报传媒集团共同开展，首期活动于6月15日在“水泉湾龙园社区”举办，现场解读工商法律法规宣传、消费维权受理和解答、商事登记制度改革等热点问题，发放《市工商局推进法治惠民法规手册》《企业年报宣传手册》。系列活动8期、持续5个月，从消费维权、打击传销、诚实守信、商标维权、扫黑除恶、创建文明、主题党日等方面宣传和服务，发放宣传材料5000余份，现场法律服务200余人次。（朱晓婧）

【网络市场监管行动】 2018年8月6日，市工商局联合市网信办、市发改委、市公安局、市商务局、市质监局、市食药监局、市经信委、市邮政局、大同海关等部门，印发《大同市2018网络市场监管专项行动（网剑行动）实施方案》。8月16日，市工商局召开大同市网络市场监管局际联席会议第一次全体会议，安排、部署“网剑行动”，明确职责分工。在“网剑行动”中，检查、勘验网上“亮照亮标”经营主体338户，引导企业宣传类网站亮照亮标99家，组织网上非现场巡查17次，巡查网络经营主体1311家，实地检查网站经营者136户，核查、处理定向监测涉案线索1864条，清理网上违法有害信息6.42万条，摸查2080家网络餐饮服务单位，下架第三方平台不合格入网餐饮服务提供者517家。（朱晓婧）

【餐饮酒店行业专项整治】 2018年9月13日，市工商局召开餐饮酒店行业行政约谈会，来自北都国际大酒店、云冈美高等22家餐饮酒店负责人参会。省工商局消保处调研员高志福、副调研员刘胜出席会议。约谈中，市工商局指出部分餐饮酒店行业经营中存在设置最低消费、婚庆消费行业垄断等问题，为参会人员普及法律知识，讲解消费维权机制和理念，要求开展自查自纠。10月10日，市工商局印发《大同市婚庆市场专项整治实施方案》，专项整治全市经营婚庆业务的酒店餐饮企业及婚庆公司，活动持续至年底，分宣传发动、摸底排查、整章建制、检查验收四个阶段。11月，全市工商和市场监管部门检查和分类梳理婚庆服务市场，建立婚庆服务经营者“经济户口”，取缔无照经营，整改部分格式合同中加重消费者责任、免除减轻自身责任等条款的婚庆公司、婚宴酒店等。（朱晓婧）

质量技术监督

【概况】 2018年，大同市质量技术监督局（简称“市质监局”）发挥质量强市领导组办公室的协调和参谋作用，推动各部门提升质量，调整更新质量强市领导组成员，多次组织召开质量强市领导组联席会议，部署研究质量工作政策措施。2月，大同市首次考核7县5区（包括开发区）政府质量工作，提出针对性意见。4月，组织牵头的质量工作通过省政府质量工作考核组的资料核查和实地核查。制订全市质监系统“质量提升行动年”工作方案，在防爆电气和建筑用金属面绝热夹芯板行业率先开展质量提升行动，提升供给质量。组织“服务零距离、质量零缺陷”中小企业质量技术服务行动，开展产品执行标准分类指导等，帮助中小企业分析产品质量状况，加强质量管理。组织开展“大同市检验检测需求与能力保障”研究，针对招商引资情况与“十三五规划”的契合度及检验检测能力与新兴产业发展需求的差距，提出初步意见和建议。推进新荣区油用牡丹种植、奶牛养殖2个省级标准化示范区建设（建设期：2016年4月至2019年3月）。组织实施第九批国家级农业标准化示范项目，即大同县黄花、浑源县黄芪和广灵县谷子种植与加工标准化示范区（建设期：2017年1月至2019年12月）。新培育和申报山西联创、颐天养老院2个服务业标准化试点项目；云州区绿豆有机旱作、左云苦荞种植标准化示范区和左云防风中药材种植标准化示范区3个农业标准化示范区。新培育国家地理标志保护产品5个（广灵剪纸、浑源凉粉、浑源油辣椒、浑源莲花豆、大同县菲尼克斯酒）。开展企业产品标准自我声明公开和监督管理工作，有95家企业公开262项标准，涵盖340种产品。其中，国标81项，行标31项，企标150项。标准服务文献共享服务平台投入运行，免费为大同用户提供服务，全年企业查询各类标准46个。开展强检计量器具摸底备案工作，备案30827台。新增社会公用计量标准30项，建立社会公用标准数量153项。开展元旦春节期间商品过度包装标准执行情况专项监督检查，检查食品和化妆品9大类19种34个规格，未发现不符合标准商品包装。开展治超领域计量专项监督检查，免费检定全市排查出的55个治超点在用的93台衡器部。开展“5·20”世界计量日宣传，到全市加油站、眼镜店、商业街、集贸市场、超市、住宅小区、医院、工矿企业等场所现场宣传计量知识，组织计量知识有奖问答，发放各类计量宣传资料2360份，免费检测计量器具120台件，检查加油站14个、医院1家、大型超市1个，没收不合格计量器具1台。出台开展质量管理体系升级行动实施方案，组织企业开展系列质量管理体系标准和先进质量管理工具方法学习活动，加强检验检测机构资质认定监督管理工作，参加山西省资质认定检验检测机构能力验证的18家获证机构验证结果全部为满意或补测满意。监督检查8家3C认证企业和25家获证检验检测机构，促其规范化管理。市质监局直属机构检验测试所全年出具计量检定证书24565个，出具质量检验报告629个，“基于大数据分析与应用的计量检测平台”项目获市科技计划项目立项。直属机构特检所检验检测特种设备16556台（部），业务大厅面向企业实行一站式服务，主动对接重点项目。（刘志华）

【产品质量安检】 2018年，市质监局建立“两库”动态更新机制，推进“双随机一公开”，市级日常监督检查涵盖15项监督检查任务，涉及市场主体3502家，监督检查439家市场主体。通过“盲样检验”和“抽样过程可追溯”监督抽查产品质量，首次实现“抽检分离”。监督抽查农资、建材、电线电缆、日用消费品、环保、消防等相关产品质量安全，抽查194家企业74种230批次产品和商品。开展“质监利剑”专项行动，打击生产假冒伪劣产品违法行为。围绕民生领域开展农资、汽柴油、建材、“地条钢”、电线电缆、电商产品、儿童玩具和商品煤等专项行动，全年检查企业273家，出动执法人员2045人次，查处案件34起。没有发生系统性、区域性、行业性质量安全问题。

（刘志华）

【特种设备监管】 2018年，市政府与各县（区）政府及安全生产各成员单位签订《大同市政府2017年度特种设备目标任务书》41份。引导单位规范使用特种设备，撰写《大同市特种设备使用管理制度编写指南》。加强电梯安全管理，《大同市电梯安全条例》于3月30日经山西省第十三届人民代表大会常务委员会第二次会议批准，自6月1日起施行，是大同市首部电梯安全地方性法规。在大同市电梯应急处置平台公开招标，并与中标单位签订正式合同，推进项目实施。开展特种设备动态监管平台“清库行动”，整治任务量6660台。加强车用气瓶管理，统一印制“车用气瓶使用登记证”，标记登记证编号，定期向相关单位提供车用气瓶使用登记和检验信息。全年开展3次特种设备安全大检查，出动检查人员1070人次，排查隐患80项，送达监察指令书48份，安全隐患全部整改到位。开展游乐设施、客运索道、电站锅炉、危化品安全、移动式压力容器等各类专项整治，打击假冒特种设备作业人员操作证件行动，监督检查特种设备作业人员考试机构等专项工作，配合相关部门开展城镇燃气安全整治、餐饮场所燃气安全整治、汽车加气站专项治理、煤改气工程质量安全等专项治理工作，全市未发生特种设备安全事故。（刘志华）

【行政审批制度改革】 2018年，市质监局受理行政许可事项3602件，办结3602件，在承诺期内一次办结率100%。按照省质监局《关于调整工业产品生产许可证管理权限和试行简化审批程序的决定》，6月30日，省质监局把原承担的国家市场监管总局审批发证产品目录中的轴承钢材、人民币鉴别仪等17类工业产品生产许可申请受理职权委托各市质监局实施，原由省质监局实施的砂轮、饲料粉碎机械等19类工业产品生产许可申请受理、审批发证职权，委托各市质监局实施。市质监局于7月4日受理1家企业生产许可申请，属全省质监系统首家。按照省财政厅《关于清理规范一批行政事业性收费有关政策的通知》要求，执行中央惠企减负政策，锅炉、压力容器、压力管道监督检验和其他检验项目收费标准下降20%，特种设备监督检验收费标准下降40%，免收强检计量器具检验费，全年减免费用1003.2万元，惠及企业2379家。

（刘志华）

【“3·15”宣传活动】 2018年3月15日，市质监局开展“3·15”消费维权宣传咨询服务活动，活动主题为“品质消费 美好生活”。市质监局通过现场咨询服务，受理投诉、计量检定，发放宣传资料等形式，向广大市民宣传产品质量法、计量法、消费者权益保护法等相关法律法规。接待消费者咨询120余次，免费为广大市民发放特种设备安全、产品质量、计量消费常识等宣传资料5000余份。

（刘志华）

【“世界认可日”宣传活动】 2018年6月9日，由市质监局主办的“世界认可日”主题宣传活动在百盛购物中心举行。第11个“世界认可日”国际主题是“认可：让世界更安全”，国内主题是“认证认可——传递市场信任，服务市场监管”。活动时间6月8日至6月底，使社会各方认识认证认可在服务政府决策、规范市场秩序、便利国际贸易、提升产品质量以及维护消费者权益等方面技术支撑作用。（莫 俪）

【全市质量技术监督工作座谈会】 2018年9月4日，市质监局组织召开全市质量技术监督工作座谈会。市质监局领导班子、市纪委监委驻市工商局纪检组，各县市场监管局、各区分局、各直属单位及局机关各科室主要负责人参加会议。会议传达全国市场监管工作座谈会和全省质量技术监督工作座谈会精神，解读省委、省政府出台的关于开展质量提升行动、加强质量认证体系建设、山西省国家标准

▲2018年3月15日，市质监局在正德广场开展“3·15”消费维权宣传咨询服务活动

（刘志华 摄）

化综合改革试点工作、加强电梯安全工作等决策部署，明确质监部门应承担的工作任务，谋划讨论下阶段重点工作。

（刘志华）

食品药品监督管理

【概况】 2018年，大同市食品药品监督管理局召开年度市食安委全体会议暨“双安双创”工作推进会，与各县（区）政府签订年度食品安全目标管理责任书；筹办6次市食安委和市食安办专题会议，拟定《大同市关于落实食品安全党政同责的实施意见》《关于进一步加强“双安双创”工作的实施意见》等，落实食品安全责任。在全市范围内集中开展“食品安全宣传周”活动。助推食药产业健康发展，推进仿制药一致性评价工作，涉及16家药品生产企业，有14家启动评价工作，拟开展的批准文号123个，开展78个，多数品种完成药学研究，部分品种完成BE（生物等效性）试验。招商引资2.69亿元。到大同牧同乳业、山西东方物华农业等企业，开展帮扶指导，使地方企业尽快建立符合食品生产的必备条件，助推企业发展。全年受理办结行政许可事项800件，按时办结率和群众满意率均100%。畅通投诉举报渠道，受理投诉举报案件2860件，处办62件，办结2798件，办结率97.8%。接到省中心交办案件81件，办结74件，处办7件，办结率91.4%。推行窗口无否决权、免费咨询帮办等基本服务制度，提升行政审批服务水平。组织食品安全宣传周、全国安全用药月等主题宣传活动7次，发放宣传资料3万份，现场咨询群众6500人次。

打击违法犯罪行为，加强行刑衔接制度，联合市公安局食品药品犯罪侦查支队开展涉嫌使用假药、经营走私冷冻肉品等侦查行动，依法检验查获的涉嫌产品并出具认定证明，为打击食品药品违法犯罪活动提供证据。举办“2018年山西省食品安全示范性应急演练暨大同市食品安全突发事件（级）应急演练”。全年全市食药监管系统出动执法人员87936人次，检查“四品一械”生产流通使用单位20123家次，责令整改4989家次，立案查处1171起，行政处罚187.2万元。

（孙 峰）

【监管力度加强】 2018年，大同市食品药品监督管理局加大监管力度，规范市场秩序，在日常监管基础上，组织力量开展校园及周边“五毛食品”“3·15”央视曝光饮料、“非洲猪瘟”、食品及保健食品欺诈和虚假宣传、中药饮片、中药注射剂等18个专项活动。完成第四届成龙国际动作电影周、第二届大同重机国际摩托车滚雷巡游节、“中国梦·劳动美”第七届全国职工全健排舞大赛等重大

活动餐饮食品安全保障73次。开展“放心肉菜示范超市”创建活动，上报8家。553家餐饮单位实施“明厨亮灶”。20家化妆品经营单位被授予“示范店”称号。抓长春长生疫苗后续处置和风险排查工作，排查疾控中心和疫苗接种点200家次，发现隐患问题125个，责令整改59家，移交卫计部门问题32个。（孙　峰）

【信息化建设】　2018年，大同市食品药品监督管理局食药安全监管信息化与溯源系统调试完毕，进入上线试运行阶段，分步分次在各县（区）举办信息化应用专题培训，录入系统部分“四品一械”生产经营单位。全市32家大中型食品生产企业建立全程信息化可追溯。同步录入省食品药品监管信息化平台药品生产监管记录，完善相关基础信息。（孙　峰）

【监督抽检】　2018年，大同市食品药品监督管理局开展重点企业和重点品种监督抽验工作，国抽、省抽17大类67个品种278批次，任务完成率102.7%。市抽761批次，任务完成率101.5%。完成专项抽检任务8个品种82批次。发布信息公告7期，公布抽检结果843批次。药品抽验576批次，保化品监督抽检158批次，医疗器械监督抽验7品种25批次。各县（区）食品药品监督管理局食用农产品抽检3374批次，完成全年任务率127.8%。（孙　峰）

【“12331”宣传日活动】　2018年3月31日，由大同市食药监局主办，市食品药品投诉举报中心、市食品药品检验检测中心、市公安局食品药品犯罪侦查支队等家单位承办的“12331”主题宣传日活动举行。承办单位通过宣传展板展示、食品药品宣传资料发放、假劣中药材实物识别等方式，宣传食品药品投诉举报和食品药品安全知识，普及食品药品监管政策及法律法规知识，提升市民科学饮食、合理用药的自我保护意识。设立咨询台，现场解答咨询和受理投诉举报，向市民发放“12331”主题宣传画、宣传布袋、《食品药品安全知识手册》等材料。同日，城区食药监局在华林新天地商场、迎宾广场及部分药店、社区等人员密集场所，开展“‘12331’—助力健康中国梦·食药安全伴你行”食品药品投诉举报主题宣传日系列活动。（莫　俪）

【销售假冒保健食品案】　2018年10月，市平城区食药监局以“12345”投诉举报为线索，调查一起通过淘宝网涉嫌销售假冒保健食品案。经查，实际经营者以他人名义和地址注册淘宝网店，通过采集软件，采集货品，上传到自己的网店，靠差价从事网上销售。诉求人所购买的批准文号为“国食健字G20120449”的“赛维欧·左旋肉碱”，所标识的生产商、经销商均与国家食品药品监督管理局网站公布的不符，涉嫌套用保健食品批准文号。该局把产品送省食品药品检验所检验，查出含有化学药品盐酸西布曲明。依据食品安全法等规定，平城区食药监局出具以生产、销售掺入有害的非食品原料处理的认定意见，并把案件移送市公安局食品药品犯罪侦查支队。立案调查，当事人被刑拘。（莫　俪）

安全生产监督管理

【概况】　2018年，大同市安全生产监督管理局（简称“市安监局”）起草并征求县（区）和企业意见建议，经市政府常务会议和市委常委会审议通过，出台《大同市党政领导干部安全生产责任制实施办法》，明确各级党政领导干部安全生产“职责清单”和市政府领导安全生产重点工作“责任清单”。调整市政府安委会组成人员，明确一名市委常委分管安全生产工作，从制度上加强组织领导安全生产工作。印发《关于推进安全生产领域改革发展的实施意见》（同发〔2018〕14号），5月召开全市安全生产工作例会，再安排再部署48项改革任务，9月制定《关于对安全生产领域改革发展情况开展自查评估的通知》，明确各项改革任务分工和责任单位。截至2018年年底，改革45项任务。印发《全市安监系统干部队伍综合素质大提升行动实施方案》，完善安监系统干部个人能力提升档案，围绕年度工作要点，到基层和监管一线开展调查活动，收集整理调研课题。组织全市安监系统干部参加各类培训班47期次，培训1400余人次。其中，执法资格培训5期220人，安全生产监管人员专题培训7期629人，法律法规专题讲座3期210余人次，以会代训等12期360余人次，参加省市有关部门组织的集中调训和其他培训20期96人次。筹措资金146.97万元，建立高危行业安全监管系统、远程数字化监控监测预警系统和数据交换平台，安装国家安全生产宣教卫星平台8台，做到省市县（区）三级互联。修订《大同市生产安全事故应急预案》政府专项预案和《大同市安监局防汛防洪应急预案》，评估非煤矿山、危化和冶金工贸等行业风险等级，绘制风险防控“四色图”。全年应急预案备案101家，组织政府及部门应急演练18次，指导生产经营企业应急演练319家，动用装备车辆316台，各种器材1.18万件，参加演练人数1.96万人，投入演练经费33万元。全年举办安全生产各类培训班185期，培训10576人。其中，三项岗位人员培训班150期7421人（其中，高危行业主要负责人和安全管理人员44期1417人，特种作业人员97期5530人，非高危行业主要负责人和安全管理人员安全知识和管理能力培训班9期474人），各类专项培训班35期3152人（其中，有限空间15期1120人，职业健康5期565人，应急管理13期1234人，粉尘防爆2期233人）。

督促各县（区）特别是涉及区划调整的县（区）重新明确挂牌责任，全市应挂牌企业单位76447家，实际挂牌76447家。其中，企业14069家、个体户55353家、农民专业合作社5586家、其他单位1439家。非煤矿山安全生产许可38件，非煤矿山建设项目安全设施设计审查11件，危险化学品经营许可办结154件，烟花爆竹（批发）经营许可10件。全市达安全生产标准化企业116家。其中，非煤矿山企业13家（2家二级，11家三级），危化企业84家（7

家生产企业、1家医药企业、67家加油站、7家烟花爆竹经营批发企业达三级，2家加油站达二级），冶金工贸等行业企业19家（一级1家，二级3家，三级15家）。涉及重大危险源的8家危险化学品生产、带有储存设施的经营企业实施源长制，明确8个重大危险源（一级1个、二级1个、三级5个、四级1个）源长。调查完成云州区上年“12·31”非法土炼油爆炸事故工作；调查督办13起工矿商贸事故，审核12起事故调查报告。

全年全市发生各类生产安全事故74起，死亡40人，轻伤73人，同比事故起数增加42起，死亡人数增加3人，上升8.11%，未发生较大以上生产安全事故。其中，煤矿发生事故2起，死亡3人，同比事故起数增加2起，死亡人数增加3人；金属非金属矿山发生事故2起，死亡2人，同比事故起数增加2起，死亡人数增加2人；商贸制造业发生事故4起，死亡4人，同比事故起数持平，死亡人数减少2人，下降33.33%；建筑业发生事故3起，死亡3人，受伤3人，同比事故起数、死亡人数持平；其他行业发生事故2起，死亡2人，受伤2人，同比事故起数增加1起，死亡人数增加1人；道路交通运输业发生事故60起，死亡25人，轻伤68人，同比事故起数增加37起，死亡人数减少1人，下降3.85%；铁路运输业发生事故1起，死亡1人，同比事故起数、死亡人数持平。农林牧渔业和仓储业等行业领域未发生生产安全事故。全年未发生较大以上生产安全事故。（马庆阳）

【安全生产大检查】 2018年，市安监局开展“两节”“两会”、汛期和国庆前后安全生产大检查，制定《关于深刻汲取“12·31”事故教训，在全市组织开展安全生产大检查的通知》，成立领导机构和督查组，组织开展隐患排查整治，规范安全生产工作。8月至10月，全市出动检查（督查）组837个，出动检查（督查）人员3843人次，抽调专家454人次，检查企业4930家，排查一般隐患7382条，送达执法文书355份，责令停产停业整顿企业16家，罚款248.4万元。集中曝光凯德世家锦联汇购物中心等4条重大隐患问题，挂牌督办浑源县锦联汇购物中心有限公司消防重大隐患和省道S203线59～61千米+500米重大道路交通安全隐患，整改销号。（马庆阳）

【扫黑除恶专项斗争】 2018年，市安监局制订扫黑除恶工作方案，成立领导组，召开11次扫黑除恶专项斗争推进会，明确非煤矿山、危险化学品等重点行业领域扫黑除恶线索摸排、宣传发动和信访举报等重点工作，分别与市安监局领导、县（区）安监局局长督导谈话，开设举报电话，印制宣传挂图4种60份，“明白纸”4种5000份，宣传手册1000份，条幅5条，展板2块。受理群众举报案件146件，办结143件，结案率98.6%。奖励安全生产举报人12人，奖励金额14.8万元。（马庆阳）

【安全专项整治】 2018年，市安监局制订《大同市2018年非煤矿山安全生产专项整治工作方案》，专项整治非煤矿山。检查企业199家，送达执法文书158份，治理一般隐患308条；停产整顿23家，暂扣证照1家，交回证照7家。探明9座矿山（7座地下矿山存在地下采空区，2座露天矿山存在地表采空区），205个地下采空区（面积9.21万平方米、体积159.96万立方米），委托有资质的单位编制采空区综合治理方案，组织相关专家开展可行性论证，制订治理计划。截至2018年年底，治理并验收5座存在地下采空区的地下矿山，治理采空区191个、面积4.61万平方米、体积111.57万立方米。剩余的2座，1座开展治理工作，1座地表采空区治理并验收（地下采空区由于矿山未开始建设未治理）。治理并验收存在地表采空区的2座露天矿山。调查摸底全市尾矿库，6座存在“头顶库”问题的企业按照“一库一案”原则逐库编制综合治理方案并完成治理。完善危险化学品安全监管部门联度会议制度，明确29个成员单位职责分工，组织开展安全仪表系统改造工作。山纳公司完成改造工作，同煤广发和山西天然气大同分公司开展安全仪表系统安装调试和联合确认。依法取缔黑加油站点3个、黑加油窝点19处、黑加油车16辆，没收非法油品22吨。根据市政府12345服务热线转办单，联合平城区打击黑加油站点办公室，处理2起黑加油站点，扣押非法油罐车1辆，控制2名倒卖成品油嫌疑人。检查冶金行业企业49家，排查治理隐患512条，送达执法文书17份。检查职业病防治用人单位10家，发现问题17项，送达执法文书4份。（马庆阳）

【安全生产月宣传活动】 2018年，市安监局围绕“生命至上、安全发展”主题，开展安全生产宣传月活动，咨询日活动于6月15日举行，28家单位900余人参与活动。全市有20万余名群众参加咨询日活动，发放各种宣传资料11万份，展出安全教育图板900余块，展出安全教育图板200余块，解答群众提出的安全问题1100余人次。制作播放《您的安全也是全家幸福之源》《生命至上科学救援》等公益宣传片，在《大同日报》开办30期“安全之窗”专栏，开通“大同安监”微信公众号，发布安全生产宣传教育信息381条。（马庆阳）

口岸管理

【概况】 中华人民共和国大同海关（简称“大同海关”）辖区范围为大同市、朔州市，由太原海关直接领导，按授权负责管辖区域范围内海关各类管理工作。2018年4月20日起，原出入境检验检疫系统统一以海关名义对外开展工作，一线执法的公务员和参照公务员管理的人员统一着海关制服、佩戴关衔。截至2018年年底，大同海关完成挂牌、换装、标识更换、印章统一管理、队列训练、集中办公等工作，通关单取消、报关报检单整合、业务窗口整合实现“一口对外、一次办理”。大同海关召开压缩通关时效

▲ 2018 年 8 月 28 日，大同国际陆港开关　（张湛滨　摄）

关企座谈会，引导企业采用提前申报模式通关，建立压缩通关时间台账；建立海关响应机制，畅通与企业沟通渠道，全年整体通关时间压缩 35%。服务驻地开放型平台建设，在大同国际陆港项目建设中，参加大同市政府召开的协调会和现场推进会等会议 8 次，提出国际陆港发展规划和建设工作合理化建议 3 条。服务大同国际陆港港务有限公司，向企业开展政策宣讲 5 次，接待企业座谈交流 4 次。举办出入境检验检疫业务知识培训，相关政府单位及企业参加，解读进口食品、肉类、宠物饲料检验检疫工作流程及要求。6 月 25 日，大同国际陆港港务有限公司申请设立的大同国际陆港公用型保税仓库通过行政许可。8 月 7 日，仓库通过验收，具备运营条件。12 月，上报总署大同国际陆港保税物流中心（B 型）申请。大同海关推进关检业务融合、全国海关通关一体化改革、海关税收征管模式改革，联合市公安局、发改委等 14 家单位联合发布《大同市窗口单位优化营商环境联合服务承诺》。召开业务宣讲会，大同市商务局、开发区招商局、口岸办主要负责人，辖区内主要进出口企业代表，大同海关全体关警员参加会议。业务专家讲解中美贸易摩擦中的海关政策、海关保税和自贸区政策、跨境电商和海关监管要求等内容，现场解答企业提出的问题。

年内，大同市进出口总值 37.6 亿元，同比增长 52.5%，高于全省整体增速（17.8%）34.7 个百分点。其中，出口 21.9 亿元，同比增长 20.2%；进口 15.7 亿元，同比增长 140%。贸易顺差 6.2 亿元，同比收窄 47.3%。进出口总值居全省第五，增速居全省第二。大同海关全年征收税款 1.28 亿元。其中，关税 3885 万元，增值税 8869 万元，消费税 1 万元，减免两税 378 万元。办理加工贸易手册设立 7 份，备案金额 46.7 万美元。辖区有 4 家公用型保税仓库，保税仓库进出口货物 37 吨，货值 18 万美元。开展稽查作业 8 起。其中，专项稽查 6 起，常规稽查 2 起。办结稽查作业 8 起，其中移交缉私局 2 起。（杨日全）

1995—2018 年大同市海关进出口总额表

单位：万美元

年　份	海关进出口总额	出口额	利用外资
1995	1525	1511	1050
1996	2801	2800	2583
1997	1493	1493	814
1998	2339	1320	3192
1999	2659	1579	2329
2000	2931	2803	2000
2001	3913	2672	2581
2002	4948	2518	4062
2003	7573	5122	2785
2004	13570	8049	1642
2005	14716	9248	1159
2006	14628	12490	3117
2007	26849	18174	6421

续 表

年 份	海关进出口总额		利用外资
		出口额	
2008	23681	19592	9201
2009	19500	11400	6121
2010	56767	12493	44274
2011	43123	9791	10600
2012	50395	23400	21300
2013	47815	21493	16463
2014	48172	30235	18159
2015	41633	28405	19100
2016	35576	29240	20110
2017	36492	26983	17013
2018	56312	32811	18194

【缉私违法违规案件查处】 2018年，大同海关缉私分局立案5起，案值5009万元。其中，4起行政案件，1起走私毒品刑事案件，办结4起，1起移送审理。执行罚款5.6万元，缉私补税20.75万元。按照《海关总署缉私局、财务司关于推进案件证据采集录入工作的函》要求，采集录入2013年1月1日后立案的刑事、一般行政案件证据信息。承办"'3·16'走私冻品案"青岛方向侦办工作，抓捕、讯问、押送、投所3名嫌疑人，投所上海方向、广西方向嫌疑人及后续取证。参与太原海关缉私局与山西省烟草专卖局联合开展的打击"烟弹"等代购走私及非法销售行为专项行动，协助查发当事人12名，查扣电子烟弹273条、美容仪24台、清酒18瓶。参与总局侦办赵荣等人走私普通货物案抓捕、取证工作。（杨日全）

【出入境查验】 2018年，大同海关保障中国大同直飞柬埔寨暹粒、泰国曼谷、泰国芭提雅及中国香港4条航线开航，加强出入境航空器、人员和旅客携带物检验检疫查验工作，全年查验行李15895件次，截获禁止进境携带物番荔枝、红毛丹、桂圆、山竹、杧果等检出的葡萄白轮蚧、香蕉肾盾蚧、黄肾圆盾蚧、甲片盾蚧、白盾蚧属、杧果白轮盾蚧、大洋臀纹粉蚧（planococcus minor）、网纹盾蚧、弗洲黑盔蚧、榕树粉蚧、单蜕盾蚧属、杰克贝尔氏粉蚧、臀纹粉蚧属、南洋臀纹粉蚧、肾圆盾蚧属15种有害生物，其中大洋臀纹粉蚧系大同航空口岸首次截获。加强进境集装箱、木质包装检验检疫，从进境的4个德国成套设备装箱中检出湿薪甲、腐隐食甲、锯谷盗科、切叶蜂亚科、弹尾虫及鼠妇6种有害生物，其中湿薪甲和腐隐食甲系山西口岸首次截获。加强进出境动植物及其产品检验检疫和有毒有害物质监控，检测出口脱水胡萝卜和脱水甘蓝菜中苯甲酸、山梨酸、糖精钠、丙酸、环己基氨基磺酸钠及大肠杆菌6项指标，全部合格。加大进口缺陷产品后续监管调查处置力度，全年召回监管59辆进口大众途锐车辆，抽查进口日本象印牌不锈钢保温饭盒和德国WMF炒锅2批食品接触类产品，检测铅、镍、镉、砷溶出量，结果均符合国家标准要求。抽取10支派克钢笔，送检扬州海关技术中心，印发检验不合格项整改通知，并监督经销商做出技术处理。开展俄罗斯技术性贸易措施影响专项调查工作，调查国药集团大同威奇达药业有限公司出口情况、认证认可及受技术性贸易措施影响等情况，服务外贸"优进优出"。大同海关检验检疫出入境货物494批，货值2826.13万美元，同比批次下降8.18%，货值下降54.34%。其中，出境货物450批，货值1349.18万美元，同比批次下降7.41%、货值增长13.93%；入境货物44批，货值1476.95万美元，同比批次下降15.38%、货值下降70.49%。签发各类原产地证书770份，货值6197.71万美元，同比份数增长7.39%，货值增长22.58%。（刘小丰）

【服务地方经济发展】 2018年，大同海关挖掘产业优势和发展潜力，指导完善示范区和示范企业建设相关质量管理体系，帮助灵丘县和浑源县分别创建省级出口杂粮质量安全示范区和省级出口黄芪质量安全示范区，帮助中国重汽集团大同齿轮有限公司创建省级质量安全示范企业。建成国家级示范区2个、省级示范区4个、省级示范企业1个。天镇县、左云县和广灵县3家出口杂粮质量安全示范区出口杂粮杂豆32批次，货值268万美元，比上年同期分别增长28%、74%；带动天镇县出口脱水蔬菜77批次，货值227万美元，比上年同期分别增长97.4%、90.7%。大同县国家级出口黄花质量安全示范区出口脱水蔬菜66批次，货值239万美元，比上年同期分别增长24.5%、26.5%。推进大同市金宇高岭土有限公司申报省级质量安全示范企业和中国重汽集团大同齿轮有限公司升级国家级质量安全示范企业等相关工作。加强左云县供港活牛质量安全源头控制，指导企业完善场区管理、养殖管理、卫生状况、疫情疫病防控和质量安全保障体系等相关质量管控。香港食环署探访检查供港活牛企业，大同海关检验检疫41头供港活牛。加大帮扶山西雁门清高食业有限责任公司、山西塞北红食品有限公司、山西永祥食品有限责任公司、天镇县博诚蔬菜有限责任公司4家“三同”（同一生产线、相同标准生产、相同质量水准）平台上线企业力度，传达“三同”有关培训通知和政策措施。收集和编辑雁门清高生态原产地保护产品相关信息，上报中国生态原产地保护产品集萃。跟进地理标志产品保护后续工作，帮助企业申请地理标志产品保护专用标志，打造“大同黄花”“天镇杂粮”“左云苦荞”“广灵小米”“塞北红番茄酱”等区域特色品牌，推进特色农产品产业发展。承担大同市粮食局储备粮抽查检测、市食药监局和县（区）食药监局食品安全风险检测、执法检测任务1504批次，检出菠菜中农药氧乐果超标、饼干中菌落总数超标、开心果酸价超标、猪蹄中检出氯霉素等不合格样品4批次。

（刘小丰）

【国门安全宣传】 2018年，大同海关与大同机场有限责任公司、大同市城区第二十三小学、大同华严寺、南关街平康里社区等单位合作，开展国门生物安全“进机舱、进社区、进校园、进旅社、进景区”，国门生物安全“专家口岸行”等系列宣传活动，在部分旅行社、口岸服务等部门聘请国门生物安全宣传志愿者；开展“进口食品安全社区行”“食品安全口岸行”“食品安全企业行”及食品安全知识竞赛等宣传活动；为大同市平城区第二十三校500余名师生组织“实验室开放日”活动。（刘小丰）

【非洲猪瘟防控】 2018年，党中央、国务院、海关总署与太原海关部署非洲猪瘟防控工作，大同海关参加各级非洲猪瘟防控工作会议8次，制订《大同进出境突发动物疫情应急处置预案》并上报大同市应急办。在航空口岸和进口肉类指定查验场配备生物安全防护设备及物资，包括检疫工具箱、防护服、高温消毒机、臭氧发生器、自动喷洒消毒器、高压灭菌检疫处理设备等。在进口肉类指定查验场设置专用检疫处理区，指导查验场与大同市阳高县永清畜禽无害化处理有限公司签订动物产品无害化处置协议，妥善处理问题动物产品。（刘小丰）

【技术保障能力建设】 2018年，大同海关推动国家杂粮检疫检测重点实验室建设，调试和维护实验室水、电、通风、洁净室等基础设施，安装调试100余台（套）仪器设备。6月1日至3日，通过CNAS（中国合格评定国家认可委员会）现场评审，新建检测中心纳入CNAS认可范围，扩项18大类262个标准方法，获CNAS认可46类检测对象749个标准方法，首次通过CNAS植物检疫领域现场评审，扩展植物检疫领域相关检疫检测项目20项，扩展动物源性食品检测项目39项和微生物项目13项。申报实用新型专利2项，发表论文1篇，报名参加涉及15个产品28个项目的能力验证和测量审核活动，其中参加2个产品6个项目国际能力验证。成功应对地方政府交办的豆面中柠檬黄突发食品安全事件检测技术保障。（刘小丰）

【旅检查验】 2018年7月3日，大同—香港航班复航，大同海关排班参加旅检工作，派遣2名旅检人员到厦门高岐国际机场、西安咸阳国际机场、太原武宿国际机场外出学习，全年584人次参加旅检。举办关检口岸监管业务联合培训、国际航班复航演练活动，梳理通关流程，明确“一口对外、共同执法”原则。加强旅检查验工作，通过增设人体X光机、证件阅读机、智慧动植检系统、有害生物远程鉴定系统等设备，执行进出境行李物品100%过机查验检查，加强现场一线监管能力。在太原机场海关协助下，监管保障“成龙国际动作电影周”期间航班，并首次监管公务机，监管进出境航班6架次、人员537人次。全年监管进出境航班146架次。其中，出境航班73次，入境航班73次。监管进出境人员23967人次。其中，出境12078人次，入境11889人次。征税2票，税款2119元。（杨日全）

▲大同海关旅检关员查验行李物品 （杨日全 摄）

农　业

综　述

【概况】　2018年，大同市实施乡村振兴战略，市委常委会、市政府常务会专题研究，组织召开市委农村工作暨脱贫攻坚会、乡村环境提升工程现场会、乡村振兴暨农业农村重点工作会、特色农业产业扶贫现场会、黄花产业发展大会、涉农工作推进会及各类培训等，安排部署乡村振兴和“三农”工作。市发改委牵头组织编制全市乡村振兴战略总规划（2018—2022），由山西大学专业团队承担，完善市级乡村振兴战略“5+1”六个专项规划和各县（区）相关规划。制定《大同市传统村落保护规划编制技术导则》，编制实用性村庄规划20个，规划设计99个易地扶贫搬迁安置点。实施乡村环境提质工程，市级投入专项资金10亿元，全年投入28.2亿元，1259个整治村99%开工，102个示范村竣工99个，竣工率97%。落实支农项目资金1.31亿元。壮大集体经济，采取整合资源、盘活资产等八条途径，增强造血功能，全市行政村集体经济收入均万元以上。其中，超5万元村占80%，10万元以上村392个，100万元以上村64个。创新体制机制，在全省率先出台市级乡村振兴人才激励十条奖励政策，促进人才和资本“上山下乡”。实施农村义务教育营养改善计划，实现县（区）全覆盖。建设农村老年人日间照料中心30个。加强农机服务，深松整地22.1万亩、机械浇灌地144万亩。建成供销惠农服务中心8个、服务站19个，庄稼医院8个。新增贫困县电商村级服务站121个，广灵、浑源、阳高3县入选全国电商进农村综合示范县，分获1500万元专项扶持。支持农业科技项目71项，资助1320万元，申报省级项目5项。实施贫困患者分类救治，贫困人口大病起付线由1万元降到5000元，贫困户全部享受住院兜底保障政策。建设中央贫困地区村文化室，为218个村配送音响、乐器等器材；开展“千场大戏、万场电影”民生工程，送戏下乡1720场，放映公益电影2.4万场；培育阳高二人台、广灵剪纸、巧娘宫手工编织等10个非遗产业典型。开展平安村庄建设，411个村主要路口安装视频监控系统，开展留守儿童、留守老人帮扶。推进公共法律服务平台建设，建成10个县级中心、142个乡镇（街道）工作站、1113个村（居）服务工作室。2月28日，山西省农业工作会议召开，大同市农业系统15个单位和16名个人获省表彰。　（市农委）

【农业转型升级】　2018年，大同市推动农业转型升级，全年500万元以上农产品加工企业销售收入74.4亿元，同比增长21%。推进广灵县食用菌产业园、云州区黄花产业园、左云县沙棘特优区等省级产业园和特优区建设，启动市级产业园创建工作。认证“三品一标”产品128个。举办和组织参加2018古都灯会大同名优特色农产品年货展销、成龙电影周特色农产品展销、全国农交会、绿色食品博览会、首届大同黄花丰收活动月等会展活动。平城区获省级城郊农业示范区扶持，农业嘉年华一期项目开工。休闲农业和乡村旅游热度提升，阳高大泉山及杏泉域、天镇新平堡、灵丘上北泉和花塔成为全域旅游重要节点，开展首届农民丰收节庆祝活动，助推农文旅康养产业融合。云冈区入选全国一、二、三产业融合发展先导

▲大同市左云县生态农业　（市农委 供图）

区和省级农林文旅康养示范区，灵丘县入选全国农村创业创新典型范例。加快农村集体产权制度改革，省级试点阳高县，改革 12 个乡（镇）234 个村清产核资、成员身份确认和股权量化。加快农村土地确权，确权 1876 个村，占应确权村 99%，完成省、市、县三级验收。新培育农民专业合作社 176 家，累计 7832 家，家庭农场总数 667 家。培育新型职业农民 4678 名，培训农民 10 万余人次。（市农委）

【农业执法】 2018 年，大同市加强农业执法，开展农资打假，出动执法车辆 790 车次，出动执法人员 3656 人次，整顿市场 1126 个次，参与省、市农产品质量安全例行监测 4 批次，参与省药检所农药监督抽查云州区、云冈区 13 个农药样品抽检工作。全市培训农业执法人员 16 期，350 余人次；培训农资经营户、农民 12 期，820 人次；举办现场咨询培训 56 场（次），接待咨询群众 2.8 万人次。印发宣传资料 9.7 万份，悬挂（张贴）各类宣传条幅、标语 106 条次，现场展销农资产品 132 吨，多渠道接受群众投诉举报，利用 12316 投诉热线的同时，公布农业执法人员手机号码，全年查货假冒伪劣种植 3000 千克，农药 52 瓶（支），全年立案 11 起，结案 10 起，移交司法 1 起，处罚金额 2.67 万元，为农民挽回经济损失 10 万余元。办结 1 起农民信访案件。（梁 全）

【农村改革】 2018 年，大同市农村土地确权颁证工作，完成县级自检和市级验收，颁发证书 31.5 万份，占任务 98.3%。创建省级示范社 27 个，占任务 90%。各县（区）全部设立农村土地承包经营纠纷调解仲裁机构，开展调解仲裁法律宣传。市委、市政府出台《大同市推进农村集体产权制度改革实施方案》。举办全市农村集体产权制度改革推进培训班。阳高县作为省级试点县，成立由县委书记、县长任双组长的领导组，出台实施方案，全县 12 个乡（镇）249 个行政村，全部完成清产核资和成员身份鉴定工作，占比 100%；全县核实资产 1.7 亿元，其中经营性资产 3593.1 万元。市级试点县灵丘县开展清产核资工作，完成 135 个村，占总村数 53%。推进农垦改革，按照市政府出台的《关于加快推进大同市农垦改革发展的实施意见》，明确责任，细化目标。全市完成国有土地登记确权 6684.9 亩，确权率 96.8%，发放不动产登记证 58 个，两家农垦企业退休人员和在职职工全部参保，养老保险参保率 100%。云州区、阳高县成立领导组，制订方案，建立公益性农技推广与经营性服务融合发展机制，引导农技人员提供技术承包、技术转让、技术咨询等增值服务。完善农业支持保护体系，足额发放农业支持保护补贴资金。（梁 全）

【农民收入增长】 2018 年，大同市农村居民人均可支配收入 9710 元，同比增长 9.6%，全省排名第二。全市新培育农民专业合作 176 家，累计 7832 家，家庭农场总数 667 家，培育国家和省级示范社 8 家和 27 家、省级示范家庭农场 7 家。培育新型职业农民 4266 名，培训农民 10 万人次。（梁 全）

【“三农”服务】 2018 年，大同市提升农牧业技术服务能力和手段，农产品质检中心大楼建成，质检中心通过国家级 3 项能力验证考核，完成农产品质量安全例行监测、专项监测和监督抽查工作，监测 306 个点、抽检 25 批次，样品 861 个，2.6 万项次检测。市农作物种子质量检验中心通过验收并启动，示范展示农作物新品种 255 个、基地 1000 亩，打造万亩马铃薯良种繁育基地。市植保标本室初步建成，防治农作物病虫害 516 万亩次，平均防治效果 85% 以上；防治杂草 334.5 万亩、鼠害 12.5 万亩，累计挽回损失 4.8 亿元。推广绿色防控 44.1 万亩次，建设绿色防控示范园 5 个、1.2 万亩。建设高标准农田 13.74 万亩，投资 1.72 亿元，带动增产增收 2400 万余元。推广测土配方施肥 426 万亩、旱作节水农业技术 321 万亩、水肥一体化 3 万亩。整县推进云州区、阳高县信息进村入户，建成益农信息社 350 个。开展新型清洁取暖节能炕试点，试验示范 40 户。推进浑源县野生黄芪原生境保护项目建设，创建保护区 3854 亩。加强动物强制免疫，无害化处理病死猪 10.7 万头。密集部署非洲猪瘟防控，加强疫情应对处置。（梁 全）

【城郊农业】 2018 年，大同市出台《关于壮大新产业新业态加快城郊农业发展的实施意见》，安排扶持资金 500 万元，重点促进云州、云冈、新荣、平城 4 区城郊农业上档升级，平城区获省级城郊农业示范区扶持，一期占地 350 亩、投资 2.9 亿元的农业嘉年华项目奠基。（梁 全）

【农产品销售】 2018 年，大同市扶持城区鹏志卧虎湾农产品批发市场和云州区俊文瓜果蔬菜交易批发市场市场基础设施和配套建设。云州区俊文瓜果蔬菜交易批发市场入围 2018 年度省级田头市场示范点。山西白老大食品有限公司的“白老大”杏仁和山西东方亮生命科技股份有限责任公司的“东方亮”月养米 2 个品牌入围全省功能农产品品牌。利用第四届成龙国际动作电影周活动平台，开展大同市农产品展销活动，成龙为大同特色农产品代言宣传，扩大黄花等农特产品知名度。（梁 全）

种植业

【粮食生产】 2018 年，大同市粮食产量 123 万吨，比上年增长 8.4 万吨，同比增长 7.4%。粮食作物单产 316.8 千克 / 亩，比上年增长 34.48 千克 / 亩。其中主要作物产量：玉米 92.6 万吨，谷子 6.12 万吨，黍子 4.47 万吨，莜麦 1.18 万吨，荞麦 0.75 万吨，高粱 8.67 万吨，豆类 3.15 万吨，马铃薯 5.95 万吨。全市农作物播种面积 486.7 万亩，比上年增长 11.93 万亩。其中，粮食作物播种面积 388.31 万亩，比上年减少 17.69 万亩；经济作物播种面积 73.21 万亩，比上年增长 10.64 万亩；饲料作物播种面积 25.2 万亩，比上年增长 19 万亩。新发展特色作物黄花、中药材、水果经济林 11 万亩，杂粮播种 183 万亩；发展有机旱作农业 150 万亩，推广杂粮渗水地膜穴播技术 10 万亩；创建省市级有机旱作农业、杂粮示范片 120 个，6.4 万亩；新增和改造设施农业 1.2 万亩，开发优质特色露

地蔬菜 2.1 万亩，创建省级蔬菜标准园 8 个。（梁 全）

【种植结构调整】 2018 年，大同市落实“镰刀弯”地区玉米结构调整指导意见，适度调减籽粒玉米，增加特色、有机旱作农业优势产品，扩大饲草种植规模，构建粮经饲统筹发展种植格局。推进农业供给侧结构性改革，粮食作物播种面积较上年下降 5%（17.69 万亩）。经济和饲料作物播种面积较上年增长 17%（10.64 万亩），饲料作物播种面积较上年增长 306%（19 万亩）。粮食作物播种面积中，籽粒玉米播种面积 205.46 万亩，比上年（222.3 万亩）减少 16.8 万亩；杂粮作物播种面积 182.84 万亩，与上年（183.73 万亩）基本持平，各种杂粮播种面积受价格因素影响较大，谷子、黍子和马铃薯由于上年价格低迷，全年种植面积分别为 30.63、29.39、32.67 万亩，分别比上年（35.16 万亩）减少 4.53 万亩、（37.85）减少 8.46 万亩、（35.35 万亩）减少 2.68 万亩，高粱价格稳中有升，播种面积 21.7 万亩，比上年（7.1 万亩）增加 14.6 万亩。经济作物播种面积中，油料作物播种面积 22.4 万亩，比上年（26.7 万亩）减少 4.3 万亩；蔬菜面积 40 万亩，比上年（24 万亩）增加 16 万亩；中药材面积 7.94 万亩，比上年（7.71 万亩）增加 0.23 万亩。饲料作物播种面积中，青贮玉米播种面积 20 万亩，比上年（5 万亩）增加 15 万亩；苜蓿播种面积 5.25 万亩，比上年（1.2 万亩）增加 4.05 万亩。（梁 全）

【有机旱作农业】 2018 年，大同市出台《关于加快有机旱作农业发展的实施意见和 2018 年行动计划》，成立有机旱作农业发展领导小组，市级财政安排 1500 万元用于发展有机旱作农业样板区创建，重点实施耕地质量提升、农水集约增效、旱作良种示范、农技集成创新、农机配套融合、绿色循环发展等 6 项工程，面积 5 万亩，其中包括 4 个核心有机旱作封闭示范片 8000 亩；62 个有机旱作农业示范片 41500 亩；5 个秋膜覆盖试点 500 亩。创建 39 个市级杂粮绿色模式攻关田 3900 亩、7 个规模化种植千亩示范区 7000 亩。推广渗水地膜穴播技术 10 万亩。创建 3 个省级有机旱作农业封闭示范片 3000 亩。（梁 全）

【抗旱节水新品种推广】 2018 年，大同市依托实施山西省粮食绿色高产高效创建项目新品种试验展示筛选和市级农作物新品种试验示范推广项目，制定并实施农作物新品种展示示范和马铃薯良种繁育基地建设“百”“千”“万”行动，即引进农作物新品种 100 个以上，建立农作物新品种展示示范田 1000 亩以上，建设马铃薯良种繁育基地 1 万亩以上。引进玉米、马铃薯、大豆、高粱、胡麻、燕麦、荞麦、绿豆、谷子、黍子（糜子）、食用向日葵、豌豆、红芸豆、青贮玉米，及蔬菜、瓜类等 16 种作物 255 个品种展示示范。打造 1032 亩农作物新品种展示示范。其中，利用省级绿色高产高效创建项目，建设玉米、马铃薯、杂粮（包括省杂粮核心展示）展示示范 312 亩；利用市级财政支持，建设抗旱节水型新品种展示示范 600 亩；动员种子经营单位、农业专业合作社等建设新品种展示示范 120 亩。利用上级支持，在南郊区、广灵县建设 2 个 110 亩青贮玉米展示示范；在天镇县建设 130 亩高粱、谷子新品种展示示范；在新荣区建设 100 亩马铃薯全程机械化生产展示示范；在大同县建设 42 亩马铃薯品种对比试验示范；与省总站共同在灵丘县建设省级杂粮核心展示 140 亩。展示示范点主要选择在贫困村建设，与脱贫攻坚和产业扶贫相结合，为当地农民种植结构调整和科学选种提供观摩平台。打造马铃薯万亩良种繁育基地。组织阳高、天镇、广灵、灵丘、大同、左云 6 个县严格按照项目要求落实。在中央财政支持下，全市安排马铃薯良种繁育 8200 亩。实施产业扶贫项目优质鲜食马铃薯生产示范基地项目，分别在阳高、广灵、灵丘建设马铃薯良种繁育基地 2000 亩，共 6000 亩。通过项目带动，推动全市马铃薯良种繁育基地建设。（梁 全）

【种植业技术推广】 2018 年，大同市农委开展新技术试验、示范和推广，为全市农业供给侧结构性改革提供技术支撑。开展有机旱作秋膜覆盖和降解地膜试验。上年秋季，在灵丘县、广灵县、天镇县实施有机旱作秋膜覆盖试验，实施面积 500 亩。经数据分析，在冬季到次年春季降水量较少情况下，秋膜覆盖后土壤含水量较不覆膜提高 20% 左右。在阳高县大白登镇高官屯村实施可降解地膜试验，试验面积 10 亩，种植作物为高粱和大豆。通过数据分析，试验用降解地膜韧性较差，草害较重，价格较高，不易为农民接受。示范推广渗水地膜穴播技术 10 万亩，芸豆覆膜精量播种 5 万亩，绿豆高巧拌种和高粱机械化播种技术。（梁 全）

【蔬菜生产】 2018 年，大同市蔬菜播种面积 71.6 万亩，比上年增长 3%；产量 238.6 万吨，比上年增长

▲大同市广灵县白灵菇菌业生产基地 （市农委 供图）

2.4%；产值49亿元，比上年增长2%。露地蔬菜面积46.5万亩，产量129.8万吨。设施农业播种面积25.1万亩，产量84.3万吨。其中，日光温室播种面积7.6万亩，产量32.4万吨；塑料大棚播种面积16.7万亩，产量50.7万吨；生产食用菌菌袋4100万袋，折合设施农业面积0.8万亩，产量1.2万吨。全市新增设施农业面积11724亩。其中，日光温室320亩，塑料大棚3204亩，生产食用菌4100万袋，折合设施农业面积8200亩；改造设施农业面积2000亩，新发展黄花面积2万亩。（梁 全）

【果业产业发展】 2018年，大同市果品总产量6.85万吨，总产值1.76亿元。其中，杏产量4.93万吨，苹果产量0.55万吨，葡萄产量0.83万吨。全市果园总面积22.46万亩。其中，杏树18.02万亩，苹果2.03万亩，葡萄0.73万亩，设施栽培面积0.36万亩。新发展果树1.57万亩，淘汰果园面积0.87万亩，高接换种面积0.8万亩。人均果品收入843元，培训果农15255人，培训场次58次。

年内，大同市新增水果面积1.57万亩。其中，杏0.1万亩，苹果0.56万亩，梨0.02万亩，葡萄0.07万亩，桃0.05万亩，其他0.77万亩。加大果品标准体系建立，水果有机、无公害认证申报。制订《阳高县优质鲜食杏基地建设和生产技术实施规范》，完成左云县兴然种植园鲜食园无公害认证；标准园创建，无公害、绿色、有机、地理标志认证，提升果业品牌建设，创建省级标准果园1个，市级标准果园3个。阳高王官屯镇、狮屯乡、罗文皂镇、城关镇中低产杏园改造400余亩，涉及4个村。设施果业发展，樱桃、油桃、草莓、葡萄、杏、西梅等种植技术完善，面积扩大；灵丘县红石塄乡，阳高县鳌石乡、东小村镇、古城镇等老果区，重新规模化栽种以寒富为主要品种的苹果生产基地，面积5000亩。提高水果销售、加工能力，销售以鲜食、电商、加工为主，功能食品研发能力加快，特别是“杏韵小镇”建设，杏酒生产上市，杏脯、杏干、杏核、杏酱、杏饮料扩大生产使杏果加工能力提高。休闲采摘和观光旅游带动果业发展。

（梁 全）

【中药材生产】 2018年，大同市中药材面积39.91万亩。其中，耕地面积26.88万亩，野生抚育面积13.03万亩，野生面积33万亩。上年留床面积32.01万亩，新种植面积7.3万亩，新抚育0.6万亩，采挖面积2.19万亩，2018年留床面积37.72万亩。中药材总产量5021吨，总产值13799万元。中药材产业主要以黄芪为主，黄芪面积27.24万亩；柴胡面积1.11万亩；板蓝根面积0.46万亩；甘草0.47万亩；枸杞0.41万亩；黄芩面积0.21万亩；其他1.66万亩。培训场次37次，培训药农1709人。全年，省、市用于中药材基地建设和初加工专项资金1000万余元，一大批种植合作社、龙头企业、加工企业为中药材产业发展提供引擎和示范带动作用，促使中药材种植技术日趋成熟、经营理念超前领先、加工产品拓展延伸。（梁 全）

▲大同市灵丘县月亮湾千亩果园 （市农委 供图）

【中药材产业园区建设】 2018年，大同市3个中药材重大项目落地。山西安瑞农林科技有限公司正北芪循环经济产业项目，于4月下旬开工，5月25日，山西安瑞农林科技有限公司与浑源黄花滩乡政府携手举行“万亩黄芪标准化种植示范区”开工仪式。建设同药集团利用破壁技术生产的黄芪粉、黄芪胶囊等生产、加工医药园区，建设山西北岳神耆生物科技有限公司开发、生产以黄芪为主要原料的功能产品、保健品等系列产品黄芪产业园区。（梁 全）

【植物保护】 2018年，大同市各类病虫草鼠发生面积1563.46万亩次。其中，病虫发生面积1199.96万亩次（病害面积246.76万亩次，虫害面积953.20万亩次），防治面积516.23万亩次，平均防治效果85%以上；杂草发生面积345.5万亩，防治334.5万亩；鼠害发生面积18万亩，防治12.5万亩。挽回产量损失31.22万吨47515万元。（梁 全）

【植物检疫】 2018年，大同市受理申报产地检疫面积增加到6093亩，品种主要为马铃薯、谷黍、胡麻、玉米、蔬菜等。签发产地检疫合格证21份。调运检疫签证22份，调运量24.1吨。均为产地检疫合格后换取调运检疫证书。（梁 全）

【黄花产业扶持政策】 2018年，市委、市政府把黄花产业发展作为坚决打赢脱贫攻坚战和实施乡村振兴战略的重大举措，出台扶持黄花产业发展十条政策。（1）市财政安排1亿元专项资金，用于支持建设以黄花为主导，集产、加、销、研于一体，要素高度集中、设施装备先进、辐射带动有力的现代农业产业园。（2）给予新引进的从事黄花生产加工的国家级、省级农业产业化龙头企业，分别150万元、100万元奖励；给予新认定的国家级、省级农业产业化黄花龙头企业，分别一次性 100 万元、80 万元奖励；新认定的从事黄花生产加工的国家级、省级农民专业合作社示范社，在中央和省级资金扶持的基础上，市政府分别一次性增加 20 万元、5 万元奖励。（3）新引进的中国 500 强、中国民营 500 强企业投资 1 亿元以上，或固定资产一次性投资 1 亿元以上的黄花精深加工项目，支持政策实行“一事一议”“一企一策”。（4）高标准农田建设项目优先支持发展黄花产业，重点县（区）打造一批集中连片、设施完善、高产稳产的黄花种植基地。（5）新栽黄花种植户，前两年每户每年补贴 500 元 / 亩，其中建档立卡贫困户，前两年每户每年补贴 750 元 / 亩。承担扶贫任务的合作社，根据贫困户所占股权面积，新栽前两年给予每户每亩 500 元 / 年的田间管理补贴。支持成立黄花采摘扶贫劳务合作社，凡成员 20 人以上、贫困户占 60% 以上的，采摘期间采摘工每天补贴 30 元。（6）鼓励新型经营主体投资建设黄花加工车间。给予建设冷库、晾晒场地，购买晾晒和烘干设备的新型经营主体适当补贴。鼓励种植户购买小型烘干设备，开展黄花初加工，给予适当补贴。（7）给予经营期一年以上、累计销售 50 吨以上干黄花菜的批发零售主体一次性 5 万元奖励；给予利用电商平台、累计销售 5 吨干黄花菜以上的主体，一次性 1 万元奖励。（8）设立“大同黄花产业扶贫发展投资基金”，资金规模 20 亿元，投向大同市确定的黄花产业发展项目。黄花种植户实行黄花保险费补贴。自然灾害保险，市财政补贴 200 元 / 亩、种植户自付 100 元 / 亩，保额 5000 元 / 亩；黄花价格指数保险，市财政补贴 200 元 / 亩、种植户自付 220 元 / 亩，保额 6000 元 / 亩。同时各县（区）给予适当补贴。（9）给予黄花产业新型经营主体的生产建设项目用地指标倾斜，依法依规帮助其村集体用地转变为国有建设用地，并给予购置农机自筹部分 80% 补贴。（10）与中国农大、中国农科院、山西农大、省农科院、大同大学等科研院校合作，建立科技研发机构和实验基地，市政府安排专项资金，用于研究黄花种植加工新技术，延伸产业链，提升附加值。（莫 俪）

【“大棚房”问题专项清理整治】 2018 年，农业农村部、省自然资源部“大棚房”问题专项清理整治行动调研组，及省、市领导到大同市云州区倍加造镇独树村、党留庄乡小蒲村，云冈区平旺乡马营村实地调研“大棚房”清理整治行动推进情况，并查阅相关台账资料，与部分县（区）、乡（镇）及相关部门负责人座谈，现场答疑解惑，给予政策方面指导帮助。“大棚房”问题专项清理整治行动开展以来，全市出动 2742 人次，排查大棚 31528 个，排查面积 54811.31 亩，整改 95% 以上违法违规设施。（莫 俪）

【中国黄花产业发展论坛】 2018 年 7 月 12 日，中国黄花产业发展论坛在大同举行，市委常委、常务副市长薛明耀，中国科学院地理科学与资源研究所区域农业与乡村发展研究中心副主任张义丰出席中国黄花产业发展论坛。会议主题是“依托特色产业，实现精准扶贫”，目的是政策研讨、信息交流、技术推广、市场展望和结盟合作。中国农业大学、宁夏大学、山西农大、甘肃庆阳、湖南祁东等院校和地市相关专家教授参加论坛。张义丰在演讲中肯定大同市发展黄花产业的经验，并立足全国产业格局，提出黄花产业发展和六省六县建立黄花产业联盟建议。（红 远）

【植物检疫宣传月活动】 2018 年 9 月 19 日，市农业部门组织开展植物检疫宣传月活动，贯彻落实农业植物检疫法律法规，提高植物检疫机构依法履职能力和服务水平，宣传普及农业植物检疫基本知识。市植保植检站在北苑路农贸市场设立宣传点，通过发放宣传资料、悬挂横幅、宣传展板、现场咨询等形式，宣传普及农业植物检疫基本知识，发放《植物检疫知识问答》等宣传资料 900 余份。左云县植保植检站到小京庄乡等乡（镇），培训村党支部书记，集中讲解植物检疫法律法规及检疫性有害生物的识别和防控。9 月 14 日至 20 日，天镇县植保植检站到新平堡镇平远头、常胜山村，南高崖乡马家沟、左所沟村，谷前堡镇水磨口、张家庄村等乡村宣传，重点宣传向日葵列当等检疫性有害生物的识别和防控知识，鼓励社会公众发现疫情第一时间向植保植检站反映情况。（莫 俪）

【全市黄花产业发展会】 2018 年 12 月 19 日，全市黄花产业发展大会召开。省委常委、市委书记张吉福出席会议并讲话，市委副书记、市长武宏文主持会议。省委脱贫攻坚第一督导组副组长赵春雷，市领导刘振国、赵向东、郜向华、薛明耀、尉连生等参加会议。中国农大、中国农科院、山西农大、省农科院专家教授及京东云大同基地相关负责人应邀参加会议。会上，刘振国宣读《大同市黄花产业发展实施意见》，薛明耀宣读《大同市黄花产业发展扶持政策》，并代表市政府与云州区和天镇县签订黄花产业发展责任状。市农委、京东公司和大同宜民公司签订三方合作协议。与会人员参观大同黄花产业发展成果和“大同好粮”精品展，观看大同黄花产业发展专题片。（莫 俪）

林 业

【林业建设】 2018 年，大同市林业局落实上级部门资金 2.88 亿元。全市干果经济林面积 46.68 万亩，其中新增面积 3.03 万亩。特色经济林种植面积 14.35 万亩，其中新增面积 1.55 万亩。林下经济种植 2000 亩。全市育苗生产面积 10.03 万亩，占总育苗任务（10 万亩）的 103.27%。其中，新育苗面积 2.52 万亩，占新育苗任务（2.5 万亩）的 100.81%。新用种量 23.62 吨。其中，针叶树用种 8.02 吨，阔叶树用种 9.14 吨，花灌木育苗用种 6.46 吨，总产苗量 4.1 亿株。全市新增省级公益林面积 122.3 万亩，全市永久性生态公益林面积 322.36 万亩。处理信访局交办的网上信访事项 2 件，都按期办结，办结率、化解率 100%。林业生产实现“零”事故，未发生重特大森林火灾。（陈学飞）

【林地监管】 2018 年，大同市林业局实行林地“一张图”管理，加大监管力度。变更9县（区）上年度林地工作，开展森林督查工作，构建起覆盖全市、分级负责、上下联动、齐抓共管的常态化森林资源监管机制。组织国家级、省级森林公园总体规划，编制森林公园功能分区矢量图。建立以森林公安为主，林业有害生物检疫等部门配合的综合执法体系，实现县（区）、林场之间联防联治。全市森林公安机关开展“双六”“绿剑2018”“禁种铲毒”和扫黑除恶等涉林违法犯罪专项行动。出动警力3750人次，出动警车1800台次，发放禁种铲毒、森林防火宣传资料5万余份；禁种铲毒踏查林地面积180万余亩，重点踏查可疑地块116处。查处林业案件149起。其中，刑事案件19起，林政案件128起，治安案件2起。完善林业有害生物防治体系，建成国家级中心测报点3个，省级测报点2个，形成市、县、乡（苗圃林场）三级测报网络体系。全市林业有害生物预测预报、防治、检疫实现“一降三提高”目标。其中林业有害生物全年发生面积19.23万亩，成灾150亩，成灾率0.02‰，测报准确率89.6%。全年防治17.83万亩，其中无公害防治17.36万亩，无公害防治率97.36%。实施种苗产地检疫8.87万亩，种苗产地检疫率100%。修订《大同市森林火灾应急预案》，坚持“高密度、网格化、全天候、全覆盖”管理机制，林业生产保持“零”事故。（陈学飞）

【林业使用审批】 2018年，大同市林业局承办人大建议6项，政协议案2件，全部按时办结，办结率100%。服务项目落地，风电、光伏是重要新能源项目，为使项目尽快落地，该局简化审批流程，提高办事效率，主动向企业承诺，在服务对象资料齐全的基础上，对重点建设的新能源项目使用林地手续，审核时限从原来的5个工作日，缩短为2个工作日。年内，为11宗风电、光伏新能源项目快捷办理使用林地手续。行政审批实行“窗口统一受理、窗口统一出件”“一次性告知”和限时办结制度。（陈学飞）

【林业科技】 2018年，大同市林业局开展林业科技活动周宣传活动。围绕“科技创新，强市富民”主题，组织技术、森防、种苗和森林公安等单位设立宣传专栏，开展现场宣传、演讲、解答林业实用技术和护林防火知识活动，现场发放林业科技宣传资料2000余份。落实中央财政林业科技推广示范项目，完成沙棘硬枝扦插育苗和嫩枝扦插育苗研究。硬枝扦插育苗成活率40%，嫩枝扦插育苗成活率70%，达到预期目标。推进良木良种建设，全市育苗生产面积10.03万亩，其中新育苗面积2.52万亩。新用种量23.6吨，总产苗量4.1万株。在第六届山西苗木及花卉博览会上，大同市参展的华北落叶松、沙棘获博览会苗木类金奖，参展的油松获博览会苗木类银奖，参展的华北落叶松种子获博览会种子类金奖。（陈学飞）

【林业产业】 2018年，大同市新建特色经济林示范园1.18万亩。其中，云州区编制《林业产业园区规划（2017—2020）》，在瓜园乡完成油用牡丹紫斑栽植1000亩、建设紫斑种苗基地1个，在周士庄镇、聚乐乡种植槟果4000亩，在吉家庄乡牛寺沟村建立枸杞示范基地1000亩；左云县发挥晋西北沙棘经济林优势，栽植沙棘5000亩；左云、浑源两个县发展钙果特色经济林，种植800亩。全市新增林下经济、木本药材示范种植3000亩。其中，在天镇县、广灵县示范种植林下中药材2000亩；在左云县、阳高县示范种植木本药材1000亩。（陈学飞）

【林场改革】 2018年，大同市林业局组织全市8个国有林场开展国有林场改革“回头看”工作，9月11日至12日，省国有林场改革工作领导小组验收大同市国有林场改革。8个国有林场全部定性为公益一类事业单位，人员及公用经费按全额预算单位标准纳入同级财政预算，人员编制由2015年的533个（包含矿柱林场）减少到上年底的428个，下降20%。职工社保、住房公积金和住房补贴及离退休职工养老和医疗保障全部落实到位，实现职工“五险一金”全覆盖。国有林场所欠金融债务，按照平等协商和商业化原则全部化解。完善集体林权制度，成立大同市完善集体林权制度领导组，出台《关于完善集体林权制度的实施意见》，推进集体林权发证到户工作，流转集体林权，扶持发展新型林业经营主体。全市林权证新增到户81.21万亩、12404本、48999户。恒山林场、长城山林场、十里河林场、天镇林场、左云西山林场通过购买、整合、签订托管协议等方式增加经营面积6.36万亩。（陈学飞）

畜牧业

【概况】 2018年，大同市注重种养结合、农牧循环，推进奶牛、生猪、草食畜三大产业聚集区建设。新增苜蓿基地5万亩，畜禽规模养殖场粪污治理249家；实施京津风沙源治理二期工程草地项目，建设棚圈21.9万平方米、青贮窖11.6万立方米；粮改饲15万亩，养殖户受益2000万余元；加强秸秆饲料化利用，青贮81.9万立方米、黄贮28.5万立方米。全年牛饲养量46万头，其中奶牛存栏9.5万头。羊、猪、禽类饲养量分别600万只、230万头和900万只。肉、蛋、奶总产分别24万吨、6.8万吨和23万吨。加强动物强制免疫，无害化处理病死猪10.7万头。全年全市重点打造云冈、阳高、天镇、左云、新荣、浑源6个特色养殖大县（区）；加快培育奶牛、生猪、草食畜3个产业集聚区；推进阳高正大、广灵海高、浑源正邦等农牧业重大项目建设；做大做强牧同牛奶等本土品牌。（市农委）

【雁门关农牧交错带示范区建设】 2018年，大同市推进奶牛、生猪、草食畜三大产业聚集区建设，建成23个草畜一体化项目，超省既定任务10个；4个绿色生态牧场建设，超省既定任务1个。奶牛、猪、肉牛、肉羊规模场人工授精突破性推进分别100%、97%、70%和55%。粪污治理249家畜禽规模养殖场。阳高正大、广灵海高牧业、云冈天和牧业、云州峪口禽业、浑源泰源生10万头生猪等新扩建项目加快建设。总投资42.4亿元的正大100万头生猪养殖全产业链项目，累计投资1.8亿元，建成1个种猪场和8个

▲大同市灵丘县佳能牧业有限公司万头牛养殖基地 （李海霞 摄）

育肥场。总投资4.3亿元的海高乳肉兼用牛项目，累计投资2.2亿元，年内存栏5000头。新增苜蓿基地5万亩，2年累计发展15万亩，收贮苜蓿5万吨，创收6000万元；粮改饲15万亩、收贮32.7万吨，养殖户受益2000万余元；加强秸秆饲料化利用，青贮81.9万立方米、黄贮28.5万立方米。实施京津风沙源治理二期工程草地项目，建设棚圈21.9万平方米、青贮窖11.6万立方米。粮改饲“五大模式”（四方产业联盟，中地龙头带动，首创草业中介，锦丰低产田种草，双江饲草配送）在全国推广；蒙牛举办呼大乌朔四市奶牛规范化管理评比，大同市连续四年名列第一。（梁 全）

【畜禽繁育】 2018年，大同市加强种畜禽场监督管理力度，加大畜禽资源保护工作，优化全市畜禽繁育体系建设。提升种畜禽企业供种能力水平，规范种畜禽场监管许可。全市有种畜禽场23家。其中，种猪场5家，种羊场8家，种牛场6家（包括1家种肉牛场），种鸡场2家，种驴场1家，销售奶牛、肉牛等冻精单位1家（山西省液氮站大同分站）。23家企业中有省级办证企业2家，分别是大同市种猪场和大同市优种驴场。年内，6家企业新办或换办种畜禽生产经营许可证。推动肉驴产业发展，在广灵县优种驴场举办全市驴繁育技术实地操作培训班，邀请中国农业大学动物科技学院教授曾申明主讲并实践指导，培训40名人工授精技术员。培训期间，组织专业技术人员编写《驴繁育生产技术手册》并为参会学员和当地养驴场（户）免费发放100余本。试验推广优质肉牛西门塔尔、黑安格斯冻精400枚；应用推广优质猪冻精杜洛克、长白、大白140套。（梁 全）

【动物检疫】 2018年，大同市动物卫生监督系统提升动物卫生行政执法、防疫检疫、技术检测及信息化管理水平，抓重大动物疫病防控等工作。实施产地检疫104.2万头（只）。其中，猪16.83万头，牛3.94万头，羊16.9万只，禽65.69万羽，其他1.44万头（只）。开展“瘦肉精”试纸监测1.57万样次，结果均呈阴性。在屠宰检疫方面，加大监管力度，常年实行检疫人员包场包点责任制度、昼夜值班制度，定岗定人，按照规定无害化处理检出的病死动物、动物产品。屠宰检疫生猪9.25万头，羊7968只，检出病畜数12头，无害化处理检出的病害动物和产品，屠宰检疫率100%。

省界站和临时检查点检疫畜禽8.35万头（只），消毒车辆5316辆次。其中，猪1.13万头，牛3213头，羊4.2万只，禽2.69万羽，其他112头（只），畜禽产品1313.7吨。在防控非洲猪瘟期间加大监督检查力度，在原有省界站基础上，10个县（区）在国道、省道、乡村等主要路口设临时消毒检查站223个，查验消毒检查过往车辆。京大高速公路孙启庄省界站检查生猪产品380.05吨，消毒车辆478辆次。10月12日，查扣由天津发往大同、朔州应县的黑龙江冷鲜冷猪肉3.2吨，并于扣押异地封存，同时采样送省疫控中心化验，结果为阴性，于17日解封放行。

推进动物检疫合格证明电子出证工作，抓官方兽医电子出证，做到“有凭可查、有据可考、有为可评、有源可溯”。完善追溯体系建设，抓牲畜耳标的申请、审核、签收、入库、发放、领用登记管理制度梳理和总结，推进动物标识及疫病可追溯体系建设工作。（梁 全）

【病死畜禽无害化处理】 2018年，大同市制定《大同市病死畜禽集中无害化处理收集运行管理办法（试行）》，规范病死畜禽集中无害化处理收集运行，构建病死畜禽集中无害化处理和监管长效机制。新荣区、天镇县、大同县与阳高永清畜禽无害化处理中心达成协议，委托其处理病死动物。规范养殖环节病死猪无害化处理申报和管理，明确补贴范围、对象，严禁重大动物疫病强制扑杀生猪，及死胎、木乃伊胎和流产胎儿申报补助，规范工作流程，补贴申报程序。规模化养殖场养殖环节病死猪无害化处理10.7万头，未发现随意抛弃病死动物现象。（梁 全）

【智慧动监信息平台建设】 2018年，按照山西省动物卫生监督所《关于推进智慧动监移动信息平台工作的通知》（晋动卫监字〔2018〕7号），大同市加快智慧动监移动信息平台建设，实现动物卫生监督执法“智慧式”管理和“智能化”运行。全市配发147台采集终端（新增6台）。（梁 全）

【动物诊疗行为规范】 2018年，大同市颁发动物诊疗许可证19个，注册执业兽医41人，登记乡村兽医318人，平城区针对辖区宠物经营门店和动物诊疗机构情况，重点抓执业兽医规范处方病例、疫苗来源备案登记、动物诊疗年度报告、处方药标示等工作，推行执业兽医年度报告制度。（梁 全）

【瘦肉精专项整治】 2018年，大同市例行监测瘦肉精任务218批次，采集猪肉26批次，鸡肉32批次，羊肉16批次，猪尿96批次，羊尿48批次，检测结果全部为阴性。养殖场应用盐酸克伦特罗、沙丁胺醇、莱克多巴胺快速检测15600余样次，屠宰企业官方瘦肉精抽检5000余样次，完成省分配屠宰环节瘦肉精监测任务猪尿800份，羊尿100份。检测全部为阴性，没有发现“瘦肉精”残留。合格率100%，均未检出超标样品，保障畜产品质量安全。（梁 全）

【畜禽定点屠宰管理】 2018年，大同市开展生猪屠宰监管“扫雷行动”专项整治，重点整治屠宰企业是否严格把好生猪进厂（场）和生猪产品出厂（场）关，加强县（区）监管部门监管责任。督促各县（区）畜牧兽医主管部门落实属地管理责任，抓生猪定点屠宰企业日常监管、审核清理、行业准入、监督执法、综合治理、统计监测等工作；严查生猪产品质量安全隐患，打击生猪私屠滥宰、注水或注入其他严禁物质、宰杀病死猪的不法行为，规范生猪屠宰行业秩序，保障生猪屠宰环节不发生重大畜产品质量安全事件。监督检查全市处于生产状态11家生猪屠宰企业、3家羊屠宰企业。办理“12345”政府热线转到的诉求工单19件，取缔路边违规屠宰牛羊行为15起，全部在规定时限内办结，按要求予以反馈。（梁 全）

【饲料牧草管理】 2018年，大同市种植各类牧草55.63万亩。其中，一年生牧草种植47.82万亩（青贮玉米43.71万亩，草高粱0.5万亩，草谷子0.5万亩、草莜麦2.2万亩，野豌豆0.91万亩），多年生牧草种植7.81万亩（苜蓿6.11万亩，沙打旺0.7万亩、黄芪1万亩）。草地灭鼠26万亩、草地灭虫12万亩、改良草地15.3万亩。春秋两季草原防火期间全市没有发生草原火灾、火警。推进京津风沙源治理二期工程草地建设项目。完成上年京津风沙源治理二期工程草地建设项目：棚圈建设21.88万平方米，青贮窖建设11.6万立方米，人工草地2万亩。京津风沙源治理二期工程任务涉及9个县（区），中央预算内投资4036万元。其中，2700万元建设棚圈18万平方米，936万元建设青贮窖7.8万立方米，400万元建设人工草地2.5万亩。9月18日，召开“2018年度作业设计”评审会，市农委批复各县（区）2018年度京津风沙源治理二期工程草地建设项目作业设计，部分县（区）完成修改工作。核实天镇县、广灵县、云州区、左云县、新荣区、云冈区、阳高县和灵丘县粮改饲青贮窖，种植面积15.07万亩、收贮32.69万吨。青贮81.92万立方米，其中灵丘、浑源、左云、云州4个县(区)超额完成任务。黄贮28.46万立方米，其中灵丘、浑源、左云、云州4个县(区)超额完成任务。（梁 全）

【全市乡村振兴暨农牧交错带草牧业现场推进培训会】 2018年4月25日，全市乡村振兴暨农牧交错带草牧业现场推进培训会在天镇县召开。与会人员到南郊区和天镇县，观摩大同市百草农牧产业发展有限公司和大同市千叶牧草科技有限公司两个万亩苜蓿基地。会议要求，各县（区）贯彻落实国家粮改饲、草牧业等政策，建设一批规模化、专业化的优质饲草料生产基地。（英 俪）

【非洲猪瘟防控】 2018年10月16日，左云县排查出疫情后，省委常委、市委书记张吉福，市委副书记、市长武宏文分别作出指示，市防治重大动物疫病指挥部指挥长薛明耀现场指导应急处置。10月19日，山西省副省长陈永奇到左云县现场指导防控工作。市、县下达封锁令，开展扑杀、消毒、无害化处理，设立消毒检查站，限制生猪及其产品调入调出，关闭屠宰场等相关处置工作，扑杀和无害化处理疫区3千米范围内涉及2个乡（镇）6个村32户145头生猪，疫情得到有效控制。（梁 全）

农产品质量建设

【“三品一标”认证】 2018年，大同市“三品”产地面积25万亩，认证“三品”养殖场10个，“三品”产品认证128个，其中绿色食品和有机农产品认证37个，占“三品”任务总数36.6%。登记灵丘县大青背山羊地理标志1个。“三品”抽检合格率100%。日常监督检查认证主体占100%；无公害农产品和绿色食品复查换证37个，复查换证率83%。（梁 全）

【农产品质量安全】 2018年，大同市加大农产品质量安全监管力度，在306个监测点，检测农产品质量安全监测抽检30次996个样品36974项次。蔬菜水果农药残留例行监测合格率98.3%；畜产品中β兴奋剂、生鲜乳中三聚氰胺和黄曲霉毒素M1、禽蛋产品中抗生素例行监测抽检合格率均100%；开展韭菜、芹菜、鲜食杏农药残留专项监测5次；开展草莓、黄花菜和甘蓝风险评估，指出生产上的风险点及防控措施，提升政府应对风险能力。开展2次农产品质量安全监督抽查。全市成立农产品质量安全专项整治行动领导小组，开展日常督导检查，按月、按季上报专项整治查办案件、专项整治情况和监管基本情况统计表。农产品质检体系建设项目竣工并投入使用。阳高县率先在全省完成县级农产品质量安全检验检测机构资质认定和机构考核工作，其他县（区）均开展蔬菜、水果农药残留快速检测技术。村级监管员覆盖率96.6%。云州区、天镇县、灵丘县开展农产品质量安全县创建工作，云州区通过国家农产品质量安全县考核验收，授牌省级农产品质量安全县的云州区和天镇县完成安全县追溯体系建设任务。

市农委落实省、市两级财政支持出口食品农产品质量安全示范区建设资金，对标安排94万元省切块资金和100万元市级资金，推动4个国家级（天镇县、云州区、浑源县、灵丘县）和2个省级（左云县、广灵县）出口示范区建设。市农委、市出入境检验检疫局（海关）和县政府联合成立推进优势农产品出口领导小组，制定发展目标、建设内容及保障措施。（梁 全）

【“大同好粮”品牌建设】 2018年，大同市打造“大同好粮”“大同黄花”市域公共品牌，培育“广灵小米”“左云、灵丘苦荞”“浑源黄芪”“天镇唐杏”等县域公共品牌。5月，市政府与京东集团战略合作签约仪式暨“大同好粮”品牌发布会在北京举办，共建“以云技术为支撑、以大数据为驱动”的智能产业生态。9月，“大同好粮”区域公用品牌联盟成立。举办和组织参加全国农交会、山西特色农产品北京展销周、2018古都灯会大同名优特色农产品年货展销、成龙电影周特色农产品展销、首届大同黄花丰收活动月等会展活动。云州、阳高、广灵、平城、浑源等县（区）开展首届农民丰收节庆祝活动，助推农文旅康养等产业融合。云冈区入选全国155个一、二、三产业融合发展先导区，并获省农文旅康养项目扶持。灵丘县入选全国农村创业创新典型范例。（梁　全）

【放心农资下乡宣传活动】 2018年3月15日，市农委农业行政综合执法支队会同南郊区农委农业执法大队举行“放心农资进乡村，质量兴农保安全”主题宣传活动。工作人员通过悬挂横幅、设置展板、发放宣传资料等形式，宣传农民群众关心的种子、农药、化肥、地膜等农资产品真假识别和农产品质量安全问题，农业专家现场讲解如何科学选购与使用农资方法、正确维权方式、病虫害防治等内容。宣传活动结束后，农业执法人员到部分农资经营门店检查种子、农药、肥料是否存在无证或证照不全、产品质量不合格、超范围经营，以及假冒、侵权等违法违规行为。（莫　俪）

【大同黄花绿色食品生产集成技术示范推广培训班】 2018年12月1日，由省农业农村厅农产品质量安全中心举办的大同黄花绿色食品生产集成技术示范推广培训班在大同开班。

培训绿色食品认证制度、生产标准及技术规范；全国绿色食品原料标准化生产基地创建及管理；绿色食品黄花菜生产集成技术等方面内容，来自全市各县（区）农委负责人、项目区黄花种植生产企业、重点农户、生产技术人员等120余人参加培训。

（莫　俪）

农业产业化

【农业产业融合】 2018年，大同市推进与北京首农、京东集团、德青源、金珠满江、华润五丰、广东广垦、天津弘羊、蓝顿旭美等公司的洽谈合作，引进落地项目9个投资54亿元，其中浑源县引进的双胞胎集团总投资20亿元生猪养殖产业链项目落地开工。全年农产品加工企业销售收入107亿元，同比增长16.8%，超额完成任务9亿元。年销售收入500万元以上农产品加工企业销售收入74.4亿元，超额完成任务8.4亿元，同比增长21%，超任务13.6%。全市编制休闲农业发展五年规划，市财政扶持200万元，打造绿色生态、边塞古堡风光、近郊休闲农业、温泉养生、恒山旅游、火山地质公园、平型关红色生态旅游7大休闲农业核心区，举办阳高守口堡杏花节、新荣区驻马堡第二届民俗文化节暨首届杏花节、浑源县乡村文化旅游月活动、天镇县南河堡首届“长寿唐杏”节、灵丘红石楞乡晋冀豫乡村文化振兴交流会暨首届文化爱故乡学术沙龙、云州区“首届大同黄花丰收活动月”“峰峪菊花会”等活动。全年休闲农业和乡村旅游年营业收入3.66亿元，超省任务（3.28亿元）13%，同比增长30%。完成云州区、阳高县信息进村入户工作，成立领导组和信息服务工作组，选定益农社350个、村级信息员350名，确定运营商。（梁　全）

【现代农业产业园和特优区创建】 2018年，大同市创建云州区黄花、广灵县食用菌2个省级现代农业产业园和左云县沙棘特色农产品优势区，2个省级现代农业产业园进入全省前10名（全省20个县），每县（区）获1000万元（中央750万元、省级250万元）的资金扶持（后10名各250万元）。市县两级政府成立产业园和特优区建设领导组，市政府办公厅出台《关于创建市级现代农业产业园的意见》，市、县财政拨款1.1亿元扶持，带动社会投入1.2亿元。云州区新发展黄花1.04万亩，广灵县通过有机香菇和黑木耳产业园区建设，流转土地800亩，建成食用菌生产双拱立体大棚300栋，智能温室大棚30栋，菌包生产线3条，生产车间2240平方米，新建双孢菇大棚48栋。左云县发展沙棘5000亩。全市玉米省级粮食生产功能区划定面积115.9万亩，比省分配89.1万亩任务，超额完成30%。（梁　全）

【农业产业化水平提升】 2018年，大同市推进与北京首农、京东集团、德青源、金珠满江、华润五丰等公司的洽谈合作，引进落地项目9个，引资54亿元。加强与中国农大、中国农科院、山西农大、省农科院等农科院校合作，分别签订合作协议，举办第五届中国（大同）车河国际有机农业论坛，为实施乡村振兴战略提供智库支持。全年农产品加工企业销售收入107.1亿元，同比增长16.8%。

（市农委）

农业机械化

【概况】 2018年，大同市农机总动力101.32万千瓦，较上年增加4.93万千瓦。全市有拖拉机2.23万台。其中，小型拖拉机（22.1千瓦及以下）1.45万台，中型拖拉机（22.1～73.5千瓦）6746台，大型及以上拖拉机（73.5千瓦及以上）1120台，拖拉机配套机具2.89万部。农机综合机械化率60.3%，玉米综合机械化率75.38%。全年机耕面积375.4万亩，机播面积282.8万亩，机电灌溉面积114.1万亩，机收面积155.9万亩。新增玉米收获机数量269台，占目标任务316.5%，新增马铃薯全程机械化装备170台，占目标任务188.9%。玉米生产全程机械化作业面积100.24万亩，占目标任务154.2%。马铃薯全程机械化作业面积14.1万亩，占目标任务100.7%。

市农机局制订全市莜麦、胡麻、谷类作物全程机械化整体解决方案。全年莜麦生产全程机械化作业8.9万亩，胡麻生产全程机械化作业11.2万亩，谷物类生产全程机械化作业16万亩。在全市确定10个规模100

亩以上的全程机械化示范区。建设农机新技术推广示范点3个，丘陵山区机械化示范点3个，召开新技术、新机具现场会8次，重点加大机械化秸秆综合利用、高效植保、物理农业、粮食机械烘干等新技术新机具示范推广力度。

开展“服务下乡”活动，通过召开现场演示会等形式，组织农机技术骨干到农机大户、农机专业合作社，开展农机化技术巡回培训，提升农机手操作技能；落实农机化扶持政策，为农户提供信息服务。加强作业价格监测，做好供求信息发布；监督指导农机户检修作业机具，检查作业质量，解决技术难题。冬机播油菜0.5万亩；机收大豆3.4万亩；牧草机械化收获7.66万吨；投入农机具1.07万台，培训机手、修理工861人；检修各类农业机械1.12万台。

年内，市农机局加快实施乡村振兴战略，逐项细化全市农机化目标任务，制定年度目标任务进度台账。重点在机械耕整地和机械化农机深松方面加大有机旱作农业工作力度，在农机深松整地作业补助标准方面，由上年的25元/亩提高到30元/亩，深松面积22.06万亩，占目标任务22万亩的100.3%。市农机局提升深松作业智能化管理水平，在作业农机具上加装智能监控设备，全市各县（区）安装农机作业监控系统375台（套）。在抗旱植保方面，机械浇灌地面积161.7万亩，投入抗旱机具数量2019台（套），排灌机械2143台，保护性耕作1万亩，占目标任务100%。加快构建以农机合作社、农机大户和机械化家庭农场为龙头，农机专业户为基础，农机中介、维修等服务为保障的新型农机化服务体系。全市培育各级农机示范合作社24个，机械化示范家庭农场20个，农机示范大户20户，占目标任务100%。农机作业服务组织承担和完成全市农机作业量60%以上。发挥示范县乡村引领示范作用。在全市2县（阳高、浑源）4乡8村开展率先实现农业机械化示范创建活动，任务进度100%。

开展农机化宣传，报送省农机局信息网180条，占目标任务108.4%；被中国农业机械化信息网采用信息81条，《山西日报》刊登1条，《大同日报》刊登农机化信息24条，当代农机1条。开展调研，形成《关于当前农机购置补贴工作形势的调研报告》《关于左云县农产品加工业发展情况的调研报告》《大同市农机资产收益扶贫试点项目工作调研》《大同市农机局关于农机化发展现状调研及下一步工作思路的报告》等7篇调研报告。市农机局及市农业机械化农业生态项目试验管理站被中国农业机械学会普及工作委员会评为全国农机科普先进集体。（市农机局）

【机械化特色农业】 截至2018年年底，大同市云州区建立20个黄花机械化中耕管理示范区，是全国黄花重要主产地，在试验中探索出适宜黄花机械化中耕管理新机具，提高黄花中耕管理机械化水平，提高劳动生产率，为农村劳动力转移创造条件，使农村青壮劳力走向城市转向二、三产业，促进农民增收。在黄花茎秆机械化收集方面，加强茎秆机械化收集技术应用，减轻茎秆焚烧带来的环保压力，解决养羊户食草供给问题。3月22日至23日，全国黄花烘干设备实验对比演示会暨烘干设备性能介绍会、黄花烘干技术研讨会在大同市召开，云州区政府利用财政整合资金800万元，为三个烘干示范区集中采购部分烘干设备，并为80余户建档立卡贫困户购买黄花烘干设备发放专项购置补贴，补贴农民实际支付购买设备款的90%。（市农机局）

【丘陵山区科研农业机械化】 2018年，大同市农机局围绕实际情况推进丘陵山区农田宜机化改造试点项目，把阳高县作为首批丘陵山区农田宜机化改造试点县，坚持“改地适机”和“改机适地”相结合，改善农机装备作业条件，满足大中型农业机械开展耕作、种植、田间管理和收获等作业要求，探索丘陵山区农机化发展新模式，推进丘陵山区农机化发展。组织农机专业合作社和农机大户与丘陵山区农民洽谈流转土地事宜，涉及面积3260亩。大同市投入30万元，研发丘陵山区便携式电动玉米、杂粮穴播种机，弥补该型机具市场空白。（市农机局）

【贫困山区农产品加工】 2018年，大同市农机局按照“磨面不出村、榨油不出乡，低成本、高收益、见效快”工作思路，落实省级项目资金扶持，落实市级农机化资金投入，为偏远山区贫困户兴建磨坊油坊23个。农村油磨坊建设改善山区贫困村生活条件，带动当地初加工升级转型。左云县在2个乡（镇）新建、扩建小杂粮加工工厂12个，全杂粮生产实现就地初加工。灵丘县独峪乡投资190万元，升级改造核桃榨油装备，形成规模化生产。广灵县宜兴乡、作疃乡，通过机械加工升级改造，提高小米品质和市场竞争力，成为“东方亮”优质小米基地。机械化农产品加工企业、村集体，采取入股分红或贫困户承包形式，为当地贫困户解决就业和增收，灵丘县永益农机合作社通过核桃种植、核桃油压榨创收200万余元，为248户建档立卡户每户分红300元，解决贫困户就业50名。（市农机局）

【农机安全监管】 2018年，大同市农机局召开两次较大规模农机安全生产工作会议，部署农机安全生产工作。开展“农机安全生产专项整治及大检查”“农机安全生产隐患排查治理”“农机生产大排查大整治专项行动”等活动，与市公安局联合印发《关于继续深入开展变型拖拉机专项整治工作的通知》，在灵丘县组织全市农机安全生产事故应急演练。全年农机事故控制在省市政府布置控制指标内，伤亡人数和每千台重伤率均低于省市农机安全生产考核指标。开展以“加强农机质量监督，保障农机用户合法权益”为主题的“3·15”农机质监宣传活动和农机经销企业农机质量监督、农机打假工作。大同市农机局被评为市安委会成员先进单位。（市农机局）

【农机购置补贴】 2018年，大同市县两级农机管理部门根据区域情况制定《大同市年农机购置补贴实施细则（2018—2020）》，农机购置补贴范围从上年的8大类18个小类42个品目扩大为13大类29小类77个品目，补贴范围内农机具，取消资金补贴额双控比例限制。召开农机购置补贴工作会议，部署2018年农机购置补贴任务，签订工作责任书，在全省率先开通补贴辅助管理系统。严格工作程序和操作规范，在购机信息录入、机具核实、申请受理、信息公开公示、资金结算及兑付、档案管理、监管检查和绩效考核等方面建立“谁办理，谁负责”责任追究制度。印发《关于做好农机购置补贴产品违规查处工作的通知》，处理4家企业违规行为。利用各种媒介宣传农机购置补贴政策，统一使用省级农机购置补贴信息公开专栏，建立上接农业部信息网、下联各县（区）统一信息公开平台，公开补贴政策、工作动态、操作程序、工作电话，实时公开补贴资金使用情况、补贴信息、补贴产品、补贴产品企业和经销企业。在农机购置补贴信息化管理、现金支付方式及补贴工作便民化工作方面创新，制定《大同市农机局关于推进农机购置补贴工作便民化的通知》。全年补贴机具1996台，受益户数1435户，分别占目标任务126.4%和117%，使用补贴资金3430.52万元，使用比例98.8%，超额完成省农机局目标任务。（市农机局）

农业科技

【概况】 2018年，山西省农业科学院高寒区作物研究所（简称“高寒所”）承担国家、省、农科院、大同市各类项目75项：国家现代农业产业技术体系综合试验站5个，国家重点研发子课题2项，省重大专项子课题4项，省级科研项目16项，农科院院级项目40项，大同市项目7项，横向研究课题1项。山西省产业技术体系岗位专家2名，山西省“三区”人才24位，深度贫困县乡（镇）特派员10位。育成农作物新品种3个（谷子新品种大同40号、大同41号，马铃薯新品种同薯29号），获国家授权专利26项，制定山西省地方标准7项，发表研究论文52篇：第一单位发表论文46篇，第二单位发表6篇。其中，国家一级学报发表论文2篇，国家中文核心期刊发表论文14篇，其他均为省级期刊发表。出版著作4部，列为山西省农作物主推品种2个，获中华人民共和国国家版权局批准的“软件著作权”1项（“春菜油种质资源数据库管理系统V1.0”，证书登记号2018SR717141），登记成果1项，获批山西省产业技术创新战略联盟1项。结题项目12项：国家杂粮育种创新基地建设项目1项，省成果转化奖励性补助项目1项、协议后补助项目1项，省攻关项目3项，山西省留学生项目1项，农科院创新能力提升工程项目1项，农科院重点攻关项目2项，所长引导青年基金项目1项。

1月，高寒所派出12名科研人员到广灵县、天镇县，忻州市的宁武县、静乐县、偏关县脱贫调研，完成《天镇县脱贫主导产业调研报告》和《广灵县脱贫主导产业调研报告》；参与编写《宁武县脱贫主导产业调研报告》《静乐县脱贫主导产业调研报告》和《偏关县脱贫主导产业调研报告》。科研人员结合科研课题及“三区”人才计划、科技活动周等在大同、朔州、忻州等地开展新型职业农民培育，培训农业技术，贫困户科学知识普及，农资捐赠等活动，培训农民655人次，发放技术资料3500余份。5月23日至24日，参加大同市科技创新成果展，制作宣传展板，发放宣传资料，解答民众农业科研方面问题。6月8日，高寒所油料研究室副研究员冯学金作胡麻研究专题报告，讲解胡麻富硒栽培技术、机械化收获技术及加拿大胡麻栽培现状。（高寒所）

2018年山西省农业科学院高寒区作物研究所出版著作表

书　名	著者／编者／译者	出版社名称、级别	出版时间
几种药食同源豆类作物栽培	邢宝龙 刘小进 季良	中国农业科学技术出版社 国家级	2018年1月
马铃薯种薯繁育与高产栽培	李荫藩 王娟 李刚	山西科学技术出版社 省级	2018年6月
燕麦、荞麦栽培与利用	王春珍 李岩 梁秀芝	山西科学技术出版社 省级	2018年7月
苦荞栽培与利用	卢扬 刘小进 王慧 杨媛	中国农业科学技术出版社 国家级	2018年11月

2018年山西省农业科学院高寒区作物研究所制定山西省地方标准情况表

标准名称	标准编号	起草单位	起草人	颁布单位
紫花苜蓿良种生产技术规程	DB14/T 1575-2018	高寒所	梁秀芝 郑敏娜 韩志顺等	山西省质量技术监督局
紫花苜蓿机械化栽培技术规程	DB14/T 1576-2018	高寒所	梁秀芝 郑敏娜 韩志顺等	山西省质量技术监督局
绿豆机械化栽培技术规程	DB14/T 1577-2018	高寒所	刘支平 邢宝龙等	山西省质量技术监督局
玉米套种甘蓝高效种植技术规程	DB14/T 1578-2018	高寒所	李洪 王彧超 王瑞军等	山西省质量技术监督局
糜子膜下滴灌高产栽培技术规程	DB14/T 1579-2018	高寒所	杨如达 李海 梁海燕等	山西省质量技术监督局
胡麻主要病虫草害综合防治技术规程	DB14/T 1580-2018	高寒所	杨建春 吴瑞香 王利琴等	山西省质量技术监督局
旱作胡麻机械化栽培技术规程	DB14/T 1581-2018	高寒所	杨建春 吴瑞香 王利琴等	山西省质量技术监督局

2018 年山西省农业科学院高寒区作物研究所在研科研项目表

项目名称	项目来源	项目类别	起止年限	主持人
马铃薯大同综合试验站	农业部	产业技术体系	2016–2020	白小东
食用豆大同综合试验站	农业部	产业技术体系	2016–2020	邢宝龙
油用胡麻大同综合试验站	农业部	产业技术体系	2016–2020	杨建春
谷子大同综合试验站	农业部	产业技术体系	2016–2020	任月梅
谷子糜子右玉综合试验站	农业部	产业技术体系	2016–2020	李 海
晋北马铃薯养分推荐方法与限量标准	科技部	国家重点研发子课题	2016–2020	白小东
马铃薯加工品种选育及配套栽培技术模式与农机农艺融合技术集成研究	山西省科技厅	省重点研发子课题	2016–2018	白小东
高寒冷凉区优质、高产燕麦新品种选育	山西省科技厅	省重点研发	2016–2018	徐惠云
板蓝根－玉米－柴胡间作套种栽培技术研究	山西省科技厅	省重点研发	2017–2019	贺美忠
不同栽培条件对紫花苜蓿根系影响的研究	山西省科技厅	省重点研发	2017–2019	梁秀芝
马铃薯耐旱材料的筛选与鉴定技术研究	山西省科技厅	省重点研发	2017–2019	杜培兵
马铃薯综合技术应用及示（科技入滇）	山西省科技厅	省成果转化	2017–2019	梁秀芝
玉米、高粱套种高产栽培技术示范推广	山西省科技厅	省成果转化	2016–2018	李 洪
高产广适绿豆晋绿 9 号良种繁育与配套栽培技术集成示范	山西省科技厅	省成果转化	2016–2018	刘支平
国审晋荞 6 号推广	山西省科技厅	省成果转化	2016–2018	李占成
优质、高产、抗旱胡麻新品种选育	山西省科技厅	省留学生	2015–2018	冯学金
糜子茎秆抗倒伏的力学分析及调控技术研	山西省农业科学院	院重点攻关	2016–2018	梁海燕
燕麦高产高效栽培技术模式研究	山西省农业科学院	院重点攻关	2016–2018	杨 富
干旱胁迫下不同抗旱类型胡麻苗期生理生化变化研究	山西省农业科学院	所长青年基金	2016–2018	吴瑞香
优质、多抗豌豆种质资源的征集与利用	山西省农业科学院	院特色攻关	2017–2019	刘 飞
谷子化学杀雄剂的筛选及其作用机理研究	山西省农业科学院	院特色攻关	2017–2019	郭瑞峰
紫花苜蓿种质在逆境胁迫下的生理响应及综合评价	山西省农业科学院	院特色攻关	2017–2019	韩志顺
胡麻高值化栽培及加工技术研究	山西省农业科学院	院特色攻关	2017–2019	冯学金
板蓝根—玉米间作套种栽培技术研究	山西省农业科学院	院特色攻关	2017–2019	贺美忠
马铃薯种薯贮藏窖改造及病害控制技术研究	山西省农业科学院	院特色攻关	2017–2019	杜培兵
荞麦田杂草调查及防治技术研究	山西省农业科学院	院特色攻关	2017–2019	王 慧
高寒区旱地燕麦优质、丰产、增效技术创新研究	山西省农业科学院	院特色攻关	2017–2019	王盼忠
柠条豆象发生规律及综合防治技术研究	山西省农业科学院	院特色攻关	2017–2019	姜 超
马铃薯全粉型种质资源引进筛选及遗传分析	山西省农业科学院	院优势课题	2017–2019	岳新丽
高寒冷凉区玉米高产耐寒新品种选育	山西省农业科学院	院育种工程	2017–2020	郭凤琴
优质豆类新品种选育	山西省农业科学院	院育种工程	2017–2020	邢宝龙
优质豆类新品种选育	山西省农业科学院	院育种工程	2017–2020	刘支平
早熟区高产优质机械化谷子新品种选育	山西省农业科学院	院育种工程	2017–2020	任月梅
多用途优质胡麻新品种选育	山西省农业科学院	院育种工程	2017–2020	杨建春
优质抗旱芥菜型春油菜新品种选育	山西省农业科学院	院育种工程	2017–2020	王瑞霞
优异糜黍种质资源引进、创新及利用	山西省农业科学院	院育种工程	2017–2020	李 海
优质、抗旱、中晚熟莜麦新品种选育	山西省农业科学院	院育种工程	2017–2020	李 刚

续 表

项目名称	项目来源	项目类别	起止年限	主持人
特色燕麦加工专用新品种选育	山西省农业科学院	院育种工程	2017–2020	徐惠云
优质荞麦新品种选育及利用研究	山西省农业科学院	院育种工程	2017–2020	李占成
马铃薯资源创新及新品种选育	山西省农业科学院	院育种工程	2017–2020	齐海英
抗病、优质、高产马铃薯新品种选育	山西省农业科学院	院育种工程	2017–2020	陈　云
淀粉加工型马铃薯新品种选育	山西省农业科学院	院育种工程	2017–2020	范向斌
优质高产多抗紫花苜蓿新品种选育及其分子机理的研究	山西省农业科学院	院育种工程	2017–2020	梁秀芝
燕麦黍子新品种高产高效栽培技术示范推广	山西省农业科学院	院成果转化	2017–2018	杨　富
高寒区玉米蔬菜立体高效种植技术示范推广	山西省农业科学院	院成果转化	2017–2018	李　洪
荞麦丰产优质栽培技术示范推广	山西省农业科学院	院成果转化	2017–2018	李占成
马铃薯全程机械化高产栽培技术示范推广	山西省农业科学院	院科技引领工程	2017–2018	杨　春
马铃薯全程机械化高产栽培技术示范推广	山西省农业科学院	院科技引领工程	2017–2018	王梦飞
马铃薯品质提升与节本增效丰产技术研究	山西省农业科学院	院科技创新	2017–2019	白小东
胡麻特色品种筛选及增产增效技术研究	山西省农业科学院	院科技创新	2017–2019	王利琴
紫花苜蓿新品系选育、鉴定及繁殖特性的遗传研究	大同市科技局	攻关	2017–2019	郑敏娜
青贮玉米品种引进与筛选及种植技术的集成研究	大同市科技局	攻关	2017–2019	郭凤琴
北方地区春油菜种质资源数据库平台建设	大同市科技局	基础平台建设	2017–2019	王瑞霞
富硒胡麻栽培及加工技术研究	山西省人社厅	留学人员资助	2017–2019	冯学金
晋北特色作物绿色生产关键技术研究	山西省科技厅	省重点研发（子课题）	2017–2020	杨如达
绿豆绿色高产栽培技术研究与示范	山西省科技厅	省重点研发（子课题）	2017–2020	邢宝龙
晋西北燕麦优质绿色关键技术研究与示范	山西省科技厅	省重点研发（子课题）	2017–2020	杨　富
高寒区鲜食玉米复播秋白菜高效简化栽培技术研究	山西省农业科学院	院有机旱作农业研发专项	2018–2020	李　洪
青贮玉米品种引进与筛选及种植技术的集成研究	山西省农业科学院	院雁门关农牧交错带专项	2018–2020	郭庆瑞
广灵“东方亮”稳产轻简高效技术示范	山西省农业科学院	院产业引领	2018–2019	杨　忠
绿色燕麦优质高效生产技术示范推广	山西省农业科学院	院成果转化	2018–2019	杨　富
玉米套种蔬菜简约化栽培技术示范	山西省农业科学院	院成果转化	2018–2019	李　洪
杂豆艺机一体化高效生产技术示范推广	山西省农业科学院	院成果转化	2018–2019	刘支平
马铃薯高淀粉材料创制筛选	大同市科技局	省重点研发	2018–2020	张永福
绿豆膜下滴灌技术研究与集成示范	大同市科技局	省重点研发	2018–2020	冯　钰
紫花苜蓿高产高效综合技术示范及推广	大同市科技局	成果推广	2018–2020	梁秀芝
马铃薯种质资源的评价、复壮与保存	大同市科技局	省重点研发	2018–2020	齐海英
马铃薯主要病虫害预警与防治	山西省科技厅	政府购买服务	2017.12–2019.12	杨　春
中晚熟、高蛋白莜麦新品种选育	山西省科技厅	重点研发	2018–2020	李　刚
早熟高产适宜机械化栽培大豆新品种选育	山西省科技厅	重点研发	2018–2020	邢宝龙
胡麻产业科技成果转化公共性服务	山西省科技厅	成果转化	2018–2020	杨如达
引进杂粮种质的整理与繁种	农业部	重点研发子课题	2016–2020	李　海
玉米品种试验	山西诚信种业	横向课题	2018–2022	李　洪
野生中药材黄芩收集驯化与栽培	山西省科技厅	科技攻关子课题	2017–2019	贺美忠

2018 年山西省农业科学院高寒区作物研究所获专利情况表

专利名称	专利类型	专利权人	发明设计人	专利号	授权公告日
一种燕麦分级筛选机	实用新型	山西省农业科学院高寒区作物研究所	王盼忠	ZL201721119293.0	2018-11-02
一种玉米幼苗培育装置	实用新型	山西省农业科学院高寒区作物研究所	王彧超	ZL200721789038.7	2018-10-26
一种苜蓿种子收获机	实用新型	山西省农业科学院高寒区作物研究所	梁秀芝	ZL201721409443.1	2018-09-21
一种步进式荞麦烘干装置	实用新型	山西省农业科学院高寒区作物研究所	王　慧	ZL201721740637.X	2018-09-04
一种马铃薯智能储藏窖	实用新型	山西省农业科学院高寒区作物研究所	梁秀芝	ZL201701723874.5	2018-08-24
一种马铃薯分选装置	实用新型	山西省农业科学院高寒区作物研究所	韩志顺	ZL201721723872.6	2018-08-24
一种诱杀玉米根部虫害的装置	实用新型	山西省农业科学院高寒区作物研究所	王瑞军	ZL201721789068.8	2018-08-17
一种便携式中药除草机	实用新型	山西省农业科学院高寒区作物研究所	贺美忠	ZL201721347280.9	2018-06-22
一种油菜籽籽粒分离器	实用新型	山西省农业科学院高寒区作物研究所	王瑞霞	ZL201721337859.7	2018-06-05
一种燕麦样点调查辅助器	实用新型	山西省农业科学院高寒区作物研究所	李　刚	ZL201720924590.6	2018-04-20
一种复合型豌豆筛选装置	实用新型	山西省农业科学院高寒区作物研究所	刘　飞	ZL201721068876.5	2018-04-13
一种豌豆育种用除杂装置	实用新型	山西省农业科学院高寒区作物研究所	刘　飞	ZL201720944893.4	2018-04-13
一种马铃薯培养箱	实用新型	山西省农业科学院高寒区作物研究所	岳新丽	ZL201720254679.6	2018-03-30
谷糜两用播种器	实用新型	山西省农业科学院高寒区作物研究所	郭瑞锋	ZL201720569536.4	2018-02-23
马铃薯除秧装置	实用新型	山西省农业科学院高寒区作物研究所	杨　春	ZL201720590971.5	2018-02-23
一种马铃薯点播机	实用新型	山西省农业科学院高寒区作物研究所	梁秀芝	ZL201720352266.1	2018-01-19
一种荞麦自动收割机	实用新型	山西省农业科学院高寒区作物研究所	王　慧	ZL201720626655.9	2018-01-12
一种荞麦脱壳机	实用新型	山西省农业科学院高寒区作物研究所	王　慧	ZL201720626685.X	2018-01-12
一种马铃薯贮藏库	实用新型	山西省农业科学院高寒区作物研究所	邢宝龙	ZL201720254680.9	2018-01-05
一种马铃薯分级机	实用新型	山西省农业科学院高寒区作物研究所	梁秀芝　李荫藩	ZL201720382190.2	2018-01-05
马铃薯分选机	实用新型	山西省农业科学院高寒区作物研究所	齐海英	ZL201720544053.9	2018-02-02
一种燕麦穴播机	实用新型	山西省农业科学院高寒区作物研究所	杨　富	ZL201820793975.8	2018-12-11
一种燕麦中耕机	实用新型	山西省农业科学院高寒区作物研究所	姜　超	ZL201820561104.3	2018-11-27
马铃薯种植机	实用新型	山西省农业科学院高寒区作物研究所	毛向红	ZL201820666474.3	2018-11-23
一种紫花苜蓿非离体快速生根扦插装置	实用新型	山西省农业科学院高寒区作物研究所	康佳惠	ZL201820837443.X	2018-12-07
一种马铃薯自动清洗装置	实用新型	山西省农业科学院高寒区作物研究所	郑敏娜	ZL201721723873.0	2018-12-07

【科研创新】 2018年，在高寒所小南头试验基地占用240亩土地合作共建国家（大同）有机旱作农业创新中心，中国农科院作科所向农业部申请国家农业基建项目。高寒所与大同市气象局合作共建大同杂粮作物气象站及场外基地，在小南头试验基地建成投入使用，可采集降水量、风速（最大风速、瞬时风速）、风向（瞬时风速风向、极大风速风向、最大风速风向）、气温、相对湿度、气压、地面温度和土壤湿度（5厘米、10厘米、15厘米、20厘米）、日照时数、总辐射量、光合有效辐射11要素数据指标。高寒所承担国家农业科学实验站作物种质资源、农业环境、土壤质量和植物保护四项任务，完成监测观测任务并上传数据，购置太阳能虫情测报灯、气象站等。 （高寒所）

【农药减量控害】 2018年，大同市农委开展农药市场专项整治、产品抽检和不定期日常监管工作。全年出动农药管理执法人员130人（次），检查农药经营单位104家，给予经营中存在不规范农药经营企业警告，提出整改意见，并责令其限期整改，完成34家限制使用农药定点经营规划布局。通过集中示范模式和融合推进模式，全市绿色防控技术推广面积44.1万亩次，比上年41.2万亩次增加2.9万亩次，绿色防控面积占总防治面积29.1%；建设绿色防控示范园区5个，实施面积1.2万亩，比上年增加0.1万亩。全市农药实际使用量574吨，比上年800吨减少226吨（其中有机磷杀虫剂减少50吨），推广使用高效低毒低残留农药420吨。 （梁 全）

【中药材科研合作】 2018年4月16日，国家疾控中心主任、中国工程院院士高福同药集团生物制药院士工作站挂牌成立；4月25日，浑源县政府与北京同仁堂签订战略投资合作协议；6月5日，大同市政府与两院两所签订（中国农业科学院及其作物所、山西省农业科学院及其高寒所）农业科技战略合作协议。9月，中国医学科学院药用植物研究所所长孙晓波一行到大同考察，达成药用植物园建设和设立合作意向。中国中医科学院专家多次到恒山黄芪产区指导，经各方协商，中国中医科学院常务副院长，中国工程院院士黄璐琦同意在大同设立院士工作站。世界中医药联合会及法国古堡协会负责人分别在3月、4月两次到大同考察恒山黄芪，与市政府、同药集团洽谈推动黄芪系列产品进入欧洲市场，并邀请大同市派员参加在法国召开的第六届中欧中医药国际合作与发展论坛。 （梁 全）

【农科院所合作】 2018年6月5日，大同市政府与山西省农业科学院签署农业科技战略合作协议。双方围绕有机旱作农业发展、乡村振兴战略实施、农业科技协作、产业结构调整、人才培养等方面合作。6月6日，中国农科院及作科所、省农业厅、省农科院领导和专家到大同市调研指导有机旱作农业发展。中国农科院等加深与大同市合作，探索政产学研销相结合的运营模式，加大科技创新力度，助推大同农业发展。9月8日，市政府与中国农业大学签订《科技战略合作协议》，双方围绕有机旱作农业、功能农业、食品营养与人类健康、生物技术、动物科学与医学、资源与环境、电子信息技术、现代农业装备等领域开展科技合作，拟合作共建“中国农业大学有机旱作农业产业技术研究院”，设立有机旱作农产品检测中心、有机旱作农业专用有机肥料检测中心、有机旱作农业培训中心等相关机构与组织，探索建立产业园区框架内的研究院与企业合作、相互促进发展新机制，完善有机旱作农业技术体系，培育壮大畜牧、蔬菜、杂粮、黄花、食用菌、鲜食杏和以黄芪为主的中药材等优势有机农产品。推动大同市有机旱作农业与杂粮产业发展。 （梁 全）

【科研成果转化】 2018年11月，高寒所大豆课题组通过“山西省农业科学院农业科技成果展示与交易平台”发布品种转让信息（2014年选育的晋豆46号和上年选育的晋豆49号大豆新品种），由高寒所科研办、成果推广室、后勤科、该所纪委及课题组成员组成询价小组，经协商，山西省金三鼎农业科技有限公司购买价格为晋豆46号2.5万元，晋豆49号2.5万元。 （高寒所）

农业

工业 建筑业

综 述

【概况】 2018年，大同市有规模以上工业企业233户，现价工业总产值1065.8亿元，同比增长12.9%；增加值334.9亿元，增长5.7%，排在全省第6位；销售收入1860亿元，增长10.8%；利税156.5亿元，增长27.7%；利润69.5亿元，增长60%；资产总额3414.8亿元，负债总额2588.4亿元，职工人数18.3万人。

按轻重工业，轻工业增加值33.7亿元，同比增长17.4%；重工业301.2亿元，增长4.7%；轻重工业比1∶9。按隶属关系，中央企业增加值53.2亿元，同比增长14.8%；省属企业197.7亿元，增长1.5%；市属企业14.4亿元，增长3.1%；县（区）及以下企业69.7亿元，增长13.1%。按经济类型，国有企业增加值1.6亿元，同比下降60%；集体企业1.8亿元，增长33.5%；股份制企业319.4亿元，增长6.2%；外商及港澳台企业12亿元，增长5.9%；其他类型企业0.07亿元，增长1.4%。按企业规模，大型工业企业增加值222.5亿元，同比增长2%；中型工业企业69.2亿元，增长22.2%；小型工业企业35.4亿元，增长3.4%；微型工业企业7.9亿元，增长6.2%。按县（区），12个（包括开发区）县（区）“11增1降”，除浑源县受百川煤业和浑源花岗岩公司下半年停产导致负增长外，其余11个县（区）均正增长，其中10个县（区）高于全市平均增速。按行业，五大行业增加值全部正增长，能源工业增加值227.8亿元，同比增长0.6%，占比68%；其中煤炭行业147亿元，同比下降4.2%，占比43.9%，较上年年末下降6.1%。材料与化学工业32亿元，增长13.5%，占比9.6%；消费品工业32.7亿元，增长18.2%，占比9.8%；装备制造业34.3亿元，增长30%，占比10.2%；其他工业8.2亿元，增长8.3%，占比2.4%。按产品产量，原煤产量1.12亿吨，同比增长2.2%，其中同煤集团9020万吨，增长2.0%，市地方煤矿2147万吨，增长3.4%；发电量457.6亿千瓦时，增长7.5%，其中风电37.3亿千瓦时，增长4.8%，光电25.4亿千瓦时，增长15.2%；机车112台，增长80.7%；改装汽车9117辆，增长17.4%；活性炭6.4万吨，增长55.7%；水泥492.2万吨，增长3.8%；石墨及碳素制品13.9万吨，增长76.2%；化学原料药2.6万吨，增长3.1%；变速箱11.2万台，增长9.4%；粗钢69.7万吨，增长86.8%；铁合金5万吨，增长126.2%。合成橡胶2.8万吨，同比下降7.6%；甲醇51.2万吨，下降2.2%。

全年全市规上工业增速整体保持在合理区间。上半年工业增速由上年末的5.7%，逐月上升为8.7%。下半年，受同期基数增影响，三季度末为6.2%，年末为5.7%。整体看，全市规上工业增速仍高于全省平均增速1.6%。优化工业产业结构，全市煤炭产业增加值占全市比重较上年末下降6.1%，排在全省第一位；制造业增加值占全市增加值比重较上年提高3.5%，排在全省第二位。按照全省“转型项目建设年”和市委、市政府“工业振兴”统一部署，重点谋划和实施176项工业转型项目。年内，开复工项目159项，累计工业投资203.8亿元，同比增长25.6%，超年度目标17.6%。其中，中银羊毛羊绒产业链基地、雄韬氢燃料电池等99个项目竣工或部分竣工。企业内生动力增强，全年，新认定省级企业技术中心3户、市级5户，全市工业企业技术中心53户。其中，国家级2户、省级17户、市级34户。申报省重点技术创新项目16项、关键共性技术5项，大齿公司发动机齿轮及变速箱智能制造技术开发等项目列入省技术创新重点项目计划。

重点企业拉动作用提升。“工业振兴”百户重点企业产值976.5亿元，同比增长13.4%，占全市比重91.6%。其中，第一方阵743.9亿元，同比增长10.4%，占全市比重69.8%；第二方阵119.2亿元，增长32%，占全市比重11.2%；第三方阵113.4亿元，增长16.7%，占全市比重10.6%。全市规上工业企业利税、利润均较上年同期增长，增幅分别27.7%和60%，主要原因是市场好，工业产品产销两旺，主导行业效益大幅提升，其中增长较大的有：煤炭行业利税增23.3%、利润增64.2%；建材行业利税增66.6%、利润净增92%。

2018“创客中国”创新创业大赛 4月15日至6月底，市经信委组织开展“2018‘创客中国’创新创业大赛”大同赛区活动，大赛分报名审核、海选、赛前集训、初赛、复赛、决赛六个环节，引进杭州沃土专业创业导师，赛前集训通过海选的 61 个项目。通过初赛、复赛，选出 15 个优秀项目（9 个企业组项目，6 个创客组项目），其中慧能源—微电网 + 电能替代和蝴蝶科普研学以及蝴蝶趣味养殖 2 个项目进入全国 200 强，代表山西省（共 5 个项目）参加 10 月 10 日在广州举行的全国总决赛。活动通过在线投票、现场直播、创客访谈、创业故事期刊、投资人面对面、媒体宣传等形式提升比赛影响力。推送视频短片 18 个，图文信息及媒体报道 50 余条，网络在线浏览量及阅读量 6229 次，访问大同市中小企业公共服务平台 22 万余次，互动 18 万余次。

▲ 2018 年 10 月 29 日，大同现代纺织新城——新建中银羊毛羊绒产业链生产基地洗毛生产线投产 （李冬宾 摄）

大同中银羊毛羊绒产业链生产基地洗毛生产线投产 10 月 29 日，大同现代纺织新城——新建中银羊毛羊绒产业链生产基地洗毛生产线投产。大同市中银纺织科技有限公司成立于 2016 年 7 月 28 日，注册资金 10 亿元。占地约 200 公顷，主要以洗毛、洗绒、制条、分梳、纺纱、织造、染整、成衣为产业链的生产基地。市政府组织召开大同现代纺织新城招商推介会。推介会上，中银纺织科技有限公司与江苏和长投资有限公司、江阴天德环境工程有限公司、昆山和泉工控有限公司、昆山宏翔铝业有限公司、江苏苏美达国际技术贸易有限公司、昆山市永丰毛纺有限公司、意大利高玛特斯北京办事处、东方国际集团上海市对外贸易有限公司等签订合作协议。大同中银羊毛羊绒产业链生产基地项目是承接东部加工贸易产业转移的重点落地项目，是省、市经济结构转型和扩大对外开放的重点标杆项目。

（经信委运行科）

2017—2018 年大同市工业总产值表

（当年价格） 单位：万元

指 标	2018 年	2017 年
总 计	10821682	9541407
国有控股	8795665	8148663
按登记注册类型		
国有企业	52276	112172
集体企业	85135	68896
股份制合作企业	2002	—
有限责任公司	8469131	7686027
股份有限公司	714636	552255
私营企业	1145462	780849
港澳台投资企业	92957	94155
外商投资企业	260083	247053
按隶属关系分		
中央企业	1659498	1421523
地方企业	6322846	6726895
其他企业	2839339	1392988
按轻重工业分		
轻工业	1089622	822357
重工业	9732060	8719050
按企业规模分		
大中型企业	9286191	8388859
小微企业	1535492	1152548

2018年大同市工业增加值表

（当年价格）　　　　单位：万元

指　标	2018年	2017年
总　计	3349184	2859205
轻工业	337365	300017
重工业	3011818	2559189
国有企业	15849	27802
集体企业	18283	10945
股份制企业	3193887	2720224
外商及港澳台投资	120465	99468
其他	699	766
国有控股企业	2724388	2458781
非公有制经济	594398	377484
大中型工业	2916540	2509424
中央企业	531752	538067
地方企业	2817432	2321139
省属企业	1976721	1741101
市（地）属企业	143651	112226
县以下企业	697060	467812

2017—2018年大同市主要工业产品产量表

指　标	单位	2018年	2017年
原煤（全社会口径）	万吨	11167	10860
同煤集团	万吨	9020	8848
市地方	万吨	2147	2012
洗煤	万吨	5447	4829
发电量	万千瓦时	4576255	4063762
火电	万千瓦时	3949203	3663928
风电	万千瓦时	373264	294373
精甲醇	吨	512010	523741
啤酒	千升	—	29942
焦炭	万吨	—	6.71
煤气	万立方米	872	5200
活性炭	吨	64445	41392
合成橡胶	吨	27960	30047
烧碱	吨	17964	17721
变压器	千伏安	5079438	2272057
化学原料药	吨	25848	25058
水泥	吨	4921660	4742487
花岗石板材	平方米	1383833	2351672
石墨及碳素制品	吨	138762	54527.88
生铁	万吨	61.95	34.94
钢	万吨	69.67	35.28
铁合金	吨	50081	5630
机车	台	112	62
载货汽车	辆	—	7767
汽车变速箱	台	122054	111603

2018 年大同市分行业工业增加值表

单位：万元

指　标	2018 年	2018 年比 2017 年 ±%
总　计	3349184	5.7
采掘业	1493984	–4.2
煤炭开采和洗选业	1470481	–4.1
石油和天然气开采业	—	—
黑色金属矿采选业	18409	60.0
非金属矿采选业	5094	–64.5
制造业	968676	22.1
农副食品加工业	6441	–17.5
食品制造业	3579	16.7
酒、饮料和精制茶制造业	25149	–25.9
皮革、毛皮、羽毛及其制品和制鞋业	281	–69.8
造纸和纸制品业	426	42.9
石油加工、炼焦和核燃料加工业	979	–27.3
化学原料和化学制品制造业	51727	–3.3
医药制造业	289994	28.5
化学纤维制造业	1013	104.0
橡胶和塑料制品业	3767	75.8
非金属矿物制品业	183673	10.5
黑色金属冶炼和压延加工业	47688	113.5
有色金属冶炼和压延加工业	9717	–9.5
金属制品业	5455	–10.1
通用设备制造业	7265	2.2
专用设备制造业	46889	11.8
汽车制造业	88471	9.0
铁路、船舶、航空航天和其他运输设备制	131491	78.4
电气机械和器材制造业	49809	46.4
废弃资源综合利用业	1706	—
金属制品、机械和设备修理业	13157	15.8
电力、燃气和水	886524	8.6
电力、热力生产和供应业	807529	9.6
燃气生产和供应业	173	–91.1
水的生产和供应业	78822	7.6

【工业生产者价格指数】 2018年，大同工业生产者出厂价格（PPI）同比平均上涨5.4%，与上年同期相比，下降4.5%。各月同比指数分别为104.2%、110.7%、102.9%、102.1%、101.9%、105.1%、104.8%、108.3%、107.1%、107.5%、106.1%、104.9%。其中，1月至8月涨幅分别比上年同期下降16.9%、9.0%、17.7%、16.7%、16.5%、10.5%、13.2%、0.3%，9月至12月涨幅分别比上年同期增长5.4%、8.7%、11.5%、11.1%。大同工业生产者出厂价格月均同比指数105.4%，比全省（月均上涨6.7%）下降1.3%，比全国（月均上涨3.5%）增长1.9%。除2月累计指数涨幅与全省持平外，其余10个月累计涨幅均高于全国低于全省。

重工业产品价格涨幅远高于轻工业，重工业产品价格月均同比指数105.5%。其中，采掘类产品价格同比指数95.8%，原料类产品价格同比指数105.3%，加工类价格同比指数107.6%。轻工业产品价格同比指数101.5%。其中，以农产品为原料的产品价格同比指数101.9%，以非农产品为原料的产品价格指数100%。生产资料、生活资料价格均大幅上涨，生产资料价格月均同比指数103.8%。其中，采掘类产品价格同比指数95.8%，原料类产品价格同比指数103.6%，加工类产品价格同比指数106.0%。生活资料价格同比指数120.3%。其中，食品类产品价格同比指数100.9%，一般日用品类产品价格同比指数124.2%。22个大类行业产品出厂价格中13个行业上涨，5个行业下降，4个行业持平。其中涨幅较高的有医药制造业类、非金属矿物制品业类、化学原料和化学制品制造业类、煤炭开采和洗选业类，月均同比指数分别为123.8%、121.7%、111.0%、104.7%。降幅最大的是有色金属冶炼和压延加工业类，同比指数93.2%。煤炭开采和洗选业产品价格同比指数与上年同期相比，下降11.5%。煤炭产品出厂价格同比涨幅呈波动走势，且波动范围较大。煤炭开采和洗选业产品价格同比指数分别为102.1%、114.8%、99.3%、97.9%、97.3%、103.9%、103.5%、110.8%、108.5%、107.5%、107.5%、105.3%。1月至2月煤炭开采和洗选业价格环比分别上涨6.3%、9.4%；3月至5月环比分别下降7.9%、1.2%、1.5%；6月至7月环比分别上涨1.9%、3.1%；8月至9月环比分别下降5.2%、3.2%，10月至12月进入采暖季，煤炭需求上升，环比分别上涨1.0%、1.9%、1.7%。大同医药制造业产品价格月均同比指数123.8%，与上年同期相比增长15.3%。其中，化学药品原料药制造产品价格同比指数126.6%，化学药品制剂制造产品价格同比指数118.0%，中成药生产产品价格同比指数101.0%。医药制造业价格各月同比指数分别为125.8%、128.0%、129.9%、129.5%、127.2%、121.4%、120.1%、116.1%、119.2%、134.0%、118.9%、117.8%。大同非金属矿物制品价格月均同比指数121.7%，与上年同期相比下降3.6%。其中，水泥制造价格同比指数112.9%，石墨及碳素制品制造价格同比指数171.1%。非金属矿物制品价格各月同比指数分别为135.6%、134.0%、138.0%、136.7%、131.6%、131.8%、131.0%、128.3%、115.6%、98.5%、100.3%、100.5%。大同化学原料和化学制品制造业产品价格月均同比指数111.0%，与上年同期相比增长5.6%。其中，基础化学原料制造产品价格同比指数109.7%，合成材料制造产品价格同比指数114.1%，专用化学产品制造产品价格同比指数112.0%。

供给侧改革是影响大同工业生产者价格上涨的主要因素，过剩产能缓解，行业产品结构优化调整，行业供求关系改善，推动工业生产者价格上升。环保督查趋严，部分环保不达标企业停产，特别是化工、医药、水泥等行业部分企业关停，减少市场供给，相关工业产品价格上行。成品油价格升高导致企业运费上涨，能源资源类产品价格上涨使企业生产成本升高，助推工业生产者价格走高。 （曹宝义）

【经信委入企服务】 2018年，大同市经济和信息化委员会（简称“市经信委”）召开入企服务常态化工作对接会，印发《2018年大同市服务企业工作实施方案》《大同市经信委关于开展机关干部常态化入企服务活动的通知》，开通“96302”企业服务热线。推进工业供给侧结构性改革，贯彻落实各项减费降税惠企政策减轻企业负担75.9亿元（减税44.5亿元，降费31.4亿元），推进电力直接交易，为25户发电企业、40户用电企业、13家售电公司申报取得全省电力直接交易市场主体资格，签约直接交易电量近40亿千瓦时，降低用电成本3000万余元。推进电力体制改革，推荐申报大同市国际能源革命科技产业园获批第三批国家增量配电业务改革试点，全市国家增量配电业务改革试点项目3个，全省13个，大同市排名第一；为22户新能源企业申报电力直接交易主体资格，实现清洁能源外送。 （牛建伟）

【助力经济发展】 2018年，市经信委加大招商引资力度，对接长三角、珠三角、京津冀等经济发达地区，联系对接浪潮、中利曙光、南京金龙、江苏高迈等企业，推荐大同招商引资政策，吸引企业投资。北京轻合金公司投资11亿元的500万支镁合金轮毂项目落户大同；落实陕汽总公司在大同分公司生产1万辆专用车；对接北京盛世光明大数据网络安全项目、广东兰贝斯环保设备项目、浙江江银集团智慧城市项目。加快推进航空口岸开放，申报大同机场航空口岸第11次临时开放并获批，开通中国大同—柬埔寨暹粒、中国大同—泰国芭提雅、大同—香港、中国大同—泰国曼谷等航线，编制《大同机场航空口岸开放前对标检查问题工作清单》和《大同机场旅检现场海关区域整合工作清单》。全年出入境2.4万人次，班次146架次。推进国际陆港建设，公用型保税仓库获批，保税物流中心申报材料上报至海关总署，大同国家级杂粮检验检疫中心通过专家验收。

年内，大同市谋划和实施176项工业转型项目。开复工159项，工业投资203.8亿元，同比增长25.6%。其中，技改项目投资65.4亿元，新建项目投资138.4亿元。截至2018年年底，中银羊毛羊绒产业链基地项目、北京高镁搬迁项目、

宏鑫10万吨岩棉等97个项目竣工或部分竣工。（牛建伟）

【工业运行监测服务】 2018年，市“工业振兴”运行监测服务组办公室召集市供电公司，组织召开运行监测服务电力问题专题交办会，逐项交办研究项目建设中存在的13个具体用电问题。会议给出雄安新区转移公司皮质箱包项目生产用电不足问题、隆基单晶硅太阳能电池组件项目一期扩容问题等6项问题解决方案，作出宏鑫岩棉年产10万吨岩棉制品生产线用电专线接入问题、6个风电站接入系统批复和线路建设问题等7项问题答复。召集市发改委、市政管委会、市林业局等12个相关部门，逐项交办研究项目企业面临的30项问题，探讨解决问题的途径和办法。（牛建伟）

【中小工业企业】 2018年，市经信委扶持中小微企业做优做强，增强工业经济发展后劲。按照1∶3和1∶2的比例建立“小升规”企业培养库和培育库，重点帮扶入库企业。全年重点培育的企业中有37户达到入规条件。实施“专精特新”和“四新”企业培育工程，全年认定省级“专精特新”中小企业16家，省级“四新”中小企业19家。实施人才素质提升工程，组织100名中小企业管理人员到北京大学开展高级管理培训；组织300名中小企业职工开展企业管理、营销、计算机应用、烹饪等专业技能培训；推荐3名年轻企业家作为“山西省领军人才”参加北京理工大学深造学习。组织14户中小企业参加“第十届APEC中小企业技术交流暨展览会”“2018中国（太原）国际能源产业博览会”和“第十五届中国国际中小企业博览会”，山西悦凌空调公司、白老大食品公司、大同东和有限公司等企业与国内外客商达成合作意向，总金额1159万元。推进“助保贷”融资，全市安排融资创新专项资金6155万元。其中，省级奖励资金3655万元，地方配套2500万元。帮助101户次企业贷款2.79亿元，贷款余额6025.34万元。其中，灵丘县“助保贷”86户次企业，贷款2.4亿元。

大同市支持民营企业发展大会　12月10日，大同市支持民营企业发展大会召开。会议学习贯彻落实习近平总书记在民营企业座谈会上的重要讲话精神，落实全省支持民营企业发展大会精神，部署推进民营经济发展工作。省委常委、市委书记张吉福出席会议并讲话，市委副书记、市长武宏文主持会议。大同市出台支持民营企业发展、推动民营经济壮大一系列政策意见，推出干部入企服务、打造“六最”营商环境等举措。实施“555”工程，即培育50家中小微企业进入规模工业企业，扶持50家民营企业技术改造，确定50家民营企业发展新项目。全市民营企业6万余个，成为经济发展“主力军”、科技创新“主动力”和吸纳就业“主渠道”。（牛建伟　张国成）

▲2018年12月10日，大同市支持民营企业发展大会召开　（李冬宾　摄）

【城镇集体工业】 大同市城镇集体工业联合社（简称“市集体工业联社”）是城镇集体工业联合经济组织。市、县两级联社下辖成员企业118户，职工总数2万人。其中，市直属企业36户（均破产关闭），职工1万人（含离退休人员）。

2018年，市集体工业联社协调人社劳动保险、国资委等部门，为破产企业职工依法享受破产安置政策，补发安置费用。截至2018年年底，36户关闭、破产企业安置在册职工5223人。其中，领安置费职工286人，享受提前退休“4555”职工760人，享受失业金“4353”职工545人，享受生活费“4050”职工449人，保留三项保险关系职工3183人。退休职工3265人。处理破产企业遗留问题，发放涉拆关闭企业职工内退生活费；审核、整理、上报系统16名职工档案存疑、漏报相关材料；摸排上报退役军人欠薪工作，补发7家企业37名退役军人欠薪22.46万元。摸底全系统破产企业清算组成员垫付清算费用情况和不涉拆破产企业拖欠职工费用情况；协调市政府有关部门解决市塑料三厂26户15万元住房集资款事宜；市金属工艺厂拖欠职工费用测算完毕，编制《企业破产及职工安置方案》并上报市企业改革领导组；市二轻供销公司职工安置费用由市政府审批完毕并拨付到位；市万隆公司工贸大楼职工安置费用311万元拨付到位；塑料五厂拆除，认定为涉拆破产企业相关资料和文件上报市国资委；市工艺美术厂拆除；市口泉鞋厂危房问题，由云冈区政府列入征收范围，职工异地安置；宇翔实业公司所属炉料经销部房屋拆迁补偿问题请示市政府并与平城区拆迁办协调解决。

全年处理上访案件18件，接待上访450余人次，其中集体上访10余次，无1起越级非访案件。处理网上信访案件5件，均书面答复并从“山西信访网”消除。

（市集体工业联社）

能源革命

【概况】 2018年，大同能源革命科技创新园高位起步，“氢都”新能源产业城开工建设。引进全科盟、中科院10所研究所，成立新能源产业局、新能源产业战略咨询委员会、全科盟新能源产业技术研究院，国内外高端能源研发智库汇聚大同。21名两院院士、71名能源领域领军人才竞相集聚大同，零排放煤化工、燃气热泵产业化等7项重大科技成果转化落地。推进北京汉能、西安隆基、深圳雄韬等能源革命十大突破工程。举办首届“能源革命、对外开放”科技周国际高峰论坛，在“能源1号”举办能源革命百家讲座91讲。在能源革命交易博览中心和科创园新产品展示中心举办119项新能源新材料展览100余场次。（编辑部）

【“能源革命尖兵”2018·十大工程】 2018年，能源革命十大工程是大同大昶移动能源有限公司铜铟镓硒薄膜电池项目一期，建设玻璃基铜铟镓硒薄膜电池生产线，年产能300兆瓦；山西米亚索乐装备集成科技有限公司铜铟镓硒薄膜电池生产线核心设备及核心材料开发、制造、组装项目，建设高端装备组装车间、靶材工厂、工业4.0自动化车间；西安隆基集团公司单晶硅太阳能电池组件项目一期，建设年产能500兆瓦单晶硅电池组件项目；雄韬股份氢能产业项目一期，建立氢动力电气总成线，一期自建厂房主体建完，建设配套动力总成不低于500套、加氢站1～2座、示范线1～2条；大同市智慧科陆储能技术有限公司年产1吉瓦时储能系统建设项目一期，项目一期占地约20公顷，建设1吉瓦产能（或300个40尺标准集装箱储能系统），主要产品为储能系统、储能电池包PACK系统、BMS电池管理系统等。建设生产厂房、研发基地、辅助设施等。另新增生产和相关测试工艺设备；大同高迈北宇新能源汽车有限公司年产10万辆新能源电动重卡项目，过渡期：6月底，利用大同北宇公司现有厂房，改造形成年装配1000台整车能力和年形成模组PACK1.5吉瓦动力电池的生产能力。一期：4月底，启动年产五万辆纯电重卡的新厂建设和申报新能源商用汽车的生产资质准入；大同经济技术开发区多能互补集成优化国家示范项目一期，建设50兆瓦风力发电项目，陆港11兆瓦分布式能源站项目，实现陆港和医药园区冷热电智能化三联供；国家光伏应用示范基地项目，占地1666.67公顷，建设50万千瓦领跑者光伏发电项目；同忻煤矿智能化开采转型升级项目，通过智能化改造，实现1000万吨/年规模采煤、移架、放煤、视频监控、远程控制智能化操作；大同市能源革命科技创新产业园一期项目，项目占地66.67公顷，围绕新能源产业链，建设新能源产业研发、中试基地，配套建设人才公寓等服务设施。（红 远）

【大同全科盟新能源产业技术研究院】 2018年1月4日，大同全科盟新能源产业技术研究院创始团队入驻大同市国际能源革命科创园“能源1号”楼办公。4月15日，该院促成中科院洁净能源创新研究院大同转化基地落地。6月，该院与国家科技部科技人才交流开发服务中心合作，邀请21名“万人计划”学者到大同与新能源和生物医药企业对接。该院促成大同市政府与全联新能源商会于10月30日至31日共同主办“第十二届中国新能源国家高峰论坛”。该院向大同推介新能源技术成果113项，其中6个项目成功落地。主动服务大同解决大同重大现实问题，主办10次大型活动提升大同知名度和影响力，创建三创孵化园培育大同高新企业，建立离岸双创基地打造招商引智桥头堡，建立转化运营团队服务大同发展。（红 远）

【大同市与深圳雄韬公司开展氢能产业合作】 2018年1月5日，市政府与深圳雄韬电源科技股份有限公司签订雄韬氢能大同产业园投资合作协议，座谈推进项目进程、加强产业合作等事宜。深圳市雄韬电源科技股份有限公司成立于1994年11月3日。雄韬氢能大同产业园项目主要从事氢燃料电池的催化剂、质子交换膜、电堆、电池控制系统、氢燃料发电机系统、储氢系统和制氢系统以及加氢站等领域产品的开发、生产、运营和销售。（红 远）

【中科院洁净能源创新研究院大同转化基地成立】 2018年4月15日，大同市与中国科学院洁净能源创新研究院、大同全科盟新能源产业技术研究院三方签署共建协议，中国科学院洁净能源创新研究院大同转化基地成立。签约后，大同市召开洁净能源示范城市项目研讨会，专家学者们围绕大同市洁净能源示范城市建设实施方案与政策需求沟通交流。（红 远）

【大同市国际能源革命科创园绿色建筑建设规程标准专家研讨会】 2018年4月15日，大同市国际能源革命科创园绿色建筑建设规程标准专家研讨会召开。来自清华大学、中国建筑科学研究院等专家学者专题研讨绿色建筑建设规程标准。会上，市发改委、市新能源产业局、市住建委等部门负责人说明《大同市国际能源革命科技创新产业园能源系统建设规程（草案）》《大同市国际能源革命科技创新产业园绿色建筑建设规程标准指导意见（讨论稿）》起草情况。专家围绕提高数据中心的能源利用效率、储能技术等提出建设性意见。（红 远）

【千亿百项转型发展和能源革命项目集中开工】 2018年4月16日，大同市集中开工项目69项，全年开复工项目176项，总投资1616亿元。与会人员到能源科创园、启迪大同新能源产业创新中心、中国能源信息技术产业基地、中国科学院工程热物理研究所大同分所、大同市工业振兴项目暨正道清洁能源汽车等项目建设工地现场观摩，了解项目相关情况。各县（区）转型项目建设年推进活动同时启动。（红 远）

【首届大同“能源革命对外开放”科技周“国际高峰论坛”开幕暨“1898（大同）双创空间”揭牌】 2018年6月9日，首届大同“能源革命、对外开放”科技周“国际高峰论坛”

开幕，“1898（大同）双创空间”揭牌。高峰论坛6月9日至19日举行，采取“一日、一校、一院、一所、一主题”形式，围绕新能源、高端装备制造、现代煤化工、新材料、生物医药、信息技术、节能环保、资源综合利用八大领域，为业内一流专家、知名企业家、地方政府提供一个学术交流大平台，面向国际国内大招商，推动大同产业大转型。（红 远）

【首届“能源革命对外开放”万人计划学者高科技项目洽谈对接会】 2018年6月26日，首届“能源革命、对外开放”万人计划学者高科技项目洽谈对接会举办。副市长荆虎介绍大同市相关政策。来自全国各地23名学者出席对接会。会后，市委副书记、市长武宏文与专家学者座谈。（红 远）

【首期大同新能源科技领军人才培训班开班】 2018年7月23日至26日，首期大同新能源科技领军人才培训班举行。大同全科盟新能源产业技术研究院是全域科研院所科技成果转化联盟，是与中国科学院10个新能源领域研究所及山西省2所高校共建的产业导向型研究院。是大同市能源革命的技术支撑和成果转化平台。培训上6位专家作专题讲解。培训期间，举行科技成果推介会，来自中科院电工所、广州能源所、山西煤化所等处专家项目推介23项科技成果。多个项目引起企业家兴趣，并对接与洽谈。（红 远）

【大同市与华北传媒专修学院开展投资合作】 2018年8月22日，市政府与华北传媒专修学院签订投资合作协议，是大同市主动对接大企大院大校大所取得的又一成果，促进能源革命进程，推动对外开放。华北传媒专修学院拟在大同市建设“华北能源信息技术传媒学院”及美国“嘉德圣玛丽双语学校”大同分校。（红 远）

【首届“新能源之都”杯创新创业赛】 2018年8月25日至26日，由中国科学院洁净能源创新研究院、中国可再生能源学会、全域科研院所科技成果转化联盟和大同全科盟新能源产业技术研究院共同举办的首届“新能源之都”杯创新创业大赛总决赛在大同市举行。

大赛主题为“促进能源创新创业，保障国家能源安全”，分初赛和总决赛两个阶段，初创组和成长组两个组别比赛。初赛在大连、北京、大同、太原、青岛、合肥、宁波、广州等分赛区进行，由大同全科盟新能源产业技术研究院的共建单位和合作单位负责主办，优胜团队或企业按分配名额入围总决赛。经过初赛和入围推荐，有30个项目进入总决赛，其中初创组19个、成长组11个。参赛项目囊括煤炭高效清洁利用、智能电网、太阳能、风能、氢能、生物质能、储能、节能等新能源领域。经过比赛，产生初创组和成长组一等奖各1个，分别是生物质转化制化工品和油品项目、电力方舟——超级储备电系统项目，奖金各5万元；二等奖各2个，奖金各3万元；三等奖各3个，奖金各1万元；“最佳创意奖”1个和“最佳商业模式奖”1个，奖金各2万元。（悠 菊）

【大同正道新能源汽车公司项目评估论证会】 2018年8月30日，大同正道新能源汽车有限责任公司30万辆清洁能源汽车（增程式纯电动汽车）项目评估论证会在北京召开。国家轻量化联盟理事长、国家汽车装备联盟理事长付于武，商务部商务参赞陈林等15位专家参加论证会。市委副书记、市长武宏文，副市长荆虎，及市发改、经信、财政等部门负责人参加会议。

会上，专家论证组听取项目介绍，与会人员询问答疑、交流探讨项目技术成熟度和发展前景、政策支持、市场分析、融资方式、国际发展战略和国内市场销售模式等内容。武宏文简要介绍大同的市情特点和能源产业发展状况。研讨会后，大同市清洁能源汽车战略咨询委员会成立，武宏文向主任委员付于武和陈林等14位委员颁发聘书。（鹤 梅）

【“1898名家大讲堂”系列讲座】 2018年8月31日，“1898名家大讲堂”系列讲座在大同市国际能源革命科技创新园“能源一号”楼三层路演大厅开讲。主讲嘉宾是余大洪，给听众带去主题为对外开放尖兵行动——对接京津冀雄安新区战略及政策深度解读的讲座。

余大洪是中国市场学会特聘专家、清华大学创新创业教育导师、金证平台创新创业导师、北京大学校友创新联合会HR专委会副会长、京雄直通车联合创始人和中关村互助众筹研究院联合创始人。讲座中，余大洪从设立雄安新区的过程与意义、雄安新区规划理念、雄安新区的政府机构设置、投融资机制和创新机制及税收、人才、土地、住房政策等方面展开，阐述雄安新区的一系列新发展理念，并播放相关视频加深现场听众的认识与了解，探讨北大1898与大同市合作的项目，给大同市的对外开放和能源革命行动提出建设性意见。（蕙 兰）

【大同市与德国能源署签订战略合作备忘录】 2018年10月19日，市委副书记、市长武宏文与德国能源署署长安德烈亚斯·库尔曼一行座谈，双方对接探讨深化能源国际合作、寻求能源革命发展路径、促进能源经济转型等，并签署战略合作谅解备忘录。双方合作开展城镇能源转型主题及其相关技术领域探索和实践，并使之在科创园应用；合作建立和实施质量保证管理体系和管控机制，实现大同市绿色低碳城市建设和运营管理。

（红 远）

【新能源产业项目签约】 2018年10月20日，大同市两大新能源产业项目签约。市委副书记、市长武宏文见证签约，副市长荆虎、田鼎投资董事长王荣奎、上海华熵能源科技有限公司董事长朱程兰、山西中鼎物流集团有限公司代表张江、大同开发区睿鼎新能源汽车销售有限公司董事长曹雁斌等参加签约仪式。荆虎与朱程兰签订投资合作协议，张江与曹雁斌签订战略联盟合作协议。

上海华熵能源科技有限公司是一家专门从事氢燃料汽车零部件的研发、生产、销售与服务的高科技型创新企业，是国内首家涉足氢燃料电池辅助系统全能产业的先进企业。上海华熵公司在大同市投资建设华熵氢能大同产业园项目，主要从事氢燃料电池系统辅件的研发、生产、运营和销售，抢占氢能源汽车辅助系统空白市场，助力推动大同新能源产业发展壮大。

山西中鼎物流集团有限公司是太原铁路局发展现代物流“地网”战略的运营主体，是央企和地方政府、企业合资组建的社会物流企业。中鼎物流集团与睿鼎新能源公司以各自资源和专业技术为基础，在运输业务拓展、市场营销、新能源产业开发等领域开展合作。（红　远）

【两大投资基金落地大同】 2018年10月27日，中政企山西省PPP合作基金贰号成立暨大同棚改PPP项目投资协议、大同能源产业发展投资基金合作暨首期基金合伙协议签约。棚改项目是大同市采用PPP模式建设的重点民生工程，是国家、省、市三级财政引导资金联动支持形成的PPP项目。项目总投资49.09亿元，通过科学规划，在老城区范围内配套完善停车场、公共服务设施、体育设施、社区服务、幼儿园、小游园及绿地等基础性服务设施。发起设立的总规模100亿元的“大同能源产业发展投资基金”（母基金），发挥政府投资基金引导作用，为大同市能源革命和项目建设提供创新金融支撑。签约后，与会人员参观科创园和大同市转型升级重点示范项目展。（红　远）

【“氢都”大同新能源产业城项目开工建设】 2018年10月28日，“氢都”大同新能源产业城项目开工。“氢都”大同新能源产业城位于市中心城区东部，西距大同古城8千米、文瀛湖湿地公园3千米，交通便捷，东3千米处为云冈机场，南5千米处为高铁南站。项目规划面积50平方千米，核心起步区10平方千米，采取统一规划、分期建设、科学布局多种形式建设模式，首期建设目标100万平方米工业厂房，采取企业自主设计自行建设、企业定制委托建设及统一设计集中建设等方式加快产业城建设。（红　远）

【第十二届中国新能源国际高峰论坛】 2018年10月30日，大同市政府、全国工商联新能源商会联合主办的第十二届中国新能源国际高峰论坛举行，来自全国各地致力于发展新能源产业的专家、企业家围绕“多能互补”主题展开研讨。与会嘉宾围绕能源转型、绿色发展、多能互补、风险防控、互利共赢等发表主旨演讲及主题报告。高峰论坛上，成立全国工商联新能源商会储能专业委员会，发布《中国新能源产业年度报告（2017—2018）》。借第十二届中国新能源国际高峰论坛在北京举行契机，大同“氢都”新能源产业城招商推介会签约126个项目，总投资额1012亿元，包括氢能、太阳能、风能、智慧能源管理、储能、能源装备及材料制造、煤炭高效综合利用、能源创新平台、新能源汽车制造等11类，100余家签约企业中90%以上是民营企业。（红　远）

▲2018年10月30日，第十二届中国新能源国际高峰论坛举行　（李冬宾　摄）

【氢能产业论坛项目签约】 2018年12月9日，4个新能源项目在2018“氢都”大同氢能产业发展高峰论坛上签约。燃料电池生产及有轨电车示范线项目，由四川荣创新能科技有限公司投资，总投资35亿元。项目通过建设大功率燃料电池动力系统生产基地，实现燃料电池动力系统生产，为燃料电池有轨电车和燃料电池重载货车商业化示范运营及推广提供保障，建成投产后，实现年销售收入4亿元，解决1200人就业。华云数谷大数据产业园项目，由北京华云景晟置业有限公司投资，总投资30亿元。项目建成并达到设计生产能力后，实现年销售收入10亿～15亿元，解决4000～6000人就业。北达新能源甲醇（天然气）发动机、醇电混合增程器生产制造项目，由北达控股有限公司投资，总投资3亿元，项目以10千瓦车用醇氢燃料电池动力包为主，同时研发、生产甲醇、醇电混合、甲醇燃料电车等新能源商用车发动机、船用发动机及相关整车装备。大同燃料电池研究院项目，围绕检测服务、培训服务、咨询服务、平台建设和成果转化五个方面建设。（红　远）

煤炭工业

【概况】 2018年，大同市煤炭工业局落实安全监管责任，组织开展三次安全生产大检查，开展依法打击重点整治煤矿安全生产违法违规专项行动；加大违法违规行为处罚力度，查处9座煤矿违法违规行为，罚款231万元；会同大同煤监分局约谈7座超能力生产煤矿主要负责人。推进煤矿减量重组工作，按“市场配置、企业主导、政策支持”原则，经主体企业申报、县市逐级审核、征求市直有关部门意见后，编制完成监管煤矿减量重组方案。督促重组煤矿及其主体企业推进相关工作。年初，市委、市政府确定10个煤炭企业转型试点项目，投资19.9亿元，完成计划投资21.29亿元的93.4%。计划完成8个，实际完成9个。推进煤炭行业供给侧结构性改革，山西省分配大同市煤炭去产能任务是关闭退出煤矿2座（同煤集团大斗沟煤矿和晋华宫矿南山井），去产能290万吨。通过省级验收。提升煤炭产能，全市80座煤矿中，51座生产矿井总产能9770万吨/年，达到一级安全生产标准化煤矿9座，公示特级安全高效矿井19座，达到先进产能6270万吨/年，先进产能占生产矿井总产能64.18%，达到并超过原省煤炭厅2018年先进产能占生产矿井总产能50%要求。

全年全市煤炭产量1.12亿吨，同比1.1亿吨增长1.82%；工业总产值612.6亿元，同比587.1亿元增长4.34%；工业增加值231.8亿元，同比218亿元增长6.3%；平均售价366.5元/吨，同比增加29.7元/吨，增长8.1%；单位成本288.3元/吨，同比减少1元/吨，下降0.4%。（邓安良）

【煤炭清洁高效利用】 2018年，大同市煤炭工业局从政策引导、帮扶服务方面鼓励、引导、督促、推进煤炭主体企业在煤炭洗选加工方面加大投资力度，提高煤炭清洁高效利用率。全市有洗选煤企业137家，年洗选能力3.23亿吨（正常生产经营92家占比67%，在建18家占比13%，停产27家占比20%）。其中，独立洗煤厂111家，年设计洗选能力1.65亿吨；矿属洗煤厂26家，年洗选能力1.58亿吨（其中地方监管矿属洗煤厂14家，年洗选能力7410万吨）。原煤入洗率均保持70%以上。停产原因是运营资金不足、安全环保趋严、市场价格波动、用户需求不稳定等。全市有铁路煤炭集运站55家，年发运能力0.73亿吨。（邓安良）

【煤矿安全监察】 2018年，山西煤矿安全监察局大同煤监分局（简称“大同煤监分局”）监察矿井229矿次，查处隐患1265条，整改1242条，整改率98.2%，依法送达执法文书601份，行政处罚857.86万元，同比增长39.8%。安全许可现场核查25矿次，换发和领取新的安全许可证22个。召开检查指导会23次，形成会议纪要21份。全年大同辖区煤矿发生2起安全生产事故，死亡3人。

年内，大同煤监分局在辖区内开展安全警示教育活动，45座正常生产、建设矿井中全部开展完毕。延伸到9个主体企业、5个重点产煤县（区）煤炭管理部门，组织职工及家属观看警示教育片《情与法的评判》72场次，发放《大同辖区重特大事故汇编》《先进典型材料汇编》以及宣传彩页等资料2万余份，警示教育受众1.5万人。（张 岩）

【同煤集团】 2018年，同煤集团生产煤量1.33亿吨，同比增加620万吨，增长4.9%。煤炭销量1.93亿吨，同比增加2210万吨，增长12.92%。发电量394.2亿千瓦时，同比增加44亿千瓦时，增长12.6%。营业收入1766亿元，同比增加164亿元，增长10.2%。利润16亿元，同比增加7.7亿元，增长92.77%。上缴税费109亿元，同比增加6.6亿元，增长6.45%。工业总产值770亿元，同比增加45亿元，增长6.2%。工业增加值307亿元，同比增加12亿元，增长4.24%。员工人均年收入6.8万元，同比增加4940元，增长7.82%。安全生产实现低控目标。

年内，同煤集团推进去产能工作，关闭退出3座矿井，退出产能311万吨；核减3座矿井产能550万吨。马脊梁矿通过技术改造，原煤产量突破千万吨，成为集团公司第9座千万吨级矿井，也成为“两沟”技改老矿首座当年投产、当年达产的千万吨级矿井。完成塔山、同忻等6座矿井产能核增，产能由3630万吨核增至7150万吨，净增3520万吨。年内，同煤集团完成涉及大同、朔州、忻州、长治、运城等8个地市，15万户的“三供一业”分离移交工作；制订2家职业教育机构改制方案；与大同市政府签订5所学前教育机构移交协议；新组建的同华医院管理公司完成资产评估并挂牌交易。分期转岗培训万恒物业公司3391名员工；安置3座去产能矿井3573人。实施“腾笼换鸟”股权合作，组建苏晋能源公司，完成首期出资，打开企业晋电外送新通道；同德铝业战略性退出，优化集团产业结构；把集团持有的塔山矿21%股权转让给大同煤业。实施参股华润电力曹妃甸电厂项目，开辟煤电联营合作新路径。公开选拔聘任上海融资租赁公司高管团队和专业人才。压缩管理层级，减少法人户数，全年压缩10家四级、五级公司。

“大同矿区煤层群组不对称开发理论与关键技术”“煤矿坚硬顶板地面压裂控制技术”分获中国煤炭工业协会科学技术一等奖。集团公司排名“能源企业全球竞争力500强”257位，26家单位被授予省级文明（标兵）单位称号。同煤集团同忻矿名列2018中国煤炭企业科学产能百强排行榜第10位，是同煤集团及山西省唯一进入前十的煤炭企业。（同煤集团）

【中煤大同能源有限责任公司】 2018年，中煤大同能源有限责任公司（简称“大同能源公司”），煤炭产量300万吨，销售268万吨，电厂自用31.8万吨，发电量8.8亿千瓦时，营业收入14.12亿元，利润总额5.37亿元，上缴税费3.51亿元。产值14.82亿元，上网电量7.61亿千瓦时，煤矿期末库存1.02万吨，商品煤平均售价450.26元/吨，售电价格0.27元/千瓦时，煤矿产能利用100%，电厂产能利用60%，利税7.57亿元，应收账款1917.96万元。

年内，大同能源公司投资4.2亿元改造电厂机组供热项目及超低排放，供热范围是口泉地区西南部—泉辉路以南、环城高速以西的非热电联产集中供热区域。设计供热能力477兆瓦，供热面积900万平方米，年供热量457万吉焦，设计供回水温度115/55℃。

年内，塔山煤矿完成创新项目16项、电厂22项，洗选装运公司14项。其中，煤矿自移式机尾获中煤集团公司“五小”科技成果二等奖；《皮带漏煤斗技术工艺的改进》项目获上年山西省煤炭行业“五小”

▲中煤大同能源有限责任公司 （范 霞 摄）

竞赛活动二等奖。《极近距离特厚煤层大采高综放开采关键技术研究》获2018年度中国煤炭工业协会科学技术三等奖。在大同能源公司首届科技工作大会上，评出“五小”科技成果11项，科技攻关7项，新技术、新工艺、新设备推广应用7项，优秀论文9篇，发明专利申请1项。大同能源公司在大同市工业振兴2018上半年奖励兑现大会上获奖励资金130万元。

年内，大同能源公司修订完善22项安全管理制度，印发《安全管理制度汇编》，塔山煤矿以总分91.58分成绩通过国家一级安全生产标准化矿井验收，被国家煤矿安监局授予“国家一级安全生产标准化矿井”称号。并被中国煤炭工业协会授予“特级安全高效矿井”称号。8月，大同能源塔山煤矿被授予国家级“安全质量标准化矿井”称号。 （范 霞）

电力工业

【概况】 2018年，大同市电力工业企业户数45户，行业总资产456.2亿元，增加值71.8亿元，销售收入106.9亿元，其中增加值占全市GDP 5.6%，占全市工业增加值21.4%。全市发电量457.6亿千瓦时，发电总装机容量1372.79万千瓦，占全省15.68%。其中，火电948万千瓦、风电189.73万千瓦、太阳能光伏发电225.38万千瓦。 （经信委运行科）

【电力供应】 2018年，国网山西省电力公司大同供电公司（简称“大同供电公司”），固定资产原值108.65亿元。供电服务网点1242个（其中自有网点99个，代收网点1143个），供电用户104.18万户。网内拥有35千伏及以上变电站228座。其中，公用变电站113座、用户变电站108座、地调电厂升压站7座。变电容量1462.54万千伏安。其中，公用变电容量978.55万千伏安、用户变电容量467.49万千伏安、地调电厂升压容量16.5万千伏安。输电线路470条。其中，公用线路281条、用户线路189条。输电线路长度6352.35千米。其中，公用线路长度4487.53千米、用户线路1864.81千米。全网最大负荷189.4万千瓦。

截至2018年年底，大同供电公司所辖10～500千伏各电压等级输变电设备数量及容量为：变电站115座、主变236台/13311.55兆伏安。其中，500千伏变电站2座（省检修公司运维），变压器4台，容量3500兆伏安；220千伏变电站15座、主变32台/4770兆伏安，110千伏变电站45座、主变94台/4046.5兆伏安，35千伏变电站53座、主变106台/995.05兆伏安。大同电网有35千伏及以上输电线路304条，线路长度4409.74千米。其中，220千伏线路54条1413.36千米；110千伏线路130条1707.48千米；35千伏线路120条1288.9千米。年内，大同电网总装机14998.66兆瓦（包括王坪电厂2×200兆瓦和内蒙京隆电厂2×600兆瓦）。其中，华北分调直调机组容量4920兆瓦、省调直调装机容量9783.8兆瓦、地区调度小电厂容量294.86兆瓦。省调调度机组中按照机组性质划分，风电场20座，容量1898.8兆瓦，占省调装机19.4%；光伏电站31座，容量1995兆瓦，占省调装机20.4%；火电机组22台，容量5890兆瓦，占省调装机60.2%。10千伏及以上电网建设工程22项。其中，新开工程12项，续建工程10项。投产项目8项，新增变电容量37.2万千伏安，投产220千伏线路9.4千米，110千伏线路42.05千米，35千伏线路47.4千米，10千伏线路23.6千米。投资25563万元，投产的9项工程分别是：晋能天镇沙屯堡光伏220千伏送出；京原铁路山西大同东河南牵引站110千伏外部供电工程；大同城区城西110千伏变电站主变扩建；大同南郊云冈110千伏变电站主变扩建；大同城区大庆路110千伏变电站主变扩建；山西大同二期光伏发电应用领跑基地左云片区马道头光伏110千伏送出工程；大同天镇—新平35千伏线路工程；大同浑源下韩35千伏输变电工程；大同浑源下韩35千伏变电站10千伏送出工程。完成采煤沉陷区光伏示范基地二期等7项工程手续办理，布置13个批次83项配网工程完工46项，浑源旧裴村黄土洼机井通电改造项目被评为国网配电网百佳工程。

大同供电公司被评为中国新闻宣传优秀单位、山西省“安康杯”竞赛优胜单位，山西省电力公司脱贫攻坚、企业管理、安全生产先进单位，207名个人受到表彰。 （张志军）

【火力发电】 2018年，全市火力发电装机容量948万千瓦，规模以上火力发电企业5户，合计发电量394.9亿千瓦时，同比增长7.3%，占全市总发电量86.3%。重点企业有：华电大同第一热电厂有限公司、国电电力发展股份有限公司大同第二发电厂、山西大唐国际云冈热电有限责任公司、山西漳电大唐塔山发电有限公司等。

华电大同第一热电厂有限公司 年内，华电大同第一热电厂有限公司（简称“大同一电厂”）发电量1.63亿千瓦时，占年度预算102.09%；售热量119.49万吉焦，占年度预算119.49%；综合供电煤耗203.07克/千瓦时，较年度预算减少52.93克/千瓦时；财务费用较预算减少2373.46万元；利润较预算减亏4989.79万元；销售收入7383.25万元，利税总额-1.02亿元，其中利润-1.15亿元。

国电电力发展股份有限公司大同第二发电厂 年内，国电电力发展股份有限公司大同第二发电厂（简称“大同二电厂”）发电量176.99亿千瓦时，同比减少1亿千瓦时。其中60万级机组同比增加10.54亿千瓦时；供热量1472万吉焦，同比增加120万吉焦；供电煤耗307.24克/千瓦时，同比减少4.94克/千瓦时；综合厂用电率8.91%，同比持平；入炉综合标煤单价519.08元/吨，同比增加32.29元/吨；利润总额4.65亿元，同比增加2.62亿元。2018年，大同二电厂运用“四个成本、四个电价”测算模型，全年累计交易电量19.56亿千瓦时，电量占比高于容量占比6.92%。拓宽营销渠道，实现跨省区域挂牌交易4.07亿千瓦时，参与发电权交易1.17亿千瓦时。全年掺烧经济煤种607万吨，节约燃料成本2.04亿元。控制成本支出，度电可控固定成本同比减少0.05分/千瓦时，度电收入同比增加2.3分/千瓦时。加强成本费用对标，执行三级预算、“两压双控”目标，资产负债率同比下降8.64%，带息负债同比减少6.33亿元，资金成本率3.77%。落实市奖励资金1817万元。

山西大唐国际云冈热电有限责任公司 年内，山西大唐国际云冈热电有限责任公司发电量46.62亿千瓦时，同比增加6.4亿千瓦时；供热量1288.46万吉焦，同比增加29.97万吉焦；供电煤耗275.50克/千瓦时，综合标煤单价532.14元/吨，资产负债率62.14%。销售收入14.26亿元、利润总额2769.92万元、利税7359.38万元、应收账款21171.37万元，偿还银行贷款2.03亿元。年内，该公司被评为山西省“文明单位”，被命名全国青年安全生产示范岗、山西省工人先锋号、大唐工人先锋号。科技论文32篇，实用型专利7项，发明专利1项，4项成果分获中电联二等奖、三等奖；设备部热控室QC（质量控制）小组获省行协及水利电力行协奖。

山西漳电大唐塔山发电有限公司 山西漳电大唐塔山发电有限公司（简称“塔山发电公司”），位于大同西南30千米处塔山工业园区。前身是同煤大唐塔山发电有限责任公司，由同煤集团和大唐国际发电股份有限公司以6∶4股比投资组建。年内，塔山发电公司发电量65.74亿千瓦时，工业总产值16.68亿元，营业收入16.68亿元，利润5562.86万元，平均售电单价（不含税）265.66元/兆瓦时，入炉综合标单（不含税）480.96元/吨。该公司先后获全国煤炭工业先进集体、全国煤炭工业文明单位、全国电力安全生产标准化一级企业、全国建设项目档案管理示范工程，全国电力系统企业文化建设标杆企业、全国安全文化建设标杆企业、山西省五一劳动奖状、山西省劳模单位、国家电监会山西监管办“安全生产先进单位”、优秀省调电厂、山西省“工人先锋号”、山西省功勋企业、山西省优秀企业、大同市绿色企业、同煤集团标兵单位、漳泽电力先进单位等。

山西漳电同达热电有限公司 山西漳电同达热电有限公司位于大同市泉运路南侧，年内，山西漳电同达热电有限公司发电量23.15亿千瓦时，同比增加0.14亿千瓦时。供热量555.87万吉焦，同比增加204.65万吉焦。利用小时3507.11小时，同比增加21.43小时。入炉标煤单价446.49元/吨（含税），同比减少32.35元/吨。平均上网电价282.61元/兆瓦时（含税），同比增加22.53元/兆瓦时。售热价格24.33元/吉焦，同比增加2元/吉焦。利润-14631.03万元，同比增加9368.61万元。资产负债率93.81%，同比增长4.61%。全年未发生安全事故。

（葛亚鹏 苗嘉成 云冈热电）

【风力发电】 大同市属温带大陆性季风气候，全年主导风向为西北风，冬、春季风大，年平均风速7米/秒左右，风能资源主要分布在阳高县、天镇县、左云县、广灵县、浑源县、新荣区和灵丘县等县（区）。这些地区由于处在冷空气通道上，为高空风区域，海拔高，地形条件好，交通便利，适宜建设大型风电场。

2018年，全市并网风电场有20座、装机容量180万千瓦，占全市电力装机容量（1398万千瓦）12.9%。全市风力发电量39.62亿千瓦时，占全市全年总发电量（467.38亿千瓦时）8.5%。按县区划分，浑源县5座风电场、规模44.6万千瓦；广灵县5座风电场、规模49.45万千瓦；天镇县3座风电场、规模29.7万千瓦；灵丘县2座风电场、规模14.85万千瓦；阳高县3座风电场、

▲新荣区畅家岭风电厂 （李冬宾 摄）

规模 19.7 万千瓦；左云县 1 座风电场、规模 12 万千瓦；新荣区 1 座风电场、规模 9.7 万千瓦。

“十三五”期间，山西省分配晋北三市风电基地建设规模 700 万千瓦，大同市承担 200 万千瓦建设任务，截至 2018 年年底全部完成核准手续并开工建设。（赵耀东）

【光伏发电】　中国气象局太阳能风能资源评估中心按年太阳总辐射量空间分布划分，太阳能资源量及其分布分为最丰富带、很丰富带、丰富带、一般带四个区域。大同市属太阳能资源量很丰富带，年太阳总辐射量 1400 ~ 1750 千瓦时 / 平方米。近 20 年平均总辐射量为 5882 兆焦 / 平方米。估算 38° 倾角平面单位面积年辐射总量 6764 兆焦 / 平方米，折算倾角平面单位面积年发电量 1874 千瓦时 / 平方米。

2018 年，全市光伏发电并网装机容量 230 万千瓦，占全市电力装机（1398 万千瓦）16.5%，光伏发电量 30.19 亿千瓦时，占全市全年总发电量（467.38 亿千瓦时）6.5%。常规光伏电站 65.5 万千瓦、光伏基地 120 万千瓦、光伏扶贫 33 万千瓦、屋顶分布式光伏 11 万千瓦。其中，大型地面光伏电站按县（区）划分，云冈区 54 万千瓦，左云县 60 万千瓦，新荣区 8 万千瓦，云州区 18 万千瓦，阳高县 15 万千瓦，天镇县 24.5 万千瓦，浑源县 6 万千瓦，灵丘县 9 万千瓦，广灵县 3 万千瓦。光伏扶贫村级电站 7.54 万千瓦，主要分布于天镇县、浑源县、阳高县、云州区、灵丘县、广灵县等 6 个贫困县（区）；屋顶分布式光伏各县（区）均有分布，新荣区、云冈区、左云县、天镇县、云州区较多。（赵耀东）

【大同一电厂关停淘汰】　2018 年，华电大同第一热电厂有限公司（简称“大同一电厂”）受山西省整体电力形势、国家生态环保、电煤价格及新能源快速发展等综合因素影响，处于停产、半停产状态。2017 年 12 月 18 日，大同一电厂向市经信委提交《关于华电大同第一热电厂有限公司 2×135 兆瓦热电联产机组列入 2018 年关停计划的请示》（华电同总〔2017〕28 号）。2018 年 1 月 29 日，市经信委向省经信委提交《关于大同市 2018 年电力行业淘汰落后计划的报告》（同经信字〔2018〕26 号），把大同一电厂 2×135 兆瓦热电联产机组列入大同市 2018 年关停计划。3 月 2 日，省电力供给侧结构性改革办公室印发《关于下达 2018 年煤电行业去产能目标任务（第一批）的通知》，把大同一电厂 2×135 兆瓦热电联产机组列入省 2018 年关停计划。7 月 11 日，大同一电厂向市经信委提交《关于申请标志性构筑物拆除验收的请示》（华电同总〔2018〕30 号）。7 月 31 日，市经信委向省经信委提交《关于华电大同第一热电厂关停淘汰机组拆除核查验收的申请》（同经信字〔2018〕165 号）。8 月 7 日，省经信委组织有关专家验收机组拆除工作并通过验收。12 月，大同一电厂向有关部门提交全套《华电大同第一热电厂有限公司机组关停验收材料》，完成关停工作。（徐振东）

【同煤阳高电厂并网发电】　2018 年 8 月，国家发改委以发改办运行〔2018〕992 号文件确定阳高热电为山西省煤电应急调峰储备电源（在电力、热力供应紧张、电网严重故障及重大保电需要时，启动运行发挥应急保障作用，其他时段停机备用），并明确优先考虑安排纳入该地区投产计划。11 月，机组实现并网，具备发电条件。同煤阳高电厂建设 2×35 万千瓦超临界循环流化床直接空冷机组，项目总投资 33.9 亿元。（徐振东）

【大同一企业入选国家资源循环利用基地单位名单】　2018 年 9 月 10 日，国家发展改革委和住房城乡建设部公示国家资源循环利用基地单位名单，大同富乔—驰奈循环经济产业园入选，成为山西省入选的两家单位之一。大同富乔—驰奈循环经济产业基地由大同富乔垃圾焚烧发电有限公司与大同市驰奈能源科技有限公司联合投建。其中，大同富乔垃圾焚烧发电有限公司成立于 2007 年，占地 13.67 公顷，总投资 6.5 亿元，是大同市发展循环经济和实现节能减排的重点项目；大同市驰奈能源科技有限公司成立于 2011 年，该项目是山西省及周边首个符合循环经济模式资源化综合利用餐厨废弃物的示范工程，是全国第二批餐厨废弃物资源化利用和无害化处理试点城市中第一个投产运行的项目，为山西省产业结构调整和经济转型发展起到示范作用。大同富乔—驰奈循环经济产业基地计划投资 19.85 亿元。（莫　倆）

机械电子工业

【概况】　2018 年，大同市机械电子工业产值 136.3 亿元，同比增长 35.7%，占全市比重 12.8%；销售收

▲天镇县环翠山光伏产业园区　（李冬宾　摄）

入 132.1 亿元，同比增长 20.3%；利税 10.8 亿元，同比增长 19.4%；利润 5.2 亿元，同比增长 71.3%；职工人数 1.7 万人，同比下降 3.7%；总资产 148.2 亿元，总负债 118.1 亿元，资产负债率 79.7%。重点企业有中车大同电力机车有限公司、中国重汽大同齿轮有限公司、陕汽大同专用汽车有限公司等。主导产品有铁路机车、汽车变速箱总成、改装汽车等。年内，中车大同公司生产铁路机车 127 台，大齿公司生产汽车变速箱总成 12.18 万台，陕汽公司生产改装汽车 9117 辆。

中国重汽集团大同齿轮有限公司　年内，中国重汽集团大同齿轮有限公司（简称“大同齿轮公司”）推进生产线智能化改造，加强具备试点、示范效应的智能制造示范线建设，通过 ERP 与智能工厂深度集成，打造“数字化、网络化、智能化”新大齿，入选山西省智能制造示范企业名单，有 13 条自动化生产线建成并投入生产，企业初具智能制造规模。大同齿轮公司在产品外销方面突出创新实干，聚焦重点主机厂主销车型，重型汽车变速箱应用到东风商用车公司城建渣土车及煤炭牵引车，在东风专底 D7 牵引车及工程车上获得标配地位，在福田戴姆勒自卸车上标配车型由 6% 提升到 38.53%，选配车型 9.64%。外销重型工程车变速箱销量增长 226%。其中，自卸车增长 200%，搅拌车销量增长 400%。在徐工 12 吨起重机上实现独家匹配。通过行销，各个区域主要经销商及大客户在重型汽车变速箱上贡献占销量 80%。年内，大同齿轮公司销售变速箱总成 12.18 万台，同比增长 11.45 %; 营业收入 15.3 亿元，同比增长 6.41 %; 利润指标 1.35 亿元。大同齿轮公司获“山西省质量奖”，被评为“全国文明单位”。在国家工业与信息化部主办的“2018 年全国质量标杆”评选活动中，大同齿轮公司实施“精品工程”的经验被评为“2018 年全国质量标杆”。全国质量标杆评选活动连续开展七年，2018 年全国申报 282 项，有 38 项典型经验被评为“全国质量标杆”，徐玉成被评为享受国务院政府特殊津贴高技能人才，刘奇被授予“改革开放 40 年，值得我们致敬的中国汽车人物”称号。

中车大同电力机车有限公司　年内，中车大同电力机车有限公司（简称“中车大同公司”）生产 96 台新八轴电力机车、30 台和谐 D3C 机车、95 台套新八轴机车大部件、14 列（168 个）城轨构架、1 台永磁直驱客运电力机车，新造各型机车 127 台（223 节）。承揽北京局丰台段新八轴机车 C4 级合作修业务，太原局湖东机务段、西安局西安检修段新八轴机车 C5 级合作修业务，检修 21 台直流电力机车。营业收入 60.07 亿元，归属母公司净利润 2.28 亿元，超额完成年度经营调增指标。2 次获大同市“工业振兴”政府重奖，并获中国中车最高奖项——突出贡献奖。中车大同公司申报发明专利 33 项，国际专利 7 项。其自主研制的国内首台永磁直驱客运电力机车下线；新八轴电力机车双机重联通过重载适应性试验；时速 160 千米动力车取得制造许可；30 吨大轴重电力机车完成考核评审；轻量化 200 千米 / 小时客运机车转向架研制、电力机车通风系统流畅仿真技术平台研究及试验测试项目，分别获中国中车科学技术二等奖和三等奖；微机网络控制系统逻辑功能测试台达国内领先水平。获山西省研发补助、电力机车首台（套）重大技术装备保险补偿近 1900 万元、“宽轨电力机车关键技术及系统集成”项目，获山西省科技重大专项支持。8 月 21 日，大同市举行工业振兴 2018 上半年奖励兑现大会，中车大同公司获大同市人民政府工业现价产值增量行动奖励 1176 万元。年内，中车大同公司被评为“山西省优秀企业”。6 名员工被授予第五届山西省“享受政府津贴高级技师”和“三晋技术能手”称号。

陕汽大同专用汽车有限公司　陕汽大同专用汽车有限公司是由大同市政府和陕西重型汽车有限公司投资控股的专用车生产企业，注册资本 1.33 亿元。该公司占地面积 46.67 公顷，建有 3.16 万平方米重卡底盘装配车间，5884 平方米调试检测车间，6.48 万平方米专用车联合改装车间，拥有专业生产线及主要设备 432 台套，设计年产能 2 万辆专用重卡。公司产品范围覆盖常规柴油牵引车产品、新能源 LNG/CNG 汽车、专用汽车（自卸车、桥梁检测车、环卫车）等领域。年内，该公司产量 9117 辆，同比上年 7767 辆增长 17.38%；产值 23.45 亿元，同比上年 19.45 亿元增长 20.6%；销量 9079 辆，同比上年 7367 辆增长 23.24%；收入 23.37 亿元，同比上年 18.45 亿元增长 26.69%；利润 1442.25 万元，同比上年 1430.15 万元增长 0.85%；利税 4239.9 万元，同比上年 3954.97 万元增长 7.20%。

（张建明　许翔　经信委运行科）

【中国北方发动机研究所】 中国北方发动机研究所（简称“北方研究所”）主要承担中国特种车辆发动机研究与开发任务，在动力装备研制中率先具备自主研发能力，完成历年国庆阅兵、纪念抗战胜利 70 周年“9 · 3”阅兵等多项国家级庆典保障任务。派出技术服务人员 94 人次，累计服务 345 人日。完成 8 项型号研制任务，7 项拓展领域项目取得阶段性成果。“十三五”7 项项目获批复，获经费 2 亿元。31 个科研课题及项目通过验收。2018 年申请并受理发明专利 128 件，授权发明专利 64 件，获奖 28 项。该研究所通过集团公司组织的精益管理年度中期产线、课题检查。换版质量管理体系文件，实施 2018 版《质量手册》和《质量管理体系程序文件》。通过集团公司组织的安全生产“飞行检查”。针对检查发现的 18 项问题、2 项建议制订印发整改方案、整改计划、举一反三整改计划并按期完成整改。年内，该研究所营业收入 7.05 亿元，占年度目标 107%，同比增长 15.93%。利润 4868 万元，占年度目标 119%，同比增长 15.92%；全员劳动生产率 31.2 万元 / 人，同比增长 8%；成本费用率 95.92%，与年度目标相比下降 0.18%。民品经营收入 1.46 亿元，比 2016 年、2017 年分别增长 28% 和 13%。经营活动现金流、应收账款、存货等经营指标全部达到年度考核目标要求。历年获国家科技进步奖、国防科技进步奖、省部级科技成果奖等 50 余项，授权使用新型及发明专利 180 余项，授权国防发明专利 50 余项，获省部级以上荣誉称号 100 余项。

（李庭蕊）

【大同通航产业发展规划评审会】2018年5月4日，大同市通航产业发展规划专家评审会召开，大同市副市长马安全参加。

《大同市通用航空产业发展规划（2018—2030）》由中国民航大学编制。该规划依据国家、山西省和大同市“十三五”规划纲要，立足大同市经济基础和发展现状确定通用航空产业发展目标，分析大同市发展通用航空的产业基础和支撑资源，对大同通用航空产业的发展具有指导性和可操作性。以中国航空运输协会通航分会总干事王霞为组长的专家组成员分析讨论该规划。大同发展通航产业具有区位优势、资源优势和自然环境优势，编制通航产业规划，是立足实际的发展举措，是实现转型发展务实之举，各级各部门抓落实把规划变成项目，给大同经济社会发展作出贡献。

（蕙　兰）

【大同汽车及零部件产业发展座谈会】2018年9月13日，大同市委副书记、市长武宏文与中国汽车零部件工业有限公司副董事长毛海一行座谈，双方探讨研究共同推进汽车产业发展等事宜，并达成共识，签订战略合作协议，聚力打造产业集群，推进大同汽车及零部件产业发展。副市长荆虎、中汽创汽车零部件投资控股有限公司常务副总经理彭章洁、香港正道集团董事局副主席王川涛及大同市相关部门负责人等参加座谈会。荆虎与毛海签订战略合作协议。

座谈会上，与会人员围绕大同正道基地规划、中汽（大同）电动智能汽车产业基金合作等方案的可行性、科学性、操作性研讨，并现场解决影响正道汽车基地建设的相关问题。按照协议要求，大同市与中国汽车零部件工业有限公司建立长期战略合作关系，发挥各自优势，整合资源，重点在汽车，及零部件产业规划、基地布局与建设、基金、检验检测等领域开展合作，共同推动汽车产业发展。

（鹤　梅）

【大同航空动力公司首台标准工程样机点火启动】2018年9月28日，大同航空动力有限公司首台DT40标准工程样机，在发动机拉力测试台架点火启动。所有技术指标达到设计要求，正常运转，标志着国产发动机零部件的串装测试阶段开始。大同市委副书记、市长武宏文到现场办公。

大同航空动力有限公司主要生产80～140马力的活塞式航空发动机，产品主要适用于防务、民用航空及非航空领域，开展解决中国该动力范围内无国产航空发动机可配套的问题，以填补国内空白。在公司过渡厂房，武宏文询问航空发动机零部件的材质、技术性能、市场应用等情况。与大同航空动力公司比利时合作方董事长、机械工程师皮特，及比利时发动机控制系统专家汉斯交谈，希望他们给大同相关部门举办讲座，普及发动机相关知识，以认识先行助力大同航空产业发展。武宏文到航空产业园，实地察看园区建设情况，指出航空发动机是技术密集和高附加值的高科技产品，要加快项目实施，提升企业科技创新能力，加快推进产业园区相关工作，确保项目尽快入驻园区，让“大同制造”航空发动机飞上蓝天，给大同市通用航空产业发展提供动力。

（鹤　梅）

【国内首台永磁直驱电力机车下线】2018年11月1日，拥有完全自主知识产权的永磁直驱大功率交流传动电力机车在中车大同电力机车有限公司下线，该款机车是全国首次采用永磁和直驱技术的大功率交流传动电力机车，总功率7200千瓦，装用6台大功率永磁同步牵引电机，以空心轴挠性板联轴器作为转向架驱动结构，实现整体“钢性”联结，避免齿轮箱油污、橡胶等处理不当造成环境损害。该机车较其他交流电力机车产品噪声降低15%以上。增强运行效能，机车效率从85%提高至88%以上，每小时节约电能200千瓦时。永磁直驱电力机车取消传统的传动齿轮箱，能有效降低机械能耗损失，驱动系统部件维护周期200万余千米。（经信委）

【航空业办学培训】2018年11月18日，山西省体育局、大同市政府、北京广慧金通公司3家签订山西通用航空职业技术学院合作共建协议，面向全国招收普通高中毕业生，学制三年；探索面向全省招收中职毕业生，学制三年，实施专科层次高等职业教育；面向省内招收初中毕业生，学制五年，实施五年一贯制高等职业教育。除全日制学历教育外，面向全国航空行业在职人员开展学历继续教育和非学历教育培训，开展成人函授、自学助考、开放远程教育（网络教育）等成人学历教育；面向航空行业专业技术管理人员和服务人员开展业务知识和技能培训；面向社会，开展建设职业技能鉴定。学院设置飞行训练、通航机电与电子设备维修、通航乘务与物流管理、通航机场运行管理等专业，打造融教学、培训、职业技能鉴定、生产和技术研发为一体的现代化校内实训基地。该学院一期办学规模3000人，远期办学规模6000人，社会培训2000人。该项目选址在御河东路与多晶硅路交汇处东南（下泉村南），占地37.08公顷，投资147695万元。主要建设内容有：教学楼、行政办公楼、体育馆、图书馆等建筑，分为两期建设，第一期主要以行政办公楼、实验楼、教学楼、会堂为主，约11.9万平方米；二期主要以实训车间、体育馆、院系科研楼为主，约11.4万平方米。（市金融办）

【首届无人机航测技术发展与应用交流会】2018年11月18日，大同市首届无人机航测技术发展与应用交流会召开，全国及省内的多位航测专家和企业参加交流会。

这次交流会由山西万鼎工程勘测设计有限公司主办，市勘察测绘院以及省煤炭地质115勘查院共同承办。无人机航测是传统航空摄影测量手段的补充，具有机动灵活、高效快速、精细准确、作业成本低、适用范围广、生产周期短等特点，特别是在小区域和飞行困难地区高分辨率影像快速获取方面具有优势。无人机航拍应用于国家重大工程建设、灾害应急与处理等方面，尤其在基础测绘、土地资源调查监测和应急救灾测绘数据获取等方面。会上，中国遥感委员会秘书长朱博勤、中国空网CEO黄慧敏分别演讲授课《无人机平台与无人机遥感》《中国空网让无人机航测更安全》，省煤炭地质115勘查院负责人及来自

省内无人机各个领域的专家学者演讲。（鹤 梅）

【北航蜜蜂飞机制造项目在大同落户】 2018年12月3日，大同市政府与北京长鹰蜜蜂科技有限公司签订北航蜜蜂飞机制造项目合作协议。市委副书记、市长武宏文，大同大学校长冯锋，北京航空航天大学副校长、中科院院士房建成，北京航空航天大学资产经营公司董事长、总经理张广，北航长鹰科技有限公司董事长刘德生，北航蜜蜂飞机创始人、教授胡继忠等见证签约。副市长荆虎与北京长鹰蜜蜂科技有限公司有关负责人签订项目合作协议。协议规定，双方在大同共同开展蜜蜂飞机的制造、销售和运营。签订蜜蜂飞机项目契合大同市发展通航产业思路，通过与北航的携手合作，在航空制造、旅游、消防应急救援等方面，开拓产业发展视野，提升大同通航产业发展的速度与质量。（鹤 梅）

【重型汽车产业链“百亿工程”启动】 2018年12月11日，大同市启动2019年重型汽车产业链“百亿工程”，陕汽大同专用汽车有限公司与山西北宇专用车有限公司签订战略合作协议。市委副书记、市长武宏文，副市长荆虎等见证签约。陕汽和北宇公司均是大同市重点汽车制造企业，有长期业务合作关系。为发挥汽车产业集聚效应，促进产业链上下游优势互动，推动全市汽车制造产业协同发展，加速新能源商用车项目落地，两家企业签署战略合作协议，发挥各自优势，在半挂车、专用车、新能源汽车等领域及产业协同发展方面展开合作，助力推进大同能源革命。（鹤 梅）

冶金工业

【概况】 2018年，大同市冶金行业企业户数21户，行业总资产64.3亿元，增加值7.6亿元，销售收入19.2亿元。其中，增加值占全市GDP 0.6%，占全市工业增加值2.3%。主要产品有：生铁、钢坯、建材、金属镁及系列产品、硅锰合金等。其中，生铁、钢坯产能110万吨，钢材产能60万吨，金属镁3万吨，镁及镁合金压铸件150万件，硅锰合金产能25万吨。

（经信委运行科）

【晋银矿业】 山西煤炭运销集团大同晋银矿业有限公司注册资本14260万元，该公司由山西煤炭运销集团有限公司、大同市国资委、中国冶金勘查总局三局、灵丘县白银公司、鑫达金银开发中心共同参股组建，主要经营银矿开采和银、铅、锌硫矿石及其精粉加工销售。2018年采矿石19.12万吨，选矿石19.19万吨，生产铅精粉3957.57吨（含量银19.07吨）、锌精粉1993.96吨，销售铅精粉3957.57吨、锌精粉1993.96吨，销售收入9809万元。

（经信委运行科）

【钢铁技改项目】 2018年1月3日，同煤天建钢铁公司投资1.3亿元建成投产轧钢生产线。大修1号高炉，于9月30日点火生产。投资1000万余元，完成转炉一次除尘、烧结机密封、环冷机密封改造。投资4000万余元，启动建设高炉BPRT、煤气发电等节能项目。全年生产钢坯68.89万吨，同比增加33.59万吨，增长95.15%；生铁61.79万吨，同比增加26.89万吨，增长77.04%；轧材5.23万吨。

（经信委运行科）

化学工业

【概况】 2018年，大同市化学工业行业企业户数22户，行业总资产45.5亿元，增加值5.5亿元，销售收入19.8亿元，增加值占全市GDP 0.4%，占全市规上工业增加值1.7%。主要产品有甲醇、氯丁橡胶、活性炭等。

广灵县同德精华化工有限公司 广灵县同德精华化工有限公司是全国民爆行业龙头企业、山西民爆第一股——山西同德化工股份有限公司的控股子公司。属所有制性质其他有限责任公司，该公司有胶状乳化炸药、粉状乳化炸药和多孔粒状铵油炸药全连续自动化生产线，年安全生产许可能力2.4万吨，总资产2.9亿元。年内，工业炸药累计生产1.85万吨，比上年增长14.47%。其中，粉状乳化炸药1.28万吨，胶状乳化炸药5728吨。销售工业炸药1.82万吨，比上年增长9.62%。其中，粉状乳化炸药1.25万吨，胶状乳化炸药5670吨。销售收入1.16亿元，比上年增长8.97%。利润-642万元，上缴税金2022万元，比上年增长25%。应收账款1460万元，货款回收1344万元。炸药产品库存400吨。

（经信委运行科）

【氯丁橡胶脱瓶颈产能提升项目】 山纳合成橡胶集团有限责任公司，是中国化工集团公司中国蓝星（集团）股份有限公司旗下企业，中国化工集团公司的三级公司。2018年，该公司发挥装置潜能，实施脱瓶颈产能提升技术改造，改造关键生产装置反应车间、合成车间、聚合车间、橡胶车间相关设施，提升氯丁橡胶总体产能。8月技术改造完成反应、合成、橡胶车间并投入试运行；12月技改完成聚合车间并投入运行。两项目总投资1426万元，全部达产后增加氯丁橡胶产品销售收入1.5亿元。（经信委）

【同煤集团化工厂技改革新】 2018年，同煤集团化工厂实施完成氨基苦味酸钠制造DDNP工艺研发，煤矿许用导索人机隔离连续化生产技改研发，半秒导爆管雷管生产技术改进3个立项科研项目。改进脚线注塑PVC代替高压聚乙稀、刚性引火元件蘸药头工序冰箱降温循环使用工艺，改进导爆管一体机控制系统等27项技改革新工作。投入200万元，改造脱硫除尘系统。新系统建成后，实现烟尘排放经布袋除尘和水浴除尘双个系统过滤，排放指标满足山西省排放标准（国标低于省标）。投入10万元，新建乳化炸药液铵废水收集复用系统，新系统投用后，实现炸药生产过程中清洗设备设施产生的硝铵废水统一回收复用，节约成本，达到环保目标。同煤集团部署指标为二氧化硫控制量128.8吨/年，氮氧化物控制量28.4吨/年，烟尘达标排放；COD（化学需氧量）控制量8吨/年，氨氮控制量0.6吨/年。该厂技改后二氧化硫控制量128吨/年，氮氧化物控制量28吨/年，COD控制量7.8吨/年，氨氮控制量0.52吨/年，烟尘实现达标排放。加大安全投入，提升安全保障能力。投资10万元，改造四车间210、211工房雷管抗爆间室。投资15万元，实施炸药生产线液体硝酸铵生产系统改造，取消硝酸铵制备生产环节，降低生产线在线人员。投资8万元，技术改造5座库房安防系统。　　（同煤集团）

【高岭土化工环保改造】　2018年5月14日至7月25日，大同煤业金宇高岭土化工有限公司创新工作室组织开展提产1万吨技术改造、5R4119型雷蒙磨梅花架改造、煅烧系统改造、离心泵加真空罐的应用改造、雷蒙磨磨辊装置压盖锁套改造。加强环境督查治理，破碎车间和皮带运输栈桥实行全封闭建设，破碎工段、粗破工段、打散工段、干燥工段、煅烧工段配备旋风收尘器和袋式收尘器136台，收尘布袋13832条，收尘面积1.52万平方米，使粉尘达标排放。更换布袋11292条。全年高岭土总产量5.32万吨，销售量4.31万吨，销售收入7092.24万元。　　（同煤集团）

医药工业

【概况】　2018年，大同市有药品生产企业22家。其中，制剂企业17家，中药饮片企业1家，辅料企业1家，医用氧企业3家，共有1836个药品批准文号。涵盖血液制品、小容量注射剂、大容量注射剂、冻干粉针剂、原料药、片剂、硬胶囊剂、颗粒剂等10余种常规剂型，建有140余条生产线（全部通过新修订GMP认证），全年全市医药工业产值93.4亿元，销售收入83.9亿元，企业年产值40亿元以上1家，10亿～20亿元1家，5亿～10亿元2家，1亿～5亿元6家。

同药集团有限公司　同药集团有限公司旗下有5家控股子公司（山西同达药业有限公司、同药集团大同制药有限公司、山西威奇达光明制药有限公司、山西福源药业有限责任公司、大同林芝堂药店连锁有限责任公司），集研发、生产、销售、商贸为一体。同药集团有限公司3家制药企业，位于大同经济技术开发区第一医药工业园区内，占地24.4公顷，建有符合国家药品GMP标准的31条生产线。制药企业拥有生物制剂、冻干粉剂、水针剂、片剂、胶囊剂、颗粒剂、栓剂、散剂、糖浆剂、丸剂（蜜丸、水丸、浓缩丸）、中药饮片、中药提取等剂型，307个批准文号。年产能力片剂60亿片、胶囊剂15亿粒、颗粒剂5亿袋、栓剂1亿粒、原料药100吨、小容量注射剂1亿支、冻干粉针剂5000万支、生物制剂1500万支、中成药制剂10亿（粒、袋、丸）、中药提取600吨、中药饮片500吨。同药集团有限公司物流配送基地——山西福源药业，按照国家新版GSP要求建设。是大同市政府唯一签定应急情况药品储备调用单位。同药集团生产基地打造绿色能源、生态环保式新型企业，实施“金太阳示范项目”工程，成为省内唯一一家利用太阳能光伏发电的制药企业，形成人文、科技、绿色、环保的园林式企业。2018年，同药集团有限公司营业收入15亿元，比上年增长25%；利税8630万元，比上年增长21%。其中，三家制药企业工业产值8.17亿元，比上年增长46%；销售收入7.6亿元，比上年增长37%。该公司主要产品有口服抗生素类、生物制剂类、中成药制剂类，主要产品产量累计同比增长21%。各类主要产品销售量同比增长17%。截至2018年年底，同药集团有限公司一期药物临床试验基地项目临床试验病房装修完成，安装调试设备仪器，建立临床基地组织机构。培训配置人员，试运行。中药破壁饮片生产线建设项目完成生产线改造及设备安装，研究及复核5个破壁饮片质量和工艺标准。高端口服控缓释制剂研发项目，研究2个产品的处方、小试工艺，完成其中1个产品中试工艺研究及验证、临床样品生产、生物等效性临床试验、产品稳定性试验。仿制药一致性评价工作涉及集团31个品种，开展5个品种研究。其中，4个品种开展BE实验，1个品种完成申报。同药集团有限公司拥有生物制药院士工作站1个、高新技术企业3家、省级企业技术中心2个、市级企业技术中心2个、市级工程技术中心1个，山西省中药学研究生教育创新中心1个。拥有发明专利9项，实用新型专利26项，注册商标98件，省著名商标4个，省品牌产品6个。2家被山西省评为“专精特新中小企业”，2家被山西省评为“四新中小企业”，获国家火炬特色产业基地优秀民营科技企业奖、山西省五一劳动奖状，大同市优秀企业等。

国药集团威奇达药业有限公司　国药集团威奇达药业有限公司是上海现代制药股份有限公司的全资子公司，位于山西省大同市经济技术开发区第一医药园区，占地面积45.87公顷，总资产48.21亿元。主要产品为头孢类医药中间体、原料药、粉针剂及克拉维酸医药原料药；旗下控股国药集团大同威奇达中抗制药有限公司，位于山西省大同市经济技术开发区第二医药园区，占地面积42.47公顷，总资产28.79亿元。主要产品为青霉素类医药中间体、原料药、口服固体制剂和粉针剂。位于第一医药园区的国药威奇达设计产能7-AC A1800吨、头孢类粗品和口服原料药2000吨、头孢类无菌原料药600吨、克拉维酸纯粉600吨。位于第二医药园区的威奇达中抗制药设计产能6-APA 1万吨、阿莫西林原料药1万吨、青霉素无菌原料药500吨、青霉素粉针制剂5000万支、口服固体制剂15亿粒/袋。该公司拥有7-ACA、6-APA及D-7ACA抗生素三大母核生产能力，并形成生产头孢类、青霉素类从基础原料到终端制剂的完整产业链，产品在国内外市场具有竞争力。2018年，该公司工业总产值50.03亿元，同比增长24.13%；营业收入41.45亿元，同比增长31.34%；利润3.06亿元，同比增长133.10%；利税总额4.95亿元；出口创汇2.47亿美元，同比增长26.27%。主要产品产量为：7-ACA 1512吨，克拉维酸钾482吨，头孢曲松粗品483吨，6-APA 9207吨，阿莫西林4944吨。主要产品销量为：7-ACA1445吨，克拉维酸钾1079吨，头孢曲松粗品355吨，6-APA7154吨，阿莫西林5065吨。主要产品库存为：7-ACA192吨，克拉维酸钾143吨，头孢曲松粗品 36 吨，6–APA1497 吨，阿莫西林 101 吨。主要产品产能利用率为：7–ACA96.65%，克拉维酸钾 80.4%，头孢曲松粗品 49.83%，6–APA83.37%，阿莫西林 49.44%。

大同同星抗生素有限责任公司

大同同星抗生素有限责任公司是一家生产抗生素原料药的股份制企业，注册资本 1120 万元。是大同市重点生产骨干企业之一，也是山西省千家生产骨干企业之一。有职工 420 余人，其中研究生、本科生、大专生等各类专业技术人员 117 人，占全公司人员 28%。作为原料药生产企业，该公司在环境保护方面早投入、快投入，先后投入资金 4800 余万元，采用国际国内环保新工艺、新技术、新设备，综合治理声、渣、水、气，在全国抗生素原料药行业实现环保综合治理目标。2018 年，土霉素年初价格 76131 元 / 吨，前半年价格基本稳定，8 月底，因个别土霉素厂家停产，市场供应紧缺，价格不断上扬，11 月底，市场价格直线回落，12 月价格甚至低于年初价格。该公司全年生产土霉素碱 3190.06 吨，产值 2.4 亿元，销售量 2688.78 吨，销售收入 2.02 亿元，库存 530 余吨。利税 6218.88 万元，利润总额 3902.11 万元，货款回款率 100%。该公司 2018 年取得欧洲药品质量管理局颁发的 CEP 证书。通过清洁生产认证和 ISO14001 环境管理体系认证及能源管理体系认证。该公司被城区政府授予非公有制经济“功臣企业”称号。历年被山西省环保局评价为环境行为影响“蓝色”等级单位，被大同市纪检委授予“重点保护企业”称号，被山西省环境保护厅评为“企业环境监督员制度试点工作优秀单位”，被山西省中小企业局授予“山西省专精特新中小企业”称号，被大同市城区政府和大同市人民政府评为“先进集体”“模范单位”。并成为中国国际制药工业环保发展论坛绿色制药倡议首批发起单位之一。

（赵志勇 经信委运行科）

【特药监管】 2018 年，大同市有特殊药品生产企业 4 家、麻醉药品和第一类精神药品区域性批发企业 1 家（山西福源药业有限责任公司）、第二类精神药品批发企业 11 家。年内，开展第二类精神药品生产经营企业专项检查 2 次。现场重点检查特殊药品管理制度制定执行情况、特殊药品库安全设施是否存在隐患、特殊药品购销渠道是否正规、各项记录是否真实完整等，要求从业人员学习相关法律法规，提高特殊药品管理能力。监督检查未发现企业存在严重缺陷和问题，企业存在的一般缺陷问题均完成整改。

（孙 峰）

【黄芪中药制剂现代化生产线技术改造项目】 2018 年，同药集团大同制药有限公司为发挥中药生产有利条件，适应新形势下企业生存和发展需求，提高公司经营效益，决定建设中药破壁饮片生产线项目——黄芪中药制剂现代化生产线技术改造项目，该项目位于大同经济技术开发区第一医药工业园区。建设中药制剂车间 1 座，建筑面积 2.32 万平方米。年产北芪片 1000 万片；黄芪、党参细胞破壁饮片 1300 万袋；蜜丸剂 1000 万粒；水丸剂 1140 万袋；胶囊剂 7800 万粒。

（经信委）

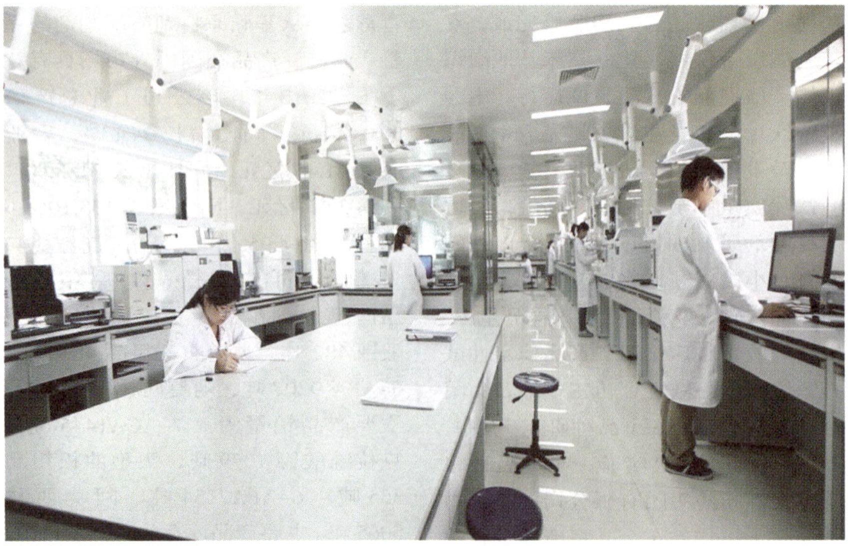

▲同药集团生物制药院士工作站（赵志勇 摄）

【药法宣传培训】 2018 年，大同市举办《中华人民共和国药品管理法》《中华人民共和国疫苗管理法》（简称《药品法》《疫苗法》）大型宣传活动 5 次，发放宣传资料 1 万余份，制作宣传视频 9 条，向社会宣传《药品法》《疫苗法》，普及法律知识，提高群众懂法守法意识，鼓励群众参与中药饮片质量的监管，投诉举报制假售假等违法违规行为，扩大社会监督面。组织召开 2 次中药饮片零售企业和使用单位主要负责人培训会议，重点培训《药品法》中的“法律责任”部分，提高主体责任人的守法意识和责任意识。

（孙 峰）

【同药集团生物制药院士工作站成立】 2018 年 4 月，同药集团生物制药院士工作站经省政府批复成立，由同药集团与中科院院士高福团队、山西大同大学共同创建，总投资 2.54 亿元。其中，用于实验室改扩建、试验中试车间建设、实验设备仪器采购和日常运营费用 4400 万元，用于研发肿瘤抗体药物（PD–1）费用 2.1 亿元。实验室和中试车间使用面积 2500 余平方米，主要设备仪器 80 余台套。团队成员 35 人。院士工作站主要研发高端生物医药、研究新药临床、建设成果转化创新技术平台等。

（经信委）

建材工业

【概况】 2018 年，大同市建材工业企业户数 25 户，行业总资产 75.2 亿元，增加值 18.9 亿元，实现销售收入 53.9 亿元。其中，增加值占全市 GDP 总量 1.5%，占全市工业增加值 5.6%。产品以水泥生产为主，还有石材、新型墙材等。全年，水泥产量492.2万吨。

（经信委运行科）

【金隅冀东大同公司与山西大同大学校企合作】 2018年7月，金隅冀东大同公司与山西大同大学开展校企合作，签订《校企合作框架协议》，并与化学工程学院、机电工程学院等开展课题研究和人才共享工程。2018年，金隅冀东大同公司累计熟料产量238.47万吨，水泥产量210.58万吨，熟料销量74.56万吨，水泥销量210.16万吨，营业收入7.29亿元，利润总额1.35亿元，同比增长116%，工业总产值7.44亿元，工业增加值2.55亿元，上缴税费6507.7万元。该次合作是大同大学首次与建材行业校企合作，该公司干部个人出资向大同大学捐赠助学金4万元，帮助贫困大学生完成学业。（金隅冀东大同公司）

【耐火材料民营企业产学研实践基地揭牌】 2018年12月12日，山西大同大学云宝耐火材料有限公司、山西大同大学东昌实业有限公司产学研实践基地揭牌仪式在大同市左云县云宝耐火材料有限公司、大同市左云县东昌实业有限公司举行。大同大学、左云县有关领导、左云县云宝耐火材料有限公司、大同市左云县东昌实业有限公司负责人等出席。大同大学与左云县两家民营企业合作共建"产学研实践基地"，是大同大学加大校企合作与产学研实践力度，履行服务地方经济社会发展和支持民营经济发展责任担当的举措，是落实厅市共建的内容，弥补左云县民营企业长期以来存在的产品科技含量不高、研发不够等发展瓶颈问题。（冀　敏）

新材料工业

【概况】 2018年，大同市科技工业企业发展势头好，部分重点企业增长势头强，实现"翻番"增长。重点企业中，大同宇林德石墨设备股份有限公司产值10.2亿元，同比增长7.1倍；大同新成新材料股份有限公司产值4.7亿元，同比增长117%；山西晋投玄武岩开发有限公司产值6100万元，同比增长115%。主导产品有石墨及碳素制品、玄武岩纤维制品等。年内，中国玄武岩纤维制品十大品牌评选中，山西晋投玄武岩开发有限公司的"晋投"品牌获第四名。

山西晋投玄武岩开发有限公司　年内，山西晋投玄武岩开发有限公司生产原丝1156吨，无捻纱118吨，短纤维878吨，型材47.38千米，织布2.96万平方米。销售收入2522.82万元，占全年任务42.05%，比上年增长23.06%；利润600.87万元，是全年任务的2倍，是上年的14.7倍。年内，该公司玄武岩纤维型材从全省348个参赛项目中脱颖而出，获大赛二等奖；受邀参加由山西省委省政府、省军区主办的"山西省军民融合科技成果交易洽谈会"；邀请底特律汽车公司总裁，埃塞俄比亚埃扎纳矿业开发公司董事长、总经理及相关技术人员，卡塔尔太阳能公司董事长，加拿大道能科技公司技术总监到公司考察，商谈玄武岩纤维在汽车、光伏、市政工程及智能光伏道路等领域合作事宜；参加四川省政府主办的"2018中国（四川）先进材料产业推进会"、中国玄武岩纤维协会年会、"第14届上海外墙装饰材料及粘结技术展览会"，集中展示与宣传公司和产品性能。中国化学纤维工业协会把该公司玄武岩型材列入《军民融合深度发展纤维新材料与产品推荐目录（2018年度）》中。年内，申报3项发明专利和9项实用新型专利。推进《纤维增强复合材料工程应用技术规范》《纤维混凝土结构技术规程》《玄武岩纤维复合材料管道及管件》《玄武岩纤维在沥青混凝土路面中的应用技术规范》4项国标修订工作，参与山西省工程建设地方标准《玄武岩纤维增强混凝土技术标准》修订。在国家建筑工程质量监督检验中心、南京玻璃纤维研究设计院质检中心、大同市质量技术监督检验测试所、山西宏泽工程检测有限公司完成玄武岩沥青短纤维、玄武岩水泥短纤维、玄武岩纤维复合筋、玄武岩土工格栅、玄武岩岩棉等产品性能检测，形成检测报告8份，添补多项行业空白。推动玄武岩系列材料在国防、人防工程领域应用，整合"院士工作站"和"北京研发中心"两个机构，项目设计方案通过军事科学院国防工程研究院审核，国防工程研究院在北京召开"玄武岩纤维及复合材料技术应用专题研讨会"，军地多名技术专家专题研讨玄武岩纤维及其复合材料在国防及濒海工程中的应用，提供试验方向和借鉴。与山西某军工企业达成合作生产1700套玄武岩纤维制火箭弹包装箱初步意向。与同济大学合作在中南大学开展"玄武岩纤维型材高铁护栏风洞试验"并成功。与航天42所合作开展浸润

▲山西晋投玄武岩开发有限公司复合筋成型车间　（陈旭东　摄）

剂改性研究。围绕防腐领域如岛礁建设和生态修复领域，开展耐化学腐蚀性优，兼顾力学性能树脂研究；围绕高铁护栏，开展力学性能优，兼顾耐腐蚀、耐碱性良好，收缩性小树脂研究；围绕地铁隧道和城市管廊等项目，开展耐高温兼顾耐磨性树脂研究；围绕太阳能支架，开展性价比高，兼顾通用性树脂研究。全年，该公司落实扶持资金6188万元。其中，向省人社厅申请院士工作站建站津贴35万元；大同市政府奖励1880万元（金额位列全市企业第2位）；办理增值税留抵返还，金额1906万元（是大同市唯一一家办理增值税留抵返还业务的企业）；大同县政府扶持资金30万元；大同市总工会扶持资金3万元；与省经信厅对接、沟通和汇报申报岩棉项目技改扶持资金事宜，12月27日项目通过审核，给予公司2319万元技改资金。（葛建秀）

【石墨电极生产线项目投产】 2018年4月16日，大同宇林德石墨设备股份有限公司年产5万吨直径600毫米及以上超高功率石墨电极生产线项目开工建设，总投资2.4亿元。项目总建筑面积2万平方米，包括石油焦库、煅烧车间、煅烧焦库、针状焦库、中碎配料系统、混捏系统、沥青熔化系统、供热系统、压型车间、焙烧浸渍车间、除尘系统、产品检验系统和成品库。12月26日，超高功率石墨电极生产线项目正式投产。此项目填补国内直径600毫米以上超高功率石墨电极空白，改变该产品长期依赖进口的历史。（经信委）

【山西碳素产业可持续发展国际学术研讨会在大同召开】 2018年5月11日，山西碳素产业可持续发展国际学术研讨会在大同大学召开，来自全国的石墨、碳素企业相关人士共同探索石墨、炭素产业发展方向，寻找突破路径。

石墨材料是战略性新兴产业的重要组成部分。大同市新荣区石墨资源丰富，境内有两条石墨矿床带。根据省国土资源厅发布的新荣区石墨矿普查地质报告和业内专家推测，该矿区石墨资源储量5200余万吨。会议主办方之一山西省石墨烯功能材料工程技术研究中心是依托大同大学炭材料研究所建立的全省重要的专业化石墨烯研究平台，该中心一直致力于新型碳素材料的研制、开发、推广和应用。该会议让更多的碳素企业了解碳素产业的最新发展方向和相关国家产业政策及发展规划，搭建起产、学、研、用联合攻关科技创新平台。（莫 俪）

【山西省石墨烯技术应用院士专家工作站在大同揭牌】 2018年7月4日，山西省石墨烯技术应用院士工作站在山西大同大学慎思楼学术报告厅举行。院士工作站的落地，是厅市共建山西大同大学的标志性成果。林业专家、中国工程院院士尹伟伦，大同市副市长郭蕾，省科协科技传播中心、校领导，山西省、大同市市县（区）相关部门领导等出席揭牌仪式。院士工作站在尹伟伦指导带动下，重点突破石墨烯增效复合肥的理论和应用技术，结合大同大学科技优势、大同天然石墨矿的资源优势和山西省碳素产业优势，针对山西省该领域发展和国民经济、社会发展中的重大科技问题，在石墨烯产业化应用方面开展创新性研究，并对新的石墨烯功能材料领域进行学科前沿探索和积累，获取关键技术和自主知识产权。（冀 敏）

食品工业

【概况】 2018年，大同市食品工业产值13.2亿元，同比下降13%。重点企业有，山西塞北红食品有限公司、华润雪花啤酒（中国）有限公司大同分公司、大同市绿苑饮品有限责任公司、大同县玉鑫农牧资源开发有限公司、大同市牧同乳业有限公司等。主导产品有饮料、白酒、乳制品等。全市规上食品企业生产各类饮料5.6万吨、白酒115.7万升、乳制品2.8万吨。

华润雪花啤酒（中国）有限公司大同分公司 年内，华润雪花啤酒（中国）有限公司大同分公司自产酒产量0.48亿升，营业收入1.98亿元，营业成本1.4亿元，营业利润-1371.82亿元，资产总额1.8亿元，负债总额2.58亿元，实际纳税0.28亿元。年内，该公司设备改造洗瓶机、光检机、杀菌机等，提升中基层管理人员与操作工技能，采取效率专项激励方案等举措，提升工厂设备效率、时间利用率、良品率，达成OEE目标。OEE完成83.6%，与目标比提升3.6%，较上年提升5%。通过用工配置达标，优化工厂生产组织，加强考勤及加班管理，监督现场劳务用工管理，控制用工人数，提升人均效率。

山西塞北红食品有限公司 山西塞北红食品有限公司总资产4亿元，主要产品有番茄酱、番茄调味酱、

▲华润雪花啤酒（大同）有限公司自动化包装生产线（王 林 摄）

工业建筑业

番茄沙司、番茄汁饮料、胡萝卜汁饮料。总体生产能力7万吨，引进德国果蔬浓缩生产设备，分装生产线采用国内先进生产设备。年内，山西塞北红食品有限公司产值6000万元，番茄酱类产品1.5万吨，饮料类产品2000吨，年末库存番茄酱类产品1000吨，饮料类产品500吨。酱类产品平均价格4000元/吨，饮料类产品平均价格5000元/吨。受国际经济疲弱影响，消费需求不旺，市场竞争压力大，该公司生产设备开工不足，产能利用率约30%。全年累计销售收入8000万元，利润550万元，税金50万元。应收账款1500万元，货款回收率81.25%。

（经信委运行科　葛建秀）

【荞麦制粉系项目技术改造】2018年，山西雁门清高食业有限责任公司依托当地荞麦资源，调整产品结构，实现产品升级，实施年产1500吨荞麦制粉系列产品技术改造项目。与山西省农科院、山西大学、山西省粮油科学研究所建立合作关系，为其项目实施提供技术支撑。荞麦制粉是通过机械力（剪切、挤压）把荞麦麦皮与胚乳分离，把胚乳磨碎成粉，经过15道工序筛理，获取符合不同质量的面粉。技改内容为新建苦荞粉生产线一条，改造甜荞粉生产线一条。购置和安装荞麦制粉机2套、苦荞脱壳设备1套。技术改造后，年产荞麦制粉系列产品1500吨。其中，原有产能为荞麦粉系列产品1000吨，扩建后新增苦荞芯粉350吨，苦荞韧皮粉150吨。

（雁门清高）

【浑源凉粉步入高铁销售时代】2018年1月22日，浑源凉粉列车行首发仪式在太原火车南站候车大厅举行，标志着浑源凉粉这一地方名优土特产品进入高铁站车销售渠道，省商务厅、大同市政府、太原铁路局有关领导参加首发仪式。

浑源凉粉与恒山悬空寺一样，都是浑源县地方名片。浑源凉粉主料由当地土豆淀粉制作而成，加上莲花豆、辣椒油、豆腐干等辅料，口感爽滑，筋道味美，多次走上央视荧屏，是省级非物质文化遗产。（范颖莲）

【全国黄花烘干设备实验对比演示会在大同举行】2018年3月22日至23日，大同县举办全国黄花烘干设备实验对比演示会暨烘干设备性能介绍会、黄花烘干技术研讨会。大同市委副书记刘振国出席演示会。会上，山西港旭、河南中联、山东迈创、湖南兴业等16家烘干设备企业现场演示各自的黄花烘干设备。与会人员现场对比这些设备的烘干效果，围绕黄花烘干设备的价格、效率、环保等内容展开研讨，并就提高黄花烘干设备的技术研发，提升大同干黄花菜品质，建立规模化、机械化的高标准黄花种植示范区，推进大同县黄花产业发展等内容提出建议。（蕙　兰）

建筑业

【概况】2018年，大同市建筑业总产值115.3亿元，同比增长7.4%。建筑业企业资质申报二级升一级1家，三级升二级4家，新办10家，增项4家。组织3个检查组监督检查全市11个县（区）建筑市场监管情况，双随机核查8家建筑业企业、2家监理企业、10家勘察设计企业、3家图审机构，建筑市场监管公共服务平台信息上报率、准确率及处罚信息上报率均100%。全年受理项目报建288项，投资总额549.95亿元，公开招标率100%。招标代理合同备案25家代理机构113个代理项目。其中，市内代理公司8家54项，省内代理公司14家52项，省外代理公司3家7项。自取消招标代理机构资格以来，有13家新成立的招标代理机构完成信息报送。

年内，全市新建、改造城市道路119.1千米，超额完成年度目标任务。其中，市住建委新建、续建道路桥梁工程69项，道路建设83.6千米；市市政管委会道路建设18.5千米；各县（区）道路建设17千米。基础设施投资61.71亿元。其中，市住建委和各县（区）基础设施投资47.81亿元，市市政管委会基础设施投资13.9亿元。大同市实施高铁站北广场综合枢纽建设项目（附属地下综合管廊工程）和南中环快速化改造工程（附属地下综合管廊工程）两段综合管廊，开工建设总里程1600米，总投资0.98亿元。其中，高铁站广场配套综合管廊918米，南中环快速化改造工程配套管廊682米。大同市列入海绵城市建设项目21项。其中，3项完工，12项开工建设，5项工程办理前期手续。按照2018年海绵城市目标任务要求，建成区154平方千米，应完成18.5平方千米，实际开工建设18.7平方千米（含随项目工程同步实施项目）。推进传统建造模式向以工业化为主的装配式模式转型，打造2个装配式绿色建筑集成产业基地。其中泰瑞集团装配式绿色建筑集成产业基地占地66.67公顷，总投资20.15亿元，被评为山西省首批装配式建筑生产示范基地。全市装配式建筑项目29个，总建筑面积82.37万平方米，装配式建筑占新建建筑面积15%。全市完成1项科技计划项目，登记5项科技成果。年内，大同市落实上级资金12.12亿元。其中，危房改造补助资金2.46亿元，易地扶贫搬迁补助资金9.66亿元。山西省布置大同市农村困难家庭危房改造任务18456户，竣工18494户，竣工率100.2%，各县（区）全部完成年度目标任务，脱贫摘帽县农村四类重点对象实现住房安全保障目标。绿色村庄创建目标任务128个，完成全年任务。

年内，大同市住房和城乡建设委员会被省住建厅评为全省“建投工匠杯”建筑施工职业技能大赛最佳组织奖；委属2个站、办被评为省住房和城乡建设系统先进集体和省建筑业行业“工人先锋号”，3名党员干部被评为省住房和城乡建设系统先进工作者和省住建系统劳动模范。（赵晓有）

【审批服务改革】2018年，大同市住房和城乡建设委员会实行“一个窗口受理、一个窗口审核、一个窗口办结”一站式服务。实行属地管理，按照“能放尽放、责权一致、重心下移、属地为主”原则，自9

月1日起，建设项目施工许可、质量安全手续办理和日常监管，全部放权至各县（区），形成市级指导、分级负责，以县（区）为主、市区联动的项目手续办理和监管新机制。实施承诺制改革，在开发区建设项目、招商引资项目、政府类项目及重点工程范围内开展建筑工程施工许可审批改革。政府工程只要具备土地、规划、图审、招投标手续，施工许可和质监、安监手续合并办理，前置条件由法定8项优化减少为4项，下降50%。非国有企业投资项目，实施施工许可承诺制，出台《大同市企业投资项目承诺制改革建筑工程施工许可管理办法》，“施工场地具备施工条件”和“建设资金落实”2项前置条件采取容缺处置，前置条件由法定8项优化减少为6项，下降25%。审批时限由法定15天压缩为4天，缩短60%。（赵晓有）

【建筑工程安全管理】 2018年，大同市住房和城乡建设委员会开展春季复工大检查、工程质量安全大检查和起重机械、模架支撑、土方开挖分部分项工程防坍塌事故等9次专项整治，出动2000余人次，印发质量安全隐患整改通知书263份，排查整改各类隐患1356条，隐患整改率100%。全市申报评选省、市优良工程和结构优质工程21项，省、市安全文明标准化工地16项。全市房屋建筑和市政基础设施工程质量安全事故起数和死亡人数均为零，市区内建筑工地连续三年实现“零事故、零伤亡”目标。（赵晓有）

【建筑质量管理】 2018年，大同市建筑工程执行质量终身责任制，工程质量监督注册22项，竣工验收备案11项，全部执行“两书一牌一档”，工程质量监督覆盖率、竣工验收合格率、住宅工程分户验收率、“两书一牌一档”执行率均100%。有5个在建项目应用建筑信息模型（BIM）技术。高铁站项目、瑞城研发中心项目、大同二中实验楼项目、瑞兴大厦项目及御河观光1号、2号桥项目通过运用BIM技术优化设计、施工图纸，节省施工材料，提升工程整体效果。

（赵晓有）

【绿色建筑管理】 2018年，大同市新建建筑节能65%标准执行率为100%。从2015年起，大同市新建民用建筑执行绿色建筑设计标准，新建建筑中绿色建筑标准执行率100%，其中政府投资类公益性建筑及大型公共建筑绿色建筑标准执行率100%，绿色建筑集中示范区内新建建筑绿色标准执行率100%。新增高星级绿色建筑77.47万平方米，超额63.47万平方米。新建建筑中可再生能源应用比例82%，绿色建筑行动计划新增投资9.77亿元，超额7.37亿元，申报绿色建材评价标识8项，超额6项。（赵晓有）

【工程建设标准检查】 2018年，大同市住房和城乡建设委员会开展工程建设强制性标准检查，检查工程造价咨询企业12家，注册在造价咨询企业的造价工程师109人，占全市注册造价师总数42%，专职专业人员中具有中级以上职称181人。工程造价成果文件归档项目1851个，工程造价143.85亿元。受检工程造价咨询成果文件质量等级均在合格以上。（赵晓有）

【城建工程“秋冬大会战”誓师大会】 2018年10月1日，大同市城建工程“秋冬大会战”誓师大会在永泰门广场举行，再动员、再部署、再提速“城市提质行动”，奋力决战四季度。市委副书记、市长武宏文，市委副书记刘振国等参加誓师大会。誓师大会上，武宏文、刘振国等向城建系统“秋冬大会战”突击队授旗。市住建委、北京建工集团山西建设有限公司、市经建投公司等负责人表态发言，当好主力军、打好主动仗。（余　霞）

【永泰门广场主体结构封顶】 2018年6月28日，大同市永泰门广场主体结构顶板完成浇筑，标志着永泰门广场主体结构封顶。

永泰门广场项目位于大同古城南城门外，北起北都街，南至迎宾街，西至兴国寺街，东到永泰南路东侧路，东西两翼衔接古城墙遗址，总用地面积21.66公顷，由市政道路工程、游客中心建筑工程、中心广场及景观绿化工程三部分组成。永泰门广场主体结构顶板面积5.9万平方米，有62个浇筑段（包含57个流水段和5个连接桥）。最后一块顶板位于广场的西南角1200平方米，于27日开始浇筑，由于使用空心楼板，需分层浇筑，经过10余个小时，永泰门广场主体结构工程封顶。（翠　松）

商贸服务业

商贸流通

【概况】 2018年，大同市全社会消费品零售总额700亿元，比上年同期增长8.1%，增幅与上年同期相比回升0.6个百分点。其中，城镇和乡村分别597.1亿元和102.9亿元，分别比上年同期增长8.2%和7.6%。全市对外贸易进出口总额37.6亿元，同比增长52.5%，高于山西省整体增速34.7个百分点，占全年目标任务132.19%。其中，出口21.9亿元，同比增长20.2%；进口15.7亿元，同比增长1.4倍。贸易顺差6.2亿元。进出口总额位居全省第五，进出口增速位居全省第二。 （王 晟）

【批发零售业】 2018年，大同市社会消费品零售总额700亿元，较上年度增加8.1%。零售总额中城镇597.1亿元，乡村102.9亿元。按行业分，批发零售贸易业621亿元，住宿和餐饮业79亿元。限额以上批发业企业（年主营业务收入2000万元以上）46个，从业人员3025人；限额以上零售业企业（年主营业务收入500万元以上）214个，从业人员15752人。年内，大同市限额以上批发业企业46个，其中私营企业23个，国有与集体企业10个。按资本控股情况分，国有控股16个，私人控股26个。大同市限额以上零售业企业214个，私营114个，国有和集体9个。国有控股8个，私人控股126个。在零售业企业中，综合零售企业44个，其他专门零售企业中，汽车、摩托车零配件及燃料零售企业79个，家用电器及电子产品零售企业17个，食品、饮料及烟草制品专门零售企业18个，纺织、服装及日用品专门零售企业14个，医药及医疗器材专门零售企业12个。 （朱 乐）

【促销费活动】 2018年1月1日至3月1日，市商务局组织大润发、华林、老四通、沃尔玛、蚂蚁超市等10家企业，通过打折、让利、发积分卡、消费卡、赠送礼品，预存现金等形式，开展促销活动。4月1日至5月3日，市商务局在全市8家商贸服务企业开展2018全国消费促进月大同促销活动。大同市参加2018全国消费消费促进月活动的8家商贸服务企业累计销售26954.82万元，比上年同期增长6.2%。9月25日至11月30日，市商务局在全市5家商贸服务企业开展山西省“购物季”大同促销活动。大同市参加山西省“购物季”大同促销活动的5家商贸服务企业累计销售28013万元，比上年同期增长7.1%。为确保全市生活必需品市场有序供应和平稳运行，11月确定38家应急储备企业，承担突发公共事件的市场应急保障任务。 （王 晟）

【“三晋老字号”认定】 2018年，为推广宣传大同老字号品牌形象，提升全市老字号品牌在国内国际市场的知名度和竞争力，根据山西省商务厅关于《开展首批“三晋老字号”认定工作的通知》（晋商流通函〔2018〕5号）和《“三晋老字号”认定规范》（晋商流通〔2017〕257号）精神，1月11日，在《大同日报》刊发《申报通告》，启动此项工作。按照企业志愿报名、县（区）商务部门推荐、市商务局初审、市政府网站公示等程序确定：大同市积德益食品有限责任公司、大同市城区天艺昌工艺品厂、山西白老大食品有限公司、广灵县多堂剪纸文化产业园区有限公司、灵丘县田师傅食品厂、大同市老爷庙实业有限责任公司、山西大瑞食品加工有限公司、山西孙记包子餐饮有限责任公司、山西雁门清高实业有限责任公司、大同市城区贺老人羊杂魏都大道店、广灵青红剪纸艺术有限公司、山西东方物华农业科技有限责任公司、山西大山食品有限责任公司、大同市灵宇财金用品有限责任公司等16家企业为申报“三晋老字号”对象，推荐上报省商务厅。经初步评审认定山西雁门清高实业有限责任公司、大同市城区天艺昌工艺品厂、山西孙记包子餐饮有限责任公司、山西大瑞食品加工有限公司4家为“三晋老字号”。 （王 晟）

【汽车流通领域专项整治】 2018年6月8日，市商务局向各县（区）商务部门印发《关于进一步规范整顿汽车销售企业经营行为的通知》，在全市范围内开展为期一个月的规范整顿工作，并制定工作节点。（1）加大宣传力度。为学习宣传和贯彻实施好《汽车销售管理办法》（商务部令〔2017〕1号），规范汽车市场秩序，促进汽车市场健康发展，保护消费者的合法权益，8月28日，市商务局组织各县（区）商务主管部门及各汽车销售企业约120人，开展学习《汽车销售管理办法》及汽车流通领域安全培训，系统学习《汽车销售管理办法》，案例解剖企业经营过程中容易被忽视的违法违规行为，与企业互动，解答各类法律问题，增强企业法律意识。并单独培训商务部门在监管过程中如何认定企业经营行为是否违法，适用法律如何划分等。（2）加强信息交流。为解决与汽车销售企业之间信息交流不畅，政策传达和工作安排滞后问题，通过微信平台，建立包括各县（区）商务主管部门和各汽车销售企业100余人的“大同市汽车流通企业交流群”。（3）开展专项整治活动。8月中旬，市商务局制定并向各县（区）印发《大同市汽车流通领域专项整治方案》（同商函〔2018〕68号），该方案具体部署整治重点和时间节点，并提出工作目标及要求。根据各县（区）商务主管部门反馈的整治情况，全市检查58家汽车销售企业和3家二手车企业，除部分企业未按要求备案和报送信息外，没有其他违法违规行为。截至2018年年底，未备案的企业全部完成备案工作。

（王 晟）

粮食流通

【概况】 2018年，大同市粮食局组织申报粮食产后服务中心项目，建成阳高县和浑源县粮食产后服务中心，中央和省财政给予以奖代补资金418万元；加强县级粮食质量检验站建设，浑源县粮食质量检验站项目落地，落实中央和省财政资金150万元；完善市级粮食质量检验中心，落实项目建设市级配套资金和运行费资金260万元。组织实施智能化粮库升级改造工程，落实资金799.4万元。其中，中央和省财政资金541.7万元，市、县（区）财政配套资金217.7万元，企业自筹资金40万元。申报杂粮加工企业仓储设施建设项目，广灵县和灵丘县各落实一企业项目，落实省级财政资金200万元。落实山西省国家级军粮综合保障基地项目，编制山西省国家级军粮综合保障基地项目实施规划方案，并开展项目用地落实工作。落实中央和省财政资金1997.22万元，开展项目建设，扶持产业龙头企业，促进粮食产业转型发展。年内，在“山西小米”品牌建设推进会上，大同市广灵县企业山西东方物华农业科技有限公司和山西禾卓伟业农业科技有限公司被山西省粮食行业协会授予“山西小米”品牌和标识使用权。大同市军粮供应站被省粮食局评为2018年山西省粮安之星单位。

（牛志强）

【粮食产销战略合作框架协议签订】 2018年3月14日，大同市粮食局与河南省鹤壁市粮食局在大同签订《粮食产销战略合作框架协议书》。大同市粮食局领导班子成员和有关科室负责人，及鹤壁市粮食局有关负责人参加签字仪式。

大同市小杂粮资源丰富、品种多、质量优，作为居民主要口粮的小麦粉大部分由外省市调入。河南省鹤壁市是传统小麦生产城市，小麦产量大、质量好，小麦粉品质优良，和大同市粮食产销有互补性。《粮食产销战略合作框架协议书》主要内容涉及双方加强在粮食事业进步和粮油产业发展方面的合作，发挥各自特点优势，保障市场供应，满足不同层次粮食消费需求，推动两地粮食产业经济发展，促进双方产业化重点企业交流合作，提升双方粮食产业发展水平和粮食安全保障。

（牛志强）

【大同小米在首届全国小米食味品鉴会上上榜】 2018年5月20日，国家粮食和物资储备局、山西省人民政府共同启动2018年粮食科技活动周开幕。在开幕仪式上，举办首届全国小米食味品鉴会，以“小米擂台、口味说话”为主题，采用现场专家评选、市民品鉴、仪器分析结合方式打分评级全国各省推选的小米品种，由国家粮食和物资储备局科学研究院向全社会发布品鉴结果。大同市东方亮农业科技有限公司生产的“东方亮”小米和禾卓伟业农业科技有限公司生产的“晋灵香”小米在首届全国小米食味品鉴会上被评选为“2018年粮食科技活动周全国小米品鉴大会上榜产品”。

（牛志强）

【全市粮食生产功能区划定培训会】 2018年7月25日至26日，大同市粮食生产功能区划定工作推进培训会在阳高县召开。会议邀请山西省相关专家讲解粮食生产功能区划定政策和划定技术规程，并安排部署大同市粮食生产功能区划定工作。

会上，省遥感中心主任赵恒解读功能区划定的背景、政策，高级工程师陈敦善讲解总体任务、划定要求、支持政策、划定流程等。指出划定粮食生产功能区，落实划定任务，确保应划尽划，把划定任务逐级分解落实到乡村；严格划定标准，确保划优划准，按照划定技术规程的要求在永久基本农田内划定粮食生产功能区；加快工作进度，盯准时间节点，确保全市粮食生产功能区划定工作有序推进；加强基础设施建设，提高粮食生产功能区生产能力。

（鸦 梅）

【参加2018中国粮食交易会】 2018年8月18日至20日，由国家粮食和物资储备局组织的2018中国粮食交易会在黑龙江省哈尔滨举办，大同市粮食局组织全市11家企业参加，展示产品100余个品种。在粮食交易会期间，大同市9家企业通过国家粮食交易平台发布供需信息，成交粮油产品10080.7吨，成交额1940.3万元，其中玉米成交量1万吨，成交量1860万元。

（牛志强）

【世界粮食日和粮食安全系列宣传活动】 2018年10月16日至21日，大同市粮食局与市农业局、市教育局、市科技局、市妇联围绕“努力实现零饥饿”和“端牢国人饭碗，保障粮食安全”主题，在全市开展世界粮食日和粮食安全系列宣传活动。10月16日，在大同市泉优粮油专卖店门前举办全市系列宣传活动启动仪式，市粮食局、市农业局、市教育局、市科技局、市妇联、市国资委等部门的有关领导参加仪式。在仪式上发布大同市市情粮情，发放宣传资料，宣传大同优质杂粮产品和“山西小米”产品。组织大走访调研活动，组织两个调研组分别到广灵县和天镇县农村走访农民，了解粮情民情，宣传粮食科技知识，梳理13条意见建议。组织开展粮食安全宣传进军营和进校园活动，向驻大同部队官兵开展宣传。在大同市一职中、平城区第二十九校举办“粮食

▲ 2018 年 10 月 18 日，大同市粮食局组织调研组到广灵县农村走访农民，了解粮情民情，宣传粮食科技知识　　（牛志强　摄）

安全主题班会”，开展粮食安全宣讲。（牛志强）

供销合作

【概况】 2018 年，大同市供销社系统商品购进总额 48.53 亿元，同比增长 20.7%，销售总额 50.30 亿元，同比增长 16.5%。农副产品购进总额 5.77 亿元，同比增长 7.8%，再生资源购进 8.62 亿元，同比增长 3.9%，日用消费品零售额 17.43 亿元，同比增长 4.6%，农资供应额 3.09 亿元，同比增长 11.9%，全系统实现利润总额 1425.4 万元，同比增长 20.1%，所有者权益 13671.7 万元，同比增长 12.9%。年内，大同市供销社在山西省供销社系统 2018 年度综合绩效考核评比中获一等奖，灵丘县上寨供销社被人社部和全国供销总社评为“全国供销合作社系统先进集体”。（马　丹）

【供销社综合改革】 2018 年，大同市供销社发挥市云冈区、灵丘县供销社前期综改试点的示范带动效应，推进天镇县、广灵县、云州区 3 个确立的省级综改试点县工作，增加浑源县、左云县为市级综改试点县，实现全市 9 个县（区）供销社综改试点全覆盖。落实省财政给予 3 个省级综改试点县每县 150 万元综改专项扶持资金，市财政给予综改配套资金 650 万元，给全市供销社系统综改工作推进提供保障。（李志远）

【供销社基层社改造】 2018 年，大同市供销社系统坚持为农服务宗旨，围绕恢复重建与创新发展并举原则，推进组织、服务、经营创新，改造基层社，吸纳和引进农民社员和专业合作社等新型经营主体入社入股。全年基层社改造任务 5 个，改造 11 个；发展联合社任务 8 个，发展 8 个；建设综合服务社任务 80 个，建成 88 个。入社农户任务 1.6 万户 4.8 万人，入社 1.63 万户 4.86 万人。（李志远）

【农业社会化服务体系完善】 2018 年，大同市供销社系统整合服务资源，吸纳社会力量，依托农资企业、基层社、专业合作社建设具有综合性服务功能的惠农服务中心（站）、庄稼医院，围绕“耕、种、管、收、加、贮、销”等农业生产各环节，开展土地流转、土地托管服务。全年建设或提升惠农服务中心 15 个，惠农服务站 27 个，庄稼医院 12 个；增加土地托管 6666.67 公顷，增加土地服务 1.8 万公顷。（李晓强）

【供销社农村电子商务】 2018 年，山西省供销社分配大同市供销社建设电商网点任务 60 个，其中贫困村 10 个。大同各县（区）供销社根据村子人口规模、发展状况，因地制宜，利用资金，实现效益最大化，全年全市建成电商网点 128 个，其中贫困村 55 个，提升原有电商网点 29 个。举办电商技能专业培训班 6 期，培训人数 800 人次，各电商网点与移动、电信、银行、保险公司开展业务合作，增加办卡、缴费、金融便利等服务功能，满足农民多元化日常生活消费需求，实现电商销售 1500 万元。（李晓强）

【农业综合开发土地托管项目实施】 2018 年，大同市供销社申报成功由山西农资集团农产品有限公司实施的土地托管杂粮交易市场建设项目和阳高县惠田种植养殖综合专业合作社实施的土地托管小杂粮加工项目，落实财政资金 600 万元。项目主要给农民开展农技培训、技术指导、测土配肥、粮食收购储藏、代加工及销售等系列化服务，托管土地 733.33 公顷，带动农民 2000 余户，每公顷均增收 26.67 元。（李晓强）

【供销社农副产品推销】 2018 年 6 月，大同市供销社和阳高县政府共同组织鲜活农产品网上行阳高大接杏现场销售活动，通过供销总社“供销 e 家”和省供销社“农芯乐”电子商城，给贫困户销售杏 20 余万元。9 月、11 月和 12 月，组织各县（区）供销社分别参加山东潍坊、江西南昌和海南农产品展销会，展出广灵小米、阳高杏脯、灵丘苦荞、新荣小杂粮、大同黄花、浑源黄芪等产品，现场销售 3 万元，签署订单 200 余万元。通过开展一系列展销活动，采用线上线下相结合销售模式，宣传、推广和销售大同市特色农产品，给当地农产品企业和农民专业合作社解决销售难问题，扩大大同特色农产品的品牌知名度和影响力，带动当地农民特别是贫困户脱贫致富。（李志远）

烟草专卖

【概况】 2018 年，大同市烟草专卖局（公司）卷烟销量 126030 箱，同比增加 1400 箱，同比增长 1.12%，为全年销量目标 12.6 万箱的 100.02%。实现卷烟销售金额 35.65 亿元，同比增加2.06亿元，同比增长6.13%。实现毛利9.05亿元，同比增加0.61亿元，同比增长7.21%。缴纳税金60790万元，同比增加2940万元，同比增长5.08%。卷烟销售结构113.15元/条，同比增加5.34元，同比增长4.95%。

（丁 峰）

【烟草“撤县并区”机构调整】2018年，大同市烟草专卖局围绕大同市行政区划调整总体安排和实施步骤，完成“撤县并区”机构调整工作。撤销大同市城区烟草专卖局、山西省烟草公司大同市公司城区营销部；撤销大同市南郊区烟草专卖局、山西省烟草公司大同市公司南郊区卷烟营销部；撤销大同市矿区烟草专卖局、山西省烟草公司大同市公司矿区营销部；撤销山西省大同县烟草专卖局、大同市烟草公司大同县营销部。成立大同市平城区烟草专卖局、山西省烟草公司大同市公司平城区营销部；成立大同市云冈区烟草专卖局、山西省烟草公司大同市公司云冈区营销部；成立大同市云州区烟草专卖局、山西省烟草公司大同市公司云州区营销部。

（丁 峰）

【卷烟营销市场化取向改革】2018年，大同市烟草专卖局推进卷烟营销基础工作，深化市场化取向改革。开展客户经理转型，授予客户经理主销品规单元市场投放策略话语权、新品投放客户选点及调整权，提高营销服务响应能力；优化卷烟品规布局，建立起面向消费者的卷烟品类管理体系，明确品类划分标准，实施品牌评价分析工作，完善品牌引入、退出、推广工作，全年全市引入品规20个，退出品规65个，卷烟品牌目录规格159个。以保障卷烟零售客户盈利为核心，推进客户自律互助小组建设，建成客户自律互助小组224个，占总客户数29.03%，发挥客户自律互助小组守价功能和规范经营秩序功能，提升卷烟零售客户盈利；推进现代终端建设，新南客运站、明堂公园直营终端正常运行，太阳城示范终端开业，筹划天贵国际、站东直营店、古城消费环境终端建设，逐步形成以直营终端为标杆、示范终端为支撑、普通终端为基础的“金字塔”型现代卷烟零售终端体系。

（丁 峰）

【卷烟专卖监管治理】2018年，大同市烟草专卖局以查处卷烟大户违法违规为工作重点，开展集中清理整顿和重点精准监管打击。全市系统有卖烟大户217户，违法违规卖烟大户97户，办理案件72起，依法取缔违法违规卖烟大户资格27户，给予营销管控措施66户；突出网格化市场监管模式，开展监管和打击活动，全市卷烟零售户守法经营水平保持在97%以上；市烟草专卖局与市公安部门联合完成4个卷烟国标网络案件，批捕10人，直诉1人，取保5人；深化“放管服”改革，制定和统一行政许可工作标准，简化审批流程，提升服务水平，全年全市系统有卷烟持证零售户10071户，持证率3.04‰。

（丁 峰）

盐业管理

【概况】2018年，山西省盐业公司大同分公司（简称“大同盐业分公司”）销售各种盐16139.53吨，较上年同期的18884.34吨减少2744.81吨，下降14.53%。其中，食盐销售4924.52吨，较上年同期7167.39吨减少2242.87吨，下降31.29%；工业盐销售11062.30吨，较上年同期的11509.55吨减少447.25吨，下降3.89%；畜牧盐销售152.71吨，较上年同期的207.40吨减少54.69吨，下降26.37%。销售融雪剂1034吨。

（田晟雯）

【食盐市场检查】2018年，大同市盐务管理分局针对市场上食盐销售范围分散、点多、面广、量小，包括县（区）在内各地不同程度的存在不按国家涉盐法规及“盐改”政策销售食盐的情况，联合市公安、检察院等相关部门开展食盐市场检查活动。全年出动执法人数1998人次，检查集贸市场277处，饭店512家，食堂285家，商店2722家，超市865家，小摊点388家，食品用盐企业125家，查获各类盐产品44余吨，查获案件23起，查扣车辆1部，查获窝点1处，罚款6540元，责令整改3家，刑拘1人，批捕1人，判刑3人。

（韩 莹）

【村镇食盐营销部成立】2018年初，大同盐业分公司成立村镇食盐营销部，保障边远地区市场合格碘盐供应。由市盐业分公司副经理分管带队，每天一部车4名职工到城乡接合部、周边郊区农村市场供应合格食盐和宣传合格食盐识别、预防碘缺乏病知识工作。全年走访周边村镇108个，销售海藻碘盐，天然湖盐等盐品200余吨，保障边远地区合格食盐供应无盲点。（田晟雯）

【不同盐品上市】2018年，大同盐业分公司结合市场需求，开发上市包含不同产地、不同包装的海盐、湖盐、井矿盐产品。4月，上市400克包装平价盐和2.5千克包装餐饮专用盐，上市炖肉盐、泡菜盐、藏青盐、枸杞盐、红枣盐等盐品。9月，上市适合晋北腌菜习惯的2.5千克腌制盐。

（田晟雯）

【防治碘缺乏病宣传】2018年5月15日第25个“防治碘缺乏病日”，大同市盐务管理分局与市疾病预防控制中心、平城区疾病预防控制中心工作人员联合在御河生态公园举行防治碘缺乏病宣传活动。活动宣传主题是“‘碘’亮智慧人生，共享健康生活”。通过展板、宣传材料、现场讲解等方式宣传碘盐识别和预防碘缺乏病知识，提醒消费者不要从没有资质的游商小贩那里购买食盐，这些盐碘含量不符合国家标准，盐中所含各种杂质会给食用者带来一系列严重危害。甲状腺功能亢进患者、甲状腺炎患者等少数不宜食用碘盐的市民，可到正规商超或指定零售网点购买非碘食盐。7月27日，参加在大同市平城区迎宾广场举行的以主题为“尚德守法，共治共享食品安全”2018食品安全宣传周活动。活动由市食品安全委员会、平城区人民政府主办，平城区市民安全协调委员会和平城区食品药品监督管理局承办，活动现场，市盐务管理分局通过设立咨询台、宣传展板和发放宣传资料等方式，向市民宣传食盐安全知识和相关法律法规，引导广大群众参与社会监督，提升维权意识，营造食盐安全社会共治氛围。（韩 莹）

【食盐批发许可证换发】 2018年，大同盐业分公司根据国家、山西省盐务管理局、山西省盐业公司等部门关于换发食盐批发许可证的具体要求，专人负责，协调全公司各部门，对照《食盐批发企业管理质量等级技术规范》要求和《食盐定点批发企业规范条件管理办法》落实。12月，经山西省食品质量安全监督检验研究院专家实地逐条审核，换发《食盐批发许可证》，有效期5年。 （田晟雯）

石油供销

【概况】 2018年，中国石化销售有限公司山西大同石油分公司（简称“大同石油分公司”）经营石油总量32.22万吨，占年度目标99.08%，同比增长4.51%。其中，汽油销售17.58万吨，同比减长9.71%，柴油销售14.6万吨，同比增长28.43%。机出零售量22.36万吨，同比增长4.17%，直批量9.85万吨，同比增长6.53%。非油品实现全口径营业额1.72亿元，占年度目标94.96%，同比增长64.7%。其中，基础品类4738.4万元，同比减长13%，服务合作类1.25亿元，同比增长149%，核心商品销售1346.3万元，同比增长44.76%。全年报表费用1.37亿元，吨油费用424.61元，亏损5279.83万元。 （李跃征）

【石油营销改革】 2018年，大同石油分公司针对社会经营单位通过逃票、掺杂甲醇等手段低价营销石油吸引客户，与中石化差价扩大状况，执行山西省石油公司量价把控政策，运用“点对点”“一站两价”“一户一价”策略，开展IC卡、柴油联名卡、油非互促、第三方交叉合作（翼支付、储蓄银行）等组合营销。机出零售同比增长4.17%，沉淀资金1.93亿元，持卡消费比例43.82%（降低7.8个百分点），网点充值额同比增长44.8%。在柴油销售上，把控点对点优惠幅度与柴油联名卡免惠价，贴近市场价格，缩小竞争价差，增强市场竞争力，机出柴油销售逆转连续五年同比下滑态势，同比增长44.3%。推进加油站委托管理，按照先试点后推广原则，7月确定5座加油站试运行，月均销量441吨，较未改革前增加214吨，增长94.3%；11月第一批15座委托站运行，当月油品销售1082吨，环比增长32%。在每个县（区）增设兼职客户经理，开展客户经理竞聘上岗工作，并修订客户经理考核办法，实现待遇按劳分配、按业绩分配，调动客户经理扩销增效积极性，全年县（区）公司销量同比增加1563吨，增长24.8%。开展市场调研，在维系同煤集团等大客户同时，按照“一户一策”原则制定开发策略，利用价格优惠、延长油库营业时间等措施，新开发中小客户28家，油品销量7310吨，天然气490.52吨，同比增量425.3吨。 （李跃征）

【石油资产管理】 2018年，大同石油分公司开展元旦、春节双节促销、中秋答谢会、“易捷十年、献礼国庆”、特色商品月等活动，每月通报销售情况，每周开展活动点评，每日数据分析，全年核心商品销售1346.3万元。利用闲置资源，与阳光车城、飞度传媒有限公司合作开展广告业务，合作站点40座，收取广告租金42.5万元。打造“汽车生活驿站”，提供增值服务，增加5座汽服项目。开展非油品库存清理，全年消化滞销商品123万元。落实便利店统采统配，参加统配的68座加油站，销售额增长36%。（李跃征）

【石油创新管理】 2018年，大同石油分公司探索合资合作模式。大同市政府规划15座加油站并建到合资公司名下，给大同石油分公司提高市场占有率，奠定国有资产保值增值基础；探索“他有我营”模式，打造山西省首座“他有我营”加油站。12月27日，山西中石化供应链有限公司成立，该公司由中国石化销售公司、大同文旅集团和北京数据在线公司三方共同出资，是响应国家号召在天镇实施的扶贫项目。推进新建项目，建成北环路加油站，开工建设友谊南街加油站，浑源大磁窑加油站事项待省石油公司批复后可实施。 （李跃征）

【石油综合管理】 2018年，大同石油分公司在财务管理方面，取缔加油站员工个人微信收款，加油站员工每人一码，专人专码，微信收取加油站营业资金从10万元/日增加到60万元/日，防范资金风险；优化支付手段，60座加油站安装“云闪付”POS机，降低费用支出。资产管理方面，盘活闲置资产，创效249.17万元，申报减免土地税72宗，减免税额83.53万元，规范办理土地权证5宗、房产证4个。安全环保管理方面，落实安全生产责任制，签订安全目标责任书，明确安全生产职责；开展“安全生产月”系列活动，组织安全环保专项检查，发现问题638条，治理612条，实现安全环保零事故。质量管理方面，管控油库加油站进销存全环节，深化液位仪应用，推进地罐交接，液位仪自动验收准确率从54%提升到89%；加强加油机精度和铅封管理，落实承运商监管，确保油品质优量足。信息建设方面，实现视频监控系统、液位仪、中控等应用系统全覆盖，加油站进销存数据的自动化采集，提高一线工作效率。法律维权方面，以增强全员法律意识、维护公司合法权益为基点，开展法律知识普及和依法维权工作，完成加油站诉讼纠纷、服务区合同纠纷等案件工作；树立品牌意识，组织打假维权，配合政府开展打击“三黑”工作，维护公司合法权益。 （李跃征）

邮政快递

【概况】 2018年，大同市邮政管理局巩固邮政普遍服务网点乡（镇）覆盖率和建制村直接通邮率两个100%成果。实施邮政基础设施改造工程项目，整修、翻建网点8处。提前两年完成“十三五”规划基础设施建设。发挥信息化监管作用，14个快递品牌市级分拨中心远程视频监控与市邮政管理局联网，联网率87%。82个邮政普遍服务乡（镇）网点视频监控正常运行，并与市邮政管理局监控客户端和手机客户端联网，实现乡（镇）邮政普遍服务网点实时监控。全市主要快递企业城市自营网点标准化率85%，标准化网点数量115个。主城区，中通、申通、圆通、韵达（简称“三通一达”）、百世、顺丰每个品牌标准化门店3个；全市6县域内“三通一达”、百世、顺丰均建成1家标准化门店。大同大学实现快递服务集约化；推进“快递入区”工程，增加智能快件柜35组700格口，智能快件柜87组，格口2260个；增加快递末端公共服务站10个，共310个，农村快递公共取送点140个。左云县县域部分企业，浑源等其他县乡（镇）有4家以上企业实现末端共同配送。

（市邮政管理局）

【邮政业绿色发展】 2018年，大同市邮政管理局落实10部门关于协同推进快递业绿色包装工作指导意见，引导企业落实《快递封装用品》系列国家标准和《快递业绿色包装指南（试行）》。全年全市电子面单使用率98%，引导企业投放可降解包装箱4.5万个、环保中转袋22万个、配备快递包装废弃物回收再利用装置50个。推广应用新能源汽车，全行业新能源汽车49辆。（市邮政管理局）

【寄递渠道畅通】 2018年，大同市邮政管理局坚持以制度建设为抓手，督导企业梳理安全管理制度台账，编制《安全管理手册》。采取每日通报、约谈整改、专项培训、一线指导等方式督促企业应用实名收寄系统，实名率保持在99%以上。关注安检机配而不用、用而不实等问题，推进持证上岗和双人轮岗，全市安检机22台，持证人员56人。管控寄递企业大同城邮快件过机安检、协议客户寄递安全管理，树立安全生产标杆网点17家。发挥寄递渠道安全管理领导小组协作机制作用，推动寄递安全属地化综合治理，推进“安全生产月”活动，协同有关部门开展寄递渠道非洲猪瘟疫情防控、扫黑除恶、禁毒、扫黄打非、打击侵权假冒等工作，通过信息共享、管控联动开展隐患排查和执法检查，联合多部门开展年度邮政行业突发事件综合应急演练，提升突发事件应急处置能力。抓上合组织青岛峰会、中非合作论坛北京峰会、首届中国国际进口博览会等活动和快递业务旺季服务保障工作。坚持提前制定方案，多轮次现场检查督导，执行昼夜值班和每日零报告制度，保持全市寄递渠道安全稳定畅通。（市邮政管理局）

【快递车辆“四统一”】 2018年，大同市邮政管理局联合市公安局等部门召开寄递车辆专项整治行动部署会，推动寄递服务运输车辆规范通行。按照统一车辆型号、统一车体外观、统一行业标识、统一企业编号“四统一”原则规范快递电动三轮车管理。结合全市快递行业发展实际，把金鹏、宗申等品牌电动三轮车明确为标准化快递电动三轮车车型。车体两侧由各寄递企业依据各自品牌形象宣传开展个性化设计喷涂，包括品牌LOGO，品牌名称，服务电话等，统一车体外观。车体前后统一设计行业标识和企业编号，车体前面统一喷绘“快递”字样，车体后面统一张贴“大同快递+电子商务与物流快递协同发展试点城市LOGO字样”行业标识，并按照“KD（快递首字母简称）+企业首字母简称+编号”样式是全市标准化快递电动三轮车统一编号，实行备案登记管理，一车一码，专车专用，规范车辆上路通行。巩固快递车辆“四统一”建设成果，推动灵丘、浑源等6县域快递车辆实现“四统一”。截至2018年年底，全市4区6县800余辆快递电动三轮车全部实现“四统一”规范通行。（市邮政管理局）

【邮政业政策体系完善】 2018年，大同市政府与京东集团签订战略合作协议，推动现代商贸物流基地等项目建设。大同市邮政管理局抓行业发展与地方部门规划契合机遇，推动市区示范性快递专业类物流园区及7个县级物流快递中心纳入市现代综合交通枢纽建设规划。向市政府分管领导汇报工作，在山西省率先推动市政府办公厅出台《大同市推进电子商务与快递物流协同发展的实施办法》，涉及优化协同发展政策环境、完善基础设施建设等内容。落实邮政专用车辆免费通行高速公路政策，降低普遍服务成本。（市邮政管理局）

【依法治邮】 2018年，大同市邮政管理局优化许可备案流程，邮政普遍服务行政审批时间压缩至法定时限一半，快递业务经营许可审批时限压缩至9个工作日；全市邮政普遍服务局所147处，快递许可企业8家，分支机构276个，备案末端网点443个。落实邮政普遍服务政治责任，督促邮政企业落实中央巡视问题整改；县级城市党报党刊当日见报率稳定在100%，乡（镇）政府所在地党报党刊当日见报率在原有基础上提升10%；邮政普遍服务网点分级监管实现常态化；聚焦标准化改造、法定业务开办、营业服务水平、安全生产设施、安全生产制度5个方面，创新邮政普遍服务网点分级监管标准；全年全市升级10个邮政普遍服务网点，二级升一级网点、三级升二级网点各5个，2个二级邮政普遍服务网点降为三级网点；全市9个机要网点实现两轮专项检查全覆盖，机要通信安全保密万无一失；联合市发改委开展邮政价格监督检查，加强邮票发行、邮政专用车辆监督管理。开展“不着地、不抛件、不摆地摊”专项整治和快递市场清理整顿，围绕重点品牌、重点地域、重点环节开展执法检查。采取送法进企、知识测试、联合宣传等方式学习宣传贯彻《快递暂行条例》；联合市公安局等部门开展寄递渠道安全查验、网络与信息安全等专题培训；加强邮政普遍服务标准、机要通信安全等培训。（市邮政管理局）

【快递业绿色包装】 2018年，大同市根据国家邮政局、国家发改委、科技部等10部门联合发布的《关于协同推进快递业绿色包装工作的指导意见》，推进快递业绿色包装工作。明确鼓励使用可降解、可重复利用的环保包装材料，完善快递业绿色包装标准体系，处理快递包装问题。增加快递业绿色包装产品供给使用，引导和支持各类企业加大对快递绿色包装产品研发、设计和生产的投入，健全快递包装生产者责任延伸制，鼓励生物基材料环保包装制品的研发、生产和使用；鼓励在电商产品和快递仓储、运输、配送、分拣、加工全过程推进可循环包装、减量包装和可降解包装。实施快递包装产品绿色认证，构建统一的快递包装产品绿色标准、认证、标识体系，按照“公平、公正、公开、自愿”原则开展快递包装产品绿色认证，引导和支持电商企业、快递企业使用绿色包装产品或通过快递包装产品绿色认证的包装产品。开展快递业绿色包装试点示范，支持快递企业开展“工业产品生态（绿色）设计”试点，在主要品牌快递企业和快递物流信息平台企业开展绿色包装应用试点，鼓励主要品牌快递企业和各类环卫企业、回收企业联合开展“快递业＋回收业”定向合作试点；支持一批符合条件的快递示范园区建设成为绿色园区。做大做强快递业绿色包装产业联盟；加强快递业绿色包装宣传引导与教育培训，把每年11月第一周作为“绿色快递宣传周”等。主要快递品牌协议客户电子运单使用率90%以上，平均每件快递包装耗材减少10%以上，推广使用中转箱、笼车等设备，减少编织袋和胶带使用量；建立快递业包装治理体系。（鹤 梅）

【大同集邮之家文集在全国集邮展览上获银奖】 2018年5月，任占文、于汾、任洁集邮文集《三马并驾 快乐齐驱——集邮文化短章128篇》一书在常州2018第18届中华全国集邮展览上获银奖。这是大同市在全国集邮展览中获得的最高奖项。

《三马并驾 快乐齐驱——集邮文化短章128篇》是大同市热爱集邮的任占文、于汾、任洁一家3人历年在中国集邮专业性刊物上发表的不同题材和体裁的集邮文章结集而成，全书6个章节30余万字，由山西人民出版社出版。该书由中华全国集邮联合会会长杨利民题写书名，全国集邮界泰斗邵林、国家邮政文史中心主任吕兴华等人作序，中华全国集邮联合会会士马佑璋、林衡夫等10余人题词。文集中相当篇幅通过邮票介绍大同市旅游文化与文物保护，配有大同市旅游景观图片100余张。（悠 菊）

电子商务

【电子商务进农村】 2018年，大同市以电子商务进农村综合示范县为契机，推动电子商务进农村扶贫工作，促进县域电商发展。年内，广灵县、浑源县、阳高县3个贫困县被列为国家电子商务进农村示范县，获中央扶持专项资金4500万元。在阳高县、云州区、浑源县增加建设100个电商村级服务站，其中重点建设6个示范点。全市6个贫困县行政村电商服务覆盖率72.7%，贫困村电商服务覆盖率82.55%。市商务局组织10场网络农产品专场促销和多平台促销活动，以打造大同农产品网络品牌。指导企业与京东、天猫、淘宝、微商城、乐村淘等电商平台对接，利用网络促销、名人推广、网红直播等方式推动农产品在网上销售，拓宽农产品销售渠道。全年全市农产品网上销售额5200余万元。举办全市农村电商培训20余期，5800余人次，增加开设网店210余个，接受培训贫困户320余人。举办为期3天的全市电商人才培训高级研修班。全市6个贫困县培育电商致富带头193人。10月26日，在云州区举办大同市电商扶贫工作推进会，推动全年电商扶贫工作。（王 晟）

【京东集团项目与大同市签约】 2018年5月24日至25日，山西省委常委、大同市委书记张吉福，市委副书记、市长武宏文一行到京东集团总部，参加京东集团与大同市政府战略合作签约仪式暨“大同好粮”品牌发布会。张吉福和武宏文一行与京东集团董事局主席兼首席执行官刘强东会见，双方共同见证《大同市人民政府京东集团战略合作框架协议》和《大同市经济技术开发区 北京京东叁佰陆拾度电子商务有限公司“互联网＋”新经济发展合作项目合同》签订，参加“大同好粮”品牌发布会启动仪式。京东集团在大同推进云计算大数据产业基地、现代商贸物流基地、电商运营结算中心和机器人制造等项目建设。大同市联合京东集团通过“大同好粮”品牌发布会、“首届山西（大同）数字经济发展促进大会”“农民丰收节”等品牌传播活动，展示大同在发展数字经济、特产经济、电商经济方面的实力和决心。（王 晟）

通信服务

【无线电管理】 2018年，大同市无线电监测站每月至少72小时监测监听223~235兆赫兹、470~510兆赫兹、698~798兆赫兹、920~925兆赫兹、1400~1427兆赫兹、1447~1467兆赫兹、1965~2025兆赫兹、2070~2200兆赫兹、2500~2690兆赫兹、3400~3600兆赫兹、3600~3700兆赫兹、4800~5000兆赫兹、5850~5925兆赫兹等频段，监测特殊任务7次，全年监测1296小时。保障春运、春节、全国“两会”及大同市“古都灯会”等活动举办期间无线电安全，维护空中电波秩序。应市教育局、市人力资源和社会保障局等相关部门申请，保障2018年度山西省公务员考试、2018普通高考、大同市2018中考等无线电安全保障19次；5月，在2018全国护士执业暨卫生专业技术资格（中初级）考试无线电安全保障过程中，发现作弊信号2个，查获1套无人值守作弊设备，1个作弊信号在工作人员查找过程中不法分子逃逸。开展B级监测站综合技术楼建设收尾工程和有关竣工验收手续，智能监测网一体化平台投入运行。

无线电干扰排查 年内，大同市无线电管理局排查2起驾校考场屏蔽器造成移动干扰，排查2起直放站干扰欧洲空间局SMOS卫星信号，排查1起干扰大同南收费站ETC收费系统信号事件。联合市公安局、市文广新局查处2起“黑广播”、端掉1起发送钓鱼网站信息的“伪基站”窝点，开展行政执法2次，开展无线电设备销售市场备案工作。协助山西省无线电管理局编制《山西省无线电管理局行政执法责任制》。

频率台站管理 年内，大同市无线电管理局按照规定程序办理行政审批业务，验收新设台站，全年审批设台单位2家，大同广播电视台交通广播和万达商业管理集团有限公司大同分公司。开展频率台站核查专项行动，核查大同市内6县5区80套广播电视台站无线电频率使用情况和大功率发射设备使用情况。通过核查发现，大同市各县（区）广播电视台发射设备都存在频率批文不全、批文时间过期现象，并督促其办理。为加强频谱资源的使用监管，利用B级固定站、移动监测车及公众移动通信系统数据采集终端开展数据采集。按照新修订《中华人民共和国无线电管理条例》规定和省无线电局关于频占费收缴工作部署，开展2018年度频率占用费收缴工作，所有收费文件、频占费收缴票据送至设台单位。（王　玲）

【电信】 2018年，中国电信集团公司山西省大同市电信分公司（简称“大同电信分公司”）业务收入2.91亿元，移动用户增加6.02万户，移动出账用户33万户，宽带用户增加1.02万户，宽带用户20万户，天翼高清增加5.67万户，高清用户14.8万户，物联网卡增加2万户。

电信网络建设　年内，大同电信分公司建设交付端口10.66万线。其中，FTTH建设1.62万线；扩容1.3万线；驻地网6.2万线；普遍服务0.93万线；完善酒店、沿街商铺0.61万线。组织推动并选址购置县（区）综合办公用房，购置6县3区9处办公用房，总面积4773平方米，平均530平方米，有6县（区）装修并投入使用，改善县（区）分公司整体工作环境。开通LTE六期、七期234个基站，对应的传输配套新建站点全覆盖IPRAN网络。

电信服务　年内，大同电信分公司本级故障投诉率从年初0.18‰降低至年底0.11‰，全年平均0.184‰，在省电信公司要求目标值0.65‰以内。宽带NPS三四季度大同排名第一；宽带满意度三季度大同排名第二，四季度行业满意度提升至大同排名第一。全年服务能力综合满意度85.65，大同排名第一。各项服务工作围绕提升用户感知为目标，加大管理宽带、移动网络质量和一线窗口服务质量，关注用户热点难点问题，提升公司品牌形象。

电信网络维护　年内，大同电信分公司在移动网深度覆盖方面，解决高流量商业区覆盖58处，高密度居民区覆盖11处，区域深度覆盖率98%；重点高速（二广、环城）覆盖率98.2%。“五高”（高铁、高速公路、高校、高流量商业区、高密度住宅区）区域基站小区维护划入A/B类维护。开展LTE网络闲置资源增效工作，扩容13个超忙站点。全网MR覆盖率由年初94.39%提升至96.07%。

电信普遍服务试点城市　大同市是山西省第三批电信普遍服务试点城市，涉及7县1区291个行政村，其中覆盖6个贫困县204个行政村，涉及经信、扶贫、国土、规划、住建、交通、供电等部门和单位。大同电信公司分别与8个县（区）政府签订责任状，科学制定工期，统筹安排工程。12月18日至19日，省通信管理局副局长郝卫东带队，终验大同市第三批电信普遍服务试点工作。验收组通过APP核查项目资料、用户拨测回访、实地检查等方式，实地查看被抽取云州区、阳高县、天镇县、浑源县部分乡村，一致通过大同市普遍服务试点工作。（杨　林）

【联通】 2018年，中国联合网络通信有限公司大同市分公司（简称“大同联通分公司”）主营收入6.3亿元，占预算100.11%，同比增长6.63%，高于行业水平9.74个百分点；利润497万元，占预算100.53%。移网业务增加7.6万户，DOU达7.3G；宽带有效出账用户增加1.3万户，融合用户增加6.5万户，新入网200M以上占比79.08%。年内，大同联通分公司被省文明委评为“2016—2017年度省级文明单位”。

联通网络建设和维护　年内，大同联通分公司移动网建设宏基站163个，深度覆盖楼宇332栋，4G无线网城区覆盖率98.03%，行政村覆盖率34.48%。增加宽带网FTTH端口4.5万线，盘活零占用分光器9830线，光纤改造小区44个，全市端口占用率53.91%。响应大客户项目516个，支撑业务发展。开展传输网优化、城域网出口带宽扩容、OLT上联扩容优化、老旧交换机业务割接退网、移动网基站功率优化。围绕市场需求，保障移动网推进质量，1小时投诉工单响应率96%，宽带服务提高至四星级。深化集约化、一体化转型，升级集中监控，故障处理率98.5%，整治“沃

2017—2018年大同市邮电情况表

指　标	2018年	2017年
邮电业务总量（亿元）	66.1	37.6
电信业务总量（亿元）	62.4	33.7
邮政业务总量（亿元）	3.7	3.9
邮路总长（千米）	3754	3718
邮政局所（个）	146	146
电话用户数（万户）	447.48	426.48
移动电话（万户）	417.02	392.99

注：电信业务总量按2015年不变价计算

互联”小区 530 个。

联通客户服务　年内，大同联通分公司开展倾听客户心声和流程穿越体验活动，启动首席质量官 CQO 工作机制和服务攻坚行动，建立常态化 NPS 运营机制，精准画像服务短板并针对性改善，梳理解决服务共性问题 12 件。依托线下实体渠道和线上微信微博等互联网平台，深化互联网化服务转型，“山西联通客户服务”微信粉丝 31 万，线上积分兑换率 45.6%，线上装移修服务评价占比 74.6%。开展全员服务在行动和美誉度宣传推广活动，提升客户口碑。全年移网 NPS 自改善 12.2 分，改善率 67%；宽网 NPS 自改善 14.4 分，改善率 133%。

中国联通“匠心网络万里行 2018”大同站　5 月 26 日，中国联通“匠心网络万里行 2018”应急通信保障拉动演练及展示大同站活动在华严寺广场举行。在演练展示中，中国联通从全国多地调集动中通卫星车、静中通卫星车、卫星基站车、短波电台车及应急通信指挥车 30 辆，展示卫星通信、短波通信、移动通信、固定通信、卫星电话等应急通信技术及中国联通应急通信保障能力和网络服务能力。邀请在场的市民登上车载卫星通信车，了解卫星通信的基本原理，感受中国联通任意通达的多场景通信能力。中国联通“匠心网络万里行 2018”应急通信保障拉动演练及展示活动从 5 月 21 日开始，至 6 月 12 日结束，途径石家庄、保定、雄安、北京、张家口、大同、太原、郑州、商丘、临沂、济南、潍坊、烟台、青岛 14 个城市，行程约 5000 千米。　（大同联通）

【移动】　2018 年，中国移动通信集团山西有限公司大同分公司（简称“大同移动分公司”）收入 11.8 亿元，净利润 1.5 亿元，上缴驻地地税 1042 万元。客户规模增长到 240 余万户；4G 服务客户数增加 10.2 万户，4G 客户 DOU 达 7.4G；宽带客户增加 7.2 万户，宽带客户总数 22.08 万户。

移动网络建设　年内，大同移动分公司增加 4G 基站 401 个，4G 基站总量 5285 个；建设开通 159 个微站，解决 35 个弱覆盖区域的 4G 补充覆盖；建设宽度小区和宽带村庄 90 个，城市小区覆盖率从年初 66% 提升至年末 73%，PON 端口增加 4.95 万个，端口总量 44.3 万个；建设 316 个 NB-IoT 基站，NB 基站总数 630 个，实现市区和县城以上区域的物联网信号连续覆盖，提供超过 8000 万的连接容量。

移动服务　年内，大同移动分公司以信息化建设助力地方精准扶贫，承接大同市易地扶贫搬迁监控服务项目，集中监控 104 个扶贫安置区。该项目入选中国网络社会组织联合会全国“2018 网络扶贫优秀案例”。推动便民服务，在营业时间指示牌、营销前台嵌入微店二维码宣传，实现厅店昼夜服务市民，全年线上受理业务 53.4 万笔。　（大同移动）

▲大同联通政务云指挥调度中心　（大同联通 供图）

会展业

【中国（大同）首届国际机器人展览会】　2018 年 2 月 3 日至 3 月 4 日，由大同市科学技术局、山西大同大学、天津中教高科科技有限公司联合主办的中国（大同）首届国际机器人展览会在大同市和阳美术馆举行。天津中教高科科技有限公司、天津浩芝蓝机器人科技有限公司、山西联创电子信息技术有限公司、大同大学及其“众创空间”团队等单位参展。展览会分为两个阶段：第一阶段从 2 月 3 日至 12 日，现场展示机器人相关的科技发展水平，推动大同市机器人科普教育事业发展。第二阶段从 2 月 13 日至 3 月 4 日，以“民俗＋科技”并进为主要目的，助力大同古都灯会。参加会展的机器人有观赏类机器人、教育类机器人和工程应用类机器人。如仿生机器人、智能协作机器人、情感机器人、太阳能清洗机器人、多用途探测机器人、物流搬运机器人、智能控制井下掘锚一体机、国防水下机器人等 30 余款。　（周　扬）

【参加第十四届中国（深圳）国际文化产业博览会】　2018 年 5 月 10 日至 14 日，第十四届中国（深圳）国际文化产业博览交易会在深圳举行，大同市委常委、统战部部长黄岑丽带领市县两级宣传、文化、旅游、招商等部门和文化企业负责人 40 余人参加，到深圳文博会分会场——深圳华侨城创意文化园考察学习。市委宣传部组织编印《大同文化产业招商引资项目册》，制作《中国古都·天下大同》宣传光盘，组织云冈研究院（3D 打印）、闹腾文创、飞天布艺等文创企业参展，展示大同文化遗产和城市形象。大同市参展的玉雕＋皮雕作品《北魏丝路》获“中国工艺美术文化创意奖”铜奖，浑源县被授予“2018 中国最美县域”称号。

（市委宣传部）

【2018 中国（大同）国际汽车文化嘉年华】　2018 年 8 月 3 日至 7 日，由大同市政府、中国机械国际合作股份有限公司主办，市委宣传部、大同

▲2018年8月3日，中国（大同）国际汽车文化嘉年华在南城墙瓮城内举行（戎禹仁 摄）

日报传媒集团、中国机械国际合作股份有限公司展览二部承办的2018中国（大同）国际汽车文化嘉年华举行。

中国（大同）国际汽车文化嘉年华自2012年始，是繁荣汽车市场、促进汽车销售、普及汽车文化的一个平台。2018汽车文化嘉年华有5大区域9大主题，位于瓮城区域的改装车、重机车展示，月城区域的汽车后市场博览会、名优土特产品展销和方特欢乐世界、小模特大赛、安全知识大讲堂等主题文化活动展示，关城和西耳城内的品牌车展示，东耳城的路虎模拟挑战区，展区总面积2.3万平方米，有20余家品牌汽车的200余辆车参展。这些品牌涵盖德、日、美、法等合资品牌及诸多国产品牌。其中，合资品牌有一汽奥迪、路虎、捷豹、上汽大众、一汽大众、斯柯达、广汽本田、东风本田、一汽丰田、雪佛兰、雷诺、长安马自达、长安福特等，奥迪是3年来首次参加大同市汽车文化嘉年华活动；国产品牌包括海南马自达、陆风、上汽荣威、红旗、哈弗、猎豹、吉利等品牌。

除汽车展示，嘉年华现场有汽配用品展销，分汽车润滑油、汽车装具用品、汽车配件、汽车维修、汽车改装6大品类，汇聚美孚润滑油、福耀玻璃等国内外汽车后市场各大品牌代理商及大同市优秀汽车服务商100余家参展。有各项文化娱乐活动，如方特欢乐世界与大同土林的推广，中国电信“美丽大同、美丽社区”社区节目展演，斯羽汽车模特大赛，安全知识大讲堂等活动。（蕙 兰）

【大同首届能博会】 2018年8月9日至9月9日，2018·大同市首届“能源革命、对外开放”国际智慧能源系统及未来新能源产品展示交易博览会（简称“大同能博会”）举办。北京京能新能源有限公司、华润电力控股有限公司、浙江正泰电器股份有限公司、格力电器股份有限公司、银隆新能源股份有限公司、海尔集团、华为技术等170余家来自新能源产业、低能耗建筑、智慧系统、物联网等领域企业携带特色新能源展品参展。

展会展示面积8000平方米，分七大展区，即建筑结构新材料及外装饰新材料、新技术展区，建筑内装修装饰新材料、新技术展区，防火保温等专用及特殊材料展区，光伏发电、储能、氢能、风能、地热能、智能微电网、充电桩等能源新技术、新产品展区，智慧能源管理系统及智慧园区、智慧建筑控制系统展区，室内节能新产品、新技术展区，科研机构、院校和能源科研机构新技术展区。展出包括新能源汽车、智慧管理平台、物联网智能产品、智慧能源供能系统、航测无人机、碳晶电暖气、石墨烯墙暖、环保防水材料等在内的1000余种特色新能源、高科技展品，6万人观展。

大同能博会期间，华安星科（北京）信息技术有限公司、北京首高高压阀门有限公司、浙江柿子新能源科技有限公司、山西云平台环保管家发展有限公司、珠海银隆新能源股份有限公司分别与大同市签署合作框架协议；大同暖兀科技有限公司、大同市华明新能源科技有限公司、北京安胜达科技有限公司等43家从大同能博会参展商中选择的能源系统服务企业入驻大同市智慧能源共享大街。

（蕙 兰）

【能博会上省级北斗运营服务指挥中心落户大同】 2018年8月9日，2018·大同市首届能博会开幕第一天，市招商局与华安星科（北京）信息技术有限公司签订战略合作框架协议，打造大同市智慧城市战略性运营平台。

华安星科（北京）信息技术有

▲2018年8月9日，大同首届能博会开幕（张湛滨 摄）

限公司，是全国首家拥有北斗导航、天绘遥感影像数据获取两大卫星系统技术开发应用与服务的高新技术企业。北斗运营服务指挥中心项目，是由华安星科（北京）信息技术有限公司投资在大同市建设的高科技信息产业项目，1年内完成北斗民用平台建设、逐步完善，3年建成基于大数据支撑下的云计算、云应用和云服务运营体系，5年内实现基于“北斗”“天绘”系统的省级区域中心及新一代运营服务基地，并辐射晋冀内蒙古及周边地区。（蕙 兰）

【参加第二十届“投洽会”】 2018年9月8日至11日，第二十届中国国际投资贸易洽谈会（简称“投洽会”）在厦门国际会议展览中心举行，大同市代表团携项目参加。

投洽会是以促进双向投资和国际资本与项目融合为目的的全球性会，是通过国际展览业协会（UFI）认证的全球规模最大的投资性展览。这届投洽会以“贯彻新发展理念，融入‘一带一路’，促进双向投资”为主题，展览面积13万平方米，由投资主题馆和产业招商馆两大部分组成。在展区规划上融入“一带一路”发展倡议，关注新经济和新热点，设置投资中国、国际投资、现代服务业投资、跨境电商、商业自媒体和版权投资等16个专业展区6000个展位。有超过110个国家和地区的1000余个工商团组、约5000家企业的10余万客商参会。其中，国际组织、境外商协会、跨国公司及世界500强企业团组超过300个。

大同市代表团与从事石墨烯照明领域研发与应用的科技创新型企业——东城港（厦门）光电科技有限公司、从事灌溉设备研制开发与生产的福州雨顺灌溉设备有限公司等对接，并协商合作事宜。通过一对一与企业家会晤、座谈会、推介会等多种方式招商推介，把大同市发展优势和机遇向全球投资人介绍推广。（蕙 兰）

【参加山西特色农产品北京展销活动】 2018年9月13日至16日，山西（太原·阳泉）特色农产品北京展销活动在中国农业展览馆举行。大同市委常委、常务副市长薛明耀率大同代表团参加该届展销会并出席招商引资贸易项目签约仪式暨2018年山西省农产品品牌发布会。

展销活动以“名品展示、品牌推介、交流合作、互利共赢”为主题，展区总面积3000平方米，分4大板块，有山西特色农产品品牌综合展厅、太原市、阳泉市和大同市其他9个市特色农产品展销厅。山西省参展企业有214家，展销产品涵盖9个类别800余种，均是无公害、绿色、有机农产品和地理标志农产品。大同市有来自云州区三利农副产品有限公司、山西东方亮生命科技有限公司、山西白老大食品有限公司、大同市华建油脂有限公司等21家企业参展，展品涉及黄花、杂粮、胡麻油等200余个品种。签约仪式现场，大同市浑源县人民政府与浑源双胞胎猪业有限公司签订总投资约20亿元的肉猪养殖、饲料生产加工、屠宰肉类食品深加工等意向协议。大同市“白老大”斗山杏仁和“东方亮”小米等20个品牌被授予2018年山西省功能农产品品牌称号。

（蕙 兰）

【大同在中国（太原）国际能源产业博览会上签约项目】 2018年9月16日至18日，2018中国（太原）国际能源产业博览会在中国（太原）煤炭交易中心举办。山西省有42个重大项目签约，项目总投资额625.2亿元，拟引资额559.2亿元。大同市在该能博会上签约3个项目。

大同市签约的项目涉及新能源等众多领域。市政府和新研氢能源科技有限公司签约氢能和燃料电池产业项目，项目拟建设规模是年产燃料电池电堆1万套，总投资8亿元人民币。同煤集团同曦新能源有限公司与汉能移动能源控股有限公司签约大同移动能源产业园项目，项目总体规划620兆瓦，分三期布局和建设：第一期上马玻璃基铜铟镓硒薄膜电池生产线，年产能300兆瓦；第二期上马柔性铜铟镓硒薄膜电池生产线，培育分布式光伏市场，布局全产业链，成为一区多园、功能齐全、基础设施完善的高新工业园区，年产能300兆瓦；第三期上马高效砷化镓生产线，结合当地产业配套，开发特种领域，向高端柔性薄膜电池升级迈进，年产能20兆瓦。山西一胜百科技有限公司与大同国际陆港签约38亿元人民币进出口贸易合同。（蕙 兰）

【第五届中国（山西）民族民间工艺美术博览会】 2018年9月20日至24日，第五届中国（山西）民族民间工艺美术暨首届（大同）文旅产业博览会在大同市和阳美术馆举办。全国23个省市自治区2万余件民族民间工艺美术品和“一带一路”10余个国家的民族工艺品艺术品参展。

博览会由中国民族民间工艺美术家协会、大同市人民政府、山西中华文化促进会、省民间工艺美术家协会主办，市文化局、大同文旅集团、山西黄河风情文化艺术有限公司承办，省民间文艺家协会、省工艺美术协会、市传统工艺美术保护与发展协会、市文化创意协会、市工艺美术家协会、市工艺美术协会协办。展品包括国家级及省级工艺美术大师100余人，各地市级非遗传承人、工艺美术师，及来自各地院校的2000余名学生创作的具有地域特色的工艺美术品和文旅创意产品。参展内容有牙雕、琉璃、苏绣、微雕、编钟、陶瓷、漆艺、岫玉雕刻、木雕画、端砚、景泰蓝、木雕、珐琅、金银铜铁器、湘绣、蜀绣、苗绣、砗磲雕刻、钧瓷、唐三彩、灯艺、内画、青瓷、紫砂、红木、彩陶、影雕、成窑、皮画皮雕、灵璧石、玉雕、漆器漆画、核桃木雕、煤雕、刺绣、布艺、面塑、黑陶、木版年画、炕围画、农民画、五谷画、麦秆画、根雕、铜器、澄泥砚、石雕、潞绸、青铜、台砚、珠绣、玻璃工艺、琉璃、云雕、蝴蝶画、堆锦堆绫、剪纸、烫画等100余种。展会期间，博览会接待观展市民和游客8.1万人次，现场交易额9300万元，签约金额11亿元，有意向在大同投资兴业的工艺美术和文创企业60余家。（市文化局）

【贫困地区农产品“五进”产销对接会】 2018年10月19日，以“聚焦贫困、产销对接、合作共赢、助力脱贫”为主题的大同市贫困地区农产品“五进”产销对接会在宜民公司“大同黄花馆”举行。对接会上全市6个贫困县（区）20家农产品加工企业和农民专业合作社与4家单位签约，签约金额243万元。

活动通过组织全市贫困地区农产品进机关、进企业、进校园、进社区、进军营食堂活动，“以销促产”推动贫困地区特色农业发展；“以消促增”促进贫困群众稳定增收，推动精准脱贫。通过搭建产销对接平台，让贫困地区更多的优势特色农产品走向市场、走进单位、走向千家万户，帮助贫困群众早日增收脱贫。活动现场，各农产品加工企业和农民专业合作社在现场展示展销推介自家农产品，并与采购单位洽谈对接，当场签约4项订单，涉及金额243万元，主要签约产品为黍子、谷子、土豆、木耳、小米等农产品。（蕙　兰）

【参加第十六届中国国际农交会】 2018年11月1日至5日，第十六届中国国际农产品交易会暨第二十届中国中部（湖南）农业博览会在长沙国际会展中心举办。大同市东方亮生命科技股份有限公司、华建油脂有限责任公司、白老大食品有限公司等11家企业100余种农产品参展。农交会主题为“质量兴农、品牌强农、绿色发展、乡村振兴”，展会面积11.3万平方米，设立乡村振兴展区、扶贫展区、32个省区市综合展区、国际展区等47个展区，4000余家企业参展，参展产品1.6万种，逾40万人次观展。展会期间，举办中国乡村振兴战略高峰论坛、全国品牌农产品推介活动、全国贫困地区农产品产销对接活动等13项重大活动。经过5天展览、销售、洽谈和引资，大同市展团现场销售额20万元，达成贸易协作意向200万元。（莫　俪）

【参加第十九届中国绿色食品博览会】 2018年12月7日至9日，由中国绿色食品发展中心、福建省农业农村厅主办的第十九届中国绿色食品博览会暨第十二届中国国际有机食品博览会在厦门国际会展中心举办。大同市14家“三品一标”（无公害农产品、绿色食品、有机农产品和农产品地理标志）企业携110余种绿色食品与有机农产品组团参展。

展会上，大同市企业安排现场厨艺演示、百种食材展示、烹饪食物品鉴、企业代表推介等活动。其中，山西边塞牧羊科技服务有限公司在展区组织互动体验，让观众参与互动、现场品尝。展会期间，大同市云州区吉家庄中心村农牧专业合作社、山西华建诚鑫油脂有限公司，云州区三利农副产品有限责任公司和山西东方物华农业科技有限责任公司4家企业获组委会颁发的博览会金奖。大同市绿色有机农产品现场销售2万元，签订贸易订单500万元，其中山西华建诚鑫油脂有限公司达成贸易协作意向6万元，山西边塞牧羊科技服务有限公司现场签订订单12万元，云州区三利农副产品有限公司达成黄花贸易协作意向100吨。（蕙　兰）

物流业

【概况】 2018年，大同市物流市场分布在4个区域：城东马连庄一带、城南金牛装饰城一带、城西矿区一带、城北拥军路一带。拥有1个集中转、仓储、配送一体的AAAA级综合性物流园区，是晋冀蒙区域性物流总部基地。根据分拨、配送功能及商圈区域性，全市分布有4个市内物流仓储分拨中心，11个县级物流快递园区。大同市的仓储保有量150万平方米，从事物流业务可提供物流信息，城市配送等的公司有540余家，其中零担专线220余家（以落货为主，同时收发返货），配货信息部320家，信息部中有70余家具备一定实力，物流车辆保有量近1.8万辆，全市物流行业从业人员近2万人，其中上规模的快递13家，全部覆盖周边县城，年总快递收发量7000万单。（王　晟）

【万昌国际物流园区】 山西万昌国际物流园区是大同市“十二五”规划的重点项目，是大同市首家中国AAAA级物流企业。园区位于大同市御东新区，规划用地约46.67公顷，建筑面积50万平方米，由山西万昌商贸有限公司投资建设，总投资4.49亿元。2016年，山西万昌商贸有限公司在原有建筑基础上，投资建成一个快递企业入驻集分拨、配送，监督、办公功能为一体的电商快递物流园区。园区内设包括晋冀蒙区域性物流总部基地、零担快递作业中心、医药物流区、建材物流区、零担仓库、立体仓库、配送仓库、停车场等。整合社会货运车辆数2500辆，装卸起重总能力120吨。吸收包括中邮政、中外运、中铁快运及顺丰速运，德邦物流、五粮液、国美电器、京东商城、大同铁路货运等23家企业在内的316家物流商户入驻园区，引进京东商城、顺风速递、安能快运、德邦快运、申通快递、中通快递、韵达快递等快递企业入驻，快递量占全市快递总量80%。截至2018年年底，在建设物流配送区、车辆停驻区等基础建设方面，建成13万平方米仓储区，仓储面积出租11万平方米，园区入驻100余家物流配送企业；建设冷链物流区和城市物流配送专线，完善园区内监控系统，及绿化、美化整个物流园区建设项目；建成园区配套的快捷酒店、车辆维护修理服务区，并完善园区的其他生活配套设施。（王　晟）

【大同新发地农产品批发物流园区】 大同新发地农产品批发物流园区位于大同绕城高速西侧原大同奶牛场，是北京新发地与大同市南郊区联丰科技有限公司共同投资建设，总投资20亿元。以经营蔬菜、果品、肉类、特色杂粮、规模养殖为龙头的国家级农产品中心批发市场。占地面积60公顷，建设内容包括总容量6.5万吨的冷藏库（高温库3万吨，低温库3.5万吨），蔬菜交易大厅，水果交易大厅，粮油交易大厅等。2018年，12个交易大厅、农产品储备物流库、加工配送中心，及部分沿街商业等竣工，粮油交易大厅、干果调味交易大厅、加工配送中心投入试运营。（王　晟）

房地产业

【概况】 2018年，大同市商品房预售许可面积443.83万平方米，同比增长12.4%。其中，商品住房407.82万平方米，同比增长19.7%，34831套，同比增长19.5%。商品房销售421.75万平方米，同比增长27.9%。其中，商品住房成交面积362.25万平方米，同比增长20.2%；成交套数31996套，同比增长23.2%。市本级商品房销售365.3万平方米，同比增长23.2%。其中，商品住宅成交面积320.05万平方米，同比增长18.6%；成交套数28033套，同比增长21.2%。提升房屋交易登记效率，通过整合办事窗口、简化审核程序等举措，使办理房屋交易时限由原来40个工作日压缩为全市一手房、二手房交易登记1个工作日办结，法律关系复杂的二手房交易登记3个工作日内办结，解决办证时间长、程序烦琐、群众多次往返问题。优化审批服务，全年行政审批事项受理办件45件，行政审批事项集中办理率100%。行政审批事项均在行政审批系统中运行受理、审批、办结，实行清单式动态管理行政审批事项。 （张奋然　市房管局）

2018年大同市房地产投资完成情况表

单位：万元

指　标	2018年	2017年
总　计	1554488	1113918
按构成分：建筑安装	1187110	978288
设备工器具购置	29783	22113
其他费用	337595	113517
按工程用途分：住宅	1203553	791537
办公楼	25598	31163
商业用房	179121	211536
其他	146216	79682
按隶属关系分：中央	—	—
省属	—	—
市属	96516	74795
县区	2200	—
其他	1455772	1039123
本年新增固定资产	274266	1054935
商品房施工面积（平方米）	13918641	15772096
其中：住宅	8696287	9447682
商品房竣工面积（平方米）	784949	3691128
其中：住宅	516189	2457431
商品房销售面积（平方米）	2482734	2005684
商品房销售额（万元）	1305084	966614

2018 年大同市房地产开发和销售情况表

指 标	单 位	绝对数	比上年增长（%）
投资完成额	亿元	155.5	39.6
其中：住宅	亿元	120.4	52.1
房屋施工面积	万平方米	1391.9	-11.8
其中：住宅	万平方米	869.6	-8.0
房屋新开工面积	万平方米	329.7	6.5
其中：住宅	万平方米	250.1	22.6
房屋竣工面积	万平方米	78.5	-78.7
其中：住宅	万平方米	51.6	-79.0
商品房销售面积	万平方米	248.3	23.8
其中：住宅	万平方米	239.4	26.1

【商品房库存】 2018 年，大同市商品房可售面积库存 599.01 万平方米。其中，住宅 406.99 万平方米，36629 套；商业 192.02 万平方米。406.99 万平方米商品住宅库存中，市本级 364.68 万平方米，32821 套；县（区）（不含平城区、云冈区、新荣区）42.31 万平方米，3808 套。192.02 万平方米商业库存中，市本级 176.62 万平方米，县（区）（不含平城区、云冈区、新荣区）15.4 万平方米。

（张奋然）

【房地产去库存】 2018 年，大同市房管局分类调控、因域因地施策区域内房地产库存现状，出台《大同市房地产去库存实施细则》（同政办发〔2018〕21 号）《大同市化解房地产库存工作方案》（同政办发〔2018〕20 号）。年初与各县（区）签订去库存目标责任书，明确工作要求，缩短去化周期。每月分析研判商品房上市交易情况、库存情况。加强统计人员业务能力培养，提高库存统计水平。各县（区）库存逐步下降，截至 2018 年年底，县（区）（不含平城区、云冈区、新荣区）商品房可售面积库存下降至 42.31 万平方米。（市房管局）

【存量商品房销售】 2018 年，大同市存量房成交面积 81.37 万平方米，同比增长 37%；成交套数 9021 套，同比增长 38.4%。存量房住宅成交面积 79.39 万平方米，同比增长 30%；成交套数 8904 套，同比增长 38%。存量房成交金额 24.57 亿元，同比增长 58.1%，其中住宅成交 23.03 亿元，同比增长 58.2%。（张奋然）

【商品房价格】 2018 年，大同市商品房价格发展不平衡，由于受地理位置、交通、学区、房屋质量影响，不同地段商品房价格相差较大。总体上，有学区的房价高于无学区的房价。市本级城区、南郊区商品房价格高于新荣区、矿区。御东区的商品房价格高于御西区。全市商品住宅均价为每平方米 5088 元，同比增长 11.6%，环比增长 0.1%。市本级商品住宅均价为每平方米 5331 元，同比增长 12.4%，环比增长 0.2%。广灵县住宅均价每平方米 3698 元，单套成交最高价每平方米 6180 元。天镇县住宅均价每平方米 3022 元，单套成交最高价每平方米 3980 元。左云县住宅均价每平方米 2880 元，单套成交最高价每平方米 3308 元。（张奋然）

【房地产市场监管】 2018 年，大同市房管局多次检查全市在建楼盘，专项检查并普遍复查在建工程项目的开发企业 30 余家。给 14 家房地产开发企业发放停售核查通知书，并逐步按程序履行相关手续。出台《关于加快推进房地产业持续健康发展的意见》（同政办发〔2018〕19 号），发挥房地产业促进经济发展和保障改善民生作用。加大维修资金归集催缴力度。1 月 25 日起向 101 家欠缴住宅专项维修资金的企业印发《住宅专项维修资金催缴通知书》，涉及 130 个住宅小区，要求各企业限期把收取业主的住宅专项维修资金全部归缴专户。追缴 61 个小区住宅专项维修资金 1.58 亿元。创新商品房预售许可证审批工作，成立大同市预售楼盘商品房房屋价格评议委员会，评议新建商品房上市价格，落实习近平总书记“房子是用来住的不是用来炒的”指示精神。（市房管局）

【房地产中介机构整治】 2018 年，大同市房管局逐一审查规范 56 家中介机构，取缔 2 家“游击队”中介。未发现房地产经纪机构未把经纪机构服务项目（内容、收费标准、提供额外延伸服务项目）公开公示，炒卖房号、在代理过程中赚取差价、签订“阴阳合同”、发布虚假和未经核实信息等违法违规行为。（张奋然）

【房屋租赁管理规定】 2018 年，经大同市政府第 12 次常务会议审议研究决定，《大同市居住证管理实施办法》《大同市租赁房屋治安管理规定》和《大同市房屋租赁中介机构治安管理规定》从 3 月 1 日起施行。出租房屋管理关乎房屋所有人和他人的生命财产安全及双方的切身利益，大同市根据《中华人民共和国治安管理处罚法》《居住证暂行条例》《山西省流动人口服务管理办法》等法规出台相应管理规定，加强管理单位和个人所有的住宅或商铺出租、房屋租赁中介机构从事房屋租赁中介业务、流动人口等。市公安局以致公开信方式，告知房屋出租人、房屋租赁中介机构、外来务工经商人员规定细则、权利及履行法规的责任。（紫　妍）

【住房租赁市场】 2018年5月8日，大同市房屋租购服务中心成立并投入使用。该中心集中提供房屋展示、租赁、销售、法律咨询、信息公证等服务，实现多项线上、线下、一体化涉房服务“一站式”平台。市房管局培育引导大同市信誉房地产经纪有限责任公司、大同市悦城浩达房地产开发有限公司开展规模化住房租赁经营；培育大同市御东建设工程管理有限公司作为试点企业，利用建设管理的自有房屋，结合社会租购房屋，提供住房租赁服务。市房管局通过与建设银行山西省分行、建设银行大同市分行合作，上线住房租赁综合服务平台，推进县级住房租赁平台建设。市房管局完善住房租赁政策制度，出台《大同市关于加快培育和发展住房租赁市场的实施办法》，拟定《大同市发展住房租赁市场的实施意见》和《关于加强企业自持租赁住房管理的通知》。

（市房管局）

【物业管理】 2018年，大同市房管局不定期到小区检查，发现问题并督促物业企业整改，保证居民正常生活需求。开展“物业管理条例活动宣传月”活动，印发宣传海报800份、法律法规800份、物业服务法律法规100问等，并在各住宅小区张贴、分发。依托大同同煤技师学院，开设物业管理专业和楼宇设施设备维护课程，给大同市物业行业储备专业人才。制定《大同市整治住宅小区违规行为专项行动实施方案》，规范住宅小区内业主及物业企业擅自把住宅改变为经营性场所，危及公共安全、破坏周边环境、影响业主正常生活秩序行为。

（市房管局）

居民服务业

【家庭服务业】 2018年，大同市家庭服务企业实际注册数594家，其中规模大、运营规范、市场经营效益好的有20余家。固定管理人员约1000人，家庭服务从业人员1万余人，登记注册可调用人员约5000人。按照国家“中小专业型家政服务企业建设规范”要求，大同市家政服务行业开拓市场，培育扶持重点企业，打造出“天镇保姆”家政服务品牌，与北京、天津、山西太原等大城市多家培训机构、家政服务公司建立合作关系。我帮你家政服务有限责任公司重点参与大同市家政服务体系建设，作为山西省家政服务业协会会员企业，按照“中小专业型家政服务企业建设规范”要求和标准，规范管理、完善服务，逐步形成具有当地特色的员工制管理和规范诚信的运营模式。（王　晟）

【托养试点建设】 2018年，大同市各县（区）残疾人托养通过政府购买服务形式服务残疾人。“阳光家园计划”托养项目，全市任务数642人，第一批任务427人全部完成。中央彩票公益金托养项目，全市任务750人，全部完成。省彩票公益金托养项目，全市任务500人，全部完成并录入台账。平城区残疾人托养项目发挥试点作用，建立“互联网+”智慧助残信息平台，开启“系统+服务+残疾人+终端”智慧助残服务托养新模式。云州区残联为做好托养项目，筹建综合服务残疾人托养中心，并开展项目建设工作。（王晓婕）

【餐饮业发展】 2018年，大同市餐饮业以突出特色、提升品质、回归大众为目标，形成多层次、大众化、特色化餐饮业，培育一批连锁企业向外拓展。孙记包子发展成为一家集快餐、中餐、酒店住宿于一体的现代化餐饮企业，开设中餐店1家，快捷酒店1家，连锁快餐店30家，企业员工1400余名。凤临阁餐饮集团以“小吃连锁”经营模式让大同传统美食走出家门、走向全国，大同市内有2家，在太原万达广场、北京丰科万达启动2家小吃连锁店凤临阁分店，凤临阁味庄开业，位于大同市御河西路东，营业面积5800平方米，可同时容纳近1000人就餐。贺老人羊杂立足普通消费者，在保持贺老人羊杂基础上，推出大众化杂粮系列快餐，形成独具特色的“大同小吃”品牌，并向周边地市发展，开设店铺6家。其中，直营店3家、加盟店2家、内蒙古锡林浩特市设立1家分店。大同市鼓楼东街老火锅是晋北地区火锅美食制作技艺的代表，成为市级非物质文化遗产，拥有7家门店，单店投资700万元，总投资约5000万元。（王　晟）

【《住宿服务指南》编印】 2018年，大同市商务局编印《住宿服务指南》给游客提供导引服务。与市工商、公安、旅游等相关部门多方联系协调，逐项核对全市每家住宿企业信息，最终核定市区范围住宿企业350家，提供床位29872个，周边县（区）主要住宿企业49家，提供床位3459个，且相关信息完整齐全。把城市的主要景点、350家住宿企业名称、类型、联系方式、床位数等信息汇集编印成册，让外地游客方便选择适合入住的酒店。并印制《大同市商务旅游住宿服务指南》1万余份，发放到相关单位、餐饮住宿企业。（王　晟）

【中国（大同）面食文化节】 2018年8月24日至28日，由山西省饭店业商会主办，中国饭店协会、大同市商务局支持，山西泽海文化传媒有限公司承办，以“大新同创、大美同享、天下大同”为主题的中国山西食品餐饮旅游博览会暨中国大同面食文化节在大同市古城墙西月城举办，全国各地的食品、饭店、餐饮、旅游及相关行业200余家企业携80余种美食和食材参加。

活动现场，有直径7米的大面锅，用山西非物质传承技艺面塑制作而成的高 8 米的云冈大佛面塑，直径 9 米的大蒸锅，直径 1.58 米的最大景泰蓝面碗等，并有由 10 人接力长达数千米的一根面表演、我为厨狂勺工表演等。大世界基尼斯认证官对大同面食节最大蒸锅、最大面塑云冈大佛、最大景泰蓝碗、最长的一根面四项大世界基尼斯纪录现场授牌。中国店饭协会将“中国刀削面之乡”金字招牌授予大同，使之成为大同市一张对外开放的名片，推动促进大同刀削面产业连锁化、品牌化、产业化发展。活动期间，接待游客近 30 万人次，人民网、《山西日报》、今日头条、新浪网、腾讯网等 30 余家媒体全程参与论坛、开幕式、颁奖等活动的新闻报道。

（王　晟）

▲ 2018 年 10 月 11 日，大同市举行华北地区家政服务劳务对接扶贫暨“天镇保姆”推介交流会

（潘健伟　摄）

【华北地区家政服务劳务对接会】 2018 年 10 月 11 日，由人力资源和社会保障部指导，山西省人力资源和社会保障厅主办，大同市、天镇县人力资源和社会保障局承办，大同市就业指导中心协办的华北地区家政服务劳务对接扶贫暨“天镇保姆”推介交流会在大同市人力资源市场举行。活动旨在发挥政府组织引导作用，在全国范围内推介“天镇保姆”等劳务品牌，拓展省内外劳动力市场，扩大区域性劳务协作，给贫困劳动力转移就业搭建多层次、多渠道就业服务平台。来自北京、天津、河北、内蒙古四省（区、市）的 21 户家政服务企业和省内 33 户家政服务企业与山西省 58 个贫困县开展交流洽谈，并面向“天镇保姆”和大同市家政服务求职人员进行现场招聘。活动期间，签订劳务对接协议 308 份，涉及用工需求 26714 人。入场求职人员 2143 人，达成就业意向 337 人。参加全国家政服务劳务对接扶贫工作座谈会的各省（区、市）代表，集体观摩山西省家政服务劳务品牌展览和“天镇保姆”技能展示活动。

（李　强）

【“天镇保姆”推介会】 2018 年 12 月 2 日，大同市“天镇保姆”推介会在北京举行。人社部副部长张义珍，人社部原副部长杨志明，北京市商务局党组书记、局长闫立刚，人社部机关党委常务副书记崔长征等，山西省委常委、大同市委书记张吉福，省妇联主席张葆，省人社厅副厅长吴海亮，市委副书记刘振国等出席会议。来自京津两地的多家家政服务企业代表参会。

天镇县依托邻近京津地区的区位优势和劳动力丰富资源优势，打造家政服务特色劳务品牌——“天镇保姆”。“天镇保姆”打造一个对接京津冀的星级劳务输出品牌，全县培训输出保姆 7000 余人，创造劳务收入 2 亿元，带动 1 万余名贫困人口稳定脱贫。与会嘉宾肯定大同打造“天镇保姆”品牌的举措。闫立刚表示，“天镇保姆”家政服务在北京需求大，加大支持“天镇保姆”与相关行业协会沟通合作，共同打造培训基地，提供有针对性的素质提升、就业指导等方面的互动和帮扶，让“天镇保姆”能够在北京安心就业，给北京市民提供高质量服务。推介会上，“天镇保姆”北京基地“党员之家”“妇女之家”“会员之家”“家政服务中心”挂牌成立，这标志着“天镇保姆”基地落户北京。

（清　荷）

旅游业

综　述

【概况】 2018年，大同市接待入境旅游者8.21余万人次，同比增长11.34%；实现旅游外汇收入4889.02万美元，同比增长14.10%。全市接待国内旅游者6911.2万人次，同比增长28.37%；实现国内旅游收入616.93亿元，同比增长28.44%。旅游总收入620.93亿元，同比增长28.52%。1月19日，在2018中国旅游风景大会暨中国旅游目的地创新与合作高峰论坛上，大同市获“中国最具投资潜力旅游目的地”城市。5月26日，在2018中国城市大会暨中国城市品牌评价信息试发布（地级市）会议上，大同市获2018中国品牌城市提名城市。6月24日，在2018休闲旅游发展与品质峰会上，大同市入选首批国民休闲旅游胜地，中国（大同）古都灯会获2018中国最负盛名十大节庆称号。7月7日，第四届中国（吉林）避暑旅游产业峰会暨“全球气候变化与旅游国际论坛”开幕式上公布2018中国“最具潜力避暑旅游城市”名单，大同市位列其中。11月，2018《中国国家旅游》年度榜单奖项名单确定，大同市获“最佳全域旅游目的地”奖。（姜　文）

1995—2018年大同市旅游事业发展情况表

年份	接待旅游总人数（万人次）	外国人（万人次）	旅游总收入（亿元）	国内旅游收入（亿元）	旅游外汇收入（万美元）
1995	62.83	2.55	—	0.32	609
1996	63.14	2.73	—	0.50	775
1997	63.83	3.92	—	1.51	848
1998	72.59	3.60	—	0.99	716
1999	227.16	3.57	—	9.25	1051
2000	245.15	4.01	—	10.39	1200
2001	297.61	5.14	13.14	11.77	1662
2002	357.13	5.30	15.84	14.28	1884
2003	283.86	2.56	11.43	10.69	894
2004	602.50	3.60	20.16	19.16	1613
2005	724.43	5.96	33.16	31.36	2297
2006	822.04	7.40	47.64	44.96	3295
2007	933.38	9.76	63.23	60.03	4187
2008	1029.79	12.20	78.79	75.04	5520
2009	1178.91	13.50	96.35	93.55	5431
2010	1393.95	20.23	118.20	113.24	7310
2011	1616.17	18.99	136.60	130.90	8651
2012	1918.04	22.80	162.82	156.22	10224
2013	2355.83	31.27	200.33	192.90	11781
2014	2757.96	5.06	238.67	236.50	3520

续　表

年　份	接待旅游总人数（万人次）	外国人（万人次）	旅游总收入（亿元）	国内旅游收入（亿元）	旅游外汇收入（万美元）
2015	3201.11	6.57	281.17	278.86	3762
2016	4048.47	6.97	363.30	360.70	4023
2017	5391.08	5.82	483.13	480.32	4285
2018	6911.20	6.47	620.93	616.93	4889

【旅游政策引领】 2018年，大同市旅游发展委员会围绕建设国际一流全域旅游目的地，创新机制保障，实施政策引领行动。召开2018文旅振兴暨全域旅游推进会，安排部署文旅振兴工作；召开文旅振兴灵丘现场会和县（区）座谈会，推进文旅振兴。出台《文旅振兴2018年行动方案》《促进旅游投资和消费的实施意见》《推进长城太行旅游板块的实施方案》3个政策文件，与省旅发委签署工作支持协议，与《中国青年报》签订战略框架协议，与省文旅集团签订战略合作协议，推动文化旅游产业振兴。在实施文化旅游资源普查基础上，启动编制《大同市全域旅游规划》和《古长城旅游规划》两个专项规划和云州区、灵丘县、浑源县全域旅游规划编制，方特主题公园申报AAAA级旅游景区进入公示，推进国家级全域旅游示范区创建工作。推动上年7月出台的《旅游接待奖励办法》政策落地，给文旅振兴提供发展保障。年内，到大同旅游专列和大巴旅行团161个，符合奖励政策116个，其中旅游专列72列，旅游大巴44个，游客62399人，开通旅游直通车9条。（姜　文）

【全域旅游发展】 2018年，大同市旅游发展委员会突出全业、全民、全时、全要素原则，注重全景式打造、全社会参与、全产业发展、全方位服务、全区域管理，开发一批休闲度假、温泉养生旅游产品，培育一批特色旅游小镇，生态游、商务游、乡村游，及运动娱乐、养生养老、特色客栈、餐饮服务等新业态发展。云州区坚持规划先行，突出全域推进，梳理旅游资源，合理产业布局，出台《关于实施全域旅游发展战略的意见》《创建国家全域旅游示范区工作方案》，建成50千米贯通黄花、火山、湿地等主要景点的“火山天路”，举办首届大同黄花丰收节。灵丘县结合地域特点，整合旅游资源，打造灵丘旅游“一园一带一路”（“一园”平型关国家有机农业公园，“一带一路”唐河旅游带和平型关国家有机农业公园旅游专线）。推动云州区、浑源县、灵丘县3县创建国家全域旅游示范区验收工作，年底完成自检；与平城区沟通对接，初步在古城设立旅游警察、旅游工商所，创新旅游执法体制。以美丽乡村建设为抓手，以旅游大项目带动乡村旅游新增长，推进云州区吉家庄中心村旅游特色小镇、阳高县阳光99温泉养生养老基地、广灵县涧西古村落生态文化观光基地、天镇县李二口长城旅游景区、新荣区乡村休闲旅游项目、灵丘县平型关小寨红色旅游扶贫项目和村庄易地扶贫搬迁综合开发项目。培育灵丘县上下北泉、车河有机农业社区、花塔村等一批乡村旅游示范点。（姜　文）

【大同旅游获山西旅游品质榜多项奖】 2018年6月8日，由山西省旅发委与山西日报传媒集团联合举办的“山西旅游品质榜评选活动”揭晓，品质旅游景区、品质旅游酒店、品质旅游休闲娱乐项目、品质旅游主题线路、品质旅游商品、品质旅行社、品质服务导游7大榜单向公众发布，大同旅游获山西旅游品质榜多项奖。

山西品质旅游榜评选活动于2016年9月启动，以“山西旅游品质榜，旅游服务大家评”为主题，在两年内，通过大众投票、专家评审组投票等方式，评出20家山西品质旅游景区、24家山西品质旅游休闲娱乐项目、28家山西品质旅游酒店、19种山西品质旅游工艺品、18种山西品质旅游纪念品、20种山西品质旅游土特产、7家山西品质地接旅行社、8家山西品质组团旅行社等。在两个批次的评选中，有800余家旅游行业相关单位报名参评，通过大众投票、专家评审、游客满意度调查等方式，在全省旅游行业内进行品质旅游评选，涵盖吃、住、行、游、购、娱所有旅游范畴。活动中250余万人次参与大众投票，活动微信投票端访问量超过2600万人次，1000余篇相关稿件见诸各类媒体。经过两年的评比、考核、投票，6月8日向公众发布。最终大同云冈石窟景区入列2017山西十佳品质旅游景区；恒山风景区、大同城墙景区、晋华宫矿山公园入列2017山西品质旅游景区；大同方特欢乐世界入列2017山西十佳品质旅游休闲娱乐项目；金帝豪生酒店和王府至尊酒店入选山西十佳品质旅游酒店；晋银牌纯银艺术品、大同闹腾文创产品入选山西十佳旅游品质商品；大同华远国旅史晓鹏、张亮获山西十佳品质服务导游；大同魏都水上乐园入列2017山西品质旅游休闲娱乐项目；大同睿和国宾酒店等4家酒店入列2017山西品质旅游酒店；铜工艺火锅系列、广灵剪纸山西民俗入列山西旅游品质工艺品；雁门清高苦荞系列入选2017山西品质旅游土特产；大同华远国旅、大同中国旅行社入选山西品质地接旅行社，同煤晋华国旅入列山西品质组团旅行社。

（姜　文）

旅游规划建设

【旅游项目建设】 2018年，大同市旅游发展委员会按照全省锻造黄河、长城、太行三大旅游版块总体部署，把旅游项目建设作为推进文旅振兴的工作重点。以文旅大项目为抓手，构筑全市旅游发展新格局。横贯天镇县、阳高县、新荣区、左云县4个县（区）的长城国家风景道投资6.9亿元，开工里程251千米；潘家园文旅项目招商运营；推进古城东北隅开发工程、万龙白登山滑雪场二期、魏都水世界二期等项目建设；推进恒山AAAAA级景区创建工作，完成《恒山景区旅游发展规划》《恒山创建国家AAAAA级旅游宣传片》，投资1200万元实施恒山景区环境整治工程，投资1200万元实施悬空寺彩绘、岩体加固、行宫整体修缮等工程。推进火山群、阳高神泉古域、浑源神溪湿地、桑干河湿地公园等一批续建类文旅新业态项目，规划推进总投资194.3亿元的15个旅游重点项目，其中15个项目开工建设，总投资27.286亿元，涵盖研学旅行、健康旅游、生态旅游等业态。（姜　文）

【大同长城古堡群发展暨新荣文化旅游研讨会】 2018年2月7日，山西大同长城古堡群发展暨新荣文化旅游四年提升计划研讨会在北京大学举行。会议讨论大同长城古堡群的文化内涵，提出大同长城古堡群的开发理念与路径，汇集大同长城古堡群开发的思路，及研讨新荣文化旅游四年提升计划。国家、省、市专家围绕大同长城古堡群发展及新荣文化旅游主题，从不同角度给新荣文化旅游发展会诊把脉。新荣文化旅游优势和特色可简单概括为："古、韵、新、风"。"古"，就是有古长城、古城堡、古皇陵。"韵"，就是有底蕴、有灵韵、有好运。"新"，就是新产业、新基地、新生态。新荣区森林覆盖率29.1%，林木覆盖率39.2%，是山西省24个国家级生态示范县（区）之一。"风"，就是风光好、风水好、风气好。这次研讨会，研究和探讨长城精神、长城文化，寻求处理好保护和发展关系策略，让更多人在寓教于乐中传承长城文化和长城精神，并结合乡村振兴战略，把长城文化传承和扶贫攻坚相结合，让游客走进来，向旅游要效益。（鹤　梅）

【大同市文旅振兴暨全域旅游推进会】 2018年4月26日，大同市召开2018文旅振兴暨全域旅游推进会，落实山西省、大同市决策部署，提速国家级旅游业改革创新先行区建设，部署安排文旅振兴重点工作。市委副书记、市长武宏文出席会议并讲话，市委副书记刘振国主持，市委常委、常务副市长薛明耀，市人大常委会副主任刘美，市政协副主席王德成等参加推进会。新华社中国经济信息社副总裁曹文忠，新华社山西分社副社长汪振望等参会。

会上，薛明耀安排部署文旅振兴战略2018重点工作，大同县、浑源县、灵丘县和市交通局、市商务局等部门负责人作表态发言，新华社新华指数有限公司副总经理曹占忠发布中国大同旅游发展指数2018年一季度运行报告。会议要求云冈石窟、北岳恒山衍生旅游新业态，拓展发展新空间，提升旅游品牌影响力；建成长城板块旅游项目，打造长城国家一号风景大道；挖掘古城历史文化底蕴，加大核心景区扩容提质；以国家火山群地质公园为龙头，整合土林等周边景点，打造休闲体验式旅游；加快发展冰雪运动产业，给大同冬季旅游注入活力。发展康养产业，构建养老、养生、医疗、文化、体育、旅游等业态相融合的新型健康产业发展模式；重视大同城市文化特质，加强城市基础设施建设，把大同打造成国家级旅游业改革创新先行区、国际一流全域旅游目的地。（蕙　兰）

【大同市与山西文旅集团战略合作】 2018年5月11日，大同市政府与山西省文化旅游投资控股集团有限公司签署战略合作框架协议，双方达成携手发展文旅产业共识。大同市委副书记、市长武宏文，山西文旅集团党委书记、董事长王文保见证签约并参加座谈会。副市长郭蕾与山西文旅集团总经理高建光签约。

上年8月成立的山西文旅集团，重点打造景区开发运营、酒店管理、智慧旅游、文化创意、旅游置业、投融资6大业务板块。大同市政府与山西文旅集团签订战略合作框架协议，开启双方合作篇章，发挥各自优势，共同打造地方政府与省属企业间开发建设模式典范，开创地方政府、省属企业、当地群众多方受益、互利共赢局面。（蕙　兰）

【文旅振兴工作推进会】 2018年6月20日，市旅游发展委员会召开文旅振兴工作推进会，各县（区）旅发委负责人参加会议。会上，市旅发委发放《2018年度重点任务分解及目标责任书汇编》，县（区）旅发委负责人汇报上半年工作情况，重点说明文旅振兴工作任务推进和改革创新、"厕所革命"、旅游项目和旅游扶贫等方面工作。市旅发委与各县（区）旅发委签订《2018年度旅游脱贫攻坚目标责任书》和《2018年度旅游安全工作目标责任书》，提出行业管理、旅游安全、旅游扶贫、旅游服务监管等相关工作具体要求。市旅发委解读旅游重点工作任务。会议要求，全市旅游工作要落实中央、省市关于文化旅游业改革发展的战略部署，围绕"建设国际一流全域旅游目的地"总目标，借助国家级旅游业改革创新先行区和全省打造旅游"新三板"政策机遇，使全市旅游总收入和接待国内外游客总数同比增长26%，推动全市创建国家级全域旅游示范区，落实文旅振兴战略2018行动方案工作任务，争当全省文化旅游产业发展"尖兵"。（姜　文）

【中国（山西）资本创新与旅游发展高峰论坛】 2018年9月14日，中国（山西）资本创新与旅游发展高峰论坛暨百家上市公司大同行活动在大同举行。论坛由大同市人民政府主办，大同市旅游发展委员会承办。旅游产业专家，山西、河北、湖北、北京等地上百家上市公司高管代表300余位嘉宾参加。

在论坛主题演讲环节，中国社科院学部委员、金融研究所原所长王国刚以"新时期宏观调控与金融风险的防范与化解"为主题作演讲。中国旅游产业基金执行董事杜长辉提出旅游产业发展与资本运营的新思路。深圳证券交易所北京中心副主任朱海鹏给大同市企业进军资本市场作指导。活动中，资本市场与旅游产业专家、上

旅游业

市公司高管面对面讨论山西省在亟待转型发展背景下，传统产业如何现代化转型、怎样寻找旅游发展创新路径，并把资本创新与旅游发展有机结合，探索适应山西旅游新时代发展模式。

（姜　文）

【蒙晋冀（乌大张）长城金三角合作区第五届联席会议文化旅游合作座谈会】 2018年12月24日，2018年蒙晋冀（乌大张）长城金三角合作区第五届联席会议文化旅游合作座谈会在大同召开。乌兰察布市委常委、副市长郭菁，张家口市副市长刘均勇参加座谈会。大同市副市长郭蕾主持座谈会。

座谈会上，大同市、乌兰察布市、张家口市的文化旅游部门负责人及业界人士，交流三市如何加强合作互通，促进文化旅游事业协同共进。三市旅游文化业界人士认为三地文化旅游合作有领域广度、资源深度、文化厚度，三地基于共同文化属性，构建长城风情文化生态链、西口情文化产业链等，依托丝绸之路、万里茶路、草原文化、北魏文化、辽金文化、边塞文化、草原文化等，挖掘历史文化资源，打造传统文化产品；加强城市营销，三地作为整体一起宣传推广；应加强合作，展示三地旅游文化的差异性、个性化，巩固旅游一卡通成果，开通重点旅游景区直通车等；利用北京冬奥会举办契机，打好冬奥文化品牌，加强冰雪文化交流等。

（姜　文）

旅游景区

云冈石窟景区

【概况】 云冈石窟位于山西省大同市西郊17千米处的武周山南麓，石窟依山开凿，东西绵延1千米。存有主要洞窟45个，大小窟龛252个，石雕造像5.1万躯，是中国规模最大的古代石窟群之一，与敦煌莫高窟、洛阳龙门石窟和天水麦积山石窟并称为中国四大石窟艺术宝库。2018年，云冈石窟获晋北地区2017美团点评优选“最具影响力景区”奖，以旅游影响力指数综合得分88.6的成绩入围“山西省最具影响力十大景区”。全年景区游客接待量164.3万余人，同比增长12.29%，旅游总收入1.19亿余元，同比增长8.69%。

（谷　敏）

【云冈石窟保护关键技术研发及应用获提名申报国家科学技术进步奖】 2018年1月，《云冈石窟保护关键技术研发及应用》项目获国家文物局提名申报国家科学技术进步奖。《云冈石窟保护关键技术研发及应用》项目以世界文化遗产云冈石窟为例，针对中国砂岩类石窟长期存在的水害、岩体失稳、风化残损及污染等共性关键问题，通过20余年的技术研发与联合攻关，应用多学科理论和现代科技手段，系统研究石窟雕刻病害，揭示云冈石窟石雕风化机理；形成砂岩类石窟检测、监测、评估，及重点病害治理的关键技术、材料和设备成果；建立完善系统的砂岩类石窟保护技术体系与工作方法体系，制订石窟寺病害调查及评估等系列规范，解决长期以来砂岩类石窟面临的诸多保护难题，给中国砂岩类石窟寺保护提供技术支撑。形成一支稳定的石窟文物保护研究队伍，促进砖石质文物保护和石窟寺保护技术2个国家文物局重点科研基地的运行和组建，培养一批石窟保护的人才，奠定中国砂岩类石窟保护的技术基础，提升砂岩类石质文物保护的整体水平和科技创新能力。研究成果在云冈石窟、龙门石窟、大足石刻、乐山大佛等世界文化遗产和多项石窟类全国重点文物保护单位的保护工程中得到应用，保护中国价值高的石窟类文化遗产。

（谷　敏）

【大同沙岭7号北魏墓葬与云冈石窟艺术展】 2018年1月12日至2月28日，由云冈石窟研究院和北京大学考古文博学院主办，北京大学赛克勒考古与艺术博物馆承办的“另一个世界的想象——大同沙岭7号北魏墓葬与云冈石窟艺术展”在北京大学赛克勒考古与艺术博物馆展出。

展览展出大同沙岭7号北魏墓葬壁画的摹制作品近10幅和云冈石窟部分雕塑。为尽可能完整采集沙岭壁画信息，云冈石窟研究院数字中心应用多类型空间信息测量手段，如采用GPS测量与全站仪测量测绘网布控墓葬、采用基于多图像的三维重构技术与激光三维扫描技术高精度三维信息测量与采集墓葬整体等，观众可在现场体验VR，感受云冈文物数字化建设的部分成果。大同东郊是北魏贵族墓葬区，沙岭7号墓是其中的一座地下“豪宅”，墓主人是破多罗氏鲜卑人，墓室内的壁画，完整呈现北魏早期的文化生态模式。沙岭7号墓出土的壁画分布在墓室四壁和甬道的顶、侧部，保存完好，总面积24余平方米，主要有红、黑、蓝三色，人物极具神采，相当壮观。展览现场可看到沙岭北魏墓壁画全貌。

（谷　敏）

▲2018年1月12日，“另一个世界的想象——大同沙岭7号北魏墓葬与云冈石窟艺术展”在北京大学赛克勒考古与艺术博物馆展出

（谷　敏　摄）

▲ 2018 年 1 月 14 日，云冈石窟研究院与山西大同大学举行战略合作框架协议签约仪式（谷 敏 摄）

【云冈石窟研究院与大同大学战略合作】 2018 年 1 月 14 日，云冈石窟研究院与山西大同大学举行战略合作框架协议签约仪式，双方在文物保护、人才培养、石窟研究、文创产品开发、文物数字化等层面开展合作。签约仪式上，云冈石窟研究院院长张焯与山西大同大学校长冯锋代表双方签署《战略合作协议》。张焯代表云冈石窟研究院向大同大学赠送《云冈石窟佛造像典藏卷》《云冈百年论文选集》《云冈国际学术研讨会论文集》《中国大同雕塑全集》《云冈石窟词典》等书籍。（鹤 梅）

【云冈石窟研究院与卡戳网战略发展合作】 2018 年 3 月 16 日，云冈石窟研究院与吉林省卡戳文创艺品科技有限公司在云冈石窟研究院多功能会议室签订战略发展合作协议。云冈石窟研究院院长张焯，吉林省卡戳文创艺品科技有限公司市场开发总监郗小冬代表双方签署战略发展合作协议。云冈石窟的文化积淀，带给卡戳签约艺术家艺术灵感，催生出景区文化艺术品，双方通过新兴的文化创意产品把云冈石窟发扬光大。云冈石窟与卡戳网挖掘、梳理云冈石窟自然文化、历史文化、宗教文化、民俗文化、旅游文化等，在云冈石窟建立卡戳艺术馆。（蕙 兰）

【云冈石窟研究院与山西大学美术学院共建实践教学与研究基地】 2018 年 4 月 25 日，云冈石窟研究院与山西大学美术学院共建实践教学与研究基地签约挂牌仪式在云冈石窟研究院举行。云冈石窟研究院院长张焯，云冈石窟研究院书记王雁翔，山西大学美术学院教学院长王志俊，山西大学美术学院党委书记赵建伟，左云县委常委、副县长任帅，云冈石窟研究院部分员工及山西大学美术学院到该地写生的 30 余名师生参加签约挂牌仪式。

张焯从历史渊源、美学特征、佛教艺术等方面讲述云冈石窟的传统文化底蕴，阐述把云冈石窟设为山西大学美院的教学实践基地，能够汇聚学科团队，促进学科建设，给国家文物古迹的传扬发挥作用。王志俊表示山西大学美术学院作为山西省历史悠久、学科专业齐全、办学层次完善的高等美术教育单位，把云冈石窟研究院设为山西大学美院的教学实践基地，能够推动学科建设及学生的综合能力提升，山西大学美术学院会加强与云冈石窟实践基地的联系，构建学院和实践基地的合作机制，更好地服务科研与教学。（谷 敏）

【石窟寺保护创新联盟成立】 2018 年 5 月 12 日至 13 日，由云冈石窟研究院联合复旦大学、同济大学、龙门石窟研究院、大足石刻研究院、辽宁有色勘察研究院共同发起成立的石窟寺保护创新联盟现场实验启动会议在云冈石窟研究院召开，标志着石窟寺保护创新联盟成立。

石窟寺保护创新联盟的设立，旨在联合国内相关文博单位、科研院所、高校和企业，加强学术交流和新技术、新材料的研发和推广，解决石窟寺保护工作中遇到的技术难题，给国内石窟寺文物保护和研究领域提供人才及技术支持，给科学保护文物、活化文物资源奠定基础。会议期间举办石窟寺保护和研究相关讲座，其中包括复旦大学教授王金华讲授《中国石窟寺保护状况及其前景》，复旦大学教授严绍军讲授《云冈石窟地质条件及保护》，同济大学教授戴仕炳讲授《我国石质文物牺牲性保护的思考》等。5 月 14 日至 20 日，课题组成员现场调研云冈石窟文物保护工作。（蕙 兰）

【湖南卫视《博物馆奇妙夜》栏目组到云冈石窟录制】 2018 年 5 月，湖南卫视文博节目《博物馆奇妙夜》栏目组到云冈石窟景区录制节目。该节目录制《云冈入“耳”》《云冈入“眼”》《云冈入“心”》3 集。

该期节目由国内鉴赏家、收藏家马未都，国家歌剧院首席舞蹈演员唐诗逸，藏族女歌手阿兰，国乐大师方锦龙，演员王劲松等组成嘉宾团。摄制组取景云冈石窟外部、12 窟、20 窟、6 窟、38 窟等，几位嘉宾结合自身职业及喜好，从各自角度展现舞乐云冈、云冈印象、云冈之美，探讨云冈精髓。云冈石窟研究院院长张焯参与拍摄，并解析云冈石窟中晚期的艺术风格，分享云冈石窟的历史故事，剖析云冈石窟文化。节目于 6 月 19 日在爱奇艺播出。节目中，嘉宾团围绕云冈石窟中有代表性的石雕音乐、飞天浮雕、微笑佛像为话题切入，从听觉、视觉、感觉不同维度，解读石窟开凿的过程及史实故事，科普石窟佛像的艺术风格、造型变化，品味云冈石窟不同时期所呈现出的美学意韵。从历史背景角度讲解石窟背后跨越千年的国家、民族、艺术、文化变迁，阐述中国民族文化对外来文化的吸收及融合。（蕙 兰）

【张焯获“2016—2017 年绿色中国年度人物”】 2018 年 6 月 5 日，是新《中华人民共和国环境保护法》实施的第 4 个“六五”环境日，生态环境部联合湖南省人民政府在长沙市岳麓区梅溪湖国际文化艺术中心举办“美丽中国 我是行动者”主场活动，发布《公民生态环境行为准则》，揭晓“2016—2017 年绿色中国年度人物”。云冈石窟研究院院长、云冈旅游区管委会主任张焯获该奖项。

“绿色中国年度人物”奖是中国政府在环保领域设立的最高奖项，从 2005 年起，全国人大环境与资源保护委员会、全国政协人口资源环境委员会、中华人民共和国生态环境部、国家广播电视总局、共青团中央、中央军委后勤保障部军事设施建设局 6 部委联合主办“绿色中国年度人物”评选表彰活动，2018 年是第十届。第十届“绿色中国年度人物”评选分为民间行动、公共服务、企业责任、学术创新、传播影响、文化引领 6 大类别。经过前期公示，网络投票、专家评审，从 24 位入围名单中评选出 7 位具有代表性人物，他们的事迹对社会公众具有带动、导向和示范作用。他们分别是：海南省蓝丝带海洋环境保护协会会长郑文春，生态环境部华南督察局督查三处处长喻旗，江西君子谷野生水果世界有限公司董事长庄席福，清华大学环境学院院长贺克斌，湖南广播电视台卫视频道主持人汪涵，文博研究员、云冈石窟研究院院长张焯，青年演员、导演李晨。

云冈石窟大景区建设初具规模后，张焯带领全院职工做拾遗补缺工作，并在工作中植入环保节能、循环利用理念。作为世界文化遗产——云冈石窟掌门人，他用“过日子”的精神指导景区建设。两年间，3 万余立方米的旧石废料，在他的笔下、在云冈人手中化作人文景观和低碳节能服务设施。他把保护文物与保护环境相融合，创造世界文化遗产领域生态环保的中国范例。他们利用当地开山废石、道路废水泥块、石材厂废料、铁道旧枕木、建筑剩余边角木料、工矿淘汰机具、碑头、碾盘、碌碡等旧石雕创新设计制作各式园林景观。增设 5 个停车场、7 个环保公厕、11 个电瓶车停靠站、13 个园林小广场，30 余条景区园路、8 千米长的景观墙、原木秋千、原木休息小屋及数条残疾人通道。投入资金 3000 余万元，消化固体垃圾废料 3 万余立方米，给国家节省资金约 1 亿元。（谷 敏）

【云冈石窟景区入列 2017 山西十佳品质旅游景区】 2018 年 6 月 8 日，山西旅游品质榜组委会公示山西旅游品质榜评选获奖名单，云冈石窟景区入列 2017 山西十佳品质旅游景区。

山西品质旅游榜评选活动于 2016 年 9 月启动，以“山西旅游品质榜，旅游服务大家评”为主题，在两年内，通过大众投票、专家评审组投票等方式，评出 20 家山西品质旅游景区、24 家山西品质旅游休闲娱乐项目、28 家山西品质旅游酒店、19 种山西品质旅游工艺品、18 种山西品质旅游纪念品、20 种山西品质旅游土特产、7 家山西品质地接旅行社、8 家山西品质组团旅行社等。经过两年评比、考核、投票，2018 年 6 月 8 日向公众发布。其中，大同云冈石窟景区入列 2017 山西十佳品质旅游景区。（谷 敏）

【明清水陆画展在云冈美术馆展出】 2018 年 6 月 12 日至 7 月 12 日，由云冈石窟研究院、西安水陆画博物馆联合主办的“明清水陆画展”在云冈美术馆展出。

水陆画起源于三国时期，自金代至元、明、清时期盛行，是“三教合一”背景下产生与发展的汉族民俗文化现象。2014 年，国务院批准列入第四批国家级非物质文化遗产名录。这次展览展出包含明清两代的水陆画 59 幅，是西安市水陆画博物馆馆长蔡元平藏品中的精品。蔡元平近十年来，珍藏中国元、明、清及民国时期水陆画，其中蕴含民间艺术大师的智慧与创造力，凝聚着一种民间宗教的历史内涵，具有较高宗教文化艺术的价值与魅力。这次展出的主要是中国明清时期为主的宗教水陆画，是当时民族宗教信仰的重要资料。（谷 敏）

【大同“一带一路”文化艺术研究院专家座谈会】 2018 年 6 月 20 日，大同“一带一路”文化艺术研究院专家座谈会在云冈石窟研究院多功能厅召开，大同“一带一路”文化艺术研究院筹备委员会成立，下设筹委会办公室，设在云冈石窟研究院。出席会议的有清华大学国际传播研究中心主任李希光，高级研究员梁晓新，大同大学历史与旅游文化研究学院院长李珍梅，大同大学云冈文化研究中心主任刘殿祥，大同大学北魏历史文化研究所所长马志强。大同市委宣传部常务副部长苏珍，大同市文物局副局长于向东、何建国，大同市博物馆副馆长曹臣明等。

会上，李希光、梁晓新说明大同“一带一路”文化艺术研究院成立的意义和目标，并围绕研究院启动交流项目、学术交流考察团追寻谷巍龙脚步、巴基斯坦犍陀罗佛教艺术全集出版、平城与塔克西拉艺术交流展、筹建焦李安大学、丝路文明国际论坛举办、联合考古教育发展 7 个具体项目的筹备与实施方案与参会代表交流。来自各单位的领导专家分别结合自身领域，谈论筹备大同“一带一路”文化艺术研究院和未来与巴基斯坦开展合作的想法，就更好融入“一带一路”战略、提升大同国际形象，形成国际多边合作研究机制等提出意见建议。（谷 敏）

【“一带一路”云冈石窟文化玄奘文化科学艺术研讨会】 2018 年 6 月 23 日，由大同市政府主办，市文化局、深圳市宗德文化传播有限责任公司承办，云冈石窟研究院、大同广播电视台、正觉教育基金会协办的“一带一路”云冈石窟文化、玄奘文化科学艺术研讨会在大同市举办。

活动内容包括“一带一路”云冈石窟文化与玄奘文化科学研讨大会开幕式，“一带一路”云冈石窟文化、玄奘文化学术研讨会，纪录片展播“台湾学者云冈之旅——云冈石窟文化与玄奘文化之探索”“玄奘大道·云冈之夜”颁奖仪式等。研讨会以“一带一路”文化交流为核心，向世界呈现中国“云冈石窟文化”“玄奘文化”精髓，推动其在公益慈善、环境保护、文化艺术、文明交流等领域的合作与发展，传承中华文明优秀文化之花。

（蕙 兰）

【云冈石窟研究院与天津师范历史文化学院共建教学实习基地】 2018年7月14日，云冈石窟研究院与天津师范大学历史文化学院共建教学实习基地签约挂牌仪式在云冈石窟研究院举行。云冈石窟研究院院长张焯，天津师范大学历史文化学院院长孙立田，重庆大学建筑城规学院建筑技术科学系主任、博士生导师严永红，四川美术学院副教授、硕士生导师钟飙，天津师范大学历史文化学院文物与博物馆系主任杨效雷等专家学者出席签约挂牌仪式。

云冈石窟研究院在考古发掘、资料整理汇总等方面，缺乏专业技术人才。云冈石窟研究院与天津师范大学历史文化学院共建教学实习基地，可让天津师范大学历史文化学院借助云冈石窟世界文化遗产平台，发挥其人才优势，提升教学质量，弘扬民族传统文化。挂牌仪式之后，孙立田和出席挂牌仪式的专家学者参观考察云冈石窟研究院数字中心，了解3D打印、VR技术、数字化扫描等方面工作，肯定云冈石窟研究院在文物数字化工作中取得的成绩并希望展开多领域合作与研究。 （翠 松）

【中国云冈·杨昀霖书画艺术展】 2018年7月24日至8月1日，由农工党大同市委员会和云冈石窟研究院主办，易兆文化传媒承办的《2018·中国云冈·杨昀霖书画艺术展》在云冈美术馆展出。

杨昀霖是大同人，中国纪实文学协会会员，中国文艺志愿者协会会员，中国美术学院书法硕士，浙江大学人文学院美术学研究生，执教于中国美术学院继续教育学院国画系，擅长人物释道、树石题材。这次展览展出作品56件，作品有山水画、花鸟画、人物画。 （谷 敏）

【陈云岗雕塑艺术馆在云冈石窟揭牌】 2018年8月8日，陈云岗雕塑艺术馆在云冈石窟揭牌，并长期落户云冈美术馆二层展馆，馆中陈列其代表作品90余件。

陈云岗是一位雕塑家，作品风格独特，体现着浓郁的大同传统文化印痕。陈云岗雕塑艺术馆陈展的作品绝大多数是中小型作品，包括陈云岗各个时期作品，时间跨度30余年。其中，作品《大江东去》与《中国老子》曾获第九届、十届全国美术作品展银奖，《高山流水》《竹林七贤》《逍遥游》等代表性作品多为铸铜材质。（翠 松）

【云冈石窟窟顶考古遗址和明代戍堡保护与展示工程设计方案论证会】 2018年8月17日至18日，"云冈石窟窟顶考古遗址与明代戍堡保护与展示工程"设计方案论证会在北京召开。论证会邀请中国文物学会原副会长、中国文化遗产研究院研究员黄克忠，中国文物学会副会长、中国社会科学院研究员安家瑶，敦煌研究院原副院长李最雄、中国文化遗产研究院原总工程师侯卫东，中国地质大学文化遗产与岩土文物保护技术研究中心原主任、总工程师方云，复旦大学研究员王金华，山西省考古所原书记、研究员张庆捷等专家到会指导。

2002年云冈石窟启动防水保护工程，2008—2012年考古发掘窟顶防水区域，在明代戍堡东西八字墙两侧分别出土1处北魏寺庙遗址和1处北魏、辽金寺庙遗址，考古价值大，被评为2012年"中国十大考古新发现"。古遗址崖下的石窟常年渗水，危及石窟文物保存。2013年，云冈石窟研究院决定保护与展示窟顶2处考古遗址、遗址中间的明代戍堡遗存及周边区域，委托清华大学建筑设计研究院建筑与文化遗产保护研究所进行"云冈石窟考古遗址及明代戍堡保护与展示工程"立项工作。论证会上，清华大学建筑设计研究院汇报云冈石窟窟顶考古遗址与明代戍堡保护设计方案，与会专家论证"云冈石窟窟顶考古遗址与明代戍堡保护与展示工程"设计方案，并提出窟顶考古遗址项目规划提出建设性意见和建议。 （谷 敏）

【中国魏晋南北朝史学会北魏研究中心落户云冈石窟】 2018年8月18日，中国（大同）北魏文化论坛举行闭幕式。闭幕会上，中国魏晋南北朝史学会会长楼劲把"中国魏晋南北朝史学会北魏研究中心"牌匾授予云冈石窟研究院，北魏研究中心落户大同云冈石窟。

魏晋南北朝是中华民族历史上一个重要转折时期，上承秦汉，下启隋唐。北魏平城时代，孝文改制奠定大唐政治、经济和文化昌盛根基；云冈石窟正是这大背景下开凿的独具特色的文化代表和象征，它的雕刻代表着公元5—6世纪佛教艺术的最高成就，在中国乃至世界艺术史上占有重要地位。中国魏晋南北朝史学会成立于1984年，该学会把北魏研究中心落户大同云冈石窟研究院，丰富云冈石窟、北魏平城的学术研究领域，以云冈石窟为龙头，带动北魏历史文化研究，促进北魏研究走上新台阶。北魏研究中心办公机构常设大同，设立学术委员会，负责中心学术规划、课题设计、课题审核等相关学术事宜。每年召开1～2次学术委员会会议，以其学术性、开放性和地方特色，给北魏研究搭建一个学术交流平台。 （谷 敏）

【云冈石窟跻身全国AAAAA景区50强】 2018年8月，人民网舆情数据中心发布"上半年全国AAAAA级旅游景区综合影响力排行榜TOP50"，大同市云冈石窟景区以综合影响力得分57.1排名第25。

全国AAAAA级旅游景区综合影响力排行榜以全国AAAAA级旅游景区的官方认证"双微"（微博、微信）运营效果、主流媒体关注度以及网民评论情况为评价维度，考察新媒体影响力（活跃度、传播力、互动力）、关注度、美誉度3个指标，通过数据分析和数理模型计算，反映中国AAAAA级旅游景区的综合发展状况，激励AAAAA级旅游景区以更科学、简便、智慧方式推动企业管理和景区运营。云冈石窟官方微信开通4年来，无间歇推送2000余条微信；云冈石窟官方微博2011年开通，推送5000余条微讯。"双微"内容融入景区实时报道、假日盛况、历史文化、美文美图、诗文集萃、文物保护等方面内容，让游客能够实时关注云冈动态、了解云冈文化、感知云冈魅力。 （姜 文）

【韩必省给云冈石窟捐赠墨宝《大同赋》】 2018年9月10日，十二届全国政协委员、中国国民党革命委员会中央委员会委员、民革中央画院副院长韩必省向云冈石窟研究院捐赠数年前创作的书法作品《大同赋》。

韩必省是中国书法家协会会员，民革天津画院副院长，华夏未来国际书画院院长，全国政协机关书画协会顾问、《人民画报》书画院艺术顾问，世界华商书画家协会顾问，天津中华文化学院、天津商学院、闽江学院客座教授，《蓝盾》杂志社艺术顾问。从事书画艺术创作40余年。在法国、韩国、日本、英国及国内多次举办个人书画展，作品曾被中外政要及艺术馆收藏。韩必省在过去10年中，一直关注云冈景区发展，特别是云冈文化发展，在昙曜五窟前留下《昙曜五窟记》碑记石刻，10年后给云冈石窟研究院捐赠原大同市市长耿彦波吟咏的大同诗篇。（谷 敏）

【云冈石窟第18窟1∶1复制项目工程中期验收会】 2018年9月14日，云冈石窟第18窟1∶1复制服务项目中期验收会在北京建筑大学大兴校区召开。山西文博大家、原山西省考古所所长、书记张庆捷，北京建筑大学副校长李爱群、人事处副处长侯妙乐，云冈石窟研究院美术研究室主任张海雁、数字化室主任宁波及项目工程相关人员参加会议。

云冈石窟第18窟1∶1复制服务项目是云冈石窟研究院践行“让文物活起来”“走出去”举措之一。云冈石窟研究院与北京建筑大学联合攻关，采用三维激光扫描技术与多图像三维重建相结合的技术路线，重建云冈石窟第18窟的高保真三维模型，通过引入国内自主研发的高精度3D打印设备，运用3D打印技术复制石窟本体所有细节，经过机械拼装、拼缝处理等工艺，最终形成原比例、高保真的石窟复制品，复制品可反复拆卸，方便组装。

验收会上，专家组成员听取项目承担单位北京建筑大学联合体所做的技术报告和工作总结报告，实地检查3D打印复制品，经检查、质询和讨论，专家组一致同意验收通过该项目工程。（谷 敏）

【云冈石窟研究院与景德镇陶瓷大学共建艺术创作基地】 2018年9月15日，云冈石窟研究院与景德镇陶瓷大学共建艺术创作基地，签署协议暨挂牌仪式在云冈石窟研究院举行。景德镇陶瓷大学陶瓷美术学院副院长黄胜，雕塑系主任罗瑾，副主任邵长宗，中国轻工业陶瓷研究所传统陶瓷研发中心副主任方啸，云冈石窟研究院院长、云冈旅游区管委会主任张焯，云冈石窟研究院、云冈旅游区管委会书记王雁翔，云冈石窟研究院副院长、云冈旅游区管委会副主任卢继文，景德镇陶瓷大学雕塑系的30余位学生及云冈石窟研究院相关科室负责人等参加仪式。云冈石窟重视石窟艺术研究，和多个高校开展合作交流，与景德镇陶瓷大学的合作能促进云冈石窟艺术研究与发展。景德镇陶瓷大学结合自身艺术优势与云冈石窟加强多层次合作，开展学术交流、文创产品研发、“产、学、研”一体多方面合作。景德镇陶瓷大学青年艺术人才可结合自己专业知识发散思维给云冈石窟这座艺术宝库作出研究与推广，用陶瓷艺术展示云冈艺术。（谷 敏）

【云冈石窟打印出能走的“音乐厅”石窟】 2018年10月10日，由云冈石窟研究院与浙江大学合作，利用3D打印技术原大复制出的可移动第12窟“音乐窟”在深圳通过专家验收。

云冈第12窟，又名“音乐窟”“佛籁窟”，前殿后室，入深14米，宽11米，高9米，表现佛教弥勒天宫的壮丽与辉煌。其中，前殿上壁雕塑的数十身伎乐天人形象，演奏琵琶、筚篥、古琴等各种中西式乐器，是中国古代最早的宫廷交响乐团。这次复制第12窟“音乐窟”，使用“积木式”技术和制作方法，复制成功的前殿重量不到5000公斤，与同等体积下“音乐窟”本身几百吨的重量有别，5辆标准集装箱车就可拉运，一周即可组装完成布展。该窟由深圳美科图像有限公司运用高精度三维数据采集和3D打印，前殿由48块2立方米的“积木块”组成，误差控制在2毫米以内，结构为轻体铝合金框架，分块式半自动化安装。在复制第12窟“音乐窟”中，该公司专门自主研发20台3D打印机，历时6个月把第12号窟前殿打制完成。该窟在复制过程中，有诸多关键技术突破，产生10余项技术专利。（谷 敏）

【云冈石窟景区亮相2018中国旅游产业博览会】 2018年11月9日，由文化和旅游部、天津市政府共同主办，联合国世界旅游组织特别支持的“2018中国旅游产业博览会”在天津梅江会展中心开幕。云冈石窟景区作为世界文化遗产、山西省AAAAA级旅游景区亮相博览会。

旅博会展示内容分7个主题展区。其中，“各省区市旅游展区”，展示全国各省区市旅游形象、旅游线路、旅游产品和特色旅游商品、地方特色表演等内容。北京、山西、河北、上海、山东、湖北、吉林、海南、新疆等28个省、自治区、直辖市或单位参展。山西省11个城市设有主题展示区。云冈石窟景区在这次博览会现场展示区内，云冈石窟工作人员给参观者免费发放宣传折页、佛光书签，并举行扫码送礼活动，展区内具有云冈元素的书签、北魏拓片、明信片、冰箱贴、笔记本等文创产品。（翠 松）

【古代壁画暨流失海外珍贵壁画再现传播与展示全国巡展（云冈美术馆站）】 2018年11月20日至2019年2月22日，江苏理工学院、云冈石窟研究院主办，云冈美术馆、江苏理工学院刘海粟艺术学院承办，山西古代壁画艺术博物馆、山西晋之源文化艺术有限公司、山西大学美术学院、太原科技大学艺术学院协办的“千年壁画、百年沧桑——古代壁画暨流失海外珍贵壁画再现传播与展示巡回展”第三站（云冈美术馆站）在大同云冈美术馆展出。这是国内首次把流失海外的珍贵壁画通过再现复制的方式进行展览和传播。

江苏理工学院传统壁画研究团队集多年积累的壁画临摹与复制成果，与中央美术学院修复研究院等专业团体合作申报国家艺术基金传播交流推广项目。项目基于文化遗产保护理念，运用传统壁画技艺和现代新型材料及科技手段相结合制作手法，再现性复制和临摹流失海外的古代壁画并集中展示，让人们在国内就能欣赏、品味这些流失海外的壁画精品。展览展出70余幅流失海外壁画的复制作品，这

70余幅壁画的原作来自山西、新疆、陕西、河南、甘肃等省份，藏于美国纽约大都会艺术博物馆、德国柏林亚洲艺术博物馆、法国吉美博物馆、英国伦敦大英博物馆、日本东京国立博物馆等10余个博物馆，有寺观、墓葬和石窟壁画。 （谷　敏）

【云冈石窟数字化成果亮相福州博博会】 2018年11月23日至26日，由国家文物局指导，中国博物馆协会、中国自然科学博物馆协会主办的第八届“中国博物馆及相关产品与技术博览会”在福州市海峡国际会展中心举办。展会有613家单位参展，云冈石窟研究院以数字化成果参加这次博博会。

博博会上，云冈石窟展区位于7号馆A15展位，面积160平方米，分7个区域，分别是三维信息采集区、多人VR虚拟体验区、实景三维建模展区、3D打印复制品展区、壁画复制品展区、交互体验区和云冈文创展区。在三维信息采集区，参观者可现场观看使用三维扫描仪扫描佛头模型，并在计算机中看到扫描成果，体会高科技手段采集文物信息的方式方法。在多人VR虚拟体验区，博博会上展示的是云冈石窟第18窟多人VR展示系统，4名游客可同时使用该系统体验云冈石窟第18窟，在虚拟世界中足下莲花畅游佛国世界，多人的互动体验有身临其境之感，多人VR系统最多支持15人同时体验。在实景三维建模展区主要展示使用无人机高清影像采集后结合三维影像重建技术进行实景三维建模的过程，并向观众展示云冈石窟景区实景三维模型，让观众从天空到地面感受景区风光。3D打印复制品展区是这次展览的重头戏，展出的云冈石窟第13窟南壁七立佛原比例复制品高3.2米、宽9.1米，是云冈石窟可移动原比例3D打印复制品首次展出，复制品材质坚固耐用，参观者可用手触摸，且触感与真实文物相同。壁画复制品展区展出的是大同市阳高县云林寺北壁东侧“水陆法会”壁画，高3.2米、宽6.7米。在交互体验区，参观者可体验3D打印笔制作的手工制品，寓教于乐。云冈文创展区，展出使用云冈元素制成的文创产品石版画、丝巾、佛像等。 （谷　敏）

【云冈石窟上榜“2018中国品牌旅游景区TOP20强”】 2018年12月19日，2018中国品牌旅游发展论坛在人民日报社举办。论坛上揭晓“2018中国品牌旅游景区TOP20”榜单，云冈石窟上榜。

评选由《人民日报》指导，人民日报社新媒体中心、人民网、《国家人文历史》杂志社联合主办，百代旅行承办。评选展示系列活动于6月底启动，通过网友投票、组委会专家评审、旅游大数据等综合指标，有20个旅游景区获“2018中国品牌旅游景区TOP20”称号，它们是：故宫博物院、北京颐和园、首都博物馆、北京奥林匹克公园、北京汽车博物馆、上海外滩、重庆蚩尤九黎城景区、重庆四面山景区、河北野三坡景区、云冈石窟、山西太行山大峡谷八泉峡景区、江苏同里古镇景区、江苏金鸡湖景区、珠海长隆旅游度假区、广州百万葵园旅游风景区、广西德天跨国瀑布景区、北海涠洲岛南湾鳄鱼山景区、拉萨布达拉宫、敦煌鸣沙山月牙泉景区、张掖七彩丹霞景区。 （鸫　梅）

恒山风景名胜区

【概况】 恒山风景名胜区位于大同市浑源县城南10千米处，距大同市市区62千米，是第一批国家级风景名胜区名单。曾名常山、恒宗、元岳、紫岳。其中，倒马关、紫荆关、平型关、雁门关、宁武关虎踞为险，是塞外高原通向冀中平原之咽喉要冲，自古是兵家必争之地。主峰天峰岭在浑源县城南，海拔2016.1米，被称“人天北柱”“绝塞名山”“天下第二山”。2018年，恒山风景名胜区旅游门票收入6418万元，同比增长3.24%；接待游客数量144.5万人次，同比增长3.06%。 （恒山管委会）

【中国新歌声大同赛区总决赛在恒山悬空寺景区举行】 2018年5月8日，中共大同市委宣传部、大同市文化局、共青团大同市委员会、山西新闻网、浑源县委、县政府主办，浑源县委宣传部承办的中国新歌声第三季全国城市海选大同赛区总决赛在恒山悬空寺景区举办。作为大赛的举办地悬空寺景区，当天有游客6000余人次。

中国新歌声大同海选赛事自3月24日启动，有868名选手报名参加，经过海选试音、初赛，有197名选手进入复赛，主办方除在市区举办主场次赛事外，在同煤集团和各县（区）设分赛区，经过复赛，最终选出21名选手参加大同赛区总决赛。这次总决赛选出一等奖1名，二等奖2名，三等奖3名，优秀奖15名。担任这次赛事的评委是高校声乐专业类教授、大同市音乐人、“中国新声音”指定海选评委成员。在这次活动中选出的各层次歌手，活动主办方举行汇报颁奖演出活动，并在元旦、春节期间举办歌手公益类演出活动。 （恒山管委会）

【恒山景区获2017年度山西品质旅游景区】 2018年6月8日，“沁园春矿泉水·山西旅游品质榜”发榜暨颁奖仪式举行。恒山景区获2017年度“山西品质旅游景区”称号。

“沁园春矿泉水·山西旅游品质榜”评选活动由山西省旅游发展委员会与山西日报传媒集团联合开展。活动于2016年9月6日启动，以“山西旅游品质榜 旅游服务大家评”为主题，在2年内，通过大众投票、专家评审组投票等方式，评出品质旅行社、品质旅游线路、品质服务导游、品质景区、品质休闲娱乐项目、品质旅游酒店、品质旅游购物场所等榜单，涵盖山西旅游市场全部旅游环节。在2个批次的评选中，有800余家旅游行业相关单位报名参评，通过大众投票、专家评审、游客满意度调查等方式，在全省旅游行业内进行品质旅游评选，涵盖吃、住、行、游、购、娱所有旅游范畴。活动中250余万人次参与大众投票，活动微信投票端访问量超过2600万人次，1000余篇相关稿件见诸各类媒体。经过2年评比、考核、投票，6月8日向公众发布。在发榜暨颁奖仪式上，颁发2017山西十佳品质旅行社、山西十佳品质服务导游、山西十佳品质旅游线路、山西十佳品质旅游商品、2017山西十佳品质旅游休闲娱乐项目、山西十佳品质旅游酒店、游客最喜爱的山西十佳旅游景区、山西旅游品质榜特殊贡献奖奖项，其中恒山景区获2017年度“山西品质旅游景区”称号。

（恒山管委会）

【中国（大同）恒山国际太极拳论坛】 2018年7月20日至21日，大同市浑源县政府联合大同市体育局、大同广播电视台主办的“天下大同·恒山论拳”2018中国（大同）恒山国际太极拳论坛举行。论坛邀请中国武术协会、山西省武术协会专家学者，及陈式太极拳、杨式太极拳、孙式太极拳、吴式太极拳、武式太极拳、和式太极拳六大门派代表性传承人和三丰太极拳传承人等参加活动。论坛是第四届成龙国际动作电影周活动中的一部分，参与论坛的太极拳六大流派传承人和三丰太极拳传承人在恒山悬空寺广场领拳千人进行太极表演活动。论坛期间，参会的嘉宾专家举行太极拳学术交流活动，到该县穆岳小学进行太极拳指导活动，到该县神溪村进行体育（太极）扶贫慰问表演活动，捐赠太极、健身气功类书籍光盘。

（恒山管委会）

【第二届北岳论道峰会】 2018年9月18日，由老子道学文化研究会主办，大同市文化局、市文联协办的第二届中国北岳论道峰会在大同举行，来自全市的100余名传统文化爱好者参加论坛。

论坛主题为“弘扬老子道学思想，发展北岳恒山文化”，旨在通过学术交流挖掘和弘扬老子的道学思想文化，促进发展大同及浑源的经济文化和旅游事业。会上，参会者做《北岳文化浅谈》《浅析弘扬老子道学思想的现实意义》《学习老子〈道德经〉，做好文化传承人》等发言，并围绕当前如何更好发展恒山旅游，传统文化如何更好传承等展开讨论，探讨各项案例与经验。

（翠 松）

【参加“三大旅游板块”导游综合素质提升工程活动】 2018年11月19日至21日，大同市恒山景区组织该景区讲解员参加由山西省旅发委针对大同、朔州两市在职导游开展的

▲2018年7月20日，“天下大同·恒山论拳”2018中国（大同）恒山国际太极拳论坛开幕 （恒山管委会 供图）

“三大旅游板块”导游综合素质提升工程活动。活动中，山西博物院考古学硕士冀瑞宝、南京博物院副研究馆员卢小慧、北京市旅游行业协会导游分会副会长李健通过课堂教学方式解读中国古建、北魏平城宗教活动及导游服务知识。

（恒山管委会）

华严寺景区

【概况】 华严寺位于大同古城内西南隅，始建于辽重熙七年（1038），依据佛教经典《华严经》而命名。寺院坐西向东，山门、普光明殿、大雄宝殿、薄伽教藏殿、华严宝塔等30余座单体建筑分别排列在南北两条主轴线上，占地面积6.6万平方米，是中国现存年代较早、保存较完整的一座辽金寺庙建筑群，被国务院公布为第一批全国重点文物保护单位。2018年4月29日至5月1日，大同华严寺景区以“关爱环卫工人、爱护环境卫生，城市会因你而美丽”为主题开展活动，邀请全市环卫工人在五一小长假期间免费入园参观。8月，大同市华严寺文物管理所更名为大同市辽金文化艺术博物院；该院学雷锋志愿者服务站被评为省级学雷锋志愿者服务站，注册志愿者59人。全年景区接待游客51.75万人次，各项收入1257万元，其中门票收入1234余万元，同比增长23.78%。年内，华严寺游客服务中心获山西省“五一巾帼标兵岗”称号。

（刘继伟）

▲2018年5月1日，大同市环卫工人免费参观华严寺景区 （刘继伟 摄）

【景区宣传】 2018年，大同市辽金文化艺术博物院利用新媒体开展景区宣传，网络运营采取公开招标形式，中数腾科技公司中标，发布微博96篇，阅读量107.8万，微信开设大美华严、华严微讯、华严拾趣、华严故事等专栏，推广52期208篇内容，阅读量7.2万，网站更新98篇；完善微信服务号其他功能，在服务号开设大同华严、游览华严、互动华严等专栏，实现景区简介、历史沿革、大同概览、参观服务、景区导航、全景漫游、华严风采、华严相册、华严网站、意见征集、投稿征集等12项功能，体现华严寺整体形象，满足游客基本游览需求；多次整体升级和安全优化官网，筛查网站漏洞，保证网络安全事故零发生。在京大高速龙门架，大运高速、忻阜高速、同源高速跨街桥体、悬空寺景区投放户外广告，户外广告面积1133平方米，总投入33.5万元，覆盖北京、天津、河北、山西、内蒙古等地自驾游客户。开展自驾游巡回拉力赛、新春民俗文化节、华严寺滴春联你做主、劳动节——城市因你而美丽、中国旅游日优惠游园、“少年传承 遗产复兴”文化和自然遗产日等主题营销活动。加大文化创意产品开发力度，结合华严寺景区特色及游客需求，以市场化运作方式开发合掌露齿普萨3D水晶内雕、《金碑》字帖、水晶冰箱贴、创意福包等文创产品，并分别获大同市旅游商品创意大赛铜奖及优秀创意奖。 （刘继伟）

【景区监测管理】 2018年，大同市辽金文化艺术博物院按月定时记录华严寺薄伽教藏殿内小环境温湿度变化规律、薄伽教藏殿内天宫楼阁与地面距离变化数据、普光明殿壁画裂隙变化数据，留作文物保护依据，保护数据包括温度、湿度、风速、PM2.5、PM1.0、雨量、数字气压等，全年记录有效数据3.5万余条，并形成数据统计及文字性报告。在薄伽教藏殿内天宫楼阁处安装监测系统，天宫楼阁内安装倾角、振动2个探头，用于监测此位置X轴、Y轴的倾斜角度和振动变化情况，天宫楼阁下部支撑柱位置安装温湿度监测探头，用于监测此位置的温湿度变化情况，监测时间均是每半小时记录一次，并由施工方定期出监测数据报告文本。

（刘继伟）

【华严寺辽塑保护修复工程启动】 2018年，大同华严寺薄伽教藏殿辽塑保护修复工程设计方案启动实施。华严寺辽塑保护修复工程始于2014年，2014年大同华严寺文物管理所撰写《大同市华严寺文物管理所辽塑保护修复工程立项报告》报送至国家文物局，2015年5月国家文物局立项批复。2018年，根据同财教〔2018〕74号文件《大同市财政局大同市文物局关于下达2018年国家文物保护中央专项资金（第二批）的通知》，辽金文化艺术博物院薄伽教藏殿辽塑保护项目由陕西文物保护研究院中标并实施。

（刘继伟）

【华严宝塔壁画维护】 2018年，大同市辽金文化艺术博物院委托山西云冈彩绘泥塑文物保护修复有限公司维修保护华严寺普光明殿内壁画。维修保护中遵守不改变文物原状原则，反复分析、研究，执行《中华人民共和国文物保护法》《文物保护法实施条例》《文物古迹保护准则》等相关法律法规。年内，该殿壁画保护工作结束并通过专家验收。保护壁画128.64平方米，修复空鼓面积102.9平方米，挂入保护锚杆162支，修复裂隙43.23米，修复起甲病害面积0.68平方米，记录工作日志29篇。

（刘继伟）

【华严寺观音殿等壁画保护除尘】 2018年，大同市辽金文化艺术博物院开展华严寺观音殿、罗汉堂、弥陀殿、药师殿的壁画保护性除尘。由于古城内改造等原因，这些殿内壁画表面集落大量灰尘，个别壁画表面沾染鸟粪，对壁画保存构成威胁。年内，辽金文化艺术博物院委托山西云冈彩绘泥塑文物保护修复有限公司对殿内壁画开展壁画除尘工作，保护壁画883.11平方米，修复裂隙3.3米，清除动物损害0.6平方米。 （刘继伟）

【《大金国西京大华严寺重修博伽教藏记》出版发行】 2018年12月，大同市辽金文化艺术博物院编著的《大金国西京大华严寺重修博伽教藏记》出版印刷。华严寺金代之石碑（《大金国西京大华严寺重修薄伽藏教记》）存于大同华严寺薄伽教藏殿内南次间，刻立时间是金代大定二年（1162），该碑是华严寺现存石碑中历史年代最早的一通。该碑高1.96米，宽0.90米，厚0.23米。整个碑身是圆形碑额，碑额无螭首，碑座是矩形座，下沿雕莲瓣。碑文2531个字，由云中段子卿撰写碑文，京东会龙寺沙门法慧书法其碑，云中张公徽篆额，雁门解遵仁刻写。《大金国西京大华严寺重修薄伽藏教记》开篇讲述该碑上的主要内容，之后是碑文拓片及碑文原文内容，最后是碑文注释，把华严寺该碑的历史、文化、艺术等价值展现在读者面前。 （刘继伟）

旅游推介

【旅游品牌宣传】 2018年，大同市旅游发展委员会在旅游营销中，注重城市品牌宣传，实施品牌创建行动。按照“周周有活动、月月有亮点”思路，从年初古都灯会开始，推出成龙国际动作电影周、首届海棠花会、摩托车滚雷巡游、国际自行车骑游、第二届大美大同旅游推广暨中国广告人大赛、中国（山西）资本创新与旅游发展高峰论坛暨百家上市公司大同行、全国旅游商品创意设计大赛、全域旅游攻略大赛等70余项活动，推介大同旅游；《东西南北贺新春》走进大同特别节目滚动播出，让古都大同成为全国各地注目焦点；综艺节目《奔跑吧》在大同录制播出，形成口碑传播焦点。重点在北京主要区域、商圈、政务楼宇、高档社区、公交站牌等通过投放城市宣传片或设置广告灯箱方式，塑造大同城市品牌；在太原高铁、高速、机场等人流集中地段投放城市宣传片，与同程旅游合作开展网上营销，推介大同；参加世界旅游城市联合会等会议和德国、奥地利推介活动，参与中蒙俄万里茶道、晋冀蒙长城金三角等区域旅游合作；利用新华社平台发布大同旅游指数。 （姜 文）

【大同最具影响力十大文旅项目】 2018年2月11日至3月10日，由大同市人民政府主办，大同市旅发委、大同日报传媒集团、大同广播电视台联合承办，大同市文化局、大同市文物局、大同市体育局、大同市宗教局、大同市文旅集团协办的“2017大同最具影响力十大文旅项目”评选活动举行，活动选取上年50项文化旅游大型活动为评选对象，涉及文化休闲游、“体育+”“汽车+”、红色旅游、乡村旅游10余个领域。3月12日，召开“2018中国大同古都灯会总体情况暨2017大同最具影响力十大文化旅游项目评选结果”新闻发布会，评选出的十大项目分别是：中国大同古都灯会、盖世拳王·WBA世界拳王争霸赛、广灵湿地文化节、《人说山西好风光》电视直播晚会、首届大同文化产业博览会、第四届大同国际骑游大会、2017“影像的力量”中国(大同)、“旭日杯”大同旅游形象大使大赛、礼仪大同——第13届中国—东盟礼仪大赛、大同国际半程马拉松赛。2017重机巡游大会、大美大同旅游推荐暨中国户外广告分析会、中国(大同)国际汽车文化嘉年华、“晨钟暮鼓”恢复启动仪式、“骑闯天路”G318川藏公路极限赛大同分站等项目获优秀组织奖。（姜　文）

【首列入晋旅游专列抵达大同】 2018年4月4日，800余名游客乘坐的2018年首列入晋旅游专列抵达大同市，“首列入晋旅游专列欢迎仪式”在大同火车站站前广场举行，山西省委常委、大同市委书记张吉福出席，并向专列旅游团授旗。省旅游发展委员会主任盛佃清出席并致辞。市委常委、常务副市长薛明耀主持欢迎仪式。中国铁路太原局集团有限公司副总经理刘枫等出席。该旅游专列从成都发车，由四川恒信国际旅行社组团，大同晋蒙之旅旅行社承接，途经北京、天津、秦皇岛等地。专列在大同市停留两日，游客参观游览云冈石窟、悬空寺、华严寺、九龙壁、大同古城墙、应县木塔等景区，随后经太原离开山西到延安观光旅游。（蕙　兰）

【大同文化旅游商品创意设计赛】 2018年5月20日至10月底，中国(大同)文化旅游商品创意设计大赛举行。大赛由市政府、中国青年报社、大同大学主办，市旅游发展委员会、市文化局、市科技局、大同文旅集团协办，市文化创意协会、市旅游协会旅游商品分会承办，以“天下大同”为主题，以“创意、创新、创业”为核心，通过搭建文化旅游创意平台，打造文化旅游产业年度盛会。大赛包含作品征集、评选评审、高峰论坛、投融资对接交流合作分享酒会、颁奖典礼、国家级文化创意众创空间签约入驻仪式、获奖作品巡展等环节，有国内100余所高校共同参赛，征集符合要求的参赛作品1642组，分为生活创意类、文旅衍生品类、传统工艺类，以云冈石窟、华严寺、九龙壁、大同古城墙等景点为元素和灵感，以皮雕、蛋雕、烙画、丝编、雕塑、陶艺、树脂画、琉璃彩、刺绣等传统技艺为载体，结合现代潮流元素，赋予传统文化新的生命力，丰富大同旅游商品种类，提升旅游商品品质，加大原创研发文创产品的热度与力度，并助力引入文化旅游专业人才，推动大同文化旅游产业融合发展。这次大赛突破行业传统，设置135个奖项，其中金奖5名、银奖10名、铜奖20名，并有最佳设计、最具创意、最具潜力奖各25名，并设置总额36万元奖金。10月8日至10月底开始，晋级复赛的200余组实物代表性作品在大同大学美术学院善美展厅展览展示。

（姜　文）

【2019中国世界遗产旅游推广联盟会主办权落户大同】 2018年6月21日，由北京市旅发委、西藏自治区旅发委、拉萨市人民政府主办的2018中国世界遗产旅游推广联盟(西藏)大会在拉萨举行。国家文化和旅游部、中外旅游专家学者，及全国52处世界遗产地、旅游推广联盟代表、旅游主管部门负责人300余人参会。大同市旅发委和云冈石窟相关负责人参加这次联盟大会。

中国世界遗产旅游推广联盟由北京市旅发委牵头，相关省市旅游部门联合，于2015年10月9日成立，旨在发挥中国旅游资源优势，共同促进中国世界遗产保护与发展，促进世界遗产与中国旅游协同发展。联盟成立三年来，分别在北京、河北承德、山东泰安举办3次大会。2018年，联盟有会员单位181家。其中，省市自治区单位29家，城市单位61家，世界遗产景区单位91家。大会上，参会城市代表围绕深挖世界遗产内涵，聚焦产品整合，拓展推广路径进行交流。大同经过前期申报、专家评审，获2019中国世界遗产旅游推广联盟大会主办权。

（姜　文）

【中国(大同)UGC全域旅游攻略赛】 2018年6月23日至9月21日，由大同市人民政府主办，大同市旅游发展委员会协办，同程旅游、平安车管家承办的“2018中国(大同)UGC全域旅游攻略大赛”举行。

比赛以全新体验自驾旅游乐趣为目的，以大同游玩体验为核心，以赛制形式激发全民参与，共同打造高品质大同UGC全域旅游攻略，形成大同旅游精品攻略库，为其他游客提供旅游出行决策参考。在近两个月的赛程中，有来自各个行业的100位验客达人体验大同古城墙、云冈石窟、悬空寺、恒山、大同博物馆、华严寺、善化寺、九龙壁、火山群、土林等特色大同景区，发掘不一样的大同风土人情、宗教习俗、自然景观及美食。活动中，有500篇旅游攻略参赛，众多旅游爱好者从多种角度发现记录大同的独特之美。（姜　文）

【2018大同云冈文化旅游活动季】 2018年6月30日至9月30日，2018大同云冈文化旅游活动季举行，活动季围绕“增加游客、增加收入、增加美誉度”三大目标，举办文化艺术、旅游、体育竞赛、宗教类等75项文化活动。

2018云冈文化旅游活动季有众多国际影响力的品牌活动，让大同在世界影响中提升品质。以“汇聚英雄 天下大同”为主题的第四届成龙国际动作电影周在大同举办，第二届大同重机国际摩托车滚雷巡游节、第四届大同国际骑游大会、中国大同北魏文化国际论坛等国际品牌的打造，挖掘古城文化底蕴，彰显古都独特魅力，以品牌传播方式宣传大同、展示大同。众多国内经典文化活动让全域旅游在大同开花。中国户外公益广告研讨会暨第二届大美大同旅游推广大会、2018大同UGC（全域旅游攻略）大赛、中国（大同）美食大会、2018中国大同文化旅游商品创意设计大赛等活动，展示出大同包容大气的城市品格。众多节庆盛典，助力大同迎来全民旅游新时代。2018中国（大同）国际汽车文化嘉年华、首届中国青少年雕塑大展、2018中国大同（国际）太极拳论坛、骑闯天路川藏自行车挑战赛大同站、中国康养大会、广灵湿地文化节、平型关文化旅游节等活动，推动大同旅游迈进全域旅游，让单一观光旅游走向复合叠加的休闲旅游。活动季期间，全市接待国内外游客3060.73万人次，旅游总收入284.16亿元。

（翠　松）

【第二届大美大同旅游推广会】 2018年7月13日，作为山西大同云冈文化旅游活动季重要内容的中国户外公益广告研讨会暨第二届大美大同旅游推广大会召开，来自全国各地的高校广告学教授、广告业界专家、公益活动团体和旅游行业专家300余位嘉宾参加。

该次活动由大同市人民政府和中国广告协会户外分会主办，市旅发委、市文物局和山西英皓广告承办。大会研讨议题有：户外公益广告如何规范、发展，如何利用现有空闲媒体发布公益广告，如何利用户外广告的空置资源与各城市的旅游产业结合，助推旅游产业升级等。研讨会上，中国传媒大学、上海师范大学、国家旅游局信息中心等单位的教授学者进行主题演讲，与会嘉宾讨论中国户外公益广告的作用及贡献、中国旅游发展趋势等议题。大会期间，市旅发委推介宣传大同旅游，并举行“2017大美大同摄影大赛”颁奖活动，举行“第二届我爱大同广告人摄影大赛”启动仪式。

（翠　松）

【参加世界旅游城市联合会青岛香山旅游峰会】 2018年9月7日至9日，世界旅游城市联合会青岛香山旅游峰会在青岛举行。峰会以“把握发展趋势，提升城市品牌”为主题，设有开幕式，及主旨演讲、理事会会议、峰会论坛、旅游推介会、旅游交易会、旅游投融资大会、展览展示、分会活动8个活动板块。来自世界59个国家、112个旅游城市、200余家旅游相关企业和包括联合国在内的多家国际组织及50余位国家旅游部长和世界旅游城市市长出席峰会。大同市作为世界旅游城市联合会会员城市，应邀参加峰会，并推介大同旅游资源、旅游项目对接等活动。

在BBC特别论坛上，大同市人民政府副市长郭蕾与苏格兰议会文化旅游负责人、苏格兰旅游联盟首席执行官、捷克国际文化和旅游专家、都灵副市长及世界旅游城市联合会专家具有建设性意见的探讨“高速兴起的大众旅游及其全球影响”议题。峰会期间，大同市参加沙发论坛，通过设置展台、组织旅游推介会等方式扩大宣传。展会现场，大同市旅发委布置展示大同全域旅游资源的展台展板，发放中英文大同旅游宣传资料，通过大屏幕向与会嘉宾介绍大同特色旅游资源。

（姜　文）

【“中国古都 天下大同”登博鳌旅游奖年度传播口号榜】 2018年11月，第三届博鳌国际旅游传播论坛在海南省琼海市举行，论坛上揭晓国际旅游传播大奖——博鳌旅游奖（TC奖）获奖榜单。大同市的“中国古都天下大同”登2018年度博鳌旅游奖年度传播口号榜。

这届博鳌旅游奖（TC奖）揭晓年度广告创意榜、年度文创产品榜、年度全域旅游品牌传播榜、年度传播口号榜、年度节庆活动榜、年度文化旅游传播贡献榜等12个获奖榜单。古都大同拥有深厚历史文化，多样旅游资源使大同具有独特韵味和魅力。大同市培育“中国古都 天下大同”文化旅游品牌，推动大同旅游从景点旅游向全域旅游转变、从观光旅游向休闲度假转变、从传统旅游向智慧旅游转变、从单一业态向多业深度融合转变，并营造一流旅游环境，树立品牌效应，让更多游客走进大同，感受大同特色旅游魅力。

（翠　松）

【大同入列“年度最佳旅游目的地”】 2018年12月，2018长三角文旅产业论坛暨2018《中国国家旅游》年度榜单颁奖盛典在上海举行，大同市被评为2018年度《中国国家旅游》最佳全域旅游目的地。

《中国国家旅游》是由中国科学院主管，国家文化和旅游部为行业指导单位，中国旅游报社共同主办的全球性、全媒体发行的国家级人文旅游月刊，是宣传全国旅游行业创新发展成绩的重要展示平台。《中国国家旅游》年度榜单以专业权威的评奖著称，连续举办三届，是全国旅游业界最具权威性的评选活动之一。以“引领品质旅游 创建美好生活”为主题，经一个月线上投票和专家评审，《中国国家旅游》年度榜单公布，评选出5大领域24个奖项，119家个人和单位获该称号，大同以中国三大石窟之一云冈石窟、中华五岳北岳恒山古城景观，及大同美食等，入列年度最佳旅游目的地。

（翠　松）

【大同全域旅游营销培训】 2018年12月19日至20日，由大同市旅游发展委员会主办、同程旅游协办的“全域旅游营销培训班”在大同举行，市旅游协会，及各县（区）旅游部门、市文旅集团、旅游景区、酒店、旅行社负责人、导游、旅游营销人员等参加培训。

培训邀请同程旅游联合创始人、历任首席运营官和公司联席总裁、现任同程国旅、文旅集团董事长吴剑，北京第二外国语学院旅游管理学院院长厉新建，北京联合大学教授、中国旅游经济与政策研究中心主任曾博伟，同程旅游目的地营销CEO、同程文旅学院副院长湛研，上海艾肯品牌策划有限公司副总经理朱婷5位专家，围绕“文旅融合下全域旅游的探索与打造”“如何打造有吸引力的文旅目的地”“旅游企业如何助力全域旅游发展”“互联网时代下全域旅游的探索与创新”“品牌如何让目的地焕发新生”等主题，解读大同旅游目的地营销。培训解读国家旅游发展顶层设计，明晰地方全域旅游改革创新方向，且结合具体行业案例，推广政府旅游目的地营销的典型经验和做法。

（姜　文）

【大同被评为“2018中国十佳冰雪旅游城市”】 2018年12月23日，由中国冰雪旅游推广联盟主办，国家文化和旅游部指导，吉林省文化和旅游厅、长春市人民政府、中国旅游研究院承办的第三届吉林冰雪产业博览会暨第二十二届长春冰雪旅游节在长春举办。大同被评为“2018十佳冰雪旅游城市”。

博览会以“冰雪圣地·相聚吉林”为主题，评选按照“冰雪旅游资源丰富”“城市旅游品质化”“资源与人文环境友好性”“政府支持力度”4个维度评价。从全国地级市遴选出35个冰雪旅游资源丰富城市，最终评选出哈尔滨、长春、沈阳、吉林、张家口、乌鲁木齐、新疆阿勒泰地区、延边朝鲜族自治州、呼伦贝尔、大同十佳冰雪旅游城市。入选城市主要集中于传统冰雪资源富集、发展历程较早的东北地区，及以张家口为代表的京津冀区域和以新疆、内蒙古为主的西部片区，大同被“2018中国冰雪旅游发展报告”评价为“小区域空间尺度的新兴城市代表”。（姜　文）

旅游公共服务

【《大同长城》画册编撰印制】 2018年，大同市旅游发展委员会与长城学会联合编撰印制《大同长城》画册。该画册收录大同市范围内多处长城遗址照片。该画册分大同是个好地方，大同长城概述，天镇县长城，阳高县长城，新荣区长城，左云县长城，浑源县、灵丘县、广灵县长城等部分。画册集资料性、直观性、艺术性于一体，从不同视角展现大同长城风采和历史积淀。（姜　文）

【晨钟暮鼓恢复启动仪式】 2018年1月1日，由大同市有道文化旅游产业投资有限公司主办的晨钟暮鼓恢复启动仪式暨新年祈愿大典在古城举行。

典礼活动在广灵大号、民间吹打音乐、礼炮齐鸣等特色文化元素的背景下展开，并举行八音纳福、八言献瑞祈福仪式和祈文钟锤礼游仪式。

“晨钟暮鼓”是大同古城生活的象征，是古代城市军事文化和管理的重要载体，从北魏一直绵延到明清，直至清末民国初新式计时器出现才逐渐消失。晨钟暮鼓启动，诠释和彰显大同古城厚重历史底蕴、九边重镇独特文化魅力，给古城百姓和游客营造全新旅游体验。（鹤　梅）

【市旅游集散中心新荣营业部挂牌】 2018年4月13日，大同市旅游集散中心新荣营业部挂牌成立，改写新荣区无公共旅游服务接待窗口，无地接旅游企业，无旅游直通车历史。新荣区根据山西省锻造黄河、长城、太行三大旅游板块战略部署，以办好“逛长城庙会，过得胜大年”“二月二得胜舞龙盛会”等节庆文化旅游活动为“引爆点”，以发展全域旅游为方向，依托古长城打造文化旅游带，推进文化旅游业提档升级，使旅游产业成为富民强区的战略性接替产业。（蕙　兰）

【全域旅游直通车启动运营】 2018年5月17日，大同市全域旅游直通车启动运营，9条直通车线路方便游客与市民直达全市及各县（区）旅游景区景点。全域旅游直通车，是指以市区为中心，呈辐射状构建起的旅游交通网络。全域旅游直通车实行统一管理。车辆配置及运营由大同市旅游集散中心承担，分38座、50座旅游大巴，9条直通车运营线路直通阳高县、天镇县、广灵县、灵丘县、大同县、左云县、新荣区、浑源县、南郊区等县(区)景点。（姜　文）

【大同旅游交通一卡行首发仪式】 2018年5月29日，由大同市旅游发展委员会、市文物局主办，中国建设银行大同分行、中国平安保险大同分公司、市旅游集散中心承办，市企划学会、市睿智文化传播有限公司、大同一职中协办的大同旅游交通一卡行发行仪式举行。游客、市民一次性100元购卡，一年内可不限次数乘直通车畅游大同。发行仪式上，市旅游集散中心与建设银行、平安保险公司、市企划学会签订战略合作协议。（姜　文）

【市旅游集散中心云冈区营业部挂牌】 2018年7月5日，在大同市云冈区恒安新区，市旅游集散中心云冈区营业部挂牌，云冈区旅游直通车、一卡行惠民工程开启。标志着云冈区无公共旅游服务接待窗口、无地接旅游服务企业、无旅游直通车的历史被改写。

大同市旅游集散中心开通阳高县、天镇县、广灵县、灵丘县、云州区、左云县、新荣区等县（区）景点的旅游直通车，并推出100元一年可不限次乘车大同旅游一卡行，以发展全市全域旅游。市旅游集散中心云冈区营业部走进云冈区，近距离服务广大居民，是云冈区文化旅游基础设施建设的一个突破，推动云冈区文化旅游事业发展，丰富矿山居民文化生活。（翠　松）

【大同市旅游景区视频云平台启动】 2018年9月，大同市旅游景区视频云平台启动仪式举行，该平台的建设运行，标志着大同旅游业向智慧化迈出一步，大同市是山西唯一一家搭建旅游景区视频云平台的城市。

该平台于3月开始筹备建设，6月完成测试，平台架构以“云+系统+网+X”模型搭建，具有延展性。在平台搭建好基础上需在前段加装数据采集和传感设备、软件系统实现数据汇聚分析，即可生成大数据，意味着智慧旅游的视频监测基础平台搭建完成。平台建设采取分步实施、逐步完善的方针，由视频云平台入手，逐步向产业运行监测、应急指挥调度、旅游业态数据采集和旅游产业大数据分析等产业型平台发展。（姜　文）

【大同市旅游集散中心获准加入全国旅游集散中心联盟】 2018年10月30日，大同市旅游集散中心被全国旅游集散中心联盟吸纳为会员单位，标志着大同市旅游集散中心对接全国旅游集散中心联盟资源，拓宽发展道路，助力全域旅游。

全国旅游集散中心联盟于上年11月由交通运输部、中国道路运输协会批准成立，联盟成员企业有273家，覆盖全国各省、自治区和直辖市，地级城市覆盖率81.63%。联盟成员拥有各类旅游车辆3.1万辆，上年实现旅游营收近30亿元。大同市旅游集散中心是大同市旅游发展委员会监管下的集散客、自助、团队旅游、旅游咨询，旅游交通换乘，酒店、车辆、票务预订、电子商务等多功能为一体，涵盖大同旅游吃、住、行、游、购、娱六要素的多功能智慧旅游综合体，大同旅游网是汇集大同旅游资源，打通线上旅游交易和线下旅游服务的智慧旅游O2O平台。建立大同古城、大同火车站、大同云冈机场、新南长途客运站、恒山、悬空寺景区营业厅和平城区、云冈区、浑源县、阳高县、广灵县、天镇县、新荣区等二级旅游集散中心，开通恒山、云冈等9条旅游专线直通车。大同市旅游集散中心被全国旅游集散中心联盟吸纳为会员单位，以智慧交通带动旅游升级服务，丰富“一卡”“一车”“一手机”游大同模式，依托联盟资源助推全域旅游，面向广阔舞台输出大同标准。

（姜　文）

旅游行业管理

【旅游环境整治】 2018年，大同市旅游发展委员会加强旅游软环境和硬实力，实施环境提质行动。完善旅游公共服务体系建设。全年建设旅游厕所72座；开通大同至北京“大同蓝”号和大同至太原“云冈号”城际旅游列车；创新运营大同全域旅游直通车，发行“大同旅游交通一卡行”，以市区为中心呈辐射状构建旅游交通网络，畅通便捷旅游通道；完善立体交通系统，开通多条国际航班，搭起大同与国内外城市桥梁；启动智慧旅游平台建设，平台分设旅游产业运行监测、旅游大数据分析、旅游应急指挥3个子平台，涵盖景区实时动态、游客分析、客流监控、旅游团队管理、网络投诉、导游管理等服务模块。制定印发《扫黑除恶专项整治行动方案》，成立领导小组，签订责任状，摸排业内涉黑涉恶线索，推进扫黑除恶专项整治；开展旅游市场秩序整治，召开全市旅游市场综合整治工作会议和座谈会，组织开展假日旅游市场秩序专项检查、旅行社经营行为专项整治、旅游市场“利剑行动”等，查处违规旅行社10家，检查导游211人；成立大同市旅游协会，健全社会化组织参与旅游管理；推进诚信旅游建设，发展电子导游、电子合同，推进旅游服务与管理的信息化、智能化，建立健全景区突发事件、高峰期客流应对处理机制，营造城市文明氛围，提高从业人员素质；全市12名参赛选手在“全省首届金牌导游大赛”中全部晋级百强，获“金牌导游”称号，成为山西省唯一所有选手进入前100名的地市代表队。

（姜　文）

【旅游价格规范行为活动】 2018年，大同市旅游发展委员会开展规范旅游价格行为活动，以规范旅游市场秩序，给海内外游客创造良好假日旅游市场环境。倡议全市旅游行业共同营造竞争有序的市场经济经营秩序，打造“美丽大同、富裕大同、幸福大同”。活动要求各旅游景点（景区）、旅行社企业、星级饭店等相关经营者要依法经营，自觉规范价格行为，维护灯会等重点时段的正常价格秩序；各相关单位应遵守有关价格法律、法规和政策，一律按规定实行明码标价，各旅游景点（景区）要在收费场所醒目位置公示门票价格、收费项目、内容和收费标准等；各星级饭店不得借各种名义捏造涨价信息、哄抬价格；各旅行社及旅游服务网站不得在标价之外收取任何未予标明的费用欺诈消费者。

（姜　文）

【旅游市场秩序专项整治“利剑行动-1”】 2018年春节期间，大同市旅游发展委员会组织开展全市旅游市场秩序专项整治“利剑行动-1”，规范导游执业，打击强迫消费及非法从事导游执业活动等突出违法违规行为。开展导游（领队）执业检查，严查“黑导”，检查中发现黑导，予以处罚，列入“黑名单”，予以行业禁入，并协调公安机关立案查处，违法情节严重、涉嫌犯罪的，加大“行转刑”力度，予以严厉惩治。依法追究委派旅行社责任，依法予以严惩委派未取得导游证的人员提供导游服务或安排不具备领队条件的人员提供领队服务的旅行社。严惩“黑店”，查获强迫消费案件所涉及的购物店等购物场所，要求其赔偿或退货，通过正式程序移交工商部门，依据新修订的《中华人民共和国反不正当竞争法》，按照“商业贿赂”予以查处。严查“黑社”“黑车”。检查中发现未取得旅行社业务经营许可证的社会组织或个人非法组织接待团队游客的行为依法予以重罚，并追缴违法所得；无相应运营资质的车辆通过正式程序移交交通部门，依法予以查扣，确保游客交通安全，确保春节期间旅游市场秩序。

（姜　文）

【首届金牌导游金牌讲解员赛】 2018年3月10日至12日，由大同市旅游发展委员会、市文明办、市总工会、共青团大同市委、市妇联主办，大同市文旅集团承办、大同市兰亭轩传媒公司协办的“大同市首届金牌导游、金牌讲解员大赛暨山西省金牌导游大赛大同地区选拔赛在市图书馆举行，全市100余名选手参赛。

比赛以“人说大同好导游”为主题，参赛导游需持导游资格证，近两年内无重大投诉，未受到行政处罚且从事导游服务1年以上；参赛讲解员来自全市各旅游景区（点）。大赛由情景再现、风采展示、自选（景点）讲解、才艺展示、终极问答5个环节组成，实施现场评分制，所有参赛选手按照计分实施排名。金牌讲解员大赛由景点讲解、才艺展示等环节组成，采用评委现场打分。最终30位导游、讲解员被分别授予“大同市金牌导游”和“大同市金牌讲解员”称号，其中12位导游代表大同市参加全省首届金牌导游大赛。靳玮获金牌导游一等奖；张晓炜、周智海获二等奖；孔俐、朱建中、赵鑫宇获三等奖；张腊梅获最佳应变奖；纪桂香获最佳风采奖；冯亚楠获最佳讲解奖；王君获最佳人气奖；殷妍获最佳才艺奖。李鸣娟获金牌讲解员一等奖，李佳媛、王倩分别获二等奖和三等奖。市文旅集团、市导游服务中心、大同市中国旅行社、大同市兰亭轩传媒公司获优秀组织奖。

（姜　文）

经贸合作

对外贸易

【概况】 2018年，大同市进出口总值37.6亿元，同比上年增长52.5%，高于全省整体增速（17.8%）34.7个百分点。其中，出口21.9亿元，同比上年增长20.2%；进口15.7亿元，同比上年增长1.4倍；贸易顺差6.2亿元，收窄47.3%。全年全市进出口总值居全省第5位，增速在全省11个市中排名第2位。全年全市有进出口实绩的企业73家。其中，进出口额超过亿元的企业7家，超过1000万元的企业26家。排名前10家企业进出口总值33亿元，占全市进出口总值的87.8%。（刘小丰）

【进口】2018年，大同市进口主要商品为机电产品。全年机电产品进口12.3亿元，增长1.2倍，占全市进口总值的78.5%。进口机电产品中主要为机械设备及其零配件等。（刘小丰）

【出口】 2018年，大同市出口主要商品为医药品、机电产品和活性炭。全年医药品出口5222吨，下降21.4%，货值13亿元，增长6.9%，占全市出口总值的59.4%；机电产品出口2.2亿元，增长38%；活性炭出口16578吨，增长51.7%，货值1.7亿元，增长53%。（刘小丰）

【外贸伙伴】 2018年，大同市主要贸易伙伴有印度、欧盟、东盟、韩国、美国。其中，对欧盟进出口10.4亿元（其中对德国进出口4.5亿元，对英国进出口1.9亿元），增长60%，占全市进出口总值的27.7%；对印度进出口9亿元，下降5.7%，占全市进出口总值的24%；对东盟进出口3.7亿元，增长97.3%；对韩国进出口3亿元，增长2倍；对美国进出口2.8亿元，增长84.6%。全年全市对“一带一路”国家进出口15.2亿元，增长9.5%；对其他金砖国家进出口9.6亿元，下降3.9%。（刘小丰）

【出证认证】 2018年，大同市贸促会给大同16家出口企业办理原产地证864份，产品出口额16189.7万美元，办理商事证明书126份。代办领事认证62份。涉外商业单据认证41份。共1093份。增加注册企业4家。

2018年大同市主要企业进出口情况表

单位：万元

序号	企业名称	进出口	出口	进口	累计增幅 ±%		
					进出口	出口	进口
1	国药集团威奇达药业有限公司	114548	114442	106	30.6	30.5	—
2	大同煤矿集团有限责任公司	51967	0	51967	34.6	—	34.6
3	山西米亚索乐装备科技有限公司	45306	0	45306	—	—	—
4	国药集团大同威奇达中抗制药有限公司	43724	43723	1	–4.5	–4.5	—
5	大同宇林德石墨设备股份有限公司	25312	8266	17046	6.9倍	6.3倍	7.3倍
6	中车大同电力机车有限公司	16666	367	16299	90.1	–87.6	1.8倍
7	广灵县鑫达冶炼有限责任公司	10702	0	10702	6.1倍	—	6.1倍
8	中国重汽集团大同齿轮有限公司	9509	5588	3921	62.8	2.3	9.4倍
9	大同新成新材料股份有限公司	7471	7050	421	83.1	72.8	4208倍
10	大同市巨强活性炭有限责任公司	4660	4660	0	–8.1	–8.1	—

产品销往美国、越南、印度、巴西、南非、约旦、科威特、伊朗、沙特、西班牙、意大利、泰国、埃及、土耳其、也门、叙利亚及墨西哥等25个国家和地区。涉及出口产品主要有氯丁橡胶、阿莫西林、6APA、活性炭、高岭土、镁锭、陶瓷纤维毯、硅酸钙板、玻璃纤维制品、节能耐火材料、涂料、车轴、轮对等医药、机械、煤炭深加工及农副产品等。引进专家开展国际化、专业化培训业务，满足企业对国际经济贸易专业化人才的需要及知识更新。不定期举办"出证认证培训班"，邀请法律专家讲解最新国际贸易规则和惯例，传递外经贸工作新政策、新动态。7月，市贸促会承办山西省贸促会、山西省国际商会助推企业融入"一带一路"巡回大讲堂大同站培训活动，大同、朔州50余家外贸企业参加关于会展与国际贸易、商贸政策解读、商事法律服务等方面培训。（贾峰涛）

【外贸服务】 2018年，大同市商务局加强对外贸易政策扶持，落实中央、省级外经贸发展专项扶持资金774.97万元。开展跨境电商业务培训和国际贸易"单一窗口"业务培训；引导企业开拓国际市场。组织企业参加第六届中国（上海）国际技术进出口交易会、第123届中国进出口交易会，及各类境外展会，组织11家企业参加大同市举办的大同品牌行美国站活动；扩大与"一带一路"沿线国家对外贸易。全年大同市与"一带一路"沿线有进出口贸易往来的国家有24个，进出口额15.23亿元，同比增长9.5%，占全市进出口总额40.55%。（王 晟）

【外贸主体】 2018年，大同市有进出口业绩企业73家，比上年增长12家；利用外资占山西省比重10.6%。与蒙古科布多省、柬埔寨暹粒市、俄罗斯鄂木斯克州、摩洛哥塔鲁登特市、肯尼亚基索尼市、美国马斯卡廷市和塞尔维亚7个国家和地区建立友好合作关系，与24个"一带一路"沿线国家开展对外贸易，全市对外开放格局初步形成。组织大同市72家企业144位采购商到上海组团参加进口博览会。进博会期间，全市交易团有6家企业成交，成交金额5586万美元。总投资近7亿元的大同国际陆港于9月开关运营，10月13日完成第一单外贸业务，入驻19家企业，进出口总额1073万元。支持大同中银纺织科技有限公司发展，通过协调沟通，得到商务部、省商务厅支持，给该企业申请到次年羊毛进口关税配额。8月，省商务厅与市政府签订《山西省商务厅与大同市人民政府工作支持协议》。年内，举办"2018中国山西食品餐饮旅游博览会暨中国大同面食文化节"，首届中蒙（大同）合作论坛及中蒙（大同）商品展销峰会。（王 晟）

招商引资

【概况】 2018年，大同市招商局签约招商引资项目193个，总投资额1845.67亿元，占省投资促进局分配任务1039亿元的177.64%。开工126个项目，开工率65.28%。年内，市招商局起草《大同市高端制造产业招商引资十条奖励政策》，由市政府发布。（潘振龙）

【招商引资渠道拓宽】 2018年，大同市招商局开展以商招商、以企招商，起草《大同市委托招商实施办法（征求意见稿）》，从委托对象、委托方式、联系制度、奖励办法、奖励标准、奖励程序等方面做解释和规定并征求有关部门意见。与大同市河北商会、大同市广东商会、北京山西企业商会等签订委托招商协议，通过商会力量，开展以商招商，搭建起民营企业与大同交流合作渠道，承接北京地区非首都功能疏解和京津地区、雄安新区、珠三角地区、粤港澳地区等地的产业转移。（潘振龙）

【招才引智和招商引资联动】 2018年，大同市招商局制定出台《大同市关于建立招才引智和招商引资工作联动机制的意见》，起草《大同市招才引智和招商引资工作联动机制》，与市委人才办共同谋划双招双引活动，共建交流平台，以招商发现人才，吸引资金，留住技术，让招才带动项目，集聚产业，引领创新。市招商局在项目引进上注重人才的同步引进，通过前期接洽，引进大同市留美博士，台湾积体电路制造股份有限公司高管兼10纳米芯片研发主管吴志强领衔的高科技研发团队，把其研发的系列高科技产品，在大同市进行产业化生产。（潘振龙）

【《大同市高端制造产业招商引资十条奖励政策》出台】 2018年，大同市出台《大同市高端制造产业招商引资十条奖励政策》。

《大同市高端制造产业招商引资十条奖励政策》规定，凡在大同市投资总额10亿元以上的高端制造产业项目，在其建成投产后奖励企业1000万元；凡投资大同市的高端制造产业项目投产后，前5年按其在大同市地方税收贡献值的100%予以奖励，后5年按其在大同市地方税收贡献值的50%予以奖励；凡进入大同市经济技术开发区及各类工业园区的项目，每亩投资强度500万元以上的，建成后奖励投资企业每亩5万元；每亩投资强度1000万元以上的，建成后奖励投资企业每亩10万元，达到上述投资强度的世界500强、中国100强或国内行业前20强企业，每亩再奖励3万元；高端制造类的孵化项目，投资额在10亿元以上并在大同产业化生产的，一次性奖励1000万元；落地大同且在主板上市的高端制造类企业，一次性奖励1000万元，在新三板挂牌的企业一次性奖励200万元；建立国家级重点实验室、国家级智能制造中心、国家级工程技术研究中心的企业一次性奖励1000万元，国家级众创空间、国家级科技企业孵化器一次性奖励1000万元，建立省级技术中心的企业一次性奖励100万元；获得国家、省产业发展扶持奖励的企业，分别按照奖励扶持金额的100%、50%给予资金配套支持，最高分别不超过500万元、300万元；引进出口型高端制造企业，年出口额3亿元以上的，一次性奖励1000万元；重特大高端制造产业项目，实行"一事一议"；市政府以往发布的有关政策和本政策不一致的，以该政策规定为准。（蒽 兰）

【市政府驻京津冀高科技产业转移项目处挂牌】 2018年3月21日，市政府驻京联络处加挂“大同市人民政府驻京津冀高科技产业转移项目处”新牌。按照市委十五届四次全会确定的“五大行动”部署要求，编制招商地图，变“局部织网”为“全国撒网”。在北京设立项目处，瞄准信息技术、高端装备制造、新能源汽车、节能环保、精密仪器、生物医药、现代煤化工等新兴产业集群，把适合大同发展的产业和项目引进来。（红 远）

【中银纺织产业园招商座谈会】 2018年5月18日，大同市中银纺织产业园招商座谈会召开，大同市委常委、副市长冯苏京，副市长荆虎，中国国投国际贸易南京有限公司、天宇羊毛工业（张家港保税区）有限公司等10余家全国毛纺织行业龙头负责人参加。

建设中的中银羊毛羊绒产业链生产基地项目总占地约20公顷，项目建成后从毛纺源头做起，建成集洗毛、洗绒、制条、分梳、纺纱、织造、染整到最终成衣及定制的完整羊毛羊绒产业链生产基地和羊绒羊毛研发中心。座谈会上，10余家全国毛纺织行业龙头负责人围绕各自企业生产经营情况、市场推广、发展趋势等交流发言。（蕙 兰）

【大同招商引资项目集中签约】 2018年6月9日，大同市25个招商引资项目在大同国际能源革命科技创新园集中签约。大同市副市长、大同经济技术开发区党工委书记、管委会主任荆虎及各县（区）负责人等与项目单位负责人签约。山西省委常委、大同市委书记张吉福，市委副书记、市长武宏文，市人大常委会主任赵向东，市政协主席郜向华，副市长马安全，教育部原副部长、教育部关工委主任李卫红等见证签约。该次签约总投资额178.79亿元，涉及新能源、新材料、农产品加工、现代煤化工、节能环保、资源综合利用等领域。签约项目有腐植酸深加工、年产5万辆新能源商用车建设、氢能产业、年产30万吨氨水、新型半导体材料产业化、电生超氧化功能水、大张铁路牵引站外部供电工程、同煤集团阳高热电至御东供热、云冈区集中供热、中药材种植基地、黄花蘑菇酱加工、中国大同（同乐居）红木家具特色小镇、2.2万吨/年石墨电极高压浸渍扩建工程及供气系统技术改造、年产1万吨合金铸件、阳高——富乔循环经济示范产业园、中草药种植、年产20万台热能库、浑源县静脉产业园、浑源县招商局与亿利生态修复股份有限公司战略合作、服装及服装饰品生产加工、塑料管件生产加工、宏业生态混凝土砌块生产线建设、钕铁硼永磁系列产品加工、年产1万吨食品加工建设、生态农业（农副产品）科技开发。

（蕙 兰）

【参加第七届中国（太原）国际能源博览会】 2018年9月16日至18日，第七届中国（太原）国际能源产业博览会在太原举办。博览会设能源创新展区、新能源展区、智慧能源展区、国际能源合作展区、能源技术成果交易区、山西展区六大展区。大同市招商局组织相关企业参加该次会议。大同市同煤集团、山西柴油机厂、市国际能源革命科技创新园、大同中车煤化有限公司、大同晋银矿业公司、大同裕隆环保有限责任公司、大同新成新材料股份有限公司、新研氢能源科技有限公司、大同宏鑫岩棉科技有限公司9个参展单位通过图片、展板、视频、实物、模型等形式，展览展示高端能源领域新技术、新成果、新产品。

（潘振龙）

【大同新能源产业招商恳谈会】 2018年10月16日，大同市招商局牵头组织的大同新能源产业招商恳谈会在西安召开，市委副书记、市长武宏文，副市长荆虎等参加恳谈会并见证4个协议签署。恳谈会上，大同凯德世家集团与西安永兴坊文化发展有限公司，市招商局分别与光合新兴产业控股集团股份有限公司、西安澳科新能源科技有限公司、西安庞大乐欣集团有限公司，签订战略合作协议。10月20日，由大同市人民政府主办，大同市招商局承办的大同（苏州）新能源产业招商恳谈会在苏州市工业园区召开，会议旨在实现大同传统能源向新能源转型，黑色能源向低碳转型，逐步形成风能、太阳能、生物能、地热能等新能源产业体系，会上市招商局与苏州大学能源与材料创新研究院等单位签订战略合作协议。（潘振龙）

【大同市决战四季度谋划2019大项目招商引资动员会】 2018年10月22日，大同市决战四季度谋划2019大项目招商引资动员会召开。市委副书记、市长武宏文参加会议并讲话，市委副书记刘振国主持。市委常委、常务副市长薛明耀，市人大常委会副主任刘美、张强，副市长尚建军、尉连生、郭蕾、马安全、荆虎，市政协副主席郭俊岗，及各县（区）、大同经济技术开发区、市直有关部门、驻同企事业单位等负责人参加会议。会上，武宏文与各县（区）、大同经济技术开发区签订《大同市2019年上半年新开工项目前期手续办理责任书》；荆虎与上海常仁信息科技有限公司负责人签订合作协议。荆虎安排部署大同市“氢都”新能源产业城招商推介会有关事宜。会议要求坚持专业招商、精准招商、主题招商，推动招商工作发展。各级各部门加强以新能源产业城、高端装备制造等项目为招商工作的着力点，谋划大项目、好项目，抓牢推动大同走创新驱动转型升级新路的重点工程。各级领导干部真抓实干，把招商引资工作作为加快发展的重要战略任务摆在突出位置，服务创优环境，排解企业发展中遇到的困难和问题。（蕙 兰）

【大同“氢都”新能源产业城招商推介会】 2018年10月30日，大同市招商局按照《大同市人民政府关于印发山西大同“氢都”新能源产业城招商推介会活动方案的通知》要求，组织参加在北京召开的大同“氢都”新能源产业城招商推介会。招商推介会由大同市国际能源革命科技创新园主办，以“能源革命 造福人类”为主题，邀请新能源行业组织领导、业内专家、企业家出席该届中国新能源国际高峰论坛，探讨多种能源有机整合、集成互补的综合能源体系。通过活动，大同市加深与新能源行业内的专业交流，与到会的全国工商联新能源商会会员企业交谈合作，加大力度引进新能源企业和项目，推进以氢能产业为代表的新能源产业在大同成长成熟，实现大同从“煤都”向“氢都”和“新能源之都”转变。会议期间，签约126个项目，包括氢能、太阳能、风能等11类，总投资额1012亿元。（潘振龙）

【山西省（深圳）招商引资推介会大同签约项目】 2018年11月30日，山西省招商引资推介会在深圳举行，大同市承办新能源和现代医药及医疗器械产业专题对接会，与150余家企业对接。这次深圳推介活动，大同市签约13个项目，总投资金额192.3亿元。大同市委副书记、市长武宏文在专题对接会上作主旨演讲，副市长荆虎，及大同市相关县（区）、部门负责人参加对接会。

山西省（深圳）招商引资推介会举行6个专题对接会，即通用航空产业、先进装备制造业、新一代信息技术产业、新能源和现代医药及医疗器械产业、新材料产业和高新技术产业（材料）专题推介对接会。大同市在全省推介会上签约2个项目，城市动力园项目和高性能锂电池智能生产线制造项目。在省发改委承办的专题对接会上签约2个项目，大同市航空科技教育基地项目和灵丘通用航空产业园项目。在市政府承办的专题对接会上签约9个项目，即环保高新技术产业园区项目，危废物综合处理处置中心项目，城市智慧交通、新能源充电桩项目，智慧路灯（带充电桩）生产基地项目，爱能森HSES清洁能源站项目，金域检验集团第三方独立医学检验项目，美容医院建设项目，大同同乐居“红木小镇”项目和古店温泉小镇项目。（潘振龙）

经贸促进

【商务局与商务部投资促进局合作】 2018年，大同市商务局推进与商务部投资促进局合作，落实与商务部投资促进局签订的《投资促进合作协议》，启动与商务部投促局共建运营“中国国际投资促进中心（美国）”合作项目，制定《大同市产业招商地图》《大同市城市营销方案》《大同市营商环境提升计划》。在中国投资指南网首页明显位置加挂大同市招商引资网页，并发布相关重点项目。参加国家商务部投资促进局组织的中外投资机构工作会、美国驻华机构投资合作沙龙、中国大同市与美国芝加哥市投资合作论坛等活动；向投促局和上海基地派出8名青年干部挂职锻炼；共同举办两期“大同市投资促进业务培训班”。（王 晟）

【参加山西品牌丝路行活动】 2018年，大同市贸促会组织参加“山西品牌丝路行”东盟站、中东站、印度站活动。3月30日至4月1日，2018“山西品牌丝路行”东盟站在马来西亚、泰国、柬埔寨举行，活动依托2018中国—东盟博览会（柬埔寨），分别到马来西亚、泰国、柬埔寨组织展览展示、优势产业项目合作推介、招商引资、友城活动、人文交流等活动。大同市贸促会组织大同国顺贸易有限责任公司、大同柏杨文化有限公司、大同市唐情结飞天创意商贸有限责任公司、大同市易德新奥进出口贸易公司、大同市易天商贸有限公司5家企业携大同市特色农产品、文化创意产品等参展。通过该次活动，在泰国筹建小杂粮海外仓、研发功能食品的市易德新奥进出口贸易公司把大同小杂粮产品和深加工技术推向东盟市场。10月23日至25日，“山西品牌丝路行”中东站依托第20届中东迪拜水处理展在迪拜举行，市贸促会组织大同市禾能活性炭有限公司、魏都活性炭有限公司、煤业金鼎活性炭有限公司、华青活性炭有限公司、金盛豪达炭业有限公司和左云县燃发环保净化材料厂6家企业参展，大同环保及水处理产品走向中东和东欧市场。12月5日至7日，山西省依托2018中国（印度）贸易博览会举办2018年“山西品牌丝路行”印度站活动。12月17日，市贸促会组织山西东方亮生命科技股份有限公司、大同市博兴农副产品有限公司、大同市唐情结飞天创意商贸有限责任公司参加2018中国（印度）贸易博览会。（贾峰涛）

【参加山西品牌中华行活动】 2018年，大同市贸促会组织部分企业参加“山西品牌中华行”上海站、深圳站等活动。“山西品牌中华行”系列活动是山西省“一带一路”组成部分，是山西省政府为落实山西省构建内陆地区对外开放新高地，宣传“山西制造”金字招牌的一项品牌推广活动。年内，该活动由山西省贸促会负责，目的是把山西的名优特产品推向全国，宣传山西省品牌形象，展示山西省产业优势和优质品牌产品。7月26日，“山西品牌中华行”（上海站）活动在上海新国际展览中心启动，活动依托第112届中国日用百货商品交易会平台，山西省34家企业带1000余种产品参加。大同市贸促会组织浑

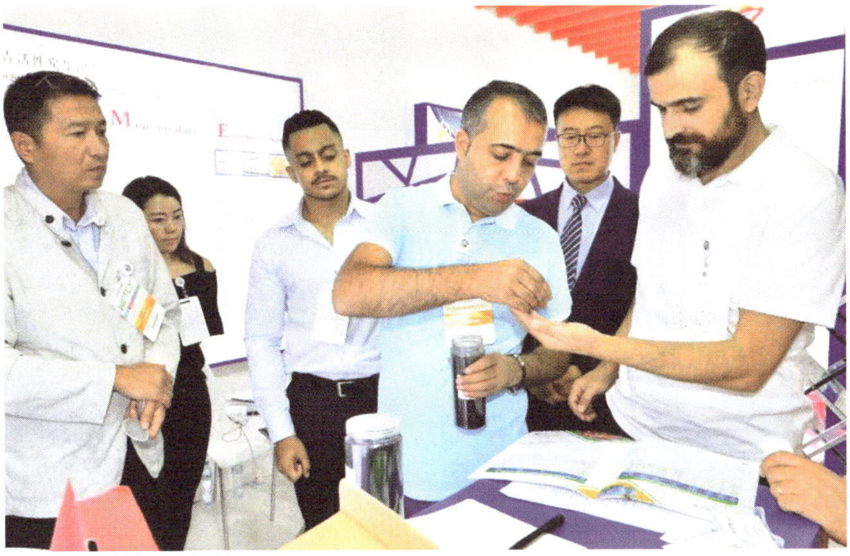

▲2018年10月23日，大同市贸促会组织全市企业参加第20届中东迪拜水处理展，图为中东客户参观市华青活性炭产品（贾峰涛 摄）

▲ 2018年10月20日，大同市4家企业参加“山西品牌中华行”（深圳站）活动
（贾峰涛 摄）

源县和广灵县两个贫困县携当地农特产品参展，广灵县县长在展会上做“推销员”给该县东方亮小米、白老大杏仁、恒广北芪、五香豆腐干、巧娘编织等农副产品找出路。10月20日至23日，2018“山西品牌中华行”（深圳站）活动依托第26届中国深圳国际礼品及家居用品展览会同期举办，市贸促会组织山西煤销集团大同晋银矿业有限公司、山西东方亮生命科技股份有限公司、大同市华建油脂有限责任公司和山西雁门清高食业有限责任公司4家企业参会，宣传大同品牌形象，展示大同产业优势和优质品牌产品。活动中大同4家企业都拿到订单。其中，晋银公司拿到订购4000个小猪佩奇银饰订单，价值1200万元；东方亮公司现场签订价值4万元小米、黄芪订单；雁门清高现场销售2000元苦荞系列产品，意向订单6000元；华建油脂公司现场销售亚麻籽油1.5万元，订单6万元。（贾峰涛）

【经贸渠道拓展及合作平台搭建】 2018年，大同市贸促会组织中小企业参加各种国际、国内展览会、博览会、洽谈会，给企业拓展经贸渠道。9月25日至27日，组织大同市禾能活性炭有限公司、魏都活性炭有限公司、信鹏活性炭有限公司3家企业参加第13届俄罗斯国际水处理展览会；11月13日，组织大同市易天商贸有限公司、大同市国顺贸易有限责任公司、山西煤销集团大同晋银有限责任公司3家企业参加由山西省贸促会主办的非洲国家投资贸易、经贸园区（太原）推荐交流会；12月14日，组织山西东方亮生命科技股份有限公司参加2018年中国（肯尼亚）贸易博览会。带领大同企业走出去，推荐企业参加各种国际会议，给全市企业搭建对外交流合作平台。推荐山西煤销大同晋银有限责任公司参加中国国际商会理事会议；组织国药集团威奇达有限公司参加第七届世界工商领袖（昆山）大会；组织部分企业参加中国—伊朗商务理事会成立大会、中国—挪威工商峰会等国际性会议；组织大同市新荣区科蕾农民专业合作社参加“自贸大讲堂”培训等活动。（贾峰涛）

【参加商务部投资促进局商务合作活动】 2018年4月3日，大同市委副书记、市长武宏文率团到北京参加商务部投资促进局商务合作活动，与国际驻华商务机构和20余家企业代表，对接承接产业转移进行产业规划、产业布局和煤化工项目合作对接。商务部投资促进局局长刘殿勋、副局长李勇等参加活动。

刘殿勋在商务活动中介绍该次活动的目的、意义和运行机制，希望借助这一平台，定期与合作伙伴、同行及投促业务机构，加强政策交流，推进对接合作，希望大家关注大同转型发展，与大同开展经贸往来和项目合作，实现共赢发展。武宏文介绍大同市情、对外开放和经济社会发展情况。（蕙 兰）

【大同品牌行（美国站）活动】 2018年7月16日，由大同市人民政府主办，市商务局牵头，与市外侨办、贸促会联合承办的以“让世界了解中国·魅力大同”为主题的大同品牌行（美国站）活动在美国芝加哥迈考密展览中心启动，大同市政府代表团带领大同市12家农产品企业，携大同特色农产品参展。大同品牌行（美国站）活动采用“会中会”形式，与2018美国芝加哥IFT科技

▲ 2018年7月16日，大同品牌行（美国站）活动在美国芝加哥迈考密展览中心启动，图为大同参展商与外商交流
（王 晟 摄）

食品展同期举行。活动内容主要有产品展览展示、商务对接洽谈、招商引资推介3个方面。活动中，天镇县通航粮贸有限公司收获出口价值87万美元的红芸豆订单，广灵县东方亮生命科技股份有限公司签订价值50万美元的红芸豆和南瓜子合同，浑源县金昌粮贸有限公司签订价值33.6万美元的红芸豆合同，天镇县博诚蔬菜有限责任公司签订价值50万美元的脱水蔬菜合同，其他企业达成价值208万美元的胡萝卜、辣椒、菜花、小杂粮等购买意向。展会期间，大同市政府代表团拜会美国晋商总会、山西同乡会、山西省贸促会驻纽约办事处等组织，举行投资贸易对接会，发放大同招商引资宣传册500余份，与美国山西同乡、美籍华人华侨共议“一带一路”发展新机遇，围绕大同做好对外开放“排头兵之尖兵”主题进行经贸合作洽谈，寻求合作机遇。（王　晟）

【投资促进业务专项培训】 2018年8月23日，由大同市政府和商务部投资促进事务局主办、市商务局承办的全市投资促进业务第二期培训班开班，来自全市各部门、各县（区）招商引资相关负责人200余人参加培训。

国际商务环境评估与投资促协会会长黄静和智招网创始人兼总裁王智邦，分别作主题为《商务部大同项目成果解读及运用说明》《大同市产业招商地图的制作与使用》和《大同市城市营销报告解读与说明》的讲座，两位主讲人从营商环境与营商环境评价体系、大同市营商环境提升战略体系、大同市营商环境提升措施体系、产业发展趋势与转移、产业招商地图设计的原理、大同市招商地图的使用、传统城市营销的困境、大同市的4个城市营销战略和1个城市营销重要工具等方面解读招商引资工作。（蕙　兰）

【参加首届中国国际进口博览会】 2018年11月5日至10日，全球第一个以进口为主题的博览会——首届中国国际进口博览会在上海举行，大同市组织72家企业144位采购商组团参加。

首届中国国际进口博览会由商务部、上海市政府主办，来自130余个国家和地区的3000余家企业参展，其中世界500强和行业龙头企业有200余家。8月开始，大同市召开动员会、制定工作方案、成立领导组，由市商务局牵头，市政府办、市外侨办、市国资委、市贸促会和各县（区）组织企业参加。大同市72家企业144位采购商报名参会，涉及外贸企业、电子商务企业、外资企业、内贸流通企业、文化传媒企业等。博览会期间，大同市交易团有6家企业成交，成交金额5586万美元。其中，场外成交3630万美元，场内成交1956万美元。（王　晟）

【华宇方圆农业发展有限公司挂牌暨华宇方圆新物流生态圈项目山西运营启动会】 2018年11月18日，华宇方圆农业发展有限公司挂牌和华宇方圆新物流生态圈项目山西运营启动会举行，大同市委常委、常务副市长薛明耀出席。

华宇方圆集团是中国核工业集团旗下四级子公司，主营业务是新智慧物流、农村电子商务、国际物流信息平台等，是一家“互联网＋产业链＋新零售”综合性产业集团。该集团把华宇方圆农业发展有限公司总部及华宇方圆国际物流华北区、西北区总部落户大同。华宇方圆农业发展有限公司投入运营后，年交易额500亿元以上，年可实现利税10亿元以上，能解决大同市5万以上人口就业。（鹤　梅）

【首届中蒙（大同）合作论坛及中蒙（大同）商品展销峰会】 2018年12月14日，主题为“中蒙新合作开创新未来”的首届中蒙（大同）合作论坛及中蒙（大同）商品展销峰会在大同市和阳美术馆启幕。蒙古国大呼拉尔议员兼蒙中友好合作议团副团长桑·宾巴朝克图，蒙古国科布多省公民代表议会主席格·普日布甘地，蒙古国科布多省代表议会代表、副省长特·吉日嘎拉赛汗等出席论坛。大同市委常委、副市长冯苏京，副市长荆虎，市政协副主席王德成等参加论坛。

首届中蒙（大同）合作论坛由蒙古国工业经济联合会、大同农本天下科技有限公司、北京澳飞华宇国际贸易有限公司共同主办，桑·宾巴朝克图在论坛上围绕蒙古国与中国合作发展作主旨演讲，格·普日布甘地介绍科布多省基本情况。论坛结束后，中国大同市与蒙古国科布多省签署深化友好合作备忘录，中国大同农本天下科技有限公司与蒙古国相关部门签署战略合作协议。12月14日至18日，中蒙（大同）商品展销峰会举办，来自蒙古国的羊毛制品、皮革制品和大同市的农产品、工艺品等参加展销。在大同期间，参会人员参观大同国际陆港、晋投玄武岩、牧同乳业等企业。（王　晟）

开发园区

综　述

【概况】 2018年，大同市有国家级开发区1家：大同经济技术开发区（简称“大同开发区”），省级开发区1家：左云经济技术开发区（简称“左云开发区”），8个县（区）筹划设立省级开发区。市政府把5个市直部门78项权力事项下放到大同开发区，出台《关于加快推进大同经济技术开发区改革创新发展的若干意见》（同政发〔2018〕50号），授予大同开发区用人自主权，根据其功能定位、职责任务和工作需要，自主设置区属科级机构。左云县政府向左云开发区赋予648项行政职权，临时用地许可、建设项目用地预审、国有建设用地审查、国有划拨土地使用权出租抵押审批4项职权，依据有关规定，依法委托左云开发区管委会行使职权。（王　晟）

【社会事务剥离】 2018年，大同市开展开发园区“剥离社会事务”改革，主要涉及大同开发区。（1）教育事务剥离。大同开发区3所学校有教职工94人需剥离现状，成立教育社会事务剥离推进工作领导组，多次协商酝酿，推进教育社会事务移交对接工作。（2）社会事务剥离。按照上级有关大同开发区剥离社会事务工作精神，撤销开发区城南街

道办事处，暂时成立大同开发区社会事务管理处，具体承办大同开发区2个村剥离之前的相关社会事务及其他社会职能。（王 晟）

大同经济技术开发区

【概况】 2018年，大同开发区总规划面积239.4平方千米。下辖医药工业园区、装备制造园区、高新技术园区、现代服务园区、御东园区5个园区，2个村民委员会。规划布局新能源汽车及零部件产业园、新能源产业园、现代医药产业园、现代智能科技纺织产业园、通用航空产业园、国际陆港自贸区、装配式建筑产业园、大数据产业园、石墨烯产业园、食品加工产业园、电子商务及现代服务业产业园、上海漕河泾（大同）国际创新创业园等20个专业化产业园区。

年内，全区地区生产总值73.5亿元，同比增长10.3%。规上工业增加值39.3亿元，同比增长11.5%。第三产业增加值22.7亿元，同比增长9.9%。规模以上工业总产值140亿元，同比增长28%。规模以上销售收入133亿元，同比增长32%。公共财政预算收入5.06亿元，同比增长32%。固定资产投资69.3亿元，同比增长20%。外贸进出口总额22.23亿元，同比增长54.58%，占目标任务147.22%。社会消费品零售总额28.9亿元，同比增长7.3%。

年内，全区开工复工项目81个，总投资405.5亿元，完成投资59.9亿元。其中，新开工项目45个，总投资226.6亿元；续建项目36个，总投资178.9亿元。产业类项目53个，总投资300.4亿元；基础设施项目20个，总投资10.83亿元；社会民生类项目2个，总投资16.77亿元。（张维新）

【市场化改革】 2018年，大同开发区成立招商集团有限公司，下设大同经济技术开发区经济发展投资有限公司、大同经济技术开发区经济建设有限公司、大同市科技创业中心有限公司、大同市开发区云州电力有限公司、大同电子口岸有限公司、大同华岳热电公司、大同开发区财信融资担保有限公司、大同开发区创投基金管理有限公司（筹建）8家子公司，开展建设运营、招商引资等市场化运作。医药产业园区、高新产业园区中央大道、运煤专线、装备园产业区云州街绿化养护工作委托河南森苑园林建筑工程有限公司和大同市兰园绿色园林建筑工程有限公司负责养护运营管理。御东污水厂委托北京博天环境集团有限公司子公司大同博华水务有限公司运营。御东污水厂二期改扩建PPP项目采用BOT（建设－运营－移交）方式实施。大同开发区与上海东

2017—2018年大同经济技术开发区主要核算指标表

单位：万元

指　标	2018年	2017年	2018年比2017年增长 ±%
总产出	1730552	1448838	14.0
第一产业	1056	1317	-23.8
第二产业	1141303	896472	18.9
工业	940460	698264	23.1
第三产业	588193	551049	7.6
交通运输、仓储和邮政业	137840	123417	10.3
批发和零售业	209563	202687	3.9
住宿和餐饮业	18420	16585	12.4
地区生产总值	668563	546120	11.3
第一产业	448	586	-23.8
第二产业	456995	348112	15.0
工业	360590	252952	21.0
第三产业	211120	197422	4.3
交通运输、仓储和邮政业	46844	43196	7.6
批发和零售业	73347	70933	1.7
住宿和餐饮业	6257	5805	6.7

方龙商务咨询公司签订招商协议，通过购买服务开展市场化招商。大同开发区通航产业园区、装备产业园区清扫保洁工作由大同市新城机扫有限公司以外包运营方式运营。大同开发区财政运营部、投资促进部、装备制造产业园服务中心、医药工业园区服务中心4个中层干部岗位（副处级）面向社会公开招聘。（张维新）

【国际化合作】2018年，大同开发区开展中德、中美、中比（比利时）国际通航产业合作。产业园签约总投资29.17亿元，引进、落地入驻德国轻型飞机研发制造项目、D-Motor（比利时）轻型航空发动机军民融合制造项目、美国传奇飞机制造项目、美国艾尔飞斯克航材制造项目、美国海湾石油研发等项目。成立中国（大同）-以色列科技合作办公室，引进以色列特拉维夫大学技术转移中心，推动中以科创产业园建设。4月8日至12日，大同市代表团出访以色列，和以色列国家创新署、以色列农科院、6家高科技企业合作对接。5月21日，特拉维夫大学技术转移中心获得落地大同的正式授权，7月21日，在大同挂牌成立。开展中乌（乌克兰）合作。11月10日，中国-乌克兰大同玄武岩新材料创新研究中心成立，山西晋投玄武岩开发有限公司大同年产5万吨岩棉项目投产。（张维新）

【招商引资】2018年，大同开发区委托商务部投资促进局，编制大同市营商环境提升计划、大同市城市营销方案、大同市产业招商地图。设立开发区招商总局和10个招商分局。在北京、上海、珠海、昆山、成都设立5个招商联络处。聚焦京津冀、珠三角、长三角，聚焦大企大校大院大所，聚焦战略性新兴产业和高新技术产业，结合省经信委《招商图谱》和大同市《招商地图》，绘制《大同开发区招商地图》，依托12大产业图谱，挂图招商。突出新能源、新能源汽车、新材料、镁铝合金、现代医药及医疗器械、新一代信息技术、高端装备制造、节能环保、通用航空产业9大产业链，培育龙头企业，引进研发机构和配套企业，延伸壮大产业链条。全年签约项目94个，总投资1715.43亿元，同比增长196.4%，涉及新能源、新材料、大数据、通用航通等新兴产业。其中，30亿元以上省外项目有6个，世界500强企业1家，大型央企1家；新能源类项目35个，总投资915.75亿元，占比超37%。（张维新）

【开发区产业发展】2018年，大同开发区推进产业持续稳定发展。出台《大同经济技术开发区关于促进医药产业健康发展的若干意见实施细则》，有效应对医药行业出现的仿制药一致性评价和“两票制”政策影响。全年医药产业产值82.9亿元，增长33.61%。外贸进出口产业持续发力。大同开发区加快推进大同国际陆港项目，帮助企业申报保税（B型）物流中心。为吸引外贸公司入驻开发区，出台《大同经济技术开发区关于促进大同国际陆港发展的扶持政策》。8月28日，大同国际陆港进口肉类指定查验场开关，大同电子口岸开关运营。截至2018年年底，大同市怡亚通供应链有限公司、大同市易华科技有限公司等10家外贸类企业进驻，实现进出口贸易额2000万元。支持中小企业发展。大同开发区申报国家“双创”载体升级资金扶持项目获批，得到国家财政部5000万元资助载体升级资金，提升区中小企业可持续发展能力。联合北大1898咖啡馆等高端众创平台，打造中小企业优质孵化平台。拓宽产学研合作渠道，开展产学研合作企业占规上工业比重57%。设立院士工作站，中科院高福院士与同达药业院士工作站由省人社厅授予挂牌，中科院院士杨秀敏、岳清瑞、任辉启与晋投玄武岩院士工作站投入运行。全年，新注册个体工商户751户，同比增长33.9%；5家企业完成“小升规”。（张维新）

【营商环境建设】2018年，大同开发区推进审批制度改革，实现“一个大厅管服务、一枚公章管审批、一支队伍管执法”。区政务服务大厅进驻部门5家，设置窗口7个。其中，行政审批局3个，派驻部门4个。进驻大厅涉及项目审批事项52项（全区行政审批事项164项），占全区审批事项31%。35项审批事项全部集中到行政审批局办理，由原来盖18枚公章减为1枚审批专用章，项目审批除派驻机构外，实现1枚印章管审批。项目审批时间由原来192天缩短至45天，审批时间缩短76.56%。推行各环节并联办理，实现企业开办3个工作日办结。落实企业承诺制、审批流程再造、容缺受理、并联审批、项目无障碍施工等政策。开展“证照分离”“多证合一”改革试点。实现“三十六证合一”。建立“一网通办”政务服务信息化体系。实现企业开办、承诺制审批、政策兑现、招商引资、综合办公等事项“一网通办”。建立“一网一线”综合服务平台。成立重点项目推进领导组和营商服务中心，设置96302服务热线，为企业提供昼夜服

▲大同经济技术开发区政务大厅工作人员为民服务（张维新 摄）

务。大同开发区持续加大基础配套设施建设投入，投资4.6亿元加强道路、水电气暖、标准化厂房、平整场地等基础设施建设。大同开发区按照国家、省、市税收优惠政策，减免符合条件的企业增值税2219.24万元，减免所得税15656万元，补贴房屋租赁费、基础运营费等项目扶持资金3100万元。帮助38家企业申报市级工业振兴奖励资金10446万元，占全市奖励资金40%。出台《大同经济技术开发区促进企业自主创新扶持办法（试行）》，为30家符合条件的企业发放科技创新奖励380万元。落实市级产业扶持资金10.2亿元。为4户重点企业和18户打包企业申请参与享受大用户直供电直接交易。区高创孵化中心投入520万余元，为55家总部经济及科技孵化企业提供办公用房和配套服务。（张维新）

【扫黑除恶专项斗争】 2018年，大同开发区成立“扫黑除恶专项斗争工作领导小组”及“扫黑除恶专项斗争领导小组办公室”，召开“扫黑除恶专项斗争工作动员大会”10余次，召开两委联席会8次。各成员单位重点宣传各类违法犯罪活动。设置举报箱12个、在区辖2村及企业悬挂条幅20余条、发放宣传资料1万余份并现场宣讲，制作印发扫黑除恶知识问答宣传资料2万份。收集线索9条，查否4条。辖区内群众举报涉嫌黑恶线索1条，打掉强揽工程恶势力团伙，抓获犯罪嫌疑人2人，追逃1人，查扣作案车辆2台。（张维新）

【六大招商引资项目落户开发区】 2018年1月19日，总投资109.74亿元的六大招商引资项目落户大同开发区。山西省委常委、大同市委书记张吉福，市委副书记、市长武宏文，市委常委、市委秘书长薛明耀，副市长马安全，副市长、大同开发区党工委书记、管委会主任荆虎等见证签约。环保+新能源高端装备制造产业园项目，由葫芦岛佳尚科技有限公司、贵州航天特种车有限责任公司、市雨滴科技有限公司合作投资，总投资80亿元，主要为用于储能的超级电容器生产项目。大同云中e谷大数据中心项目，由大同普云大数据有限公司投资，按照国际A级T3+标准建设，面向国内外互联网公司、企业及政府灾备，发展基础数据交易和数据清洗、活化、分析等创新产业，培养大数据分析人才，打造辐射周边数据产业的基地，逐步成为全市转型发展的引领性产业。大同黄花菜真空冷冻干燥工程项目，由大连冰山集团大同市冰山制冷工程有限责任公司投资，采用国际上最先进的真空冻干技术加工黄花菜。大同平城康养中心项目，由市裕欣商贸有限责任公司投资，建设以“绿色环保、田园采摘、中医养生、医疗保健、康复训练、精神慰藉”为主要内容的社会化、智能化康养中心。全钒液流电池产业化项目，主要涉及全氟离子膜、全钒液流电池的研发、生产及销售，建设10万平方米全氟离子膜和30兆瓦120兆瓦时全钒液流电池的生产销售线。（鹤 梅）

【项目集中签约】 2018年5月29日，大同开发区招商引资24个项目在大同市国际能源革命科技创新产业园集中签约，项目方代表与市相关部门负责人座谈，省委市委、市委书记张吉福，市委副书记、市长武宏文等参加座谈会并见证签约，副市长荆虎与24个项目方代表依次签订项目合作协议。集中签约的有华宇方圆“新物流生态圈”、大同国际航空旅游城、爱丁山（大同）离岸时尚高级定制中心、汽车全铝制动系统、年产10万吨纳米生物基新材料、再生资源利用、金属岩棉夹芯板生产、中科院能源大数据、小恩笛国际双语学校、安卓医疗器械生产、新型电力设备生产、大同碳谷产业园等24个项目，总投资350.73亿元。（莫 倆）

装备制造产业园区

【概况】 2018年，装备制造产业园区营业收入56.2亿元，同比增长22%；利润2亿元；上缴税金1.7亿元，同比增长8.4%；产值55亿元，同比增长20.2%。其中，中国重汽大同齿轮有限公司、陕汽大同专用汽车有限公司营业收入占总量比27.8%、42.5%。中国重汽大同齿轮有限公司生产汽车变速箱总成12.2万台，比上年同期增加1000台，增长0.1%；销售收入15.3亿元，同比增长6.4%；利润1.4亿元；税金8197万元。陕汽大同专用汽车有限公司生产牵引车、自卸车、搅拌车9117辆，比上年同期增加1750辆，增长23.8%；销售收入23.4亿元，比上年同期增长26.7%。（葛建秀）

【校企合作】 2018年7月17日，北京工商大学商学院组织在校大学生到装备园区开展参观实践活动，实地参观大齿、陕汽和陆港，并与装备制造产业园服务中心签订大学生实习实践基地协议。装备园区服务中心负责人刘洪文介绍装备园区发展及主要企业经营情况。实习基地的建立，为大学生了解国家经济政策与经济环境，熟悉行业发展前景，把握社会对人才的需求，提高专业技能和就业能力等创造条件，为装备园入区企业录用优秀应届毕业生、搭建人才梯队提供便利，提升装备园区品牌与知名度，实现校企合作双赢。（葛建秀）

【装备园区被授予“国家新型工业化产业示范基地”称号】 2018年7月26日至27日，国家工信部在辽宁省沈阳市组织召开全国工业和信息化系统规划和投资工作座谈会，装备园区服务中心负责人刘洪文出席会议并接受工信部颁发的国家新型工业化产业示范基地授牌。国家新型工业化产业示范基地是以可持续发展为前提，以产业集聚为特点，以工业园区为载体，基地主导产业特色鲜明，水平和规模居全国领先地位，在产业升级、两化融合、自主创新、节能减排、效率效益等方面均处于全国前列的产业集聚区。国家新型工业化产业示范基地分两个系列，即规模效益突出的优势产业示范基地和专业化细分领域竞争力强的特色产业示范基地。装备制造产业园区获批，填补大同市国家新型工业化产业示范基地空白。授牌仪式结束后，各新型工业化产业示范基地代表交流推动新兴产业发展、加强工业投资有效引导、建设新型工业化产业示范基地等主题内容。（葛建秀）

【大同大昶移动能源有限公司】 大同大昶移动能源有限公司成立于

2017 年，由同煤集团、大同经建投、汉能移动能源集团共同出资建设。大同大昶移动能源产业园项目选址在装备制造产业园区同煤高新技术产业园，是第一代晶硅技术向第二代薄膜电池技术的革命性变革。项目分三期布局和建设，一期 300 兆瓦铜铟镓硒薄膜太阳能电池生产线，占地面积 9.42 公顷，总投资 22.29 亿元。2017 年 7 月三方签约，8 月备案，12 月 26 日，50 兆瓦柔性组件封装线出片。2018 年 4 月 3 号厂房、动力中心开工建设，12 月底，250 兆瓦玻璃基组件产线出片。项目建成后，年产值 10.97 亿元，利税 2.98 亿元，安排就业 500 人。

铜铟镓硒薄膜技术是清洁环保技术，能耗低，无废水、废气排放，符合国家环保要求。芯片柔软、可弯折，不破碎、没有隐裂，无 PID 风险。组件应用广阔，可有效应对地面电站、分布式电站、共享单车、背包、帐篷、发电纸、移动能源等市场需求。

（葛建秀）

【山西米亚索乐装备科技有限公司】 山西米亚索乐装备科技有限公司是汉能薄膜发电集团有限公司投资建设的全资子公司。公司位于装备制造产业园区，规划总占地面积 9300 平方米。其中，核心装备制造及工业 4.0 自动化产线车间 4000 平方米，原材料工厂 4300 平方米，办公区 500 平方米，大宗气体站等占地面积 500 平方米。

该项目定位为 MiaSolé 技术（薄膜太阳能）路线中国区域核心装备制造中心、原材料制造中心、技术服务中心及资金结算中心。项目总投资 19.8 亿元，达产年营业收入约 80 亿元。年产 CIGS（铜铟镓硒）核心装备 1000 兆瓦、工业自动化设备 1000 兆瓦、CIG（铜铟镓）三元靶 1000 兆瓦。就业人数约 800 人，其中高端人才约 300 人。项目以大同产业基础配套为依托，业务辐射其他省市，为大同培养高端技术人才并打造铜铟镓硒薄膜太阳能全产业链。（葛建秀）

【大同隆基乐叶光伏科技有限公司】 大同隆基乐叶光伏科技有限公司总部位于西安，注册资本 10 亿元，是全球领先的单晶硅光伏产品制造商——隆基绿能科技股份有限公司（SH601012）全资子公司。隆基乐叶专注于太阳能单晶电池及组件研发、生产和销售。上年高效单晶组件产能 6500 兆瓦，2018 年规划组件产能 1.2 万兆瓦。隆基乐叶公司科研投入比例不低于销售收入的 5%，单晶 PERC 电池转化效率 23.6%。与杜邦、3M、新南威尔士大学、华为、中山大学等国际知名企业、科研院所达成战略合作关系，共同提升光伏终端客户价值。年产 1000 兆瓦“超级领跑者”组件制造项目，一期由大同隆基乐叶光伏科技公司投资兴建，该企业是隆基乐叶光伏科技公司下设全资子公司，注册于 2017 年 8 月，成立时间为 2017 年 4 月 7 日，注册资本 6000 万元。生产基地坐落于装备制造产业园区，总建设面积 1.6 万平方米，其中项目一期建设为 500 兆瓦高效单晶太阳能电池组件，计划总投资 2 亿元。企业主要从事太阳能高效单晶电池组件研发和生产。项目建设周期约 6 个月，2018 年 9 月初试产，建设内容主要为适合组件自动化生产布线相关的工业厂房改造、机电安装及装修工程，购置高速组件生产线和配套生产设备、工装治具等。大同隆基乐叶一期项目建成后，年均销售收入 10 亿元，年均缴纳税金约 5000 万元，属于山西省十大重点能源项目。大同隆基乐叶公司与大同电力、热力公司，生产供应商、零售商和代理商等单位建立合作关系。

大同隆基乐叶公司产品有：高效单晶组件，采用 PERC 技术，电池平均效率 22%，首年衰减低于 2%，稳定衰减低于 0.55%/ 年，弱光条件下发电性能好。双面双玻组件，双面 PERC 电池，正背面效率接近 22%/17.5%，双面玻璃封，组件背面具有发电能力，收益更高，抗 PID 能力强。PERC 半片组件，较低电学损失，组件功率增益大于 2%，低热斑温度产品更可靠、组件工作温度低发电更高，阴影带来的功率损失低。PERC 多主栅组件，低银浆损耗，降低组件成本，较高电池片效率，组件功率提升 5 瓦以上，抗隐裂性能佳。（葛建秀）

【山西惠谷嘉旭生物科技有限公司】 山西惠谷嘉旭生物科技有限公司 2018 年 6 月入驻大同开发区装备制造产业园区，是一家集纳米生物基生物降解环保塑料及其制备技术研发、生产、销售为一体的高新技术企业。产品应用于工业、农业、生活领域，属于新材料行业，是国家重点扶持发展的战略性新兴产业，也是国家产业政策重点鼓励发展行业。产品以马铃薯、木薯、红薯等天然植物淀粉和秸秆纤维超细粉体为主要原料，用科学配方、特殊工艺、先进设备生产出片材和粒料，经过物理成型制造一次性用品，主要产品有一次性餐具、卫生洁具、日用百货、食品药品等 100 余种包装盒。（葛建秀）

阳高龙泉工业园区

【概况】 2018 年，阳高龙泉工业园区落户企业 25 家，其中新落户企业 7 家，占目标任务 140%。25 家企业中投产企业 11 家，具备生产能力试生产企业 2 家，在建企业 11 家；规模以上企业 8 家，年产值上亿元企业 4 家。该园区销售收入 21.3 亿元，比上年同期增长 30%；工业总产值 20.7 亿元，比上年同期增长 32%；上缴税金 9116 万元，比上年同期增长 34%。该园区投资强度 19.53 万元 / 公顷，占目标任务 101%，产出强度 2.43 万元 / 公顷，占目标任务 101%，税收强度 2.0，占目标任务 125%。

年内，园区加快基础设施建设，引资建设园区污水处理厂，推进华润天然气到厂、高压线和供水管网建设工程。新铺设的供水管网主体工程竣工；华润天然气管道铺设 21.3 千米，园区供气站办理开工手续，电路设计完毕；高压线自南向北架空线路 9 千米，铺设电缆 1.2 千米；阳高县政府与富乔垃圾发电公司签订建设污水处理厂项目协议。园区编制完成《阳高经济技术开发区总体规划》，把功能区划由原来的“一园六区”调整为“一园四区”，调整后的产业功能有安全循环产业、新型冶金建材业、化工新材料业、农产品深加工业。编制完成《阳高经济技术开发区改革创新发展实施方案》《阳高经济技术开发区管理委员会领导班子任期制管理办法（试行）》《关于深化阳高经济技术开发区管理委员会全员岗位聘用制和绩效工资制实施办法的意见》，确定“三化三制”主要目标及方向，制定可行办法。完成新修可研报告，园区面积由26平方千米调整为24.4平方千米；由原来涉及王官屯镇、下深井乡、大白登镇调整为涉及王官屯镇、下深井乡，上报省政府。园区实行项目前期代办式服务，在园区设立招商办公室，由项目代办员负责对接各业务部门，实施新建企业投资项目无审批承诺。（高 俊）

【服务园区企业】 2018年，阳高龙泉工业园区筹集资金完善园区基础设施、出台优惠政策、创优服务环境，引来山纳合成橡胶有限公司、同煤通泰橡胶有限公司、好医生药业等企业、项目落户园区，截至2018年年底，园区工业产值20.8亿元，安排劳力5000余人，上缴国家税收1.07亿元。园区建成以来，县委、县政府累计投资4亿元，修建长24千米、宽24米两纵一横主干路，打通与京大、天大两条高速公路，大张高铁、京包铁路、大秦铁路的连接；栽植绿化带52千米，防护林80公顷，绿地面积占园区总面积30%；成立龙泉供水公司，铺设供水管网30千米，日供水量10万立方米，建成110千瓦变电站3座，架设输电线路30千米。为落户园区企业实施通路、通水、通电、通污水排放、通网、通班车和厂地平整“六通一平”配套基础设施建设工程。园区土地按大同市最低类别等级14等定出让价格，土地出让“零收益”，入园企业缴纳土地出让金办理建设用地后，县财政拿出土地出让金净收益部分，在项目建成当年帮助企业建设厂区内“六通一平”，支持企业发展；土地出让“零地价”，对于投资规模大、建设周期短、经济效益好、环境污染少的入园企业，县财政拿出企业缴纳的土地出让金逐年奖励，直至奖完为止。入园企业工业用水实行居民生活用水价格，污水排污费按最低标准收取，电量大的企业，执行大用户用电直购价，降低企业生产成本。在企业整体规模形成前，不征收管理费及其他费用，按规定必须收费的项目，一律按最低标准收取，投资亿元以上企业，实行“一事一议”“一企一议”。为入园企业提供“一站式”服务，坚持一个窗口受理、闭环流转、一次性办结，简化办理程序，压缩办理时间。按照招商引资段、项目促建段、企业投产段三个阶段，分阶段为入园企业提供事项代办、政策解读、协调问题、项目争取、政策兑现等服务。为重点项目配备一名专门领导、一个服务专班、一名联络员，对口提供常态化服务。（高 俊）

【山纳合成橡胶有限责任公司】 山纳合成橡胶有限责任公司是由中国蓝星（集团）股份有限公司下属企业山西合成橡胶集团有限责任公司和亚美尼亚共和国Nairit（纳伊利特）公司共同出资成立的中外合资经营企业。中方出资60%，亚方出资40%。企业主要产品是氯丁橡胶、氯碱及相关产品。该公司隶属于中国化工集团公司，公司占地86.67公顷，资产总额24.47亿元，职工1280余人。该公司引进Nairit公司亚美尼亚生产工艺和专有技术生产氯丁橡胶，装置技术由Nairit提供，生产装置的装备标准、自控水平、技术先进性、产品类别和性能均优于国内同类企业；该公司获欧洲REACH认证。有3条氯丁橡胶后处理生产线，可生产SN系列18个干胶牌号，6个胶乳牌号及由山橡公司授权生产的X系列8个牌号的氯丁橡胶产品。满足国内外市场需求。该公司依托中国化工集团和中国蓝星（集团）股份有限公司在化工新材料领域实力和管理平台，建成产品研发中心。有国家专利授权46个，其中发明专利10个。（高 俊）

【山西好医生药业有限公司】 山西好医生药业有限公司隶属于好医生药业集团，前身为山西云华药业有限公司。2011年经好医生药业集团兼并重组后，更名为山西好医生药业有限公司，注册资本1500万元。该公司占地面积为7.73公顷，总投资8000万余元，建有综合固体制剂车间、头孢车间、青霉素车间。在册员工170余人，各类专业技术人员70余人。该公司主要剂型有：片剂、硬胶囊剂、颗粒剂、散剂等，拥有注册品种75个，年产能力60亿粒（片）。2012年以来，蒙脱石散、兰索拉唑肠溶片、奥美拉唑肠溶胶囊在取得国家药品注册批件后，投放市场。2013年，该公司一次性通过新版GMP认证，2014年1月，全国独家品种3.2类新药氨酚曲马多胶囊取得国家药品注册批件。该公司为当地提供200余个就业岗位，解决当地就业800人次。截至2018年年底，累计上缴利税3000万余元，并保持每年增长20%。（高 俊）

【大同云冈酒业有限责任公司】 大同云冈酒业有限责任公司是一家股份制民营企业，其前身为大同市酒厂，始建于1952年，是大同市成立最早的酒厂。2000年，大同云冈酒业有限责任公司重组后，搬迁到阳高县龙泉工业园区。厂区占地面积2.27公顷，公司固定资产总值600万元，年设计生产能力1300吨。“云冈”牌系列白酒和传统型干榨黄酒以晋北地区盛产的优质高粱和黍米为主要原料。继承传统工艺发酵、手工操作与现代科技相结合、以纯粮加工精心酿造而成。有2个产品，20余个花色品种的高、中、低档酒的销售遍及大同地区。2018年，大同市云冈酒业有限责任公司有员工50余人，其中各类技术人员10名。有白酒发酵窖池34个，黄酒发酵缸400余个。新增1条白酒灌装生产线，新增50吨储酒罐6个，各类酒的存储量近1000吨，储量的扩大延长窖藏时间，由3年延至5年，为白酒的老熟、陈香及提高酒质创造条件。提高黄酒质量，新增黄酒过滤机1套，避免黄酒储存期出现的沉淀问题。产品出厂合格率100%，“云冈”牌系列白酒及黄酒被大同市消费者协会、酒类协会评为名优地方产品。（高 俊）

【大同市绿苑饮品有限责任公司】 大同市绿苑饮品有限责任公司成立于2005年9月，是集杏仁植物蛋白饮品、果蔬汁饮品、五谷粥等系列产品生产销售为一体的民营饮品企业。该公司注册资金3亿元，占地面积26.67万平方米，其中生产车间、贮存库、综合办公楼、职工宿舍、职工食堂等建筑面积20.3万平方米，拥有蛋白、果汁饮料进口及国产生产线10条，年生产能力35万吨，总资产额6.7亿元。“杏韵”牌黄金杏仁露、核桃王、杏仁花生露、杏汁、“杏韵”五谷粥等系列产品在晋、冀、豫、蒙及东北地区260个市、县销售，产品被授予山西省质量信誉AAA级标准、山西省名牌产品、中国（山西）特色农产品交易博览会金奖，并获国家三个产品外观设计专利。2015年6月，该公司在上海股权托管交易中心上市挂牌。2018年，该公司有职工467名，其中高层管理人员11名，专业技术人员68名。常年聘请中国食品发酵研究员为公司研发新产品，两名专家担任顾问，聘请北京智达策划公司为销售策划，大同籍原生态歌手阿宝和影视演员李小萌为产品形象代言人。规划建设5000余平方米的食品西部地区检验中心，为国家质检总局检疫检验中心落户该公司提供办公地址。该公司按照“企业＋基地＋农户”的产业链模式，坚持走企业发展与农民共同致富之路。33万吨杏饮品及2万吨脱苦杏仁扩建项目投产运营，该公司按保护价与杏农签订50万余亩杏产品购销合同，惠及110余个村庄、3.9万杏树种植户，户年均增收1万元，新增就业岗位3000余个。该公司被确定为国家级扶贫龙头企业、国家级重点农业产业化龙头企业、全国食品工业优秀骨干龙头企业、中国成长型中小企业100强、山西省“513”工程省级重点龙头企业、山西省级28家重点企业之一。（高　俊）

医药工业园区

【概况】　医药工业园区位于京大高速公路与大秦铁路湖东编组站之间，西距大同县党留庄乡安留庄村1780米，北距京大高速公路827米，东距郭家窑头水库515米，南距大秦铁路编组站320米。总投资65亿元，总体规划面积199.33公顷。其中，国药威奇达用地45.87公顷，普德药业用地26.41公顷，振东泰盛制药用地30.04公顷，同药集团用地24.44公顷，项目预留地12.48公顷。防护绿地面积7.95公顷，道路用地面积32.41公顷，空地19.73公顷。园区建成“两横五纵”方格路网格局，实现道路、供电、供排水、供热、供气、天然气、网络通信、污水处理、绿化和场地平整“八通一绿一平”。

医药工业园区入驻企业6家，分别是：国药集团威奇达药业有限公司、山西普德药业有限公司、山西振东泰盛制药有限公司、山西同达药业有限公司、山西威奇达光明制药有限公司、同药集团大同制药有限公司。有上市企业子公司3家（国药威奇达、振东泰盛制药、普德药业），其中国药威奇达是全球500强企业。6家企业拥有各类药品生产批准文号1594个，产品涵盖化学原料药、化学制剂、生物制剂、中药饮片与颗粒、胶囊、片剂等。重点药企普遍与国际国内知名医药研究机构和专业院校建立合作关系，6家企业均被认定为高新技术企业和省、市级技术中心（5家省级和1家市级）。

2018年，医药工业园区6家企业工业产值64.69亿元，同比增长49.45%；销售收入56.72亿元，同比增长50.29%；利润3.2亿元，受“两票制”及仿制药一致性评价影响，企业销售费用明显增大，接近成本，导致利润同比下降17.02%；利税7.24亿元，同比增长17.39%。（赵志勇）

【山西振东泰盛制药有限公司】2018年，山西振东泰盛制药有限公司生产总值7.5亿元，同比增长74.4%；销售收入7.4亿元，同比增长108.2%；利税1.5亿元，同比增长42.9%；人均劳效176.9万元，同比增长125.4%。年内，山西振东泰盛制药有限公司取得发明专利1项；获新药研发、技术改造及项目扶持基金180万元；获大同市政府工业振兴及产量增量表彰奖励共332万元；获山西省科学技术三等奖、著名商标两项、名牌产品三项奖励80万元；收到2017年、2018年税收增量返还1574万元。先后被评为“山西省创新型试点企业”“山西省两化融合示范企业”“专精特新”企业，获“全国五一劳动奖”荣誉。（黄晓梅）

【山西仟源医药集团股份有限公司】　山西仟源医药集团股份有限公司是一家集研发、生产、销售为一体的医药上市企业，从事医药、保健食品的研发、生产、销售，医疗健康服务及商业等。该公司医药产品包括抗感染药、呼吸系统药、泌尿系统药、儿童用药、心脑血管药、抗抑郁药、中药饮片、医药原料及中间体等；医疗健康服务包括医学诊断、基因保存和孕环境检测服务等。该公司为省级高新技术企业，始终保持与上海医药工业研究院等国内知名研究机构的合作，引进抗感染药物及抗感染药物增效剂等项目。成立集团技术专家委员会，建设口服固体制剂中试实验室。该公司拥有292个药品注册批件、8个保健品批件、专利60项、商标165项。该公司在全国拥有2200余家经销商，覆盖范围超过1万个销售终端。该公司与经销商从招商战略、战术两个层面建立协作、顾问和服务一体

▲山西振东泰盛制药有限公司省级技术中心　（黄晓梅 摄）

化、精细化销售模式。公司按照 GMP（药品生产质量管理）要求，有效监控生产全过程，质检与生产有关的原辅包装材料、中间产品、成品，提供各种检测报告。2018 年，该公司通过综合制剂车间 GMP 认证，全年产量 6.04 亿片；粉针车间产量 3285 万支。营业收入 2.53 亿元，利税 5068 万元，资产总额 11.47 亿元。研发投入金额 2449 万元，占营业收入 9.68%。

（张文娱）

【山西普德药业有限公司】 2009 年 10 月，山西普德药业有限公司经市政府批准启动新厂区建设，占地 26.41 公顷，注册资本 1.39 亿元，是集药品研发、生产、销售为一体的国家级高新技术企业。拥有冻干粉针剂、小容量注射剂、粉针剂、口服制剂、化学合成、中药提取、生化前处理等生产线 22 条，生产车间 7 个。拥有国家级新药 35 项、发明专利 24 项。普德药业拥有 167 个药物品种，282 个药品生产批准文号，其中 86 个品种被列入国家医保目录（甲类品种 28 个，乙类品种 58 个），18 个品种被列入《国家基本药物目录》。该公司主要产品有注射用 12 种复合维生素、银杏达莫注射液、注射用门冬氨酸钾镁、注射用脑蛋白水解物Ⅲ、注射用硫酸核糖霉素、盐酸法舒地尔注射液、复方维生素（3）注射液、注射用细辛脑、蔗糖铁注射液、注射用复方甘草酸单铵 S。该公司产品销售覆盖除港澳台之外的所有省份，设有专门的 BD（商务拓展）部门，根据客户具体需求提供项目解决方案，为产品上市提供研发、注册、生产、销售等全程服务。

2018 年，该公司营业收入 17.18 亿元，净利润 0.85 亿元，总资产 13.06 亿元，员工 700 余名。公司先后被评为“高新技术企业”“国家火炬计划重点高新技术企业”“山西省两化深度融合示范企业”“省级企业技术中心”“省级工程技术研究中心”“山西省脂质靶向制剂研发及试制平台”“大同医药产业基地公共检验检测平台”“山西省优秀民营企业”“山西省工业转型和发展百强潜力企业”“山西省质量信誉 AAA 级企业”“守合同重信用企业”。

（赵志勇）

大同国际陆港

【概况】 大同国际陆港位于大同经济技术开发区（国家级）装备制造园区云州街北侧，规划总占地 447.13 公顷，计划投资 56 亿元，由华阳集团借鉴 PPP 模式实施，2016 年 6 月开工建设，被列入 2017 年省基础设施重点工程项目和市“十三五”发展规划。该项目包括大同国际陆港保税物流中心（B 型）、进口肉类指定查验场、国家级杂粮检疫检测中心、电子口岸“单一窗口”、海铁空陆多式联运接驳区、天津港进口直营商品展示展销中心、食品加工园区、大宗商品交易中心、普货仓库区、综合配套服务区 10 大功能区域。2018 年 8 月 28 日，大同国际陆港进口肉类指定查验场开关，大同电子口岸开关运营。10 月 10 日，大同国际陆港首批自营进口去壳腰果仁通关，实现外贸业务零的突破。该货物由越南胡志明市经海运运至天津新港，重量 31 吨，货值 27.5 万美元，缴纳税款 18.9 万元人民币。（杨日全）

【大同国际陆港等三方签署合作协议】 2018 年 4 月 19 日，大同国际陆港港务有限公司、大同电子口岸有限公司、山西中远海运国际货运有限公司三方签署合作协议。市委常委、副市长冯苏京见证签约。大同国际陆港项目从单一肉类指定查验场升级为农产品国际陆港，到定位为现代化区域性、综合性国际陆港。大同电子口岸有限公司是大同电子口岸建设、管理、日常运维的唯一单位，是大同国际贸易“单一窗口”建设运营单位。山西中远海运国际货运有限公司是以经营国际货运代理为主业的国有大型专业化公司，隶属于中远海运集装箱运输有限公司。中远海运集装箱运输有限公司是中国北方最大的具有船东身份的国有货运代理企业之一。三方签约后，合作建设“大同国际陆港中远海运集装箱堆场”，项目建成后，可辐射全国的集装箱堆放网络，提供便利、高效的还箱、拼箱及堆放服务。大同电子口岸有限公司与山西中远海运进行信息系统相互对接，实现数据共享，构建集装箱国际贸易大数据平台，为企业提供精准数据服务，提升效率。

（莫 俪）

【国际陆港进口肉类业务开展】 2018 年，大同海关派 8 名业务骨干到天津海关跟班学习一周，到天津进口皮毛指定查验点和天津市第二毛条厂调研。帮助大同怡亚通、山西一胜百、山西东方志博等查验场入驻企业办理进口肉类收货人备案、动植物检疫许可等相关手续。10 月 29 日，由大同怡亚通供应链有限公司从美国进口的 23.6 吨冻猪蹄在大同国际陆港通关，这是大同国际陆港进口肉类指定查验场验收后首批进口肉类业务。截至 2018 年年底，从大同国际陆港进口产品 4 批，其中进口越南腰果 1 批，货值 27.5 万美元；进口美国猪肉产品 3 批，货值 27.8 万美元。（刘小丰）

▲ 2018 年 8 月 28 日，大同市举行大同国际陆港进口肉类指定查验场开关暨大同电子口岸启动仪式

（张少华 摄）

交通运输

公 路

公路建设

【概况】 2018 年，山西省公路局大同分局建设路网改造工程 2 项，建设里程 71.9 千米，投资 2.74 亿元；监管地方实施工程 1 项，建设里程 15.56 千米，投资 2 亿元。与各公路段签订目标责任书，推进精准养护，摸底排查管养路段，分线路逐段研究具体处治方案，统筹养护资金 30% 建成精准养护工程 12 项，投资 1050 万元，自筹资金养护工程 4 项，投资 3532 万元；开展一、二类桥梁预防性养护，三类桥梁提档升级工作，确保一、二类桥梁占比在 90% 以上；投资 180 万元在马走线老爷庙隧道加设隧道质量监测监控设备，提升隧道管理能力；建设积大线恶石停车区、马走线红石楞道班和南水芦道班及京拉线古城养护中心服务区；小修保养投资 4481 万元；建成灾害路段边坡防护工程 1 项，投资 1958 万元；干线公路优良路率 82.2%，路面技术路况指数值 84.6。 （市公路局）

2018 年大同市民用车辆拥有量表

单位：辆

指 标	总计	营运	非营运	个人
合计	688933	117907	570821	646597
汽车	637880	81701	555974	601787
载客汽车	556856	10266	546385	531569
其中：大型	3865	2408	1286	66
中型	1727	601	1092	725
小型	542296	7247	535049	521938
微型	8968	10	8958	8840
载货汽车	64580	56733	7847	53909
其中：重型	43589	42726	863	36772
中型	793	642	151	490
轻型	20165	13347	6818	16621
微型	33	18	15	26
其他汽车	2986	496	2490	1204
其中：三轮汽车	3725	2919	806	3696
低速货车	12719	11783	936	12613
摩托车	12335	32	12303	12048
普通	6082	28	6054	5944
轻便	6253	4	6249	6104
挂车	35714	35662	52	31556
其他类型车	1	—	1	—

2017—2018 年大同市交通运输情况表

指 标	2018 年	2017 年
公路通车里程（千米）	12715	12637
高速路通车里程（千米）	560	549
货运总量（万吨）	—	10350.17
公路（万吨）	—	10350.0
民航（万吨）	0.16	0.17
客运总量（万人）	—	1339.01
公路（万人）	—	1275
民航（万人）	101.63	64.01

【“四好农村路”建设】 2018 年，山西省交通运输厅分配大同市“四好农村路”（建好、管好、护好、运营好农村公路）目标任务是改建农村公路 1538 千米，完成投资 12.7 亿元。市交通运输局按照市政府《关于认真做好 2018 年“四好农村路”建设工作的通知》精神，实施“156”工程，要求浑源县实现“四好农村路”全覆盖，天镇县、阳高县、灵丘县、广灵县和云州区 5 个贫困县（区）确保完成建制村通硬化路、通客车任务，左云县、云冈区、新荣区 3 个县（区）各争创 2 个“四好农村路”示范乡镇。12 月初，实际完工里程 1912 千米，占目标任务 124.3%；投资 17.5 亿元，占目标任务 137.7%。其中，撤并建制村通硬化路完工 33 千米，投资 3130 万元；窄路基路面拓宽完工 271 千米，投资 25976 万元；建制村通硬化路完工 786 千米，投资 77348 万元；扶贫资源路、旅游路、产业路项目完工 17 千米，投资 3997 万元；农村公路养护提质改造工程完工 324 千米，投资 6760 万元；生命防护工程完工 287 千米，投资 5383 万元；危桥改造 16 座，投资 658 万元；计划外项目和续建项目完工 480 千米，投资 51791 万元。三大板块旅游公路开工里程 323.16 千米，路基建设 329.08 千米，路面建设 145.2 千米，投资 40791 万元。（高 青）

【“长城一号”旅游公路建设】 2018 年，大同市交通运输局与市、县交通部门推进“长城一号”旅游公路建设，落实山西省交通运输厅提出的三大板块旅游公路建设安排。全年大同段开工 323 千米，占目标任务 108%；投资 9.05 亿元。其中，天镇县至左云县段开工里程 251 千米，建成路基 247 千米，路面 76 千米，桥梁 39 座，涵洞 482 道，投资 69587 万元。天镇县至灵丘县试验段开工里程 72 千米，建成路基 64 千米，路面 52 千米，桥梁 9 座，涵洞 124 道，投资 16471 万元。为明确建设工程过程中每道工序完工后的检测程序、检测内容、检测频率及质量标准，制定《大同市“四好农村路”和“三大板块”旅游公路建设质量监督专项工作方案》，督促各县（区）加快工程建设进度，组织专业人员不定期监督检查项目施工过程，严把工程质量关。（高 青）

【国防公路建设前期工作】 2018 年，大同市交通运输局完成 8 条国防公路的可研批复。灵丘国防公路木佛台至铁岭段太行山战备通道 5.93 千米，投资估算 1137 万元；柳科至庄头段空军部队通道 18 千米，投资估算 3436 万元；63989 部队至罗文皂公路改造工程 13.85 千米，投资估算 2638 万元；66227 部队至省道 S202 公路改造工程 7344 米，投资估算 1404 万元；阳高南徐至河北省界和守口堡至内蒙古界公路改造工程 5311 米，投资估算 1012 万元；新荣区北温窑至东胜庄至助马堡改造工程 11.5 千米，投资估算 1859 万元；灵丘柳科至小彦段改造工程 6503 米，投资估算 1084 万元；82 特战旅至同云路至实弹实爆训练基地 4863 米，投资估算 808 万元。马军营至拥军路段完成施工图设计，82 旅至同云路、安家小村至训练基地段施工招标工作完成并逐步推进后续工作。（高 青）

【高速公路前期工作】 2018 年，大同市交通运输局根据大同市高速路网现状，规划 2 条高速公路。二（连浩特）广（州）高速公路大同绕城马连庄至肥村段（新南环高速）16.4 千米，估算 25.4 亿元；王庄堡至阜平高速公路，大同市境内里程 41.2 千米，估算投资 56.6 亿元。截至 2018 年年底，两条高速公路编完可研报告，省交通运输厅征求把 2 个项目列入省高速公路网调整规划意见。（高 青）

【交通建设工程安全质量监督】 2018 年，大同市交通建设工程质量监督站接到全市公路工程质量安全监督申请 15 项，印发质量安全监督通知书 15 份，在建工程 12 个，总里程 394 千米。抽检点数 3238 处，合格率 96.4%。委托第三方检测机构检测路基弯沉，合格率 100%，纵断高程合格率 90.98%。全年竣工鉴定项目 9 个，总里程约 142.6 千米，抽检点数 3076 点（处），合格率 98.2%。委托第三方检测机构检测沥青路面弯沉，合格率 100%。年内，交工检测项目

4个，总里程约64.3千米，抽检点数1635点（处），合格率95.5%。委托第三方检测机构检测路面弯沉，合格率100%。抽检和综合巡查县（区）农村公路和古长城旅游公路，路基、基层交验前检测部分路段。建立大同市交通建设工程质量监督在建工程隐患排查治理台账，印发安全宣传资料200份，制作展板8块。组织人员安全专项检查农村公路在建工程25次，排查出安全隐患62处，整改60处，其余2处隐患限期整改。　（高　青）

【北都街全线通车】　2018年8月15日，大同市首条综合管廊工程——北都街（西段）道路及综合管廊工程竣工，北都街（西段）全线通车。7月30日北都街道路工程部分面层沥青铺设结束，7月底北都街（魏都大道至云中路段）完成交通标识线施画实现通车。面层沥青铺设完毕，北都街（云中路至西环路段）路灯和交通配套设施继续施工，在确保交通配套设施全部到位之后，8月15日北都街（云中路至西环路段）实现通车。

（鸩　梅）

【大同首座蝶状立交互通大桥——开源桥通车】　2018年9月29日，大同市首座蝶状立交互通大桥——开源桥通车。大同市委副书记、市长武宏文在通车仪式上讲话，市委副书记刘振国、市人大常委会副主任张翠萍、副市长尉连生、市政协副主席王德成，及施工方、设计方代表等现场见证通车。

开源桥是大同市横跨御河的第七座大桥，工程于2014年5月开工建设，西起友谊街、东至永和路，全长2.7千米，道路规划红线宽度50米，双向8车道，桥梁总长535米。开源桥整体设计体现“以人为本”理念，主塔设计为双肢独塔“人”字形双索面斜拉桥，空间结构复杂，总高度107.8米，两侧塔柱在65.6米高度合龙，扇形空间斜拉索64组，是大同市桥梁中高度最高、施工难度最大的一座桥梁。开源桥的施工攻克严寒地区大体积承台混凝土浇筑、曲线变截面塔柱、绕塔平台施工技术和大体积大吨位钢锚箱吊装定位等技术难关，获业内多项科技创新成果奖，并实现开源桥御河东路互通立交，成为大同市首座蝶状互通立交桥。　（鸩　梅）

大同北高速公路分公司

【概况】　山西交通控股集团有限公司大同北高速公路分公司（简称“大同北高速公路分公司”）管辖路段是得大高速公路、大同绕城高速公路、大同至呼和浩特、大同至右卫段、天镇至大同高速公路、北京至乌鲁木齐高速公路山西段292千米经营管理任务。2018年，得大高速公路技术状况指数MQI值92.9，PQI平均值92.5，大同绕城高速公路技术状况指数MQI值91.3，PQI平均值90.4；孙右高速大呼段公路技术状况指数MQI值95.7，PQI平均值94.5；天黎高速天大段公路技术状况指数MQI值97.0，PQI平均值96.2，路段养护质量优良率100%。全年通行费划分后收入31589万元，与上年同期相比增长7.88%。年内，京乌高速公路投资8755万元，占交控集团分配年度目标任务8439万元（调整后）的103.74%，累计投资62411万元，占总投资概算66530万元的94.8%。大同北高速公路分公司亮马台隧道QC小组研发的“提高隧道UPS不间断电源的供电时长”获山西省优质质量管理小组颁发的“2018年优秀QC小组成果奖”。　（李　慧）

▲2018年9月29日，大同市首座蝶状立交互通大桥——开源桥通车（张湛滨 摄）

【高速路政执法】　2018年，大同北高速公路分公司把3个路政大队整合为1个路政大队，设立7个路政中队，修订《路政大队管理办法》等管理办法，调配路政人员充实到一线，加强路况巡查。全年查处案件100起。其中，简易案件6起，一般案件60起，重大案件34起。收取路产损坏赔偿费125.36万元，案件发现率100%、查处率100%、案件恢复率100%、结案率100%；同比上年同期案件发生率下降11.50%、路赔收入下降13.6%。

（李　慧）

【超限超载治理】　2018年，大同北高速公路分公司所辖的23个治超站点在收费与治超联动环节实现“治超九画面同步传输”显示功能。推动“治超路警联合流动执法”机制建立，组建路警联合流动执法稽查队，与大同市治超办联合执法稽查，加强路警联合，对违法车辆保持治超高压态势和全覆盖治理模式。在每个收费站点设置固定宣传标语，针对超限超载大货车扭泵、跳泵情况，联合交警合力打击。全年检测货运车辆399.07万辆，劝返超限超载车辆5.01万辆，持有超限运输许可证的有3726辆，全线入口超载率控制在0.1%，各路段均无非法超限超载车辆驶入，未发生一起公路“三乱”行为。右玉治超点安装“一岗双磅”，升级改造得胜口超限检测站、西口超限检测站、平旺治超点仪表，大同北高速公路分公司匝道仪表改造率50%，省界改造率100%，所有治超站点全部配备执法记录仪、无线固话、对讲机。　（李　慧）

【路域环境整治】 2018年，大同北高速公路分公司养护上整治沿线绿化树木，重点治理遮挡司乘人员视线及标志标牌的树木，加大道路路面保洁力度，提升路容路貌形象，更换部分路段破损护栏板、防眩网等交通安全设施，保障司乘人员安全，保持交通安全设施整齐。路政大队登记辖区292千米高速公路两侧控制区内的各类非公路标志标牌、违章建筑、桥涵等设施，出动人员120余人次，车辆40余台次，排查违章建筑196处，非公路标志标牌90处。（李 慧）

【路产维护】 2018年，大同北高速公路分公司通过合同能源管理方式，亮马台、大梁山隧道内照明方式由高压钠灯改造为LED灯，隧道内增设反光轮廓环、人行车行灯带及洞口彩色光环等，提升隧道照明亮度，节约电费，改善洞内行车环境。改造提升亮马台隧道消防系统。增加水层膜系统，车行横洞单门变双门。增加隧道洞口壁LED灯。亮马台隧道内2000米电缆沟水泥盖板更换为复合盖板。全年补划标线2.4万余平方米，路面灌缝40万延米，烫缝5万延米，清理排水设施134.74千米，清理涵洞通道142座，中央分隔带清理杂草260千米，修剪绿化苗木200余处，做到路容路貌整洁、排除遮挡标志牌的树木保障行车视线、排水沟、边沟无堵塞现象，抢修、安装护栏板35处，安装护栏板290余片，解决排水30余次，更换安全设施30处。所辖管养路段大中小桥376座，其中一、二类桥占比例98%，病害处治设计三类桥6座。（李 慧）

【大梁山隧道应急演练】 2018年7月13日，由大同北高速公路分公司牵头组织，天镇县应急办、天镇县消防大队、天镇县120急救中心，大同电视台、三晋都市报及同北公司隧道管理站、路政、养护、信息监控、收费等部门联合参与的《隧道交通事故应急救援演练》在天镇停车区开展应急演练。这次演练模拟天黎高速天大段大梁山隧道新平堡到大同方向入洞口50米处（桩号ZK19+728）一辆中型客车追尾一辆危化品车辆，造成客车起火，客车上多名乘客被困。演练从司乘人员按下隧道事故报警器、路段监控中心接报、通知值班领导、发布报送信息、通知各救援单位等流程开始到各救援单位开展救援、勘查现场、拖运事故车辆、清理事故现场、恢复道路通行。（李 慧）

【高速公路路警联勤联动】 2018年9月27日，大同北高速公路分公司与高速交警二支队召开路警协同共治联席会议，议定《大同北高速公路分公司、山西省公安厅交警总队高速交警二支队联合共治工作方案》和《大同北高速公路分公司与山西省公安厅交警总队高速交警二支队联勤联动信息共享实施细则》，加强与高速交警二支队三大队、五大队、六大队的联勤联动工作，提高道路管理协作水平，发挥现代信息工作在高速公路交通管理中的沟通与服务作用，实现“联合指挥、联合巡逻、联合执法、联合施救和联合应对突发事件”五联合工作措施，在所辖各收费站ETC车道安装夜间管控限高架。与辖区各高速交警大队领导建立钉钉群，各部门配备对讲机、执法记录仪实现一个平台按时互联互动，建立车流量数据共享长效机制。通过召开路警联席会议，明确各自职责及协作事宜，给公众提供安全、畅通、便捷通行环境。（李 慧）

【全国规范公路治超执法优化营商环境现场会】 2018年11月29日，全国规范公路治超执法优化营商环境现场会在大同市召开，会议由交通运输部和公安部联合组织，学习贯彻党中央、国务院关于优化营商环境的决策部署，总结推广山西、河南、广东省经验，研究部署下一阶段治超重点工作。交通运输部公路局局长吴德金，省政府副秘书长翟振新，省交通运输厅厅长闫晨曦，公安部交通管理局副巡视员李伟，省公安厅交管局局长郭丙福，各省、市、自治区交通运输主管部门和治超执法机构有关负责人，各省、市、自治区公安机关交通管理部门负责人等参加会议。市委常委、市委秘书长、副市长尉连生陪同观摩。会议期间，与会代表现场观摩大同市新荣南高速公路入口治超检测点、干线公路G109神泉堡公路超限检测站、货车行车秩序治理效果和市治超办信息指挥中心等。会上，吴德金总结规范治超执法工作取得的成绩，分析规范治超执法工作所面临的形势和问题，并肯定山西省推进治超工作的做法。山西、河南、广东省交通运输厅和山西省公安厅交管局分别介绍规范治超执法工作经验，陕西省交通运输厅介绍大件运输许可服务经验。（李 慧）

公路管理

【货运管理】 2018年，大同市交通运输局抓危险货物运输企业安全生产管理。开展隐患排查治理工作，坚持“安全第一、预防为主、综合治理”方针，以“全覆盖、零容忍、严执法、重实效”为总要求，要求各运管所加强隐患排查及治理检查工作，做到“三个一”（每一个危货运输企业、每一部危货运输车辆、每一名从业人员），实行“谁检查谁签字谁负责”，全覆盖督导检查监管领域，发现问题分类分析归档，消除隐患，从严整改。全年全市有危货运输企业20家，运输车辆423辆，审验车辆333辆，在危货车辆许可过程中，市运输管理处组织各所专业人员把勘验、审核、许可程序关，从场地、人员、车辆、资料审核、标志灯安装、消防设备等方面开展专人查验，确保车辆准入关。（高 青）

【路政管理】 2018年，大同市各级路政管理机构出动巡查执法人员2.5万余人次，出动巡查车辆4000余辆次，检测货运车辆265万余辆次，巡查公路里程8万余千米；查处非法超限超载车辆868辆次，卸载货物3614.02吨，记分1509分，罚款20.04万元；排除公路安全隐患48处，拆除非公路标志4处，收取公路赔补偿费7000元，补充完善公路标志355处，查处损坏公路防护栏2次，阻止安全建筑控制区建房2处，阻止公路上打场晒粮2处，查处污染公路车辆14辆次，发放污染公路企业和个人整改通知14次，清理公路占道经营13处，清理公路垃圾270余立方米。公路路产案件发现率、查处率、结案率98%。 （高 青）

【机动车维修管理】 2018年，大同市交通运输局实施《道路运输管理条例》《机动车维修管理规定》和《道路运输车辆技术管理规定》，市交通运输部门结合全市维修与检测市场实际情况，把握行业发展方向，加大市场监管力度，加强培育维修企业诚信经营理念，抓住重点、难点，“两检合一”［道路货运车辆年检（安全技术检验）和年审（综合性能检测合并）］全市13家综检机构，一次上线，一次收费，并全部联网实现省内普货车辆异地检测。在上年汽车电子健康档案试点基础上，全市汽车维修企业一类占100%，二类占88.9%，并扩展覆盖三类企业。 （高 青）

【驾校管理】 2018年，大同市有驾校54所。其中，一级驾校5所，二级驾校14所，三级驾校35所。拥有各类教练车1660辆，年培训能力11.63万人。年内，引导驾培行业贯彻国家有关节能减排政策，采取各种方法和措施节能减排。教练员在教学中，使每位学员掌握驾驶节油方法，树立节能意识。以科学技术创新为动力，实行模拟加实车训练，把驾驶模拟器应用到日常教学中。通过使用新能源教练车达到节能减排、降低成本目的，截至2018年年底，全市使用天然气教练车520辆，油改甲醇59辆。巩固机动车驾培机构服务模式改革成果，督促驾培机构做好“先培训、后付费”培训服务模式改革宣传，要求新入市场驾培机构除按照《机动车驾驶员培训机构资格条件》外，执行《关于加快推进先培训后付费驾驶培训服务模式的通知》要求，推进“计时培训前培训后付费”培训模式。截至2018年年底，54所驾培机构培训服务模式覆盖率100%。 （高 青）

【营运驾驶员管理】 2018年，大同市有道路客货运输驾驶员从业资格培训机构10所，其中正常开展业务的8所。各驾校均按照教学大纲培训，其中公交驾校和宏鑫驾校聘请市红十字会专业人士用案例进行旅客急救知识授课。其他培训机构教学内容联系实际，学以致用，提高道路运输从业人员思想建设和业务水平。按照交通运输部《道路运输驾驶员继续教育办法》要求，市交通运管部门推进道路运输驾驶员继续教育工作，增强广大道路运输驾驶员的职业素质、法制意识、安全意识、责任意识和服务意识。为缓解驾驶员工学矛盾，以便民利民为原则，推广应用网络远程教育，给驾驶员提供学习渠道。 （高 青）

【路域环境综合治理】 2018年，大同市交通运输局结合“路政宣传月”活动，通过报纸、微信等媒介宣传《中华人民共和国公路法》《公路安全保护条例》及《超限运输车辆行驶公路治理规定》等法律法规，在《大同晚报》刊登10期路政业务安全知识，印制1万余份路政治理法律法规宣传材料，组织执法人员到公路沿线厂矿、企业、在建工地、货场等地走访，选择人员密集场所设立宣传点，发放宣传资料，开展“走进校园、走进社区、走进村镇”活动，普及公路安全保护法律知识。5月26日重点宣传日，在云州区县城中心集中宣传，发放宣传品500余份，宣传资料3000余份，云州区电视台跟踪报道。在整个“路政宣传月”活动中，全市各级路政机构出动执法人员1000余人次，执法车辆200余辆次，悬挂宣传条幅61条，摆放宣传展板30余块，发放宣传资料1万余份。市路政管理处出动执法人员500余人次，结合辖区公路路域环境治理工作，集中开展专项治理，重点排查辖区内道路，特别是桥梁、涵洞、隧道、护坡等，消除安全隐患15处。 （高 青）

【超限超载治理】 2018年，山西省科技治超现场会、全国规范公路治超执法优化营商环境现场会在大同市召开，标志着大同市超限超载治理工作得到交通运输部、省交通运输厅及相关部门认可。全市各级交通管理部门加强与公安等相关单位联合执法，坚持源头监管与路面执法并重，通过站点查、路面治、源头控等方式，加大短途非法超限超载车辆治理，加大重点路段、重点时段、运输砂石料、水泥、煤炭等货物的大型运输车辆的联合治理力度。全市运管机构投入治超执法人员6451人，巡查货运源头企业4243次，按照上级223号令处罚19家违法货运源头企业45.5万元，违法登记全国各地抄告大同市违法超载货车349辆次，记分处罚82名违法驾驶超载货运车辆驾驶员。在治理散装物料运输车扬尘污染中，出动运管执法人员3184人次，检查源头企业1952家次，全年发放治超及防污染宣传资料4万份，在年内开展的大整治大排查中，出动运管执法人员735人次，检查货运车辆167辆次，巡查货运源头企业515家。全年检查各类货运车辆264万余辆次，查处非法超限运输车679辆，罚款6.5万元；巡查货运源头企业4243家次，19家源头企业被罚款45.5万元；82名驾驶员给予记分处理，记分651分，非法超限超载率控制在0.028%。

（高 青）

【客运管理】 2018年，大同市交通运输局加强客运站场监管，在汽车客运站实行“三不进站、六不出站”（危险品、无关人员、无关车辆不进站，超载客车、安全例检不合格客车、驾驶员资格不符合要求、客车证件不齐全、出站登记表未经审核签字、乘客和驾驶员不系安全带不出站）制度形成长效机制，被列为安全例检项目之一。提高经营管理和服务质量，各运管所驻站人员贯彻交通运输部《汽车客运站管理规定》，加强监督检查汽车站、客运企业，重点整治客运站经营中存在的突出问题，改善客运站服务面貌，改善客运站窗口形象。提高农村客运管理水平，推进村村通客车成果和城乡一体化发展进程，解决广大群众乘车难、出行难问题，全年增加通客车建制村146个。抓春运、国庆等假期及重大活动的运输保障工作，确保旅客安全、便捷出行。其中，春运期间投入客车25163辆次（包车518辆，班车24624辆），客运量58.38万人次。组织190余人参加春运安全教育服务培训，发放“致乘客的一封信”、春运贴和“平安春运”“情满旅途”安全须知资料3400余份，编发春运安全提醒信息1000余条。春运期间没有发生重大以上运输事故，没有发生恶性服务质量事件，没有发生大规模旅客滞留事件。

（高　青）

【农村公路养护】 2018年，大同市农村公路养护中：翻修路面60千米，加铺路面25千米，处理水泥路病害4.47万平方米，投入资金3815万元；环境治理路面垃圾1.07万立方米，路侧垃圾2.12万立方米，其他杂物6349立方米。出动机械1.2万台2377次，投资1564万元；小修保养填补路面坑槽7.92万平方米，处理路面翻浆1.82万平方米，修整边沟32.42万米，修整边坡11.57万米，修整路肩65.23万米，投资1442万元；喷画标线125千米，投资104万元。（高　青）

【公路收费】 2018年，山西省公路局大同分局西韩岭收费站开展文明服务、作风纪律、业务技能培训活动，提升收费队伍思想觉悟、业务能力和服务水平。落实节假日小型客车免费通行和“绿色通道”政策，设立专门通道，完善便民服务设施，确保符合减免政策的车辆快速、安全通过。加强与当地政府等部门协调，与收费站驻地派出所联系，打击闯岗逃费行为，加大车辆现场查验力度，做到应征不漏、应免不征，提高实征率。全年征收通行费2813.6万元。（市公路局）

【公路安全管理】 2018年，山西省公路局大同分局与各基层单位签订安全生产目标责任书，逐层落实公路管理各环节安全责任，确保责任到人；组织开展安全隐患排查和安全生产监督检查，排查出的隐患做到责任、措施、资金、时限和预案“五落实”；开展“安全生产月”活动，传播安全生产文化，营造安全生产氛围；抓应急队伍和救援体系建设，补充应急装备物资储备，各段组织应急演练，确保发生突发事件后抢险有序、有效。全年召开安全例会12次，专题安全会议4次；安全专项检查12次，排查一般安全隐患58条并全部整改；全年无安全事故发生。（市公路局）

【路政宣传】 2018年，大同市各级路政管理机构开展“路政宣传月”活动，选择人员密集场所设立宣传点，组织人员到公路沿线厂矿、企业、在建工地、货场等地发放宣传资料，宣传《中华人民共和国公路法》《公路安全保护条例》《超限运输车辆行驶公路治理规定》等法律法规。（高　青）

【路政巡查】 2018年，大同市交通运输局治理路域环境，排查辖区内道路隐患，重点排查桥梁、涵洞、隧道、护坡等，全年出动巡查执法人员2.5万余人次，出动巡查车辆4000余辆次，检测货运车辆265万余辆次，巡查公路里程8万余千米，排除公路安全隐患48处，拆除非公路标志4处，补充完善公路标志355处，查处损坏公路防护栏2次，查处污染公路车辆14辆次。公路路产案件发现率、查处率、结案率98%，确保农村公路安全畅通。（高　青）

【交通行业安全生产】 2018年，大同市交通运输局以落实安全责任和排查消除安全隐患为抓手，把安全生产作为交通运输发展的前提和基础，加强安全监管及安全生产组织体系建设，明确全系统每一个部门、每一个岗位安全生产责任，推行安全生产标准化建设和安全绩效考核评价。以“平安交通”建设为目标，组织开展安全生产专项整治活动，开展“春运大检查”“道路运输平安年”“安全生产大检查”“安全生产集中整治”“安全生产冬季再行动”等10余项专项行动。在全系统各项安全生产活动中，检查企业258家次，排查整治隐患304条，打击非法违法行为155起，给道路客运企业免费发放客车安全锤1500个，罚款102万元。市运管处出动检查组5个，检查车辆人员84辆次，排查安全隐患180条，整改180条，现场考核全市9个有经营资质的汽车站，全市1174辆“两客一危”车辆（从事旅游的包车、三类以上班线客车和运输危险化学品、烟花爆竹、民用爆炸物品的道路专用车辆）中，有445辆安装视频监控系统，超量完成省局分配35%任务。在农村公路安全生产工作方面，根据实际分别印发《关于做好2018年春节“两会”期间农村公路安全生产和养护管理的通知》《关于做好2018年农村公路春运期间安全畅通的通知》，制定《农村公路安全生产大检查方案》《关于开展2018年农村公路“安全生产月”活动方案》《2018年农村公路防汛预案》《关于做好农村公路养护路线防汛及地质灾害防治工作的通知》《农村公路“平安交通”三年攻坚行动（2018—2020）实施方案》和《农村公路冬季养护安全工作实施方案》等，要求各县（区）建立“一岗双责”（一个岗位承担两方面的职责）责任制，开展安全生产隐患排查工作。全年治理农村公路临水临崖、急弯陡坡隐患地段565317米，安装警示标志267套（大标志46套，小标志221套），安装告示牌56套，总投资1.04余亿元。浑源县治理安防工程2.8千米，危桥改造16座，总投资657.57余万元。

（高　青）

【交通行政执法】 2018年，大同市交通运输局在强化运政执法，维护道路运输市场秩序工作中，推进党政主要负责人履行推进法治建设第一责任人职责，制定责任清单和宪法学习宣传教育活动实施方案，开展交通系统信用体系建设工作，抓“七五”普法中期检查督导，建立以案释法和“谁执法谁普法”制度，评价全市交通运输企业安全生产标准化工作，建立健全评价结果应用机制。在“春运”和“两会”等重点时段，开展旅游客运市场专项整治、机动车驾驶员培训市场专项整治等专项行动，打击各类违规违法营运行为。全年出动执法车辆1925辆次，出动执法人员6412人次，检查车辆27282辆次；在现场执法过程中，警告并纠正轻微违规行为144起，查处违法违规行政案件16宗并做相应处罚，处罚金12.7万元。

（高　青）

【中国汽车流通协会二手车行业商会工作会】 2018年4月20日，

中国汽车流通协会二手车行业商会2018年第一次工作会议在大同召开，全国二手车行业商会理事单位、会员单位，及各省、市二手车商（协）会负责人200余人参会。会议由中国汽车流通协会二手车行业商会主办，大同旧机动车交易中心协办，盘点商会成立以来的工作情况，分析当前二手车行业发展趋势，共享交易市场规范管理、转型升级经验，征询开展二手车经销、经纪公司行标贯标及开展职业专题培训等相关工作建议，以构建新型二手车实体综合服务平台，引导二手车交易市场的转型升级，促进二手车行业健康发展。与会人员实地参观考察大同市二手车交易中心。

（鹤 梅）

▲2018年8月14日，大同市交通运输部门举行污染治理联合执法专项行动启动仪式（高 青 摄）

【重型柴油货车和散装物料运输车污染治理联合执法专项行动培训会】 2018年8月14日，大同市重型柴油货车和散装物料运输车污染治理联合执法专项行动培训会举行，大同副市长尉连生参加并宣布8月15日零时专项行动统一开展。

按照《山西省重型柴油货车和散装物料运输车污染治理联合执法专项行动工作方案》部署，大同市决定8月15日至12月31日，在全市集中开展重型柴油货车和散装物料运输车污染治理联合执法专项行动。培训会上，市交通运输局负责人宣读专项行动实施方案，并说明联合执法检查组分组情况；环保部门负责人讲解环保执法的重点、依据等；市道路运输管理处负责人讲解道路运输执法的重点、依据等。（鹤 梅）

【柴油货车和散装物料运输车污染治理联合执法】 2018年8月15日至12月31日，按照《山西省重型柴油货车和散装物料运输车污染治理联合执法专项行动工作方案》部署，大同市在全市集中开展柴油货车和散装物料运输车污染治理联合执法专项行动。

大同市抓住“油、路、车”三个环节，推进柴油货车和散装物料运输车污染治理联合执法专项行动，降低交通污染。市委、市政府成立市联合执法专项行动领导组联合办公室，制订城市过境车辆优化通行、柴油货车排放达标治理等工作方案和交通拥堵、群体上访、安全事故、舆情应对四个专项行动应急预案。联合办公室各组成部门在全市设置32个固定检查站点，查处市政渣土车辆不达标排放、抛洒问题；从严查处不合格油品，查封取缔黑加油站点15家；集中开展柴油货车排放达标治理，全覆盖检查全市机动车排放检验机构；集中治理道路扬尘污染，巡查散装物料源头企业356家。联合办公室出动执法人员14765人次，车辆2025辆次，检查车辆90014辆，引导分流劝返车辆4874辆，查处批评教育不达标车辆226辆。（鹤 梅）

【路政治超】 2018年，山西省公路局大同分局按照国家示范站标准升级改造神泉堡超限检测站及服务区，11月29日，神泉堡超限站代表干线公路接受全国治超现场会检验，树立全国治超看山西，山西治超看大同公路管理品牌；完善与当地政府、公安交警部门区域联动，以点带面的治超常态化、长期化工作机制，坚持治超值守全天候和全覆盖，保持治超高压态势；成立5支流动稽查队，配合市治超办、超限检测站打击各种违法超限运输行为；建立路政支队指挥中心监控平台，把超限检测站执法全过程自动记录在计算机系统，并链接省、市、县交通运输执法局综合执法平台。“站、县、市、省”四级联网开启治理超限模式，在山西省公路系统治超工作现场会，山西省公路局“6·15”治超警示日教育活动会及全省治超工作会上把大同分局治超经验作为典型向全省推广。全年查处损害公路案件98起，收取路产赔（补）偿费213.65万元，路政案件发现率100%、查处率100%、结案率100%；检测车辆362.5万台次，查处422台次，卸载货物7414.47吨；路政服务大厅与治超站点配合办理超限运输通行证10896个，依法审批涉路许可6件。

（市公路局）

铁 路

大同站

【概况】 大同站中心位于京包线370千米+509米处，地处京（北京北）包（包头东）、大（大同）秦（秦皇岛）、北同蒲（北起大同市，南到太原市）、韩（韩家岭）原（原平）干线，及口泉、云冈支线交汇点，技术性质为区域性编组站，业务性质为客货运站，是集团公司管内集客运、货运、重载、编组为一体的综合性枢纽特等站。车站管内线路里程122.72千米。其中，京包线 11.45 千米，北同蒲线 21.25 千米，大秦 39.86 千米，云联支线 8.38 千米，同联支线 4.53 千米，湖大 20.19 千米，北环 7.64 千米，古大 9.43 千米。车站总营业里程 94 千米。车站形成以大同、湖东两大编组站为中心，以各中间站为衔接点，以古大、北环、上引、下发、湖大、同联、云联等联络线为疏解，把大准、口支、云支、塔山等地方铁路沿线的矿产资源组流上线，形成连接京包、大秦、北同蒲、韩原干线的大枢纽格局。客货运输能力辐射山西、陕西、河北、北京、天津、内蒙古等省、市、自治区，成为华北、西北物流和晋煤外运的主通道。年内，大同站被授予“2016—2017 年度山西省文明单位标兵”称号。（田乐平）

【大同站货物运输】 2018 年，大同站在年初 1.31 亿吨货物发送量基础上，承担集团公司 2200 万吨增量中近一半任务。按照“稳大准、保同煤、增小户”原则，实施煤炭运输精准排队装车，服务企业货主，实现管内货源准确掌握、各装车点按基数均衡装车、车流结构合理分布。设立大同南站调车组，提升韩家岭、大同南两站装车能力。优化枢纽调车机整备作业，调整六调大功率机车配置，提升调车作业效率。围绕机、流、线衔接，分区域、分站场组织兑现作业计划，阶段计划兑现率由 43.3% 提升至 94.2%。车站提前 9 天完成货运增量任务。（田乐平）

【大同站客运管理】 2018 年，大同站营销“4・10”调图增加 21 列客车客流。融入“山西全域旅游铁路行”，增设全域旅游宣传栏、自助查询机，丰富游客服务项目。全年始发旅游专列 14 列，增加客运供给。以客运提质现场会为载体，推动软硬件设施升级，补强照明、揭挂、引导设施和安全标识，抓售票、上水、通道等设备设施整治，设置旅客换乘候车区和换乘引导标识，用站台旅客应急改签、中转换乘便捷售取票口设施，加大厕所设备设施维护保洁力度，开通紧急旅客快速畅通进站的“急客优先进站”通道，增加 3 项“001”服务内容。（田乐平）

【大同站安全生产】 2018 年，大同站坚持问题导向，围绕客车、人身、调车、重载、施工等安全重点，常态化开展靶向查、视频查、追踪查、集中查，落实“三标”百日、客车、调车等 11 项安全专项整治，消除现场隐患。召开专用线、班组长、标准化管理现场会，组织《车站行车工作细则》学习，抓实设备故障应急处置后的分析工作，提升车间（站）安全管控能力。采取班前承诺强化职工按标作业意识、通报安全绩效和扫码排名督促干部履责、整治站场走行通道保障作业人身安全等一系列举措。车站“安全建议直通车”采纳 33 条，奖励防止隐患安全有功人员 785 人次，增强全员保安全意识，车站实现第五个安全年。（田乐平）

【大同站经营管理】 2018 年，大同站贯彻经营提质降本增效要求，控制各项经营风险，推动经营管理工作规范。开展规范经营管理行为专项治理，逐个项点进行自查自纠，排查整治发现问题，修订完善差旅费管理等 15 个制度办法；推进风险债权清理；通过查摆、整改、补强，完善经营管理机制。面对退休高峰现实问题，推进劳动力资源优化配置，精简车号、货检、道口、专用线人员 45 人，各车间（站）相互调剂 51 人，推行兼职并岗，实施互补调剂，满足各阶段车站改革发展人员需求，保证全员工资绩效最大化，职工工作内动力得到释放，全站经营管理水平提升。（田乐平）

【大同至北京 K696/5 次旅客列车冠名“大同蓝号”】 2018 年 1 月 1 日，大同至北京 K696/5 次旅客列车冠名“大同蓝号”。K696/5 次旅客列车每天 16 时 38 分从大同始发，22 时 35 分左右抵达北京；当天 23 时 32 分从北京返回，次日 6 时 5 分到达大同，属两地间城际列车。此次冠名是大同市旅游产业创新发展举措，旨在通过与铁路系统携手，扩大当地旅游品牌的影响力和知名度，吸引京津冀方向旅游客源到大同。选择“大同蓝”命名，是因为近几年大同生态资源受到国内外旅游市场关注，它代表着大同的旅游新品质、新魅力。（鹤 梅）

【单日旅客发送刷新纪录】 2018 年国庆期间，大同火车站发送旅客 22.47 余万人次，其中 10 月 7 日发送旅客 3 万余人次，创下全年单日最高纪录，客流以旅游流、探亲流和学生流为主，集中在北京、太原和天津、西安方向。通过对客流分析以往“V”形走势的长假出行特点被打破，2018 年国庆长假铁路部门客流持续高位，往年客流相对较少的 2 日、3 日和 4 日，2018 年单日旅客发送人数 2 万人次，几乎每天都保持着高峰出行模式。（鹤 梅）

大同车务段

【概况】 2018 年，大同车务段管辖京（北京北）包（包头东）铁路区段横跨晋冀两省三县，云冈、口泉 2 条支线遍及大同市、朔州市右玉县主要煤炭产区，是大秦线主要装车源头站段。管辖京包干线周士庄至柴沟堡段、2 条支线口泉线和云冈线，营运里程 260.3 千米，营业车站 13 个，专用铁路车站 17 个，调度车间 1 个，口泉劳动服务公司和口泉房建分公司。管辖 13 个车站。其中，一等站 2 个，二等站 2 个，三等站 3 个，四等站 5 个，线路所 1 个。17 个专用铁路车站。其中，口泉矿山线车站 12 个，云岗线车站 1 个，铁丰线（燕子山接轨车站）4 个。

年内，大同车务段与 18 家企业签订大宗稳量协议，实现运量 4065 万吨，占进度 108.1%，同比增量 395 万吨。网格化营销宣传，点对点走访吸引区内的厂矿企业、物流园区，每月召开运输需求恳谈会，2 家长期不发运客户回归铁路，3 家“公转铁”客户发运热情回暖，实现增运 264.2 万吨。发挥煤炭协会组织协调作用，动态调整装车结构，装车兑现率 97.2%，提高 2.3%，把煤炭滞港、环保检查、入空不足给运输组织带来的影响降至最低。推行装车激励考核，全年签发段长嘉奖令

5次，奖励装车创纪录、组织上水平的15个站次3万元。挖潜内部能力，立项攻关铁丰线运输组织效率，线路允许速度由45千米/小时提高到60千米/小时。拓展客运市场，克服天镇站停办客运业务给生产任务带来的不利影响，与管内学校、旅行社、温泉度假村建立互惠关系，营销客票5137张107余万元。全年货物发送量5136.3万吨，较计划超运31.3万吨，提前2天兑现增量目标；运输总收入53.83亿元，较计划超收1.03亿元，提前6天兑现奋斗目标，受到集团公司通报嘉奖193次。

（林媛媛）

【车务段经营管理】 2018年，大同车务段坚持依法合规经营，发挥预算刚性约束功能，动态控制成本支出，节约支出14.8万元，连续四个季度被评为经营业绩考核优秀单位。推进经营管理自查自纠，清理长期风险债权17笔1065万元，自查整治经营管理漏洞24个；优化人力资源调配，查定各线、各站、各工种、各岗位工作量，压缩定编45个，核减定员104人；推进口泉矿山线助理、站内车号转岗分流，实施调度车间调度台合并、云支线集中制票、口泉装车点交叉流动作业，撤并岗位47个，优化冗员129人。发挥经济杠杆作用，行车主要工种实施专项津贴，设立安全立功、运输高效、营销创效、科技创新、学技练功、节支降耗等12个激励政策，快奖营销能手、重奖立功人员，全年兑现奖励282万元，把考核激励效能发挥至最大。（林媛媛）

【车务段安全生产】 2018年，大同车务段抓安全责任落实，修订完善安全奖惩、安全评估、干部履职绩效等常态化安全管理制度33个，编制覆盖各层级各岗位安全生产责任制610项，梳理一般、重大、较大安全风险项点103项，清晰安全管理体系、规范现场作业。坚持隐患问题领导挂牌督办、中层立项攻关，年内，该段领导挂牌9项、车站攻关264项，解决重点、难点问题191件。完善客车“一站、一车、一方案、一风险、一措施”53个，开展年度专项整治9项、月度专项检查32项，挂牌督办、立项攻关解决隐患291件，矫正职工脱标、减序作业陋习807件，客车“两违”同比压缩11.9%。抓现实安全管控，加密现场检查频次，全年各级干部到现场检查19864人次，全过程驻站包保2836人次，发现解决各类安全问题21595件。（林媛媛）

【车务段科技教育】 2018年，大同车务段坚持科技兴段，依托“远程化”视频网络，搭建885应急处置帮教平台，抽调业务骨干昼夜值守，实时解决现场作业中出现的难点问题。年内，通过平台帮助应急处置、解答疑难367次，远程指导办理非正常行车151次。依托“信息化”网络平台，研发安全管理和干部履职综合评价信息系统，利用手机APP、办公电脑客户端实时记录干部安全履职信息、监控干部到岗到位、超前发布薄弱环节预警信息。整合“大数据”信息资源，研发应急处置查询系统，图文、语音提示操作，指导岗位人员按步骤、按程序、按标准正确处置，补强应急处置短板。推进“全员性”课题攻关，破解运输安全难题，全年攻关课题有3个获集团公司合理化建议和技术改进成果二等奖，3个三等奖，6个四等奖，3项质量管理成果获省优奖。

（林媛媛）

大同电务段

【概况】 大同电务段是大（大同）秦（秦皇岛）线上唯一的信号设备维修段。2018年，主要承担着大秦、北同蒲（北起大同市，南到太原市）、京（北京北）包（包头东）、韩（韩家岭）原（原平）、迁（迁安北）曹（曹妃甸港区）5大干线，及宁（宁武）岢（岢岚）、口支等20余条支线1535.93千米信号设备维修养护工作，包括132个站（场）和23个中继站；627台机车LKJ、134台轨道车运行监控装置（GYK）设备，其中道岔4894组，信号机7978架，轨道电路9329个区段，折合换算道岔组数68858.74组。设有生产车间27个（包括2个基地检修车间、2个车载设备车间、1个信号试验室、1个电子设备车间和21个现场信号维修车间）。班组160个。

全年该段实现安全生产11567天，第32个安全年。发生行车安全事故9起。其中，D2事故2件（重要责任1件、非责任1件）、D9事故3件（非责任）、D21事故4件（全部责任2件、主要责任1件、非责任1件）。发生报局故障95件。其中，责任故障76件，故障考核总延时2647分钟，平均延时34.8分钟；外转故障11件，非责任故障8件。按类型分：道岔38件。其中，缺口变化13件，磨卡9件，接点虚接6件，挤异物5件，密贴紧2件，油缸位移1件，电缆内部短路1件，继电器虚接1件。轨道电路30件。其中，引接线不良4件，铁屑短路4件，匹配变压器不良4件，衰耗器不良3件，电缆芯线3件，继电器虚接2件，空开不良2件，外界2件，绝缘不良1件，隔离盒不良1件，硅整流变压器不良1件，调相器不良1件，阻容盒不良1件，漏泄1件。电源屏4件。其中，模块性能不良2件，配线虚接2件。微机联锁2件。其中，KVM检测不良1件，显示器性能不良1件。LKJ设备2件。其中，监控记录板故障1件，机车信号主机电源板1件。按车间分：平旺车间12件，涿鹿车间9件，茶坞车间8件，怀仁车间5件，天镇车间5件，湖东车间5件，菱角山车间5件，蓟县西车间4件，大同车间4件，曹妃甸车间4件，五寨车间3件，遵化北车间3件，应县车间2件，朔州车间2件，阳原车间2件，柳村车间1件，湖东车载设备车间1件，大西车载设备车间1件。消灭火灾、爆炸、交通、设备、职工轻伤以上责任事故；路外伤亡事故；客车及军专用列车事故苗子，经营管理业绩和职工劳动保护等各项工作达标。

（乔石云）

【电务段经营管理】 2018年，大同电务段加强预算控制，加大增收节支力度，压缩非生产性支出，运输成本控制在有权支出范围内，实现集团公司分配运输经营目标。按照“保安全、保重点、压一般”原则，编制印发段2018年财务预算，开展“规范经营行为”专项治理，自查自纠，推进“小金库”专项整治；召开月度经济活动分析会，研究分析预算执行情况，督导解决存在问题；编制年度资金预算，提前分析预测资金需求，提高资金利用率；控制预算支出，杜绝无预算、超预算支出，规范会计核算，规范经营工作。全年运输总支出49167.93万元，节支降耗75.3万元，创效209万元。（乔石云）

【电务段安全生产】 2018年，大同电务段在信号设备方面组织风险研判，印发《2018年重大、较大、一般、低风险目录》及安全风险库，明确风险项点28项，制定卡控措施280项并定期排查整治。完善232类岗位的全员安全生产责任制。聚焦10项关键设备、3项关键作业、2个关键时段和重点人员管控；实施“减负”建议9条；开展安全评估、挂牌督办、帮教指导等工作，解决各类问题1755个。召开现场会，总结重载运输生产组织做法，推进修程修制改革；制定微机监测考核办法，发挥监控监测效能最大化；组织集中修2次和天窗修施工74次，大修站改12项；研究制定《标准化车间、工区、机械室建设推进实施方案》，选取5个车间、5个班组、5个机械室作为示范点，推进标准化建设进程；开展联锁、施工、人身、电缆等7项专项整治，解决联锁问题269条、电缆危险地段246处。完成TDCS/CTC124个站、信号集中监测132站、段网设备的安全策略和路由器端口封闭任务。

在LKJ车载设备方面，落实数据换装各项卡控制度，LKJ数据芯片换装15次，换装机车6251台次，100%信息核对数据版本，防止LKJ数据错换、漏换发生。全年检测机车38854台次，检测良好38759台次，检测良好率99.75%；应生成文件501156个，实生成501156个，转储成功率100%。III级修52套，II级修311套，I级修3104套，共修3467套LKJ系统设备。更新HX1型机车信号设备130台，260套。更新GYK设备19台。检测轨道车GYK设备I级修562台次，II级修检测轨道车82台次，III级修未发生。集中修施工外局轨道车检测检修数据换装施工车辆51台。GYK数据换装1次。（乔石云）

【电务段科技开发】 2018年，大同电务段围绕安全保障、检测维护、应急抢险、新技术新装备等，组织评审科学技术成果6项：液压转辙机智能数字压力检测装置、交流转辙机模拟试验装置、电子辅助防护装置、铁路信号设备移动监测装置、微机监测智能分析与故障诊断系统、手持式车载主机检测装置。验收科研课题结题5项：电务物资电子化管理系统、大秦线区间轨道电路智能调整维护平台、信号故障处理智能指挥系统、调度集中（CTC）系统软件仿真试验系统、铁路施工、作业安全防护系统。科研项目1项：机车信号数据分析管理云平台。在电务系统现场信号车间示范推广“电缆应急接续装置”科技成果。科研成果“计算机联锁软件仿真试验系统”获2018年集团公司科学技术进步奖二等奖。

全年征集各类合理化建议134项，有19项获集团公司奖励。其中，一等奖1项：关于对大张线区间逻辑检查机柜增加冗余热备UPS的建议。二等奖4项，分别是：关于将ZPW-2000A接收通道、小轨检查条件QFJ后接点改为并联方式的建议；关于提高重载列车特殊区段机车信号译码稳定性的建议；关于优化大西二场信号设备大修施工过渡方案，确保工程开通的建议，关于优化钢轨引接线布设方式，减少轨道电路串频干扰的建议。三等奖6项，分别是：关于神头站STP设备利旧并与联锁设备改造工程同步开通的建议；关于对神头站改造信号设备联锁关系试验进行融合的建议；关于信号集中监测系统道岔电流功率曲线增加转辙机机型标注的建议；关于通过监测数据判断ZPW-2000A轨道电路接收端调谐单元阻抗变化的建议；关于增加冗余光端机提高TDCS/CTC通道稳定性的建议；关于优化HX2型机车LKJ车载设备更新改造施工方案的建议。四等奖8项，分别是：关于对大秦线BAH机构信号机改造为UBH机构信号机的建议；关于研发TDCS/CTC、监测系统问题库管理系统，减轻职工负担目的的建议；关于转辙机测试台加装同步器升级改造，实现ZYJ6型转辙机测试建议；关于ZJY7型道岔防护罩锁框卡扣改造建议；关于站内合并区段进行监测关联标注的建议；关于通过合理分配交大监测开关电源负载，保障采集器正常工作的建议；关于区间信号电缆标桩改造的建议；关于优化TDCS/CTC车务终端操作系统，实现匹配新型打印机的建议。有5个QC小组获2018年度集团公司级优秀QC小组。其中，一等奖3项：驼峰车间QC小组“解决减速器三位五通换向阀因温度变化影响正常使用的问题”；劳动人事科劳资QC小组“优化升级电子派计工系统，实现劳资台账集约化管理，有效提升班组管理自控能力”；安全科QC小组“电子辅助防护装置”。二等奖2项：平旺车间QC小组“如何顺利完成配合工务成组更换交分道岔大轨件施工任务”；菱角山车间QC小组“改进JZ-H1计轴系统供电方式减少故障率”。

（乔石云）

大同工务段

【概况】 2018年，大同工务段担负着大秦线（大同—秦皇岛）、京包线（北京—包头）、北同蒲线（大同—太原）、口支线等1594712米线路、1951组道岔的维修养护任务。其中，正线842110米、到发线305425米、站段岔特线325825米、非专线121352米，正线道岔456组、到发线道岔614组、站段岔特线道岔684组、非专线道岔197组。桥梁622座、涵渠981座、隧道11座。道口14处。其中，有人看守道口11处，该段负责看守3处（口支2K+141、2K+163、2K+873道口）。工务段下设23个车间，97个班组。年内，中国铁路太原局集团有限公司授予大同工务段“四好领导班子标杆”“先进党委”称号，中国铁路总公司授予王家湾线路车间“五四红旗团支部”称号。（张建功）

2018 年大同工务段主要运输生产指标完成情况表

顺号	项　目	计量单位	计划	完成
1	线路保养质量评定合格率	%	100	100
2	道岔保养质量评定合格率	%	100	100
3	线路设备状态评定合格率	%	70	76.7
4	轨检车检测质量合格率	%	100	100
5	路基状态评定合格率	%	100	95.32
6	隧道状态评定合格率	%	100	100
7	涵渠状态评定合格率	%	100	100
8	桥隧涵保养质量评定合格率	%	100	100

【工务段改革】 2018 年，大同工务段结合车间管辖设备、地理位置和劳动力资源等实际，在京包线、枢纽地区实行“检养修”分开模式，在大秦线实行“检修”分开模式，在桥隧系统实现“1+0”管理模式。把管辖设备相对较少、车间驻地较近的大同东一、东二线路车间整合为大同东线路车间。成立大同东重点维修车间，形成专业钢轨焊联、曲线整治、道岔整修、钢轨修磨队伍。车间组织成立分析中心，指导车间维修生产管理。全年减少线路车间 1 个、减少班组 29 个。推行兼职并岗，实施“一人多岗、一职多能”劳动组织改革，综合开发利用劳动力资源。全年探伤减员 42 人，转岗到线路工等生产一线岗位。成立高铁技术科，大张高铁介入人员 29 人。其中，干部 3 人，工人 26 人。3 月 21 日至 9 月 24 日，高铁介入人员分 8 个日常盯控组、1 个铺砟铺轨组和 1 个铺岔盯控组，分别检查 4 个施工标段，把检查发现的问题反馈至施工单位和大张指挥部，并盯控整改情况。

（张建功）

【工务段安全管理】 2018 年，大同工务段采用“首问负责、管控共责、一岗双责、党政同责、风险深判、预判前移”安全管理手段，通过集中培训、视频远程教学、安全警示视频对管内干部职工进行安全规章及警示教育，提出具体卡控措施。制定 24 项作业安全措施卡控模板，制定印发 1850 张职工安全关键提示卡。3 次修订全段安全生产岗位职责，5 次组织科室、车间主要干部召开安全生产岗位职责研讨会，健全岗位安全生产责任制，围绕工务作业特点和设备季节性风险，构建“三位一体”安全保障体系。审批计划 23485 项。其中，施工计划 1219 项，天窗计划 5531 项，点外计划 16735 项。视频监控 3774 次，轨迹定位 13425 次，添乘检查 2147 班次，地面追踪检查 752 班次。全年道口及线路大修施工口支 2K 道口、3K 道口、平旺货场道口 4 次。平改立工程施工拥军路道口，减少平交道口安全隐患。截至 2018 年年底，大同工务段实现安全生产 3969 天。

（张建功）

【工务段维修生产】 2018 年，大同工务段利用集中修、综合整治夯实设备基础，清筛大机 63986 米、清筛大机边坡 35620 米、成段更换钢轨 44150 米、成段更换再用轨 17570 米、成组更换道岔轨件 65 组、隧道清污 7 座、隧道清淤 2 座、更换隧道水沟盖板 1700 米。通过专业修、结构修、股道封闭修抓设备保养，达标整治道岔 301 组、保养线路 566742 米、保养道岔 2111 组，综合维修桥梁 118 座、涵渠 126 座、安设挡碴网 696 米，整修股道 194 条，拆除湖东二场腰岔 24 组，排查、整修湖东三场、大同西三场、口泉三场驼峰设备，路基维修专项整治京包线 K375+500–K380+500、K327+500–K342+500。开展春检、秋检、防洪、防胀、防断等季节性工作。无缝线路应力放散 18 段（16124 米）、补充石砟 48326 立方米。探伤发现伤损钢轨 337 根，其中通过数据回放确认伤损 26 根。取消加固 822 处，更换绝缘鼓包鱼尾板 1318 副，减少断轨发生。汛期降雨出巡 331 次，出巡 2886 人次，降雨添乘检查 48 趟次，实现安全度汛。标准化创建柴沟堡、阳高县、古店 3 个站场 6 个岔区。在阳高县、古店召开“维修体制改革暨标准化站场现场会”和“2018 年标准线建设现场会”，规范“检查、分析、计划、作业、验收、考核”生产环节的闭环管理。取消管理盒 19 个、精简纸质管理 24 项、精简电子管理 35 项，较之前精简 78%。2018 年，大同工务段轨检车检测优良率 100%，大秦、京包、北同蒲线每千米平均不良扣分 2.63 分、平均 TQI 值 8.71。

（张建功）

【工务段经营管理】 2018 年，大同工务段落实“先预算后实施”要求，编制印发全年财务预算指标，把 24 个科目预算成本和 37 项财务指标责任落实到人，逐月推进、全年兑现。在物资管理上，采取先利库后采购、采集录入信息、调剂闲置物资等 9 项措施，优化库存结构，全年存货占用资金同比压缩 10%。在经营管理上，卡住增收节支源头，减少非生产性支出。印发大同工务段关于施行《短途运输费用管理办法》，控制运输费用支出，与上年度同比减少汽车各项费用 120 万元。通过强化预算管控，采取修旧利废、加强钢轨修理等措施，全年节约成本 1972.12 万元。大同工务段劳服公司全年主营业务收入 2622 万元，实现利润 97.5 万元。（张建功）

【工务段科技创新】 2018 年，大同工务段鉴定及试验“铁路工程石墨烯纤维复合材料盖板研究”和“轨道车运用管理智能化平台的研究”两个太原局集团公司级科研项目。通过调研、分析、实验，形成适用于铁路隧道水沟及电缆槽的新型石墨烯盖板。采用石墨烯纤维复合材料步板替代砼步行板具有强度高、重量轻、耐腐蚀、使用寿命长、密封性好、便于安装及拆卸、美观等功能。降低渗透水、翻浆冒泥、基底下沉等次生病害发生概率，减少维修工作量，降低隧道病害整治成本。改善隧道结构服役状态，降低列车运行安全风险。开发轨道车运用管理智能化平台，通过智能化平台实现数据资料查询、文件规章实时传达学习、模拟实验快速流转。平台根据业务新技术维护升级，减少文件规章多造成的重复学习帮教，节约人力成本和时间成本。UI设计均为一次性完成，后期需后台维护，实现一人完成整套平台管理。（张建功）

大同西供电段

【概况】 2018年，大同西供电段主要担负大（大同）秦（秦皇岛）线、北同蒲线（北起大同市，南到太原市）北段、京（北京北）包（包头东）线、宁（宁武）岢（岢岚）线、迁（迁安北）曹（曹妃甸港区）线、韩（韩家岭）原（原平）线、瓦（兴县瓦塘镇）日（日照港）线、平朔支线等牵引供电、企业供电、给水设备。管辖正线1773.87千米，牵引供电设备6194.34条千米，企业供电设备6602.77亘千米，给水管道405.91千米，变配电所亭181座，拥有接触网综合检修列1列，接触网作业车52台。全年，大同西供电段开展规范经营管理行为专项整治，坚持目标和问题导向，自查整改5大类29个经营管理中不规范、不安全、不经济问题。开展节支降耗工作，多方协调京津冀相关供电公司申请直购电交易，全年节约电费1624.13万元。除原有11座牵引变电所采用需量法缴纳电费，2月增加7座变电所实现需量法计费，全年节约电费2624.88万元。修旧利废方面，把甄别关、修复关、检测关，实施专项激励，节约成本24.06万元。推进“三供一业”（供水、供电、供暖和物业管理）分离，资产移交供电用户39841户，占总数90.88%，资产移交供水用户40924户，占总数93.84%。收费维修职能移交供水用户32966，占总数75.6%，收费维修职能移交供电用户1621户，占总数3.7%。（宋慧文）

【西供电段安全生产】 2018年，大同西供电段逐层明确管控措施、管控责任，组织编制覆盖各层级、各专业、各岗位的安全生产责任制，完善安全生产委员会工作制度、安全监督检查管理办法、安全管理评估办法等制度，动态修订完善安全风险库6次，把风险辨识、管控责任逐层渗透，提升风险管控水平。注重现场安全管理，开展“学标、对标、落标”百日专项活动，促进职工明标准、重标准、自觉落实标准，现场作业质量提高。防范安全事故，突出施工、两纪“红线”监督检查，保证安全生产秩序。落实安全隐患排查治理双重预防机制，开展人身、行车、施工等安全专项检查整治，加大重点工作督查督办力度，纳入安委会挂牌督办12项，印发各类通报40余期，追责4起触犯“红线”问题，实现安全问题闭环管理。大同西供电段实现第22个安全年。（宋慧文）

【西供电段设备安全排查】 2018年，大同西供电段排查设备安全突出隐患，补强外部环境治理及薄弱环节。确立接触网松脱、断线、烧损，电力两路电源停电，变电所回流不畅，给水过轨管道跑水等10个方面防范重点，排查整治，保证设备运行安全。组织开展隧道堵漏、防雷改造、交叉互磨承力索调整等17项专项整治，安装绝缘挡板1805块，更换绝缘子1688支，更换避雷器118台，修剪砍伐危树60998棵，拆除上跨线42条，单电源设备检修韩原线和宁岢线224.7亘千米，架设避雷线258.3条千米，通过物防、技防手段提高设备抵御外部风险能力，消除潜在的安全隐患，提升整体运行质量。发挥接触网检修列先进机具优势，立体化围歼桥隧、登杆困难地段设备隐患，日均平推量3.23条千米。全年责任设备事故、故障件数同比下降41%，保证供电畅通。（宋慧文）

【西供电段修程修制改革】 2018年，大同西供电段接触网以提高检修效率为目标，二级修占总数38.72%。电力以补强青工技能短板为导向，老工带新工开展平推整治。变配电以分级管理、集中检修为重点，保证不失修及过度修。给水以集中整治病害设备为主线，整修72组消火栓，确保列车及站区正常供水。深化车间组织生产模式，集中修天窗、昼间天窗全部实行多班组联合作业，减少布置安全措施、推扶梯车等辅助人员。

全年组织集中作业644次，减少辅助人员5152人次，上网率提高21.4%。协调融合作业，两次集中修期间，在工务部门担当主体的项目中开展融合作业316次，施工配合减少587人次；与茶坞工务段在大秦线联合开展隧道堵漏作业20次，封堵漏水点210处，提高双方作业效率，消除长大隧道瞭望、通讯等因素造成的人身安全风险隐患；大新站、宁武站等防洪出巡，工务车间负责车站登销记和现场防护，驻站人员通报列车动向，现场人员巡视设备，体现效率最大化。（宋慧文）

【西供电段标准化设备建设】 2018年，大同西供电段打造标准化典型示范，以点带面推进标准化设备建设。接触网设备方面，确定大张线为标准化建设示范线，采取供电与维修车间共建方式，出动职工1501人次，检调设备45.68条千米。电力设备方面，以怀宋区间、韩原线为试点，针对横担、隔开、变台等关键电力设备开展标准化整治，标准化建设怀宋间18.6亘千米电力线路。变配电设备出台“示范变电所”“示范配电所”整治标准及技术要求，确立大同东变配电所为示范样板，从外观标识、缺陷整治、基础设施、技术资料等方面入手推进标准化建设，全段建成6个标准化所亭。给水设备明确所内设备标准化和站区设施标准化两方面创建标准，以阳高给水所为样板，建成21个标准化给水所。统筹规划标准化车间、工区、岗位、变电所建设，整体布局、逐步推进大秦标准示范线建设，提升供电设备质量，保障运输安全稳定。（宋慧文）

湖东车辆段

【概况】 2018年，湖东车辆段管辖范围西起黄河边，东到渤海湾，横跨京、津、晋、冀“两省两市”，主要承担着大（大同）秦（秦皇岛）、京（北

交通运输

京北）包（包头东）、北同蒲（北起大同市，南到太原市）、韩（韩家岭）原（原平）线四大干线和口泉、云冈、平朔、迁曹线等6条支线与部分专用铁路线运用车辆的维修任务，及大秦线配属C80系列重载货车的检修任务，是全路唯一集厂修、段修、运用修、临修、集中整备、轮轴厂修（新组装）为一体的重载货车检修基地。有湖东、大同两大检修生产基地和大同、湖东、大新、茶坞、秦皇岛、迁曹线六大管理区域，下设2个辅助生产机构、17个生产车间（其中运用8个、定检6个、动态2个、设备1个）、15个列检作业场、2个动态检查作业场、13个技术交接作业场、5个站修作业场，拥有检修台位81个、设备1784台/套，配属车辆36758辆（其中：C80系列36348辆，C76等系列410辆）。货车年厂修能力5000辆、段修1.8万辆、轮轴厂修（新组装）2.2万条。年内，该段获“2018年山西省质量管理小组活动优秀企业”“2018年大同市质量管理小组活动优秀企业”。4月，被中国铁路总公司评为“2016—2017年度信访工作先进集体”。（王明广）

【湖东车辆段安全管理】 2018年，湖东车辆段开展“三标”百日专项活动，推进标准化、规范化建设，车间班组“减负”，编制岗位安全生产责任制875项，修建补废规章文件103个、作业指导书45项，压缩文件120份，建立起涵盖3个方面、3646项标准文件组成的企业标准体系，通过“质量、环境、职业健康”管理体系认证。抓双重预防机制运行，管控现场作业“三个关键、一个重点”和安全“红线”，开展专项整治、专项检查32项，细化重载安全卡控措施135条，排查整治安全隐患407件，全年重奖快奖联奖职工发现典型故障4604件、67.88万元，消灭一般D类及以上责任事故，局定设备故障、设备质量信息压缩，实现安全生产4364天，第11个安全年。（王明广）

【湖东车辆段生产组织优化】 2018年，湖东车辆段实施C80浴盆车管系、C76系列车辆撑杆改造，厂修4402辆、段修17581辆、临修9010辆、轮轴大修（新组装）21500条、通过修4400万辆，满足大秦线车辆检修需求。10月25日，轮轴车间投产以来第12万条轮轴下线，刷新轮轴精细化检修“零故障”记录。（王明广）

【湖东车辆段运输保障】 2018年，湖东车辆段响应货运增量，制定全段、地区、车间生产组织应急预案，建立与车务站段联劳协作机制，集中下轴、集中技检解决问题；推行C80配属车、C80E型车辆一、二级整备作业，实现3～5个月覆盖整备1次，整备经验做法在唐（河北唐山）呼（内蒙古呼和浩特）线“三局五段”推广学习；建立唐呼线“三局五段”区域生产协调机制，完善与车务、机务业务融合机制，应急处置更加有序，实现车辆检修与运输组织、货运增量“双赢”。全年受到集团公司通报嘉奖102次。

（王明广）

【湖东车辆段经营管理】 2018年，湖东车辆段开展规范经营行为专项治理，制定印发规范经营管理常态化工作机制，修订制度办法28个，整治重点问题22件。抓巡视巡察反馈问题整改，落实中央“八项规定”30条措施，自查自纠典型问题22件。加强预算管理，推进业务、财务融合，按科目、按进度、按预算运作，规范经营管理。推进债权清理，清理债权6笔、1600余万元，多笔历史债权得到清理。加强劳动用工管理，兼职并岗67人，清理“两非”人员44人。实施26项节支降耗措施，修旧利废303.7万元，索赔配件221万元，物资库存压缩到2900万元，全年各项支出控制在预算之内。（王明广）

【“筑梦大秦重载”网络宣传活动】 2018年9月4日，中国铁路总公司“发现最美铁路”系列之“筑梦大秦重载”网络宣传活动在湖东车辆段举行。媒体记者及铁路媒体工作者和铁路总公司宣传部、太原局集团公司宣传部一行50余人参观教育基地、音乐喷泉、文化广场、星光大道和轮轴检修库等场所。新浪微博、微信公众号、太铁融媒等媒体平台同步图文、视频转播。活动以大秦重载30年发展轨迹为主线，展示湖东车辆段重载安全文化建设成果，诠释湖东车辆段在货运增量行动中勇当“排头兵”的信念和信心。

（王明广）

【大秦铁路开通30年运煤62.68亿吨】 2018年12月27日，中国第一条重载铁路大秦铁路开通30年累计运煤62.68亿吨。大秦铁路作为中国首条双线电气化重载运煤专线铁路，于1988年12月28日开通运营。从山西大同至河北秦皇岛，全长653千米，连通山西、陕西、内蒙古西部

▲ 2018年9月4日，中国铁路总公司“发现最美铁路”系列之“筑梦大秦重载”网络宣传活动在湖东车辆段举行（王明广 摄）

▲大秦线 2.1 万吨列车　（孟　越　摄）

"煤海"与东部沿海，是西煤东运、北煤南调的重要战略通道。开通运营30年来，大秦铁路运煤62.68亿吨，担负着全国六大电网、五大发电集团和上万家工矿企业的生产用煤及十几个省区市生产生活用煤的运输任务。每天开行万吨、1.5万吨、2万吨重载列车90余列，把"三西"煤海的130万吨"黑金"运至沿海港口，然后装船出海，到达长三角、珠三角等地的用户手中。大秦铁路从开通之初年运量2000余万吨，到2014年创造年运量4.5亿吨的历史纪录，2018年具备年运量4.5亿吨常态化运输能力。

（鹤　梅）

湖东电力机务段

【概况】 湖东电力机务段位于山西省大同市东南25千米处，生产作业区域以湖东为中心，沿线辐射至大同、朔宁岢（朔州、宁武、岢岚）、秦皇岛和京唐港等地区。2018年，该段设有生产车间21个（8个运用车间、3个检修车间、1个和谐机车高级修项目管理部、4个整备车间、1个设备车间、2个折返车间、1个救援车间、1个后勤车间），科室17个（行政科室15个、辅助生产机构1个、党委办公室1个），集体经营企业1个（艾普科贸公司），班组338个。配属机车619台（HXD1型285台、HXD2型145台、SS4型110台、内燃机车79台），主要担负大（大同）秦（秦皇岛）、北同蒲（北起大同市，南到太原市）、迁（迁安北）曹（曹妃甸港区）3条干线、10条支线（大张、云支、口支、湖大、宁岢、岢瓦、平朔、神朔、茶蓟、东港）的货运牵引任务和6对客车、1对通勤路用列车的牵引任务，及218条专用线和多个枢纽、关键站场的调车任务，总运营里程1777千米。（王喜红）

【机务段安全生产】 2018年，湖东电力机务段实施风险每日研判预警、"砸锅惹祸"隐患专项整治、大数据常态分析、安全红线零容忍管控等手段，攻关整治"紧急制动""制动阀切除""钩尾框裂损"等安全隐患，固化现场盯控、专业督查、包保检查、交叉互查等常态化机制，"人防＋物防＋技防"综合施策，提升安全风险管控能力。全年该段实现安全生产1724天，杜绝客车、重载责任事故，实现"四创安全年"目标。（王喜红）

【机务段运输任务】 2018年，湖东电力机务段承担大秦重载"火车头"和货运增量"排头兵"使命，克服配班与超劳"争人"、运用与检修"争车"、保运量与保安全"争效率"矛盾，创新实施机车乘务员跨车间调剂补缺、机车出库延时"速报"、始发站开车地面盯控、枢纽站合署办公等一系列举措，使大秦线常态化完成日运量130万吨，单日最多开行2.1万吨列车69对，最高日运量136.82万吨，年运量4.51亿吨。（王喜红）

2018年湖东电力机务段运输任务和效率指标完成情况表

项目	单位	计划	实际	完成%
总走行千米	千机千米	107400	107621	100.2%
总重吨千米	百万吨千米	4860000	4922249	101.3%
平均牵引	吨	8570	8948	104.4%
技术速度	千米/小时	49.0	49.7	101.4%
日产量	万吨千米	380.0	372.2	97.9%
日车千米	千米	695	688	99.0%
该段大修	台	—	19	—
该段中修	台	—	233	—
该段小修	台	—	627	—
该段辅修	台	—	988	—
成本总支出	万元	—	373150	—
运输业生产率	万总重吨千米/人·年	—	8326.71	—

▲湖东电力机务段工作人员擦拭车顶瓷瓶　（王喜红　摄）

【机务段修程修制改革】　2018年，湖东电力机务段强化修程修制改革，修订完善HXD型机车C1～C5检修工艺214项、范围182项，寿命化管理HXD型机车车钩系统、缓冲器钩舌销、牵引杆球铰、板卡四类部件，探索实施整备场做修程、双休日做修程、“高公里”机车补强修等作业模式，检备率控制到9.5%。在机车运用紧张情况下，完成HXD1型机车送厂C6修98台，接新造机车50台，缓解运用机车不足困境。坚持抓源头、盯关键、攻隐患、控过程，动态分析机车修程和运用质量问题，开展设备隐患专项整治18项，提高机车质量可靠性和稳定性，全年设备故障率0.87件/百万千米。

（王喜红）

【机务段基础建设】　2018年，湖东电力机务段搭建集LKJ、STP、6A、视频、列尾于一体的安全装备“技控网”，拓展车辆5T、供电5C、车务货检的“天眼”功能，提升智能化监控监测水平。设备配套和管理升级湖东标准化整备场，释放整备能力，流程化、标准化整备步入正轨。HXD型机车高级修向“路网性基地”迈进，通过内夯基础、外拓市场，完成该段HXD1型C4修41台、HXD2型C4修61台、C5修1台，太原机务段HXD3C型C4修42台、HXD1型新八轴C4修16台，侯马北机务段HXD2C型C4修36台、HXD2型C4修3台，首次承揽呼和局集宁机务段HXD2型新八轴C5修4台，全年完成6种HXD型机车C4、C5修204台。　（王喜红）

【机务段经营管理】　2018年，湖东电力机务段坚持业财融合，预算兑现率97.9%，预算编制质量和执行水平提高。坚持降本增效，向内抓节支降耗措施落地，对外拓展机车维修、机车出租、代管代运营等业务，同步支持集体经营企业发展，全年资产经营开发实现收入1.7亿元。坚持规范经营，开展自查自纠、巡视巡查问题整改、风险债权清理，推行电商采购，启用物资全寿命信息化管理，修订完善经营管理制度办法31项，规范经营管理。　（王喜红）

【机务段科技创新】　2018年，湖东电力机务段成立重载牵引研究中心（湖东工作站），建立工作机制和管理办法，邀请科研院所、设备厂家等开展重载隐患研究攻关，针对机车紧急制动、惩罚制动、中部机车制动阀切除、HXD1型机车电机小齿轮断裂等突出质量问题，实施OCU（通讯控制模块）设备更新改造、BCU（制动控制模块）加装下拉电阻措施、LOCOTROL系统新功能应用等技术改进措施，取得阶段性成效。鼓励科技首创，建立科研立项、开发、推广、奖励等管理办法，QC成果创新获全国铁道行业优秀奖1项、山西省优秀奖6项、集团公司优秀奖5项，科技成果获集团公司科技进步奖11项、合理化建议和技术改进成果奖23项。　（王喜红）

【机务段企业改革】　2018年，湖东电力机务段实施“非运输企业从站段剥离”和“验收室划归站段管理”两大改革。服从大秦线调流转港、迁曹线运输布局调整、朔准线开通运营等形势，实施乘务员跨车间调剂、朔州折返点撤除搬迁、异地班组整合优化等一系列措施，配置劳动资源。9月28日，设立经营开发科，负责开展运输其他业务及管理指导集经企业经营开发工作，12月5日，成立后勤车间，合理调整科室职能，完善机构设置和功能。坚持收入向一线关键岗位倾斜，分系统、分阶段开展劳动竞赛，干部职工享受到改革发展红利。　（王喜红）

高铁客运专线

【大张高铁建设】　2018年，大同市建设大同至张家口铁路客运专线，是山西晋北连通京津，贯通蒙西、大西客运路网的重要铁路。该线路于2015年11月开工，西起山西省朔州市怀仁县下米庄，东止河北省张家口市怀安县；东接呼张快速铁路，与京张城际铁路相连，直达北京；向西与规划原大高铁接轨，贯通大西铁路客运专线。该铁路涉及行政区域2省3市6县（区），即河北省张家口市怀安县，山西省大同市天镇县、阳高县、大同县、南郊区和朔州市怀仁县。总投资165.1亿元，由铁路总公司、山西省和河北省出资建设。设计行车速度250千米/小时。该铁路正线里程全长141.3千米，其中大同市境内123千米，穿19个乡（镇）68个行政村。大张高铁永久征用土地数量693.13公顷，其中大同段线路用地约占503.8公顷。全程正线建特大桥21座，大中桥46座，涵洞149座，总延长13.4千米的跨省越岭单洞双线隧道1座（大梁山隧道）和总长13.6千米的矮塔斜拉桥（智家堡御河特大桥）1座。全线总工期48个月。大张高铁沿线建设大同南、阳高南、天镇三站。与呼张铁路怀安站接轨，大同南站为该线始发站，天镇和阳高南站位中间站。其中，怀安站至天镇站间距41.42千米，天镇站至阳高南站间距27.37千米，阳高南站至大同南站间距52.48千米。设计时速250千米，列车开通后，大同至北京通行时间缩短至100分钟左右。（市金融办）

【大张高铁站后“四电”工程开工】 2018年10月16日，中铁电气化局集团有限公司参建的大同至张家口高速铁路在大同南站组立接触网第一杆，标志着大张高铁建设由站前转入站后、由线下转入线上，大张高铁站后“四电”工程开工。

大张高铁西起山西大同，经阳高县、天镇县至河北张家口，是国家“十三五”规划“八纵八横”高速铁路网京兰通道的重要干线，线路全长140.6千米，设车站4座，设计时速250千米，其中山西省境内124.74千米。大张高铁作为京包客运通道和大西客运专线的补充和完善，是晋北对外旅客交流的主通道，是内蒙古西、冀北与山西、陕西、西南交流的快速客运通道，作为纵贯河北、山西北部地区客运交通的主动脉，连通京张城际、张呼客专和大西客专，形成北京—大同—太原—石家庄—北京环线的快速客运网，助于推动京晋冀一体化协同发展。

（鹤 梅）

【大同南站站房工程主体结构封顶】 2018年12月26日，由中铁建工集团承接的大同南站站房工程主体结构历时半年施工封顶。该站是新建高铁始发站，线上候车室，上进下出型客站，车站设置12米宽出站地下通道1座，5米宽行包物流地下通道1座，预留1条8米宽城市南北连通地下通道。站房工程由南、北站房组成，北站房为主，南站房为辅，北站房结构东西向长204.4米、南北向宽204.1米。南站房是2层结构，北站房是4层结构，首层是旅客出站通道及设备间，2～4层是旅客及工作人员办公间休息区。

（鹤 梅）

民用航空

【概况】 大同云冈机场位于山西省大同市东，距离市中心约17千米，总占地190.07公顷。飞行区等级4C，跑道长3000米，宽60米，可起降B737-800（含）、A321（含）以下机型，仪表着陆系统I类精密进近，并建有单向盲降系统。2018年，有T1国际（4255平方米）和T2国内（10854平方米）两座航站楼，总面积15109平方米；停机坪面积37950平方米，可同时停放7架（6C、1B）飞机；停车场面积31255平方米；可满足年旅客吞吐量90万人次、高峰小时518人次、货邮吞吐量4700吨的航空需求。全年大同机场运输起降9516架次，旅客吞吐量101.63万人次，同比分别增长55.7%、58.8%，是山西省第三个百万机场，并跻身中型机场行列。实现航空训练9185架次，航训收入1006万元。落实市财政资金2.4亿元，民航发展基金1171万元，减免赋税1356万元。全年营业收入突破6700万元（含中小机场补贴996万元），同比增长26.4%。年内，大同云冈机场获“山西省总直属基层系统五一劳动奖状”、山西航空产业集团有限公司“先进党委”。（韩向荣）

【机场安全管理】 2018年，大同云冈机场落实从公司到部门的“安全生产挂牌责任制”，悬挂责任制公示牌8块，形成公司、部门、班组三级责任体系，构建安全生产责任网络，实现安全生产监督管理责任“全覆盖”，确保责任到岗，责任到人。从规章标准、人员资质、运行程序、设备维护、应急救援五大方面，完善、细化运行管理手册，完善公司制度建设，全年编制安保类制度29个，汇编安保、法律、法规、规范性文件30个，补充完善机场公司的文件与制度体系。推进安全生产大检查和各项安全生产专项整治活动，开展“中小机场专项整治”“五一”汛期安全防范等21个专项活动；推进风险管理、法定自查工作和查摆“习惯性违章纠错行动”工作，制定危险源数据库表格，增加系统工作分解和跟踪验证环节，制作空间风险四色分布图，建立安全监察三级监督自查体系，并通过航空安保审计。针对航班量增长情况，规划停机坪机位，特种车辆行车路线，加强机坪运行安全。全年未发生机场责任原因造成的事故征候（含）以上航空安全事件，未发生责任原因的生产安全事故。（韩向荣）

▲2018年12月27日，大同云冈机场在T2航站楼举行年旅客吞吐量突破100万人次庆祝活动（韩向荣 摄）

【航线开通加密】 2018年，大同云冈机场开发新航线，加密、优化原航线。国内增加南京—大同、深圳—合肥—大同、杭州—秦皇岛—大同、青岛—大同—兰州、天津—大同、桂林—大同—大连、重庆—大同—大连、天津—大同—乌鲁木齐、天津—大同—海口、香港—大同10条航线；加密厦门—大同—哈尔滨航线；为加快推进口岸正式开放，与外籍航空公司合作，开通柬埔寨暹粒—中国大同、泰国芭提雅—中国大同、泰国曼谷—中国大同3条国际航线。全年与17家航空公司合作运营国内外航线22条，通航机场30个。全国排名前10位的通航城市，大同机场全部实现直航通达；全国排名前20位的机场郑州、长沙、三亚3个城市未通航。（韩向荣）

【机场基础设施建设】 2018年，大同云冈机场结合发展实际，加大基础设施建设力度。机场总规修编初稿报送至中国民用航空华北地区管理局评审，机坪扩容项目完成可研初稿并报审省发改委申请立项，三期改扩建项目完成可研编制招标工作，进行初稿编审；航管和导航设备更新工程可研报告并报至中国民用航空华北地区管理局评审；改造一号道口、视频监控、助航灯光；对标整改航空口岸国际服务中心的关检查验通道，联检单位业务用房开展装修设计。（韩向荣）

【大同云冈机场航线旅游产品推介会】 2018年4月25日，大同云冈机场航线旅游产品推介会在合肥举行。推介会由大同市旅发委、大同机场有限责任公司主办，深圳航空有限责任公司承办，合肥市旅发委、大同市旅发委、安徽民航机场集团市场部、大同机场及深圳航空合肥营业部等领导出席，合肥、大同两地7家新闻媒体和20余家旅游企业代表参会。会上，播放山西、大同旅游宣传片，大同市旅发委做旅游推介，山西太平洋国旅、大同嘉年华旅行社向合肥当地旅行社介绍旅游产品及乘坐“合肥—大同”航班出行优势，两地旅行社、机场、航空公司现场交流航旅资源共享、线路互联、市场互动、客源互送、合作共赢等情况，拓展两地航空旅游市场。（韩向荣）

▲ 2018年7月3日，大同云冈机场开通大同—香港航线（韩向荣 摄）

【大同云冈机场总规修编稿征求意见会】 2018年9月10日，大同云冈机场总规修编稿征求意见会在大同市政府办公楼会议室召开。会议由大同市规划局局长刘明君主持。机场所在区的开发区人民政府、市云州区人民政府，及市发改委、市规划局、市住建局、市国土局、市交通局、市环保局、市政委、市文物局、市供电公司等相关单位的领导参加会议。

会上，大同机场介绍机场总规修编的背景、过程、主要内容及需要市政府给予支持和协调的主要问题。中国航空规划设计研究总院解读机场总规修编内容，总规修编是在原总规基础上，重新规划飞行区、机场空域与飞行程序、机场空中交通管理系统、旅客航站区、货运区、公用设施与交通系统、机场环境保护、土地使用等内容。开发区、云州区及市直相关职能部门结合各自工作实际对大同云冈机场总体规划修编及综合交通网建设提出意见和建议。各部门要加强重视、主动对接工作，推进各项工作“早推进、早落实”，并部署大同云冈机场综合交通体系建设、市政管网、园区建设等工作。（韩向荣）

金　融

金融监管

中国人民银行大同市中心支行

【概况】 2018年，大同市金融机构人民币各项存款余额2879.46亿元，较年初增加183.39亿元，增长6.8%，同比增加54.83亿元；全市金融机构人民币境内存款余额2879.23亿元，较年初增加183.39亿元，增长6.8%，同比增加54.83亿元。其中，人民币住户存款余额2017.46亿元，较年初增加131.87亿元，增长6.99%，同比增加53.77亿元；人民币非金融企业存款589.47亿元，较年初增加51.28亿元，增长9.53%，同比增加35.97亿元。机关团体存款余额230.99亿元，较年初增加5.52亿元，增长2.45%，同比减少54.05亿元。

全市金融机构同业存放款项余额36.66亿元，较年初增加18.23亿元，增长98.91%，同比减少62.75亿元。其中，同业存放活期款项余额27.69亿元，较年初增加11.16亿元，增长66.43%，同比减少19.64亿元；同业存放定期款项余额8.7亿元，较年初增加7.07亿元，增长433.74%，同比减少43.11亿元。全市金融机构人民币各项贷款余额1378.15亿元，较年初增加134.11亿元，增长10.78%，同比增加115.79亿元。全市金融机构人民币境内各项贷款余额1378.15亿元，较年初增加134.11亿元，增长10.78%，同比增加115.79亿元。其中，人民币住户贷款余额283.04亿元，较年初增加48.31亿元，增长20.58%，同比增加8.01亿元；人民币非金融企业及机关团体贷款余额1095.1亿元，较年初增加85.8亿元，增长8.5%，同比增加107.77亿元。全市实现外贸进出口总值4678万美元，环比减少1.14%。其中，出口实现2218万美元，环比减少25.97%；进口实现2460万美元，环比增长41.71%。

全年全市跨境收付总额3831万美元，环比增长3.04%；跨境收付逆差925万美元。其中，货物贸易跨境收支总额1394万美元，占收支总额99.57%；服务贸易收支总额6万美元，占收支总额0.43%。全市结售汇总额4515万美元，环比减少13.21%；结售汇逆差1535万美元。其中，结汇1490万美元，环比下降19.85%；售汇3025万美元，环比下降9.51%。

（田晓宏）

2018年大同市金融机构信贷收支表

单位：万元

指　标	2018年	比年初增减
各项存款余额	28794674	1834966
境内存款	28792321	1833927
住户存款	20174655	1318758
非金融企业存款	5894714	512818
广义政府存款	2618164	–68059
各项贷款余额	13781531	1341195
境内贷款	13781531	1341195
住户贷款	2830494	483109
短期贷款	865925	3377
中长期贷款	1964569	479732
非金融企业及机关团体贷款	10951037	858086
短期贷款	3599154	–109250
中长期贷款	5618231	677291
票据融资	1732663	290046

【货币政策贯彻执行】 2018年，中国人民银行大同市中心支行加强“窗口指导”，部署支持供给侧结构性改革、金融助推脱贫攻坚、深化民营和小微企业金融服务、宏观审慎评估、支持重点领域和新兴产业发展、绿色金融、煤炭行业化解过剩产能等工作，引导金融机构增加有效信贷投放，全年发放扶贫再贷款7.95亿元，支农再贷款3.1亿元，支小再贷款3亿元、办理再贴现53笔10305万元。

宣传金融扶贫政策，组织召开全市金融助推脱贫攻坚工作座谈会、金融助推深度贫困地区脱贫攻坚工作会，引导金融资源在助推脱贫攻坚特别是深度贫困地区攻坚中发挥更大作用。全年投放给6个贫困县农村信用社和村镇银行8亿元扶贫再贷款，发放扶贫小额贷款和产业扶贫贷款27.52亿元，政策效率1：3.44。个人精准扶贫贷款（含扶贫小额信贷）余额16.85亿元（其中扶贫小额贷款余额10.09亿元），较年初增加2.4亿元，同比增长13.76%，支持带动贫困户31321人；产业精准扶贫款余额30.32亿元，较年初增加1.56亿元，同比增长0.24%，支持带动贫困户9902人；项目精准扶贫贷款（含易地扶贫搬迁贷款）余额5.24亿元（其中农业发展银行大同分行易地扶贫搬迁贷款余额1.56亿元），较年初增加0.41亿元，同比增加1.26亿元，服务贫困户18.64万人次。加强民营和小微企业金融服务，支持和鼓励大型企业通过各类债务融资工具从银行间债券市场融资，给民营和小微企业腾出信贷资金。同煤集团、大秦铁路等企业2016年、2017年和2018年分别在银行间市场融资412亿元、430亿元、725亿元。根据普惠金融考核结果，北都农商行和大同银行分别享受到降准1.5和0.5个百分点政策。5个农行县级支行的“三农”事业部享受到降准2个百分点政策，3个县级农村信用社享受到降准1个百分点政策。疏通民营和小微企业融资渠道，建议政府整合全市财政出资的担保公司，成立大同市财信担保公司；配合市政府成立注册资本1.2亿元的大同市还贷周转基金，给企业办理还贷周转业务253笔25.3亿元。金融机构普惠口径小微企业贷款户数8955户，普惠口径小微企业贷款余额49.99亿元，占各项贷款余额4.42%；小微企业贷款户数2189户，小微企业贷款余额100.72亿元，小微企业户均贷款额460.12万元；全市金融机构小微企业不良贷款率5.49%。

全市煤炭去产能290万吨，去产能率100%。大同市地方法人金融机构贷款煤炭行业余额176.05亿元，比年初增加24.56亿元，同比增长16.21%；煤炭行业表外融资余额61.01亿元，比年初减少16.6亿元，同比减少21.39%。地方法人金融机构煤炭行业资产质量均显示正常，不存在煤炭行业金融债务债权处置情况。围绕大同市“能源革命”和“工业振兴”两大工程的战略部署，制定印发《中国人民银行大同市中心支行关于支持大同市能源革命和工业振兴的信贷指导意见》，推进大同转型发展。

成立绿色金融工作组，印发《关于成立中国人民银行大同市中心支行推进大同市申报国家级绿色金融改革创新试验区工作组通知》，建立绿色信贷资料库，全年编发45期绿色金融工作周报。利用各种途径开展跨境人民币结算业务宣传，全年办理跨境人民币收支业务112笔，39955万元。其中，出口货物贸易1920万元，服务贸易及其他经常项目1696万元，资本项目36339万元。加大民生工程和弱势群体支持，全市发放农村青年小额创业贷款308笔，金额1373.64万元。推进助学贷款及下岗失业人员再就业贷款，全年增加下岗失业人员贷款178笔1685万元，余额5971万元。

（田晓宏）

【金融风险强化】 2018年，中国人民银行大同市中心支行强化金融风险监测，制定《大同市高风险信用社专项监测报告制度》，定期向市政府报送高风险信用社风险状况报告、监测数据和化解风险的政策建议，推动地方政府早处置辖区金融风险。按月现场核查高风险投保机构，约谈1家重大事项报送不及时的金融机构，现场核查6家高风险金融机构，发放风险警示函，并抄报地方政府。更新《中国人民银行大同市中心支行处置金融机构突发事件应急预案》，完成《2018年大同市金融稳定评估报告》。加强存款保险工作，成立金融机构评级领导委员会，现场评级17家法人机构，按季报送评级报告，一对一发放评级结果，并进行风险提示。核定与交纳上年7月至12月和2018年1月至6月两期保费，修订完善《存款保险制度风险事件应对预案》并开展演练。修订《中国人民银行大同市中心支行金融机构综合评价办法》，组织召开综合评价领导组会议，印发《2017年度大同市金融机构综合评价报告》和《2017年度大同市金融机构综合评价结果的通报》。全年核准12家金融机构加入人民银行金融服务与管理体系。

（田晓宏）

【银行支付系统建设】 2018年，中国人民银行大同市中心支行加强支付体系服务与管理，处理大、小额支付系统业务578万笔，金额26601亿元，办理电票再贴现业务26笔，金额2.43亿元。给10家金融机构申报支付系统行号申请，给8家金融机构变更名称、地址、电话等支付系统信息，约谈10家申请加入支付系统的金融机构高管。优化企业开户效率，取消同城票据人工交换，票据清算信息和票据影像同步到达付款行，使资金入账时间至少缩短1天。跟进农村金融综合服务站建设运营，增加金融综合服务站13个。选取13个自然村为“美丽宜居乡村”，提供助农取款、银行卡查询、养老金缴存、转账汇款等方便快捷安全的一站式金融服务。

（田晓宏）

【反洗钱工作】 2018年，中国人民银行大同市中心支行创新监管模式，反洗钱分类评级辖内66家金融机构和5家县级法人机构村镇银行，评出A类机构26家，B类机构34家，C类机构6家。与市民政局签订“共建对社会组织领域反洗钱监管合作机制”，联合印发《关于社会组织开展反洗钱工作的通知》，明确社会组织应履行的反洗钱义务及应承担的法律责任。反洗钱跟踪检查金融机构2家，

跟踪上年现场检查发现的问题，督促金融机构加强整改。（田晓宏）

【人民币管理】 2018年，中国人民银行大同市中心支行保证现金供应，优化流通中人民币券别结构。全年投放10元以下原封新券2.6亿元，投放硬币886.1万元，推动现金兑换业务综合服务平台惠民工程建设，均衡零币现金供需关系，提升小面额人民币流通质量。组织开展反假货币宣传月活动，维护人民币信誉和社会、经济秩序稳定。全年收缴假币15580张金额108.1万元，收缴邪教“法轮功”利用人民币反动宣传币88万张、金额88万元。（田晓宏）

【国库经理】 2018年，中国人民银行大同市中心支行按照“一级财政设立一级国库”要求，配合全市部分行政区划调整，开展撤销一库、更名三库工作，确保调整期间国库业务平稳过渡。完善《国库标准化建设实施方案》，展评辖区国库标准化建设成果。二代TIPS及海关系统TIPS上线。全辖财政总收入344.29亿元，同比增加56.39亿元，增长19.59%。全辖预算支出执行468.49亿元，同比增加61.80亿元，增长15.20%。其中，市县级预算收入119.69亿元，同比增加11.41亿元，增长10.54%。全辖办理退库12.99亿元。检查9家银行44个分支机构，巡查10家国债承销机构59个分支机构。全市发行储蓄国债凭证式8期，金额5.1亿元，储蓄国债电子式10期，金额9.2亿元。销毁上年兑付国债23份，金额175元。（田晓宏）

【征信管理】 2018年，中国人民银行大同市中心支行加强征信系统基础建设，营造诚信社会环境。推动应收账款融资服务平台推广应用，实现全省首家供应链核心企业加入中征应收账款融资服务平台，并给其上下游企业融资2700万元。依托“大同市政银企网上自动对接融资服务平台”，加强中小企业信用体系建设，与大同市城区政府联合召开24次“大同市城区经济金融联席会暨政银企项目对接会”，给中小企业融资15亿元。建设四大基地并开展诚信文化教育，发挥征信宣传片区牵头行作用，到农户开展征信知识宣传，促进农村精准脱贫。建立健全“5+2”工作机制，抓征信信息安全与合规监管，全年印发风险提示函3期，现场检查3家接入机构13家网点。（田晓宏）

【外汇管理】 2018年，中国人民银行大同市中心支行对辖内重点企业和银行实行“按月监测＋按季报告”，集体约谈14家企业，督促银行和企业规范操作，不碰红线。运用外汇各业务系统，现场和非现场核查98家（次）企业，预防跨境资金流动风险。面对面指导辖内9家金融机构，推进金融机构报送银行卡境外交易信息工作。现场及非现场核查7家银行的个人外汇业务，处罚4名违规个人和1家违规企业进。指导企业运用“全口径跨境融资宏观审慎”政策，灵活使用境外资金，支持涉外经济发展。（田晓宏）

【金融信息调研宣传】 2018年，中国人民银行大同市中心支行加强国际金融动态反映、履职反馈和深度调查研究。报送政务信息389篇，被太原中支采用54篇，天津分行采用43篇，被省委省政府采用7篇，被总行采用45篇，被总行领导批示1篇，被中办、国办采用14篇，被中央领导批示2篇，编辑《舆情专报》145期、《舆情紧要综合》28期，总行采用150期，总行领导批示2期。全年报送行领导调研报告8篇，被分行《领导干部调研报告》采用4篇；调研报告在《金融时报》发表1篇，在《中国金融家》发表1篇，在省级以上刊物发表20篇。宣传稿件在《金融时报》发表5篇，在《中国金融家》发表1篇，在《大同日报》《大同晚报》报道36篇。（田晓宏）

【金融消费权益保护】 2018年，中国人民银行大同市中心支行完善制度措施，保护金融消费者权益。联合市仲裁委组织全市金融机构建立大同金融仲裁院，开辟金融消费纠纷解决路径。为督促金融机构履行社会责任，维护金融消费者合法权益，对辖区银证保52家金融机构开展金融消费权益保护工作年度评估和环境评估，对1家金融机构开展支付服务领域金融消费权益保护现场执法检查。抓金融消费者投诉咨询受理处理工作，全年受理答复金融消费者咨询40余次，受理处理“12363”投诉69起，12345政府服务热线转办投诉36起。（田晓宏）

【金融执法】 2018年，中国人民银行大同市中心支行以风险防范为导向，通过重规范、抓细节、严监督“三位一体”执法模式全流程管控行政执法行为。组织开展全辖执法案卷评查现场会，提升执法案卷质量。组织开展行政执法人员培训班，增强行政执法人员依法执法、依法办事意识。重新梳理执法岗位职责，更新执法人员名录库、市场主体名录库，推动“双随机、一公开”（在监管过程中随机抽取检查对象，随机选派执法检查人员，抽查情况及查处结果向社会公开）工作。开展行政执法文书审核工作，审核执法检查立项16项，执法检查通知书90份，执法检查意见书16份，规范行政处罚案件法律审核，作出行政处罚27.2万元。（田晓宏）

【金融知识宣传】 2018年，中国人民银行大同市中心支行组织开展“3·15”消费者权益日、“普及金融知识，守住‘钱袋子’宣传月”，及“金融知识普及月”等系列宣传活动，针对六类特殊群体组织全辖金融机构开展金融知识进福利院、进学校、进矿区、进农村、进社区、进工地“六进”及金融知识宣传文艺会演活动，提升社会公众金融法律知识水平、金融风险防范意识和金融消费维权能力，增强金融机构诚实守信经营，尊重和维护金融消费者合法权益自觉性。组织全市47家银行业和保险业金融机构开展“金融知识普及月”现场集中宣传活动。建立特殊人群金融知识实践教育基地，给残障儿童融入金融社会生活提供平台。建立金融知识普及与金融消费者教育长效机制，全市金融机构出资订购教材4万册捐赠给小学五年级学生，联合市教育局把《金融与诚信》课程纳入全市小学五年级选修课中。通过大同电视台《财富大同》栏目

播放专题宣传节目20期。（田晓宏）

中国银行保险监督管理委员会大同监管分局

【概况】 2018年12月24日，按照山西银保监局安排部署，中国银行保险监督管理委员会大同监管分局（简称“大同银保监分局”）挂牌，推进银行保险监管机构改革。在7个县设置监管办事处，负责监管县域银行业金融机构。全年，大同银行业金融机构有八大类618个机构网点，从业人员10944人。其中，政策性银行网点6个，大型银行网点196个，股份制商业银行网点23个，邮政储蓄银行网点（含代理网点）97个，城市商业银行网点73个，农村合作机构（含农村商业银行）网点211个，新型农村中小机构11个，非银行金融机构1个。

全市银行业资产总额3236.79亿元，较年初增加227.86亿元，增长7.57%。其中，贷款余额1386.26亿元，较年初增加136.31亿元，增长10.91%。贷款余额和增速分别居于全省各地市第五位和第八位。负债总额3098.71亿元，较年初增加207.86亿元，增长7.19%。其中，各项存款余额2879.31亿元，较年初增加201.72亿元，增长7.53%。存款余额和增速分别居于全省各地市第二位和第八位。所有者权益合计138.08亿元，同比增加20亿元，增长16.94%，全年实现净利润31.05亿元，同比增加3.95亿元，增长14.59%。（吕力波）

【银行业市场乱象整治】 2018年，大同银保监分局开展深化整治银行业市场乱象工作，加强组织领导，成立深化整治银行业市场乱象工作领导组，下设综合、宣讲、督导3个工作组。制定《大同银保监分局关于进一步深化整治银行业市场乱象工作实施方案》，明确工作重点和责任分工，并推动辖区各银行业机构成立相应组织，制定各自实施方案。召开4次党委会、6次局务会、1次动员部署会、1次推进会、3次工作汇报会，该分局领导和监管人员到银行业机构开展政策解读43次，研究部署和指导推进。在乱象整治工作中，大同银保监分局坚持机构自查、监管督查和现场检查，现场检查中，该分局派出69人次，投入8498人天工作量，发现经营管理方面一系列问题。坚持整改与处罚双线推进，督促银行业机构整改自查问题，内部问责1069人次，内部经济处罚33.78万元；罚款6家违法违规机构180万元，取消终身从业资格1人，警告10人，给予5名责任人纪律处分。坚持治乱与案件查处齐头并进，在治乱中强化案件处置，办结3起陈案，责令处理责任人140名。（吕力波）

【信用风险防控化解】 2018年，大同银保监分局摸底排查不良贷款风险底数，督促做实贷款资产质量分类，分类处置不良贷款，不良贷款率较年初下降0.22个百分点；整顿规范资金业务，风险管控资金业务，全辖投资业务减少23.26亿元，各项存量违规业务得到整改。督导农信社履行风险化解主体责任，制定15条风险化解措施，指导高风险农信社制定三年风险处置规划和风险化解方案，督促农合机构全年处置不良贷款11.77亿元；推动地方政府履行风险处置第一责任，向各县政府发函通报农信社相关情况，建议处置化解信用社风险；推动市政府控股企业注资11.2亿元支持改制，通过合并改制新设大同农商行，化解新荣区联社风险，灵丘县联社启动改制并取得进展，实现不良贷款出表，其他联社处置不良贷款，推进落实三年规划。（吕力波）

【P2P网贷专项整治】 2018年，大同银保监分局按照山西省互联网金融风险专项整治领导小组工作安排，与市金融办共同开展辖区P2P（peer to peer的缩写）网络贷款机构风险专项整治工作，梳理辖内P2P网贷存量机构，摸清风险底数，确定两家法人机构为重点对象强化监管。关注外地分支机构输入性风险，防止风险蔓延扩散。组织两家机构自查，开展现场核查，督促其整改自查和核查发现的问题。（吕力波）

【银行业支持实体经济发展】 2018年，大同银保监分局支持转型综改建设，增加综改建设项目贷款23.97亿元，增长5.45%，贷款余额463.7亿元，重点投向新能源、医药制造、装备制造、光伏发电、道路改造、公共设施建设等领域。发放扶贫小额贷款，金融扶贫贷款余额106.93亿元，较年初增加20.54亿元，增长23.78%，其中扶贫小额贷款累放13032户6.46亿元，余额13.11亿元26462户，占年初任务127.94%。深化小微企业服务，小微企业贷款余额316.46亿元，较年初增加37.44亿元，增长13.42%，高于各项贷款2.51个百分点；单户1000万元以下贷款余额85.46亿元，较年初增长42.38%，高于各项贷款增速31.47个百分点；小微企业贷款户数10385户，较年初增加2184户。新发放普惠型小微企业贷款平均利率由一季度8.64%降至四季度8.19%。推进服务“三农”工作，全市涉农贷款余额451.75亿元，较年初增长7.64%；村镇银行覆盖80%以上县域和80%贫困县；基础金融服务“村村通”覆盖率96.39%，较年初增长3.14个百分点。（吕力波）

【融资力度加大】 2018年，大同银保监分局引导银行业机构坚守主业，统筹信贷资源，优化信贷结构，创新信贷产品，改进信贷流程，扩大融资渠道，加大融资力度，缓减企业和个人融资难问题。全年全市银行业投资业务较年初减少23.26亿元，下降11.21%；表外业务减少35.84亿元，下降10.03%，银行资金脱虚向实，腾挪出更多资金投向实体经济。全年银行业发放贷款1108.52亿元，增加136.31亿元，贷款增速10.91%，高于存款增速3.38个百分点，存贷比较年初上升1.46个百分点，增加存款的67.57%用于贷款投放，支持实体经济发展。在债券投资、理财产品投资、委托贷款、表外授信等方面加大力度，满足企业和个人融资需求，推动金融普惠发展。（吕力波）

【银行业机构网点覆盖面扩大】 2018年，大同银保监分局履行行政审批职能，加强准入监管，指导银行业合理布局机构网点，向县域和社区下沉机构网点，跟进新建小区、社区、县域、乡（镇）金融服务，扩大服务覆盖面。全国性股份制商业银行进驻大同，新设立的兴业银行大同分行开业，光大银行大同分行获批筹筹建，市区增加1家农村商业银行、3家小微支行、5家传统支行，8家分理处升格为支行。县域新设5个网点。其中，建设银行在天镇县、广灵县、大同县（云州区）设立3家支行，大同银行在大同县设立1家支行，邮储银行在天镇县新平镇设立1家营业所。

（吕力波）

【金融许可证管理】 2018年，大同银保监分局加强金融许可证管理，发放金融许可证106个，收缴旧证102个。按月做账实核对工作。组织检查全辖银行业机构金融许可证管理情况1次，发现各类问题5大类24项，涉及营业网点50余家。全年召开金融许可证管理专题会议1次，召开金融许可证检查安排部署会议1次，年度通报全辖金融许可证管理情况1次。（吕力波）

【法人机构管理】 2018年，大同银保监分局加强股东股权管理，推动建立农商行主要股东持续监管台账，跟踪监管股东履职情况和承诺兑现情况；加强管理村镇银行股东股权，行政处罚违法违规村镇银行及责任人。加强法人治理机制建设，督导法人银行业机构修订公司章程，完善党的领导、监事会职责、股权管理、关联交易、信息披露等方面；修订股东大会、董事会、监事会相关议事规则，村镇银行建立党组织，推动大同农商行完成改制优化经营机制。法人机构风险抵御能力提升，全辖法人银行业机构实现利润同比增加1.68亿元，拨备覆盖率上升7.82个百分点，核心资本充足率上升0.94个百分点。（吕力波）

【银行监管理念转变】 2018年，大同银保监分局坚持监管姓监，敢于监管，强化问责，查处违法违规行为。全年实施6起行政机构处罚，形成严监管氛围。改进监管手段，推动现场检查系统（EAST）模型应用，派出3个团队在省局劳动竞赛中分别获三等奖和优秀奖，提升发现问题和风险能力，在现场检查中发现问题8个，在非现场监管中监测到担保圈20个、担保链95条，并推动“拆圈”2个。

（吕力波）

【大同银行业消费者权益保护服务区启动】 2018年5月9日，大同银行业消费者权益保护服务区作为山西省首家消保服务区启动，服务区设置接待、受理、调解、体验、宣教5大功能区，并整合大同市政府服务热线投诉处办功能。该服务区是银监分局受理消费者咨询、投诉、开展金融知识宣传教育活动等提供专门场地和业务设施，通过各种投诉信息的统计、整理、分析，预警和提示公众投诉量大的银行机构、业务领域和苗头性的风险问题，督导银行机构改进经营管理和金融服务，消除风险隐患，提升银保监分局银行业消费者权益保护水平，增强社会公众金融意识、维权意识和风险防范意识，提升银行业机构金融风险防控水平。全年办结信访及消费者投诉565件。（吕力波）

【金融知识普及月活动】 2018年9月5日至10月4日，大同银保监分局与人民银行大同市中心支行、大同市保险协会、大同市互联网信息办公室联合举办大同市“金融知识普及月 金融知识进万家”暨“提升金融素养 争做金融好网民”活动，全市17家银行业金融机构和40家保险公司参加启动仪式。大同银保监分局要求各银行业金融机构提高认识，从打好重大风险防范攻坚战的需要、保护金融消费者合法权益的需要、金融机构自身发展的需要3个方面领会活动意义，推动活动开展，活动围绕宣传活动主题开展金融知识宣传，重点针对五类低净值弱势群体，针对提升金融素养、远离校园不良网路借贷、提升防范非法金融活动能力3方面内容开展宣传普及。

9月16日，大同银保监分局与人民银行大同市中心支行、大同市保险业协会、大同市网信办3家单位在大同市万达广场，联合组织开展“金融知识普及月 金融知识进万家”暨“提升金融素养 争优金融好网民”集中宣传及金融知识文艺展演活动，全市58家银行保险机构方队，及邀请的农民、务工人员、老年人、青少年四类群体500余人参加活动。各金融机构通过设置宣传展台、发放宣传资料等形式开展现场集中宣传活动，向过往市民宣讲金融知识，解答市民疑问，增进公众信任金融机构。组织文艺展演，参演的10家金融机构围绕非法集资、电信诈骗、校园贷等金融风险集中领域自编自导并演出快板书、情景剧、小品、相声、歌曲等文艺作品。文艺展演活动期间，穿插4场与市民的互动问答活动，现场群众参与，达到宣传效果。活动增强大同市民金融知识，提升金融风险防范意识，全市报刊、电视、网络等家新闻媒体报道该次活动。（吕力波）

大同市政府金融办公室

【风险防控体系建立】 2018年，大同市政府金融办公室组织相关部门研判金融风险，完善金融风险监测、评估、预警、处置体系，提高重点领域风险防控能力。监测排查银行业资产质量和流动性、金融控股公司、跨境资本流动等风险，要求地方法人机构强化监测力度和信息报告频率，掌握法人机构风险状况；强化银行业金融机构重大事项报告制度，早期识别风险线索，事前谋划风险预警。

成立风险排查工作小组，制定风险排查方案，通过舆情监测、会员公司排查、保险纠纷投诉调解、满期给付与退保旬报数据监测，多渠道开展风险排查；加强保险知识宣传，提高广大保险消费者防范风险意识；处置市政府“12345”转办保险消费咨询和投诉件工作；抓存款保险、投保评级、费率管理、保费核定与缴纳等。市金融管理部门与金融监管部门之间加强沟通协作和信息交流，共同把风险监测范围扩大到影子银行、高风险保险公司、互联网金融公司、第三方支付机构、房地产市场等领域。由市金融办、人行大同中心支行、市银监分局、市仲裁委牵头组建大同金融仲裁院，构建和谐稳定金融消费市场环境，搭建金融消费纠纷解决平台，金融仲裁程序简便，结案快、费用低，能公正独立解决金融纠纷，成为解决

金融争议的途径。（市金融办）

【企业融资渠道拓展】 2018年，大同市政府金融办公室在多层次资本市场中，通过拓展企业融资渠道，提升企业防控风险水平。大同市主板上市企业有3家，分别是大秦铁路股份有限公司（601006）、大同煤业股份有限公司（601001）、当代东方投资股份有限公司（000673）；创业板企业1家，是山西仟源医药集团股份有限公司（300254）；新三板挂牌企业5家，分别是大同开发区阳光小额贷款股份有限公司（832382）、大同新成新材料股份有限公司（430493）、山西华青活性炭集团股份有限公司（836180）、大同宇林德石墨设备股份有限公司（870170）、山西省东方亮生命科技股份有限公司（872301）。推进山西省古建筑集团有限公司申报IPO；上年7月在《山西日报》《大同日报》确权公示；受省政府委托，省金融办组织省文物局、省法制办、省证监局、省工商局召开联合会议，理清公司历史沿革；年内，省文物局未明确答复该事，对该公司历史股权问题真实性、是否构成国有资产流失发表明确意见并回函省金融办，加大协调服务力度，加快申报进度。

大同市从观念上加强企业多层次资本市场价值认同，从概念上明晰多渠道融资内涵，提高企业参与资本市场积极性。由市金融办主办，魏都基金管理有限公司协办，大同致远商学院承办的《新三板实操培训班》面向广大企业免费辅导，集中办班培训8期，并成立新三板培训基地。大同市制定《大同市招商引资优惠政策》（同政发〔2017〕51号），明确具体奖励措施，以鼓励企业在主板上市（含境外证券交易所首次公开发行股票）、“新三板”挂牌，10月12日，市政府安排部署全市推进企业进军资本市场工作并开展专题培训，按照中共十九大和全国金融会议金融工作会议要求，把发展直接融资放在重要位置，形成多层次资本市场体系。经市政府同意，由金融办与中国城市发展研究会，签署大同市相关企业到海外上市融资战略合作框架协议。（市金融办）

【融资担保运行】 2018年，大同融资担保机构有20家，注册资本22.14亿元。其中，国有融资担保机构13家，主要是2009年省财政厅要求成立的市县（区）两级担保机构12家［市财信融资担保公司1家，注册资本41920万元；各县（区）11家融资担保公司，注册资本14480万元］和1家同煤集团注册资本10亿元的和晋融资担保公司；民营融资担保公司7家，注册资本6.5亿元。20家融资担保机构有8家运营正常，有13家一直未开展业务，其中县（区）财政融资担保公司8家，民营融资担保公司4家未开展相关业务。

全年全市融资担保责任余额40.08亿元，最小在保余额200万元，最大在保余额29.81亿元，平均担保余额5.01亿元，担保放大倍数最高2.24倍，资产总额26.65亿元，净资产25.40亿元，年度累计担保代偿额826.58万元，担保代偿率0.2%，担保业务收入4415.96万元，担保业务利润4210.92万元，净利润4852.13万元。（市金融办）

【非法集资风险防范化解】 2018年，大同市召开会议研究部署非法集资风险防范，依法打击非法集资行为，建立防控机制。按照“属地管理”和县（区）是处置非法集资第一责任人原则，11县（区）和开发区管委会全部成立处非领导组，并相应成立互联网金融风险专项整治领导组；修订《大同市金融突发事件应急预案》《大同市处置非法集资突发事件应急预案》《大同市融资担保机构风险处置工作预案》，出台《大同市非法集资举报奖励办法》，建立健全群众举报、监测预警、工作报告、联动处置、检查督导、考核评价等机制；建立健全群众举报机制，公布防范和打击非法集资举报电话，并通过市长服务热线“12345”和百度大同贴吧提供线索，排查群众和网友举报的涉嫌非法集资单位；建立健全监测预警、信息共享、联动处置机制，加大对非法集资、金融诈骗等涉众型经济犯罪打击力度。把推进防范非法集资宣传教育与普法教育相结合，抓住基层群众这一“关键基础”、青少年学生在校学习这一“关键时期”、中老年人这一“关键人群”开展宣传教育活动；加强舆论阵地建设和宣传队伍建设，利用各种媒体、各种阵地，突出贴近群众、贴近基层、强化载体、创新形式进行宣传，开展“六进”（进机关、进工厂、进学校、进家庭、进社区、进村屯）宣教活动。5月以来，市处非办在东城墙和阳门广场、东信商圈广场、大同大学举办3场宣传活动。在东城墙和阳门广场举办2018年大同市防范非法集资宣传月活动，来自金融、公安、工商等部门和保险、银行、小贷、融资担保、企业、社区的工作人员及群众1000余人参加活动，现场发放各类资料2万余份；市处非办、公安局、工商局等部门联合在东信商圈开展打击非法集资宣传活动；市处非办与大同大学联合，举办非法集资“进校园”宣传活动，让在校大学生树立正确消费观、金钱观。公安机关从侦查取证、抓捕犯罪嫌疑人、追缴赃款赃物3个环节入手，展开侦查工作。

截至2018年年底，大同市非法集资案件受理68起，立案66起（包括e租宝8起，泛亚3起），破案55起，逮捕74人，取保候审37人，追赃近1000万元。全市检察机关受理审查起诉非法集资诈骗案件1件1人，提起公诉9件10人。受理审查起诉非法吸收公众存款案件批捕6件10人，提起公诉11件20人。市县两级法院发挥刑事审判职能作用，依法受理非法吸收公众存款案件9案18人，非法集资诈骗案件1案2人。（市金融办）

【普惠金融】 2018年，大同市政府金融办公室推进金融精准扶贫。采取座谈督导与实地督查结合方式，监督扶贫小额信贷任务。市脱贫攻坚领导小组产业扶贫组与市金融扶贫领导小组相关成员单位及市“不作为、慢作为、乱作为”问题集中整治工作领导小组，开展全市扶贫小额信贷专项集中督查行动，集中专项督查未完成序时进度任务的5个县（区）和41承贷金融机构。全市金融扶贫贷款余额106.93亿元，较年初增加20.54亿元，增长23.78%，其中扶贫小额信贷2.65万户、贷款余额13.11亿元，发放13032户6.46亿元。动态监测小微信贷计划完成情况，引导机构完成“两增”目标；要求各银行机构加强风险管理，严控小微信贷资产质量水平；指导法人银行业中小机构实现小微企业贷款利率阶段性目标，全辖小微企业贷款余额246.2亿元，较年初增加18.8亿元，增长8.2%。以乡村振兴行动为抓手，支持大同市“一带三区”建设，加大“三农”和县域经济社会发展金融支持力度；全市涉农贷款余额434.51亿元，较年初增加33.45亿元，增长8.34%。（市金融办）

【农信社风险化解】 2018年，大同市农信社各项存款余额397.79亿元，各项贷款余额255.55亿元，分别较年初净增31.89亿元、33.63亿元。不良贷款余额41.01亿元，不良率16.05%。针对辖内高风险社数量较多、改制化险举步艰难实际，市政府清收不良贷款与启动辖内农信社改制化险相结合的办法，处置化解农信社风险。组织召开3次风险化解处置专题会议，成立农信社风险化解领导组和督导组，印发《关于全市农信社风险处置指导意见》《大同市清收处置农信社不良贷款专项行动实施方案》《大同市集中清理处置农信社不良贷款实施方案》《关于加快推进农村信用社风险处置暨银行化改革的实施意见》。把不良贷款清收完成情况纳入政务督办范围，把引进战略投资帮助改制作为招商引资内容进行考核，由专项行动领导组和9个督导组推进落实，全年全市农信社清收处置不良贷款6.16亿元。改制化险方面，大同市农村信用社下辖9家县级机构，3家完成改制（北都农商行于2012年1月挂牌开业，左云农商行于2017年8月挂牌开业），2018年1月26日，北都农商行与新荣区联社新设合并组建大同农商行改制工作获银监会批筹，7月20日召开创立大会，12月底挂牌开业。（市金融办）

【债股易权】 2018年，大同市政府金融办公室通过债权转股权，缓释风险，降低企业负债。针对上年末同煤集团20.36%杠杆率，采取债转股减压措施。通过发行中期票据、中长期私募债及非公开公司债、短期转长期借款等措施，使短期债务占比由46%降低到35%以下，减轻集团公司倒贷压力；通过发行非公开公司债、保险债权等，把银行间交易市场融资规模占比从74%降低到60%以下，减小单一市场发行风险；通过债券品种，防范兑付风险，使超短期融资券占比降低到30%以下，减小单一品种债券风险。推进市场化债转股工作，同煤集团二期债转股选定3个：漳泽电力，金额20亿元，报送工总行获批；轩岗煤电，金额20亿元，报送工银投资（工行系统债转股业务实施单位）审核；小峪煤矿，金额10亿元，编制尽调报告，待轩岗煤电确定框架无问题后，报送工银投资。（市金融办）

【企业债务链条延伸】 2018年，大同市配套续贷应急周转资金1.5亿元，给予搭桥过渡贷款即将到期、足额还款出现暂时困难的企业。全年办理101笔136662万元周转保障资金。倒贷企业涉及农林牧渔、制造、建筑、教育等行业，在市场经济环境下，周转保障资金规避企业资金链断裂和银行信用度降低双重风险，缓解大同企业融资难融资贵难题，降低企业融资成本，帮助企业获得金融机构转贷支持。

截至2018年年底，惠及169家企业及8万余职工，服务实体经济，帮扶企业走出困境，实现企业可持续发展。应急周转保障资金补位，缓解企业经营压力，降低企业融资成本，规避企业资金链断裂和银行信用度降低双重风险，支持农林牧渔、制造、建筑、教育等行业平稳发展。

（市金融办）

【基金项目投资】 2018年，大同市政府产业投资引导基金收到股东出资5.5亿元。其中，市投资担保中心实缴5亿元，经建投实缴0.5亿元。大同市政府产业投资引导基金是公司制基金，于2016年5月10日注册成立，注册资本20亿元，分5年到位。其中，大同市投资担保中心（代政府）出资11.2亿元，持股56%；大同市经济建设投资有限责任公司出资8.8亿元，持股44%。

年内，大同市政府产业投资引导基金按照“政府引导、市场运作、科学决策、防范风险”原则投资运作，采取“1+N”模式。“1”为母基金（政府引导基金），“N”为若干子基金。基金设计两级投资机制，母基金以其自有资金，发起设立或参股子基金；依托子基金撬动社会资本，进行项目投资，发挥财政资金杠杆作用。推动设立子基金加快投资，并引入外部资源，与北京首创创业投资有限公司、山西金信清洁引导投资有限公司、中合盛资本管理有限公司、山西财惠资本管理有限公司、山西黄河股权投资管理有限公司、昆吾九鼎投资管理有限公司、天津梧桐树投资管理有限公司、山西太行产业投资基金管理有限公司等机构达成基金合作意向，依托市重点发展产业及项目设立相关产业基金，其中两只基金（山西财惠资本管理有限公司、山西黄河股权投资管理有限公司）进入合伙协议讨论修改阶段，其他若干支基金达成合作意向，开始募集资金。与工商银行、建设银行、民生银行、兴业银行、渤海银行、晋中银行多家金融机构签订合作协议，共享资源，互为支撑。符合投资条件的项目，银行资金参与基金份额。（市金融办）

【保险业发展】 2018年，大同市保险业41家市级机构针对保险业险种结构调整、商车费改、监管印发一系列规范指导性文件等情况，治理乱象，引导行业回归本源，及上年业绩高基数使指标完成整体承压，使市场整体销售水平重新回归。年内，大同保险行业实现保费收入65.03亿元，较上年同期下降1.39亿元，同比下降2.1%。其中，财产险业务方面，收取保费19.64亿元，较上年增加0.75亿元，同期增长3.97%，赔款10.26亿元，赔付率52.24%。人保财险以41.39%市场份额位居首位，保费收入8.13亿元；平安财险以16.78%市场份额位居第二，保费收入3.3亿元；国寿财险以11.68%市场份额位居第三，保费收入2.29亿元。寿险业务方面，收取保费45.39亿元，较上年减少2.14亿元，同期下降4.5%。支付赔款1.39亿元，给付保险金8.64亿元。中国人寿以29.67%市场份额居同业之首，保费收入13.47亿元；太平洋人寿以17.17%市场份额位居第二，保费收

入 7.79 亿元；国华人寿以 12.43% 市场份额位居第三，保费收入 5.64 亿元。（市金融办）

【小贷公司经营状况】 2018 年，大同市小贷公司行业经营状况面临严峻考验（由于宏观经济持续下行影响，国家和各级政府及金融监管部门对小贷公司的长远发展没有实质性政策支持和管理办法，致使小贷公司缺乏发展信心和持续经营动力）。全市注册的 60 家小贷公司有 2 家主动注销，5 家因未参加 2016 年度分类评级或连续两年评为 D 级的小贷公司被省金融办取消试点资格，9 家小贷公司长期脱离市金融办的监督管理和小贷协会的自律管理，不参加有关会议、培训等行业性活动，不按要求报送业务监测统计报表，没有参加上年度分类评级，面临被省金融办取消试点资格可能。存续经营的小贷公司有 43 家。43 家小贷公司贷款余额 26.1 亿元，其中逾期 90 天以上的不良贷款 12 亿元，占同期贷款余额 46%，不良贷款率实际要高于统计数据。部分小贷公司所有贷款基本形成不良，多年催要却无结果，致使资本金难以周转，关门歇业。截至 2018 年年底，42 家小贷公司营业收入 2347.72 万元，33 家亏损近 2067.03 万元，亏损面和亏损金额较往年扩大。（市金融办）

【打击非法集资宣传活动】 2018 年，大同市利用“两节”等时机，开展打击非法集资宣传教育活动，提示群众公众远离非法集资陷阱。为从源头上防范和打击非法集资活动，大同市重点以商场、社区等人流量集中的地区为宣传“阵地”，通过悬挂宣传标语、设置咨询台、展现非法集资典型案例、发放打击非法集资宣传资料手册等形式，面向广大群众重点讲解非法集资活动的社会危害性和预防措施，把“防范非法集资，共建健康生活”主题宣传理念带进乡（镇）村庄大街小巷。重点区域、重点人员，各商业银行、保险机构利用电子显示屏、客户休息区电视滚动播出、张贴宣传海报，宣传非法集资特征、主要表现形式、常见手段，办理业务过程中的客户适时提示非法集资风险、危害性，提高群众正确识别和自觉抵制非法集资活动的意识和能力。研究分析非法集资特点，分析受害人特点，编制以防范和打击非法集资活动为主要内容的宣传资料 500 余份，结合具体案例说“法”、讲“法”。全年打击非法集资宣传活动发放各种宣传资料 5 万余份、接受群众咨询 1500 人次。（蕙　兰）

【全市金融工作座谈会】 2018 年 2 月 11 日，大同市委副书记、市长武宏文主持召开全市金融工作座谈会。市人大常委会副主任张翠萍、市政协副主席武保洲，及 17 家银行机构、38 家保险机构、11 家证券公司、5 家基金公司、2 家担保公司和部分企业负责人参加会议。座谈会上，政府、企业、银行面对面沟通对接互动，探讨解决实体经济贷款难等问题的途径，商讨金融与实体经济健康发展战略。（鹤　梅）

【全市防范金融风险工作推进会】 2018 年 8 月 22 日，大同市防范金融风险工作推进会召开。市委副书记、市长武宏文主持。副市长马安全参加会议。会议听取大同市 1 月至 7 月金融经济发展情况汇报，安排部署今后防范金融风险等工作。人行大同中心支行、市农信社等单位负责人围绕金融机构存贷款、支小支农扶贫贷款及金融风险表现形态、农信社改革等主题建言献策。会议要求正确研判当前金融风险形势，突出工作重点，加强工作措施，针对当前存在的金融风险难点、重点、痛点，打出防范化解“组合拳”，施策分类解决，推进金融风险各项工作。推进农信社改革，通过加快发展来解决存在的问题，促进经济社会和谐稳定发展。金融机构主动作为，支持地方经济发展，为推动大同实现高质量发展提供强金融支撑。（墨　竹）

【全市 2018 年推进企业进军资本市场培训会】 2018 年 10 月 12 日，由大同市政府、市金融办和山西证券大同分公司主办的大同市 2018 年推进企业进军资本市场培训会召开，大同市副市长马安全，各县（区）分管金融的相关负责人和 100 余家企业负责人参加培训。培训会上来自省股权交易中心、山西证券、中德证券的 3 位专家，分别围绕经济新常态下企业如何对接资本市场、新三板业务介绍、企业并购与重组等内容阐述。（墨　竹）

【金融系统支持民营企业发展座谈会】 2018 年 11 月 5 日，大同市金融系统支持民营企业发展座谈会召开，市委副书记、市长武宏文主持。座谈会上，武宏文强调要落实习近平总书记在民营企业座谈会上的重要讲话精神，打造金融“航空母舰”，以实际行动关爱关注支持民营企业，大同市 232 家规模以上工业企业中，民营企业有 175 家，抓工业振兴，民营企业逐渐成为不可或缺的力量，围绕习近平总书记提出的六个方面政策措施，结合大同实际，制定出台财政、金融、税务、人社等方面政策，构建新型政商关系，营造公平竞争环境，助力大同民营经济实现高质量发展。中国人民银行大同中心支行、工商银行大同分行、建设银行大同分行、农业银行大同分行、民生银行大同分行、农信社大同办事处等金融机构负责人，围绕如何贯彻落实习近平总书记在民营企业座谈会上的重要讲话精神进行交流，并提出相关意见和建议。表示要关注大同工业振兴、能源革命等重点工作，梳理各金融机构优势，分门别类、精准对接项目和企业，以实际行动支持民营企业发展壮大，助力大同转型发展。（墨　竹）

银　行

中国银行大同市分行

【概况】 2018 年，中国银行大同市分行实现经营净收入 5.57 亿元，同比增加 4699.7 万元，增长 9.21%；实现拨备前利润 3.52 亿元，同比增加 4619.2 万元，增长 15.13%；实现净利润 2.67 亿元，同比增加 5046.6 万元，增长 23.32%。EVA（经济附加值）1.87 亿元，同比增加 5434 万元，增长 40.97%。人民币各项存款时点余额 288.98 亿元，较年初增加 21.97 亿元；日均存款余额 285.06 亿元，较年初增加 6.89 亿元。其中，公司存款日均余额 57.21 亿元，较年初增加 0.96 亿元；个人存款日均余额 227.84 亿元，较年初增加 5.93 亿元。人民币各项贷款余额 64.4 亿元，较年初增加 4.94 亿元。其中，公司贷款余额 51.53 亿元（不含贸易融资和贴现），较年初增加 4.14 亿元；零售贷款余额 7.67 亿元（含卡透支）。实现中间业务净收入 8603.66 万元，同比增加 1228.11 万元，增长 16.65%。不良资产余额 2122 万元，较年初下降 284 万元，不良率 0.33%，较年初下降 0.07 个百分点。（侯艳茹）

【中行负债业务】 2018 年，中国银行大同市分行发挥传统产品和业务创新带动作用，推动存款在首季即扭转年初两项存款日均负增长 11.4 亿元状况。借助结构性存款、大额存单等优势产品吸收行外储蓄存款，通过服务提升和营销机关事业养老金等代发薪项目加强客户黏性，增强存款稳定性；在做好五险统征的账户服务同时，抓大同市行政区划调整机遇，挖掘存款新增点，营销云冈区人社局、同煤公积金管理中心等新账户，推动云冈区财政局现金管理等重点吸存项目落地，确保行政事业存款持续增长。截至 2018 年年底，中国银行大同市分行行政事业存款日均较年初增加 3.18 亿元，增长 16.14%。（侯艳茹）

【中行资产业务】 2018 年，中国银行大同市分行坚持“大中小微”并重工作思路，坚持投放储备调整相结合，推动贷款规模持续增长。加强重点项目营销和小微支持力度，授信融资业务由单一依赖煤电行业，向房地产、新能源、医药、环保、涉农及民营经济领域扩展延伸，优化资产结构，全年投放 9 户 16 笔 25.93 亿元，其中增加客户 6 户，增加客户投放 4 笔 3.4 亿元；投放新模式中小企业授信 4300 万元。通过网点、部门、班子成员及省分行相关部门的四级联动，碧桂园开发贷、国电新能源 2 个项目 4.4 亿元、国电电力流资 5 亿元获批，给大同碧桂园项目投放 3.3 亿元。储备云冈能源、御东污水处理、晋投玄武岩、华能风电等一批客户及总额 80 亿元的短融和超短融项目。以住房贷款为核心，发展个贷业务，营销天和城、富力城、雍锦台等 11 个楼盘项目，个人住房贷款实现投放 8129 万元。（侯艳茹）

【中行客户拓展】 2018 年，中国银行大同市分行通过开展“客户提升”主题竞赛活动，坚持批量拓展和专业维护并重，推动客户规模持续增长。公司客户拓展方面，通过完善方案措施，引导各网点营销对公产品，确保企业网银、表外理财、现金管理和跨业合作等基础产品逐月递增；常设“破冰”奖励，提升客户全量金融资产和产品覆盖度，给公司金融业务可持续发展积蓄力量。个人客户拓展方面，围绕拓客户、调结构、增资产、降流失，通过产品覆盖、系统运用和管控手段，维护存量客户，拓展新增客户，挖掘潜力客户。通过创立“相约中行、携手同行”自有增值服务品牌并举办 6 次金融和非金融客户活动，深化中高端客户服务，实现由单一服务向综合化多元化服务转变。截至 2018 年年底，中行理财级以上客户较年初增加 1000 余名，增长率 4%，理财级以上客户金融资产增加额 17.3 亿元，增长率 10%。（侯艳茹）

【中行创新业务】 2018 年，中国银行大同市分行推进重点产品营销推广。公司条线以票据贴现、国内信用证、债券分销等产品为切入点，营销拓展保函、进口押汇、福费廷等业务。给同煤集团发行非公开定向私募债 20 亿元；办理贴现业务 20.7 亿元，是上年同期办理额 4 倍；跨境联动海外分行办理即时转卖业务 1943.6 万美元；二级市场福费廷业务、远期结售汇、区间宝破冰。个金条线在确保传统业务发展前提下，以“保险、贵金属、基金、理财”为主，以“柜台债、原油宝、账户及双向贵金属”为辅的轻资本、零资本业务。全年对私交易收入、理财收入提升至全省第二；贵金属销售实现中间业务收入 288.53 万元；“我的玫瑰花”一日大练兵单日销售 5640 朵，实现中间业务收入 85 万元。财富私行及保险业务实现中间业务收入 2120.8 万元，同比增长 37.73%。细分专业服务推进消费金融。通过挂牌云中支行、大庆路支行两家信用卡分期付款专业支行并在全行范围内招募组建银行卡“特别行动小组”，培育专业队伍，规范专业流程，打造信用卡发展模式，发挥银行卡对收入增长的促进作用。全年全行办理信用卡分期 1.36亿元，同比增长 41%。（侯艳茹）

【中行社保业务】 2018 年，中国银行大同市分行围绕客户资源价值最大化，依托社保卡构建过程管理，提升全行公私联动能力和层次。落地社保卡代发机关事业退休人员养老金项目，增加平城区居民养老代发，与企业养老每月代发约 2.3 亿元，代发客户 6 万户，月沉淀个人存款 3000 万元，对公存款日均 7300 余万元。在发展传统代发薪联动业务同时，依托民生代缴项目，带动公私联动发展，提升重点业务、重点产品。上线投产手机银行“五险统征”项目及银联 POS 机代缴社保基金项目，实现科技与业务融合，推动全市社会保险征缴方式创新性变革。（侯艳茹）

【中行推进普惠金融】 2018 年，中国银行大同市分行贯彻中国银行总分行关于扶贫工作要求，推进扶贫小额信贷投放，给 5 个县域投放小额信贷放 2515 万元；到贫困村庄开展扶贫日主题活动，宣传扶贫政策，提供资金、产业帮扶。创新普惠金融服务模式，与大同市特殊教育学校建立长期合作关系，设立模拟银行，建立特殊教育机构示范基地。（侯艳茹）

【中行支持民营企业发展】 2018 年，中国银行大同市分行成立由“一把手”任组长的领导小组，制定《大同市分行支持民营经济工作考核方案》。与政府相关部门、行业协会、监管机构对接，梳理和筛选现有结算客户，围绕全市核心企业产业链上下游重点客户营销叙做。全年中行民营企业授信客户 51 户，较年初增加民营企业 19 户，授信余额 4.59 亿元，较年初增加 2.57 亿元，间接带动个人业务的交叉销售和联

动发展。（侯艳茹）

中国工商银行大同分行

【概况】2018 年，中国工商银行大同分行实现拨备前利润 70037 万元，实现净利润 59616 万元。本外币全部存款时点余额 473.08 亿元，较年初增加 15.025 亿元。其中，储蓄存款时点余额 368.56 亿元，较年初净增 18.28 亿元，公司存款时点余额 37.28 亿元，较年初减少 1.56 亿元。全行各项贷款（含贴现）余额 230.64 亿元，较年初增加 7.44 亿元。其中，公司贷款余额 190.70 亿元，较年初增加 1.56 亿元，票据贴现余额 1.95 亿元，较年初减少 3.12 亿元。中间业务收入 18526 万元，同比增加 2321 万元，增长 14.32%。不良贷款余额 27219 万元，较年初减少 11143 万元。其中，法人不良贷款余额 24036 万元，较年初减少 280 万元，个人不良贷款余额 3183 万元，较年初减少 10863 万元。全行全部不良贷款率 1.18%，较年初的 1.72% 下降 0.54 个百分点，不良贷款额及不良贷款率实现“双降”。年内，工商银行大同分行从业人员 1644 人，下辖 21 个一级支行、28 个二级支行，49 个营业网点。（杨志晖　何天钦）

【工行支持实体经济发展】2018 年，中国工商银行大同分行在保持支持同煤集团等煤炭、电力等传统支柱型企业信贷资金基础上，支持新能源、装备制造、新材料、医药制造、交通运输等重点领域项目。全年全行投放法人客户贷款 57.35 亿元。其中，煤炭企业 15.22 亿元、交通运输 21.84 亿元、租赁 9 亿元、电力企业 6.92 亿元、医药 2.49 亿元。（杨志晖　何天钦）

【工行个贷业务】2018 年，中国工商银行大同分行把个人信贷业务发展作为经营战略调整和转变经营方式举措来抓，坚持市场、质量和效益并重原则，围绕精准发力推动个人贷款业务发展。全年个人按揭贷款投放 13.46 亿元，比年初增加 10.12 亿元，个人按揭贷款余额 35.39 亿元。净压降不良贷款 10626 万元，不良贷款率 0.67%，较年初下降 3.96 个百分点，实现“双下降”。（杨志晖　何天钦）

【工行票据业务】2018 年，中国工商银行大同分行把票据业务做成特色业务，加大票据市场营销力度，开拓票据业务新利润增长点。辖内支行、营业网点作为主阵地，梳理票据贴现客户，加强与贴现企业联系，建立票据贴现“绿色服务通道”。全年办理票据直贴业务 33.4 亿元，占年度目标 151.8%，票据业务成为工商银行大同分行的品牌性业务种类。（杨志晖　何天钦）

▲ 2018 年 10 月 10 日，中国工商银行大同分行到贫困乡村开展金融知识进万家宣传活动（杨志晖　摄）

【工行推动金融科技创新】2018 年，中国工商银行大同分行加强金融科技应用，加快金融科技创新，建设智慧银行。研发和逐步应用对公智能开户、按揭贷款银企直连、手机银行新版本上线、3D 人脸识别等产品、业务、技术。在推进大零售战略实施过程中，创新产品服务，从“做功能”向“做体验”转变，丰富客户“金融菜单”。围绕提升居民财产性收入需求，推出工银 AI 投，中证工银基金指数等金融产品；聚焦民生领域消费升级，打造融 e 借等个人线上融资服务；推广新型缴费平台，创建各类应用场景，涵盖生活、消费、出行、理财投资、公共服务等百姓生活主要领域；推出“工银智能卫士”，提升全市客户账户智能风控水平。（杨志晖　何天钦）

【工行普及金融知识】2018 年，中国工商银行大同分行开展“普及金融知识，守住‘钱袋子’”“反洗钱知识宣传”“金融知识普及月 金融知识进万家”“‘3·15’金融消费者权益日”“中、高考爱心助考站”等金融知识普及和宣传活动，以增强农民、务工人员、青少年、老年人和残疾人等人群的自我保护意识和风险防范意识。围绕征信、支付结算（重点介绍支付工具尤其是新型电子支付工具使用技巧）、理财、外汇、识别非法金融广告、远离非法集资、防范银行卡盗刷、防范电信诈骗、互联网金融等方面知识开展宣传。各支行在通过营业网点营销传播系统、LED 显示屏、液晶电视、宣传专栏、展板、海报等自有媒介资源宣传基础上，到责任乡（镇）、企业、学校针对不同群体开展教育活动，全辖 49 个营业网点均参与主题宣传活动，活动次数 65 次，参与员工 320 余人次。（杨志晖　何天钦）

中国农业银行大同市分行

【概况】2018 年，中国农业银行大同市分行辖设 15 个一级支行，55 个营业网点，58 个离行自助网点。中国农业银行大同市分行各项存款余额 387.92 亿元，较年初增加 24.15 亿元，存款增量位居同业第一。各项贷款余额 114.37 亿元，较年初增加 16.84 亿元，贷款增量全省排名第三，同业第一。贷款不良率 0.04%，较年初下降 0.01%，不良贷款管控实现“双降”。业务综合绩效考核位居山西省第二，全年安全经营无事故、无案件。（高晓东）

【农行服务“三农”】 2018 年，中国农业银行大同市分行通过优化服务、机构类账户的集中开立和加快社保卡批量发放，巩固和提升县域行存款市场份额。县域支行日均存款余额 148.03 亿元，较年初增加 10.23 亿元。其中，个人日均 117.78 亿元，较年初净增 9.23 亿元；对公日均 30.25 亿元，较年初增加 9300 万元。市县两级行上下联动，研读信贷政策，捕捉市场信息，营销优质资产客户。县域贷款余额 22.89 亿元，较年初增加 6.46 亿元，县域贷款存量占比 20.02%，增量占比 34.82%。通过外部沟通、加强督导推进、加强奖惩考核等措施，完成省分行分配扶贫贷款投放任务。创新并发放大同县“黄花贷”和浑源“黄芪贷”特色产品。大同市国定贫困县 6 家支行贷款余额 18.06 亿元，较年初增加 5.55 亿元，占计划任务 277.5%。发放小额扶贫贷款 9063.42 万元，占省分行任务 120.84%。（高晓东）

【农行负债业务】 2018 年，中国农业银行大同市分行把个人存款稳定增长作为做大负债业务的重点和基础性工作，出台《支行行长和分管行长的专项考核办法》，加大各网点考核，促进业务发展。提升网点服务水平，推进网点转型固化，加强厅堂管理和服务，完善个人客户分层管理和贵宾客户增值服务体系，改善客户体验，提高客户服务能力，巩固老客户、吸引新客户。把对公存款提升为“一把手”工程，抓账户源头营销，主动对接政府、工商、招商、发改等机构，建立畅通信息渠道，提高营销及时性、针对性、有效性。（高晓东）

【农行资产业务】 2018 年，中国农业银行大同市分行加快发展资产业务，抓重点项目的营销储备工作，两次筛选山西省、大同市重点项目并发放至各支行，要求各行在规定时间内做好对接工作。发放贷款 4.5 亿元，报送至省农业银行分行审查中项目 2 个，报送至省农业银行调查中项目 2 个。通过制定考核方案、加强督导辅导、会议问责推动等举措，抓人行降准 500 万元（不含）以下小微企业贷款营销及出贷工作。全行增加 500 万元小微企业实体贷款 6361 万元，占省农业银行分行计划 106.02%。落实营销责任和激励政策，多渠道扩大个人贷款规模。2 月组建完成市分行个人信贷业务集中作业中心，提升个贷业务集约化管理水平，提高业务运作效率，给个人信贷业务发展提供保证。（高晓东）

▲ 2018 年 7 月 27 日，中国农业银行大同市分行新世纪支行工作人员进行金融宣传（高晓东 摄）

【农行中间业务】 2018 年，中国农业银行大同市分行发展中间业务。加快交易银行业务发展，营销单位结算卡、企业网银、掌银等产品，抓网点对公结算服务营销，促进结算资金沉淀。宣传交易银行产品，复制、推广交易银行优秀案例，发挥示范效应。加快投行和资管业务发展，抓同煤集团理财融资的续做项目。加快推进个金中收提升，个人金融部牵头启动全市“千网项目”，自主完成 8 家旗舰店和所在支行全功能网点和基础网点的“千网项目”导入，导入的支行全部开展“一行一活动”，让客户走进农行、感知农行、体验农行，增加农行对客户的黏性，带动提升个金中收增长。加快电子银行中收提升，主动适应市场变化，深化商户营销与服务。（高晓东）

中国建设银行大同分行

【概况】 2018 年，中国建设银行大同分行核心存款日均余额 272.3 亿元，同业占比 19.8%，日均增加 8 亿元。其中，对公存款日均增加 3.5 亿元；个人存款日均增加 4.5 亿元。各项贷款余额 121.1 亿元。其中，个人类贷款余额突破 50 亿元关口，占各项贷款比重由 2015 年的 13.8% 提升至 42.5%。不良贷款余额 5559.45 万元，比年初增加 117.31 万元，不良贷款率 0.46%，较年初上升 0.02 个百分点。实现中间业务毛收入 9702 万元，同业占比 26.6%，占比较上年同期下降 7.3 个百分点。对公账户增加 2083 户，同业占比 43.37%。信用卡净增发卡 43588 张；国际结算量四行第一；跨境人民币业务量四行第一；普惠金融贷款增加 1.99 亿元；债券承销 84 亿元，系统排名第一；同煤集团 10 亿元债转股业务落地；给同煤集团办理 5 亿元网络供应链业务，实现全省建行首次投放煤炭行业；给隆兴药业下游客户办理个人类供应链快贷 1.4 万元，实现全省系统首笔个人类供应链快贷投放。（靳晨霞）

【建行支持地方经济】　2018年，中国建设银行大同分行组建住房租赁平台推广工作组，与山西省分行蓝海项目组上下联动，加强与大同市房管局合作，实现监管系统、公租房系统、企业系统、共享系统四大系统全省第一家上线。在公租房平台导入2009套房源，把可供导入的房源全部导入系统；针对共享平台建融家园APP下载工作，开展全员营销，下载注册2744个，准入16家中介机构。依托金融科技优势，制定智慧旅游、智慧校园、智慧停车、智慧公交等“智慧＋行业”解决方案，启动金融科技14个项目，党群平台、宗教平台、教育平台等均实现上线获客，其中教育平台获客71571户，全省系统排名第二。创新推出“互联网＋旅游＋金融”服务方案，发行大同旅游一卡通，发行量123315张。其中，实体卡24690张，虚拟卡98625张，旅游生态圈建设山西省领先。与联通公司开展民生领域缴费支付合作，把建行手机银行悦生活模块外嵌到联通沃支付APP中，实现双方客流共享，该项目提交至总行立项开发。（靳晨霞）

【建行发展普惠金融】　2018年，中国建设银行大同分行以“云税贷”“小微快贷”等产品为抓手，开办微沙龙、产品推进会等50余场。全年普惠金融战略指标（银监局“8+1”口径）贷款增加1.99亿元。给同煤集团办理5亿元网络供应链业务，提升对大集团的综合服务能力，实现山西省建行首次投放煤炭行业；给大同三医院上游供应商发放供应链贷款696万元；给国药集团山西有限责任公司发放供应链贷款1400万元；给隆兴药业下游客户投放全省首笔个人类供应链快贷1.4万元，拓展建行在普惠金融贷款服务方面的路径。（靳晨霞）

【建行打造金融生态圈】　2018年，中国建设银行大同分行坚持零售优先战略，运用互联网创新思维，打造“平台化、客群化、场景化、创新化”金融生态圈。建立新型银政银企合作平台，营销大同爱琴海、蓝天商城、大西街农贸市场1000余家商户收单业务，成为三大商圈独家合作银行。分层分群维护客户，拓展年轻客群，优化客户结构，印发《大同分行年轻客群营销活动方案》《大同分行二维码办卡营销活动方案》，开展针对性营销，实现信用卡年轻客户增加8787户。根据客户普遍需求制定标准化支付、结算、信贷、投资等服务场景，以同煤龙卡为切入点，助力同煤实现财务互联网化，进而营销同煤支付、结算等业务；加强与公交公司沟通，推进智慧公交项目；推动与京东合作，实现龙支付在京东无人售货柜的场景应用。以大同旅游一卡通、公交联名卡等产品为抓手，通过产品创新、管理创新实现项目落地。（靳晨霞）

【建行与同煤集团业务合作】　2018年，中国建设银行大同分行围绕同煤集团制定综合金融服务方案，丰富产品配置，提升客户对建行综合贡献度。抓100亿元债转股业务推进工作，签订60亿元债转股框架协议，首期10亿元收债资金于12月29日落地。做大债券业务，全年发行54亿元超短期融资券和30亿元中期票据，缓解同煤集团资金压力。与同煤财务公司签订金融科技协议，启动针对20万同煤员工发行同煤龙卡工作。（靳晨霞）

【建行营销重点工程项目】　2018年，中国建设银行大同分行发挥“分管行长＋部门经理＋支行行长＋客户经理”四级联动营销架构作用，加强与政府层面、政府职能部门对接，对接市发改委、住建委、房管局、人社局、财政局等部门，围绕大同市双十项目、招商引资、能源革命等工程，营销大同全科盟新能源产业技术研究院、山西米亚索乐装备科技公司、大同市智慧科陆储能技术公司、大同杰立新材料科技公司、万龙白登山滑雪场、国际会展中心等山西省2018年重点工程项目基本账户。跟踪大齿集团、大同公交、浑源抽水蓄能项目等重点客户和项目，营销中国重汽大同齿轮有限公司1亿元授信额度，是大同首家金融机构对该企业的授信。（靳晨霞）

【建行与开发区高新技术创业服务中心合作】　2018年11月16日，大同市开发区高新技术创业服务中心与中国建设银行大同分行签署战略合作协议。

开发区高新技术创业服务中心成立于2015年10月，是大同市唯一的公益性省级科技企业孵化器，是开发区孵化器规划、建设、指导管理部门，该中心在孵企业35家，毕业企业12家，行业涉及电子商务、软件开发、新能源、新媒体、投融资和教育培训等，有4家企业获自主知识产权27项。在签约对接活动中，双方结合自身优势，以互相提供相关服务和共享企业信息资源为前提，合作开发并服务企业，促进企业科技成果转化应用，建行大同分行致力于给企业提供金融银行服务，给入驻企业提供贷款等急需服务，定期开展金融服务推荐与宣传活动，开发区高新技术创业服务中心依托优势向金融机构推荐优质企业资源，针对双方共同目标订制形成培养高新技术企业和企业家的服务方案，探索尝试创新模式相关合作。签字仪式后，建行大同分行工作人员向现场企业介绍该行中小微企业贷款专项业务和资金结算业务情况。（墨　竹）

中国农业发展银行大同市分行

【概况】　中国农业发展银行大同市分行是大同市唯一的政策性银行，下辖1个内设营业部，南郊区、大同县、阳高县、天镇县、浑源县5个县支行，广灵县、灵丘县2个客户服务组，左云县1个扶贫工作组，所辖机构覆盖全市所有国定贫困县。2018年，全行投放各项支农贷款21.67亿元，收回各项贷款9.74亿元，较年初增加11.92亿元，增长24.13%，各项贷款余额61.33亿元。其中，投放中长期项目贷款20.43亿元（棚改贷款18.18亿元，农村流通体系贷款1.31亿元，投放农村交通扶贫项目贷款0.64亿元，投放贫困村提升项目贷款0.31亿元），粮食购销储贷款0.81亿元，投放玉米价差亏损挂账贷款0.42亿元。

全年企事业及财政存款余额51.09亿元，较年初增加3.42亿元，增长7.16%；日均余额53.18亿元，较年初增加12.92亿元，增长32.1%。实现中间业务收入31.14万元；实现国际业务结算量1990.07万美元，同比增加573.25万美元；实现账面利润1.91亿元，同比增加0.51亿元，增长36%；不良贷款零占比，在山西省系统业务经营绩效考评中位列第三。（闫永强）

【农发行服务粮油收储】2018年，中国农业发展银行大同市分行把支持粮油收储作为立行之本，结合实际，以市场为导向、客户为中心，坚持防控风险指导思想不动摇，坚持“多收粮、收好粮、防风险”总体要求，抓粮油收储信贷业务。结合收储需求实际，投放政策指令性粮食购销储贷款8100万元，轮入玉米2650万公斤，调入小麦1200万公斤。抓去库存工作，竞价销售最低收购价小麦，出库小麦1100.16万公斤，收贷2456.26万元；对转一次性储备国家临储玉米收贷4270.01万元，涉及库存玉米77.31万公斤。开展库存检查、国家储备粮油异地库存检查、远程视频监控系统风险排查工作，全市粮油库存数量5.02亿公斤、库存值9.03亿元、贷款8.98亿元。（闫永强）

【农发行服务地方经济发展】2018年，中国农业发展银行大同市分行聚焦农业农村重点领域和薄弱环节，在基层行项目营销上采取因地制宜、一行一策，鼓励结合地域实际敢闯先试，全面营销。重点培育合作意愿强项目，纳入卡片式管理较为成熟项目，实施挂图作战、对标施工、到点验收，提升对接效率。以首季“开门红”、项目营销“双月攻坚”等活动为抓手，把加强与地方政府对接作为工作着力点，专门成立领导小组，制定实施方案，明确工作目标，把目标任务分解落实到基层各行组，班子成员20余次到县（区）开展项目营销和政策宣讲，召开政银座谈会24次，主动对接重点项目资金需求。全年审批“四好”农村路、贫困村提升工程、生态环境建设与保护等支持新农村建设项目10个，审批金额5.48亿元（农村“四好”路项目6个，贷款1.64亿元；贫困村提升项目3个，贷款2.15亿元；污水处理项目1个，贷款1.7亿元）。市县两级行主动向市县政府汇报并解读项目政策调整情况，增进地方政府赶进度、抢时间意识，力促项目贷款投放。全年投放中长期项目贷款20.43亿元。所辖9个行组中有7个贷款余额实现增长，贷款余额在4亿元以上有6个，其中广灵客户服务组贷款余额首次突破10亿元大关，增长206%。（闫永强）

【农发行业务管理】2018年，中国农业发展银行大同市分行推进信贷业务，加强经营管理、成本核算，增收节支。把存款组织工作摆在各项业务工作突出位置，借助项目营销创造外部环境，通过“维、引、延、挖”相结合手段，拓宽存款营销渠道，增强组织存款工作韧劲。全年增加开户30户，增加日均存款2079.3万元。企事业单位和财政存款余额51.09亿元，较年初增加3.42亿元，增长7.16%；日均余额53.18亿元，较年初增加12.92亿元，增长32.1%。所辖天镇县支行、广灵县、灵丘县客户服务组被省分行评为2018年度存款组织先进行组。实现中间业务收入31.18万元。其中，代理保险手续费23.72万元，结算手续费收入7.46万元。加大非贷企业国际结算业务的营销力度，提前8个月完成国际业务任务目标。实现国际业务结算量1990.07万美元，同比增加573.25万美元。

全年贷款利息综合收回率98.81%，其中企业贷款利息收回率100%；全年市级财政补贴资金应补1861万元，实际到位1861万元，到位率100%；出台《财务费用奖励分配方案》，压缩不合理支出，全年公共费用支出同比基本持平，财务资源分配更趋合理。全行会议费同比减少1.09万元，差旅费同比减少3.36万元。全行实现账面利润1.91亿元，同比增加0.51亿元，增长36%，占全年目标任务117.3%。所辖机构全部实现盈利，其中阳高县、天镇县、浑源县3家经营利润首次突破千万大关。（闫永强）

晋商银行大同分行

【概况】2018年，晋商银行大同分行绿洲社区银行开业，晋商银行大同分行传统网点4个，社区银行8个。晋商银行大同分行各项存款余额41.98亿元，较年初增加3.4亿元，增长8.81%。其中，单位存款余额16.48亿元，较年初减少1.72亿元；储蓄存款余额25.5亿元，较年初增加5.12亿元，增长25.13%。各项贷款余额23.28亿元，较年初增加0.45亿元，增长1.97%。其中，单位贷款11.42亿元，较年初减少4.09亿元；个人贷款余额6.76亿元，较年初增加2.54亿元，增长60.38%；贴现余额5亿元，较年初增加2亿元，增长66.67%；实现净利润4078万元。新泉湾社区银行在《银行家》杂志社组织的“2018年中国金融创新奖”活动中，获“十佳社区银行创新奖”。（王伟）

【晋商银行业务发展】2018年，晋商银行大同分行推出大额存单、结构性存款、直销银行等业务。个人存款保持年均4亿元增长规模。个人理财产品存续量22.89亿元。一手房按揭贷款、二手房贷款得到发展，占年度增长计划216%，在晋商银行山西省分支行中排名第一。围绕全市重点产业、重点行业，创新方式方法，支持全市产业升级和产业转型。开发上线“大同市预售房资金监管系统”；开办首笔国内信用证业务，金额0.63亿元；办理商票保贴业务12.9亿元；办理票据质押融资4.1亿元；办理结构化融资9.5亿元；发放委托贷款0.9亿元。支持民营企业和小微企业发展，开发适合小微企业发展“联链融”“简押快贷”产品，发放简押快贷业务22笔，金额0.26亿元。发放小企业贷款53笔，金额1.44亿元。（王伟）

大同银行

【概况】2018年，大同银行增加机构7个，规划获批机构6个，在建机构2个，太原、朔州分行正常运行，忻州分行获批开业，开展布局省内其他地市工作，全行分支机构增至58个，县域、小微支行网点设立占规划筹建总数70%，实现相关县域、商圈、社区全覆盖。年内，大同银行总资产413.95亿元，较上年增加30.27亿元，增长7.89%。各项存款余额377.52亿元，较上年增加27.59亿元，增长

7.88%。其中，储蓄存款余额 228.84 亿元，对公存款余额 148.68 亿元。各项贷款余额 185.90 亿元，较年初增加 23.25 亿元，增长 14.29%。实现利息收入 5.3 亿元。年内，大同银行获"中国金融品牌 100 强""中国银行业品牌 100 强""全国支持中小企业发展十佳商业银行""年度最具竞争力中小银行"。（牛　亮）

【大同银行资产质量】 2018 年，大同银行实现营业总收入 16.5 亿元，同比增长 10.1%。实现利税总额 5 亿元。全行纳税 2 亿元。流动性比例 44.28%，存贷款比例 49.79%。全行不良率 1.82%，低于全国、全省同业平均值；全行资本充足率 14.27%，核心资本充足率 10.52%，均高于监管要求；拨备覆盖率 165.7%；贷款损失准备充足 468.74%，整体风险状况稳定可控。（牛　亮）

【大同银行发展普惠金融】 2018 年，大同银行发展产业金融和绿色金融，重点支持市政民生、文旅产业、新能源、新材料、招商引资重点项目和高新技术产业项目建设，发放贷款近 70 亿元，其中支持新能源、高科技企业项目信贷资金 3.41 亿元。支持民营、小微企业发展，下调利率、减免服务收费，支持民营企业贷款余额 40 余亿元、小微贷款余额 53.68 亿元。续贷资信良好、经营正常的企业，给企业办理续贷 44 笔，金额 16.14 亿元，给企业节约融资成本 3000 余万元。推进金融精准扶贫，加大贫困地区基础设施、支柱产业、特色农业等项目支持力度，全年全行涉农贷款余额 6.58 亿元。推进扶贫小额信贷工作，发放小额扶贫贷款 1600 万元。（牛　亮）

【大同银行金融服务质量提升】 2018 年，大同银行加大科技投入力度，打造智慧银行。推动新一代电子银行上线，对外运营微信银行，建设手机移动支付平台；在营业网点布放网银体验机，部署无线 WIFI，提升客户网银体验；建设新版门户网站、预售房管理系统等；建设同城灾备中心，增强全行业务连续性保障能力。智慧银行落地市国际能源革命科技创新园，给市民提供智能存取款、智能便民缴费、智能零辅币兑换、外汇牌价及股市行情查询等金融服务。推出薪酬贷、商铺贷、失业贷、代收采暖费、代收水费业务，和"空乘式""夏季延时"等特色产品服务，其中在服务"三供一业"领域，各类账户余额 20 亿元。发行 18 只理财产品。开展金融消费者权益保护和金融知识宣传工作，开展"金融消费者权益日""金融科技活动周""金融知识普及月"等宣传活动，发放宣传资料 10.8 万份，受众 3.2 万人次，在各类媒体投放宣传片及公益广告 1650 次。（牛　亮）

【大同银行同城灾备中心投产运营】 2018 年 12 月 25 日，大同银行同城灾备中心启动仪式在中国联通大同分公司举行。大同银行同城灾备中心采用运营商 IDC 机房租赁模式，与总行数据中心、异地灾备中心共同形成"两地三中心"基础架构体系，具备重要系统的应用级灾备恢复能力。大同银行与中国联通大同分公司携手，以同城灾备中心建设为契机，扩大在云计算、大数据等领域的合作关系，整合双方资源，给广大市民和企业提供金融服务。（墨　竹）

▲ 大同银行总行营业部工作人员为民办理业务　（牛　亮　摄）

中信银行大同分行

【概况】 2018 年，中信银行大同分行一般性存款时点余额 24.98 亿元，一般性存款日均余额 26.18 亿元。其中，对公一般性存款时点余额 6.09 亿元，对公一般性存款日均余额 11.69 亿元；个人存款时点余额 18.89 亿元，个人存款日均余额 14.49 亿元。各项贷款 10.68 亿元。其中，公司类贷款余额 8.53 亿元，零售类贷款余额 2.15 亿元。（郭　霞）

【中信银行公司业务】 2018 年，中信银行大同分行开展战略客户同煤集团营销工作，给同煤集团签发银行承兑汇票 23.54 亿元，续作流资贷款 8.52 亿元，发行定向债务融资工具 2 亿元，办理结构化融资业务 5 亿元。开展大同市重点平台企业及机构客户授信营销工作，申请通过白名单准入企业 5 户；续批国药集团两家子公司授信并开展表外融资业务；审批多家票据池质押融资业务，及多笔低风险承兑业务、贴现业务和信秒贴的签约。跟进大同市房产预售资金监管系统监管账户、国新能源车用压缩天然气交易结算平台、山西煤炭运销集团大同有限公司贸易结算平台、智慧物业和党费通项目营销，落地 2 户收付通业务、1 户票据池业务、1 户资金登记簿和 2 户智慧物业业务，房产预售资金监管系统在审批过程中，中信银行大同分行暂停商品房按揭贷款审批，并保持跟进该项目。3 月，接到山西省脱贫攻坚领导小组办公室文件及省行关于扶贫小额信贷工作要求，确定中信银行大同分行 2018 年度扶贫小额信贷投放目标 700 万元，自 6

月29日取得总行授信产品政策及授权政策后，1个月后全行实现扶贫小额信贷投放145户725万元。

（郭 霞）

【中信银行零售业务发展】 2018年，中信银行大同分行零售部研究太原分行条线考核规则，指导支行零售业务发展。以规模类指标的发展作为零售业务的发展指标，把个人贷款的投放和存量贷款的合规贷后工作作为年度重点工作。发展税金贷，根据税金贷客户白名单，选择企业，客户经理上门营销，做到个贷优质发展；把握业务时间窗口，10月前指导支行完成全年个贷封顶任务；把存量业务逐步整改至符合监管要求状态，使业务平稳推进。平衡网点间产能差异，实现大同分行整体良性发展。针对单个网点按月辅导，培训人员、业务，助力支行产能提升；集中突破性指导单一网点内的弱势指标，如出国金融、电子银行及加扣分指标，单项指导，使各网点的强势指标保持强势，弱势指标逐渐抬升，优化大同分行整体产能。 （郭 霞）

交通银行大同分行

【概况】 2018年，交通银行大同分行有综合性经营网点3个，普惠支行4个。各项存款日均规模66.09亿元，较年初增加21.17亿元，增长32.03%。其中，对公存款日均规模38.11亿元，较年初增加14.61亿元，增长38.33%；储蓄存款日均规模27.99亿元，较年初增加6.57亿元，增长23.46%。各项贷款余额43.85亿元，较年初增加4.46亿元，增长11.33%。其中，公司贷款余额39.05亿元，较年初增加4.28亿元，增长12.30%；个人贷款余额4.81亿元，较年初增加0.18亿元，增长3.98%。实现经营利润13970万元，同比增加2876万元，年度完成率105.97%；实现经济利润11228.31万元，年度完成率178.14%。对公、零售非息业务净收入4671.98万元。 （李双武）

【交行客户基础夯实】 2018年，交通银行大同分行公司板块提升结算类客户活跃度，做大交叉销售，提升联动收益水平，代发源头客户净增1972户，抢占总行专项工资性费用资源8.5万元；零售板块5项客户类指标中3项指标超额完成省分行任务计划，交银理财客户净增数净增1980户，占任务282.86%；达标沃德客户净增352户，占任务125.71%；私人银行客户净增16户，占任务228.57%。有效活跃客户净增10467户，个人资金资产管理规模及代销增量85415万元。 （李双武）

【交行推进网点转型】 2018年，交通银行大同分行压降经营网点面积2218平方米，撤并离行自助设备6台，压降高柜2个，压降营运人员3人，压降外包人员5人。开展总行“网点服务模式创新项目”，3家支行上线智易通3台，可替代交易分流率84.9%，分流到店客户数占比61.2%。

（李双武）

【交行全口径融资规模扩大】 2018年，交通银行大同分行通过引入保险资金，给同煤投放保险对接信托21.6亿元，投放首笔保险资管计划6000万元；给同煤集团发行超短融资券30亿元，发行价格是该企业同期发行最低；继上年12月给大同市投放首笔5亿元棚改资金落地后，再给大同棚改项目投入5亿元，该业务稳定给交行带来每年700万元的非利息收入及个人储蓄业务的拓展；首次与中航租赁合作，给同达热电投放2亿元回租资金业务；投放项目获总行专项费用配置45万元。 （李双武）

【交行服务普惠经济】 2018年，交通银行大同分行普惠金融贷款余额5455.21万元，较年初净增1520.14万元，占全年任务指标121.61%；贷款户数257户，较年初净增220户；MPA小微贷款余额2365.81万元，净增1072.82万元，占全年计划214.56%；普惠贷款增速38.67%，高于各项贷款增速27.3个百分点，超额完成监管部门“两增两控”考核任务。落实精准扶贫决策部署，发放扶贫贷款220笔1100万元，完成扶贫信贷任务。 （李双武）

华夏银行大同分行

【概况】 2018年，华夏银行大同分行一般性存款余额15.69亿元。其中，单位存款余额10.78亿元；储蓄存款余额4.91亿元。各项贷款余额18.67亿元，较年初增加1.26亿元。全年给146户农户发放扶贫贷款，金额730万元。 （李 鑫）

【华夏银行支持实体经济发展】 2018年，华夏银行大同分行支持小微客户发展，帮助小微客户解决发展中资金问题。加大与平台客户合作力度，组织客户经理摸底调查大同市辖内的商圈平台、餐饮文化、医药产业、旅游产业，市场调研目标客户的总体概况、销售收入、风险防控、发展趋势等。利用平台客户资源，给其上下游客户提供开户、结算、融资等金融服务，实现客户资金体内循环。按照“贴着政府找项目”介入政府支持项目，加强项目储备，走访大同市所辖范围内的县（区）公立医院，实地了解该行业，信贷支持符合信贷政策及有贷款需求的医院。 （李 鑫）

【华夏银行发展绿色金融】 2018年，华夏银行大同分行加强绿色信贷力度，加大对节能减排、民生工程等绿色信贷领域的拓展和投入，从耗能、污染、生态保护、气候变化等方面，评估监测客户环境和社会表现，以绿色信贷践行银行业社会责任。为发挥对经济结构调整和转型升级及转型综改建设的支持作用，服务实体经济发展，落实转型综改建设部署工作，给大同煤矿集团阳高热电有限公司发放基本建设贷款3.5亿元。 （李 鑫）

【华夏银行金融宣传】 2018年，华夏银行大同分行按照“普惠金融”相关政策，开展“五进”活动。在营业网点附近社区、超市、菜市场门口、商场、写字楼开展有针对性的金融知识宣传；高考期间，在大同一中、大同五中附近，针对青少年进行出国留学、银行卡等金融知识展开宣传；7月，“华彩人生 舞

出青春”广场舞大赛举行，对参加广场舞活动的300余名老年受众和800名观众金融宣传。（李 鑫）

中国邮政储蓄银行大同市分行

【概况】2018年，中国邮政储蓄银行大同市分行“自营+代理”机构资产总额274.41亿元，负债总额271.93亿元。个人存款市场占比2.85%；单位及其他存款市场占比2.25%，较年初下降0.22个百分点；各项贷款市场占比3.37%，较年初上升0.92个百分点。全年实现收入2.93亿元，实现净利润1.62亿元，净利润总额列山西省该系统地市分行第一位。存款余额18.7亿元，累计日均余额17.54亿元。1000万元以上（含）高端客户31户。非税收缴系统、国库集中支付系统覆盖全市6县1区（云州区）。公司贷款年增2.97亿元，结余13.96亿元。投放零售类贷款10.97亿元，结余16.96亿元。其中，三农类贷款投放5.51亿元，结余6.94亿元；小企业贷款投放2.27亿元，结余2.54亿元；消费类贷款投放3.19亿元，结余7.48亿元。年内，中国邮政储蓄银行大同市分行被授予山西省该系统2018年度“先进集体”“经济效益杯”“资金安全杯”称号，所辖云州区支行、矿务局支行分列山西省该系统“十强支行”“二十强网点”。（邮储银行）

【邮储银行个金业务】2018年，中国邮政储蓄银行大同市分行“自营+代理”网点储蓄余额增长13.16亿元，自营网点增长3.45亿元，增长38.19%，活期存款占比28.14%，较年初下降1.41个百分点，自营网点活期存款占比40.06%，较年初下降1.33个百分点。服务万元以上个人客户规模近20万户。全年增加发放信用卡2.7万张，结存卡8.09万张，卡片激活率69.46%。销售理财类产品13.62亿元。短信业务客户增加1.83万户。增加代发工资单位99个，代发户数1.67万户，年代发金额4965.92万元，户均代发金额2972.36元。代发养老金单位5个，月代发户数14.19万户，月代发金额7.49亿元，户均代发金额5284.38元。ETC用户增加8068户。（邮储银行）

【邮储银行线上金融服务】2018年，中国邮政储蓄银行大同市分行坚持科技赋能，完善线上交易渠道，推进移动支付便民工程，手机银行客户增加激活4.4万户，增加注册4.25万户，结存18.22万户。手机银行增加激活率97.37%，累计激活率69.1%。（邮储银行）

【邮储银行小微企业金融服务】2018年，中国邮政储蓄银行大同市分行探索民营企业支持模式，拓展民营企业授信业务，制定民营企业贷款利率管控方案，向全市“工业振兴”转型项目建设行动名单企业提供服务，推出税贷通、供热贷、供水贷、排污贷、加油站贷等产品，让利小微企业贷款客户，不收取承诺费、资金管理费、财务顾问费、咨询费等与贷款直接挂钩的服务费用，解决小微企业“融资贵”问题，给民营和小微企业发展提供新动能。全年投放小企业贷款2.27亿元，下降小微企业的平均贷款利率191个BP，“两增两控”指标实现监管要求。（邮储银行）

【邮储银行“三农”金融服务】2018年，中国邮政储蓄银行大同市分行落实中央关于金融服务乡村振兴部署，发挥网点网络优势、资金优势和小额贷款专营经验，坚持零售商业银行战略定位，完善“三农”金融事业部运行机制。加大县域地区信贷投放，以小额贷款、零售金融服务为抓手，抓乡村振兴领域中农户、新型经营主体、中小企业、建档立卡贫困户等小微普惠领域的金融服务，通过创新三农金融产品，推出“农保贷”“小额信用贷”，全年三农金融业务贷款投放5.51亿元。按照“填补空白、金融脱贫、功能齐全”原则优化农村支付结算环境，完善农村地区金融服务基础设施，建成农村金融服务站571处，“村村通”831处，给乡村卫生室配置手持智能POS机233台，覆盖行政村829个，满足农村客户查询、取现、转账、代理缴费等基础金融服务需求。（邮储银行）

【邮储银行助力实体经济发展】2018年，中国邮政储蓄银行大同市分行围绕全市供给侧结构性改革与转型综改试验区建设，落实能源革命，调整授信策略，明确支持重点，融入地方经济建设，通过中长期贷款、贸易融资、承兑、债券承销等融资通道，对同煤集团及火电、新能源、医药、基础设施建设、装备制造等非煤行业提供资金支持。全年投放公司贷款2.97亿元。（邮储银行）

【邮储银行民生金融服务】2018年，中国邮政储蓄银行大同市分行通过丰富产品体系，给客户提供集住房、家装、购车、旅游等一揽子综合金融服务。全年投放个人消费贷款3.19亿元，个人消费贷款结余7.48亿元。其中，个人一手住房贷款投放7165万元，个人二手住房贷款投放1.38亿元，个人汽车消费贷款投放4014.21万元，其他个人消费贷款投放6900万元。信用卡结存卡期末透支余额2.19亿元，消费金额、分期金额分别增长51.39%、17.01%。（邮储银行）

【邮储银行智能柜员机上线】2018年，中国邮政储蓄银行大同市分行引入智能柜员机（ITM）、超级柜员机（STM）等，简化业务办理流程，节省客户业务办理时间，改善用户业务体验度。智能柜员机（ITM）主要用于满足开卡发卡、电子银行、账户管理、短信开通、存折补登、转账汇款、基金理财、贵金属、信用卡等多种非现金业务功能。超级柜员机（STM）除支持普通存取款、现金汇款、转账、查询、改密、补登折等常规功能外，可支持卡/存折的大额和混合面额存取款、大额现金汇款等交易。（邮储银行）

【邮储银行社保卡服务】2018年，中国邮政储蓄银行大同市分行承担全市城乡居民社会保障卡制发责任，制作发放社会保障卡115万余张。购置8台即时制卡机，分别布放在建立合作关系的县域及市内的云冈区、新荣区等自营机构，加快全市社会保障卡制发工作进度；出资给灵丘县119个村级卫生室配备121台医保人社专用手持POS机。与“天下大同”微信公众号平台开展社会保障卡应用宣传合作，通过平台实现卡片申领、应用操作流程、邮政金融网点服务、医保保费征缴通知等信息查询。围绕省、市人社部门相关要求，推进社会保障卡应用，对接养老及医疗平台，与全市6县3区税务局开展社会保险费征缴合作。（邮储银行）

中国民生银行大同分行

【概况】2018年，民生银行大同分行各项存款余额63.74亿元。其中，单位存款余额22.21亿元；储蓄存款余额41.53亿元。各项贷款余额（含贴现）20.06亿元。其中，对公贷款余额12.52亿元；个人贷款余额7.54亿元。小微企业贷款余额5.72亿元，占各项贷款28.51%，服务小微企业贷款户数704户。（王　慧）

【民生银行业务创新发展】2018年，民生银行大同分行调整行业结构、客户结构、创新业务模式、搭建新平台，围绕大同市经济发展，支持地方重大项目、重点产业、民生工程、区域龙头企业和普惠民生工程。11月，为同煤集团开启20亿元短期融资券承销业务。12月，与房管通系统、银法通系统、土地交易中心平台建立合作，优化区域金融服务，改善企业资金结构，提升支付结算，与民企互惠互利，使金融服务紧跟转型发展。

（王　慧）

【民生银行助力民企发展】2018年，民生银行大同分行通过融商、融资、融智，给企业提供综合金融服务，加强服务品牌，助力大同市经济转型，11月，与国药威奇达签订5亿元合作意向书，结合威奇达金融需求与发展规划，给威奇达量身定制金融服务。加大全市各类企业融资支持力度，跟进大同市绿色能源十大项目、工业振兴行动，及城市提质民生普惠工程，在开户结算、交易融资、票据保函、资金托管及现金管理等方面给企业提供“一揽子”金融服务，规范收费行为，减费让利，减免企业相关服务收费，运用多种出账方式，支持企业降低财务成本，全年给企业减免业务费用205.53万元。（王　慧）

【民生银行金融知识宣传】2018年，民生银行大同分行围绕普及金融消费者金融知识，开展金融知识宣传工作。开展携手小中高校“金融与诚信”宣讲活动、“3·15”金融消费者宣传活动和“打击非法集资，防范金融风险，共建平安山西”等主题宣传活动，宣传金融知识，引导消费者合理选择、辨别正规金融产品和服务，远离不良网络借贷等违法金融活动，提升公众金融知识水平和金融素养，防范金融风险。通过《大同晚报》、金融知识宣传主题活动等给广大市民普及金融知识，提升全市人民金融防范意识。（王　慧）

省农村信用社联合社大同审计中心

【概况】2018年，山西省农村信用社联合社大同审计中心各项存款净增31.89亿元，余额397.79亿元；各项贷款净增33.51亿元，余额255.43亿元，存、贷款增量均居全市首位；经营利润5.78亿元，同比增加3.3亿元。涉农贷款余额205.92亿元，较年初增加23.47亿元，增长12.86%；支持重点工程、转型综改企业5户5.55亿元，较年初增加3.21亿元。扶贫小额信贷15744户，余额7.8亿元，户数较年初净增4357户，余额较年初净增2.16亿元。其中，累计发放6348户，金额3.12亿元，占全年任务目标168.96%。大同审计中心是全市纳税大户，全年缴纳税款1.34亿元（近6年累计纳税6.87亿元）。年内，大同审计中心辖2家农商行、6家县级农信社，有209个网点、从业人员3780人，其中在编员工2420人。年内，大同审计中心上线智慧信贷客户建档手机APP软件，建档客户1.5万余户。山西省直机关精神文明建设委员会评定山西省农村信用社大同审计中心为2018年度“文明单位”；获由大同市总工会颁发的“市级职工书屋”，并获建设资金1万元。（余忠阳）

【农信社支持民营企业】2018年12月7日，山西省农村信用社联合社大同审计中心举办助力民营经济发展座谈会，大同市副市长马安全、市财政局领导、各县（区）分管副县长和30余位民营企业家参会。出台《大同市农村信用社加快发展小微金融业务的实施意见》，座谈会提出农信社服务民营企业“五送一帮”六项目工程（送服务、送资源、送环境、送效率、送知识和帮助民营企业找市场，延伸民营企业产业链条，共建银企协同发展格局），及把支持民营经济和小微企业作为重要的战略规划，围绕监管部门“两增两控”（“两增”指单户授信总额1000万元以下的小微企业贷款同比增速不低于各项贷款同比增速，贷款户数不低于上年同期水平，“两控”指合理控制小微企业贷款质量水平和贷款综合成本，突出对小微企业贷款量质并重、可持续增长的监管空间）任务制定规划、目标和考核；设立小微企业贷款专营中心，结合辖区实际情况，分别组建民营、小微、三农、个体工商户业务团队；简化信贷流程；推行客户经理等级化管理；畅通“民营企业信贷客服专线”；结合免征增值税等财政政策，实现单户授信1000万元及以下小微企业贷款利息收入单独核算，夯实基础数据；扩大抵质押担保范围等31条具体措施，并与到会的13家企业达成支持意向14.08亿元。（余忠阳）

【农信社支持青年创业】2018年，山西省农村信用社联合社大同审计中心与市委组织部和团市委共同推出青年创业贷款，支持青年创业。全年投放0.83亿元支持1919名农村青年创业，投放100万元支持57名大学生村干部创业。（余忠阳）

【农信社普惠金融】2018年，山西省农村信用社联合社大同审计中心以自有品牌同福卡授信为主要实施载体，加大对公职人员、高薪白领、优质个体工商户营销力度，满足全市客户日常生活消费需求，全年授信1740户、金额7.43亿元，用信1181户、3.61亿元。广灵县联社、大同县联社、浑源县联社、左云农商行4家县级行社对接当地公交移动支付项目，其中广灵县联社、左云农商行公交移动支付系统上线运行，实现乘客乘坐公交使用银联IC卡闪付及手机“云闪付”支付相关功能。加大代收代缴业务拓展力度，重点拓展当地学校代收学费、小区代收物业费业务，全市9家县级行社上线代收代缴业务29项。其中，代理学费业务16项，代理物业费业务13项，丰富业务种类，给辖内居民学费、物业费缴纳提供便利。

（余忠阳）

【农信社支农服务】 2018年，山西省农村信用社联合社大同审计中心抓住春耕生产信贷资金需求旺盛时机，到田间地头、农户家中，开展春耕备耕各项支农金融服务工作，支持农资经营企业储备、购销，提高企业农资储备与供应能力，保证春耕备耕所需农业生产资料的供应，重点支持种植养殖的“产业户”、生产加工的“规模户”和长期合作的“信用户”，解决农民春耕备耕资金需求，农业贷款余额135亿元。大同审计中心在资金投向上支持农资经营户购买农资及中小型农机具。支持农户购买农业生产资料，支持种植养殖大户及新型农业经营主体，支持农业产业化龙头企业及农产品深加工企业发展的资金需求，围绕县域发展有机农业战略规划，依托“福农卡快捷贷”产品，重点支持有机种植养殖、有机蔬菜、优质杂粮、中药材、干果五大产业发展的信贷需求，在金融服务上开展“春耕支农早行动、办贷流程高效率、便农惠农优服务”活动，各乡（镇）网点优先安排春耕资金，春耕贷款优先受理、优先发放，信贷投放向春耕贷款倾斜，开通春耕备耕信贷服务“绿色通道”，设立春耕备耕贷款专柜、延长营业时间、阳光操作，保证春耕生产贷款随到随办，确保农业生产资金不误农时，足额到位。 （蕙　兰）

大同农村商业银行

【概况】 大同农村商业银行于2018年12月20日挂牌开业，是山西省大同农村商业银行和信用联社以新设合并方式化解风险首例，注册资本12亿元，注册地址大同市永泰南路甲16号。有营业网点60个，分布在大同市平城区、云冈区和新荣区，下辖1个营业部、43个支行、16个分理处。大同农村商业银行发起人582人，股本总额12亿元，股份总额12亿股，每股面值1元。股权设置和股本结构：企业法人发起人14户，入股65454.25万股，占股本总额54.54%（包括国有企业发起人2户，入股4亿股，占股本总额33.33%）；非职工自然人发起人223人，入股38675.525万股，占股本总额32.23%;职工自然人发起人有345人，入股15870.225万股，占股本总额13.23%。截至2018年年底，大同农村商业银行账面资产总额202.23亿元，负债总额182.22亿元，所有者权益总额20.01亿元。其中，各项存款余额160.71亿元，各项贷款余额110.04亿元。主要监管指标情况是资本充足率18.38%，拨备覆盖率237.63%，不良贷款率2.39%，拨贷比5.67%。 （王丹阳）

【大同农商行“支农支小”服务】 2018年，大同农村商业银行发挥“支农金融主力军”作用，坚持“支农支小”不动摇，服务辖内涉农企业、小微企业发展，申请到支农再贷款1.5亿元，支小再贷款1.5亿元，并连同自有资金投放“三农”及小微企业，扩大支农支小贷款覆盖面。创新贷款业务产品种类，开办“强农贷”“富民贷”“农机贷”“税信通”“租金贷”、个人商用房按揭贷款、银行承兑汇票业务。支持小微企业发展，与市税务局、市南郊区税务局、市财信融资担保公司对接，开办财信担保、政府应急保障资金等业务。为优化贷款管理，化解存量贷款风险，开办“续贷通”业务，自该业务开办以来，办理“续贷通”业务315笔，金额37.58亿元。 （王丹阳）

【大同农商行改制】 2018年，大同北都农村商业银行与新荣区农村信用联社通过合并改制，设立大同农村商业银行。大同市政府于2016年9月23日印发《大同市人民政府办公厅关于成立大同农村商业银行股份有限公司筹建工作小组的通知》（同政办发〔2016〕124号），筹建工作小组由政府主要领导挂帅，各相关部门参与，北都大同农村商业银行和新荣区联社以新设合并方式于2016年9月30日，启动大同大同农村商业银行筹建工作。大同农村商业银行筹建工作小组历时两年零三个月，完成老股金清退、不良贷款清收、清产核资、股金募集、土地确权、验收整改等一系列工作，2018年1月25日，大同农村商业银行获《中国银监会关于筹建大同农村商业银行股份有限公司的批复》（银监复〔2018〕20号），同意组建大同农村商业银行；11月19日，获《山西银保监局筹备组关于同意

▲ 2018年12月20日，山西省委常委、大同市委书记张吉福（前排左一），省农村信用社联合社党委书记、理事长崔联会（前排左二）为大同农商行揭牌　（王丹阳 摄）

大同农村商业银行股份有限公司及分支机构开业的批复》（晋银保监筹复〔2018〕56号），同意大同农村商业银行开业；12月20日挂牌，这是山西省首家通过农村商业银行和农村信用社合并设立的农村商业银行，是大同市第三家改制的农村商业银行。（王丹阳）

【大同农商行支持实体经济发展】2018年，大同农村商业银行主动融入地方经济转型发展，以服务实体经济为出发点和落脚点，谋划信贷资源顶层设计，优化信贷业务流程，把金融服务小微企业工作推向深入，给小微企业发展、经济转型升级和新旧动能转换贡献力量。业务经营中，通过采取分类放开贷款审批权限、成立专营机构，研发信贷产品，优化服务流程、缩短审批时间、“零费用”廉洁服务、营销竞赛考核等措施，扩大客户市场、贷款规模，增加有效投放。

截至2018年年底，全行各项贷款余额110亿元，比年初增加13.47亿元。支持民营企业贷款676户、金额65.45亿元，占比61.62%。其中，支持民营小微企业272户、金额61.87亿元；支持个体工商户、小微企业主437户、金额6.56亿元。

（王丹阳）

【大同农商行电子服务渠道建设】2018年，大同农村商业银行在推广网上银行、手机银行、微信银行基础上，上线银联云闪付、农信银E支付等业务，拓展电子渠道，让客户享受“随时、随手、随心”金融服务体验。为满足客户便捷小额支付需求，营销发展“晋享E付”APP支付渠道，在增强客户支付体验同时，把金融服务触角广布社会民生各个领域。

全年全行发行借记卡存量37.12万张，其中IC卡25.38万张，借记卡存款余额15.73亿元，发行贷记卡3000张；建设自助银行网点45个，布放自助设备103台，拓展特约商户545户，布放POS机具690台，拓展助农取款服务点119个；个人网银开户6166户，交易金额44.37亿元；企业网银开户2651户，交易金额195.88亿元；手机银行开户1.54万户，交易金额18.65亿元；晋享生活APP开户2.12万户，晋享E付二维码拓展商户二维码8094户。（王丹阳）

【大同农商行业务经营管理】2018年，大同农村商业银行通过加强贷款营销，增加贷款利息收入，收息率96.21%；依托省联社资金业务平台，加强金融市场资金业务，增加资金营运收入；加强电子业务推广应用，增加中间收入；加强库存现金管理，增加往来收入等措施，全年实现总收入9.84亿元。控制费用支出，收入成本比42.56%，比上年下降1.04个百分点，通过增收节支，实现经营利润3.34亿元。全年缴纳各项税费1.18亿元，同比增加2868万元。（王丹阳）

【大同农商行电子化项目建设】2018年，大同农村商业银行开展电子化项目建设和应用系统推广应用，促进全行各项业务发展，与市房屋管理局的新建商品房资金监管平台系统对接并上线运行，研发代收物业费管理系统，上线电子邮件公文传输系统，实现信息发布、公文流转、数据查询、经营分析等办公程序的电子化处理，提高全行办公自动化水平。推进网点智能化建设，通过试点新型渠道应用及网点智能化改造等手段，以“数字+人工”新兴服务模式满足客户金融服务需求，优化客户体验。智慧网点文兴路支行获批开业，在总行营业部和水泊寺支行试点现金快柜和智慧柜员机项目。（王丹阳）

保　险

综　述

【概况】2018年，大同保险行业实现保费收入65.03亿元，较上年同期下降1.39亿元，同比下降2.1%。财产险业务方面，收取保费19.64亿元，较上年增加0.75亿元，同期增长3.97%，赔款10.26亿元，赔付率52.24%。人保财险以41.39%市场份额位居首位，保费收入8.13亿元；平安财险以16.78%市场份额位居第二，保费收入3.3亿元；国寿财险以11.68%市场份额位居第三，保费收入2.29亿元。寿险业务方面，收取保费45.39亿元，较上年减少2.14亿元，同期下降4.5%。支付赔款1.39亿元，给付保险金8.64亿元。中国人寿以29.67%市场份额居同业之首，保费收入13.47亿元；太平洋人寿以17.17%市场份额位居第二；保费收入7.79亿元，国华人寿以12.43%市场份额位居第三，保费收入5.64亿元。（林雅慧）

【绿色保险】2018年，大同保险行业协会倡导绿色发展经营理念，开展生态公益林、农业保险、环责险、可再生能源发电指数保险、首台（套）重大技术装备保险、绿色企业贷款保证保险等险种，出台《大同市农业保险基金管理暂行办法》。全年承保生态公益林46.15万公顷，保费收入1246.02万元，保额5.54亿元，赔案19977.45件，赔款支出238.22万元；职工大病医疗保险，覆盖人群58万人，保费收入5023.05万元，赔案1294件，赔款支出4814.18万元；城乡居民大病医疗保险，赔案13895件，赔款支出8222.71万元；承保玉米11.59万公顷，收取保费4305.54万元，保额6.26亿元，理赔11315.21公顷，赔付金额1795.42万元；承保马铃薯9637.46公顷，收取保费3339.29万元，保额5782.48万元，理赔1261.01公顷，赔付金额273.86万元；承保小杂粮7831.79公顷，收取保费161.31万元，理赔628公顷，赔付金额119.14万元；承保奶牛1396.53公顷，收取保费586.54万元，保额8.38亿元，理赔1391头，赔付金额5344万元；承保塑料大棚3001座，收取保费90万元，保额1800.6万元，理赔625件，赔付金额59.1万元。（林雅慧）

【保险纠纷调处】2018年，大同保险行业协会受理各类有效诉求273件。其中，12345热线224件，到访投诉27件，法院转办诉求22件。开展诉调对接工作，受理人民调解案件44件，调解42件，成功率95.45%，涉案金额439.303万元。其中，受理人民调解案件22件，调解22件，成功率100%，涉案金额151.199万元，财险案件12起，涉及金额114.89万元，成功率100%；寿险案件10起，涉及金额36.309万元，成功率100%；诉调对接案件22起，调解20起，全部为产险案件，涉案金额288.104万元，成功率91%。调解大同保险市场的各类保险纠纷。协会针对保险消费者和保险公司反映的银邮保险和机动车辆保险两方面纠纷安排，制定工作方案，挑选有处理类似案件经验的调解员参与调解，并考虑到法律、法规、政策规定和保险公司、保险消费者两者之间的利益，软化双方立场寻找解决纠纷渠道。纠正损害保险消费者利益的行为，对个别保险费者超出或不属于保险合同范围内要求，调解员予以解释，化解矛盾，起到普及保险知识作用。全年“12345”热线转办268起，案件办结率95%。 （林雅慧）

【保险乱象清理整治】 2018年，大同保险行业协会制定《大同市车险自律公约》2018版、《大同市保险业安宁2018反欺诈专项行动方案》，开展车险理赔服务质量检查、人身险业务检查、召开专业委员会议宣导上级监管部门整治市场乱象文件、召开《自律公约》培训会、签署自律公约服务承诺书等，推进公司乱象整治工作。全市保险行业各公司成立乱象整治领导小组，由分公司、中支负责人担任组长，班子成员担任副组长，各部门负责人为成员，落实乱象整治工作。销售、运营、财务等渠道都在上级要求基础上，针对渠道工作实际细化自查内容，具体指导可能涉及的范围；通过调阅档案、人员访谈、查看文件资料、档案凭证、查阅课件、突查职场，及对所有投诉案件和回访问题件“回头看”等方式排查；以发现问题、揭示风险为导向，抓早抓小，排查发现的问题、未暴露的问题、漏报瞒报的问题等。相关问题和风险一经发现，立即整改，查补制度漏洞，强化内控管理，推动乱象整治工作取得进展。整治乱象开展以来，大同41家保险公司自查中发现问题17家，未发现问题24家，其中产险23家公司中，有8家公司存在问题，寿险18家公司中9家存在问题。截至2018年年底，该协会根据《山西银保监局筹备组关于进一步推动保险业乱想整治工作的通知》，组成产、寿险工作组专项督导保险业乱象整治工作，按照相关要求召开座谈会，查阅资料并汇总分析，督促公司整改。（林雅慧）

【《大同保险志》编撰】 2018年初，大同保险行业协会启动《大同保险志》编撰。5月25日，召开《大同保险志》组稿工作推进座谈会，传达《关于成立〈大同保险志〉编撰委员会的通知》，介绍《大同保险志》编撰工作进度等。《大同保险志》副主编、执笔贺启宗介绍行业专志的体例要求和素材搜集要素，印发《方志学理论简述》《大同保险志篇目设置提纲》，并具体举例介绍编写过程中应该注意的问题。为推动《大同保险志》编撰，协会秘书长与贺启宗多次到各家会员公司了解各公司《大同保险志》组稿推进工作情况和遇到的问题，解决具体问题。 （林雅慧）

【保险行业宣传与交流】 2018年3月13日至17日，大同保险行业协会围绕“品质时代 诚信保险”主题，开展“3·15”消费者权益保护宣传活动，宣传保险知识、健全消费者权益保护机制。该协会秘书处与大同日报传媒集团合作，在《大同日报》《大同晚报》以“大同保险业务助推大同大发展”为主题开辟专栏，倡导会员公司专版报道提升行业影响力，并在固定时间刊登保险咨询、保险常识、保险案例、保险理论等内容，《大同日报》每周有“大同保险业助推大同大发展”报花。向《中国保险报》投稿，“扶贫助学献爱心”“大同召开道交事故网上数据一体化处理会议”“保险扶贫看基层 精准出手见成效”“悉心研讨寻对策 化解纠纷道路长”等见报。《大同日报》《大同晚报》、大同电视台宣传大同保险业把握“讲信用、担风险、重服务、合规范”保险行业核心价值理念。该协会财产险、人身险部、保调委、综合办公室分别创办《产险资讯》《寿险资讯》《保险纠纷调处工作简报》《大同保险业工作简报》，专刊分数据篇和信息篇，每月刊发两期。数据篇包括大同保险业务数据、市场份额、数据的横向纵向对比、退保及满期给付等。信息篇包括监管信息、行业资讯、协会信息、公司动态等相关的行业信息，各部门发布68期各类资讯。拍摄制作《大同保险业助推脱贫攻坚开展精准扶贫》纪实专题片，时长约8分钟，在大同电视台一台《今日视点》栏目播放，介绍大同保险业致力于深度贫困县扶贫推动工作。 （林雅慧）

【节假日高速公路快处快赔活动】 2018年“清明节”“五一节”“国庆节”期间，大同保险行业协会组织全市22家财产险公司与山西省高速公路交警二支队一大队联合办公，在大同市西河河高速公路收费口开展快处快赔活动。节假日期间处理事故29起，快处快赔18起，快处快赔30辆，交警出具认定书16份，提供代步车5台次，免费救援4起，保险直赔金额10.6万元，节约当事人时间134小时，减少拥堵时间8小时，减少拥堵车辆2.3万辆，减少因拥堵造成的经济损失约93万元。 （林雅慧）

【保险诉调对接】 2018年6月25日，大同保险行业协会秘书长郭促和大同保调委办公室主任冯祺龙与市平城区人民法院院长朱罡，交流保险诉讼案件诉调对接工作，双方达成设立“大同市保险纠纷人民调解委员会驻平城区人民法院调解室”，服务保险市场，维护保险消费者合法权益。7月20日，“大同市保险纠纷人民调解委员会驻平城区人民法院调解室”挂牌，是大同市第一家行业性、专业性人民调解组织在基层人民法院设立的专业调解室。7月25日，大同市保险行业协会召开大同保险业诉调对接推进工作会议。市中级人民法院、市云冈区人民法院、市云州区人民法院、市平城区人民法院、市司法局、市道路交通事故快处快赔中心主要领导，郭促及大同保险业12家主要公司总经理和各部门负责人参加会议。

会上，郭促及12家会员公司总经理结合实际案例介绍上年以来保险诉讼、保险合同纠纷调解、诉调对接情况，参会人员分别介绍保险诉讼、涉保调解、道路交通事故涉保情况，结合审判案例，分析大同地区保险纠纷诉讼特点，提出保险业在应对诉讼过程中的应当注意的事项。10月10日，大同市保险行业协会组织全市23家财产险保险公司的总经理、分管理赔副总经理，与市中级人民法院、市平城区人民法院、市司法局、市交警支队主要领导召开“大同市道路交通事故损害保险赔偿纠纷‘网上数据一体化处理’工作联席会议”，参会人员40余人。会上，大同市中级人民法院常务副院长王发，结合以往大同地区涉保道路交通赔偿纠纷案例，解读《道路交通事故损害赔偿纠纷“网上数据一体化处理”工作规范（试行）》。会议强调建立“网上数据一体化处理”工作平台，工作有大同市中级人民法院牵头，由法院、司法、交警、保险等部门参与；借鉴“余杭模式”“晋中经验”，加强培训做到学用结合。12月22日，由冯祺龙与全市23家财险公司理赔经理及其县支理赔负责人参加大同市中级人民法院组织的道交一体化实务操作流程培训，与软件开发公司的技术人员讨论和交流软件的实际应用和工作遇到的难题。（林雅慧）

【防范非法集资主题宣传】 2018年，大同市保险行业协会根据山西银监局、山西保监局《关于转发做好2018年防范非法集资宣传教育工作的通知》精神，结合大同市处置非法集资领导组办公室相关要求，发放防范非法集资专题宣传材料3万余份。6月27日，组织全市40家会员公司参加大同市处置非法集资领导组办公室在和阳门广场举办的“打击防范非法集资”宣传活动。活动当天，各公司均在活动地点设置具有公司特色的展台提供便民服务和咨询服务，设置展板、展架等宣传设施80余块，宣传保险知识及非法集资相关内容，发放各类宣传资料7.2万余份，公益扑克4000余副、宣传手袋5000余个。部分会员公司开展“打击防范非法集资”宣传进学校、进社区及LED宣传车等活动，通过设立咨询台、增加客户体验等活动形式，普及防范非法集资知识，宣传保险功能。9月5日，人民银行大同市中心支行、大同银保监分局、大同市保险行业协会、大同市网信办启动“金融知识普及月 金融知识进万家”暨“提升金融素养 争做金融好网民”活动。针对不同人群金融知识的薄弱环节和金融需求，开展金融知识普及活动，面向金融消费者，尤其是低净值人群和广大网民，提高获取金融知识途径和防范风险技能，引导消费者合理选择金融产品和服务。（林雅慧）

【保险业务讲座及培训】 2018年7月20日，大同保险行业协会举办人身险业务合规经营和风险管理讲座，讲座聘请太平洋人寿保险股份有限公司大同中心支公司合规和风险管理专员牛守贵给大家讲解合规经营和风险管理知识。讲座从合规概念、销售行为管理、产说会议管理、回访投诉管理、风险防控和管理等10余个方面，通过法律、法规，日常工作流程及真实案例给人身险公司合规部门负责人讲解知识和分析案例，增强合规意识，提高各公司相关岗位工作人员合规经营和风险管理工作水平。8月31日，召开大同市财产险会员公司落实机动车辆保险自律公约相关内容培训会，协会秘书长、财产险工作部、各财产险会员公司客服部门负责人及相关岗位工作人员26人参加培训。培训会聘请中国人民财产保险股份有限公司大同分公司合规部经理李红雨培训《山西省机动车辆保险自律公约（2018版）》内容。（林雅慧）

中国人民财产保险股份有限公司大同市分公司

【概况】 2018年，中国人民财产保险股份有限公司大同市分公司（简称“人保财险大同市分公司”）保费收入81283.78万元，同比增加10354.95万元，增长14.59%，保费市场份额41.4%，同比扩大3.84个百分点。机动车辆保险费收入55057.52万元，同比增加3034.31万元，增长5.83%，市场份额35.6%，同比扩大2.3个百分点，支出赔款35257.19万元，简单赔付率64.04%。非车险保费26226.26万元，同比增加7321万元，增长38.71%，市场份额62.7%，同比扩大5.3%。其中，人身意外保险费1163.73万元，同比增加69.94万元，增长6.39%，支出赔款596.76万元，简单赔付率51.29%；健康保险费13427.66万元，同比增加4847.77万元，增长56.5%，支出赔款9983.55万元，简单赔付率74.35%；农业保险费3323.2万元，同比增加256.15万元，增长8.35%，支出赔款1635.19万元，简单赔付率49.2%；货物运输保险费954.85万元，同比增加178.74万元，增长23.03%，支出赔款30.22万元，简单赔付率3.16%；责任保险费2643.78万元，同比增加318.4万元，增长13.69%，支出赔款1604.95万元，简单赔付率60.71%；保证保险费1602.25万元，同比增加1478.63万元，增长1196.15%，支出赔款126.44万元，简单赔付率7.89%；企业财产保险费2724.91万元，同比增加85.94万元，增长3.26%，支出赔款1223.64万元，简单赔付率44.91%；工程保险费86.93元，同比增加10.69万元，增长14%，支出赔款164.39万元，简单赔付率189.12%；家庭财产保险费284.9万元，同比增加108.82万元，增长61.8%，支出赔款102.32万元，简单赔付率35.92%。全年处理各类赔案44868件，案件处理率95.61%，支出赔款50731.8万元，综合赔付率68.33%，同比下降0.61%。全年净利润1960万元，同比增加1422.38万元，增长264.57%；全年上缴各种税收1768万元（不含增值税），同比增加94.94万元，增长5.68%。（吴国凯）

【保险服务民生】 2018年，人保财险大同市分公司在承办全市城乡居民大病医疗保险工作中，服务城乡居民123.65万人，同比增加6.3万人，服务建档立卡贫困人口29.24万人，同比增加11.45万人，承保城镇职工大病及意外伤害保险10.63万人。年内，处理赔案32252件，支付赔款9514.34万元。其中，城镇职工大病医疗保险91件，支付赔款276.63万元；城乡居民大病医疗保险6887件，支付赔款5783.09万元；建档立卡贫困人口补充保险22470件，支付赔款465.2万元；新农合大病保险1468件，支付赔款1312.11万元；城镇居民大病保险1336件，支付赔款1677.31万元。

年内，人保财险大同市分公司承保政策性玉米种植保险47891公顷，支付赔款437.21万元；承保能繁母猪29168头，支付赔款288.56万元；承保奶牛20257头，支付赔款509.2万元；承保森林143840公顷，支付赔款54.1万元；承保马铃薯2644.9公顷，支付赔款58.31元。承保商业性黄花种植保险322.9公顷，支付赔款26.36万元；承保蔬菜大棚897个，支付赔款9.68万元；承保育肥猪10020头，支付赔款48.61万元；承保肉牛488头，支付赔款47.22万元；承保小杂粮3418公顷，支付赔款111.81万元；承保中药材75.7公顷，支付赔款28.15万元。（吴国凯）

【保险服务创新】 2018年，人保财险大同市分公司创新服务领域，开办精神病监护人责任保险、通用航空保险、人人安康保险、驾考无忧保险、综合治理保险、苗木火灾保险。创新服务方式和服务内容，开展“警保联勤”“直升机空中救援”“理赔夜市”“红顶棚”服务。（吴国凯）

中国人寿保险股份有限公司大同分公司

【概况】 2018年，中国人寿保险股份有限公司大同分公司总保费收入13.47亿元。长期险首年标保0.92亿元，新单保费4.47亿元，首年期交保费2.37亿元。总体市场份额29.67%，同比提升3.9个百分点。个险首年期交份额32.93%，个险营销人力4024人，银保首年期交份额16.7%，同比提升6.33个百分点。团险短期险份额65.9%。全年长险无纸化出单率94%；受理保全案件8.12万件，平均时效1天。安装与调试全辖20个作战指挥中心和70个数字化职场的设备。中国人寿保险股份有限公司大同分公司个险连续五年被评为全省系统“个险渠道经营先进单位”。（赵 伟）

【人寿风险防范】 2018年，中国人寿保险股份有限公司大同分公司开展“治乱打非”专项自查自纠工作，按照“立查立改、以改促建”原则，不定期开展“回头看”现场检查，确保整改工作落实到位。组织全辖助理以上人员反洗钱知识培训，培训人次82人。组织开展“防范非法集资宣传月活动”及专项治理工作，加大排查和防控力度。按照党中央、国务院及总省公司要求，制定《扫黑除恶专项斗争工作实施方案》，全辖悬挂宣传横幅30余条，发放各类宣传手册3500份，推进“扫黑除恶”专项斗争。（赵 伟）

证 券

山西证券大同分公司

【概况】 2018年，山西证券股份有限公司大同分公司开户总数62131户，增加4922户，客户资产总值26.91亿元，证券交易量391.21亿元，实现佣金收入814.93万元；该公司实现手续费净收入1209.05万元，利润总额257.82万元，在当地缴纳税费100余万元。（徐玉婷）

【反洗钱客户身份识别】 2018年，山西证券股份有限公司大同分公司加强客户身份识别工作，优化客户身份识别内容，提高其识别有效性，助于开展存在洗钱风险的客户识别工作。

加强非自然人客户的身份识别工作。梳理建立客户关系的非自然人客户，根据与客户沟通情况和客户实际的投资需求重新识别客户账户。大部分机构表示根据经营需求，无证券投资需求或暂无投资需求，根据客户要求进行账户注销。5户因客户联系方式变更或存续状态变更等情况无法有效联系客户，对其账户资金存取、投资开仓、账户销户等进行限制操作，在客户完善客户资料后再取消限制，恢复账户的投资功能。7户客户通过客户经办人处查询机构客户实际控制人、实际受益人的实际情况和控股份额。核实客户股东情况及对公司履职情况，并与《国家企业信用信息公示系统》国家公示的信息比对核实机构客户提供信息的一致性。

对特定自然人客户按照《金融机构客户身份识别和客户身份资料及交易记录保存管理办法》规定开展身份识别。对于外国政要、国际组织高级管理人员、非自然人客户受益人为特定关系人等的身份识别工作，实行客户分包管理制度，批量分包客户。根据客户代表对客户的日常维护，未发现存量客户存在有以上特定身份的人员。在结合实际操作过程中对地域、区位因素考虑日常客户关系建立时，不存在非中国居民身份证开户情形。监控该类别客户完善特定自然人身份识别工作。

加强特定业务关系中客户身份识别措施。综合梳理业务开展情况，发现不存在金融特定业务（如托管基金、信托产品等），未发现有洗钱风险和恐怖融资风险客户。该公司根据工作通知要求建立相应工作方案、对客户实际受益人、账户实际控制人、账户操作决策行为等方面更新系统设置，增加相应信息模块。对于客户交易行为中存在异常，或存在不能确定账户权属关系的投资行为时，通过客户回访，客户佐证进行账户权属关系落实，并按要求反馈至风控平台予以备查。

（徐玉婷）

【防范非法集资宣传】 2018年6月27日，由大同市政府金融办、大同银行、大同市保险行业协会、山西证券股份有限公司大同分公司主办的大同市防范非法集资宣传月暨“7·8”全国保险公众宣传日活动启动。山西证券大同分公司总经理王亚飞参加启动仪式，分公司全体员工到社区、厂矿、公共场所等地开展宣传活动，宣传非法集资知识，向群众传授如何识别、防范非法集资，加强金融知识宣传普及，提高人民群众防范非法集资意识。给社会公众讲解反洗钱知识，发放反洗钱宣传资料，提高群众特别是高风险群体的风险意识和防范意识，谨防上当受骗、被不法分子利用。

（徐玉婷）

【山西证券服务实体经济】 2018年，山西证券股份有限公司大同分公司加强与市平城区金融办、市金融办、市工商联、市开发区招商局对接，参加他们组织的各种活动。参加由市平城区金融办组织的政银企对接会，协助政府完成金融服务功能，通过政银企对接会，给很多中小企业进行战略发展规划。10月，举办大同中小企业进军资本市场培训会，参加会议的领导有副市长马安全、市政府秘书长、大同市金融办主任，及各县（区）分管金融的副县长、全市中小企业120余家负责人。参加市工商联组织的企业调研活动，通过调研了解相关企业，为下步开展工作打下基础。与大同市平城区金融办走访驻大同平城区的各个商会，具体有山东商会、温州商会、河南商会、河北商会、内蒙古商会、右玉商会、四川商会、安徽商会等。在与商会沟通交往中，了解相关企业运行情况，了解商会企业金融需求，引导企业转变思路，股份改制，登陆股权交易中心、新三板及主板市场。与企业领导人接触，调研了解企业发展阶段及未来金融需求。

（徐玉婷）

大同证券有限责任公司

【概况】 2018年，大同证券有限责任公司注册资本7.3亿元，经纪业务总交易额7718.35亿元（含融资融券交易额），经纪业务营业收入19650.61万元（含普通交易、信用交易、代销金融产品业务收入等）。截至2018年年底，有40家营业机构及3家分公司开通融资融券业务，25家营业机构具备期货IB业务展业资格。年内，该公司另类投资子公司——大证资本有限责任公司在研究、尽调和筛选多个项目基础上，开展股权投资业务，完成首笔投资，成为山西晋商民营联合投资控股股份有限公司（即“晋民投”）的发起股东。9月，该公司获中国扶贫基金会颁发的“助力脱贫攻坚·杰出贡献奖”。11月，公司董事长董祥被评为“山西省第四届优秀中国特色社会主义事业建设者”。（赵树仁）

【证券投行业务】 2018年，大同证券有限责任公司围绕“提升投行执业质量，全面防范业务风险，确保精品投行定位落到实处”总体工作部署，在完善内控体系基础上，调整业务方向，搭建“基础业务+常规业务+综合金融业务”业务体系，促进债券类业务发展、股权类业务基础夯实、新业务探索突破，发行公司首单、也是浙江省首单AAA评级的公交ABS，即大同证券—慈溪公交收费收益权ABS，额度4.83亿元。全年投行业务实现收入2760.27万元。

（赵树仁）

【证券交易投资业务】 2018年，大同证券有限责任公司把资产保值放在突出位置，主动防范强监管给资本市场带来的“次生风险”，开展固收业务、做市业务、避险股票投资等。在固收业务方面，注重安全垫资产流动性管理，压缩民企债券持仓规模，增加持仓品种配置大型银行的AAA级同业存单，推进代付和撮合等低风险业务，逐步开展利率债代投标等新业务。全年固收业务实现收入4891.17万元。

（赵树仁）

【证券资管业务】 2018年，大同证券有限责任公司以非标产品风险处置为重点，采取多种措施债务追偿违约主体，并在标准化产品方面找寻商机。全年该公司资管业务收入288.03万元。存续资管产品41只，存续规模60.68亿元。其中，集合资管产品39只，规模50.49亿元；定向资管产品2只，规模10.19亿元。

（赵树仁）

城乡建设

城乡规划

【概况】 2018年，大同市城乡规划局组织开展《美丽大同战略规划》编制工作，完成公众意见调查、基础资料调研和收集，并于10月13日汇报初步方案。批复《大同市近期建设规划（2016—2020）》和《大同市城市地下空间利用规划（2016—2030）》两项规划，编制完成《2018年度城市规划实施计划》《大同市中心城区绿线、蓝线和紫线划定（修编）》《大同市城市修补、生态修复规划》《大同经济技术开发区（扩区）总体规划》《大同市城镇开发边界划定》5项规划，完成《大同市中心城区公共服务设施专项规划》评审稿、《绿道设计方案》深化方案；开展《灯光夜景照明方案设计》《南环路南侧社区公园景观设计》《平城街道路以北园林景观设计》《街景整治方案设计》《大同市企地同城化融合发展规划研究》等设计及研究工作。为推动古城火起来、活起来，完成古城空间整治导则、古城街道景观综合整治导则、古城功能业态专题研究、老字号文化遗产的发掘、整理、利用和传承规划的编制及古城传统民居现状调查。

截至2018年年底，大同古城传统院落设计项目有44处保护性院落得到修缮设计，均经专家评审会通过。开展古城历史文化街区核心区一般传统民居设计、大同传统文化元素应用基础性研究等规划研究。秉承“保护为主、规划先行、注入文化”规划理念，大同市城乡规划局开展“老城记忆”工作，建立古城主题图书馆、北魏辽金元明清民国等多时期文化元素图库、传统民居要素图集、老字号数据库等。组织制作古城模型、宣传名城保护规划。灵丘县总体规划完成初步方案；浑源、左云历史文化名城保护规划于11月经省政府批准通过；新荣区得胜堡村、大同县落阵营村、浑源县神溪村3处传统村落保护项目完工；编制广灵县殷家庄村、西蕉山村传统村落保护规划；天镇县新平堡镇3处传统建筑调查完成挂牌；编制浑源、天镇、灵丘县域乡村建设规划；编制口泉、平旺、西韩岭乡规划；编制20个村庄规划、3个特色小城镇规划；编制8个县（区）专项教育规划。普查市、县历史街区划定和历史建筑公布工作，完成率100%，市级历史文化街区和历史建筑相关情况登记到“名录库”中。 （孟 菊）

【规划审批制度改革】 2018年，大同市城乡规划局推进规划审批制度改革，优化审批流程。把修建性规划（或总平面布置图）后置到建设工程规划许可阶段，提高行政审批效率，缩短前期项目审批时间。重新梳理行政审批申请材料，取消没有法律明确规定或法律规定但不必要的资料。审批时限再压缩，承诺办结时限分别由选址意见书原16个工作日调整至10个工作日，用地规划许可原24个工作日调整为10工作日，工程规划许可证原13个工作日调整为10工作日，竣工规划认可证11个工作日调整为10个工作日，整体压缩35%以上。主要申报材料（主件）齐全且符合法定条件，次要条件或手续（副件）有欠缺的审批事项，可先予以受理，工作人员一次告知可容缺的申报材料，允许在办理时限内补齐容缺材料。全年出具规划设计条件193份，办理建设项目选址意见书68个，建设用地规划许可证52个，建设工程规划许可证84个，建设工程竣工规划许可证64个。 （孟 菊）

【城市基础设施建设规划】 2018年，大同市城乡规划局设计10座过街天桥、南中环快速路、滨河路南延、御河东路北延等施工图；在拥军路片区设计平城街西跨桥工程、北环路、武州路、京原宾馆南侧道路、武州西一路、武州西三路、新华街等道路建设工程施工图；同煤新区设计校南街西延、植物园配套道路二期工程、后山路道路工程等施工图；高铁站周边路网建设工程设计地下综合管廊、站前一路等7条市政道路以及高架桥施工图，设计永和路南延、恒源路南延、文瀛南路等8条道路工程施工图；开展东小城周边交通影响评价工作。选址30个公共停车场，选址及办理北环路北侧公交场站、科陆汽车充电站规划手续。选址及设计古城35处“公共空间”、655处“公共自行车”、25处社区公共活动用房、10处便民市场、10座生活垃圾转运站、35处公共停车场、5处小游园。与市住建委、市市政管委会、市房管局召开三次大同市排水管网雨污水分流工作推进会，梳理各部门提出的排水管网合流情况，提出12份报告（函），373处合流点，明确雨污水分流改造方案。按照大同市2018年土地出让工作部署，梳理出御东区29宗可供出让用地，总用地约20公顷，出具规划设计条件。限价房出让土地9宗。其中，老城区5宗，御东区4宗，总用地面积33.33公顷。对接白马城、房子村、七里村、十里铺、红旗村、寺村等城中村改造项目，出具规划设计条件。出台《关于解决国有土地上房屋权属登记历史遗留问题的工作方案》，梳理房屋权属登记历史遗留问题162个项目，提出解决对策。大同市5县2区易地扶贫搬迁规划选址，组织市城乡规划专家委员会市内评审99个安置点规划设计方案（云州区18个，阳高县20个，天镇县37个，浑源县9个、灵丘县5个，广灵县6个，新荣区4个），并报省住建厅进行省级专家评审，其中4处成为全省示范点。（孟 菊）

【违法建设整治】 2018年，大同市城乡规划局立案违法建设案件71件，召开14次案件审理会，执行罚没款总额2359.74万元。巡查全市规划建设用地范围内各类项目520余次，专项检查112个在建项目，拆除48处各类违章建（构）筑物，拆除房屋192间，1.45万平方米；清理整治御东区和老城区主要道路440余家临街商户违规设置的门头牌匾及楼体广告，拆除各类户外广告牌匾1030余块，擎天柱10根。（孟 菊）

【古城规划项目】 2018年，大同市城乡规划局推进古城配套建设规划，选址设计古城公共空间60处，其中近期规划33处，现状水冲式7处，远期规划20处。选址古城东南隅小学（十八校和阳校区）、古城西南隅小学（二十三校永泰校区）和古城东北隅小学（四十七校）；结合古城整体风貌保护，风貌整治改造沿城墙、沿教场街、小区内部三类现状住宅工程设计方案。对接和签订里坊巷、户部角休闲文化综合体、城隍庙商业片区项目招商协议；报批东北隅（晋商联盟）四合院建设工程总图手续，土地变更代王府东西轴线复建工程前期手续；办理府衙规划手续，推进九龙壁保护工程工作；督促古城西南隅民居修复工程设计任务，公示西南隅民居总图；选址古城内里坊巷、蓬皮杜、西北民居修复、云冈酒店、餐饮基地、永兴坊、城隍庙等12宗用地，出具规划设计条件，总用地56.47公顷。（孟 菊）

【“百博”建设规划】 2018年3月，大同市城乡规划局成立博物馆项目研究小组，启动“百座”博物馆征集、调研工作。在《大同日报》《大同晚报》、大同电视台等媒体刊登和播报《关于征集建设大同各类博物馆的公告》，被《北京日报》《山西晚报》、网易新闻等76个政府官网、贴吧、公众号转载。有219家应征者报名，征集小组建档立库报名者并实地考察70余家。梳理古城内闲置未利用四合院、市区废弃旧工业遗址、城市内闲置空地、适合博物馆群建设大空间（如西城墙、南城墙、湿地公园、御河东岸600米宽、文瀛湖东侧公园等），明确大同市博物馆建设可利用场所或土地。整理博物馆最新政策及专业知识，文件汇编全国32个省、自治区、直辖市78个博物馆相关政策。多次邀请相关部门、专家、报名者召开“博物馆之城”交流座谈会，梳理和研究下年度第一批博物馆建设名单。（孟 菊）

【大同市国际能源革命科技创新园顶层设计】 2018年，大同市城乡规划局按照“零碳排放”设计大同市国际能源革命科技创新园思路，设计6大技术体系、32项关键技术指标，规划建设多元互补能源大工程，打造零碳能源、零碳产业、零碳建筑。零碳园区建成后，可再生能源利用率30%，非化石能源利用率90%以上，清洁能源利用率100%，单位地区生产总值碳排放量低于0.15吨二氧化碳/万元。园区突出生态文明建设要求，设计6大技术体系、25项关键技术指标。绿色园区建成后，绿地覆盖率40%以上，高星级绿色建筑占比100%，垃圾无害化处理100%，生活垃圾分类达标率100%。园区执行“海绵城市”建设标准，设计5大技术体系、22项关键技术指标，创新实现零雨水管网，设计生态雨水收集系统，实现小雨不积水、大雨不内涝。海绵园区建成后，实现2年一遇昼夜雨水不外排，50年一遇暴雨不内涝，雨水资源利用率90%以上，再生水利用率100%。园区依托新一代信息化技术，设计5大技术体系、30项关键技术指标，建设数据运行监控中心，创新智能微网、智慧能效、智慧交通、环境监测、智能楼宇等管理。智慧园区建成后，应用系统集成率100%，5G网络覆盖率100%，智能化能效和环境信息监测系统覆盖率100%。园区进入实质性建设阶段后启动绿色建筑、健康建筑、超低能耗建筑和LEED-ND园区、C40园区认证。（孟 菊）

【氢都新能源产业城规划】 2018年，大同市城乡规划局委托深圳市现代城市建筑设计有限公司设计氢都新能源产业城起步区总体规划，完成总平面图、竖向设计方案和部分建筑施工图。氢都新能源产业城起步区规划总用地面积833.33公顷，起步区首期规划总用地面积320公顷。园区配套路网总长度20千米，总投资4.76亿元，可研报告完成。氢都新能源产业城碳纤维项目、普云大数据项目、智慧北斗项目、中科院工程热物理项目开工建设。（孟 菊）

城市交通

客运出租

【出租车市场管理】 2018年，大同市交通运输局按照市政府《关于规范城市客运市场促进客运行业健康发展的实施意见》和《大同市网络预约出租汽车经营服务管理实施细则》，推动巡游出租车转型，打击非法营运，规范网约出租车健康发展。全年查扣非法运营车辆280辆，罚款180余万元。通过智能服务监督卡从车容车貌、安全性能、经营行为等方面动态管理出租车。高考期间，全市18支爱心送考车队、1000余名出租汽车司机，接送考生9000余人次。年内，成立2个出租车业务服务大厅，简化办事程序，给出租车司机提供服务。（高 青）

【"95128"出租车电召平台开通】2018年4月26日起，"95128"全国统一出租汽车电召平台在大同市开通上线，乘客拨打"95128"或通过扫描出租汽车车门上的"95128"二维码，便可通过电召方式叫车出行。"95128"是交通运输部推广的全国统一出租汽车电召服务号码，"95128"电召平台提供约车服务，能给出租汽车驾驶员提供应急报警、安全登记、信息咨询等配套服务。（鹤 梅）

【公共停车场免费开放】2018年5月3日，大同市政府免费开放25座停车场，车位2704个，缓解城市停车难问题。具体有南城墙东段1号停车场，位于南城墙东段西侧，车位90个；南城墙东段2号停车场，位于南城墙东段东侧，车位28个；南城墙西段1号停车场，位于南城墙西段东侧，车位129个；南城墙西段2号停车场，位于南城墙西段西侧，车位40个；西城墙地上停车场，位于魏都大道大同公园对面，车位139个；十里河森林公园北侧停车场，位于十里河森林公园北侧，车位119个；十里河森林公园中部停车场，位于十里河森林公园中部，车位84个；十里河森林公园南侧停车场，位于十里河森林公园南端，车位84个；火车站绿荫停车场，位于大同火车站广场西侧，车位66个；和阳南门停车场，位于御河西路和阳南门出口处，车位54个；和阳北门停车场，位于御河西路和阳北门出口处，车位96个；清远南门南侧停车场，位于魏都大道东侧，车位73个；清远南门北侧停车场，位于魏都大道东侧，车位105个；文瀛湖1号停车场，位于文瀛北路东侧，车位80个；文兴路东侧停车场，位于兴云街北侧，市五医院东门对面，车位301个；平城街北侧停车场，位于平城街西端，车位278个；昌泰街南侧停车场，位于昌泰街南侧，车位102个；纬一路南侧停车楼，位于北岳中学西侧，车位323个；文瀛湖南侧停车场，位于恒安街北侧，石家寨公交站处，车位65个；文瀛湖北侧停车场，位于云州街南侧，车位65个；文瀛湖风景区1号停车场，位于文瀛南路东侧，车位95个；文瀛湖风景区2号停车场，位于文瀛北路东侧，车位45个；文瀛湖风景区3号停车场，位于文瀛北路东侧，车位87个；文瀛湖风景区4号停车场，位于文瀛北路东侧，车位101个；文瀛湖2号停车场，位于文瀛北路东侧，车位55个。（鹤 梅）

【电动汽车充电站投入使用】2018年7月，大同市在环古城、环文瀛湖的停车场内建设电动汽车充电站，有4座充电站建成投入使用，可同时给240辆电动汽车快充，解决电动汽车充电问题。大同建设的电动汽车充电站是光储充一体化充电站，是集光伏发电、电池储能、电动车充电于一体的智能化清洁能源充电站。采取车桩融合方式建设，电动汽车和充电桩设施统一协调规划，以保证新能源汽车市场健康有序发展。（鹤 梅）

【市客运办开展创建文明城市宣传活动】2018年10月，大同市城市客运管理处工作人员组成若干创建文明城市宣传小分队，到大同市客流密集的机场、火车站、汽车站、商业繁华区开展宣传活动，号召广大出租车驾驶员应该从点滴做起，比环境、赛秩序，比卫生、赛和谐，把出租行业打造成体现大同市文明程度的"窗口"。

市城市客运管理处宣传小分队工作人员到大同云冈机场、火车站、汽车站、商业繁华区开展出租车司机一对一"倡导文明行为、开展优质服务"宣传活动，发放创建文明城市倡议书等宣传资料，要求出租车司机做到文明、优质、规范运营，如车容车貌整洁、文明用语规范、打表公平计费、不强制拼客等，做文明大同宣传员。市城市客运管理处通过向全市广大出租车司机发出"创建文明城市倡议书"活动、加强志愿服务站点建设、建立投诉处理机制等多种方式，推动全市文明城市创建工作。（鹤 梅）

【出租车司机职工代表委员会成立】2018年12月初，大同市出租车司机职工代表委员会成立。12月6日，大同市城市客运管理处组织成立的出租车司机职工代表委员会举行第一次会议，商议出租车司机关注的热点行业管理问题。

出租车司机职工代表委员会由市城市客运管理处组织发起成立，以自愿报名的方式从全市出租车司机中招募会员，从报名人员从业时间、服务质量等项指标审核后，最终确定20名会员。在参与行业管理中，这些会员具有监督员、听证员、议事会、稽查员、救援员多重身份。这次会议商议的内容包括建立重大交通责任事故防范制度、车辆更新和过户执行提前60天报备制度、建立星级服务车辆评选和奖励制度、扩大"95128"电召平台影响力等方面。（鹤 梅）

【大同汽车客运东站试运营暨大同城际（旅游）公交运营】2018年12月5日，大同汽车客运东站试运营暨大同城际（旅游）公交运营启动，大同市委副书记、市长武宏文，市委副书记刘振国，省交通运输厅副厅长段新源，市人大常委会副主任张翠萍，市政协副主席王德成等参加运营启动仪式。

大同汽车客运东站是集客运、旅游、住宿、车辆维护修理、电商物流、加油加气等于一体的综合性汽车站，是大同市最大的对外交通基础设施项目，客运线路覆盖京、津、冀等14个省市自治区。山西汽运集团雁北汽车运输有限公司整合大同周边各县（区）班线客运，投资1.5亿元购置新能源客车，发展城际（旅游）公交，旨在形成以大同市为中心，辐射周边各地区全覆盖、全通达城际城乡公交一体化客运网络，实现城市公交、城际公交和城乡公交融合发展。启动仪式后，武宏文一行到汽车站大厅查看售票厅、候车厅等处的硬件设施，询问安全管理等方面情况。在监控中心，询问动态监控、治安监控和防火监控系统具体功能，并现场调出正在运行车辆，查看驾驶员工作状态等实时情况。在校车和新能源客车，检查了解其各项安全性能。要求加强危险品检查和车辆维护力度，把"监控全覆盖、安全无死角"方针落实落细，给百姓出行提供安全、绿色、舒心交通环境。（鹤 梅）

城市公交

【概况】 2018年，大同市公共交通有限责任公司（简称“大同公交公司”）运营里程4943万千米，运营收入14592.65万元，优化调整5条公交线路网，延伸11条线路，延伸长度2.85千米，开辟2条新线路（古城旅游专线、66路），营运车辆1126台，运营线路57条，线路长度976.1千米，500米站点覆盖率100%。年内，大同公交公司通过安全生产标准化一级达标企业复核认证，旅游汽车分公司、大修厂首次通过旅游客运和汽车维修安全生产标准化一级达标资质认证。

（大同公交公司）

【公交设施建设】 2018年，由大同市政府投资的新开里公交调度中心、公交枢纽站和南环西延公交枢纽站两个公交场站竣工投入使用。掀起二次能源革命，选购50台氢燃料电池公交车，使新能源车辆占比36.82%。建设山西省首座制氢加氢一体站，开创全省首家氢燃料电池公交车先河。全年持续推进6个项目进程，包括友谊街公交首末站、御东北环路公交停车场、恒安街公交首末站，制氢加氢一体站及氢燃料公交停车场、恒安新区公交停车场、新开里车场北侧地块改造项目。（大同公交公司）

【公交经营多元化】 2018年，大同公交公司推进混合所有制改革，与山西汽运集团雁运公司、阳高县新阳出租汽车有限公司、大同市灵曦客运有限责任公司合资成立大同市众安公共交通有限公司，经营范围是相邻城市公共交通客运，开通大同至应县、大同至浑源县2条城际、城乡线路，开展公交化运营，衔接周边县乡农村。开展多样化公交运营模式，开辟定制公交1条、微循环公交3条，成立汽车租赁分公司、旅游汽车分公司，开展多层次特色公共交通服务。

（大同公交公司）

【公交智能化建设】 2018年，大同公交公司升级改造智能调度，建设ERP系统、OA办公系统、易公交手机APP。与清华启迪控股旗下的北京中航讯科技股份有限公司共同出资组建大同启航智慧交通科技有限公司。大同启航智慧交通科技有限公司和实体企业结合，给科技公司找到适合研发和实践基地，解决企业科技力量薄弱、研发能力不足矛盾。推行“交通一卡通”乘车卡，支持200余个城市异地消费。

8月28日，大同市56条公交线路1000余台公交车开通刷支付宝乘车功能，乘客需在支付宝APP领取“大同电子公交卡”后，体验移动扫码支付乘车。大同市公交公司为方便乘客，推出相关使用指南和移动支付攻略。有两种途径可在支付宝申请领取“大同电子公交卡”：（1）通过支付宝APP城市服务项，在置顶位置选择大同电子公交卡，随后进入开卡流程申领大同电子公交卡；（2）在支付宝首页搜索栏输入“乘车码”，点击进入乘车码应用，选择开卡城市大同完成开卡操作。申领到大同电子公交卡后，可通过两种方式跳转到二维码乘车页面扫码乘车：通过支付宝APP点击进入城市服务项，选取置顶位置“大同电子公交卡”直接跳转到二维码页面；或通过支付宝APP首页付款项，选择下方的“乘车码”扫码乘车。

12月28日，大同公交“智能调度系统”暨“易公交APP”上线，乘客通过各大手机应用商店搜索下载“易公交APP”安装后，可看到公交车实时动态，选择自己合适的时间等车、乘车。“易公交APP”有四大功能：查询车辆到站信息，包括车辆到站距离及到站时间；智能化自动定位，呈现附近公交站点，设置到站提醒；查询换乘路线，多条线路推荐，优化出行方案；实时地图模式，精准显示车辆当前位置。“易公交APP”还有其他如常用线路收藏、上下车提醒、失物认领、意见反馈等功能。

（大同公交公司）

【部分公交线票价调整】 2018年1月1日起，大同市公交公司为树立绿色交通及低碳生活发展理念，倡导鼓励市民乘坐公交车出行，恒安新区内社区巴士501、502及503路公交线路实行成人持IC卡刷卡乘车享受5折、学生持IC卡刷卡乘车享受2折优惠，零票价格不变。临时调整快速公交604路票价，把原三元一票制票价临时调整为二元一票制，IC卡也相应执行。（鹤 梅）

【环古城公交旅游专线开通】 2018年2月6日起，大同市公交公司根据古城内道路设施现状，配置5台新能源纯电动空调车，开通一条覆盖古城内各大景区的环古城旅游专线，方便广大游客观光旅游，推动城市基础设施和旅游配置设施建设发展。专线沿途设置站点：公交三公司、大同四中、武定门、武定西门、魁星楼、大十字街东口、大同公园、魏都大道清远街口、魏都大道迎泽街口、清远门南、圆通寺、华严寺、四牌楼、九龙壁、法华寺、和阳门南、永泰东门、永泰街南口、鼓楼、四牌楼、武定街大十字街口、武定东门。专线执行空调车票价。（鹤 梅）

【市公交公司成立“优质服务先锋队”】 2018年8月23日，大同市公交公司成立以全国人大代表、4路公交车驾驶员冯冰为队长的“优质服务先锋队”，向全体公交驾驶员发出“立足岗位，为创建文明城市出一份力”倡议。

成立由获过市级以上荣誉称号的先进个人及公司十佳标兵驾驶员组成的“优质服务先锋队”，旨在发挥榜样力量，提升公交服务，展现大同公交形象，起到“组建一支队，树立一面旗，带动一大片”效果。在市公交三分公司办公楼前举行公交人为创建文明城市出份力誓师活动。冯冰代表“优质服务先锋队”向全体公交驾驶员发出以“增强文明服务意识，提高公交服务质量，遵守交规文明行车，弘扬正气树立新风，努力践行服务承诺”为主要内容的倡议，倡议全体公交驾驶员从点滴做起，比环境、赛秩序，比卫生、赛文明，给乘客提供舒适、快捷、安全、优质出行环境。（鹤 梅）

【4路公交线被命名为“冯冰线路”】 2018年9月，大同市公交公

▲氢燃料公交车亮相大同 （李冬宾 摄）

司把全国人大代表、4路车驾驶员冯冰所在的公交三分公司4路线命名为“冯冰线路”，把该线路打造成该公司的标杆线路，带动公交整体文明服务水平提升。这是该公司自1954年成立以来，首次以驾驶员的名字命名公交线路。冯冰从1991年起从事公交驾驶工作，在近30年的时间里，他立足本职，爱岗敬业。2005—2018年获过全国、省、市各级荣誉称号10余个。2008年，他所在车组被全国总工会命名为“工人先锋号”车组。4路公交线除冯冰外，还有省优秀共产党员、省五一劳动奖章获得者赵建新等优秀驾驶员，通过他们的示范引领作用，打造一支公交服务先锋队。

（大同公交公司）

【公交学雷锋志愿服务队成立】 2018年9月6日，大同市公交公司成立“大同市公交学雷锋志愿服务队”。“大同市公交学雷锋志愿服务队”以传承公交人无私奉献、艰苦奋斗传统为基础，以“学雷锋做好事，人人争当志愿者”为主题，把“奉献、友爱、互助、进步”作为主要内容，增强企业道德内涵、培育文明风尚、塑造窗口形象。服务队有6项重点志愿服务活动：开展创造优美乘车环境志愿服务活动、开展网络文明志愿服务活动、开展扶贫助困志愿服务活动、开展岗位学雷锋志愿服务活动、开展党员志愿者志愿服务活动、开展“全民健身、健康生活”文明健身志愿服务活动，培养积极向上生活情趣。 （鹤 梅）

【首个氢燃料电池公交示范运营项目暨加氢站建设启动】 2018年9月30日，大同市政府与大同经济技术开发区瑞鼎新能源汽车销售有限公司和大同氢雄云鼎氢能科技有限公司签署相关协议，山西省首个氢燃料电池公交示范运营项目暨山西省首个加氢站建设启动。市委副书记、市长武宏文，副市长尉连生、马安全，上海田鼎投资管理公司董事长王荣奎，雄韬股份董事长张华农，大同氢雄云鼎氢能科技有限公司总经理熊云等见证签约。“雄韬”团队到大同实施氢燃料电池公交示范运营项目。 （鹤 梅）

市政建设

【概况】 2018年，大同市新建和改造城市供热管网126千米，新增集中供热面积304.9万平方米，城市建成区清洁取暖面积6326万平方米，覆盖率100%，各县（区）建成区清洁取暖覆盖率50%以上，安装供热计量及温控装置197.16万平方米，实现热计量收费1210.22万平方米。新建和改造城市供气管网86千米，城市燃气普及率98%以上。新建和改造城市供水管网130千米，城市供水普及率99.7%以上。新建和改造城市污水管网70千米，完成全市14座污水处理厂保温提效工程、御东污水处理厂提标改造工程，建成恒安新区污水处理厂。整治市政入河排水口5处，整治雨污合流点位75处，截污纳管27处。

（市政管委会）

【市政基础设施投资】 2018年，大同市市政基础投资约13亿元。5月1日，免费开放25座城市公共停车场。投资2981.77万元，实施大同市迎宾街（云中路至西环路）雨污水管道改造工程。投资1985万元，完成甘河截污纳管工程。启动富乔垃圾焚烧发电厂二期日处理能力500吨扩容工程。投资9249万元，建设8座总长831米人行过街天桥。投资2888万元，改造拥军路、云冈路桥涵积水点工程。投资4700万元，维修整治完工全长16千米的俱乐部西街、局西街等18条老旧道路。 （市政管委会）

【城市供水】 2018年，大同市有城市供水企业2家，日供水量30.4万吨，年供水量1.05亿吨，水质合格率100%，管网漏损率5.92%。大同市供水排水集团有限责任公司加强水源水、出厂水、管网水水质监测力度，加大水质安全管理。优化制水工艺，改造城区主力水厂、转供水厂制水工艺流程，改造投加液氯工艺成为投加次氯酸钠工艺，杜绝使用液氯危险化学品，消除隐患。维护巡检在线水质监测设备，确保设备正常运行、准确监测；投资50万余元新增水质监测设备，专业培训水质监测人员，提升水质监测能力，卫生管理清水池等城市供水设备设施，加大水质保障力度，城市供水水质综合合格率100%。全年产水量1.11亿立方米，保障元旦、春节、夏季供水高峰、成龙国际电影周等重要节日、重要活动及日常安全不间断供水。加强应急演练，配发应急物资，全年组织各类应急演练16次。加大宣传力度，排查涉黑线索。印制大型宣传横幅40余条、编制LED宣传标语10条、宣传专栏5块，设置举报箱22个，张贴宣传资料200余份。采取与职工谈心谈话、与群众沟通交流等方式，排查涉黑线索，发现并上报涉黑线索5条，保障城市供水系统平稳运行。全年调机换泵44台次，更新低能耗、高效率设备4台。全年清缴欠费1098万元，水费回收率98%。

供水服务 年内，大同市供水排

水集团有限责任公司规范服务流程，做好咨询接待、工单受理、解答回复等日常工作。整理完善企业情况、服务内容、对外承诺、用水常识等内容，汇编成册，向用户印发《供水服务便民手册》，提高供水服务工作时效性。通过网站、微信公众号、电台等媒体平台发布供水信息，提醒居民蓄水储水、错峰用水。用户反映的二次供水水压、水质问题，即使不属于公司职责范围，也现场查看、现场协调、现场处办，义务为居民化验水质，提出解决方案。同煤集团首批职工家属区供水系统移交以来，该公司把供水服务模式应用到服务工作中，到居民家中解决用水问题。组织工程、设计、水质等专业人员到阳高县服务，与当地供水人员交流管理经验、管理模式、管理理念。该公司全年受理政府工单2746件（次），合理诉求办结率100%，满意率98%以上。

“三供一业”移交工作　年内，大同市供水排水集团有限责任公司按照国家、省、市关于驻同央企省企家属区“三供一业”供水系统移交分离工作部署，安排专人与移交企业对接，协商解决存在的问题。针对同煤集团家属区移交资产不明确、改造费用不到位、抢修服务场所未解决、亏损补助未落实等问题，该公司召开专门会议，使场所、亏损等事项达成一致。截至2018年年底，驻大同央企省企供水系统移交工作完成。送达资产清单的19家移交企业完成资产清查；与4家企业签订资产移交协议，与5家企业签订管理职能移交协议。

供水工程建设　年内，大同市供水排水集团有限责任公司负责建设大庆路供水管线改造工程、纺织园区供水管线铺设工程、白登山滑雪场供水加压泵站及输配水管线工程等政府涉水工程，施工过程中涉及管线迁改、征地等事项。全年铺设DN200–DN1600供水管线56千米，迁改水源井4眼，改造电力线7.12千米。开工建设泉新路加压泵站和拥军路加压泵站，两座加压泵站的泵房、清水池、水源井、加氯间等基础建筑和设施完成。该公司加强与市消防支队配合，确保市政消火栓建设一个、验收一个、移交一个，确保设备正常使用，全年安装市政消火栓587套。

大同银行预存代缴水费　年内，市供排水集团公司和大同银行签订协议，大同市供水排水集团有限责任公司用水户，均可凭六位用户编码选择就近的大同银行网点预存或缴纳水费，如需打印发票，可凭银行缴费凭证至市供水排水集团有限责任公司任意一个营业处开具水费发票。用水户在水费通知单下发之日起15日内缴费，逾期未缴费的用户，依据供用水协议的约定，采取限制供水措施，并从逾期之日起，每日加收3‰的违约金，违约金金额不超过欠费金额。逾期60日未缴纳水费的用户，依据《大同市城市供水条例》相关规定停止供水。如因欠费停水的用户，在缴纳水费后，可持缴费凭证到用水户所属的供排水集团营业处办理复开登记手续，营业处在复开登记后48小时内安排停水复开工作。（市供排水公司）

【城市燃气】　2018年，大同市城市供气以华润燃气公司为主，全年改造6600户老旧用户，整治违章占压3处。农村“煤改气”，敷设中压管网44.31千米，低压架空管网敷设148.37千米，壁挂炉安装9415户。大同华润燃气有限公司经营区域为大同市行政区及下属“7+1”县（含朔州市右玉县）。年供气量2.09亿立方米，管理用户77.36万户。敷设管网2904.74千米。其中，市政中压918.74千米、庭院中压34千米、低压1952千米。有门站6座、CNG母站2座，标准站4座，子站7座，LNG加气站2座、L-CNG合建站2座。大同华润燃气有限公司参与全市“一把手”接听“12345”政府服务热线活动，处理“12345”政府热线委派工单4401件，办结率100%。开通微信、支付宝缴费渠道，与五大行合作开展代收代扣业务，卡表圈存项目进入测试阶段。7月，增设口泉客服中心及维抢修中心，降低周边管网抢修抢险时间，提高服务及时性和客户满意度。

全年开展服务专项标准培训12次、季度服务标兵评选4次，年度客服满意度得分91.71。提高老旧用户燃气安全意识。分解安检责任，规范安全行为，开展抢险抢修桌面演练9次，消防演练1次，地震演练1次。安全培训180次，现场宣传108次。超期表下墙8500块，改造小区户外表置换8300户，工商业户巡检率100%。加大服务文化建设，入厂区、小区现场服务宣传22次，编写服务管理体系文件22个，现场考核72次，行为观察82次，规范现场行为7次。改造老旧管网11.2千米，占年度目标112%。整改违章占压任务5处，达到年度目标。年内，大同华润燃气有限公司响应山西省、大同市国资委印发2018年内完成国有企业“三供一业”分离移交文件精神，对接涉改单位，与12家央企、7家省企签订正式分离移交协议。19家企业项目可研和施工方案编制完成，市发改委立项批复9家企业。全年进场施工改造3.3万户。铺设中压输配管网74千米。改造落里湾门站，西韩岭门站加装LNG气化保障装备，提升门站瞬时流量。右玉县门站、浑源县门站分别于10月和12月通气投产。2月，大同华润燃气有限公司完成南郊区“煤改气”项目招投标工作，邀请政府相关部门到济宁、安阳、长治，阳曲等煤改气现场调研，入村解读宣传政策。为保障工程进度，大同华润燃气有限公司协调地方政府、村委会、村民，获得支持。截至2018年年底，改造16个自然村，9552户。（祁　敏）

【城市供热】　2018年，大同市城市热源有二电厂、云冈热电厂、大唐热电、华岳热电、中煤能源等，供热面积9756万平方米，供热覆盖率99.8%。大同市热力有限责任公司新增集中供热面积400万平方米，接收同煤第二批“三供一业”分离移交供热面积205万平方米。全年供热总面积8232.2万平方米。其中，热电联产集中供热面积8128万平方米（市区6560万平方米，同煤棚户区及同煤平旺地区1568万平方米），城乡接合部燃煤燃气锅炉供热面积104.2万平方米。大同市热力有限责任公司在市区有11个供暖分公司、1个维护抢修分公司和1个客服中心（设5个客户服务大厅）；子公司云西热力公司负责同煤首批“三供一业”分离移交区

▲ 2018 年 10 月 1 日，大同热力足球队获省足协杯赛冠军　　（安文秀 摄）

域供热；平旺分公司负责同煤第二批“三供一业”分离移交区域供热。为推进公司供热技术进步，加强供热技术研究和人才培养，成立由 40 余名技术骨干组成的公司技术委员会，开展技术研讨、方案论证、科技攻关和经验交流。

年内，“大同热力”公众号新增在线报停和恢复用热两项服务。用户可通过手机办理相关业务，操作简单，轻松快捷。年内，大同市热力有限责任公司主要实施 5 项工程：供热一次网工程，新敷设管网 49.6 千米，接收同煤平旺地区供热一次管网 37.5 千米。截至 2018 年年底，公司供热一次管网 1091 千米。供热二次网工程，为 98 个老旧小区改造庭院管网约 10 千米，更换阀门 700 余个，为平城区下辖 7 个社区活动中心配套敷设二次管网 960 米。热力站建设及配套工程，建设热力站 36 座，接收同煤分离移交区域热力站 22 座，截至 2018 年年底，该公司投入使用热力站总数 575 座。分户改造工程，分户改造 3.1 万平方米，截至 2018 年年底，该公司累计分户改造 645.3 万平方米。推行计量供热，增加供热计量收费面积 400 万平方米，该公司实施 86 个小区 1400 万平方米供热面积供热计量收费。8 月，大同市热力有限责任公司启动 2018—2019 年供热准备工作，根据气温变化情况，从 10 月 10 日开始供热（比法定供暖时间提前 15 天）。落实安全生产目标责任制，与各供暖分公司及担负供热抢修任务的队伍分别签订《供热安全运行责任书》和《供热安全抢修责任书》，确保集中供热热网安全稳定运行。更新维修服役 20 年的 88 个老旧热力站管道设备。检查、检修公司负责的热力站、中继泵站、一网管线（井室）以及燃气锅炉，消除各类安全隐患，确保设备完好率 100%。加强运行管理，提前与热源电厂、华润燃气公司沟通协调热源、气源保障问题。发挥供热自动化控制技术优势，调度、配置供热流量，保障供热质量均衡稳定。坚持每月不少于 3 次入户测温并建立测温档案，根据测温情况合理调配供热流量。在规范要求的 18±2℃基础上，要求热源电厂增加供热量，提高用户居室舒适度。加强维护抢修，各类备品、备件准备充足，4 支专业抢修队伍随时应对处置突发事件。4 台应急送水车和 2 台应急发电车随时待命，如热力站发生停水、停电故障，立即投入使用。属于物业或产权单位负责维修的二网故障，如果物业维修能力较弱甚至不管，帮助维修或直接维修，保证居民正常供暖。加强供热服务，客服中心和各客户服务点节假日不休息，客服热线（6101111）全天接听用户来电，保证用户反映的问题随时解答、解决。11 辆供热宣传车到小区开展流动服务，在用户反映问题较为集中的小区召开用户座谈会。在委托银行网点收费基础上，开通微信收费，用户足不出户便可实现在线交费。10 月 1 日，恒大 2018 山西省足协杯赛在山西省全民健身中心体育场完赛，比赛为期一个月。来自山西省 10 个城市的 16 支队伍参赛，大同热力队获得冠军。

（安文秀）

【城市排水】 2018 年，大同市市政管理委员会协调气象、水利等部门编制印发《大同市内涝风险预警信息联合会商和发布系统实施方案》。拉网式排查整治汛期前市政排水防涝设施，组建 18 支 549 人抢险队伍和 200 人常备队伍，补盖井盖 230 个，疏通排水管线 325 千米，清掏收水口 8000 座 / 次，清理检查井 9300 座 / 次，清理污泥 4000 余立方米、检修水泵 35 台 / 次。6 月进入汛期，大同市大小降雨 54 场，降雨量 495 毫米，所辖区域未发生严重城市内涝问题。2018 年，被大同市委、大同市政府评为“能源革命、大同尖兵”卓越组织单位，被山西省住房和城乡建设厅评为全省住房城乡建设工作优秀单位。

（市政管委会）

【污水及垃圾处理】 2018 年，大同市城市污水处理企业 5 家，日处理能力 22.7 万吨，全年处理城市生活污水 8300 万吨，污水处理率 93%，再生水回用率 22% 以上。大同市城市生活垃圾处理企业 1 家，日处理能力 1100 吨，全年处理城市生活垃圾 40.16 万吨。餐厨废弃物循环利用处置企业 1 家，日处理能力 100 吨，全年处理城市餐厨废弃物 2.85 万吨。污泥干化处理企业 1 家，日处理能力 200 吨，全年处理城市污泥 6.6 万吨。

（市政管委会）

【市政设施维护】 2018 年，大同市清掏检查井约 8300 座、收水井约 1 万座，维修检查井约 70 座、收水井约 600 座，更换盖板 200 余块；更换光源 4100 个，更换电缆线 1700 余米，维修路灯杆 6400 余杆，维修路灯变电箱 50 余次；桥面养护 25 千米，安装护栏 660 米，加固栏杆 140 米；处理路面塌陷、空洞等道路

问题30余处。（市政管委会）

【市城市环境综合整治联合执法】2018年1月至5月，大同市市政管理委员会牵头实施大同市城市环境综合整治联合执法"洁净行动"，清理各类广告648处、清理占道经营3500次、清理路桩3500个、清理纸质野广告6170张、清理污染路面及设施带2000余米，整治乱停乱放车辆6000余辆、纠正其他各类违法行为1.3万次、交通法规宣传7000余次，制止焚烧垃圾、原煤、秸秆行为69次，悬挂、发放、更新禁燃禁放宣传资料1.8万份、取缔禁燃区私自销售烟花爆竹和旺火商家24家、制止禁燃区内燃放烟花爆竹和燃点旺火行为125次。5月至7月，环境整治和灯光亮化大同市魏都大道、御河西路、大同东等5个高速路出入口工程，集中整治私设广告牌、车辆乱停乱放、围墙破损、卫生死角等83项问题，整改完毕。（市政管委会）

【扬尘治理】2018年，大同市市政管理委员会严格渣土运输车辆管理，严防车辆运输道路扬尘污染和抛洒滴漏，全市渣土运输车辆GPS定位系统安装率90%以上，全市326辆渣土车更换为第四代新型环保车辆。加大城市道路机械化清扫保洁力度，增加各类设备资金投入，扩大城市道路机扫、冲洗面积，加大道路湿扫频次，不定时路面洒水降尘，提高道路机械化清扫作业率，严查垃圾清扫中焚烧垃圾行为。大同市建成区清扫面积2440万平方米，其中机械化清扫保洁面积1982万平方米，机械化清扫率81.25%。

（市政管委会）

【数字化城市管理平台】2018年9月，大同市总投资1982万元的数字化城市管理平台建成并调试系统，建筑面积1252平方米，在国家9大标准子系统建设基础上，新增视频监控子系统、GPS车辆管理子系统、业务消息短信子系统、井盖监控预警子系统、路灯照明管理子系统、环卫管理子系统、统一服务热线子系统7个扩展子系统和融智通（处置通、城管通、领导通三合一）、实景三维子系统、全民城管APP、"市县一体化"城管云服务等11个子系统，服务范围108平方千米。

（市政管委会）

【市区生活垃圾分类试点启动】2018年1月2日，大同市智慧垃圾分类项目走进市实验小学，为师生送来垃圾分类的知识。智能垃圾分类可回收箱分为纸张、塑料、金属、玻璃4类。居民通过扫描智能卡上的二维码关注"分好啦"微信公众号，绑定个人信息就可以投放垃圾。二维码智能卡对准回收设备扫描区，扫描成功后根据投放垃圾的类别对应按下按钮打开箱门投放垃圾，7秒后箱门自动关闭落锁，箱体自动读取物品重量并在显示屏显示。居民在投放完毕后，会收到一条积分信息，提示该次投递的可回收物品种类、重量和相应累积的积分额，之后根据市场可回收物收购价格把积分兑换成相应的金额，居民通过积分来兑换商品，具体兑换形式可以在积分兑换机上兑换或者到合作超市消费。操作数据通过云平台第一时间回传到后台，管理者通过云平台管控前端的垃圾分类，后台运营管理员每天8小时在线查看云数据分析的各类异常情况，以及机器的使用情况、效果，每日报表统计居民投放合格率，每月统计居民积分、小区最佳用户。（市政管委会）

【西京街绿轴景观带音乐喷泉广场对外开放】2018年4月28日，西京街绿轴景观带音乐喷泉广场对外开放，每天上午11:30至12:00；下午5:30至6:00；晚上8:00至9:00三个时间段为市民送上视听盛宴。西京街绿轴景观带音乐喷泉广场位于西京街与太和路交会处西北角，属西京街绿轴景观带"新城魅力"区，音乐喷泉广场设计占地3000平方米，有各式喷头576个。喷泉由水幕电影、水雾、激光秀、音乐喷泉4部分组成，开放时交替进行。（市政管委会）

【城管监察】2018年，大同市市政管理综合执法支队打击违规渣土运输车辆，防止车辆运输道路扬尘污染和抛洒滴漏，通过"两头抓，一线管"、渣土运输回执单制度、建筑垃圾分类回填、GPS定位等管理模式，不间断巡查，严禁渣土车带泥上路、抛洒滴漏、苫盖不严、密闭不严、超长、超高、超重、随意倾倒建筑垃圾等违规行为发生，全年治理违规渣土运输车辆2000余辆/次，整顿清扫各施工项目出入口1000余家/次，劝返车辆1000余辆，查处超载超限车辆100余辆。全市不符合环保标准的渣土运输车辆更换第四代新型环保车辆。开展扫黑除恶专项行动，制订《大同市市政管理综合执法支队关于开展扫黑除恶专项斗争的实施方案》，召开动员大会、推进会，贯彻落实文件精神。成立扫黑除恶专项斗争工作领导小组，设置专门场所抽调专人成立扫黑除恶办公室，利用宣传标语、横幅等形式宣传。设置举报箱，公开举报电话，畅通信息渠道。贯彻河长制工作要求，加强河道管控力度，以御河、十里河等河道为重点，严查随意向河道倾倒建筑垃圾、装潢垃圾，重点打击小四轮、农用车等偷倒行为，联合河道管理部门打击利用河道挖沙取土行为。打击私搭乱建，拆除违章建筑，配合原南郊区国土资源局依法拆除西王庄、东王庄、寺儿村、梓家庄等地违章建筑及大棚约100处。为保证大张高铁动工，配合天镇县动迁300户住户，智家堡村、房子村、肖家寨村等动迁工作取得成效，无上访、无暴力抗法等情况出现。配合客运处规范客运出租市场经营秩序，打击全市范围内非法黑出租、网约车、串线车；按时间节点逐一落实残疾人从事非法运营等问题。从严管理正规运营客运出租车，在大同火车站、飞机场等地设立出租车候车点，出租车严格按照顺序排队候客；打击拉客、抢客、拼客违法行为。加大创建文明城市力度，提高支队创建文明城市工作水平，成立领导组。该支队执法人员不定时、不间断巡查全市各大街小巷、商业街区、车站机场等，水泊寺小学附近占道经营现象严重，影响周围居民正常出行，该支队采取重点路段蹲守管理，延伸路段巡回监察相结合方式，劝导周围小商贩进入市场经营，还道路整洁干净。温馨告知辖区内涉及的1500余户商家、商贩存在的违法违规问题，清理店外堆物、占道经营商户600余家、商贩2000余个，拆除私自占用公共便道违规搭建伞棚、防护栏200余个，还路于民。

年内，大同市市政管理综合执法支队按照省政府办公厅《关于印发山西省大气污染防治2018年行动计划的通知》和《山西省住房和城乡建设厅关于加强建筑工地施工扬尘治理的通知》安排，严防施工车辆带泥上路污染路面及抛洒滴漏等行为，温馨告知全市100余家施工单位，要求施工工地按照六个百分百标准（施工工地周边100%围挡、物料堆放100%覆盖、出入车辆100%冲洗、施工现场地面100%硬化、拆迁工地100%湿法作业、渣土车辆100%密闭运输）管理；在雨雪较多天气，该支队加派执法人员，在全市范围内巡查，严防施工车辆带泥上路。年内，大同市市政管理综合执法支队整治群众举报多次的临街商铺门前私设地桩地锁现象，拆除西京街东方名城北门10处，文兴路亲水湾龙园东门附近15处，天祥街睿和锦城临街商铺周边20处，针对地桩地锁“重灾区”太阳城周边，该支队抽调4个大队，多次劝导督促临街商铺，拆除太阳城附近地桩地锁536个。年内，大同市市政管理综合执法支队把户外广告管理作为日常工作重点，贯彻整治活动，巩固整治效果，责令200余家违规设置广告牌匾的单位和商户整改，主要包括89处墙体广告、21处围挡广告、18处医院广告及其他；清理路边商铺橱窗贴纸40余户，拆除违规设置牌匾500余处，摘除广告条幅200余条；抓现行3处，追源擅自喷涂广告商家30余家，行政处罚屡次违规、在市政设施上喷涂张贴野广告等5起情节严重案件。该支队购买涂料300余桶，为队员配备小铲子、刷子等工具，要求巡查队员随见随清围挡、墙体上“野广告”，清除、同色覆盖野广告2000余条。（李雁婷）

【城市管理执法体制改革】2018年1月9日，大同市市政管理委员会出台《大同市城市建设管理综合行政执法体制改革实施方案》（同发〔2018〕1号），《方案》明确大同市城市管理职责、权限界定，确立执法主体为城乡建设、规划、房管、市政、园林行政主管部门的全部处罚权及环保、工商、水务、食药、公安的部分行政处罚权。开展大同市城市环境综合整治联合执法，综合整治古都灯会周边、御河东西路、御东区、全市重要交通岗区周边的市容市貌、环境卫生、道路交通秩序、市场经营秩序、户外广告、门前五包、园林绿化等方面，开展以整治燃放烟花爆竹、渣土运输车辆为主要内容的专项整治行动。分4期组织全市540名城乡建设管理执法人员业务培训，统一制作和发放学员手册和培训资料，聘请专家、教授为执法人员专题授课，实现城乡建设管理科级以下干部和基层执法人员轮训上岗。（市政管委会）

【市政审批服务】2018年，大同市市政管理委员会办理市政府“12345”热线中心派发电子工单1763件，办结率100%，满意率99%。简化市政政务审批环节，完善建设项目并联审批一条龙制度，压缩审批时限，精减前置条件，提高市政政务审批效率。城市道路挖掘、临时占用、管（杆）线建设施工审批及城市桥梁上架设各类市政管线，压缩审批时限平均至2天；市政施工企业（三级）资质，压缩审批时限平均至10天；市政建筑施工企业安全生产许可证（三级）的核发和延期核准，压缩审批时限平均至12天；燃气经营许可（供气经营许可），压缩审批时限平均至4.5天；城市建筑垃圾处置核准，压缩审批时限平均至3.5天；城市排水许可证核发，压缩审批时限平均至3.5天；燃气经营者改动市政燃气设施，压缩审批时限平均至1.5天；城市生活垃圾经营性清扫、收集、运输、处置资质审批，压缩审批时限平均至1.5天。

（市政管委会）

园林绿化

【概况】2018年，大同市（含县区）新增绿化面积165.7万平方米，投入资金6.22亿元。其中，市本级新增绿化面积134.87万平方米，县（区）新增绿化面积30.83万平方米。市本级建成区绿化覆盖率、绿地率、人均公园绿地面积分别为42.87%、38.75%和15.88平方米/人。绿化提档升级全市95个小景点、129条道路，绿化提升魏都大道高速南出口和御河西路高速南出口工程。实施西京街绿轴、儿童公园改造、御东公共活动走廊景观工程、38条城市道路绿化、2个路旁小景点绿化，及西、北城墙带状公园建设。城墙带状公园举办“不忘初心牢记使命、凝心聚力共创家园”主题菊花展，在护城河内打造长约1800米荷花景观带，御河生态林举办金秋花展，建成御河西岸沿河坝健身步道，文瀛湖风景区在主要广场及道路两侧种植宿根花、时令花卉约100万株。助推能源革命，城市公园建设和改造灯光照明、绿地浇灌、服务设施等方面推广使用新能源材料，使用太阳能。电瓶车、游览船使用新能源动力，公园服务间采取电、氢能供热，使用电动洒水车、氢燃料车等新能源产品。（许　荣）

【园林合作】2018年，北京市重点支持大同市建设种苗温室大棚和科技示范区。建设连栋温室基础、日光温室等，大部分建成。科技示范区选购7个乡土植物品种、21个丁香品种、20个优良品种、23个彩色树种和9个新优灌木品种，5400余株。（许　荣）

【首届海棠花会】 2018年4月28日，2018中国（大同）首届海棠花会在西城墙海棠公园举行。海棠花会是由大同市人民政府主办，城区人民政府、市旅游发展委员会、大同广播电视台、市园林管理局、大同兰园绿色园林绿化工程有限公司承办。央视播音员任志宏，特型演员、影视作品中周恩来总理的扮演者郭伟华参加开幕式，他们与大同播音主持人、朗诵名家及大同歌舞剧院交响乐团一道，为来宾奉上诗歌朗诵音乐会《美丽大同海棠花开》。海棠花会期间举办“微视频及摄影大赛”“2018大同最美少年评选大赛”“海棠花下画海棠”等活动。（余 霞）

【御河生态林东岸开放】 2018年8月，占地面积186万平方米的大同市御河生态林东岸景观工程竣工，对游客开放。御河两岸景观工程东依御河东路，西临滨河路，北起京包铁路桥，南至南环桥，东西宽1100米，南北长5400米。御河两岸景观工程是省、市重点项目，御河生态林以“绿”为主，绿化面积90%，植物种类丰富，种植乔木54个品种、27.58万株，灌木48个品种、461.51万株，花卉30余种、48.74平方米，林下植被25个品种、59.27万平方米，铺草28.12万平方米。（余 霞）

乡村建设

【概况】 2018年，大同市创建广灵县涧西村、云冈区东韩岭、灵丘县小寨等省级美丽宜居示范村6个、特色文化村5个、集中连片区2个和农村公共浴室试点9个；市级投入2860万元打造美丽宜居乡村示范区，建设高标准美丽宜居乡村33个，破解“六入户”瓶颈（自来水、卫生厕所、宽带、管网、电视户户通、市县有线电视节目）。投资3.1亿元改造6个贫困县（区）1.85万户四类重点对象危房，投资完成率120%，竣工率100%。开工“四好农村路”916项，完工1753千米，投资17.5亿元，分别占里程、投资任务的124%和138%。加快农村通信基础设施建设，4G网络覆盖1702个行政村，覆盖率86%；实施82个贫困村电信普遍服务补偿试点，均建成接通。落实河长制，清淤清障81万立方米，清理堆积物60万立方米；实施农村饮水安全巩固提升工程，惠及658个村、54.6万人。改厕1.73万座，新建农村垃圾处理设施5座、转运站29座、污水管网256千米。（市农委）

【农村人居环境改善】 2018年，大同市灵丘县列入省改善农村人居环境示范县，集中打造以车河、北泉、觉山、边台、沿河等村为核心的连片示范区，实施“长城脚下存孝故里”、关沟村“平型关下第一村”、南张庄村“烟云崖民宿创意小镇”等项目，走出一条三生共赢、三产融合的乡村振兴之路。广灵县实施乡村环境提升工程，聘请中国乡建院科学编制“一村一规划”设计方案，143个提升村分三类压茬推进，投资规模5亿元，其中整合县级财政资金2亿元，实施PPP项目撬动社会资本3亿元。广灵县涧西村投资2500万元，铺设管网3000米，道路硬化6682平方米，安装太阳能路灯48盏，新建卫生厕所30间，新建广场、下沉广场、窑厂体验区、公共浴室各1处，修复明清古院落3个，成为宜居、宜游、宜业、宜商的特色民俗美丽宜居村。（梁 全）

【乡村环境提升工程】 2018年4月至11月，大同市市政管理委员会牵头指导各农业县（区）实施乡村环境提升工程，工程资金25.3亿元，1257个整治村建设施工，开工率97.2%，102个示范村建设，开工率100%，完成率96.2%。新建无害化农村生活垃圾处理设施5座，新建垃圾转运站29座，配备农村清扫保洁人员6462人。摸底建档非正规垃圾堆放点567处，整治424处，整治率74.8%，29个乡（镇）启动农村生活垃圾分类试点工作。223个村庄开展新（改、扩）建污水管网255.61千米，污水处理设施40个。改造无害化卫生厕所10744座，建成农村规模养殖场粪污配套处理设施182座。清理农村“四堆”15.14万处，整治残垣断壁7.2万处，清理户外野广告10万余条。开展“市政运营安全大检查”和城镇燃气安全专项整治活动，采用“四不两直”方式，开展隐患排查整治，确保市政运营安全稳定。（市政管委会）

生态保护

环境质量

【大气环境】 2018年，大同市环境空气质量综合指数平均5.18；优良天数288天，占83.7%；重污染天数平均0天，占0%。与上年相比，综合指数下降2.4%；优良天数减少13天，比例下降1.3个百分点；重污染天数增加0天。全市环境空气二氧化硫（SO_2）、二氧化氮（NO_2）、可吸入颗粒物（PM10）、细颗粒物（PM2.5）年均浓度分别为31微克/立方米、29微克/立方米、82微克/立方米、36微克/立方米，一氧化碳（CO）和臭氧（O_3）百分位数平均浓度分别为3.1微克/立方米和153微克/立方米。与上年相比，SO_2年均浓度下降29.5%、NO_2年均浓度下降9.4%、PM10年均浓度上升12.3%、PM2.5年均浓度持平，CO百分位数平均浓度上升3.3%、O_3百分位数平均浓度下降0.6%。 （王瑾瑶）

【水环境】 2018年，大同市地表水监测的12个断面中，洗马庄断面全年断流，Ⅰ～Ⅲ类水质断面比例25.00%，Ⅳ类水质断面比例16.67%，Ⅴ类水质断面比例16.67%，劣Ⅴ类水质断面比例33.33%。城市集中式饮用水源地总体水质达标率100%，与上年持平。监测地下水基础井26眼，地下水总体水质为较好，与上年相比水质基本稳定。 （王瑾瑶）

【声环境】 2018年，大同市开展城市区域环境噪声监测工作，测点数202个，声平均等效声级51.3分贝，点位覆盖面积32.32平方千米，昼间等效声级二级；交通环境噪声监测工作，监测74个监测点，路段总长度57.45千米，道路噪声平均等效声级68.2分贝，噪声强度二级；城市功能区环境噪声监测工作，特殊住宅区、居民文教区、居住、商业、工业混合区、工业区，道路交通干线两侧昼夜等效声级分别53.3分贝、57.9分贝、57.5分贝、59.9分贝、67.3分贝。 （王瑾瑶）

【辐射环境】 2018年，大同市有96家核技术利用单位全部领取辐射安全许可证，其中涉源单位26家，108枚放射源。射线装置使用单位70家，256台射线装置。放射性同位素使用全年无事故。全市有辐射环境国控点1个，监测结果表明，全市辐射环境质量状况处于正常水平。（王瑾瑶）

【自然生态环境】 2018年，大同市左云县开展河流湖库和生态遥感监测，左云县的3个村庄开展农村环境空气质量、饮用水源地和土壤监测。监测结果表明：大同市农村环境空气总体达标率66.7%，主要污染物为PM10和PM2.5。地下水饮用水源地水质总体达标率100%。10个土壤监测点位全部达标。 （王瑾瑶）

【大同市获全省环境空气质量奖】 2018年3月，山西省环保厅通报全省环境空气质量奖惩情况，大同市获奖励资金438.76万元。全省环境空气质量奖惩按月对各市空气质量改善情况实施奖优罚劣。每月主要看各市的PM10、PM2.5、二氧化硫等指标，考核基数为当月全省平均值，并与上年同期值比较。当月监测结果差于考核基数的城市，扣罚资金；当

▲ 新荣区饮马河环境保护区 （张湛滨 摄）

月监测结果好于考核基数的城市，给予资金奖补。其中，采暖期主要考核环境空气质量综合指数、PM2.5、二氧化硫；非采暖期考核环境空气质量综合指数、PM2.5、PM10。大同市连续5个月获得奖励资金。其中，上年10月、11月、12月分别获奖励资金909.27万元、246.2万元、430.71万元，2018年1月、2月分别获539.02万元、446.38万元。（余 霞）

土地资源保护

【概况】 2018年，大同市国土资源局（简称“市国土局”）服务全市“能源革命、对外开放”两个尖兵建设，推动“转型项目建设年”活动，严守耕地红线，加大保护力度，保障全市31.02万公顷基本农田面积不减少、用途不改变、质量有提高。推进土地整治项目实施，实现耕地占补平衡。推行依法行政，实现全区域土地监管执法科学化管理，发现和处理土地违法行为，全年办理不动产登记50938件。

年内，市国土局向国务院、省政府上报征地40件（批次37件，单独选址3件），总面积1242.66公顷。其中，农用地836.45公顷（含耕地535.34公顷），建设用地282.73公顷，未利用地123.48公顷。批回征地件29件（批次25件，单独选址4件），总面积927.1公顷。其中，农用地632.78公顷（含耕地371.13公顷），建设用地199.92公顷，未利用地94.4公顷。供应全市各类项目土地86宗，面积679.92公顷。其中，划拨34宗，面积532.33公顷；协议出让20宗，面积22.89公顷，收取土地出让金3.32亿元；公开出让43宗，面积232.36公顷，收取出让金71.8亿元（其中含清缴往年18.47亿元）。全市地方级占补平衡建设项目11个，截至2018年年底验收2个；向五台县购买占补指标24.6公顷；探索土地整治市场化模式，鼓励和引导社会资本投资或参与土地整治项目。盘活现有存量低等级补充耕地指标，以“补改结合”方式落实占补平衡，保障项目占补需求。收到大同市城乡规划局出具规划条件地块133宗。其中，古城内20宗（出让10宗，出让需要调整3宗，流拍3宗，取消规划4宗）；安置房用地10宗（9宗地公开出让，1宗地交平城分局组卷征地）；科创园用地9宗（出让1宗，出让需要调整3宗，二次流拍2宗，调整规划2宗，取消规划1宗），其他用地项目94宗。其中，涉及征地39宗（交云州区组卷征地15宗，交平城区组卷征地16宗，交云冈区组卷征地8宗），其余项目55宗（5宗公开出让，27宗储备中心开展核查工作，18宗利用用科和交易中心开展办理工作，5宗涉及规划调整）。承担对接“双十”引领转型尖端项目7个，其中高品质蓝宝石晶体制造项目、年产3万吨镁棒及500万件锻造镁合金汽车轮毂生产项目、中科院工程热物理研究所大同分所项目征地手续办结，万龙白登山滑雪场项目用地获省厅批复，新智产业园（云中e谷）项目（大同县辖区内）、聚力环保、古城东北隅、新荣区西村乡上深涧乡上年采煤沉陷区治理搬迁安置项目，广灵上墨家沟50兆瓦风电场工程，阳高通用机场项目上报省厅。

全年全市实际耕地面积37.61万公顷、实际划定基本农田面积31.02万公顷，市国土局超额完成省政府分配的耕地保有量36.47万公顷、基本农田保护面积31.02万公顷任务。全市安排19个高标准农田整理项目，建设规模4906.67公顷。年内10个项目初步设计批复；2个项目初步设计评审；6个项目可研报告立项。耕地开发项目15个。其中，省级4个（1个实施中，3个向省厅申请验收，可验收新增耕地269.49公顷），市级11个（2个验收，新增耕地59.11公顷，6个开展申请工作，新增耕地410.93公顷，剩余3个推动实施）。

市国土局审核上报采矿权延续、变更、抵押等日常管理事项39项，督促14家矿山企业编制“三合一”方案。开展全市240家矿山企业矿区范围与各类保护区重叠核查并上报省厅核查结果。配合审批办注销或变更退出核查发现有重叠的市发证9座矿山、县发证2座矿山采矿证。开展矿业权人勘查开采信息公示核查，应公示276座，填报并公示265座，11座矿山企业未按规定时间公示，完成率96.01%，探矿权11家，完成填报率100%；实地核查矿山企业23座，（其中，采矿权21座，探矿权2座）。全年办理采矿权审核审批事项69个。其中，部省发证39个，市发证30个。追缴、征缴采矿权出让收益6.7亿元。其中，本金5.2亿元，资金占用费1.2亿元，滞纳金0.3亿元。

年内，市国土局获全国矿产资源利用现状调查先进集体优秀成果奖，在“美丽中国”第四届全国国家版图知识竞赛和少儿手绘地图大赛（山西赛区）中获优秀组织奖。（姚 磊）

【地质灾害防治】 2018年，市国土局出台《2018年度地质灾害防治方案》，签订地质灾害防治责任书324份。全市7个县（区）建成高标准“十有县”（有制度、有机构、有经费、有监测、有预警、有评估、有避让、有宣传、有演练、有效果）。更新10个县（区）639处地质灾害隐患点群测群防网络体系工作。6个滑坡、泥石流隐患点配备专业监测设备重点监测，发放地质灾害隐患告知书750份、发放工作明白卡750份、避险明白卡15971份。全市地质灾害防治连续六年零死亡事故。全年全市农村地质灾害治理搬迁任务267户，由灵丘县政府具体实施。省、市70%配套资金2257.75万元全部拨付灵丘县财政。年内，250户竣工，127户搬迁入住，超额完成年底前搬迁工程主体竣工过半任务。历史遗留的5个地灾治理项目，2个组织终验，3个初验。截至2018年年底，大同市18个地环治理项目主体工程竣工率90%。（姚 磊）

【卫片执法检查】 2018年，市国土局完成上年度卫片执法检查工作。立案查处182宗违法用地案件，结案180宗，未结案2宗，立案率83.11%，结案率98.9%。收缴罚款382.78万元，没收违法建筑物面积10.04万平方米，拆除违法建筑物面积2.96万平方米，给予26人党政纪处分，申请强制执行119宗。矿产卫片37宗违法开采立案查处30

宗，非立案处理7宗，没收违法所得1005.18万元，罚款9.25万元，结案30宗，结案率100%。排查历年关闭取缔井口2855个，未发现盗采行为。需要重新关闭或封堵34个井口，各县（区）投入资金275万元全部封堵并上报省厅井口坐标数据。全年全市煤矸石堆放占地涉及23家矿山企业179.95公顷，其中2家矿山企业办理占地手续。年内，市国土局查处13家矿山企业，立案6家矿山企业。拟起草《大同市煤矸石综合治理实施方案》，该方案被大同市人民政府批准并逐年实施。6月25日至29日，市国土局组织各县（区）接受国家土地督察北京局督察，11月9日，国家自然资源督察北京局反馈督察发现6个方面问题，市国土局起草《大同市2018年例行督察反馈问题整改实施方案》。建立健全土地管理长效机制，起草《关于进一步加强土地管理工作的通知》。（姚 磊）

【不动产登记管理】2018年，市国土局不动产登记中心发放不动产权证书50938本（含证明5232份）。审核环节由原来的5个优化为3个，办理时限由法定的30个工作日压缩为7个，压缩近80%。个人一手房转移登记当日办结、立等可取，投诉率下降90%。全市农垦国有土地使用权确权面积446.09公顷，率先在全省完成确权发证工作，确权率100%。其中，大同市云城乳业162.42公顷，浑源县国营农牧场283.67公顷。全市有京大高速公路、大运高速公路等11条66段，确权发证面积3403.91公顷。除京大高速公路南郊段不在发证范围外，其他线段全部完成确权发证工作。在山西省率先完成高速公路不动产登记发证任务，并在《中国自然资源报》上刊登。（姚 磊）

【国土资源规划管理】2018年，市国土局调整完善市、县级土地利用总体规划（2006—2020），部、省批复。审查完成乡级土地利用总体规划调整完善文本；完成市、县级土地整治规划（2016—2020）编制审核批复和数据库备案工作；招标新一轮大同市土地利用总体规划编制试点工作，并开展前期编制准备工作；评估市、县（区）土地利用总体规划“十三五”实施中期工作。督查各县（区）增减挂项目，全市22个增减挂项目，新增耕地733.33公顷。其中，9个验收，8个实施中，5个申报待批复。流转增减挂结余指标，阳高县流转66.67公顷，收益1.1亿元。天镇县流转93.33公顷，收益4.2亿元。（姚 磊）

【大同市第三次土地调查】2018年7月5日，大同市召开第三次土地调查工作部署会。调查任务：在第二次土地调查成果基础上调查土地地类、面积和权属；细化耕地调查，全面掌握耕地数量、质量、分布和构成；开展低效闲置土地调查，摸清土地利用状况；建立互联共享的一体化土地调查数据库及管理系统；健全土地资源变化信息的调查、统计和监测更新机制；调查存在相关部门管理需求交叉地类的利用现状、质量状况和管理属性。市政府印发《关于开展大同市第三次土地调查的通知》，成立大同市第三次土地调查领导小组及办公室。县（区）三调实施方案的编制与备案工作完成。7月底前完成广灵先行试点县的调查验收和各县（区）招投标工作，启动全市调查工作。

（莫 俪）

【华北片区不动产登记技术交流会议】2018年8月24日，由自然资源部主办、山西省国土资源厅承办的自然资源部华北片区不动产登记技术交流会在大同市举行。自然资源部不动产登记局、北京、天津、河北、山西、内蒙古五省（市、自治区）国土厅领导和不动产登记工作一线业务骨干300余名代表参加会议。各省市代表们交流发言，介绍不动产登记经验做法，开启房产交易、税务征收、不动产登记“一窗受理、并行办理、集成服务”新模式。建立不动产登记全流程服务标准，在办事大厅明显位置公示，在报纸、电视等媒体上专题介绍。利用“互联网＋不动产登记”提升统一登记效率和水平，开通网络预约平台，实现登记申请网络预约和智能排队。（姚 磊）

水资源保护

综 述

【概况】2018年，大同市水务局落实水资源管理制度，促进水资源可持续利用。全市用水总量6.3亿立方米，比控制指标低0.92亿立方米，万元地区生产总值用水量下降9.53%，万元工业增加值用水量下降3.3%，关闭地下水井114眼，压采2348.1万立方米，超计划348.1万立方米。（符官喜）

【生态补水】2018年，大同市实施引黄向桑干河生态补水，进入境内水量2755万立方米，册田水库累计向北京输水11794万立方米，有效补充地下水，改善河道及周边生态环境，保障首都用水安全；为改善御河利仁皂、桑干河固定桥水功能区断面水质，累计向御河生态补水200万立方米，补水期间两个断面水质由劣Ⅴ类提升为Ⅴ类；孤山水库为文瀛湖净补水529万立方米，为御河城区段蓄水区净补水649万立方米。（符官喜）

【水灾害防御】2018年，大同市健全市、县、乡、村、组、户六级责任制体系，落实大中小型水库政府、主管部门、管理单位、技术及日常巡坝责任人；完善应急体系，制订各类预案859套，形成市、县、乡、村四级预案体系，明确各级别防汛预警和相应应急响应机制；落实各类抢险队伍92支9470人，备足各类抢险物资，安排各种防灾演练34次；开展河道清淤清障，清淤清障113.49万立方米；开展督促检查，汛前检查水库13座、河沟道堤防22段55千米、淤地坝3座、在建水利工程6处、9个县级平台运行管理情况及9个县级、5个乡级、1个村级备汛情况，发现隐患问题督促整改；汛中抽查各地防汛工作安排落实情况，健全值班巡查、应急处置、责任追究等配套制度，水库、灌区、蓄水工程按照规程调度运行，未发生大的洪涝灾害。全市投入抗

▲ 2018年5月12日，大同市节约用水办公室举行节水宣传周万人签名活动

（计 敏 摄）

旱人力3.08万人，车辆18辆，动用机电井4183眼，机电灌站48处，动用流动抗旱设备97台（套），新打、维修机井和吃水工程19处，维修水泵等抗旱设备68台（套），拉运水7328吨，扩浇面积2.63万亩，为农业生产和人畜用水提供保障。全市自筹抗旱资金686万元，春浇面积140.11万亩，夏浇面积122.89万亩，降低农作物干旱损失。（符官喜）

【城市节水】 2018年，大同市节约用水办公室（简称“市节水办”）摸底检查116家规模以上企业，规范行政审批流程，修改和完善供水用水统计报表。5月12日，大同市城市节水宣传周启动仪式在展览馆门前广场举行。宣传周主题为“实施国家节水行动，让节水成为习惯”。市节水办职工向过往群众分发节水宣传单5种1万份、1400个印有节水宣传口号的手袋、围裙，展出节水展板8块，举行“万人签名活动”。制作3个节水宣传广告片，在大同电视台、教育电视台、同煤电视台7天循环播出，在市区3个主干道电视大屏幕滚动播出，在40条公交线路700辆公交车上播放一个月节水口号和节水宣传片。宣传周启动当天在《大同日报》刊登节水专版。7月，水平衡测试日均取水量在1000立方米以上18家厂矿、企事业单位，测试结果作为制定各单位用水定额及计划依据。5家单位通过验收。为创建省级节水型城市，大同市成立“节水型城市建设工作领导小组”。加强各用水户节约用水和集约取水管理，推进城市生活节水管理和水资源综合利用，发展节水产业，推广应用节水技术、工艺、设备和器具，提倡循环用水、一水多用、重复利用和污水处理回用，增加雨水资源供应渠道，鼓励“中水”回用。

（计 敏）

水利保障

【全市防汛抗旱工作电视电话会议】 2018年6月7日，全市防汛抗旱工作电视电话会议召开，通报全市2018年雨情预测预报情况分析，安排部署全市防汛抗旱工作和河长制工作。市委常委、常务副市长薛明耀，市政府副秘书长苏坡，市防汛抗旱指挥部常务副总指挥、水务局局长文晓东，市气象局局长苏喜福，及市防指成员单位和市水管单位负责人参加会议。（符官喜）

【中国水之行——海河行（大同站）公益活动】 2018年7月28日至29日，由中国水利学会、水利部海河水利委员会、省水利厅、市政府主办，中国水利学会水力学专业委员会、中国水利学会城市水利专业委员会、省水利学会、海河流域水资源保护局、中水北方勘测设计研究有限责任公司、市水务局、市水利学会承办的中国水之行——海河行（大同站）公益活动在大同市举行。中国水利学会副秘书长刘咏峰、省水利厅副厅长王贵平等出席启动仪式。市委常委、副市长冯苏京参加启动仪式并致辞。中国水之行——海河行活动是以传播中华水文化，普及水生态文明理念，总结城市水生态建设经验，探索解决方案，提供技术支持，唤醒人们敬水、爱水、护水意识为目的的大型公益活动。专家组通过交流座谈、实地考察、科普教育等活动，对大同市水生态文明建设面临的实际问题、解决方案和技术路径，提出意见和建议。（符官喜）

【《大同市御河流域生态保护条例》】 2018年8月29日，大同市第十五届人民代表大会常务委员会第十六次会议审议通过《大同市御河流域生态保护条例》（简称“《条例》”），11月30日，山西省第十三届人民代表大会常务委员会第七次会议批准实施。《条例》分总则、生态修复、生态保护、法律责任、附则五个部分，下年3月1日起施行。在“3·22”世界水日、“中国水周”，通过多种形式宣传水利相关法律法规，普及水法常识，提高市民节水意识。（符官喜）

【全国饮水型氟超标改水工作现场推进会在大同举行】 2018年12月20日至21日，全国饮水型氟超标改水工作现场推进会在大同市召开。会议总结交流除氟改水技术和优秀经验做法，明确农村高氟水工程解决途径和时限，部署相关任务，确保2020年底前解决饮水型氟超标问题。水利部副部长田学斌出席会议并讲话，副省长陈永奇致辞，国家卫生健康委疾控局局长毛群安、水利部农水水电司司长陈明忠、省政府副秘书长梁敬华、省水利厅厅长常书铭等参加会议。大同市委副书记、市长武宏文等参加会议。与会人员到十里河入御河交汇处生态湿地工程，及阳高县东小村镇、古城镇农村饮水安全除氟工

▲ 2018 年 12 月 21 日，全国饮水型氟超标改水工作推进会在大同召开（符官喜 摄）

程现场实地观摩。山西、河北、陕西、安徽、山东、江苏等地代表作典型经验交流。（符官喜）

水利规划

【水利规划编制】 2018 年，大同市水务局编制《南洋河流域生态修复与保护规划》，新荣区、左云县、天镇县、阳高县小水网规划，《大同市水功能区纳污能力核定和限制排污总量规划》《大同市水资源全域化配置方案》《桑干河、御河、十里河、口泉河、甘河、南洋河、壶流河生态调水规划》《大同市水资源保护规划》。与水利部海河委员会、省水利厅沟通，推动更多项目纳入国家《大清河流域规划》中。针对部分桑干河生态修复项目与桑干河省级自然保护区重叠问题，经水务局多方反映、市政府协调，与省林业厅、环保厅达成保护区调规问题一致意见，保护区临时调整工作按程序推进。（符官喜）

【水利项目投资】 2018 年，大同市落实各类水利投资 8.58 亿元。其中，中央投资 4.01 亿元，省级 0.59 亿元，市级配套 3.98 亿元，比上年增长 72.3%。市水务局与省发改委、省水利厅沟通对接，推动大同市融入永定河项目投融资机制改革。9 月，永定河流域投资有限公司大同分公司注册成立，负责大同市永定河流域生态保护与修复项目总体实施、投融资运作，统筹管理各级政府用于流域治理项目财政资金，以投资主体一体化带动流域治理一体化，通过政府、市场两手发力，加快项目建设速度。11 月 28 日，永定河综合治理与生态修复项目大同市御河段整治工程开工。通过新的流域治理模式，建设“水清、河畅、岸绿、景美”生态环境，并为全流域跨省市一体化治理提供“大同模板”。（符官喜）

水利工程

【水利重点工程】 2018 年，大同市加快御河得大高速桥至京包铁路桥段、御河南环桥至京大高速桥段、十里河开源街至大运高速桥段综合整治工程、文瀛湖至御河水源置换、天阳盆地地下水置换、桑干河固定桥生态蓄水、大同市口泉河生态修复、浑源县唐河源头金峰殿至王庄堡段生态修复治理 8 个河道治理项目建设，年内到位资金 6.32 亿元（占计划投资 44%），累计投资 5.83 亿元。加快阳高县守口堡、阳高县堡子湾、灵丘县门头峪、浑源县王千庄 4 座水库和册田水库除险加固工程建设，4 座水库累计投资 3.79 亿元，册田水库除险加固工程投资 2077 万元。加强水保生态建设，水土流失治理面积 53.1 万亩，重点实施京津风沙源水利水保和坡耕地水土流失综合治理工程建设。京津风沙源水利水保项目总投资 5270 万元，完成投资 2863 万元，小流域治理 3.5 万亩，水源工程 215 处，节水工程 168 处；坡耕地水土流失综合治理项目涉及天镇、浑源、灵丘、广灵 4 县，总投资 4390 万元，完成中央投资 2950 万元，水平梯田 1.85 万亩。孔家渠改造及黑臭水体治理工程竣工，项目总投资 6778.31 万元，到位资金 5800 万元，累计投资 6700 万元，其中 2018 年投资 3400 万元。（符官喜）

【水利工程运行维护和管理】 2018 年，大同市水务局加强水库、灌区、河道水利工程运行管理和维护工作，督促各水管单位加强巡逻管护。4 次以“四不两直”方式突击抽查建设项目，针对发现的问题送达质量监督检查整改通知书，限期整改。开展 2017–2018 年度在建水利项目建设质量管理工作考核，考核结果全市通报，表扬考核成绩突出的集体、个人，督促参建单位健全施工质量和安全控制体系。（符官喜）

【御河生态湿地工程】 2018 年，大同市御河生态湿地工程位于大同县利仁皂村上游 3 千米，下游 3 千米范围内，占地面积约 63 万平方米，由两个子项组成：利仁皂断面上游水质改善工程、御东污水厂出水水质改善工程。利仁皂断面上游水质改善工程于 8 月 29 日系统通水，占地 31 万平方米，日处理污水 4.32 万立方米，日进水 4.32 万立方米。利仁皂断面下游御东污水厂出水水质改善工程于 8 月 25 日系统通水，占地 32 万平方米，日处理污水 4 万立方米，日进水 4 万立方米。12 月 10 日，大同万维科技有限公司组织相关专家结合工程水质监测结果论证，利仁皂断面上游水质改善工程和御东污水厂出水水质改善工程出水水质均达地表水 IV 类水质标准。（王瑾瑶）

【永定河综合治理与生态修复项目大同市御河段整治工程】 2018 年 11 月 28 日，永定河综合治理与生态修复项目大同市御河段整治工程开工。省委常委、市委书记张吉福出席仪式并宣布工程开工。省水利厅厅长常书铭，水利部规划计划司副司长谢义彬，省水务投资集团董事长范世平，永定河流域投资公司董事长孙国升、总经理康学增等出席仪式。市委副书记刘振国主持开工仪式，市委常委、常务副市长薛明耀，副市长马安全等出席仪式。常书铭代表省水利厅向工程开工表示祝贺。他说，大同市委、市政府率先启动大同市御河段整治，为山西省实施“七河”生态保护与修复作出表率。省水利厅与各市县和参建各方共同努力，把永定河流域生态治理工程建设成精品工程、德政工程、民心工程。薛明耀在致辞中代表市委市政府祝贺项目开工。他表示，大同市各级各部门支持并推动永定河流域大同御河段整治工程实施，早日实现“水量丰起来、水质好起来、风光美起来”。（符官喜）

册田水库管理

【概况】 册田水库位于山西省大同市云州区境内，是桑干河中上游的一座大（II）型水库，隶属于海河流域，永定河水系，控制流域面积1.67万平方千米，占官厅水库以上流域面积38.5%；平均径流量2.22亿立方米；总库容5.8亿立方米。主要枢纽工程有主坝、副坝、正常溢洪道、非常溢洪道、大同引水洞、南北干渠放水闸及闸门启闭机等。最大坝高42米，大坝全长1080米，整个工程等级为二级，大坝地震烈度7度。册田水库地处首都北京上游，是山西省唯一一座全国重点防汛水库。在管理运行上，围网封闭整个坝址区，坝头坝尾设立保卫室，安装视频监控，覆盖所有枢纽设施和办公场所，并与省水利厅联网。大坝观测，水雨情收集实现自动化。重点部位增设人工观测，设立固定保卫室，专人看护，轮流值守。保证工程设施安全运行。2018年，册田水库管理局委托山西省水利水电勘测设计院编制完善《册田水库防汛抢险应急预案》《大坝安全管理应急预案》、完善大坝观测制度和巡视检查制度及重点岗位责任制、重点岗位操作规程等规章制度。筹措资金更新改造管理用房供水供电系统，改造工程管理区高压线路，坝址区植树绿化，升级改造信息系统视频监控；改造东沙窝电灌站供电线路，更换、维修杨庄电灌站损坏和变形压力管道。

年内，册田水库为灌区下泄水量1300万立方米，浇地8万亩次。为文瀛湖生态供水505万立方米。册田灌区续建与节水改造工程和册田水库水轮泵站改电灌站工程竣工。5月2日，大同市人民政府办公厅以同政办函〔2018〕70号批准成立大同市册田水库除险加固工程建设项目部，工程于8月7日开工建设。落实中央资金2592万元。（册田水库）

【防汛检查】 2018年6月11日，市委常委、常务副市长薛明耀率水务部门负责人，到册田水库检查防汛工作。现场查看蓄水情况、备用电源情况、非常溢洪道、正常溢洪道设备运行情况，听取册田水库工作汇报，指出请专家或专业机构鉴定“清泉洞隐患”，拿出治理方案；非常溢洪道、正常溢洪道闸门及启闭机超龄服役问题，加快工程改造进度。册田水库在做好大坝安全管理的前提下，承担起防洪责任，采取科学的上下游联合调度措施，确保下游防洪安全。

（册田水库）

【向北京市集中输水】 2018年，大同市册田水库管理局为贯彻落实国务院批复的《21世纪初期首都水资源可持续利用规划》和永定河干流水量分配方案，在水利部、水利部海河水利委员会、山西省人民政府、山西省水利厅及大同市人民政府部署下制订向北京市集中输水实施方案。5月9日至6月18日，册田水库向北京输水4986万立方米。11月1日至12月4日，册田水库向北京输水6808万立方米。两次输水1.18亿立方米。

（册田水库）

森林资源保护

【造林绿化】 2018年，大同市林业局按照《大同市国土绿化总体规划（2017—2022）》，实施京津风沙源治理、重点区域造林和通道沿线两侧荒山绿化等林业生态建设工程，完成国家、省级营造林任务19.57万亩，改善城镇、乡村生态面貌。修改完善2015年制定的《作业设计编制与审批规定（试行）》，印发《大同市营造林作业设计编制与评审规定》，完善和规范各营造林工程项目作业设计编制与评审工作。提升乡村人居环境建设。全市按照进村路、环村林、街道树、庭院果要求，规划实施村庄绿化工程，绿化村庄56个（其中省级任务21个）。（陈学飞）

【山西省桑干河杨树丰产林实验局】 2018年，山西省桑干河杨树丰产林实验局造林12.12万亩，助推右玉荒山造林5.9万亩，辖区灭荒7300亩，提前实现全域灭荒目标。提前部署下年11.9万亩造林任务，其中与大同、朔州两市落实合作造林地块8.05万亩，林区内落实地块4.04万亩，年内完成预整地8万亩。

山西省桑干河杨树丰产林实验局以保障性育苗为主，兼顾科研性、经营性、经济性需求推进苗圃转型升级。每年按照10万亩造林规模安排育苗生产，播种针阔373亩，针叶树容器苗1982万株，阔叶树容器苗565万株，培育卫矛、丁香、水蜡等经营性苗木349亩，形成针阔并重，以播种苗、营养钵苗、定植苗不同梯次的种苗发展格局。发展森林康养产业，选定落阵营中心林场小盐坊作为首批启动的康养基地。组织开展林地资源清查，加强征占用林地事前、事中、事后监管，全年查办各类林业案件197起，查处违法人员205人。

年内，山西省桑干河杨树丰产林实验局推进国家和省级种质资源库建设，两年收集保存杨树种质863份；收集沙棘优树种质资源60份，引进省外良种7个品种初试；在全国范围收集沙枣、杜梨、白榆典型分布区种子资源，进行种源试验。繁育技术研究难生根白杨派、大果榛子等品种，大果榛子外植体扩繁技术取得成功，长柄扁桃引种成功，造林试验200亩。加强与技术院所合作，开展杨树杂交育种、石墨烯溶胶应用、林下菌类种植等技术研究。推广应用退化林分修复、盐碱地造林、集水整地、容器苗造林、钵体覆盖、碎石覆盖等林业技术，提高林业工程建设质量。年内，山西省桑干河杨树丰产林实验局被人力资源和社会保障部、国家林业局评为全国林业系统先进集体，被省直机关精神文明建设委员会命名“省直精神文明单位”。（杨树局）

【大同市桦林背林场】2018年，大同市桦林背林场公益林管护工作全面移交第三方服务单位大同市滋森劳务派遣公司接管。劳务公司与管护人员签订用工合同，岗位培训管护人员，按照林区分布和小班划分落实到人。制订《大同市桦林背林场公益林管护资金使用监督管理暂行办法》《大同市桦林背林场公益林管护监督管理暂行办法》。投资22.58万元完成国家级公益林围网2150米，修筑大型公示牌3块，粉刷维修公示牌6块，责任碑62块。投资17.62万元抚育公益林881亩。投资64万元大同管护站建设项目，新建管护站办公住宿面积160平方米，院墙260米，门户1间，项目完工并验收合格。完善国家级公益林落界数据工作，确定界明林场现有国家级公益林23.16万亩，2111小班。编写《大同市桦林背林场永久性生态公益林保护实施方案（2019—2023）》，市政府批复。

申报山西省林业科技创新《晋北地区沙棘良种选育研究》重点研发计划项目。投资30万元培育沙棘良种苗木60万株，沙棘良种获“第六届山西花卉及苗木博览会苗木类金奖”。与省林科院合作培育冬枣实验，移植枣树180株，成活率90%以上。上报投资48万元的沙棘良种繁育温室大棚建设项目，项目包括：土壤改良3000平方米、配套滴灌2套、管灌1500米，低压电路1500米。投资19万元营建沙棘饲料林150亩技术研究项目，合同签订。山西省桦林背森林公园总体规划分布矢量图编制完成并上报省林业厅。第二次森林总体规划（2018—2027）完成设计通过评审。选定大同市六棱山森林康养基地并上报，康养基地规划总面积49680亩，其中服务区277亩，森林康养基地49403亩，均在山西省桦林背森林公园内核心景观区。

清查打击自然保护区内非法开矿采石行为，其中浑源百川煤业（二矿区）越界开采排渣情况上报省林业厅和市林业局。5月4日，由浑源县政府牵头、浑源县国土资源局、浑源县安全生产管理局、山西省六棱山省级自然保护区、百川煤业公司多部门联合执法，责令该矿停止破坏行为，恢复植被，涉及的违法行为移交相关部门处理。送达整改通知，该矿植被恢复造林640亩，复垦230亩。6月，该矿停止生产整顿。组织派出所、资源科、各工队摸底排查自然保护区和森林公园内所有矿点，防止旧矿新采，死灰复燃，指派专人监管，发现情况准时上报。与所涉及的地方政府对接，和各县职能部门配合，合力打击林区内违法采矿作业，违法违规矿点全部停工。配合森林派出所办理盗伐林木案件1起，失火案1起，自然保护区内堆放煤渣案1起，非法采药案15起，合计罚款13991元。建立林区内私挖乱采、破坏林地违法行为联合打击机制。

年内，大同市桦林背林场完工投资8.05万元的中央财政林业生态保护恢复人工造林项目，造林115亩，并验收合格。投资15万元林木种苗建设项目，新建蓄水池1口，固定喷灌500米，及配套电缆、水泵、引水管等设施，通过验收。投资33万元的财政支农苗圃建设项目，改造管线1500米，铺设水泥路270米，土地平整及苗木抚育15亩，新砌围墙400米，并验收合格。投资32.59万元的森林消防培训基地配套设施建设项目，更换门窗180平方米，粉刷内外墙3000平方米，拆旧新建卫生间2座，合计40平方米，通过验收。

年内，大同市桦林背林场申报实施林木病虫害华北落叶松鞘蛾防治项目，该项目投资8万元，防治面积5000亩，项目完工并通过验收。油松毛虫、落叶松鞘蛾、舞毒蛾等是林区内主要虫害。（市桦林背林场）

【云冈国家森林公园管理处】云冈国家森林公园管理处（大同市十里河林场）是一套班子两块牌子。云冈国家森林公园地处大同市新荣区、云冈区、云州区、平城区境内，十里河延绵贯穿其中，地理坐标北纬39°56′47″～40°13′25″，东经112°56′55″～113°35′04″，规划森林风景资源保护面积23万亩。该林场经营范围主要在云冈区西韩岭乡、平旺乡、云冈镇、高山镇、马军营乡、口泉乡，经营面积4.96万亩。其中，有林地面积4.4万亩，林木蓄积量1.7万立方米，国家公益林面积3.34万亩。林地管护区分为四个片区，平川区、高山区、峰子涧区、云冈区。森林类型通过低产（效）林改造工程，整个平川区改造完成。

2018年，投资1083万元实施森林培育1.69万亩。完善管护站建设，其中峰子涧投资20万元用于修路、修院，高山投资15万元用于修路、院，云冈投资10万元建设配电工程。查询各类土地40宗；调出滑雪场1095亩。办理大北线电力输出占用林地8.5亩；新建30兆瓦集中式光伏扶贫项目输出工程，占林地6.86亩。接收煤管局的左云县高山屯林场和南郊区孤山矿柱林场，护林员启动GPS定位，加强公益林管护，补植补种175亩，未发生大的林地侵占案件。组建10人管护防火队，防火紧要期临时聘用护林防火人员20人；喷涂责任牌，建设大型宣传牌2块；开展大型宣传活动2次，发放宣传资料1000份，安装车体固定宣传4套，全年未发生森林火灾。

低质低效林更新改造属大同市十里河林场上年度森林培育项目，该项目区位于林场西山林区，范围涉及云冈区云冈镇和高山镇。实施面积1.69万亩。其中，云冈镇0.49万亩，高山镇1.2万亩。总投资1083万元，资金来源为财政拨款。项目分17个标段，项目建设期两年。2018年7月开工，各施工单位按要求完成栽植任务，管理处按进度评审规定支付相应工程进度款。

年内，云冈国家森林公园管理处按照国家林业和草原局《关于进一步加强国家级森林公园管理的通知》（林场发〔2018〕4号）要求，启动森林公园调规和修编工作，调整云冈国家森林公园原规划与新批复大同市发展规划产生矛盾区域，

调规方案拟调减总面积 7.94 万亩，拟调增总面积 7.2 万亩，调整方案上报国家林业和草原局。（刘文丽）

【大同市长城山林场】 2018 年，大同市长城山林场实施森林质量精准提升，国家级华北落叶松良种基地培育管理 5763 亩；1.5 代种子园培育管理 435 亩；华北落叶松幼树防护网建设 23.2 千米；推动良种转化进程，良种育苗 500 万株；双亲本控制授粉设计组合 122 个，套袋 4000 个。植被恢复造林 560 亩。彩叶树基地培育管理 256 亩。落实森林防火责任体系，逐级分解任务，层层签订森林防火目标责任书。开展森林防火宣传月活动。出动防火安全宣传车 120 车次，发放安全宣传资料 3500 份、宣传手提袋 800 个、张贴禁火令 400 份、标语 2000 条、悬挂条幅 200 条。坚持巡山护林和严防死守相结合，集中力量、重点设防、死守硬看，杜绝火种入山，消除火险隐患。实现全年无安全事故和森林火灾。加强公益林管理，维护生态安全。管护国家级公益林 13.88 万亩，增设管护亭 13 个，公益林投保 13.88 万亩。编制永久生态公益林五年保护方案。健全林业有害生物监测预报和防治体系，开展病虫害防治，防治落叶松鞘蛾虫病 5000 亩。7 月，大同市长城山林场党总支被中共大同市直属机关工作委员会评为先进基层党组织。（史晓霞）

污染防治

【大气污染防治】 2018 年，大同市政府办公厅印发《大同市大气污染防治 2018 年行动计划》，多措并举治气，空气环境质量改善。加强“控煤”，推进冬季清洁供暖工程，推行冬季清洁取暖 64139 户，供热面积 641.39 万平方米。其中，集中供热 53994 户，供热面积 539.94 万平方米。煤改电 4051 户，供热面积 40.51 万平方米；其他清洁改造 6094 户，供热面积 60.94 万平方米。加大划定的 102 平方千米“禁煤区”建设，达到除煤电、集中供热和原料用煤企业外禁止储存、销售、燃用煤炭及其制品的目标。淘汰燃煤锅炉 96 台，燃煤锅炉完成特别排放限值改造 147 台，其他燃气、生物质锅炉完成特别排放限值改造 180 台。推广使用洁净型煤，发放城乡接合部 1.8 万平房户洁净型煤。严格“管车”，发展新能源车，全市公交车 1076 台，全部更换为清洁能源汽车。其中，电动公交车 155 辆，插电式气电混合动力车 216 台，天然气车 705 台，落实大同“氢都”建设战略，有 20 辆公交车采用氢能源。与交通、公安、市政、公路等部门集中开展重型柴油货车和散装物料运输车污染治理联合执法专项行动，治理筛查检验出的 7820 辆不合格机动车，柴油车全部淘汰，市区更新 43 辆国Ⅴ排放标准的新型环保渣土运输车，不予准入排放低于国Ⅱ的汽油车和低于国Ⅳ的柴油车，集中治理道路扬尘，加强过境公路养护管理，解决城市周边过境道路扬尘污染。开展加油站成品油抽检工作，抽查油库 4 座，加油站 36 座，经现场核实手续齐全，成品油进、销、存台账及进货票据均显示为国六标准油品。淘汰老旧车 386 辆。清理取缔非法经营黑加油站点 44 个，查处非法运输黑加油车 25 辆，罚没非法油品 34.69 吨，立案 5 起，治安拘留 9 人。开展建筑工地扬尘污染治理绿网行动，落实工地扬尘防治“六个百分之百”要求，督促平城区和云冈区、住建、文物、园林、水务、交通、市政等县（区）和部门加强房屋拆迁、各类施工工地、道路清扫保洁等扬尘污染防治。新建或更换施工围挡 9.6 万米，硬化施工现场道路、场地 31.5 万平方米，绿网覆盖 102 万平方米，施工现场配置冲洗设备 126 台，15 个规模以上建筑工地全部安装扬尘污染在线监测系统和远程视频监控系统。加大监管渣土运输车，渣土运输车辆做到“全密闭”“全定位”“全监控”。326 辆渣土车安装定位系统，实现数字监控全覆盖。深入“治污”，加大整治“散乱污”企业清理力度，排查出 209 家“散乱污”企业，全部列入淘汰类，并依法予以取缔。加强监管化工、医药、机械等行业，整治 10 家产生 VOCs（挥发性有机物）的企业，要求 9 家喷涂企业使用水性涂料并实施治理，减少 VOCs 污染物排放。加快推进重点行业“升级改造”，4 家水泥企业完成特别排放限值改造、9 家电力企业完成超低排放改造、3 家钢铁及化工行业完成特别排放限值改造，414 家企业完成达标整治评估。加强“禁燃”。督促平城区政府和公安、安监、房管等部门严格抓好烟花爆竹和节庆旺火禁燃管控，督促农业部门加强秸秆禁烧管控工作，积极应对不利天气。

全年大同市空气环境质量全省排名第一，其中，优良天达标率 83.7%，比省分配目标 81% 多出 2.7 个百分点，全省只有大同和吕梁完成任务；空气质量综合指数 5.18；PM2.5 年均浓度 36 微克 / 立方米，全省最低，三项指标均为全省第一。空气质量优良天数 288 天，超出全省平均值 81 天。大同市出现 21 天沙尘天气，同比增加 11 天，夏季臭氧污染 32 天，同比增加 4 天，市区建设和拆迁工地、机动车保有量同比增加，空气环境质量实现“六连冠”。大同市坚决打好污染防治攻坚战，实现从“煤都黑”到“大同蓝”被国务院作为典型经验做法予以通报表扬。（王瑾瑶）

【水污染防治】 2018 年，大同市确立“139”水污染防治机制（“1”是消除地表水国考断面劣Ⅴ类水质；“3”是环保、水务、市政三个牵头部门组织协调；“9”是抓好 9 项重点措施），开展 6 次水环境质量攻坚行动。专项整治入河排污口，摸排御河等 7 条河流排污口 96 个，通过分流、接引、截污、封堵等举措，整治 41 个其他类型入河排污口，25 个污水处理厂排污口实施规范化整治，截污分流整治 30 个雨水口上游。清河专项行动中清淤清障 80.94 万立方米；清理垃圾等违章堆积物 60.22 万立方米，清理阻水林木及高秆作物 8 亩，清理非法采砂 10 处，清理违章其他建筑物计划量 470 平方米。清淤桑干河大同段河道，清理各类垃圾 30 万余立方米。实施生态补水，调水平均流量 4.5 立方米 / 秒以上，总计调水量2500万余立方米，补充河道生态基流，缓解河道及周边生态恶化。改造建成区现有合流制排水系统和雨污混接管网，全市排查整改市政管网雨污合流点位373处。其中，市建委改造201处雨污合流点位；市市政管委会负责整改124处，整改97处，截污纳管整改27处；市房管局组织核实整改的雨污合点位有26处列入下年整改实施计划；废弃处置22处涉及房屋拆迁雨污合流点位。

加快桑干河流域城镇生活污水处理厂达地表水V类标准“提温提效”工程和扩容提质改造工程进度。市恒安新区6万吨/日污水厂试运行初期成倍超标转变为近期达标排放。根据《山西省水污染防治2018年行动计划》（晋政办发〔2018〕55号）要求，市财政追加5亿元生态文明建设专项资金，推动各污水处理厂按地表水V类标准实施保温增效工程，除东郊、西郊、开发区污水厂因受到搬迁扩建、提标扩容等因素影响暂不工艺提质提效改造外，其他污水处理厂均按改造方案完成保温增效改造工程，剩余11个污水厂均完成前期手续。沿河县（区）政府实施沿河村镇散排污水截污纳管工程并配套建设污水处理设施和管网。污水管道建设甘河两岸工程，全长6.54千米，收集甘河南岸污水0.4万吨，整治沿线1个排污口，纳入赵家小村污水处理厂；收集甘河北岸污水1.2万吨，整治沿线4个排污口，纳入市恒安污水处理厂。加大沿河畜禽养殖场监管，杜绝粪污等直排入河，要求全市100个畜禽养殖场废弃物治理并综合利用，现有规模化畜禽养殖场（小区）配套建成粪便污水贮存、处理、利用等设施比例70%以上。

加强工业废水深度处理监测监管，由各县(区)政府(开发区管委会)作为责任主体负责实施工业企业提标提质改造，巩固提升制药、造纸、化工等重污染高耗能行业整治成果，集中培育行业整治示范典型，整治提升制药、造纸、化工、机械、食品加工等涉水行业企业，集中治理工业集聚区水污染，推进工业园区工业企业达行业特别排放限值、直排自然水体达地表V标准（矿井水达地表Ⅲ标准）。从8月15日起，出动执法人员510人次，执法车辆120车次，取缔御河、十里河、万泉河、甘河、桑干河（区内段）河道两侧排放污水的29家“散乱污”企业。截至2018年年底，10条主要河流12个考核断面，Ⅲ类及以上优良水体断面3个，比上年增加1个，比例27.27%，增长11%；劣V类断面2个，国考断面主要考核指标浓度比上年下降。（王瑾瑶）

【噪声污染防治】 2018年，大同市加强噪声日常监管，落实噪声污染防治和机动车实行禁鸣等措施，加强城市综合整治，拓宽改造市区及周边区域道路工程，控制交通噪声污染。畅通各级环保“12369”、公安“110”、城建“12319”举报热线噪声污染投诉渠道。推进城市声环境功能区划分工作。中、高考期间，环保、公安、市政、住建等部门联动落实“绿色护考”行动。大同市区域环境噪声和道路交通噪声保持稳定，总体变化不大。（王瑾瑶）

【土壤污染防治】 2018年，大同市实施土壤污染防治行动计划，制订土壤污染防治工作方案、土壤污染治理与修复规划及年度行动计划。编制《大同市土壤环境污染事件应急预案》，完成《重点行业企业污染地块调查》基础信息采集、《南郊区污灌区土壤环境调查与评估》，推进《大同市一般企业用地土壤污染风险筛查和基础信息调查》。建立大同市2018年污染地块名录；推进灵丘县、云冈区和天镇县启动农用地超标区域治理修复，“开源一号”（原大同市煤气厂）污染场地治理修复项目完成场地调查和风险评估，列入国家土壤项目储备库。（王瑾瑶）

【农业面源污染综合防治】 2018年，大同市农委安排部署农业面源污染防治工作10余次，出台并印发《大同市农业面源污染防治2018年工作责任分解和行动计划》《关于贯彻落实〈大同市水污染防治2018年行动计划〉工作的通知》《关于认真贯彻市委市政府〈关于在全市开展环境污染大排查大整治专项行动的通知〉的通知》《关于成立打击破坏农业生态环境违法犯罪专项行动领导小组的通知》《关于对御河利仁皂的断面桑干河固定桥国家考核断面水质改善目标责任书任务分解的通知》。贯彻落实省委、省政府、省农业厅办公厅文件10余项，贯彻落实市委、市政府办公厅文件、市环保局、市水务局、市大气污染防治工作领导小组办公室、市水污染防治工作领导小组办公室、市土壤污染防治工作领导小组办公室、河长制办公室等文件50余项。完成中央环保督查、省环保督查、中央环保督查回头看、省环保督查回头看、省市环境污染考核组、水利部海委2018年度河长制工作督查等单位对农业面源污染情况督查时所需汇报材料的汇总、编写、印证资料的收集上报等工作。完成各类实施方案、规划等征求意见10余件。固定每月2日前向市土壤污染防治工作领导小组办公室汇总上报防治实施情况报表；每月20日向市打击破坏农业生态环境违法犯罪专项行动领导小组汇总上报污染发生情况报表；每周向委办公室汇总上报农业面源污染防治实施情况报表。加大农业面源污染防治督查力度，成立督查组，检查全市9个县（区）工作情况。畜禽粪污治理，秸秆综合利用、农药、化肥零增长等农业面源污染所涉及的有关领导、科站分别组成督查组督查分管的治理任务。（梁　全）

【河长制推行】 2018年，大同市各级河长巡河约4万人次。通过巡河检查工作落实情况，解决问题。制定河长巡查工作制度、河长制办公室公文处理制度、河长制联络员制度、河长制成员单位工作规则，做到用制度管人管事。更新、复核、汇总河湖基础资料、河长巡河等河流管理动态信息，建立并完善“一河一档”，推动河长制工作信息化、智能化建设。组织开展排污口整治、河湖“清四乱”专项行动，编制《大同市入河排污口优化布局和整治方案》，在《大同日报》发布《关于对全市入河排污口进行集中整治的通告》。采取保留、接引、截污、封堵等举措集中治理入河排污口，联合市环保局、市市政管委会综合执法支队、平城区和云冈区政府等单位和部门开展联合执法，集中封堵，重拳整治超标排污行为。全市96个入河口门全部分类治理。针对河道内乱占、乱采、乱堆、乱建“四乱”突出问题，10月17日，大同市召开全市河长制工作暨河湖“清四乱”专项行动推进会，行动为期1年。会后，市委常委、常务副市长薛明耀与各县（区）总河长签订《全面推行河长制工作责任书》。截至2018年年底，全市清理河道内建筑及生活垃圾、煤渣等80万余立方米。推进确权划界工作，口泉河、甘河河道治导线规划成果报告编制完成。（符官喜）

【农村能源建设】 2018年，市农委成立领导组，印发《关于印发〈2018年大同市农村能源行业“安全生产月”活动方案〉的通知》（同农发〔2018〕80号），到各县（区）组织开展农村能源行业“安全生产月”宣传活动，检查户用沼气、大中小型沼气工程。开展新型清洁取暖节能炕试点工作，在阳高县东小村镇新东村试验示范清洁取暖节能炕40户，应用太阳能“异聚态”热能综合应用技术，以循环主机、聚热板、地暖盘管为主形成暖炕系统。4月16日至17日，山西省农业生态环境建设总站在阳高县东小村镇新东村召开全省新型清洁取暖节能炕试点现场会。大同市、忻州市、晋中市、吕梁市农业环保站负责人，及阳高县、河曲县、榆社县、石楼县农委及环保站负责人参加。与会人员到东小村镇新东村参观新型清洁取暖炕，举行项目建设座谈会。（梁　全）

【排污权许可交易】 2018年，大同市受理市、县两级环评审批的建设项目28项，完成排污权交易68宗，累计成交金额3339.26万元。其中，企业间成交金额3135.25万元，政府储备出让金额204.01万元，主要污染物成交量：二氧化硫815.49吨，氮氧化物871.97吨，烟尘261.88吨，工业粉尘86.46吨，化学需氧量2.24吨。（王瑾瑶）

【第二次全国污染源普查】 2018年，大同市环境保护局印发《大同市第二次全国污染源普查2018年工作计划》，成立普查工作领导机构，制订《大同市第二次全国污染源普查督查方案》《大同市第二次全国污染源普查宣传方案》，建立《大同市第二次全国污染源普查工作办公室工作制度》等制度。确定普查对象、范围、内容，完善普查专网，布置各成员单位工作任务，开展市政入河排污口名录库筛查、污染源普查调查单位名录库筛选、协助省普查办普查伴生放射性矿等工作。普查整理污染源普查单位、市政入河排污口、生活源锅炉等基础信息。（王瑾瑶）

【大同市2018年度水污染防治技术指导目录公布】 2018年，大同市科学技术局起草《大同市水污染防治技术指导目录》。为落实国务院《水污染防治行动计划》《山西省水污染防治工作方案》《大同市水污染防治行动计划》要求，解决大同市水环境质量差、水生态受损严重、环境隐患等问题，市科学技术局到各县（区）污水处理厂及相关企业调研、和国内其他省市环保技术单位联系，参考省科技厅发布的《山西省水污染防技术指导目录》，结合实际情况，建立《大同市水污染防治发布及信息反馈机制》和《水污染防治指导目录定期完善修订机制》，修订完善大同市的《大同市水污染防治技术指导目录》，在《2017年市级鼓励发展的水污染防治技术指导目录》的基础上增加一项技术成果——固定化微生物—曝气生物滤池技术（G-AF/G-BAF），适用于解决生活污水处理、黑臭水体处理及工业废水等处理。指导目录提出的实用先进技术，在大同市东西郊污水处理厂、普德药业的污水处理站、驰耐餐厨垃圾处理厂、富桥垃圾发电厂推广应用。（周　扬）

环保管理

【环境影响评价管理】 2018年，大同市政府办公厅印发《关于推进开发区规划环评工作的通知》，按照《山西省环境保护厅关于加快推进开发区规划环境影响评价工作的通知》，指导各县（区）开发区做好规划环评推进工作，出具塔山和广灵经济技术开发区可行性研究报告评审意见。加强环评管理，印发《关于建设项目环评审批信息公示的通知》，统一公示各县（区）建设项目环评审批信息。向省环境保护厅作《关于桑干河省级自然保护区内建设项目整改处置情况的报告》；提出位于桑干河自然保护区实验区内2个建设项目加强管理、严格落实环保要求、确保生产设备配套完善的污染防治设施，确保各项污染物达标排放的要求。开展环评备案项目自查，印发《关于开展建设项目环境影响登记表备案管理专项检查工作的通知》，在《建设项目环境影响登记表备案系统》申报登记备案项目740个，对照6类违法违规情形自查整改，云冈区有1个、开发区有2个降低环评等级的建设项目重新办理环评报告表批复。组织环评文件及环评机构考核，考核45家环评机构，依据分数确定为优良1家，合格44家。（王瑾瑶）

【环保法治建设】 2018年，大同市环境保护局加大环境保护执法力度。起草《大同市防治燃煤污染条例（草案）》，并经市人大审议后于下年6月1日施行。健全环境执法与环境司法联动机制，与市公安局联合发文建立执法联动协作机制，加强行政执法与刑事司法衔接、重大案件会商制度，推进执法工作有序开展。（王瑾瑶）

【环保监管常规执法】 2018年，大同市开展工业污染源达标排放工作，结合“查处违法排污百日行动”“环境执法大练兵”“散乱污”企业整治、“打黑除恶专项行动”等工作，制订工作方案，成立组织机构，加强问题导向，聚焦长期严重超标排污企业，重点查处环境违法案件，严厉打击恶意排污行为，414家企业完成达标整治评估。（王瑾瑶）

【环保监管专项治理】 2018年，大同市环境保护局开展铁腕治污行动，排查排污企业1190家，责令存在违法行为的335家企业整改，行政处罚2988.8万元。四类案件中按日计罚10起，罚款330.6万元；查封扣押72件；限产停产3起；行政拘留9起，拘留12人；向公安部门移送涉嫌环境污染犯罪案件3起，取保候审1人；取缔一批非法排污企业，捣毁一批污染严重的散乱污企业。（王瑾瑶）

【煤炭行业生态治理】 2018年，大同市取缔关闭不符合标准的小型洗储煤企业127家。其中，洗煤企业9家，储售煤企业118家。晋煤集团张家湾煤矿矸石山治理整改销号。各县（区）和纠察队环保检查出动车辆196台次，出动执法人员732人次，检查洗储售煤企业218个次。对检查中发现的原煤堆放未作分类标识、未加盖苫布、煤浮尘较多等问题提出整改要求并送达30余份责令整改书。130家洗储煤企业推进封闭煤仓（棚）建设，解决扬尘污染问题，建成21家，建设中51家，准备建设58家（含停产）。保持矿井水净化利用达标排放，煤矿矿井水按照环评要求实现净化达标循环利用，年内，矿井水综合利用率95%。（邓安良）

【环保宣传】 2018年，大同市环境保护局坚持污染防治与环保宣传两手发力、同步推进。加大生态文明建设和环境保护的宣传教育力度，"6·5"世界环境日举办万人环保宣传活动。展出生态环保成果图板50余块，发放环保宣传资料2万份，环保围裙3000余块，并在《大同日报》制作环境日专版。以生态环境部"大地文心"采风为契机加大对外宣传。与教育部门联合开展中小学生环保征文，鼓励引导教育全市广大中小学生参与环保，学法、懂法、用法，共建共享美丽大同。在全市所有公交车上电子屏播放"美丽大同，我是参与者""提升大同蓝，建设大同清，厚植大同绿"等生态环保公益广告宣传，提升市民生态环保意识，增强公众环保责任感。组织全市各级各部门加强宣传。营造全社会共同参与环保。（王瑾瑶）

【环保改革】 2018年，大同市环境保护局落实"放管服"改革，除化工、电镀、印染、危险废物处置及采掘类项目外，80%以上审批权限下放县（区），开发区享有与市环境保护局同等审批权限，县（区）环评审批效率提升。市环境保护局实行环评审批一个窗口受理、审查、审批、办结服务。环评报告书和报告表分别由国家规定的60、30个工作日压缩到15、10个工作日。开通"绿色通道"，保障省市重点工程和重大民生工程，做到环评报告书10个工作日，环评报告表8个工作日内办结送达。全年审批建设项目环评文件36个（环境影响报告书15个，环境影响报告表21个），均优于承诺时限办结。印制环评审批及排污许可核发服务指南，环评审批及排污许可核发流程图、排污许可证核发资料汇编、2018年排污许可与核发技术规范等资料，向服务对象发放。对环境影响轻微的项目，合理降低环评等级、简化环评工作内容，由审批制改为登记表备案模式，办事人员可登录市环保局官网在线填报。开展需发证排污单位基本情况摸底调查，制定《大同市环境保护局排污许可证核发办法（试行）》，截至2018年年底，核发6个行业11家排污许可证，核发进度全省第一；通过山西省排污许可核发系统核发98家；按照《建设项目竣工环境保护验收暂行办法》及《山西省环境保护厅关于做好建设项目环境保护管理工作的通知》要求，审批备案8个涉及固体废物和噪声验收事项。大同市与内蒙古自治区乌兰察布市、河北省张家口市、保定市及山西省朔州市、忻州市建立"四动"［周边区域大气、水以及环保执法、数据信息共享、监测数据互通互认的联防联控横向互动，全市各县（区）纵向联动，周边区域及全市内外齐动，全市上下集体行动］环境监管新格局，有助于共同应对环境污染，做到不留监管盲区、不留执法死角。在全省考核中名列第一。（王瑾瑶）

【环保督察反馈意见整改】 2018年，中央环境保护督察反馈意见涉及大同市整改任务9大项24小项。由大同市牵头的2大项5小项，与其他市共同推进的3大项6小项均按要求整改；与其他市共同推进的1大项5小项（重发展轻保护问题）立行立改并长期坚持；桑干河水质改善治理任务1大项4小项推进中（其中3项整改，销号备案中）；推进剩余2大项4小项中长期任务。省委、省政府第二环境保护督察组反馈大同市意见涉及整改任务5大类45小项。截至2018年年底，整改完成26个农村环境整治建制村建设、火电行业超低排放改造等15项任务；推进御河生态修复工程、畜禽养殖场粪污治理等22项整改任务；因客观原因未按期完成阳高污水厂扩容提标改造、医疗垃圾焚烧处置工程等8项整改任务。（王瑾瑶）

科学技术

科技项目

【市级科技项目立项】 2018年，大同市受理市级科技计划项目376项，把受理的376项全部建立电子档案，经形式审查、现场考察、初审结果公示、专家评审、市科技局办公会审定等程序，淘汰189项，确定2018年大同市科技计划项目拟立项187项，资助资金2497万元。其中，工业重点研发计划项目有“电动汽车锂电池电解液研发”“太阳能超导变频研发制造与综合利用”等27项；农业重点研发计划项目有“马铃薯高淀粉材料创制筛选”“云州区黄花菜速冻干制最佳工艺及影响的研究”等37项；社会发展重点研发计划项目有“广灵剪纸山西风光系列新产品研发”“民用环保煤炭的研发”等43项。立项项目涵盖工业、农业、畜牧、养殖、医学研究、生活应用等领域。（周 扬）

【科技扶持重大项目】 2018年，大同市科技局支持大同新成新材料股份有限公司加大节能与新能源用材料装备技术、替代传统材料的研究与开发。重点支持年产2万吨电动汽车锂电池电解液研发项目。年内，项目设计、论证、实施方案，建立电解液研发实验室，实现实验设备投资150万元；组建研发队伍，完成项目中试设备招投标工作，项目依托主体工程年产2万吨汽车锂电池项目开工，并购置筹划实验室原材料。项目总投资14475万元，主要建设生产车间、罐区、空压站、分析及研发实验室等。项目投资3890万元，建成土建主体工程，电解液实验室。项目主车间、清洗车间、控制室、罐区、辅助车间等主体土建工程竣工。设备方面，项目所需各类配置釜、储罐、泵、手套箱等设备均安装到位，实现设备投资3510万元。实验室暖通、消防室内及外管部分施工完毕，且工艺系统打通，伴热、保温工作完工，电气、仪表专业完工，并开展强电、弱点接线工作。工程具备试生产条件。（周 扬）

【科技项目招商引资】 2018年，大同市科技局引进北京京东叁佰陆拾度电子商务有限公司的“互联网+”新经济发展合作项目，大同奥赛斯新能源科技有限公司的新能源电动汽车整车，及稀金属超级电容组件生产、出口基地项目，两项投资总额约20亿元。（周 扬）

【省级科技计划项目组织申报】 2018年，大同市科技局组织省级科技项目推荐和管理服务工作，向省科技厅推荐大同新成新材料股份有限公司、大同北方天力涡轮增压机有限公司、陕汽大同专用汽车有限公司、国药集团威奇达药业有限公司、大同泰瑞集团建设有限公司、山西同达药业有限公司、大同煤矿集团机电装备天晟电气有限公司、中车大同电力机车有限公司等企业申报省级各类科研项目52项，开展科技攻关，提升企业整体科技研发和创新能力。国家自然科学基金、中央财政引导地方科技发展资金等专项资金项目由省科技厅组织申报，大同市落实，主要以申报省级各类科技计划项目为主。支持大同新成新材料有限公司申报2018年省级“新能源汽车锂电池电解液研发及产业化”重大专项项目。（周 扬）

科技平台

【创新平台搭建】 2018年，在市科技局的推动下，大同市建设大同大学“中枢神经炎症变性疾病新药创制省市共建山西省重点实验室培育基地”1家；建设国电电力大同发电有限责任公司、太原理工大学“山西省火电节能优化监测监控工程技术研究中心”1家；建设山西大同大学“神经变性疾病免疫研究山西省科技创新团队”“微结构功能材料山西省科技创新团队”2个科技创新团队；认定大同大学“AI+同大创客中心”、大同市双创企业管理有限公司申报的“大同市双创企业孵化基地”、大同一八九八文化传媒有限责任公司的“大同1898全球联盟双创空间”3家省级众创空间；认定“山西中关村企业孵化服务有限公司”省级科技企业孵化器1家。截至2018年年底，入驻企业201家，其中大同大学上年创客人数349人次，同比增长72.8%，增加1家在孵企业。（周 扬）

【院士工作站建设】 2018年，大同市有院士工作站7家，分别是同药集团生物制药高福院士工作站、呼吸与危重症医学科王辰院士工作站、三医院内分泌宁光院士工作站、山西清新新能源金力院士工作站、山西中星技术有限公尹伟伦司院士工作站、大同煤矿集团院士工作站、晋投玄武岩院士工作站，比上年增加4家。其中，同药集团生物制药院士工作站填补大同市生物制药院士工作站空白，打造一个生物制药研发、成果转化的创新技术平台。截至2018年年底，科创园聘用18位院士，69位专家成立大同新能源产业战略咨询委员会。（周　扬）

【华东理工大学大同大学联合研究院　华东理工大学大同研究院筹建】　2018年3月13日，大同市科技局与华东理工大学资源与环境工程学院、科学技术发展研究院磋商和对接建设联合研究院、科技成果转化平台、与大同大学合作等产学研合作事宜并签订合作协议。年内，市科技局与华东理工大学对接，经沟通协调签订《大同市人民政府华东理工大学战略合作框架协议》。由大同市政府支持华东理工大学大同研究院登记为事业法人单位，设置科级事业编制，财政拨款编制职数10人。华东理工大学大同研究院围绕能源、资源、环境、化工、化学、材料、生物、医药、机械、信息、电子、大数据及相关领域，开展科学技术研发、科技成果转化、创新工程实践、领军人才集聚、创业人才培养、创新企业孵化等工作，给大同市产业转型与经济快速发展提供服务。（周　扬）

【科技对接大院大所】　2018年，大同市科技局与国内外各大高校及科研院所合作对接。3月13日，大同市副市长郭蕾带队率市科技局、市经信委、同煤等部门和企业负责人，到华东理工大学，与校领导和资源与环境工程学院、科学技术发展研究院负责人座谈交流。双方磋商产学研合作、联合研究院、科技成果转化、博士后工作站、与当地院校合作等事宜。6月8日，华东理工大学资源与环境学院有关领导到大同参加“首届一八九八全球联盟双创文化节暨山西北大校友会（大同）分会成立庆典”，被大同市政府聘任为大同市政府能源革命、对外开放顾问，并现场接受聘书。截至2018年年底，市科技局与清华大学、北京大学、华东理工大学、中国矿业大学、复旦大学对接，与华东理工大学签订合作协；配合市新能源产业局与中科院、中国矿业大学、北大燕园、海淀区政府、商务部投促局洽谈对接，承接工程热物理研究所、中银纺织区、科技型农业产业园等落户大同工作。（周　扬）

【中国大同（以色列）科技合作办公室建设】　2018年4月8日至12日，由大同市副市长荆虎领队，市科技局、市开发区领导等成员组成的大同市代表团出访以色列，成立“中国大同（以色列）科技合作办公室”，出访期间与以色列国家创新署、以色列农科院及6家高科技企业对接活动。5月21日，以色列特拉维夫大学技术转移中心获落地大同的授权。以此媒介，依托其科研技术实力，把以色列的科研成果在大同实现产业化，给大同经济发展提供支持。（周　扬）

【中国国际技术转移中心大同分中心建设】　2018年5月11日至13日，由大同市科技局组织，中国国际技术转移中心大同合作中心筹办的中国—乌克兰部分科技项目资源对接洽谈会举行。市经济技术开发区部分园区有关企业参加。乌克兰与同航产业园、晋投玄武岩公司、大昶移动能源公司等有关企业对接洽谈小飞机、航空发动机、铸铁、玄武岩矿中提取有色金属等项目。中国国际技术转移中心大同合作中心由北京市科委与大同市政府签署“京同科技创新合作框架协议”后携手打造。中心由北京技术交易促进中心带队设计，位于电商园区5层，占地1000余平方米。其中，展厅面积800余平方米，办公面积200余平方米。合作中心作为一个可推动区域国际科技合作和经济文化交流的平台，把国内外发达地区的技术、项目、资本向大同集聚。7月12日，中国国际技术转移中心组织澳大利亚比奥吉尔公司、北京美德远健公司、天津领军环保科技有限公司等6家公司到大同考察，项目对接。10月16日，中国国际技术转移中心组织澳大利亚比奥吉尔公司、天津领军环保科技有限公司、北京尚能联创科技有限公司、北京乡电电力有限公司、天津科技融资控股集团有限公司5家企业到大同对接环保领域合作项目。（周　扬）

科技服务

【科技助力工业项目】　2018年，大同市科技局联系推进山西同达药业有限公司高端口服缓控释制剂项目，主要是两个口服缓控释制剂的研发，用于治疗高血压的主导药物和治疗二型糖尿病的一线药物，项目总投资8000万元，建设2600平方米符合欧盟标准的生产车间1个。截至2018年年底，投资4450万元，项目开展TW–2药品的中试（工程级）放大实验第2期研究，TW–1药品的原研剖析PH4.5释放实验。（周　扬）

【省市县“三区”人才支持】　2018年，大同市科技局围绕全市6个贫困县主导产业，以农业增效、农民增收、农村增绿为主要目标，组织申报省科技厅农业重点研发计划项目3项，农业成果转化项目2项，申报农村技术承包计划项目15项；组织申报省、市、县“三区”人才支持计划18项，分派“三区”计划项目16项，资金149万元，选派科技人才92名。以振兴区域农业产业经济发展示范为前提，组织申报农村技术承包计划项目15项。（周　扬）

【科技创业券政策实施】　2018年，大同市科技局和市发改、经信、财政、工商和税务等市直部门联合成立大同市科技创业券管理工作领导小组（简称“科技创业券领导小组”），按照《大同市关于实施科技创业券的意见（试行）》（同政办发〔2018〕66号）文件要求，科技创业券领导小组决定组织实施科技创业券政策。科技创业券是大同市政府针对在当地创业市场主体发放的权益凭证，是市场主体自愿向政府认领的扶持承诺。主要面向新能源、新材料、IT产业、环保产业、煤炭清洁利用、高端装备制造、生物制药等11个领域的创新和创业活动。截至5月29日，申领创业券的市场主体按需提供优惠使用办公用房和研发场地，有需求且申请材料的15家市场主体，通过联席会议确定7家符合条件企业，给其提供685平方米场地。9月5日，科技企业券领导组办公室会议拟定的科技创业券奖励扶持工作实施意见《关于做好首批创业券奖励扶持工作的通知》在市政府官网和市科技局网站发布。逐排摸底截至9月30日，全市新注册并申领创业券的346家市场主体，剔除传统的餐饮业、运输业、零售业、建筑业202家，及注册但未开展业务的114家，经专家评审和现场考察，分级23家发展状态良好的企业和创业者，给予最高150万元、最低10万元科技创业券奖励扶持，合计奖励扶持资金1075万元。（周　扬）

【科技投融资专项资金管理】 2018年，大同市科技局制定《大同市科技投融资专项资金管理办法》，加强管理专项资金。印发《关于申报大同市科技投融资专项资金贷款项目的通知》，市科技投融资平台的贷款项目按照合同全部归还，无欠息欠本金情况发生。该政策旨在加强知识产权质押融资服务，鼓励企业开展知识产权质押融资。按照《中共大同市委大同市人民政府关于深化科技体制改革加快创新体系建设的实施意见》文件精神，联络市财政出资1000万元设立科技投融资专项资金，由市科技局管理审核，主要用于科技成果转化及知识产权质押融资。（周　扬）

【资助中小企业】 2018年，大同市科技局围绕大同市开发区改革需求科技创新，推进和服务传统产业技术升级、战略性产业转型发展，以实施大科技项目为抓手，帮助开发区申请2018年中小企业发展中央专项资金2500万元，主要用于支持开发区创新创业特色载体提升可持续发展能力，拓展孵化服务功能和辐射范围，给中小企业提供市场化、专业化、标准化资源服务。（周　扬）

【智能康养培育】 2018年，大同市科技局按照创新型城市培育要求及标准，重点开展康养计划培育。通过中国国际技术转移中心大同分中心与北京对接有关康养项目。7月11日，与中国国际技术转移中心共同组织“大同市智能康养专题研讨会暨大同智能医疗发展中心项目对接会”。主要由大同大学、中国国际技术转移中心、美德远健合作成立大同智能医疗发展中心，以北关社区服务中心为试点，通过智能医疗产品和技术服务，智能康养基地建设、智能医疗产品生产这三个维度合作，把智能医疗、智能康养项目在大同落地。（周　扬）

【《大同市科技计划管理办法》出台】 2018年3月，大同市出台《大同市科技计划管理办法》（简称“《管理办法》”），以加强和规范科技计划管理，推进协同创新，提升管理效能，保证科技计划管理公平、公正和公开。根据全市经济社会发展需求和科技发展战略规划，科技计划分为应用基础研究、重点研发、科技成果转化、平台基地和软科学研究5类计划。《管理办法》分别明确市级科技计划管理原则、科技计划管理机制、科技计划分类、科技计划立项评审与组织实施、科技计划具体实施办法等。明确科技计划、资金管理各方职责，市直部门应负责产业和行业政策、规划、标准与科技创新工作的衔接；市财政主管部门统筹配置科技计划预算，加强科技计划协调；市科技主管部门负责科技计划的组织、监管。各类科技计划的实施期限一般2年，《管理办法》在实施期内可通过制定有关补充规定予以修订。科技计划项目实行进展情况跟踪制度，未能正常实施或经费使用不合理的，市科技主管部门责令整改，对有严重过错并且整改不力的，可停止其项目实施，追回拨财政经费，降低项目承担单位和项目负责人的信用等级，取消其3～5年申报项目资格。（蕙　兰）

【市级众创空间认定】 2018年8月，大同市科技局根据《大同市众创空间认定管理办法》要求，组织开展2018年市级众创空间认定工作，由各县（区）科技局负责该区域内市级众创空间的组织推荐工作，大同大学负责学校的市级众创空间组织推荐工作。经过组织申报、受理查验和专家评审等环节，认定市双创企业孵化基地、中关村软件园山西孵化创新平台、瀚海众创空间、云联创众创空间、大同开发区金苗创新创业孵化基地、大同义乌电商小镇和大同洁净新能源众创空间7家众创空间为市级众创空间。（墨　竹）

【科技企业培育】 2018年11月21日和29日，全国高新技术企业认定管理工作领导小组办公室公示两批拟认定高新技术企业名单，大同市有17家，大同高新技术企业总数42家。年内，市科学技术局组织申报的18家高新技术企业（含8家重新认定）通过省科技厅组织的专家评审。组织推荐135家企业参加科技型中小企业认定工作，经评审，62家企业录入科技型中小企业库。（周　扬）

【大同众创空间成为扶持对象】 2018年12月，大同市科技局认定9家市级众创空间和2家国家备案的众创空间为2018年度扶持对象，给予资金及政策方面扶持。截至2018年年底，大同市发展众创空间10余家，安排创业人员2000人，发展创业基地15个，创业企业441家，安排就业人数3万人，发展政产学研合作项目12个，建立院士工作站5个，构建各类省级以上产业技术平台9个。涌现出平城区、云冈区、阳高县、灵丘县等具备示范基地条件的县（区），其中平城区和云冈区被确认为省级大众创业、万众创新示范基地。市科技局认定的2018年度市级众创空间包括市双创企业孵化基地、中关村软件园孵化创新平台、瀚海众创空间、云联众创空间、开发区金苗创新创业孵化基地、云中购众创空间等9家市级众创空间，和市小微企业孵化基地、市文化创意众创空间2家国家备案的

众创空间。（墨 竹）

科技活动

【科技活动周宣传】 2018年5月18日，由大同市科技局、市委宣传部、市科协主办，市城区科技局、市城区区委宣传部、市城区科协承办，主题为“科技创新 强市富民”的科技活动周在华严广场举办。大同25家市直单位、21家区属成员单位、6家街道办事处、大同大学及解放军322医院700余人参加活动。活动通过宣传科技政策法规、普及科学知识、展示科技成果，激发全社会学科学、用科学热情，营造尊重知识、尊重科技人才氛围，助力经济转型、结构调整和产业升级，加速经济社会各项事业发展。（周 扬）

【科技成果展】 2018年5月23日至24日，由大同市委宣传部、市科技局、市科协主办，市城区区委宣传部、市城区科技局、市城区科协承办的大同科技成果展在华严寺广场举行，来自大同市区、各县（区）和大同大学等55家单位参展。展览设立61个展棚，分农业、工业、医疗、科技4个展区，展出实物、产品、模型、展板等，展现大同市科技创新发展、科技成果转化带来的新变化、新成效，及新技术、新产业、新业态。作为大同市首批国家级众创空间、省级小微企业创业创新基地，市文化创意众创空间展出的作品《北魏丝路》，在2018第十四届中国（深圳）文化产业交易博览会上获“中国工艺美术文化创意奖”铜奖。AL＋同大创客中心展出飞天神女舞蹈、特种作业监控与执勤、太阳能电池板清洗和类人型格斗4款机器人。华曜公司的新型防水涂料、新成新材料公司的新产品、汇地农业的水果种植技术等产品、成果让市民感受到科技魅力。（墨 竹）

【庆祝“全国科技工作者日”座谈会】 2018年5月29日，大同市召开庆祝“全国科技工作者日”座谈会。来自全市各行各业的科技工作者代表参加。市委副书记刘振国出席会议并讲话。市人大常委会副主任冯境城、市政协副主席王德成出席会议。8名科技工作者代表分别围绕科技助力脱贫攻坚、科技创新、科技人才培养、科技成果转化等作交流发言；向大同市在撰写调研报告和建言献策方面取得成就的科技工作者颁发证书。会议要求，全市广大科技工作者肩负起推动大同市经济、社会发展重任，把心血和汗水投入到科技工作中，围绕大同市打造“先行区”、当好“两个尖兵”、实施“三大振兴”等中心工作，打造出一系列科技创新精品。各级各部门多关心科技工作者的工作和生活，了解他们的困难和诉求，给他们搭建交流平台，在科学研究、开发和成果推广等方面给予支持，帮助科技工作者实现更大价值。（墨 竹）

【《大气污染物控制形势与技术革新》讲座】 2018年6月10日，大同市科技局邀请华东理工大学资源与环境学院院长修光利到大同作关于《大气污染物控制形势与技术革新》专题讲座。大同市副市长荆虎，各县（区）、市直有关部门负责人，大同大学和驻大同企业负责人150余人参加讲座。讲座作为大同市委、市政府举办能源革命科技周国际高峰论坛整体部署的一部分，围绕环保的形势与挑战、国家政策的发展趋势、国家标准的发展趋势和挑战应变与技术革新等方面讲述，给巩固“大同蓝”提出建议。（周 扬）

专 利

【科技专利管理】 2018年，大同市申请专利2235件。其中，发明专利843件、实用新型专利1290件、外观设计专利102件。授权专利1181件，有效发明专利592件。在全市县（区）当中，专利申请总数排名第一的是云冈区597件；发明专利申请总数排名第一的是新荣区351件；有效发明专利拥有量最多的县（区）是平城区299件。（周 扬）

【企业专利构建】 2018年，大同市科技局与同煤集团、新成新材料股份有限公司联系，帮助企业申请专利，特别是能形成行业标准或国家标准的专利技术，截至2018年年底，同煤集团申请专利98件，授权专利94件，有效发明专利79件，新成新材料股份有限公司申请专利408件，授权专利194件，有效发明专利26件。（周 扬）

【专利执法检查】 2018年8月14日至15日，大同市科技局配合市工商局开展监管抽查行动。对市工商管理局登记的大型超市、食品批发行业的201户企业按照10%的比例随机抽取，产生20户抽查企业，再由各联合抽查部门与该部门的执法人员随机匹配，形成抽查小组，统一组织一次检查，达到“一次体检，全面检查”效果。联合执法组抽查大同市裕欣达商贸有限公司、大同市丹河商贸有限责任公司。市科技局抽查各抽查单位涉嫌假冒专利的商品，未发现问题。（周 扬）

地质勘查

山西省煤炭地质115勘查院

【概况】 2018年，山西省煤炭地质115勘查院签订工程项目合同107份，合同价款4627.76万元。开动各类钻机12台，施工钻孔50个，各类钻探进尺21861米，地质钻孔23个，工程量13524米；水文钻孔11个，工程量3993米；工程勘查钻孔16个，工程量4344米。电法物理点6740个；地震物理点3659个；测井实测米42641米。地下管线探测759千米；地质灾害隐患调查88个点；实用创新型科研项目2个；各类地质报告47件。

全年总收入11930.65万元，其中财政预算经费收入5877.42万元。对外创收6119.05万元。其中，地勘主业收入2923.25万元，延伸产业收入2969.34万元，服务业收入144.83万元，营业外收入81.63万元，分别占对外收入47.77%、48.53%、2.37%、1.33%。发放工资总额5862.1万元，在册人均收入7.5万元，同比增长3.01%。全年回款5222.55万元，综合回款率48.77%。存在服务功能不完善；创新能力不够，专业技术人才培养不足，代表创新的专利技术不多，人事管理权不充分、人才招录、奖励分配机制不灵活；新兴产业产能不足，以城市地质、环境地质、旅游地质等为主的新兴产业的专业技术人才储备不足，面对“大地质”领域，单位有些资质、设备难以满足要求；由于地勘市场低迷，绿色勘查要求严、项目储备不足、回款难度加大、改革存在的经营风险等问题很大程度上影响着单位发展。（115勘查院）

【勘查科研项目】 2018年，山西省煤炭地质115勘查院开展移动式智能化采空区积水处理装置研究及应用，制造设备研发，在同煤集团大唐塔山矿应用。建设大同市矿山地质环境动态遥感监测数据管理平台，编写项目技术总结报告，编写成果论文并发表，平台初期建设完工。

（115勘查院）

【勘查院价款项目】 2018年，山西省煤炭地质115勘查院实施往年价款项目5个，其中《左云南铀矿预查》《静乐县梁家沟煤炭普查项目》《代县黄草院矿区铁矿预查》《繁峙县四岔矿区铁矿预查》4个项目终结并报告汇交；《原平市南高埠煤炭详查》项目设计钻孔野外钻探施工竣工验收，工程量13146.77米，转入室内报告编制阶段。申报下年地质勘查推荐项目有《山西省宁武煤田原平市冯家堝勘查区煤炭详查》《山西省怀仁县宋家庄地热资源预可行性勘查》《山西省岢岚县阳坪乡地热资源预可行性勘查》3项。（115勘查院）

【勘查资质升级】 2018年，山西省煤炭地质115勘查院完成《3A企业信用等级评价》《质量管理体系认证》《职业健康管理体系认证》《环境管理体系认证》和《石油天然气工业健康安全与环境管理体系认证》工作，被授予第三届（2018年）煤炭行业优秀地质勘查单位、单位负责人双优称号，筹备测绘资质由乙级升甲级相关资料。院属企业大同华瑞勘探实业公司，办领建筑业企业资质证书，申办地基基础专业承包三级资质，城市供排水管道检测、评估与非开挖修复作业资质，安全生产许可证及质量、环境、职业健康安全三体系认证证书，成为中国工业防腐蚀技术协会会员单位。

（115勘查院）

【勘查业务市场拓展】 2018年，山西省煤炭地质115勘查院开拓农村土地确权、地理信息测绘、地质灾害治理与评估、地下管网探测和岩土工程施工等业务市场。通过南郊区平旺乡、新荣区郭家窑乡、广灵县南村镇等11个乡（镇）的土地确权县级自查、市级验收、省级抽验工作，打印3万余户权证，整理移交2万余户档案；承揽大同市云冈区、平城区和长治市潞城区、朔州市右玉县4个第三次国土调查项目，工程价格800余万元；地下管线修补测及数据更新安康市240千米新建改建道路项目，开展福州市四城区排水管道排查项目，与河南省锅炉压力容器安全检测研究院合作中标“山西天然气有限公司神池——阳方口等4条压力管道定期检验”工程，开展江西上饶市地下管线普查项目，探测688千米。防腐蚀检测与评估业务完成1项，合同金额21.7万元。中标大同市城市地下管线探测项目，工程量1500千米，中标金额264万元。地质灾害治理与评估、岩土工程施工等项目方面有新单入账。开展“地质服务进大同”专项行动，成立领导组，制作PPT和宣传册，与市政府开展前期沟通工作。航测中心承揽“关于马家皂乡（阳高县和天镇县）行政区域界线测绘”项目和“阳高县普惠城乡经济建设测绘”项目，形成若干有意向项目。

（115勘查院）

【勘查科技创新】 2018年，山西省煤炭地质115勘查院实施的科技实用性创新项目2个，其中《大同矿区煤矿采空区积水资源化利用研究》键入完善成果报告阶段，项目调查大同46座煤矿采空区积水情况，采集28个积水水样，掌握采空区积水水质情况，与安徽理工大学对接，共同设计出处理煤矿采空区积水水质达标排放的净化工艺；《大同煤田煌斑岩对煤层、煤质的影响评价》于2018年11月在山西省煤炭地质局通过验收评审。年内，申报次年度实用性科技创新项目《小波与曲波变换组合域瞬变电磁数据去噪技术及应用平台研究》，山西省煤炭地质局同意立项。山西省煤炭地质115勘查院“综合电磁法高精度采空区积水探测技术研究”获山西省科技进步二等奖；山西

▲2018年11月15日，山西省煤炭地质115勘查院职工创新工作室带头人讲解矿山地质环境动态遥感监测数据管理平台的价值（115勘查院 供图）

省煤炭地质115勘查院"一种对穿越采空区隧道围岩稳定性评价方法"获国家发明专利授权，专利应用地球物理方法结合钻孔取样测试，经数值分析，解决以往穿越采空区隧道围岩稳定性评价的工程难题。矿山垂直救援生命探测装备在第十七届（2018）太原煤炭工业技术装备展览会上得到肯定。航测遥感信息中心派代表参加首届（2018）全国地质资料数据创新应用大赛，获制图组二等奖。航空摄影测量在怀仁县高铁新城项目中利用山西省煤炭地质115勘查院固定翼无人机和INPHO软件实现1∶500精度的航测成图。山西省煤炭地质115勘查院专门设立职工创新工作室，成立13人创新团队，配备专业设备设施，创新工作室围绕"矿山地质环境动态监测数据服务"开展创新研究。创建"钉钉"办公自动化系统，创新优化山西省煤炭地质115勘查院无纸化办公模式。（115勘查院）

山西省地质勘查局二一七地质队

【概况】2018年，山西省地质勘查局二一七地质队签订合同428份，实现产业经济总收入1.68亿元，在册职工年人均收入8.94万元，在岗职工年人均收入9.62万元。增加设备168台套，增加设备价值1004万元，装备园区固定资产投入2335万元。钻探工作量31.16万米。（王雪峰）

【地质调查】2018年，山西省地质勘查局二一七地质队受中国地调局天津地调中心委托，在山西左云马道头地区首次开展铀矿地质调查。这是该队首次介入铀矿勘查领域，通过收集和分析左云县马道头地区煤田钻孔资料，开展铀矿找矿选区研究，选择异常钻探工程验证，圈定矿化富集部位和了解矿体地质特征，初步评价铀资源潜力，探索"煤铀兼探"思路模式。使用CMD100全液压动力头多功能煤层气钻机，在省地勘局史上首次通过水平定向技术施工多分支孔注浆封堵煤矿地下水，改造含水层及断裂带裂隙，达到治理水害目的，给煤矿安全生产提供保障。引进TSJ1500水井钻机、TSJ3000水井钻机、DBX30变频电驱深地岩心钻机和SR285R旋挖钻机等设备，提高地质装备水平。（王雪峰）

【战略性新兴矿产勘查和社会性地质工作】2018年，山西省地质勘查局二一七地质队发挥地质勘查专业技术优势，对接山西省资源型经济转型工作需求，承揽实施省财政地质勘查项目，开展战略性新兴矿产勘查工作和社会性地质工作。省委省政府考核地质勘查项目"大同盆地沉积地层对比及构造演化研究"和"大同盆地油气成因及运移成藏研究"完成成果报告，送上级部门评审。山西省地质勘查局考核二一七地质队地质勘查项目天镇县化皮庙银多金属矿普查地表地质及物化探工作结束，并编制钻探施工方案；野外钻探施工天镇县王会庄稀土矿普查、新荣区七里村—碓臼沟矿区石墨矿详查、应县尧峪矿区金、铜矿普查（续作）；野外验收代县小峪下庄铁矿预查；加纳安纳布瑞姆（Anyinabrim）金矿普查通过钻探施工、样品分析，发现含金韧性剪切带，并与合作方DTL公司商谈股份占有及成立合作公司事宜。省地勘基金项目，新荣区白山村石墨矿详查、天镇县白家烟铅锌矿预查、阳高县东长安堡银多金属矿预查开展野外施工。国家地质调查项目左云县马道头地区铀矿地质调查完成野外验收，开展图件编制。市场项目左云马道头、东周窑矿区煤田补充勘探工程，同煤国电同忻煤矿地面生产补勘钻孔工程开展野外钻探施工；内蒙古自治区阿尔山市地下水资源勘查与区划水文地质钻探工程完成野外验收；承揽实施大唐国际内蒙古锡林郭勒盟五间房东一号煤矿煤层气综合勘查工程等项目；参与下年度省地勘基金项目立项申报工作，有7个项目入库。（王雪峰）

【地质灾害勘查治理】2018年，山西省地质勘查局二一七地质队发挥地质灾害勘查、治理技术优势，对接山西省"生态修复、民生改善"任务，开展水文地质、环境地质、灾害地质工作。调查大同市、朔州市部分县（区）地质灾害项目。受中国地质环境监测院委托，承担山西省监测站点水质样品测试工作。与大同市、朔州市、浑源县、灵丘县、阳高县、大同县、应县、怀仁市、右玉县国土资源局签订《地质灾害防治技术支撑单位合作协议》；实施大同市、朔州市矿山地质环境综合治理规划等项目。山西省采煤沉陷区综合治理大同煤矿集团大斗沟煤业有限公司地质环境治理工程施工（一标段）、大同市吴官屯煤业有限责任公司地质环境治理工程施工和大同市燕子山煤矿地质环境治理工程等项目竣工。（王雪峰）

【地质工勘施工】2018年，山西省地质勘查局二一七地质队发挥工勘施工技术优势，对接地方政府和大企业集团工作需求，服务地方经济社会发展。承揽实施迁安长城金矿盲竖井帷幕注浆堵水工程、代县久力新型球团厂150万吨球团桩基础工程、山西介休煤矿地面定向4号注浆孔工程、中煤华昱公司元宝湾煤业《9煤老空区治理》、左云109国道改线2处桩基工程、同煤国电同忻煤矿8209面和8106面瓦斯治理工程等施工类项目和朔州市右玉牛心堡三期风电场建设工程勘察、怀仁陶瓷职业技术学院工程勘察、采凉山滑雪场水源地勘察、大同十里河综合治理与生态修复工程地质勘察、大同市教育建设PPP项目工程勘察等工勘类项目。实施山西亿晨环保科技有限公司水源井、中煤华昱公司五家沟煤业水源井和内蒙古生力资源集团富能煤炭有限责任公司崔二圪咀煤矿水源井项目，给企业提供生产用水。实施的煤矿安全井下钻探项目有：同忻煤矿井下钻探延续、金庄煤业（马道头）井下钻探延续、山阴金海洋五家沟、南阳坡、元宝湾煤业井下钻探施工等。（王雪峰）

【省十勘院大同市装备园区基地投入使用】2018年8月，山西省第十地质工程勘察院（二一七地质队全额子公司）投资兴建的省十勘院大同市装备园区基地投入使用。省十勘

▲ 2018年8月3日，山西省地质勘查局二一七地质队领导给十勘院大同市装备园区基地揭牌（王雪峰 摄）

院大同市装备园区基地位于大同市工业装备园区云州街南侧，项目总投资6000余万元，于上年11月初开工建设。项目总占地面积25886.89平方米，总建筑面积19086.3平方米。建设有1幢综合楼和4个钢结构车间。其中，综合楼建筑面积8522.35平方米（地下一层地上五层）；4个车间总面积10527.95平方米。队属化验室和车间于2018年10月搬迁至装备园区基地。省十勘院大同市装备园区基地投入使用，改善实验室、修配车间工作环境，场地、设备、技术实现升级，利于二一七地质队与周边企业如陕汽集团、大齿集团加强合作，扩大生产经营，扩展业务范围，带动实现经济增长。（王雪峰）

气象服务

【气象灾害】 2018年，影响大同市的主要气象灾害有：暴雪、寒潮、暴雨洪涝、冰雹等。（1）暴雪、寒潮：4月3日至4日，全市出现大范围强雨雪天气，城区、大同县、阳高县、天镇县、左云县5站出现暴雪，最大降水量出现在城区30.1毫米，积雪深度14厘米；降雪过后气温骤降，48小时各地最低气温下降7.7℃～12.9℃。其中，阳高县、天镇县、左云县、广灵县4站达到寒潮，积雪和道路结冰明显。气象台发布寒潮、霜冻、暴雪和道路结冰预警信号。其中，暴雪预警信号由黄色一直变更到红色，霜冻预警信号由蓝色变更到橙色，道路结冰黄色预警发布并连续确认8次。全年全市出现多次寒潮天气，分别出现在1月21日至22日，5月1日至2日，10月15日至16日，11月15日至16日和12月22日至24日。其中，3站达到寒潮标准的1次，4站达寒潮标准的2次，7站达到寒潮标准的2次。（2）暴雨洪涝：6月9日，天镇县12个乡（镇）发生强对流雷雨天气，其中持续时间最长的强降水50分钟，致使部分道路被冲毁、农田被淹没。7月7日至8日，大同市出现分布不均的强对流雷雨天气，灵丘县、阳高县、浑源县多地发生洪涝灾害。其中，灵丘县赵北乡、石家田乡和柳科乡等5个乡（镇）发生洪涝灾害，冲毁多处护村护地坝，水淹农作物和牲畜等；阳高县长城乡二十六、镇宏堡、堡子湾等9个村出现洪涝灾害，使防洪设施、基础设施、农田等受损；浑源县吴城乡的北大仁庄村、下辛安村等4个村，东坊城乡郝家寨村出现洪涝灾害，使农田、牲畜、房屋、道路等遭受损失。7月15日至17日，云州区周士庄镇、瓜园乡、许堡乡和峰峪乡4个乡（镇）有10个村遭受暴雨袭击，部分房屋、道路、大棚作物损坏、受灾严重。7月16日，广灵县普降大雨，局部出现52毫米暴雨，致使山区乡镇发生洪涝灾害，持续5小时，造成部分乡、村农作物被淹，村民住房进水。8月13日，广灵县、阳高县和浑源县部分地区遭受暴雨灾害。其中，广灵县望狐、蕉山和加斗等6个乡（镇）受灾，大面积农作物倒伏，造成减产减收，由于降雨大而急，处于低洼地带的居民房屋出现进水倒塌现象；阳高县古城镇小时雨到56.4毫米，造成窑洞倒塌、道路损毁和农作物受灾；浑源县局部出现61.4毫米暴雨，造成3个乡（镇）5个村26间房屋受损。（3）冰雹：6月9日，天镇县玉泉镇李家庄、葛家屯和谷前堡镇的马圈庠等村遭受冰雹袭击，玉米、谷子各类农作物受损严重。6月18日，浑源县大仁庄、黄花滩、千佛岭等乡镇遭受冰雹和强降水侵袭，玉米、豆类、油料、蔬菜、黄芪和牲畜受灾。6月21日，浑源县再次遭受强降雨并夹杂冰雹袭击，南榆林乡3个村农作物遭受灾害。7月7日至8日，阳高县、天镇县和云州区遭遇强降水和冰雹袭击。其中，阳高县北徐屯乡的南徐屯和纪家庄2个村遭受平均直径1.5厘米、最大直径4厘米的冰雹袭击20余分钟，导致农作物大部分损毁；天镇县三十里铺乡、南河堡乡受到强降水和持续25分钟冰雹袭击，农作物受灾严重；云州区倍加造镇独树村、谢疃村2个村农作物遭受雹灾。（赵晓光）

【气候影响农业】 2018年，大同市干旱较上年偏轻，春播期出现适时降雨，大部分地区足墒播种，夏季降水偏多，保障作物生长关键期水分供应，农作物生长期内水、光、热资源匹配合理，虽然冰雹、洪涝对粮食产量造成影响，但气候条件总体对农业生产有利。春季降雨适时，春播有序进行。4月3日至5日，全市出现大范围雨雪天气，该次雨雪天气缓解前期旱情，给春耕春播蓄足底墒；21日至22日，全市迎来春播期第一场雨，大部整层土壤墒情适宜，水热资源保障春播开展。夏季降雨偏多，保证生长关键期水

▲ 2018年8月13日，大同市广灵县加斗乡区域站监测出现26米/秒大风，玉米出现倒伏情况　（赵晓光 摄）

分供应。夏季降水偏多，但时空分布不均，降雨主要集中在7月和8月中、上旬。其中，7月6日至8日、11日、15日至17日、21日至22日均出现强降雨过程；8月6日至7日、11日至13日、17日至18日出现明显降雨天气，降水增加土壤水分，解除旱情，满足作物生长关键期水分需求。秋季多晴好天气，利于作物成熟，收晒。秋季前期墒情适宜，温高光足，气象条件利于作物后期生长和产量形成；初霜冻偏晚，作物基本霜前成熟；秋收期间以晴好天气为主，利于作物收获晾晒。灾害性天气对农业造成一定损失。夏季降雨以对流性为主，风雹、洪涝灾害多发。　（赵晓光）

【气候影响旅游业】　2018年，大同市降水偏多，大风天气少，树木、植被长势良好；但夏季洪涝造成房屋、树木和基础设施受损。秋、冬季降水过程稀少，空气干燥，森林火险等级居高不下。空气质量优良，利于旅游业发展。　（赵晓光）

【天气预报预警】　2018年，大同市智能网格温度预报昼夜最高气温、最低气温预报准确率分别是83.46%和71.20%。全年召开重大气象新闻发布会4次，发布各类预警信号125次。年内，市气象局利用电视、广播、报纸、手机短信、微博、网站等手段，向社会公众发布气象预报和预警信息。　（赵晓光）

【人工影响天气】　2018年，大同市印发《2018年度大同市人工影响天气重点工作计划》，调整人工影响天气工作领导组，落实人工影响天气作业安全责任制，与市政府签订《人工影响天气工作安全责任书》。市县（区）两级气象部门抓时机实施飞机和地面火箭、烟炉立体人工增雨（雪）作业，补充土壤水分，有利农业生产和森林防火工作。全年地面火箭增雨（雪）作业23次，发射WR98型火箭弹94发，地面烟炉燃放焰条246根；增雨飞机作业30次，飞行时间60.3小时，燃放烟条220根。　（赵晓光）

【气象灾害防御体系建设】　2018年，大同市修订《大同市气象灾害应急预案》，抓全年重大转折性、关键性、灾害性天气监测预报预警服务工作。全年发布各类预警信号119次，向市委市政府报送《重要气象信息》和“重要气象报告卡”等决策服务材料216期，给政府决策、防灾减灾提供科学依据。构建贫困县行政村全覆盖的预报预警服务体系。

全市建成99个乡（镇）气象工作站，1962个行政村气象信息服务站全覆盖的气象预警信息发布与响应体系；电子显示屏105块，实现乡（镇）、重点农业园区、县城人员密集场所全覆盖；通过预警信息发布平台、MAS手机短信发布平台向全市乡（镇）领导、乡村信息员、村书记、主任、包村干部和驻村干部发布气象预警信息和预报、情报、重要气象信息；遇有突发性、灾害性天气现象提前发送预警信息，给全区防灾减灾提供参考，确保乡（镇）领导及政府部门接收预警信息。给大同云冈文化旅游活动节、第四届成龙国际动作电影周、大同市新能源产品展示交易博览会、大同市云州区黄花节、广灵湿地文化节等活动提供保障服务。　（赵晓光）

【气象为农服务】　2018年，大同市气象台分析每一次降水天气过程的雨情、墒情和地温，气象服务全年春耕春播工作。4月20日至5月20日，每周一发布《春耕春播气象服务专报》，发布5期，内容包括春播进度、天气实况及其影响、未来天气趋势及其对春播的影响分析评估，报传省气象局气候中心、市委、市政府及相关部门，并通过电视、报纸对外发布，使广大农民了解掌握春耕生产气象信息，科学安排春耕生产。立足农户需求，完善小杂粮生育期气象指标，开展小杂粮气象服务，发布《小杂粮气象服务专报》8期，助力增产增收。6月降水持续偏少，对作物苗期生长造成较大不利影响，气象台中长期预报对阶段性干旱作出预测，建议各地采取抗旱措施；进入7月洪涝多发，易造成作物倒伏和喜湿性病虫害滋生发展，气象台发布《农业气象旬报》，提出合理农事建议。秋收期间发布《秋收气象服务专报》10期，涵盖秋收进度、天气实况及影响、未来天气趋势及其对秋收的影响分析评估、农业气象灾害影响预评估及应对措施建议等，并报送省气象局、市委、市政府相关部门，给全市秋收工作提供气象保障。　（赵晓光）

【气象现代化建设】　2018年，大同市抓气象防灾减灾工作，监测预报预警服务重大转折性、关键性、灾害性天气，发布《重要气象信息》和《重要气象报告卡》，给政府决策、防灾减灾提供依据。凝练当地灾害性天气预报客观化定量化方法，申报山西省气象局科研项目《大同市强对流天气预警指标研究》1项，发表相关论文7篇。24～72小时最高气温预报准确率分别是83.18%、78.91%、73.97%，均超过全省平均值。暴雨预警准确率100%、暴雪预警准确率100%、大风预警准确率97.27%、雷电预警准确率91.73%，较上年预警准确率提升4.05%。暴雨预警提前量47.5分钟、暴雪预警提前量142.14分钟、大风预警提前量106.265分钟、雷电预警提前量46.646分钟，灾害性天气（暴雨、暴雪、大风）预警提前量较上年增加119.45分钟。采购雷达专用UPS，数据流传输业务应用改造新一代天气雷达，改造发电机。实现全市7个县气象局及大同气象站安装光电式数字日照计和称重式降水传感器自动化仪器全覆盖。与农业部门联系重点分析农业气象条件变化，发布《春耕春播气象服务专报》《秋收秋种气象服务专报》《土壤水分监测公报》和《小杂粮气象服务专报》等45期；与市环保部门合作，每日发布未来三天空气污染气象条件预报，遇到重要天气与市环保局联合开展重污染天气会商；与市国土局、市水务局、市市政管委会等单位合作，联合签署相关协议，深化和扩大合作内容；与市政管委会共同建设气象数据共享及视频会商服务系统，强化城市内涝气象风险预警服务工作。按时制作大同地区月、季、年度气候影响评价，发布《气候变化监测公报》，向政府及相关部门报送。国家级自动站传输及时率99.98%；自动站传稳定运行率99.96%；区域站传输及时率99.39%；自动土壤水分站传输及时率99.83%；酸雨时效100%；雷达PUP99.63%；雷达GIF时效99.85%。大同市气象局气象现代化工作在山西省现代化综合评比得分94.08，在全省排名第三。

（赵晓光）

【气象服务决策】 2018年初，大同市气象局制定《大同2018年决策服务周年方案》，制定每个季节的关注重点和每种产品名称、发送时间、发送方式、服务对象及主要内容；大同决策气象服务产品主要以《重要气象报告》《重要气象信息》《节假日专题》《气象灾害预警》《气象旬报》《短期气候预测》《气候影响评价》《春耕春播气象服务专报》《秋收气象服务专报》《农业气象旬报》《小杂粮气象服务专报》《雨情快报》《土壤水分监测公报》等形式向市委、市政府等相关决策部门提供。截至2018年年底，向市委、市政府及相关部门报送决策服务材料231期。（赵晓光）

【气象日主题宣传活动】 2018年3月22日至24日，大同市气象局开展气象日主题宣传活动，庆祝“3·23”第58个世界气象日，凸显发展智慧气象在防御和减轻极端天气、气候和水事件影响，保护人类生命财产安全中的关键作用。活动接待来自学校和社会各界300余人，世界气象日主题是“智慧气象”。3月22日，大同市“红黄蓝幼儿园”“蓓乐欧唯”幼儿园小朋友到大同市气象局参观影视中心、气象台、观测场等地，初步认识气象。3月23日，市气象局与市科协在财富官邸社区开展“3·23”进社区活动，通过发放宣传书籍、现场讲解等方式向公众科普气象知识，传播“智慧气象”给市民带来便捷信息。3月24日，《大同日报》、大同电视台小记者们到大同气象局气象科普基地参观，气象工作人员给小记者们讲解天气预报的形成和神秘的气候现象，解答小记者们提出的问题。（赵晓光）

地震监测

【概况】 2018年，大同市地震局加强跨区域联防协作，推进会商制度改革，落实震情异常，升级改造云冈区地震观测站，启动建设大同市地震监测中心及县（区）地震信息平台，推进“一县一台”建设，举行市县应急联动演练，指导2家GB Ⅰ类应急避难场所通过验收，铺开地震灾害风险评估工作，建设地震应急快速评估与辅助决策系统，推进大同市地震应急指挥技术中心项目建设，迎接《中华人民共和国防震减灾法》执法检查，启动大同市城市活动断层探测工作，建设大同市防震减灾科普馆，组织举办地震科普展、“平安中国”古城墙健步走、防震减灾宣传“七进”等活动，参加各类防震减灾比赛。年内，中国地震局评定大同市地震局为“2018年度全国地市级防震减灾工作综合考核先进单位”，被省地震局评为全省年度“市级防震减灾工作考核优秀单位”“防震减灾宣传工作先进单位”“地震应急工作先进单位”，获会商报告评比第一名、地震预测预报综合评比第一名。（田志坤）

【震情监视和会商制度改革】 2018年，大同市地震局印发《大同市2018年度震情监视跟踪工作方案》与《大同市2018年度震情监视跟踪任务分解》，为开展全市震情跟踪工作提供保障。执行震情值班、震情会商、异常落实、每日宏微观异常零报告等监测预报制度，组织召开震情月会商11次，周会商会47次，紧急会商会2次；参加山西省2018年中震情跟踪会商会、山西省次年度地震趋势会商会、晋冀蒙协作区震情跟踪趋势会商会。落实震情会商改革实施方案，根据山西省地震局有关文件要求，编写《大同市地震局会商制度改革方案》，推行市县两级和企事业地震台站共同参与讨论会商模式，确保震情会商及时性和有效性。修订《大同市地震局值班工作细则》，保障各类通讯设备状态信息畅通，确保出现异常第一时间报告、第一时间反应、第一时间处置；日常维护“12345”平台，处办平台反馈的信息；按照《大同市地震局应急短信发送平台使用管理办法》使用维护应急短信平台。（田志坤）

【地震应急指挥技术中心项目建设】 2018年，大同市地震局开展市地震应急指挥技术中心项目建设工作。项目于上年启动，位于大同市文盛街南侧，建设规模3832.23平方米（其中，地上建筑面积2367.15平方米，地下建筑面积1465.08平方米），项目建设内容主要是大同市地震应急指挥技术中心大楼，总投资1678.19万元，资金来源是政府财政支持。截至2018年年底，办理市国土、市发改、市财政、市规划等10余个部门约17道手续，编制与评审项目可行性研究报告、工程勘察招标及编制勘察报告、工程设计招标及设计全部施工图、设计及评审建筑方案、编制与评审初步设计方案与概算等工作，占项目开工前期手续80%。（田志坤）

【防震减灾科普示范学校创建】 2018年，大同市创建国家级防震减灾科普示范学校1所、省级防震减灾示范学校14所。国家级防震减灾科普示范学校是大同市阳高县第一中学。省级防震减灾示范学校分别是大同市矿区恒安第一中学、大同市平城区水泊寺联合学校御东第二小学、大同市云冈区和瑞第一小学、大同市云州区西坪小学校、大同市灵丘县隆昌学校、大同市开发区第一小学、大同市云冈区实验中学校、大同市云冈区平泉第二小学、大同市云冈区恒安第二中学校、大同市云冈区新胜第二小学校、大同市浑源县永安镇鑫源小学校、大同市天镇县第一小学校、大同市云冈区实验小学校、大同市新荣区新荣中学校。（田志坤）

【棚户区 城中村 危旧房屋改造和中小学校抗震加固】 2018年，大同市围绕“名城保护、旧城改造、新区建设、工矿区提升”思路，把提升城市功能与住房保障工作结合，改善低收入住房困难家庭住房条件。结合廉租住房建设、经济适用住房建设、城市居民棚户区改造等保障房建设推动城市老旧房屋改造。大同棚改20473套，总投资254644万元。棚改项目进入市政务审批服务中心并联审批流程进行抗震设防要求审批，建设工程达到抗震设防要求。开展校舍地震安全隐患排查，通过排查鉴定，全市1011所中小学校舍总面积350万平方米。其中，A级建筑80万平方米，B级建筑114万平方米，C级建筑104万平方米，D级建筑52万平方米。实施校安工程和百校兴教工程，学校校舍危房加固项目34个，建筑面积18.2万平方米，重建或搬迁其余校舍危房。（田志坤）

【云冈区地震观测站改造升级】 2018年，大同市地震局向国家地震局申请监测台站升级项目专项资金，给大同市云冈区地震局（原大同市南郊区地震局与大同市矿区地震局合并）地震观测站添置“十五”计划新设备——VP垂直摆倾斜仪，取代淘汰的老式微震仪和电磁波地震前兆观测仪器。云冈区地震局筹集资金改造重建原观测站基础设施，按地震监测台站建设规定，把原地下观测室的供电照明、密封降噪、除湿保温等方面升级，以适应新仪器对观测环境要求；在地面建起监测办公用房，使之具备监测办公、资料管理、科普宣传等功能。这次改造实现云冈区地震监测设备更新换代，增强台站专业性、功能性、安全性，填补因设备淘汰造成市地震局对该地区地震前兆监测空白。（田志坤）

【“一县一台”工作推进】 2018年，大同市地震局推进“一县一台”（1个县建设1座断层气土壤气观测台站）工作，以推动大同防震减灾事业科学发展，加强地震监测预报能力建设，提升抵御灾害能力。把断裂带土壤气体观测作为大同市探索地震短临预测的手段，投资74万元在浑源县、灵丘县、广灵县统一规划建设3座断层气土壤气观测台站。经过政府采购程序，采购3座台站气体监测设备、配套电气设备。新台站投入运行后，提高县（区）台站覆盖率，提升大同对大阳（大同阳高）老震区断层的监测能力，给市委、市政府防震减灾决策提供参考依据。（田志坤）

【防震减灾宣传】 2018年3月，大同市地震局与市委宣传部联合印发《2018年大同市防震减灾“法普科普”宣传工作安排》，部署2018年度防震减灾“法普科普”宣传工作。5月12日至21日，市防震减灾领导组在市和阳美术馆及环古城墙举办主题是“防震减灾，科普先行”“弘扬抗震救灾精神，提高防震减灾能力”“全民健身，平安中国，幸福大同”的防震减灾科普展与“平安中国”防震减灾宣导暨古城墙健步走活动。活动由市地震局、市科学技术协会、市体育局、市文旅集团公司主办，市电视台、市体育总会承办，市山

▲2018年5月12日，地震科普展在市和阳美术馆内举行。图为工作人员向参观者教授应急救援技能（田志坤 摄）

威社会工作服务中心协办。参观人数3万余人，现场讲解3000余次。展览内容包括地震典型案例、历史地震和地震带分布、避震逃生方法、地球内部构造、地震知识查询、抗震设防规范、地震体验小屋、逃生避险技能讲解、应急装备展示和大同市防震减灾工作纪实等内容，普及地震科普知识和逃生技能。向参观人员发放校园、社区、农村、防灾减灾知识手册，地震知识百题问答等书籍3万余册。在和阳美术馆外广场摆放40余块宣传展板及“行动起来、减轻身边的灾害风险”主题彩虹门、气球，现场发放防震减灾科普宣传资料5000余份。年内，市地震局和市卫计委组织专业人员到市三医院开展防震减灾科普知识讲座2场。5月9日至16日，《大同日报》《大同晚报》连载防震减灾知识板块；5月7日至13日，大同市广播电视台（一套、二套、三套）连续播放防震减灾公益宣传片、防震减灾标语及防震减灾科普知识；5月10日至16日，每天在繁华地段户外大屏幕滚动播放防震减灾公益宣传片120余次；5月10日至18日，大同市43条公交线路、700辆公交车车载屏幕上滚动播放《地震避险要知道》系列短片。（田志坤）

【防震减灾科普馆开馆】 2018年7月，大同市防震减灾科普馆开始建设，10月31日建成，12月14日开馆。市防震减灾科普馆位于大同市示范性综合实践基地综合活动场馆内，总投资113万元，占地面积492平方米，布展面积452平方米，科普馆展厅分12个功能区，分别是形象墙展区、序言展区、地震案例展区、放映区、地震知识展区、震害防御展区、避震避险展区、互动体验区、模拟地震体验区、地震前兆监测仪器展示区、资料发放区、休息区。展厅内设置有地动仪、地球构造仪、电视机、投影仪、触摸屏、演示仪、心肺复苏仪、模型等18台套。科普馆以防震减灾科普宣传为核心主题，采用主题展开方式，廊形展布，利用声、光、仿真、影像、多媒体等现代展播技术，以地震常识、地震灾害、避震、震害防御、体验、互动等内容为主线，融地震科普、防震减灾、避震自救为一体。科普馆设讲解员2名，给参观人员讲解地震常识、地震灾害、避震、逃生技能、震害防御等科普知识，使参观人员了解地震灾害发生的特性和应对策略。截至2018年年底，科普馆接待社会实践师生5000余人。（田志坤）

【市县地震应急联动演练】 2018年7月24日，大同市防震减灾领导组在大同市浑源县永安镇当巷村组织开展市、县地震应急综合演练，省地震局、市地震局、浑源县有关领导参加活动。5.8级模拟地震发生后，市地震局向参演领导和成员单位发送模拟地震短信和三级地震应急响应约定，浑源县抗震救灾指挥部第一时间召开决策部署会进行桌面推演，市、县抗震救灾指挥部及成员单位到“灾区”召开市、县抗震救灾现场指挥部会议，听取灾情汇报，并部署救灾工作。市级派出大同军分区、市武警支队、市消防支队、市卫计委医疗防疫队和山威应急救援队、天龙救援队6支专业和志愿者救援队伍125人、15台（套）装备车辆；浑源县派出人民武装部民兵、县消防中队、县公安局、医疗防疫等15支队伍136人、22台（套）装备车辆参加这次地震应急演练。主要演练内容包括人员搜索、废墟救人、火灾和危化品处置、医疗救护和卫生防疫、专业破拆科目演示等14个科目，持续4小时。（田志坤）

▲2018年7月24日，大同市举行市县地震应急综合演练（田志坤 摄）

【地震应急快速评估与辅助决策系统建成】 2018年9月，大同市地震应急快速评估与辅助决策系统项目完成招投标并启动建设，承建单位经过4个月建设周期完成项目实施方案编制、地震应急基础数据库建设、地震业务系统建设、硬件环境建设等一系列工程。建设系统涵盖50类地震应急基础数据；所开发的软件系统采用开源GIS平台构架和地图瓦片技术，提高地震模型运算速度；系统从地震触发到灾情发布实现自动化计算；产出信息采用多维度、实时可视化图形展示方式，效果直观、扩展性高。实现地震应急响应、基于公里格网灾情快速评估、地震应急辅助决策、地震应急专题图快速成图、自动触发与灾情发送、地震应急灾情可视化展示和应急数据库管理等功能，试运行结果表明系统运行稳定，产出符合技术要求，给大同市政府提供震后信息支撑。12月21日，市地震局组织召开大同市地震应急快速评估与辅助决策系统开发项目验收会，来自省地震局的验收专家组与市地震局领导听取项目承建单位北京数字空间科技有限公司关于该项目的建设情况汇报和测试组的测试意见，观看系统演示，审阅相关文档。经质询讨论，验收专家组同意该项目通过验收。（田志坤）

【城市活动断层探测与地震危险性评价可行性研究报告论证会】 2018年9月14日，大同市地震局邀请有关专家和市发改委、市财政局、市规划局、市住建局、市国土局、市地震局的相关领导召开《大同市区活动断层探测与地震危险性评价可行性研究报告》论证会。报告编制单位山西省地震灾害研究所从8个方面汇报情况，市发改委、市规划局、市住建局、市国土局介绍大同市整体发展规划及布局。专家组从技术方法、手段、探测范围、工程量、经费、规划、共享数据库建设等方面点评，与编制方、相关单位讨论，提出修改意见。会议要求探测目标区范围应与大同市新的城乡开发边界相结合，按照大同市规划建设重要性、紧迫性，采取分区、分期实施探测工作，御东片区是第一期，老城片区、大口泉片区分别是第二期和第三期。第一期工作重点是解决活动断层活动性鉴定与分布及数据库建设，给大同市土地利用规划、城市规划、防震减灾规划提供基础资料。（田志坤）

▲ 2018年9月14日，大同市召开《大同市区活动断层探测与地震危险性评价可行性研究报告》论证会（田志坤 摄）

【GB Ⅰ类应急避难场所通过验收】 2018年9月20日，在大同市教育局与市园林局组织下，来自市应急办、市发改委、市财政局、市地震局、市建筑设计院及省地震局的专家组成项目验收组，实地查看和评议大同市示范性综合实践基地Ⅰ类应急避难场所和大同市御河东岸生态林Ⅰ类应急避难场所2个项目的设计、建设。大同市示范性综合实践基地Ⅰ类应急避难场所，项目总投资925万元，场地总面积35万余平方米，有效面积5万余平方米，室内有效面积2万余平方米，规划安置人员1.4万人。大同市御河东岸生态林Ⅰ类应急避难场所，项目总投资1235万元，6月建成，占地面积186万平方米，有效面积12万平方米，规划安置受助人员2.4万人，人均居住面积4平方米。经过验收，验收专家组认为，2处应急避难场所均按照设计要求建设应急指挥中心、应急物资储备库、医疗救护与卫生防疫用房、应急监控系统、应急供水水处理设施、室内应急厕所、暗坑式厕所、应急排污、应急洗浴中心、水井等设施；利用绿地、广场、空地等作为应急篷宿区、应急停机坪、应急停车场等场地；制作和配置标识牌等，购置应急垃圾转运车、应急供水车、应急吸粪车、应急移动发电机组、应急净水设备、应急消防设施等，达到GB Ⅰ类应急避难场所规范要求。2个项目通过专家组验收，投入运营。（田志坤）

教　育

教育管理

【概况】　2018年，大同市有各级各类学校1159所，在校生43.17万人，专任教师3.92万人。其中，有幼儿园562所，在园幼儿6.86万人；小学357所，小学生19.54万人；初中156所，初中生8.86万人；普通高中45所，普通高中生5.95万人；中职学校33所，中职学生1.93万人；特殊教育学校6所，特殊教育学生433人。年内，市教育局引进、扶持、创办示范性民办学校，引进4所民办学校，整改541所民办教育培训机构。

（宣晓宇）

【立德树人】　2018年，大同市教育局坚持立德树人根本任务，构筑德智体美劳全面发展育人机制。加强师德示范，打造1000名师德标兵，用高尚师德引领学生，以德施教、以德育德、以德育人。突出德育特色，2万名师生参加山西省学雷锋道德模范志愿服务先进事迹专场报告，17所中小学被授予“学雷锋志愿者服务队”旗帜。引深德育新常态，加强队伍建设，打造15个班主任工作室，年内2次召开全市德育现场会，全市德育工作者到44所学校观摩交流，《德育报》发特刊报道。加强德育实践，落实市政府对外开放行动部署，遴选1569名师生开展国内外研学交流；组织3万名中小学生参加社会实践活动，全市青少年活动中心服务中小学生30万人次；打造方特欢乐世界、忘忧农场等15个大同市首批德育示范基地；市示范性综合实践基地被教育部评为“全国中小学生研学实践教育营地”。

2018年大同市教育事业基本情况表

项　目	2018年
普通高校	
学校数（所）	1
在校学生数（人）	27251
专任教师（人）	1512
普通中专	
学校数（所）	7
在校学生数（人）	5690
专任教师（人）	719
普通中学	
学校数（所）	201
在校学生数（人）	148127
专任教师（人）	15277
职业中学	
学校数（所）	26
在校学生数（人）	13562
专任教师（人）	1231
小　学	
学校数（所）	357
在校学生数（人）	195376
专任教师（人）	16729
幼儿园	
学校数（所）	562
在校学生数（人）	68626
专任教师（人）	5098
特殊教育	
学校数（所）	6
在校学生数（人）	433
专任教师（人）	126

深化德育内涵。大同市心理健康教育学会成立，开展心理健康专题讲座覆盖2万余名中小学生，培训心理健康教师7000人次；开展“观古都灯会、颂美丽大同”活动，2.5万名师生登古城墙，撰写文章6000余篇；65所学校被评为国家、省、市国防教育示范校、特色校，市教育局被省委宣传部等单位评为“全民国防教育先进单位”；大同一中、市实验小学被评为全国文明校园；开展足球运动、篮球运动、冰雪运动进校园、乌大张中小学师生书画摄影作品巡展、学生艺术展演等各类文体活动。（宣晓宇）

【教师队伍建设】 2018年，大同市教育局坚持教师队伍建设基础工作，打造改革发展急先锋和排头兵。突出师德引领。举行全市师德标兵表彰大会，评选1000名师德标兵榜样示范，强化宣传报道，整治师德师风问题53起。优化教师队伍结构。全年公开招聘各级各类教师754人；从各县（区）灵活调拨200个编制指标，缓解新高考改革教师紧缺问题；组织26名校长、611名教师开展义务教育学校校长教师交流，超省定比例；创新组织大同大学、大同师范、幼师923名毕业生到县（区）担任顶岗实习教师。提升教师专业素养。

全年市级投入1500万元，组织各级各类培训2.3万余人次，成立5个名师工作室。创新队伍管理。引深干部队伍“两库一体系”（校长后备库、中层干部后备库、干部成长体系）建设，遴选108名校长、中层干部列入后备库。提升教师待遇。实施“爱岗敬业津贴”、班主任津贴、校长基金全覆盖。全市4家单位被评为省教育系统先进集体，82人被评为省教育系统先进个人。加强乡村教师队伍建设。选派80名优秀教师到薄弱学校和农村教学点支教2年，落实乡村教师生活补助3044万元，给2840名坚守乡村学校工作30年的教师颁发证书，落实中央专项彩票公益金1103万元用于乡村教师培训。（宣晓宇）

【研学交流】 2018年，大同市教育局落实全市对外开放行动工作部署，联合市财政局、市外侨办、市旅发委、市公安局、市工商局、市卫计委等部门出台《大同市学生研学方案（试行）》。在全市教育系统及大同大学公开遴选优秀师生，到英国、美国、澳大利亚、加拿大、日本、德国等国家，国内上海、南京、青岛、徽州等地区开展研学交流活动，全年有大中小学师生1569人参加研学交流。（宣晓宇）

【教育“全面改薄”】 2018年，大同市教育局实施山西省教育厅、省发改委、省财政厅《关于全面改善贫困地区义务教育薄弱学校基本办学条件的实施意见》（晋教基〔2014〕37号）文件精神，落实中央、省专项投入2.34亿元，推进云州区、浑源县、阳高县、天镇县4县（区）“全面改薄”项目，各县（区）设备购置率100%，建设项目开工率100%，竣工率100%，实现全面改善贫困地区义务教育薄弱学校基本办学条件项目规划（2014—2018）任务。灵丘县作为山西省义务教育基本均衡发展复查县通过国家教育督导专家组验收，专家组肯定灵丘县“全面改薄”工作。（宣晓宇）

【教育共建】 2018年，大同市教育局落实省教育厅与市政府共建大同大学战略合作协议精神，与大同大学签订战略合作协议，建立校地合作工作机构与运行机制，加强协同创新，构建教育战略合作体，在人才培养、资源共享、教师教育、教育科研、研究生教育、国际教育交流、大学生实习就业等方面开展交流与合作。与大同大学签订学生教育实习协议，由大同大学选派552名音体美专业学生到市直、县（区）中小学校担任顶岗实习教师，优化教师队伍结构，提高大学生实践能力和人才培养质量。邀请首都体育学院校长钟秉枢到大同举办讲座，大同大学体育学院师生共同参与学习。组织大同大学中学教学法教师参与市教育局教师新课标培训。遴选大同大学40名师生到德国参加研学交流，考察职业教育。组织大同大学2000余名师生参与“观古都灯会、颂美丽大同”活动，遴选优秀征文75篇。（宣晓宇）

基础教育

【学前教育】 2018年，大同市教育局扩大普惠性学前教育规模，提升学前教育内涵。扩大学前教育资源总量，全年建（改、扩）公办幼儿园14所，增加学位2920个，认定普惠性民办幼儿园31所，超出省定任务13所，推进25所城镇住宅小区配套幼儿园建设和管理。学前三年毛入园率93.79%，普惠性幼儿园覆盖率86.7%，化解“入园难”“入园贵”问题。加强园所管理，规范办园行为，全市128个乡（镇）建立乡（镇）中心幼儿园103所，取缔无证幼儿园16所，整改合格颁证12所，出台《大同市幼儿园“小学化”专项治理工作实施方案》，市县两级开展集中整治，坚决纠正幼儿园“小学化”现象。推进学前教育内涵式发展，召开大同市第三期学前教育行动计划推进会暨防止和纠正“小学化”现象现场会，组织全市学前教育工作者实地参观学习，交流先进经验。推进平城区、浑源县、左云县3个省级试点实验区4项试点任务，市级10项试点任务，以点带面引领课题研究。平城区、浑源县在省第三期学前教育行动计划推进会上做学前教育成果经验交流。组织幼儿园园长、教师3500余人次参加各类培训，提升管理保教能力。市级8所优质幼儿园与县（区）重点幼儿园建立精准帮扶机制，开展帮扶活动20余次。组织开展保教能力竞赛，全市400余名幼儿教师参与。选派大同师范、大同幼师371名毕业生到县（区）幼儿园担任顶岗实习教师，优化教师队伍结构。（宣晓宇）

【市直初中招生改革】 2018年，大同市深化市直初中学校招生体制机制改革，出台《大同市市直初中学校2018年招生工作实施方案》，市直初中学校“小升初”工作由教育行政部门发放至学校。把政策通过网络、报纸等各种媒体和宣传展板向社会公布，把招生工作的具体政策、招生计划、划片范围、招生程序、录取结果、咨询方式、监督举报等信息公开，做到政策透明、宣传到位。通过改革激发学校办学活力，逐步形成教育主管部门宏观管理、学校组织招生、家长有序参与、各方合理推进的发展格局。（宣晓宇）

【实验小学绿地分校启用】 2018年，大同市实验小学绿地校区启用，校区占地面积30373平方米，八轨制办学。年内，招一年级新生100余名，8个教学班，20名教职工。学校建有300米环形跑道、可容纳400人的报告厅，运动场地面积11286平方米。（宣晓宇）

【教育建设PPP项目】 2018年，大同市推进教育建设PPP项目落地实施，包括建设大同二中集团校、大同六中分校，改扩建同煤一中初中部、高中实验楼项目等15个中小学校建设项目，总投资14.5亿元，总建筑面积27万平方米，以基础设施建设提升支撑教育事业快发展。（宣晓宇）

【大同市示范性综合实践基地被评为“全国中小学生研学实践教育营地”】 2018年，大同市示范性综合实践基地经教育部专家组实地评估验收，被教育部评为“全国中小学生研学实践教育营地”，是全国26所之一，山西省唯一一所。基地根据申报“全国中小学生研学实践教育营地”要求，研发《中国古都 天下大同——历史文化研学》系列研学课程，包括中国古都天下大同特色寻访之旅、晋冀蒙金三角边塞文化寻根之旅、北魏王朝民族融合历史寻探之旅和红色革命精神明志传承寻梦之旅4大研学主题16条研学线路，涉及60余处研学点，历史性强、教育内容丰富、实践活动富有特色，能满足全省、全国中小学生研学实践需求。（宣晓宇）

【实验小学跟岗培训】 2018年，大同市教育局结合全市乡村小学校长、教师队伍实际情况，把市实验小学作为培训基地，在家门口做培训，提升全市乡村小学校长管理能力、办学水平和专业素质。组织全市各县（区）150余名乡村校长、300余名乡村教师开展注重理论、突出实践、富有特色的跟岗培训活动。市实验小学作为承办该次跟岗培训活动单位，设计9大类针对性强的培训课程，包括专题讲座、厅廊文化、常规总结、集体教研、同课异构、读书沙龙、德育论坛、阳光课间和社团活动。（宣晓宇）

【课后托管试点实施】 2018年，大同市在市直实验小学、北岳小学等学校开展课后免费托管服务，利用教育教学资源，解决家长因工作繁忙导致学生放学后无人看管之忧。（宣晓宇）

【海峡两岸中小学校长教书育人研讨会召开】 2018年1月31日，第八届海峡两岸中小学校长教书育人研讨会在大同市召开。台湾教育交流团一行35人，大同市7名中小学校长代表参会。研讨会上，海峡两岸的26位中小学校长围绕“海峡两岸教育现状和发展”这一主题展开交流和研讨。大同二中校长王丽、台湾高雄市中仑小学校长陈昭治等6位海峡两岸校长代表分别介绍各自的教学成果和办学特色，交流和探讨海峡两岸中小学教育现状等方面的问题。双方表示发挥各自优势，加强交流合作，推进两地基础教育工作，把研讨会打造成海峡两岸教育合作交流平台，促进两岸教育事业共同发展。其间，台湾教育交流团一行到南郊区杨家窑学校、杨家窑木瓜基地和兰花基地、牧同乳业公司、北师大大同附中、城区十八校太阳城校区实地参观考察。（鸹 梅）

▲2018年6月18日，大同市中小学生在市示范性综合实践基地开展社会实践活动（宣晓宇 摄）

【“同课异构”教学活动举行】 2018年6月6日至7日，山西省共研“同课异构”教学活动在平城区第18小学校举行，来自山西省各市和大同市平城区的教研员、一线教师200余名参加。活动以“聚焦学科素养，走进学生问题”为主题，就义务教育国家统编教材《道德与法治》一、二年级下册的内容进行课例研讨。邀请省《道德与法治》学科建设团队成员点评课例，并针对《道德与法治》学科教学中存在的问题进行专题讲座。（悠 菊）

【大同普通高校招生考试】 2018年6月7日至8日，全国普通高校招生考试举行，大同市有22707名学子参加高考，比上年减少747人。其中，文科7776人；理科14931人。全市设11个考区、21个考点、768个考场。其中，平城区设有大同一中、二中、三中、五中、北师大大同附中、北岳中学6个考点、268个考场。（悠 菊）

【全市小学生模拟法庭赛举行】 2018年6月15日至7月12日，由大同市中级人民法院、大同日报传媒集团、平城区教育局共同主办的“五州帝景·学府世家”大同市小学生模拟法庭大赛举行。市平城区各小学、集团校师生32支代表队300余名选手参加。比赛分选手培训、现场初赛、

▲ 2018 年 6 月 15 日，大同市举行小学生模拟法庭大赛 （宣晓宇 摄）

网络评选、决赛颁奖等阶段。经过初赛、网评遴选，8 支代表队进入决赛。决赛庭审过程中，审判人员推进庭审每个环节，公诉人发表公诉意见，辩护人依据法律为被告人权益而争辩，证人、法警履行各自职责。法庭调查、法庭辩论、当场调解及最后宣判，整个过程严谨、规范、流畅。平城区 23 校代表队获一等奖，平城区 14 校和 18 校代表队获二等奖，平城区 10 校、西花园小学、平城区 23 校分校代表队分获三等奖。平城区 23 校赵楠、24 校王婷获最佳审判长称号，平城区 23 分校肖雅轩、14 校康天骄获最佳公诉人称号，平城区 47 校杨卿、32 校葛瑞丰获最佳辩护人称号，平城区 41 校任娇瑾、10 校于佩轩获最佳表现奖。（悠 菊）

【参加省首届基础教育信息化应用成果展】 2018 年 8 月 21 日至 23 日，山西省首届基础教育信息化应用成果展示交流活动在太原煤炭交易中心举行。展会以“数字引领·应用驱动·融合创新”为主题，集中展示山西省基础教育信息化应用的典型案例和成功经验。大同市作为唯一一个地市教育局代表，做经验交流介绍。大同市展区确定主题为“教育、数字、创新、未来”，突出新技术、大视野、高平台、数字化特征，分为 5 大模块，包括全市基础教育信息化发展掠影、灵丘县突出教育教学管理平台应用典型、平城区推进优教通教育教学平台应用、大同三中推进“智慧课堂”案例、农村学校信息化应用典型——云冈区杨家窑学校；1 个课堂教学活动区（大同市特殊教育学校的课堂教学应用成果演示），1 个创客机器人展示区（平城区 48 校机器人创客教育展演），1 个优课播放区（近两年获“一师一优课、一课一名师”部级优课展示），8 个功能单位。通过视频、图片、图表、图册、现场展演等形式，展示大同基础教育信息化应用成果。 （宣晓宇）

【庆祝第 34 个教师节表彰会】 2018 年 9 月 9 日，大同市教育系统庆祝第 34 个教师节表彰大会暨“师德标兵”先进事迹报告会召开。省委常委、市委书记张吉福，市委副书记、市长武宏文，及全市四套班子领导出席会议，全市教育系统教师代表、师德标兵代表 800 余人参会。

会上，大同市示范性综合实践基地等 15 个学校和单位被命名为首批“德育示范基地”，于贤云等首批 15 个班主任名师工作室设立，张润玲等 1006 名教师被授予“师德标兵”称号。浑源县示范中学李艳丽、广灵县斗泉乡头咀小学杨维银、左云县高级中学刘天有、大同一中屈艳四位师德标兵代表，分别作题为《用心坚守，用爱付出》《坚守，只为那山那人》《平凡中的奉献》《做学生的引路人》报告。会议结束后，张吉福、武宏文分别到大同一中、大同师范高等专科学校，慰问坚守在教学一线的教育工作者。与来自全市各级各类学校的校长、教师代表座谈，听他们畅谈教学体会，回应大家提出的深化教育教学改革、优化编制结构、改善校舍环境等建议。

（宣晓宇）

【获省教育系统表彰】 2018 年教师节期间，山西省人力社保厅、省教育厅表彰省教育系统 63 个先进集体、944 名模范教师、94 名先进工作者。在受表彰的全省教育系统先进集体中，大同市第一中学集团校、大同市煤矿第一中学集团校、广灵县科技教育局和大同市第一高级职业中学上榜，市实验小学部博等 75 名教师获

▲ 2018 年 9 月 9 日，大同市教育系统召开庆祝第 34 个教师节表彰大会暨师德标兵先进事迹报告会 （宣晓宇 摄）

全省模范教师，大同市实验中学副校长李建基等7人被评为全省教育系统先进工作者。（悠 菊）

【大同市心理健康教育学会成立】 2018年9月15日，由市教育局和大同大学共同主办的大同市心理健康教育学会成立大会暨首届高级研修培训会在大同大学本真楼演播厅举行。市教育局、市民政局、大同大学、市心理健康教育学会负责人，埠外专家等出席，各县（区）教育局、中小学负责人及一线教师代表1200余人参加。成立大会上，举行大同市心理健康教育学会的成立揭牌仪式，并颁发法人证书。给大同市心理健康教育学会机构成员、常务理事单位、常务理事代表颁发证书。北京师范大学教授、博士生导师郑日昌，北京市第十九中学党委副书记、德育副校长陈雪芬和北京体育职业大学副教授陈天舒等给大同市教育系统干部、教师和心理工作者作讲座，内容涵盖校长和教师压力和情绪管理、构建心理健康教育课程体系、阳光心态和职业幸福感等。（宣晓宇）

【全市青少年主题教育活动举行】 2018年9月28日，大同市青少年“传承红色基因，争做时代新人”主题教育活动在灵丘县平型关大捷纪念馆广场举行。活动由市委宣传部、市文明办、市关工委、市教育局、共青团大同市委、市少工委、灵丘县委县政府主办，旨在贯彻落实中共十九大精神，培育和践行社会主义核心价值观，培养担当民族复兴大任的时代新人，引领全市青少年学党史，跟党走，做中国特色社会主义事业合格接班人。全市党政机关工作人员、“五老”代表、青少年代表和市公益性社会组织关工委等社会各界人士300余人参加。活动中，市关工委常务副主任杨富春和灵丘县委常委、宣传部部长白洁为平型关大捷纪念馆“山西省关心下一代党史国史教育基地”揭牌。全体人员向革命先烈敬献花篮致以崇高敬意，在讲解员的带领下感受平型关大捷的红色文化。（清 荷）

【“进入新时代 改革开新篇”读书教育系列活动】 2018年10月初，由大同市委宣传部主办的全市“进入新时代 改革开新篇”读书教育系列活动启动。活动在全市广大青少年中开展，通过举办知识竞赛、故事会等方式，帮助全市广大青少年了解40年来改革开放的历程，更加自觉地用习近平新时代中国特色社会主义思想武装头脑，坚定理想信念，使广大青少年通过读书活动，增强为中华民族伟大复兴发愤读书、立志成才的责任感和使命感。读书教育系列活动内容包括开展主题征文活动、知识竞赛、故事会、演讲会、知识竞赛等。（悠 菊）

【规范幼儿园收费管理】 2018年11月，经大同市政府审核同意，市发改委、市教育局、市财政局联合发出通知，加强和规范全市各级各类幼儿园收费管理，适当调整公办幼儿园收费标准。规范后全市各级各类幼儿园的收费项目统一为：保育教育费、住宿费、服务性收费和代收费。幼儿园不得以开办实验班、特色班、兴趣班、课后培训班和亲子班等特色教育为名向幼儿家长另行收取费用，不得以任何名义向幼儿家长收取或变相收取储备金、赞助金、抵押金、建校费、捐资助学费、教育成本补偿费等费用，更不得收取书本费。通知明确，民办幼儿园调整保教费、住宿费收费标准的周期一般应不少于1年，每次调整幅度不应超过30%。任何幼儿园不得把“虚高标价、促销打折、节日优惠”等商品营销方式用于学前教育收费，更不得以价格为手段排挤竞争对手或实施有损公平的选择性、歧视性收费标准。调整后，公办幼儿园最高收费标准为：市区范围全日制幼儿园由每生每月400元调整为每生每月480元（差额补助单位可在该基础上再上浮5%），县（区）城镇范围内全日制幼儿园由每生每月300元调整为每生每月360元（差额补助单位可在该基础上再上浮10%），乡村全日制幼儿园由每生每月100元调整为每生每月150元。各公办幼儿园的具体收费标准按各幼儿园的类别等级确定。其中，一级一类幼儿园收费标准最高，三级三类幼儿园收费标准最低。（悠 菊）

【大同一中】 大同市第一中学（简称“大同一中”）是山西省首批重点中学，坐落在大同市向阳街179号。2018年，该校有92个初中教学班、52个高中教学班，8000余名学生。有970人参加高考，其中一本达线700人，比上年增加202人，达线率72%，提高18个百分点；二本（B）以上达线934人，比上年增加107人，达线率96%，提高6个百分点；有3个班首创大同一中理科普通班二本（B）类以上达线率100%；全市文科、理科状元均出自一中。中考达线人数比上年增加89人，增长率76%；其中达统招线648分以上205人，660分以上124人，670分以上59人，面向全市招生（50）人680分以上20人，录取人数全市第一。达定向线629人，比上年增加381人，增长率153.6%。年内，大同一中南校获全国青少年法治知识网络大赛“杰出组织奖”。大同一中被评为山西省教育系统先进集体、大同市节水先进单位、山西省文明单位、全国校园文学艺术创作先进单位，获2017东南大学优质生源贡献奖，并保持全国文明单位称号。

教学改革 年内，大同一中推进实施教学改革，重构新课型与教学流程，提升管理机制和质量。开展教学流程改革、课型结构改革、优生培养方式改革、级部改革、学生作息时间改革五项改革，构建新课型结构和教学流程。开发适合学生实际的教学材料。编印系列化学案集、高中考试题集、限时训练集等，形成特有学习资料库，成书60册550万字，导学案形成初步体系，教学资源库逐步建立。贯彻“学教并重”理念指导下的课型结构改革，增加课时密度，自主学习课、限时训练课、专题辅导课、过关检测课，保证学生学与教师教的时间比是1∶1。建立周练、月考落实机制和定期质量分析诊断机制，实施教学重点、作业、教案等管理与检查，并与教师收入挂钩，解决教学目标阶段性落实问题。加大优生培养力度，推动以发挥学生特长为目标的育人模式改革。在高一设立钱学森班、理科竞赛班、文科特色班和普通班，配备相应师资队伍和管理队伍，制订相应教学计划。投入人力、物力、财力，组建学科竞赛团队，招聘竞赛教练，专门指导培训有学科特长学生。组建200余人动态培优班，对特殊学生需求分层指导，定期召开研讨会，在教材、教法、考试等各个环节加强研究和工作拓展。

德智体建设　年内，大同一中召开德育工作会议18次、国旗下演讲30次、班团会35次；3个校区分别组织德育论坛，邀请全国教育专家授课；开展学雷锋活动，17个班级900余名学生走出校园做好事；组建社团联合会，把教师评职条件与指导社团挂钩，推动社团发展速度和规模；组织举办18岁成人仪式、春秋季运动会、知识竞赛、演讲辩论、安全讲座、社会实践等系列专项活动。开展体艺类活动：组织为期40天的第24届科技文化节，2700人参与，600余人次获奖；组织校园“薪火杯”篮球赛；组织参加大同市中学生篮球赛，获第二名；组织参加大同市中学生足球赛，获第五名；组织参加大同市中学生田径运动会，获跳高第一名、跳远第二名；组织参加山西省田径锦标赛，获跳高第三名；组织参加乌大张书法摄影大赛，21人获奖；组织开展合唱比赛、艺术表演、绘画书法比赛和展览。

省级课题立项　9月17日，山西省教育科学规划领导小组办公室发布《关于公布山西省教育科学“十三五”规划2018年度课题立项的通知》，大同一中李志英主持申报《促进初中生获得数学活动经验的教学策略》、马争主持申报《新课程理念下的“微课”资源在高中物理课堂教学中的应用研究》、赵志峰主持申报《普通高中学生地理核心素养的培养及评价研究》、王增艳主持申报《以问题为中心的初中数学课堂研究》、董凯主持申报《高中数学策略性知识再提升学生核心素养方面的实践与研究》、李林主持申报《基于核心素养的高中作文教学中思维能力训练的研究》、王晓磊主持申报《中学生志愿服务纳入学生评价的实践研究——以大同一中北校为例》、曹海莺主持申报《关于“通过画图训练，培养学生的观察及实践操作能力”的研究》，8个课题经山西省教育科学规划领导小组办公室组织专家评审，报山西省教育科学规划领导小组批准，均立项为山西省教育科学“十三五”规划2018年度规划课题。

学科竞赛　年内，大同一中学科竞赛获奖人数实现突破。获山西省赛区等级奖139人，比上年增加60人，增长80%；8人获山西省赛区物理、化学、数学竞赛省级一等奖，取得学科竞赛省一等奖零突破；赵苏原入选全国物理竞赛省集训队，并获国家级铜牌，靳轲获全国生物竞赛国家级金牌，并获清华大学保送资格，创大同市学科竞赛获奖新纪录。

被全国多所高校授予“优秀生源基地”牌匾　年内，东北大学、南京农业大学、兰州大学、太原理工大学、中北大学、山西大学、南京大学与大同一中签署优秀生源基地协议，并授予优秀生源基地牌匾。卓越大学联盟（西北工业大学、同济大学、天津大学、华南理工大学、哈尔滨工业大学、东南大学、大连理工大学、重庆大学、北京理工大学）与大同一中签署“卓越大学联盟优秀生源基地”协议，并授予“卓越大学联盟优秀生源基地”牌匾。　（大同一中）

【大同二中】　大同市第二中学校（简称“大同二中”）是一所完全中学，坐落在平城区重熙街319号。2018年，该学校占地面积20公顷，建筑面积87260平方米。有学生5200余名。教学班84个（其中，高中教学班52个，初中教学班32个），实行全日寄宿制和走读制相结合管理模式。年内高考，882名考生中（不含艺体类），达二本（B）以上823人，达线率93.31%；一本达线377人，达线率42.74%，较上年增加6个百分点；高考600分以上22人。其中，5个班级一本达线率超过50%，5个班级二本达线率超过95%，理科399、405两个班级创造普通班100%达线记录。年内中考，优质高中录取率47.8%，普通高中录取率76.67%。

德育建设　年内，大同二中坚持立德树人，德育为首抓学生发展。弘扬社会主义价值观，五四、七一、国庆等纪念日组织歌唱祖国歌唱党为主题的集体比赛演出活动；教育团员青年，开发团课课程；培育志愿者精神和公益精神，假期组织团员青年和学生干部走进博物馆、敬老院开展志愿服务，“精准扶贫，献你我一片爱心”义卖义捐活动成固定项目；庆祝教师节活动由学生会和团总支共同发起，学生自主设计、家长参与，使老师们充满职业幸福感。“那一瞬，怦然心动”校园心理剧展演呼吁师生家长共同关注校园常见心理问题。承办市教育局德育现场推进会，全市100余名德育校长及干部参加。

学科竞赛课程开发　年内，大同二中探索开设数理化生学科竞赛课程，经校内骨干教师指导和校外名师专家主讲、同步培养校内辅导教师团队两个阶段。高二、高一年级分别形成校外专家加校内教师共同辅导、线上互动培训与线下辅导培训相结合两种辅导机制，以应对招生制度改革多元化录取。组织高中各年级学生参加全国创新作文大赛，获全国一等奖2名、二等奖7名、三等奖12名，省级一等奖51名，学校成为8所获“优秀组织集体奖”的中学之一，并成为创新作文教育实践基地；英语组统筹规划组织1100余名学生备战全国英语能力竞赛，分年级专项培训。开发52门校本课程，按“知内容，自由选，集中上，全走班”模式每周开设，满足每名学生选课意愿。“育英大讲堂”打开一扇看世界的窗；举办“博学杯”百科知识竞赛和国学、英语诵读大赛。文体艺术节上，通过分项海选、现场展示、比赛组合、年级配合进行专场会演，学生自主安排在现场进行书法比拼等。初高中800余名学生参加第三届葛兰诵读文化季大同地区选拔赛，学校获奖人数占总获奖人数近半。参加足球、篮球联赛，毽球、跳绳比赛，获省学生乒乓球锦标赛高中男团第四名，市中学生球类运动会乒乓球高中男团、男单第一名，篮球高中男子组第五名。

校际合作交流　年内，大同二中加强区域内校际交流，省内名校校际交流，以五校联合体为平台，主动联系学习，促进共同提高。高中组织全校期中期末考试及高一高二年级五校联考，开展大同市高三学情考试联合体五校质量分析会和五校区域同课异构等教研活动等，初中承办东部区域教研活动。由校长带队，组织教学干部、级部管理人员，备课组长等到阳泉一中、忻州一中等学校学习交流，回校后组织召开外出学习心得分享会。接待大同大学国培计划教师研修团队 70 余人和小南头中学教师团队 30 余人到大同二中交流学习，并安排有关教研活动。（大同二中）

▲ 2018 年 2 月 26 日，大同三中举行“高考百日誓师大会暨成人礼仪式”（李绍华 摄）

【大同三中】 大同市第三中学集团校（简称“大同三中”）是大同市一所完全中学。2018 年，大同三中承担完成省级以上科研课题 11 个，开展课题 13 个。办学规模高中 10 轨制，初中 16 轨制。大同三中主校区占地面积 87133 平方米，建筑面积 63886 平方米。北校区占地面积 2 万平方米，建筑面积 9530 平方米。南北校区占地面积 10.67 公顷，建筑面积 73416 平方米。年内高考，大同三中一本达线 73 人；其中，文科 50 人，理科 23 人。二本 B 类达线 305 人；其中，文科 193 人，理科 112 人，理科二本 B 类达线人数首次突破百人大关。二本 B 类达线率 68%，较上年提升 20 个百分点。

中高考百日誓师大会　2 月 26 日和 3 月 12 日，大同三中在卓越广场分别举行高考百日誓师大会暨成人礼仪式和中考百日誓师大会。校领导、各科室主任与全体高三、初三学生及家长参与活动，高一、高二、初二年级师生观礼。中考百日誓师大会上，市教育局、市教科研中心有关领导到学校参观指导。

集体和个人获大同教育系统表彰　5 月 10 日，大同三中推选出一批先进集体和个人获大同市教育系统表彰。谢云飞、杨瑞杰、张照、刘鑫、闫丽娜、李佳仪、姚汝威、杜俊轲被授予大同市教育系统“优秀团员”称号。初三 7 班、高一 10 班、高二 12 班 3 个集体被命名大同市教育系统“五四红旗团支部”。初一 10 班被命名大同市 2017 年度“优秀少先中队”；初一 16 班李睿被授予大同市 2017 年度“优秀少先队员”称号。王丹、郭瑞芬、任雪亮、刘海玲被授予大同市 2017 年度“优秀团干”称号。张国伟被授予大同市 2017 年度“优秀辅导员”称号。在大同市纪念“五四”青年节主题才艺比赛中，大同三中获三等奖。

孔子铜像揭幕　6 月 24 日，大同三中在卓越广场举行孔子像揭幕仪式。市教育局有关领导、兄弟院校校长和部分媒体参加揭幕仪式。大同三中开展包括孔子儒家学说在内的中国传统文化教育，在主校区卓越广场四周设置 24 块文化牌，结合儒家伦理四德，分别设计仁、义、礼、智 4 个主题，把儒学经典融入课堂教学中，诵读感受经典，激发学生文言兴趣，完善知识积累，沉淀锻塑人格。

举办首届“科技节”　11 月 5 日至 12 月 4 日，大同三中举办以“体验·创新·成长”为主题的首届“科技节”，丰富校园文化生活，挖掘学生内在潜力，提高学生科技素养，培养学生创新精神和实践能力。科技节收到各类参赛作品 300 余件，涉及空气动力学、机械制造、生物科学、网页设计等个学科和领域，展现广大师生科技创新、团队合作的理念和意识。经过评委组各学科教师评选，产生一等奖 14 名、二等奖 23 名、三等奖 28 名、优秀指导教师 26 名、优秀组织奖 8 个。（李绍华）

▲ 2018 年 11 月 5 日，大同三中召开首届科技节表彰大会（李绍华 摄）

【大同四中】 大同市第四中学校（简称“大同四中”），坐落在大同市平城区操场城街 399 号，占地约 2.53

公顷，建筑面积25915平方米，是一所全日制普通完全中学。2018年，大同四中设初中6轨制18个班，高中8轨制24个教学班，在校学生1781人。年内，参加高考人数389人，达一本线60人、二本B类93人；其中大文大理达一本线2人，二本线27人，二本C类187人，本科达线340人，达线率87.4%。年内，242名同学参加中考，达大同一中统招分数线12人，达大同一中定向分数线51人，占参加考试人数21.1%。优质高中达线人数170人，达线率70.2%。年内，以大同四中中学生运动员为主的代表队在2018年省运会上，获山西省男子团体第二名，女子团体第六名，中学组总团体第五名。其中，丁江伟打破100米单项省记录，丁江伟、李嘉豪等参加的男子4×400米成绩打破省记录，李嘉豪获400米第一名。

德育教育　年内，大同四中推行“人人做好人，个个都升学”教育理念，实施好人教育，引导学生做好人。践行立德树人，倡导“入校则序、入楼则静、入班则学、离校亦律、回家要孝”德育总目标，落实“六个长期坚持”（长期坚持抓好教育教学质量的提高，长期坚持抓好常规管理，长期坚持抓好科研教改工作，长期坚持抓好校风建设，长期坚持抓好学校的文化建设，长期坚持抓好学生的“好人教育”），按照“好人教育”20字原则：诚实、善良、宽容、厚道、公平、正义、勤奋、吃苦、责任、担当传统道德文化进行教育熏陶。开展德育教育系列活动，把政治课上的系统教育和各学科的渗透教育结合起来，把班主任日常教育和团队主题教育结合起来，把检查规章制度的落实与开展文体活动结合起来，以团队工作、政治工作、德育工作为载体，开展德育教育工作。实行全员德育教育方略，在管理岗位、教学岗位和服务岗位全体教职员工形成“学校无闲人，人人教育人；学校无小事，事事教育人；学校无空地，处处教育人”氛围。坚持学生大会、年级例会、主题班会和班级日常讲评制度。组织好国旗下致辞和文明礼仪示范生设置方面工作，坚持领导干部和教学班相结合值周制度，抓日常监督和评价工作，形成日检查、周评比、月小结、学期末总评工作机制。加强关键时段关键部位的巡视检查管理。组织开展流动红旗评比活动、励志教育宣誓活动。办好校园广播、宣传橱窗、班级板报。加强德育重点课题实验和德育实践基地建设。全年召开班主任会议25次、主题班会40次，出专题板报8期，校处领导作值周总结40次，优秀学生国旗下致辞40次，评选班级流动红旗40次，班级流动红旗发放360班次。组织毕业年级中考高动员会2次，召开组长会8次，表彰600余名优秀学生。组织寒暑假学生社会实践活动。抓学生心理健康工作，开设课程，开放心理咨询室，举办心理教育讲座，出中高考心理辅导专板。8月，大同四中被授予“大同市德育示范基地”称号，6位教师被授予“德育标兵”称号。

教科研改革　年内，大同四中教研工作以课堂改革为中心，推广应用“以学定教”“以学定论”理念，引导教师向成为学生学习的“设计者、组织者、引领者、点拨者、促进者、评价者”转变，让学生成为学习的“学习者、参与者、交流者、合作者、展示者、探究者”。教师角色由“演员型”向“导演型”转变，教学方法由“传授式”向“探究式”转变，学生学习方式由“接受式”向“体验式”转变，由“个体型”向“合作型”转变，教学内容由“单独的知识型”向“能力情感型”转变，使学生由“学会知识”向“学会方法”转变。工作实践中，组织“公开课”“示范课”“汇报课”等系列活动，有针对性地推广和运用成功教学经验和教学方法、学习方法，构建科学教学模式，促进全校课改上水平、上质量、上台阶。总结推广“三研三制”教师备课策略（研究学情、研究教材、研究教学方法，制定教学目标和思路、制定课堂活动案、制定课外学习指导案），“三分一总，三合一悟”课堂教学策略（分解目标、分开时段、分层落实，总结归纳；把自主学习、合作学习、教师助学三者有机结合，灵活施教，让学生学有感悟），“三分一反”课后辅导策略（分层布置课后学习任务、分类指导学习方法、分组完成学习任务，及时反馈矫正、教师批学生改），“三说三议”评课议课策略（授课教师说目标设计、说课堂过程、说教学效果，听课教师议目标达成情况、议教学流程的科学性、议课堂教学的实效性），“三规一统”联合考试策略（规范命题、规范考试、规范阅卷，统一评价标准），“三横三纵”教学评价策略（学校横向纵向的比较，教师学科成绩横向纵向的比较、学生学业成绩横向纵向的比较）作为示范引领。抓教育教学课题的申报、实验和结题工作，推广应用阶段性成果。适时组织教师到省内外名校参观学习，接受培训，吸收和借鉴成功教学改革经验，推动教改工作。

八校联盟一体化发展　年内，以大同四中为牵头校的联盟校，在联盟校联动发展平台上通过开展月考联考、教研交流、大数据互通等校际活动，学校管理者互相汲取先进治学理念和管理经验，推动联盟校各项工作发展；学校教师互相学习取长补短，促进自我反思与对照，激发教学激情，推进教师成长。

第22届校园科技文化艺术周举行　12月24日至28日，大同四中举行第22届校园科技文化艺术活动周，展示学生综合素质，学校非毕业年级800余名学生参加。艺术周比赛项目的设置考虑学生综合素质的培养和提高，从文艺类、到文学类、体育类、综合类、科技类5个方面设置，设有5个大类17个小项比赛，给各类学有特长的学生提供一个展现自我的舞台和空间。有240名同学获个人单项奖，12个班级获团体优胜奖。　（大同四中）

【大同五中】 大同市第五中学（简称“大同五中”）是一所初中6轨制、高中10轨制的全日制普通完全中学。2018年，该校在校学生1798人，有教学班40个。学校占地5.67公顷，建筑面积5万平方米，建有400米塑胶操场1个。年内高考，大同五中达二本B类分数线以上110人。其中，艺体类86人，文史理工类24人。艺体类达一本线40人，达线率35.7%；达二本线86人，达线率76.8%。文史理工类达线24人中，达山西省二本B类分数线15人，达天津高考录取线1人，单招1人，达内蒙古自治区二本B类分数线7人。年内，参加中考220人，达一中定向线26人，达线率12%；达二中定向线39人，达线率18%；普通高中录取131人，录取率59%。9月10日出版《大同五中百年史》《大同五中百年史影集》。

德育工作　年内，大同五中组织召开“珍爱生命 关注安全”主题班会，学习“中学生行为规范”、各项规章制度及学校规定的一些内容并通过安全板报、国旗下讲话、校园广播站、宣传栏、电子屏、家长会等各种宣传阵地宣传。参加山西省第五届网络安全知识竞赛，增强网络安全意识，学会安全用网，文明用网。开展“预防中小学生沉迷网络教育引导工作”主题班会、板报、国旗下演讲等系列活动，增强学生网络安全意识，学会绿色上网、健康上网。开展第22个“世界读书日”“书香校园”系列主题活动，增强学生读书意识，养成多读书、爱读书行为习惯。组织开展“崇尚英雄精忠报国”主题活动，使学生受到爱国传统教育，增强民族自信及主人翁责任感。开展“世界粮食日”主题教育活动，倡导节约，对学生进行绿色教育、环保教育，增强学生环保意识，养成保护环境、节约粮食行为习惯。组织“十九大精神进校园”主题演讲比赛及“示范课堂”等主题系列活动。开展“扬起理想的风帆——创建校园德育示范校园”主题活动，培养学生爱心和社会责任感，提高学生思想道德素质。10月，学校师生参加第三季葛兰诵读文化季朗诵大赛大同赛区比赛，展出中国梦——2018年少年传承中华传统美德微视频作品。

教学管理　年内，大同五中抓教学改革，坚持“学案导学”教学模式，推进学案导学，增设晚修课，组织周六及寒暑假补课。针对学生基础差、偏科严重特点，开设培优补差班。实施教学改革措施，提升教育教学质量。

师资队伍建设　年内，大同五中落实青蓝工程，培养青年教师。举行“青蓝工程”师徒结对仪式，启动大同五中“青年教师汇报课”活动。重视考核评比，开展中级职称评选工作。安排36人次参加各级各类培训，如大同市综合教育实践基地的部编教材培训、全国教师研修网络教材培训、初三班主任生涯规划学习、学科信息技术能力培训、校内培训、全国教师研修网课程培训、高中九科专业培训等，提升教师专业水平。鼓励教师撰写教学论文、教学反思、教学案例，做勤于思考、善于表达的高水平教师。年内，全校教职工在国家级、省市级报刊上发表论文138篇、参加各级各类教学竞赛30余人次、国家省级课题申报5组、名师工作室7人。其中有40人参与全市重点课题结题，2人评为山西省教学能手，2人评为市教学能手，1人评为大同市优秀实验工作者，1人获大同市首届慧学云杯云智能教育平台优课评选一等奖。

（张　华）

【北师大大同附中】　北京师范大学大同附属中学校（简称“北师大大同附中”）坐落在大同市平城区天祥街107号，校园占地面积9.73公顷，校舍建筑面积8.12万平方米。2018年办学规模初中10轨制30个教学班、高中10轨30个教学班，有在校生2791人。年内，高考参考439人（艺术类考生21人），一本上线90人，比上年增加58人，一本上线率20.73%，比上年提高12.17%。二本以上上线315人，比上年增加140人，二本以上上线率71.75%，比上年提高24.96%。中考成绩与3年前初一入学监测成绩排名相比，整体成绩位次提升15名。年内，被教育部评为“全国国防教育特色学校”“全国青少年校园篮球特色学校”，被国家发改委、国家机关事务管理局评为“全国节约型公共机构示范单位”“全国学校体育联盟（教学改革）实验校”，获“山西省教学成果一等奖”，被评为“山西省素质教育示范学校”“山西省平安单位、平安校园”“山西省体育传统示范项目学校”“课题研究先进单位”“山西省学校食堂规范化创建达标单位”“山西省消防宣传教育示范校”，被授予“山西大学优质生源基地”等称号。

教学管理　年内，北师大大同附中践行“1555”教学生态系统（“1”指推进“211三案引学”教学模式，第一个“5”指课堂教学做到五为主：以学生发展为主旨、以学生为主体、以教师为主导、以课本为主源、以练习为主线，第二个“5”指教师要把握五要度：复习旧课高效度、导入新课强力度、传授知识参与度、巩固联系多角度、课堂总结高浓度，第三个“5”指人人掌握五项技术：考点技术、训练技术、复习技术、微课技术、多媒体技术），推进“211三案引学”教学模式（提倡教师讲课时间20分钟、师生互动10分钟、训练时间10分钟）。以规范教学常规为抓手，以提高教育教学质量为出发点和落脚点，提升课堂教学效益。课堂教学研究活动常规化，常年开展教学沙龙、行政干部进课堂、教科研会等活动。创办教师楹联协会和京师同附读书会，坚持创办《平城金声》教科研报，出版课题研究成果专辑《潜思》。

德育工作　年内，北师大大同附中教育工作秉承“修品悟道，德育先行，做有情怀的教育”德育理念，构建基于学生发展核心素养的全员一体化德育工作体系，促进每个学生全面健康成长。在以读书节、科技节、艺术节为主体的三大活动基础上，开展有中高考百日誓师冲刺大会、毕业典礼，温馨教室构建，安全教育，足球班级联赛，“拒吸第一支烟、做健康新一代”主题签名，“用眼卫生和健康教育”，军训，运动会，少先队建队日，“九一八”勿忘国耻，爱我中华主题演讲，诗歌朗诵比赛，“缅怀‘一二·九’，共抒家国情”系列教育，中学生社会实践等活动。校本课程和社团活动成为教学常态，开设校本课程40门，社团活动项目36个。建设高清录课教室、智慧课堂教室、科技活动教室、国学书法教室、雕塑绘画教室、管乐和民乐教室、心理健康咨询中心，学校云之声合唱团、云之颂民乐团、云之乐管乐团揭牌成立。

“传承中华文明，涵养人文精神”读书节　4月3日，北师大大同附中举行以“传承中华文明，涵养人文精神”为主题的读书节启动仪式，旨在倡导广大师生“多读书、读好书、好读书”，秉承“博学博爱、达己达人”校训，推进海量阅读，营造书香校园。读书节学校围绕社会主义核心价值体系和学校文化建设，引导学生多读书、读好书、读整本书，在阅读中积累知识、塑造思维、健全人格、提升品位；引导教师通过阅读拓展视野、丰厚学养、积淀学识、修养师德，在全校掀起打造“书香校园”、建设“书香班级”热潮，提高学校素质教育质量。

美育课题阶段成果获奖　4月13日至16日，北师大大同附中有关人员到北京参加中国人生科学学会美育研究会“十三五”重点课题《学校美育与人生发展的实验研究》中期成果交流研讨会。学校被评为“2017年度中国人生科学学会美育研究会课题研究工作先进集体”。学校有关人员在研讨会上作题为《美在校园，美在课堂，美在心中》的中期汇报发言，获一等奖。北师大大同附中美育课题组有27篇论文、教学案例分获一、二、三等奖。

第二届科技节　5月21日至6月20日，以“开启智慧，创造未来”为主题的北师大大同附中第二届科技节举行。活动由市科协、市教育局、平城区科协、北师大大同附中联合举办。科技节期间，北师大大同附中举办科普专题讲座，航天报告会，市科技大篷车进校园，科技活动室、地理、历史专业教室参观展览，航模社模型放飞活动，科技作品征集与展览等活动。师生们通过这些活动接触到新科技理念，加深对科技教育认识，提高自身科技创新能力，推动学校科技创新特色学校发展。启动仪式邀请中国人民解放军航天员大队第一任大队长申行运给高一年级学生做《中国航天员是怎样炼成的》航天报告会，给全体师生分享航天员故事和中国航天事业发展的科学，并与学生互动。

在2018年中国学生毽球锦标赛中获奖　9月3日至7日，由中国大学生体育协会、中国中学生体育协会主办，中国大学生体育协会毽球分会执行，嘉兴南洋职业技术学院承办的2018年中国学生毽球锦标赛在嘉兴南洋职业技术学院举行。北京大学等31所大学及北京师范大学大同附属中学等8所中学39支毽球队的400余名运动员参加。北师大大同附中参加3大项12小项比赛，获乙组混合三人平推赛亚军；杨柳青获个人男子计数赛全国第二名；花样混合接力获全国第五名，安秀田获女子计数全国第五名；获参加下年国家级青少年毽球赛事资格。这是建校以来第一次获得全国性的专业体育赛事奖项。（李卫刚）

中等职业教育

【职业教育资源优化】　2018年，大同市完善《大同市职业教育资源整合规划》，调整县（区）学校布局，灵丘县利用闲置教学资源，把灵丘县职业中学迁入灵丘四中，秋季恢复招生；灵丘县农业职业技术学校转型成培训机构，不再承担全日制教学任务；浑源县以浑源职业教育中心为主体，把县域内4所中职学校统一挂牌为浑源职教中心。中职学校开设航空服务、电子商务等5个专业，停办矿井通风与安全等3个专业。（宣晓宇）

【中高职教育衔接协调发展机制】2018年，大同师范高等专科学校与大同幼师签订“3+2”分段合作育人协议，实现大同幼师学前教育专业学生就地升学。天镇县职业学校与山西交通职业技术学院、广灵县职业学校与山西药科职业技术学院分别签订“3+2”分段合作育人协议并开始招生。云冈区职业学校与山西煤炭职业技术学院签署合作育人协议。（宣晓宇）

【职教中心建设】　2018年，新荣区投入45万元，云冈区投入1091万元，改善区职教中心办学条件，加强教师队伍建设。市教育局加强督导，查找短板，限期整改，指导两区建设成职教中心，经省级督导评估验收，两区职教中心达县级职教中心达标建设要求，两区被确认为“山西省县级职教中心建设达标县（区）”。（宣晓宇）

【校企合作】　2018年，大同市教育局指导协调市卫生学校与德亨仁厚医养产业管理集团签订协议，联合培养运营管理类和服务技能类学生各50名，作为山西省职业教育改革试验区建设项目，实行校企联合招生就业培养一条龙现代学徒制培养模式。浑源师范、大同卫校、机车技师学院与凯德世家、魏都医院、同药集团等单位达成合作意向，共建大同医药康养职教集团。全市职业学校与省内外103家企业合作，其中61家大中型企业与学校签订长期合作协议。市二职中和大同机电职业技术学校列为省现代学徒制试点。市一职中、大同卫校等6所中职学校获批省级发展改革示范校。（宣晓宇）

【大同机车技师学院在全国技工院校工匠精神教育比赛中获奖】2018年初，由人社部在全国技工院校中开展的工匠精神教育系列比赛揭晓，大同机车技师学院师生在该次比赛中获奖。教师高丽霞撰写的《宝剑锋从磨砺出，梅花香自苦寒来》在工匠精神教育论文中获二等奖；教师谢倩撰写的《弘扬培育传承工匠精神》和教师白曜亭撰写的《培育“工匠精神”要融入技能实训教育之我见》在工匠精神教育论文中获三等奖；学生李斌的作品《一丝不苟》在“寻找最美小工匠”相机组摄影比赛中获奖。大同机车技师学院获优秀组织奖。（鹤　梅）

【第四届职业教育活动周暨第一届中等职业学校技能赛】　2018年5月7日至13日，大同市第四届职业教育活动周暨第一届中等职业学校技能大赛举行。大同市围绕“职教改革四十年，产教融合育工匠”主题，在各个职业学校开展为期一周的职业教育宣传展示活动，70余家企业参与其中，向全社会展示大同市职业教育办学成果与办学特色。大同市首届中等职业学校技能大赛与第四届职业教育活动周同步启动，比赛设5个类别21个项目的比赛，分设学生组、教师组一、二、三等奖项，有28所职业学校的320余名选手参加。经过市级赛事的锻炼提高，大同市参赛选手在全省第十二届职业院校技能大赛中，获106个奖项，获奖人次138人。其中教师组一等奖2个，二等奖10个，

三等奖16个；学生组一等奖17个，二等奖25个，三等奖36个。（宣晓宇）

【山西工商学院大同分院前期筹备工作协调会】 2018年5月16日，大同市副市长郭蕾主持召开山西工商学院大同分院前期筹备工作协调会。市教育局、市规划局、市国土局和市发改委等部门负责人汇报山西工商学院的办学情况和与大同市合作建校的意向，及该项目落地后如何启动选址、立项、环评等工作程序，并成立山西工商学院大同分院建设项目领导组，初步确定领导组各成员单位。会议指出，与山西工商学院合作办学，能够给大同市中专和职高学生升大专提供一个通道。各成员单位明确部门职责，统筹规划，掌握在6月11日前完成选址工作的时间节点。市教育局牵头组织各成员单位配合推进前期准备工作。（悠 菊）

【大同教师参与课题获全国学校共青团优秀成果奖】 2018年6月，全国学校共青团研究中心公布上年度全国学校共青团优秀研究成果获奖名单，由大同市5名教师参与完成的团中央重点研究课题《团学活动对优秀中职毕业生的影响研究》获二等奖，这在大同市中职（中学）学校中属于首次，是山西省唯一获奖的团队。团中央重点研究课题由大同市第二职业中学吴万任课题组组长，市第二职业中学刘艳、万鹏，大同师范卢君，市实验小学高敏5名教师共同参与完成，以优秀中职毕业生为研究对象，从学术角度梳理中职共青团在思想引领和服务成长方面存在的独特价值。（悠 菊）

【“燃料电池及车用燃料电池发展”讲座】 2018年9月18日，“氢时代掀起新能源革命风潮”系列讲座第44期在大同职业教育中心报告厅举行，大同职业教育中心800余位师生参加。讲座由大同氢雄云鼎氢能科技有限公司电控工程师方长城主讲，主题是“燃料电池及车用燃料电池发展”。讲座从全球能源消费结构谈起，通过一系列图表让现场学生直观感受到能源的重要性及发展新能源的必要性。（悠 菊）

【大同机车技师学院通过“国家中职改革发展示范校”验收】 2018年10月，由教育部、人社部、财政部组织的“国家中等职业教育改革发展示范学校建设计划”第三批项目学校验收结果公布，大同机车技师学院通过国家验收，确定为“国家中等职业教育改革发展示范学校”。2013年4月，大同机车技师学院获批成为第三批“国家中等职业教育改革发展示范学校建设计划”项目建设学校，建设任务包括焊接加工、数控加工、电气自动化设备安装与维修3个重点专业和“加强心理健康教育，提升学生综合素质”1个特色项目。大同机车技师学院按照批复的《建设方案》和《任务书》，推进建设任务259项、验收要点379个，实现建设目标。以培养学生综合素质为目标，人才培养对接用人需求、专业对接产业、课程对接岗位、教材对接技能。3个专业分别确立典型任务引领、产教工学相融、一专多能的教育教学模式，把完成典型工作任务所需的理论知识、操作技能和职业素养融入教学和生产过程中。通过人才培养模式改革实践，加强与企业合作，完善与深化“工学结合、工学交替”人才培养模式，构建基于工作过程系统化、能力为本的课程体系。（悠 菊）

【大同市第一高级职业中学】 大同市第一高级职业中学（简称“大同市一职中”）占地面积43010.42平方米，建筑面积3万余平方米，固定资产3000余万元。体育运动场面积12300余平方米，学生食堂和公寓满足1000人住宿、就餐。2018年在籍学生2000余人。开设音乐（管弦乐、民乐、声乐）、舞蹈表演、美术绘画、服装展示与礼仪、播音与节目主持、综合高中艺体班、航空服务、旅游服务与管理、计算机应用、计算机平面设计、社会文化艺术11个专业。其中，音乐、美术绘画、计算机应用专业是省级示范专业；旅游服务与管理是国家级示范专业、省级实训基地；计算机专业是中央财政支持的国家级实训基地；平面设计专业建有省级实训基地。年内，在第十届山西中职文明风采大赛中，该校获一等奖8项，二等奖12项、三等奖3项、优秀指导教师10名。在山西省第十二届职业院校技能大赛中，导游代表队获一等奖3个；计算机代表队获一等奖2个、二等奖1个、三等奖3个、优秀奖2个；音乐代表队获一等奖1个、二等奖3个、教师组三等奖1个。

德育教育 年内，大同市一职中通过每周召开班主任会议，组织班主任培训，加强班主任在班级教育、班级管理和班风建设中的第一责任人意识；培养德育干部，把思想教育工作纳入教师整体考核中；完善家校共建教育体系，共同探讨学生教育方法；校领导带头到课堂听课，了解教师队伍状况和他们所思所想；坚持师德为先，建立健全师德考核体系，组织心理教师培训，引导广大教师以德立身、以德立学、以德施教。组织开展德育主题活动8次，如“学雷锋活动月”活动、“书香校园”系列活动、“捐一件物 献一份情”募捐活动等；定期开展其他基础性德育活动，如新生入校教育、新生军训及校运会、文明班级和文明宿舍创建活动、楼道装饰画征集活动、黑板报设计活动等。抓安全教育。制定校园三防建设实施方案，实施“一岗双责”，做到定期检查和随时检查相结合，建立一套安全工作制度；与各处室签订安全责任书，假期排查安全隐患，组织安全生产大排查，全年未发生一起安全事故；开展各类安全教育活动14次，如疏散演练、安全月活动等。

人才培养模式改革 年内，大同市一职中针对职业中专班，实行校—校、校—企联合办学，工学结合，订单式培养。加强艺术类专业软、硬件建设。艺术综合班实行“分层教学、分类管理”培养模式。以“0.5+2.5”模式分层教学，第一年第一学期进行高中文化课教学，第二学期根据学生意愿和学习成绩及特长优势，实行分层教学。形成以音体美为主要专业的艺术类高考班，搭建高考平台，2018年，艺体类高考本科双达人数113人，

比上年达线人数翻一番，一本达线 30 人，二本 B 以上达线 113 人。其中，艺文美术一本 15 人，二本 34 人；艺文音乐一本 8 人，二本 28 人，艺文舞蹈二本 3 人；艺文播音一本 3 人，二本 13 人；艺文编导一本 1 人，二本 3 人；艺文服装表演一本 1 人；体育单招 4 人。聘请国家一级运动员、二级教练员张守库为领航专家在校授课，在 2018 年大同市田径运动会上，获中职组冠军，实现三连冠，在全市 50 余所各类学校综合排名第一。有 11 人获国家一级、二级运动员称号，具备本科院校单招资格。

主力专业建设　年内，大同市一职中加强校产合作、校企办学，完善计算机软件应用、旅游服务与管理、平面设计实训基地建设，签订 13 家实习实训基地。与太原旅游职业学院、山西青年职业学院对接，实现中职生直升大专定向培养目标。工学结合，旅游管理专业 37 人于云冈石窟、大同市博物馆担任景区讲解，高三学生有 96 人参加顶岗实习。申报省级示范校，其中音乐、舞蹈、导游为重点建设专业，数字化校园为特色项目。准备计算机、音乐两个重点专业建设及美术绘画专业实训基地的验收。

“职教改革 40 年，产教融合育工匠”职教周活动　年内，大同市一职中举办以“职教改革 40 年，产教融合育工匠”为主题的职教周活动。活动周期间，展示职业教育成果，使更多人了解职教、体验职教、参与职教，共享职教成果，提升职业教育影响力和吸引力。贯彻就业准入制度，组织 511 名学生及 5 名教师进行普通话测试。组织学生考取计算机四级操作员证书、导游证等实用技能证书。申办 2018 年新生助学金和优秀资助学生。抓免学费和助学金的公示、保密、发放等工作。采用划定分数线办法，10 个专业在半个月时间内完成招生计划。

参与文化交流助力省市文化旅游活动　年内，大同市一职中参加市委、市政府主办的大同市 2018 年元宵节名家诵大同歌词朗诵会《大同，我心中的城》；导游组、音乐组承担导游类、艺术类分赛场；到太原代表大同参加全国第四个职教活动周艺术展演舞蹈——《扇花花开》；参加市运会团体操表演——《美丽中国梦》；与台湾高雄大仁中学进行文化交流并举办 2018 第七届同台中学生文艺交流演出；参加市教育局庆祝第三十四个教师节师德师风表彰暨文艺演出。助力大同文旅事业。参与大同市精准扶贫项目，承办市委宣传部的文旅活动，承办云中月正圆中秋晚会，参加“影像的力量”中国（大同）国际摄影文化展，参与二青会，突出学校艺术引领办学特色和师生精神面貌，打造职业教育品牌。　（大同市一职中）

【大同市第二高级职业中学】　大同市第二高级职业中学校（简称“大同市二职中”）占地 3.36 万平方米，建筑总面积 23208 平方米。2018 年，该校建有教学楼、实训楼、实验楼、综合楼、学生宿舍楼、300 米的环形塑胶体育运动场。建有汽修、计算机、机电、烹饪、旅游、社会文化艺术、电商 7 大类实习实训室区域 31 个，其中国家级实训基地 2 个，省级实训基地 1 个。建有 50M、600 个站点的校园网，配置无线网络 AP82 个，实现班班通、室室通，实现校园全覆盖。在校学生人数 1159 名。开设汽车运用与维修、计算机应用、机电技术应用、旅游服务与管理、中餐烹饪、社会文化艺术、电子商务等专业，其中汽车运用与维修、计算机应用是省级示范专业，电子商务是新增专业。实行“文化素质 + 职业技能”，采用“一日规范化管理 + 主题教育、职业技能 + 学历教育和就业 + 升学”培养模式，形成“德育为首，能力为本，就业为主”办学特色。推行理实一体化教学，技能比赛和展示做到常态化，提高课堂效率和设备利用率，实践教学课时数占总课时 60%，实验、实训开出率 95%，学生职业资质证书获取率 100%。以“出口”畅通为突破，建立教师全程跟踪服务制度，实行学生整体顶岗实习，确保学生“好就业，就好业”，与多家当地企业和京、津、沪、长三角企业签订长期用工协议，毕业生就业得到保障。年内，大同市二职中被评为市级德育示范基地、市级“平安校园”等。

人才培养改革　年内，大同市二职中创新理实一体化教学模式，深化产教融合、校企合作人才培养改革，培育高素质技能型人才。采用理实一体化教学模式，推进现代学徒制试点工作，通过与企业合作，提升学生岗位操作技能。组织参加 2018 年全国职业院校技能大赛（中职组）电梯维修保养项目的团体比赛，获三等奖。在山西省第十二届技能大赛，获一等奖 6 个、二等奖 11 个、三等奖 12 个。在首届市级技能大赛中获一等奖 10 个、二等奖 7 个、三等奖 6 个。推动产教融合的人才培养改革。促进产

▲ 2018 年 12 月 11 日，大同市二职中举行山西省第十二届技能大赛颁奖典礼

（大同市二职中　供图）

教供需双向对接，推动学校招生与企业招工相衔接。与王府至尊酒店等48家企业签订校企合作协议并举行揭牌仪式，开展企业文化进校园暨校企合作见面会活动，参与宣讲企业35家，获企业捐赠的教学用车长城哈弗汽车1台、图书1000余册、烹饪实训耗材1万余元。

德育教育　年内，大同市二职中落实《中等职业学校德育大纲》，创新养成教育模式，开展法律知识进校园、法治歌曲大家唱等“学宪法、讲宪法”系列活动，增强学生法律意识和法治观念。组织“游古城大同，品传统文化”活动，开展《习近平的七年知青岁月》《习近平讲故事》《奋斗的青春最美丽》《弟子规》等经典诵读和读书分享会，提升学生文化修养。以职教活动周和校园开放日为契机，举办青年大讲堂、师生轮胎拆装大赛、厨师争霸赛、现代服务业技能大赛等活动，引导学生用专注和坚持打造职业精神，积淀职业素养，提高核心竞争力。以立德树人为根本，加强德育力度，该校《团学活动对优秀中职毕业生的影响研究》获全国学校共青团优秀研究成果二等奖。申报中国青少年研究会次年立项课题《学校青少年工作与德育关系研究》和教育部重点课题《中职德育对学生核心竞争力培育的影响研究》，加强科研引领，提高德育工作实效。

新能源学习宣传及专业建设　年内，大同市二职中利用职业教育优势，开展能源革命学习宣传，加快新能源专业建设。7月以来，校领导、中层干部、师生代表600余人次参加科创园以色列专家创新新发展专题讲座、全市中小学生能源革命夏令营、参观大同市首届能博会、参加科创园能源革命新风潮讲座、参观大同市国际能源博览中心，增强师生对新能源产品绿色高性能方面认识，提高师生创新意识、环保意识、领先意识。在参加全市教育系统组织活动基础上，开展能源革命进校园、进班级、进课堂宣传活动，通过国旗下演讲、德育目标挖掘渗透、校园网、校园广播、板报、微信公众号、微信群、QQ群、标语、专题讲座等形式开展宣传教育，发放宣传手册300余册，召开主题班会宣传相关知识，并每人撰写心得体会1篇、每班办主题板报1期。响应市委、市政府关于建设“新能源之都”战略部署，适应地方经济发展，利用专业优势助力能源革命。申报风力发电工程技术专业，完成风电场机电设备运行与维护专业开设可行性论证，获审批后启动招生；汽修专业增设新能源课程，建设纯电动汽车教学实训区，助力全市新能源革命。（大同市二职中）

【大同电力高级技工学校】　国网山西省电力公司技培中心大同分部（大同电力高级技工学校）位于云冈区，占地面积15.33公顷。2018年，大同分部有3块牌子，分别是国网山西技培中心大同分部、大同电力高级技工学校、山西电力行业大同国家职业技能鉴定所。是省电力公司的3大培训基地，分别是电力营销培训基地、电网运行培训基地、电网调度自动化培训基地。有4大培训资质，分别是“中电联电力行业变电仿真培训基地”资质、“中电联电力行业火电仿真培训基地”资质、“中电联电力行业调度仿真培训基地”资质和“山西省质检局计量检定（检验）人员操作技能培训基地”资质。设有综合管理室、后勤保障室、培训管理室、技能鉴定室、电力营销培训室、电网调控培训室和基础技能培训室7个部门。连续五年承担国网新进员工营销专业培训。

教育科研建设　年内，大同分部培训项目开展调研、策划、管理、服务工作，给省公司主营业务技能人员素质提升夯实基础，提升培训效果。以打造一流培训基地、创一流培训品牌为目标，通过加大对外宣传力度、多渠道联系、参培学员宣传、与送培单位沟通等措施，扩大培训业务范围，提升培训品牌影响力。加大对教学过程的安全质量监控，确保每一个培训项目资料完备、环节完整、管理完善、效果完好；细化培训管控流程，执行管理标准，管理国网公司新员工集中培训班，确保国网学员安全稳定。全年撰写27篇科技论文、1本教材、申请1项专利。组织专业教师参与国网公司网络大学“三优”评选，加工制作54个微课。

技能培训与鉴定　年内，大同分部培训59536人次，其中省电力公司分配的年度培训任务27442人次、计划外及系统外培训32094人次。培训国网新学员157名。完成省公司第三届供电服务技能竞赛相关工作，细化竞赛职责，明确分工，形成强竞赛组织团队，确保竞赛零失误。技能鉴定1232人，加大监督管理考评员，纪律约束管理人员，考纪教育鉴定学员，8月中电联电力行业技能鉴定考评督导组督导检查并肯定大同分部鉴定考评工作。

培训基地建设　年内，大同分部建设“220千伏智能实训变电站”III期工程和“省/地级电网、清洁能源、智能变电站仿真培训系统”项目；升级改造用电信息采集系统，并在国网山西省电力公司第三届客户服务技能竞赛和公司持证上岗培训工作中得以应用；完成营销服务规范培训室改造项目，并在国网新员工培训及竞赛工作中发挥作用；实施数字电能计量检定仿真培训室改造、互感器检定仿真培训室改造等项目；开展下年基地建设储备项目相关工作。（王卫斌）

【大同市高级技工学校】　大同市高级技工学校是山西省人民政府批准成立的省部级重点全日制技工学校。2018年，该校主要负责全市技工学历和培训教育的规划和组织实施工作，招收初中和高中毕业生培训全日制教育和技术，培养适应经济建设和社会发展需要的具有复合技能的初、中、高级技术工人及技师和高级技师。负责给地方煤炭系统培养煤炭类中等职业技术人才，承担全市煤炭行业矿长、管理人员、特种作业人员、特有工种人员、瓦斯监测监控人员、煤矿从业人员的安全培训工作。承担各类社会培训（包括下岗职工再就业和农村劳动力转移培训）和技能鉴定任务。学校位于御东新区文兴路天祥街159号，校园占地10余公顷，总建筑面积88244.4平方米。在校生总人数1372人。其中，一年级学生443人、二年级学生459人、三年级学生470人。设有计算机网络应用、计算机应用与维修、多媒体制作、电气自动化设备安装与维修、汽车维修、城市轨道交通运输与管理、美术绘画、美容美发与造型和商务文秘等专业。

教育教学管理　年内，大同市高级技工学校按照学校中长期发展规划，把教学管理科学化和规范化，提高服务水平和办学效益作为学校工作重心；把勇于改革和创新，调动教师积极性和学生学习主动性，促进教学质量提高作为学校工作核心。1月，成立素质教育教学部、基础教育教学部、信息工程教学部、电气工程教学部和机械工程教学部5个教学单位，推进“一体化、项目化、模拟化、竞赛化”专业教学改革和“参与式、体验式、情景式”活化课堂改革，以加快专业建设步伐，加强专业建设特色。经过教学改革，跟进各个教学部工作，实现各教学部具体实施教学工作，教务科统筹管理、教研室监督评估的管理格局。

学生素质教育　年内，大同市高级技工学校加强学生日常教学管理，规范校园教学管理秩序，围绕创建山西一流技术类职业院校目标，坚持走“全面发展、品质提升”之路，提高学生综合素质，形成良好校风校纪。9月，引驻校教官对学生半军事化管理。制定驻校教官职责、驻校教官工作流程、驻校教官量化考核标准等一系列规章制度，使教官在日常管理工作中规范处置。为提升学校德育工作质量，学生科通过渗透科学管理方法，落实量化管理制度，使班级量化、班主任量化和优秀班级评选活动有机结合起来，给期末评优提供依据。

校企合作　年内，大同市高级技工学校培养“德技双赢、全面发展”技能人才，树立“先就业，后择业，谋发展”就业理念，开展多种形式校企合作，多渠道给学生搭建就业平台。与大同市瀚海伟创科技有限公司、北京翔宇通用航空有限公司、大同市云中实业公司、天镇方源塞外家政服务有限公司和山西超旺科技有限责任公司等企业建立校企合作关系，与大同市云中实业公司的合作实现工学结合、学校与企业零距离对接。

培训管理建设　年内，大同市高级技工学校完善多媒体实训基地一、二期项目建设，配套多媒体实训基地一、二期项目后期设备。1月，按照省里要求申报建设100所省级中等职业教育改革发展示范校，于10月16日获批为山西省中等职业教育改革发展示范校。3月，参加由市人社局组织的全民技能提升工程培训机构的招投标工作，4月23日，在山西政府采购网获培训机构资格入围通知。5月，省煤炭职业技能鉴定指导中心验收评估该校煤炭职业技能鉴定站，并同意加挂大同市煤炭职业技能评审中心牌子。举办由32人组成的考评员培训班，成绩全部合格。10月8日至21日，举办第一期技能提升工程培训班，给全民技能提升工程培训工作积累经验。11月，举办中德超低能耗建筑职业培训班，以配合全市实施能源革命、加快对外开放步伐。　（计青海）

【大同市财会学校】　大同市财会学校是经山西省教育厅批准备案的全日制公办中等职业技术学校。2018年，该校建有会计模拟实训室、计算机操作室、导游模拟实习室、多媒体教室、大型图书阅览室和形体训练室等。学校占地面积10.63公顷，建筑面积71297平方米。有实习实训设备1559台套。年内，在大同市首届中职学校技能大赛中，承办会计专业竞赛工作并获优秀组织奖，获6个一等奖、5个二等奖、12个三等奖、7个优秀奖。在山西省第十二届职业院校技能大赛中，派出21名学生、2名教师参加8个赛项的比赛，获1个一等奖、8个二等奖和4个三等奖。2018年春，大同市财会学校在校学生709人，其中中专578名学生均享受免学费政策，免学费覆盖率100%；助学金资助学生97人，其中国家级贫困县学生44人，其余符合资助标准53人，占全校总人数16.7%。2018年秋，中专层次382名学生均享受免学费政策，免学费覆盖率100%；享受助学金资助学生58人，其中国家级贫困县学生30人，其余符合资助标准28人，占全校总人数15.2%。

教育教学改革　年内，大同市财会学校创新专业课教学模式，形成以项目教学、案例教学等为主体的7种教学模式。教师普遍采用项目教学、案例教学、场景教学和模拟教学等教学方式进行教学，注意专业教学过程与生产过程对接，注重教学过程实践性、开放性和职业性。发挥学生在教学中的主体作用，探索和实施小组学习、合作学习和自主学习；因材施教，推行分层教学、专设对口升学班等教学改革，建立学习困难学生帮助机制等。制定校本教材等教学资源开发、应用和更新制度，能根据产业、职业和岗位需求，开发教学资源。把省级重点专业和实训基地的建设成果和技能大赛的成果融入教学资源建设。年内，大同市财会学校购置教学软件12个，提升实训条件。开发旅游专业实训课程标准3门、实训指导书（实训教材）1门、导游概论课件、旅行社经营管理课件；开发市场营销实训课程标准3门、实训指导书（实训教材）1门，商品推销课件、消费心理课件。会计专业建设会计手工模拟实训室2个，会计综合模拟实训、沙盘模拟实训室各建设实训楼1个；旅游专业建设3D导游模拟实训室、模拟旅行社实训室、形体训练实训室各1个；市场营销专业建设市场营销基础实训室、电子商务实训室、沙盘模拟实训室、超市模拟实训室各1个。

学生管理　年内，大同市财会学校加强学生管理，聘用军事教官2名，建立完善班主任夜间值班制度，维护学生晚自习纪律和监督管理，从整理内务到日常纪律管理，营造安全校园氛围。通过召开家长会，发挥家长参与机制，形成教育合力。学生科组织班主任开展培训，完善班主任考核方案。班内开展主题班会、日常班会，提升学生出勤纪律和班级管理水平。年内，大同市财会学校举办“五四”知识竞赛、学生趣味运动会、“我为青春颂赞歌”诗文诵读比赛、“不忘初心爱国情，砥砺奋进青年志”征文活动和纪念改革开放四十周年歌咏比赛。给全校学生做“唤醒内在生命力”主题讲座。邀请市红十字会给学生现场演示急救基本知识和操作，增强学生自救与救人能力。邀请阳光众安专职教师现场授课，提升学生消防安全意识和基本消防技能。邀请法学专家到学校举办“预防青少年犯罪的法治宣传教育”公益讲座，提升学生法治意识。

学生培养模式创新　年内，大同市财会学校开展“订单式”培养和校企合作办学模式。与山西省财政税务专科学校、太原旅游职业学院联合办学，招收初中起点会计、会计电算化、旅游服务与管理专业、计算机平面设计、市场营销、物流服务与管理“3+2”大专生。学校旅游专业与云冈石窟、华严寺、善华寺、恒山、悬空寺5家旅游景点签订校企合作协议；与大同市旅游集散中心签订订单培养协议，开启合作办学模式。其他专业选择多家企业建设校外实习基地，并签订学生实习（实训）协议，各实习基地承诺加强校企合作提供岗位满足学生实习需要，其中5家合作协议满3年以上。

毕业就业规划　年内，大同市财会学校邀请职业规划师给毕业生做专题讲座，提高学生对就业的认识，明确职业发展方向。召开2019届毕业生招聘会，邀请大同华林公司、中国移动等企业到学校宣讲并发布招聘岗位，在毕业班微信群内推送有关企业招聘信息，拓宽毕业生就业渠道。年内，该校应届毕业生应毕业258人，实际毕业252人，毕业率97.7%。通过三二转段考试，升入太原旅游职业学院等高等职业院校108人。参加对口升学学生63人，录取50人，录取率79%。（杨伟刚）

▲2018年5月30日，大同师范高等专科学校挂牌　（宣晓宇　摄）

【大同师范高等专科学校】　大同师范高等专科学校（大同市幼儿师范学校）是全国第六批重点文物保护单位。2018年5月30日，学校由山西大同大学大同师范分校更名为大同师范高等专科学校并挂牌。学校占地32.47公顷，项目建设用地32.48万平方米，总建筑面积15.54万平方米，总投资5.88亿元。校园分教学区、生活区、行政区和运动区4大区域。年内，在校生4482人（专科3406人，中专1076人），图书馆藏书21万册。批准学校设置9个师范专科专业和1个学前教育中职专业。实际开设语文教育、数学教育、英语教育、音乐教育、现代教育技术、学前教育6个师范专科专业。年内，该校报名参加专升本考试540人，考取二本A类院校243人，其中英语专业的2名同学以438分并列山西省榜首。小学教师资格证报考合格率81.5%。毕业生就业率在90%以上。5月，在大同市第一届中等职业技能大赛中，李晶获信息化教学设计比赛一等奖；李小燕、李海怡获舞蹈技能比赛三等奖，曾庆龄获舞蹈技能比赛优秀奖。

2018届毕业生就业洽谈会举行　4月14日，山西大同大学大同师范分校由学生处负责承办，举行2018届毕业生就业洽谈会，以拓宽学校毕业生就业渠道。350余家参会单位到该校现场招聘，提供1000余个岗位，全校1000余名毕业生参加该次招聘会。900余名同学在洽谈会上与用人单位初步达成就业意向，占毕业生人数80%以上。

大同师专观摩暨县（区）职业教育发展座谈会　9月20日，大同市教育局组织各县（区）职业教育相关人员到大同师范高等专科学校观摩交流。活动参观校园旧址、图书馆、学生餐厅、公寓等地，了解文物修缮情况，询问学校教育教学、学生管理和安全保卫等工作，到系部慰问教师，观看以“能源革命”为主题的学习园地，召开县（区）职业教育发展座谈会，4位职业院校校长作代表性发言，肯定大同师范高等专科学校的校园风貌、办学态度及管理模式，对自身学校发展作出规划。会议要求，继续推

▲2018年9月20日，大同师专观摩暨县（区）职业教育发展座谈会召开

（李志宇　摄）

进职业教育就业问题，谋划好职业教育发展大格局，推动校企合作，产教融合，培养专业技术人才；围绕“面向市场、服务发展、促进就业”职业教育方向，特色办学，开放办学，创新办学，当好“能源革命、对外开放”两个尖兵；结合三年职业教育学校达标行动及示范校建设，扩大办学规模，促进县（区）职业教育进步。（李志宇）

【大同市文化艺术学校】 2018年，大同市文化艺术学校（简称“大同艺校”）占地面积5.3万平方米，建筑面积6.7万平方米。设有戏曲表演、舞蹈表演、音乐、社会文化艺术、文物保护技术、播音与节目主持、美术绘画、工艺美术、美术设计与制作专业。学制设置六年制、三年制、一年制。参与“成龙电影周”活动，筹备中的“成龙影视班”落地大同艺校。

学生管理 年内，大同艺校招收30名励志班学生，承担励志班学生学习、生活全部费用，进行体格检查并建立个人健康档案，学生进校减轻家庭负担。加强住校生昼夜管理工作，实行校领导带班的分级值班制度和教官进校园的学生管理制度，规范办学行为。注重抓学生纪律，形成分管校领导负责、学生处牵头，教务处、保卫处、团委、班主任多位一体的教育管理模式。加强学生政治思想教育，引导学生健康成长。加强校园广播、板报和校园文化活动设施建设，注重发挥校园文化熏陶作用。加大理想教育、校纪校规教育力度。通过聘请专家宣讲法治知识，增强学生法治观念。开展多形式、多渠道教育活动，发挥第二课堂作用，达到寓教于乐目的。

招生思路突破 年内，大同艺校调整招生方向、招生目标，按照市场需求，拓宽招生渠道。改变计划经济模式下思维方式，把专业细化成方向，以服务大同文化旅游事业发展；请学校历届优秀毕业生给学校做代言、做宣传，产生社会影响；扛起社会责任，招收30名扶贫励志班学员，使贫困家庭尽早脱贫致富。 （大同艺校）

【大同市卫生学校】 大同市卫生学校（简称“大同卫校”）是一所中等职业学校，位于大同市南环路5908号。2018年，该校校园占地面积16.67公顷，分教学区（包括3栋教学楼和1栋实训楼）、生活服务区（包括4栋学生公寓、1栋专家公寓、2个餐厅，超市、热水房、澡堂等）、体育运动区（400米标准田径运动场、网球场、4742平方米体育馆等）和图书信息文化区（图书馆、阅览室、网络信息中心等）。在校学生2213人，举办全日制学历教育和社会培训两种类型，分为普通中专和“3+2”高职两个办学层次。该校在国家资助的基础上，自筹资金设立奖学金，奖励贫而有志、贫而好学的学生，获奖学生192人。年内，学校有校内实训基地10个（包括基护、内护、外护、妇护、儿护、老年护理、骨科护理、ICU、模拟病房、抢救室、治疗室、口腔临床、正畸、陈列室、CAD-CAM、模型制作及数字成型、中药陈列室、模拟药房、制剂室等96个实训室），教学仪器设备总值2277.76万元，校外实训基地31个，所提供的实训岗位数量和实训条件能保证各专业学生实习实训需要。开设护理、药剂、口腔修复工艺、医学影像技术、医学检验技术等10个专业，拥有3个国家级重点建设专业、3个省级示范专业、2个省级重点专业和5个省级实训基地。年内，被确定为山西省首批“省级中等职业教育改革发展示范校”。

教学管理创新 年内，大同卫校推进教学方法与教学手段改革，提高教学效果和课堂教学质量。在以理论知识为主的课程教学中，注重以学生自我发现为前提，以自我实践为根本的启发式、讨论式教学方法。在以实践技能为主的课程教学中，根据课程性质和特点，推行“任务教学法”“情景教学法”“案例教学法”“启发互动法”“角色扮演法”“项目教学法”“教学做一体教学法”“边做边学”等教学方法，推行综合岗位技能实训模式。通过教师指导、学生研讨、自行设计，独立完成实训项目，培养学生职业能力。推进办学模式改革，与山西省中医学校签订联合培养协议，共同给山西省农村培养中医专业学生；与北京德亨仁厚公司开展校企合作，运用现代学徒制方式，订单培养老年服务与管理人才14人。经过调研，分析自身实际情况，创新学生教育管理工作，引入教官驻校模式，实行驻校教官负责行为养成、班主任负责职业养成的双主体养成教育模式。通过实行半军事化管理，把学生养成教育从一点一滴抓起，改变学生自由散漫、娇生惯养、独立能力差等不良习惯，改善学生管理工作和校园安全，探索出一套中职学生管理教育的途径，增强学校创新发展生命力。

教学与实践融合 年内，大同市第二人民医院、大同魏都医院、大同魏都颐养康复中心挂牌成为大同卫校实习基地。大同卫校与市第二人民医院、大同魏都医院、大同魏都颐养康复中心在如何提高医护人员的职业服务水平，促进医学理论教学与医护实践相结合，及提升教、学、研工作等方面实现优势共享、互惠互赢达成共识。

德育教育 年内，大同卫校在国家示范校特色项目“养成教育”基础上，细化内涵，形成红绿蓝白“四色文化”德育教育模式，把“红色”爱国主义教育放在首要位置，通过“绿色”自律、安全、健康教育，“蓝色”友善、诚信、敬老、尊师教育升华到“白色”乐业、勤业、精业教育，从而培养一支素质全面的新时代医疗建设队伍。立足“四色文化”加强德育课程建设，注重加强学生爱国主义、军旅文化、“大同蓝”城市文化和医疗行业文化教育，把爱国、律己、孝先、敬业有机融合，以“打造新时代社会主义白衣天使的健康风采，展示新时代社会主义医务工作者的精神面貌”为建设目标，开展校园文化活动与职业活动。学生处、校团委结合学校实际及学生心理特点，开展各种德育教育活动，包括心肺复苏进社区、下乡活动，“学习安全知识，养成安全习惯，提高安全素养”为主题的安全教育与演练活动，“珍惜生命，远离犯罪”法制教育活动，“做情绪的主人、天生我材必有用”为主题的心理健康教育活动等，促进学生思想道德发展。实施阳光体育活动，鼓励学生走向操场，走到阳光下，培养学生锻炼身体兴趣，保证学生每天平均参加体育锻炼1小时，并根据实际开展军体拳比赛、团体操表演、趣味运动会等阳光体育活动，增强学生体质，增强学生团队意识，学生体质健康合格率在82.7%以上。

卫校培训及比赛　年内，大同卫校举办“山西护工”大同卫校培训（1～5期）、“山西护工”铭典培训班（1～10期）等，作为山西护工定点培训机构，培训医疗护理员2300名。5月，大同市健康扶贫中心把大同卫校的“山西护工”培训工作作为典型案例重点推介。同月，大同卫校作为大同市首届中等职业学校技能大赛5个分赛场之一，承办“天堰杯”护理技能大赛、“孟德尔杯”口腔修复工艺技能大赛和“申辰阳光杯”医学检验技术技能大赛。年内，该校4次聘请校外专家到学校培训教师，加深广大教师对信息化教学基本要求的理解，并能运用信息化教学手段开展教学工作。在2018年大同市职业学校教学信息化大赛中该校教师参赛作品获3个二等奖、3个三等奖、1个优秀奖；在2018年山西省职业院校教学信息化大赛中，该校参赛作品获2个二等奖、1个三等奖。　（大同卫校）

【山西省雁北煤炭工业学校】山西省雁北煤炭工业学校（简称“雁北煤校”）是一所全日制中等职业院校、省属国家级重点中等专业学校、首批省级精神文明学校、首批国家级中等职业教育改革发展示范学校、国家级煤矿安全专业实训基地学校、山西省中职管理五星级学校。学校占地8公顷，建筑面积4.5万平方米。2018年，该校有国家级实训基地1个（国家采矿安全实训基地），省级实训基地5个（矿山机电、地质与测量、计算机、建筑施工、汽车运用与维修），实施3D打印技术实训基地，申报电子商务专业实训基地。建设及验收汽修、建筑、机电设备三基地及汽修专业4个项目。12月申报省示范校建设学校，校内设有国家职业技能鉴定所、山西煤炭职业技能鉴定站，进网作业电工考试点、校内驾校等，建有38个专业实训室、4个实训车间、40个多媒体教室，多个校外实习基地。

专业建设　年内，雁北煤校调整专业设置，布局专业结构，在保留传统拳头专业同时，申报新专业，淘汰不适应市场需求的老专业。开设矿山机电、机电设备安装与维修、汽车运用与维修、汽车整车与配件营销、电子技术应用、机电技术应用、焊接技术应用、采矿技术、矿井通风与安全、煤炭综合利用、地质与测量、工程测量、建筑工程施工、工程造价、建筑装饰、会计、电子商务、物流服务与管理、计算机应用、计算机平面设计、计算机与数码产品维修、计算机网络技术、社会文化艺术23个专业，基本涵盖山西省特别是晋北地区主要支柱产业和特色行业。通过教育部验收的国家级重点建设专业3个（采矿技术、煤矿地质与测量、矿山机电），省级示范专业4个（矿山机电、采矿技术、地质与测量、建筑工程施工）。有15个专业与省内6家高职学院联办“3+2”分段五年制大专班，占专业总数近75%。

人才培养模式改革　年内，雁北煤校推行“定单制”人才培养模式，践行校企合作、学训融合、工学交替职教理念，与蒙维集团、吉利集团、中科唯实、瀚文教育等10余家企业签订校企合作协议，组建“吉利成蝶班”“蒙维科技班”“中科唯实班”“北京移动班”“北京地铁安检班”“电子商务班”等班级。与内蒙古蒙维科技有限公司、中科维实、中图高科等企业签订学徒制人才培养协议，实行阶段性工学交替人才培养模式，实现学生与学徒衔接，课堂教学与生产实践衔接，课程内容与岗位标准衔接。把对口升学作为学校走出低谷、实现学生升学梦想的办学路径，在考虑山西省对口升学各专业的升学计划前提下，结合学生学习实际情况，初中三年制对口升学班确立“1.5+1.5”教学模式。高中一年制依据新专业升学考试大纲，落实文化课及专业课教学任务。年内，对口考试达线一批本科2人、二批本科2人，其他全部被省内各大专院校录取。

办学特色　年内，雁北煤校实施“订单培养、高职对接、对口升学、转型升级”发展战略。推进“四个一”班级文化建设（每日读一篇好文章、每天写一篇字帖、每周一次班团会讲演、每月学生作品刊发一期），提升学生素质教育，实现“立德树人、智慧育人”。通过教育教学过程管理，强化考试、辅导和实训，落实“四技在手”（熟练掌握专业技能、计算机技能、CAD制图识图技能、校内考取驾照）培养要求，确保学生培养质量。以“四节一会”（文明礼仪节、科技技能节、阳光体育节、文化艺术节、就业招聘会）为契机，弘扬工匠精神，把学生培养成为新时代技能人

▲2018年，雁北煤炭工业学校与浙江吉利控股集团举行校企合作“成蝶计划”开班仪式
（雁北煤校　供图）

教育

▲雁北煤校学生技能节比赛　　（雁北煤校　供图）

才。通过实行学徒制、定单制、校企合作，服务行业、企业、家长、学生、社会。通过提升煤矿企业职工送教下矿学历，致力于服务煤炭企业转型升级，实现现代化和信息化，提升社会服务能力。

平安校园创建　年内，雁北煤校突出学校安全保障，落实安全职责，校长与所有科室负责人、学生科长与班主任签订安全目标责任书。加强安全经常性检查工作，消除各种安全隐患，把安全工作放在重要位置，做到周周讲、月月讲、会会讲、事事讲。校安委会不定期组织相关部门开展全校性安全排查工作，专项安全检查并解决用电、用火、饮食等方面发现的问题。加强门卫管理，执行外来人员、车辆登记制度。成立学校网络安全工作领导小组，加强舆论引导和监管校园师生网络、微信、微博等，保证校园网络安全。组织新生体检、观看消防安全知识讲座，健康讲座，增强师生安全防护意识。与大同市城区公安分局建立长期联防联动机制。加大关键部位夜间值班巡查守护工作，实现校园监控全覆盖。把人防、物防、技防落到实处，确保校园平安稳定。

（雁北煤校）

成人教育

【社区教育培训】　2018年，大同市完成社区教育培训29.87万人次，其中新市民培训6.19万人次，就业创业培训4.93万人次，老年人培训2.44万人次，未成年人培训10.211万人次，其他培训6.1万人次。其中，妇女培训2.49万人次，残障人员培训800人次，矫正人员培训2200人次。（宣晓宇）

【农村实用技术培训】　2018年，大同市依托职中、乡镇、村成人文化技术学校，完成农村实用技术培训12.87万人次，其中种植业培训6.32万人次，养殖业3.31万人次，加工业培训1.96万人次，其他培训1.28万人次，妇女培训1.53万人次。（宣晓宇）

【“农村干部学历提升工程”启动】　2018年11月9日，大同市“农村干部学历提升工程”启动，来自平城区、阳高县、灵丘县3个试点县（区）180名农村“两委”主干作为首批学员接受系统专业的高等教育。“农村干部学历提升工程”分3年实施，由省、市、县三级财政负担学员的全部学费。设本科、专科2个学历层次。培养对象主要是50周岁以下村党组织书记、是党员的村委会主任、村级后备力量中的党员，涉及全市近2000名农村干部。学习期满成绩合格后，颁发国家承认学历的成人高等教育毕业证书。该项工程实施“线上+线下”混合教学方式授课。线上，通过国家开放大学学习网、省电大“网络直播课堂”等形式实现异地远程教学；线下，依托区域优势资源，利用农闲面授辅导集中教学。同时采用“请回来+送下去”结合导学，线下“专题讨论”“特色课程”回到大同电大分校或有条件的县级电大集中授课；专业课程、实践教学送教下乡，课堂教学设在乡里农村，教学实践放在田间地头，实现“在家门口上大学”。

（莫　俪）

高等教育

【教学科研】　2018年，山西大同大学按照地方经济发展需求，调整专业结构，建设马克思主义学院、计算机与网络工程学院、中医药健康服务学院3个学院。加大一院一品支持力度，邀请乌大张联盟高校专家到该校进行一院一品审核，基本实现一院一品全覆盖。按照国家临床医学认证要求，启动临床医学专业认证工作，把大同市第五人民医院、同煤集团总医院建设成为该校附属第一医院和第二医院。启动工程教育及师范类专业的认证和审核评估工作。加大“3+1”教育模式支持力度，与一流高水平大学以委托管理、联合办学、组建学科联盟等形式合作开展学科学位建设和高层次人才培养，拓展培养模式和合作渠道。在与天津大学、对外经贸大学合作基础上，与北京体育大学、北京工业大学、四川外国语大学等名校签署本科生联合培养协议并开始派遣交流生入校学习，派遣交流生36名。

加强国家级科研项目的申报工作，加大项目奖励力度，抓各级各类科技奖和社科奖的组织申报，落实省、市各部门及企业科技合作经费，加强科研院所建设，抓校内各类重点实验室、工程中心和协同创新中心培育建设工作。出台《山西大同大学科研经费管理办法》《山西大同大学促进科技成果转化实施办法》等科研激励政策。全年，学校获批国家级项目17项，省级项目获批230项，大同市2018年立项166项，大同大学取得其中68项，科研经费1807万元。山西省副省长张复明到大同大学调研，肯定该校科研和学科建设工作，并由省长基金中划拨2000万元，支持大同大学科研建设工作。成立大同大学科协和大同大学社会科学界联合会。在重创空间建设方面，新平旺校区众创空间被评为省级众创空间。

年内，山西大同大学获准可开展硕士研究生招生（上年经山西省硕士授予权建设单位选拔、硕士授予权单位申报评审、国家相关专家复审、国务院学位委员会评定，山西大同大学增加为硕士授权单位，中国语言文学、化学、工程3个学科高票公示为学位授权点）。大同大学石墨烯应用学科群获批服务产业创新学科群建设计划培育项目，另有8项课题入围研究专项课题。新型介孔材料的合成应用与成果转化工程研究中心被评为省重点实验室。（冀 敏）

【学术活动】 2018年，山西大同大学举办“中国中等城市可持续发展的新路径”国际学术研讨会、Python语言程序设计教师培训研讨会、“中国传统文化与当代科技文明”学术研讨会等14场大型学术活动。学术活动主要涉及新时代中国特色社会主义思想、脑科学、高等医学教育、引力与宇宙学、传统文化与当代科技文明、东亚产业技术的法律保护与发展、语言翻译与比较文学跨学科研究、新闻宣传等方面。5月9日至11日，由欧盟重大合作项目课题组和大同大学联合主办的“中国中等城市可持续发展的新路径”（MEDIUM）国际学术研讨会在大同大学善美楼举行。该次国际学术研讨会有法国国家科学研究中心、法国艾克斯政治研究所、法国巴黎索邦大学、瑞士洛桑大学、意大利威尼斯大学、杭州师范大学、中山大学和山西大同大学8个机构参与。来自法国、意大利、瑞士、英国等18名外国专家学者及杭州师范大学、中山大学、大同大学、大同市政府部门、地方企业代表等40余名国内学者，在会上围绕大同市城市环境困境、城市产业发展、创新和集聚经济和城市建构、城市治理和社会包容等主题进行研讨，共同探讨大同城市发展的新路径。6月29日至30日，由中国高校计算机教育MOOC联盟山西省工作委员会主办，山西大同大学、高等教育出版社承办的《Python语言程序设计》教师培训研讨会在大同大学举办，来自全国30余所高校及科研单位的专家学者参加研讨。太原科技大学计算机学院党委书记、山西省计算机学会理事长、全国慕课联盟山西地区工作委员会主任、教育部高等学校大学计算机课程教学指导委员会委员、全国高等学校计算机教育研究会理事、全国高等学校计算机基础研究会理事陈立潮结合高等教育发展的形势与任务、教育部颁布的国家级在线开放课程建设与评选的相关文件、移动互联网信息化技术的发展三方面，分析MOOC教育发展的前景与趋势，对山西省工作委员会的工作提出指导性意见。北京理工大学计算机学院教授嵩天是中国大学MOOC最年轻的课程负责人，是《Python语言程序设计》《Python语言系列专题课》MOOC的主讲人。他围绕“Python语言入门课程教学理念与实施方案”“Python语言教学辅助平台”“Python语言MOOC课程群与混合教学方案”“Python语言开设与教学实施讨论”四个专题展开讲述，分享他在推广《Python语言程序设计》课程教学时的经验和思路。现场对如何开展《Python语言程序设计》课程教学进行经验交流与学术讨论。

（冀 敏）

【校企合作】 2018年，山西大同大学与大同市多家企事业单位建立合作关系。与市教育局、卫计委、文物局、云冈石窟研究院、大同市宇林德炭材料科技有限公司、大同市旅游集散中心有限公司等24家企事业单位签署战略合作协议，给地方研究出台《关于平遥古城保护》《关于大同市沿长城一带旅游发展》《中等城市可持续发展报告》《大同市体育产业可行性报告》《大同市人才计划（2017—2020）》等报告，给学校转型发展和产教融合创造环境。年内，大同市人民政府第十九次常务会议研究决定投入5000万元，与大同大学共建新能源、大数据、对外经贸、中医药健康服务和通用航空5个学院，并实现人才互通共享，学校引进的高层次人才同等享受市政府的各项人才引进政策。与同煤集团召开战略合作推进会，同煤集团向大同大学捐赠价值3250万元的仪器设备。6月13日，大同大学与上海妙克信息科技有限公司在大同大学行知楼举行校企合作签约仪式。音乐学院领导与上海妙克信息科技有限公司、VIP陪练北方基地负责人出席签约仪式。交流合作具体内容，探讨合作范围，合作方式、责任及目标，确定近期落实的合作项目。（冀 敏）

【校园文化】 2018年，山西大同大学围绕“新时代、新征程、新作为”主题组织举办第十二届校园文化艺术节，通过不同途径宣传学校文化建设经验与成就，承办山西本科院校新闻宣传研讨会等，扩大学校社会影响力。4月26日至6月12日，由山西大同大学团委主办、学生会承办的以“新时代·新征程·新作为”为主题的大同大学校园文化艺术节在大同大学举行。校园文化艺术节以“时代魂”“时代情”“时代潮”3个板块为主线，面向全校师生举办艺术类、文化类、科技类、体育类、教学类5大类40余项活动，有名家携手师生朗诵会、好青年分享会、“乌大张”高校模特大赛、大学生专业知识大赛、健美操大赛、百人大合唱、美术学院2018毕业设计展等。其间，举办“同大讲堂”和“博士论坛”66场，各项活动现场吸引校内外人数3万余人次，体现校园文化的大众性和“大社会”理念。被中青在线、生活晨报大同、大同电视台、《大同日报》《大同晚报》、新讯网、山西新闻网、山西法制网、今日头条、黄河新闻网、大同传媒、山西科技报、网易山西等媒体报道150余次。8月22日，《中国教育报》在头版头条位置，以《厚植立德树人的文化沃土——大同大学校园文化建设纪实》为题，报道学校文化建设经验与成就。8月26日，承办山西本科院校新闻宣传研讨会，中国教育报刊社、中国教育报山西记者站、大同大学、兄弟院校有关领导及来自全省本科院校的党委常委、宣传部长40余人参加研讨会，促进交流与合作，给山西高校思想宣传工作及校园文化建设上台阶带来新思路、新启示。

（冀 敏）

文　化

公共文化

群众文化

【文化惠民】 2018年，大同市文化局承担山西省“免费送戏下乡一万场”任务915场，通过市、县招投标购买公共演出服务，并由山西省文化云送戏下乡管理平台统计演出场次。全年免费送戏下乡1894场，其中市直272场，市财政投入资金301万元；县（区）1622场，县（区）财政投入资金528.5万元。农村公益电影放映24326场，寄宿制学校电影放映1463场。安排文艺院团进景区演出242场。“古城天天演”消夏活动，在关帝庙广场、华严寺广场组织戏剧演出、歌舞演出45场。（市文化局）

【元旦 春节系列文化活动】 2018大同市元旦、春节系列文化活动从上年12月底持续到2018年3月上旬，主要内容有大同市2018新年音乐会、2018新年军民联欢晚会、2018高雅艺术进校园新年音乐会、CCTV-3东南西北贺新春节目（大同是全国主会场之一）、2018年乌大张三地草根春晚、乌大张三地少儿春晚、我和大同古城系列文艺活动、新时代“红色文艺轻骑兵”文艺演出、大同市春节电视文艺晚会、新时代“优秀地方戏曲名段荟萃”、2018中国大同古都灯会系列文化活动之春节文化庙会、2018大同古都灯会民俗文化大展演、迎新春祈福大法会、第二届古都灯会微电影大赛、“大同，我心中的城”2018元宵节名家诵大同诗歌朗诵会、“网红看中国·新春大同行”中国古都灯会红动大同网红大赛、古都灯会首席体验师评选活动，及在大同市图书馆举办的平城讲坛、话剧《牛主播和杨小姐》公演、新春公益电影展播等。该系列活动创新运营模式，鼓励社会力量投资，增进城市间文化交流与合作，让古城和新区，城市和乡村同时热闹起来，并运用新媒体传播手段宣传大同。（市文化局）

【“乌大张”草根春晚】 2018年1月31日，由大同市、乌兰察布市、张家口市三市文化部门主办，大同市盛世元歌文化传媒有限公司等承办的“情满大塞北”2018乌大张草根春节文艺晚会在大同大学本真楼演播大厅举行。2018乌大张草根春晚是在上年大同市首届草根春晚基础上，升级的一次民间文化交流活动。这届晚会主题是“乌大张同心筑起幸福梦”，通过荟萃三地群众的文艺表演，展现乌大张三地群众喜庆中共十九大、走进新时代、踏上新征程的喜悦之情。来自大同、乌兰察布、张家口三市的演职人员，用充满地域特色的歌舞、相声、小品表演，向乌大张三地人民献上新春祝福。（鹤　梅）

【首届民俗春节联欢晚会】 2018年2月4日，由大同经济技术开发区主办，留住老大同文化传媒公司承办的“大同年古都情”2018年大同首届民俗春节联欢晚会在鼓楼剧场举行。晚会以富有大同地方民俗文化特色的节目为主体，节目有舞蹈《挂红灯》、吹打乐《拜大年》，民歌《圪梁梁》《樱桃好吃树难栽》《西口情》，二人台《走西口》《逛庙会》，耍孩儿《猪八戒背媳妇》，晋剧《大登殿》选段，罗罗腔《小二姐做梦》，歌曲《美丽大同》等。（鹤　梅）

【“乌大张”首届少儿春晚】 2018年2月4日，“乌大张”金狗贺岁三地同春首届少儿迎春晚会在大同市工人文化活动中心一宫录制完成，并同步通过手机微信平台现场直播。晚会由市文化局、乌兰察布市文化局、张家口市文化局及市教育局等联合主办，市广场舞协会、市心连心艺术团承办。经过选拔来自乌大张3座城市的315个节目，最终选出26个符合主题的节目参演该次晚会。演出节目有来自大同市的跆拳道《飞虎群英》、舞蹈《隆达梅朵》、街舞《SNOW AND DANCER》、管乐交响乐合奏《欢欢喜喜过大年》及张家口市童星攻略SSR组合演唱的歌曲《普通的DISCO》、乌兰察布市沁园舞蹈培训中心的爵士舞《动感宝贝》等。（鹤　梅）

【2018春节电视文艺晚会】 2018年2月6日，“美丽大同·幸福家园”2018大同市春节电视文艺晚会在大同大学举行。晚会由市委、市政府主办，市委宣传部、大同大学、市文化局、大同广播电视台、市老龄办、市文旅集团承办。节目有开场舞《幸福中国年》，歌舞《张灯结彩》《金狗旺福》《瑞狗迎春》《云姿韵》，柔术表演《丝路追风》，相声《大同好声音》，戏歌联唱《新大同再扬帆踏浪启航》，柴京云、柴京海的数来

▲2018年2月6日，“美丽大同·幸福家园”大同市春节电视文艺晚会在大同大学举行　（戎禹仁　摄）

宝《手机》，歌手黄格选、林萍演唱歌曲，孙岚岚、李蕊、王斌祥、张彩萍等戏曲家以晋剧、耍孩儿、北路梆子、罗罗腔演唱的大同发展变化、美景美食，及落幕舞《相逢大同的春天》等。晚会由大同广播电视台现场录制，春节前夕在大同电视台播出。

（鹤　梅）

【第八届春节文化庙会】　2018年2月16日至3月3日，由大同市委、市政府主办，市文化局承办的第八届春节文化庙会活动举行。活动在华严寺、纯阳宫和关帝庙3个舞台演出和华严寺广场社火表演共124场。其中，华严寺舞台演出歌舞25场、八音会4场、武术1场；华严寺广场社火类表演每天9点和15点分别演出2次，演出30场；纯阳宫演出晋剧27场、二人台5场；关帝庙专业艺术院团演出18场，群众性社团演出歌舞4场、二人台2场、晋剧8场。华严寺广场社火表演的内容有威风锣鼓、舞龙、舞狮、大头娃娃、挠搁、花车、花篮、车灯、腰鼓、扇舞、伞舞、抬花轿、霸王鞭、广场舞、武术、抖空竹、麒麟鞭、耍故事、地秧歌、长城秧歌、广灵大号、广灵木偶、黄花秧歌等。历时16天，参演人数2万人次，观众260万人次，市文化局和市群众艺术馆出动工作人员700余人次。2月16日和2月19日，央视新闻频道和央视CGTN分别现场直播，网易大同现场直播春节文化庙会8次，网络点击量50.2万人次。　（市文化局）

【元宵节嘉年华暨元宵晚会】　2018年3月2日，由大同市文化局，大同广播电视台，南郊区口泉乡党委、乡政府主办，南郊区杨家窑村村委会、市星皓文化影视传媒有限公司承办的大同市元宵节嘉年华活动暨元宵晚会在南郊区口泉乡杨家窑村举行。

活动包括“欢喜庆新春幸福猜灯谜”“欢乐元宵农民乐”“旺火派对”“元宵晚会”“喜庆烟火”“最美笑脸评选”等内容，以当地人文及风土人情为主题，打造一场集欢度新春、祈福许愿、文化交流、娱乐休闲为一体的元宵晚会。元宵晚会有歌舞《赞美微笑》、舞蹈《金狗旺春》、歌曲《跑旱船》《拜大年》、二人台剧目《借钱》、器乐演奏《欢乐秧歌满大同》、杂技《太空漫步》，及大同市艺术家王斌祥、薛瑞红的大同耍孩儿《猪八戒背媳妇》、张彩平的北路梆子《大登殿》、柴氏兄弟大同数来宝《手机》等节目。　（蕙　兰）

【2018CCTV魅力中国行全国才艺赛大同赛区海选】　2018年5月10日至7月20日，“炫彩五洲·共筑中秋”2018CCTV魅力中国行全国才艺大赛暨中秋晚会节目征集大同赛区活动举行。这次大同赛区活动由中国国际文化广播影视交流中心、中华传统文化艺术交流协会、魅力中国行艺术团、《魅力中国行》全国电视展演系列活动组委会主办，市文化局承办。年满4～29岁且具有相应才艺及表演能力者均可报名参赛，大赛晋级选手可获由《魅力中国行》国际青少年中秋晚会剧组颁发的邀请函，于8月3日至5日到北京中央电视台星光影视园演播厅参加中秋晚会的节目录制。部分优秀选手参加《魅力中国行》全国大型电视展演系列活动及全国巡演活动。

（悠　菊）

【“浓浓端午情·美美中华韵”传统文化活动】　2018年6月15日，由中国雕塑博物馆主办的大同市“浓浓端午情·美美中华韵”传统文化活动在中国雕塑博物馆前广场举行。活动通过旗袍走秀、汉服展示、古筝演奏、书法展示、朗诵《在月光下的中国》《孝经》、非洲鼓表演等演出，及现场编织端午绳、包粽子、送粽子等民俗活动，让市民和游客参与互动，感受中国传统节日魅力，加深大家认知传统节日，让更多人了解中国传统服饰之美，重视民族服饰文化，传达其魅力和内涵。　（悠　菊）

【中华民族寻根工程研究院揭牌】　2018年6月20日，大同市中华民族寻根工程研究院在古城内揭牌。中国科学院院士、复旦大学党委常委、副校长金力，中国魏晋南北朝史学会副会长、复旦大学历史系教授、博士生导师、现代人类学教育部重点实验室学术委员韩昇，复旦大学生命科学学院教授、博士生导师、现代人类学教育部重点实验室主任、科技考古研究院副院长李辉，复旦大学山西同学会会长韩和平，市委副书记、市长武宏文，副市长马安全等参加揭牌仪式。

大同市中华民族寻根工程研究院是大同市与复旦大学合作探索的新校地合作运行模式，旨在把大同历史文化资源优势与复旦大学的科研和人才资源优势结合起来，加强桑干河流域中华文明的系统挖掘工作，探寻中华民族在桑干河流域的历史印证。武宏文、马安全等与金力等交流座谈开发文旅资源、促进产业升级事宜，大同通过引进复旦大学的资源、智慧等，推动大同文化产业发展走向新时代，展现“天下大同”文化魅力，复旦大学整合资源、促进合作，通过研究成果把大同的影响力辐射至全国乃至全世界。（翠 松）

【“中国梦劳动美”全市职工主题演讲比赛】 2018 年 6 月 22 日，由大同市总工会、大同经济技术开发区总工会主办的“中国梦劳动美”学习贯彻习近平新时代中国特色社会主义思想和中共十九大精神全市职工主题演讲比赛，在大同经济技术开发区文化体育中心举行。全市各行各业的职工 44 人参赛。

比赛旨在学习好、宣传好、贯彻好习近平新时代中国特色社会主义思想和中共十九大精神，把“工匠”品质和“劳模”精神根植于广大职工心中，引导广大职工坚定不移跟党走、敬业奉献促发展。选手们结合“不忘初心牢记使命”主题教育活动，讲述自己或身边同事在新时代立足岗位忘我工作、敬业奉献的故事，展现全市广大职工砥砺奋进的精神风貌和忠诚履职的敬业风采。最终，来自大同二中的王智强获一等奖，中煤大同能源有限责任公司范霞、大同教育电视台吕嘉和获二等奖，大同一中张慧娟、大同实验小学郝梨洪、大同振华幼儿园温杰获三等奖，中车大同公司任翔芸等 10 人获优胜奖。（悠 菊）

【大同市精彩人生模特队获国际辣妈赛中国赛区冠军】 2018 年 8 月 10 日至 13 日，2018 HOT MAMA 国际辣妈大赛中国赛区冠军总决赛在北京举行。

2018 HOT MAMA 国际辣妈大赛分别在美国、中国、加拿大、法国、新西兰、澳大利亚、阿联酋 7 个国家举行。6 月 30 日，来自大同市的精彩人生模特队参加中国赛区山西分赛区比赛，她们用自己创编的《古都风韵大同蓝》获全省第一名进入全国总决赛。总决赛现场，大同精彩人生模特队队员们一边走秀一边表演手撕剪纸，教练马艳霞身披 4 米长卷剪纸大凤凰走上 T 台，观众在队员的服装上看到云冈石窟大佛、悬空寺、华严寺、鼓楼、古城墙，还有壁画等。最终，大同精彩人生模特队获得 2018 HOT MAMA 国际辣妈大赛中国赛区冠军，并获得直通迪拜全球总决赛的机会。（悠 菊）

【第三届长城文化季系列活动】 2018 年 8 月 18 日至 11 月 26 日，由大同市政府、中国长城学会、山西省长城保护研究会等单位主办，市文物局、市旅发委、市文化局、大同广播电视台、大同日报社、云冈石窟研究院、大同博物馆、大同长城学会共同承办的 2018 中国（大同）第三届长城文化季系列活动举行。

第三届长城文化季系列活动主题为“长城保护与文化旅游”，活动内容有大同长城摄影展、长城保护及文化旅游高峰论坛、“长城谣大同颂”诗歌文艺晚会、千人徒步走长城、长城活动进校园、长城知识讲座、我与长城征文化大赛、专家学者考察长城等，旨在让市民更了解长城，从而宣传长城、保护长城。（悠 菊）

【中国（大同）潘家园传统文化艺术节】 2018 年 8 月 18 日至 28 日，由山西省文联、大同市委宣传部、市平城区委区政府、北京潘家园国际民间文化发展有限公司主办的中国（大同）潘家园传统文化艺术节举行。

中国（大同）潘家园历经 1 年零 4 个月建设，于 8 月 18 日落成开园。中国（大同）潘家园传统文化艺术节汇集曲艺展演、画展、书法展、玉石展等艺术文化元素，开启首届黄河流域九省区 + 京津冀曲艺艺术高峰论坛、张瀹回青 · 回望作品汇报展、企盼和平 · 张旭光草书艺术巴黎展 · 大同巡展、第二届大同玉石文化节、CCTV 发现之旅《记录东方》——《古玩市场新篇章》等文化艺术活动，与大同潘家园仿古建筑风格融为一体。除中国传统文化艺术表演展示外，艺术节现场还有大型鉴宝活动，北京市文物鉴定委员会副主任兼秘书长张如兰，故宫博物院书画鉴定专家金运昌，北大宝石鉴定中心主任、珠宝玉石鉴定专家何志红等到现场鉴定及估价古玩收藏家们的古玩。（悠 菊）

【第八届大同读书节】 2018 年 9 月 8 日至 10 月 30 日，以“营造古城书香 点亮大同梦想”为主题的 2018 第八届大同读书节举行。该届读书节由大同市委宣传部、市文化局、市教育局、市文联、市总工会、市关工委、市旅发委、大同日报社、大同广播电视台共同主办，大同书城承办，旨在引导全社会特别是少年儿童爱读书、读好书、善读书，“把学习作为一种追求，一种爱好，一种健康的生活方式”，推动书香社会建设，提升城市文化内涵。该届读书节活动举办改革开放 40 年最美读书人和藏书家庭评选、全国百家出版社图书联展、大同国学馆名家文化讲座、城市阅读空间开放等。（悠 菊）

▲ 2018 年 8 月 18 日，中国（大同）潘家园传统文化艺术节开幕（李冬宾 摄）

大同市图书馆

【概况】 大同市图书馆新馆东邻文瀛湖湿地公园，南邻规划路，西邻美术馆，北邻大剧院，由美国哈佛大学建筑系主任科恩与北京市建筑设计研究院合作设计。总建筑面积2万余平方米，占地面积8733平方米，地上四层，建筑高度24米，地下一层，层高6米。

2018年11月22日，大同市图书馆试运行，对公众开放。馆内设借阅区、书籍收藏储存区、咨询服务区、公共及辅助区域、技术区、书本加工区、行政办公区、后勤部门8个区域，可容纳3000人同时阅览。配备采书柜、智能书架、自助借还机、还书及分拣系统、OPAC查询机、自助办证机、电子借阅机、朗读亭等现代化设备，配置中央管理平台系统、大数据显示系统，推进自助化服务，发展数字图书馆服务，给广大市民打造不受时空限制、方便的图书馆阅读服务环境。推行业务总分馆制，全年建立业务分馆2个，建立美轩“城市书房”，在农村、部队、学校建立3个流动图书屋；大同市6县4区全部纳入总分馆建设体系；建立大同市图书馆网站，开通“大同市图书馆”“平城讲坛”两个微信公众平台。

截至2018年年底，大同市图书馆馆藏文献30万册（件），其中善本1052册，馆藏珍品有清代吴辅宏《大同府志》；数字资源存储量50T，并开展《古城大同》多媒体数字资源库建设工作。市图书馆总流通14万人次、文献流通53826册次，举办讲座40次、展览8次、培训班7次、文化志愿者服务队伍5个，志愿者服务队伍人数291人，举办巡讲3次和巡展2次，开发文化创意产品种类12种，出版《大同古长城》画册。年内，大同市图书馆被评为2018“同筑中国梦 共度书香年”活动最佳组织单位、“2018年全民阅读优秀组织单位”“2018年科普宣传活动先进集体”。（赵新萍）

【手绘地图上的大同之旅活动】 2018年1月21日，大同市图书馆举办“图书馆奇妙日”手绘地图上的大同之旅活动。活动由大同市图书馆、大同市少年儿童图书馆主办，大同日报社小记者、大同闹腾文化传媒有限公司承办，拾贝旅游工作室、大同市泽艺文化传媒有限公司协办。来自大同日报社小记者和全市各学校的小学生100余人参加该次活动。活动中，学生们在老师指导下，亲自动手完成拼图、旅游路线设计、美食简介等手工制作。进行古城知识讲解、趣味问答等环节，把趣味融进教学中，寓教于乐。孩子们与“城墙君人偶”做游戏，大家在游戏中认识大同名胜古迹、了解大同本土民俗，学习大同历史文化，增强对家乡大同的热爱。（赵新萍）

【图书馆文化年】 2018年春节期间，大同市图书馆开展文化和阅读活动，丰富市民节日文化生活。2月11日，大同市图书馆“平城讲坛”迎春特别讲座，邀请教授韩府开讲“对联（春联）的书写”。讲座后，韩府请出另外几位书法家，给大家现场写春联、送春联。2月18日至3月7日，大同市图书馆举办春节图书免费阅读活动，接待读者10万余人。2月28日，中国第一代广播电视剧演员、中国朗诵艺术的普及者和倡导者殷之光做客“平城讲坛”，84岁的殷之光用拉家常的方式回顾自己的朗诵历程，并表示大同是一个神奇的地方，希望有更多人爱上朗诵艺术，现场给朗诵爱好者指导传授“如何更好发音”等朗诵技巧知识，给观众朗诵《重上井冈山》《沁园春·雪》《有的人》《我爱这土地》《将进酒》等篇章。（赵新萍）

【“书香大同·文化古城”全民阅读月】 2018年4月23日，“书香大同·文化古城”暨2018年全民阅读月活动启动仪式在大同市图书馆举行。开展主题阅读、图书捐赠、讲演比赛，知识竞赛等一系列读书文化活动。启动仪式上，大同市图书馆向20位文化志愿者颁发证书。

全民阅读月由市文化局主办，市图书馆、市少儿图书馆、市群艺馆承办，组织开展进农村、进社区、进校园、进军营、进企业、进机关、进家庭全民阅读的“七进”活动，让阅读活动深入基层，深入群众；组织开展中华优秀传统文化阅读，在中小学生中开展中华经典诵读、国学知识竞赛、诗词鉴赏、经典典籍进课堂等活动；组织开展红色文化阅读，向青少年推荐弘扬革命精神的书单，形成阅读红色书籍，传承革命传统氛围；以少年儿童为重点关注人群，倡导家庭阅读、亲子阅读、阶梯阅读，鼓励开展各种形式的校园阅读和校外阅读，以农家书屋为平台，在暑期开展“我的书屋我的梦”农村少年儿童阅读实践活动。（赵新萍）

【“文润平城·书香三晋”朗诵会】 2018年4月23日，由山西省图书馆、大同市图书馆主办的“文润

▲2018年11月22日，大同市图书馆新馆试运行　（雷拯 摄）

文化

平城·书香三晋”世界读书日名家名篇朗诵会在市图书馆举行，山西省的近20位朗读名家诵读国内外经典篇章，向观众展示朗诵魅力，引导大家爱上阅读。此次活动是全民读书月系列活动之一。朗诵会全场分3个篇章，分别是回望经典、韵光永驻、平城赞歌。舞台上，王啸雷朗诵《岳阳楼记》、柴桂兰朗诵《春江花月夜》、其他朗诵家朗读《将进酒》《致橡树》等篇章，呈现不同风采。　　　　（蕙　兰）

【长城文献资料研究中心成立】 2018年5月，大同市图书馆成立长城文献资料研究中心并向社会各界发起征集长城文献资料倡议。该中心的职责是以传承、弘扬以长城为象征的中华民族精神，收集、整理、保存和研究、宣传、开发、利用长城文献信息资料，建立全国性的长城文献资料研究中心，进行学术交流和学术研究，给全社会提供长城文献信息服务。截至2018年年底，长城文献资料研究中心收集长城图书资料69种，467册（件）。其中，图书49种，125册；期刊合订本2种，34册；期刊8种，289册；其他10种，19件。　　　　（赵新萍）

【全国助残日走进市特殊教育学校】 2018年5月18日，大同市图书馆、大同市少年儿童图书馆、大同市特殊教育学校共同举办“与阅读同约、与快乐同行——图书馆全国助残日走进市特教学校”公益活动。活动内容包括：创意手工、泥塑（超轻黏土）、创意美术作品、赠书仪式等。通过公益文化活动，扩大残疾人参与覆盖面，给残疾人提供展示特殊艺术才能平台，达到陶冶情操、愉悦身心、寓教于乐目的，实现残疾人文化权益均等化。　　　　（赵新萍）

▲ 2018年9月5日，山西省智慧图书馆建设研讨会在大同市图书馆举行　（雷　拯　摄）

【智慧图书馆建设研讨会】 2018年9月5日至6日，由山西省图书馆学会主办，大同市图书馆、大同市少年儿童图书馆承办的2018山西省智慧图书馆建设研讨会在大同市图书馆举行。来自全省各地图书馆馆长及业务骨干等134人参加。研讨会以“新时代图书馆服务创新”为主题，旨在促进全省图书馆服务创新和转型，实现现代化智慧图书馆建设。南京大学信息管理学院、南京大学国家保密学院教授邵波，文化厅特聘浙江图书馆首席专家、原副馆长、研究馆员刘晓清分别在研讨会上发表题为《智慧图书馆探讨》和《图书馆技术创新的变革》的专题报告。研讨会上，大同市图书馆负责人介绍大同市图书馆基本情况，及御东新馆的建设发展所取得的成果。参会人员参观大同市图书馆御东新馆，并分组探讨交流“智慧图书馆建设”及“总分馆建设”等问题。　　　　（赵新萍）

▲ 2018年5月18日，大同市图书馆、市少儿图书馆等单位共同举办“与阅读同约、与快乐同行——图书馆全国助残日走进市特教学校”公益活动　（雷　拯　摄）

【图书馆举办喜迎中秋特别活动】 2018年9月23日，大同市图书馆举办“花满月圆古琴悠，巧习剪纸城影灯”为主题的迎中秋活动。活动有非遗剪纸、制作“城影夜游灯”、诗意花道等。非遗剪纸活动由首届“中华巧女手工艺品大奖赛”获得者吴秀梅现场教学；“城影夜游灯”祈福灯笼是大同闹腾文化传媒有限公司原创设计，获山西十佳品质榜旅游商品，活动中由指导老师讲述城影夜游灯创作理念，并教如何组装灯笼，帮助每位参与者完成一盏属于自己的祈福灯笼；在诗意花道组，由花道导师教习如何选用花材，插花中要注意的黄金分割比例、色彩、主次关系、质感、韵律、平衡等，及花的护理方法，并演示、指导插花。活动寓教于乐，让参与者体验亲子手工制作乐趣，培养孩子动手能力，给中秋佳节增添温馨和快乐。（赵新萍）

【美轩“城市书房”】 2018年10月，大同市图书馆美轩“城市书房”开放。美轩“城市书房”坐落于大同市平城区御河东路伦敦街，占地面积1200平方米，是大同市图书馆按照文商融合、文企融合思路，与当地一家餐饮企业合作创办的图书馆分馆。企业提供场地，大同市图书馆提供藏书2万余册，配备自助办证机、电子书借阅机、自助借还机、自助查询机，防盗仪等数字化设备，方便读者，实现企业、市民、政府三赢。“政府主导＋社会力量参与”共建共享图书馆模式。（赵新萍）

【“文明大同·有我代言”主题演讲】 2018年12月22日，大同市图书馆开展“文明大同·有我代言”主题演讲活动，全市9个行业代表参加活动。活动中，来自大同市教育、医疗等行业的代表，通过分享自己生活中的点滴及对城市变迁的感受等，讲述自己参与文明城市创建的故事，倡导市民参与文明城市创建，营造文明、环保、绿色、健康的生活方式。演讲结束后，主办方给演讲的优秀代表颁发证书，由大同古城民俗馆馆长赵佃玺带领参加活动者朗读创建文明城市誓词并宣誓。（悠菊）

大同煤矿万人坑遗址纪念馆

【概况】 大同煤矿万人坑遗址纪念馆是全国爱国主义教育基地、红色旅游经典景区、全国重点文物保护单位，位于大同市大同煤矿煤峪口矿建新街1号，占地面积33.7万平方米，主景区面积25万平方米，分为苦难展示区、文物保护区、煤炭历史展览区等不同部分。主要建筑有展览厅、折板式廊道、多媒体演示厅、“万人坑”悼念厅、无字碑林等。纪念馆从门口到展馆的缓坡地面上标有“1937–1945”字样，警示人们牢记大同矿工抗战8年经历的深重苦难。纪念馆门厅下方，设计有遗骨巨幅浮雕，“14000000”和“60000”两组凸起的数字，直观地告诉世人日本侵略者占领大同煤矿8年间掠夺优质煤炭1400万吨，造成6万名矿工丧失生命。纪念馆以“牢记历史，珍爱和平，面向未来，振兴中华”为主题，分为“觊觎矿藏，蓄谋已久”“荼毒大同，霸占煤矿”“野蛮开采，疯狂攫取”“奴役矿工，灭绝人性”“累累白骨，铁证如山”“铭记历史，珍爱和平”六部分，采用大量珍贵图片、实物资料，通过背景雕塑、幻影成像、多媒体技术、场景再现等声光电多种现代科技手段进行展示，形象地揭露日本侵略者二战期间在大同煤矿犯下的滔天罪行，告诫国人铭记苦难历史，为实现中华民族的伟大复兴自强不息。2018年，纪念馆接待参观者66921人。其中，团队人员39746人，学生3793人。（编辑部）

【万人坑遗址清明节祭扫活动】 2018年4月4日，大同市高速交警二支队、同煤集团文体发展中心、同煤集团民主党派、同煤集团团委、矿区和顺街道、矿区平盛二小等9家单位的600余名团员青年、小学生和群众到大同煤矿万人坑遗址纪念馆，举行“奋发图强看我辈 勿忘国耻强中华”清明节祭扫活动。

凭吊人员在万人坑遗址纪念广场上举行大同煤矿“万人坑”死难矿工清明祭奠仪式，向死难矿工敬献花圈、向死难矿工默哀一分钟、参加祭奠仪式代表发言、纪念馆工作人员讲解“万人坑”历史。祭奠仪式后，凭吊人员进入纪念馆展厅，观看展厅内大量历史照片、部分遇难矿工的遗物及油画、雕塑等，再现日本侵略者掠夺大同煤炭资源、迫害大同煤矿工人的历史。（蕙兰）

【万人坑遗址纪念馆举行抗战纪念活动】 2018年7月7日是“七七事变”暨全民族抗战爆发81周年纪念日，大同煤矿万人坑遗址纪念馆在同煤集团广场举行纪念活动。大同煤矿万人坑遗址纪念馆编排8块展板，展板通过70余幅历史照片及文字资料，把日本侵略者掠夺大同煤炭的史实“串联”起来，再现日本侵略者掠夺大同煤炭资源、迫害大同煤矿工人的历史。活动现场，李玉祥、李罂国是义务解说员，通过展示他们收藏的抗战期间的武器装备实物及一些图片文字资料，向过往市民普及历史知识。其中，李玉祥展示的一把刻有“大同炭矿株式会社”字样的九八式军刀，属于较为稀有的侵华日军野蛮掠夺大同煤炭资源的物证。（翠松）

大同市博物馆

【概况】 大同市博物馆是在原大同古迹保管所和大同市文物陈列馆的基础上发展起来的国家二级博物馆，位于御东新区太和路，占地面积51556平方米，建筑面积32821平方米。2018年，市博物馆有明堂遗址陈列馆、梁思成纪念馆、平城记忆馆、魁星文化博物馆4个分馆。博物馆内有馆藏文物7万余件，珍贵文物4000余件（套），主要彰显北方少数民族文化、边陲重镇军旅文化、宗教文化等特征。展厅面积1万余平方米，设有“沧桑代地”“魏都平城”“辽金西京”和“明清重镇”4个基本陈列，展品数量4000余件（套），及“大同恐龙”和“梵语清音”2个专题展览。另设2个临展厅用于对外交流。

梁思成纪念馆 于2011年9月26日开馆，位于大同和阳门广场北侧，是一座下沉式仿古二进院落，占地1210平方米。纪念馆以“大师·大同”为主题，开设“一代宗师”“不愧山河”“大同调查”“告慰先师”4个展厅，集中展示梁思成在古建方面的卓越贡献。2018年接待游客31649人次。年内，该馆举办“那些寻根的建筑之旅——纪念梁思成诞辰118周年”特别活动，与大同市女画家协会举办书画创作展、与大同市实验小学举办“梁思成与古建筑”演讲比赛，与大同金石协会举办现场篆刻、微雕活动。针对少年儿童对历史文化知识的传承，举办“时光印痕——中国24节气之美”“古建筑上的小兽”“六一回味老电影”等活动。5月14日，中国古建筑文化遗产研究委员会专家团到大同市梁思成纪念馆参观调研，重走梁思成、罗哲文古建之路。大同市副市长尉连生，大同市古城保护和修复研究会会长安大钧，大同市博物馆馆长王利民陪同调研。参加调研专家团包括国家文物局原副局长、中国文物基金会罗哲文基金委员会顾问张柏，罗哲文之子、中国民间文艺家协会原书记罗杨，罗哲文夫人杨静华，梁思成外孙于晓东、梁思成外孙女于葵及女婿倪震，世界遗产影像学专家、国际摄联“世界遗产影像大使”周梅生，《罗哲文》传记作者张海燕，中国古建筑文化遗产研究委员会主任赵琛等40余人。专家团到梁思成纪念馆敬献花篮，缅怀追思一代建筑大师的情怀与风范，向纪念馆捐赠罗哲文的铜塑雕像。

平城记忆馆　于2011年9月28日开馆，坐落在大同古城东城墙脚下，毗邻梁思成纪念馆，为一座下沉式仿古院落，占地1210平方米。该馆设“昨天·今天”“古城旧影”“十年回眸”“改革年代”4个展厅，以照片形式展示古城旧貌，老城新姿，街巷风情等，从细节反映出大同变化，馆内藏有大同各时代老照片近100张、老物件50余件，2018年接待游客29880人次。

北魏明堂遗址陈列馆　2017年1月20日开馆，其位于大同市向阳街南侧北魏明堂遗址公园内，展陈内容以明堂遗址主体、夯土台基、大量瓦片、水渠、石坝、柱础等实物为主，并把建筑形式景观化，与周围环境融为一体。利用明堂主体建筑可用空间，引进民营博物馆——大同北朝艺术馆，其常展“北朝遗珍”。2018年，北魏明堂遗址公园联合大同市书法家协会、大同市楹联学会和大同市收藏家协会开展征集春联活动，北魏明堂遗址公园举办“追忆祖先，文明祭祖”“小小博物家，明堂风车行”“儿童放学归来早，忙趁东风放纸鸢”等活动，全年接待游客438521人次。

魁星文化博物馆　于2016年12月31日开馆，位于武定街与大十字街交会处的魁星楼。该楼为五层三檐、明三暗二的盔顶楼阁式建筑，底层四面通街，平面呈正八边形，总高31.24米。展陈面积约1000平方米，一层供有魁星像，二层内有闻鸡起舞等劝学故事的壁画，三层为古代科举制度展，四层内有劝学成语陶塑，五层是书房，供社教活动使用。2018年7月28日，由大同市爱心企业“忘忧农场”出资捐赠，“大同历史文化名城牌匾艺术指导中心”设计制作8块匾额在魁星楼外悬挂。其中，三楼四面共4块匾额，分别为“龙跃云津”“天开文运”“独占鳌头”“直步云霄”，五楼南北面书“魁星楼”、东西面分别悬挂“名士”“醇雅”。8月17日，魁星文化博物馆与大同市安澜女子书院联合举办题为“魁星点斗状元投”魁星诞辰庆祝活动。全年接待游客86437人次。（赵　璐　冯汉卿）

【西京印迹——大同辽金元文物展巡展】　2018年1月26日起，由大同市博物馆策划主办的“西京印迹——大同辽金元文物展”在桂林博物馆、柳州博物馆、厦门博物馆、黔东南民族博物馆和遵义市博物馆巡展向公众开放。西京大同自古是北方军事重钥。辽金元时期，统治者出于维护自身统治需要，自辽兴宗重熙十三年（1044）到元世祖至元二十五年（1288）把大同作为三朝陪都200余载，承担军事、经济、文化职能。此时，胡汉文化在此交融碰撞，创造出独具特色的西京地域文化，给大同留下无数文化珍品。展览从“民俗风情”“窑火神韵”“魂兮所归”和“壁彩丹青”4个单元，从社会生活、文化艺术、宗教信仰等方面，通过展示130余件（套）文物，向观众展示出辽金元时期西京地区独特的历史文化风貌，展示出辽金少数民族的春夏耕作、秋冬射猎，茶酒饮宴、家居逸乐等胡风汉韵之色。

（赵　璐）

【闽台墨宝——厦门博物馆馆藏闽台书画珍品展】　2018年3月15日至5月13日，来自厦门博物馆的“闽台墨宝——厦门博物馆馆藏闽台书画珍品展”在大同市博物馆临展厅展出。福建书画滥觞于唐代，成熟于两宋，全盛于明代，清代逐步形成闽地独特地域画风。这次展览选出厦门博物馆馆藏书画中闽籍、台籍和客居闽地的书画家作品70余幅，展品是清代、近代及现代所作，包括清朝末年的郭尚先、吕世宜、谢颖苏等书画家和现代人物连战等的书画作品。作品展现两岸书画艺术相互融合，共同发展渊源。（赵　璐）

【“移动的博物馆”活动】　2018年“5·18”国际博物馆日到来前夕，大同市博物馆策划“移动的博物馆”活动，包括文博知识进军营、进社区等。4月9日，市博物馆宣教部工作人员在市公安局监所管理支队开展活动。制作10余块展板、宣传资料等，展示市博物馆与各个分馆的陈展内容，丰富监管民警的警营文化生活，让监管民警们了解大同历史文化进程。5月6日，大同市博物馆工作人员准备多块展牌和宣传资料走进居然嘉园社区，带领居民从博物馆发展历程和馆藏文物中了解一个个鲜活故事和一段段尘封记忆，发放1000余份相关内容的宣传资料，方便社区居民把文博知识带回家。

（赵　璐）

【王生忠文物捐赠仪式】　2018年5月18日国际博物馆日，以“浩海扬帆，文化传承”为主题的王生忠文物捐赠仪式在大同市博物馆共享大厅举行。活动由大同市文物局主办，大同市博物馆、大同市浩海集团有限公司承办。王生忠是一名大同民营企业工作者，这次向市博物馆捐赠文物258件，材质涵盖陶器、瓷器、石雕、铜器、纸质文物（书画、字帖、拓片）及杂项等，文物年代跨度从汉代至清末民国。（赵　璐）

【银装霓裳——贵州·黔东南少数民族服饰精品展】　2018年5月26日，“银装霓裳——贵州·黔东南少数民族服饰精品展”在大同市博物馆展出。黔东南自治州以苗族和侗族为主，苗族人口占全国苗族人口的1/4，是中国支系最多的民族之一，繁多的支系带来多彩多姿服饰。黔东南苗族服饰图案满足实用美观基本需求，且被赋予继承民族传统、纪念祖先和传承祖训等内涵和意义。展览选

▲ 2018年5月26日，"银装霓裳——贵州·黔东南少数民族服饰精品展"在大同市博物馆展出　（赵璐 摄）

择苗族、侗族等民族服饰、银饰展出，展示黔东南少数民族的历史文化及民俗风情。　（赵　璐）

【融合之路——拓跋鲜卑迁徙与发展历程特展】 2018年6月9日至10月8日，由大同市博物馆、洛阳博物馆和呼伦贝尔博物院联合策划主办的"融合之路——拓跋鲜卑迁徙与发展历程特展"首站在大同市博物馆展出。

此次展览是国内首次举办的以拓跋鲜卑民族发展史为主题的综合展，展览通过与拓跋鲜卑民族相关的历史文物，描绘拓跋鲜卑不同阶段的文明与文化特征，呈现拓跋鲜卑的社会演进和发展的时代风貌。展出文物涉及内蒙古博物院、乌兰察布市博物馆、通辽市博物馆、盛乐博物馆、额尔古纳民族博物馆、大同市考古所、大同北朝艺术博物馆、天镇县文管所11家文保单位各类文物378件（组），种类包含陶器、瓷器、骨器、石器、金银器、铜器、铁器、玻璃器等。展览以"融合"为主题，分拓跋肇启、平城崛兴、洛邑重辉3个单元，把呼伦贝尔、大同、洛阳这3个拓跋鲜卑迁徙路程中的重要节点连接起来，整合迁徙沿线博物馆区域资源，展现鲜卑民族从大兴安岭的嘎仙洞出发，经大兴安岭、呼伦贝尔大草原迁徙至平城再到洛阳，问鼎中原的岁月。除展品外，大同市博物馆搭配图版、多媒体、场景复原等，以语言和展示手段延伸观众感官体验，带领观众从多维角度观察和触摸北魏历史文化发展脉络。　（赵　璐）

【《美的超越——魏晋隋唐文物》专题讲座】 2018年6月13日，中国考古学家，北京大学考古文博学院教授，中国考古学会三国至隋唐考古专业委员会主任齐东方在大同市博物馆报告厅作《美的超越——魏晋隋唐文物》专题讲座，来自社会各界的文博爱好者及大同大学历史学专业师生与博物馆职工参加。讲座以"美的超越"为主题，从陶俑之美、玉器之美、陶瓷之美、金银器之美4个方面，把魏晋隋唐文物通过图像展现出来，从齐东方的解读中使人对文物的外在工艺、源流和创新有所了解，体会到魏晋以来民众审美风尚和情感转变。　（赵　璐）

【掌中珍玩——武汉博物馆馆藏鼻烟壶展】 2018年7月25日至9月23日，来自武汉博物馆的"掌中珍玩——武汉博物馆馆藏鼻烟壶展"在大同市博物馆一层临展厅展出。鼻烟壶是盛鼻烟之容器。鼻烟是一种烟草制品，明末清初之际，由西洋传入中国。在清代鼻烟壶成为当时社会生活不可或缺的器物，是当时身份和权贵的象征。这次展览根据鼻烟壶质地不同，分"斑斓彩色——玻璃鼻烟壶""山岳精髓——玉石鼻烟壶""陶瓷生花——瓷鼻烟壶"和"珍奇斗艳——多材质鼻烟壶"4个单元，展出120件展品，所属时代是清代至民国时期。　（赵　璐）

【《从大兴安岭到天山——契丹人的兴起及西行之路》讲座】 2018年9月17日，中国辽金契丹女真史学会会长、历史学家、吉林大学文学院教授韩世明受邀到大同市博物馆报告厅作《从大兴安岭到天山——契丹人的兴起及西行之路》讲座。大同市博物馆干部职工、文博界同仁、辽史爱好者，及大同大学历史文化学院师生参加。韩世明从契丹人的起源和政权建立，辽西京的地位及耶律大石与西辽的延续3个方面把契丹发展史通过史实与文献资料讲述出来，解读自己多年的研究成果，使在场听众领略到契丹人的生活习俗特征，感受到大辽王朝雄浑壮阔的气魄。　（赵　璐）

【恋恋银风——桂林博物馆馆藏南方少数民族银饰展】 2018年10月1日至12月16日，由桂林博物馆和大同市博物馆联合主办的"恋恋银风——桂林博物馆馆藏南方少数民族银饰展"在大同市博物馆展出。这次银饰展展品均来自桂林博物馆馆藏，汇集132套228件来自苗族、侗族、壮族、仫佬族、水族等南方少数民族银饰，包括发饰、耳饰、胸饰、颈饰、腰饰、首饰等，所属时代为清代至现代。　（赵　璐）

【馆校合作】 2018年10月10日，天津师范大学历史文化学院教学实践基地在大同市博物馆挂牌，这是市博物馆探索馆校合作的尝试，体现出博物馆的社会教育职能。天津师范大学历史文化学院与大同市博物馆异地合作，发挥各自优势，贡献各自力量。天津师范大学历史文化学院历史学科体系完备，学生素质高，利用特色优势能给大同市博物馆文化梳理做出应有的贡献，并通过实践完善教学体系，在人才培训中有所侧重。大同市博物馆给学

▲ 2018 年 10 月 10 日，天津师范大学历史文化学院教学实践基地在大同市博物馆挂牌 （赵 璐 摄）

生提供实践教学平台，呈现立体教科书式的文化表达优势，把高校的研究成果转化为文物解读，更好地服务观众。馆校合作共建，互通资源优势。从课堂抽象的间接经验到博物馆生动的直接经验，从书本式学习到情景式学习，拓宽学研视野。

（赵 璐）

【浑源彝器回乡暨《诗经》中的青铜器特展】 2018 年 12 月 25 日至 2019 年 3 月 6 日，由大同市博物馆和上海博物馆联合策划推出的“诗中吉金 其华灼灼——浑源彝器回乡暨《诗经》中的青铜器特展”在大同市博物馆一层临展厅展出。展览展出东周时期青铜器 101 件（套），包括从上海博物馆遴选的65件(套)，和大同市博物馆馆藏的 36 件（套）。这次所展的青铜器类别涵盖青铜容器（包括食器、酒器、水器）、车马器、兵器、乐器等种类。重要器物有牺尊、鸟兽龙纹壶、四虎蟠龙纹豆、铸克鼎、杞伯壶、楚大师登钟等。其中，上海博物馆镇馆之宝——浑源李峪村出土的牺尊也在展品中。展览分“牺尊将将，重宝回乡”“以为酒食，以享以祀”“修尔车马，弓矢戎兵”“钟鼓喤喤，磬筦将将”和“之子于归，宜室宜家”5 个单元，把两馆的青铜精品与《诗经》相结合，还原《诗经》诞生时的民风民俗与时代雄风，勾勒出周代礼乐文明的精神风貌。

（赵 璐）

云冈博物馆

【概况】 云冈石窟博物馆于 2009 年修建，2011 年 9 月 30 日对外开放。位于云冈石窟景区西端，占地面积 1.5 万平方米，建筑面积 6640 平方米，属半地下式建筑。馆内收藏各类文物近 3000 件，主要以云冈石窟窟前和山顶几次考古发掘出土文物为主，馆藏文物以石雕、建筑构件、寺院生活用品为主，馆内由 1 个中央展厅、3 个主题展厅、1 个放映厅及分布位置不同的多媒体展区构成，主要介绍鲜卑民族与北魏王朝历史、云冈石窟的开凿与艺术源流等。

2018 年，云冈石窟博物馆接待观众 60 余万人次，其中接待国家、省、市领导 35 批次，接待全国各地学术交流、博物馆考察团 51 批次，接待中小学研学参观团 18 批次。全年组织工作人员参加博物馆藏品管理、策展等培训班，参加“绿色博物馆”论坛及学术研讨会。在云冈石窟官方微信发表宣教文章 5 篇，并参与“云冈石窟全集”编写工作。 （关晓磊）

【文物展示交流】2018 年 1 月 12 日至 2 月 28 日，云冈石窟博物馆在北京大学赛克勒考古与艺术博物馆，举办“另一个世界的想象—大同沙岭 7 号北魏墓葬与云冈石窟艺术展”，展出云冈石窟博物馆文物 44 件，展览现场专职讲解员向北京大学观众宣讲云冈石窟文化。

8 月，云冈石窟博物馆参加由山西省文物局与山西省广播电视台联合举办的《文明守望》栏目之走进博物馆节目，向观众讲述云冈石窟镇馆之宝“佛像陶眼”前世与今生的故事，并获山西博物馆镇馆之宝提名奖。

（关晓磊）

平型关大捷纪念馆

【概况】 平型关大捷遗址位于大同市灵丘县城西南 30 千米的蔡家峪、小寨、乔沟、白崖台、关沟一带，遗址保护面积 8.6 平方千米，包括平型关大捷纪念馆、纪念碑、将帅广场、主战场乔沟、老爷庙争夺战遗址和 115 师指挥所旧址、烽火台等 13 个景点，是全国重点文物保护单位，全国爱国主义教育示范基地，全国百个红色旅游经典景区之一。2018 年，平型关大捷纪念馆接待省内外游客 60.3 万人次，各类机关团体、企事业单位 1000 余家。 （平型关大捷纪念馆）

【景区宣传教育】 2018 年，平型关大捷纪念馆发挥爱国主义教育基地、红色旅游景区景点的教育功能和在构建社会主义核心价值体系中的作用，在广大干部群众和未成年人中开展爱国主义教育、革命传统教育和理想信念教育，推进社会主义核心价值体系建设，培育和践行社会主义核心价值观。挖掘爱国主义教育基地丰富的历史内涵、思想内涵和文化内涵，开展爱国主义教育活动，利用革命纪念日、重大节日，组织干部群众和青少年学生开展参观、瞻仰和祭扫活动，进行成人宣誓、入党、入团、入队宣誓等。举办“5·18”世界博物馆日交流活动、旅游日宣传活动、“七七事变 81 周年”纪念日活动。9 月 25 日，举行纪念平型关大捷 81 周年大会，缅怀革命先烈丰功伟绩，激励广大党员干部群众弘扬平型关精神，传承红色基因。作为“全国中小学生研学教育基地”，依托红色文化资源，把握新时期中、小学生教育要求，对广大青年学生开展专业化、系统化、特色化研学教育，全年培训各地中小学生

2.3万人次。　（平型关大捷纪念馆）

【馆藏展品充实】 2018年，平型关大捷纪念馆为增加馆藏文物数量，丰富馆藏内容，真实反映抗战历史，征集有关平型关战役中八路军、国民革命军，及日军遗留下的实物、图片和影像资料。年内，接到社会各界人士无偿捐赠的抗日战争时期、抗美援朝时期物品11件，反映抗日战争历史图书、音像资料11件（套）。

（平型关大捷纪念馆）

【景区基础设施建设】 2018年，平型关大捷纪念馆落实全国红色旅游基地基础设施建设专项资金1080万元、中央革命老区转移支付专项资金869万元。投资300万元实施平型关大捷纪念馆数字化改造项目，改造内容包括纪念馆展板3D改造、增加幻影成像设备、增加3D展示系统，开通纪念馆网站、微信公众号，给游客提供通过手机等终端免费听取景区语音讲解的参观体验。投资869万元，分两期实施平型关战役遗址区域保护基础提升改造项目，项目重新翻修遗址广场、将帅广场、纪念馆广场，改造纪念馆入口、拓宽序厅面积、完善残障通道，维护115台阶及栏杆，提升改造遗址广场服务用房、公共卫生间基础设施等。投资1080万元实施平型关大捷纪念馆基础设施改造项目，项目按照AAAA级景区创建要求，增加纪念馆——115师指挥所游步道、观景台，增加停车场4处，增加LED发光标语2处，改造景区水、电、暖管网，亮化、美化景区各大建筑物，整治景区坡地、空地环境。增加多条景观绿化带，栽种多种苗木及花卉，增加“红船精神”“胜利的号角”“平型关大捷”“乔沟遗址”“将帅题词”等主题景观雕塑。（平型关大捷纪念馆）

【景区对外交流】 2018年，平型关大捷纪念馆增加对外交流频率，参加各类研讨会、培训会，拓展对外交流面，利用对外交流机会学习知识、增加见识、借鉴经验、自我宣传，扩大平型关社会影响力。5月16日至18日，平型关大捷纪念馆党总支书记刘继强到陕西宝鸡参加中国旅游景区协会举办的旅游景区厕所新技术应用交流现场会；5月30日，刘继强到太原市参加山西省博物馆协会成立大会，该馆成为协会会员单位；7月7日，刘继强到中国抗日战争纪念馆参加全国抗战类纪念馆纪念全民族抗战爆发81周年活动，该馆作为会员单位同步举行纪念活动；10月9日至13日，副馆长汪东广到大连参加中国景区协会举办的2018年A级景区提升培训班；10月11日至12日，刘继强受邀代表纪念馆到西柏坡参加第三届石家庄旅游发展大会；10月16日至18日，刘继强到贵州遵义参加中宣部举办的全国爱国主义教育示范基地工作培训班；11月5日至8日，宣教部李宇琼、谢垚、王亚宁到长治平顺县参加省旅发委举办的红色旅游讲解提升工程专题讲座；11月14日至18日，副馆长吕民忠到太原参加省文物局举办的全国博物馆馆长培训班；12月11日至22日，文物展陈部董利到太原参加省文物局举办的革命近现代文物和民俗文物鉴定培训班；12月13日至14日，宣教部张宁在大同参加市文明办组织的志愿服务工作骨干培训班；12月18日至21日，宣教部宫菁华到北京参加中国博物馆协会和中国人民抗日战争纪念馆共同举办的全国红色纪念馆编研工作专题培训班。

（平型关大捷纪念馆）

文化交流

【文艺交流】 2018年，大同艺术院团和舞台节目入选文化和旅游部组织的展演活动5次，省级展演1次。大同市晋剧院应中国戏剧文学学会邀请，到北京参加新中国成立70周年献礼剧目展演，展演剧目《河清海晏》，获迎接建国70周年展演剧目奖。参加由中宣部文艺局和文化和旅游部艺术司主办的2018年全国梆子声腔优秀剧目展演，获展演证书。大同市北路梆子剧种传习中心参加由中共中央宣传部、文化和旅游部主办的全国基层院团会演，参演剧目《平城赋》，在北京梅兰芳剧场演出，获纪念证书。大同市歌舞剧院参加由文化和旅游部主办的全国优秀现实题材舞台艺术作品展演，展演剧目话剧《热泉》《太阳照在南洋河上》，在太原青年宫演艺中心演出。大同市耍孩剧种传习中心参加由文化部艺术司、江苏省文化厅主办的2018年戏曲百戏（昆山）盛典，展演剧目《扇坟》一折，在昆山昆剧院演出，获“参演纪念奖”。大同市北路梆子剧种传习中心董晓云获2018年山西省青年戏曲演员展演最佳演员；大同市耍孩剧种传习中心连阳、薛志花获2018年山西省青年戏曲演员展演优秀演员。（市文化局）

【文化专题讲座】 2018年4月21日，中国金融作家协会主席、作家阎雪君在大同举办《建设统战文化，增强文化自信——为我们共同的事业记载和讴歌》专题讲座。讲座主要围绕坚守一个“爱”字、学会两条腿走路、处理好“三个关系”、下好写作四步棋、对文学的五个感悟、对生活的六个感悟等六句话展开。（蕙　兰）

【中华文化自信与跨文化发展论坛】 2018年9月11日，由联合国世界丝路论坛跨文化委员会、北京华光书院共同主办的“中华文化自信与跨文化发展论坛”在大同市图书馆报告厅举行，来自全国各地的专家学者纵论中华文化及大同精神。论坛上，大同古城保护和修复研究会会长安大钧作《大度大气大美大同的历史文化》报告；北京师范大学教授、中国易学文化研究院院长张涛作《〈易经〉智慧与卓越领导力》报告；中国教育科学研究院研究员、博士生导师吴安春作《五福文化的价值取向及中国传统文化中的德福一致观》发言。华光书院导师、中国社科院宗教研究中心特邀研究员海云继梦作《中国文化的根本精神》主题演讲，海云继梦曾参与大同市古城修复保护工作。联合国世界丝路论坛副主席、南京邮电大学教授王春晖作《人文精神与技术创新》演讲。（赵新萍）

【2018世界时尚文化论坛在大同举行】 2018年10月20日，由首都文化艺术公益基金会、市委宣传部主办，市文化局、大同广播电视台、晋

商联盟（大同）文化旅游有限公司、市星皓影视文化传媒承办的2018世界时尚文化论坛在大同举行。活动以“城市品质，时尚传播”为主题，以“推动城市发展，创造品质生活”为主旨，以时尚文化为核心，整合社会多元资源，丰富“天下大同”城市名片内涵。论坛话题涉及文化创意、设计、时装、非物质文化遗产、地产等领域。与会嘉宾演讲与交流《传统文化与时尚》《民乐也时尚》《传统建筑与现代时尚》《传承创新，美美与共》等话题。

（蕙　兰）

【首届中国（大同）海峡两岸陶瓷艺术创作交流周】 2018年11月21日至27日，由《陶瓷科学与艺术》杂志社主办，大同泥石文化艺术有限责任公司、大同好运达广告装潢有限责任公司承办的首届中国（大同）海峡两岸陶瓷艺术创作交流周暨海峡两岸陶瓷艺术高峰论坛在大同吉家窑中国陶瓷艺术名家创作基地举行。中国陶瓷艺术大师阎先公、台湾陶艺家柴烧、艺术大师刘峰雄、中国陶瓷艺术大师郭爱和、中国工艺美术大师孙燕明、中国陶瓷艺术大师王玉岭等，及陶艺家、艺术大师张驷等陶瓷艺术大师参加。

活动中，来自海峡两岸的艺术家们举行敬窑仪式，共同点燃烧制陶瓷的柴窑。交流挖掘吉家庄黑陶的历史文化价值，让黑陶工艺与大同文化内涵相结合，创制大同黑陶艺术精品。交流周期间，艺术家们根据自己的艺术才思，创制艺术陶瓷，并举行首届中国（大同）海峡两岸陶瓷艺术高峰论坛，论坛围绕“两岸地域陶瓷文化的传承与创新”“以大同吉家庄陶瓷文化为例，谈城市文旅产品的研发”“在扩大开放，互联互通国际语境下，谈陶瓷文化对城市国际化的推动”等主题展开。（蕙　兰）

【“圆艺术之梦 载文化前行”文化艺术交流讲座】 2018年11月25日，由大同市文化局主办，市少年儿童图书馆、市图书馆、北京电影学院艺术教育基地大同基地承办的“圆艺术之梦 载文化前行”文化艺术交流讲座在大同市图书馆举行。讲座邀请中央戏剧学院教授、表演教学国际研讨会专家王丽娜，中国戏曲学院表演系主任孟甜，中国传媒大学白杨播音室负责人王爽，及大同市导演王坤等担当主讲人，给观众演讲并回答观众提问。讲座面向各年龄段喜欢艺术的孩子、计划艺考的学生及社会各界文化艺术工作爱好者，以中国当代艺术发展前景为方向，旨在宣扬城市文化建设，打造大同市艺术人文气息。

（蕙　兰）

【“文瀛讲堂”开讲】 2018年12月12日，由大同市文化局主办的“文瀛讲堂”在市文化艺术学校开讲，来自武警文工团的青年歌唱家王相周主讲《中国民族民歌的魅力》，来自艺校的声乐演员、戏曲学生，及群众艺术馆、同煤文工团、市歌舞剧院、社会团体等声乐爱好者、歌手等200余名文艺工作者听讲。活动旨在让大同市文化艺术工作者更新知识储备，提升专业能力，能让更多艺术家关注大同、了解大同、宣传大同。主办方与全国、全省文艺院团对接，不定期邀请文化艺术家到大同授课，讲课内容分艺术类与学术类。王相周现场主讲东北、山西、陕西、河北、山东、青海等北方民歌的不同之处，并亲自演绎歌曲的声调、节拍、变声等。

（蕙　兰）

【2018蒙晋冀长城金三角合作区文艺交流晚会】 2018年12月23日，2018蒙晋冀长城金三角合作区文艺交流晚会在大同市工人文化活动中心一宫举行。国家发改委地区司副司长安利民，北京市扶贫支援办副巡视员赵振业，内蒙古自治区发改委副主任张钢，省委常委、市委书记张吉福，市委副书记、市长武宏文，乌兰察布市委书记杜学军，张家口市委书记回建，乌兰察布市委副书记、市长费东斌，张家口市人大常委会主任李青春，及来自京津冀内蒙古的嘉宾等观看晚会。来自大同市歌舞剧院、乌兰察布市民族艺术剧院、张家口市戏曲艺术研究院的演员担纲晚会主演。晚会节目有开场歌舞《三地情·中国梦》，独唱《幸福大同》《举杯吧朋友》《玛依拉变奏曲》《西部放歌》等，音诗画《血脉长城·心手相连》，吹打乐《北魏雄风》，舞蹈《大好河山·雪》，音乐《鹰之歌》，民俗歌舞组画《想亲亲》之《打樱桃》，及舞蹈《黄土情韵》，音乐剧《乐舞云冈》，高保利的《天蓝蓝》，及歌舞《乌大张三地情》等。

（蕙　兰）

文化市场管理

【平安文化市场建设】 2018年，大同市文化局出动检查人员19138人次，车辆1100余台次，检查文化市场经营单位5197家次，发现安全隐患36家次，全部当场责令整改，发现11家经营单位消防通道存在问题并通告消防部门，当场整改23家证照未上墙和登记不全单位，吊销1家接纳多个未成年人网吧的文化经营许可证。开展双随机执法检查20次。在节假日和重点时段开展专项整治行动11次：寒假期间专项整治，春节期间突击检查，娱乐场所专项整治，网络文化专项整治，涉赌牌类网络游戏专项整治，迷你歌咏亭专项整治，游戏游艺场所专项整治，文化市场扫黑除恶专项整治，暑期专项整治，大型商业综合体消防安全专项整治，中秋国庆期间专项整治。分级分类管理文化市场经营单位，把全市267家网吧和娱乐场所按A（优）、B（良）、C（差）分级。A类场所每月检查一次，B类场所二周检查一次，经常有违规行为的C类场所每周检查一次。在全市所有网吧安装“文网卫士”软件，通过软件平台监管网吧，实现文化市场管理信息化。转型升级全市网吧和KTV行业，改变单一经营模式，拉动中老年人文化娱乐消费，网吧拓展休闲、商务洽谈等功能，实现升级率100%，转型率85%以上。

开展“护苗”行动到社区农村活动，向广灵县斗泉九年制学校学校赠送图书500册，发放知识产权宣传小手册1000份，悬挂宣传条幅和海报。开展“清源”行动，在“两会”等节点，拉网式排查报刊亭和交通枢纽等环节。出动检查人员47人次，车辆12台次，检查旅游景点3处，报刊亭2处，印刷企业4家，打字复印店48家，图书经营单位21家。建立日常监管机制、案件查办、后续管理三项机制，过机检查进出境旅客的行李物品100%。“净网”行动实行部门联动，市“扫黄打非”办公室建立网上联席会议制度和工作通气会制度，监管全市124家新闻类网站，规范审查网易传媒发送的稿件。定期巡查省里分配的5819个备案网站，每月按时向省新闻出版广电局报送巡查台账。“固边”行动，在邮政行业开展非法出版物、禁限寄物品识别专项培训，把寄递渠道验视关，通过与经营单位签订《合法经营承诺书》，建立起安全保障。建立“扫黄打非”案件线索共享机制，确立重点案件5起，国家转办线索1起。整治非法卫视方面，全年出动执法人员1100余人次，发放宣传资料1万余份，张贴通告2000余份，张贴拆除告知书2000余份，拆除擅自安装的“卫星锅”60套，解决电话举报6次，现场帮助办理有线入户300余家。

按照《中华人民共和国广告法》《广播电视广告播出管理办法》，重点查处群众反映强烈的虚假医药广告，审查备案电视台播出的《名医堂》《健康方舟》《裴医堂·中医讲堂》。依法依规停播南郊区广播电视台FM100.8HZ和FM104HZ频点的自办节目；停播新荣区涉及FM98.1频点自办节目。启动大同广播电视台交通广播申报工作，国家广播电视总局、省新闻出版广电局于11月1日批复同意大同市广播电视台开办交通广播，停播3年的交通广播重新改版升级开播。（市文化局）

【知识产权宣传周】 2018年4月22日，大同市知识产权宣传周暨“绿书签行动”启动仪式在梁思成纪念馆内举行。该次活动由市文化（版权）局、市“扫黄打非”办公室主办。旨在宣传实施知识产权战略，加强版权保护对于创新驱动发展的支撑作用，在全社会营造“尊重知识、崇尚创新、诚信守法”氛围。活动于4月起在全市范围内开展，加强整治校园周边及出版物市场，开展走进社区、走进校园、走进媒体、走进景区等一系列活动，通过群众喜闻乐见形式，宣传知识产权，让广大群众自觉树立维权意识，从自身做起拒绝侵权盗版行为，以提高全民文化素质，共享和谐文化，参与举报各类侵权盗版违法违规行为。（蕙　兰）

非物质文化遗产

【概况】 2018年，大同市文化局组织开展大同市第四批非物质文化遗产项目代表性传承人的申报和评审工作，确定20人作为大同市第四批非物质文化遗产代表性传承人（具体见表）。推荐17名传承人参加省级传承人评审（具体见表）。

截至2018年年底，大同市有国家级非遗项目8项、省级非遗项目37项、市级非遗项目79项、国家级传承人6名、省级传承人35名、市级传承人99名。全年在摸底基础上，确定浑源县王庄堡镇、灵丘县红石塄乡是大同市乡村文化记忆工程试点单位。组织编写《大同市关于贯彻落实〈中国传统工艺振兴计划〉的实施意见》和《大同文化生态保护区规划纲要》并召开专家评审论证会论证。选取大同结艺、浑源烧酒制作技艺、广灵县巧娘宫手工编织等项目作为文化产业典型培养推广。（市文化局）

大同市第四批市级非物质文化遗产项目代表性传承人名单表

序号	项目代码	项目名称	申报地区或单位	传承人
1	VIII–21	大同砖雕	大同市巧工坊民间工艺文化有限公司	盛向东
2	VIII–24	大同面塑	大同市紫雁文化传媒有限公司	马文娟
3	VIII–13	大同鼓楼东街老火锅	大同市东尚餐饮有限责任公司	翟海兵
4	VIII–22	老大同八大件	老大同食品管理有限责任公司	赵　琦
5	VIII–23	大同粉条	大同市禄磊恒益商贸有限公司	张　成
6	IX–1	大同泉派中医	大同市龙源健康服务有限公司	李　亮
7	X–1	浑源县高窑村九曲黄河灯会	浑源县驼峰乡高窑村民委员会	傅　良
8	IV–3	灵丘县腰站秧歌	灵丘县人民文化馆	汪金环
9	IV–2	灵丘罗罗腔	灵丘县人民文化馆	安文国
10	IV–2	灵丘罗罗腔	灵丘县人民文化馆	李永香
11	IV–3	红石塄秧歌	灵丘县人民文化馆	周　芹
12	IV–3	红石塄秧歌	灵丘县人民文化馆	谢保国
13	VIII–4	广灵米醋酿造技艺	广灵县刘老大农副产品加工厂	刘建银
14	VIII–5	广灵八大碗制作技艺	广灵县钰祥婚庆餐饮有限公司	张仲福
15	VIII–6	广灵画眉驴肉制作技艺	大同三小李食品有限公司	李志银
16	X–1	广灵树花	广灵县文化馆	王应保
17	IV–7	广灵县八角地木偶戏	广灵县八角地木偶戏协会	邱政卿
18	Ⅱ–2	昊天鼓乐	云州区爱乐艺术团	郭有文
19	Ⅱ–1	鏊石赛戏	阳高县文化馆	柏春泉
20	Ⅷ–25	左云青砖烧制技艺	左云县林龙制砖有限责任公司	郑集春

大同市第五批省级非物质文化遗产项目代表性传承人推荐名单表

序号	项目编号	项目名称	申报地区或单位	传承人
1	VIII—159	大同结艺	大同市城区	杨雪飞
2	VIII—111	大同贺老人羊杂	大同市城区	贺秀娥
3	VIII—14	大同北魏贡酒	大同市城区	张同生
4	VIII	浑源烧酒制作技艺	浑源县恒山酿酒厂	于 梓
5	VIII	浑源正北芪加工技艺	浑源县黄芪合作协会	康 尧
6	X	北岳恒山祭祀活动	浑源县北岳恒山登山协会	张建德
7	IV	灵丘罗罗腔	灵丘县人民文化馆	李美生
8	VII–23	广灵内画	广灵县文化馆	张建宏
9	Ⅳ –7	广灵秧歌	广灵县文化馆	薛永利
10	Ⅳ –16	广灵县八角地木偶戏	广灵县木偶皮影协会	邱贵德
11	Ⅱ –2	晋北鼓吹	阳高县文化馆	滑 云
12	IV–1	晋剧	大同市晋剧院	孙岚岚
13	IV–1	晋剧	大同市晋剧院	李 蕊
14	IV–3	北路梆子	大同市北路梆子剧种传习中心	孟怀军
15	IV–3	北路梆子	大同市北路梆子剧种传习中	李 刚
16	IV–3	北路梆子	大同市北路梆子剧种传习中	刘文海
17	Ⅶ –8	大同折纸	大同市折纸艺术文化中心	于 芳

【省级和国家级专项保护资金申报】 2018年，大同市文化局组织大同结艺、贺老人羊杂、广灵八角地木偶戏3个项目和魏润平（北路梆子）、焦文忠（恒山道乐）、牛晓（浑源铸钟制作技艺）、田志贵（灵丘烧饼制作技艺）、郭世德（广灵秧歌）、安海云（广灵秧歌）、王兴利（广灵染色剪纸）、高清红（广灵染色剪纸）8个传承人，申报2018省级非物质文化遗产保护专项保护资金（市县部分）15.4万元；组织广灵剪纸、北路梆子2个国家级项目和王斌祥（耍孩儿）、薛瑞红（雁北耍孩儿）、李满山（恒山道乐）、范增（灵丘罗罗腔）、张彩平（北路梆子）、李安民（大同铜器）6个国家级传承人，申报2018国家非物质文化遗产保护专项资金（第二批）97万元。 （市文化局）

【日本考察团到广灵剪纸艺术博物馆参观】 2018年2月1日，日本东京国立博物馆主任研究员市元垄、九州国立博物馆主任研究员川村佳男、日本旭日公司协调员伊藤修一行到大同广灵剪纸艺术博物馆参观考察。此次考察是中国文物交流中心和日本东京国立博物馆、九州国立博物馆、NHk日本放送协会次年夏季举办“大三国展”收集和了解有关方面的剪纸情况。日本东京国立博物馆派员到广灵剪纸艺术博物馆考察前，是通过网络收集到广灵剪纸艺术博物馆藏品有《三国人物长卷》而来。考察团在广灵剪纸艺术博物馆考察团拍照和了解所涉及三国题材的广灵剪纸礼品册《关公故里》《京剧脸谱》和《五虎上将》关公系列剪纸，策划在次年“大三国展”中展出。 （鸩 梅）

【“文化与自然遗产日”系列活动】 2018年6月9日是中国“文化和自然遗产日”，大同市文化局在纯阳宫广场举行以“多彩非遗，美好生活”为主题的非物质文化遗产宣传活动，组织大同铜器、砖雕、大同结艺、剪纸等技艺类和耍孩儿等文艺类非物质文化遗产项目展示表演，悬挂宣传横幅、发放宣传资料、现场解答广大群众有关非物质文化遗产保护方面提问，宣传《中华人民共和国非物质文化遗产法》《山西省非物质文化遗产条例》等法律法规及非遗知识，并举行向有关单位和团体颁发大同市第五批非物质文化遗产项目牌匾仪式。

（市文化局）

【大同传统手工铜器注册商标】 2018年8月，大同“北岳王铜匠”商标通过国家知识产权局核准注册，大同传统手工铜器有了商标。“北岳王铜匠”商标是以文字为主的商标，商标中的文字是中国古老的小篆字体，图形沿用中国传统的篆章样式，包含朱文和白文两种形式。

大同传统手工铜器技艺人王友文、王永文兄弟多年来坚守大同传统铜器技艺，并不断传承和创新，克服许多工艺和技艺上难点，独创混铜工艺，营造出大同传统手工铜器独特美感，受到清华大学教授首肯。哥哥王友文被授予省级工艺美术大师称号，弟弟王永文被授予市级工艺美术大师称号。 （翠 松）

【张多堂获全国“十大神剪”和“天工金剪奖”】 2018年9月19日，第六届“神州风韵”全国剪纸邀请赛在浙江桐庐举行。邀请赛上，广灵剪纸代表性传承人张多堂受邀参赛。

张多堂是广灵剪纸创始家族第四代传人、国家级非物质文化遗产——广灵剪纸代表性传承人、中国广灵剪纸文化产业园区主任、中国广灵剪纸艺术博物馆馆长。他坚持“多形式、多品种、多题材”原则，剪纸题材由传统扩展到全国文物古迹、旅游景点、人物造型、四大名著、《清明上河图》《五牛图》等名画、书法等各个领域，使广灵剪纸在民间艺术中绽放出独特魅力。在第六届“神州风韵”全国剪纸邀请赛上，张多堂选送的剪纸艺术作品《古典名将系列》色彩鲜艳、造型生动、线条纤细、表现力传神、刀法细腻、用料与染色考究，在参赛的580幅作品中独特突出，经资格审查、现场评审，获这次大赛十大神剪金奖和全国剪纸竞技赛天工金剪奖。

（市文化局）

【第三届中国黑陶艺术展】 2018年9月20日至24日，由中国陶瓷工业协会主办，中国陶瓷工业协会黑陶艺术专业委员会、大同好运达广告装潢有限责任公司承办的第三届中国黑陶艺术展在大同市和阳美术馆举行。该届黑陶艺术展以“弘扬中华五千年文明，传承黑陶大工匠精神”为主题，设立黑陶艺术展区、黑陶和陶瓷艺术展卖区、黑陶技艺表演示范及观众体验区、特邀嘉宾作品区、泥石文化艺术产品展示区和休息区6大区域。全国13个省市40余位黑陶艺术家带来的300余件黑陶作品参展。艺术展活动内容包括在和阳美术馆举行的中国黑陶艺术精品展、黑陶工艺品现场展卖、非物质文化遗产黑陶手工技艺现场表演和在云州区吉家庄黑陶基地举行的大同新石器遗址吉家庄黑陶文化研讨会等。（市文化局）

【大同市传统工艺振兴工作站挂牌成立】 2018年10月31日，大同市传统工艺振兴工作站在广灵剪纸艺术博物馆挂牌成立。大同市传统手工艺发展面临瓶颈，成立工作站旨在提高大同市传统工艺传承实践水平和发展水平，让传统工艺从为当时生活而作，到为当代生活而作。该工作站根据现有条件，改善设计，改进材料，提高产品品质，制作为当代生活服务工艺产品，组织当地手艺人走出去学习，提升大同传统工艺发展水平。

（悠 菊）

文 物

文物管理

【文物安全管理】 2018年，大同市文物局开展冬春火灾防控、夏季消防安全检查、汛期安全检查、文物电气火灾综合治理、全市文物（博物馆）安全大检查等活动。与市消防支队联合召开全市博物馆和文物建筑消防安全工作约谈会，安全检查各级文保单位80余处次，排查重点文物保护区域、单位30余处次，隐患整改率100%。举办“晋陕豫蒙等七省市文物行政执法与安全管理研讨会”“2018年全市长城保护员暨文物安全培训会”“文物保护员暨文物安全培训会”等。夯实文物安全基础工作，发动社会志愿力量参与群防群治，完善文保单位自查、主管部门抽查、上级部门督察的安全检查机制，利用卫星遥感、无人机航拍等新技术开展主动监测等，提升文物保护防范专业化水平。在各类重大节假日期间，全市文物系统落实岗位责任制，执行昼夜领导在岗带班、工作人员在岗值班制度，确保文物及游客安全。推进消防技防设施建设，云冈石窟技防监测中心完工并开展试运行；关帝庙防雷工程完工并通过技术验收；纯阳宫、鼓楼、清真寺消防系统工程通过竣工验收。（钮 晗）

【文物行政执法】 2018年，大同市文物局加大文物安全巡查力度，执法巡查项目工地、道路改建区域，巡查全市各县（区）市级文物保护以上单位，开展大同古城文物建筑构件夜间安全巡查等，在长城执法巡查专项行动中，重点巡查7个县（区）258余千米长城易发、多发问题地段，普遍抽查一般段落，夯实长城保护管理基础。召开“大同市规范文物流通市场约谈会”，确保文物流通市场规范安全。全年查处6起文物违法案件100余万元。在国家文物局组织的“2017年度全国文物行政处罚案卷评查”中，市文物局提交的3件卷宗均入围决赛环节。（钮 晗）

【文物审批服务】 2018年，大同市文物局承接山西省文物局发放1项行政职权事项，报送涉及的三类服务事项，完善市级权责清单标准化建设和公共服务基础工作。开展证明事项清理工作，取消证明事项3项，修订3项。服务城市建设，全年办理30个建设项目文物许可，办结率100%。

（钮 晗）

文物保护修复

【概况】 2018年，大同市有不可移动文物3000余处，其中全国重点文物保护单位27处，省级重点文物保护单位52处，市级文物保护单位70处，县（区）级文物保护单位278处。可移动文物37048件套，计240768件。年内，市内文物景区（点）参观人数533万余人次，同比增长14.4%；门票收入13203万余元，同比增长7.6%。文物景区旅游“一卡通”发行3万余张。校对、修改《古都遗珍——大同市第一次全国可移动文物普查成果选粹》并于12月出版印刷。7月，人力资源社会保障部、国家文物局授予大同市文物局“全国文物系统先进集体”称号，成为山西省唯一获给称号的市级文物局。（钮 晗）

【文物保护利用项目建设】 2018年，大同市文物局建立文物保护利用精品项目建设库，纳入10个项目，落实项目“前期手续集中办理月”“项目集中开工月”相关要求，推进项目手续办理。府衙修复工程、古城东南隅民居修复工程、代王府复建工程、南小城基础抢险加固工程于4月10日前开工，开展北魏建筑遗址保护项目及部分博物馆类项目。制定《大同市文物局2018年城建工程工作方案》，明确各项工程任务目标要求、责任分解等。启动大同府衙修缮（复）工程，修缮工程总量25%。开展古城东南隅民居修复一期工程，修复总工程量92%。九龙壁周边环境整治工程可行性研究报告获批复，《九龙壁环境整治工程设计方案》通过国家文物局初审，修改方案报省政府，《九龙壁安全技术防范工程项目设计方案》编完并报省文物局。开展云州街北魏建筑遗址环境整治建设项目，建设总工程量80%。开展南小城维修加固工程，维修总工程量92%。大同市古城南城墙与西城墙内部空间改造工程项目立项获批复，并公示设计招标。开展代王府东西轴线修复工程，油饰彩画中轴线前导区棂星门、两个琉璃牌坊、城门楼、游客服务中心及票务中心，推进灯光亮化工程，基槽挖掘东西轴线 62%。启动博物馆类建设项目 5 处，其中城墙遗址博物馆竣工；灵丘县博物馆于 5 月开馆；古代雕塑艺术博物馆的辽金元民族融合文化展完成版式文字、展托等制作，占总工程量 70%；施工招投标红色记忆博物馆、铜造艺术博物馆、古代家具博物馆并深化设计方案。（钮 晗）

【地下文物保护】 2018 年，大同市文物局配合城市建设，文物勘探多个项目地块组织，勘探面积 150 万平方米，发现各时期古代墓葬 350 余座；抢救性发掘古城东北隅北魏遗址等，出土一批文物；配合城市道路建设抢救性发掘汉、北魏等时期墓葬 20 余座；监控城建和道路施工等项目，确保地下文物安全。发掘云州区李汪涧旧石器地点；组织考古发掘云州区吉家庄新石器遗址，出土大量陶器和生活用品；推进沙岭北魏壁画墓保护工程，隔水防渗和保护棚建设工程竣工。

（钮 晗）

【革命文物保护】 2018 年，大同市文物局落实中共中央办公厅、国务院办公厅《关于实施革命文物保护利用工程（2018—2022）的意见》文件精神，重新梳理全市革命文化资源，把能够纳入文物保护范围的应纳尽纳、应入尽入、应保尽保。梳理出 77 处不可移动革命文物，27 处未公布不可移动革命文物；推荐 17 处不可移动革命文物申报第六批省级文物保护单位。

（钮 晗）

【文保单位保护修缮】 2018 年，大同市立项浑源县李千庄龙王庙等 9 处抢险加固维修工程；报送山西省文物局《大同市云州区许堡堡址抢险加固工程立项的报告》等 3 个立项报告、《云冈石窟第 21 ~ 30 窟危岩体抢险加固工程设计方案的报告》等 10 个设计方案；批复阳高县县署旧址修缮工程设计方案等 14 项设计方案的意见；实施新荣区得胜堡堡墙抢险修缮、浑源县悬空寺油饰彩画工程等 35 项工程；实施涧西古民居建筑群（3 号院）维修工程等 15 项工程；验收左云县保安堡南寺保护修缮等 10 项工程。完善市级文物保护单位“四有”（有保护范围、有保护标志、有记录档案、有保管机构）档案，测绘 70 处市级文物保护单位的保护范围和建设控制地带坐标点，核查出具矿界范围内不可移动文物核查函 180 余份。推进第六批省级文物保护单位申报工作，相关申报文件及文本并报送省文物局。

（钮 晗）

【社会力量参与文物保护】 2018 年，大同市文物局推动社会力量参与文物建筑保护利用工作，认养协议签订阳高县乳头山龙王庙、神泉堡全神庙、平城区九仙庙等 15 个不可移动文物。推进社会力量参与博物馆创设，考察大泉山东方红博物馆、大同古陶瓷（标本）艺术博物馆、大同民族服饰文化艺术博物馆、大泉山东方红博物馆、魏都艺术博物馆、大同市家居文化艺术博物馆 6 家拟申请设立的非国有博物馆。起草《大同市促进非国有博物馆发展管理办法》。主办并参加山西省文物建筑认养北部片区推介会，向企业和个人推介拟推荐认养的文物建筑。参加“请城砖回家、为长城疗伤”活动启动仪式等，扩大全市社会力量参与文物保护影响力。5 月 18 日，大同市博物馆接受热心市民文物捐赠 258 件。（钮 晗）

【大同古牌匾座谈会】 2018 年，大同市老年书画家协会碑帖牌匾艺术研究委员会召集全市文化界学者专家 10 余人，交流探讨大同古牌匾的文化内蕴、艺术价值，及如何守住历史资源、传承文化财富，给大同文化建设与发展提供有益借鉴。

年内，市老年书画家协会部分专家组成古牌匾考察小组，用 5 个月时间，考察大同市 4 区 6 县地域北魏至清代的古牌匾。大同市存北魏至清代古牌匾 224 块，其中庙宇内古牌匾气韵雄放、神采飞动，城堡类古牌匾彰显大同军事要塞之威，摩崖类古牌匾榜书雄浑、博大宽阔，民居类古牌匾祝福送祥，展现民族融合名城气质，共同汇成古都大同一道特殊文化风景。座谈会上，与会专家品赏考察组收集上的大同古牌匾照片等，评价其中蕴含的文化艺术价值，并提出应把古牌匾列入重点保护范畴，建一座“大同古牌匾博物馆”，成为大同书法教育基地，研究大同古牌匾。（翠 松）

【古城保护与修复专题汇报会】 2018 年 9 月 18 日，大同市古城保护与修复专题汇报会召开，山西省委常委、大同市委书记张吉福，市委副书记、市长武宏文听取古城保护与修复进展情况的汇报。副市长尉连生，市平城区及市国土、住建、规划、文物、文化、旅发委等部门负责人参加会议。

会上，张吉福、武宏文听取《大同古城保护与修复实施计划（2018—2020）》专题汇报，并与参会人员围绕古城保护、修复等交流。结合古城保护与修复中存在的问题与不足，张吉福、武宏文强调，把古城作为推进大同市文旅振兴的主战场，以文化为引领，以古城的保护和发展为重点，构建文化品牌，建设文化项目，促进文化繁荣。在尊重历史基础上，通过建筑形态、文化要素和旅游要素集中展现古城风貌，挖掘老字号品牌、名人故居、历史古迹等，营造古都名城氛围。以特色建筑为载体，展示北魏要素、民俗文化及铜器、剪纸、面食等大同地方特色项目，最大限度地展现古城特有的文化属性。谋划打造“博物馆之城”，鼓励文创、演艺事业发展，形成点、线、片结合的多样旅游业态。善于学习借鉴其他地区成功建设、运营、管理模式，建立健全古城相关组织机构，完善基础设施，引入“活水”、规范经营，促进古城整体保护修复与开发。（翠 松）

【古城墙遗址陈列馆竣工】 2018 年 9 月，位于大同市西城墙清远南门南侧的大同古城墙遗址陈列馆竣工。大同古城墙遗址陈列馆由大同市城墙管理处负责建设，北京惊雷文化发展有限公司负责设计与施工，项目投资 625 万元，于上年 11 月开工建设。该馆分上下两部分，展陈总面积 1920 余平方米。上层利用 120 平方米的城墙望楼，通过城墙老照片再现大同城墙及城墙建筑物的历史风貌；下层展厅展陈面积 1800 余平方米，以北魏、辽金、明代城墙夯土遗迹为主线，城墙出土遗物为附线，采用模型和图文展板方式，展示大同城墙的城墙历史演变、修复历程、建筑结构及文化内涵等内容。（城墙管理处）

【大同新石器遗址吉家庄黑陶文化研讨会】 2018年9月22日，由中国陶瓷工业协会和大同市泥石文化有限责任公司主办的大同新石器遗址吉家庄黑陶文化研讨会在大同市云州区吉家庄黑陶基地举行。参会人员表示把大同黑陶文化作为一个专题引申研究很有必要，要传承传统黑陶艺术，推动大同市黑陶工艺的创新与发展。探讨如何挖掘吉家庄黑陶的历史文化价值，让黑陶工艺与大同市的文化内涵相结合，带动大同文化旅游产业发展，助力文旅振兴。（翠 松）

【文物数字化保护】 2018年，大同市文物局开展北京故宫北苑古建残件数字虚拟修复等数十项数字化保护项目，举办山西省文物局第一届文物数字化实操培训班。编制《山西省文物数字化工作五年规划》，《石窟寺文物三维数字化留存标准》通过山西省质监局答辩。青岛城市传媒广场“云冈第三窟3D打印原比例复制项目”被央视新闻联播报道。10月10日，云冈石窟研究院与浙江大学合作利用3D打印技术原大复制、世界最大的可移动第12窟“音乐窟”通过验收，以积木式拆装开创文化展陈品运输、安装途径。（钮 晗）

【千人徒步宣传保护长城】 2018年10月14日，大同市户外徒步俱乐部及公益团体长城爱好者1000余名，从左云保安堡出发至新荣助马堡，通过徒步行走12千米。该次活动是2018中国（大同）第三届长城文化季的系列活动之一，由市政府、中国长城学会、省长城保护研究会等单位主办，旨在通过实地走长城，让广大市民亲近长城、了解长城，增强保护长城的意识。大同市境内存古长城493千米，左云段长城43千米，新荣境内长城有109千米。徒步行走的长城段是外长城，烽燧连绵，墩台林立，行走中大家找寻美景、发现美景，用自己前行的脚步去丈量长城、感受长城，领略大同长城雄姿，增强保护长城意识。（翠 松）

【文物建筑认养北部片区推介会】 2018年10月19日，由山西省文物局、省工商业联合会主办的文物建筑认养北部片区推介会在大同市浑源县举行。大同、朔州、忻州、太原、吕梁、阳泉6市文物部门和工商联、部分企业家代表和社会爱心人士参加推介会。会上，6市文物部门就推荐认养的文物建筑向企业家和爱心人士作重点推介。

年内，大同市认养浑源县麻家大院、田应璜故居、王念祖旧址、新荣区八墩知青住所旧址等8处文物建筑。晋商联盟开展大同古城东北隅内12处古建筑认养前工作。省文物局和省工商联签署《推进文明守望工程合作框架协议》。省古建筑集团、浑源县锦瑞公司等10家企业和个人，与认养的10处文物建筑所有人签订认养协议。（翠 松）

【南小城（一期）工程竣工】 2018年11月，大同市南小城（一期）保护性基础抢险加固工程完工。南小城（一期）保护性墙体基础抢险加固工程是省、市两级资金配套的文物保护工程，由大同市城墙管理处负责建设，云冈石窟研究院和大同市古建筑文物保管所负责设计，辽宁有色基础有限公司负责施工，项目投资1754万元，于上年7月开工。工程沿原夯土墙体基础采用外包青砖等方式，抢险加固夯土墙体。工程实施后，排除原有夯土墙体存在的险情，保护现存夯土墙体的原有风貌。（城墙管理处）

文物宣传与产品开发

【文创产品开发】 2018年，大同市文物局拓展文创产品开发。云冈石窟研究院与吉林卡戳文创意品有限责任公司合作成立云冈石窟文化卡戳艺术馆，依托云冈文化内涵，设计制作文创产品10余种并于国庆期间开放运营。大同市博物馆挖掘馆藏IP资源准备品牌建设，开展《西京印记》外展配套文创产品设计研发，再设计魁星形象等。辽金文化艺术博物院结合华严寺景区特色及游客需求，开发合掌露齿普萨3D水晶内雕、《金碑》字帖等文创产品，获大同市旅游商品创意大赛铜奖、优秀创意奖。（钮 晗）

【文物景区（点）免费开放】 2018年，大同市文物局为推动文物保护成果惠及人民群众，推动文物景区（点）免费开放工作。5月1日起，向中外游客免费开放善化寺、九龙壁和鼓楼3大古城文物景区。免费前善化寺门票每人50元，九龙壁和鼓楼门票每人各10元。截至2018年年底，大同古城内除华严寺外，其他文物景区都免费开放。（钮 晗）

【文物宣传活动】 2018年，大同市文物局在“5·18”国际博物馆日、“6·10”文化和自然遗产日等节点，利用全市文物资源，组织开展以展览咨询、网媒互动、主题宣传、“进校园、

▲修复完成后的南小城夯土墙体 （城墙管理处 供图）

文化

进社区、进军营、进警营”、免费讲解、互动参与等一系列宣传活动。在中国雕塑博物馆举办“2018 首届中国青少年雕塑大展”“2018 曾竹韶雕塑艺术奖学金全国优秀毕业生雕塑作品展”“不同·2018 中国（大同）雕塑双年展”3 大雕塑展览。各文物景区（点）加大宣传力度，全年举办各类宣传文化活动 160 余场，其中文庙国学讲堂举办 34 期、大同文庙少儿中医班讲座 48 期，发挥文物资源的社会教育和公共服务功能。培养青少年对文物保护的兴趣和爱好，大同市博物馆开展馆内外社教活动230余场次，魁星文化博物馆等分馆组织开展儿童互动活动 70 余场次；府文庙帝君庙文管所接各大学校、幼儿园、小记者等团体性游园活动 30 余场，举办开笔礼活动 10 场，组织学生写生活动 10 余场；中国雕塑博物馆与大同市特殊教育学校合作开展主题活动，大同市文物局、云冈石窟研究院与大同大学签订战略合作协议。（钮 晗）

【大同长城学会阳高分会挂牌】 2018 年 6 月 16 日，大同长城学会阳高分会挂牌，这是大同长城学会首家挂牌的县（区）分会。郭海当选首届阳高长城分会会长，分会设秘书长、副会长等职，组成人员都是多年来热爱长城、宣传长城和为保护长城奉献的人士。成立县（区）分会，旨在弘扬长城精神，保护长城这一世界文化遗产，调动各方面因素，宣传长城、保护长城、研究长城、开发长城。

（翠 松）

考古发掘

【大同发现北魏寺庙遗址】 2018 年 3 月 19 日，大同市文物局考古研究所在大同古城东北隅一工地发现北魏遗址，经过发掘发现大量北魏时期的筒瓦、板瓦及泥塑造型残块。该遗址是上年冬市文物监察大队在日常巡查中发现的，有北魏时期的建筑构件的残片及夯土痕迹，疑似北魏遗址，由于天气寒冷未发掘。3 月 19 日市文物局考古研究所布设探方，按照地层堆积，逐步自上而下清理，考古人员开 20 个 5 米 ×5 米探方，探方西部揭露的夯土面积较大，被近现代人为扰动严重，东部没有发现夯土痕迹，回填物多为近现代垃圾，考古人员向南向西寻找夯土边缘。从遗址情况及出土遗物看，该遗址初步判断是北魏寺庙遗址。该遗址的地理位置，距离北魏一号皇宫遗址和北魏粮仓遗址直线距离约 1 千米。据文献记载，在皇宫外围，建有很多北魏皇家寺院，该处遗址有可能是皇家寺院，但有待进一步发掘考证。（蕙 兰）

【大同发现北魏夫妻合葬石椁墓】 2018 年 4 月初，大同市文物局考古所在大同市南郊区沙岭建材市场东发现 13 座北魏墓。在这一墓葬群中，有砖石墓 1 座，土洞墓 11 座，在墓葬群中间位置有 1 座保存完整的石椁墓，该石椁墓有前廊后室，廊柱为八棱形，上部承接一斗三升斗拱，后室棺床上放置人骨。男性位于南侧，女性位于北侧，是仰身直肢，头部位置有石灰枕痕迹。椁室内西南角随葬有陶罐 2 个。石椁的斗拱和三角梁上有部分编号，墓室西南角有腐朽的木桌，木桌上有漆器和兽骨。墓室石门有轴，石门外西侧有石灯。未发现壁画和文字记载。专家推断，这应该是夫妻合葬墓，从墓葬形制和随葬的陶制品看，是北魏墓葬，专家后期开展绘图、拍照，并整理研究该墓葬等工作。此石椁墓发现，对研究北魏建筑形制、丧葬习俗有重要学术价值。（蕙 兰）

【大同发现明洪武城砖】 2018 年 4 月，大同市文物局文物监察大队在文物安全巡查时，在大同古城内发现 100 余块明代洪武时期的城砖，一些城砖上有“洪武四年”“官□”“官造”和“官自造”款印文。这些洪武四年城砖的发现，说明明代大同城池的修筑，最迟应在洪武四年就规划筹建，城砖的烧制也同时进行。巡查人员在古城内发现的这批城砖大部分砖面上均模印文字。这些砖形制是长方形青灰色条砖，长 39 ~ 42 厘米、宽 20 ~ 21 厘米、厚 10.5 ~ 12 厘米，重量 17.8 ~ 19.5 公斤，多数是洪武五年砖，有一些是洪武四年砖。（蕙 兰）

【大同发现李汪涧遗址】 2018 年 7 月至 9 月，大同市泥河湾旧石器联合考古队在市云州区瓜园乡李汪涧村南发现并发掘李汪涧遗址，发掘面积 150 平方米，发掘深度 16 米，发现遗物 1870 件。其中，石制品 1089 件，动物化石 781 件。石制品类型包括：石核、石片、断块、断片、砾石、砾石块、刮削器、尖状器、凹缺刮器、砍砸器。石料初步鉴定有 9 类，其中石英占主导地位，其余依次是气孔状火山熔岩、石英砂岩、砂岩、灰岩、石英岩、燧石、蛇纹大理岩、玛瑙。动物化石中肢骨化石有 516 件，牙化石有 218 件，以牛和马为主，还发现少量的犀牛牙齿、螺壳、蚌壳。经初步测试，李汪涧遗址距今约 6 万年，

▲大同发现李汪涧遗址。图为发掘现场　　（戎禹仁 摄）

属于晚更新世中晚期，是旧石器时代中到晚期的过渡阶段，是现代人类起源的重要节点。该遗址的发现，给泥河湾盆地旧石器考古添加新材料，给构建“大泥河湾”旧石器文化的整体面貌提供重要线索。（翠 松）

文学艺术

文 学

【市作协选举产生第四届主席团】 2018年1月20日，大同市作协第四届会员代表大会举行，选举产生第四届主席团。选举产生的市作协主席团以新锐作家为主体，任勇当选第四届市作协主席，作家王祥夫担任名誉主席，张瑞林、阎桂花等15人当选副主席，周智海当选秘书长。（鸫 梅）

【左世海被授予“中国闪小说十大新锐作家”称号】 2018年1月，由中国寓言文学研究会闪小说专业委员会组织举办的“2017年度中国闪小说十大新锐作家”评选揭晓，大同市作家左世海上榜。

评选活动由海内外作家、报刊编辑组成评委会，综合考量参评作家上年度的作品发表、获奖、出版等方面情况，分别独立提名推荐10位，以得票多少排序，取前10名表彰。大同市作家左世海成为山西省唯一获该称号的闪小说作家。左世海在国内外发表上千篇文学作品，部分作品被改编成微电影，收入全国高考统一模拟试卷等。上年他在《小说月刊》《微型小说月报》《微型小说选刊》《民间故事选刊》《特别关注》《羊城晚报》等发表闪小说80余篇（次）。（鸫 梅）

【元宵节名家诵大同诗歌朗诵会】 2018年2月27日，由大同市委、市政府主办，市委宣传部、市文化局、市文旅集团承办，大同大学、大同广播电视台、大同教育电视台、大同一职中协办的“大同，我心中的城——2018元宵节名家诵大同诗歌朗诵会”在大同大学本真楼举行。市委副书记刘振国，市委常委、统战部部长黄岑丽，市委常委、秘书长薛明耀，市人大常委会副主任张忠义、王淑琴等观看演出。上年大同文旅集团向全国26个省、自治区、直辖市征集吟诵和赞美大同的诗歌、散文1000余篇，朗诵会挑选其中10首描写大同的诗歌散文《天下大同》《满江红》《大风歌》《大同，一座让人无法忘怀的城》《风吹大同》《大同》等和4首演唱大同的原创歌曲《中国古都》《大同人民欢迎您》《大同记忆》《祝福》，由朗诵艺术家殷之光、陈铎、张宏，诗人非也，歌唱家聂建华、蒙古族青年歌唱家乌仁其木格、青年歌唱家王相周等演绎，大同当地朗诵家张俊英、刘畅、冯伟等同台献艺，展示朗诵艺术才华，大同一职中、翔龙艺术团等的表演者也参与演出。（市文化局）

【大同市作协戊戌中秋诗会】 2018年9月25日，“明月照古都，清辉满平城”大同市作协戊戌中秋诗会在南城墙“登城茶楼”举行，大同市众多诗人、作家、艺术家参加。诗会上，顾寒君朗诵古诗《美女篇》，庞善强、石囡、庞晓昆等朗诵原创诗歌《明月啊 我不忍回眸》《拓跋》《平城秋夜》等，与会作家们上台或吟或咏，朗诵《将进酒》《明月几时有》等名家名篇。大同古琴演奏家于晋和她的学生于慧芬演奏《良宵引》《酒旷》，庞善强表演口琴独奏，大同朗诵家安亚平朗诵他的新作《昙曜》等给戊戌中秋诗会助兴。（悠 菊）

【第九届中华经典诵读赛】 2018年10月，由大同市文化局、市教育局主办，市心连心艺术团承办的大同市第九届中华经典诵读大赛在市图书馆报告厅举行。全市各中小学校及幼儿园、培训机构参加。

9月起，市心连心艺术团开展全市中小学诵读中华经典美文报名及选拔活动。大赛分幼儿、小学、初中、高中4个组别。比赛中，学生们以诵读、吟诵为主，通过舞蹈、曲艺、诗歌、情景剧、传唱等形式，集体诵读表演《论语》《三字经》、唐诗、宋词等，展示大同市中小学生内心世界和精神风貌，在潜移默化中了解中华民族灿烂文化，提高思想修养，传承传统美德。经过比赛，最终姬红表演基地获中学组一等奖；玉言主持表演艺术中心、百艺同声艺术教育、心连心艺术培训基地等获小学组一等奖；朗博幼儿园、鹏程幼儿园获幼儿组一等奖。（悠 菊）

【大同参赛选手在第三届葛兰诵读文化季全国总决赛中获奖】 2018年10月13日，第三届葛兰诵读文化季全国总决赛暨优秀作品展演在北京中华女子学院举行。经过比赛，大同市11名选手作为大同赛区代表，在不同组别的比赛中获5个一等奖、3个二等奖、3个三等奖。

第三届葛兰诵读文化季大同地区选拔赛由大同市教育局、大同日报传媒集团、葛兰诵读文化季大同基地“萍萍星语”语言艺术教育中心承办。全市2100余名诵读爱好者报名参赛。经过初赛、复赛、决赛，最终选出11名优秀朗诵者参加在北京举行的总决赛。有80余个地区的600余名选手参加全国总决赛。全国总决赛分小学低年级组、小学高年级组、初级中学组、高级中学组、大学组、教师组和网络组7个组别，同时进行比赛。由20位专家学者组成的评审组，就选手的题材选择、语音规范等方面给选手评分，现场评选出各组一、二、三等奖、优秀奖和葛兰奖。最终，大同市小低组李昊阳、翟梓亦获二等奖，师誉珈获三等奖；小高组岑佳璇、袁华帆、谢冬阳获一等奖；初中组李宗凯获一等奖，王栋轩获二等奖；高中组安芝馨获一等奖，白龙霄海获三等奖；教师组徐彦青获三等奖。（悠 菊）

【王祥夫《一粒微尘》入选2018年度中国小说排行榜】 2018年12月23日，由中国小说学会主办的2018年度中国小说排行榜揭晓，有6部长篇、10部中篇、10部短篇小说入选。其中，大同市作家王祥夫创作的《一粒微尘》入选中篇小说榜。

王祥夫创作的《一粒微尘》6.3万字，原发表于《山花》，被《小说选刊》转载，被人民文学出版社2018中国中篇小说选选入。小说记叙主人公李书琴在“文化大革命”时期那个似乎“并不真实”且动荡的年代里，她其实就是一粒微尘，为保全孩子做出一个女人并不想做出的一切，如为不再连累家庭，不得不与心爱的丈夫王重生离婚。但纵然有着种种的算计甚至是抗争，李书琴仍然经历重重苦难，好在她还像一粒微尘一样活着。作品通过人物命运的凄凉与曲折，透过历史长卷式的心灵史展示，让人们看到那个不曾远去的年代。（悠 菊）

美术（书法）

【市书协换届选举】 2018年1月3日，大同市书法家协会第六次代表大会召开。大会回顾总结历届市书协工作，完成书协换届工作的各项议程，选举产生市书协新一届领导机构，杜鹃华当选新一届市书法家协会主席，李渊涛、张谟等19人当选新一届副主席，张文涛当选秘书长。（鸩 梅）

【全市少儿迎春书画展颁奖】 2018年初，“童星闪耀闹新春”2018全市少儿迎春书画展颁奖晚会在大同市图书馆举行。颁奖晚会由市文化局、市教育局等主办，市图书馆、市心连心艺术团承办，晚会节目有萌娃表演的动感舞蹈、音诗画、武术表演等。颁奖晚会上，460位少儿获纪念奖证书和奖章。

2018全市少儿迎春书画展自上年10月作品征集活动开始以来，历经选拔，从1000余件作品中选出特色书画作品460幅参加展览。这届书画展以拓宽大同市少儿艺术知识为目标，以培养少儿艺术气质为先导，以提高少儿综合艺术素质为前提，给大同广大少年儿童打开艺术之门铺设通道。（鸩 梅）

【《王世奇画集》出版】 2018年1月，《王世奇画集》由北岳文艺出版社出版，画集内收录王世奇72幅山水画作及其谈文论艺的随笔。集中展现他秉承的绘画天赋和勤研中国画的艺术功力，及其内心对文化艺术的赤诚与情怀。

王世奇，1977年出生于大同市，2012年就读于中国国家画院国画高研班，是吴悦石入室弟子，现任大同市青年书法家协会副主席、云冈画院副院长、大同香文化研究会会长。作为自学成才的画家，王世奇的画作颇具中国传统文人画之风，笔下山水空灵而有禅意，意境深邃而高远，后王世奇拜中国画坛领军人物、画家吴悦石为师。（鸩 梅）

【刘记武师生书画印联展】 2018年1月1日至5日，大同市篆刻艺术研究院主办的刘记武师生书画印联展举行。展览展出刘记武及其学员的书法、国画与篆刻作品60余幅，展示出公益培训学堂开展公益培训3年来取得的成果。刘记武，大同市书法家，省书协会员。在书法造诣上擅长各类字体，尤其精于行书、楷书。其书法作品2004年获“炎帝文化碑林征稿”二等奖，2006年入展山西省第七届书法篆刻展，2008年获“第三届洪洞大槐树国际书画艺术展”优秀奖和“金海洋杯首届晋北地区电视书法大奖赛”二等奖，并入展“西泠百年”全国书法展；其篆刻作品入展1998年山西省首届和2004年第六届篆刻艺术展，2003年入展“三晋印风展”。（鸩 梅）

【“忻东旺的艺术人生”特展】 2018年1月20日至3月11日，“回乡——忻东旺的艺术人生”特展在山西博物院展出，展出从大同走出去的全国艺术家忻东旺生前创作的油画、水彩素描、炕围画、玻璃画等110余件，搭建1处了解与怀念忻东旺的艺术空间。

忻东旺（1963—2014），祖籍河北省康保县，清华大学美术学院教授，中国当代艺术家与教育家，他以质朴而具有个性的写实手法，创造出一个生活在21世纪前后中国大发展、大变革时代下，社会普通民众的艺术世界。“回乡——忻东旺的艺术人生”特展分“人间故土”“时代肖像”“意象表达”3个部分，通过对艺术家生命历程的回溯，把他的生命历程、创作成果和艺术精神分享给众人。他的作品多描绘社会大众的平凡生活，代表作有《诚城》《早点》《消夏》《装修》等，以西方油画的绘画技法，展现着中国当代的文化风貌，凝聚着人文关怀。（蕙 兰）

【首届中国动物画名家邀请展】 2018年2月4日至3月4日，由大同市文化局、市子谋文化传媒有限公司主办的首届中国动物画名家邀请展在明堂公园北朝艺术博物馆举行。展览展出黄喜荣、肖伟、张秀萍、陈东山、于艳华、郑宏光、宋健华、曲展、刘备战、李静文10位来自全国各地动物画家的115幅作品。

参展画家中，每个人都有自己擅长表现的动物，猛虎、灰狼、灵猴、黄狗、骏马、雄鸡、吉羊等。展出的动物画作风格多样、形式丰富，既有大写意、小写意，也有工笔画。当代大写意国画家黄喜荣创作的《戊戌大吉》《大富贵有期》等，用对比强烈的水墨、夸张的造型表现充满情趣的动物。清华大学美术学院培训中心书画高研班创作课程导师肖伟笔下的灰狼和黄狗栩栩如生。大同市以画羊著称的工笔画家张秀萍和90后花鸟画画家李静文的作品也参展，张秀萍展出的《三羊开泰》和《慈瑞》中的群羊温顺可爱，李静文的《春报和平》曾入展“丹青扬州全国中国画作品展”。（鸩 梅）

【首届女子画展】 2018年3月8日，由大同市委宣传部、民盟大同市委、市妇联、市文联主办，市美术协会、市女画家协会、御河文苑、大同市瑞诚文化传媒有限公司承办的首届女子画展开展。首届女子画展主题为“巾帼心向党建功新时代”，展出书画作品100余幅。作品内容丰富，女子书画爱好者们用笔墨描绘大同市的风土人情、秀丽山川，抒写艺术追求和美好生活向往，展现大同市各界妇女热爱大同、服务社会的情怀及勤奋敬业、顽强拼搏的进取精神。（蕙 兰）

【王可伟油画艺术展】 2018年4月15日至5月14日，由大同市文学艺术界联合会、云冈石窟研究院、市美术家协会联合主办的“思接千古 传承文明——王可伟油画艺术展”在云冈美术馆展出。展览汇集王可伟40余幅古典题材油画精品，以油画艺术表达中华历史题材，分4个主题“大唐主题”“三国主题”“将军骑射主题”“兵车行主题”，使观众理解中华文明博大精深，弘扬优秀中华传统文化精神，传承中国文化艺术精髓。

王可伟，1950年出生，北京人。油画家、连环画家，中国美术家协会会员，解放军国防大学书画院特聘研究员，曾任人民美术出版社连环画报编辑部美术编辑，后任教于中国人民大学徐悲鸿艺术学院。代表作品有《珍珠港事件始末记》《莱特湾大海战》《兵车行》《打马球》《国殇》《角共鸣》《将军猎》《武圣关公》等。（蕙 兰）

【“乌大张”三地书画联展】 2018年4月23日至27日，由大同市委、市政府主办，市委宣传部、市文化局承办，市图书馆、市群众艺术馆协办的“翰墨丹青金三角”乌大张三地书画联展在市图书馆举行。展览展出由乌兰察布、大同、张家口三地书画家创作的150余幅书画作品，分为书法、国画、油画三类，以山水、花鸟、动物、人物为主。包括乌兰察布书画家郑山麓、王利军等、大同书画家胡金来、薛守荣和张家口书画家朱军山、苗再新等人的作品。（市文化局）

【北方三部曲杨俊芳画展】 2018年4月28日至5月7日，北方三部曲杨俊芳画展在大同大学美术学院善美展厅内举行。该画展由大同大学主办，大同大学美术学院承办，是大同大学第十二届校园文化艺术节的一项内容。画展展出杨俊芳的绘画作品近200幅，分3个板块，第一板块《北方风物》，展出国画工笔和国画写意作品，大部分是大同周边写生作品，包括长城古堡、塞北乡野、老村记忆、御东新貌等系列；第二板块《大地之上》，主要展出油画作品，包括人物写生系列、古都新建系列和北方天空系列；第三板块《古代艺术巡礼》展出部分北魏辽金古代壁画、雕塑的临摹和线描作品，解读晋北佛教造像艺术形象化。

杨俊芳，大同大学美术学院理论教研室主任，硕士研究生，省美术家协会会员，省作协会员，市诗歌研究会副会长，曾出版美术考古学专著《大同佛教造像研究》、散文集《五色》、诗集《此城》。20余年来，她创作大量表现北方大地风物的绘画作品，并多次参加国家、省市展览获奖。（悠 菊）

【刘大川个人书法展】 2018年4月30日至5月20日，由大同市书法家协会、大同大学书法艺术研究所、大同大学美术学院主办的“不负春光”——刘大川个人书法展在市魏碑研究院展出。展览展出刘大川个人书法作品30余幅，作品以楷书和行书为主，楷书有借鉴魏碑《张猛龙碑》的大楷作品，有融合《大字阴符经》与元氏墓志的小字作品。行草融学二王、米苏。刘大川是大同大学书法教师，他的作品10余次入展中书协举办的全国书法展。（悠 菊）

【艺校美术教师作品展】 2018年5月25日至31日，“讴歌新时代描绘新大同”大同市文化艺术学校美术教师作品展在北城墙中国雕塑博物馆举行。展览由市委宣传部、市文化局、市文物局、市文联主办，市文化艺术学校、中国雕塑博物馆、市美术家协会承办，旨在通过艺校教师创作的书画作品，讴歌新时代，赞美大同发展新气象，展示大同人新风貌。郭培俊、任永生、王晨、王如英、李美英、陈丽芳、赵泽宗、贾波、牛小平、冀昌福、杨建春、李美琴12位艺校美术教师的作品参展。这些作品有油画、国画、水彩画、工笔画及装饰艺术作品等。（悠 菊）

【大同籍画家精品展】 2018年6月8日至7月8日，由大同市文化局主办的“不忘初心”大同籍画家精品展在北朝艺术博物馆举行。画展展出16位在北京发展的大同籍画家作品100余幅。参展的画家有王飞、王保才、康美等人。王飞是中国宋庄艺术根据地创始人之一，他展出的作品有《雪中情》等国画系列作品；王保才是市美术家协会副主席，从事山水画创作与研究，他的作品有《历史的记忆》等；康美以油画著称，他的油画《晋北风》带着黄土高原气息。参展画家们用手中画笔把家乡美景用山水画、油画等形式呈现，表达出对家乡的热爱与赞美之情。（悠 菊）

【“画家心向党·喜迎七一展风采”书画作品展】 2018年7月1日，为庆祝中国共产党成立97周年暨改革开放40周年，“画家心向党·喜迎七一展风采”书画作品展在御河生态林御河文苑展厅内举行，来自全省的9位国内画家作品参加展览。同时“大同市御河生态林御河文苑写生创作基地”挂牌。这次书画展由市委宣传部、市御河生态林管理处主办，御河文苑、省八一书画协会、金兰圃书画院承办，市文联、市美协、市女画家协会协办。由省美协副主席刘贵忠携省内书画家刘志杰、刘福兴、吴跃祥、燕贵锁、任躍宏、李悦、李维亮等参展，展出作品50幅，作品有山水画卷、花鸟人物书法作品等。现场，书画家们进行交流笔会。（悠 菊）

【《梦回大同府》画卷】 2018年8月初，大同民俗专家赵佃玺创作完成以《梦回大同府》为题的3米长画卷，反映新中国成立初期的老大同生活场景。《梦回大同府》画卷长3米、高80厘米，是赵佃玺凭借儿时的记忆及收藏的历史图片、文字资料，以大同古城内四大街上有名的店铺、剧院、名胜古迹为基本框架，通过100余个人物及不同行业人物的“工作状态”场景，如挑着担子剃头的剃头匠、娶亲队伍中的吹鼓手、挑着担子卖菜的小贩等，把当时老大同生活的场景展示出来。

大同民俗专家赵佃玺76岁，是一位有“大同情结”老大同人。他从15岁起撰写老大同故事，至2018年出版《老大同故事》书籍、在报纸杂志上发表老大同故事文章六七百万字。（悠 菊）

【中国国家画院研究员文献展暨作品巡展】 2018年8月8日至9月8日，由中国国家画院主办，云冈石窟研究院和中国国家画院雕塑院承办的“写意中国——2018中国国家画院研究员文献展暨作品巡展”在云冈美术馆展出。展览展出来自中国国家画院的17位雕塑研究员的27件作品及各自文献资料，浓缩中国雕塑界老中青三代雕塑艺术家们最近或最重要的10年间创作成果，他们的创作风格各异，反映出作者在各自的艺术探索中做出的努力与成果。展出的雕塑作品以艺术语言和象征意味，让观众在作品观赏中领悟“写意中国”精神。文献资料主要是汇集艺术家们的活动、工作照等，让观众了解艺术家们的艺术脚印。（悠菊）

【首届中国青少年雕塑展】 2018年8月10日至9月10日，首届中国青少年雕塑大展在大同市北城墙中国雕塑博物馆展出。该届雕塑展由中央美术学院、中国美术家协会雕塑艺委会、大同市政府主办，中央美术学院雕塑系、大同市文物局、中国雕塑博物馆、大同日报社承办。从3月起征集作品，收到来自国内外87个城市和地区2987人的参展作品6869件（组），经过遴选有424位作者的475件（组）作品入围。最终评出60位作者的优秀作品，并从中评出最佳制作奖、最佳造型奖、最佳创意奖等27位进行展览。展览作品有清洗大楼的“蜘蛛侠”、骑行的外卖小哥、造型独特的洪荒巨兽、呆萌的各种小动物等，还有小酒一酌诗经一曲、生命、洗脚等雕塑作品。（悠菊）

【第二届少儿书画大赛展】 2018年8月20日至29日，由大同市美术家协会主办的大同市第二届少儿书画大赛展在市图书馆开展，展出500余幅少儿书画作品。该次书画大赛3月启动，初赛收到参展作品8300余幅，作者最小的4岁，最大的15岁。经过评审，评出美术类一等奖1名、二等奖3名、三等奖5名，书法类一等奖1名、二等奖2名、三等奖3名。（赵新萍）

【北兰亭大同书院成立】 2018年8月，北兰亭大同书院在大同潘家园内揭牌成立。北兰亭大同书院是北京北兰亭艺术中心设立在大同的分支机构。北兰亭是书法家、书法教育家张旭光和书画家乙庄夫妇及同仁创办的集书法创作、交流、展览、学习及多种艺术形式相融合的艺术场所。北兰亭大同书院主要职能是：“普及书法教育，推动书法创作；联谊书界贤士，服务书家书坛；深入国学陶养，热心公益善缘。”书院聘请6名书法家、诗词专家为特邀研究员，并建立运行机制，给书院培养人才奠定基础。（悠菊）

【首届中国雕刻技艺赛】 2018年9月11日至18日，首届中国雕刻技艺大赛在大同市和阳美术馆举行，全国各地的30位雕刻大师参赛。这次大赛由中国民族民间工艺美术家协会、大同市政府、山西中华文化促进会、山西省民间工艺美术家协会主办，旨在给雕刻艺术家提供展示技艺的平台，让更多人了解雕刻艺术创作过程，带动大同民族民间工艺美术产业发展。大赛收到来自山西、福建、广东、浙江、江西、河北、北京等14个省市的189人报名参赛，经过筛选，最终30名选手进入比赛。参赛者采用竹、木、玉、石、根、骨等材质雕刻，不少人雕刻的作品与大同有关，有展现云冈的《西风烈》《云冈大佛》，有表现城市面貌的《大美大同》等。最终大赛评出特别金奖1名、金奖2名、银奖2名、铜奖5名，获特别金奖的授予“中国传统工艺美术大师（雕刻技艺）”证书。（悠菊）

【“曾竹韶雕塑艺术奖学金”优秀作品展】 2018年9月15日至10月15日，“曾竹韶雕塑艺术奖学金”优秀毕业生雕塑作品展在大同市北城墙中国雕塑博物馆展出。展览由中央美术学院、中国美术家协会雕塑艺委会、中国雕塑学会、大同市人民政府共同主办。曾竹韶雕塑艺术奖学金作品展是在业内有学术水准的权威性展览。2018年是该项展览举办的第11年，也是大同市连续第8年举办。

这次展览有包括中央美术学院、中国美术学院、清华大学美术学院等20所学校的123名毕业生参加，参展作品350件（组）。参展作品有《原物系列》《行者且赶路》《我闻我不闻》《物变》《3000目》《山海》《生命之花》《有人问我关于自由的问题》《集异（艺）记杂货铺》《石膏系列——墨韵》《惊梦集》《吃鸡！》《呵呵呵》《物》《肖像系列》《荒诞剧场》《谜·城》《曾经·记得·离开》等，造型语言丰富，展现传统技法，结合声、光、电等现代技术，及影像、装置等手法，在传统与创新之间找到契合点，增强语言表达的形式多样性。展览开幕现场，还给“曾竹韶雕塑艺术奖学金”曾竹韶奖5位获得者及20位提名奖获得者颁奖。（悠菊）

【大国工匠文化论坛】 2018年9月21日，由中国民间民族工艺美术家协会、大同市人民政府、山西中华文化促进会、山西省民间工艺美术家协会、大同市传统工艺美术保护与发展协会主办，大同市文化局协办的大国工匠文化论坛在大同市举行。论坛以“弘扬中华文化传承工匠精神”为主题，来自全国各地的工艺美术大师和非遗传承人100余人参加。

▲ 2018年9月15日，“曾竹韶雕塑艺术奖学金”优秀毕业生雕塑作品展在大同市北城墙中国雕塑博物馆展出（张湛滨 摄）

会上，中国民族民间工艺美术家协会副会长、山西省民间工艺美术家协会主席洪慧平、中国工艺美术大师梁中秀、黄文寿，中国晋绣坊董事长贺志坚等围绕“共享工艺、共谋发展”做主题演讲，并探讨工艺美术与现代文创产业发展趋势。梁中秀等认为，工匠创作应该向艺术家标准看齐，要懂得美学东西，更要精益求精，作品要有自己特色，以提高民族民间工艺美术的艺术品质，设计制作出更多有特色的工艺美术品。洪慧平以大同众多参展的工艺美术品为例，认为大同工艺美术品应该走精品收藏路线，利用工艺美术这个中华优秀文化载体，在创意设计上突出时代特点，赋予中华优秀传统文化内涵，以文化为灵魂设计出更多民族民间工艺美术的工艺品。众多参会人一致认为，工艺美术是一个时代文化符号，是集传承、审美、实用为一体，工艺美术大师应以市场为导向，创作出有艺术观赏性，有生活实用性的民族民间工艺美术品，助力文旅产业发展。（市文化局）

【府文庙举办少儿美术作品展】 2018年国庆长假期间，第三届大同市府文庙“童年时光”——右玉写生作品少儿美术作品展在明伦堂东配殿展出。展览是府文庙与大同校外少儿美术工作室共同举办的公益项目，主题为“童年时光”，旨在丰富少年儿童国庆长假生活，给孩子们提供一个展示才艺的平台。展出展现孩童眼中纯真世界的作品100余幅。展览现场，很多小作者和家长一同在场，孩子们向观众介绍自己作品的内容与创意，还有孩子拿出纸笔现场绘画，回馈游客的询问。（悠 菊）

【水墨金章——2018魏广君中国书画展览】 2018年10月13日至18日，“水墨金章——2018魏广君中国书画展览”在中国雕塑博物馆举办。展览主要展出魏广君2013—2015年的《广君高兴》系列作品81幅及同时期的《扇面》系列作品23幅。其中《广君高兴》系列多是诗书画印一体作品，多幅《以神媚道图》诠释其绘画思想。魏广君是在中国传统文化系统中成长起来的艺术家，他精通书法、绘画、篆刻，兼攻绘画史论。（悠 菊）

【九九重阳拓片展】 2018年10月17日至23日，由大同市文化局、市文联、市书法家协会主办，大同潘家园文化置业有限公司、市篆刻艺术研究院承办的九九重阳拓片展在中国（大同）潘家园美术馆北展厅举行。展览展出历代碑刻、佛造像、瓦当、画像石等拓片，及汉砖、砖砚等实物200余件。展出的拓片最早的有西周的钟鼎文，较晚的有元代和明代的碑拓，其中西汉隶书《砥石铭》、东汉隶书《桓帝永寿三年碑》拓片，是有代表性的隶书体，北魏云冈《太和七年造像题记》《皇帝南巡碑》等是平城魏碑的经典，柳公权书《玄秘塔》、颜真卿行书《争座位》等是唐楷的代表作，拓片的书体体裁涵盖篆、隶、行、楷。（悠 菊）

【王晓彬葡萄画展】 2018年10月21日，“天下大同，和谐圆融”王晓彬葡萄画展在明堂公园北朝艺术博物馆开展。画展由市文化局主办，山西圆融画院、上海海上画会北方分会承办，市老年书法家协会、市美术家协会、北兰亭大同书院、北朝艺术博物馆、市书法家协会、大同云冈画院、市两京书画院、市青年志愿者协会协办。王晓彬多年以来专攻写意葡萄，其笔下葡萄果实饱满、色泽明快，被誉为“葡萄王子”，2016年起分别在太原、上海、苏州举办多起个人画展，2018年7月，中国国际集邮网给王晓彬出版纪念改革开放40周年的邮票纪念册，并在北京民族文化宫举办首发式和新闻发布会。（悠 菊）

【平城秋望·第十八回全国七十年代书家提名展】 2018年10月27日至11月5日，纪念改革开放40周年“平城秋望·第十八回全国七十年代书家提名展”在大同市和阳美术馆举行。展览由市委宣传部、共青团大同市委、市文旅集团主办，全国七十年代书家艺委会、市古城文化旅游有限公司、市青年书法家协会承办。参展书家37人，来自全国各地，他们都是当代书法界有较高书法创作水准、书学研究造诣和书法教育经验的中青年书法家，因年龄相仿，性情相投，逐步凝聚成“七十年代书家”这一艺术群体。该次书展展出作品111幅，书体丰富、形式多样，有高轴巨制，有书房雅联；有参仿古意，有直抒襟怀；有上溯战国秦汉的古文字风貌，有下取明清民国的旧文人情怀。（悠 菊）

【不同·2018中国（大同）雕塑双年展】 2018年11月23日至12月23日，由中国美术家协会、中央美术学院、大同市政府共同主办的“不同·2018中国（大同）雕塑双年展”在大同北城墙中国雕塑博物馆展出。这届双年展由深圳雕塑院院长孙振华、中央美术学院雕塑系主任吕品昌担任总策展人，主题是“不同”。参展作品分“器物”“具象”“材料”“户外”“科技”5个板块，250件作品，有铸铜《马克思》《适之、独秀》《浮雕系列》《蒙古赛马节》《长征日记》、不锈钢《道》、石膏《张之洞》、玻璃钢着色《云上的我》、树脂着色《无人售票》《愚公移山》《苏轼》《圆》《金风玉露》、白钢《形》、青铜《甲子仲春》、综合材料《梦魇》等，均是2015年以来的新作，是继2011年的“开悟”，2013年的“延伸”，2015年的“新态”之后，对中国当代雕塑最新面貌和创作状态的细分和深究。（悠 菊）

【“天涯共此时”书画展】 2018年12月12日至20日，“天涯共此时”书画展暨大同市侨联长城文化艺术院首届书画作品展在大同潘家园书画展厅举办。这次展览由市归国华侨联合会、市文学艺术界联合会、平城区委统战部、市美术家协会、三友眼镜公司主办，市侨联长城文化艺术院、中国（大同）潘家园承办。展览展出180余幅书画作品，反映大同市改革开放40年的发展成就，展现新时代大同人民的精神风貌。（悠 菊）

【中国画名家精品展】 2018年12月22日至31日，中国画名家精品展在大同市北朝艺术博物馆内举行，全国70余位具有学术影响力的老、中、青三代画家的100余幅作品参展。展览由大同市委宣传部、市文化局、市文联、市美协、北京风和文化发展有限公司主办，旨在丰富市民冬季文化生活，领略当代画坛大家的作品，开阔眼界，陶冶情操。展出作品有国内画家杨晓阳的《万金难买春颜色》，黄永玉的《若以音声见我不得见如来》等，有大同市本土画家如郝志国等人的作品；题材有彩墙青瓦、幽门深巷、青石街道、小桥流水、渔舟唱晚、塞北大漠，有草原、牛羊、山花、溪流等，作者通过笔墨传神写意，表达自己对中国画的理解、创意、创新和发展。

（悠 菊）

摄 影

【首届“美丽大同幸福家园”图片展】 2018年2月8日至3月10日，由大同市委、市政府主办，大同广播电视台承办，大同文旅集团协办的大同市首届“美丽大同幸福家园”图片展举行。展览围绕“美丽、健康、开放、时尚”4大主题，选择400幅摄影作品，把上年全市人民建设“美丽大同幸福家园”的成果以摄影作品方式搬到城墙，让市民白天看影展，晚上逛灯会，增强互动性和趣味性。展览作品主题突出，或讴歌时代风尚，或赞美改革新姿，或展示城市风貌，或颂扬社会和谐，彰显着大同历史文化与现代文明交融的生机与活力。（悠 菊）

【第26届全国摄影艺术展优秀作品展】 2018年2月28日至3月6日，由中国摄影家协会、大同市委、市政府、中国文联摄影艺术中心主办的第26届全国摄影艺术展优秀作品展在大同市和阳美术馆展出，大同首届大中画幅摄影作品展同时开展。这次展览展出的摄影作品包括记录类、艺术类、商业类、多媒体类4大类，展示379件摄影作品。同时开展大同首届大中画幅摄影作品展，展出由11位大同本土摄影人创作的66幅作品，创作题材均取自大同，采用传统胶片拍摄。

（悠 菊）

【杨荣入选“中外摄影对着拍”特约中国摄影师】 2018年6月18日，“中外摄影对着拍”——纪念中国改革开放40年摄影大展“特约中国摄影师”招募结束，经由中国摄影家协会专家组成的组委会评定，选出72位“特约中国摄影师”，大同市青年摄影家杨荣上榜。

此次招募收到来自全国30个省、自治区、直辖市的近500位摄影人的报名资料，其中中国摄影家协会会员占总报名人数1/3，经过遴选，组委会最终选拔出72位“特约中国摄影师”。由中国摄影家协会主办的“中外摄影对着拍”——纪念中国改革开放40年摄影大展选取马克·吕布、布鲁诺·巴贝、阎雷、伊芙·阿诺德、阿德里亚诺·马达罗5位国际摄影师在中国改革开放前后几年间拍摄的40幅作品作为参照蓝本，选拔的72位“特约中国摄影师”在专家的指导下完成选题拍摄计划，拍摄可反映出改革开放40年来中国发生巨大变化的40幅作品予以对照回应，10月在北京、郑州等地展出。

杨荣就职于市工人文化活动中心，是中国摄影家协会会员、市摄影家协会副主席兼秘书长，多年来坚持以表现大同市职工工作、生活为主题进行创作拍摄，被市总工会、省总工会授予“大同市工人艺术家”“山西省职工艺术骨干”等称号，个人作品集《大舞台》2016年由北岳文艺出版社出版发行。（悠 菊）

【田相臣摄影作品展】 2018年6月23日，由山西省摄影家协会、大同市文联主办，市文旅集团、市文学艺术研究所、市摄影家协会承办的大同市摄影家田相臣的《大同夯土长城》摄影作品展在大同和阳美术馆北厅开展。展出40幅以大同夯土长城为题材拍摄的作品，展现大同长城的风貌和大同长城的厚重。这是田相臣20余年持续拍摄大同境内长城四季的摄影作品，这些作品在展出后全部捐赠给和阳美术馆，并作为和阳美术馆馆藏作品长年对外展出，成为人们领略大同魅力的窗口。

田相臣是中国摄影家协会会员、市摄影家协会常务副主席，多年致力于大同长城拍摄，2012年在中国第九届摄影艺术节举办《边墙印象》摄影作品展，出版《大同长城》摄影集。作品《长城内外》被中国邮政集团总公司出版发行的《中国长城特种邮票》纪念册作为封面、封底刊用，作品《大同长城》获山西“长城颂摄影大赛”金奖，出版《大同夯土长城》明信片，《夯土长城》系列作品展入选中国平遥国际摄影展。（悠 菊）

【“古镇黄花”采风活动】 2018年7月，大同市摄影家协会组织摄影家到天镇县新平古镇开展“大美大同”采风活动之“古镇黄花”主题摄影活动。50余位摄影家到新平古镇新平堡段明长城脚下等地拍摄古镇与黄花，把一幅幅画面定格在镜头中。（悠 菊）

【沧桑长城大美大同摄影展】 2018年7月22日至8月4日，由山西省图书馆、大同市图书馆主办，大同长城学会、大同市旅游摄影协会协办的“雄关存旧迹 形胜壮山河——沧桑长城 大美大同摄影展” 在山西省图书馆一楼大厅展出。展览是由来自大同的李文魁、王儒贤、刘玉军、田相臣、李鸣放、李习、姚建军、安晋华、王建生、陈荣烨10位长期拍摄大同长城的摄影师，每人10幅大同长城照片，100幅组成。这些图片反映的是大同天镇县、阳高县、新荣区、左云县、灵丘县等县（区）具有代表性的长城风光和长城脚下百姓的生活。部分图片是20世纪80年代的胶片照片。展览结束后，这些图片由大同市图书馆永久收藏。（赵新萍）

【2018“影像的力量”中国（大同）国际摄影文化展】 2018年10月20日至11月4日，“影像的力量”中国（大同）国际摄影文化展在中国雕塑博物馆展出。这届国际摄影文化展是中国公共关系协会与大同市人民政府联合国内外摄影与传媒机构，由大同日报社、大同日报传媒集团承办的为推进“一带一路”建设，打造的城市经典文化品牌。展览以“新时代新影像”为主题，突出“世界大同 和合共生”理念，设主宾国主题展、创新举办“大道有形”文化传播创新工程展、2018第十届三影堂摄影奖展览、大同市纪念改革开放40周年摄影展、能源革命特展、“影像的力量”征集作品展、摄影器材体验互动展等13个板块，展出400余位作者的1000余幅摄影作品。展览期间，举行“镜

美尊”得主评选及名家大师拍大同活动、“影像的力量”中国（大同）国际摄影文化展颁奖典礼、“影”动美好生活——历届“镜美尊”得主分享会等主题活动。邀请瑞士驻华大使戴尚贤，阿拉伯联合酋长国驻华大使阿里·扎希里及夫人，比利时王国驻华大使马文克及夫人，集美·阿尔勒国际摄影季联合发起人荣荣，哈姆丹国际摄影大赛组委会秘书长、艺术家阿里·哈里发·本·塔里斯，中国文艺志愿者协会副主席、摄影家解海龙，新华社记者、中国人像摄影家郝远征，中国画报协会副会长、摄影家李石文等人到大同参加。（高 洁）

【大同长城摄影作品亮相中国摄影艺术节】 2018年11月18日，第十二届中国摄影艺术节在河南省三门峡市开展。大同市36幅大同长城摄影作品，代表山西省摄影家协会入选艺术节《美丽中国》专题展。入选这届摄影艺术节的36幅长城摄影作品，是从大同摄影师任彦龙10年中拍摄的数万张长城照片中选出的，由市文联推荐，经山西省摄影家协会筛选，最终成为《美丽中国》专题摄影展山西唯一的参展作品。（悠 菊）

【大同市庆祝改革开放40周年摄影展】 2018年12月23日，“伟大变革中的大同——大同市庆祝改革开放40周年摄影展”在市和阳美术馆开展，市领导与市直机关干部、人大代表、政协委员、劳模、学生、警务人员、医务人员、环卫工人等各界代表观看展览。展览以图片、文字、影像资料等形式，展示改革开放40年来大同经济社会发生的变化，向伟大变革中的大同致敬。展览以大同改革开放40年光辉历程为主线，分“牢记嘱托不忘初心”“转型发展富裕大同”“和谐发展美丽大同”“共建共享幸福大同”“文化旅游欣欣向荣”“伟大工程坚强保障”6大板块，以历史图片和影像资料，展现改革开放40年大同市各项事业取得的重大成就和人民群众生产生活发生的伟大变迁，展望新时代改革开放的前景。（悠 菊）

▲2018年12月23日，“伟大变革中的大同——大同市庆祝改革开放40周年摄影展”在市和阳美术馆开展（王 林 摄）

音 乐

【“云中朔古”广陵派古琴雅集活动】 2018年3月3日，国家非物质文化遗产广陵派古琴第十三代传承人吴盼盼、大同市古琴演奏家于晋和云中广陵琴派的学员们在古城内一席·熙悦琴社，举办“云中朔古”广陵派古琴雅集活动。该活动由市古琴学会主办。活动现场，大同市多位古琴学会会员弹奏古琴曲《卧龙吟》《凤求凰》《秋风词》等古琴曲。吴盼盼、于晋分别演奏《忆故人》、中国十大古琴曲之一的《阳关三叠》等曲目。扬州山水派画家封俊松现场刻琴，给一把古琴刻上“蕉窗听雨”琴铭。（蕙 兰）

【刘玉玉钢琴独奏音乐会】 2018年4月，由山西省音协主办、大同大学音乐学院协办的曲怡教学音乐会——刘玉玉钢琴独奏音乐会在大同大学音乐厅举行，大同大学100余名师生到场欣赏。

刘玉玉自幼学习钢琴，2014年考入大同大学，师从大同大学音乐学院钢琴专业曲怡副教授。曾在2016年山西省大中小学生钢琴比赛中获二等奖，在上年山西省第六届“雏菊奖”的比赛中获二等奖，在2018年第20届桑塔塞西利亚国际钢琴比赛中获一等奖。音乐会时长2小时，演奏曲目有开幕钢琴组曲《八幅水彩画的回忆》，刘玉玉演奏的时而激昂跳跃、时而温婉恬静、时而活泼欢快的世界名曲和中国经典乐曲，及落幕钢琴曲《春到帕米尔牧场》《月光奏鸣曲》等。（悠 菊）

【《中国新歌声》大同赛区总决赛】 2018年5月8日，由大同市委宣传部、市文化局、团市委、山西新闻网联合主办的第三季《中国新歌声》全国城市海选大同赛区总决赛在恒山景区举行。

《中国新歌声》大同赛区评选活动于3月24日启动，868名选手参赛，经历海选、初赛、复赛环节选出21名选手参加省级比赛。大同赛区总决赛比赛中，当地音乐爱好者助兴演唱《母亲》和《梅花泪》，选手们一一登台亮相，李由演唱《我如此爱你》，薛珍丽演唱《海阔天空》，刘杨演唱《野子》，田智红演唱《你就不要想起我》等，经过比赛，最终晋级21位选手，其中一等奖1名，二等奖2名，三等奖3名，优秀奖15名，他们代表大同赛区出战省级赛事。（悠 菊）

【古都新韵音乐会】 2018年7月27日，庆祝大同市竹笛协会成立一周年“龙笛凤箫 古都新韵音乐会”在大同华严寺广场举行。成立一年的市竹笛协会有大同市众多竹笛演奏专业人才，其中有许多是考入全国各个高等音乐学院，学成毕业到大同的学子。音乐会上，演奏的曲目有《我是一个兵》《父亲》《天路》《桃花渡》《绒花》《大漠》，笛子独奏《秦川抒怀》，葫芦丝齐奏《龙的传人》，竹笛齐奏《秦川情》《塔塔尔族舞曲》等。

（悠 菊）

【马牧原个人独唱音乐会】 2018年8月28日，四川音乐学院大三学生马牧原个人独唱音乐会在大同大学南校区音乐厅举行，来自大同市各界音乐爱好者1000余位参加。马牧原，1998年出生，5岁时开始跟随原大同市歌舞剧院老师罗跃霞学习小提琴，后师从广东海洋大学教授班安、四川音乐学院教授代凌。音乐会上，马牧原演唱《谦虚颂》《年轻的姑娘应该懂得》《我亲爱的爸爸》《你们可知道》《我的深情为你守候》等14首歌曲。

（悠 菊）

【小小竹笛演奏家齐奏活动】 2018年8月28日至30日，由大同市文化局主办的“小小竹笛演奏家齐奏”活动在大同明堂公园、代王府、云冈石窟等景区举行，大同市300余名竹笛爱好者表演，央视音乐频道跟踪拍摄。该次演奏活动4场，竹笛爱好者们分别在明堂公园齐奏笛子曲《桃花红、杏花白》《走西口》等曲目，在代王府演奏笛曲《春到湘江》，在云冈石窟大佛前齐奏《金蛇狂舞》等曲目，在东城墙上吹奏其他曲目。这些竹笛爱好者年龄最小的7岁，最大的20岁，大家以笛言“曲”，以“曲”述笛。活动中还有四川和北京专业音乐院校青年竹笛教师作专题讲座。

（悠 菊）

【古都大同2018中秋音乐会】 2018年9月24日，古都大同2018中秋音乐会在大同代王府景区上演，来自社会各界的3000余名观众观看。音乐会由大同市委宣传部、市文化局、大同广播电视台、晋商联盟（大同）文化旅游有限公司主办，市歌舞剧院管弦乐团、大同广播电视台大型综艺活动部承办，市尚瑞文化传媒公司协办。音乐会节目有市歌舞剧院合唱团演唱的《在希望的田野上》《热巴舞曲》，王力演唱的《今夜无人入睡》，贾俊杰等表演的配乐诗朗诵《祖国啊我亲爱的祖国》，二胡演奏家韩瑞生表演的二胡独奏《洪湖主题随想曲》，管弦乐演奏《立志》《茉莉花》《春天》，管弦乐《花好月圆》等。 （悠 菊）

【火山音乐会】 2018年10月13日，由首都文化艺术公益基金会、大同市云州区人民政府、大同市文化局主办的大同火山音乐会在大同火山群国家地质公园举行。这次火山音乐会是“一带一路”长城音乐盛典的其中一项内容，旨在向世界展现大同开放、包容的城市文化，助推山西和大同转型发展、带动文化旅游振兴，推动大同文化旅游业繁荣发展。“一带一路”长城音乐盛典分为两个阶段，第一阶段：10月13日举行大同火山音乐会；第二阶段：10月20日举办长城·火山音乐盛典及世界时尚文化论坛。火山音乐会上，朗乐团、青春热乐队、黄绮雯、翟社泉等乐队及歌手在大同火山群国家地质公园演唱。歌手栾帅演唱《江山》，朗乐团献唱《空谷幽兰》《在别处》《蓝莲花》《大同的冬天》，青春热乐队演唱《碧海蓝天》《风有多寂寞》《青春热》等。参与音乐会的艺人、时尚人士在活动现场开展公益扶贫活动，助力脱贫攻坚。 （悠 菊）

【中国音乐学院在大同颁发“社会音乐教师水平等级认证”证书】 2018年10月26日，中国音乐学院考级艺术中心在大同市工人文化活动中心一宫给大同琵琶、古筝与钢琴等专业“社会音乐教师水平等级认证”颁发证书。6月起，中国音乐学院考级艺术中心在大同地区相继举办琵琶、古筝与钢琴等专业培训班，学员在中国音乐学院校外考级大同考点接受培训。中国音乐学院根据学员培训情况进行社会音乐教师水平等级认证，发放初级、中级、高级认证证书，获高级证书的教师，有资格申请成为中国音乐学院校外考级考官。大同考点琵琶专业的教师认证是中国音乐学院全国琵琶专业培训中第一批得到中国音乐学院认证的。 （悠 菊）

【魏晋南北朝音乐文化研讨会】 2018年12月21日，由中国艺术研究院音乐研究所、云冈石窟研究院主办的“魏晋南北朝音乐文化研讨会”在北京召开。来自中国艺术研究院音乐研究所、云冈石窟研究院、华中师范大学、广州大学、中国社会科学院、浙江音乐学院、西安音乐学院、浙江师范大学、中国音乐学院、忻州师范学院等单位的专家、学者参加。

研讨会分4个单元，专家学者分别探讨与交流魏晋南北朝时期文人与音乐、雅乐来源问题、中古时代的喉音艺术、云冈第38窟音乐树图像辨析、重新认知两晋南北朝对中国音乐文化的价值等研究题目。影响后世国家音乐文化发展包括乐籍制度；礼乐文化的新发展和雅乐的重新定位；佛教音声对中原音乐文化的重要影响；周边国度、特别是西域诸国音乐文化对中原实质性的影响等，都在魏晋南北朝这一时期形成，有些属开创性。并指出学界应对这一历史时期音乐文化现象予以探讨。 （谷 敏）

【大同市2019新年音乐会】 2018年12月29日，2019大同市新年音乐会在市工人文化活动中心一宫举行。音乐会由市委、市政府主办，市委宣传部、市总工会、市文化局承办，市歌舞剧院管弦乐团与天津歌舞剧院交响乐团合作演出，天津歌舞剧院国家一级指挥董俊杰与市歌舞剧院国家一级指挥韩瑞生执棒指挥。音乐会节目有管弦乐《节日序曲》《红色娘子军》《热巴舞曲》，女高音独唱《春天的故事》，二胡协奏曲《我的祖国》，小提琴协奏曲《梁祝》《查尔达什》，女高音独唱《春天的芭蕾》，男高音独唱《天路》《父亲》，钢琴协奏曲《黄河》等。 （悠 菊）

戏 曲

【移植舞台剧目】 2018年，大同市恢复和移植晋剧剧目3部：《血手印》《程婴救孤》《双蝴蝶》；恢复和移植耍孩剧目5部：《哑女告状》《正德回朝》《喜荣归》《杀庙》《苏三起解》；北路梆子剧目3部：传承《断桥》，移植《画龙点睛》，恢复《金水桥》。 （市文化局）

【大同市晋剧（杜派）艺术研究中心成立】 2018年1月，大同市晋剧（杜派）艺术研究中心在古城内清远街挂牌成立，该研究中心以研究、传承、发展杜派艺术为宗旨，传承晋剧表演艺术，举办研讨会和演出等，在大同市及周边地区弘扬、传播优秀传统文化。

大同市晋剧（杜派）艺术研究中心由青年晋剧表演艺术家李蕊担纲，李蕊师承杜玉梅（大同市晋剧表演艺术家，中国戏曲最高奖“梅花奖”获得者），是市晋剧院国家一级演员，晋剧“杏花奖”获得者，中国戏曲家协会会员，省戏曲家协会会员，省非物质文化遗产晋剧传承人。该中心聘请老艺术家回院传授技艺，因材施教，做好传帮带，复排一些有代表性的传统剧目，并带领一批青年晋剧人才挖掘、创作、排练一些弘扬大同历史文化的新剧目，坚持送戏到基层，给广大观众演出。（鹤　梅）

【大同“柴家班”亮相深圳“09曲艺周”】 2018年1月5日至7日，由罗湖区文化馆主办“09曲艺周”活动在深圳市罗湖区文化馆09剧场举行。活动邀请来自大同的云海曲艺社演出。演出团队由曲艺表演艺术家柴京云、柴京海携“柴家班”担纲，他们给深圳市民带来三天不重样的演出。三天演出中，柴氏兄弟与“柴家班”表演大同数来宝、相声、双簧、快板等曲艺形式的节目，给特区观众带来全新观赏体验，在南海之滨展现古都大同文化魅力。（鹤　梅）

【景彦斌两部戏入选国家艺术基金2018年度项目资助】 2018年2月，国家艺术基金2018年度资助项目名单揭晓，大同市作家景彦斌编剧的新编历史京剧《文明太后》、二人台现代戏《杏泉沟》（与耿志仙、王勇慧合作）入选国家艺术基金2018年度舞台剧项目资助。

景彦斌是阳高县委党史研究室（县地方志办）主任，中国戏剧家协会会员、省作家协会会员、市作家协会副主席。主要作品有长篇小说《起义第一将》、电视剧《伸出你的手》、戏曲《上官婉儿》、二人台史诗剧《杏花杏韵》等。新编历史京剧《文明太后》主要讲述1500年前北魏平城（今山西大同），文明太后通过与献文帝拓跋弘为首的保守势力斗争，教育引导孝文帝，团结各族大臣，推行“均田制”“俸禄制”和“三长制”，使北魏富国强兵走向鼎盛的历程。二人台现代戏《杏泉沟》是一部聚焦农村精准扶贫的现代喜剧，贫困村杏泉沟村委会主任耿永二，面对上级项目和资金支持，他没有像其他村那样盲从种植樱桃，而是根据村里历史传统，因地制宜发展养驴产业，最终取得成功。（鹤　梅）

【北路梆子历史剧《平城赋》亮相京城梅兰芳大剧院】 2018年6月5日，大同市北路梆子传习中心排演的新编历史剧《平城赋》在北京梅兰芳大剧院亮相，该剧这次演出是代表山西省参加中宣部、文化和旅游部举办的2018年全国基层院团戏曲会演。

全国基层院团戏曲会演于5月22日在北京开幕，全国29个省区市、新疆生产建设兵团和港澳地区的40台剧（节）目，涵盖婺剧、辽剧、粤剧、白剧、彝剧、蒙古剧等47个剧种，在4个月内轮番上演，旨在展示基层院团传承发展戏曲艺术、服务基层人民群众的精神风貌。北路梆子《平城赋》是山西省唯一入选的剧目。《平城赋》是国家艺术基金2015年度资助项目，该剧以北魏时期政治家冯太后的传奇一生为主线，从其父亲主导改制被杀，被迫入宫为奴，后以其聪慧美丽为太子吸引，并在文成帝继位后被立为皇后，参与新政，主导修建孔庙，开凿云冈佛窟等，其后抚育拓跋宏，并在风云突变关键时刻力挽狂澜，立拓跋宏为帝，坚持改制，造就民族融合、经济繁荣的太平盛世。全剧6幕，时长约2小时。创作过程中，邀请舞台艺术家、国家一级导演石玉昆、李红梅联合执导，国家一级编剧王卫中担任编剧，市北路梆子剧种传习中心国家一级演员、梅花奖获得者张彩平担纲主演。当日，大同市在北京举办《平城赋》记者见面会，介绍该剧相关创排情况、历史背景、演出现状，来自人民日报、新华社、中央广电总台、中新社的记者等22家媒体参加会议。（悠　菊）

【晋剧《河清海晏》在梅兰芳大剧院演出】 2018年6月26日，受中国戏剧文学学会邀请，大同市晋剧院新编反腐倡廉晋剧大戏《河清海晏》在北京梅兰芳大剧院演出，来自北京的党政机关、企事业单位等各界人士，及中央党校部分学员1000余人观看演出。山西省委常委、大同市委书记张吉福，副市长郭蕾到场观看。

中国戏剧文学学会在全国遴选优秀廉政剧目到北京汇报演出，市晋剧院排演的《河清海晏》是其中之一。该学会肯定《河清海晏》的创作方向性、人物典型性、表演艺术性，认为该剧具有推进反腐倡廉建设有现实意义，舞台呈现成功。反腐倡廉大戏《河清海晏》于2016年搬上舞台，全剧6幕，主要讲述清道光年间连续灾荒，地方官员贪腐成风，大同籍官员栗毓美主持豫鲁两省河务期间，触动长期以治河为名损公肥私的贪腐官员利益链条，栗毓美刚直不阿，不畏强权，终以正气压倒邪风，并治水成功，赢得百姓尊敬。（悠　菊）

【民族歌剧《党的女儿》上演】 2018年6月29日，作为大同市庆祝中国共产党成立97周年的系列活动之一，经典民族歌剧《党的女儿》在市工人文化活动中心上演。活动由市委组织部、市委宣传部主办，市直机关工委、市文化局承办，市歌舞剧院演出。大型民族歌剧《党的女儿》是总政歌剧团根据20世纪60年代同名电影改编，该剧描述1935年苏区处于革命低潮时，女共产党员田玉梅坚持带领群众与敌人斗争，并在被捕后视死如归、慷慨就义的故事。2014年，市歌舞剧院获总政歌剧团独家授权排演这部红色经典名剧，并让这部当代民族歌剧的经典之作重登文艺舞台。

（悠　菊）

【上海无锡曲艺艺人到大同市交流演出】 2018年6月30日，上海评弹表演艺术家秦建国、无锡幽默笑星夏吉平等曲艺艺人到大同交流展演，在云海曲艺社给大同观众表演。表演有青年快板演员的快板《美丽无锡》，南方风格的相声《满汉全席》《对坐数来宝》《我爱语文》等，上海评弹表演艺术家秦建国表演评弹《刀会》，无锡市曲艺家协会主席、幽默笑星夏吉平和搭档王波表演的传统双簧《照花台》，大同数来宝表演艺术家柴氏兄弟表演的大同数来宝《手机》等。7 月 1 日，无锡曲艺艺人在古城内二府巷举行慰问潘家园一线建设者曲艺演出。（鹤 梅）

【二人台《杏泉沟》扶贫专场演出】 2018 年 10 月 17 日是第五个国家扶贫日，大同市举办以“激发内生动力，凝聚帮扶合力”为主题的宣传活动。作为活动的一项内容，大型二人台现代戏《杏泉沟》在市工人文化活动中心一宫举行专场演出。市委副书记刘振国，及市直机关干部、扶贫干部和各界群众近 700 人观看演出。

《杏泉沟》是阳高县践行习近平总书记扶贫开发战略思想的一部现实题材文化扶贫力作，是山西省首部原创大型二人台剧目，被省文化厅列入 2018 年文化扶贫重点创作剧目，是市政府文旅振兴行动重点项目之一。该剧聚焦农村精准扶贫、精准脱贫实际，讲述新任村委会主任耿二与扶贫工作队在“种樱桃”还是发展“养驴”产业项目选择过程中，产生的“传统扶贫观念”与“精准脱贫观念”之间的矛盾冲突，以喜剧形式，通过艺术手段，传递扶贫工作“接地气，合民意，精准施策”，是一部提振贫困群众精气神，激发贫困群众自主脱贫、勤劳致富主动性的文艺作品。（悠 菊）

【《太阳照在南洋河上》入选全国优秀新剧目展演季】 2018 年 11 月至 2019 年 1 月，2018 年度第二届戏剧东城·全国优秀新剧目展演季在北京举行，全国有 30 部新剧目参加展演。由大同市歌舞剧院排演的，以天镇县广大妇女外出打工为题材的大型城乡生活情景剧《太阳照在南洋河上》入选展演季。《太阳照在南洋河上》全剧 10 幕，时长 100 分钟，以南洋河畔一家人的故事为视角，讲述村民面对贫困落后的现状，努力求变，走出家门，拼搏奋斗的历程。该剧由中央军委政治工作部话剧团国家一级导演宫晓东担任导演，省话剧院国家一级演员、话剧《立秋》主演董怀玉担任艺术指导。（悠 菊）

舞 蹈

【大同市广场舞协会成立】 2018 年 3 月 30 日，由大同市民政局审批注册的大同市广场舞协会成立。通过大会选举产生大同市广场舞协会第一届荣誉会长、会长、副会长、秘书长等理事会成员，通过《大同市广场舞协会章程》。大同市广场舞协会以“促进社会和谐、丰富群众文体生活”为宗旨，组织、推广、普及广场健身舞运动。在全市发展 900 余支队伍，会员 1.2 万余人。年内，组织 260 名会员到香港澳门参加“以舞会友、融通中外”主题广场舞交流活动；参加全国排舞广场舞推广中心组织的排舞广场舞教练员裁判员培训班；开展“以舞会友，共筑和谐中国梦”广场舞交流展演活动。（蕙 兰）

▲ 2018 年 10 月 17 日，二人台《杏泉沟》扶贫专场在大同市工人文化活动中心演出（张湛滨 摄）

【“舞动大同·平城之巅”全国街舞赛】 2018 年 6 月 15 日至 17 日，山西省委宣传部、山西省文化厅、山西省总工会主办，大同市委宣传部、大同市平城区政府、市文化局、市总工会、中国舞蹈家协会街舞委员会、玄辰广场承办的 2018“舞动大同·平城之巅”全国街舞大赛在大同市玄辰广场举办。该大赛是 2018 山西省庆祝改革开放 40 年群众文化系列活动之一，活动历时 4 个月，是山西省首次以群众为主体举办的专门性文化活动，内容有音乐、鼓乐、美术、摄影等 9 大类，开展 2900 余项活动，分别在山西省各市举办。6 月 15 日，大同与太原、晋中同时举行该次全省文化活动开幕式。

全国街舞大赛邀请美国 Popping 大师 JR boogaloo、国际街舞赛事创办者郑杨、祖国 60 周年天安门晚会表演嘉宾赵御博担当评委。比赛分个人赛组和齐舞组，个人赛组分为 Popping 街舞，BREAKING 技巧性街舞和嘻哈舞（HIPHOP）三类型，400 余位全国各地及部分国外街舞高手比拼舞技，经过 32 进 16 强、16 进 8 强、8 进 4 强等多轮淘汰赛，决出各个组别获胜者。李飞龙获 Popping 组街舞冠军，王伟德获 BREAKING 街舞冠军，Kazumi（日本）获嘻哈舞冠军，星期舞《忐忑》获齐舞组金奖，Ns 造星梦工厂的《中国话》获银奖，Ns 造星梦工厂的《Boom》获铜奖。

（市文化局）

【千人广场舞赛】 2018 年 7 月 13 日至 18 日，由中国重汽、大同市文化局、市体育局主办的大同市 2018 千人广场舞大赛在世纪百货广场举行。该次广场舞大赛是 2018 山西大同云冈文化旅游活动月系列活动之一，有 129 支参赛队伍参赛，经过比赛，有 26 支代表队进入决赛。决赛上，进入决赛的 26 支代表队参赛者，跟着音乐节拍一起舞动，传递时尚活力和青春气息。最终平城区北方动力夕阳红舞队获金奖，糖厂朝霞舞队获银奖，源梦艺术团获铜奖，其他23支舞队获优秀奖。

（悠　菊）

【宋潼沁在全国青少年国际标准舞锦标赛上获奖】 2018年7月28日至29日，2018第19届CBDF青少年国际标准舞全国锦标赛在北京举行。该次比赛由中国国际标准舞总会主办，在北京国家奥林匹克体育中心体育馆举行，来自全国各地的200个代表队、5000余名青少年选手参赛。经过初赛、半决赛、决赛，宋潼沁获业余7岁女单组拉丁舞第一名。宋潼沁就读于大同实验小学二年级6班，在徐冰舞蹈学习拉丁舞3年。

（悠　菊）

【音乐舞蹈史诗《为有牺牲多壮志——右玉和他的县委书记们》在大同巡演】 2018年7月31日至8月1日，大型音乐舞蹈史诗《为有牺牲多壮志——右玉和他的县委书记们》在大同市巡演。该次巡演由山西省委宣传部、省文化厅主办，山西演艺集团、大同市委组织部、市委宣传部承办，由省歌舞剧院、晋中学院音乐学院、太原师范学院舞蹈系、省戏曲职业学院演出。《为有牺牲多壮志——右玉和他的县委书记们》由导演张继刚执导，综合运用音乐、舞蹈等艺术手段，把“右玉精神”呈现在舞台上，在艺术创新和追求品质同时，展示右玉各个时期的发展面貌，讴歌右玉人民在党的领导下近70年坚持植树造林、改善生态环境的壮举，诠释右玉题材、民族气魄，是学习弘扬“右玉精神”的一部教材。（悠　菊）

【市歌舞剧院“文艺轻骑兵”到广灵榆林慰问演出】 2018年国庆节前夕，作为大同市2018年免费送戏下乡的活动内容，大同市歌舞剧院组织20余人的“文艺轻骑兵”演出小分队，到广灵县一斗泉乡榆林村举行扶贫慰问演出。演出在村委会院中举行，演出节目有王科演唱开场歌曲《家乡》，李根和秦茂荣演唱的二人台联唱，王改燕演唱《我是中国人》，王力演唱《牵挂》，杨呟琴演唱《红梅赞》等。演出结束后，市歌舞剧院向该村捐赠篮球、足球、羽毛球、毽球等体育用品。（悠　菊）

【大同古城国庆歌舞晚会】 2018年9月30日至10月3日，由大同市委宣传部、市文化局主办，市歌舞剧院、鼓楼剧场承办的“2018大同古城国庆歌舞晚会”在鼓楼剧场内演出，每天演出4场。

市歌舞剧院演员们演出《黄土高坡》《山沟沟》《信天游》《天下黄河九十九道弯》《放羊娃与牡丹花》《山丹丹开花红艳艳》《想亲亲》等具有地域风情的歌声，表演《鼓舞》《桃花红·杏花白》《炫舞激情》《张灯结彩》等舞蹈，还有二胡独奏《赛马》等。（悠　菊）

【山西省广场舞总决赛在大同举行】 2018年10月11日，2018中国美丽乡村广场舞大赛山西大同站暨“强健体魄·阳光生活·共享青运”山西广场舞总决赛在大同代王府举行。该次比赛由省体育总会、省社会体育管理中心主办，有来自运城市代表队、吕梁市文水县广场舞联合会队、晋城市代表队、朔州市代表队、大同市云州区凤凰飞舞队等14支代表队参赛。比赛中，参赛队分别在《站在草原望北京》《策马奔腾》《万树繁花》等乐曲伴奏下，向观众展示自己的舞步与身姿。经过比赛，晋城市代表队、运城市代表队获特等奖，并代表山西省参加全国广场舞总决赛。孝义市老年体协代表队、大同铁路老年艺术团队、大同市群艺馆队、大同市云州区凤凰飞舞队获一等奖；吕梁市文水县广场舞联合会队，吕梁全民健身广场舞协会贺昌中学社区队，大同616活动站队，大同平城区卧虎湾社区代表队获二等奖；同煤钢厂来海霞舞蹈队、大同平城区新建北路惠达三站队、大同云冈区口泉乡羊坊村腊腊舞蹈队，朔州市代表队获三等奖。（悠　菊）

【大同2万人排舞《舞动中国》获世界纪录认证】 2018年11月5日，大同市广场舞协会收到一份世界纪录认证机构从英国伦敦邮寄来的中国（大同）20125人排舞《舞动中国》创造“世界最大规模排舞”纯英文版世界纪录证书，填补中国20125人排舞创造世界纪录空白。

3月以来，市广场舞协会在市文化局、大同文旅集团等部门支持下，着手筹备2万人排舞《舞动中国》挑战世界纪录认证活动。经过向世界纪录认证机构递交一系列文字材料申报并经审核通过后，市广场舞协会开始在全市各县（区）免费培训挑战世界纪录万人排舞《舞动中国》，向全国31个省发“英雄帖”，邀请全国排舞队伍到大同共创世界纪录。10月9日，来自山西省、大同市和河南、山东、北京、天津等省市的20125名广场舞爱好者在大同市南城墙关城内，挑战最大规模排舞世界纪录，挑战以《舞动中国》为背景曲目，20125人全场同时开跳5分钟时长的舞蹈，经世界纪录认证机构（WRCA）官方人员现场审核确认，创造“世界最大规模的排舞”世界纪录称号。新华社、法新社、《山西日报》《山西晚报》《三晋都市报》《山西青年报》等媒体报道该次认证活动。（悠　菊）

古都灯会

【概况】 2018年2月8日（农历腊月廿三）至3月10日（农历正月廿三），中国（大同）古都灯会在大同古城东、南、西、北城墙上下等相关场地举行。该届古都灯会由大同市委、大同市人民政府主办，大同日报社（大同日报传媒集团）等单位承办，每天开放时间9时至23时；亮灯时间17时30分至23时。

该届灯会主场地分“喜迎盛世”“中华传奇”“丝路风情”“大同故事”“童话世界”“民俗文化”6个主题展区，在主展区大同古城东西南北四面城墙上下设置传统花灯、光雕彩灯、360度球幕光影秀等186组，彰显古都魅力、展现文化名城气质。在古城内开展民俗文化大展演、春节庙会、沙雕艺术展、云中之巅蜡像馆、同乐冰雪节、迎新祈福法会、三棋擂台赛等12项主题活动。推出“媒体记者大同行”主题采风活动、“过年看灯会 大家拍大同”主题摄影活动、“观古都灯会 颂美丽大同”主题征文

▲ 2018 年 2 月 8 日，大同市举行 2018 中国（大同）古都灯会亮灯仪式（戎禹仁 摄）

活动、“网红看中国、新春大同行”文化活动、古都灯会首席体验师评选活动等，把春节、灯会、摄影、文化等元素有机结合，提高游客参与度。灯会现场有“王府升锅宴”“王府龙凤锅”美食文化展演活动、九曲黄河灯阵非遗年俗文化展演活动、大同名优特色农产品年货展销活动、民俗展演等活动，展示大同特有的年俗文化、美食文化。

灯会期间，观灯游客 127 万人次，全市接待国内外游客 596.42 万人次，同比增长 35.67%，旅游总收入 32.38 亿元，同比增长 36.22%。中央电视台的镜头 15 次聚焦大同，中国（大同）古都灯会再次登上新闻联播，《东西南北贺新春》走进大同特别节目滚动播出。参与古都灯会报道的新闻媒体 500 余家，《人民日报》、新华社、《北京日报》《北京晚报》《天津日报》《今晚报》等媒体刊播各类新闻报道 2500 余条次，网络点击量 1.8 亿次。

（高 洁）

【大同首届沙雕艺术节】 2018 年 2 月 3 日至 3 月 10 日，作为 2018 中国（大同）古都灯会系列文化活动之一，“王者有道·天下大同——2018 大同首届沙雕艺术节”在古城东南隅举行。这届沙雕艺术节由大同市城区区委、区政府主办，大同市有道文化旅游产业投资有限公司与大同市德纳文化传媒公司承办。项目由主题沙雕区、非遗演艺区、裸眼 3D 球幕影院、上万平方米的冰场 4 大主题组成。20 余组沙雕包含“一带一路、名胜古迹、魅力古城、童趣世界”4 个板块，有“花卉雕塑”“草编迷宫”和裸眼 3D 球幕影院，非遗演艺区包含皮影戏、珠宝展、寻宝挖沙 3 大特色项目，园区东侧有三生三世桃花林，2 月 8 日制作完工的“万平大型冰场”。游客赏沙雕、观皮影、看球幕、闯迷宫、畅玩万平冰场。

（蕙 兰）

【古都灯会“王府龙凤锅”】 2018 年 2 月 8 日中国传统小年，大同古都灯会“王府龙凤锅”在南城墙东耳城内开锅。大同市委副书记、市长武宏文为龙锅、凤锅点火。柬埔寨暹粒省副省长岸彼隆，暹粒市市长苏帕拉东，暹粒省国际关系厅厅长苏芒那萨瑞，暹粒省礼宾文书处官员陆福；美国驻华使馆经济处官员、二等秘书欧聃；省外侨办友协专职副会长靳云艳，柬埔寨山西商会会长文波，市人大常委会主任赵向东，市政协主席部向华，市委常委、城区区委书记张韬等与各界群众一起参加点火仪式。2018 大同古都灯会推出“王府龙凤锅”特色削面，各地游客从舌尖上感受大同美食和风情。“王府龙凤锅”由两口巨型铜锅组成即：龙锅、凤锅，重量分别约 255 公斤，是 600 余年前明代大同代王府独创，由国家级非遗代表性传承人李安民团队历时 3 个余月打造而成，分别由锅体、灶台、风箱、烟囱等组成，锅体直径 3.19 米，灶台长 9.35 米、宽 3.78 米、高 1.6 米，所用燃料全部是木炭。

（蕙 兰）

【古都灯会 360 度球幕光影秀】 2018 年 2 月 8 日，伴随着 2018 中国（大同）古都灯会亮灯，在大同南城墙关城南端 360 度球幕光影秀开场，每日 7 场演出。360 度球幕光影秀是 2018 古都灯会一大亮点，巨形球幕直径 30 米，高 15 米，是多媒体技术与现代工程技术结合的娱乐精品，通过融合软件控制系统，实现 3D 动画内容的 360 度全景式播放，给人以身临其境体验。球幕用钢制管架搭建结构，外罩是新型 PVC 夹网涂层材料，外观漂亮，环保结实，防雨防风隔音性能出色，外罩下加挂保温棉，适应北方冬季寒冷天气。除高流明投影仪外，

▲ 2018 中国（大同）古都灯会现场 （于 宏 摄）

球幕内装备高保真环绕音响，给动画视频提供声音背景，增强现场感染力。整个光影秀分《大同奇妙夜》《天下大同》两部分，演出12分钟。360度裸眼3D球幕光影秀每日18时30分开演，每场12分钟，每隔40分钟一场，末场22时30分。（蕙 兰）

【古都灯会首席体验师评选活动】 2018年2月8日至14日，由大同市委、市政府主办，市文化局、市文化创意协会承办，新华网、光明网、大洋洲中文台、网易、网易直播、新浪、搜狐、爱奇艺、优酷等100余家新闻媒体单位支持，市文旅集团、山西旭日文化产业集团公司、市丰枫文化交流有限公司等单位协办的古都灯会首席体验师评选活动举行。古都灯会首席体验师评选活动是2018中国（大同）古都灯会系列活动之一。活动要求体验师有一定的网络影响力，活跃于各大社交网络平台，通过逛古都灯会，利用文字、音视频、影像资料记录宣传灯会及灯会期间的各类文化活动，结合相关线上线下活动利用各类媒体介质，给灯会及古都大同进行宣传。活动通过网络海选，评选出10名古都灯会首席体验师。最终入选的是陈敢清（摄影家）、李琼（专栏作家、出版人、策展人）、刘彭生（艺术策展人）、徐小平（服装设计师，香港卫视时尚台时尚委员会主席）、陈辉（摇滚乐队面孔乐队主唱）、吕志强（影视制作人）、宋书华（作曲家）、郭雁云（大同广播电视台主持人）、王明（新浪山西特约摄影师、摄影博主）、罗兵（走吧网特约摄影师）。（市文化局）

【古都灯会特色农产品年货展销活动】 2018年2月8日至3月10日，中国（大同）古都灯会大同名优特色农产品年货展销活动在北城墙上东段举办。该活动由市委、市政府主办，市农委和大同日报传媒集团共同承办，9个农业县（区）协办，以特色农业产业扶贫为重点，主要展示以大同黄花、浑源黄芪、灵丘有机农业、阳高杏果、天镇蔬菜、左云苦荞、新荣杂粮、南郊奶业、广灵菌业为主的“一县一业”特色农产品，总展示面积171平方米，有19个售货亭，做到“一亭一品”。展销活动有30家企业的63类200余个产品参展。各参展企业推出各类营销优惠活动，吸引众多游客参与互动，观光购物。展销活动现场销售各类特色农产品28.3万元，吸引一批外地客商洽谈业务，南郊区伊欣面业与内蒙古客商签订1750公斤红豆的购销合同，价值1.2万元。（蕙 兰）

【“过年看灯会 大家拍大同”主题摄影活动】 2018年2月8日至3月10日，作为2018中国（大同）古都灯会主题灯展系列文化活动的内容之一，“过年看灯会 大家拍大同”主题摄影活动举行。活动通过开展有奖征稿活动，邀请专业摄影名家，并收集观灯游客和市民群众在古都灯会期间拍摄的灯会摄影作品，及大同的经典名胜、自然景观、人文风俗摄影作品，定期在《大同日报》《大同晚报》、大同新闻网，及新华网、人民网、新浪、腾讯等媒体刊发展示，网络投票评选一、二、三等奖及优秀奖。

这次主题摄影活动自发布征稿启示以来，收到300余位摄影师的1000余幅作品。经过专家评审，最终从符合征稿要求、能反映古都灯会盛况、展现大同春节传统民俗文化的摄影作品中遴选出一等奖1名、二等奖2名、三等奖3名。最终刘玉军获一等奖，何金春、张占兵获二等奖，张伟、李庆华、李冬宾获三等奖，另有10人获优秀奖，组委会向获奖的摄影师颁发奖金及证书。（蕙 兰）

【古都灯会微电影赛】 2018年2月8日至3月10日，由大同市文化局和北京德沐科技有限公司“绿缘丰”食品品牌主办，网易传媒大同运营中心、大同市亚欧陆港文化旅游有限公司和大同广播电视报承办的古都灯会微电影大赛举行。

微电影大赛以“观古都灯会 赏天下大同”为主题，是2018中国（大同）古都灯会的一项活动内容。大赛利用微电影的艺术表现形态，展现古都灯会壮美辉煌，面向全国范围征集作品。大赛收到来自全国各地参赛作品78部，其中大同当地作品29部，通过中央电视台微电影频道报送的参赛作品有44部，还包含境外英文参赛作品。这些参赛作品分剧情片、纪录片、动画片三种类型。大赛组委会结合网上投票和专业评审评分，根据评审范围、标准、评分细则确定获奖作品、获奖个人和获奖单位。作品类奖项评出17个；人员类奖项评出5个；参与类奖项评出21个，其中有15部微电影获优秀微电影奖，6家单位获优秀组织奖。央视微电影财经频道获天下大同·光影楷模金奖；央视微电影民族频道获最佳组织奖。大赛还评出赞助类奖项、特别奖得主。（蕙 兰）

【古都灯会灯王《龙凤呈祥》】 2018年，中国（大同）古都灯会“灯王”《龙凤呈祥》放置于南城墙关城内。《龙凤呈祥》灯组直径35米，高15.5米，包括70余个大型部件，是该届灯会中体量最大、制作最复杂的一个传统灯组，整个灯组呈长方形，顶部以龙造型组合成一个巨型龙珠，周边配以花草纹样装饰，龙头摆动，主体花朵可开合，下端中心采用LED显示屏展示大同佛教文化历史渊源。灯组四角是福字组成的巨型方柱，柱头安装投影灯，在地面上投射出灯会吉祥物“彤彤”形象，游客可在字形各异的福字中行走穿梭。四只凤凰高居柱上盘桓，灯组中心前后图案半浮雕制作，呈现传统彩灯艺术性。（蕙 兰）

【古都灯会灯组《四季自然景观》】 2018年，中国（大同）古都灯会《四季自然景观》灯组，位于东城墙南段和南城墙东段1800米城墙上。《四季自然景观》灯组以“美丽中国、天下大同”为主题，寓意人与自然和谐共生，打造春夏秋冬四季自然景观。通过花束灯、灯光树、仿真绿地、特色小屋、动物灯等布置，与传统灯组相互辉映，融入汉服真人秀展示、“大同蓝号”“云冈号”专列小火车移动灯组秀、机器人舞蹈灯光秀表演等活动，打造四季灯光园林景观。（蕙 兰）

【古都灯会“王府升锅宴”】 2018年2月16日（农历正月初一），

大同古都灯会“王府升锅宴”在南城墙西耳城内点火开宴。纯手工巨型传统木炭铜火锅“王府升锅宴”上年古都灯会期间首次亮相，直径3.50米，不含龙盖高4.17米，上年4月这口大同纯手工传统巨型木炭铜火锅，挑战吉尼斯世界纪录，获“最大的中国传统巨型木炭铜火锅”称号。用巨型铜火锅以旧时王府火锅宴规制打造的“王府升锅宴”，由大同火锅餐饮企业和平饭店以传统大同什锦火锅形式烹制料理，每锅食材1吨，可供1000人同时食用。灯会期间正月初一开始，每晚可在大同古城南城墙关城西耳城内品尝大同美味。（蕙　兰）

【古都灯会三棋争霸赛擂台赛】2018年2月19日至3月2日，由大同市体育局、市城区政府、市体育总会主办的大同古都灯会三棋争霸赛擂台赛举行。活动设2018大同市第八届“泸州老窖特曲”杯围棋棋王赛、大同市第五届中国象棋棋王赛、大同市围棋小棋王赛、大同市国际象棋小棋王赛、中国象棋小棋王赛、大同市首届国际象棋棋王赛、大同市城区小学校三棋团体争霸擂台赛等9项比赛，全国各省市围棋、中国象棋、国际象棋2000余名爱好者参赛。参赛者在打擂的同时，参观游览古都灯会、春节庙会，感受古都大同年味。最终，高图南、郝连广、张虎分别获成人组围棋、国际象棋、中国象棋冠军；裴睿、张静、张译分别获学生组围棋、国际象棋、中国象棋冠军。（蕙　兰）

【古都灯会民俗文化展演】2018年3月2日（正月十五），由大同市委、市政府主办，市文化局承办的2018中国大同古都灯会民俗文化展演举行。全市7县4区、同煤集团、尚瑞文化传媒、北京市、吉林省延边市、内蒙古包头市、内蒙古乌兰察布市、河北省张家口市、山西省晋中市等地41支队伍3500余人参演，观众25万人次。展演活动以东城墙和阳门外广场与御河西路连接片区为展演主场地，表演队伍在主展演区域表演结束后，从和阳南门进入古城，经和阳街、四牌楼、清远街，由清远北门出城，主要内容有威风锣鼓、广灵大号、舞龙、舞狮、跑驴、挠搁、花车、花篮、车灯、伞舞、扇舞、抬轿、大头娃娃、耍故事、地秧歌、黄花秧歌、长城秧歌、广灵木偶、关公信俗、朝鲜族象帽舞、内蒙古民族服饰展示、左权花鼓、晋中抬搁、张家口秧歌、北京“一带一路”旗袍模特秀等。（市文化局）

社科研究

发展研究

【概况】2018年，大同市人民政府发展研究中心在省委机关刊物发表《大同市坚持把“两个尖兵”重任作为高质量发展王牌和转型升级品牌 凝心聚力深入推进工作取得明显成效》《大同市坚持“五突出”大力支持民营经济发展取得明显成效》《大同市认真贯彻落实骆惠宁调研时的重要讲话精神 争当能源革命排头兵之尖兵》3篇文章。配合新华网、《中国经济时报》《山西日报》、山西电视台报道大同市转型发展情况。出版《宏观经济研究》4期、《中心简讯》3期、《县域经济调查报告》1期；出版《发展研究》7期，聚焦全市工作重点、难点和热点，选编各地好的经验做法，结合市情分析研判，提出咨询建议。（邢雅婷　张静萍）

【课题研究】2018年，大同市人民政府发展研究中心围绕山西省委“示范区、排头兵、新高地”三大目标，落实大同“136”发展战略和市政府工作报告提出的“十大行动”任务，完成《关于古城综合开发管理的思考》《关于大同市国企国资改革调研报告》《新时期大同市转型发展调研报告》《新时期大同市乡村振兴调研报告》及《大同市城市客运市场管理改革调研报告》等涉及大同经济发展、改革创新、事关民生、文旅振兴等方面课题研究。（邢雅婷　张静萍）

【《能源革命新风潮》编辑出版】2018年7月13日，大同市人民政府发展研究中心主办的期刊《大同发展》更名为《能源革命新风潮》。《能源革命新风潮》在版面设计上，由新华网山西频道担纲设计，每期提出版面设计方案。在栏目创新上，加大市委、市政府、同煤集团、大同大学方面的文章刊发力度，跟进报道一些部门和县（区），并开辟专家观点、“双十”工程（十项生产生活基础设施建设项目和十类产业扶贫项目）等，聚焦宣传能源革命。在宣传发行上，扩大发行范围，向省直部门、兄弟地市寄送刊物；向全市县（区）、部门和相关企业发放刊物2500册；加印《能源革命新风潮》，在北京、上海、广州、西安等地召开的招商引资推介会和企业恳谈会上，作为对外宣传材料发放。全年出版《能源革命新风潮》6期。（邢雅婷　张静萍）

社科联

【概况】2018年，大同市社会科学界联合会（简称“市社科联”）加大各社科学会组织的管理力度，探索新形势下加强社科团体管理的方法和途径，规范学会年检审核工作，对存在的问题提出整改建议，规范社科学术团体管理。开展社科大调研活动，发掘社科工作典型，推动社科工作提档升级。组织编写社科普及宣传资料，推动社科普及工作发展。开展社科研究与学术交流活动，在前期调研基础上，经过谋划沟通，与大同市诗词学会共同编辑《大同名胜诗词集》；7月，向省社科联推荐大同市社科学者张日华的系列丛书《美丽大同书香矿区》参加全国社科普及工作年会；组织大同市社科学者围绕大同经济社会发展实际开展研究，向省社科联申报省级重点社科研究课题。（李文剑）

【社科宣传普及活动】2018年，大同市社科联协调指导市博物馆向省社科联申报命名为山西省社会科学普及宣传基地。依照《山西省社会科学普及宣传基地管理办法》规定，践行

"大社科"理念，推动社会科学宣传普及，促进大同市社会科学事业繁荣发展。6月，组织市学雷锋联组学会开展"雷锋车队"服务高考活动，向考生家长及考生赠送社科普及读物《哲学社会科学普及知识问答》与《"两学一做"与"十三五"规划知识问答》宣传册。组织编写社科普及宣传资料，推动社科普及工作向纵深发展。9月，市社科联主席作为山西省社科联代表参加在甘肃举办的全国社会科学普及工作年会。在全市分期分批建设一批社会科学普及宣传基地，首批命名20个，设立科普基地给传承发扬社科文化提供平台。（李文剑）

【社科评审】 2018年，大同市社科联通过初评，向山西省第十次社会科学优秀成果评奖活动报送24部作品参加学科评审，其中6部作品获二等奖，9部作品获三等奖，5部作品获优秀奖，市社会科学界联合会在评奖工作中获组织奖。完成上年度"山西省社科联百部篇工程"评奖活动在大同地区的申报收集审核工作，经过组织申报，在上年度"山西省社科联百部（篇）工程"评奖活动中，有16篇（部）作品申报参评，其中有2部作品获二等奖，3部作品获三等奖，大同大学获组织奖。（李文剑）

2018年山西省第十次社会科学研究优秀成果获奖名单（大同）表

序号	编号	组别	成果名称	成果形式	著作人	申报人	工作单位	获奖等次
1	1001018	马克思主义组	科学发展观的人学思想研究	专著	张　莉	张　莉	大同大学	二等奖
2	1003041	经济学组	煤矿安全状况与经济社会协调发展研究	专著	姚有利	姚有利	大同大学	二等奖
3	1005061	教育学组	体育与人的社会化研究	专著	常乃军 赵　岷	常乃军	大同大学	二等奖
4	1005057	教育学组	解构武术	专著	李翠霞	李翠霞	大同大学	二等奖
5	1006054	语言文学组	汉英谚语对比研究	专著	寇福明	寇福明	大同大学	二等奖
6	1006006	语言文学组	金代科举与文学	专著	裴兴荣	裴兴荣	大同大学	二等奖
7	1001014	马克思主义组	科学实践观范式下思想政治教育价值研究	专著	李月玲	李月玲	大同大学	三等奖
8	1006046	语言文学组	汉语单数人称代词音变式的功能演变及性质	论文	裴瑞玲 王跟国	裴瑞玲	大同大学	三等奖
9	1006059	语言文学组	文化遗产保护视野下文艺创作的理念	论文	凌建英 李太荣	凌建英	大同大学	三等奖
10	1006073	语言文学组	甲骨金文中玉资料研究	专著	杨　州	杨　州	大同大学	三等奖
11	1007043	历史文化学组	雁北地区乡村寺庙调查研究	专著	陈纪昌	陈纪昌	大同大学	三等奖
12	1008062	管理学组	新常态下乡村旅游与文化创意产业融合发展研究	论文	赵　华 于　静	赵　华	大同大学	三等奖
13	1009019	艺术组	光绪时期清宫"串头本"探论	论文	徐建国	徐建国	大同大学	三等奖
14	1009029	艺术组	大同云冈石窟乐器图像的统计与再校订	论文	吴巧云	吴巧云	大同大学	三等奖
15	1009033	艺术组	元杂剧中的女真民俗文化	论文	彭栓红	彭栓红	大同大学	三等奖
16	1003048	经济学组	城镇化进程中山西省碳排放量影响因素分析及预测研究	专著	徐丽娜	徐丽娜	大同大学	优秀奖
17	1005037	教育学组	教育大数据对网络教研的影响	论文	王丽珍 刘佳星	王丽珍	大同大学	优秀奖
18	1006011	语言文学组	佤——德昂语支述补结构研究	专著	王俊清	王俊清	大同大学	优秀奖
19	1007024	历史文化学组	抗战时期晋绥边区农村经济研究	专著	王志芳	王志芳	大同大学	优秀奖
20	1007054	历史文化学组	《道德经新注》	编著	郭世贤	郭世贤	大同北岳老子书院	优秀奖

档 案

【概况】 2018年，大同市档案局配合保护国家重点档案，继上年11月启动民国档案目录信息采集工作，完成第一期全宗号B010大同高等地方法院检察院的旧政权民国档案6437卷，195840条，第二期98781万条。推进大同市市县两级档案馆新馆建设，市档案馆新馆于8月18日开工奠基。截至2018年年底，市档案馆馆藏档案125849卷13680件。（池永清 纪海霞）

【图书档案接收】 2018年，大同市档案局与各单位、社会名人等各方面联系，接收单位和市民捐赠的图书、档案资料。市广播电视台副台长李鸣放捐赠全市景点鸟瞰图，灵丘县东长城村藏福广捐赠《藏氏南门族谱》，民俗专家赵佃玺捐赠《北方民俗文化研究》，原云大党委书记王中一捐赠改革开放、"文化大革命"时期珍贵档案资料，市文联曹杰捐赠《闲暇碎笔》，大同摄影家协会副会长田相臣捐赠《大同夯土长城》摄影作品集，市五中捐赠《大同五中百年》及影集；向市外办征集中日友好档案资料等。全年接收图书类：图书31本、照片21张、影集4册、明信片1套；档案类：协议书1份、宣传海报1张、宣传册1本、方案7本、散文件32件。（池永清 纪海霞）

【《大同改革发展40年档案文献精选》出版】 2018年12月，大同市档案局编辑的《大同改革发展40年档案文献精选》，由山西人民出版社出版。该书是一部以档案反映全市改革开放历史的文献，全书80万字，记录大同地区40年来关于农业、工业、政治、经济、文化、社会等领域改革发展历程和历史成就，是一部有思想性、史料性、可读性读物。（池永清 纪海霞）

【馆藏档案数字化加工】 2018年，大同市档案局数字化加工1986年之后的馆藏档案，采取边验收边挂接方式，二次检验加工结果，完成53个全宗，8111卷，796358页，加工档案数字化成品验收合格率在99.5%以上，验收合格并归库244个批次。（池永清 纪海霞）

【查档利用】 2018年，大同市档案馆开展节假日预约查档、来电来函查档，配合相关单位查阅档案资料，服务社会各界。全年接待查档312人次，调卷新中国成立后1120卷，新中国成立前170卷，复制3226页，取证132次，给相关部门编史修志，工作查考提供支持，为地方经济发展提供参考，为解决土地资源、婚姻、工龄、学籍等民生问题提供数据。（池永清 纪海霞）

【档案划控】 2018年，大同市档案局开展馆藏档案划控开放力度，在上年划控工作基础上，摸底和统计馆藏1988年的档案数量，重新修订2018年档案"划控方案"，按照责任到人要求，组织人员分组分批，逐件逐页完成，确保划控质量。全年划控鉴定档案案卷数2300卷，合计136455页，开放件数19202件，控制件数12290件，开放率61%。（池永清 纪海霞）

【部分行政区划调整档案管理】 2018年，大同市档案局按照大同市部分行政区划调整工作部署，根据《关于行政区划调整中加强档案管理工作的通知》要求，拟写《大同市部分行政区划调整文书档案专项小组任务分解细化表》《关于起草〈大同市部分行政区划调整文书档案管理工作实施方案〉的说明》《大同市档案局关于行政区划调整对档案安全性和完整性的影响与对策的报告》和《行政区划调整档案资料移交内容》，并设计《档案交接文据》和填写说明。为确保行政区划调整档案工作的质量和效益，市档案局确立每半月阶段性召开行政区划调整档案工作研讨会制度，每次会议由市档案局党组书记、局长曹彬主持，涉及行政区划调整的4个县（区）档案负责人及相关业务骨干参会，针对具体情况，研究区划调整档案工作中可能出现的问题及应对措施和解决方法。市档案局派出业务骨干，到原城区、原矿区、原南郊区和原大同县，分别业务培训指导县（区）各部、委、局、办和各人民团体、企事业单位430余名档案从业人员。最终，完成市部分行政区划调整档案工作。（池永清 纪海霞）

【档案安全】 2018年，大同市档案局建设档案安全体系。落实"八防"（防火、防潮、防尘、防鼠、防盗、防光、防虫、防水）等措施，建立健全各项规章制度。更换防盗监控系统、更新86个灭火器等设施设备，配置9台空调、2台自动温湿度机、14个烟感监控、83个红外监控等设施设备，按时放置防虫、防霉药剂。定期安全检查档案库房，做检查记录。加强档案接收、出入库管理，执行双人入库制度。制定和完善档案库房安全管理、档案收集、保管、开放、利用、查阅、保密等11项规章制度，及消防、信息化等5项应急预案。完善档案网络安全系统。升级改造网络系统整体安全防护，安装边界安全专用网关、数据中心边界入侵防护系统、数据中心防病毒网关等29套相关安全防护设备，完成配置及调式，并投入使用。（池永清 纪海霞）

【档案监督指导】 2018年，大同市档案局抽调业务科室骨干督促指导部分县（区）和市直多家单位的重大活动档案工作，宣传重大活动档案工作法规、政策和专业知识，培训相关档案人员业务知识和指导重大活动档案的收集范围、整理方法。落实督导市直各单位建立分管领导和联络员制度，与各单位联系，掌握各单位主办的重大活动进展情况。分批确立涉及全市政治、经济、文化、体育、旅游等领域内易产生重大活动的40家单位作为重点关注对象，加强管理。开展档案行政监督检查工作。执法检查分自查、检查、整改3个阶段，在各单位自查自纠基础上，市档案局班子成员分别带领3个检查组，按照检查与突出重点相结合、执法与指导相结合、执法与宣传相结合、自查补漏与检查整改相结合等原则，采取听汇报、查看实证材料、现场检查方法，检查30家单位的档案组织管理、档案规范化管理、安全体系建设等，并提出整改意见和建议。与各单位沟通交流，宣传档案法律法规和专业知识，调研指导现有条件如何做好档案收集、整理、保管、利用、安全等工作。（池永清　纪海霞）

【全市重大活动档案工作协调会】 2018年4月19日，大同市档案局在市文瀛湖机关办公楼组织召开全市重大活动档案工作协调会，30余家重点单位的分管领导和联络员参加会议。会议解读《山西省档案管理办法》；安排部署全年重大活动档案工作；宣读《大同市档案局关于加强全市重大活动档案管理工作的实施方案》（简称《方案》），《方案》明确规定重大活动的申报程序、保障经费投入、档案部门参与体制等要求；征求各重点单位关于重大活动档案工作有关考核和奖惩的意见。（池永清　纪海霞）

【纪念“6·9”国际档案日宣传月活动】 2018年，大同市档案局以“档案见证改革开放”为主题，筹划大同市纪念“6·9”国际档案日宣传月活动宣传，全市档案系统围绕“档案见证改革开放”活动主题，开展宣传活动。举行大同市纪念“6·9”国际档案日宣传活动月启动大会暨档案专业能力提升培训班开班仪式。开展送文化进农村进社区活动。6月1日到灵丘县柳科乡，通过现场介绍及入户宣传方式，向乡干部、乡联校学生，及对接贫困户讲解档案法律法规、建立家庭档案等相关内容，并发放档案法制宣传单页、档案文化宣传手册等资料600余份；6月27日到绿园社区，及振华南街振华北街社区开展现场宣传，向社区群众讲解档案法律法规，发放档案法制宣传单页1000余份。开展送文化进机关活动，在御东文瀛湖办公楼4块大屏幕、大厅电子屏上循环播放档案宣传片及标语，并在消防通道东侧展区放置6块宣传展板，宣传档案法律法规和档案知识。开展电视台宣传活动，从6月9日起，在大同电视台广告栏循环播放半个月的档案宣传视频和标语。开展手机客户端宣传活动，并通过中国联通向全市70万联通手机客户端链接发送档案宣传标语。开展公交宣传活动，从6月1日起，用1个月的时间涉及全市58条线路，700辆公交车上循环播放档案宣传视频。开展报纸宣传活动，6月9日当天在《大同日报》刊登《大同市重大活动档案管理实施细则》、改革开放40周年档案资料征集公告，及档案宣传标语。举办档案法制专题讲座，6月13日，邀请省档案局政策法规处专家给市直机关，及各县（区）档案工作人员讲解档案法律法规。举办档案专业能力提升培训班，6月13日至15日，邀请省市专家在市委党校给市县230余名档案工作人员培训。开展征集档案、主题征文等活动。各县（区）档案局组织开展宣传活动，全市发放宣传传单与资料8000余份，接待咨询人员3000余名。国家档案资讯网、大同日报社、大同电台、大同电视台，及各县（区）电台、电视台、地方报纸等新闻媒体宣传报道活动。

（池永清　纪海霞）

▲2018年6月13日，大同市举行纪念“6·9国际档案日”宣传月启动大会暨档案专业能力提升培训班（池永清　摄）

【档案业务培训】 2018年6月13日至15日，大同市档案局在市委党校举办全市档案专业能力提升培训班，邀请省档案局专家苗文化、杨建清、支佐红授课，通过播放课件和实物操作方式，讲解国家档案局第8、9、10号令等业务知识，现场解答档案管理常见问题，市直各单位、各县（区）档案局200余人参加培训。7月27日，在御东办公楼多功能二号厅开展全市档案岗位工作人员专业能力提升培训测评，讲解各类档案管理业务知识，解答档案管理常见问题，针对近几年执法检查发现的问题，市档案局提出指导性建议，市直各单位档案工作人员100余人参加培训。市档案局派出业务骨干到基层开展培训，3月9日，专题培训审计系统40余名档案员档案业务知识，通过播放课件和实物操作等方式，讲解机关档案管理业务知识和第8号令；4月28日，到原矿区开展档案业务知识专题培训，讲解第8号令和各类档案归档整理要求，100余人参加培训；7月10日，到市机关事务管理服务中心开展档案业务培训，讲解档案整理知识、第8号令，解答档案管理中常见问题。

（池永清　纪海霞）

【民国大同县志调查材料档案修复】 2018年10月，大同市档案局依据国家相关规范制定《大同市档案局民国大同县志调查材料档案修复技术方案》，并组织各方面力量修裱907页的民国大同县志调查材料，保护该批国家重点档案。

大同市档案馆珍藏民国大同县志稿档案文献99卷，其中1～61卷是正志，62～99卷是修志时的调查材料，调查材料内容反映民国时期大同的政治、经济、文化状况，对研究大同近代文明起步发展有大学重要意义，而民国大同县志调查材料大小规格不一，一直以散件形式装盒保存，年代久远，档案出现老化、破损等现象。 （池永清 纪海霞）

地方志

【概况】 2018年，大同市地方志办公室依照《山西省地方志工作条例》，贯彻执行《全国地方志事业发展规划纲要（2015—2020）》《山西省地方志事业发展规划纲要（2015—2020）》，推进《大同市志（1993—2013）》《大同年鉴（2018）》《大同今古》编纂工作。编印《大同今古》期刊6期（总第170～175期），总字数60余万字。在“方志山西”官方微信上刊发信息16篇。（张小霞）

【志书编修】 截至2018年4月23日，《大同市志（1993—2013）》编辑成书700万字的评审稿并报送省地方志办。《大同市志（1993—2013）》上限1993年，下限2013年。全书分六册，采用编章节体结构，首设地图、总述、史略、特记、大事记，尾设专记、附录、索引、修志始末，中设政区、自然环境、人口、历史文化名城、城乡建设等42编分志，约700万字，内容涵盖1993年雁同地市合并后，大同市21年来政治、经济、社会、文化、自然等方面的历史和现状。

年内，大同市规划县（区）志11部，7部出版，1部终审，3部评审，未出版志书占全省9%。11月6日至7日，大同市地方志办公室参与《大同市矿区志（1998—2017）》评审，该书记载1998—2017年历史，采用编章节结构，首设总述、大事记，尾设专记、附录、修志始末，中设政区、自然环境、城建环保、人物等27编分志，约120万字。11月8日至9日，参与《浑源县志（1996—2016）》评审会，《浑源县志（1996—2016）》编纂工作于上年6月启动，记事上限1996年，下限2016年，采用编章节结构，首设概述、大事记，尾设附录、修志始末，中设建制区划、自然环境、基础设施、恒山风景区等33编分志，约100万字。12月20日至21日，参与《灵丘县志（1991—2010）》评审会，该书记事上限1991年，下限2010年，采用编章节结构，首设序、概述、大事记，尾设专记，中设建制、自然环境、经济综述、人物等21编分志，80万字。

（冯 雨）

【综合年鉴编纂】 2018年12月，《大同年鉴（2018）》由方志出版社出版发行，该书记载上年大同市政治、经济、文化、社会、生态等各个领域的现状及新成就、新发展、新变化、新经验和新问题。全书采用分类编辑法，分类目、分目、次分目、条目四个层次编排，设有市情概览、中国共产党大同市委员会、大同市人民代表大会、大同市人民政府、中国人民政治协商会议大同市委员会、中国共产党大同市纪律检查委员会、民主党派工商联、社会团体、军事、法治、经济管理与监督、工业经济、农林水利、住房和城乡建设环境保护、交通运输、无线电通信邮政、商贸会展、财政税务、金融、科学技术社会科学、教育、文化、文物旅游业、新闻出版广播影视、卫生和计划生育、体育、社会生活、人物、县（区）概览等34个栏目。

该年鉴框架结构相对稳定，在内容上根据上年市委、市政府的中心工作和城市发展中出现的新情况，在“大同市人民政府”栏目中，增设“能源革命”分目及“山西（大同）云冈文化旅游活动”“2017大同国际半程马拉松赛”“大同万达广场开业”“大同高铁站广场开工”等条目，加强年鉴的年度性、地域特色性。全书全彩印刷，总字数1546千字，主编李勇，开本889×1194毫米，由大同市海德印刷有限公司印刷，定价298元。

全年全市10个县（区）都启动2018卷年鉴编纂工作。其中，《大同市城区年鉴（2018）》由山西人民出版社出版；《大同市南郊区年鉴（2018）》由北岳文艺出版社出版；《左云年鉴（2018）》由山西经济出版社出版；《阳高年鉴（2018）》由山西经济出版社出版；《天镇年鉴（2018）》由山西人民出版社出版；《广灵年鉴（2018）》由山西人民出版社出版；《灵丘年鉴（2018）》由山西经济出版社出版。 （张小霞）

【全市年鉴编撰业务培训会】 2018年4月13日，大同市地方志办公室在文瀛湖行政办公楼一层报告厅召开年鉴编撰业务培训会。培训会邀请临安市地方志办公室研究员、《临安年鉴》执行主编唐剑平作《年鉴条目编撰及案例分析》专题培训。全市年鉴供稿单位的撰稿人员，市志办全体人员及11个县（区）的志办主任、业务骨干260余人参加。培训会由市地方志办公室主任李勇主持。

会上，唐剑平根据大同年鉴编纂出版实际情况，从年鉴体例、编撰思路、条目编写、语言问题、规范问题等方面讲授该如何编撰高质量年鉴。指出年鉴不是“志书”“工作总结”“工作报告”“新闻通讯”“简讯”“大事记”“流水账”“资料汇编”“大杂烩”，并用正面案例强调年鉴应该是“点面结合”的具有“著述性”的原创性作品，在编纂过程中更要注意年鉴的资料性这个质量核心。他联系实际，运用案例讲述年鉴编撰理论，传授年鉴编撰经验与方法。市方志办年鉴科科长冯晋慧从年鉴条目分类、条目组成、供稿要求等方面作说明，并根据在收稿过程中遇到的实际问题提出几点注意事项。要求各单位要落实会议精神，把握好时间节点，报送各单位年鉴稿件，并按照会议要求，提供高质量年鉴稿件。（张小霞）

【《大同市志（1993—2013）》评审会】 2018年5月24日至25日，《大同市志（1993—2013）》

▲ 2018 年 5 月 24 日，大同市召开《大同市志（1993—2013）》评审会

（王 林 摄）

评审会召开。山西省地方志办公室党组书记、主任张志仁出席并讲话，党组成员、副主任刘益令主持评审会，大同市副市长郭蕾致辞，市地方志办公室主任李勇汇报《大同市志（1993—2013）》编纂情况，市政府副秘书长曹晖主持开评仪式。省地方志办公室原副巡视员马正英、综合处处长郝世文、市县志处处长焦永萍、省志一处处长郭建平、旧志处处长董剑云、市县志处调研员杨颖、旧志处调研员冯翠兰、省志二处副处长向建伟评审志稿。市地方志办公室业务人员、各县（区）方志机构主任和业务骨干，及朔州市地方志办公室主任、山阴县史志办主任等 50 余人参加。

会上，省市评审专家 17 人围绕篇目、体例、资料、行文等进行点评，指出《大同市志（1993—2013）》送审稿资料翔实、内容全面、注重突出大同特色、编纂有创新，且篇目设置和体例行文符合志书要求。提出《大同市志（1993—2013）》送审稿中存在的一些问题，如编章内容不平衡，小的 1 万字，大的八九十万字；资料虽翔实，但有的过细、过碎；记述方面缺乏总结和脉络梳理；在突出大同特色上，不够充分，虽然有内容，但框架安排不科学等。并提出下一步具体修改建议。会议期间，张志仁和郭蕾交流研究如何做好大同市地方志工作，推进修志滞后的矿区、灵丘县、浑源县 3 区（县）工作。（冯 雨）

【大同方志馆开馆】 2018 年 11 月 6 日，大同方志馆开馆仪式在大同市图书馆举行。中共山西省委党史研究院（山西省地方志研究院）院长张志仁出席并讲话，大同市副市长郭蕾致辞，市政府副秘书长曹晖主持，市地方志办公室党组书记、主任李勇介绍大同方志馆筹办情况。中共山西省委党史研究院（山西省地方志研究院）有关处室专家，市文化局、市文物局、市云冈研究院、市博物馆、市文旅集团、大同大学图书馆和各县（区）地方志机构等相关单位负责人及新闻媒体记者 80 余人参加。

大同方志馆是中共山西省委党史研究院（山西省地方志研究院）助建成立的第 17 家方志馆，开馆当日向大同方志馆赠送编纂出版志鉴图书 150 种、260 余册。大同方志馆位于大同市图书馆四楼，展陈面积 360 平方米，分三晋、古都、名城、石窟、五岳、长城、辽金、煤都、本土九大序列，每个序列分设：古旧志、一轮志、二轮志、年鉴、部门志、乡村志、地方书刊、史话传说、学术论著 9 个专区。截至 2018 年年底，大同方志馆藏图书资料 6000 余册。（段一平）

【《大同年鉴（2018）》手机版首次上线】 2018 年 12 月 15 日，大同市人民政府主办、市地方志办公室编纂的《大同年鉴（2018）》实现手机版首次上线，读者通过手机扫描二维码可浏览、阅读和查询《大同年鉴（2018）》内容。年内，大同市地方志办公室注重年鉴现代传播技术运用，跟随新时代年鉴发展步伐，加强年鉴信息化建设，创新年鉴传播形式与传播载体，在往年制作纸质版、网络版、光盘版等形式年鉴基础上，推出手机版《大同年鉴（2018）》，扩大《大同年鉴（2018）》影响力。在《大同年鉴（2018）》封底中印置“二维码”，读者可通过扫描“二维码”，随时随地浏览、阅读《大同年鉴（2018）》，可按照类目功能检索、查找、复制年鉴内容，让人们方便快捷读鉴、用鉴，开启《大同年鉴》纸质媒体与新媒体融合发展新篇章。（张小霞）

新闻出版　广播影视

新闻宣传

【概况】　2018年，大同市委市政府新闻中心在省级以上主流媒体发表稿件5520篇，比上年增加1800余篇。其中，在《人民日报》刊发稿件38篇，比上年增加13篇；在中央电视台播出稿件95条，比上年增加19条。自采稿件在省级以上主流媒体发表192篇，比上年增加21篇。　（高　晔）

【对外新闻宣传】　2018年，大同市委市政府新闻中心重点报道稿件有中央电视台《新闻联播》播出的《武宏文亲力亲为 市长就是施工队长》《山西大同 古都灯会流光溢彩 庆新春》《治水攻坚战，还绿桑干河》《东西南北贺新春特别节目90分钟》，中央电视台《走遍中国》播出的5集专题片《大同大不同》；《人民日报》刊发的《大同千亿转型项目集中开工》《大同发放科技创业券助力双创》《以担当书写人生风采——大同市委副书记、市长武宏文》、头版刊发的《小黄花成了大气候》；《光明日报》刊发的《从"煤都黑"到"大同蓝"——山西大同走出绿色发展新道路》；《山西日报》头版刊发的《大同市加速推进能源革命》《大同："氢能之都"指日可待》《大同2.54亿元重奖191户企业8家单位》《大同立行立改推动扫黑除恶专项斗争向纵深发展》等。年内，和《山西日报》大同记者站合办《山西日报》区域新闻大同版，发出24个专版，统筹、编辑、采写文字稿近10万字，新闻图片100余幅。围绕全市中心工作，策划出版《2018中国大同古都灯会璀璨启幕》《能源革命 潮涌大同》《大同"十大行动"书写发展新篇章》《大同全力实施2018"两个尖兵"突破行动》《大同擂响工业振兴进军鼓》《大同市勇闯全面深化改革"深水区"》《大同打造先行区 当好两个尖兵 实施三大振兴》《大同市以超常之力攻坚深度贫困》《第四届成龙国际动作电影周激情绽放》等专版。加强与新华网、人民网等主流门户网联系合作，给新华网、人民网推送260余篇新闻稿件。加强与新华社客户端合作，在新华社客户端推送发出大同新闻和政务信息1100余条。　（高　晔）

【新闻记者接待】　2018年，大同市委市政府新闻中心接待国家和省级媒体记者113批，750余人次，其中主流媒体68批，430余人次，宣传大同建设成就和先进典型。在接待工作中，通过给采访记者介绍情况，提供信息资料，共同策划方案，借助他们优势，采编刊播出宣传大同的报道稿件。大同古都灯会邀请组织40余家媒体、记者90人次，到大同采访报道，加上主动到大同采访的媒体记者，接待媒体100余家，记者290人次，在各种媒体上发出报道稿件900余条，网民通过网络点击阅读灯会新闻1亿余次。其中中央电视台播出大同古都灯会和春节文化报道16条，分别在《新闻联播》《新闻直播间》《东方时空》《共同关注》《英语频道》等栏目和频道播出。第四届成龙国际动作电影周期间，邀请组织中央、省和周边80余家媒体、记者200余人次到大同采访报道，借助成龙和众星"星光"报道大同在文化、旅游资源上亮点，报道大同市在脱贫攻坚方面取得的成果，发出稿件800余条。　（高　晔）

【新闻舆论环境】　2018年，大同市委市政府新闻中心落实《大同市媒体舆情服务管理意见》，抓媒体协调和舆论引导，发挥新闻中心与省级以上媒体工作沟通优势，与国家级、省级媒体及网络媒体做好联系沟通，应对舆论监督，给全市发展稳定创造良好舆论环境。加大各种各类舆情监控防控工作，对一些重大舆情做到早发现、勤报告、重研判，参与处理各类突发事件的媒体应对工作，解决相关问题，维护工作大局，给全市经济建设和社会发展创造宽松舆论环境。全年处置媒体事件30余起。　（高　晔）

【新闻发布会】　2018年，大同市委市政府新闻中心和外宣办合作，组织有关部门通过新闻发布会形式，把市委、市政府重大决策、工作部署、新出台的法规条例、重要成果和需要广大人民群众参与支持的工作通报给全市人民，向社会公布。给四大班子和政府各职能部门组织召开新闻发布会、记者招待会24次，有《首届大同黄花丰收活动月》新闻发布会、《CCTV魅力中国行全国才艺大赛暨中秋晚会节目征集大同赛区》新闻发布会、《大同市第二次全国污染源普查工作》新闻发布会、《2018山西大同云冈文化旅游活动季》新闻发布会、《2018中国大同多彩新荣·美丽乡村游暨长城古堡露营》新闻发布会、《2018全国〈敬老月〉大同系列文化活动》新闻发布会、《中国大同雕塑双年展》新闻发布会，在北京召开《第四届成龙国际动作电影周》新闻发布会等。（高 晔）

【合作宣传】 2018年，大同市委市政府新闻中心在通联工作上求创新、求突破，建立外宣工作联络机制，巩固大外宣格局。加强与中央媒体、山西省主要媒体联系，了解他们各个时期的报道重点、选题要求、信息需求，给他们传递大同新闻线索、报道题材和工作信息，并邀请他们到大同采访报道，在古都灯会、云冈文化旅游季、东西南北贺新春、第四届成龙国际动作电影周等活动、重要题材的对外报道中发挥重要作用。加强与大同日报社、大同电视台等相关部门横向联系，建立重大题材、重点报道集体策划研究机制，集智聚力，共享资源，在能源革命、脱贫攻坚、纪念改革开放40年等重点报道中发挥作用。加强与县（区）新闻中心纵向联系，信息上加强沟通、业务上加强指导、工作上加强联系，举办全市县（区）新闻中心业务培训班，协助平城区、左云县、灵丘县等县（区）举办通讯员业务培训班，请专家教授培训新闻宣传、舆论应对工作，与驻大同记者站交流业务。巩固完善《全市对外新闻宣传发稿通报》制度，按月通报省媒体驻大同记者站和各县（区）的对外发稿情况。（高 晔）

图书出版

【《文化复活与民族复兴》出版】 2018年1月，由北岳恒山文化研究会秘书长王继光编撰的《文化复活与民族复兴》一书由世界图书出版公司出版。《文化复活与民族复兴》全书21讲，涉及民族历史、文化复兴、文化自信、易经思想、礼治与法治、尚贤与尊德等话题。作者在书中认为《易经》是中国传统文化的根基，对儒道释乃至多种学派产生巨大影响，形成中国文化史上独一无二的学术奇观。作为诸子百家的“大易”，以其特有要素与要素组合方式探寻宇宙、社会和人生，体现中华民族文化命理。（鹤 梅）

【《美丽大同》文创精品面世】 2018年2月9日，《美丽大同》文创精品新闻发布会在大同市展览馆召开。发布会由市政府新闻办公室，市文化局、大同市委市政府新闻中心主办，大同雨花文化传媒有限公司承办。《美丽大同》文创精品是由雨花文化传媒创意开发的一款市级文化精品，其以大同市青年书画家张日华创作的“大美大同”系列画作为蓝本，以宣纸印制画片，经市邮政局申请，中国邮政批准北京邮票印刷厂印刷一套宣传城市的邮票，把其集纳成为一套文创精品，反映大同文化历史、人文景观、民风民俗，实现“用艺术诠释城市历史，用文化打造城市名片”宗旨。（鹤 梅）

【《庐舍偶记》出版】 2018年3月，由张世龙主编的《庐舍偶记》由北京艺术与科学电子出版社出版，全书分《回乡偶书》《人生感悟》《情感驿站》《家庭随想》等8个篇章，收录张世龙历年来发表于报纸杂志的散文、随笔44篇，全书约15万字。书中收录的散文、随笔有作者对生活表象的梳理，渗透出作者对于历史、人生、世俗、哲学、宗教等问题的思考，有对于生命的悲悯和情感关怀，使读者在阅读之余获得震撼心灵的审美感受。张世龙在原雁北北路梆子青年实验团、大同市艺术研究所工作，擅长琵琶演奏。曾在《中国文化报》《山西文化》等报纸杂志发表小说、散文、评论类文章。（蕙 兰）

【《黑鹳的故事》出版】 2018年7月，山西灵丘黑鹳自然保护区历时2年编著的《黑鹳的故事》一书，由中国林业出版社出版。《黑鹳的故事》分“珍禽黑鹳”“生活环境”“繁衍后代”“生活规律”“寻觅食物”“与人类的关系”5个部分，图文呈现黑鹳名字的来历、形态特征、分布情况、生活环境、婚配、筑巢、产卵、孵化、育雏、出巢、迁徙、觅食、与人类的关系等知识。

黑鹳是世界濒危珍禽国家一级重点保护动物，被列入1998年版《中国濒危动物红皮书》（鸟类卷）中，其珍贵度与大熊猫相媲美，被称为“鸟中大熊猫”。2018年在全世界有2000只，中国有1000只。灵丘县由于独特生态之美，自古就是黑鹳的繁殖、栖息之地，检测到黑鹳约100只。灵丘黑鹳自然保护区建立10余年以来，管理局工作人员观察研究黑鹳的生活环境、生活习性、有效保护等，掌握大量翔实资料。《黑鹳的故事》是灵丘黑鹳自然保护区继《自然生态保护名词术语汇编》《自然保护知识问答》《山西灵丘黑鹳自然保护区》之后，出版的第4本科普宣传著作。（翠 松）

【《大同历史文化辞典》出版】 2018年10月，《大同历史文化辞典》由山西出版传媒集团出版，全书65万字，是一本可供查阅大同历史文化的工具书。《大同历史文化辞典》一书由大同古城保护和修复研究会会长安大钧主编，研究会史学专家宋志强和关仲秀编纂。该书所收词条4152条，最早可追溯至远古时期，最近是1911年辛亥革命，所录词目均是与大同区域历史有关联的历史人物、历史事件、历史地名、行政建置、历史遗存遗址、史学著作、典章制度、碑刻题记、考古成果、民族关系、民俗风物等。（翠 松）

【《纸上蝴蝶》出版】 2018年12月，大同市作家姚桂桃的散文集《纸上蝴蝶》由北岳文艺出版社出版发行。该书收录姚桂桃创作的散文110余篇，分《盛开》《情怀》《慢生活》《草色遥青》《书卷深处》《往事》《琐记》《追思》8辑，全书23.8万字。

姚桂桃，任大同日报社编委，山西省作协会员，市作协副主席，省散文学会理事，文化记者，主编报纸文学副刊多年，撰写文化随笔专栏文章200余篇，发表小说、散文等300余篇。（翠 松）

【《大同古长城》画册出版】 2018年11月，由大同市图书馆编印的《大同古长城》画册出版，该书由大同市图书馆馆长陈来义主编。这是5月大同市图书馆长城文献资料研究中心成立后，出版的第一部与大同长城有关的画册，是7月在太原举办的“雄关存旧迹，形胜壮山河——沧桑长城，大美大同摄影展”的结晶。《大同古长城》画册收录的大同长城摄作品，从20世纪80、90年代至2018年，时间跨度近40年，由长期从事大同长城拍摄工作与活动的10位摄影家李文魁、刘玉军、田相臣、姚建军、李鸣放、安晋华、王儒贤、王建生、陈荣烨、李习联抉奉献。（翠　松）

【王祥夫短篇小说作品集出版】2018年，大同市作家王祥夫两部短篇小说作品集出版，《为什么不去跳舞》由北岳文艺出版社出版，《五张犁——程绍武点评王祥夫短篇小说》由安徽文艺出版社出版。

王祥夫，大同市作家、画家，文学作品曾获“鲁迅文学奖”“林斤澜短篇小说奖·杰出作家奖”“赵树理文学奖”“小说月报百花奖”“上海文学奖”“滇池文学奖”，并屡登“中国小说排行榜”。著有长篇小说、中短篇小说集、散文集30余部，美术作品曾获“第二届中国民族美术双年奖”“2015年亚洲美术双年奖”。《为什么不去跳舞》收录王祥夫的短篇小说13篇，均为描写小人物的日常生活。看似平淡开头、平实叙述，烘托之后不经意间抛出小包袱，随即戛然而止，带来触目惊心、措手不及结局，分寸恰到好处，意味悠长。《五张犁——程绍武点评王祥夫短篇小说》收录王祥夫25个短篇小说，所收小说多为各个时期的代表作，其中的代表作品获各类大奖，如鲁迅文学奖、《小说月报》百花奖等。这些小说集中反映当代人的日常生活和精神生活，看到他们的窘迫状态和进取精神，从而体现出一种对人性的关怀和关注。（翠　松）

报　纸

【概况】2018年，大同日报社报道中共十九大、“两会”和全市脱贫攻坚、争当能源革命和对外开放“尖兵”、扫黑除恶、创建文明城市、纪念改革开放40周年等工作，古都灯会、成龙电影周、能博会等活动，“两报一网”（《大同日报》《大同晚报》和大同新闻网）、“两微一端”（官方微博、微信、手机移动客户端）协同发力，把握主线，报道跟进大同市产业转型、能源革命、工业强市、招商引资引智、优化营商环境、环境治理、文明创建等方面的做法和成效，联络配合中央、省级媒体三级联动，邀请中央、京津冀、周边省市媒体记者到大同采风，宣传大同。（高　洁）

【创建文明城市宣传】2018年，大同日报社组建创建文明城市专题报道小组，策划报道选题、栏目等宣传文明城市创建。“两报一网”协同发力，刊发市委动员部署、工作推进情况，并配发评论员文章、创建文明城市倡议书等，《大同日报》头版开辟《同心同力发展大同 共创共建文明城市》专栏，其他版面开辟《创建文明城市从我做起》等专栏，刊发相关新闻报道230余篇、各类评论文章70余篇，宣传报道大同市各级各部门、各领域、各行业开展文明城市创建工作实践和亮点，宣传基层干部群众投身文明城市创建典型事迹，引导广大干部群众凝聚团结，争创共建大同文明家园。

（高　洁）

【《北京日报》“周末你去大同了吗”专栏开栏】2018年3月2日，《北京日报》“周末你去大同了吗”专栏开栏。“周末你去大同了吗”专栏由大同文旅集团与《北京日报》合作，开设在《北京日报》“京津冀”专刊，隔周周五以图文形式刊登各类大同资讯。该专栏展示大同文化旅游资源，报道大同文化旅游新动态，分享在大同休闲娱乐的新体验，记录大同文化旅游产业在转型发展中的表现，让北京市民感受大同全域旅游、全时旅游、全要素旅游和全指标旅游魅力。

（蕙　兰）

【能源革命宣传】2018年4月起，大同日报社在《大同日报》《大同晚报》版面开辟《打造先行区 当好两个尖兵 实施三大振兴·能源革命》等7个专栏，把《大同日报》三版改为《能源革命 造福人类》专版，到基层采访，宣传全市推进能源革命进展和成效，摘登、普及能源革命相关知识。大同首届能博会期间，成立专项宣传报道组，调动报社所有媒体资源，纸媒网媒联动宣传能源革命。持续采访并用文字、图片、视频等报道能博会盛况、参展商反响、市民关切等，推出场馆建设、人物专访、新能源影响等主题策划，“两报一网”刊发稿件（图片）180余篇（幅），大同新闻网发布现场云直播2场、视频9个，联动新浪微博直播氢能源讲座直播4场，官方微信公众号推送文字（图片）新闻50余条。11月，《大同日报》获2018年度“能源革命 大同尖兵”协作贡献奖。

（高　洁）

【大同日报社入选联盟副理事长单位】2018年5月17日，由中国报业协会、泰安市委宣传部主办，中国报业教育发展联盟、泰安日报社、泰安市教育局承办的中国报业教育发展联盟首届理事会暨2018传媒教育融合发展项目交流大会在山东泰安召开。全国各地100余家报社参加活动，大同日报传媒集团教育行业及大同日报小记者项目负责人应邀参加活动。大会以传媒教育融合发展和中国小记者研学旅行为主题，举办多种活动，助力联盟成员寻求战略合作，实现协同发展。大同日报社入选联盟副理事长单位。

中国报业教育发展联盟上年9月23日成立，旨在依托全国各地报业教育资源，在互联网条件下把全国报业与教育领域资源整合。会上通过中国报业教育发展联盟章程并宣读成员单位名单，宣读中国教育发展联盟首届理事大会获奖单位。为给媒体与学校、教育机构、公益组织、研学基地、儿童剧团搭建交流平台，会议期间举办中国小记者研学旅行论坛、家庭教育论坛、优秀教育产品推介，举行经典教育项目和研学旅行项目展览展示活动，30余家单位分享传媒教育融合发展实战案例。（蕙　兰）

【大同日报社作品获山西新闻奖】2018年5月，山西省新闻工作者协会组织的第二十七届（2017年度）山西新闻奖评选活动揭晓。大同日报社选送的作品有10件获奖，其中一等奖1件、二等奖4件、三等奖5件。

山西新闻奖是经山西省委宣传部批准，山西省新闻工作者协会主办的全省性年度优秀新闻作品最高奖，每年评选一次。这届活动参评新闻单位有69家，参评作品763件。评出特别奖7件；一等奖79件；二等奖101件；三等奖121件。大同日报社选送的通讯《"倖媳妇儿"捎回年货了》（成自力）获一等奖；通讯《"扶贫超市"：开启脱贫攻坚的大同模式》（潘红），通讯《匠心打造城市通衢》（吴华、郑苗苗），通讯《"大同蓝""大同绿"还有一个"大同火"》（马立平、李利萍），消息《我市首个商品房项目纳入预售资金监管体系》（部晓雁）分获二等奖；通讯《"背"着母亲上大学》（刘双红），通讯《空中"测毒"之鹰》（刘培现），连续报道《大同籍抗日烈士长眠江苏70余载 众人接力终魂归故里》（崔莉英），消息《国家资助政策惠及贫困家庭 大同市50多万学子获助圆梦》（邓琳），新闻论文《强化互联网思维 建设新型主流媒体》（任小春）分获三等奖。（蕙 兰）

【新媒体发展】 2018年，大同日报社推进全媒体采编平台的配置系统角色权限、固化采编流程等工作。7月，全媒体采编平台上线运营。系统上线后推进全媒体采编信息共享，集在线投稿、中央稿库、在线编辑、全媒发布、稿件检索、报道策划、任务管理为一体，集成移动采编功能，记者编辑通过手机可随时随地提交并编审稿件，提升工作效率。围绕平台运营机制建设，完善大同新闻网、移动"两端"新媒体管理运行制度，制定完善《全媒体各行业实体采编流程》《大同新闻网审发稿规范》《大同新闻网岗位职责规定》《大同新闻网信息发布保密审查制度》《大同新闻网管理规章制度》《大同新闻网应急处置制度》等制度，建立起一整套适合全媒体采编运用、管控、考核的制度体系。（高 洁）

【民营经济宣传】 2018年10月起，大同日报社扶持民营经济宣传。《大同日报》刊发中央民营企业座谈会、省市民营企业发展大会消息、社论及评论文章等。组织记者走访全市民营企业家，刊发10余篇人物访谈；开辟《二十条"政策措施解读"》等4个专栏，并用《大同日报》二版，集中刊发相关稿件40余篇。（高 洁）

【文化产业发展】 2018年，大同日报社推动文化旅游产业发展，坚持以文化活动为抓手，承办2018中国大同古都灯会、2018"影像的力量"中国（大同）国际摄影文化展、2018中国（大同）国际汽车文化嘉年华等文化活动，参与第四届成龙国际动作电影周接待、文瀛湖会谭、电影周闭幕式等，承办2018雪花啤酒美食嘉年华。在活动筹办和组织上，挖掘大同文化内涵，加强大同与周边地域文化交流、文化互通，注重文化活动的开放性、国际性，从而彰显大同城市魅力、宣传大同人文。（高 洁）

【大同日报社作品获大同新闻奖】 2018年11月初，大同市新闻工作者协会组织的第十七届大同新闻奖评选活动揭晓。大同日报社选送的作品有20件获奖，其中特别奖1件、一等奖5件、二等奖4件、三等奖10件。

大同新闻奖是经市委宣传部批准，市新闻工作者协会主办的全市性年度优秀新闻作品最高奖。这届参评作品120件，经推荐报送、专家评审、公示等环节，评选产生特别奖2件、一等奖16件、二等奖20件、三等奖31件。大同日报社选送的消息《在习近平新时代中国特色社会主义思想指引下开启发展新征程 张吉福赴大同县和城区走基层宣讲党的十九大精神》（王瑶）获特别奖；通讯《"2017美丽山水城市"大同荣耀上榜》（赵天清 刘双英），通讯《"倖媳妇儿"捎回年货了》（成自力），深度报道《国际艺术社区：向世界打开展示大同魅力的又一扇窗——法国前总统蓬皮杜之子大同之行意义透视》（张诗珩），系列报道《大同籍抗日烈士长眠江苏70余载 众人接力终魂归故里》（崔莉英），通讯《我大古都名声在外，引得国际大人物来同打call!有故事、有渊源……是大同人都请记住这一刻》（纪元元）5件作品获一等奖；消息《我市首个商品房项目纳入预售金监管体系》（部晓雁）等4件作品获二等奖；消息《国家资助政策惠及贫困家庭大同市50多万学子获助圆梦》（邓琳）等10件作品获三等奖。（翠 松）

【全市党报党刊发行工作暨报刊发行秩序专项整治工作会】 2018年11月31日，大同市召开党报党刊发行工作暨报刊发行秩序专项整治工作会议。会议传达省委落实中央第十五巡视组巡视反馈意见的精神，要求全市按照党员人数14%的覆盖率订阅《山西日报》。会上，山西日报社大同分社、大同日报社负责人和市文化局、财政局、邮政管理局、大同邮政分公司等部门单位负责人分别发言。会议要求抓《人民日报》《求是》杂志、《山西日报》《前进》杂志、《大同日报》等重点党报党刊发行工作，全市各级各部门各单位要从中央、省、市工作全局高度，认识新形势下做好党报党刊发行工作的重要性，保持发行数量稳定，规范发行秩序，确保重点党报党刊发行任务完成。（翠 松）

影 视

【纪录片《煤有人家》开机】 2018年1月3日，讲述中国北方煤矿村落历史变迁的纪录片《煤有人家》在鸦儿崖乡鸦儿崖村举行开机仪式，全村100名村民参加开机仪式，并举办留住乡愁记忆活动。作为采煤沉陷区，从2018年起南郊区鸦儿崖乡的14个村庄陆续开始搬迁，数百年村落文化画上句号。为纪录这些因能源而产生的村庄，又因能源而消失的村庄的前世今生，给乡村留下史志性影像资料，留住人们的乡愁记忆，北京以北传媒利用3年至5年的时间记录拍摄。纪录片《煤有人家》由文化部艺术发展中心、NGC、CCTV、大同市文化局、大同市南郊区鸦儿崖乡政府、黄氏家族理事会、北京以北传媒出品，主要记录中国北方与煤炭有关村落的文化、人们的居住形态等，影片以黑白色、"枯"美学方式呈现，时长120分钟，以鸦儿崖、马林涧等村庄村民为主线，通过祭祖、生活、过节、民俗、工作、考学等场景展开讲述。该片与美国NGC国家地理频道签约。（鹤 梅）

【浙江卫视《奔跑吧》到大同录制专题】 2018年1月9日至12日，浙江卫视综艺栏目《奔跑吧》编创人员一行17人到大同市选景制作节目，他们到大同市同煤集团塔山工业园区、云冈石窟、晋华宫国家矿山公园、古城景区、华严寺、代王府、府文庙等地拍摄。4月20日，浙江卫视《奔跑吧》栏目组在大同市取景录制节目，有邓超、李晨、杨颖等明星参加，他们在晋华宫矿山公园、同煤集团中央机厂、大同古城南城墙和大同大学拍摄，人气明星身着节目组安排的特定服装，在工业文明与传统文化中奔跑竞赛，摄影师跟踪记录的同时，把大同景象一并收纳，把“奔跑创意”、明星风采与古都大同厚重人文和风光相融合。

《奔跑吧》原名《奔跑吧兄弟》，是浙江卫视推出的户外竞技真人秀节目，由浙江卫视节目中心制作。节目设计各种竞赛环节，由人气明星参与，受广大观众和网民欢迎，与《奔跑吧》合作，通过节目展现大同区域特色和城市形象，提升文化旅游知名度，是大同市文旅产业开展高端策划营销宣传的具体表现。（鹤　梅）

【央视《东西南北贺新春》播出】　2018年2月14日，我们的中国梦——中央电视台2018年《东西南北贺新春》特别节目在综艺频道播出，大同作为全国5个主场地之一，参与录制特色节目。屏幕上，大同特色民俗表演如秧歌、挠搁、舞龙舞狮，特色地方小吃如花馍、刀削面等，及云冈石窟等风景名胜亮相与全国电视观众见面。

央视《东西南北贺新春》节目以“东西南北贺新春，昂首阔步新时代”为主题，选取黑龙江黑河、山西大同、云南昆明、湖南张家界、浙江杭州5处具有标志性的城市作为演出主场地，5条线索同时并行，通过一系列突出地域风情、营造年节氛围节目，展示东西南北贺新春景象。选择大同作为会场之一，是因为大同承载数千年历史文化，曾作为北魏都城，是华夏文明发源地之一，是中原文化代表性城市，是节目这次体现历史文化的主场地。1月13日，央视摄制组在大同华严寺广场进行大同会场录制。阎维文等歌唱家，及高保利、阿宝等大同籍歌手现场演唱，大同的特色民俗表演及特色民俗产品贯穿节目始终。大同市词作家张剑扬依据地域特色创作歌词，由山西省当红歌手张红丽演唱《多韵多味大同话》。张剑扬改编的大同版的《冰糖葫芦》唱出大同韵味。除在华严寺广场录制外，文艺小分队还分别到大同市灵丘车河、广灵西蕉山、云冈石窟、大同古城墙等地取景拍摄。（鹤　梅）

【纪录影片《厉害了，我的国》大同首映】　2018年3月2日，由中央电视台、中国电影股份有限公司联合出品的大型纪录影片《厉害了，我的国》在大同市工人文化活动中心二宫首映。大同市组织300余名党员干部观看影片。

该片以习近平新时代中国特色社会主义思想为指导，展示中共十八大以来在创新、协调、绿色、开放、共享的新发展理念下中国取得的成就。从圆梦工程、科技创新、绿色中国等展现中国的大国风采，记录中国桥、中国路、中国车、中国港、中国网等工程。为发挥影片对广大干部职工的宣传教育作用，市直机关工会要求各级工会，把组织观看影片作为学习贯彻中共十九大报告中习近平总书记提出的中国特色社会主义进入新时代这一重大论述的一项重要内容。结合观看影片，通过召开座谈会、发表观后感、影片征文等形式，深化教育成果，扩大影片社会影响。（鹤　梅）

【数字电影《我在大同古城等你2018》首映】　2018年3月，数字电影《我在大同古城等你2018》在大同市图书馆首映。该影片于1月26日在大同开机，1月30日结束拍摄。影片时长40分钟，讲述北京一家公司负责人李总，应同学之邀到大同考察，期间与陪同考察的一位大同白领高管白姑娘擦出爱情火花。该片多由当地演员担纲出演。《我在大同古城等你2018》延续《我在大同古城等你》主题，以男女爱情故事为情节主线，以大同古建筑、现代科技及文创作品做背景主线，以浙江横店剧组团队到大同拍片做外宣主线，三线融合，展现大同、助力宣传大同。（鹤　梅）

【专题片《大同大不同》在央视播出】　2018年4月9日至12日，由央视中文国际频道（CCTV–4）拍摄的4集系列专题片《大同大不同》每晚22:00首播，次日2:30～3:00重播。该片分为《“洁”煤成长记》《废能新用》《逆境求生》《“大同蓝”保卫战》4个部分，展现大同工业经济转型、资源综合利用、生态环境建设等方面成就。（蕙　兰）

【央视《旅游指南》栏目组到大同拍摄专题片】　2018年4月11日至13日，CGTN英语新闻频道（原中央电视台英语新闻频道CCTV NEWS）《旅游指南》栏目组到大同市云冈石窟景区，拍摄《你所不知道的大同》专题片。

《旅游指南》栏目是CGTN的专题旅游节目，是全球播出的英文旅游节目，旨在向广大海外观众介绍旅游目的地的风土人情、美景名胜，并提供旅游信息，是各旅游景点向世界宣传自己的平台。这次央视栏目组在大同拍摄15天，拍摄《你所不知道的大同》专题片2集，每集30分钟，主要呈现大同市历史文化、民风民俗及旅游资源。栏目组拍摄地点在云冈石窟、大同古城、华严寺、华严街等，节目中呈现大同铜火锅、布艺、民间小调等当地特色文化内容。（蕙　兰）

【央视电影频道节目组到大同考察】　2018年4月11日至12日，由中央电视台电影频道节目中心节目部主任王平久、1905电影网董事长李玮带队的央视电影频道节目组一行到大同市文化采风和考察。考察组一行考察大同古城墙南城墙关城、云路坊、鼓楼东西街、华严寺广场、大同潘家园、代王府、中国雕塑博物馆、云冈石窟、大同古长城守口堡、文瀛湖生态公园、太阳能小屋等处。

考察期间，山西省委常委、大同市委书记张吉福，市委副书记、市长武宏文，市政协主席郜向华与考察组一行座谈交流。座谈中，张吉福向节目组一行介绍大同市的历史、文化旅游产业发展等情况，希望与央视、与电影频道以开展影视文化活动为契机，引深合作，推动大同文化旅游事业发展。节目组一行肯定大同历史底蕴、文化遗存、古都风貌、城市景观、文化气质，表示会整理思路深度考察，给在大同开展相关影视创作、开展文化活动等创造条件。（蕙　兰）

【农村公益电影放映】 2018年4月16日至12月底，大同市开展2018农村公益电影放映活动，市电影公司的各电影放映小分队到大同市各乡村给农民群众放映电影，丰富农村基层群众的文化生活。

全年大同市电影公司完善公共服务与市场服务相协调的农村数字电影体系，数字放映机都安装卫星定位系统，可有效记录放映场次，避免偷演、漏演、虚报放映场次等行为。全年在全市农村放映电影24162场。在各个乡村放映时，冬季会因地制宜选择小会议室、办公室、活动中心等室内场所，给观众放映《战狼2》《铁道飞虎》等片源，让大家不受天气影响观影；在农村寄宿制学校放映时，专门订购主题健康向上、适合中小学生观看的《地雷战》《宝贝当家》《大闹天竺》等影片，丰富学校师生文娱生活。

（翠 松）

【城市文化旅游电视节目《明星带你游大同》启动】 2018年4月22日，大型城市文化旅游电视节目《明星带你游大同》启动仪式在大同市举行。该节目由大同广播电视台大型综艺活动部、北京璀璨聚星文化传媒有限公司联合承制。节目邀请8位在国内人气高的影视明星到大同，借助明星魅力和感染力，以明星独特视角，通过与粉丝的互动体验方式展现大同的历史文化、自然风情、人文景观，内容涵盖食、宿、行、游、购、娱等方面信息，给爱生活、爱时尚、爱旅游的人们提供全新文化旅游电视节目。该节目通过电视录制方式在大同广播电视台黄金时段播出，首播时间6月30日，节目8期，每个月播出2期，其精编版在张家口、乌兰察布等兄弟城市播出，剪辑版在山西卫视公共频道播出，并通过新媒体、网络等，以跨媒体整合传播的方式宣传大同、营销大同。

（蕙 兰）

【大同微电影上榜山西省优秀网络视听作品评选】 2018年4月，山西省优秀网络视听作品评选公示，大同市有3部影片上榜，分别是微电影《我想回家》《油菜花开》，及纪录片《大同》。

该次活动由山西省新闻出版广电局主办，山西传媒学院、黄河新闻网、山西经济网和山西音像资料馆承办，是山西省开展的第四届优秀网络视听作品评选。活动旨在鼓励原创，引导和繁荣全省优秀网络视听作品内容建设。组委会收到报送作品328部，评出30部作品，类型有网络剧、网络电影、微电影、影视动画片、纪录片等。大同市报送的由泽艺传媒制作的微电影《我想回家》，讲述的是空巢老人的故事；由大同市京汃文化创意传播中心摄制的《油菜花开》，讲述长城脚下扶贫第一书记带领村民种植油菜花脱贫的故事；由叁上东辰传媒制作的纪录片《大同》，讲述历朝历代的大同故事与大同文化名人。（蕙 兰）

【合办电视栏目开播】 2018年4月29日，大同广播电视台与中共大同市委组织部合办的党员教育栏目《大同先锋》开播。栏目时长15分钟，以半月一期形式隔周五在大同新闻频道20:00播出，栏目贴近基层实际，设置微党课、党建在基层、时代先锋3个板块，弘扬全市各个领域中涌现出的优秀党员和先进基层党组织事迹。10月17日，由大同市旅游发展委员会和大同广播电视台联合制作的《天下大同》开播，时长20分钟，是一档集合旅游资讯、风土人情、名胜古迹和旅游攻略功能的文化旅游专栏节目。《天下大同》通过旅游资讯、文旅大同和玩在大同3个板块，架设大同文化旅游对内对外宣传窗口，及政府和大同百姓、旅游消费者、旅游从业者媒体沟通渠道。（刘 怡）

【“让大同抖起来”抖音赛】 2018年5月29日至8月，由大同市旅发委主办，市旅游集散中心、市企划学会承办的“让大同抖起来”抖音大赛举行。大赛通过以“记录美好生活”为主旨的抖音作品展示大同魅力，宣传大同文化旅游，塑造大同城市形象。

大赛主题为“让大同抖起来”，以抖音视频为载体，面向大同及全国各类抖音大账号发出邀请，邀请大家一起挖掘大同文化旅游亮点，征集反映大同旅游美好时刻、充满创意的抖音作品。活动评比所有参赛作品，奖励点击超过百万的体现大同形象抖音作品的创作团队和个人，邀请获奖人员到大同畅游畅玩。大赛形式是线上传播+挖掘整理+线下聚集，通过短视频展示、传播大同文化、旅游、人文、故事、风俗等，以大赛加快塑造大同的“互联网+旅游”。在云冈文化旅游节期间，举办“让大同抖起来”全国大V音乐电音节，营造大同文化旅游氛围。（蕙 兰）

【参与社会主义核心价值观主题微电影征集展示活动】 2018年6月，大同市委宣传部发出通知，要求各县（区）委宣传部、市直工委、市教育局、市文化局、大同大学宣传部、市国资委组织广大电影工作者和微电影爱好者参与社会主义核心价值观主题微电影征集展示活动。各县（区）委宣传部要组织媒体和所属网站刊载社会主义核心价值观主题微电影征集展示活动作品征集公告全文和倡议书全文。市直各相关部门单位通过印发通知，在所属机关、学校、企业网站刊载公告及倡议书等方式，扩大活动知晓率，提高活动参与度。主要围绕中国特色社会主义进入新时代、庆祝改革开放40周年，聚焦普通人践行社会主义核心价值观故事，参加征集展示活动，创作并报送微电影作品。微电影作品按照时长分5分钟、15分钟、30分钟3个类别，包括剧情微电影（微视频）、纪实微电影、动漫微电影、专题片和纪录片等题材。（翠 松）

【《军人的名义》获微电影评比全国三等奖】 2018年7月，大同市公安消防支队拍摄的微电影《军人的名义》在全国消防部队“红门荣耀辉煌新篇”主题微电影大赛中获剧情片三等奖。

这次“红门荣耀辉煌新篇”主题微电影评比活动有32个总队级单位选送的64部作品入围，业内专家学者围绕主题内容、表演拍摄、后期制作、音乐旁白等要素，结合作品思想性、艺术性和技术性特征，综合评审参赛作品，评选出特别奖1个，剧情片、纪实片一等奖各6个，二等奖各10个，三等奖各10个，优秀奖各6个。

（翠 松）

【《黄花故事》电影启动】 2018

年8月8日，党员扶贫电影《黄花故事》启动仪式在大同市云州区中国黄花馆举行。这次活动由市委组织部、市委宣传部、山西电影制片厂、云州区委区政府、大同广播电视台主办。电影《黄花故事》讲述的是黄花镇党委书记带领基层干部、驻村“第一书记”等党员先锋，顶着重重压力带领乡亲投身黄花产业，期间历经亲情和爱情考验、村民阻力，最终找对黄花致富路子。影片从策划立项、剧本创作、到各项筹拍工作准备完毕，历时100余天，创作团队在大同市黄花家园收集整理来自脱贫攻坚一线的真实故事，给影片创作提供素材。启动仪式上，主创人员介绍影片的创作背景、云州区扶贫产业情况等。（翠　松）

【“晋在咫尺 两岸青年纵贯山西”活动到大同】 2018年8月17日，来自中国台湾的34名“晋在咫尺 两岸青年纵贯山西”活动参加者到大同市走访参观。“晋在咫尺 两岸青年纵贯山西”活动由中央广播电视总台央广你好台湾网主办。活动旨在通过台湾青年寻根溯源山西省的名城古迹、人文历史，拓深台湾青年了解华夏古文明，共鸣中华文化感知认同，感受华夏文化博大精深。活动8月8日启动，参加活动者走访省博物院、洪洞大槐树、平遥古城、乔家大院等，大同是该活动最后一站。8月17日，他们到大同市新荣区，参观位于长城脚下的古村落助马堡及弥陀山风景区，领略原生态塞外风光，在新荣区郭家窑村的塞尚驿栈体验剪纸文化、书法等，感受大同历史文化。（翠　松）

【革命历史题材电影《信仰者》上映】 2018年8月30日，由八一电影制片厂等单位出品的重大革命历史题材电影《信仰者》在大同市工人文化活动中心一宫上映，来自市直机关系统的300余名党员干部观看影片。电影《信仰者》主要讲述1935年为配合红军长征，方志敏奉命率领红十军团北上抗日，途中遭到国民党追剿，不幸被俘，入狱后坚定理想信仰，不畏强权，每天坚持写作，壮烈牺牲前为后世留下不朽著作的故事。（翠　松）

【大同广播电视台4K高清电视转播车交付使用】 2018年10月17日，大同广播电视台4K高清电视转播车交接仪式在大同市和阳门内广场举行。4K高清电视转播车项目，是大同广播电视台的一次新技术革命，该项目系统能够满足承担新闻类直播、体育赛事、综艺晚会、竞技娱乐、专题制作等节目的现场录制和直播等任务，兼备互联网多媒体及与外部转播车级联配合的功能。大同广播电视台4K高清电视转播车的交付使用，填补大同市没有高清电视转播车空白，标志着大同广播电视台大型活动现场转播进入高清时代。（翠　松）

广　播

【概况】 2018年，大同广播电视台开办3个广播频率和3个电视频道，广播综合覆盖率93.52%，节目栏目53个，日播出广播节目60小时；电视综合覆盖率97.07%，节目栏目23个，日播出电视节目54小时。年内，广播新闻送省台消息108条，送中央台消息4条；电视新闻向中央台和山西台《山西新闻联播》编辑传输稿件302条，发稿142条。7月，市广播电视台综合广播《金色时光》（FM103.8 AM900）节目入选全国上年度少儿节目精品发展专项资金扶持项目。11月7日，交通广播自2016年10月23日停播后重新开播。（刘　怡）

【广播宣传】 2018年，大同广播电视台开设“打造先行区 当好两个尖兵 实施三大振兴”“深入开展扫黑除恶专项斗争”“掀起工业振兴新高潮”“环保督查进行时”等专栏；推出党建栏目—《大同先锋》、文旅栏目—《天下大同》两档电视自办栏目；制作《长城金三角 壮美乌大张》《新时代 新梦想 新大同》《勇立潮头当尖兵》《能源革命 大同尖兵》《能都尖兵数大同》《第一书记到我家》《党建进行时》等反映全市各方面工作的专题宣传片。主要新闻节目《大同新闻联播》《大同新闻》外，开设《砥砺奋进的五年》《在习近平新时代中国特色社会主义思想指引下——新时代 新作为 新篇章》《幸福是奋斗出来的》等专栏。广播电视新闻综合频率、频道，广电报，及有关节目、栏目集中推出“改革开放40年——古都大同展新篇”、大型系列体验式报道“改革开放40年——幸福美好新大同”及“你眼中的改革开放40年”等系列成就报道。广播每天播出《信息早班车》《大同新闻》《新闻时空》《新闻说天下》等时政新闻300余分钟，《大同晨光》每天90分钟，帮助听众解决反映医保、拆迁、上学、供热等民生问题。（刘　怡）

【融媒体平台建设】 2018年，大同广播电视台以“广播在线网”为支撑，建立起两微一端即微博、微视频和“天下大同”（暂定名）手机客户端，传统媒体平台（全台网平台）与新媒体平台进行融合，建立工作流程和新闻指挥中心，形成全媒体工作体系，并试运行。（刘　怡）

【广播电视台作品获山西新闻广播影视奖】 2018年，大同广播电视台10件作品获山西新闻奖。广播专题《要想进水库 留下买“路”钱》获一等奖；广播专题《广灵巧娘 秀手编出好“钱景”》《让出文明和平安》，电视专题《周建新：融冰的人》3件作品获二等奖；广播消息《“扶贫超市”开启大同精准扶贫新模式》等6件作品获三等奖。13件作品获山西广播影视奖，其中广播消息《编外话务员张吉福》获一等奖；广播少儿节目《金色时光》获优秀栏目奖；电视系列报道《钢铁战士》、电视专题《众泰电动汽车无法快充愁煞车主》、广播剧《“树痴”赵德清》、广播专题《要想进水库 留下买“路”钱》4件作品获二等奖；消息《云冈石窟第二十窟西立佛有望再现》等7篇作品获三等奖。（刘　怡）

【大同广播电视台举办庆“六一”经典诵读会】 2018年5月27日，由大同广播电视台新闻综合广播主办的庆“六一”经典诵读会在大同广播电视台演播大厅举行。大同市部分幼儿园和中小学的200余人参加。诵读会上，参演者给大家诵读《我骄傲我是中国人》《天上的草原》《满江红》

《滕王阁序》《爱莲说》等 18 组节目，诵读内容有古诗文、有现代诗歌。参演者最小的 4 岁，最大的 14 岁，展示大同市少年儿童朝气蓬勃、昂扬向上的精神面貌。（蕙 兰）

第四届成龙国际动作电影周

【概况】 2018 年 7 月 18 日至 22 日，以"汇聚英雄 天下大同"为主题的第四届成龙国际动作电影周在大同市举行。成龙国际动作电影周由成龙发起举办过三届。第四届成龙国际动作电影周由成龙国际集团、电影频道节目中心、大同市人民政府联合主办，集中展映成龙经典动作电影和即将上映的作品，举办 2018 雪花啤酒国际美食嘉年华、成龙百部电影海报展、"龙"影 40 年——成龙电影现象研讨会、文瀛湖会谭、电影展映及评选、中国电影人脱贫攻坚战公益行动、精准扶贫名优产品展销活动等。其中，中国电影人脱贫攻坚战公益行动是这届电影周的一项重要内容。电影周期间，成龙率明星扶贫小分队到大同市云州区、浑源县等贫困地区，走进农家走进田地，开展系列扶贫公益活动，集聚名人优势资源、国内主流媒体平台资源、大同市文化旅游资源等，助力大同市打赢脱贫攻坚战，体现电影人的责任与担当。该届电影周开幕式闭幕式由山西电视台公共频道直播，人民日报客户端、中国新闻网、新浪微博、腾讯视频、优酷视频、爱奇艺、网易、凤凰、中青在线、咪咕直播、西瓜视频等现场直播。（翠 松）

【成龙国际动作电影周评委会动作新片入围名单公布】 2018 年 6 月，第四届成龙国际动作电影周竞赛单元评委会名单、动作新片入围名单公布。动作片导演、制片人吴思远担任评委会主席，动作片演员、制片人杨紫琼，动作片编剧、导演、制片人、演员文隽，导演、编剧、制片人陆川，演员黄晓明，演员白百何，动作片导演、武术指导、演员钱嘉乐等人出任评委。竞赛单元动作新片入围名单有国产影片《红海行动》《战狼 2》《绣春刀 II 修罗战场》《唐人街探案 2》《英雄本色 2018》《杀破狼·贪狼》《追龙》《引爆者》及印度影片《摔跤吧！爸爸》、美国影片《斩尽杀绝》，英国、美国合拍的《极盗车神》，美国、加拿大合拍的《深海越狱》12 部影片。（翠 松）

【成龙国际动作电影周美食嘉年华】 2018 年 7 月 12 日至 22 日，第四届成龙国际动作电影周 2018 雪花啤酒国际美食嘉年华在大同市华严寺广场举行。2018 雪花啤酒国际美食嘉年华由大同市政府主办，大同日报传媒集团承办，是第四届成龙国际动作电影周最早启动的活动。

这次美食嘉年华设有 41 个国际国内美食展位，当地 15 家 32 个展位，冷饮区 7 家，美食品种 300 余个。美食节活动现场，大同大牌餐企和特色小吃名店，如花园大饭店、弘雅饭店、红旗大饭店、皇城一号、凯鸽餐饮、永和红旗美食城、喜来堂酒楼、御河大酒楼、清真新马泰饭庄、无敌烧烤、田园北魏家宴、贺老人羊杂、素香门第、凯盛馅饼坊、袁记串串香、晋 B2008、浑源二爷凉粉等，给电影周增添色香味。市民们感受光影魅力，品尝国际国内风格各异的小吃美食，每晚现场都安排有民谣乐队、方特欢乐世界表演团队等的文艺演出和《A 计划》《警察故事》《飞鹰计划》等经典动作电影。（翠 松）

【成龙国际动作电影周动作新片电影观众评选活动】 2018 年 7 月 13 日至 15 日，第四届成龙国际动作电影周动作新片电影观众评选活动举行，来自大同市的 600 名观众评委观看影片，评选 9 部影片。

该次评选活动是第四届成龙国际动作电影周电影展映中的一项内容，电影展映分为动作新片电影观众评选和成龙经典影片展映两个部分。动作新片电影观众评选中，来自大同市的影视评论人士、电影爱好者、武术爱好者、微电影从业者、驻大同企业代表、文化记者、本土文化人士、文学爱好者等，在大同市万达影院（广场店、凯德店、华林店）、环球国际影城、中影国际影城、恒大影城 6 个影院，观看 18 场次影片，并现场打分评选出自己心目中的最佳动作片、最佳动作片导演、最佳动作指导、最佳特技、最佳打斗场面设计、最佳音乐、最佳动作男演员、最佳动作女演员、最佳动作新人等奖项。最终，《追龙》获最佳打斗场面设计奖，《红海行动》获最佳特技奖，《摔跤吧！爸爸》法缇玛·萨那·纱卡、桑亚·玛荷塔获最佳动作新人奖，《唐人街探案 2》伍刚获最佳动作指导奖，崔龙龙获最佳动作男替身奖，陈佼娇获最佳动作女替身奖，《红海行动》蒋璐霞、《摔跤吧！爸爸》法缇玛·萨那·纱卡获最佳动作女演员奖，《战

▲ 2018 年 7 月 18 日，第四届成龙国际动作电影周在中国古都大同启幕

（李冬宾 摄）

狼 2》吴京、《引爆者》段奕宏获最佳动作男演员奖，《战狼 2》吴京获最佳动作影片导演奖，《红海行动》获最佳动作影片奖，洪金宝获终身成就奖。（翠　松）

【成龙国际动作电影周电影展映】 2018 年 7 月 13 日至 21 日，第四届成龙国际动作电影周电影展映活动举行。展映分动作新片电影观众评选和成龙经典影片展映两个部分。结合成龙国际动作电影“进社区、进校园、进乡村、进企业、进军营”活动，第四届成龙国际动作电影周活动延伸到社区、校园、农村、企业和军营。影展活动在纯阳宫广场、和阳门广场、文瀛湖广场、御河生态园广场、水泉湾龙园西门广场、大同大学、驻大同部队，及万城华府社区、枫林逸景社区、惠民西城社区等各大广场及社区举办；县（区）乡村展映在各县（区）主要行政村举行。参加展映的影片包括《警察故事》《醉拳》《A 计划》等 15 部由成龙主演的经典动作电影及 9 部国内外经典动作电影。全市有 19 家影城、10 个大型文化广场（社区）、99 个农村电影放映队参加活动，影院放映 164 场，市区广场放映 89 场，县（区）乡村放映 1719 场，总观影人数约 13 万人次。（翠　松）

【成龙百部电影海报展】 2018 年 7 月 17 日至 23 日，成龙百部电影海报展在中国雕塑博物馆举行。展览以成龙电影为纽带，以成龙艺术作品为核心元素，展示以成龙为代表的中国电影和电影人的世界发展之路。

这次海报展以“电影行者”为主题，以时间为路线，设风格·功夫英雄（1971—1994）、榜样·好莱坞之路（1995—2003）、时代·中国电影梦（2004—2018）三大展陈空间，通过不同表现形式展示回顾成龙电影之路及心声，富有科技感和文化质感，观者可同时看到成龙、中国电影、中国美术、中国文化乃至中国的时代变迁与不断成长。（翠　松）

【“龙”影 40 年成龙电影现象研讨会】 2018 年 7 月 19 日，作为第四届成龙国际动作电影周的重要议程，“龙”影 40 年成龙电影现象研讨会在大同举行。国际电影艺术家成龙，电影频道 1905 电影网董事长李玮，电影频道《中国银幕》总编辑陈航，电影频道央影传媒总经理党海燕等全国 300 余位学术、评论界权威出席研讨会。

成龙电影现象研讨会分上、下两场。上午研讨会上，成龙讲述自己从影 50 年走过的心路历程；现场向大同市图书馆赠送《成龙，还没长大就老了》《中国银幕：成龙影像 50 年 50 部》图书，并接受大同市图书馆授予的藏书证；中国电影家协会秘书长、中国电影评论学会会长饶曙光，中国艺术研究院副院长、教授、博士生导师贾磊磊，清华大学教授、中国文艺评论家协会副主席尹鸿，编剧、导演、制片人、前香港电影金像奖主席文隽 4 位电影专家，针对成龙电影现象、成家班现象及成龙艺术成就进行主题发言。下午，与会专家学者在 3 个分会场举行圆桌会议，就成龙电影的中华文化品牌与国际影响力的形成与发展、功夫电影对于中国电影走出去的引领作用、功夫电影对中国电影的艺术繁荣与行业发展的推动作用等议题探讨，大家从不同角度，从电影学术层面讨论成龙电影现象及其地位与成就，探讨中国动作电影未来趋势。（翠　松）

【成龙电影周媒体团在大同采风】 2018 年 7 月 20 日至 22 日，参加第四届成龙国际动作电影周活动的近 100 家媒体，在大同市云冈石窟、新荣得胜堡、饮马河湿地等地开展采风活动。

参加该次采风的有电影频道邀请的媒体、有中央驻山西媒体、省级驻大同媒体，还有周边媒体等。他们在大同云冈石窟、新荣得胜堡、饮马河湿地、云州区黄花田园综合体、火山生态区、东沙窝古村落、善化寺、华严寺、美食嘉年华等处拍摄胜景，探访古迹，了解概况，采访民情。还品尝刀削面、凉粉、莜面等特色美食，并以摄影、文字、视频等方式传播出去。媒体团通过采风宣传大同文化旅游资源，扩大大同影响力，通过各家媒体的宣传平台，展示大同美景美食、了解该届成龙电影周、提高国内外对大同的关注度，推动大同市文化旅游产业发展。（翠　松）

【成龙国际动作电影周文瀛湖会谭】 2018 年 7 月 21 日，第四届成龙国际动作电影周文瀛湖会谭在大同市文瀛湖畔举行。中国电影基金会理事长张丕民，中国电影制片人协会理事长、中国电影家协会副主席明振江，国际电影艺术家成龙，电影周评委会主席、香港电影金像奖终身成就奖获得者、电影出品人吴思远，电影周评委、香港电影金像奖协会前主席、香港电影编剧家协会及香港电影导演会副会长文隽，电影人罗启锐、张婉婷、丁晟、黄晓明、钱嘉乐，影视传媒公司负责人于冬、徐天福、吴宏亮、谭祖慧、李玮、刘开珞、党海燕、堵芳，电影评论人周黎明、陈航等出席。山西省委常委、大同市委书记张吉福，市委副书记、市长武宏文等出席会谭。

会谭中，中国电影创作、投资等一线大咖围绕电影产业对城市发展的推动作用这一主题，讨论电影与城市发展，依托大同资源与产业等优势，打造中国电影城等事宜。指出大同的景点和交通资源，适合打造影视产业基地，汇集拍摄剧组、培养造就专业人才，带动大同经济发展，建议地方政府制定相关政策，吸引电影人到大同，给创作更大空间，增加城市厚度。借助成龙国际动作电影周的影响力与带动力，借助电影对城市发展的推动作用，挖掘具有地域特色的文化元素，打造“大同出品”的影视品牌，加强文化建设，扩大开放力度，推动包括电影产业在内的文化产业高质量发展。大同市人民政府和成龙国际集团签署战略合作协议，成龙与武宏文在与会嘉宾的见证下现场签约。（翠　松）

医疗卫生

综 述

【市县医联体运行】 2018 年，大同市以城市二级以上公立医院为核心医院牵头组建纵向帮扶县域医院的医联体有 8 个，医联体成员单位有 165 个，其中县（区）公立医院 38 个，基层医疗机构 49 个，民营医院 62 个，覆盖“大张乌”周边 20 余个县（区）；组建心血管病、呼吸内科、神经内科等 19 个区域专科联盟；市三医院、市五医院、市同煤集团总医院建成远程医疗中心，依托 3 个远程会诊平台，向上连接国内各大医院，向下延伸至县（区）和乡镇卫生院，形成远程诊疗体系。

（沈文红）

2018 年大同市卫生事业基本情况表（一）

卫生机构名称	机构数（个）	床位数（张）
总　计	3237	21108
医　院	122	17008
疗养院	1	120
卫生院	146	2583
社区卫生服务中心	125	1126
门诊部	40	55
村卫生室	1827	—
急救中心（站）	1	—
采供血机构（站）	2	—
妇幼保健院（所、站）	5	66
专科疾病防治院（所、站）	1	150
疾病预防控制中心	13	—
卫生监督所	12	—
医学科学研究机构	1	—
临床检验中心	2	—
健康教育所（站、中心）	2	—
其他卫生事业机构	7	120
诊所	884	—
卫生所、医务室	41	—

2018 年大同市卫生事业基本情况表（二）

卫生机构名称	合 计	卫生技术人员数（个）	
		执业（助理）医师	# 执业医师
总 计	22349	9511	8457
医院	16263	5971	5623
疗养院	3	2	2
卫生院	1191	697	409
社区卫生服务中心	2031	966	827
门诊部	283	163	133
村卫生室	358	335	156
急救中心（站）	17	3	2
采供血机构（站）	94	13	12
妇幼保健院（所、站）	273	151	130
专科疾病防治院（所、站）	137	71	70
疾病预防控制中心	318	178	149
卫生监督所	298	—	—
医学科学研究机构	—	—	—
临床检验中心	15	—	—
健康教育所（站、中心）	17	8	5
其他卫生机构	52	16	15
诊所	939	884	876
卫生所、医务室	78	55	50

【医院领军学科建设】 2018 年，大同市二级以上医院建成省级重点专科 8 个，省市级重点学科 6 个，市级重点学科 28 个。全市各家市级公立医院按照集团化发展格局，根据自身专科优势，引进医学高层次人才，推进领军学科建设。截至 2018 年年底，市三医院挂牌成立中国工程院内分泌专家宁光和呼吸病学专家王辰 2 个院士工作站，引进国家神经疾病研究中心首席科学家施福东，建立神经疾病中心首席科学家工作站；市五医院与中国工程院院士郭应禄签订泌尿外科科研项目协作意向协议书，并挂牌成立北京清华长庚医院执行院长董家鸿院士工作站；市一医院与华中科技大学同济医学院附属协和医院王泽华及中山大学附属第一人民医院姚书忠专家团队成立妇科专科联盟，与上海同济医科大学附属医院教授童晓文成立博士工作站；市二院成立省肿瘤医院胃肠镜专家陈星博士工作站；市四医院建立首都医科大学附属胸科医院内镜中心丁卫民博士工作站；市中医院成立北京中医药大学东直门医院郭志强名医传承工作室。市卫计委与大同大学签订战略合作协议，推动全市医学领域学教研发展。（沈文红）

【医药卫生体制改革】 2018 年，大同市卫生和计划生育委员会落实政府投入政策，除配套医保和公卫财政补助资金外，安排资金 2.55 亿元落实政府对公立医院 6 项投入政策。确定市三医院、市五医院、左云县医疗集团、阳高县医疗集团、湖东康复医院作为现代医院管理制度示范医院，所有三级公立医院设置总会计师岗位，实行预算管理。开展薪酬制度改革，允许试点医院绩效工资按 5 倍以内核发；降低公开招聘的门槛，落实医院用人自主权，对基层医院紧缺、高层次人才，采取考察方式招聘。在全市二级以上公立医院开展 111 种按病种付费改革。全市公立医院医疗费用增长率 5.47%，药占比 24.24%，百元医疗收入消耗的卫生材料费 19.17 元，医疗服务收入占比 36.47%，四项核心指标均达到国家规定要求。（沈文红）

卫生管理

【卫生综合执法监督】 2018 年，大同市卫生监督管辖各类从业单位 7693 户，实监督户数 6939 户，监督覆盖率 90.20%；应监督户数 163 户，实监督户数 163 户，监督覆盖率 100%；全市各专业监督抽检 421 户次，抽检件（项次）数 4233 项，合格件数（项次）数 4151 项，合格率 98.06%。案件查处 213 件，罚款 96 件，罚款金额 22.33 万元，没收违法所得 1 件，没收金额 2088 元。日常卫生监督和指导县（区）工作出动卫生监督执法人员 16396 人次，出动执法车辆 5238 辆次。（沈文红）

【卫生信息网络互联互通】 2018

年，大同市卫生信息中心机房建设完工，结束基层医疗卫生机构管理信息系统软、硬件招标工作，搭建基层HIS系统、人口健康平台、公共卫生服务、家庭医生签约服务平台。依托市级医疗集团核心医院构建的全市远程医疗、分级诊疗、区域影像、医改监测系统建设全部投入使用。全民健康信息实现国家、省、市、县四级平台互联互通，医院电子病历、居民电子健康档案、全员人口信息等数据共享。接入预约诊疗平台，让老百姓足不出户实现“掌上”预约山西省内各大医院，实现在线预约、支付、查看检查检验结果。（沈文红）

疾控预防

【预防接种和控制检测】 2018年，大同市以县为单位预防接种，免疫规划疫苗接种率98.49%。全市艾滋病扩大检测34.13万人，艾滋病抗病毒治疗人数452人，严重精神障碍患者服务报告患病率4‰，规范管理率60.19%，患者服药率66.94%；肺结核患者病原学阳性率20.49%，新涂阳患者耐多药筛查率15.32%，高危人群耐多药筛查率32.14%，耐多药结核病患者纳入治疗率90%。（沈文红）

【食品安全监测风险评估】 2018年，大同市食品中化学污染物和有害因素监测覆盖11个县（区），全年采集样品209份，报送数据793条，报送率113%。食源性致病菌常规监测覆盖11个县（区），全年采样170份，报送数据1601条，报送率113%。食源性疾病病例信息采集工作在大同市11个县（区）全部二级以上公立医疗机构展开，哨点医院25家。年内，报告17起食源性疾病事件。其中，云州区1起，平城区1起，阳高县1起，灵丘县4起，云冈区10起。报告发病人数69人，无重症和死亡病例。（沈文红）

【预防接种工作会议】 2018年8月20日，大同市卫生和计划生育委员会召开全市预防接种工作会议，市卫计委主任刘国庆、副主任王荣参加会议。会议传达中共中央政治局常务会议和各级领导的批示精神，通报上半年全市免疫规划工作督导、长春长生公司违法违规生产狂犬病疫苗案件应对工作进展和督查情况，剖析工作中存在问题，部署规范预防接种相关工作。要规范疫苗采购管理、接种服务、监督管理及行风建设，把预防接种工作落到实处，抓疫苗续种补种、跟踪观察、咨询服务等一系列后续应对工作。（沈文红）

【山西过敏疾病预防与控制首届学术会】 2018年10月14日，山西省预防医学会过敏病预防与控制专业委员会成立大会暨首届学术大会在市三医院多功能厅召开，来自全省各地致力于过敏疾病预防与控制的医护人员300余名参加会议。

大会选举成立山西预防医学会过敏病预防与控制分会第一届委员会，该届专业委员会由58名委员组成，市三医院首席专家刘美玲担任副主任委员，市三医院耳鼻喉科副主任医师贾学斌担任常务委员。在首届学术大会上，刘美玲做《过敏性疾病特异性免疫治疗的现状与展望》报告；贾学斌做《晋北地区变应性鼻炎的综合治疗》报告。参会人员谈论交流关于过敏性鼻炎、结膜炎、支气管哮喘及各种过敏性皮肤疾病、食物过敏、药物过敏和严重过敏反应、疑难杂症等问题。（墨竹）

【大同市胸痛区域联盟成立暨急救地图发布会】 2018年12月26日，大同市卫生和计划生育委员会主办，市胸痛中心联盟、市三医院承办的全市胸痛区域中心联盟成立暨胸痛急救地图发布会在市第三人民医院举行。市政府副市长郭蕾、中国胸痛中心认证工作委员会委员李春洁、省胸痛中心联盟委员会秘书长杨志明、市卫计委主任刘国庆等出席。大同市胸痛区域中心联盟由市三医院1个理事长单位，市五医院、同煤总医院2个副理事长单位和市二医院、市四医院、大同大学附属医院、市急救中心、云州区医疗集团等19个理事单位组成。发布会上给大同胸痛区域中心联盟理事长单位、副理事长单位、大同胸痛区域中心联盟理事单位，及各县（区）医疗集团授牌，发布全市胸痛急救地图，地图上标注大同市胸痛区域中心联盟22家单位的位置和信息。（沈文红）

公共卫生

【厕所革命】 2018年，大同市改厕任务3.69万座，截至2018年年底，全市改厕17002座（户厕16896座、公厕106座）。其中，乡村环境提升工程改厕2369座，移民搬迁等项目14663座。左云县改厕2559座，云冈区改厕3680座，广灵县改厕1900座，云州区改厕2798座，新荣区改厕899座，天镇县改厕2002座，灵丘县改厕1855座，浑源县改厕709座，阳高县改厕600座。（沈文红）

【省级卫生城市】 2018年2月，山西省爱卫会命名山西省卫生城市2017—2019周期省卫生城市，大同市连续九年被命名“省级卫生城市”，大同县、南郊区、浑源县、灵丘县、阳高县、左云县和广灵县被命名2016—2018周期“省级卫生县城（区）”。

上年大同市按照全国爱卫会总体部署和省政府目标责任制要求，把创卫工作作为促进经济社会发展和保护人民群众健康的重要载体，按照“注重基础、强化整治、立足长远、全面提高”创建思路，以农村环境集中整治为重点，开展城乡环境卫生整洁行动，加强和完善基础设施建设，改善城乡环境卫生面貌，加强卫生管理和监督检查，提高卫生管理水平、卫生防病能力和群众文明卫生素质，卫生创建工作取得实效。在2017—2019周期卫生乡（镇）命名中，左云县马道头乡、灵丘县红石塄乡、天镇县新平堡镇和新荣区花园屯乡4个乡（镇）被命名为“山西省卫生乡（镇）”。大同市198个村在2017—2018周期省级卫生村命名中被命名“省级卫生村”。（沈文红）

【爱国卫生月活动】 2018年4月，大同市卫生和计划生育委员会开展全国第30个爱国卫生月活动。全市各县（区）开展环境卫生大扫除，悬挂宣传条幅300余条，发放宣传资料10万余份，有5万余干部群众参与义务劳动。出动车辆及大型机具3000余辆，清除垃圾2万余吨，清理卫生死角1000余处，清除野广告13万余条，清除流动摊点1000余个，拆除残垣断壁800余处，清除四堆5.2万余堆，美化墙体5万余平方米。（沈文红）

【社区卫生服务机构基本公共卫生基本医疗及风险防控培训班】2018年8月初，大同市社区卫生服务管理中心与市医学会共同举办社区卫生服务机构基本公共卫生基本医疗及风险防控培训班，以提升社区卫生服务机构基本公共卫生服务工作水平，规范医疗服务，提升服务质量，做好医疗风险防控。市平城区卫计局、市云冈区卫计局和全市126家社区卫生服务机构170名工作人员参加培训。培训班邀请省市专家给大家讲授基层公共卫生工作要点，高血压、糖尿病医防融合，内科、儿科医疗风险防控，医疗纠纷预防与处置，社区卫生服务机构医责险方案等。部分社区卫生服务中心作工作经验交流。（墨竹）

【爱国卫生工作会议】2018年8月8日，大同市召开爱国卫生工作会议，市教育局、市卫计委、市水务局、市交通局、市农委、市政管理委员会等爱卫会部分成员单位、10个县（区）的爱卫办主任及疾控中心主任50余人参加会议。会议安排部署关于迎接全国城乡环境卫生整洁行动中期评估、开展农村改厕专项调查、卫生创建、健康城镇建设试点等工作并要求各相关单位、各县（区）结合实际制定方案，开展技术培训，组织现场调查与督导检查，进行情况汇总并撰写农村改厕专项调查报告，要求以乡村振兴战略、乡村环境提质工程为契机，抓住机遇，完成全国城乡环境卫生整洁行动中期评估、开展农村改厕专项调查、卫生创建等工作。（沈文红）

【“全国爱牙日”宣传活动】2018年9月20日是第30个“全国爱牙日”，大同市健康教育所工作人员到大同市部分社区开展宣传活动，以提高全民口腔健康意识，建立口腔健康行为。

2018年“全国爱牙日”的宣传主题是“口腔健康，全身健康”，副主题是“护健康口腔，助健康体魄，享健康生活”。市健康教育所工作人员在龙翔园等活动现场通过悬挂横幅、发放宣传材料、设立咨询台等方式，向广大群众宣传讲解口腔健康的标准、口腔保健的基本内容、正确的刷牙方式、如何预防龋齿等，并宣传保护口腔健康的重要性、牙周病的防治等健康知识。（墨竹）

基层医疗卫生

【基层卫生服务建设】2018年，大同市以阳高县、左云县为试点，抽调专家和行家，传帮带，手把手培训，加强两个县（区）基础工作，补齐基层卫生服务短板，打造出两个基层卫生服务样本县。给阳高县、云州区、灵丘县建村卫生室166所，修缮村卫生室104所，并做到诊断防保、治疗、药房三室分开。村卫生室全部配备30种以上的基本医疗设备，村医全部具备执业资质。阳高县建设村卫生室的规划、设计、功能接地气，在全市县域综合改革现场会上，受到省卫健康委肯定，打造出全市样本，受邀在2018年中国卫生健康事业创新发展策略交流会上推广。（沈文红）

【大同基层医疗机构获国家表彰】2018年2月，国家卫生计生委办公厅公布2016—2017年度群众满意的乡（镇）卫生院和上年优质服务示范社区卫生服务中心名单，大同市19家基层医疗机构上榜。

基层医疗卫生机构承担着给辖区居民提供基本公共卫生服务和基本医疗服务等职能，在服务网络中发挥着上联下通的枢纽作用。为满足群众的健康服务需求，大同市加强基层医疗卫生机构内涵建设，提升基层医疗卫生服务能力，落实国家基本公共卫生服务项目，抓家庭医生签约服务，提高群众对基层医疗机构的满意度。经过逐级审核、现场抽查、公示等程序，国家卫生计生委评选出4290所乡（镇）卫生院为“2016—2017年度群众满意的乡（镇）卫生院”，753所社区卫生服务中心为“2017年优质服务示范社区卫生服务中心”。其中，大同市南郊区西韩岭乡卫生院、新荣区破鲁乡中心卫生院、灵丘县落水河乡卫生院、阳高县龙泉镇卫生院、天镇县玉泉镇卫生院等16所乡（镇）卫生院和矿区和顺社区卫生服务中心等3家社区卫生服务中心上榜。（鹤梅）

【贫困人口大病集中救治】2018年7月至9月，大同市卫生和计划生育委员会启动贫困人口大病集中救治服务月活动，集中管理、统筹安排符合救治条件的贫困人口，按病种实施集中收治，建立便捷畅通转诊渠道，保证连续性医疗服务。针对定点医院多为市级医院，基层贫困群众就医不便问题，大同市推广实施“天镇县—北京尤迈健康扶贫远程医疗合作项目”的运行模式，各县（区）医疗集团医院作为实施主体，负责提供支持远程视频诊室，组织当地大病贫困患者实施远程诊断，对确诊的大病患者，可在当地县（区）医院组织实施远程诊疗；当地条件不符合治疗要求的，依托对口帮扶纵向协作关系，通过“双向转诊”逐级转送至市、省级定点医院，把连续性医疗服务落实到位。市级定点医院结合分级诊疗制度建设，与县级定点医院、属地卫生计生行政部门对接，给救治对象提供优先接诊、检查、住院等服务，实现便捷有序转诊。市卫生计生委要求，各定点医院落实按病种付费管理，控制超目录、超范围使用药品、耗材；确因病情需要使用，需征得患者及家属同意并签字，否则相关医疗费用由定点医院承担。活动中，全市筛查确诊24种大病患者1307人，实施救治1299人，救治进度99.4%。（沈文红）

【市妇幼保健工作督导组到灵丘县检查】2018年9月，大同市妇幼保健工作督导组到灵丘县检查妇幼工作。督导组采取查看项目管理文件、报表资料、运行资料及实地抽查等方式，检查灵丘县孕产妇健康管理、0～6岁儿童健康管理、“三病”母婴阻断、

母婴安全、产前筛查、新筛及听筛、妇幼信息平台建设等各项工作，并对检查中发现的问题提出指导意见和整改建议。（墨 竹）

医政管理

【药品二次议价】 2018年，大同市卫生和计划生育委员会在调整医疗服务价格、取消药品加成基础上，在山西省首家实行药品二次议价。从省药招网遴选2000种临床常用药制定《2017版大同市药品议价目录》。4月1日起在市直7家城市公立医院（市第一、二、三、四、五、六人民医院和市中医医院）实施，9月1日起在全市所有县级公立医院实施，9月15日，在全市乡（镇）卫生院、政府办社区卫生服务机构推开，实现同药同质同城同价。通过实施药品二次议价，全市药价平均下降15%，每年节约医保资金和患者个人费用2亿元以上。（沈文红）

【医疗服务管理】 2018年，大同市二级以上医疗机构开通预约诊疗，三级医院预约时段精确到1小时，远程医疗中心与县（区）医疗集团远程医疗系统对接，向平台化发展。城市医疗集团间实行检查检验结果互认制度。医联体内成员医院实现医学检验、医学影像、病理等专业医疗质量控制全覆盖，全市35个质控部开展互认质控及关键质控技术规范化培训，质控考核互认医疗机构检验检查结果。三级医院开展“志愿服务在医院”活动，向全市二级医疗机构推广。城市二级以上公立医院开设多学科诊疗门诊，给患者提供“一站式”诊疗服务；溶栓牵头医院市三医院发布“溶栓地图”，左云县医疗集团建成基层版认证的胸痛中心。三级医院实现预约诊疗、移动支付、检验报告查看、住院每日清单查看、床旁结算、就诊提醒、结果查询、信息推送等“一卡通”服务，实现就诊卡整合就诊、结算、支付、查询、挂号等功能。城市二级以上14家公立医院实施临床路径管理，路径病例数占出院病例30%以上。（沈文红）

【免费产前筛查与诊断服务】 2018年，大同市卫生和计划生育委员会免费给怀孕妇女提供产前筛查与诊断服务项目。全年产前筛查总人数18485人，占任务率100.33%。全市6个贫困县（大同县、阳高县、天镇县、广灵县、灵丘县、浑源县）给建档立卡农村妇女“两癌”检查。全年任务93475人，宫颈癌筛查93342人，检查率99.86%；乳腺癌检查93389人，检查率99.91%。（沈文红）

【县乡医疗一体化改革】 2018年，大同市10个县（区）医疗集团全部实现一个独立法人登记，所有的县（区）乡（镇）卫生院人、财、物由县（区）卫计局整体移交给医疗集团。县域医疗集团全部实现县乡行政、人员、资金、业务、绩效、药械“六统一”管理。试点县（区）8大业务中心、8大管理中心初步建立。医疗集团内药品采购实现“五统一”。医疗集团内部初步形成科学分工协作机制和顺畅转诊机制，基层医疗卫生机构服务能力和管理水平提高，诊疗量提升。在人才队伍建设上，县级医疗机构招聘81人，乡（镇）卫生院招聘51人。各县（区）医保部门与医疗集团均签订医保打包付费协议，采取“总额预算、按月预拨、年终结算”方式，发挥医保杠杆作用。（沈文红）

【医疗机构信用等级管理评价工作启动】 2018年，大同市对未经过等级医院评审的各级各类医院启动医疗机构信用等级管理评价工作，以规范医疗服务行为，提高医疗服务监管水平和效能，促进医疗机构依法执业主动性和积极性，保障患者知情权和选择权。

大同市医疗机构信用等级分A、B、C、D四级，评价周期4年。市卫生计生委负责管理医院的评价，县（区）卫计局负责辖区范围内管辖医疗机构的评价。评价专家组由市级统一抽调，以保证评价的公平公正和合理性。医疗机构信用等级向社会公示，使患者在知情前提下做出选择，接受社会监督，促进医疗机构的行为自律。新建医院在取得“医疗机构执业许可证”、执业满1年后由卫生计生行政部门进行首次信用评价。评价周期内停业超1年未提供医疗服务的不允许参加信用评价。大同市医疗机构信用等级管理评价为动态管理，信用级别根据评价结果可升可降，医疗机构执业活动中违反单项否决项目或违反医疗操作规程发生医疗事故的，直接降至D级；医疗机构拒绝接受信用考核检查，或不提供相关资料配合检查的，卫生计生行政部门可直接评定D级。医疗机构的信用等级随着依法执业程度和质量安全的变化而升降，动态调整日常监管对象，重点监管信用等级较低的医疗机构。（墨 竹）

【首家民营医院实现跨省异地医保直报】 大同新建康医院是大同市首家实现异地跨省直报的民营医疗机构，自上年定为跨省异地就医定点医院以来，2018年，该院接待湖北、河北等跨省、市患者315人。

大同新健康医院是一家通过市级二级评审的综合性民营医院，上年初被确定为跨省异地就医定点医院。该院设置专门结算窗口，开通便民服务通道、病历快递、诊疗直通车，方便异地患者的医保直报。省外参保人员从大同新建康医院办理出院时，持社保卡可通过跨省异地就医住院直接结算系统办理结算，不用垫付全部治疗费用再返回参保地报销，省去整理单据、复印病历等程序，参保人员需结算应由个人承担的费用，基本医保和大病保险都实现跨省异地就医“一站式”结算。这项惠民利民政策，简化在外地务工、探亲（异地长期居住）或急症等参保患者的报销流程，减轻患者就医负担。（墨 竹）

【医疗服务价格动态调整安排部署会】 2018年7月5日，大同市卫生和计划生育委员会召开公立医院和基层医疗服务机构医疗服务价格动态调整安排部署会和培训班。市医改办主任、市卫生和计划生育委员会副主任王荣，市发改委、市医保中心等相关人员参加会议，并讲解相关政策。会议通报1月至5月全市公立医院综合改革核心指标完成情况，以及上年和1月至5月取消药品加成补偿情况。安排部署全市县级公立医院和基层医疗服务机构医疗服务价格动态调整工作，明确发改、人社、卫计、医保部门和公立医院职责和工作进度。通过启动医疗服务价格动态调整，理顺县乡医疗服务机构合理的比价关系，确保医疗机构良性运行、医保基金可承受、群众负担总体不增加。

（沈文红）

【首家城市医疗集团组建】 2018年，大同市以市三医院、市五医院、同煤集团总医院为核心医院，横向联合其他城市公立医院、国有企业（校）办医疗机构、医学院校、城市社区卫生服务机构及规模以上民营医院组建城市医疗集团。7月20日，大同市五医院医疗集团挂牌成立，这是山西省首家城市医疗集团。大同市同煤总医院医疗集团和大同市三医院医疗集团分别于12月18日和12月26日成立。3家城市医疗集团的成立，使大同具备建成区域医疗中心优势。3家城市医疗集团搭建组织框架、制定理事章程、明确责任分工、建立协作机制，实现与平城区基层医疗卫生机构药品“五统一”（统一机构设置、统一人员调配、统一技术服务、统一饮片配送、统一业务管理）管理。以人才共享、技术支持为纽带，推行预约门诊住院、检查互认、处方流动、用药衔接、资源共享、信息互通。截至2018年年底，市五医院医疗集团把朔州市中心医院纳入集团，市三医院医疗集团远程医疗中心服务辐射晋冀蒙3省、5个地市、35个县（区）、1100万人。

（沈文红）

【医保支付方式改革进展情况调研座谈】 2018年8月9日，大同市医保支付方式改革进展情况调研座谈召开。市医改办主任、市卫生和计划生育委员会副主任王荣，市发改委副主任牛锐锦，市财政局副局长陈忠英，市人社局相关科室负责人，市医保中心主任及相关科室负责人参加。座谈会听取医保中心按病种付费工作推进和结算实施情况，县乡一体化改革医保打包付费按月拨付工作落实情况，推进左云县、阳高县一体化改革示范县按人头把医保基金统一打包拨付给医疗集团工作进展情况，及市、县级公立医院药品二次议价第三方支付工作进展情况。传达《大同市医改办关于对山西省医改办公立医院综合改革督查工作重点任务分解的通知》和《山西省医改办关于开展县乡医疗卫生机构一体化改革任务落实百日攻坚行动的通知》，讨论《大同市巩固破除以药补医成果进一步深化公立医院综合改革工作进展情况汇报稿》，征求各成员单位意见。（沈文红）

【按病种付费改革工作推进会】 2018年9月4日，大同市按病种付费改革工作推进会召开，市卫生和计划生育委员会副主任王荣及相关科室负责人，市发改委、市医保中心、委直医疗机构、同煤总医院、解放军322医院、大同大学附属医院相关人员参加。会议安排推动按病种付费改革工作，讨论各医院按病种付费改革工作进展情况及需要解决的问题。

（沈文红）

【动态调整县级公立医院医疗服务价格】 2018年9月15日，大同市阳高县、云州区、天镇县、浑源县完成医疗服务价格动态调整工作，降低部分大型医用设备检查治疗价格、降低检查检验价格，提高体现医务人员技术劳务价值的医疗服务价格。其他县（区）在9月20日左右完成医疗服务价格动态调整工作。（沈文红）

【“山西护工”培训就业计划】 2018年，大同市卫生和计划生育委员会在全市范围内实施“山西护工”培训就业计划，以农村贫困人口为主要培训对象，兼顾城镇困难职工子女，拓展贫困人口就业增收渠道。培训项目以在医院从事病患陪护护工为主，兼顾在医院从事护理辅助工作的护士助理和在家庭社区从事母婴护理的月嫂。培训就业计划坚持政府引导与市场调节相结合，实施培训与推荐就业相结合，个人意愿与社会组织相结合，计划培训与订单培训相结合原则，多渠道筹集培训资金，多途径疏通就业渠道，鼓励社会资本投资参与。全年培训护工1581名，其中141名护工上岗就业。（沈文红）

【医药改革综合监管及分级诊疗信息化工作推进会】 2018年11月30日，大同市医改办召开大同市医药改革综合监管及分级诊疗信息化工作推进会，全市医疗机构相关工作负责人230余人参加，市卫生和计划生育委员会副主任王荣参加并讲话。会议宣读《大同市医药改革综合监管平台及分级诊疗平台运行实施方案》，通报全市各公立医院对接医药改革综合监管平台、分级诊疗平台、药品采购平台进展情况，并安排部署全市“互联网＋医疗”相关工作。通报公立医院核心指标完成情况及中央财政公立医院改革补助资金使用情况。（沈文红）

中医药事业

【中医药管理】 2018年，大同市有37家机构申报创建省级中医药特色基层医疗机构。其中，社区卫生服务中心11家，乡（镇）卫生院26家。平城区、云冈区、阳高县、天镇县22家机构于10月经省级专家组实地评审，另有15家机构按照省中医局要求不再实地评审，把印证材料报送省中医局待评。年内，阳高县创建省级基层中医药工作先进单位，于11月接受省级专家组评审。平城区大庆路社区卫生服务中心等6个中医馆建设项目竣工。推广中医药适宜技术，培训4335人次。其中，通过山西省中医药适宜技术平台网络视频培训3667人次，面授668人次。灵丘县、浑源县、阳高县中医院承建的基层名老中医药专家推进传承工作室建设。（沈文红）

【恒山道地黄芪亮相“世界级舞台”】 2018年5月16日，由联合国教科文组织主办的第六届中欧中医药国际合作与发展论坛暨“世界中联——法国中医药中心”揭牌及纪念李时珍诞辰500周年“中医中药世界行”全球启动仪式在联合国教科文组织总部法国巴黎举行。大同恒山野生道地黄芪在会上首次亮相。

会议期间，全欧洲中医药专家联合会副秘书长陈立新以同药集团野生黄芪标准化培育基地所产黄芪为内容，作题为“北岳恒山野生道地黄芪——极富价值的药食同源食品补充剂”的专题演讲，从生长环境、主要成分和含量、药用历史及养生价值等方面向与会者介绍高品质优质黄芪。会上，同药集团生产的广盛原牌黄芪系列产品作为中方礼物赠送给与会嘉宾。（蕙　兰）

【中医药健康文化主题活动】2018年7月1日，大同市卫生和计划生育委员会、平城区卫生和计划生育局联合主办的“中医药中国行—2018中医药健文化大型主题活动”在御林广场启动。启动仪式后，市中医院、市城区东街社区卫生服务中心、泉派中医等26家医疗机构的中医药专家、医务志愿者在现场举行义诊咨询活动，给市民提供中医体质辨识、常见病、慢性病的中医诊疗和中医药健康指导健康咨询等服务。活动上，开展中医健康讲解、养生保健指导、《中医药法》宣传、中医药政策咨询等活动，普及中医“治未病”理念、食疗药膳等养生保健知识及中医药相关法律法规。（蕙　兰）

【中医药健康文化知识竞赛】2018年7月，大同市卫生和计划生育委员会主办，中西医结合学会承办的“广誉远杯”中医药健康文化知识竞赛决赛举行。该次竞赛分初赛、复赛和决赛3个阶段。经过前期选拔，市中医医院、大同大学附属医院、平城区北关社区卫生服务中心、左云县、新荣区和浑源县6支代表队进入决赛。决赛以必答题、抢答题、中医药经典条文阐述、中医辩论形式进行，各代表队展开比赛，根据累计得分和评委组打分，最终新荣区代表队获一等奖。（蕙　兰）

【“国医大师”唐祖宣传承工作室在大同成立】2018年8月7日，“国医大师”唐祖宣传承工作室在大同市成立。

唐祖宣77岁，从医60载，因医德高尚、医术精湛于2014年被授予“国医大师”称号，并获中华中医药学会终身成就奖，享受国务院特殊津贴。“国医大师”唐祖宣传承工作室落户大同市，旨在搭建一个学术传承工作平台，整理、推广国医大师临床经验和学术思想，组建和培养一支医德高尚、技术精良的新一代名中医队伍。揭牌仪式后，“国医大师”唐祖宣接受黄经世纪青年中医陈炳兆的拜师礼。（墨　竹）

卫生人才与科研

【“1310”兴医提质工程】2018年，大同市卫生和计划生育委员会启动“1310”兴医提质工程，以提升大同市医疗资料和技术水平。“1310”兴医提质工程是：“1”围绕提升医疗水平这一主线；“3”推进三个城市医疗集团建设；“10”十项工作任务，建设领军临床重点专科，建设卓越临床医疗团队，建设区域医疗卫生中心，健全医疗质控体系，构建多层次专科联盟，实施专病诊疗中心建设，实施特色中医示范项目，实施互联网+医疗服务项目，实施改善医疗服务行动计划（2018—2020），实施全市医疗信息平台建设项目。年初，出台《“1310”提质兴医实施方案》，召开动员部署会。截至2018年年底，全市建成有省级临床重点专科8个，省市共建重点学科6个，市级重点学科28个；引进1个科学家、2个院士、2个博士工作站、1个名医传承工作室，与大同大学签订战略合作协议；组建第五人民医院医疗集团，组建19个专科联盟，三级综合医院都建成远程医疗中心均与县级医疗集团实现对接，利用信息化手段推进预约诊疗，实现移动支付、就诊提醒、结果查询、信息推送等服务。（沈文红）

【“招才引智”兴医工程启动】2018年，大同市卫生和计划生育委员会与中共大同市委组织部按照《大同市实施“凤凰人才”三年发展规划（2017—2019）》等系列招才引智意见和“凤还巢”计划，联合印发《大同市“大医大德大爱大同—聚才返乡兴医”行动实施方案》，通过全职引进、兼职引进、柔性引进等方式，助推同才回流、名人回乡、技术回传。依托大同大学医学院校友会和北上广一线城市的医师协会，对接大同籍在外或曾在大同工作、学习、生活过的国内外名医、技术带头人。建立大同籍在外优秀医学人才库，推进学科帮建、培训带教、远程协作等方面协作。（沈文红）

【市卫计系统院士（博士）工作站启动】2018年7月19日，大同市卫生计生系统院士（博士）工作站启动。市卫计委确立人才优先发展战略，大兴招才、引才、育才、留才、用才之策，借助各类学术活动在大同举办之际招才引智，启动实施“1310提质兴医工程”“百千万卫生人才培养”等一系列人才培养项目，使每所三级医院至少有1个院士工作站，每所二级医院至少有1个特色学科（专科）与国家对应学科建立合作关系，逐步形成门类齐全、梯次合理、满足患者需求的医疗卫生服务体系。（沈文红）

【“招才引智”医学人才对接座谈会】2018年10月13日，大同市卫生和计划生育委员会借大同大学医学院“60年校庆”之机，举行“招才引智”医学人才对接座谈会。市委常委、组织部部长宋涛，山西大同大学党委书记马存根，市委组织部相关部门负责人及20余位省内外专家等出席。座谈会分引智兴医座谈、合作意向对接和实地调研考察3个阶段。会上市卫计委主任刘国庆介绍参加活动的各位领导和优秀医学人才代表，市委组织部相关部门负责人介绍大同市委、市政府出台引进人才的一系列扶持政策和措施。大同市第五人民医院与3位专家签订合作协议。（沈文红）

医药交流

【同朔地区医学检验学术研讨会】2018年1月，大同朔州地区医学检验学术研讨会在大同市召开。大同、朔州二级以上医院检验科负责人和技术骨干150余人参加研讨会。研讨会上，同朔地区的医学检验专家们结合临床实例，从人体重要寄生虫现状、贫血的诊断思路、临床实验室质量指标的分类等角度出发，讲解“尿液分析的质量控制”“血液分析仪临床应用及疑难病例分析”等方面内容，参会人员分享探讨检

验医学的发展和未来。（鹤 梅）

【市三级医院专家参加国家神经系统疾病临床医学研究中心建设推进与战略发展研讨会】 2018年2月25日，国家神经系统疾病临床医学研究中心建设推进与战略发展研讨会在北京天坛医院召开。大同大学医学院副院长尉杰忠带领市三级医院专家参加。研讨会以临床应用为导向，以医疗机构为主体，以协同网络为支撑，开展临床研究、协同创新、学术交流、人才培养、成果转化，鼓励各地方建设省级临床医学研究中心，加强全国神经系统疾病临床研究体系建设。成立“国家中心神经免疫与感染疾病研究中心”。市三医院、市五医院、市同煤总医院和大同大学医学院、附属医院部分副院长和神经科主任与全国神经科专家谋划学科建设，联动京津神经免疫专科力量。大同参会的医院和单位成为国家神经系统疾病临床医学研究中心神经免疫与感染疾病研究分中心首批成员单位。（沈文红）

【省女医师协会大同分会成立】 2018年3月10日，山西省女医师协会大同分会成立大会在大同市第一人民医院召开。成立大会上，山西女医师协会名誉会长郭述真讲述国内医学前沿专题讲座，参会人员聆听国内外医学新知识及新进展，并与专家互动。女医师协会成立，可开展省内外及国际学术交流与合作，搭建展示女医师自我风采平台，给突出女医师科技人才创造条件，提升女医师业务质量和服务态度，更好地给患者服务。（蕙 兰）

【民营医院医疗保险工作座谈会】 2018年4月20日，大同市民营医疗协会邀请市医保中心相关负责人与全市42家民营医院院长座谈医疗保险工作。座谈会上，各民营医院针对存在的问题逐一分析探讨，交换医保政策执行等重点难点问题。42家民营医院在会上发出倡议，坚持因病施治原则，做到对患者负责，合理检查、治疗、用药；掌握入、出院标准，禁止非医保基金支付范围的病人列入医保基金支付；执行国家药品价格和医疗服务项目收费政策；合理使用医保基金，做到合理收费，价格明晰。（蕙 兰）

【城市医疗集团建设工作座谈会】 2018年5月17日，大同市召开组建城市医疗集团工作座谈会，研讨如何建设紧密型医联体，打造全市医疗集团。市政府副市长郭蕾出席。市政府副秘书长曹晖，市卫计委主任刘国庆参加座谈会。

会上，各医疗卫生机构分别汇报医疗集团、医共体、专科联盟和远程医疗协作网等形式医疗联合体的建设情况，分析城市医疗集团建设存在的人才流动，财务管理，资源共享及医保政策推进等主要问题，并提出下一步工作思路。（沈文红）

【市卫生计生委与大同大学举行战略合作框架签署仪式】 2018年6月14日，大同市卫生和计划生育委员会与大同大学战略合作协议书签字仪式在大同大学举行。十三届全国政协常委周然，教育部中医学专业教学指导委员会副主任委员洪净，山西省科协副主席张秀亲，大同市副市长郭蕾，市政协副主席郭俊岗，市卫计委主任刘国庆，市科协主席周谋，大同大学校党委书记马存根，大同大学校长冯锋等出席签字仪式。

在参会领导见证下，冯锋与刘国庆签订《大同大学与大同市卫计委战略合作协议》。协议书重点从加强临床医学专业一级学科硕士授权点建设；推动“1331工程”“1310”兴医提质工程和“136”兴医工程融合发展；加强医学人才培养，构筑医药人才高地；推动“健康大同”建设；推进中医药健康服务产业发展；联合组建国家级医学考试（执业医师/护士/职称考试）培训基地6个方面加强合作。（沈文红）

【“实施健康中国战略”讲座】 2018年7月13日，大同市卫生和计划生育委员会和大同市民大讲堂联合举办“实施健康中国战略”主题讲座。市人大常委会副主任张翠萍，市卫计委主任刘国庆及委领导班子成员，市卫计委各科室负责人，市直医疗机构和委直属事业单位干部职工500余人参加讲座。山西省健康协会会长高国顺从践行健康中国新思想，树立健康新理念，追求健康新生活3个方面，分析和解读健康中国战略。（沈文红）

【长城金三角胃肠肿瘤高峰论坛在大同举行】 2018年8月初，2018长城金三角胃肠肿瘤高峰论坛在市三医院多功能厅举行，来自全国各地的200余名胃肠专家参加该次活动。

活动由市三医院、北京大学第一医院联合主办。论坛上，北京大学第一医院的汪欣、北京协和医院的林国乐、北京大学人民医院的郭鹏、中日友好医院的孟凡强等专家教授分别作《腹腔镜低位直肠癌侧方清扫策略》《结直肠癌腹膜转移的诊疗策略》等专题报告。活动期间，与会专家探讨和交流结直肠癌综合治疗进展、侧方淋巴结清扫的是与非、极限保肛术式的优与劣等话题。北京大学第一医院的汪欣、汤坚强，吉林大学的谢忠士，福建的郭银枞4位教授演示4台结直肠癌手术并全国微信直播。（墨 竹）

【规范化胎儿产前超声筛查全国巡讲在大同开讲】 2018年9月8日，由中华医学会主办，山西省医学会、大同市一医院承办的2018规范化胎儿产前超声筛查及妇科疾病全国巡讲山西站在大同开讲。来自北京、广州、河南等省市的专家教授及大同市周边省市的超声筛查学科的医务人员近600人参加巡讲活动。

巡讲现场，中华医学会超声分会妇产学组组长田家玮、北京协和医院超声医学科主任医师戴晴、中山大学附属第三医院教授张玲、郑州大学第三附属医院教授栗河舟等专家教授分别作题为《胎儿心脏超声检查规范及常见先心病超声诊断》《盆腔子宫内膜异位症的超声规范化检查》《IUGA盆底超声检查规范解读》《复杂性双胎的超声诊断思路》等专题讲座。活动通过理论讲解、现场演示等形式给参与活动的医务人员传授超声知识学术。（任峰君）

【首届消化道肿瘤内镜学术研讨会】 2018年9月8日，大同市首届消化道肿瘤内镜学术研讨会在市第二人民医院举行，省内外的10余位消化道肿瘤疾病专家教授及大同市市直、各县（区）医院的专业学科带头人、技术骨干300余人参加研讨会。研讨会上，专家们围绕单人结肠镜及规范化早癌诊断要点、LCI在消化道黏膜疾病诊断中的应用、消化道恶性梗阻的内镜诊治策略、如何更好地识辨早期胃癌、超声内镜在消化疾病中的应用等问题相互探讨和交流。

（墨 竹）

【智慧医疗远程医疗项目推进会】 2018年9月14日，大同市卫生和计划生育委员会召开智慧医疗远程医疗项目推进会。市卫计委体改科、信息科负责人，市五医院、阳高县医疗集团等相关人员，智慧医疗项目公司负责人参加会议。会议讨论部署推进全市智慧医疗远程医疗工作，保障全市健康乡村暨县乡一体化阳高县现场会智慧医疗市、县、乡、村四级互联互通工作，市五医院医疗集团成员单位远程医疗互联互通等相关工作。

（沈文红）

【考察学习运城医疗卫生改革】 2018年10月10日至12日，大同市卫生和计划生育委员会副主任郭志清带队，云州区、广灵县医疗集团院长，委体改科、基层科、办公室、市五医院信息科等负责人到运城市盐湖区、万荣县考察。考察组参观医疗集团人民医院、乡（镇）卫生院、村卫生室，交流、探讨、学习医保支付方式改革、人事薪酬制度改革、绩效考核、互联网+医疗、智能公卫管理等工作。通过学习借鉴县乡一体化改革先进地区经验，推进大同市综合改革步伐。

（沈文红）

【医养结合推进暨业务培训班】 2018年11月19日至20日，大同市医养结合推进暨业务培训班举办，山西省卫生健康委家庭发展处处长刘志锋，市卫生和计划生育委员会副主任王全安，县（区）卫计局、医疗机构、医养结合机构等386人参加。培训解读《大同市医养结合实施计划（2018—2019）》，总结交流全市一年来医养结合工作中所取得经验，分析研判当前面临的问题和困难，研究部署下一步工作。刘志锋分析医养结合工作任务，讲解老年医疗卫生服务工作内容，指出今后工作方向。市级专家分别讲解《安宁疗护病房建设的背景与探索》《老年综合评估专家共识解读》《老年人的安全护理》《老年医学发展与医养结合》等。

（沈文红）

【大同市医师协会成立】 2018年12月28日，大同市医师协会成立大会暨第一届理事大会举行。大会选举产生大同市医师协会第一届理事会成员、常务理事会成员，及会长、副会长、秘书长。市医师协会是全市广大医务工作者的学习平台和学习园地，是沟通全体会员的桥梁，市医师协会成立，可加强学术交流，提高医学继续教育质量和水平，促进临床医学及科研研究与交流。

（沈文红）

献血供血

【概况】 2018年，大同市有21075人次自愿参加无偿献血（其中参加机采血小板613人），采集血液36516单位，采集血小板681单位，一次献血400毫升人数16054人次，占献血总人数79%。全市制备悬浮红细胞36386单位，与上年同期持平；制备洗涤红细胞534单位，较上年同期增长3%；制备冷沉淀3778单位，较上年同期增长15%；制备冰冻血浆39206单位，较上年同期下降3%；制备其他成分血7单位，较上年同期下降83%；成分血分离比例99.6%，较上年下降0.1个百分点。

全年向临床供血35011单位，较上年同期下降4%。其中，供全血8单位，与上年同期持平；供机采血小板784治疗量，较上年同期增长6%；供悬浮红细胞34462单位，较上年同期下降3%；供洗涤红细胞534单位，较上年同期下降2%；供冷沉淀3775单位，较上年同期增长13%；供冰冻血浆17832单位，较上年同期增长2%；供其他成分血7单位，比上年下降83%。2018年，大同市支援兄弟省市用血，调出各类成分血2077单位。

（沈文红）

【"世界献血者日"宣传活动】 2018年6月14日第15个"世界献血者日"，大同市在玄辰广场、华林新天地门前及部分采血点同时举行世界献血者日宣传活动。爱心志愿团队参与、广大市民献血，大家用自己的方式献出爱心，传递温暖。

红旗车队、大同大学志愿者、惜缘阁爱心团队志愿者及爱心永恒等志愿者团队参与到活动中。他们以身作则，带动过往市民献血，在街头发放有关"无偿献血"知识小手册，向过往市民朋友讲解、宣传"无偿献血"。活动现场有无偿献血者自助登记机，献血者把身份证放在规定区域，自助登记机便会识别其身份，献血者通过触摸屏输入个人年龄、职业、婚姻状况等相关信息，系统会生成献血者体检电子表格并自助打印，献血者持表在采血车上，依规进行血型检测、化验等程序。市中心血站开通官方稀有血型献血群，通过入群方式，把这一特殊献血群体组织起来，发生急救用血时实现互助自助。大同市无偿献血年采供血量从以前的3.6吨，增长到11.8吨，刷新全市无偿献血记录，可满足全市58家医疗单位的急救用血，还多次支援其他省市。

（墨 竹）

【大同市被评为"全国无偿献血先进市"】 2018年12月13日，在由国家卫生健康委员会、中国红十字会总会、中央军委后勤保障部卫生局联合举行的《献血法》实施20周年暨2016—2017年度无偿献血表彰大会上，大同市被授予"全国无偿献血先进市"称号，这是大同市连续六次被授予该称号。在该次表彰大会上，大同市有539人获全国无偿献血奉献奖，其中金奖210人，银奖121人，铜奖208人，无偿献血志愿服务奖3人。大同市建立起完善无偿献血保障体系，无偿献血工作步入成熟稳固阶段，完善的质量管理体系给全市用血患者架起通向健康生命的安全桥梁。2016—2017年，全市有54572人次参加无偿献血，献血总量20吨，医疗临床用血100%来自于公民自愿无偿献血，满足全市医疗机构用血需求。（墨 竹）

市直医院选介

【大同市第一人民医院】 2018年，大同市第一人民医院（妇幼医院）门急诊患者58.85万人次，出院患者人数3.66万人次。总分娩婴儿数11158名，占全市38%。手术例数13288台，其中微创手术5133例。门诊病人和出院病人人均费用分别205.1元和6964.9元。床位使用率和周转次数分别103.60%和57.7；平均住院日6.5天；出入院诊断符合率和手术前后诊断符合率99.50%和99.60%。引进包括128层螺旋CT、钼靶乳腺X光机、进口超声聚焦子宫肌瘤治疗系统、6台超高档智能化四维超声诊断系统等在内价值近3800余万元的医疗设备。创建为山西省社会主义核心价值观建设示范点，被评为国家节约型公共机构示范单位、山西省2016—2017年度精神文明单位、山西省医院后勤建设管理先进单位、大同市节水型示范单位等。

医联体和专科联盟建设 年内，大同市第一人民医院推进与大同市第五人民医院城市医疗集团，建立医联体。作为山西省妇科专科联盟和山西省妇幼保健专科联盟成员单位，与7个社区服务机构、8所县医院、大同机场医务室及部分民营医院建立医联体。在医联体框架下，通过对口帮扶、技术协作、远程会诊精准对接和帮扶受援医院，全年以派驻形式派出下乡人员26人次，120余天。与同济大学附属同济医院、华中科技大学同济医学院附属协和医院、中山大学附属第一医院等高水平医院建立妇产科专科联盟，全年外请高水平专家到一医院做高难度复杂手术150余例。牵头成立大同市妇科专科联盟。落实双向转诊下转指征，全年下转患者1778人次。

产前筛查和诊断预防服务 年内，大同市第一人民医院开展产前筛查人数7436人，产前诊断1126例，其中包括无创998例，羊穿31例，B超97例。完成国家规划类疫苗的基础免疫及加强免疫9506人次；补种卡介苗和乙肝疫苗1080人次；接种非免疫规划疫苗4713人次。给儿童建卡945人次，建卡率100%。全年报告传染病2922例，网络直报食源性疾病124例，无漏报和迟报。在所属地段社区开展主题日健康宣教活动4次，发放宣传资料1440余份，咨询人数200余人，受益人数200余人次。全院死亡病历网络直报63例，报告率100%。

医改政策落实 4月1日起，大同市第一人民医院执行二次议价后的《大同用药目录》。四项医改核心考核指标中，医疗费用增长率1.19%，药占比15.17%，耗材、检查、化验收入占医疗收入的比重45.92%，百元医疗收入（不含药品收入）中消耗的卫生材料费用19.81元。医疗服务收入（不含药品、卫生材料、检查、化验收入）占比38.64%，均控制在国家规定合理范围内。

实施一例巨大子宫肌瘤摘除术 4月，大同市第一人民医院给一名患者摘除重4.5公斤的子宫肌瘤。患者在10年前体检时发现患有子宫肌瘤，近两年出现尿频、大便不畅等症状，影响到日常生活，到市一医院就诊。经过检查发现，子宫肌瘤巨大，对腹腔脏器造成压迫，医生决定为其进行手术。在与麻醉科会诊评估手术风险后，给患者施行全子宫切除术。经过1个余小时，重4.5公斤的巨大子宫肌瘤被摘除。

中外围产论坛 7月17日，主办中外围产论坛在市一医院召开。会议邀请来自意大利米兰尼瓜尔达医院的妇产科病房主任、生殖与不育科主任毛里求斯·比尼等国内外一线妇产科专家讲授孕期铁营养管理。毛里求斯·比尼等专家从欧洲和中国孕妇对铁元素的需求做对比，中外学科交叉融合，传统与创新碰撞，讲述孕期补铁重要性。会后，毛里求斯·比尼到分娩室和产科病房进行现场技术指导。

母乳喂养周宣传活动 8月1日至7日，是第27个“世界母乳喂养周”。大同市第一人民医院院长贺永春，院党委书记韩柱、副院长沈树军和医务科、护理部、产科专家、儿科专家等20余名医务人员到门诊大厅举办母乳喂养周宣传活动，有100余名准爸妈和新爸妈们参加。活动现场，妇产科医护人员给咨询人员专业答疑有关母乳喂养、自然分娩、婴幼儿保健等方面内容，并发放宣传资料。产科护士们现场讲授母乳喂养正确姿势，邀请准妈妈们体验母乳喂养技能技巧，利用模型娃娃和乳房模具摆出各种喂养姿势，指导她们掌握正确哺乳方法。母乳喂养周活动期间，发放宣传资料5000余份，组织全院医护人员培训考核母乳喂养。

大同地区临床检验学术交流会 10月27日，大同市第一人民医院主办2018大同地区临床检验学术交流会。来自国内、省内检验和临床专家，大同、朔州、忻州等各市级、县（区）医疗机构的医师出席会议。会上，国内、省内检验和临床专家讲授检验与临床相关的最新进展，且有针对性地进行案例分析和讨论。北京大学医学部医学检验系主任王小林、同济大学附属杨浦医院检验科副主任、安图医院检验科主任翁文浩和市一医院检验科主任刘敬梅分别讲述“血常规检验质量管理”“尿微量白蛋白－肌酐比值（ACR）性能评估”“阴道微生态的实验室检查及临床应用”专题讲座，并与参会人员开展相关学术成果交流互动和探讨，给大家传授检验医学先进理念、经验、技术，给参会人员以后临床和科研提供研究思路和方法。

（任峰君）

【大同市第二人民医院】 2018年，大同市第二人民医院（肿瘤医院）门诊总诊疗247503人次，同比增长9.13%；出院患者16652人次，同比增长15%；床位使用率98.7%；平均住院日18.59天，同比下降15.77%；手术例数4091例，同比增长81.6%。急诊接诊9654人次，同比增长5%，抢救成功率87.8%。全院开展新技术27项。年内，大同市第二人民医院（肿瘤医院）成为山西省抗癌协会消化道肿瘤早诊早治基地、复旦大学附属华东医院聚焦超声刀中心指导示范基地。

医联体建设 年内，大同市第二人民医院与中国中医科学院眼科医院、山西省肿瘤医院、山西医科大学附属一院3家上级医院及城区、周边县（区）42家基层医院和社区卫生服务中心建立并开展医联体工作。病理科成立国家卫计委认定的病理远程会诊中心。享受上级医院医护专家团队义诊、手术、远程会诊、专业培训、业务指导、信息互通等技术支持，组织技术骨干到基层医院进行医疗技术帮扶，通过签订对口支援协议，推广适宜技术，组织医疗义诊和健康宣教等，加强与基层医院互助合作。

肿瘤学科诊疗建设　年内，大同市第二人民医院针对疑难危重肿瘤患者，组织相关学科不同专业专家病例会诊讨论，给患者设计个体化诊疗方案，提供多学科“一站式”诊疗服务，打造肿瘤专科品牌。肿瘤外科学科建设方面，实施多例标准的甲状腺癌、胃癌及结肠癌根治术，肺癌左全肺切除术，胸腔镜肺癌根治术、胸腔镜腹腔镜联合食管癌根治术，腹腔镜联合胆道镜行胆囊切除、胆总管切开取石术，腹腔镜下结直肠癌根治术、肾囊肿去顶减压术、巨大结肠造口旁疝修补术，输尿管镜下钬激光碎石术、经尿道前列腺钬激光剜除术，吻合器经肛门部分直肠切除术治疗出口梗阻型便秘，经会阴直肠（乙状结肠）切除术治疗直肠脱垂，首例椎间孔镜微创手术，神经外科巨大颅咽管瘤、镰旁脑膜瘤、转移瘤显微手术，肝肿瘤患者CT结合DSA（数字减影血管造影）经皮肝穿胆道引流等手术，填补医院多项技术空白，开创大同市二医院、肿瘤医院肿瘤外科专业技术新局面。

医疗新技术应用　年内，大同市第二人民医院放疗二科开展通过肿瘤靶血管进行动脉灌注化疗和栓塞治疗的血管介入微创治疗，开展CT结合DSA（数字减影血管造影机）梗阻性黄疸经皮肝穿胆道引流术，与同煤肿瘤医院联合开展非血管微创介入治疗技术——放射性粒子植入使很多晚期肿瘤患者得到治疗。神经内科开展长疗程、大剂量激素对慢性重度特发性面神经麻痹的治疗，和北京天坛医院合作开展科学实验研究2项。血液净化室开展内瘘局部溶栓术。针灸理疗科与皮肤科会诊开展刺络放血治疗带状疱疹，与眼科会诊治疗眼肌麻痹导致的复视等。检验科开展血栓弹力图检测，血清胃蛋白酶原Ⅰ、Ⅱ检测，胃泌素释放肽前体检测，血清幽门螺杆菌检测，胱抑素C检测，反T3检测，总Ⅰ型胶原氨基端延长肽、β－胶原特殊序列检测。病理科开展基因检测解尿支原体、耳聋易感基因检测，肿瘤基因套餐EGFR/ALK/ROS1检测（肺腺癌基因检测），循环肿瘤DNA如EGFR检测、免疫组化抗体多项检测。磁共振室创新开展肿瘤患者头颅CT定位后MR精准融合，肺癌与邻近肺不张的鉴别，开展上腹部、下腹部、盆腔增强联合扫描一次完成，配合高强度聚焦超声患者的治疗前定位、治疗后疗效评估及远期跟踪随访。

临床科研　年内，大同市第二人民医院加强继续医学教育和学术交流，加快临床经验科研成果转化。申报市级科研项目立项4项，分别是：放五科宋晓文主持的《阿帕替尼三线治疗晚期非鳞非小细胞肺癌》；放二科赵瑞琴主持的《放疗联合双侧子宫动脉灌注化疗治疗局部晚期宫颈癌的疗效分析》；放二科苏占华主持的《肝动脉置管化疗在大肠癌肝转移治疗中的安全性和可操作性》；血液科马红玲主持的《蒽环类化疗药物对淋巴瘤患者的心脏毒性及临床意义》。全年全院发表并备案的论文44篇，其中国家级论文20篇，在国际杂志发表论文1篇《A Craniopharyngioma Associated With Elevated Cerebrospinal Fluid HCG Concentrations Misdiagnosed as a Germinoma》（《伴有脑脊液HCG水平升高误诊为生殖细胞瘤的颅咽管瘤病例报道及文献复习》）。参与编写医学论著李园园《伤口的前期预防及后期护理》1部。

医学学术交流　年内，大同市第二人民医院举办市级以上医学学术会议23次，其中承办全国性会议1次：中国抗癫痫协会青年医师西部行——大同站；主办省级会议3次，分别是高强度聚焦超声治疗学术交流会、肺癌高峰论坛、癫痫治疗进展研讨会；承办省级学术会议2次，分别是静脉输液安全行——大同站、颅内恶性肿瘤学术研讨会暨山西省医师协会放疗专业委员会病例演讲大赛大同站；眼科邀请中国中医科学院眼科医院专家团队举办为期2天义诊、手术活动。主办市级学术会议17项。年内申请省级继教项目3项，市级继教项目15项。外出参会、进修104项目，160人。

专科护理　年内，大同市第二人民医院通过加强专科知识及技能的培训和专科护士培养，提高专科护理能力。放一科开展肿瘤患者疼痛评估，肿瘤科制定PICC（经外周静脉置入中心静脉导管）维护流程，规范疼痛护理管理和PICC置管护理，全年行PICC置管1212例，B超引导下PICC置管477例。年底，护理伤口、造口专科门诊开诊。组织参加“提质强技”护理技能比赛和急诊急救技能考试等。承办大同市肿瘤护理专业委员会成立大会，护理部主任徐胜军任主任委员。

肿瘤临床亚专业建设　年内，大同市第二人民医院围绕推进肿瘤学科建设、打造肿瘤区域中心目标决策、规划，多次召开肿瘤学科工作推进专题会，按病种学科规范细化肿瘤亚临床专业，成立肿瘤内二科。9月，引进山西省首台高强度聚焦超声肿瘤消融机，邀请上海复旦大学附属华东医院肿瘤科主任赵洪及其团队到大同市第二人民医院技术指导，给胰腺癌及晚期肝癌恶性实体肿瘤及腹盆腔良性肿瘤患者拓展补充治疗手段，推动肿瘤专科建设。

大同卫计系统首家“博士工作站”　7月19日，大同市卫计系统院士（博士）工作站启动暨大同市二医院与山西省肿瘤医院博士陈星签约仪式在大同市第二人民医院举行。成立的“陈星博士工作站”是大同市卫计系统首家博士工作站。“博士工作站”邀请陈星加盟医院消化内镜中心，引进蓝激光胃肠诊断治疗设备，开展大同地区消化系统肿瘤疾病早癌筛查，并申请建设“国家消化道早癌防治中心（早期胃癌筛查项目）”。签约仪式上，陈星就消化肿瘤治疗发展前沿与参会人员进行学术交流，提倡要树立早诊早治观念，通过定期体检，把肿瘤扼杀在摇篮中，把肿瘤治疗重心前移，把预防肿瘤放到重要位置。把优质资源下放到基层，在每一个地方建立一

▲ 2018 年 7 月 19 日，大同市卫计系统举行院士（博士）工作站启动仪式暨大同市第二人民医院与山西省肿瘤医院博士签约 （左秀桃 摄）

个点慢慢辐射开，培养更多优秀医生，让老百姓在当地享受到最好医疗。

全省首台“海扶刀”在市二医院投入临床使用 9 月，山西省首台聚焦超声肿瘤消融机（简称“海扶刀”HIFU）在大同市第二人民医院投入临床使用。该项“海扶刀”新技术的突出优点是利用高强度超声聚焦特定靶区（不受肿瘤体积、形状和生物学特性的限制），产生瞬间 65℃ ~ 100℃高温，直接破坏靶区组织肿瘤细胞，使其消融凝固性坏死，不损伤靶区外组织，彻底“切除”肿瘤。治疗过程无须麻醉、不开刀，是无创绿色治疗。具有治疗时间短、恢复快，不出现肿瘤细胞扩散，不降低机体抵抗力，反而在无创情况下使免疫力低下的患者增强抗肿瘤免疫力优势。“海扶刀”诊治范围包括腹盆腔良恶性实体肿瘤、肝癌、胰腺癌、子宫肌瘤和子宫腺肌症等。

挂牌成为山西大同大学附属肿瘤医院 11 月 22 日，山西大同大学附属肿瘤医院揭牌仪式在大同市第二人民医院举行。山西大同大学党委书记马存根、市卫生计生委主任刘国庆及大同市二医院肿瘤医院领导班子、医学专家出席揭牌仪式。大同市第二人民医院继 1997 年成为大同医专附属医院后，成为山西大同附属肿瘤医院。大同市第二人民医院启动医、教、研协同发展模式，以推进“三级甲等肿瘤专科医院”评审工作。与山西大同大学、大同卫校在团队建设、平台搭建、技术进步等方面协作，通过临床医教结合，培养实用型医学人才，共同申报课题、获得成果、举办学术会议、发表论文等创出品牌，助推市二医院发展成为三甲肿瘤专科医院。2018 年 12 月，签署大同卫校“临床教学医院”协议。

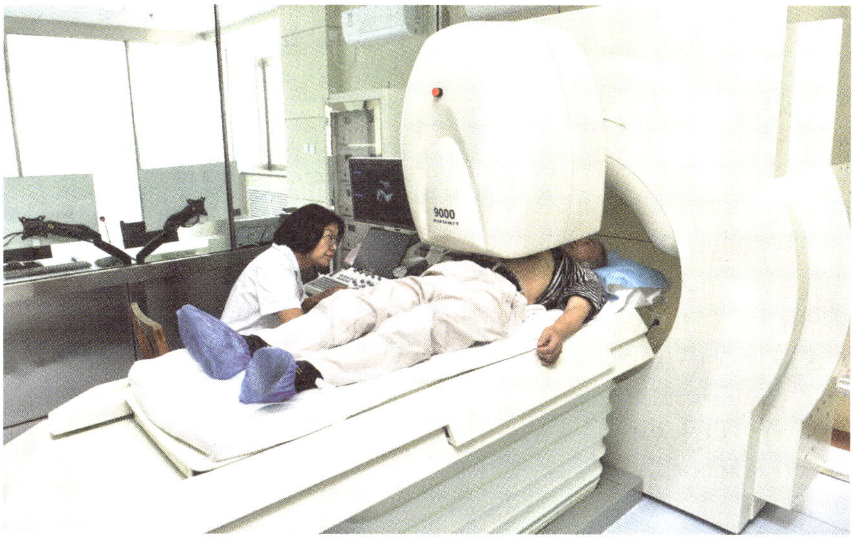

▲ 2018 年 9 月，山西省首台高强度聚焦超声肿瘤消融机落户大同市第二人民医院（肿瘤医院） （左秀桃 摄）

（左秀桃）

【大同市第三人民医院】 2018 年，大同市第三人民医院门急诊量 797722 人次，同比增长 4.66%。入院人数 38715 人次，同比增长 4%，出院人数 38469 人次，同比增长 2.86%。平均住院日 10.36 天，同比缩短 0.11 天。床位使用率 93.72%，同比增长 1.17%。床位周转次数 32.41 次 / 年，同比增长 1.47 次。住院手术例数 15590 台，同比增长 10.17%，Ⅲ级、Ⅳ级手术占比 58.85%。疑难危重占比 16.44%，危重病人抢救成功率 90.37%，同比增长 3.85%。抗菌药物使用率 44.72%，使用强度 36.94DDD（defined daily dose 的缩写，限定日剂量），药占比 20.75%，输血指证符合率 99% 以上。年内，市三医院入选 2017（首届）中国医院百强院；被国家卫健委医政医管局评为“2018 年度改善医疗服务典型案例医院”；被国家远程医疗与互联网医学中心授予大同协同中心称号；被中国心血管健康联盟评为中国胸痛中心、中国心衰中心、中国房颤中心建设单位，成为山西省胸痛中心联盟大同区域中心及大同胸痛区域中心联盟理事长单位；被国家卫健委评为“2017 年度脑卒中高危人群筛查和干预项目先进集体”，被中国卒中学会评为“综合卒中中心”，成为山西省卒中中心联盟大同市牵头单位及大同市神经内科专科联盟牵头单位；是大同市溶栓地图和胸痛地图核心单位；成为国家呼吸临床研究中心中日医院呼吸专科医联体肺血管病协作组成员单位，国家呼吸临床研究中心中日医院呼吸专科医联体危重症协作组成员单位；山西省宫颈疾病临床医学研究中心协作单位、山西省妇产疾病临床医学研究中心协作单位；成为中华炎症性肠病多学科联合诊治联盟山西省分联盟共同主席单位。

医联体和分级诊疗建设　年内，大同市第三人民医院以远程医学平台为支撑，推进医联体建设和分级诊疗工作。全年开展远程医学会诊381例，远程培训教育43次，远程门诊32次，中美远程国际会诊2例，“尤迈”贫困人口会诊7例。通过绿色通道医院与各医联体单位双向转诊下转患者年增长率6.9%。经市卫计委批准由该医院牵头成立疼痛、心血管、神经内科、消化内镜、放射影像5个专科联盟。与阳高县、天镇县、浑源县、新荣区、怀仁县、平城区医疗集团6家单位签署对口支援帮扶目标责任书。全年派遣72人为期3个月对口支援帮扶这6家单位。开展门急诊7891人次，手术129台，会诊及疑难病例讨论419例，新技术业务37项，并开展学术讲座、业务培训、手术示教等工作。派出相关慢病优秀医生进入社区服务中心支持社区工作（东街卫生服务中心和向阳里卫生服务中心），全年医生出诊209天，接诊1044人次，心血管内科、内分泌科授课4次。免费给其投放两套远程设备，开展远程教育培训、远程会诊等工作。

智慧型医院建设　年内，大同市第三人民医院加强信息化建设，实现全院一体化自助服务，门诊患者在自助机直接用医保卡支付，门诊职工医保、城乡居民医保大病（慢病）刷卡支付开通，开发单病种付费网络直报程序；建立手机APP患者管理平台，进行慢病管理、患者随访、智能宣教等；利用院内无线网络建立全院一体化心电信息系统，并与HIS（医院信息系统）、体检、电子病历、移动医疗无缝集成，医生可随时随地调阅图像和报告；建设生殖中心专科电子病历系统，拥有周期方案管理、身份识别、病历质控、随访系统等功能；门诊电子互助病历系统引入语音录入模式；“云胶片”系统实现患者扫描二维码，手机即时查看影像图像传输和报告结果；护理管理信息系统，通过信息化手段进行流程再造，提高医疗质量安全；协助院士工作站完成

▲大同市第三人民医院胸痛指挥中心　（王学蛟 摄）

MMC（国家标准化代谢疾病管理中心）接口开发，开发房颤中心接口；完善随访信息系统，增加门诊患者满意度调查；开展一站式床旁结算，打破传统住院患者结算模式，主动服务患者；运用“互联网＋医疗”推行信息化建设，能给日常工作提供强技术支撑，推动医院现代化管理进程。

心脏中心项目拓展　年内，大同市第三人民医院心脏中心通过中国胸痛中心、中国心衰中心、中国房颤中心建设单位认证，成为国家级诊疗中心；“国家‘十三五’重点研发计划精准医学研究重点专项精准医学合作中心”“ACTIVE中国基层医师心血管疾病培训示范中心”挂牌成立；启动国家“十三五”重大科技专项——“H型高血压精准医学与中风防控项目”，参与两项国家级科研项目，新技术项目《血栓抽吸术联合重组人尿激酶原冠脉内溶栓在急性ST段抬高型心肌梗死的临床应用》进入实验阶段。12月26日，由市三医院牵头的大同市胸痛中心联盟成立，发布大同市胸痛急救地图，完善区域心血管急危重症救治体系。该中心全年完成心脏介入手术1817例（冠脉造影术1582例），PCI（经皮冠状动脉介入治疗）术939例（急诊PCI术491例），心内电生理检查及射频消融术86例，其中房颤射频消融术28例。并开展主动脉球囊反搏术（IABP）16例，心脏外科手术25例。

神经疾病中心发展　年内，大同市第三人民医院神经疾病中心在首席科学家施福东教授团队，及天坛、宣武医院专家帮助下，重点发展脑血管疾病、神经内窥镜、神经免疫性疾病、意识障碍促醒、颅脑创伤5个专业。开展神经内镜辅助下动脉夹闭术及三叉神经痛微血管减压术，填补该项技术市级空白。建设卒中中心，使脑血管疾病的治疗系统规范，对缺血性脑血管病，普及急诊静脉溶栓，开展早期动脉溶栓、机械碎栓、取栓，急性期后的CEA（颈动脉内膜剥脱术）及CAS（颈动脉支架术）手术。提升动脉瘤夹闭术手术难度及恢复效果并介入栓塞技术，全年脑血管造影194例。神经脊柱专业做11例高难度功能性脊髓脊柱手术，如腰骶裂、脊髓栓系、椎管狭窄症及各种椎管内肿瘤等。全年举办国家及省、市学术会议6场。参与“十三五”科技攻关项目2项（自发性脑实质出血的多中心登记研究、颅内动脉瘤多中心登记研究），及国家重点研发计划1项（脑出血损伤机制与干预评价研究项目）。作为国家神经免疫与感染疾病研究分中心，参与国家级多中心研究1项（托珠单抗治疗视神经脊髓炎谱系疾病安全性和有效性的随机对照多中心Ⅱ期临床试验）。成为中国意识障碍医生联盟首批单位，并在2018年度脑卒中高危人群筛查和干预项目全国医院综合排名全省第一。

外科　妇产生殖　骨科中心发展　年内，大同市第三人民医院普通外科中心推行主诊医师负责的主诊组制

度，设立15个主诊组；由青年骨干医师独立完成腹腔镜下结直肠癌根治术7例、胃癌D2根治性手术4例、胃部分切除术5例；腔镜下胆囊切除DRGs（疾病诊断相关分类）评分、结直肠癌手术全省综合排名第三，乳腺癌手术全省排名第五，乳腺恶性肿瘤手术占全市总量50%以上；在全省率先开展腹腔镜胆囊切除日间手术，开展腹腔镜下的各种肠道术、腹股沟疝无张力修补术，在全国微信网络平台直播4台胃肠道肿瘤手术。妇产生殖中心实施大同市首例试管婴儿技术，大同市首批4例“冻胚复苏移植”试管婴儿成功，开展试管婴儿取卵24个周期，实施试管婴儿9例；夫精人工授精术149周期，使18名妇女受孕；妇科以肿瘤的微创治疗为科室特色及重点发展方向，微创手术占全科住院手术90%以上，做宫腹腔镜手术1300余例；产科全年收治疑难危重病人154例，接收转诊18例，抢救凶险型前置胎盘、重度子痫前期、胎盘植入等患者，科内抢救成功率100%；儿科增添新生儿呼吸机、新生儿冷光源蓝光箱、末梢血黄疸仪等。老年髋部骨折微创手术治疗，老年骨质疏松骨折微创手术，颈椎疾病及腰椎管狭窄症的脊柱内镜微创治疗技术成熟；关节镜手术在膝关节治疗基础上，扩展肩及髋关节治疗；关节置换术向复杂程度及难度较高的髋膝关节疾病突破，在晋北地区形成品牌效应；科室全年完成各类手术1332台，III、IV级手术占比80.95%，机器人导航手术40例，并在国家级课题《微创骨科手术机器人应用示范及其支撑技术研究》中担任典型示范点单位。

其他学科建设情况　年内，大同市第三人民医院牵头成立大同市远程影像会诊中心，影像中心全年给各医联体单位完成影像报告3935份，“大影像”管理模式在全省推广，上年在5个亚专业分组模式基础上，按器官划分组内医师专业主攻方向，提高医院影像精准诊断水平。成立甲状腺疾病中心，引进张波、李晓毅等专家，多学科融会贯通，确立医院在甲状腺疾病领域的专业性和前沿性。消化内科全年开展内镜总数14602例，其中内镜下治疗2612例，早癌筛查和内镜治疗填补地区相关技术空白，并举办4期“消化道早癌诊治规范化”培训班。血液内科成立白血病组、多发性骨髓瘤组、淋巴瘤组、贫出凝血疾病组4个亚专业，并建立院内多发性骨髓瘤、淋巴瘤多学科团队（MDT）。肿瘤内科成立介入微创治疗团队，准备符合GMP（药品生产质量管理规范）标准的生物细胞免疫治疗的实验室。胸外科开展胸腔镜在胸部疾病中的治疗，其中独立开展的胸腔镜肺癌根治＋纵隔淋巴结清扫、胸腔镜全胸腺切除、胸腔镜超微切口肺大泡切除术（手术切口1厘米是省内首创）。泌尿外科开展肾脏移植手术2例，其中1例为亲属间活体肾脏移植，是大同市首例。皮肤科发展皮肤外科及皮肤激光医学美容亚专业，引进7台皮肤激光美容设备，开展多项新技术项目。烧伤整形科成为“1239创面修复专科建设培育单位”。耳鼻喉科开展鼻内镜下后鼻孔成形术。口腔科发展种植技术。眼科实施全飞秒激光矫正屈光手术161例，白内障超生乳化吸除和人工晶体植入术500例。开展彩色多普勒引导和“C”形臂定位下深静脉长期透析导管置管术6例。麻醉科术中开展利用Vigileo心排量监测技术。检验科开展7项检测项目。病理科开展细针穿刺细胞学检查，穿刺200余例。

矮小症患者防治讲座　2月3日，大同市第三人民医院举办矮小症患者防治讲座和义诊活动。北京协和医院教授茅江峰和该院内分泌科主任杨小洁现场义诊。中国矮小症发病率1%～3.77%，700万患儿中，每年有3万患儿接受正规治疗，儿童矮小症诊治现状不容乐观。讲座结束后，工作人员给在场的每一位家长发放健康登记表、儿童身高体重标准表、儿童生长发育科普手册，并给每一位儿童免费测量身高体重、作生长发育评估。茅江峰在现场解答家长们咨询的各种问题，针对孩子的不同情况，通过看X光片等一系列的检查手段，评价评估孩子们的身体健康状况。

首例中美远程会诊　3月21日，大同市第三人民医院远程医学中心首次给一位80余岁的患者提供国际远程会诊服务。市三医院心内科专家通过与美国麻省总医院专家的连线，参与远程视频会诊交流。在1个余小时的会诊中，与美国麻省总医院专家分析患者的病情，共同提出治疗方案，美方医学教授提供技术方面的专业支持。市三医院负责人与呼吸科、心内科、消化科、普外科等有关科室专家100余人观看和旁听该次会诊。

首例亲属间同种异体肾移植手术实施　3月，大同市第三人民医院实施第一例亲属间同种异体肾移植手术，这是大同市成功实施的首例亲属间同种异体肾移植手术。市三医院是由国家卫计委批准的山西省两家准予开展人体器官移植（肾移植）的医院之一。该患者1年前被诊断为慢性肾功能衰竭（尿毒症）后，开始血液透析。患者的一名亲属给其捐肾，二人经配型、化验、检查等各种术前检查均符合要求，于3月20日入院。经检查评估后，该院于3月27日分别给他们施行“亲属同种异体肾移植术”和“亲属肾移植供体右肾摘取术＋右侧肾窝引流术”，两台手术实施成功。

院士工作站和首席科学家工作站挂牌　7月29日，大同市第三人民医院呼吸与危重症医学王辰院士工作站挂牌建站，这是晋北地区医疗卫生行业建立的首个院士专家工作站。9月1日，内分泌代谢病学宁光院士工作站、“国家标准化代谢疾病管理中心（MMC）”揭牌启动，这是继王辰院士工作站之后，市三医院建立的第二个院士工作站。年内，市三医院与国家千人计划、长江学者教授施福东签约，建立首席科学家工作站。院士工作站及首席科学家工作站的建立成为医院汇聚优质资源，进行科研技术创新，带动学科发展，提升核心竞争力的平台，并给医院引进和培育人才打开绿色通道。市三医院整合呼吸与危重症医学科、胸外科、医学影像科等7个科室成立呼吸疾病中心；整合内分泌科、心血管内科、神经内科、肾病内科等11个科室成立内分泌代谢性疾病中心。通过资源整合、优势互补，提高医院呼吸疾病和内分泌代谢疾病的科研、诊治实力。两个中心开展“幸福呼吸”中国慢阻肺分级诊疗规范化推广项目、大同市呼吸系统疑难病弥漫性间质性肺病诊治能力提升工程项目、强化饮食和运动干预对新诊断2型糖尿病患者血糖控制的影响（为一项国家自然科学基金国际合作与交流项目）、2型糖尿病降压治疗目标研究等8项临床及科研项目，并在山西省率先开展ECMO（体外膜肺氧合）技术。

首例超声引导上臂输液港植入术成功实施　10月，大同市第三人民医院静脉治疗团队成功开展首例超声引导下的上臂输液港植入术。接受该次植入术的是一名乳腺癌术后需要进行周期化疗的女性患者。该项技术在市三医院的开展，填补大同市静脉治疗该项技术的空白，能满足长期输液和肿瘤患者的个体化静脉治疗需求，帮助医护人员给患者提供尽可能优化的医疗护理服务，服务于临床治疗，减轻患者痛苦，给患者提供安全的输液绿色通道。

晋柴医院交接　12月26日，大同市第三人民医院山西省晋柴机械制造有限公司职工医院移交接收工作会议在市三医院办公楼三楼多功能厅召开。市三医院院长马洪山，山西晋柴机械制造有限公司董事长陈盛春、副总经理李峰、管理部部长石富庭，大同市市政管委会科长程锡标，大同市国有企业分离办办公室主任刘宝庆，大同市卫生和计划生育委员会副主任王荣，及大同市第三人民医院其他院领导、职工和晋柴公司职工医院职工100余人参加会议。会上，陈盛春介绍晋柴医院基本情况，市三医院院长助理张萍介绍市三医院的基本情况，市三医院领导与晋柴医院职工交流医院各方面的发展。晋柴公司职工医院整体移交大同市第三人民医院。晋柴医院（原山西柴油机厂医院、616厂医院）是一所二级乙等综合性医院，被卫生部授予爱婴医院称号，是大同市医疗保险定点医院，城镇居民定点医院，新型农村合作医疗部分区（县）定点医院，有职工130人。

市三医院医疗集团挂牌成立　12月26日，大同市第三人民医院医疗集团挂牌仪式暨第一届理事会会议在市三医院举行。大同市人民政府副市长郭蕾、副秘书长曹晖、市卫计委主任刘国庆、平城区副区长闫慧芬、市卫计委副主任王荣、市三医院院长马洪山等市、区、院等有关方面领导出席挂牌仪式。组建“大同市第三人民医院医疗集团”旨在通过市三医院三甲医院优势，使其人才共享、技术支持、检查互认、处方流动、服务衔接等为纽带进行合作，开展创新型协同研究和人才培养，提升防病治病能力，使优质医疗资源更好流动。郭蕾宣布大同市第三人民医院医疗集团成立。大同市第三人民医院作为医疗集团龙头单位，与大同市二医院、大同市四医院、大同市六医院、大同市新健康医院、机车厂职工医院、怀仁市仁德综合医院、广灵永安医院、顺泰医院、魏都医院9个医院，及新建北路、振华南街、开源街等9个社区卫生服务中心（站）共同成立医疗集团。　（王学蛟）

▲2018年12月26日，大同市第三人民医院医疗集团举行揭牌仪式　（王学蛟　摄）

【大同市第四人民医院】 2018年，大同市第四人民医院有编制床位350张，实际开放床位430张。肝病专业（5个病区）、结核病专业（3个病区）、皮肤性病艾滋病专业被确立为大同市医学重点学科；皮肤性病艾滋病科被命名为省级“规范化门诊”；大同市肝病研究所、大同市结核病研究所设在市四医院；市四医院是全国传染病联盟成员，是国家“肝病防治健康教育计划实施基地”。年内，全院门急诊病人139681人次，同比增加685人次，预约诊疗31379人次；全年出院病人7887人次，甲级病案率99.87%；治愈率26.87%；抢救成功率91.53%；全年手术410台；急诊病人5379人次；临时输液139人次，同比减少484人次；体检人次9354，职工687；预防接种10656人次（一类）科研立项1项，发表科研论文14篇，国家级8篇，省级6篇；外派学习6人，组织院内业务培训学习18次，市级继续教育项目6次。12月1日，由该院肝病科主持开展的国家科技部科研项目在国家科技部科研项目颁奖仪式上获奖且排名第一。

医疗联合体建设　年内，大同市第四人民医院与市东街财富官邸社区卫生服务站、南关水泉湾龙园社区卫生服务站等4家医疗机构签订医疗联合体协议。以分级诊疗、技术帮扶、专科建设、学术交流、科研合作等功能形成互利共赢合作组织，引导支持医联体合作医院开展慢性病、传染病等综合医疗服务，从而延伸服务功能、拓展社会效应、加强学科建设、提高医务人员专业技术水平，构建以市四医院为核心、基层医疗卫生机构为依托的卫生防治网络，给患者提供医疗服务。

医疗资源下沉　年内，大同市第四人民医院按照《关于推进优质医疗资源下沉的指导意见》要求，根据传染病专科特色，定期组织专家到医联体社区卫生服务中心，开展健康教育

▲ 2018 年 8 月 17 日，大同市第四人民医院丁卫民博士工作站启动暨传染病专科联盟成立大会举行（四医院 供图）

大讲堂活动，讲授、传播健康知识，提高人民群众健康意识，掌握实用健康生活常识和专科防病知识，培养正确就医和用药理念。派 9 名内科专家定期到向阳里社区卫生服务中心坐诊，帮助医联体社区提高内科诊疗水平。派出医疗团队（30 人）到浑源县、广灵县、阳高县 24 个村落巡诊、义诊，入户诊疗 685 人。

检验新项目开展　年内，大同市第四人民医院开展 18 项新技术。有人乳头瘤病毒、结核分枝杆菌耐药检测、乙肝基因突变及耐药检测、四氢叶酸还原梅、8 项血浆凝血因子活性测定、结核抗体 IgM（免疫球蛋白 M）、PCR（聚合酶链式反应）溶解曲线法、结核分枝杆菌复合群、阴道分泌物检测、HIV（人类免疫缺陷病毒）病毒载量、铜蓝蛋白等。

传染病专科联盟成立　8 月 17 日，大同市第四人民医院牵头与 26 家医院和社区组建成立传染病专科联盟，以发挥专科医疗特色，推动传染病诊疗技术进步。12 月，与由首都医科大学附属北京地坛医院签订“地坛医院感染性疾病专科联盟”协议。联盟成员之间开展远程会诊和双向转诊，进行免费进修、科普教育等人才培养。实现数据共享和科研协作，建立统一感染性疾病诊疗标准和科研规范。联盟成立后推进优质医疗资源辐射，完善传染病疾病防治体系，探索专科医院和县（区）医疗机构对传染病患者一体化管理模式。

博士工作站签约　8 月 17 日，大同市第四人民医院与首都医科大学附属北京胸科医院博士丁卫民签约博士工作站。首都医科大学附属北京胸科医院是国内权威传染病专科医院，把传染病区规范化诊治博士站落户大同，是对大同市传染病学科建设的支持。通过建立博士工作站，依托互联网 + 医疗开展合作，使市四医院学科建设再上一个台阶，让更多老百姓享受到优质医疗服务。

复验 PCR 实验室工作　11 月，大同市第四人民医院检验科复验 PCR（聚合酶链式反应）实验室 5 年周期性换证，增加项目 6 项，开展 12 个核酸检测，并完善和更新 PCR 管理资料和操作规范资料。上年和 2018 年连续两年被评为“山西省年度山西省临床检验室间质量评价优秀单位”。全国室间质评生化、性病、输血、结核痰涂片 4 个亚专业全部合格，山西省临检中心及山西省 CDC（疾病预防控制中心）临检、生化、免疫、微生物、PCR、HIV（人类免疫缺陷病毒）盲样质控 6 个亚专业全部优秀。（四医院）

【大同市第五人民医院】 2018 年，大同市第五人民医院门急诊 78.55 万人次，同比增长 8.29%（其中急诊 3.83 万人次，同比增长 19.27%），日平均 3154 人次；住院 47767 人次，比上年增长 10.46%；病床利用率 113.7%，病床周转率次 32.17，人均住院日 12.79 天。年内，大同市第五人民医院被命名山西大同大学附属第一医院、第一临床医学院，山西医科大学、长治医学院教学医院，大同市首家城市医疗集团核心医院，大同市医联体核心单位，山西省血液透析培训基地，山西省首批助产士临床培训基地和护理规培基地，大同市护理培训基地等。在强势专科与医疗中心中国医院竞争力评比中，大同市第五人民医院入选 2018 年中国地级城市医院 300 强，位列 139 名（2016 年 145 名），入省域医院 30 强，列山西省第六（大同市第一名）。

专科发展　年内，大同市第五人民医院市级重点专科增加到 14 个，其中省市共建重点学科 2 个，山西省重点医学专科 5 个，并牵头成立 12 个市级医学临床质控部。3 月，市五医院通过“2018 年中国胸痛中心认证”成为“中国胸痛中心”。为提高急性胸痛的早期诊断和治疗能力，降低致死率、致残率，改善临床预后，市五医院加强与各网络协作医院和 120 急救中心合作，提升急性胸痛的救治水平，并以胸痛中心建设理念推动其他急诊急救中心建设，运用胸痛中心的流程优化，推广到其他急诊急救流程的应用上。8 月 30 日，中华医学会宣布全国第二批 110 家 PCCM（呼吸与危重症医学科）专科规范化建设项目认定单位，大同市五医院位列其中。9 月 2 日，由中国工程院院士宁光牵头，中国医师协会发起成立的“国家标准化代谢性疾病管理中心（MMC）”在大同市五医院挂牌，标志着糖尿病信息化传播网络体系在大同落地。11 月 18 日，在中国风湿免疫病医联体联盟第一届理事会第二次全体会议上，大同市第五人民医院风湿免疫科被授予类风湿关节炎规范诊治中心建设达标单位和痛风规范诊治服务中心建设达标单位两项称号，全国有两家地市级医院入选该两项达标中心。年内，市五医院开展主动脉瓣置换术、晋北地区首例胫骨横向搬移治疗糖尿病足坏死手术、大同市首例肠镜下结肠支架置入术、大同市首例全腹腔镜下胃癌根治性全胃切除术、关节镜和椎间孔镜微创手术等，促进医院优势专科医疗技术发展。开展多学科治疗和重危疑难症多学科会诊及查房，多部门协作开展合理用药质控、不良事件案例分析等工作。

医教研协同发展　年内，大同市第五人民医院通过医、教、研结合助推学科发展。与多个院士工作站对接，提升学科服务能力和专科建设。与泌尿专家郭应禄、内分泌专家宁光、呼吸与危重症专家王辰、肝胆外科专家董家鸿、中医康养专家石学敏、骨科专家邱贵兴6位院士签署合作协议。与北京协和、北医大、解放军301、解放军302、海军总医院等医院保持常年协作关系，在技术上、管理上与国家级医院接轨。与奥地利维也纳大学签订战略协作协议，与上海交通大学附属胸科医院心脏中心共同组建心律失常诊治中心，与美国麻省医疗集团建立战略协作关系进行学术交流。与上海交通大学医学院附属新华医院教授刘颖斌、美国波士顿大学医学中心教授秦富忠、中科院遗传发育所教授降雨强签订博士工作站协议，促进医院医疗人才储备的可持续发展。全年举办国家、省、市级学术会议63场，继续教育培训20939人次，授予I类学分18分，II类学分94分。市级科研项目立项国家级12项，省部级29项，市级20项。获市级科研项目财政专项资金居全市医疗系统第一；在第十九届山西省优秀学术论文的评选中，该医院有29篇文章获大同市优秀学术论文奖、7篇文章获第十九届山西省优秀学术论文奖，占大同市医学类文章奖项近50%，全市优秀论文获奖数量、质量均居全市卫生系统第一；教学方面，接收进修医师34名，免费培训基层全科转岗医师7人，免费给医疗合作联合单位培训医师15人；派出职工外出参加各级各类学术会议238人次，派出中青年专业技术人员到北京等医院进修学习25人次；2人通过评审成为山西省中医药大学硕士研究生导师；完成山西医科大学在职护理硕士研究生班工作，有26名护理人员取得护理硕士学位证书。

医联体建设　年内，大同市第五人民医院与大同县、天镇县医院、天镇县中医院、4个市级社区卫生服务中心在内的78家机构组建医疗联合体，签订双向转诊协议，出台相关制度，制订服务流程，给建立起“基层首诊、双向转移、急慢分治、上下联动”分级诊疗目标夯实基础。截至2018年年底，开展工作的医联体有26家。打造以市五医院为中心的“省市县乡村五级一体化”分级诊疗网络，完善分级诊疗、专科诊疗、特色诊疗、慢病防治体系。派出5个医疗队涉及12个帮扶专业到5个县（区）精准帮扶。健康扶贫村村行义诊活动走访4个县（区），义诊5900余人次，免费发放药品数万元，健康资料发放1.2万余份。

“互联网＋医疗就医服务”　年内，大同市第五人民医院上线移动智慧医院，启用“互联网＋医疗就医服务”模式；微信公众号一站式服务实现预约挂号、诊间支付、查询报告、就医反馈多种功能；在门诊投放14台自助挂号机，缓解患者排队挂号及缴费压力，改善医疗环境。

先天性结构畸形患儿可申请救助　年内，国家卫生与健康委员会、中国出生缺陷干预救助基金会联合开展先天性结构畸形救助项目，以减少先天性结构畸形所致残疾。山西省确定9家医疗机构为项目定点医疗机构，大同市第五人民医院位列其中。自上年1月国家启动该救助项目以来，市五医院被省卫生计生委指定成为大同市唯一一家“山西省先天性结构畸形救助项目定点单位”。这次救助条件为临床诊断患有神经系统先天性畸形、消化系统先天性畸形、泌尿系统及生殖器官先天性畸形、肌肉骨骼系统先天性畸形、呼吸系统先天性畸形、五官严重先天性结构畸形6大类、72种先天性结构畸形；年龄0～18周岁（含）；家庭经济困难，能够提供低保证、低收入证、建档立卡贫困户证明或村（居）委会等开具的贫困证明；在项目定点医疗机构接受诊断、手术、治疗和康复；医疗费用自付部分超过3000元（含）。救助范围包括药费、床位费、诊查费、检查费、放射费、检验费、治疗费、手术费、输血费、护理费、材料费、输氧费等。患儿申请救助日期为上年1月1日（含）之后，在定点医疗机构的诊断、手术、治疗和康复医疗费用给予补助。项目根据患儿医疗费用报销之后的自付部分给予不同数额的补助，其中自付部分超过3000元（含）、小于4000元的，补助额度3000元；自付部分超过4000元（含）的，按自付费用75%予以补助，最高补助额度为3万元（含）。同一患儿同一疾病分次申请救助的，或同一患儿不同疾病分别申请救助的，项目补助一次。

与美国麻省医疗国际集团签署战略合作协议　2月5日，大同市第五人民医院与美国麻省医疗国际集团举行战略合作协议签约仪式。双方在国

▲2018年2月5日，大同市第五人民医院与美国麻省医疗国际举行合作签约仪式
（杨　帆　摄）

际远程会诊、医护人员培训、国际医疗合作、高层次人才引进及高端体检等领域结成战略合作伙伴。美国麻省医疗国际集团是依托哈佛医学院的医疗资源和优势，由哈佛医生、学者、教授共同创建的一个国际化、专业化医疗服务平台，给患者提供国际高端医疗全程服务。通过双方合作，市五医院引进以哈佛医学院系统为主的临床资源，在医院管理、临床实践、高层次专家交流合作等方面对接哈佛医学院及其附属医院为主的培训课程和临床观摩计划，开展疑难病诊治等方面的远程会诊。医护人员能够到美进修与培训，哈佛医学院系统的高层次人才能到市五医院进行相关工作的培训指导和技术援助，使医院在运营管理、人才培养和学科建设方面与国际接轨。

地空救援一体化建立 4月2日，大同市第五人民医院与上海金汇通用航空股份有限公司在市五医院学术报告厅举行航空急救体系建立暨地空救援基地签约仪式，并在门诊广场的停机坪进行航空紧急救援演练。大同市副市长郭雷，市政协副主席郭俊岗等出席会议。建立以市五医院和市120急救中心牵头、相关定点协作医疗团体为联盟的航空急救体系，联合上海金汇通用航空股份有限公司，推进大同市航空医疗救治与转运。大同市第五人民医院首架医疗救援直升机投入使用，成为晋北地区首家开通航空医疗救援业务的医疗机构，开启大同“空中120”时代。大同市地空救援基地设在市五医院，市一医院等19家医院作为急救站点纳入地空救援网络。市五医院重新定位急诊急救理念，发挥作为“卫生部国际紧急救援中心网络医院”优势，与市120合作建设空地救援系统，配置救援直升机，分别与中日友好医院、山西大医院、山西医科大附院等医院协作，实现晋北地区空中救援网络全覆盖，并经市政府投资扶持在医院建设停机坪及机库，使会诊诊治更加便捷。

市五医院医疗集团成立 7月20日，大同市培育的首个城市医疗集团——大同市第五人民医院医疗集团揭牌仪式在集团总医院举行。山西省卫生计生委主任李凤岐和大同市政府副市长郭蕾给大同市第五人民医院医疗集团揭牌。市五医院、市一医院、市中医医院、大同大学附属医院、大同大学医学院、大同大学中医药健康服务学院、县（区）医疗集团、社区卫生服务中心和瑞慈康复医院的院长及医院代表500余人参加仪式。按照大同市打造区域中心城市整体战略思想，市五医院在大同率先组建首家城市医疗集团。市五医院作为核心医院、理事长单位，横向联合市一医院、市中医医院、大同大学附属医院、大同大学医学院、大同大学中医药健康服务学院、大同瑞慈医院（1家三甲综合医院、1家三甲专科医院、1家中医专科医院、2家二甲综合医院、1家教育机构大学医学院、1家民营医疗机构）、北街御馨亮城社区卫生服务站、南关东后场社区卫生服务站、北关西马路社区卫生服务站、水泊寺乡卫生院、新旺乡卫生院、向阳里社区服务中心、北关社区服务中心、北街社区卫生服务中心、东街社区卫生服务中心组建城市医疗集团。依托三级综合医院品牌、技术、人才和设备优势，以学科建设、人才共享、技术支持、检查互认、处方流动、服务衔接、科研协作等为纽带，打造区域医疗中心。

红十字福寿安康养老服务基地在市五医院建设 7月20日，2018第一期曜阳养老护理员培训班结业暨红十字福寿安康养老服务基地授牌仪式在大同市第五人民医院举行。中国红十字会总会事业发展中心主任江丹，北京市人大常委、北京市委组织部原常务副部长、中国红十字会总会事业发展中心顾问史绍洁，山西省卫生计生委党组书记、主任李凤岐，山西省红十字会党组书记、常务副会长郑红等出席仪式。年内，经过筛选、审核，省红十字会把大同市第五人民医院、太谷县夕阳红疗养院等31家医院、养老机构列为山西省养老服务试点单位，并命名成“红十字福寿安康养老服务基地”。授牌仪式上，与会领导向大同市9个“红十字福寿安康养老服务基地”授牌，并给“大同市第五人民医院医疗集团”揭牌。大同市养老服务基地在五医院建立，冠名“红十字福寿安康养老服务基地”，市五医院采用“医＋养＋护”医养模式被市委、市政府采纳，给市五医院投资3.6亿元建设6万平方米的康养楼破土动工，在开展老年保健、医疗、护理同时，探索“以养辅医”改革之路。

朔州市中心医院加盟市五医院医疗集团 12月21日，山西省朔州市中心医院加入大同市第五人民医院医疗集团。签约仪式在市五医院举行，由大同市政府副秘书长曹晖主持，朔州市政府副市长韩文让，大同市政府副市长郭蕾等相关领导出席签约仪

▲ 2018年4月2日，大同市第五人民医院与金汇通航举行直升机医疗救援保障单位签约仪式 （杨帆 摄）

式。朔州市中心医院加盟市五医院医疗集团，扩大市五医院医疗集团地空一体化救援的服务半径，完善市五医院在山西省区域医疗中心建设和医院七大急救中心建设。合作以“凝聚合力、发挥优势、资源共享”为核心，推进大同、朔州两市医疗卫生事业和经济社会共同发展，以卫生人才一体化为纽带推进医疗卫生资源一体化，给朔州市医疗卫生一体化发展提供支撑和保障，以签约加入为基础，建立长期战略合作，推进朔州地区医疗卫生事业发展，给更多群众提供医疗卫生服务。

开设日间手术部　年内，大同市第五人民医院为确保日间手术的医疗质量及安全，对日间手术采取分散收治、集中管理模式，专门开设日间手术部，包括日间手术室和日间手术病房。12月26日，市五医院日间手术部运行。在日间手术病房设6张病床，有2台监护仪，1台心电图机等设备，并有专职医护床旁看护。日间手术患者的出入院评估、手术均由专科医生负责，手术和术后苏醒在日间手术室进行，手术预约、术后护理、出院随访等由日间手术病房统一管理。

（杨　帆）

【大同市第六人民医院】　大同市第六人民医院（大同市荣复军人医院）是大同市唯一一所公立精神卫生专科医院，承担着全市精神疾病和医学心理保健、精神疾病的公共卫生等预防、治疗和康复服务工作，荣复军人优抚对象和社会“三无”（无生活来源、无劳动能力、无法定抚养义务人或法定抚养义务人丧失劳动能力而无力抚养）人员精神疾病的收治工作，司法精神病人和因突发公共事件引起的精神病患者的收治工作（易肇事肇祸患者），对社区服务体系精神卫生工作的指导和精神卫生方面的课题研究工作等。2018年，全院门诊急诊人数102004人，同比增长69.05%；出院患者人数2059人，同比增长5.75%；床位使用率92.98%，床位周转次数4.2次/年。年内，被山西省政法委评为“2017年度省级平安单位”，被山西省医师协会评为“山西省医院后勤建设管理示范单位”，该院党委被市民政局党组评为“先进基层党组织”。

专科护理　年内，大同市第六人民医院以提升精神专科优质护理为导向，通过电子信息化系统和实行“护理品管圈”管理，使护理质量管理和护理服务体系更加规范化、专业化、标准化、精细化和信息化。编写《精神病常用药物不良反应手册》《护士工作手册》《优质服务指南》《便民服务手册》。针对精神病患者住院疗程长、无人陪护特点，通过设立读书角，开展棋牌活动、康复锻炼、健康帮教、心理疏导等拓展优质护理工作，丰富住院患者和家属文化生活。全年无重大医疗护理事故发生，护理病例书写合格率90%，护理技术操作合格率95%；基础护理合格率92%，特护、一护合格率93%，患者满意度96%。

新项目技术开展　年内，大同市第六人民医院通过经颅磁刺激治疗、多参数监测无抽搐治疗（MECT）等精神科治疗新技术的运用，给患有重度抑郁、自罪、自杀倾向，及躁狂、拒食等精神病患者提供治疗方法。通过心理治疗、物理治疗、康复治疗、血药浓度监测、基因监测等新项目开展，给精神方面疾病的治疗提供依据，最大限度地恢复患者适应社会生活的精神功能。

救治救助贫困精神病患者　年内，大同市第六人民医院通过国家严重精神障碍管理治理项目，简称“686项目”，给全市488名贫困严重精神障碍患者免费发放药品，应急处置13名患者，护理教育747名患者家属。组织专家到阳高县、广灵县、天镇县乡村评定贫困精神病患者，给左云县20名重性精神病患者复诊。结合《大同市易肇事肇祸实施细则》规定，给68名贫困易肇事肇祸等严重精神障碍患者免费住院治疗。协助云州区、阳高县、天镇县、浑源县、广灵县、左云县、新荣区、平城区等民政部门的73名住院患者主动办理相关收治、结算等手续，无须患者及家属两地往返；接收110联动和市救助站送的流浪精神病患者36人，给平城区、云冈区31人办理城乡医疗救助代金券，给平城区36人次、云冈区69人次办理“一站式”医疗救助服务。

医疗联合体建设　年内，大同市第六人民医院与大同县、阳高县、左云县、浑源县、天镇县、广灵县、灵丘县、南郊区、新荣区等医疗机构签订医疗联合体协议，派出10名医护人员到医联体医院进行门诊和教学查房，提高基层卫生机构对精神卫生防治意识，建立以市六医院为核心的、基层医疗卫生机构为依托的精神卫生防治体系。12月26日，加入大同市第三人民医院医疗集团，通过人才共享、技术支持、检查互认、服务衔接等合作，从根本上解决精神病人这一特殊群体出现躯体疾病治疗困难实际

▲2018年1月5日，大同市第六人民医院组织专家到乡村评定贫困精神病患者

（六医院 供图）

医疗卫生

情况，提高综合医院医务人员对精神专科疾病的防病治病能力，使优质的医疗资源得到流动，方便就医患者。

（六医院）

【大同市中医医院】 2018年，大同市中医医院承担全市中医医疗、教学、科研、保健、预防、康复等任务。占地约8公顷，总建筑面积8.9万平方米。该院编制床位500张，设立15个病区，有1.5T核磁、64排CT等医疗设备，4个省级重点专科，6个省级名老中医传承工作室。全年该院门诊总诊疗78787人次，入院1079人次，业务收入2691.6万元，其中体检22336人次，比上年同期增长31%。

医疗管理　年内，大同市中医医院加强学科建设，扩大皮肤科规模，开设皮肤科病区；康复三病区开诊；内分泌科、风湿病科与市五医院在临床诊疗工作中展开相互协作，提高该院临床诊疗水平；开展筹备肿瘤科病区、疼痛科病区工作。康复科、皮肤科、肛肠科申报省级重点，且完成“十三五”中医省级重点专科初审答辩。针灸科通过山西省“十二五”中医重点专科验收答辩。省卫健委确定龚长根、张瑞丽等6个省级名老中医专家传承工作室建设项目。药物门诊入组1218人，在治人数336人，平均每日服药人数160人次左右。开展义诊宣传3次，出动医护人员50余人，义诊500余人次，发放健康宣传资料3000余份，免费发放药品2000余元，以庆祝“中医药法实施”一周年、推进大同市健康扶贫行动，落实精准扶贫政策。落实医疗质量监控和各种医疗制度，健全医疗核心制度，与各临床科室签订医疗质量、医疗安全岗位责任书，优化就诊流程，完善服务措施，提高门诊服务水平。开展诊疗服务“回头看”，门诊电话回访，全年回访患者1000余人次，其中健康指导400余人次，指导复诊400余人次，化解患者意见3人次。

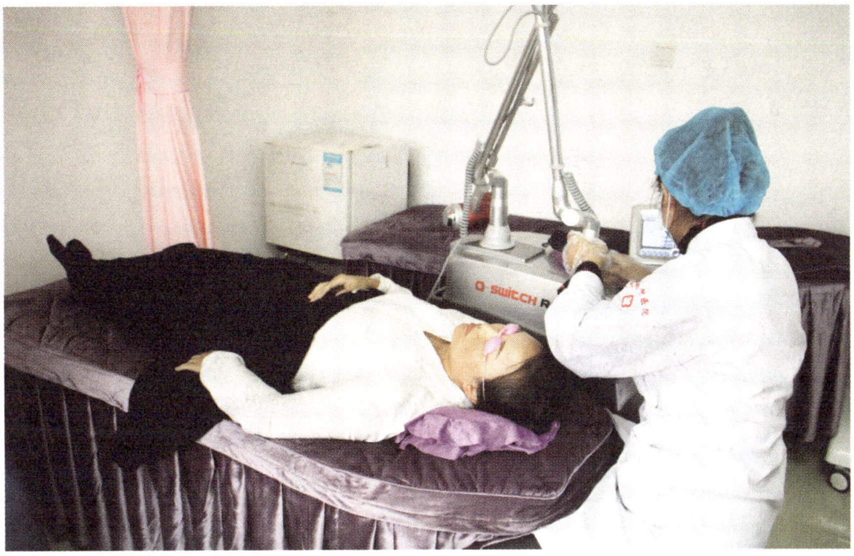

▲大同市中医医院皮肤科治疗室医务人员为患者检查身体　　（中医院 供图）

定期到所属9个村、4所学校的责任区域举行各项各类摸底工作。全年门诊工作量3811人次，三价脊灰疫苗补种276人，建册213人。传染病报送6例，食源性疾病病例12例。全年接受上级部门现场督导和检查5次，无1例差错事故。

护理管理　年内，大同市中医医院加强护理管理，派护理部主任参加山西省护理学会举办的管理培训班，定期组织科室护士长培训，制定护理应急流程，规范医嘱查对流程及药物查对流程等，确保护理安全。建立健全护理质量检查与考核制度，制定护士教育培训制度，护士考核制度。加强护理专科技能培训，全年组织理论考试2次，及格率95%，组织开展护理技术操作比赛，提高技术水平。

医疗科教　年内，大同市中医医院抓实见习生管理和继续教育工作。接受山西大同大学中医药健康服务学院中医专业实习生110人；大同大学运动康复专业实习生14人；其他2人，共126人。与山西省中医药大学建立教学医院关系。申报市级科研项目28个，经评审其中7个项目被批准立项。全院发表科研论文30余篇，9人外出进修，参加外出培训及学术会议人员22人次。

药剂管理　年内，大同市中医医院根据山西省药械网与大同市药品议价目录，修订该院2018年基本用药目录，常用药品约350种，基药比（品规）规约86%。执行阳光采购掌握各临床科室药品需求，保障药品供应。加强麻醉药品、精神药品的管理工作，执行麻、精药品“五专”（专人管理、专柜加锁、专用账册、专用处方、专册登记）规定。加强抗菌药物使用管理，开展药品不良反应监测工作，完善药品不良反应管理制度。

郭志强名医传承工作站大同市中医医院分站成立　5月19日，全国名老中医郭志强名医传承工作站大同市中医医院分站挂牌成立，该工作站专治不孕不育等疾病。启动仪式上，北京中医药大学东直门医院郭志强名医传承工作室的两位教授王必勤和李军接受市中医院霍晓波等4名中青年中医的拜师礼。北京中医药大学东直门医院郭志强名医传承工作室不定期选派医生、专家到大同市中医医院坐诊、授课，给大同市广大患者提供医疗服务。

（中医院）

体育

群众体育

【概况】 2018年，大同市打造以健身气功、健步走、马拉松、自行车、足球、冰雪运动、国际象棋等为特色的运动品牌。开展健步走、山地户外、自行车、毽球、健身气功、空竹、广场舞、体育舞蹈等运动项目，培育冰雪、轮滑、击剑、赛车、航模、极限运动等具有消费引领特征的休闲运动项目，扶持推广武术、太极拳、健身气功等民族民俗民间传统和乡村农味农趣运动项目。以“强健体魄·阳光生活·共享青运”“全民健身·健康中国·幸福大同”为主题组织全民健身活动，活动从小学生到中老年全覆盖。元旦、春节、“全民健身日”、国庆等节日开展体育健身活动；开展“全民健身月”活动；寒暑假组织青少年阳光体育大会；农闲时节组织农民运动会；针对大同冬季时节较长特点，开展冰雪运动等。市政府、市体育局和市体育总会组织、指导体育单项协会、俱乐部开展活动200余项次。 （张 景）

【群众健身组织】 2018年，大同市有市级体育协会56个，登记注册俱乐部368个。健身气功登记注册健身站点155个，练习群众1万余人。全市协会、俱乐部会员10余万人，参加体育社团、俱乐部活动外围会员30余万人。 （张 景）

【群众健身指导】 2018年，大同市有国家级、省级、市级和县（区）级社会体育指导员近5700人。市、县（区）建立国民体质监测中心、国民体质监测站，定期向社会开放，为群众提供免费检测和健身指导服务。举办规模超百人的科学健身讲座培训20余次，宣传科学健身意义，普及科学健身知识，介绍科学健身方法，帮助群众树立“运动有益健康”理念。结合体育赛事活动，给群众免费测定体质、评定运动能力。 （张 景）

【大同马拉松爱好者举行迎新年长跑活动】 2018年1月1日，大同市马拉松爱好者在大同大学南校区操场举行迎新年长跑活动。活动由大同市马拉松爱好者、上年夏季曾完成百公里扶贫跑的马东升召集组织，有20名马拉松爱好者报名参加，他们中年龄最大的64岁，最小的20岁，比赛的过程就是环绕400米的操场不间断奔跑6个小时。从10时开始，一直持续到16时，有13人全部完赛，完成跑步距离约70千米。马拉松运动蕴含着坚忍不拔、持之以恒、挑战极限、自强不息、团结奋战、勇于面对困难的体育精神，由市马拉松协会提议并发起的这场6小时耐力跑活动，用跑步迎接新年，给2018大同国际马拉松赛热身。 （鹤 梅）

【大同内蒙古商会举行迎新年环古城跑活动】 2018年1月1日，大同内蒙古商会举行“开启新征程，迈向新时代”迎接2018新年环古城跑活动在古城内环城路上举行，有50余名商会成员参加跑步活动，他们从善化寺广场出发，沿着古城内环线完成全线7.2千米的跑步，感受古城之美。 （鹤 梅）

【春节期间大同群众体育活动】 2018年春节期间，大同市举办棋类、羽毛球、乒乓球、足球、飞镖等体育活动，旨在促进大同市全民健身活动开展，在全社会形成崇尚健身、参与健身，追求健康文明生活方式的环境和氛围，实现全民健身与全民健康的融合。2月19日至3月2日，大同古都灯会“盛世棋王”三棋争霸擂台赛在中国雕塑博物馆举行，期间包括第八届“泸州老窖特曲”杯围棋棋王赛、第五届中国象棋棋王赛、围棋小棋王赛、国际象棋小棋王赛等；2月16日至2月21日，“过年七天乐”首届社区羽毛球友谊赛、“过年七天乐”第七届社区乒乓球友谊赛举行，来自大同市各社区的居民进行羽毛球和乒乓球的交流切磋；2月16日至3月3日，古都灯会春节文化庙会及街头文化体育活动举行，来自全市各行各业的群众，走上街头表演锣鼓、秧歌、唢呐等，以“体育大拜年”形式给市民送上新春祝福。 （鹤 梅）

【全市妇女毽球赛】 2018年3月，由大同市妇女联合会、市体育局、市体育总会、市毽球协会共同举办的全市妇女毽球比赛在市城区少体校体育馆举行，来自全市26支代表队的150名妇女参赛。该次比赛是大同市“庆三八·展风采”系列活动之一。经过比赛，最终乐途俱乐部一队、刺梅俱乐部一队分获该次比赛冠亚军，刺梅俱乐部二队、鸿浩俱乐部一队获季军。大同县代表队，浑源县代表队，阳高县代表队获优秀组织奖。 （鹤 梅）

▲ 2018 年 4 月 14 日至 15 日，大同市第十届职工文化博览会·风筝放飞活动暨大同市第八届风筝节在大同县乌龙峡景区举行 （张燕伟 摄）

【大同市第八届风筝节】 2018 年 4 月 14 日至 15 日，大同市第十届职工文化博览会·风筝放飞活动暨大同市第八届风筝节在大同县乌龙峡景区举行，有 20 支代表队的 300 名风筝爱好者参加。

该次活动由市总工会、市体育局、市体育总会主办，市社体中心、市风筝协会等承办，主题为“强健体魄·阳光生活·共享青运”，旨在给风筝爱好者提供交流技艺平台，促进大同市乡村旅游发展。参加活动者有当地市民，有来自北京、天津、张家口、呼和浩特、包头、乌兰察布、太原等地的风筝爱好者。活动中，有皮卡丘、八爪鱼、巨龙、蝴蝶、蝙蝠、骏马等形状的风筝，有软体、板类、串类、盘旋类和运动类风筝，最大的风筝有 300 平方米，最小的有巴掌大小，风筝参加者以蓝天为背景，放飞各种形状、各种类型的风筝，展示各自对于风筝的放飞技巧。 （蕙 兰）

【科学健身进机关】 2018 年 5 月 7 日至 6 月 1 日，大同市体育局，市直机关工委，市机关事务管理服务中心，市体育总会在文瀛湖办公区举行“科学健身进机关”健身技能培训班。市直机关各单位 120 余名健身爱好者参与。培训班设置杨式太极拳（5 月 7 日至 11 日）、八段锦（5 月 14 日至 18 日）、广场舞（5 月 21 日至 25 日）、健身瑜伽（5 月 28 日至 6 月 1 日）4 个项目。利用每天 13 点至 14 点午休时间培训。 （张 景）

【全市职工乒乓球比赛】 2018 年 5 月 18 日至 20 日，大同市职工乒乓球比赛暨大同市参加第 15 届省运会老年组乒乓球选拔赛在市城区少体校体育馆举行。有来自全市各机关企事业单位和乒乓球俱乐部的 70 支代表队 500 名运动员参赛。

比赛由大同市总工会、市体育局、市体育总会联合主办，市乒乓球协会承办，是大同市全民健身月系列活动之一。比赛设混合团体、男子单打、女子单打。经过比赛，矿区工会代表获混合团体赛 50 岁以上组第一名，同煤乒协一队获混合团体赛 50 岁以下组冠军，田慧远获男子单打 50 岁以上组冠军，于铮获男子单打 50 岁以下组冠军，王锦璐获女子单打第一名。阎文照、段太林、关小平、张明、孙彩霞、刘丽萍、岳海英、侯玉英代表大同市参加第十五届省运会老年组乒乓球比赛。 （蕙 兰）

【第二届环文瀛湖健步走活动】 2018 年 5 月 19 日，全国徒步大会（大同站）“5·19”全国联动日暨大同第二届环文瀛湖健步走活动在文瀛湖生态园路网广场举行，全市 37 个团队 1 万余人参加活动。活动以“全民健身·健康中国·幸福大同”“我要走——走进新时代”为主题，由中国登山协会、大同市人民政府主办，中共大同市委宣传部、大同市体育局、中共大同市直机关工委、大同市旅游发展委员会、大同市卫生计生委、大同市文化局、大同市园林局、大同文旅集团公司、大同市体育总会承办，大同市户外运动协会、大同市文瀛湖生态公园管理处协办，旨在推动全民健身和全民健康融合。徒步大会行进路线：文瀛湖路网广场（起点）向南逆时针行进文瀛湖三角广场（西京街）文瀛湖 6 米环湖道路文瀛湖路网广场（全程约 9.4 千米）。各支参加队伍可根据自身身体条件选择全程参与和半程参与。组委会在沿湖设立 4 个服

▲ 2018 年 5 月 19 日，全国徒步大会（大同站）“5·19”全国联动日暨大同第二届环文瀛湖健步走活动在文瀛湖生态园路网广场举行 （张 景 摄）

务站，有专业救护队员提供帮助。通过体育+旅游丰富文旅业态，吸引更多国内外游客，带火大同旅游，倡导全民健康生活方式。（张　景）

【省柔力球健身气功培训下基层】 2018年6月12日，2018年山西省“全民健身与青运同行”柔力球健身气功培训下基层活动在大同市举行，全市300余名柔力球、健身气功爱好者分别在市体育馆和广灵县秧歌广场参加活动。

活动由山西省社会体育管理中心、山西省健身气功管理中心主办，市社会体育管理中心、市武术网球项目训练中心、广灵县体育发展中心承办，旨在结合体育工作实际和群众健身需求，围绕“强健体魄·阳光生活·共享青运”主题，把柔力球、健身气功培训送到群众身边，让更多群众在家门口接受科学规范、形式活泼、内容多样的体育培训。现场，主讲培训师由来自太原理工大学教授张元河、晋中学院体育学院体操教研室主任王永萍分别担任，两人给参加培训者示范与讲解健身气功和柔力球的规范动作。（清　荷）

【大同健身爱好者展示健身项目庆“七一”】 2018年7月1日，由大同市体育总会党支部、市老年体协党支部主办的庆祝建党97周年健身项目展示活动举行，全市500名健身爱好者，跳健身秧歌、广场舞，展示多项全民健身项目。

活动旨在庆祝建党97周年，增强体育社会组织的凝聚力，加强社团党建工作。参加展示活动的代表队来自大同市基层站点，展示的是大同市发展好、获国家级、省级、市级奖项的健身项目。在领誓人带领下，参加活动者重温自己对党的忠诚誓言，依次展示健身秧歌、柔力球、广场舞等健身项目。表演者用肢体语言展现大同市中老年人健康、积极、热爱生活的精神风貌，表达对党生日的祝福。（清　荷）

【省运会职工组体育舞蹈比赛在大同举行】 2018年7月10日至11日，山西省第十五届运动会群体项目职工组体育舞蹈比赛，在大同市高级技工学校体育馆举行，全省11个城市代表队的400余名职工参加。

该次比赛由省体育局、省体育总会主办，省社会体育管理中心、市总工会、市体育局、市体育总会、省体育舞蹈协会承办，是山西省第十五届运动会群体项目之一。2018年省运会设置群体项目，旨在发挥省运会的综合价值和多元功能，增加普通百姓的参与度和获得感，使省运会成为推动健康山西建设的重要窗口，群体各项赛事在全省各市分别展开。该次比赛设有团体舞、标准舞、拉丁舞、交谊舞，按年龄分20～40岁组、41～65岁组别。经过比赛，最终大同市代表队在标准舞团体、交谊舞团体项目上获两枚金牌。（清　荷）

【全国友好城市青少年跆拳道邀请赛】 2018年8月6日至7日，2018“中跆联杯”全国友好城市青少年跆拳道邀请赛暨大同龙虎队精英选拔赛在山西大同大学体育馆举行，有来自全国36支代表队的1000余名运动员参赛。

比赛由大同市体育总会主办，中跆联文化传播有限公司、市双截棍运动协会承办。竞赛项目设置有个人品势、混双、团体品势、竞技个人赛、跆拳操（舞）团体赛、控腿王争霸赛、快腿王争霸赛、耐力王争霸赛和双截棍，按年龄分不同的男子、女子各个组别。举办该次比赛，旨在加强大众跆拳道文化交流，给大同市承办次年二青会及第十六届省运会奠定基础，同时以赛事为契机，打造全民健身品牌赛事，带动和激励更多的群众参与体育运动。（清　荷）

【中国（大同）第五届环古城全民健步走活动】 2018年9月15日，“霖茂杯”中国（大同）第五届环古城全民健步走活动在大同古城华严寺广场举行。活动由中共大同市委宣传部、大同市文明办、大同市体育局、大同市总工会、中共大同市直属机关工作委员会主办，大同市体育总会、大同文旅集团公司、大同市云州区霖茂房地产开发有限责任公司、山西雲动文化传媒有限责任公司承办，大同古城文化旅游发展有限公司、大同市平城区古城管理处、大同市华严寺文物管理所、大同市平城建设产业物业管理有限公司协办，1.5万余名健步走爱好者参加。环古城全民健步走活动连续开展五年，每年围绕不同主题开展活动，是大同市一项品牌体育赛事活动。健步走路线：华严寺广场—清远街—钟楼—四牌楼右转—永泰街—南城墙关城—南城墙关城上城墙—南城墙—东城墙—北城墙—西城墙—南城墙—南城墙关城（终点），全程9千米。活动途经大同市国保、省保级文物景点，包括华严寺、善化寺、四牌楼、鼓楼、大同古城墙等景区景点，并在古城墙行进7.24千米，使人们在参与全民健身活动时领略大同的自然和人文风貌。（张　景）

【全国千村健身气功交流展示系列活动】 2018年10月13日，“强健体魄·阳光生活·共享青运”2018年全国千村健身气功交流展示系列活动山西大同广灵站举行，500余名健身爱好者参加。

全国千村健身气功交流展示系列活动，是一项覆盖全国、受健身气功爱好者喜爱的品牌活动，是中国唯一获国际奥委会大奖的群众体育活动。该次活动由国家体育总局健身气功管理中心、省健身气功管理中心主办。活动现场，来自广灵县健身气功站点、广灵县五中、市健身气功协会、广灵县秧歌协会等团体的健身气功爱好者，依次展示八段锦、十二段锦、太极养生杖、五禽戏、导引养生功十二法、24式太极拳等，还表演秧歌、广场舞等健身项目。参加展示者从青少年至白发老人，涵盖各个年龄段，大家用表现向观众传达出“我运动，我健康我健身，我快乐”的时尚理念与风采。（清　荷）

【中国美丽乡村广场舞大赛山西大同站暨山西广场舞总决赛】 2018年10月10日，中国美丽乡村广场舞大赛山西大同站暨山西广场舞总决赛在大同代王府举行，来自运城市代表队、吕梁市文水县广场舞联合会、吕梁市全民健身广场舞协会贺昌中学社区健身队、晋城市代表队、朔州市代表队、大同市群艺馆代表队等14支代表队246名运动员参赛，1000余名广场舞爱好者观看。该次比赛竞

▲ 2018 年 10 月 10 日，中国美丽乡村广场舞大赛山西大同站暨山西广场舞总决赛在大同代王府举行　（张　景　摄）

赛项目设规定套路和自选套路，以总分录取名次。经过比赛，最终晋城市代表队、运城市代表队获特等奖，并获代表山西省参加全国广场舞总决赛的资格。孝义市老年体协、大同铁路老年艺术团、大同市群艺馆、大同市云州区凤凰飞舞队获一等奖。吕梁市文水县广场舞联合会，吕梁全民健身广场舞协会贺昌中学社区队，大同市 616 活动站，大同市平城区卧虎湾社区代表队获二等奖。同煤钢厂来海霞舞蹈队、大同市平城区新建北路惠达三站、大同市云冈区口泉乡羊坊村腊腊舞蹈队，朔州市代表队获三等奖。（张　景）

【御河全民智能健身步道投入使用】 2018 年 11 月，以御河生态园为依托的 20 千米全民智能健身步道投入使用。御河全民智能健身步道全长 20 千米，包括 3 部分：御河东区环园健身步道 11 千米；御河东岸沿河健身步道 3.2 千米；御河西岸沿河健身步道 5.8 千米，其中有近 4 千米是由以前的便道砖改造为适合健身运动的彩色透水沥青面层。（张　景）

【山西省群众冬季运动推广普及系列活动】 2018 年 11 月 25 日，2018—2019 年山西省群众冬季运动推广普及系列活动在大同万龙白登山滑雪场启动。大同市人大常委会副主任冯镜城宣布活动启动，大同市政协副主席郭俊刚与省体育局群体处、大同市体育局、大同市体育总会、大同市老体协负责人出席活动。

开幕现场，大同万龙白登山滑雪场、市滑雪运动协会、健身气功协会、市老年体协、空竹协会、武术协会表演团队表演雪地全民健身，表演健身气功、健身球操、广场舞、健身秧歌、空竹、武术等。万龙雪场和市滑雪运动协会表演滑雪特技集技术性与观赏性于一体。现场开展《大同日报》和教育电视台小记者冰雪嘉年华活动，150 名学生学习滑雪基本技能。

这次活动主题是欢乐冰雪、健康中国、强健体魄 · 阳光生活 · 共享青运，时间从 2018 年 11 月至 2019 年 3 月。活动按照党中央、国务院办好 2022 年冬奥会和冬残奥会总体要求，把推广普及冬季运动、增强人民体质、提高健康水平作为根本任务，动员和引导各级体育部门和社会力量组织冰雪健身运动，助力冰雪强国建设。活动期间，山西省各市结合大众冰雪、冰雪旅游、民俗冰雪活动，开展群众喜爱、参与度高的项目，发挥社会力量，鼓励支持景区、公园、度假村、冰雪场馆、冰雪小镇开辟场地、增加设施，举办各类群众性冰雪赛事活动，尝试以冰雪特色学校为依托，组织冰雪运动会、冰雪冬令营，让冰雪运动走进青少年。（张　景）

【健步走项目二级社会体育指导员培训班】 2018 年 12 月 19 日至 20 日，大同市体育局、大同市体育总会举办大同市健步走项目二级社会体育指导员培训班暨持杖健走培训班。大同各县（区）文化局、市健步行协会、市体育总会、市老年体协、市户外运动协会、全市各健步走队伍 200 余人参加培训。培训班邀请中国越野行走协会、中国老体协健步走委员会专家根据《社会体育指导员技术等级培训大纲（2011 年版）》和教材要求及社会体育指导员实际工作需要，教授二级社会体育指导员培训教学规定基本内容，从科学健身、运动损伤预防等方面讲解。实践课培训健步走及持杖健走技术动作。（张　景）

竞技体育

【大同市棋院在省国际象棋春季锦标赛中获奖】 2018 年 5 月，2018 年山西省国际象棋春季锦标赛举行。大同市棋院在该次比赛中获 3 个冠军和多个亚军、季军。

大同市棋院是大同市唯一一家在国际象棋协会注册的正规国际象棋培训单位。该次国际象棋春季锦标赛采用瑞士制比赛，赛 7 轮，有 700 余名选手参加，且大多数是小学生。经过比赛，最终市棋院获山西省国际象棋锦标赛 3 个小组冠军。其中，张静获 8 级组冠军，董心蕾获 7 级组冠军，范哲宇获无级组冠军。（蕙　兰）

【大同代表队在五省区毽球邀请赛中获奖】 2018 年 5 月 19 日至 20 日，由乌海市旅游体育发展委员会、乌海市体育总会主办，乌海市毽球协会承办的“2018 · 东源科技杯”第七届蒙宁陕甘晋五省区毽球邀请赛暨乌海市第八届全民健身运动会毽球大赛在乌海市体育中心综合馆举行。有来自五省区 80 支代表队，近 400 名运动员参加。大同市代表队在该次比赛中获 2 项冠军和 2 项亚军。

比赛设竞技 3 人赛、平推男子 3 人赛、平推女子 3 人赛，采用三局二胜，每局 15 分制，选出竞技组前 6 名、平推男子 3 人组和平推女子 3 人组前 8 名代表队颁发奖杯。大同市派出的 4 支代表队参加所有项目的比赛，并

获平推男子 3 人赛冠军，平推女子 3 人赛冠、亚军，竞技 3 人赛亚军。（蕙 兰）

【全国武术套路锦标赛（女子赛区）在大同举行】 2018 年 5 月 26 日至 29 日，全国武术套路锦标赛（女子赛区）暨第 18 届亚运会武术比赛选拔赛在山西大同大学体育馆举行。来自北京、天津、河北、陕西、辽宁、上海、福建、广东、重庆、西藏、甘肃等全国 37 个代表队的 340 余名运动员参加比赛。山西省派出 4 名运动员参赛。

比赛由国家体育总局武术运动管理中心、中国武术协会、省体育局主办，省武术运动管理中心、省武术协会、市体育局承办，大同大学体育学院等协办。遵循中国武术协会审定的《武术套路竞赛规则与裁判法（2012）》和有关补充规定，竞赛项目设拳术、短器械、长器械、对练、全能 5 大类 17 项武术套路。比赛中，山西省运动员姚洋获女子长拳冠军，并获得亚运会参赛资格。（蕙 兰）

▲ 2018 年 5 月 26 日至 29 日，全国武术套路锦标赛（女子赛区）暨第 18 届亚运会武术比赛选拔赛在山西大同大学体育馆举行（张燕伟 摄）

【大同代表队在全国友好城市毽球赛中获冠军】 2018 年 6 月 10 日至 12 日，大同市第四届“长青银行杯”全国友好城市毽球邀请赛在灵丘县文体中心体育馆举行。大同市 3 支代表队在比赛中获 3 项冠军。

该次比赛由灵丘县人民政府、市体育局主办，市体育总会、灵丘县文化局、灵丘县总工会、灵丘县文体中心承办，大同市毽球协会、灵丘县毽球协会协办，有全国各地 103 支代表队的 448 名运动员参加。比赛设男子平推、女子平推、混合五人大白毽围踢 3 项。比赛期间有 1500 余名毽球爱好者进行毽球千人展演。经过比赛，大同乐途俱乐部女二队、大同乐途俱乐部男一队、平型关二队分别在女子平推、男子平推和混合五人大白毽围踢 3 项比赛中获冠军。（清 荷）

【全国拔河新星系列赛（大同站）】 2018 年 6 月 23 日至 25 日，2018 全国拔河新星系列赛（大同站）暨山西省拔河争霸赛在大同市华严寺广场举行，来自太原、大同、晋中、运城、吕梁等 12 支参赛代表队的 167 人参赛。

该次比赛由中国拔河协会、省体育总会主办，省社会体育管理中心、市体育局、大同文旅集团公司、市体育总会承办，是大同市“强健体魄·阳光生活·共享青运”系列活动之一。比赛执行中国拔河协会审定的《拔河竞赛规则和裁判法》，每支队伍上场队员由 8 人组成，总体重不超过 600 公斤。其中，新星系列赛公开组参赛队员性别不限；争霸赛混合组男 6 人、女 2 人，获公开组前两名的队伍有资格参加全国总决赛。经过比赛，最终吕梁市贾家庄代表队和太钢炼铁厂获公开组前两名，参加全国总决赛。（清 荷）

【恒安新区——景兴新区第一届象棋比赛】 2018 年 7 月，由大同市象棋协会，市云冈区和瑞街道办事处、和顺街道办事处、平盛路街道办事处、清泉街道办事处共同主办的恒安新区——景兴新区第一届象棋比赛举行，来自大同市的 100 余名棋手参加比赛。参赛的棋手年纪最大的 83 岁。通过象棋大赛，旨在让大同市象棋爱好者们以棋会友，在切磋棋艺过程中拉近距离、娱乐身心、陶冶情操，营造积极向上的文化氛围。经过 11 轮的比赛，最终棋手徐建斌获第一名，并获得棋王称号及“宝宝杯”象棋大师邀请赛唯一参赛资格，张国清、马利平分获第二、三名。（清 荷）

【第五届大同国际骑游大会】 2018 年 7 月 28 日至 30 日，以“中国古都·天下大同”为主题的 2018 五届大同国际骑游大会举行。骑游大会由大同市人民政府、国际自行车旅游协会主办，大同云州区人民政府、左云县人民政府、新荣区人民政府、大同市旅游发展委员会承办，大同市文化局、大同市政管委会、大同市园林局、大同卫计委、大同广播电视台、大同市文旅集团协办，深圳市天珺体育咨询有限公司策划执行。中国（包括港澳台）、俄罗斯、澳大利亚、马来西亚等 10 余个国家和地区的 52 个俱乐部和车队的职业及业余选手 1000 余人参赛。骑游大会历时三天。第一天是古长城八台子至得胜堡段 70 千米的骑游活动。第二天是第一赛段的火山群绕圈赛。第三天是第二赛段的文瀛湖绕圈赛和在大同古城墙内举行的晋港澳青少年山西长城游学大同之夜暨大同国际骑游大会颁奖晚会。最终，中国车手米久江获山地男子精英组总成绩第一名，中国车手黄胜安获第二名，中国车手蔡云龙获第三名。（姜 文）

【省运会武术散打赛在大同举行】 2018 年 7 月 30 日至 8 月 1 日，山西省第十五届运动会武术散打比赛在大同市高级技工学校体育馆举行，来自全省 10 支代表队的 166 人参赛。大同市代表队在该次比赛中获 2 枚金牌、3 枚铜牌。

省运会武术散打赛由山西省体育局、大同市政府主办，市体育局承办，比赛设男子9个小项，分别是48公斤级、52公斤级、56公斤级、60公斤级、65公斤级、70公斤级、75公斤级、80公斤级、85公斤以上级，女子3个小项，分别是52公斤级、60公斤级、70公斤级。经过比赛，最终大同代表队的王睿贤在男子48公斤级、董港奥在男子70公斤级比赛中分别获冠军，大同市代表队获体育道德风尚奖，运动员李庆欢、王彪被授予体育道德风尚运动员称号。（清 荷）

【参加省第十五届运动会】 2018年8月8日至18日，山西省第十五届运动会在太原举行，设立青少年组竞技体育和群众体育两个部分，其中竞技体育设21个大项、497个小项比赛，全省有4036名运动员参赛。大同市有588名运动员参加这次运动会。在开幕式前举行的跆拳道、射箭、射击、击剑、蹦床等10个项目及开幕式后举行的摔跤、自行车、武术、游泳、田径等11个项目的比赛中，大同获88枚金牌、87枚银牌、99枚铜牌，总分2901.5分，排名全省第二位。群体项目设有职工组、农民组、高校组、成人组、老年人组5个组别，20个大项、110个小项，大同市派出213名运动员、61名工作人员分别参加全部20个大项比赛，获14个一等奖、12个二等奖、15个三等奖，成绩排名全省第一。（张 景）

【飞镖群英会精英巡回赛（大同站）】 2018年8月18日至19日，2018飞镖群英会精英巡回赛（大同站）比赛在大同市举行。来自全国各地的150余名选手及蒙古国的10余名选手参赛。

“飞镖群英会精英巡回赛”系列赛是由北京飞镖群英会体育文化发展有限公司创办的高端飞镖赛事，该赛事每年设立三站比赛，2018年分别是宁波站、大同站和青岛站。大同站的比赛由市体育局和体育总会为赛事指导单位，由市社会体育管理中心、北京飞镖群英会体育文化发展有限公司、市飞镖协会共同主办，旨在让更多大同市民接触飞镖运动、参与飞镖运动、传递飞镖文化，共同推进大同乃至中国飞镖运动的提高和健康发展，带动大同市体育＋旅游发展，实现大同市文旅振兴。经过比赛，最终魏县刘成安在决赛中以6：1战胜选手庄迪获冠军，庄迪获该次比赛第二名，黄学杰和蒙古国选手ODKHUU K.并列第三名，邓寅等4人并列第五名，陈海龙等8人并列第九名。比赛通过网络直播平台现场直播。（清 荷）

【大同代表队在“中华浑元武术杯”传统武术邀请赛中获奖】 2018年8月18日至19日，由山西省武术协会、省形意拳协会、平遥县政府联合主办的“中华浑元武术杯”传统武术邀请赛在晋中市平遥县体育馆举行，来自全国16个省市78支代表队的1200余名运动员参赛。由70余人组成的大同市代表队在该次比赛多个项目中获奖。该次比赛分形意、太极、传统拳3大类88个单项比赛，设儿童、少年、青年、中年、老年5个年龄段的男女组别。经过比赛，最终大同一队获团体总分第一名；在集体项目中获集体四十二式太极剑第一名，集体四十二式太极拳第三名；个人项目中，获金牌34枚、银牌10枚、铜牌4枚。大同二队获团体总分第八名，集体太极拳第二名；个人项目获7枚金牌、6枚银牌、4枚铜牌。（清 荷）

【全国热气球锦标赛】 2018年8月28日至9月9日，由中国航空运动协会主办，山西省体育局、大同市人民政府承办，山西大同航空运动学校、大同市寰通航空运动俱乐部有限责任公司协办的全国热气球锦标赛在大同举行。这是全国热气球锦标赛第三次在大同举行，是大同航校新址落成后承办的首个国家级航空体育赛事。整个比赛分为选拔赛和锦标赛两个阶段，每个阶段均有50支热气球队伍参赛，参赛飞行员总人数200余名。竞赛设飞向主会场、游荡华尔兹、自选目标、猎狗追兔等多项竞赛项目。经过比赛，来自北京的39号球队刘忠羽以总分10292分的成绩获冠军，3号球队李勇军以总分10624分的成绩获亚军，代表大同航空运动学校参赛的35号球队王建强以总分9943分的成绩获季军。（张 景）

【大同首届县（区）象棋团体赛】 2018年10月3日至5日，由大同市总工会、市体育局、市体育总会共同主办的大同市首届县（区）象棋团体锦标赛举行，有来自各县（区）12支代表队的60余名棋手参赛。

比赛旨在开展全市全民健身活动，推动和提高各县（区）象棋技战术水平。该次比赛采用分台定人制，一至四台，四名队员按水平高低、依次排列，单循环一局制。经过比赛，最终左云县代表队、云州区一队和云冈区一队分别获团体一、二、三名；个人赛中，徐建兵获一台第一名，孙

▲ 2018年8月28日，全国热气球锦标赛在大同启幕 （张燕伟 摄）

体育

进纬获二台第一名，李有获三台第一名，杨晓斌获四台第一名。（清 荷）

【首届“书香云冈杯”围棋团体锦标赛】 2018年11月9日至11日，山西省首届“书香云冈杯”围棋团体锦标赛在大同市举行。有来自8个地区、20支参赛队伍的60名棋手参加比赛。

这次比赛由省围棋协会、市体育局、云冈区政府主办，旨在传承和弘扬围棋传统文化，加强兄弟城市间交流。比赛采用中国围棋协会审定的最新围棋竞赛规则，采用7轮积分编排赛，按分台定人制固定台次，一经确认，不得换人调台次。经过比赛，最终太原市棋协队获一等奖，太原市三友围棋道场队获二等奖，山西省智棋队获三等奖。焦松岩获第一台全胜奖。（清 荷）

青少年体育

【校园体育成果】 2018年，大同市申报全国青少年校园篮球特色学校7所、全国青少年校园足球特色学校16所。组队参加山西省第二十一届大中学生田径运动会，获中学组男子团体亚军，中学组女子团体第六，中学组团体第五。组队参加2018山西省校园足球竞赛（中学组），初中女子组获亚军，初中男子组获道德风尚奖。组队参加2018山西省学生跳绳联赛，获1枚金牌、2枚银牌、2个第四名。组队参加2018山西省学生乒乓球锦标赛，获高中女子组团体第四，高中男子组团体第四，女子个人单打第四名。（宣晓宇）

【全国青少年男子足球超级联赛华北赛区U17组比赛在大同举行】 2018年4月1日至8月5日，由中国足协和教育部全国青少年校园足球工作领导办公室共同主办的2018全国青少年男子足球超级联赛华北赛区U17组的比赛在大同三中举行。

这次青超联赛华北赛区U17组设A、B两组，分别进行分组双循环主客场比赛，小组名次排出后，两个组前两名进行交叉双循环主客场赛，决出青超联赛华北赛区U17组第一至第四名，其他名次均进行同名次双循环主客场排位赛。其中，A组有9支球队，分别是山东鲁能、北京中赫国安一队，青岛中能、大同第三中学、北京北控、天津权健、青岛黄海、河北华夏幸福、天津泰达一队。B组有8支球队，分别是河北华夏幸福一队、北京东城体校、人大附中三高、北京八喜、石家庄二中南、天津泰达二队、石家庄永昌、北京中赫国安二队。大同三中代表队（U17队）作为山西省唯一一支代表队，与青岛中能、天津权健、山东鲁能泰山等其他17支球队进行比赛，最终获华北赛区第六名。

（清 荷）

【全市中学生田径运动会】 2018年5月11日至13日，由大同市教育局和市体育局联合主办的2018全市中学生田径运动会在大同市示范性综合实践基地体育场举行。有10个县（区）代表队，5个中职、中专学校代表队，26所市直学校代表队，1100余名运动员参加比赛。比赛设有短、中、长跑，4×100米接力，4×400米接力，跳高、跳远、铅球等47个项目，分县（区）组、市直组和中专组进行比赛。运动会打破13项纪录。一职中李长禹以11"12成绩、一职中李阳以11"20成绩、职业教育中心贺龙以11"20成绩打破中专男子组100米11"23的大同市中专组运动会记录；职业教育中心杜亮亮以6.19米成绩打破中专男子组跳远6.15米的大同市中专组运动会记录；大同四中男以3'25"14成绩打破市直高中男子组4×400米3'26"46的大同市市直高中男子组运动会记录；二职中孙娇以1.43米成绩打破中专女子组跳高1.42米的大同市中专组运动会记录；大同四中李嘉豪以49"82成绩打破市直高中男子组400米49"86的大同市市直高中男子运动会记录；一职中白棣文以2'05"25成绩打破中专男子组800米2'11"32的大同市中专组运动会记录；一职中唐彬以2'24"79成绩打破中专女子组800米2'30"46的大同市中专组运动会记录；一职中白棣文以4'37"12成绩打破中专男子组1500米4'43"94的大同市中专组运动会记录；职业教育中心杜亮亮以12.91米成绩打破中专男子组三级跳远12.67米的大同市中专组运动会记录；一职中男以43"90成绩打破中专男子组4×100米44"79的大同市中专组运动会记录；二职中许嘉丽以8.64米成绩打破中专女子组铅球8.40米的大同市中专组运动会纪录；大同四中男以43"37成绩打破市直高中男子组4×100米43"40的大同市市直高中男子运动会记录；一职中男以3'31"34成绩打破中专男子组4×400米3'34"74的大同市中专组运动会记录。（宣晓宇）

【大同市校园足球协会成立】 2018年5月29日，由大同市教育局联合市发展和改革委员会、市财政局、市文化局、市体育局、共青团大同市委员会6部门共同推动，依托大同大学发起的大同市校园足球协会成立大会在大同大学举行。

校园足球协会重点工作是集中统筹举办各级赛事，加强对外交流；结合各级各类学校的基本情况有计划地培训，加快提升大同市校园足球师资队伍水平步伐；利用大同大学足球资源开展足球课、训练校队；开展咨询服务，进行校园足球运动的调研与考察等。校园足球协会的成立是落实阳光体育的重要内容。大同大学是大同市开展校园足球运动教育和人才培养的重要阵地，能助推该协会在大同校园足球项目的普及和推广过程中发挥示范和引领作用。（蕙 兰）

大同市体育运动学校

【概况】 2018年12月14日，大同市体育运动学校搬迁至新校区，新校区占地面积11.13公顷，建筑面积4.5万平方米。新校区包括训练馆、教学办公楼、男女生宿舍楼、教师宿舍楼、食堂、地下训练场及射击场等。该校设有山西体育职业学院运动训练专科（大同班）1个，中专班6个，预科小学、初中班8个，在校学生700余人。设有田径、自行车、摔跤柔道、射击击剑、举重体操、散打跆拳道、篮球7个教研室，田径、柔道、举重、体操（蹦床）、射击、摔跤（含女子摔跤）、自行车、乒乓球、击剑、篮球、足球、跆拳道、散打、拳击、射箭 15 个运动项目。年内，在山西省第十五届运动会上，该校学生获金牌 88 枚，银牌 87 枚，铜牌 99 枚，团体总分 2901.5 分，金牌数和团体总分数均排全省第二名。（于占深）

【教育教学】 2018 年，大同市体育运动学校开设公共基础文化课有语文、数学、物理、化学、英语、计算机基础、职业生涯规划、职业道德与法律、政治经济与社会、哲学与人生、心理健康；开设专业基础理论课有人体解剖学、心理学、人体生理学、体育保健学、教育学、学校体育学；开设专业技术课有田径、体操、篮球、足球、武术、乒乓球、排球；开设运动训练项目有：田径、柔道、摔跤、举重、射击、射箭、篮球、乒乓球、网球、足球、体操、蹦床、拳击、跆拳道等。学校的教师队伍由两部分组成：（1）文化教师、专业理论课教师、专业技术课教师 48 名教师；（2）实训教练 35 人。该校人才培养模式的改革重点是给省级以上专业队输送高水平体育后备人才，培养二级以上优秀运动员报考各大专院校继续深造，给大同市培养小学体育教师及在社会上谋求自主创业培养一技之长的体育人才。市体校的实训基地分校内校外两部分，校外基地是与平城区教育局联合协商设置在 15 所小学内，及白登山万隆国际滑雪场，主要用于部分应届中专毕业生实习实训，校内基地学校有运动实训场馆 20 个，实训运动场地 12 个，供部分应届中专毕业生下队实习。（于占深）

【德育教育】 2018 年，大同市体育运动学校组建一支以德育课教师为主、政治辅导员和班主任为辅的师资队伍，按照教育部及省教育厅相关要求设置专门德育教育课程和学生文明礼仪课程，并制定学生思想品德教育考核制度和办法。定期开展法律、文明礼仪、心理健康等知识讲座，对学生进行法制教育、职业道德和日常行为规范教育、创业教育、心理健康教育等。利用主题班会、黑板报、宣传栏和各项比赛活动等形式，对学生进行德育渗透。开展第二课堂活动和校园文化活动，举办“不忘初心，牢记使命诗歌朗诵比赛”、班级“拔河比赛”、班级“排球比赛”、班级“棋类比赛”、班级“长跑接力比赛”和班级“迎新茶话会”等主题活动，组织学生参加中等职业学校的技能竞赛活动、“文明风采”竞赛和裁判员实训、“滑雪教练实训”等社会实践活动，增强学生职业能力、提升学生素质，给广大学生提供展示精神风貌和才华平台。（于占深）

【裴星茹在摔跤亚锦赛中夺冠】 2018 年 3 月 2 日，在吉尔吉斯斯坦首都比什凯克举行的 2018 年摔跤亚锦赛女子 57 公斤级决赛中，代表中国队出战的大同选手裴星茹以 3 比 1 战胜日本选手获冠军。1998 年出生的裴星茹是大同市体育运动学校培养出来的摔跤选手，在 2016 年获世界锦标赛冠军，在上年全运会上获金牌。3 月 2 日，在 2018 年摔跤亚锦赛女子 57 公斤级比赛中，裴星茹以 7 比 0 胜一名哈萨克斯坦选手，后分别战胜一名蒙古选手和一名朝鲜选手，闯入决赛。决赛中，裴星茹以 3 比 1 战胜一名日本选手获冠军。

（于占深）

【体校运动员参加雅加达亚运会】 2018 年 8 月 30 日，大同市体育运动学校运动员董栋、裴星茹等参加雅加达亚运会，获得 1 金 2 银。在男子蹦床决赛中，董栋以 59.925 分获得蹦床团体冠军，网上个人亚军，实现继广州和仁川之后，亚运会个人三连冠。在女子摔跤比赛中，裴星茹获女子摔跤 57 公斤级亚军。

（于占深）

▲ 2018 年 8 月 30 日，大同市体育运动学校裴星茹参加雅加达亚运会获亚军

（于占深　摄）

脱贫攻坚

组织领导

【概况】 2018年，大同市起草《大同市2018年脱贫攻坚工作要点》、印发《大同市2018年脱贫攻坚行动计划》《大同市关于贯彻落实骆惠宁书记、楼阳生省长在全省攻坚深度贫困现场推进会上讲话精神的任务分解方案》和《大同市关于坚决打赢脱贫攻坚战三年行动的实施意见》。对照脱贫攻坚目标，市县都成立党政一把手任总指挥的脱贫攻坚指挥部。实行政府专项扶贫工作“双组长”责任制，加强27个专项扶贫领导小组职能作用，组织186个市直单位、34位联点领导和帮扶县（区）、乡（镇）“责任双签”。推进“五个一批”（即发展生产脱贫一批、易地扶贫搬迁脱贫一批、生态补偿脱贫一批、发展教育脱贫一批、社会保障兜底一批），增收“四项收入”（即指经营性收入、工资净收入、财产净收入、转移净收入）渠道，“三率一度”（即指漏评率、错退率、综合贫困发生率和群众满意度）趋向预期指标。264个贫困村退出，10.40万人稳定脱贫，贫困发生率降至1.78%。农村居民人均可支配收入增速全省第一，50%来源于工资性收入。阳高、灵丘、云州三个县（区）完成脱贫摘帽各项任务。全市6个贫困县（区）344个贫困村达到特色产业扶贫“五有”标准，全市投资34.5亿元，发展特色产业大项目29个，带动贫困人口13.8万人增收。广灵县涧西、莎泉中堡、莎泉西堡等28个贫困村19620贫困人口退出贫困行列，该县贫困发生率从17%降至3.7%。阳高县和云州区易地扶贫搬迁后续产业跟进，被推荐到国家发改委作经验交流。云州区探索推动三产融合的典型做法，在《人民日报》内参（第1294期）刊登。全市易地扶贫搬迁任务53577人，竣工率98.36%，完成投资18.4亿元，搬迁入住率65.6%。危房改造任务18456户，全部竣工。实施农村饮水工程609处，覆盖解决658个村、20.73万户、54.55万人饮水安全问题，其中贫困村292个、贫困户5.02万户、贫困人口11.79万人。

全市所有农村建档立卡贫困户实施“三保险三救助”政策，建档立卡户基本医保、补充医疗保险个人自付部分由省、县财政全额负担，住院患者在省内定点就医享受“136”自付封顶保障政策，35种慢病患者门诊费用在限额内全额报销，目录外报销比例不低于60%。按动态管理系统实时数据统计，全市9种国定大病贫困患者平均自付比例9.34%。年内，救治资金患者平均自付比例11.81%，达到全省住院报销比例90%左右标准。（李海霞）

2018年大同市各县（区）脱贫攻坚具体情况表

单位：户、人

脱贫情况 / 县（区）名称	脱贫		未脱贫	
	户数	人口	户数	人口
云冈区	0	0	2	4
新荣区	1586	3173	562	1115
阳高县	5313	10686	456	1015
天镇县	5253	13509	4080	8770
广灵县	8722	19592	2500	5182
灵丘县	8429	21292	384	915
浑源县	8427	20310	4499	9970
左云县	385	794	1	5
云州区	6811	14590	339	740
合计	44926	103946	12823	27716

【脱贫攻坚领导小组会议】 2018年，大同市召开脱贫攻坚领导小组会议69次，贯彻落实省委农村工作暨脱贫攻坚会、全省脱贫攻坚工作部署会、全省攻坚深度贫困现场推进会精神，坚定“四个自信”，增强“四个意识”。省委常委、市委书记张吉福提出，要按照省委安排部署，在责任落实上再加压，政策落实上再深入、工作落实上再强化。 （李海霞）

【扶贫项目库建设】 2018年，大同市扶贫入库项目1103个，资金总量511061.06万元，与上年相比，扶贫入库项目减少855个，资金总量增加17317.94万元。没有闲置资金。

（李海霞）

【贫困人口识别】 2018年，大同市贫困村退出264个，贫困人口稳定脱贫10.4万人，贫困村、贫困人口、贫困发生率分别从2014年建档立卡精准识别时的745个、31.14万人、18.36%，下降到2018年底101个、2.7万人、1.78%，农村居民人均可支配收入9710元，增长9.6%，阳高、云州、灵丘三个国定贫困县（区）实现脱贫摘帽。

（李海霞）

【脱贫攻坚宣传】 2018年，大同市把“讲好大同故事、宣传大同做法、展示大同作为”确立为脱贫攻坚战场上的“奋进号”，省委常委、市委书记张吉福多次批示，倡导加强典型宣传，激励干群攻坚斗志。全年宣传报道2200余篇。其中，国家级440余篇（《人民日报》10篇），省级以上1300余篇。话剧《太阳照在南洋河上》登上全国话剧展演舞台，并与阳高二人台现代戏《杏泉沟》列入山西省脱贫攻坚文艺作品推介名录。（李海霞）

【脱贫攻坚表彰】 2018年，大同市评选脱贫攻坚先进集体256个。其中，特别贡献奖4个、先进基层党组织27个、帮扶工作先进集体117个、优秀带贫合作社50个、优秀社会帮扶团体58个。评选脱贫攻坚模范个人507个。其中，基层模范干部107人、优秀帮扶干部210人、自主脱贫典型150人、先进工作者40人。（李海霞）

【灵丘资产收益扶贫作为典型案例全国交流借鉴】 2018年3月，国务院财政部办公厅出台关于印发《财政支农资金支持资产收益扶贫案例的通知（一）》（财办农〔2018〕18号）文件。灵丘县史庄乡财政资金股权量化资产收益扶贫作为山西省唯一案例，要求全国交流学习和参考借鉴。该模式是灵丘县走出的一条资产收益富民路。

灵丘县作为山西省资产收益扶贫试点县之一，瞄准贫困群众稳定增收脱贫、实现“两不愁三保障”目标，通过采取多种模式，整合盘活“沉睡”资源，创新帮扶模式，探索出“财政注资＋企业经营＋贫困户分红”资产收益扶贫模式，并通过多方考察、实地调研，选定润生公司等企业作为经营主体。山西润生大业生物材料有限公司是山西省唯一一家专业从事新生牛血清研发、生产和销售的企业。灵丘县通过投入润生公司财政扶贫资金620万元，把资金形成股权量化到贫困户，并统一发放股权证，由公司统一经营乳肉牛养殖项目，产生利润，按股给予贫困户分红。该项目覆盖灵丘县史庄乡13个行政村1240户建档立卡贫困户，每户持有5000元资本金，经过识别，确属因病、因残致贫，无劳动能力的贫困户可多持股金。贫困户通过“固定分红＋浮动收益＋种植业收益＋劳务收益”模式实现脱贫增收。每年固定分红500元；实际经营利润超出固定分红部分，作为浮动收益，贫困户享有40%、村集体享有10%；周围村民种植的玉米等饲料，公司以高出市场价格10%统一收购，户均可增收1000元；有劳动能力的贫困户经培训合格可在产业链上打工，获取劳务收入。通过项目实现脱贫的贫困户给予3年巩固期，期满后不再享受股权，由村集体把其原持有的股权证明收回，重新分发给未脱贫的贫困户，通过轮流持股带动全乡所有贫困户脱贫。在全部贫困户脱贫后，全部股份转归村集体所有，用于村集体经济持续发展。 （蕙　兰）

【全市脱贫攻坚工作会议】 2018年4月2日，大同市召开市委农村工作暨脱贫攻坚会议。安排部署实施乡村振兴战略、深化精准脱贫攻坚工作。省委常委、市委书记张吉福出席会议并讲话。他强调，全市各级各部门要学习贯彻习近平总书记扶贫开发重要战略思想，打好脱贫攻坚战，落实好《大同市2018年脱贫攻坚行动方案》，按照打造“一村一品一主体”思路，因地制宜发展特色产业；加强技能培训，注重转移就业，注重就地就业，加强就业援助，鼓励支持创业；在易地搬迁上注重科学选址、跟进后续扶持等；在生态扶贫上用足政策、用活机制、用准岗位；在兜底保障上农村低保要衔接，教育扶贫全程跟进，健康扶贫全力保障；集中实施整村提升工程。市委副书记、市长武宏文作工作部署，市委副书记刘振国主持会议，市人大常委会主任赵向东、市政协主

▲2018年4月2日，大同市召开市委农村工作暨脱贫攻坚会议 （李海霞 摄）

脱贫攻坚

席部向华等出席会议，市委常委、组织部部长宋涛宣读《关于表彰2017年度全市脱贫攻坚奖的决定》，市委常委、常务副市长薛明耀安排部署乡村振兴、脱贫攻坚等重点工作。会上，大同县、阳高县、灵丘县、天镇县、市农委、市扶贫办负责人分别作表态发言与经验交流。会议以电视电话会议形式召开，9个农业县（区）设分会场。会议特邀全市“三农”战线老劳模、专家代表出席会议。（李海霞）

【大同旅游扶贫示范村】 2018年7月23日，经山西省旅游发展委员会组织有关部门和业内专家评审，全省评选出首批100个旅游扶贫示范村，大同市有5县（区）的10个村庄上榜。大同市上榜的村庄有，云州区瓜园乡梁庄村、瓜园乡东坪村、峰峪乡吉家会村，灵丘县独峪乡花塔村、红石楞乡沙湖门村、红石楞乡觉山村，阳高县罗文皂镇平山村、长城乡镇边堡村，天镇县谷前堡镇白羊口村，广灵县南村镇上白羊村。（姜　文）

【“10·17”全国扶贫日活动】 2018年10月17日，大同市委、市政府在和阳门广场举办以“激发内生动力，凝聚帮扶合力”为主题的宣传活动，现场的大同市精准扶贫成果图片展和广灵县巧娘宫手工编织专业合作社展示的名优特产。各县（区）同步举办宣传活动。二人台现代戏《杏泉沟》在市工人文化活动中心一宫专场演出。“激发内生动力，凝聚帮扶合力”主题报告会举行，市扶贫办负责人宣读《关于对驻村帮扶干部不作为、慢作为进行问责追责的规定》，8名驻村帮扶干部代表汇报交流。电影频道在北京发起开展“脱贫攻坚战——星光行动”启动仪式。成龙为大同黄花、凉粉、黄芪、杂粮等代言，云州区、阳高县、天镇县、浑源县、广灵县、灵丘县干部代表向全国观众推介各地优质特色产品。（李海霞）

措施保障

【“五帮联动”】 2018年，大同市把选优配强驻村干部作为保障扶贫帮扶工作取得实效的关键，为745个贫困村全部配齐配强驻村干部队伍。出台《关于加强贫困村驻村工作队选派管理工作的实施意见》，明确驻村干部基本条件，优先安排优秀年轻干部和后备干部到农村一线开展帮扶。规定新选派驻村工作队长一般为处科级干部或处科级后备干部，选派189名处科级干部作为工作队长带队驻村开展帮扶。整合帮扶力量，形成领导干部带头帮扶、机关单位包村帮扶、党员干部到户帮扶、工作队员驻村帮扶、第一书记任职帮扶的“五帮联动”工作格局。国家机关扶贫工作队有5支，省级驻村工作队有26支，市县工作队1444支。各级下派优秀机关干部到村帮扶工作人数总计4290人，其中包括第一书记877名。参与贫困村联点包扶的各级领导干部526名。其中，市级领导干部95名，县级领导431名，全部签订包联责任书。涉及包联“摘帽”脱贫3个县（区）的99家单位全部派出单位副职作为工作队长带队驻村开展帮扶。（李海霞）

【扶贫资金投入】 2018年，大同市财政投入扶贫资金127043.8万元。其中，专项扶贫资金33000万元，比上年增加投入20603.13万元；乡村提质79043.8万元；奖励资金5000万元；支持深度贫困县10000万元，分配天镇县5000万元，广灵县5000万元。县级财政扶贫投入9255万元，比上年增加投入4776.32万元。全年整合资金182217.64万元。（李海霞）

【金融扶贫】 2018年，大同市以最低门槛、最大限度、最快速度为贫困户提供最优质小额信贷“三最服务”，缓解贫困户搞产业没本钱、做流通缺资金问题。全年发放12820户6.38亿元，完成126%。大同市经验和做法在国务院扶贫办全国金融扶贫（安徽灵璧）培训班做典型经验交流并在全省金融扶贫工作（吕梁）会议上作典型发言。截至2018年年底还款8869.99万元，没有逾期。（李海霞）

【贫困村提升工程】 2018年，大同市出台《贫困村提升工程的实施意见》，市县两级成立由主要领导任组长的“双组长”领导组。贫困乡村环境提质工程市财政直接投入10亿元，撬动县（区）资金38亿元。全市完成工程资金25.3亿元，完成年初制定102个示范村建设任务全覆盖，贫困村提升走在全省前列，在全省贫困村提升会议上作典型交流发言。（李海霞）

【创业致富带头人培育】 2018年，大同市参加贫困村创业致富带头人培训人数869人，超省计划任务8%。按照县推荐初核，市复核公示要求，大同市向省扶贫办推荐46家省扶贫龙头企业和16家合作社，有13家企业和6家合作社入选。（李海霞）

【贫困劳动力转移就业】 2018年，大同市跨省就业6504人、省内就业8971人、就地就近就业6954人。“天镇保姆”“广灵巧娘”“灵丘阿姨帮”“浑源搓澡工”走出富有大同特色的“品牌”就业之路。（李海霞）

【农村“领头雁”培训】 2018年2月，大同市推动市、县、乡三级分层分类开展农村“领头雁”培训工作。市级举办“大同市农村‘领头雁’示范培训班”培训村两委主干、大学生村干部等130人次，带动全市9个农业县（区）、99个乡（镇）采取分级负责、自上而下的方式，集中培训1955个农村第一书记、驻村干部、“两委”班子成员、骨干党员、大学生村干部。各县（区）坚持“专业性”和“实用性”相统一，邀请省、市、县（区）委党校教授和专兼职教员，涉农部门、社会管理部门、科技部门、扶贫部门专业技术人员、优秀第一书记、乡（镇）党委书记、优秀农村党组织书记和大学生村干部等专题辅导，各县（区）培训5200余人次。（李海霞）

精准帮扶

【资产性收益扶贫试点】 2018年，大同市农机局在省农机局要求省级资金不低于60%的比例作为扶贫股份基础上提高到75%，合作社吸纳建档立卡贫困户61户，作业面积6.44万亩，经济效益3.72万元，收益分红每户最高660元，最低300元。在财政整合资金使用方面，阳高县、云州区、广灵县使用县级整合资金254万元，分别注入13家合作社用于资产收益扶贫工作，合作社吸纳建档立卡贫困户309户入股分红，总收益28.8万元。在云州区选择10个黄花种植规模在500亩以上的合作社，通过农机局推广引进专用黄花旋耕机、除草机、喷药机、茎叶回收机等机械进行农田作业，每个合作社拿出1万元作为10户深度贫困户保底分红资金，每户至少得到1000元，若合作社黄花中耕管理机械经营性收入超出保底收入，超出部分20%作为合作社收益分配给入社贫困户。10个合作社购买机械的作业面积6万亩（次），节本增收90万余元。年内，全市新增省级农机资产性收益扶贫试点合作社3个，固定资产总价值65万元，吸纳贫困户44户96人，合作社纯收入1.5万元。

（市农机局）

【农业产业扶贫】 2018年，大同市6个贫困县的344个贫困村全部符合“五有”标准（有脱贫主导产业、带动主体和合作经济组织，有增收产业项目，有劳动能力贫困人口有脱贫技能）。实施省“8311”产业扶贫项目，发展道地中药材、优质杂粮和特色蔬菜各1万亩，新增0.6万亩鲜食马铃薯、10万亩粮改饲，养驴9000余头，带动1.38万户、3.19万名贫困人口增收。发展特色种养项目。6个贫困县（区）新建和扩建投资规模大、预期效益高、带贫能力强的项目29个，投资6亿元，带动6万户、13.8万贫困人口增收。建设特色农业观光区，引导大张高铁123千米沿线19个乡（镇）68个行政村调优结构、发展特色作物，发展杏果2500亩、杂粮基地1万亩、景观农业1.4万亩，惠及3000余户，直接带动农民增收520万余元，打造阳高国家级产业融合园、天镇县谷前堡杏果基地、云州区景观农业等典型，逐步建成调产区、风景区和农民增收区。

（市农委）

【科技扶贫】 2018年，大同市科学技术局在6个县7个村开展科技下乡和义诊活动，聘请山西省农科院高寒区作物研究所、市农委专家，分别围绕红芸豆绿色高产高效栽培技术、黍子新品种及简约化栽培技术、黄花栽培技术、蛋鸡养殖技术与饲养管理、食用豆栽培技术、谷子栽培技术、马铃薯栽培技术等给村民现场授课。发放芸豆、小豆栽培技术与病虫害防治、黍子优质高产栽培技术等资料1250余份。培训村民480余人，给村民免费发放黍子新品种种子200公斤和1500余元免费药品。

（周　扬）

【蔬菜产业扶贫】 2018年，阳高县委、县政府在精准扶贫中确立发展大棚蔬菜优势产业，明确“一户一个棚，脱贫拔穷根”发展思路。整合各类项目资金全部用到贫困村设施蔬菜建设和特色蔬菜建设上，采取合作社+贫困户模式，由合作社统一种植、统一管理、统一销售、统一核算，连续三年为贫困户分红，实现“贫困户分红+合作社利润+劳务者收入”三方共赢。为980户建档立卡贫困户2442人建设塑料大棚1090栋，日光温室135栋。为提高日光温室种植户科技应用水平，阳高县农业产业发展中心印制《日光温室实用技术手册》2000册，为蔬菜专业合作社、育苗重点户、乡镇农技推广员发放。举办两期600人次绿色蔬菜技术培训班，培训新品种引进、生物菌肥试验、水肥一体化推广等内容。开展产销对接，大白登镇在大同市西门外农贸市场开直销店，向市民推荐火山生态蔬菜，为贫困户产品销售牵线搭桥。

云州区（原大同县）加大扶持黄花产业发展力度。重点扶持黄花产品加工环节，支持龙头企业投入产品深加工生产线，按投资额度给予一定比例资金补贴，村社一体化合作社及贫困户购置烘干设备给予总价款80%补贴，非贫困户购置设备给予50%价款补贴，拓宽市场销售网络，开辟京津地区鲜黄花菜直销渠道，在宣传、运费等方面给予支持，为解决采摘环节劳动力不足问题，成立黄花采摘扶贫劳务合作社，每人每天给予10元伙食补助，10元交通补助。

广灵县利用财政扶贫资产收益资金、国家项目扶持资金、农户小额扶贫贷款打造千亩万吨有机香菇扶贫产业园区建设项目，由北野菌业有限公司负责实施。项目总投资2.47亿元，建设1000栋双拱立体菇棚，5条菌袋生产线及配套冷藏库。建成双拱立体菇棚230栋，菌袋生产线4条。项目全部完成并运营后年生产香菇菌袋2000万袋，种植香菇菌袋1000万袋，年产鲜香菇1万吨，实现销售收入1亿元，带动贫困户2000人（资产收益扶贫资金5000万元，按年8%投资收益分红给贫困户，每年为400万元，可解决贫困户1000人脱贫；贫困户小额扶贫贷款5000万元，按年6%投资收益分红给贫困户，每年为300万元，可解决贫困户1000人脱贫）。（梁　全）

▲大同市广灵县有机香菇扶贫产业园（广灵县食用省级现代农业产业园）

（李海霞　摄）

【林业产业扶贫】 2018年，大同市林业局推进脱贫攻坚同林业生态建设有机结合，利用国家和省级林业生态建设工程，鼓励有能力的农户、城镇居民、科技人员、私营企业主等领办、创办贫困人口成员比例不低于60%的扶贫攻坚造林专业合作社参与林业建设，带动贫困人口脱贫。联动实施造林务工、退耕奖补、管护就业、经济林增效、林产业增收等林业扶贫"五大项目"。全市6个贫困县安排造林任务13.98万亩，工程总投资6928.28万元。通过议标，造林任务由156个扶贫攻坚造林专业合作社组织实施，参与造林社员5053人，其中吸纳建档立卡贫困人员3925人，占社员人数78%。聘用建档立卡贫困人员3163人为未成林管护员，实现贫困人口人均劳务收入7239元。2017年以来，在贫困县实施新一轮25°以上坡耕地退耕还林1.32万亩。发放国家、省级补助款858万元，惠及贫困退耕户2564人。针对春季经济林大面积遭受严重冻害情况，组织798人，组建65支技术服务队，到6个贫困县（区）送科技下乡，举办培训班27次，培训2451人次，加强经济林灾后管理，降低损失；实施干果经济林提质增效工程，提质增效10.5万亩。在贫困县推广种植晋西北沙棘、枸杞、油用牡丹、钙果和槟果等新优经济林树种，发展"龙头企业+基地+合作社+农户"新型林业经营主体。 （陈学飞）

【健康扶贫】 2018年，大同市开展"一对一"组团式精准医疗帮扶。全市三级综合医院每季度安排30名高年资临床和护理及医院管理方面的专家到县（区）医疗集团驻点支援，全年派出专家120人次。县域内就诊率80%，县级医院总诊疗量同比增加3.23%。3月起，大同市开展主题宣传月活动，安排在9个县（区）开展健康扶贫兜底保障政策主题宣传活动，了解建档立卡贫困患者住院医疗费用"136"政策、县域内治疗"先诊疗后付费"和"一站式"即时结算等健康扶贫政策。开展村村行义诊活动，继浑源县、广灵县、灵丘县后，启动天镇县村村行巡诊活动。9月7日至11日，对天镇县所有乡村贫困人口开展免费巡诊义诊和健康扶贫政策宣传上门服务；到天镇县18个乡（镇）、235个村，义诊1.2万人，免费赠送感冒药、降压药、止痛药20余种常用药品，价值6.7万元，发放宣传资料3.1万册。开展巡回医疗"大篷车"行动，各县（区）开展巡回医疗694次，出动车辆832台次，派出医务人员4142人次，巡诊群众3.6万人次，免费发放药品37万元，发放健康知识宣传资料25万份。

5月，大同市启动光明扶贫工程，光明扶贫工程主要内容是给农村建档立卡贫困户免费开展白内障手术。市卫生和计划生育委员会联合市扶贫办印发《"光明扶贫工程"实施方案》，确定4所白内障手术定点医院，100%覆盖涉农县（区）。开展光明扶贫政策进村入户宣传宣讲活动，定点医院分片筛查建档立卡贫困户。4所定点医院初步筛查6311人次，手术救治915例，经中国扶贫志愿服务促进会核准并向定点医院拨付自付费用手术患者437例。10月17日，山西省"复明6号"大同项目启动仪式举行，大同市残联党组书记、理事长辛学武，朝聚安康眼科医院院长吴强、书记李志仁，及部分医务人员、手术患者代表、新闻媒体记者出席启动仪式。"复明6号"是由全球最大醋酸酯类溶剂生产商及中国最大化工产品制造商之一叶氏化工集团有限公司联合中国残疾人联合会及亚洲防盲基金会共同发起的大型公益项目。"复明6号"光明扶贫行动，使全市200名贫困白内障患者免费接受复明手术。

（沈文红 王晓婕）

▲灵丘县（独峪乡）光伏扶贫产业园 （李海霞 摄）

【光伏扶贫】 2018年6月底，大同市7.5万千瓦光伏电站在全省率先并网发电，521个村贫困户成为光伏扶贫受益者，典型经验多次在国家级和省级大会上交流。 （李海霞）

【水利扶贫】 2018年，大同市落实农村饮水安全资金2.2亿元。其中，中央和省级资金8538万元，市级资金1962万元，县级自筹、整合及其他融资11461.7万元。实施农村饮水安全工程609处，解决658个村、20.73万户、54.55万人饮水安全问题（其中贫困村292个、贫困户5.02万户、贫困人口11.79万人），是年度计划任务3倍多。12月20日到21日，全国饮水型氟超标改水工作现场会在大同市召开，全国22个省、120余名参会代表到阳高县实地观摩学习先进经验。农业节水灌溉方面投资5176.97万元，建成高效节水面积3.79万亩，比省水利厅分配年度任务高出1.87万亩。其中，云州区投资2660万元，建成高效节水面积2.51万亩；云冈区投资1516.97万元，建成高效节水面积0.68万亩；天镇县投资1000万元，建成高效节水面积0.6万亩。完成浑源县、天镇县和册田水库3处灌区维修养护工程，投资430万元。落实大中型水库移民后期扶持直补资金

▲灵丘县易地扶贫搬迁白崖台南张庄安置点 （李海霞 摄）

1279.91 万元，扶持项目投资 1153 万元，解决水库移民生产生活困难问题。市水产技术推广站引进规格 80 余克大鳞鲅鱼鱼种 5000 尾驯化饲养，养殖期 103 天，成活率 98%；研发西伯利亚鲟与史氏鲟反季节杂交育种技术，孵化鲟鱼鱼苗 100 万尾。加大驻村扶贫力度，为杨寨、上西河、瓮城口、小桥村、南息、黎峪、北栋庄 7 个村安排水源、节水工程项目资金 106.3 万元；申请水利项目资金 80 万元，为李台村修建护地坝 800 米，打机井 2 眼，解决浇地难和村民吃水难问题，扶持畜禽养殖和小杂粮加工产业，提高帮扶村生产和生活条件。（符官喜）

【电信扶贫】 2018 年，大同电信分公司成立通信扶贫专项工作组，建立全市扶贫联系人体系，形成市、县、村三级对接；建档立卡 745 个贫困村，建设端口 1.2 万个，覆盖贫困村 291 个，覆盖用户 6 万户。电信普遍服务覆盖 291 个行政村，服务全市 1.8 万农村用户。（杨 林）

【交通扶贫】 2018 年，大同市交通运输局以“四好农村路”建设为抓手，抓资源路、旅游路、产业路建设，打通奔小康“血脉通道”。年内，市交通运输局从省市农村公路养护补助资金中挤出 30% 计 1387.8 万元，调剂给年内脱贫摘帽的阳高县、云州区（原大同县）、灵丘县各 300 万元和全省“四好农村路”创建示范县浑源县 487.8 万元。抓通客车工作，统筹推进城乡交通运输一体化发展，鼓励实施农村客运公交化改造，年内全市增加通客车建制村 20 个，实现具备条件的建制村全部通客车。（高 青）

【文化扶贫】 2018 年，大同市贫困村综合性文化服务中心覆盖率 95%。重点扶贫县实现中央节目及省级卫视节目信号全覆盖，并通过 14 个发射、转播台站（包括市广播电视台的儿童公园发射台和七峰山转播台）把大同电视台节目信号并入中央广播电视节目无线数字化覆盖频道中，利用国家广电总局印发的数字电视发射机进行无线覆盖，全市大部分农村地区可通过数字电视无线接收功能收看大同广播电视台电视节目。从市贫困县中选出 218 村，每村配送 2 万元基本文化服务设备，大同市 2018 年度贫困地区百县万村综合文化服务中心示范工程完工。全市 1966 个农家书屋按照每个书屋 2000 元的标准安排图书补充更新资金，使用资金 393.2 万元，包括给每村配送 3 套《习近平新时代中国特色社会主义思想三十讲》5898 册。（市文化局）

【旅游扶贫】 2018 年，大同市挖掘贫困村乡村生态休闲、旅游观光，文化教育资源，打造形式多样，特色鲜明的乡村旅游扶贫产品。按照省旅发委要求重点扶持云州区梁庄村、东坪村、吉家庄村；灵丘县花塔村、沙湖门村、觉山村；阳高县平山村、镇边堡村；广灵县上白羊村；天镇县白羊口村 10 个乡村旅游扶贫示范村。由北京博雅方略旅游景观规划设计院承担示范村规划设计工作，于 10 月下旬完成实地调研、资料整理工作。年内，全市旅游扶贫带动 73 个贫困村 8743 人增收。（李海霞）

【易地搬迁扶贫】 2018 年，大同市易地扶贫搬迁任务 53577 人，任务量占全省的 1/4，易地扶贫搬迁竣工率 98.36%，投资 18.4 亿元，搬迁入住率 65.6%。阳高、灵丘、云州 3 个脱贫摘帽县（区）易地扶贫搬迁任务全部完成。危房改造任务 18456 户，占全省任务总数 35.6%，全部竣工。（李海霞）

【生态扶贫】 2018 年，大同市把打造“大同蓝”“大同绿”“大同清”品牌，与脱贫攻坚结合，实现“生态增绿、群众增收”。补植补造上年 5 个贫困县承担的 1.32 万亩退耕还林，兑现省级补助款 858 万元。完成 6 个贫困县人工造林 19.15 万亩，人工造林全部由造林合作社承担。把牢劳务费占造林总投资 45% 以上，贫困社员劳务收入占总劳务费用 60% 以上、劳务费银行卡精准支付到社员三个关口。国家公益林管护和未成林管护岗位 60% 安排给贫困户，为 2000 名贫困劳动力提供生态管护岗位，实现一人护林、全家脱贫。（李海霞）

【教育扶贫】 2018 年，大同市教育局加大教育扶贫力度，落实教育扶贫五项政策，在学前教育、义务教育、高中教育、职业教育阶段资助 6.9 万名学生，资助金额 1.16 亿元，给 3.6 万名大学生办理生源地助学贷款，贷款金额 2.32 亿元。雨露计划等其他资助项目覆盖 9000 余人，金额 4382.65 万元，夯实从学前到小学、中学、大学的帮困包扶机制。筑牢政策兜底防线。实施农村义务教育营养改善计划，全市 10 县（区）全覆盖，受益学生 22.76 万人，全年涉及资金 1.16 亿元。（宣晓宇）

【帮扶贫困县】 2018 年，大同市市级支持深度贫困县投入 1 亿元。其中，天镇县 5000 万元，广灵县 5000 万元。向 2 个县选派干部 359 人，选派技术干部85人，帮扶贫困人口就业2818人。市农委、市经济建设投资公司等单位结队帮扶。85位企业家和各界人士“扶贫超市”认领152个村、372个项目，募集0.32亿元。10月1日起再次提高低保标准，天镇、广灵两个深度贫困县由3630元提高到3990元。“一县一策”纵深推进，明确由财政部门牵头解决“钱”的问题、国土部门牵头做活“地”的文章、发改部门牵头让出“活”的市场、科技部门牵头给予“人”的支持、宣传部门牵头打造“名”的效应。（李海霞）

【低保扶贫】 2018年，大同市有农村低保对象15.48万人，农村五保对象17745人，全市建档立卡贫困户中有农村低保对象70387人，增加6747人，其中享受医疗救助3834人，临时救助2839人；建档立卡贫困户中农村五保对象9229人，增加737人，其中享受医疗救助296人，临时救助447人。按照省民政厅、省扶贫办联合印发《关于进一步加强农村低保制度与扶贫开发政策有效衔接工作的通知》要求，在推进脱贫攻坚和基本民生保障过程中，抓农村低保和建档立卡对象衔接工作。实现对象双向衔接，打通双向进入通道。在建档立卡贫困人口动态调整时，把建档立卡以外的农村低保对象、特困人员等作为重点。在农村低保动态调整时，重视解决好重点人群，把符合条件的建档立卡贫困老年人、贫困残疾人、重病患者、未成年人及其他因临时困难返贫的建档立卡贫困家庭作为重点全部纳入农村低保范围，发挥“应扶尽扶、应保尽保”低保扶贫社会效应。（温家华）

社会参与

【共青团助力脱贫攻坚】 2018年，共青团大同市委举办纪念五四运动99周年暨“青春助力脱贫攻坚”表彰大会，选树10名“脱贫路上好青年”和5个“脱贫攻坚青年突击队”先进典型。从产业、教育、就业、项目四个方面对口支援。筹资援建3个“青云书屋”，累计投入30万元。认领30万元“扶贫超市”项目，帮助3个贫困村发展特色文化产业。开展“青春志愿多贡献．社会扶贫我先行”中国社会扶贫网线下推广活动，该APP贫困户和爱心人士由2000余人增加到2万余人。结合植树节系列活动和雷锋月主题活动，在大同县火山公园、左云县将军林场植绿护绿重点地区开展“发扬雷锋精神，共建生态文明”为主题的“雷锋月”活动。（张　媛）

【社会组织助力脱贫攻坚推进会】 2018年11月22日，大同市召开社会组织助力扶贫攻坚推进会，300余家社会组织参会。会上，动员引导300个社会组织参与天镇县、广灵县、浑源县扶贫工作，采用健康扶贫、农副产品销售、教育扶贫、产业扶贫等方面，多个项目交叉方式参与扶贫攻坚工作。健康扶贫方面：市消化内镜学会、市民营医疗协会、市腔镜微创技术协会、市高血压防控协会、市精神卫生学会、市中医交流协会、市中医药研究会、市护理学会、灵丘儿康医院、灵丘骨伤医院、市骨关节病研究所、市中惠老年公寓、市西京书画院30余家社会组织到灵丘县、广灵县、天镇县、新荣区、云州区、浑源县、阳高县开展健康义诊活动，出动人员350余人，义诊1200人，送药品8万元。农副产品销售方面：市青年志愿者协会、市体育馆青少年俱乐部、市中小企业协会、市旗袍协会、市骆驼户外运动俱乐部、市古城地质博物馆、市德聚老酒博物馆等20家社会组织到浑源县、天镇县、云州区、阳高县购买农副产品7万元，市旗袍协会帮助云州区销售红尖椒1万余公斤。教育扶贫方面：市瀚海职业培训学校、市博盛中学、市新茂学校确保帮扶目标精准，给困难学生减免学费90万元。产业扶贫方面：市四川商会、市山东商会抓产业扶贫和“扶贫超市”项目。市四川商会投资28万元建设云州区小辛庄村“黄花文化广场”项目竣工使用；投资600万元建设的广灵县10万亩沙棘林原料基地项目见效；提质改造原有沙棘林333.33公顷，新种植沙棘林133.33公顷。育苗3.33公顷，发放劳务费320万元。其他扶贫方面：市山东商会给各县（区）投资明日之星教育产业扶贫基金350万元，帮助学校购置平板电脑和保险；市温州商会投资45万元给广灵县南村安装太阳能路灯100盏；市手拉手爱心公益协会给阳高县大白登镇潘寺村发放2000只小鸡；市旅游摄影协会给天镇县、阳高县老年人照相800人次，理发400人次，发放花镜180副。市印刷行业协会给云州区大白登乡送去1万元粽子，给天镇县赵家沟村送去6000元米面油，5000元化妆品。

（温家华）

【民革帮扶贫困群体】 2018年，民革大同市委会在中共山西省委统战部开展的统一战线助力攻坚深度贫困“百千百”工程中与国家级贫困县天镇县3名考入大学贫困家庭学子签订帮扶协议，由四支部、六支部、七支部向每位贫困学子每年资助助学金3000元。一支部、二支部、八支部、九支部，结对帮扶四名贫困家庭学子，向每户家庭捐赠2000余元助学金。党员孙永胜长期关注农村失能失智留守老人，开展留守老人“暖心”工程。带队在天镇县实施失能失智老人筛查数据采集工作，筛查61个村2982位60岁以上老人，建立信息数据电子档案2982份。

（郝雅楠）

【民盟扶贫】 2018年5月16日，民盟新荣支部邀请三医院有关专家、新荣区人民医院医护人员到新荣区堡子湾乡堡子湾村开展“送医、送药、送文化”下乡活动，并慰问堡子湾乡敬老院老人，为他们送去米面油等生活用品和药品。民盟矿区支部于5月27日到新荣区堡子湾乡马家窑村义诊宣传，为村民普及健康知识。6月1日，综三支部、综一支部、综二支部、城区支部携手大同市朝聚安康眼科医院到云州区西沙窝村开展下乡扶贫义诊活动。7月15日至21日，铁中支部委员王金树参加太原铁路局组织的名医名家大秦行巡诊服务。8月7日，民盟市委会在云州区巨乐乡五里台村举行“献爱心、促扶贫”公益演出活动，向困难群众赠送白面、豆油等慰问品。9月28日，民盟市委会机关支部开展“用行动帮助贫困、用爱心抚慰童心”助学活动，为贫困家庭学生送去价值3000余元的书包文具等学习用品。同日，民盟市委会为天镇县3名建档立卡贫困户大学生送去首批助学金9000

元，连续三年每人每年捐助 3000 元，直至大学毕业。民盟中央表彰民盟市委会社会服务工作。（张理华）

【民建扶贫】 2018 年，民建大同市委员会与天镇县 4 名贫困大学生签订结对帮扶合作协议书，采用支部联合帮扶、支部帮扶、会员帮扶形式，分组对点帮扶 4 名贫困大学生。9 月 3 日，给 4 名贫困大学生送去首次助学资金。11 月 30 日，民建市委会带领各支部主委或支部班子成员到阳高县古城镇西雷庄村开展“济困献爱心、精准助脱贫”阳高扶贫专项活动，慰问西雷庄村 50 户常驻村民。区属支部参加各类扶贫、义诊、慰问活动 10 余次。（民建市委会）

【健康扶贫暖冬行动】 2018 年 1 月 3 日至 9 日，由大同市各大医院的 200 余名医护人员组成的 27 个医疗小分队到大同市 9 个农业县（区）的 99 个乡（镇），开展健康扶贫暖冬行动暨村村行巡诊活动，给因病致贫、因病返贫人口进行免费义诊服务。

该次活动的重点服务对象是建档立卡贫困人口中因病致贫、因病返贫患者。各巡诊医疗队除开展义诊活动外，同步进行健康扶贫政策宣传，发放贫困户健康扶贫服务手册，并结合家庭医生签约服务，开展“五个一”活动，即开展一次疾病筛查、赠送一套健康手册、出具一份健康处方、签订一项服务协议、留下一个亲情号码。通过义诊筛查，对重点确定的因病致贫返贫人口，作为大病救治对象，精准救治。各巡诊医疗队通过这次扶贫义诊活动，帮助指导基层健康扶贫工作队，通过诊断筛查因病致贫返贫家庭贫困人口患病情况。贫困户大病救治、慢病管理、签约服务等救治信息，全部记录在册，并同步录入到健康扶贫动态管理信息系统。重点予以诊治 24 种大病建立救治台账的贫困户患者。各医疗队重点救治前期建档立卡的贫困户，活动中新发现的贫困重症患者要纳入台账。符合大病救治对象的要帮助其建立帮扶关系，畅通绿色就诊通道，确保其在定点医疗机构得到救治。（鹤 梅）

【“行走的医院”助力云州区健康扶贫项目启动】 2018 年 8 月 23 日，大病不出县“行走的医院”助力云州区健康扶贫项目暨基层医生优才计划培训启动仪式举行。全国人大常委会委员、农工党中央副主席陈述涛，中国科学院地理科学与资源研究所研究员张义丰，农工党中央专委会委员、中国初级卫生保健基金会中西部扶贫工作办公室主任狄森，市委常委、统战部部长黄岑丽，市政协副主席郭俊岗出席启动仪式。

“行走的医院”是基于互联网大数据云平台的带有远程专家门诊服务和全科综合检查设备的智慧医疗系统，通过行走在千家万户的乡村医生，把优质医疗资源和适合基层医疗，及基层健康管理的设备背进老百姓家里，让基层老百姓不用出村就可享受到超声、验血、验尿、心电图等医疗检查服务和远程专家门诊服务。该项目包括给基层村医配备“全科医生助诊包”、开通远程专家门诊至村镇一级、开展基层医生优才培训计划等。活动给大同市云州区村医配发价值 18 万元的“全科医生助诊包”155 个，培训云州区基层医生，通过培训使村医达到中级助理医师水平。（墨 竹）

【“北京专家进云州，健康扶贫献爱心”巡诊活动】 2018 年 11 月 13 日，大同市云州区委、云州区人民政府主办，中国农工民主党中央联络工作委员会、中国初级卫生保健基金会中西部扶贫工作办公室、中国国际投资促进会扶贫与发展委员会协办的“北京专家进云州，健康扶贫献爱心”巡诊活动启动，中国初级卫生保健基金会中西部扶贫工作办公室邀请的北京和市级 10 名医疗专家，全区帮扶单位代表，医疗集团代表，帮扶工作队代表 200 余人参加启动仪式。启动仪式上，给健康扶贫巡诊 5 个小分队授旗，让他们到乡村开展为期 6 天的巡诊活动，实现提升基层医疗保障水平，让老百姓看得起病、看得上病、确保农村群众健康有人管，患病有人治，推动优质医疗资源下沉。大同市委副书记刘振国，中国初级卫生保健基金会中西部扶贫工作办公室主任狄森，市卫计委主任刘国庆，市扶贫办主任白雪峰出席活动。（沈文红）

【第六人民医院健康扶贫义诊】 2018 年 1 月 4 日至 5 日，大同市第六人民医院派医院 14 名医护人员组成 5 个医疗巡诊小组到灵丘县赵北乡（赵北村、联庄村、东沟村、黄石驼村、鹿沟村、白崖峪村、白马寺村、下红峪村、上红峪村 9 个自然村）开展健康扶贫村村行“暖冬行动”巡诊，给因病致贫、因病返贫的贫困村民免费健康体检和医保政策宣讲，医疗队入户 264 家，给 397 人做健康体检，给 234 位困难户患者量血压做血糖检查，巡访重性精神病 11 人，给 8 人精神病患者签订服务协议并发放 1000 余元药品，发放国家扶贫政策宣传资料 250 余份。开展“世界社工日”宣传，通过宣传提高社会工作的社会认知度和影响力。成立“绿丝带志愿者服务团队”，开展公益活动。举行给 1 位困难患者捐款活动。开展“敬老爱老助老”活动，给市光荣院 60 余位老人健康检查、清理个人卫生、宣传常见疾病的预防和保健知识。（六医院）

【消费扶贫】 2018 年，大同市出台《关于开展消费扶贫促进精准脱贫的实施意见》，成立市级领导组，明确各组成部门单位职责，细化工作任务，构建推进消费扶贫的工作机制。全市参与“五进”单位 120 家，帮助销售贫困地区农产品 6846 吨，销售额 1361.4 万元，带动贫困户 2057 户；通过“九销”销售农产品 56971.8 吨，销售额 74300 万元，与农户、商家签约 47488 笔，签约额 55918 万元；天镇县通过劳动就业推销方式，职业技能培训 4100 人，“天镇保姆”品牌培训 1406 人，转移就业 2215 人。按照市脱贫攻坚指挥部要求，会同市农委、商务局与《农民日报》社对接沟通，协商筹办全市消费扶贫工作推进大会暨“大同好粮·世界共享”论坛主题活动。（李海霞）

【工行金融扶贫】 2018 年，中国工商银行大同分行结合实际制订《金融精准扶贫工作方案》，成立扶贫工作领导组，到 6 个县（区）与当地支行扶贫小组人员一起，走访贫困户摸查调查收集资料，并建档立卡进行名单制管理。逐户分析研究调查摸底中掌握情况，以“带头人＋合作社＋贫

▲ 2018 年 6 月 29 日，市委统战部、市工商联组织开展大同市民营企业对接深度贫困县天镇行活动　（张艳霞 摄）

困户”“合作社 + 贫困户”、直贷等“金融 +”模式向贫困户发放贷款。全年向 665 户建档立卡贫困户发放扶贫小额贷款 3325 万元。（杨志晖　何天钦）

【邮储银行金融扶贫】　2018 年，中国邮政储蓄银行大同市分行立足普惠金融，加强三农金融事业部改革，给精准扶贫提供体制机制保障，推进金融扶贫产品优化和服务创新，提升金融精准扶贫能力，增强金融扶贫的精准性和有效性，探索出邮储银行特色扶贫模式。全年投放各类扶贫贷款 7793.88 万元，结余 1.93 亿元。

（邮储银行）

【组织开展民营企业对接深度贫困县天镇行活动】　2018 年，大同市工商联到广灵县、天镇县等 6 个县（区），协助民营企业与各县（区）政府做好对接工作，市、县（区）工商联动员组织民营企业签订帮扶协议 150 份。在组织非公经济人士参与“百企帮百村，促乡村振兴”计划工作方面，大同温州商会投资 57.7 万元为广灵县南村安装太阳能路灯 100 盏、山西联创电子信息技术公司为浑源县驼峰乡西郭家庄实施网络销售平台 +c2c、大同市晓东房地产公司为天镇县卅里铺白小山村修建广场。推动大同晋瑞联合投资品交易中心和山西九泽控股集团、山西联同行科技有限公司、山西宝翰律师事务所“扶贫超市”项目，全年民营企业在“扶贫超市”认领项目资金 101 万元。6 月 29 日，市委统战部、市工商联组织开展市民营企业对接深度贫困县天镇行活动，市委常委、统战部部长黄岑丽出席会议并讲话，市工商联主席刘若亮主持会议。市委统战部副部长、工商联党组书记张团、天镇县委书记王建江、天镇县委副书记、县长刘川楠，天镇县委常委、统战部部长王兴、市工商联、市农委、市扶贫办、市农信社等部门负责人，县直有关单位负责人，县（区）工商联、大同市部分民营企业、各商（协）会负责人 130 余人参加会议。刘川楠介绍天镇县概况、县域经济发展思路、脱贫攻坚产业扶贫项目情况，提供产业扶贫项目 462 个，乡村提升工程捐建项目 80 个，邀请民营企业家加入到天镇产业扶贫中，实现乡村振兴。

（张艳霞）

【民企助力脱贫攻坚】　2018 年 6 月 29 日，大同市民营企业对接深度贫困县天镇行活动座谈会举行。市委常委、宣传部部长、统战部部长黄岑丽出席。全市 58 家民营企业、异地商会、行业商会代表参加会议。黄岑丽要求工商联组织做好牵线搭桥工作，建立健全协调机制和服务平台，畅通民营企业参与项目对接渠道。天镇县委县政府做好脱贫力量的组织调配、项目资金的使用管理、优惠政策的兑现落实、服务措施的持续跟进，主动化解民营企业在扶贫过程中所遇到的风险与矛盾，协调解决项目落实中的困难和问题。

8 月 29 日，市统一战线助力攻坚深度贫困“百千百”工程天镇帮扶行动签约仪式举行。黄岑丽出席活动并见证签约，市政协副主席、民盟大同市委主委许进娥，市政协副主席、农工党大同市委主委郭俊岗，市政协副主席、九三学社大同市委主委杨硕平出席活动并分别与受资助贫困大学生签约。大同市工商联副主席、山西同达药业有限公司董事长闫亚梅向天镇县孝贤基金捐款 50 万元，北京大同商会副会长李永虎与县政府签订天镇保姆战略合作协议，市工商联副主席、大同泰瑞集团总经理张明忠与米薪关镇小井沟村签订帮扶协议，各民主党派、民营企业、商会代表分别与受资助贫困大学生签订结对帮扶协议。

（张国成）

▲ 2018 年 8 月 29 日，大同市委统战部举行助力攻坚深度贫困“百千百”工程天镇帮扶行动签约仪式　（张国成 摄）

社会生活

劳动就业

【概况】 2018年，大同市就业指导中心举办招聘洽谈会98场，接待用工单位795家，提供就业岗位60688个，办理求职登记19352人，达成就业意向11559人；发布用工信息336期；办理《就业创业证》业务20767人次，开据失业证明1150份；到企业、学校开展职业指导90余场，提供素质测评服务357人次；寄存灵活就业人员档案21342份，提供各种代理服务5531人次，给1306名大学生公益岗位、零就业公益岗位人员提供就业跟踪服务；给380人办理社保补贴返还申报手续，给417名灵活就业人员发放上年度社保补贴资金230.86万元。年内，市就业指导中心抓周三、周五定期招聘会和部、省、市安排的“就业援助月”“春风行动”“民营企业招聘周”“校企对接专场招聘活动”“山西省金秋招聘月”“天镇保姆推介交流会”等公共就业服务专项招聘活动。 （李　强）

▲2018年11月5日，大同市就业指导中心工作人员现场指导就业人员办理《就业创业证》 （潘健伟 摄）

【就业创业扶持政策】 2018年，大同市通过开展进校园活动，宣传国家及省市就业创业政策。落实“七补一贷政策”［财政补助、社会保险补贴、创业实训补贴、场地租金补贴、创业就业补助、星火项目资金扶持、创业园区建设补助、创业担保贷款（原小额担保贷款）］，扶持1210名高校毕业生创业就业。在市级财政支出中足额安排创业扶持资金，加强公共创业服务平台建设，对创业项目开发、创业场地租赁、创业孵化服务等给予一定补贴。实施全民技能提升工程。组织“春风行动”等招聘活动。建设创业园，扶持高校毕业生创业，东信广场创业孵化基地和大同市中小企业创业孵化基地被评为省级创业孵化基地，8个民营企业的创业创新项目参加省级创业星火项目评选，2个创业项目获奖。简化审批流程、减少办理环节、缩短办理时限，全市发放高校毕业生创业贷款32笔，贷款金额410万元。 （温建斌）

【和谐劳动关系构建】 2018年，大同市人力资源和社会保障局按照省、市打击非法用工违法犯罪活动安排部署，针对不同时段工作任务重点，组织开展农民工工资支付专项行动、人力资源市场秩序清理整顿、用人单位遵守劳动保障法律法规情况年审、用人单位遵守劳动用工和社会保险法律法规情况专项检查等专项检查，把治欠保支工作纳入作为一项常态性工作，建立健全以网格化管理、预警监控、日常巡查、专项检查为主的预防机制；以劳动监察、信访、仲裁分类受理为主的诉求表达机制；以查处重大劳动保障违法案件部门联席会议制度和拒不支付劳动报酬犯罪案件移送联系会议制度为主的案件查处机制；以政府应急周转金、工资保证金、工会农民工讨薪应急救助金“三金”互补的解决欠薪兜底机制；以重大劳动保障违法案件社会公布为主的惩戒机制。在全市范围内开展农民工工资“无欠薪市县”创建活动，明确提出“三个清零”（零拖欠、零投诉、零上访）工作目标，在建筑施工项目中抓劳动用工管理“六项制度”［农民工实名制管理、工伤保险、设立农民工工资（劳务费）专用账户、按月支付工资、预存工资保证金、设立维权公示牌］全覆盖。全年全市劳动保障监察投诉举报案件结案率100%，企业劳动合同签订率99.38%，劳动人事争议调解成功率65.9%，劳动人事争议仲裁结案率98.4%。　（温建斌）

【技能培训】 2018年，大同市就业前技能培训人数65505人，占全年目标任务121.76%。其中，农村进城务工人员培训37676人，占全年目标任务100.47%，城镇失业人员培训17196人，占全年目标任务105%。通过培训实现就业19216人。（温建斌）

【就业援助月活动】 2018年1月2日至2月2日，大同市就业指导中心根据《关于转发人力资源和社会保障部、中国残疾人联合会〈关于开展2018年就业援助月专项活动的通知〉的通知》精神，举办大同“2018年就业援助月”活动。活动以“就业帮扶，真情相助，不让一个困难群众掉队”为主题。活动期间，举办残疾人专场招聘活动5场，69家用人单位参与招聘洽谈，提供就业岗位2100个，达成就业意向594人。　（李　强）

【首场中高端就业岗位项目发布会】 2018年1月，在大同市劳动就业部门指导帮助下，由人力资源服务机构——人联集团大同分站主办的中高端就业岗位项目发布会在大同举行。

人联集团成立于2001年，有12家独立法人公司，520余家分子公司，3个培训中心，1个呼叫中心，是一家大型人力资源企业，人联集团入驻大同，给大同当地100余家人力资源行业从业者和广大就业者提供多样化发展与选择。这次项目发布会涉及电力、金融、航空、互联网科技、物流、餐饮、汽车制造10余个行业、1000余个就业名额。大同市及其他市200余名人力资源服务工作者、教育就业工作者、部分学生家长代表等参加。（鹤　梅）

【“春风行动”系列活动】 2018年2月20日至3月30日，大同市就业指导中心根据《人力资源社会保障部、国务院扶贫办、全国总工会、全国妇联关于开展2018年春风行动的通知》（人社部函〔2018〕6号）精神，组织开展“春风行动”系列活动，以助推乡村振兴战略，促进农村劳动力特别是建档立卡农村贫困劳动力转移就业，满足企业和各类单位用人需求，活动期间，市就业指导中心举办招才引智返乡创业专场招聘会、下岗失业人员专场招聘会、大中专毕业生专场招聘会、新能源产业专场招聘会、随军家属专场招聘会、农民工专场招聘会等专场招聘活动39场，提供就业岗位15738个，涉及用人单位1248家次，入场求职、办事人员15567人，达成就业意向4017人；免费发放宣传材料12.9万份。　（李　强）

▲2018年春风行动期间，大同市就业指导中心举行“开进农村，送岗下乡，服务上门”招聘会　（潘健伟　摄）

【新春招聘会】 2018年2月27日至3月27日，大同市人才开发交流服务中心在大同市举办5场新春招聘会，340家次用人单位提供7415个工作岗位。岗位有销售类、会计、文员、人事、管理、计算机/网络、教师、电子电气、土建、服务类等。大同市人才开发交流服务中心邀请北京、天津、内蒙古等周边省市的企业到大同招聘。在招聘现场设立就业政策咨询、职业指导、就业信息发布、实名登记、就业见习、人事代理等服务平台。　（鹤　梅）

【女性就业招聘会暨随军家属专场招聘会】 2018年3月7日，大同市人力资源市场举行“迎三八·促就业”春风行动女性就业招聘会暨随军家属专场招聘会。有92家企业入场招聘，提供就业岗位2627个，招聘岗位除文员、客服、会计、服务员、销售、教师等常见的适宜女性的岗位外，不少用人单位还把电子维修工、质量管理等男性居多的岗位向女性开放，涉及110余类工种，入场求职人数2000余人，达成用工意向364人。

（田亚森　张玉波）

【民营企业招聘周专项活动】 2018年4月16日至22日，大同市就业指导中心组织开展民营企业招聘周专项活动。活动以“精准服务促就业、汇聚人才助发展”为主题，以2018届高校毕业生为服务重点。活动期间，全市公共职介机构免费发放就业政策等宣传材料1.91万份，375家用工单位参加招聘活动（在市人力资源市场参加招聘活动的民营企业174家），提供就业岗位11519个（市人力资源市场提供就业岗位6355个），其中适合高校毕业生的就业岗位有4323个；经过现场洽谈，最终签订就业意向有1711人（其中：高校毕业生人数361人，去产能企业分流职工安置人数29人，农村进城务工人员人数392人，建档立卡贫困人员132人，就业困难人员105人）；维权及法律援助70人。　（李　强）

【第五届大同青年创新创业大赛】 2018年7月16日至31日，由共青团

社会生活

大同市委、大同市青年联合会共同主办，大同市星港房地产开发有限公司协办，大同市梧桐企业策划有限公司（大同市小微企业创业孵化基地）承办的第五届创青春“星港·御澜湾杯”大同青年创新创业大赛举行。

这次大赛以“青春建功新时代，创业展现新作为”为主题。设初赛、复赛和决赛3个环节，评审团由大同市青年联合会中的金融、企业、文化、卫生、政法、新闻、文化旅游等行业青年委员组成。有127个报名项目参赛，评委通过项目讲解、公开答辩、项目路演等环节对参赛项目点评并打分。经过比赛，最终12个优秀项目分别获一、二、三等奖，项目涉及氢能源、杂粮产业等，获奖项目得到大赛组委会授予的创新创业资金奖励。（清　荷）

【大同创客项目入围省创新创业大赛决赛】2018年8月2日，2018“创客中国”山西省创新创业大赛决赛项目名单公布，大同市有8个项目“入围”，其中创客组6个项目晋级，总成绩全省排名第三。

大同赛区从3月起，组织专业团队准备，准备参与海选、赛前集训、初赛、复赛、决赛等各个环节。7月21日，经过层层选拔的13个优秀项目参加2018“创客中国”山西省创新创业大赛复赛，最终有8个项目晋级。大同入围省决赛的项目有：“社区电子废弃物云回收平台”“太阳能防冻宝”“共享街拍+”“清馨语言表演口才教育”“蝴蝶科普研学”“文冠果茶”“大同精雕”“智慧能源”。其中，“大同创客”柴伟的“社区电子废弃物云回收平台”项目在比赛中获创客组第一名。（清　荷）

【大同在“中国创翼”创业创新大赛中获奖】2018年8月12日，由人力资源和社会保障部发起，山西省人力资源和社会保障厅指导，山西省就业服务局主办的第三届“中国创翼”创业创新大赛山西赛区选拔赛暨2018山西省大学生创业星火项目评选大赛总决赛闭幕。由大同市就业指导中心组织筛选、推送的13个创业项目，有1个项目获二等奖、有3个项目获三等奖，市就业指导中心获优秀组织奖。获二等奖的是大同市闹腾文化传媒有限公司报送的“蝴蝶科普研学与趣味养殖”创业项目，获三等奖的分别是大同市城区海遨科技有限公司报送的“共享街拍+”创业项目、大同市拾贝文化交流有限责任公司报送的“清馨语言表演情商口才”创业项目、大同市新荣区戎得光伏科技有限公司报送的“太阳能一体化路灯”创业项目。（李　强）

【大同全科盟三创孵化园开园】2018年8月24日，大同全科盟三创孵化园在大同全科盟新能源产业技术研究院举行开园仪式，标志着大同市首个创意、创新、创业基地——大同全科盟三创孵化园开园。

大同全科盟三创孵化园是在市科技局、市发改委扶持下，由大同全科盟新能源产业技术研究院、大同市工商联和10个大同市异地商会合作打造的以科技型、创新型项目为主的高科技企业孵化园区。该孵化园于6月5日注册成立，位于市国际能源革命科创园的能源1号楼，建筑面积4000平方米，可提供创业工位270余个，可同时容纳30～40个创业团队。具备办公场地、通信系统、计算机网络等创业所需的基本设施，能提供物业、商务、技术、资金、培训、国际合作等方面的服务。大同全科盟三创孵化园聚焦新能源产业，不限于新能源产业，有志于从事新能源、新能源汽车、新材料、新一代信息技术、生物医药、节能环保、智能制造、文化创意等方面创业的个人或团队，都可申请入驻全科盟孵化园，入驻后可得到全科盟孵化园专业服务。

开园仪式上，大同全科盟新能源产业技术研究院与市工商联签署战略合作协议，聘请大同市10个异地商会秘书长为该研究院科技成果转化中心副主任，并给他们颁发聘书。（清　荷）

【校企精准对接专场招聘活动】2018年9月7日至21日，大同市人力资源和社会保障局主办，市就业指导中心承办的全民技能提升工程校企精准对接专场招聘活动在大同人力资源市场举办。活动以“搭建交流平台，服务校企对接；促进工业振兴，助力能源革命”为主题，服务对象以全民技能提升工程培训学员和大同新能源产业用工企业为主。活动连续举办五场。活动期间，有176家用工单位入场招聘洽谈，提供就业岗位9751个，达成就业意向364人。（李　强）

【助力高校毕业生就业创业活动】2018年9月至10月，大同市就业指导中心为实施高校毕业生就业创业促进计划，集中帮助离校未就业高校毕业生就业创业，根据人社部及全省《关于开展2018年全国高校毕业生就业服务月》部署要求，在全市范围内开展主题为“实名服务，精准到人，助力高校毕业生就业创业”的专项活动。活动期间，举办8场专场招聘会，提供就业岗位11547个，服务月期间开展实名登记151人次，其中2018年应届毕业生41人次，就业推荐人数143人，给792名有就业意向的求职者达成就业协议。（田亚森　张玉波）

【大同项目在全省农村双创项目选拔赛中获奖】2018年9月29日至30日，大同市组织企业到太原参加第二届山西省农村创业创新项目创意大赛选拔赛，比赛中大同4家企业获奖。4家获奖企业分别是：山西裕隆祥农业发展有限公司恒山北芪香菇功能性研究及产品开发项目获二等奖，广灵县甸顶山林牧有限公司食用菌液体菌种制种工艺研究及应用项目、天镇县天基蔬菜扶贫专业合作社青椒新品种引进及栽培技术示范与推广项目、左云县好友农牧专业合作社水上乐园项目分别获三等奖。（清　荷）

【大同大众创业万众创新活动周暨双创成果展】2018年10月16日至22日，由大同市发改委和市科协共同举办的大同市2018年大众创业万众创新活动周暨双创成果展在华严寺广场举行。该次大众创业万众创新活动周暨双创成果展在大同市是首次举办，主题是“高水平双创，高质量发展”，围绕创新人才、创新团队、创新产品等方面，通过展板、实物、模型、多媒体等形式集中展示全市创新项目，展示创新人才马占元和王雷雨工作室、薄膜太阳能电池、机器人创客教育、泉派中医康养社区、牧同乳业等30余个单元，涵盖创新人才、创新团队、创新产品、创新动能、创新生态、创新模式等几大板块，开展主题展示、创新宣传、交流等系列活动。

截至2018年年底，大同市发展众创空间10家、占地5万平方米，安排创业人员2000人，发展创业基地15个，创业企业441家，安排就业3万人，发展政产学研合作项目12个，建立院士工作站5个，构建各类省级以上产业技术平台9个，初步形成科技兴市、创新发展的氛围。大同市承接首都城市功能疏解和京津冀产业转移的发展大势，通过资源整合、成果转化、金融服务、营销策划、创业辅导等多种双创措施，优化创新创业环境，以大项目为引领，辐射带动全市产业创新升级，涌现出平城区、云冈区、阳高县、灵丘县、开发区等具备建设示范基地条件县（区），其中平城区、云冈区被确认为省级大众创业、万众创新示范基地。（清　荷）

【全民技能提升工程】 2018年，实施全民技能提升工程被列为大同市政府10件惠民实事之一。全年培训人数65505人，实现就业人数19216人。

年内，大同市划拨专项经费、制定印发方案、公示职业（工种）目录、选定培训机构、签订培训合同书、推进实名制信息管理、不间断地培训督促检查、召开培训现场观摩会和经验交流会，确保培训工作落到实处、见到成效。为助推大同转型发展，结合大同地域产业特色、传统文化工艺、旅游资源优势、特色美食文化及特色劳务品牌等因素，市人社部门专门开展特色产业技术人员培训，并支持培训人员在产业中实现就业。为保障“天镇保姆”“灵丘阿姨”等劳务品牌培训后稳定就业，对接北京“阿姨帮”、小马管家等10余家保洁、保姆类家政服务公司，搭建北京服务中心，派专人常驻给外出务工人员提供生活服务、政策咨询和劳动保障等方面帮助，扩大产业规模化效益，提升大同劳动力转移就业规模和质量。为助推脱贫攻坚工作，大同市以送培训下乡方式实现培训扶贫，接受培训的贫困人口2万余人。（清　荷）

收入与消费

【居民消费价格】 2018年，大同市居民消费分类呈“六涨二降”态势。其中，价格上涨的六类分别是医疗保健类价格上涨10.6%，食品烟酒类价格上涨1.7%，教育文化和娱乐类价格上涨1.5%，其他用品和服务类价格上涨1.2%，居住类价格上涨0.6%，交通和通信类价格上涨0.4%；价格下降的二类分别是生活用品及服务类价格下降0.9%，衣着类价格下降0.3%。从各月同比指数看：1月和2月居民消费价格同比指数分别为101.2和102.7；3月至6月指数平稳运行，分别为101.6、101.5、101.8和101.6；7月和8月市级公立医院医药价格改革影响消除，指数回落至100.7和101.5；受鲜菜、畜肉、飞机票和汽柴油价格上涨影响，9月至12月指数涨幅增大，分别为102.1、102.0、102.2和102.1。从各月环比指数看：环比指数波动运行。1月居民消费价格环比指数100.3；2月受春节效应影响，指数101.2；3月节日效应减退，消费需求下降，指数回落至全年最低点98.8；4月至7月指数降幅收窄，分别为99.7、99.3、99.8和99.9；8月至9月受中秋、国庆节日效应影响，分别为101.1和101.4；10月节日效应逐渐减退，指数下降至99.9；11月受季节性因素影响，牛羊肉和鲜瓜果价格上涨，拉动指数上涨至100.6；12月鸡蛋、猪肉和汽柴油价格下降，指数涨幅收窄至100.3。

年内，医疗保健类价格上涨10.6%，影响CPI上涨0.97%。受市级公立医院医药价格改革影响，原有公立医院补偿方式由医疗服务价格收入、药品加成收入和政府补助收入三种渠道改革为医疗服务价格收入和政府补助收入两种方式，市级公立医院实行药品零差率销售（中药饮片除外），医疗服务价格上涨。其中，医疗服务同比上涨12.5%，影响CPI总水平上涨0.66%，药品及医疗器具同比上涨8.1%，影响CPI总水平上涨0.31%。食品烟酒类价格上涨1.7%，较上年同期增长3. 2 %，影响CPI上涨0.49%。其中食品类价格上涨1.9%，拉动CPI上涨0.39%。在所调查的14类食品价格中有11类价格上涨，持平的1类，下降的2类。鸡蛋价格上涨明显，价格累计上涨20.8%，影响CPI上涨0.14%。8月蔬菜主产区山东寿光遭受水灾，鲜菜产量下降，加之汽柴油价格上涨，运输成本增加，鲜菜价格上涨8.9%，影响CPI上涨0.21%。下半年受非洲猪瘟影响，猪肉市场需求降低，导致猪肉价格下降11.2%，影响CPI下降0.24%。牛羊肉市场需求旺盛，牛肉价格上涨4.7%，羊肉价格上涨11.5%，共同拉动CPI上涨0.11%。教育文化和娱乐类价格同比上涨1.5%，影响居民消费价格上涨0.18%。课外教育市场扩大，各种培训机构加大硬件设施投入及聘请优质师资，拉动课外教育价格上涨8.7%，影响CPI上涨0.13%。（曹宝义）

【城镇居民收支】 2018年，大同市城镇常住居民可支配收入中，工资性收入、经营净收入、财产净收入和转移净收入均增长。人均工资性收入16989元，同比增长5.2%，工资性收入占可支配收入56.8%，是收入的主体。由于居民就业观念转变，私营经营规模壮大，居民人均经营净收入4538元，同比增长8.0%。大同市加大财政转移支付力度，提高离退休人员收入水平和最低生活保障标准，人均转移净收入6773元，同比增长10.8%。居民理财观念转变，理财渠道拓宽，人均财产净收入1611元，同比增长6.7%。城镇居民生活水平提高，消费结构日趋合理，食品支出一直是居民生活消费的重要组成部分。人均食品烟酒支出4022元，同比增长10.4%。其中，人均蔬菜和食用菌支出330元，同比增长11.2%，人均干鲜瓜果类支出464.5元，同比增长18.1%，人均肉类支出605元，同比下降2.8%。衣着消费档次提升，人均衣着支出1561元，同比增长7.0%。城市改造，带动居民家庭住房消费增加，人均居住消费2593元，同比增长9.2%。交通和通信产品升级换代，使交通和通信消费成为家庭消费热点。人均交通通信支出1701元，同比增长6.6%。教育改革，居民家庭教育投资观念加强，精神文化生活需求增长，增长位居八大类消费支出第一。居民教育文化娱乐消费1697元，同比增长13.4%。其中，人均教育支出增长20.4%，人均文化娱乐消费支出增长4%。人们重视自身医疗保健，用于健康消费增多，人均医疗保健支出987元，同比增长12.8%，其中医疗服务同比增长22%。（曹宝义）

【城镇居民人均可支配收入水平增长】 2018年，大同市人力资源和社会保障局挖掘城镇居民人均可支配收入的增长因素，与相关部门配合，不间断进行预警预判，省政府分配给大同的任务是城镇居民人均可支配收入增长6.5%，大同完成6.9%，全省排名第二，高于全省平均水平0.4个百分点。（温建斌）

【农村居民收支】 2018年，大同市农村居民工资性收入占主导地位。农村就业人数和外出务工人数增多，农民工劳动报酬增加，农村常住居民人均工资性收入4668元，同比增长4.8%，占可支配收入48%，拉动可支配收入增长2.4%，可支配收入增长贡献率25.1%。大同市推进乡村振兴战略，培育新型农业经营主体，支持农民发展种养殖，农村居民人均经营净收入2941元，同比增长12.2%，拉动经济收入增长3.6%，可支配收入增长贡献率37.7%，其中第一产业净收入增长39.2%，是经营净收入增长主要动力。受农村土地流转、“城中村改造”等因素影响，房屋租金价格上涨，居民红利收入提高，农村居民人均财产净收入128元，同比增长17.4%，拉动收入增长0.2%，可支配收入贡献率2.2%。大同市推广新型农村养老保险，完善农村社会保障体系，提高离退休金、养老金标准，实施各项支农惠农政策，加大金融扶贫、产业扶贫、文化扶贫、旅游扶贫力度，农村居民人均转移净收入1973元，同比增长17.7%。农村居民生活消费支出7623元，同比增长11.9%。八大类生活消费支出呈“六升两降”态势。在外饮食成农村居民消费亮点。农民消费观念转变，选择在外操办家宴、喜宴、团圆宴等。农村居民在外饮食人均消费171.3元，增长10.5%。衣着消费“多样化”，农村常住居民人均衣着类消费545元，同比增长17%，生活消费支出贡献率9.8%。农村居民重视培育子女，休闲、文化娱乐意识增强，农村居民人均教育文化娱乐支出855元，同比增长9.1%，消费贡献率8.8%。农村居民住房改善，受建材，人工、物业、房租等价格上涨影响，居民居住支出增加，居住类人均消费1572元，同比增长6.8%，占比20.6%。健康问题受重视，居民在滋补保健品方面投入加大，医疗保健类支出593元，同比增长30 %，涨幅居八大类之首，消费贡献率16.9%。农村居民私家车数量增加，移动电话更新换代速度加快，交通通信支出由上年764元增加到914元，增长19.6%，占生活消费总支出12 %。居民消费品类从生活必需品向高档耐用品转变，农村常住居民人均生活用品及服务、其他用品及服务支出分别为607元和69元，两项支出之和占生活消费总支出9%。（曹宝义）

2017—2018年大同市居民消费价格指数表

（以上年价格指数为100）

指标	2018年	2017年
居民消费价格总指数	101.7	101.3
食品烟酒类	101.7	98.5
衣着类	99.7	101.8
居住类	100.6	100.2
生活用品及服务	99.1	99.1
交通通信	100.4	100.0
教育文化及娱乐	101.5	103.2
医疗保健	110.6	113.6
其他用品及服务	101.2	104.3

2018 年大同市城镇居民人均可支配收入表

单位：元

县　区	2018 年	2018 年比 2017 年 ±%
全　市	29911	6.9
城　区	33525	7.5
矿　区	31981	6.5
南郊区	26750	6.7
新荣区	25104	6.9
阳高县	22176	7.2
天镇县	22388	7.3
广灵县	22377	7.1
灵丘县	27275	6.7
浑源县	23255	6.6
左云县	27542	6.6
大同县	20788	7.0

2018 年大同市农村居民人均可支配收入表

单位：元

县　区	2018 年	2018 年比 2017 年 ±%
全　市	9710	9.6
城　区	—	—
矿　区	—	—
南郊区	15493	9.1
新荣区	9510	9.0
阳高县	7981	9.9
天镇县	7691	12.8
广灵县	8071	12.6
灵丘县	7969	9.6
浑源县	8048	9.3
左云县	12425	8.9
大同县	9693	9.7

社会保险

医疗保险

【医保报销程序简化】 2018年，大同市医保管理服务中心简化医保报销程序，实现医保参保人员持社会保障卡就医结算一站式服务。其中包括门诊大额疾病（慢性病）结算，即经人社部门审批认定的参保人员门诊大额疾病患者，医保经办机构录入系统后，持本人社会保障卡，到定点医疗机构就医购药；市域范围内住院结算，即大同市所有参保人员在市域范围内定点医疗机构就医时，出示本人社会保障卡，可进行住院费用的联网结算，属于医保基金、大病保险、补充保险支付部分，由定点医疗机构垫付，参保患者享受医保费用一站式服务，个人需与定点医疗机构结算自费金额；异地就医结算，即参保人员需办理异地就医，持社会保障卡到各级医保经办机构异地备案登记后，在异地住院治疗符合政策规定的医疗费用，按大同市同等级医疗机构起付标准、支付比例等规定即时刷卡结算；生育报销，即大同市生育保险参保职工持社会保障卡按规定实时结算住院生育医疗费用及产前检查费用，需支付自费金额，参保居民持社会保障卡按规定实时结算住院生育医疗费用；城乡居民门诊统筹，即大同市城乡居民参保人员持社会保障卡与乡镇卫生院、社区服务中心签订《城乡居民门诊统筹协议》后，按照规定即时刷卡结算。（鸩 梅）

【新生儿参保就医惠民举措出台】 2018年1月，大同市医疗保险管理服务中心印发《大同市城乡居民基本医疗保险新生儿参保、就医有关问题的通知》（简称《通知》）对新生儿参保、就医做出明确规定。在“五险”的医疗保险体系中，分为城镇职工医疗保险和城乡居民医疗保险两大分支。新生儿医保属于城乡居民医保范畴。《通知》以每年的11月30日为时间分界点，分界点之前出生的新生儿，取得大同市户籍后，需办理参保登记。无须缴费参保后，可享受出生当年的城乡居民基本医疗保险和大病保险待遇。对于分界点后出生的新生儿（即12月出生的新生儿），考虑到新生儿办理户籍的实际情况，当年或下年取得大同市户籍后，视为下年度新生儿办理参保登记。无须缴费参保后，就可享受出生当年和下年两年的医保待遇。打破“城乡居民医疗保险属于缴费一年享受一年的险种，不缴费就不享受”模式。如果新生儿取得大同户籍，新生儿在外地出生，按照《通知》中“在统筹地区外发生的住院医疗费用，按急诊规定给予报销，区分省内、省外”规定执行；如果新生儿的父母属于外地户籍，但新生儿在大同市出生，并取得户籍，按照《通知》中“在统筹地区内发生的住院医疗费用，按住院规定给予报销”规定执行。（鸩 梅）

【城乡参保居民门诊就医《实施细则》出台】 2018年1月，大同市出台《大同市城乡居民基本医疗保险门诊统筹基金管理实施细则》（简称“《实施细则》”），城乡参保居民就近在医保定点基层医疗机构发生的门诊医疗费用可纳入医保统筹报销。

《实施细则》保障对象是参加城乡居民医疗保险待遇人员。门诊统筹基金政策范围内支付比例按门诊医疗费60%支付，年度内最高支付限额200元，每次最高支付限额50元，不设立起付标准。《实施细则》明确，参保居民按照就近原则，自愿选择一家医保定点基层医疗卫生机构为本人普通门诊的定点机构。参保居民与基层医疗机构签订《大同市基本医疗保险门诊统筹医疗服务协议》。原则上一个参保年度内不得变更，一年一定。下年未办理变更的，自动续期。参保居民要求与门诊统筹定点基层医疗机构签订服务协议的，门诊定点医疗机构不得拒签。在校学生由所在学校统一办理签约手续。门诊定点医疗机构从市、县中医院和基层医疗卫生机构［社区卫生服务中心、乡（镇）卫生院、社区卫生服务站、村卫生室］中选择。（清 荷）

【贫困人口参保缴费建档立卡】 2018年，大同市农村建档立卡贫困人口医疗保险参保人数30.66万人，建档立卡资助到位5517万元，医疗保险参保率100%。其中，脱贫不脱策农村建档立卡贫困人口医疗保险参保人数88851人，城乡居民医疗保险个人医疗保险参保缴费和补充医疗保险个人缴费由市县财政给予全额救助，补助1563.78万元。8月，按照市扶贫办数据更新后系统内农村建档立卡医疗保险参保人数28.41万人。（张惠芳）

【打击欺诈骗取医疗保障基金专项行动】 2018年10月15日，大同市人力资源和社会保障局根据中华人民共和国国家医疗保障局、中华人民共和国国家卫生健康委、中华人民共和国公安部、中华人民共和国国家药品监督管理局《关于开展打击欺诈骗取医疗保障基金专项行动的通知》（医保发〔2018〕13号）文件精神和省人社厅、卫计委、公安厅、食药监局联合印发的《关于印发全省打击欺诈骗取医疗保障基金专项行动实施方案的通知》（晋人社厅发〔2018〕87号）要求，联合市卫计委、市公安局、市食药监局召开《开展全市打击欺诈骗取医疗保障基金专项行动的实施方案》专题会议。展开全市342家定点医疗机构、928家定点零售药店的专项检查行动。截至2018年年底，专项行动现场检查186家定点医疗机构、313家定点零售药店。（张惠芳）

【建档立卡贫困人口医疗保障帮扶服务平台及“一站式”即时结算服务平台建设】 2018年，大同市医疗保险管理中心根据《大同市农村建档立卡贫困人口医疗保障帮扶方案》（同发〔2018〕28号）文件精神，出台《大同市医疗保险管理服务中心关于建立农村建档立卡贫困人口医疗保障帮扶服务平台的通知》（同医保字〔2018〕59号），要求建档立卡贫困人口医疗保障帮扶服务平台及“一站式”即时结算服务平台建在各定点医疗机构，确保政策宣传与基金结算同时进行。上年11月1日起上线农村建档立卡贫困人口“基本医保＋大病保险＋补充医疗保险”一站式结算信息系统，出台《关于2017年建档立卡贫困人口医疗保障一站式结算经办流程》文件，明确一站式操作流程，农村建档立卡贫困人口出院时只需结清自付部分，享受一站式即时结算服务，全市定点医疗机构全部实现一站式结算。

2018年11月10日起，市农村建档立卡贫困人口“基本医保＋大病保险＋补充医疗保险”一站式结算信息系统加入“民政医疗救助”结算功能，出台《关于进一步完善农村建档立卡贫困人口一单式结算一站式服务流程的通知》文件，明确通过一个窗口实现基本医保＋大病保险＋补充医疗保险＋民政医疗救助“一单式结算，一站式服务”。（张惠芳）

养老保险

【概况】 2018年，大同市参加城镇职工基本养老保险人数75.29万人，占全年目标任务105.74%；参加企业基本养老保险人数（不含离退休）37.33万人，占全年目标任务102.16%；参加机关事业单位基本养老保险人数（不含离退休）9.73万人，占全年目标任务104.96%；参加城乡居民基本养老保险人数110.57万人，占全年目标任务101.4%；参加城镇职工基本医疗保险人数82.78万人，占全年目标任务100.95%；参加城乡居民基本医疗保险人数196.71万人，占全年目标任务104.60%；参加失业保险人数45.56万人，占全年目标任务100.07%；参加工伤保险人数43.32万人，占全年目标任务100.05%；参加生育保险人数44.33万人，占全年目标任务100.07%。

城镇职工基本养老保险基金征缴收入49.65亿元，占全年目标任务126.93%；企业职工基本养老保险基金征缴收入29.45亿元，占全年目标任务122.12%；机关事业职工基本养老保险基金征缴收入20.19亿元，占全年目标任务134.67%；城乡居民基本养老保险基金征缴收入12146万元，占全年目标任务111.03%；城镇职工医疗保险基金征缴收入21755万元，占全年目标任务128.73%；城乡居民医疗保险基金征缴收入37910万元，占全年目标任务115.51%；失业保险基金征缴收入16680万元，占全年目标任务125.79%；工伤保险基金征缴收入12883万元，占全年目标任务148.76%；全市生育保险基金征缴收入9099万元，占全年目标任务195.26%。（温建斌）

【城乡居民基本养老保险制度完善】 2018年，大同市人力资源和社会保障局联合财政局分别转发《省人社厅、财政厅关于提高城乡居民基本养老保险基础养老金标准的通知》（同人社字〔2018〕22号）和《省人社厅、财政厅做好2018年提高全国城乡居民养老保险基础养老金最低标准后发放工作的通知》（同人社字〔2018〕126号）。省财政每人每月提高5元基础养老金全部发放。中央财政补助资金未划拨，大同市及所属各县（区）做好各项准备工作，确保中央财政补助资金划拨后，提高后的基础养老金按时足额发放到符合领取条件的每一个人手中。引导建档立卡农村贫困人口参保续保，确保建档立卡贫困人口、低保对象、特困人员全部参加城乡居民养老保险，实现应保尽保，不漏一人。实施城乡居民基本养老保险政策扶持。对参加城乡居民基本养老保险的建档立卡贫困人口，市、县（区）两级财政按各负担50%比例为其代缴最低标准（即标准100元/年）养老保险费，同时享受个人缴费财政补贴。对于60周岁以上的贫困人员全部纳入城乡居民养老保险，享受养老保险待遇。（温建斌）

【企业退休人员基本养老保险待遇审核】 2018年，大同市社会保险管理服务局根据市人力资源和社会保障局《关于转发省人社厅〈关于简化企业养老保险参保人员退休审批办法的通知〉的通知》文件精神，制定《市直参保企业正常到龄退休人员基本养老保险待遇信息核定工作实施方案》，进行企业养老保险退休审批改革，并成立档案信息核定领导组和工作组，优化办事流程，方便企业和办事群众。市直办理待遇核定人员8704人，信息核定2705名到龄人员档案信息。（吴　强）

【全民参保登记计划】 2018年，大同市人力资源和社会保障局加大舆论宣传力度，培训社保经办机构及一线街道社区工作人员，保证财政投入，采取边登记边参保办法，鼓励群众主动登记参保。在保证原有参保人员不流失基础上，加大扩面力度，开展养老保险审计稽核专项行动，重点把机关事业单位临时用工、大型企业应参、未参人员及各类私营企业（建筑、饭店、宾馆）员工纳入参保范围。全年全市全民参保登记入库331.35万人，入库率98.8%。（温建斌）

【原市直机关事业单位养老保险试点转企】 2018年，大同市按照《大同市原市直机关事业单位养老保险试点政策与企业养老保险制度衔接办法》（同政办函〔2018〕122号）相关要求，对原机关事业养老保险试点单位中不符合参加机关事业养老保险制度改革的单位，确定71家单位转企工作。开展试点转企相关工作。年内，转企单位57家，1085人；有9家单位569人完成初审。（吴　强）

失业保险

【概况】 2018年，大同市失业保险征缴任务13260万元，大同市收缴16558万元，占目标任务124.87%；失业保险参保人数45.56万人，占目标任务100.06%。（温建斌）

【失业保险宣传】 2018年7月12日，大同市失业保险援企稳岗“护航行动”暨技能提升“展翅行动”在大同市社会保险征缴局举行。各县（区）失业保险经办机构负责人及40余家企业参加该次启动仪式，仪式上传达失业保险援企稳岗“护航行动”实施方案，解读援企稳岗的政策范围、基本条件、补贴标准及执行期限、资金使用安排。针对大同市经办机构变动情况，制定相应审核拨付程序。现场给企业发放失业保险稳岗补贴申请表105份，发放宣传资料500余份，现场解答企业及群众提出的问题。（温建斌）

工伤保险

【概况】 2018年，大同市工伤保险参保人数43.3万人，占省分配目标任务43.3万人的100%；工伤基金征缴1.29亿元，占省分配目标任务8660万元的148.9%。大同市实施工伤认定1936件次（其中市本级1343件次）。市劳动能力鉴定委员会组织劳动能力鉴定1563人次。处理行政诉讼案件6起。按照全省部署统一下调工伤保险费率，缴费金额平均下调20%，给企业减轻参保负担。（温建斌）

【工伤保险宣传】 2018年，大同市组织学习宣传《山西省实施工伤保险条例办法》，开展工伤保险省级统筹调研；举办大同市2018年工伤保险进央企主题普法宣传活动；组织县（区）工伤保险经办人员进行业务和信息软件使用培训，完善工伤保险制度。推动交通、运输、铁路、水利、能源和机场工程项目参加工伤保险，召开建筑业参加工伤保险协调会，加强政策指导，摸清建筑行业底数，开展督促检查，建筑企业按项目参保缴费工作取得突破，巩固建筑业"同舟计划"成果。（温建斌）

【妥善处理老工伤上访问题】 2018年，大同市在行政区划调整过程中加强统筹协调，处理老工伤上访问题，防范化解各类风险矛盾。发生属地争议的按时处理，处理行政区划调整中工伤行政诉讼案件，未因认定主体变更、程序和时效等影响行政案件结果，实现行政诉讼案件平稳处办。（温建斌）

生育保险

【概况】 2018年，大同市生育保险参保人数44.31万人，为1490名参加生育保险的患者拨付生育待遇4538万元。生育基金结余16110万元。（温建斌）

【落实生育保险待遇调整政策】 2018年，大同市人力资源和社会保障局会同市财政局、卫计委研究和制定《进一步做好全市生育保险工作实施方案》（同人社字〔2018〕113号），完善全市生育保险政策，规范生育津贴待遇标准，增加怀孕女职工满7个月引产，享受生育津贴98天及早产缴费期不足9个月、但怀孕前参保的女职工生育津贴纳入支付范围的生育保险政策；简化经办服务流程，实现生育医疗费用与定点医疗机构直接结算。（温建斌）

【精简生育保险经办流程】 2018年，大同市医疗保险中心简化生育保险经办流程，服务参保职工。生育保险可直接刷卡报销，参保职工持社保卡，在定点医疗机构按规定实时结算住院生育医疗费用，享受一站式服务；简化申报流程，因无法持卡就医的参保职工手工结算生育保险费用时，不再提供《生育服务证》《再生育服务证》《长效节育证》等材料，同时取消在《大同市城镇职工生育保险待遇拨付表》上加盖单位公章要求，参保单位专管员到市医疗保险中心填写参保人员基本信息，出示报销材料即可办理；与"互联网+医保"系统大数据相结合，在参保男职工未就业配偶生育保险报销时，利用系统大数据查验其配偶的缴费信息和参保情况，简化当地户口开具证明要求。（温建斌）

社会救助

【概况】 2018年，大同市落实社会救助资金10.8亿元。其中，困难群众生活救助补助资金9.5亿元；医疗救助资金1.3亿元。全市城市低保对象4.02万户7.96万人，发放城市低保金2.8亿元；农村低保对象11.95万户15.48万人，发放农村低保金3.3亿元；农村五保对象17745人，发放农村五保金6000万元。全市接收医疗救助13.1万人次，支出救助资金5400万元。临时救助人数1.33万人次，发放临时救助金1237万元。（温家华）

【城乡低保标准提高】 2018年，大同市民政局、财政局联合印发《关于提高大同市城乡低保保障标准的通知》（同民发〔2018〕19号）和《关于提高大同市农村低保标准的通知》，提高全市的城乡最低保障标准。两次提标之后，大同市的城市低保标准分别是：平城区、云冈区、云州区、开发区每人每月509元，新荣区每人每月497元，左云县、灵丘县每人每月447元，浑源县每人每月419元，广灵县每人每月416元，天镇县每人每月415元，阳高县每人每月398元。大同市农村低保标准分别是：天镇县、浑源县、广灵县每人每年3990元；云州区、阳高县、灵丘县每人每年4134元；平城区、云冈区、新荣区、左云县每人每年4254元。实现"云州区、阳高县、灵丘县3个贫困摘帽县（区）农村低保标准提高到每人每年3886元"目标。全市农村低保平均标准每人每年4139元，实现高于全省农村低保平均标准目标。

（温家华 刘 峰）

【临时救助】 2018年，大同市发放临时救助金1237.2万元，救助13390人次。按照《大同市人民政府关于进一步健全完善临时救助制度的意见》，各县（区）制定《临时救助办法》，明确救助对象、范围、方式和标准，加大救助资金投入力度，适度提高救助比例和救助限额，开展"救急难"试点工作，以"托底线、救急难"为目标，依托基层民政服务窗口，提升服务水平。探索解决"支出型贫困"问题，结合实际，出台《大同市"救急难"工作实施方案（试行）》和《关于进一步强化社会救助工作管理提升服务水平的通知》。

（温家华 刘 峰）

【医疗救助】 2018年，大同市发放医疗救助资金5465.61万元，救助13.17万人次。落实国务院《社会救助暂行办法》和山西省政府办公厅《关于进一步完善医疗救助制度全面开展重特大疾病医疗救助工作的实施意见》（晋政办发〔2015〕98号）文件要求：抓参合参保（城镇职工医保、居民医保、新农合）工作，协调市财政安排市级补助资金2100万元，对于参合参保的特困供养人员给予个人缴费部分全额资助，城乡低保对象个人缴费部分由原来的50%提高到100%，由市财政全部出资，农村建档立卡贫困人口个人缴费部分由财政部门给予全额救助；抓特困帮扶工作，实施“三保险、三救助”，即基本医疗保险、大病保险、补充医疗保险和参保缴费救助、辅助器具免费适配救助、特殊困难帮扶救助6项措施，建档立卡贫困人口中属省定24类重特大疾病的晚期患者给予每人一次性5000元的大病关怀救助，全市救助符合条件的患者132人，发放救助资金66万元；推进“一站式”结算工作，9个农业县（区）所辖新农合定点医疗机构全部设立“一站式”服务窗口，实现医疗保险、民政救助和残联优待政策在同一窗口、同一平台实现信息对接和即时结算功能，救助范围扩大到住院、门诊、代金券、参保、临时、临终关怀等救助和定点医疗机构优惠减免七项内容，“一站式”即时结算服务试点增加到19家，实现与城镇居民医疗保险制度衔接。

（温家华 刘 峰）

【“春霖助学”行动】 2018年是大同市开展“春霖助学”行动第10年。年内，大同市财政划拨“春霖助学”资金100万元，增加资助农村贫困大学生176人，共资助农村贫困大学生597人，发放资助金119.4万元。

（温家华 刘 峰）

【流浪乞讨人员救助管理】 2018年，大同市救助流浪乞讨人员9811人次，市救助管理站救助6333人次。开展“寒冬送温暖”和“夏季送清凉”专项救助行动，给流浪乞讨人员提供必要的防寒防暑食品、药品、饮用水和救助联系卡。出动工作人员542次，车辆138台次，救助3214人次（在站救助1038人次，站外救助2176人次），发放衣物1025套，发放棉衣376件，棉被129床，棉鞋162双，发放食品（方便面、矿泉水等）60057元，发放爱心救助卡26530张，宣传手册13030份。（温家华 刘 峰）

【自然灾害救助】 2018年，大同市遭受低温冷冻、干旱等自然灾害，农作物和基础设施损失较大，46万人受灾，农作物受灾面积63815公顷，直接经济损失5.4亿元，灾情发生后，市民政局核查灾情，填报报灾系统，确保灾情数据准确性，给各级政府和涉农部门开展救灾工作提供依据，向县（区）划拨救灾款380万元。上年春季和2018年春季36万人口需要得到救助，2910万元冬令春荒款按时划拨到各县（区），并于春节前发放至受灾群众手中。制定出台《大同市关于推进防灾减灾救灾体制改革的实施意见》。推荐报送3个社区参加“全国综合减灾示范社区”评比，19个社区参加“山西省综合减灾示范社区”评选。完成自然灾害年报初报和2017—2018年度冬春需救助评估。（温家华 刘 峰）

【特困救助供养制度完善】 2018年1月1日起，大同市提高特困人员救助供养标准，即城市“三无”人员（民政部门收养的无生活来源、无劳动能力、无法定抚养义务人或决定抚养义务人丧失劳动能力而无力抚养的公民）基本生活标准：城区、矿区、南郊区、开发区、大同县每人每月636元；新荣区每人每月620元；左云县、灵丘县每人每月555元；浑源县每人每月519元；广灵县每人每月515元；天镇县每人每月514元；阳高县每人每月491元。农村特困人员救助标准达到低保标准的1.3倍。分散供养特困对象的照料护理标准统一：全自理标准每人每月60元；半自理标准每人每月120元；全护理标准每人每月180元。集中供养对象照料护理标准每月分别不低于当地最低工资标准的10%、25%、50%原则。4月2日，市民政局出台《关于进一步规范特困人员救助供养工作的通知》（同民发〔2018〕31号），规定特困供养人员认定范围和生活自理能力评估，提出签订委托照料协议和建立供养标准动态调整机制要求。（温家华）

【大同市未成年人保护管理信息化平台上线】 2018年1月25日，大同市未成年人保护管理信息化平台上线，推动全市未成年人保护工作的专业化程序化管理。大同市未成年人保护中心探索保护性救助遭遇生存和发展困境的未成年人，开发大同市未成年人保护信息管理平台，该平台具有发现报告—核实评估—保护救助—转介处理—申请办结—跟踪回访功能，并设计有政府服务热线“12345”平台接入端口，需要转介到其他部门解决的问题可由此端口转入“12345”平台处办。该平台上增加与市民互动功能，市民可随时随地登录大同市未成年人保护中心网站提交需要保护的未成年人信息，相关工作人员会处理且第一时间派车救助。（鹤 梅）

【大同市留守儿童救助协会成立】 2018年1月28日，大同市留守儿童救助协会成立，这是大同市第一个关爱留守儿童的专业公益性社会组织。

大同市留守儿童救助协会是热心慈善事业的爱心人士、法人及其他社会组织志愿参加的非营利公益性社会团体，有会员50余个，其宗旨是发扬人道主义精神，弘扬中华民族扶贫济困的传统美德，开展多种形式社会救助工作。在协会成立前，志愿者们分别到大同县和灵丘县，给留守儿童和贫困儿童送去棉被、文具、衣物等和自编自演的文艺节目。（鹤 梅）

【北京尤迈慈善基金会在天镇实施捐助保障计划】 2018年4月，北京尤迈慈善基金会决定在大同市天镇县实施公益捐助价值10万元的“尤迈大病再诊断”保障计划，全县2550名在职教师受益。

为实施好这项惠民工程，天镇县科教局摸底全县在职公办教职工，建立天镇教育系统“北京尤迈大病再诊断”保障计划数据库，并传送给北京尤迈慈善基金会，全部注册成为“尤迈玉兰会会员”，可享受“尤迈大病再诊断”保障计划。北京尤迈慈善基金会、天镇县科技教育局和北京尤迈健康管理有限公司三方通过网上联系，签订《北京尤迈慈善基金会公益捐助“尤迈大病再诊断”保障计划协议》。保障计划从2018年4月1日起至2019年4月1日结束。保障计划内，北京尤迈慈善基金会向天镇县2550名在职教师每人捐赠1份价值39元的“尤迈大病再诊断保障计划”。保障计划生效后，被保障人如果被国内二级及以上级别的医院首次“有效诊断”为规定范围内106种重大疾病之一或者疑似后，即可实施“尤迈大病再诊断”保障计划。被保障人可自行通过北京尤迈健康管理有限公司“大病再诊断”专门预约服务团队，选择到北京尤迈诊所（或通过远程视频会诊）再次审视诊断结论或审视制定治疗方案。（清　荷）

【寻亲工作】 2018年5月，大同市各县（区）、市救助站按照《山西省民政厅关于对全省救助和托养机构排查整改工作专项督查发现问题进行整改的通知》要求，对照整改清单，自查整改寻亲工作、站内管理、站内照料、长期安置、托养监管等。全市各救助站与公安机关协调沟通，利用人脸识别技术开展长期滞留人员身份查询工作。5月15日，市救助管理站与大同市公安局图侦处协调沟通，利用该项技术开展身份查询工作，建立人脸识别寻亲机制。年内，有7名受助人员比对成功、确认身份、找到亲人。全年，接收社会弃婴（儿）31名，给35名孤残儿童联系公安刑侦支队采集DNA后申请办理上户手续，给74名儿童办理刊登寻亲公告。有9名儿童被国外家庭收养，2名被国内家庭收养。全年办理收养登记13件，解除收养关系登记2件。（温家华）

【全市首个未成年人保护工作站成立】 2018年5月18日，大同市未成年人保护中心依托南关街道办事处建立全市首个未成年人保护工作站。大同市未成年人保护中心探索构建由“政府民政部门—市未成年人保护中心—街道未成年人保护工作站（儿童督导员）—社区儿童主任”组成的四级保护体系，给未成年人营造安全、洁净、向上成长环境，形成全社会共同参与未成年人权益保护氛围。南关街道未成年人保护工作站作为试点，通过试点工作，形成一种可以复制推广的模式和机制，最终在全市范围推广应用。

街道未成年人保护工作站的主要职责有：抓未成年人保护宣传工作，营造良好社会氛围；设立专人任儿童督导员，负责未成年人保护的具体工作；给市未成年人保护中心提供困境未成年人名单信息和资料，辅助社工对困境未成年人及其家庭介入，组织并开展多样专业服务和帮扶工作；加强各站之间的信息交流和合作，形成未成年人保护网络和联合反应机制等。（清　荷）

【特殊群体关爱行动计划】 2018年5月23日，大同市民政局组织召开贯彻落实大同市2018年特殊群体关爱行动计划联席会议，参会的单位有市教育局、市公安局、团市委、市妇联、市残联、市老龄办、市低保中心和民政局社会事务科、社会福利和慈善事业促进科、人事科。会议明确民政牵头抓协调，建立强制报告机制，完善应急处置机制，健全评估帮扶机制，加强监护干预机制，加强行政保护与司法保护衔接；教育局解决好未入学适龄残疾儿童少年接受义务教育问题，加强特殊教育保障能力；公安织密保障留守儿童安全网络；团市委和妇联开展形式多样的关爱保护活动；残联推动贫困残疾人精准脱贫工作。（刘　峰）

【救助管理机构“开放日”活动】 2018年6月19日，大同市各县（区）、市救助管理站开展以“推进阳光救助，履行兜底职责”为主题的救助管理机构“开放日”活动，邀请社区工作人员、志愿者团体，及市民进入救助站参观，通过亲身体验，了解救助工作。

救助站工作人员通过视频介绍、发放资料、参观救助区、介绍救助系统形式，让市民了解救助站及救助工作。救助站男女住宿区分开，并配有空调，床单被罩干净整洁，每个房间住3个人左右，一人一床。救助站里的活动区域很多，有理发室、活动室、洗浴室、医务室、心理辅导室、图书室等。通过开展这样的活动，让各界人士了解救助工作，给流乞人员更多关心、关爱，从源头上预防这些人再次流浪。（温家华）

【市总工会2018“春雨助学”活动】 2018年8月初，大同市总工会“春雨助学”活动启动。该活动资助对象是职工家庭进入工会帮扶管理系统，并在享受城市最低生活保障的考入大学一本、二本（B类以上）高校的困难职工子女。大学二本C类、专升本、免费生、非本市考生不在资助范围。该项助学行动采取连续资助的形式，每人每学年资助2000元，直到完成四年大学学业。在大同市的农民工子女申请助学条件：务工人员应与用工单位签订一年以上劳动合同，并经劳动部门鉴定；务工人员是工会会员；务工人员是由单位工会录入全国工会帮扶工作管理网站的困难职工；务工人员与子女都在大同市生活，子女2018年是大同市考生；子女是2018年考取大学一本、二本的国家统招生（不含二本C类）。同时具备以上五个条件的，每人可资助2000元且一次性资助发放。年内，大同市有718名困难大学生获“春雨助学行动”资助，发放助学金172.4万元。（清　荷）

【“扶贫献爱心·共筑和谐梦”公益拍卖会】 2018年12月8日，由共青团大同市委和市青年联合会共同组织的“扶贫献爱心·共筑和谐梦”公益拍卖会在大同市鼓楼剧场举行。拍卖现场，有巴林石的《迎客松》、阳肝石的《富贵精雕壶》、青田石的《天道酬勤》等各类材质的近100件艺术品进行现场拍卖，该次所有拍品均来自青联委员及社会爱心人士捐赠，经过近两个小时竞拍，拍品分别被爱心企业及爱心人士拍得，大家用自己的一份爱心和实际行动表示对公益事业的支持。最终拍卖所得的6.3万元爱心款通过市扶贫办全部用于精准扶贫。

（清　荷）

【2018志愿服务工作骨干培训】 2018年12月13日至14日，大同市

2018志愿服务工作骨干培训班在市卫生学校举办，各县（区）文明办，及民政局、文化局，市文明委相关单位、市优秀志愿服务团队和省级学雷锋志愿服务站（点）负责人及部分信息系统管理员100余人参加培训。

这次培训由市文明办承办，培训班上，中国志愿服务联合会宣传部部长谷连民作《建设精神高地创建文明城市》专题辅导，并结合《志愿服务条例》解读，围绕《广泛开展志愿服务努力推动社会文明进步》《志愿服务参与大型体育赛事保障研究》等主题，探讨志愿服务参与文明城市创建和大型体育赛事的相关课题。中国志愿服务联合会信息部干部、培训师黄军珲重点围绕《全国志愿服务信息系统》的操作使用与管理进行辅导。

（清　荷）

社会福利

【老年福利】 2018年，大同市有60岁以上老年人55.2万人，养老床位数17159张，每千名老人拥有养老床位数30.3张。养老机构49家，其中公办7家，在建1家，拥有床位1670张；民办42家，拥有床位数6063张。农村敬老院58所，可使用床位4941张。全市千人以上行政村505个，建成农村老年人日间照料中心378个，覆盖率74.8%，可使用床位约3780张；有城市社区347个，城市社区老年人日间照料中心45个，覆盖率12.9%，可使用床位518张。5月，大同市被列为全国第三批社区和居家养老服务试点城市。年内，建设农村老年人日间照料中心30个，省、市级补助资金300万元。改造17家养老机构消防安全设施。建立经济困难老人“两项补贴”。印发《大同市人民政府办公厅关于建立全市经济困难的高龄与失能老年人补贴制度及提高百岁以上老年人补贴标准的通知》。补贴标准是全市城乡低保家庭中80～99周岁的老年人，每人每月补贴30元；全市城乡低保家庭中60～99周岁的失能老年人，每人每月补贴60元；全市100周岁（含）以上的老年人，每人每月补贴标准由200元提高到300元。

（温家华　刘　峰）

【康养产业】 2018年，大同市推动康养产业发展，出台《大同市人民政府办公厅关于建设综合康养产业区实施意见》《大同市人民政府办公厅关于建设综合康养产业区2018年行动方案》，编完《大同市康养产业规划（2017—2025）》提市政府常务会议审议，待批准后印发。在9个农业县均建立孝养基金试点。编制《康养产业规划》，市政府把“康养产业规划”作为全市“十三五”规划，最后委托中国老龄科学研究中心作为规划编制单位。2016年9月7日，市政府与中国老龄科学研究中心签约《大同市康养产业规划》编制合作协议，规划总投资180万元。出台《大同市人民政府办公厅关于建设综合康养产业区实施意见》，成立大同市建设综合康养产业区领导组成员和明确各成员单位职责，出台《大同市人民政府办公厅关于全面放开养老服务市场提升养老服务质量的实施意见》（同政办发〔2018〕100号），发挥大同市资源，吸引更多社会资本做大做强大同市康养产业。5月，大同申报为财政部、民政部指定的第三批居家养老和社区养老服务改革试点城市，大同老人公寓获全国养老服务专业“实习实训基地”29个培训基地之一。4月17日，山西国信集团在大同市举行设立康养产业联盟暨建设大同公元398康养服务中心签字仪式。达成两项决定，在大同发起设立山西国信康养产业联盟，计划用3年时间以20亿产业基金撬动200亿投资，打造山西康养产业；与大同市大同公元398医疗健保有限公司合作，注资2亿建设398康养服务中心，打造山西国信康养产业联盟的标杆项目。

（温家华）

【孤儿福利和残疾人福利】 2018年，大同市有孤儿1348名。其中，机构集中供养428名，社会散居918名，其他2名。供养标准：机构供养每人每月1000元，分散供养每人每月630元。市社会福利院依法规范开展家庭寄养、寄宿、康复教育工作。接收社会弃婴（儿）31名，给35名孤残儿童联系公安刑侦支队采集DNA后申请办理上户手续，给74名儿童办理刊登寻亲公告。有9名儿童被国外家庭收养，2名被国内家庭收养。全年办理收养登记13件，解除收养关系登记2件。全年全市有困难残疾人28853人，发放省、市困难残疾人生活补贴1299万元。（温家华）

【孤弃儿童排查活动】 2018年，大同市民政局根据山西省民政厅印发《关于开展孤弃儿童养育情况大排查活动实施方案》（晋民函〔2018〕79号）要求，印发《大同市民政局关于开展孤弃儿童养育情况大排查活动实施方案》，要求各县（区）5月底前摸底排查完毕，6月底前检查整改完毕。大排查活动自查、检查和排查全市3家福利机构和11个县（区）的1346名孤弃儿童，其中集中养育孤儿428名，社会散居孤儿918名。（温家华）

【农村留守儿童关爱保护工作】 2018年，大同市各县（区）加强农村留守儿童动态管理，录入增加的农村留守儿童信息，去除“全国农村留守儿童和困境儿童信息管理系统”中超龄的和与父母共同生活的农村留守儿童信息。全市有1865名农村留守儿童，给7名增加的无户籍的农村留守儿童登记户口；5名辍学的农村留守儿童返校复学，其中3名送教上门，1名随班就读，1名正常在校就读。根据《山西省民政厅关于进一步加强农村留守儿童和困境儿童关爱保护工作的通知》（晋民发〔2018〕35号）要求，大同市所有乡镇（街道）都确定乡（镇）儿童督导员，所有村（居）委会都确定儿童主任。大同市有乡（镇）儿童督导员151名，儿童主任2287名。5月23日，特殊群体关爱行动工作会议在市民政局召开，市公安局、教育局、妇联、残联、团市委，及市民政局、老龄办、低保中心、人事科、社会事务科、社会福利科相关工作人员参加会议，会议明确各相关部门和单位工作职责，各相关单位要按照行动计划中的任务分工，抓相关工作，确保关爱行动取得实效；按

照上级要求，各相关单位要按时报送工作进展情况。（温家华）

【福利彩票销售】 2018年，大同市有410个投注站参加销售，销售各类福利彩票3.54亿元，比上年同期减少0.27亿元，同比下降7.23%，筹集市级公益金2983万元。（温家华）

住房保障

【棚改建设筹划】 2018年，大同市房管局筹划建设“百亿棚改”项目，创新性提出通过建设商品房回购后用于棚改安置方案，破解棚改征收安置难题。挂牌出让9宗土地，计划建设约6990套，建筑面积79.32万平方米。召集征收主体及规划、设计、建设单位对接房源户型、功能、配置等，实现当年挂牌、当年审批、当年开工。加强工程质量监督，成立由市房管局主要领导为组长的政府购买商品住房用于棚户区改造安置项目工程质量抽（检）查工作组，不定期检查工程质量。（市房管局）

【棚户区改造及配套基础设施建设】 2018年，大同市本级城市棚户区改造及配套基础设施建设PPP项目是大同市采用PPP模式建设的重点民生工程。项目规划用地面积138.5万平方米，规划总建筑面积31.8万平方米，总投资49亿元。市房管局作为项目实施机构，协调相关部门，加大推进力度，设立项目公司。（市房管局）

【住房保障体系】 2018年，大同市房管局满足人才住房需求，提供具备拎包入住条件住房2000套。待企业报送员工相关资料，市政府常务会研究通过后即可入住。加快分配政府投资公租房，截至2018年年底，全市分配入住114483套，盘活公租房5986套，列入国家计划的政府投资公租房分配率91%；年度发放住房租赁补贴27018户。出台《大同市保障性住房租金（含直管公房）缴纳、专项维修资金缴存、物业服务费收取标准》和《大同市人民政府办公厅关于进一步完善住房保障管理工作的实施意见》，提高全市住房保障工作管理水平。（市房管局）

【公积金管理】 2018年，大同市住房公积金管理中心接收同煤集团公积金管理机构和大同市经济技术开发区公积金管理机构。接收后的同煤公积金管理机构名称为大同市住房公积金管理中心同煤集团分中心，大同市经济技术开发区公积金管理机构名称为大同市住房公积金管理中心开发区管理部。

年内，该中心新开户单位208家，实缴单位3441家，净增单位126家；新开户职工1.72万人，实缴职工29.45万人，净增职工0.43万人；缴存额33.44亿元，同比下降6.36%。截至2018年年底，缴存总额273.63亿元，同比增长13.92%；缴存余额82.13亿元，同比增长19.58%。受委托办理住房公积金缴存业务的银行5家。

年内，提取额19.99亿元，同比增长28.73%；占当年缴存额59.79%，比上年增长16.3%。截至2018年年底，提取总额191.5亿元，同比增长11.65%。个人住房贷款最高额度100万元。其中单缴存职工最高额度100万元，双缴存职工最高额度100万元。全年发放个人住房贷款0.65万笔25亿元，同比分别增长40.27%、73.51%。其中，市住房公积金管理中心发放个人住房贷款0.5万笔19.45亿元，同煤分中心发放个人住房贷款0.15万笔5.55亿元。回收个人住房贷款5.15亿元。其中，市住房公积金管理中心4.56亿元，同煤分中心0.59亿元。

截至2018年年底，累计发放个人住房贷款3.39万笔87.73亿元，贷款余额67.5亿元，同比分别增长23.59%、39.87%、41.68%。个人住房贷款余额占缴存余额82.2%，比上年增长12.83%。受委托办理住房公积金个人住房贷款业务的银行5家。2018年，市住房公积金管理中心没有购买国债。截至2018年年底，市住房公积金存款15.29亿元。其中，活期0.07亿元，1年（含）以下定期3.56亿元，1年以上定期7.93亿元，其他（协定、通知存款等）3.73亿元。截至2018年年底，市住房公积金个人住房贷款余额占缴存余额的82.2%，比上年增长12.83%。

年内，市住房公积金管理中心业务收入2.31亿元，同比增长16.7%。其中，市中心1.78亿元，同煤分中心5281.88万元；存款利息4853.18万元，委托贷款利息1.83亿元。业务支出1.25亿元，同比增长28.91%。其中，市中心9495.1万元，同煤分中心2965.07万元；支付职工住房公积金利息1.14亿元，委托贷款手续费1069.55万元，其他1.87万元。增值收益1.07亿元，同比增长5.08%。其中，市中心8347.62万元，同煤分中心2316.81万元；增值收益率1.42%，比上年下降0.25%。提取贷款风险准备金2036.12万元，年末未分配增值收益8628.3万元，累计未分配增值收益9125.04万元。上缴财政城市廉租住房（公共租赁住房）建设补充资金2.08亿元。其中，市中心上缴6838.24万元，同煤分中心上缴（大同市财政局）1.4亿元。截至2018年年底，贷款风险准备金余额8116.88万元。累计提取城市廉租住房（公共租赁住房）建设补充资金7.33亿元。其中，市中心提取5.93亿元，分中心提取1.4亿元。全年管理费用支出1989.32万元，同比下降20.52%。其中，人员经费727.61万元，公用经费66.99万元，专项经费1194.72万元。市住房公积金管理中心管理费用支出1896.71万元。其中人员、公用、专项经费分别为662.5万元、39.49万元、1194.72万元；同煤分中心管理费用支出92.61万元，其中人员、公用经费分别为65.11万元、27.5万元。

年内，个人住房贷款逾期额863.47万元，逾期率1.28‰。其中，市住房公积金管理中心1.56‰，同煤分中心0‰。个人贷款风险准备金按增值收益1%提取。提取个人贷款风险准备金2036.12万元，未使用个人贷款风险准备金核销呆坏账。个人贷款风险准备金余额8116.88万元，占个人住房贷款余额1.2%，个人住房贷款逾期额与个人贷款风险准备金余额比率10.64%。

年内，大同市实缴单位数、实缴职工人数和缴存额同比分别增长2.62%、下降1.44%和下降6.36%。缴存单位中，国家机关和事业单位占72.74%，国有企业占11.22%，城镇集体企业占0.64%，外商投资企业占0.73%，城镇私营企业及其他城镇企业占3.49%，民办非企业单位和社会团体占1.10%，其他占10.08%。缴存职工中，国家机关和事业单位占39.51%，国有企业占49.98%，城镇集体企业占0.79%，外商投资企业占0.71%，城镇私营企业及其他城镇企业占1.95%，民办非企业单位和社会团体占0.09%，其他占6.97%；中、低收入占92.13%，高收入占7.87%。新开户职工中，国家机关和事业单位占21.57%，国有企业占47.62%，城镇集体企业占0.24%，外商投资企业占1.53%，城镇私营企业及其他城镇企业占15.82%，民办非企业单位和社会团体占0.16%，其他占13.06%；中、低收入占98.17%，高收入占1.83%。

年内，7.15万名缴存职工提取住房公积金19.99亿元。提取金额中，住房消费提取占77.92%（购买、建造、翻建、大修自住住房占34.59%，偿还购房贷款本息占15.79%，租赁住房26.69%，其他占0.85%）；非住房消费提取占22.08%（离休和退休提取占20.45%，完全丧失劳动能力并与单位终止劳动关系提取占0.18%，户口迁出大同市或出境定居占0.39%，其他占1.06%）。提取职工中，中、低收入占86.16%，高收入占13.84%。

年内，职工购建房78.03万平方米，个人住房贷款市场占有率35.72%，比上年增长1.08%。通过申请住房公积金个人住房贷款，节约职工购房利息支出7.24亿元。职工贷款笔数中，购房建筑面积90（含）平方米以下占4.95%，90～144（含）平方米占87%，144平方米以上占8.05%。购买新房占96.03%，购买二手房占2.19%，建造、翻建、大修自住住房占0.93%，其他占0.85%。职工贷款笔数中，单缴存职工申请贷款占40.33%，双缴存职工申请贷款占59.67%。贷款职工中，30岁（含）以下占33.97%，30～40岁（含）占38.21%，40～50岁（含）占21.32%，50岁以上占6.5%；首次申请贷款占98.26%，二次申请贷款占1.74%；中、低收入占45.17%，高收入占54.83%。发放异地贷款1713笔6.82亿元。个人住房贷款发放额、住房消费提取额的总和与当年缴存额比率134.54%，比上年增长50.7%。

年内，市住房公积金管理中心被山西省总工会评为“五一”劳动模范单位。该中心浑源县管理部被评为山西省住房和城乡建设系统先进集体。

（市公积金管理中心）

【住房公积金政策调整执行】2018年，大同市住房公积金管理中心按照山西省统计信息网发布的《2017年山西省非私营单位就业人员年平均工资60061元》中指出，大同市上年非私营单位就业人员年平均工资58097元，大同市月平均工资据此核定为4841.41元。根据建金管〔2005〕5号文件规定，缴存住房公积金月工资基数，原则上不应超过职工工作所在地设区城市统计部门公布的上一年度职工月平均工资2倍或3倍，不低于当地最低工资标准。据此核定大同市住房公积金2018年度职工住房公积金月缴存工资基数上限为14524元，职工住房公积金月缴存工资基数下限为1400元。把阶段性适当降低企业住房公积金缴存比例政策的执行期延长至2020年4月30日。大同市生产经营困难企业，经职工代表大会或工会讨论通过，可申请降低住房公积金缴存比例或缓缴住房公积金，待单位经济效益好转后，再提高缴存比例或者补缴缓缴住房公积金，全年受理13家企业缓缴申请。缴存单位和个人住房公积金缴存比例最高12%，最低5%。缴存职工租住商品住房的，提供本人及配偶在大同市无自有住房证明即可提取。每年每户最高提取额度从1.5万元提高到2万元。2018年住房公积金贷款利率：5年期以内（含5年）执行利率2.75%，5年期以上执行利率3.25%。个人住房公积金最高贷款额度从80万元调整到100万元，贷款年限为30年且贷款到期日不超过借款申请人法定退休时间后5年。停止受理付清全款的商品房个人住房贷款、完成交易过户的二手房个人住房贷款、房屋装修个人贷款和结清商业银行住房贷款的“商转公”个人住房贷款业务。停止受理自2018年7月30日以后商业银行发放的住房贷款转公积金个人住房贷款业务。规范二手房住房公积金个人贷款流程，大同市住房公积金二手房贷款应在交易过程中由买卖双方提出贷款申请并由该中心核准额度，在交易双方完成产权变更和不动产抵押后，再把住房公积金贷款直接或通过资金托管账户支付给出售人。规范个人住房贷款资金支付方式。住房公积金个人贷款资金需按住房消费行为种类支付给相应银行账户（房地产开发企业监管账户、二手房监管账户或房屋出售人账户、商转公贷款银行账户、拆迁安置房购房人银行账户）。除拆迁安置房贷款外，申请其他住房公积金个人贷款的不再把贷款资金直接支付给借款人。调整拆迁安置住房公积金贷款额度。拆迁安置房贷款额度根据借款人所交拆迁购房款金额确定，不再累加装修预算部分。

（市公积金管理中心）

【住房公积金管理中心改进服务】2018年，大同市住房公积金管理中心精简审批环节，取消审批要件。执行首问负责制、一次性告知制和限时办结制，持续精简和规范行政审批事项的设定依据、申请条件、申请材料、办理时限、办理流程，凡没有法律法规设定依据的一律取消，能通过个人现有证照来证明的一律规范清理。取消审批环节10个，取消审批要件18个。建立电子档案信息管理系统，除部分需要纸质与电子化存储并行的材料外，业务档案全部实行数字化管理。全年通过“12329”热线接听市民咨询、投诉、建议等电话15204个，回复群众满意率99%。发送住房公积金各类业务办理短信、公积金贷款还款提醒短信、资金到账短信等105万条。该中心与太原市住房公积金管理中心建立合作关系，该中心与开发企业签订合作协议时，把太原公积金管理中心铁路分中心大同管理部纳入协议范围，共享开发企业阶段性保证，惠及更多缴存职工。完善贷款系统自动划扣“冲还贷”功能，公积金贷款提前还款实现线上自助办理，线下秒还自动划扣。（市公积金管理中心）

【住房公积金管理信息化建设】 2018年，大同市住房公积金管理中心推进部门间信息共享，运用大数据手段，推行“互联网+”业务模式，推进住房公积金综合服务平台8大渠道（网厅、微信、手机APP、微博、“12329”语音热线、短信、网站、自助终端）建设，通过住建部、省住建厅专家组验收。该中心通过与产权部门数据信息共享，采用腾讯慧眼个人身份刷脸认证技术和短信验证码双重验证技术，实现住房公积金缴存、提取、贷款、查询等65项业务“零资料、零审批、零跑腿”网上一次办结，17项业务“最多跑一次”线下办结，全程网办业务占比超过50%，实现“让数据多跑路、让群众少跑腿”目标。

（市公积金管理中心）

【住房公积金开通手机端业务办理】 2018年7月1日，大同市住房公积金手机APP和微信公众号上线运行，缴存职工需通过扫描二维码下载APP安装应用程序或关注“大同市住房公积金”微信公众号，通过身份证、手机动态验证码注册和“刷脸”身份认证，签订公积金个人网厅协议，即可在线查询公积金、了解公积金最新政策、获悉办事指南、搜索最近服务网点、查询公积金贷款信息、查询贷款进度、合作楼盘查询、在线智能客服、投诉建议，偿还公积金贷款提取、退休提取、提取网上预约等项业务。（余　霞）

【同煤集团住房公积金管理机构移交】 2018年12月27日，大同市住房公积金管理中心接收同煤住房公积金管理机构。抓省属国有煤炭企业住房公积金管理机构调整移交工作，是落实省委、省政府深化国有企业改革，剥离国有企业办社会职能的重要内容。山西省住建、国资、人社等部门于上年12月26日联合印发《关于做好省属国有煤炭企业住房公积金管理机构与原单位分离移交工作的通知》，安排分离移交工作。市政府相关部门与同煤集团对接，沟通和协商移交后的机构、人员、资产清查、业务管理等事项并达成共识。（余　霞）

优抚安置

【概况】 2018年，大同市有各类享受抚恤待遇的优抚对象11806人。其中，伤残人员1829人，“三属”（烈士遗属、因公牺牲军人遗属、病故军人遗属）472人，在乡老复员军人670人，带病回乡退伍军人644人，享受生活补助的参战退役人员362人，参试退役人员228人，60岁以上农村籍老兵7116人，60岁以上烈士子女485人。省民政厅、财政厅拨付大同市抚恤事业费8006万元，医疗费359万元，市级配套124万元。测算和统筹义务兵优待金6921万元，并拨付各县（区），发放到2025名义务兵家属手中。办理国家机关工作人员、离退休干部及军队离退休干部死亡一次性抚恤98人。审批“部分60周岁农村籍退役士兵”866名享受待遇。3月和11月组织559名原8023参试退役人员和其他参试退役人员体检。

年内，大同市接受省级部门对大同创建全省双拥模范城“九连冠”考核验收。“八一”建军节和春节，走访慰问驻大同部队、优抚单位、优抚对象及拥军模范个人并送去价值470万元慰问品。结合庆祝改革开放40周年和贯彻全国双拥模范城（县）命名暨双拥模范单位和个人表彰大会精神，在军地双方开展“共筑强国强军梦，同心奋进新时代”宣传教育系列活动。驻大同部队涉及有偿服务330个项目全部停止；向驻大同部队旅以上单位183名随军未就业家属发放困难生活补助108万元；年检军官IC卡963张、战士IC卡1912张；通过协调市、城区两级教育部门，解决58名军人随军子女上学问题。

（温家华　刘　峰）

【退役士兵安置】 2018年，大同市接收退役士兵1500余人。其中，符合政府安排工作的119人（含转业士官116人），选择自主就业退役士兵1400余人，发放一次性补助金2069.55万元；办理自谋职业人数37人，发放一次性补助资金326.3万元；退役士兵参加职业教育技能培训921人。预防和化解集体上访394人次，处置上级部门交办的上访案件360件；给1999年以来全市未领取待安置期间生活补助费的退役士兵发放待安置期间生活费9890.72万元。

（温家华　刘　峰）

【军休工作】 2018年，大同市民政局开展退役安置补助资金专项检查，按照《山西省民政厅关于开展民生领域腐败和不正之风专项整治的实施方案》及省民政厅安置处《关于开展退役安置补助资金专项检查的通知》（晋政安办函〔2018〕23号）文件要求，召开全市各级民政部门、各军休所、各军供站等单位参加的会议，专门部署2015—2017年度各项退役安置补助资金管理使用情况，并组织开展自查工作，统过级自查各项资金都按照国家有关政策、财务规定及《财政部、民政部关于印发〈退役安置补助资金使用管理办法〉的通知》（财社〔2014〕187号）要求使用、发放。清理核查全市军休管理系统数据，按照省安置处《关于开展全省军休干部信息数据清理核查工作的通知》（晋政安办函〔2018〕43号）文件要求，集中两个月时间清理核查录入全市军休服务管理信息系统内323名军休人员信息数据，逐条核对省安置处对大同市的军休人员信息个人档案，并以一人一表的形式做完信息修改申请录入工作通过。接收全年军休干部，接收军休干部（含士官）12名。其中，干部8名，士官4名。

（温家华）

【随军未就业家属生活补助提标】 2018年，大同市把驻大同部队随军未就业家属生活补助标准由每人每月300元提高到500元，一次性发放到位。该次提标是大同市倾情拥军，解决驻大同部队“三后”（后路、后院、后代）难题的一项重要举措。从2014年起，大同市开始给驻大同部队随军未就业家属发放生活补助，标准是每人每月100元，2015年提标到每人每月300元。其中，市财政保障驻大同旅以上部队的随军未就业家属生活补助，每年约200人，团及团以下部队的补助由驻地县（区）财政保障，每年约100人。（清　荷）

【全市2018秋季退役士兵职业技能培训】2018年10月至12月，由大同市民政局主办、大同机车技师学院承办的全市各县（区）2018秋季退役士兵职业技能培训班在大同机车技师学院举行。大同机车技师学院实行理论、实践相结合方式，开设有焊工、汽修、电工3个培训科目，通过培训提高退役士兵科学文化水平和职业技能素质。（清　荷）

【退伍军人信息采集】2018年11月，大同市民政局在全市范围内针对12类退伍军人及军属开展信息采集工作。各县（区）召开退役军人和其他优抚对象信息采集工作部署会，传达全市信息采集工作动员会精神，要求各乡镇、街道及有关工作部门各采集点无休息不间断工作，确保按节点完成任务。在《大同日报》《大同晚报》大同电视台《新闻联播》和移动平台等连续刊登（播放）并在市、县（区）级和部门的13家网站登载。通过与工商部门沟通协商，在全市、县（区）街道各商业广告牌（屏）滚动宣传，做到家喻户晓。市级、平城区、云冈区增设5个机动分队到退役军人较集中的机关、企事业单位上门服务。全市设置224个固定采集点和机动分队，采集11余万人，省级审核10余万人。（温家华　刘　峰）

社会事务

殡葬管理

【概况】2018年，大同市火化遗体3003具，接待治丧群众9万余人次，减免殡仪服务费用100万元，殡仪馆派发班车225次，免费接送群众4320人。清明节期间，接待祭祀群众34150人，车辆7361辆，平安无事故。加大殡葬改革执法力度，出动执法人员1120人次，执法车224车次，查处违殡事件182起，上缴财政罚款18万元。加大殡葬改革宣传力度，促进自觉文明殡葬新风尚，出动殡改宣传执法车90余次，在各服务单位张贴公告300张，发放宣传材料5万余份。（温家华　刘　峰）

【清明祭扫】2018年4月5日至7日，大同市各殡葬服务单位安排工作人员939人次，接待祭扫群众34150人、车辆7361辆，全市未发生一起突发事件。在清明节期间加大宣传力度，营造“文明祭扫，绿色清明”氛围。清明节期间，全市各殡仪服务场所围绕以“文明祭祀、绿色祭扫、低碳安全、人人有责”为主题进行殡改宣传活动，弃陋俗，倡新风，丧事简办，革弊立新。利用流动宣传车、户外电子显示屏，及各大商场、酒店、电影院、公交车电视等20家网络媒体滚动播放该内容；在大同贴吧、爱我大同吧、新大同网、微信朋友圈等置顶宣传倡议“清明时节雪纷纷，文明祭奠树新风”，利用电视台宣传倡议要求党员干部带头推进示范，带头移风易俗文明办丧；4月4日，《大同日报》整版刊登《关于充分发挥党员干部带头作用，大力推进殡葬改革的意见》。（温家华）

【殡葬领域突出问题专项整治行动】2018年7月3日，山西省推进殡葬改革及殡葬领域突出问题专项整治行动会议后，大同市成立由分管副市长任组长的大同市殡葬领域突出问题专项整治行动领导组，于7月23日召开全市推进殡葬改革工作暨殡葬领域突出问题专项整治行动会议，动员部署殡葬改革工作，出台《大同市殡葬领域突出问题专项整治行动实施方案》（同政发〔2018〕119号）。活动开展后，检查全市范围内的殡仪馆、公墓、殡仪服务站。通过检查未发现擅自兴建公墓设施和公墓未依法办理建设用地手续违法情况，不存在擅自修改规划和建设公墓，没有预售和穴位炒作问题。（温家华　刘　峰）

婚姻登记

【概况】2018年，大同市民政局办理婚姻事宜42223件。其中，结婚登记23126件（涉外16件）、离婚登记6584件（涉外4件）、补发结婚证1.2万件、补发离婚证512件。3月初，完成省民政厅分配的上年婚姻登记数据与财务数据一致报表核对。3月20日，报送省民政厅大同市1970—2017年婚姻登记办理量统计表。（温家华　刘　峰）

【结婚证办理】2018年5月17日，大同市民政局应广大婚姻当事人要求，印发《关于5月20日加班办理结婚登记的通知》，要求加班时间是5月20日上午，只办理结婚登记。5月20日，全市各县（区）婚姻登记机关给386对新人办理结婚登记。（温家华）

老龄事务

【老年人法律法规宣传】2018年，大同市老龄工作委员会办公室在全市老龄系统开展《中华人民共和国老年人权益保障法》（简称《老年法》）普法工作。利用开会、举办“金婚大典”活动、下乡扶贫、召开座谈会、在云州区举办老龄工作讲座及老年人到机关办事等机会，采取送法下乡、送法到活动现场等方式，发放《老年法》和《山西省实施〈老年法〉办法》两种文本1万本。（李生明）

【《大同市“十三五”老龄事业发展规划》出台】2018年，大同市老龄工作委员会办公室出台《大同市“十三五”老龄事业发展规划》（以下简称《规划》）。《规划》主要内容包括“十二五”时期大同市老龄事业发展回顾及面临的形势，及“十三五”时期大同市老龄事业发展规划的指导思想、基本原则和发展目标。主要任务是完善老年人社会保障体系（提高贫困老年人救助水平、提高老年人经济保障水平、提高公益慈善帮扶水平）；健全养老服务体系（推进居家养老服务、推进社区养老服务、推进养老机构建设、推进医养融合发展、提升医疗卫生服务水平、加强养老服务人才培养、推进产业化进程、完善投融资政策）；保障老年人合法权益（抓普法宣传工作，老年人法律服务工作，老年人优待工作）；扩大老年人社会参与（树立积极老龄观，加大老年人力资源开发力度，完善老年人社会管理，加强基层老年协会组织建设，发展老年志愿服务）；建设老年宜居环境（加强适老居住环境建设，加强适老出行环境建设，加强适老生活服务环境建设，加强公共设施无障碍改造）；发展老龄产业（开发老年用品、产品市场，增加老年用品、产品供给）；丰富老年人精神文化生活。（李生明）

【农村老年人日间照料中心建设】 2018年，大同市建成30个农村老年人日间照料中心。其中，天镇县、阳高县各5个，云州区、浑源县、左云县各4个，云冈区3个，广灵县2个，灵丘县、新荣区、平城区各1个。

农村老年人日间照料中心主要是为满足日常生活需要一定照料的农村老年人，特别是70岁以上空巢和高龄老人的养老需求，给老年人提供日间照护、就餐、精神慰藉、休闲娱乐服务的农村养老服务设施。建设的日间照料中心在建设标准要求基础上，根据农村老年人业余文化爱好，购置音响、锣鼓等设施设备，并整合村文化活动站、图书室等，给老年人营造良好生活娱乐氛围。市民政局推动农村医养服务融合发展，根据省卫健委、民政厅有关文件精神，与市卫健委确定左云县张家场乡纸方头村、阳高县友宰镇后贵仁村、云冈区口泉乡窑子坡村为试点，探索村卫生室与日间照料中心的融合发展。截至2018年年底，大同市建成378个农村老年人日间照料中心以缓解农村养老难。（清　荷）

【大同百岁老人】 2018年，大同市有百岁老人99位，其中阳高县百岁老人最多占31%。大同市年龄最大者是111岁的老人孙玉兰，居住在阳高县龙泉镇北园街。

从性别来看，女性百岁老人79人，占到近4/5。从分布来看，大同市各县（区）均有百岁老人，其中有着“长寿之乡”美誉的阳高县百岁老人最多有31人；其次是浑源县17人、云州区11人、平城区9人、天镇县8人、云冈区和灵丘县均6人、左云县5人、新荣区和广灵县均3人。从年龄来看，年龄最大的是阳高县龙泉镇的老人孙玉兰，出生于1907年3月，111周岁。出生于1909年1月的天镇县米薪关镇谷大屯村的吕存梅，出生于1910年8月的阳高县罗文皂镇管家堡村的倪二女分别是大同第二、第三高龄老人。这些百岁老人中，不少人仍能生活自理，有的还保持着锻炼身体和做家务的习惯。为保障百岁老人晚年生活，按照省里有关文件规定，每位百岁老人每月可领到300元生活保健费。市老龄办每年重阳节、春节期间与各县（区）老龄办工作人员一起到每一位百岁老人家中，亲自看望慰问，并送去慰问金及慰问品，新增百岁老人还发给长寿牌匾。（清　荷）

【中国老年保健医学研究会大同实训孵化基地成立】 2018年，中国老年保健医学研究会大同实训孵化基地落户大同市。10月4日至5日，该实训孵化基地用透皮疗法救助100名患者、体检车体检500人。（李生明）

【大同老龄人才资源开发协会换届】 2018年4月3日，大同市老龄人才资源开发协会换届选举工作举行。通过举手表决，选举产生新一届协会的会长、副会长、秘书长、理事。肖淑娟、张润锁分别当选为新一届老龄人才资源开发协会的会长和常务副会长，两人分别作表态发言。6月22日，协会成立党支部，通过投票选举产生党支部书记、副书记、组织委员、安保纪检委员、宣传委员。（李生明）

【大同398国际康养服务中心建设】 2018年4月17日，山西国信集团发起设立山西国信康养产业联盟暨合作建设大同398国际康养服务中心协议签约仪式举行。大同市委常委、常务副市长薛明耀，山西国信集团党委副书记、副总经理韩良会，山西国信集团投资总监、山西国信医疗健康投资管理有限公司董事长李国荣见证签约。国务院《关于支持山西省进一步深化改革促进资源型经济转型发展的意见》文件明确提出，“支持大同市建设综合康养产业区”。经省、市两级民政部门牵线推动，山西国信集团经多次考察，决定以大同市398医药健保有限公司投资建设的国际康养服务中心项目为载体，以山西国信医疗健康投资管理有限公司为主体，组建山西国信康养产业联盟，携手打造一流康养产业示范区。（清　荷）

【老年学会换届】 2018年5月24日，大同市老年学会第三届第四次会议举行，由大同市人大常委会原副主任、会长孙录作工作报告，选举产生新一届学会的会长、副会长、秘书长、理事。会上选举张俊英为新一届老年学学会会长。市老龄办主任郜德民讲话，要求学会要坚持正确政治方向，紧跟党中央和省市委部署；抓组织建设，及县（区）基层换届工作；适应新形势、新常态；抓发现人才、储备人才、培养人才、推荐人才工作。（李生明）

【第一期曜阳养老护理员培训班】 2018年7月11日至20日，由中国红十字会总会事业发展中心与山西省红十字会、省卫生和计划生育委员会、大同市红十字会联合主办，大同市第五人民医院承办的2018年第一期曜阳养老护理员培训班在市五医院举行。来自全省11个市的30余家养老机构的50名学员参加专业养老护理培训。

这次培训由中国红十字会总会事业发展中心提供资助，有针对性地设置授课内容，在培训中采取理论学习与技能操作相结合的授课方式，理论与实操并重。培训内容包括老年人的特点、需求与保健，老年人日常生活护理，常用护理技术，老年人常见症

状观察与康复技术、养老服务法律知识等。（清　荷）

【中国（大同）康养大会】 2018年7月25日至29日，中国（大同）康养大会在天镇县神泉古域温泉康养基地举行。大会由大同市政府、山西省老龄办、中国老年保健医学研究会、清华大学健康中国领导力研究中心4家单位共同主办，旨在落实“创新、协调、绿色、开放、共享”发展理念，分享全国康养领域的先进思想和康养产业的发展经验，推动大同康养产业发展。来自北京、天津、上海、重庆等全国老龄办各城市代表、专家学者、知名康养企业代表及全国老年书画家参加。大会围绕“展”“会”“艺”“赛”4个板块，展示不同城市康养旅游的发展现状与综合能力，通过图片展示、实物展示等形式，以城市康居养老及旅游为主线，划分“城市光影”书画摄影展、“健康养生”城市旅居养老休闲养生主题展、“智能助力科技养生”医疗器械发展成果展3大展区。（李生明）

【糖尿病公益救助活动】 2018年8月，由中国人权发展基金会发起、大同市老龄办倡导的“健康中国·我的梦”走进大同糖尿病大型公益救助活动启动。该次救助活动救助对象是先天Ⅰ型糖尿病患者和Ⅱ型糖尿病重度患者两类人员，在6个月免费救助期内，救助对象每个月可领取免费救助产品，享受到治疗情况的跟踪服务。活动通过媒体寻找救助对象开始前期报名工作。报名工作结束后，专项体检报名者，审核是否达到救助标准，最终确定100名救助者，并救助符合救助条件的100名糖尿病患者。（清　荷）

【大同入围2018中国康养城市排行榜50强】 2018年10月10日，在北京举办的2018中国国际生态康养发展高峰论坛上，中国健康养老产业联盟、标准排名城市研究院联合发布“2018中国康养城市排行榜50强”。大同市以指数77.06的成绩位列第39名，是山西省唯一上榜城市。康养城市是指以“健康”为城市开发的出发点和归宿点，以健康产业为核心，把健康、养生、养老、休闲、旅游等多元化功能融为一体，形成生态环境较好的特色城市。该榜单通过生态环境、民生幸福、医疗水平、产业融合及康养政策5大指标评估，旨在宣传生态文明、弘扬绿色生活方式。（清　荷）

▲ 2018年7月25日，中国（大同）康养大会启动　（市老龄办 供图）

【第三届中国（大同）金婚大典】 2018年10月17日，是中国传统节日重阳节和第21个国际老年节，第三届中国（大同）金婚大典在大同市代王府举办。金婚大典由大同市老龄工作委员会办公室、市传统文化促进会、大同广播电视台公共频道、北京候鸟之家旅游发展有限公司、市瑞道通影视文化传媒有限公司联合主办。市老龄办从来自大同、北京、天津、上海、海南、广东、江西等地130余人中，筛选出99对50年来携手相伴、不离不弃的金婚夫妻参加。

庆典仪式上，99对金婚夫妻统一着北魏传统文化服饰，按北魏婚俗之六礼进行金婚大典。这些金婚老人，有的是参加过解放战争的老战士，有的是退休工人，还有数对是钻石婚夫妇，多位金婚夫妻代表讲述他们的婚姻经历，分享数十年柴米油盐中的相濡以沫。金婚大典上，给第二届健康老人颁奖，举行《家国情怀·金婚故事》出版、空巢老人有声陪伴公益捐赠、云中鼓韵联盟成立、首届中国（大

▲ 2018年10月17日，第三届中国（大同）金婚大典举行　（市老龄办 供图）

同）传统文化服饰论坛、北魏古都金婚之旅等活动启动仪式和金婚大典文艺专场演出。（李生明）

【“12349”智能化居家养老服务平台上线】 2018年11月1日，大同市“12349”智能化居家养老服务平台上线，开启智慧养老新时代。大同市“12349”智能化居家养老服务平台，是由市老龄办监管、市老龄产业推进办公室建设管理和运行的以“健康管理、养老服务和生活服务”为一体的公共服务平台，通过整合各种社会商家资源，给大同居民提供各种信息咨询及便民服务，构建集医疗救助、生活照料、精神慰藉为一体的“虚拟养老院”，给居家老人提供上门居家养老服务。服务项目包括家政服务、养老服务、健康服务、咨询讲座、生活百事、教育培训、喜庆礼仪、邮政服务及爱心志愿服务。

“12349”平台拥有语音通话、可视对话、网络通信及短信、彩信、微信等全媒体接入功能，国内使用的所有通信手段，都能与其沟通联络。该平台能够通过视频监控、卫星定位、便携式传感器等技术手段，感知老年人健康信息、安全信息和位置信息，提供全方位信息保障。有云储存、云计算功能，给全市康养产业的发展提供大数据支持。老年人拨打“12349”电话热线，即可接通“12349”服务中心。工作人员接听后，信息系统上显示出老人相关信息，并根据老人需求内容选择对应的服务商或服务人员给老人提供对应服务项目，并在一定的时间内完成对老人的回访，了解服务状况，保障老年人权益的同时，把该次回访结果录入数据库作为对服务质量评估的依据。（李生明）

城乡社区建设

【社区建设】 2018年，大同市有社区347个（年内增加13个社区），配备宽带网络社区287个，配备采暖设施社区301个，全市社区用房总面积10万平方米（含在建约7700平方米），社区公用用房面积大于500平方米的社区79个。全市社区有室外活动场地156959平方米。全市社区有日间照料床位170张。社区中心通过政府集中招标采购给全市15个示范社区配置立式广告机。

（温家华 刘峰）

【社区居委会换届选举】 2018年，大同市第六届社区委员会换届选举中，换届社区334个，换届率100%。推进社区、社会组织、社会工作“三社联动”基层治理和服务创新，统筹各类社会组织、驻社区单位的力量和资源，构建多元参与、共同治理平台；全市2018年度社会工作者职业水平考试通过204人。

（温家华）

【村委会换届选举】 2018年2月，大同市第十一届村委会换届结束。换届选举村委会1955个，占应换届村数比例100%，换届率100%；登记选民125.02万人；成立村务监督委员会村数1954个，选出村民小组长村数1589个，推选出村民代表村数选举前推出310个，选举后推选出1645个，成立村委下属委员会村数1773个。（温家华 刘峰）

【社区工作者队伍建设】 2018年4月，大同市民政局组织各县（区）部分优秀社区工作人员参加省民政厅在福建省厦门市、福州市举办的山西省城乡社区治理和服务创新示范培训班。7月8日至8月5日，组织全市社区工作者能力委托重庆城市管理职业学院，组织县（区）民政分管领导、乡镇（街道）负责人及优秀社区工作者60人到福建省厦门市、福州市培训学习，并选派38名优秀社区工作者在厦门市湖里区10个社区进行为期三周的实践锻炼。年内，平城区邀请北京专家教授对400余名社区工作人员进行社会工作者职业水平初、中级考试考前培训工作。全年全市社会工作者职业水平考试通过204人。（温家华）

【大同台湾社区交流活动】 2018年10月，台湾基层社区交流参访团到大同市平城区华北星社区参观访问。大同台湾两地社区交流活动作为基层民众交流的重要平台和载体，对增进两岸基层民众的相互了解及中华传统文化的认知、认同具有重要意义。活动中，两地基层社区管理人员座谈交流社区管理与服务、居民委员会建设、留守老人关爱、社区志愿者服务等工作。参访团表示把该次交流访问所看、所感及真实体会带到台湾，让更多台湾朋友到大陆参访、学习，两岸同胞携手奋进，创造幸福生活。交流参访团到大同市广灵县、浑源县、云冈区杨家窑村、云冈石窟、市博物馆、华严寺等地参观访问。（清荷）

社会组织管理

【概况】 2018年，大同有市直社会组织518家，社会团体443家，民办非企业275家；登记社会组织38家，社会团体25家，民办非企业13家；注销10家，社会团体4家，民办非企业6家。年检201家社会团体和252家民办非企业单位接受年检的单位，分别占各自总数的83%和90%。执行社会组织统一社会信用代码，建立社会组织法人数据库。清理72家社会团体涉企收费行为，未发现有涉企违规乱收费现象。在全市范围内开展打击非法社会组织专项行动，取缔非法社会组织30个、责令限期整改51个、撤销社会组织7个、注销社会组织3个、自行解散1个。

（温家华 刘峰）

【社会组织统一信用代码系统完善】 2018年，大同市民政局指导各县（区）熟悉社会组织统一信用代码系统，按照每个县“一个库、一张网、一条路径”回传原则，在线完成各县社会组织信息填录、报送、查询、汇总、打印等应用功能；由于系统的主要引擎键是各县的行政区划代码，为使系统功能完善，与民政部协调变更大同部分县（区）行政区划代码。

（温家华）

【社会组织党建】 2018年，大同市社会组织单独组建党支部79个，联合建立党支部15个，挂靠组建133个，建设党支部12个，撤销党支部7个。在全市范围内，开展“双强六好”（发展强、党建强，生产经营好、企业文化好、劳动关系好、党组织班子好、党员队伍好、社会反映好）创建活动，确定10个示范创建活动单位。执行《关于在社会组织章程中增加党建工作内容的通知》《关于在社会组织登记时同步开展党建工作的通知》《关于在社会组织年检时同步开展党建工作的通知》，推进党建工作内容；起草登记社会组织党建工作告知书。（温家华）

【城区社会组织综合党委成立】 2018年3月初，大同市城区社会组织综合党委成立暨第一次党员大会召开，填补该区社会组织党建盲区，标志着该区社会组织党建工作进入新发展阶段。截至2018年年底，在大同平城区（5月，大同市调整部分行政区划，撤销城区，设立平城区）民政局注册登记的社会组织162个。其中，社会团体24个；民办非企业单位138个。（清荷）

区划与地名管理

【地名管理】 2018年，大同市命名小区名称95个，街道名称23个。开展门牌编码设置和地名标志设置，更换市界界桩6块，设地名标志400块，安装门牌5100余个。第二次地名普查经国家、省检查验收入库，省民政厅发放验收报告，标志大同市第二次全国地名普查工作结束。（温家华 刘峰）

【县界联检】 2018年，大同市开展省县界联检工作，省界联检大同阳高—内蒙古兴和、大同左云—内蒙古凉城、大同新荣—内蒙古丰镇、大同阳高—内蒙古丰镇段。县界联检阳高—浑源、灵丘—广灵、阳高—天镇段，联检报告及平安边界协议报送省政府及省民政厅。（温家华 刘峰）

【区划调整勘定】 2018年2月9日、4月20日，国务院、省政府分别印发同意大同市调整部分行政区划批复。5月28日，大同市召开全市动员大会，29日新成立区举行挂牌仪式。大同市阳高县马家皂乡划归天镇县经省政府批复后，报送勘界工作联检报告，完成区划调整工作。全市行政区域界线勘定工作，经过招投标确定由115地质队负责，外业工作完成，待双方勘界报告签署完毕后报送省政府。（温家华 刘峰）

【行政村撤并】 2018年，大同市10个县（区）全部成立撤并行政村领导小组并出台撤并行政村方案，撤并45个行政村。按照省撤并行政村工作领导小组关于印发《关于山西省实施撤并行政村工作的指导意见》通知精神，4月10日，报市政府同意，把大同市撤并行政村试点工作领导小组更名为大同市撤并行政村工作领导小组，领导小组组长由常务副市长薛明耀担任。4月17日，以大同市撤并行政村工作领导小组印发《大同市实施撤并行政村工作的指导意见》通知。5月25日，由于人事变动报市政府同意，把大同市撤并行政村试点工作领导小组更名为大同市撤并行政村工作领导小组，领导小组组长由副市长马安全担任。6月6日，印发《关于对行政村撤并工作进行督查的通知》。6月15日，召开全市撤并行政村推进会，从撤并行政村工作原则、方法步骤及工作措施三方面安排部署。8月15日，转发省《关于进一步做好撤并行政村工作的通知》，要求各地落实省委书记骆惠宁在全省推进“三基建设”座谈会上讲话精神，统一思想，强化责任意识，加快工作进度，确保安全稳定。全市10个县（区）全部成立撤并行政村领导小组并出台撤并行政村方案，撤并的有新荣区、云州区、浑源县、灵丘县、广灵县、阳高县、左云县45个行政村，平城区、云冈区、天镇县暂不存在撤并行政村。

新荣区：新荣区撤并行政村6个，其中2个行政村召开村民代表大会，并逐户征求意见，村民一致同意撤并，另4个行政村在征求村民意见，9月11日，该区分管区长主持召开全区撤并行政村工作推进会，听取各乡（镇）撤并行政村工作进展汇报并开展落实。云州区：撤并行政村涉及5个乡（镇），拟撤并7个村，分别是西坪镇西嘴村撤并到大坊城移民新村；峰峪乡委册村准备撤并到杨庄村；许堡乡南坨村准备撤并到许堡移民新村；吉家庄乡南米窑村准备撤并到吉家庄村；聚乐乡决定把黄家洼村、小北庄、上羊落3个村合并。5个乡（镇）把撤并行政村相关材料报送区领导组，印发批复文件，推进撤并行政村工作。浑源县：收到南榆林乡、东坊城乡、吴城乡3个乡15个行政村同意撤并的请示报告，其中输林乡的车坊村、北晋庄村、东圪坨铺村、北水头村、三岭村、东沟村、仝嘴村、西圪坨铺村8个行政村并为聚兴村；东坊城乡的高水圪坨村和长城沟村并入门庆沟村，大西沟并入龙山村；吴城乡的辛窑村并入大洼村，马鞍山村并入吴城村，上窑村并入翟家洼村，西沟村并入东辛坊村。灵丘县：确定撤并5个乡（镇）6个村：白崖台乡烟云崖村，红石塄乡上车河村、稍沟村，柳科乡南坑村，赵北乡西白洋村，石家田鹿角村，该县撤并工作结合移民搬迁工程开展。广灵县：确定撤并2个行政村，前期准备工作完成，准备报县政府批准。阳高县：经各乡（镇）调查摸底，撤并的村有龙泉镇鹿角沟、长城乡十九梁、古城镇水泉洼、狮子屯乡水泉窑、东小村镇峪家窑、罗文皂二墩、大白登镇四姓庄7个村，前期工作完成，等县政府审核通过。左云县：撤并2个行政村，撤并前期工作完成，等县政府批准通过。平城区：3个乡（镇）经过1个月排查、摸点、论证，马军营乡22个村、水泊寺乡25个村、新旺乡13个村都未发现空壳村、留守村和规模过小、“空心化”突出行政村，3个乡（镇）都报关于撤并行政村的情况报告，暂时不存在撤并行政村情况。云冈区：高山镇经调研研究后决定不进行行政村撤并，云冈区6个乡（镇）都不进行行政村撤并。天镇县：上年天镇县撤并行政村8个。由于天镇县易地扶贫整体搬迁村有16个，为确保搬迁群众移得出、稳的住，很多工作需要村委会去完成，通过几次征求乡村意见，暂不撤并行政村。（温家华）

道德风尚

【天镇县首个“家风家训展馆”开馆】 2018年4月，大同市天镇县首个“家风家训展馆”开馆，这是该县落实习近平总书记“注重家庭、注重家教、注重家风”讲话精神，挖掘以革命先驱、革命先辈为主导的红色精神，营造“家风好、民风纯、政风清、党风正”氛围的举措。天镇县“家风家训展馆”以红色精神的典型代表——阎秀峰教育子女倡导良好家风为承载，通过图文、实物展现阎秀峰的生平、风范及其精神。（清 荷）

【全省学雷锋道德模范志愿服务先进事迹报告会】 2018年4月13日，山西省学雷锋道德模范志愿服务先进事迹报告会暨授牌（授旗）仪式在大同市示范性综合实践基地多功能厅举行，全市800余名师生聆听报告。报告会上，太原市优秀学雷锋志愿者、学雷锋志愿服务队副总队长蒋爱宝，全国道德模范、省道德模范、大同铁路职工常勇作题为《无偿帮困难人 做今日真雷锋》《学雷锋献爱心助人为乐见真情》的报告，讲述自己日常做善举的平凡事，赋予雷锋精神新的时代内涵。活动现场，省志工委授予大同市示范性综合实践基地“山西省学雷锋志愿服务基地”牌匾，授予大同一中、北师大大同附中、大同大学大同师范分校、大同铁一中、北岳中学、市一职中、市特教学校、大同市示范性综合实践基地、市实验小学、城区十七校10所学校“学雷锋志愿服务队”队旗。

省学雷锋道德模范志愿服务先进事迹巡讲团由省志工委和省委宣传部、省文明办、省直工委、省教育厅、省国资委共同组建。2018年3月28日起，巡讲团到大同一中、大同铁一中、城区十七校、市一职中、大同大学大同师范分校、大同幼儿师范学校、市特教学校、大同大学等大中小学校，宣讲10场次，听众1万余人次。

（清 荷）

【张伟莉被授予“新时代旅游行业女性榜样”称号】 2018年9月19日，由中国旅游协会主办的新时代中国旅游业女性发展论坛在北京开幕。论坛揭晓“中国旅游业杰出女性奖”评选活动结果，中国雕塑博物馆馆长张伟莉被授予“新时代旅游行业女性榜样”管理菁英称号，是山西省唯一获奖的文化旅游界女性代表。

中国旅游协会面向全国旅游业推出首届“中国旅游业杰出女性奖”评选活动，以彰显旅游业女性群体成就，展示新时代旅游业女性风采，凝聚女性力量，推动旅游业和女性从业者发展。评选活动从全国文化旅游界423位女性代表中评选，经过秘书处的初步筛选和专家委员会两轮投票，最终确定张伟莉等199位（及团队）被授予“女性榜样”称号。（清 荷）

【中国空军为大同飞行员家庭颁发荣誉匾】 2018年10月，空军飞行员荣誉牌匾颁发仪式在大同市招生考试管理中心举行，中国人民解放军空军招飞局北京选拔中心相关负责人给大同市3名飞行员家庭代表颁发“首次评定飞行等级纪念”牌和“空军飞行员光荣家庭”荣誉匾。授予飞行员飞行等级纪念牌，给其家庭颁发“空军飞行员光荣家庭”荣誉匾，是中国人民解放军空军成立68年以来第一次，旨在使飞行员这一职业受到全社会尊崇，让飞行员家庭成为全社会尊敬的家庭，有助于激励飞行员报国热情，给空军建设赢得飞行员家庭的支持。（清 荷）

【大同市一批先进单位和个人入选省学雷锋志愿服务先进典型】 2018年10月28日，山西省学雷锋志愿服务先进典型名单公布，大同市一批先进单位和个人入选。按照省委宣传部、省文明办、省民政厅等11部门联合印发的《关于组织开展2018年宣传推选学雷锋志愿服务先进典型活动的通知》要求，省委宣传部、省文明办牵头组织相关部门负责人召开评审会，确定山西省2018年学雷锋志愿服务先进典型名单。大同市入选先进典型公示名单的优秀志愿者是：灵丘县平型关义工联合会志愿者葛才贵，新荣区志愿服务联合会闫四桃。入选优秀志愿服务项目的是：圆梦爱心助学奖学项目，讲座走基层——专家志愿者基层送文化服务项目。入选优秀志愿服务社区的是：平城区南关街兴国寺社区、左云县云兴镇西街社区。入选志愿服务先进工作者名单的是：市图书馆公共文化志愿服务队刘思宇，市社会福利院杨静。

（清 荷）

【大同三名市民入选“中国好人榜”】 2018年10月31日，中央文明办发布10月“中国好人榜”，大同市市民吴德斌、葛向栋、王春芳分别上榜见义勇为好人、诚实守信好人、孝老爱亲好人。

10月，网上“我推荐我评议身边好人”活动收到网友推荐的好人好事线索218万余件，点赞评议543万人次，活动页面浏览量超过5078万人次。在各地文明办核实推荐基础上，中国文明网集中宣传展示299件好人好事。经评议，106位身边好人上榜，大同市吴德斌、葛向栋、王春芳位列其中。吴德斌是大同市云州区人民法院干警。上年7月2日，云州区西坪公园一名小女孩落入湖中，正在散步的吴德斌听到呼救声，来不及脱掉衣服、鞋子便跳入湖中，把小女孩救上岸，对小女孩紧急救助，直到孩子转危为安，才悄然离去。事后，小女孩的家人经多方打听，才知道救起自己女儿的恩人叫吴德斌。葛向栋是同煤集团精通兴旺煤业有限公司职工。2011年11月从事教育事业40余年的葛老师去世，临终前留下在家乡捐资助学的遗愿。为完成父亲的遗愿，二儿子葛向栋主持协调并取得母亲同意后，葛家人决定，在家乡新荣区青泽学校设立“葛老师奖学金”，多年来，葛家出资10万元，有117人次获这一奖学金。王春芳是浑源县蔡村镇碾槽沟村村民。10余年来，她照顾瘫痪在床的父亲和身患残疾的妹妹，除给父亲喂饭、按摩、擦洗翻身，照顾妹妹的起居外，还打理着家里的5亩田地，承担比常人更多的生活重担，付出常人难以想象的艰辛。给到婚年龄的王春芳说媒的人不少，但王春芳

有一个心愿：带父嫁人。（清 荷）

【第六届全国道德模范基层巡讲报告会（大同专场）】 2018年11月30日至12月1日，山西省第六届全国道德模范基层巡讲报告会走进大同，在大同大学和驻大同92325部队作专场报告。市委常委、副市长冯苏京，驻大同92325部队部队长徐宗桂分别参加两场报告会。市直部分单位负责人、市直机关干部、企事业单位职工、驻大同部队官兵等800余人聆听4位全国道德模范的事迹。

根据省文明委安排，省委宣传部、省文明办、省人社厅、省总工会、团省委、省妇联、省军区政治工作局共同举办山西省第六届全国道德模范基层巡讲活动。报告会上，运城电视台记者薛飞代表第六届全国孝老爱亲模范、芮城县古魏镇太安村村民孙银聪讲述老人把瘫痪在床的儿媳当成亲生闺女伺候的事迹。第六届全国道德模范提名奖获得者、晋煤集团成庄矿机电队队长张晨光，第六届全国道德模范提名奖获得者、太原公共交通控股（集团）有限公司职工冯黎明，第六届全国道德模范提名奖获得者、太原铁路房建段大同方圆物业公司职工常勇也分别讲述自己的模范事迹。（清 荷）

【第二届大同道德模范发布仪式】 2018年12月20日，第二届大同道德模范发布仪式在大同广播电视台演播厅举行，大同市委常委、宣传部部长、统战部部长黄岑丽，市人大常委会副主任张忠义、副市长郭蕾、市政协副主席王德成参加发布仪式并触摸启动球开启仪式。

大同市为弘扬道德风尚，发挥道德模范的示范引领作用，动员人民群众支持和参与道德建设，组织第二届大同道德模范评选活动，由市委宣传部、市文明办、市总工会、团市委、市妇联共同举办。该届道德模范推选活动经过群众举荐、组织审核、逐级报送、全市公示及公开投票等程序，最终评选出杨怀奎、宋金是“助人为乐模范”，徐文彪、吴德斌是“见义勇为模范”，苏裕田、张晓龙是“诚实守信模范”，郭二仁、徐海龙是“敬业奉献模范”，辛荣达、王春芳是“孝老爱亲模范”，张瑞亮、王孝和、关权、侯建文、葛向栋、孙秀莲、郑剑兴、魏官元、李元连、郃连枝10人获提名奖。发布仪式上播放10名获第二届大同道德模范的事迹短片，道德模范或家属现场接受记者采访，发表感言，主持人宣读致敬词。中国好人、第六届山西道德模范刘忠利，第六届全国道德模范提名奖常勇，首届大同道德模范赵德清，第一届全国文明家庭、首届大同道德模范孙秀兰，第四届全国道德模范提名奖张玉清给10名道德模范颁奖。（清 荷）

【许生义被授予“感动百姓·山西乡村爱心大使”称号】 2018年12月23日，第五届感动百姓·山西乡村十大爱心大使颁奖典礼在太原举行，大同市阳高县王官屯镇农民许生义被授予“感动百姓·山西乡村爱心大使”称号。

第五届感动百姓·寻找乡村爱心故事活动由山西省委宣传部、山西省精神文明办指导，山西省慈善总会、山西广播电视台、山西农村文化促进会联合举办，以“不忘初心，与爱同行”为主题。活动启动以来，寻访爱心故事300余个，通过综合评审，最终确定10名“感动百姓·山西乡村爱心大使”，另有5人获“感动百姓·山西乡村爱心大使”提名奖。

大同市阳高县王官屯镇农民许生义，17年来与妻子致力于敬老爱老活动，他们把所有积蓄都花在无偿供养孤寡老人、收养孤残流浪儿童和资助贫困学生上，给弱势群体撑起一个温馨和谐的“家”。许生义先后获“中华孝亲敬老之星”“山西省孝亲敬老楷模”“山西好人”、大同市首届道德模范。（清 荷）

【“最美军嫂”和“心系国防最美家庭”评选】 2018年12月26日，大同市举行首届“最美军嫂”和“心系国防最美家庭”评选活动揭晓仪式，表彰热爱军人、热爱军队、支持国防建设的先进妇女和家庭典型。市委副书记刘振国，大同军分区副司令员杨文斌参加揭晓仪式。7月以来，大同市妇联、市双拥办、大同军分区政治工作处联合开展寻找“最美军嫂”和“心系国防最美家庭”活动。经过寻找、推荐、审核、公示、评审等程序，决定授予刘荣等17人“最美军嫂”称号，授予段婧、张彪家庭等10户家庭“心系国防最美家庭”称号。（清 荷）

民族宗教事务

民族事务

【概况】 2018年，大同市有少数民族38个，16210人，少数民族外来流动人口1000余人，以回族、蒙古族、维吾尔族居多。其中，外来流动人口有回族700余人、蒙古族100余人、维吾尔族80余人，以经营民族特产、中草药、装饰绣品为主。有4个回族聚居村：平城区田村、云州区三条涧村、云州区马家会村、天镇县袁家皂村，有回族1145人，占聚居村总人口35%。全市有清真食品经营单位21家。（张立权）

【少数民族村经济社会发展】 2018年，大同市民族宗教事务局给市云州区落实少数民族发展资金45万元，给天镇县落实少数民族发展资金20万元。云州区根据自身实际情况，用于周士庄镇三条涧村防洪护坝工程，少数民族聚居村基础设施建设，该工程经过县、村两级公示，6月13日开工，7月20日完工，通过工程结算审核报告，审定决算总造价45.02万元。天镇县根据自身实际推进项目。（张立权）

【少数民族社会事务】 2018年，大同市民族宗教事务局按照山西省扶持民族贸易和民族特需商品生产相关政策，抓“十三五”少数民族特需品定点生产企业摸底、培育、筛选工作，使相关企业能够享受国家政策扶持。年内，灵丘县晋阳畜产品有限责任公司被认定为大同市“十三五”期间全国民族特需商品定点生产企业。为加强清真食品监督检查，元旦、春节、国庆、中秋期间，市民族宗教事务局会同市平城区民族宗教事务局和市伊斯兰教协会人员、清真食品监督员2次检查全市较大规模的清真饭店、清真牛羊肉专卖店和清真食品店，检查过程中发放《山西省清真食品监督管理条例》300余册，全年未发生“清真不清”问题和案件。（张立权）

【少数民族优惠政策落实】 2018年，大同市民族宗教事务局落实少数民族考生中、高考优惠政策，给全市92名少数民族考生出具中、高考加分证明。接受公民民族成分更改咨询50余次，变更公民民族成分3人次。（张立权）

宗教事务

【概况】 2018年，大同市有佛教协会、道教协会、伊斯兰教协会、天主教爱国会、基督教三自爱国运动委员会5大市级宗教团体。全市信教群众22.39万人，有正式登记、依法开放的宗教活动场所353处。其中，佛教场所164处、道教场所29处、伊斯兰教场所3处、天主教场所11处、基督教场所146处。全市有宗教教职人员608人。其中，佛教448人、道教52人、伊斯兰教8人、天主教24人、基督教76人。（张立权）

【《宗教事务条例》落实】 2018年，大同市民族宗教事务局围绕新修订《宗教事务条例》，开展解读、宣传、培训工作。举办全市县（区）宗教工作领导干部和全市宗教界各类专题培训班8次，印发各项宣传材料2000余册，培训宗教工作干部、宗教团体负责人、重点活动场所负责人、信教群众代表1000人次。（张立权）

【佛道教商业化治理】 2018年，大同市民族宗教事务局制定出台大同市佛教《去商业化问题治理细则45条》，在全市佛教界提出《“三只清香、一片诚心”文明敬香，保护“大同蓝”》倡议，建设生态寺观、文化寺观、和谐寺观。其中华严寺以建设书画院、法华寺以佛教文化、圆通寺以佛教音乐、弘法寺以弘扬书画艺术、真武庙以传统道乐、三元宫以道家太极等为重点进行文化寺观建设。（张立权）

【宗教团体建设】 2018年，大同市财政给予市级五大宗教团体预算经费40万元，用于解决各宗教团体办公费用不足。大同市民族宗教事务局围绕加强宗教活动场所管理、教职人员教育和优秀传统文化传承等工作，组织市佛协到江苏、浙江学习考察，组织市道协到陕西学习交流，组织市天主教爱国会到江苏、福建参访学习，借鉴当地经验做法，帮助他们开阔视野，增长见识，提高素质，促进健康发展。建立团体负责人联席例会制度，每月召开一次会议，由市各爱国宗教团体轮流承办，会议主题由市民族宗教事务局事先确定，主要是传达学习党的理论方针政策和宗教工作决策部署，协商需要各团体共同完成事项。（张立权）

【宗教爱国教育活动】 2018年7月1日，大同市民族宗教事务局组织全市宗教界代表人士到平型关大捷纪念馆开展以红色文化为主题的爱国主义教育活动，缅怀革命先辈。7月10日，举行“四进”清真寺活动启动仪式。7月10日至17日，举办大同市宗教界“五教同行”书画展，展现出大同市宗教界爱国爱教、正言正行、向上向善精神品质。9月28日，举办大同市宗教界“五教同行·迎国庆”演唱会，展现中华传统文化和中国宗教特色文化魅力。10月1日，组织全市五大宗教团体分别举行以“喜迎国庆、爱国爱教，正信正行”为主题的集中升国旗仪式，激发广大教职人员爱国情怀，坚定他们坚持宗教中国化方向决心和信心。（张立权）

人 物

新任市级领导

刘振国 汉族，1966年2月出生，山西平定人，研究生学历，工商管理硕士学位，1988年10月加入中国共产党，1986年8月参加工作。

1986年8月，平定县柏井乡任教；1988年9月，阳泉市教委职教科、人事科、组宣部科员（其间：1988年10月至1991年10月，山西省委党校函授专科班学习）；1994年3月，阳泉市教委团委副书记（其间：1992年8月至1994年12月，中央党校函授学院经济专业学习）；1996年12月，阳泉市教委党委正科组织员；1997年1月，阳泉市委办公室人事教育科科长；1998年6月，阳泉市政府办公室秘书一科主任科员；1999年11月，阳泉市政府办公厅副主任（其间：1998年11月至2002年12月，中国社科院研究生院经管专业学习）；2003年4月，阳泉市矿区副区长；2003年11月，大同市政府副秘书长、办公厅调研员（其间：2005年9月至12月，国家行政学院县市级青年干部培训班学习）；2006年6月，中共广灵县委副书记、代县长、县长（其间：2008年3月至7月，省委党校第四十四期青干培训班学习）；2008年8月，中共广灵县委书记；2011年9月，中共左云县委书记；2012年6月，大同市政府副市长、党组成员，中共左云县委书记（其间：2009年9月至2012年7月，中共党校在职研究生院经济学专业学习）；2012年11月，大同市政府副市、党组成员；2017年2月，大同市委常委、市政府副市长、党组成员；2017年3月，大同市委常委、市政府常务副市长、党组副书记；2018年2月，中共大同市委副书记、市政府常务副市长；2018年3月，中共大同市委副书记。

薛明耀 汉族，1973年8月出生，山西省方山人，中央党校在职研究生学历，中国人民大学公共管理硕士学位，1999年12月加入中国共产党，1995年10月参加工作。

1995年10月至1998年5月，太原钢铁（集团）公司培训部工作；1998年5月至2000年4月，山西省建设委员会建材管理处科员；2000年4月至2000年8月，山西省建设委员会建材管理处副主任科员；2000年8月至2002年3月，山西省建设厅城市建设管理处副主任科员；2002年3月至2005年8月，山西省建设厅城市建设管理处主任科员；2005年8月至2006年8月，山西省建设厅信息中心副主任；2006年8月至2008年8月，山西省建设厅建筑管理处副处长；2008年8月至2009年9月，山西省建设厅村镇建设管理处处长；2009年9月至2011年5月，山西省住房和城乡建设厅村镇建设处处长；2011年5月至6月，大同市城区区委副书记、代区长；2011年6月至2014年5月，大同市城区区委副书记、区长；2014年5月至2017年2月，大同市南郊区委书记；2017年2月至3月，大同市委常委、秘书长，南郊区委书记；2017年3月至2018年2月，大同市委常委、秘书长、办公厅主任；2018年2月至3月，大同市委常委、秘书长、办公厅主任，市政府党组副书记；2018年3月至12月，大同市委常委、秘书长、办公厅主任，市政府党组副书记、副市长；2018年12月，大同市委常委、常务副市长、市政府党组副书记。

尉连生 汉族，1962年10月出生，山西阳高人，中央党校大学学历，1985年6月加入中国共产党，1983年9月参加工作。

1983年9月，中共阳高县委政研室办事员、科员；1990年7月，中共阳高县委办公室副主任；1991年11月，中共阳高县王官屯镇党委副书记、镇长；1993年4月，中共阳高县王官屯镇党委书记；1998年5月，中共阳高县委常委；1999年7月，中共山西省委办公厅机关党委副书记（挂职）；2001年11月，中共阳高县委常委、办公室主任；2003年6月，阳高县政府副县长；2009年12月，大同市文物局党组副书记、局长，市民族宗教事务局党组书记；2013年9月，大同市文物局党组书记、局长；2016年8月，大同市政府机关党组成员、副秘书长，市文物局党组书记、局长；2016年11月，大同市政府副市长、党组成员；2018年11月，大同市委常委、市委秘书长，副市长；2018年12月，大同市委常委、市委秘书长。

梁晓旭 汉族，1971年4月出生，山西偏关人，大学学历，法律硕士学位，1989年7月加入中国共产党，1994年8月参加工作。

1994年8月，省人民检察院干部（其间：1994年11月至1995年8月，神池县扶贫）；1995年8月，省人民检察院公诉处书记员；1999年7月，省人民检察院公诉处副科级助理检察员；2002年7月，省人民检察院公诉处正科级助理检察员（其间：2002年8月至2004年1月，太原市人民检察院挂职锻炼；2004年6月，获山西大学法律硕士学位）；2006年3月，省人民检察院公诉处副处长；2006年6月，省人民检察院公诉二处副处长；2006年9月，省人民检察院公诉二处副处长、检察员；2009年4月，省人民检察院反贪局综合指导处处长、检察员；2010年5月，省人民检察院反贪局侦查指挥中心办公室主任、检察员；2014年9月，省人民检察院控告检察处处长、检察员；2016年2月，省纪委监察厅第一纪检监察室主任；2017年1月，省纪委监委第九纪检监察室主任；2017年4月，省纪委监委第一执纪审查（调查）室主任（副厅长级）；2017年11月，大同市委常委、纪委书记；2017年12月，大同市委常委、市纪委书记、市监察委员会代主任。2018年4月2日在大同市第十五届人民代表大会第三次会议上当选大同市监察委员会主任。

张　强　汉族，1966年4月出生，山西孝义人，大学学历，工商管理硕士学位，1987年6月加入中国共产党，1987年7月参加工作。

1987年7月，太行仪器厂研究所技术员；1991年4月，太原市政府办公厅科员；1992年12月，太原市政府办公厅副主任科员；1993年11月，太原市政府办公厅副处级秘书；1994年4月，太原市劳动保险公司经理（其间：1996年9月至1999年7月，中国人民大学工商管理专业学习，获工商管理硕士学位）；2002年3月，太原市社会保险中心主任；2003年9月，太原市政府副秘书长、市政府办公厅党组成员、市政务大厅主任（其间：2004年10月至12月，山西省中青年干部德国培训班学习；2006年9月至2007年1月，山西省委党校第四十一期中青年干部培训班学习）；2008年5月，清徐县委副书记、县长；2012年11月，灵丘县委书记（其间：2015年11月至2016年1月，中央党校第五期县委书记研修班学习）。2018年4月2日在大同市第十五届人民代表大会第三次会议上当选大同市人大常委会副主任。

李春平　汉族，1960年9月出生，山西大同县人，大学学历，1987年2月加入中国共产党，1981年7月参加工作。

1981年7月，大同县周士庄中学任教；1983年9月，大同县教育局干事（其间：1986年5月至1988年10月，借调雁北行署教育局）；1987年5月，雁北地区北岳中学干事（其间：1988年10月至1990年9月，借调雁北地委组织部）；1990年9月，雁北地委组织部干部二科干事；1993年7月，大同市委组织部干部二科干事（其间：1994年8月至1997年3月，阳高县马家皂乡挂职副书记）；1995年12月，大同市委组织部干部二科副科长；1997年2月，大同市委组织部企事业干部科副科长；2000年1月，大同市委组织部企事业干部科正科级组织员；2003年4月，大同市委组织部市直干部科科长；2006年12月，大同市委组织部地方干部科科长；2009年12月，大同市委组织部副部长；2013年10月，大同市委组织部副部长、市人力资源和社会保障局党组副书记、局长；2014年10月，大同市委组织部副部长，市人力资源和社会保障局党组书记、局长；2016年4月，大同市委组织部副部长（正处长级）；2016年6月，大同市委组织部常务副部长；2018年4月1日在政协第十四届大同市委员会第二次会议上当选大同市政协副主席。　（市委组织部）

先进人物

全国五一劳动奖章获得者

李　彬　汉族，1973年2月出生，山西天镇人，中共党员，大学学历，高级技师，中车集团铆工技能专家，中车大同公司车体车间机焊组组长，李彬劳模创新工作室带头人。

在中车大同公司生产攻坚战时，他一人承担两个焊接机械手焊接任务，最高产量达一天三节时，李彬工作量是常人工作量5倍。李彬“五小”（即小发明、小革新、小改造、小设计、小建议）创新成果《中白货运机车司机室立柱机械手焊接变形》在各种电力机车生产中推广应用。李彬劳模创新工作室围绕该公司生产经营目标和高技能人才培养需求，开展“技术培训”“技术创新”“拜师学技”三大主题活动。2018年，李彬劳模创新工作室征集各种立项攻关28项，QC（质量控制）攻关2项，“五小”成果8项，产生直接经济效益60余万元，间接效益300余万元。其中，获大同市优秀成果1项，获山西省优秀成果1项。

2010年至2014年连续五年被评为该公司“劳动模范”；2012年获“大同电力机车有限公司优秀党员”“北车集团劳动奖章”；2013年获大同电力机车有限公司党员标兵、大同市“转型跨越杯”劳动竞赛个人“一等功”；2014年被评为“山西省特级劳动模范”；2016年获“中车公司优秀党员”；2018年获“全国五一劳动奖章”。

（市总工会经济技术部）

山西省五一劳动奖章获得者

王　俊　汉族，1977年7月出生，山西大同县人，中共党员，大学学历，大同开发区投资促进部副部长。

他在13年的招商引资工作中，发扬不怕苦、不畏难、不气馁的精神，奔走全国各地，广交朋友，促成近百批客商到大同开发区考察。他把了解市情作为一项招商基本功，他熟记大同市主导产业，哪些产品可配套，哪些资源可供利用，哪些市场潜力可挖掘，在实际中能有效捕捉商机，找准对接点。他主导的招商局三大服务体系走在全市乃至全省前列，他起草的《中介人奖励办法》获两委联席会议通过，成为山西省第一个正式出台的招商引资中介人奖励政策。他13年对接洽谈项目500余个，投资总额近1200亿元，落地786亿元。

他先后被评为“全国农业普查先进个人”“大同开发区先进工作者”“大同开发区优秀团干部”“大同开发区新长征突击手”“大同开发区创先争优活动示范岗”。2018年获“山西省五一劳动奖章”。

王志强 汉族，1959年5月出生，山西浑源人，中共党员，大专学历，市档案局信息科科长。

2015年8月，王志强任驻灵丘县柳科乡柳科村第一书记，2017年8月任扶贫工作队员、挂职乡副书记。驻村扶贫期间，他重点推进易地扶贫搬迁、特色产业扶贫、教育文化扶贫帮扶项目。（1）以产业项目为龙头，因村因户施策。通过盘活闲置大棚、发展养殖业、产业扶贫建设、土地流转等措施，帮助贫困户增收58.89万元。（2）坚持“治贫先治愚、扶贫先扶智”思路，斩断贫困代际传递。办乡级幼儿园，得到县教育局支持，领回课桌30套，挤出1间校舍，2017年秋开园。捐赠书包文具97套，为中心校143名学生每人捐赠一双雨鞋、一套文具和彩笔、画笔等用品。（3）以基础设施为重点，改善发展条件。驻村工作队与市县扶贫办和有关部门沟通联系，落实106万元扶贫专项资金，用于村基础设施建设。其中，投资30万元用于打井1口、铺设管道2900米，浇灌土地260亩，每亩可增产100~150公斤，增收2.1万元。投资10万元用于修建大棚与外界道路，帮助大棚产品外运。投资50万元用于筑坝护田护村。投资16万元用于维修大棚和蓄水池，更换部分管道。

2005年5月被评为“大同市劳动模范”；2016年7月被中共大同市委评为“大同市优秀共产党员”；2017年10月被山西省档案局、山西省人社厅评为“山西省档案系统先进个人”；2018年获“山西省五一劳动奖章”。

王怀伟 汉族，1987年12月出生，天津蓟县人，中共党员，大学本科学历，2010年7月参加工作，同煤集团四台矿综采一队队长。

2017年，他创新“互联网+”在煤矿安全生产管理中的工作方法，以PPT形式，建立备品备件数据库、安全技术措施实现动画展示；运用VR全景技术建立工作面现场实景模型；采取“预测、预报、预知、预控”方法排查分析治理工作面现场环境安全隐患。在8209工作面停采中，层间距最薄处仅1.5米，工作面三条落差均大于层间距的断层，他组织员工把断层下盘的煤留成顶板，计算角度和破坏程度对岩石进行松动爆破，发明“划线割煤法”，割煤前在煤壁上用喷漆画出一条割煤线，可最大程度减少对顶板的破坏，精准控制采高，完成工作面停采工作。全年安全回采8801、8803、8211、8209、8207、8708，6个工作面；8803工作面搬家和408盘区回撤等工作。在生产实践中，他发明巷道防堵喷雾、乳化液自动配比、乳化液自动加液、电子式油温显示器、采煤机防掉道等项实用技术。

近年来，他先后被评为“大同市劳动模范”“同煤集团特级劳动模范标兵”“同煤集团特级劳动模范”“同煤集团优秀大学生”“同煤集团矿山青年标兵”。2018年获“山西省五一劳动奖章”。

乔俊文 汉族，1977年4月出生，山西繁峙人，中共党员，大学本科学历，大同市救助管理站党支部书记、站长。

近年来，他引进ISO9001国际标准质量认证体系，设立“家庭暴力受害人庇护中心”“困境农民工救助中心”，引进专业社工和心理机构及10余家爱心公益团队，设置救助引导点30个，求助引导标识1万余个；年均救助困境人员7000余人次，接待家暴受害者16人次、困境农民工150人次；设立爱心救助网站和微信、微博平台，通过“互联网+”等渠道为100余名滞站多年的受助人员寻亲成功，2015年，上海东方卫视记者到该站采访报道。

2001年被市政府评为“民政系统先进工作者”；2008年在市民政局实施“明天计划”工作中被评为“先进个人”；1998年、1999年、2001年被市民政局评为“年度先进工作者”；2016年，该救助管理站被全国妇联评为“全国维护妇女儿童权益先进集体”；2017年被评为“大同市劳动模范”；2018年获“山西省五一劳动奖章”。

刘　中 汉族，1977年1月出生，山西天镇人，中共党员，专科学历，天镇县南河堡乡顾家湾村永存种养专业合作社经理。

他带领群众发展经济，改变村容村貌，提高村民素质，热心公益事业。（1）引进技术、促农业增收。他从山东引进“荷兰15号”土豆新品种，连续两年示范种植，亩产4875公斤，带动全村群众种植500余亩。与中国轻工总会合作，引进生物秸秆新型饲料加工技术。注册“边城犇”无公害畜肉产品商标，所产羊肉销往北京等地。（2）产业带头、促农民增收。其创办的永存种养专业合作社，养羊6000只，每年和村民高价格收购玉米250万公斤，解决就业500余人次。吸纳周边村400余户贫困户入股养肉驴，户均年分红480元。（3）筹措资金、修善村基础设施。得到上级部门资金支持修缮村8千米防渗渠，修路5.5千米。（4）热心公益，支持县乡村工作。他热心公益事业，累计捐款4万元用于村镇道路建设。2017年、2018年每年筹集资金20万元，支持县春节元宵灯展。

2015年当选为天镇县政协委员，同年被团县委评为“杰出青年”；2016年当选天镇县政协常委；2017年被评为“大同市劳动模范”；2018年获“山西省五一劳动奖章”。

刘　宁 汉族，1980年7月出生，山西灵丘人，农工党党员，大学本科学历，大同市政协委员，市卫生局卫生监督所政策法规科科长。

2008年汶川地震期间，他独自开车到地震灾区救援，获市劳动竞赛委员会记个人一等功。他组织编印《大同市卫生执法手册》《三基建设便民服务手册》《应知应会手册》。利用网络、报纸等新闻媒体宣传卫生执法信息203次，发放各类宣传手册3000余册，现场为1600余名群众答疑解惑。2017年组织市卫生计生监督技能竞赛，并组队参加省卫生监督所卫生监督微课竞赛，3部参赛作品全部入围省总决赛，其中1部选送参加全国竞赛。举办培训4期，培训卫生监督员500人次。全年完成辖区内74户666个项目公共场所室内空气质量卫生监测，完成率100%。为全市260家食品生产企业进行备案管理和食品安全标准跟踪评价，配合国家卫生计生委在大同市开展胡麻籽系列产品调研，为拟制相关食品地方标准提供依据。

2008年被市劳动竞赛委员会记个人“一等功”，被山西省卫生厅评为“先进个人”；2010年被大同市卫生局评为“先进个人”；2016年被山西省委宣传部评为“‘六五’普法全省法治宣传教育先进工作者”；2017年被评为“大同市劳动模范”，当选市政协十四届委员；2018年获“山西省五一劳动奖章”。

刘传颖　汉族，1977年1月出生，山东济南人，中共党员，大学本科学历，高级工程师，国网山西省电力公司大同供电公司客户服务中心副主管。

2017年，他牵头开展国有企业家属区“三供一业”分离移交工作，联系大同市国资委、市政管委会等相关部门，对接同煤集团沟通协调，经过3个多月现场排查和资产清点，6月30日，按期完成同煤集团棚户区100766户电力用户6.7亿元供电设施接收任务。他深抓配电网降损工作，警企联动不定期组织开展全市范围内反违约用电行动，2017年堵漏增收371.47万元，台区线损合格率93.84%，有损线损率7.31%，同比少损电量4821.43万千瓦时。他团结带领电力营销团队，主动走现场、到园区，17次上门服务，化解客户用电难题20余处，畅通办电“绿色通道”，压缩办电报装时限，保障大同国际陆港、万龙滑雪场、中银羊毛等7个政府招商引资重点项目供电。

2017年被评为“大同市劳动模范”；2018年获“山西省五一劳动奖章”。

刘艳响　汉族，1971年10月出生，河北饶阳人，中共党员，中技学历，高级技师，中车大同公司铆工技能专家，中车大同公司车体车间底架一组组长，是该公司铆焊创新工作室和祁卫东劳模创新工作室主要成员。

他在该公司新产品开发研制中，作为车体试制带头人，发扬劳模引领作用。在首台160千米/小时动力车底架试制过程中，底架各梁焊接变形不易控制，尤其是边梁，试制难度是近年来所有车型中最难的，试制前他分析边梁图纸和工艺要求，逆向思维把每个细节都做到最好，使试制保质保量按计划兑现。他还担负该公司各种车型设计更改，以及图纸升级所涉及到的各种部件改制和更换。2017年，他设计更改30余项，节约价值30余万元。

2015年被山西省机冶建联合工会授予“十大金牌工人”称号；2016年被山西省机冶建联合工会授予“现场英雄”称号；2017年被评为中国中车“高铁工匠”；2018年获“山西省五一劳动奖章”。

李　敬　汉族，1962年2月出生，山西大同人，中共党员，大学本科学历，中国工商银行大同分行高级经理。

他担任纪委书记兼工委主任期间，完善纪检监察机制建设，推动党风廉政建设，八年来累查处各类违规违纪事件72起，党纪政纪处分162人次。落实“从严治行”要求，完善金融风险防控机制，开展案防排查工作，夯实内控案防基础，连续三年在省行专业考核排前三名，多次获省行内控案防先进单位。构建安全银行。构建技防、物防、外部欺诈和安全服务四条防线，八年来堵截75起外部欺诈风险事件，实现八年安全保卫“三无”工作目标，连续八年在省行专业考核排前三名，被大同市综治委评为综合治理先进单位。发挥工会作用。开展送温暖、员工生日，及婚丧嫁娶慰问、员工健康体检、员工疗养、特困员工救助等活动，开展文化娱乐活动，激发员工工作热情，被山西省文明办评为2016—2017年度省级文明单位。

2001年被中国工商银行山西省分行评为“先进工作者”；2002年被评为“大同市劳动模范”；2013年被评为“大同市2002—2003年度精神文明建设优秀工作者”；2018年获“山西省五一劳动奖章”。

李志刚　汉族，1972年12月出生，山西大同县人，中共党员，大学本科学历，山西省公路局大同公路分局公路建设物资经销站负责人。

2015年，他通过竞聘，被山西省公路局大同公路分局党委任命为大同市公路建设物资经销站负责人，上任后制定经营策略和经营布局，升级改造该站原有老旧设备，提升设备工艺水平，在当年公路建设路面施工中开创试验段，得到业主和监理单位认可，并把全部投入收回。2016年初，他按最新公路建设工艺标准，把单位其他老旧设备全部改造，在施工建设中大显身手。在长神线、马走线和积大线集中连片改造建设路面铺设工程中创造精品工程，扭转多年亏损局面。2017年在108国道改造建设中，他与单位全体职工承揽路面及附属工程1300余万元，自主解决单位70余职工的工资及“四险一金”，全年创收200余万元。

2002年被省劳动竞赛委员会记个人“三等功”；2016年被评为“大同市劳动模范”；2017年在全省交通运输系统“五小”竞赛活动中获“优秀成果二等奖”；2018年获“山西省五一劳动奖章”。

杨五五　汉族，1964年9月出生，山西大同市新荣区人，中共党员，在职研究生学历，山西中新甘庄煤业有限责任公司董事长。

2017年，他组织完成8102薄煤层自动化工作面工业性试验，开发出矮型化采掘、支护和运输成套设备，超长工作面设计240米，该项目取得各类专利11项，其中发明专利7项。山西中新甘庄煤业有限责任公司煤炭发热量同比提高1000余大卡；回收率提高至71%以上。严控生产材料消耗，材料采购同比下降30%，材料消耗同比下降26.5%。全年办公费、差旅费、招待费、会议费和车辆管理费五项可控费用下降94万元，节水节电61万元。在修旧利废、五小科技创新创效上节约资金1135万元。全年原煤产量101万吨，销售商品煤96.32万吨，实现营业收入40569.79万元，实现利润总额17019.85万元，上缴税费10096.78万元。春节中秋慰问退休伤残病困18万元，六一捐资助学5万元，金秋支助贫困大学生7万元，封闭煤棚、锅炉房改造、煤矸石治理、污水处理工程投资1098万元，支助新荣区对口扶贫村49万元，为夏庄村村民无偿资助提供生活用煤1107吨。

2001年至2004年被评为“大同市劳动模范”“优秀党员”，2007年被国家人事部和中国煤炭工业协会评为“劳动模范”，2012年至2017年被中煤资源集团公司评为“优秀经营管理者”，2018年获“山西省五一劳动奖章”。

宋立芬 女，汉族，1970年2月出生，山西广灵人，中共党员，大学本科学历，高级经济师，中国农业银行大同市分行运营管理部副经理。

2017年，她围绕省、市农行运营管理工作指导思想开展各项工作，所分管的10项工作全省条线综合排名第三，其中集中授权业务指标全省排名第一。加强网点运营主管管理和柜员培训，全年组织轮岗37名运营主管，开展柜员培训测试6次，督导430余名柜员每日一练和自由测试；加强实物印鉴与电子验证管理，全年新增电子支付印鉴1706户；支付结算及账户管理，全年为城区35个机构办理单位账户开销户2691户，机构信用代码证1725户，推广支付密码器2857户，万元以上账户推广使用率99%；加强银企对账管理，年末50万元以上重点账户电子对账电子对账签约率96.62%，较上年提高17.16个百分点；组织全行55个网点开展2轮年终决算演练，按时完成全年年终决算。

2013年被评为“山西省机构信用代码证推广应用工作先进个人”、“中国农业银行BoEing工程建设先进个人”，2015年获中国农业银行山西省分行“五一劳动奖章”，2018年获“山西省五一劳动奖章”。

张从兵 汉族，1960年10月出生，山西左云人，中共党员，高中学历，左云县长丰马铃薯种植专业合作社经理人。

2010年，张从兵回到村里，承包530亩耕地搞起马铃薯、小杂粮种植，当年纯收入10万元以上。2011年，他研究该村情况，拿出自己全部积蓄，牵头成立长丰马铃薯种植专业合作社，流转全村1615亩土地由合作社集中经营，村民在流转土地上每亩收入200元，在合作社打工每月收入2000元以上，2017年全村经济总收入160万元，农民人均纯收入7000元，实现农民增收致富。该合作社引进新品种、新技术，形成种薯生产、储藏和商品薯加工一条龙的产业链条，每年繁育生产一级种200万公斤，实现利润100万元，为周边40个村提供6万亩马铃薯一级良种。2016年筹措资金930万元，筹建钙果饮料厂，2017年底正式投产，可安排150余人就业，年实现利润200万元。

2017年被评为“大同市劳动模范”，2018年获“山西省五一劳动奖章”。

张文华 女，汉族，1985年6月出生，山西繁峙人，中共党员，本科学历，大同市城区北街街道岳翠园社区党支部书记兼社区主任。

她任职以来，始终加强学习，勇于实践，提升自己综合素质和为民服务水平作为根本；在工作中，以“六途径”创新党内活动方式，加强党员队伍管理、突出基层党组织政治功能，提升基层组织力，推进社区党建工作制度创新和基层党组织规范化建设。她所在社区党支部紧扣社情民意，探索实施党建示范圈和“二四六”党建工作法，2017年，该社区党支部通过“党建+一切”思维模式提升组织凝聚力，链接教育、医疗卫生、餐饮服务、文体、助老、婚恋、文化公益服务等资源单位44个，全年组织开展政策法规宣传、医疗服务、亲子互动、文艺会演、弘扬传统文化等活动16场次，受益群众2000余人，一对一精准帮扶困难群众37户，把法律、文化、卫生、创安、帮扶等服务从窗口延伸至居民小区里、送到居民家中，搭建起服务群众有效平台，提高居民生活质量，塑造基层党组织和党员优良形象，以抓党建带动和促进社区日常事务良好发展。

2009年被山西省授予“优秀共青团员”称号；2014年被评为“大同市优秀大学生村干部”；2017年被评为“大同市劳动模范”“十佳山西最美社区干部”，所写论文获全国总工会征文一等奖；2018年获“山西省五一劳动奖章”。

郑　江 女，汉族，1976年4月出生，山西大同人，中共党员，大专学历，大同市赛诚机车设备有限责任公司工会干事。

她从铁道部火车头健美操队退役后，发挥特长带领大家组织基层健美操队参加全国职工万人健美操大赛。多次组织参加省市举办的文体活动并取得优异成绩。1997年在全国健美操锦标赛中获六人操冠军。2005年在大同市普及并培训大众广播体操，组织近800人比赛。2012年组织并策划大同市首届排舞比赛，编排训练两支代表队分别获特等奖和一等奖。她作为大同市文体活动领头羊，在大同市六届职工文化博览会中，获“五一文化奖”“工人艺术家”等。在全国全健排舞大赛中为大同市总工会、同煤集团两只代表队编排的规定曲目和串烧曲目，以及指导的单人和双人项目全部获得金奖，被全国全健排舞大赛委员会晋升为高级导师，并成为中国职工文体协会理事。

2002年被国家体育总局授予“健美操国家一级裁判员”称号；2004年被国家体育总局授予“国家一级体育社会指导员”称号；2014年被职工文体协会、全国全健排舞委员会授予“全国全健排舞高级裁判员”称号；2017年晋升为“全国全健排舞高级导师”；2017年被评为“大同市劳动模范”；2018年获“山西省五一劳动奖章”。

赵　军 汉族，1967年8月出生，山西广灵人，中共党员，本科学历，广灵县壶泉镇赵庄村党支部书记。

2009年，他担任村支部书记后，带领村民打机井3眼，变压器增容2台，新输电线路500米实施节水管灌工程1100亩，把全村水浇地面积增加至1200亩。他组织村民发展养殖业，全村发展绒山羊1200只，绵羊存栏400只。组织村民新修田间路2000米，新修防渗渠371米，文化广场1处，安装太阳能路灯51盏，新建村民院落围墙1068米，植树1000株，危房改造125户。带领村民种植反季节蔬菜大棚10座，发展蔬菜200亩，建成年出栏3200头养猪场1座，带领三村182户408人增加收入32余万元。赵庄村脱贫贫困户31户84人。

2011年被广灵县壶泉镇委员会评为“优秀党务工作者”，2012年被广灵县委广灵县人民政府评为“模范个人”，2013年被广灵县委广灵县人民政府评为“农村经营管理型人才”，2017年被大同市爱国卫生运动委员会评为“爱国卫生先进工作者”，同年被评为“全省优秀村党组织书记”，2018年获“山西省五一劳动奖章”。

段军山 汉族，1971年7月出生，山西泽州人，民进会员，大学本科学历，大同市南郊区驻京信访维稳工作组负责人。

他从事信访维稳工作后，钻研理论、学习政策、自我完善、自我提高，一切从实际出发、大局出发，用理论武装自己，用政策引导访民，百姓称他为“明白人”。他借鉴过往经验，虚心向兄弟县（区）学习，亲自整理出一套工作机制，取得明显成效。2016年非访40人次下降到2017年26人次，重大节点，实现进京“零非访”。

2010年被评为“大同市优秀政协委员”，2016年被评为“山西省G20峰会维稳先进个人”，2017年被评为“全省社会治安综合治理先进工作者”，2018年获“山西省五一劳动奖章”。

姜美琴 女，汉族，1978年12月出生，山西浑源人，群众，大学本科学历，大同市第十四届、十五届市人大代表，山西省大同市浑源县穆岳小学的语文教师。

她从事教育工作以来，不断学习现代教育理念与教学理论，刻苦钻研教材，虚心请教，博采众长，不断改进教学方法，逐步形成自己的教学风格。她尊重学生在课堂中的主体地位，结合自己特长，把音乐、绘画融于教学之中，调动孩子们学习主动性，使课堂生动有趣。她注重用爱心和耐心感染学生，因材施教，主动帮助学生，促使学生形成团结、勤奋、道德的优秀品质。教书与育人并举，严格要求学生，帮助学生养成精益求精，严肃认真的学习习惯和健康人格。

2015年被评为“山西省师德标兵”，2016年被评为“大同市优秀班主任”，2018年获“山西省五一劳动奖章”。

高 峰 汉族，1964年5月出生，山西大同人，中共党员，本科学历，市文物监察大队队长、副研究馆员（高级职称）。

他参加工作三十多年来，一直在考古发掘和考古研究一线工作，撰写学术论文20余篇。近年来，他和队员们查处各类文物违法违规案件50余起，上缴国库罚款近300万元；制止查处的御昌佳园二期和华宇项目工地破坏古墓案，确保209座古墓葬和400余件出土文物没有遭到破坏和流失，为研究北魏历史文化风俗提供珍贵实物资料；每逢节假日和古都灯会，他组织队员们检查全市50余处文物景点消防安全；每年安全巡查全市境内国家级文物保护景点27处、省级文物保护景点52处、市县级文物保护景点348处、长城500余千米任务，有效遏制文物违法犯罪事件发生，确保文物安全无事故。

2014年、2016年行政案卷被国家文物局评为“全国十大优秀案卷”；2017年被评为“大同市劳动模范”；2018年获“山西省五一劳动奖章”。

崔守武 汉族，1967年1月出生，山西大同县人，中共党员，高中学历，大同县党留庄乡邢庄村党支部书记、村委会主任。

在他的带领下，村两委班子加大招商引资、打造美丽宜居示范村庄力度，改善民生，多渠道脱贫。截至2017年底，全村引进企业19家，形成“三大产业”园区：（1）温室大棚种植园区。占地520亩，各类投资3000万元，形成蔬菜生产区、科技示范区、种苗繁育区、加工物流区、服务中心的“四区一中心”，带动村民建成大棚400余栋。（2）养殖园区。建成大型养殖场2家，规模养殖户5家。全年养殖基地各类牲畜1500头。（3）以圆缘草莓采摘大棚和泰和春庄园为依托，建设集采摘、特色餐饮、垂钓、住宿、健身、娱乐为一体的生态示范旅游项目，全村有300名村民在园区务工，人均年收入1.5万元以上。成立黄花专业合作社，带动种植黄花260亩，拉动全部贫困户入股，稳定增加收入。建设美丽宜居示范村庄。粉刷主干路两侧房屋、墙体5000平方米，打造社会主义核心价值观文化墙；栽植各类树木15600株，灌木3500株，人均16株；重修村主路1.3千米，硬化街巷5.2千米，硬化主街道两侧空地7000平方米。安装高杆路灯180盏，采购垃圾箱100余个，配备清运车3辆，成立专职保洁队伍，建立卫生清洁长效机制，改造村主街道污水1000米。升级配套全村监控设备，全高清摄像探头增加至50个，达到人居区监控联网全覆盖。建成村级文化站、农民健身活动场所，安装健身器材，建成老年日间照料中心，配备老年娱乐设施，安排老人餐饮，丰富老年人精神文化生活。新建占地150平方米公共浴室。邀请新浪网、大同市图书馆、大同市少儿图书馆等单位，为邢庄村小学提供40余万元教学设备和资金支持。

2017年被评为“大同市特级劳动模范”，2018年获“山西省五一劳动奖章”。

韩飞宇 汉族，1983年5月出生，山西盂县人，大学学历，工程师，执业药师，山西同达药业有限公司技术总工。

2003年参加工作，十三年来一直在药品生产技术与质量控制的生产一线工作。硫酸氨基葡萄糖是山西同达药业有限公司新生产的一个新品种。2014年立项以来，他带头组建攻关小组，查阅大量物理、化学、冻干机原理等资料，向有关学校老师请教，在实验室进行上百次试验，终于做出达到标准要求产品，摸索出一系列影响产品杂质和水分控制工艺条件。2016年1月，该产品转入生产状态，达到国家药品质量要求，收率达到同行业领先水平，同年9月获山西省食品药品监督管理局生产批准。他组织申报的小儿布洛芬栓标准及有效期研究获得生产批件，碳酸钙D3片、缬沙坦氨氯地平片等项目申报国家食品药品监督管理局药品审评中心。他主持的药物颗粒制粒机和抗感染药物混合机项目，获国家实用新型专利。

2018年获“山西省五一劳动奖章”。

焦云峰 汉族，1975年9月出生，河北大名人，本科学历，国电电力发展股份有限公司大同第二发电厂综合分公司副主任，工程师。

2017年该车间完成机组A、B、C级检修9次，检修后的7号机组被评为“金牌机组”。全年完成承压新焊口15460道射线检验工作，一次焊口总合格率97.8%；完成金属监督项目232项，金属承压部件检验率100%，超标缺陷处理率100%缺陷消除率大于98%；全年完成配件加工任务2400余件，配件合格率99.8%以上。2016年，针对10号机组再热疏水管座外管壁T91管道金属脆性大，焊接时极易产生裂纹的特殊情况，焦云峰果断制定焊接方案和工艺，成功避免一起机组停机事故。针对7、8炉顶棚受热面受热不均匀，频繁发生受热面管材拉裂泄漏的情况，制定完成治理方案并实施，彻底消除顶棚过热器拉裂泄漏的隐患。为避免7～10号机高温受热面管因氧化皮脱落堵塞造成爆管，制定出先涡检再进行排气改造实施方案，并在锅炉检修中予以实施，取得良好效果。

2012—2013年度被评为国电电力“优秀共产党员”，2013年至2014年度被评为厂级“十佳优秀共产党员”，2016年被评为国电电力厂级“劳动模范”，2017年被评为“大同市劳动模范”，2018年获“山西省五一劳动奖章”。

鲍永生 汉族，1971年4月出生，山西应县人，中共党员，工程硕士学位，高级工程师，山西大同煤矿集团公司马脊梁矿矿长。

2012年6月，他任职以来，以高度的责任心和使命感在岗位，谋工作，尽职责，求实效，所任职单位各项工作年年都走在同煤集团前列。在同煤国电同忻煤矿任总经理期间，参与建设、并见证同忻千万吨矿井发展整个过程，获中国建设工程“鲁班奖”、煤炭行业工程质量“太阳杯”奖。在雁崖煤业公司任董事长期间，探索资源枯竭型矿井发展之路，转岗、分流和剥离企业富余人员500人，使企业由单一煤炭开采向多元创效转变，每年创收3000万元。2015年9月任马脊梁矿矿长，他夯实安全基础，推进管理创新，抓实流程再造，注重人才培养。2016年商品煤同比增加90万吨，增效4.5亿元；2017年11月超额完成全年生产任务，商品煤同比增加20万吨，增效1亿余元；他亲自主持并设计改造马脊梁矿主煤流系统，日均生产原煤3万吨以上，达到千万吨矿井达产能力，为老矿技改提供“马矿方案”，成为老矿技改典范。他致力技术创新，《煤矿井下用钢制轨枕》《锚索锁头防坠装置》等获国家实用新型专利。他主导延伸拓展“雷雨工作室”功能，使其成为安全生产服务助手、“五小”成果孵化基地和科技人才创新之家。

2014年、2015年、2016年被授予“山西省煤炭科技创新优秀矿长”称号，2015年、2016年被授予“山西省优秀企业家”称号，2016年被评为“大同市劳动模范”，2018年获“山西省五一劳动奖章”。

潘　廷 汉族，1974年5月出生，山西阳高人，中共党员，中专学历，阳高县大白登镇潘寺村人。

1993年，潘廷高中毕业后外出打工，先后在酒店任管理、宣化炮院、陕西搞水电安装。2014年返乡创业，吸收全村168户农民创办阳高县潘寺种植养殖综合专业合作社。他决心带领全村农民闯出一条发展高效农业的新路，多方协调，落实信用社贷款432万元，发动农民自筹资金129.6万元，建成108栋日光温室园区。园区建成后，当年分到农户手中。全村三分之一的农户种上日光温室蔬菜，并且掌握日光温室黄瓜、西红柿等栽培技术，每棚年纯收3.5万元，全村增加纯收入378万元，人均增加可支配收入3240元。为增强合作社吸引力，潘廷建设“农家书屋”“农村文化大院”。他筹集资金3万元，购置电脑2台，桌椅20套，图书柜5个，购置图书1500册，接入宽带，配备投影仪，卡拉OK点歌机，他发挥寓教于乐作用，帮助村民积累科学文化知识，更新思想观念。2017年，他落实项目资金35万元，农民自筹91万元，新建钢架塑料大棚70栋，为农民增加纯收入56万元。在脱贫攻坚中，他给41户贫困户送去白面、大米各1袋，油10斤；他的合作社为贫困户免费机耕、机播、机收，为贫困户发放资金8200元。

2017年被评为“大同市劳动模范”，2018年获“山西省五一劳动奖章”。

霍月红 女，汉族，1976年12月出生，山西阳泉市矿区人，中共党员，硕士研究生，大同市第五人民医院风湿免疫科副主任兼党支部书记。

她自工作以来一直潜心于风湿病临床、教学和科研工作。确诊多例罕见的风湿性疾病，近五年来收治疑难危重症患者近100人次。2013年主持大同市软科学项目立项《新医改环境下大同市医疗卫生人才资源建设模型和发展策略》。2014年合作课题《microRNA-194通过靶基因对肝癌细胞生长表型的影响及对细胞周期的调控作用》获大同市基础研究科技项目立项。2017年主持申报大同市科技局平台建设项目《中国风湿病数据中心大同地区大数据资源平台精准医疗的建设》。近年来发表科研论文20余篇，国家级论文近10篇，科研项目多次获省市级科技进步奖。

2005年获山西省人事厅、卫生厅抗击非典积极贡献嘉奖；2014年在国家级课题863项目国家风湿病数据中心临床优秀实践巡回赛夺冠，并获杰出奖；2014年、2016年被评为“大同市卫计委系统先进党员”；2015年被授予“长治医学院教学基地优秀教师”称号；2017年被授予“北美医学教育基金会特聘专家”称号；2018年被命名“大同市五一巾帼标兵”和“大同市十大杰出女职工”；同年获“山西省五一劳动奖章”。

（市总工会经济技术部）

全市优秀共产党员名单

平城区

郭丽荣 女，大同市平城区环卫处机扫二公司分队长

宋聪玲 女，大同市平城区第十八小学校副校长

张世墩 大同市平城区南关街道凯德世家社区党员

云冈区

张文忠 大同市云冈区平旺乡拖皮村党支部书记、村委会主任

何　帆 大同市云冈区清泉街道福禧里社区干部

师美琴 女，大同市云冈区新泉中学教师

吕群峰 大同市富乔垃圾焚烧发电有限公司党支部书记

新荣区

王东凤 大同市新荣区破鲁堡乡八墩村党支部书记

魏官元 大同市新荣区西村司法所所长、人民调解委员会主任

乔云云 女，大同市新荣区堡子湾乡河东窑村妇联主任

云州区

李　成 大同市云州区瓜园乡瓜园村党支部书记

贾　军 大同市公安局云州分局巡警大队大队长

孙　洁 女，大同市云州区民政局婚姻登记所所长、安置办主任

左云县

边广文 左云县社会福利中心主任科员

沙存仁 左云县经委原主任、左云县老干部艺术团团长

王守业 左云县住房保障和城乡建设管理局党总支书记、局长

阳高县

郝政斌 阳高县古城镇古城村党员

曹立峰 阳高县鳌石乡乱石村党支部书记

张　利 女，阳高县医疗集团党总支副书记、副院长

天镇县

韩福财 天镇县贾家屯乡塔儿村党支部书记

吴燕军 天镇县天基蔬菜扶贫专业合作社社长

杨素芳 女，天镇县逯家湾镇李家寨村党员

孟先峰 天镇县玉泉镇三里屯村扶贫工作队队员

浑源县

孙　愉 浑源县南榆林乡二岭村党支部书记、村委会主任

卢金娥 女，浑源县人民医院护理部主任

于智勇 山西裕隆祥农业发展有限公司党支部书记、总经理

灵丘县

蔺新春 灵丘县红石塄乡下北泉村党支部书记

王中勋 灵丘县独峪乡曲回寺村第一书记

王建国 灵丘县武灵镇前山角村党员

广灵县

温秀山 广灵县蕉山乡洗马庄村党支部书记、村委会主任

薛媛媛 女，广灵县人民法院加斗法庭庭长

魏丙先 女，广灵县鸿棉制衣有限公司党支部书记、总经理

开发区

姜　何 大同开发区行政审批局审批科科长

宋天娇 女，大同泰瑞集团建设有限公司党建群工部部长

张　桦 女，山西仟源医药集团股份有限公司行政部经理

市直单位

周建新 女，大同市公安局信访处政委

陈晓东 大同市公安局御东分局刑侦大队党支部书记、大队长

梁　全 大同市农牧信息中心党支部书记、主任

解玉保 大同市法华寺文物管理所所长

张　然 女，大同市畜牧兽医科学研究所高级畜牧师

王宏德 大同三中集团校北校区党支部副书记

陈京伟 大同市非税收入管理局计划财务科副科长

赵建新 大同市公交公司三分公司驾驶员

刘喜廷 大同市国顺贸易有限责任公司党支部书记、经理

冯菊茹 女，大同银行会计结算部总经理

驻大同单位

王学军 同煤集团大斗沟煤业机电科工人

冯彩亮 同煤集团燕子山矿彩亮克尘工作室主任

田　营 国电电力大同第二发电厂运行管理部节能专责

郭永红 大同煤运公司审计部部长

杜　凯 中车大同公司机车电器车间技术主管

（市委组织部）

三八红旗手名单

全国三八红旗手（大同）

高淑霞 女，大同市妇联党组书记、主席

省三八红旗手（大同）

王桂英 女，大同市第五人民医院主任医师

张力平 女，大同市委政法委综治办副主任

赵　敏 女，大同市公安局云冈区分局人口管理大队大队长

陈晓丽 女，广灵县妇联主席

张志琴 女，大同市水利局水产技术推广站助理工程师

杨　敏 女，左云县公用事业管理中心副主任

杨雪飞 女，大同市唐情结飞天创意商贸有限责任公司董事长

翟秀云 女，大同市云州区第一中学教师

王春梅 女，阳高县委办公室副主任科员、驻村工作队队长

（市妇联）

省巾帼建功标兵（大同）名单

张慧慧 女，天镇县马家皂乡政府副乡长兼安家皂村第一书记

张晓琴 女，大同市第二人民医院大同市肿瘤医院心内科主任

王晓媛 女，大同市新荣区人民政府副区长

张晓敏 女，浑源县荆庄学校教师

曾琳琳 女，大同市云州区人民医

院妇产科副主任

麻莉娜 女，大同市平城区第四十校校长

张秀萍 女，大同市云冈区法律援助中心主任

张晓萌 女，灵丘县信用社古之河分社柜员

李　利 女，同煤集团总医院护理部主任

魏　波 女，左云县西街学校少先队辅导员 （市妇联）

全市能源革命工作优秀个人名单

李伟伟 大同隆基乐叶光伏科技有限公司总经理

尚务强 同曦新能源有限公司执行董事兼总经理、同煤塔山光伏发电有限责任公司执行董事兼总经理、大同大昶移动能源有 限公司董事长

姚丽英 女，山西大同大学副校长

熊　云 大同氢雄云鼎氢能科技有限公司 CEO

顾　鹏 大同大昶移动能源有限公司总经理

赵建新 大同墨西科技有限责任公司总经理

郝建军 国网山西省电力公司大同供电公司副总经理

郭永钢 山煤集团大同富利达房地产开发有限公司总经理

张明忠 大同泰瑞集团建设有限公司总裁

王冬波 同煤国电同忻煤矿有限公司电气副总工程师

王建平 山煤集团左云长春兴煤业有限公司党支部副书记

孙　鹏 北京建工集团山西公司大同总指挥

武艳丽 女，北京建工集团技术公司副总经理、总工程师

霍国庆 大同全科盟新能源产业技术研究院有限公司执行理事长

肖立业 大同全科盟新能源产业技术研究院有限公司院长

何　玲 女，中关村智造大街大同能创能源科技有限公司总经理

侯福喜 山西英皓广告有限公司副总经理

王　玺 平城区区委副书记

张志强 平城区水泊寺乡党委书记

杨文林 云州区发展和改革局副局长

张耀华 云州区政府办科员

李同生 灵丘县国土资源局局长

杨洪利 灵丘县供电公司经理

刘　雁 大同经济技术开发区行政审批局局长

刘双英 女，大同日报社新能源产业部主任

张骁勇 大同广播电视台总工办副主任

李占国 大同农村商业银行股份有限公司副行长

杨　恒 大同市投资担保中心担保二科科长、财信担保有限公司董事长

李云平 女，大同经济技术开发区管委会副主任、招商总局局长

高　连 市委组织部党员教育中心主任

杜争国 市委组织部人才办

徐海滨 市委宣传部副部长

李海亮 市编办副主任

秦靖成 市发改委（市新能源产业局）产业推进科科长

杨生玺 市发改委（市新能源产业局）国际合作科科长

张建平 女，市发改委（市新能源产业局）创新发展科科长

丰志刚 市经信委副主任

刘春生 市经信委新能源汽车办公室主任

宿成茂 市财政局经济建设科科长

皇甫世江 大同师范高等专科学校校长

李　广 市教育局办公室副主任

秦　贵 市国土资源局副局长

孟晨光 市国土资源局督察科科长

高启波 市住建委城建科科员

王士仲 市环保局行政审批服务办公室科员

姚胜利 市交通运输局局党组成员、公交公司党委副书记、副董事长

葛有成 市煤炭工业局规划发展科科长

李　暄 市市政管委会综合执法支队支队长助理

牛诗珺 市规划局建管科副科长

高旭升 中国人民银行大同市中心支行党委书记、行长 （市委办公厅）

山西省（大同）脱贫攻坚奖获奖名单

奋进奖

王会军 灵丘县石家田乡东张庄村村委会主任

姜　宏 广灵县梁庄乡刘家沟村村民

贡献奖

刘忠利 大同市政府办公厅派驻阳高县大白登镇潘寺村第一书记

高　鹏 大同大学派驻阳高县罗文皂镇谢家庄、十九墩村工作队长

谢育斌 省道路运输管理局派驻天镇县玉泉镇唐八里村工作队长兼第一书记

奉献奖

刘金萍 女，广灵县巧娘宫手工编织专业合作社总经理

创新奖

刘宇庆 省气象局派驻广灵县梁庄乡水涧村工作队员

刘晓东 省高院派驻浑源县大仁庄乡黄土坡村第一书记

山西省（大同）扶贫开发先进个人获奖名单

山西省（大同）干部驻村帮扶工作模范队员

徐　乾 云州区水务局派驻峰峪乡徐家堡村工作队长

马继文 大同市中医院派驻云州区吉家庄乡东安家堡村工作队员

邓宗兵 云州区林业局派驻巨乐乡上羊落村工作队长

秦　华 云州区进修校派驻西坪镇东咀村工作队长

郭丹丹 女，中共阳高县委办派驻大白登镇潘寺村工作队员

高　俊 阳高县龙泉工业园区派驻长城乡二十六村工作队长

谢建忠 大同市热力有限公司派驻阳高县罗文皂镇陈家堡村工作队长

宋利文 大同市人大常委会办公厅派驻天镇县卅里铺乡孙家店村工作队员

杨河芬 大同市人社局派驻天镇县

张西河乡许家窑村工作队长

刘永胜　联通大同分公司派驻天镇县新平堡镇柴家窑村工作队长

鲁丽芳　女，大同市食品药品稽查队派驻浑源县南榆林乡北紫峰村工作队长

刘玉才　大同市政府采购中心派驻浑源县西坊城镇黄沙口村工作队长

胡学忠　大同市文物局监察大队派驻浑源县驼峰乡高窑村工作队长

段山玲　中共灵丘县委组织部派驻落水河乡三山村工作队长

李东明　灵丘县总工会派驻白崖台乡长沟村工作队长

白颢宇　灵丘县东河南镇农业站派驻石家田乡石家田村工作队员

陈耀华　大同市新闻中心派驻灵丘县独峪乡曲回寺村工作队员

白桂峰　山西壶流河湿地省级自然保护区管理局派驻广灵县一斗泉乡七咀村工作队员

侯忠斌　大同市五医院派驻广灵县望狐乡宋家峪村工作队长

宋寿祯　中共广灵县委办派驻壶泉镇赵庄村工作队长

张　明　新荣区审计局派驻破鲁乡栗恒窑村工作队长

郝日舜　中共阳高县委组织部派驻东小村镇东营村工作队员

王志军　中共大同市委统战部派驻天镇县贾家屯乡袁家窑村工作队长

李　军　左云县市场和质量监督管理局派驻小京庄乡小堡子村工作队长

山西省（大同）干部驻村帮扶工作模范第一书记

夏悦航　大同市地震局派驻云州区米庄村第一书记

孙英浩　国家应急管理部派驻阳高县后营村第一书记

叶建军　中共阳高县纪委派驻阳高县正峰涧村第一书记

苏　磊　大同市教育局派驻天镇县新平堡镇十六墩村第一书记

王占宇　中共大同市委政法委派驻天镇县赵家沟乡赵家沟村第一书记

杨　亮　省公路运输工会派驻天镇县玉泉镇石家庄村第一书记

吴苏俊　大同市财政局派驻浑源县东坊城乡荆庄村第一书记

刘　基　中共大同市委组织部派驻浑源县下韩村乡藏庄村第一书记

王海虎　灵丘县公路段路政大队派驻柳科乡北上庄村第一书记

李红栋　灵丘县卫生监督所派驻下关乡上关村第一书记

曹乐乐　新荣区公安分局派驻堡子湾乡李佩沟村第一书记

郎先龙　广灵县农委派驻梁庄乡刘家沟村第一书记

山西省（大同）干部驻村帮扶工作先进工作者

张志强　省委脱贫攻坚第一督导组成员（省水利厅西山提黄灌溉工程建设管理中心副主任）

孟汉仲　大同市扶贫开发领导组办公室副主任

田海英　大同市扶贫开发领导组办公室副主任

赫福强　大同市扶贫开发领导组办公室副主任

李晓栋　大同市扶贫开发领导组办公室综合科科员

张文忠　阳高县扶贫办主任

刘　静　天镇县赵家沟乡分管扶贫副乡长

乔永权　灵丘县脱贫攻坚指挥中心绩效考核和驻村帮扶组组长

刘立君　广灵县扶贫开发办公室副主任

赵　虎　左云县脱贫攻坚指挥部办公室副主任

郭根银　新荣区易地扶贫搬迁领导小组办公室

（市扶贫办）

逝世人物

关　毅　（1922.08—2018.02）汉族，山西汾阳人，1946年11月参加工作，1947年8月加入中国共产党。历任山西汾阳县苏家庄小学教员，汾阳南偏城中心校校长，汾阳八区公所建设助力，汾阳四区公所副区长、财粮助理、汾阳五区公所所长，汾阳县团委书记，山西团省委科长、秘书，左云县委书记，左云、右玉两县合并后的县委第一书记，怀仁县委书记，怀仁县革委会副主任、主任，雁北地革委业务组副组长，雁北地区农办主任、农工部部长，雁北行署副专员，雁北行署顾问等职。1985年5月离休。

赵锡臣　（1919.02—2018.04）汉族，陕西清涧人，1934年11月入伍参加革命工作，1937年11月加入中国共产党。历任排长、连长、营长、学员队队长，先后参加过交河、孟良崮、莱芜、鲁南等战斗。转业后历任雁北重工局副局长、雁北专署农业机械局副局长，离休后享受副厅级待遇。

王　辉　（1941.05—2018.12）汉族，山西太谷人，1962年5月加入中国共产党。1964年从中国人民解放军军事工程学院毕业后，先后在北京军工研究单位和国家部委担任技术研究和组织管理工作。曾参与中国第一艘核潜艇、导弹驱逐舰系统技术研制，其负责研制的某舰炮自动火控系统获国家级科技进步二等奖。

1985年11月至1990年9月，王辉在大同市工作，先后担任大同市副市长、市委副书记、市长。调离大同后，他先后担任山西省经济委员会党组书记、主任，国家经济贸易委员会副秘书长，中国舰船研究院党组书记、院长，中国船舶重工集团公司党组副书记、副总经理。

欧学联　（1943.11—2018.12）女，汉族，江苏宿迁人，1975年3月加入中国共产党。1973年至2003年担任大同市矿区永定庄矿街道第十六居委会主任、社区党支部书记。1997年7月和2016年7月两次被评为“全国双拥模范个人”，先后获全国先进工作者、全国三八红旗手、全国“巾帼建功”标兵、全国煤炭工业战线劳动模范、全国助人为乐模范、山西省特级劳动模范、山西省优秀共产党员等，当选第九届全国人大代表。

（市委老干部局）

县区概览

平城区

【概况】大同市平城区位于北纬39°58'~40°10'，东经113°11'~113°24'。总面积246平方千米。2018年，经国务院批准，按照山西省人民政府批复，大同市撤销城区，设立平城区，全区下辖3个乡，12个街道办事处，139个社区居民委员会，60个村民委员会。年末全区常住人口938794人，比上年末增加187550人。全年全区出生人口9747人，出生率10.4‰，死亡人口5865人，死亡率6.26‰。自然增长率4.14‰。

全年全区地区生产总值196.74亿元，同比增长10.5%。其中，第三产业（服务业）增加值126.51亿元，同比增长8.8%。二、三产业比例为36：64。规模以上工业增加值26.98亿元，同比增长23.1%。一般公共预算收入（区域划分后口径）4.93亿元，同比增长36.8%。社会消费品零售总额274.48亿元，同比增长8.4%。城镇居民人均可支配收入33525元，同比增长7.5%。

工业与建筑业 年内，平城区规模以上工业增加值26.98亿元，同比增长23.1%。工业企业累计总产值94亿元，同比增长46.9%。规模以上工业企业实现主营业务收入77.33亿元，同比增长49.03%。实现利税74.54亿元，同比增长10.11%。

全年全区具有建筑业资质等级的总承包和专业承包建筑业企业完成建筑业总产值81.46亿元，比上年增长9.3%。

固定资产投资 年内，平城区固定资产投资76.8亿元，同比增长31.8%。第二、三产业分别投资4.86亿元、71.9亿元，分别增长71.9%、29.8%。其中，工业投资4.86亿元，同比增长71.9%；工业技改项目投资2.8亿元，增长58.3%；转型升级项目投资56.3亿元，占完成投资73.3%；基础设施投资14.2亿元，增长41.8%；民间投资39.7亿元，增长3.7%。房屋销售面积75.5万平方米，上年同期房屋销售面积51万平方米，同比增长47.9%。

贸易业 年内，平城区社会消费品零售额累计274.48亿元，同比增长8.4%。其中，限额以上社会消费品零售总额115.45亿元，同比增长7.5%；限额以下社会消费品零售总额159.03亿元，同比增长9.06%。从限额以上的五大行业来看：占比较大的石油行业和中西药品类行业的快速增长拉动商贸市场繁荣。石油及制品类43.97亿元，同比增长23.7%，占限上零售额比重38.1%。汽车类13.33亿元，同比下降18.5%，占限上零售额比重11.5%。金银珠宝类6.93亿元，同比下降10.2%，占限上零售额比重6%。中西药品类9.8亿元，同比增长29%，占限上零售额比重8.5%。

科学技术与教育 年内，平城区专利申请551件，发明专利申请190件。

全区有33所小学校，6所民办学校、1所特殊教育小学。小学在校学生数61662人，小学专任老师3505人。

文化与卫生 年内，平城区有文化馆1个，图书馆1个，少儿业余艺校1所。参加全市春节期间街头文艺活动，获优秀组织奖。全年组织100场全省万场大戏进社区活动演出，完成110场“百队百场”文化惠民直通车进社区文艺演出，30场群众性体育活动；群众活动队伍310个站队，人数4万余人，建成16个街道、乡文化中心。

全年全区有社区卫生服务中心7所，床位110张，卫生技术人员26人，医师88人。有直属社区卫生服务站4所，妇幼保健计划生育服务中心59所，疾病预防控制中心1所，卫生监督所1所。

社会保障 年内，平城区城镇新增就业人数4776人；创业带动就业人数1805人，城镇失业人员实现再就业2009人；就业困难人员就业409人。全年城镇登记失业率3.6%。全年全区国家抚恤、补助各类优抚对象756人。截至2018年年底，全区有低保对象15416户，发放低保金6600万元。

（徐雅丽）

2017—2018年大同市城区主要核算指标表

单位：万元

指　标	2018年	2017年	2018年比2017年增长 ±%
总产出	6390062	5614665	20.3
第一产业	—	—	—

续　表

指　标	2018 年	2017 年	2018 年比 2017 年增长 ±%
第二产业	1729898	1300076	34.3
工业	915334	623100	46.9
第三产业	4660164	4314589	15.3
交通运输、仓储和邮政业	209300	201400	3.9
批发和零售业	2192396	2029996	8.0
住宿和餐饮业	572684	530263	8.0
地区生产总值	1967423	1704458	10.5
第一产业	—	—	—
第二产业	702292	552625	13.9
工业	269812	174178	23.1
第三产业	1265131	1151833	8.8
交通运输、仓储和邮政业	63499	54796	15.0
批发和零售业	362151	345380	3.1
住宿和餐饮业	159127	144779	8.8
人均地区生产总值（元 / 人）	26142	22769	9.9

注：2018 年，大同市进行区划调整，所辖平城区指标处于调整衔接阶段，故新旧行政区划并行统计

【商业设施建设】　2018 年，大同市平城区结合实际，加强中心城市商圈建设，建成一批以百盛、华林、大西街、玄辰广场等商业地带，形成城南、城西、城北三大商圈。借力“互联网 +”，参与建立集中小企业转型升级、创业创新孵化基地、总部经济基地的综合性服务园区。该园区总面积 6 万平方米，入驻 2 家企业总部和 23 家企业。推动大众创业、万众创新，申报全省中小微企业创业创新基地示范区，在华林、齿欣大厦建立孵化基地。设立双创专项资金，区级财政每年投入 1000 万元，支持创业创新。平城区有各类双创基地、空间 15 个，技术中心 2 个。搭建“平城区创业创新服务网络平台”，与大同大学联合建立“大同市平城区科技专家库”，制定出台《关于科技创新的实施意见》《引进高层次专业技术人才办法》，为全区双创发展、科学决策提供智力支持。　（徐雅丽）

【文明城市创建】　2018 年，平城区成立创建文明城市指挥部和 11 个创城工作领导组，召开创城推进会 3 次，制定《大同市平城区创建文明城市实施方案》《大同市平城区创建文明城市测评任务及责任分解（2018—2019）》《大同市平城区未成年人思想道德建设测评工作方案（2018—2019）》，把创城任务纵向分解到各乡和街道办事处，横向落实到 11 个创城工作组和区直有关部门，形成由区委、区政府领导，区创城工作指挥部整体协调，各工作领导组、各乡、街道、区直有关部门具体落实，全社会参与的创建工作体系。建立周报告制度，制作整理《平城区工作动态》《平城区创城信息》，迎接两次省级测评。在全区印发《致广大居民的一封信》《文明城市创建应知应会》等宣传资料 8 万余份，在中央级媒体、网站发稿 1 条，在省级媒体、网站发稿 28 条，在市级媒体、网站发稿 32 条，报道平城区创城工作情况。　（徐雅丽）

【行政区划调整】　2018 年，国务院、省政府分别印发关于同意大同市调整部分行政区划的批复，根据批复，撤销大同市城区，设立大同市平城区。平城区行政区域以原城区南关街道、北关街道、东街街道、西街街道、南街街道、北街街道、新建南路街道、新建北路街道、大庆路街道、新华街街道、向阳里街道、振华南街街道，原南郊区水泊寺乡、新旺乡、马军营乡为行政区域。区划后辖区总面积 246 平方千米，全区常住人口 93.88 万人。　（徐雅丽）

【第一处应急避难场所挂牌】　2018 年 1 月 8 日，城区为确保在自然灾害发生后人员快速、有序疏散安置，最大限度减少人员伤亡和财产损失，增强抵御灾害事故整体能力，根据市地震局建设地震应急避难场所要求，该区地震局选定 45 校

▲ 2018 年 10 月 16 日，市民参观首届“新时代 新平城”改革开放 40 年记忆摄影展（徐雅丽 摄）

操场为城区应急避难场所。这是该区第一处应急避难场所。这处避难场所可用面积 4000 平方米，可容纳近 5000 人应急避难。（徐雅丽）

【中共平城区委员会成立】 2018 年 5 月 29 日，中共大同市平城区委员会举行揭牌仪式，标志着中国共产党平城区委员会成立。市委常委、市政府常务副市长、市委派驻平城区行政区划调整工作组组长薛明耀，市政府副秘书长潘世君、市民政局副局长曹葆春出席揭牌仪式。揭牌仪式上，薛明耀宣读市委有关决定并与平城区委副书记、平城区人民政府筹备组组长李继忠共同为中国共产党大同市平城区委员会揭牌。揭牌仪式后，新成立的平城区举行第一次升国旗仪式。（徐雅丽）

【平城区首届“云冈杯”门球邀请赛】 2018 年 6 月 20 日至 21 日，大同市平城区首届“云冈杯”门球邀请赛举行。来自张家口、包头、鄂尔多斯、朔州、忻州、太原、晋中及大同市 20 支代表队的 140 余名运动员参赛。比赛由平城区委老干局、平城区文化局、平城区老体协、平城区门球协会主办。比赛是团体 5 人赛制，分两个阶段进行，其中第一阶段是小组循环赛，打 40 场球；第二阶段是附加淘汰赛，打 8 场球。经过 48 场比拼，最终决出前 8 名。（清 荷）

【“新时代 新平城”改革开放 40 年记忆摄影展】 2018 年 10 月 16 日至 31 日，由平城区委、区政府主办，区委宣传部承办的首届“新时代 新平城”改革开放 40 年记忆摄影展在市和阳美术馆展出。这次展出老照片、精品展、主题展、自然篇、人文篇、建设篇、展望篇七大区域 290 幅参展作品，评选出一等奖 4 名，二等奖 8 名，三等奖 12 名。这次摄影展运用摄影表现形式，反映平城区建设的新变化、新成就、新风貌，展示平城区风光美、和谐美、人物美，从不同侧面感受平城人崇文尚德、发奋图强、忠厚善良、豪爽朴实的美德。（徐雅丽）

【校地合作】 2018 年 11 月 30 日，平城区宣传部与大同大学文学院签署战略合作框架协议，市委宣传部副部长王娟，区委常委、宣传部长梁介，大同大学教务处长苏鹏、宣传部副部长于立强、文学院院长凌建英、文学院党委书记刘德明、文学院副院长郝春涛及平城区相关部门负责人出席仪式。协议签署标志着平城区和大同大学在共同推进地方文化建设，弘扬和传播山西优秀传统文化、革命文化上迈出实质性步伐。双方共同致力于大同优秀传统文化、红色文化、新能源先进文化的传播及高平台、多方位、专业性合作文化品牌的打造。（徐雅丽）

云冈区

【概况】 大同市云冈区位于北纬 39°53′～40°17′，东经 112°53′～113°24′，全区总面积 737.81 平方千米。2018 年，国务院、省政府同意撤销大同市南郊区，设立大同市云冈区。行政区划后，全区下辖 2 镇 4 乡，28 个街道办事处，120 个村民委员会，127 个社区居民委员会。辖区常住人口 74.30 万人，其中乡村人口 10.72 万人，出生率 10.34‰，自然增长率 4.20‰，死亡率 6.14‰。户籍人口 65.52 万人，总户数 246201 户，城镇人口 52.33 万人，乡村人口 13.19 万人。

全年全区地区生产总值 421.24 亿元。其中，原矿区 28.66 亿元，增长 3.6%；原南郊区 392.58 亿元，增长 3.6%。第一产业 8.68 亿元，占 2.1%。第二产业 253.48 亿元，原矿区 6.06 亿元，原南郊区 247.42。第三产业 159.08 亿元。规模以上工业增加值 222.9 亿元，其中，原矿区累计 2.9 亿元，增长 14.2%；原南郊区累计 220 亿元，增长 0.5%。固定资产投资 150.15 亿元。其中，原矿区累计投资 15.33 亿元，下降 12.2%；原南郊区累计投资 134.82 亿元，增长 15.1%。社会消费品零售总额 231.42 亿元。其中，原矿区 109.81 亿元，增长 7.95%；原南郊区 121.61 亿元，增长 7.3%。公共财政收入累计 10.6 亿元（同口径 8.8 亿元）。城镇居民人均可支配收入，原矿区城镇居民人均可支配收入 31981 元，增长 6.5%；原南郊区城镇居民人均可支配收入 26750 元，增长 6.7%。农村居民人均可支配收入 15493 元。

农业农村　年内，全区农业总产值 49957.63 万元，林业总产值 1346.7 万元，牧业总产值 80135.34 万元，渔业总产值 8.8 万元。农业机械总动力 11.56 万千瓦。大中型拖拉机 1861 台 55840 千瓦，配套农机具 2144 台。全区耕地总面积 1.75 万公顷，农村居民人均耕地面积 0.13 公顷。农作物播种面积 1.1 万公顷。全年农产品加工企业销售收入 17.01 亿元，同比增长 7.4%，500 万元以上

▲云冈区口泉植物园全景　（石有团　摄）

农产品加工销售收入 11.28 亿元，同比增长 15.1%。全区申报“三品一标”无公害认证企业 6 家，认证产品 8 个，认证面积 1.17 万公顷。全年发展设施农业 33.33 公顷、改造提升 53.33 公顷。推广集约化育苗 1000 万株。实施省级设施蔬菜“三新”技术推广工程 2 项 32 公顷。

村容村貌提升工程。大路辛庄等 7 个村安装路灯 616 盏。投资 60 万元，绿化村庄 3 个（大路辛庄村、冯庄村、茶坊村），每个村 20 万元。投入 4693.5 万元，建设乡村道路 32.67 千米。开展乡村道路环境整治活动，出动清洁人员 483 人次，出动垃圾清运车辆 46 车次，清理垃圾 1380 立方米。推进农业废弃物资源化利用：建立 1 处废旧地膜回收利用点，1 处废弃农药包装物回收点。建立秸秆收储运体系。乡村环境提升工程规划投资 65 万元，由华诚博远工程技术集团有限公司完成 13 个村（杨家窑、王家园、东肖河、茶坊村、冯庄、肥村、东肖河、马辛庄、太善村、拖皮村、张留庄村、赵家小村、落里湾）“一图一表一说明”的实用性村庄规划编制。

水利　年内，全区打机井 13 眼，建防渗渠 5.99 千米，铺设各类输水管道 22.65 千米，恢复改善水浇地 280 公顷，新增节水面积 120 公顷。提升农村饮水安全人口 17455 人。治理水土流失面积 1733.33 公顷。水利建设总投资 2655.71 万元。

工业　年内，全区工业建设项目 115 项，投资 298.45 亿元。其中，新建项目 101 项，投资 99.57 亿元；续建项目 14 项，投资 198.88 亿元。亿元以上项目 31 项。4 月 16 日，大同市转型项目建设年项目集中推进活动暨原南郊区分会场开工仪式在古店镇项目工地举行。这次项目集中开工涉及 6 个项目，分别为热浸锌制品生产加工项目、年产 3 万吨优质煅烧高岭土项目、年产 3000 万平方米纸面石膏板生产线项目、年产 10 万吨生物复混肥项目、智能科技电器生产项目和协鑫智慧能源大同风电项目。

教育　年内，全区有各类学校 86 所。其中，完全中学 4 所，高中 2 所，初中 6 所，九年制学校 4 所，小学 64 所，特教学校 1 所，进修校 1 所，职业学校 3 所，青少年校外活动中心 1 所。在校学生 51352 名。其中，小学生 35906 名，初中生 8640 名，高中生 5263 名，职中生 1543 名。在职教职工 6764 人。另有原矿区转隶空壳学校 41 所，留守人员 294 人。

卫生医疗　年内，全区卫计系统有行政事业单位 7 家，医疗集团 1 家。在职人员 806 人（含区医院、中医院外聘 349 人）。其中，区卫计局 18 人，区疾控中心 44 人，区卫生监督所 37 人，区妇幼计生中心 56 人，区流动人口服务中心 3 人，区计生协会 5 人，区中医院 178 人（含外聘 126 人）。区医疗集团所属区医院 347 人（含外聘 223 人），6 家乡（镇）卫生院有 118 人。云冈区有各类医疗机构 447 家，全区有执业医师（助理）2716 人，注册护士 3217 人，有村（社区）计划生育服务员 247 人，乡村医生 153 人，各级医疗机构拥有床位总数 1820 张。

社会事业　年内，全区城市低保月人均补助水平由上年 489 元提高至 509 元；农村低保由上年 3354 元提高至 3750 元，10 月 1 日起再次提标，由 3750 元提高至 4254 元。全区农村低保对象 8233 户 11319 人，全年累计发放低保金 3428.82 万元；城市低保对象 10820 户 20881 人，全年累计发放低保金 11183.19 万元。全年支出医疗救助 815.82 万元，救助 4524 人。全区有五保对象 213 户 216 人，发放救助金 146.65 万元；城市“三无”人员 20 户 20 人，发放救助金 12.31 万元。全年发放临时救助金 127.20 万元，954 人受益。全区高龄失能 1519 人，发放补贴 77.68 万元。其中，高龄老人 1291 人，发放补贴 57.65 万元；失能老人 228 人，发放补贴 20.03 万元。发放优抚金 937.77 万元。为驻云冈区部队未就业随军家属 15 人发放生活补贴 9 万元。为 2016 年原矿区入伍士兵 774 人发放义务兵优待金 1372.46 万元。为 323 名参试人员在中国人寿保险公司购买总金额 84.24 万元商业医疗保险。全区投入运营的养老机构 57 家。其中，公办养老机构 1 家，民办养老机构 9 家，老年人日间照料中心 47 个（包括城市中心 12 个，农村中心 35 个），有床位 1500 余张。高山镇燕子山村、口泉乡窑子坡村、口泉乡郊城村、口泉乡高庄村、平旺乡王家园村等日间照料中心增设医疗室，方便老年人就医看病，实现医养结合。新建口泉乡五法村、口泉乡堡子店村、西韩岭乡茶坊村、西花园街道 4 个老年人日间照料中心。在恒安新区批准筹建医养结合的大同云冈恒安养老院，总投资 6000 万元。落实困难残疾人生活补贴政策，为 4434 人发放困难残疾人生活补贴 309.17 万元。　（石有团）

2017—2018 年大同市南郊区主要核算指标表

单位：万元

指　标	2018 年	2017 年	2018 年比 2017 年增长 ±%
总产出	12120451	11790540	3.0
第一产业	131450	127420	1.3
第二产业	8818499	8493718	2.1
工业	8271660	7964330	1.7
第三产业	3170502	3169402	5.8
交通运输、仓储和邮政业	1197240	1199483	3.3
批发和零售业	492568	487422	5.1
住宿和餐饮业	186790	179965	7.6
地区生产总值	3765247	3607011	3.5
第一产业	87916	84497	2.1
第二产业	2310408	2289301	1.1
工业	2062909	2055370	0.4
第三产业	1366923	1233213	8.7
交通运输、仓储和邮政业	528253	469122	3.0
批发和零售业	230352	208087	4.1
住宿和餐饮业	89625	81073	7.3
人均地区生产总值（元 / 人）	89182	85474	3.4
支出法地区生产总值	3782659	3608979	4.8
最终消费	2497291	2382628	5.0
消费率	66	66	0.0
资本形成总额	1285368	1226351	4.4
投资率	34	34	0.0
居民总消费水平（元 / 人）	54615	52144	5.0
农村居民	43601	41675	4.6
城镇居民	66452	63370	5.3

注：2018 年，大同市进行区划调整，所辖云冈区指标处于调整衔接阶段，故新旧行政区划并行统计

【非物质文化遗产巡展】 2018 年 5 月 8 日至 9 日，南郊区组织非物质文化遗产传承人走上街头、走进校园，开展非物质文化遗产巡展活动，通过项目内容简介、历史渊源、项目传承、项目传承人演示等，以图片展示、实物作品展示、现场讲解等方式，宣传推广全区非物质文化遗产区级项目传统雕塑、郊城道情、张建勇剪纸、传统泥塑、张革烙画、顺成锅盔、大同皮雕，市级项目阳和坡耍孩儿和省级项目张留庄地秧歌参加巡展。

（石有团）

【行政区划调整】 2018 年，国务院、省政府分别印发关于同意大同市调整部分行政区划的批复，根据批复，撤销大同市南郊区，设立大同市云冈区。以原城区的西花园街道、老平旺街道，原南郊区的高山镇、云冈镇、口泉乡、平旺乡、西韩岭乡、鸦儿崖乡，原矿区的行政区域为云冈区的行政区域。把南郊区古店镇划归新荣区管辖。行政区划后，全区下辖高山镇、云冈镇、口泉乡、平旺乡、西韩岭乡、鸦儿崖乡 2 镇 4 乡，西花园街道办事处、老平旺街道办事处、新胜街道办事处、新平旺街道办事处、煤峪口街道办事处、永定庄街道办事处、同家梁街道办事处、四老沟街道办事处、忻州窑

街道办事处、白洞街道办事处、雁崖街道办事处、挖金湾街道办事处、晋华宫街道办事处、马脊梁街道办事处、大斗沟街道办事处、王村街道办事处、姜家湾街道办事处、新泉路街道办事处、民胜街道办事处、口泉街道办事处、马口街道办事处、燕子山街道办事处、杏儿沟街道办事处、青磁窑街道办事处、平泉路街道办事处、四台沟街道办事处、和顺街道办事处、和瑞街道办事处28个街道办事处。辖区常住人口74.30万人，全区总面积737.81平方千米。

（石有团）

【中共云冈区委区政府成立】 2018年5月29日，云冈区举行中共大同市云冈区委员会揭牌仪式，标志中共大同市云冈区委员会成立。市委常委、市纪委书记、市监委主任、市委派驻云冈区行政区划调整工作组副组长梁晓旭出席揭牌仪式，并宣读市委有关决定。云冈区委班子成员、区人大、政府、政协筹备组领导，部分区党政群团部门负责人、企事业单位负责人参加揭牌仪式。7月5日，云冈区人民政府揭牌，标志云冈区人民政府成立。区委常委、区委副书记戴陶主持揭牌仪式。区党政群团部门负责人、区纪委、区监察委员会负责人、区部分公安干警，及相关单位负责人等参加揭牌仪式。（石有团）

【新型职业农民培育】 2018年，云冈区新型职业农民培育由省级新型职业农民培育基地大同市金农农业专业合作社承担培育任务，分5期6个班，培育新型职业农民320人。其中，新型经营主体带头人轮训70人，专业技能和社会服务型新型职业农民培育250人。培训内容主要包括设施蔬菜种植、蔬菜病虫害防治、乡村旅游等。培育过程采取"分段式""集中式"方式培训、实训及跟踪服务，并组织学员多次到实训基地开展现场教学活动。认定50名新型职业农民（初级）并颁发新型职业农民证书。农民科技大培训86期，培训7600人。（石有团）

【高山村入选全国第五批传统古村落】 2018年，云冈区高山镇高山村成功申报"全国第五批传统村落"，是大同市通过的5个村落之一，是云冈区唯一通过的村落。

高山村俗称高山城（高山古城），是明朝大同镇72城堡之一。地质学家认定，十余万年前高山是9000余平方千米古"大同湖"的西岸，远古有地处孟家湾的"高山新石器文化遗址"和高山段十里河畔"高山细古器遗址"，有大同这片土地生存拓展的足迹和生命繁衍的演化痕迹。古代，高山一直是兵家必争的重要战略点——大同城的西翼，高山古城内至今还保留有明代始建的古院落、古牌坊、古石桥等30余处，其中保存最完整的怀德桥，桥面深深的车辙印，是大同西出杀虎口到内蒙古及俄罗斯——茶马古道的历史印证。（石有团）

新荣区

【概况】 大同市新荣区位于北纬40°07'～40°24'，东经112°52'～113°31'。全区总面积1102平方千米。2018年5月，原南郊区古店镇划归新荣区，全区下辖2个镇6个乡，即古店镇、新荣镇、郭家窑乡、破鲁堡乡、西村乡、上深涧乡、堡子湾乡、花园屯乡，5个社区居民委员会，144个村民委员会。全区户籍人口11.8万人，森林覆盖率28.9%，绿化率39.2%。

全年全区地区生产总值35.45亿元，比上年增长11.8%。固定资产投资29.45亿元，增长13.9%。社会消费品零售总额11.65亿元，增长7.4%。地方一般公共预算收入2.32亿元，增长35%。城镇常住居民人均可支配收入25104元，增长6.9%；农村常住居民人均可支配收入9510元，增长9%。

农业　年内，全区牛、猪、羊饲养量分别达3.25万头、9.25万头和38.55万只。蛋鸡存栏32.11万只，肉蛋奶总产量2.92万吨。全年拆除86个村庄废弃院落，拆除废弃院落和残垣断壁1979处25174米，拆除废弃房屋6057间，整治面积1053平方米。全区累计投入脱贫资金1亿元，脱贫1585户3173人，11个贫困村摘帽，225户439人易地迁入新居。

工业　年内，全区引进工业项目20个，投资总额66.76亿元，其中亿元以上项目13个，到位资金15.2亿元。新兴产业投资比重加大，经济转型取得突破，"以煤独大"产业格局大幅反转，煤炭产业增加值占规模以上工业增加值比重由65%降至32%，碳素产业增加值占规上工业比重由30%上升至53%，全区行业产值23亿元。

教育与科技　年内，全区小学六年级毕业生升入区初中就读升学率81.9%，中考考入市优质高中人数104人，较上年增加36人。高考实现两位数突破，二本B类以上达线27人，职业学校24名学生参加全省对口升学达一本线1人。开展科技创新活动，全年专利申请447件，其中发明专利273件。

医疗卫生　年内，全区城乡医疗条件持续改善，组建医疗集团，构建起医务一体、以公带村、上下联动的新型基层医疗卫生服务体系。全年医疗集团下派专家1000余人次，诊疗2万余人次，全区建档立卡5569贫困户11616贫困人员。全区共建家庭医生签约服务队130个，参与签约服务医护人员197人。常住人口家庭医生签约服务覆盖率50%，重点人群签约服务覆盖率80%以上。建档立卡贫困人口、计划生育家庭签约服务率均100%。

社会事务　年内，全区投资2621万元，建成"四好农村路"54千米。西合古长城旅游公路新荣段投资9150万元。道路改造工程投资2447万元，建成长城东街、开元南路、新开南路3条。改造31栋老旧住宅，投资170万元，新建1.2万平方米标准体育健身广场，建成无害化卫生厕所600余座。拆除燃煤小锅炉6台，新增集中供热面积65万平方米。煤改电1000户，全年二级以上优良天数305天，绿化造林1133.33公顷。

社会保障　年内，全区城镇职工、城乡居民养老保险参保率76.5%，基本医疗保险参保率96.4%，征缴各项保险费11641.84万元。全区累计支出养老金2.38亿元，医疗保险金3.38亿元，全年发放各种保障金5000余万元。

（全　明）

2017—2018年大同市新荣区主要核算指标表

单位：万元

指　标	2018年	2017年	2018年比2017年增长 ±%
总产出	1093204	881323	22.0
第一产业	82961	75691	4.6
第二产业	598851	443144	32.2
工业	597528	441775	32.3
第三产业	411392	362488	12.7
交通运输、仓储和邮政业	102439	88987	15.1
批发和零售业	98915	90117	9.8
住宿和餐饮业	44582	42343	4.9
地区生产总值	354502	277505	11.8
第一产业	45800	41698	4.8
第二产业	185181	123884	17.9
工业	184289	122946	18.1
第三产业	123521	111923	8.1
交通运输、仓储和邮政业	24512	21152	15.0
批发和零售业	23700	21592	7.9
住宿和餐饮业	10794	9849	8.5
人均地区生产总值（元/人）	31567	24799	11.4
支出法地区生产总值	343620	285678	15.5
最终消费	230000	184120	17.9
消费率	66.9	64.5	3.8
资本形成总额	113620	101558	11.6
投资率	33.1	35.6	-7.0
居民总消费水平（元/人）	9102	8078	12.0
农村居民	6862	6163	10.9
城镇居民	13243	11641	12.9

【新时代农村讲习所】 2018年，新荣区创新讲习方式，量身打造“管理规范、培训专业、活动亲民”的新时代农民讲习所，使讲习所成为农民脱贫攻坚“加油站”。全年依托农村党员活动室、远程教育站点、村级活动场所和便民服务站等，挂牌成立43个新时代农民讲习所。讲习所突出政治功能，结合“三会一课”“支部主题党日”等，邀请老党员、新时代优秀共产党员、特聘党建指导员、党校教师等，通过讲党课、专题宣讲、交流心得等方式，解读习近平新时代中国特色社会主义思想、中共十九大精神、中央和省市区委重要精神等。利用“讲习所”这一平台把农业科技、教育医疗、产业发展、道德规范等知识传授给农民群众，提升农民知识修养，激活脱贫攻坚内在动力。　（全　明）

【得胜堡“逛长城庙会，过得胜大年”主题系列活动】 2018年2月23日，新荣区委、区政府“逛长城庙会，过得胜大年”主题系列活动举行，活动期间推出祈安康、品美食、看表演、购年货等活动，展示古堡民

俗、寓意龙腾得胜堡、新年开门红。活动仪式举行“爱我长城、让城砖回家”活动。（金 明）

【新荣转型项目建设集中开工】2018年4月16日，新荣区在经济技术开发区举行全市“转型项目建设年”新荣项目集中开工仪式。开工仪式上，有5个项目亮相，其中新开工项目2个：大同市新成新材料股份有限公司年产2万吨汽车锂电池电解液项目，总投资14475万元，投产后实现年销售收入10亿元，实现利税1.5亿元；大同通扬碳素有限公司年产3万吨超高功率石墨电极项目，总投资3亿元，投产后实现销售收入20亿元，年利税3亿元。复工项目3个：大同市腾扬科技有限公司年产2万吨超高功率石墨电极项目；山西悦凌空调有限公司太阳能超导变频空调综合利用与研发制造建设项目；大同中科唯实矿山科技有限公司掘进机全生命周期技术与运营服务项目。5个项目总投资7.6亿元，建成后实现年销售收入44亿元，利税7.5亿元。（金 明）

【山西方志·永久藏书新荣馆开馆】2018年4月24日，新荣区“山西方志·永久藏书”新荣馆揭牌仪式在新荣区图书馆举行。山西省地方志办公室党组书记、主任张志仁，大同市委常委、统战部长黄岑丽，市政府副秘书长曹晖，大同市地方志办公室党组书记、主任李勇，新荣区委书记邓志蓉，新荣区委常委、宣传部长郭尚元等出席揭牌仪式。新荣区图书馆建筑面积2500平方米，藏书5万余册，“山西方志·永久藏书”新荣馆在新荣区图书馆设陈书专架，山西省地方志办公室向新荣区赠送方志、年鉴等地情书籍199册。（金 明）

【“请城砖回家·为长城疗伤”活动】2018年5月15日，山西省“请城砖回家·为长城疗伤”活动启动仪式在大同市新荣区得胜堡举行。“请城砖回家·为长城疗伤”活动，旨在号召长城沿线广大民众行动起来，把大家手中保留的城砖及与长城、边堡有关构件、匾额、碑刻、拓片、书籍、照片等老旧物件捐赠出来，助力长城

▲2018年5月15日，“请城砖回家·为长城疗伤”活动启动仪式在新荣区得胜堡举行（金 明 摄）

保护利用工作。启动仪式上，山西长城保护研究会为“长城研究保护十大突出人物”颁发证书。组委会给大同、忻州、朔州、阳泉长城沿线4市代表授“爱我中华、修我长城”旗帜，并接受当地村民代表捐赠古长城砖石。省委常委、大同市委书记张吉福，山西省副省长张复明，中国长城学会副会长董耀会及省有关部门、长城沿线各市领导参加启动仪式。（金 明）

【“全区乡村党组织书记能力双提升”培训班】2018年5月14日至19日，新荣区在杭州市委党校举办“全区乡村党组织书记能力双提升”工程专题培训班。组织乡村党组织书记到杭州实地考察，让乡村党组织书记对标先进，寻找不足，更好推动全区基层党建，脱贫攻坚，乡村振兴等中心工作。大家在考察中边听边看，边看边想，从比较中找差距，从差距中学先进，从先进中学经验。培训期间举办“书记对面话发展论坛”，区委书记邓志蓉与乡村党组织书记谈体会、话发展。在乡村振兴中，可借鉴杭州发展理念，发展乡村生态游、电商产业，提升集体经济实力，带动农民增收。（金 明）

【新荣区行政区划调整】2018年5月29日，新荣区召开行政区划调整动员会，根据山西省人民政府《关于同意大同市调整部分行政区划的批复》，原大同市南郊区古店镇划归大同市新荣区，安排部署行政区划调整工作。会上宣读省政府《关于同意大同市调整部分行政区划的批复》《新荣区行政区划调整工作实施方案》《新荣区行政区划调整工作纪律规定》，并说明《关于原南郊区古店镇领导班子职务名称变更的有关情况》。同日，新荣区在古店镇机关举行（镇党委）揭牌仪式，标志古店镇正式划归新荣区。古店镇总面积84平方千米，常住人口1.2万人。（金 明）

云州区

【概况】大同市云州区位于北纬39°43'~40°16'，东经113°20'~113°55'。全区总面积1503平方千米。2018年5月，经国务院批准，按照山西省人民政府的批复，撤销大同市大同县，改称云州区。全区下辖3镇7乡，169个村民委员会，12个社区居民委员会。全区常住总人口193792人。其中，男性100240人，占总人口51.72%，女性93552人，占总人口48.28%；总人口中农业人口110463人，占总人口57%，非农业人口83329人，占总人口43%。出生人口1585人，死亡人口995人，出生率8.19‰，死亡率5.14‰，自然增长率3.05‰。城镇居民人均可支配收入20788元，增长7%；农村居民人均可支配收入9693元，增长9.7%。

全年全区地区生产总值34.7亿元，增长11.5%。第一产业增加值7.9亿元，增长8.9%；第二产业增加值10.23亿元，增长12.7%；第三产业增加值16.54亿元，增长12.4%。规模以上工业增加值7.2亿元，增长14.8%。公共财政预算收入2.33亿元，增长24.7%。固定资产投资69.6亿元，增长122%。社会消费品零售总额18.7亿元，增长9.3%。 全年全区城镇新增就业1413人，转移农村剩余劳动力2120人；城镇登记失业率3.25%。就业前技能人才培养3471人（进城务工人员培训3010人，城镇失业人员培训300人）。

农业　年内，全区农作物播种面积41425.6公顷，比上年减少532.4公顷，下降1.27%。粮食总产量131700.7吨，比上年增长28%。奶类产量27578吨，比上年减少1122吨，下降3.9 %；禽蛋产量28033吨，比上年增加3001吨，增长11.99%；肉类产量20547吨，比上年增加4181吨，增长25.5%。牛存栏9800头，比上年下降29.3%，出栏11110头，比上年增长12.37%，其中奶牛存栏3044头，比上年下降62.8%。猪存栏35831头，比上年下降58%，出栏70428头，比上年下降2.4%。羊存栏121394只，比上年下降14.7%，出栏137317只，比上年下降1.4%。家禽存栏1921761只，比上年增长8.1%，出栏1370949只，比上年下降9.7%。人工造林面积1714公顷，比上年减少726公顷，下降29.75%。

农林牧渔业总产值151614万元，比上年增长2.3%。全区农业机械总动力142264千瓦，拖拉机3938台，动力92856千瓦。其中，大中型拖拉机1072台，动力49546千瓦；小型拖拉机2866台，动力43310千瓦。

工业与固定资产投资　年内，全区有规模以上工业企业18家，实现增加值71575万元，比上年增长34.94%，实现利税18493万元，比上年增长42.8%，实现利润12683万元，比上年增长83.89%。全年全区规模以上工业企业实现总产值385486万元，比上年增长21.5%。固定资产投资695769万元，比上年增长122%。

贸易、交通与通讯　年内，全区社会消费品零售额187219万元，比上年增长9.3%。全年全区境内公路通车里程1532千米（不含高速路）。其中，国道通车里程36千米、省道73千米，区道291千米，乡道760千米，村道372千米。公路密度102.3千米/百平方千米。全区拥有固定电话用户2034户，比上年下降53.7%，拥有移动电话用户166855户，比上年增长48.5%，拥有互联网宽带用户28909户，比上年增长2.25%。

教育　年内，全区拥有幼儿园41所（不含无证园，含民办园），小学24所，小学办学点35个，初级中学11所（九年一贯制学校2所），高中1所，职业中学1所。小学教学班387个，在校学生8863人，其中镇区6018人，乡村1745人；初中教学班89个，在校学生3238人，其中镇区3301人，乡村237人；高中教学班46个，在校学生人数2274人；职业中学教学班6个，在校学生人数255人。专任教师人数：幼儿园259人（含民办园），小学885人（含民办），初中427人（含民办），高中209人。

卫生　年内，全区拥有区级医疗卫生机构5个，乡（镇）卫生院10个，卫生院分院6个，农村卫生室（点）175个，个体医院2个，个体诊所15个。区乡两级医疗卫生机构有卫生技术人员429人。

文化与体育　年内，全区有数字影院1座，县级文化馆图书馆各1个，乡（镇）文化站10个，村级文化（图书）室175个，有各类图书205234册。有篮球场115个，门球场1个，健身广场335个，健身路径1518件套。

社会保障　年内，全区有农村敬老院8所，床位473张，集中供养86人，分散供养五保户1290人，全年政府集中供养老人支付养老费用901万元；光荣院1所，床位30张，供养7人，支出养老费11万元。优抚82人，支付优抚对象抚恤金1145万元。全区支付798户1666人城镇低保对象低保金1078万元，支付8350户12801人农村低保对象低保金3260万元。农村老年人日间照料中心42个，床位672张。

全区企业职工参加养老保险人数9702人（其中在职职工8424人），征缴养老保险费8917万元，城乡居民参加养老保险人数83577人，征缴养老保险费1359万元，机关事业单位参加养老保险人数4232人，征缴养老保险金8303万元，工伤保险参保人数7048人，征缴工伤保险金168.72万元，企业职工参加失业保险人数4094人，征缴失业保险金104.78万元，参加生育保险的人数106801人，生育保险基金征缴53.22万元。城镇职工基本医疗保险参保人数10187人，征缴城镇职工医疗保险保费821.14万元；城乡居民基本医疗保险参保人数142509人，征缴城乡镇居民医疗保险费2375.9万元。企业职工参加失业保险参保人数4094人，征缴失业保险费104.78万元。发放98名失业人员失业金、取暖费、医疗保险费等110.12万元。

脱贫攻坚　年内，云州区委、区政府完善区、乡、村三级书记抓脱贫、区级领导抓脱贫，精准识别、驻村帮扶、督促检查等一系列工作机制，健全“一业为主、多元发展”的脱贫攻坚产业体系。全区贫困户入股合作社和自种黄花0.25万公顷，涉及贫困人口29722人，实现政策兜底外贫困人口每人0.07公顷黄花。实施7个乡（镇）13498人易地扶贫搬迁工程，设置安置点91个，整村搬迁18个，全部分房到户。投资3200万元实施80个村农村饮水巩固提升工程，解决所有农村饮水安全问题。基本医疗保险、“一站式”结算、“双签约”服务、建档立卡住院患者“136”惠民政策等全部落实。

民生事业　年内，全区财政民生支出占比86.77%，同比增长14.6%。投资4070万元新建“全面改薄”项目，加固维修项目全部竣工。投资446万元，建设周士庄、吉家庄2个幼儿园。投资1674万元，为村医配置全科医生助诊包155个，老百姓不出村就可享受医疗检查和远程专家门诊服务。投资276万元，更新所有卫生室医疗设备配置。为10661名农村妇女实施“两癌”免费检查，为841名城乡怀孕妇女开展免费产前筛查诊断服务。新建农村老年人日间照料中心4个，新建档案馆启用。农村五保、城乡低保、高龄补贴等按时发放。开展“扫黑除恶”专项行动，打击各类犯罪团伙、黑恶组织4个，破获案件36起。（吉广仁）

2017—2018 年大同市大同县主要核算指标表

单位：万元

指　标	2018 年	2017 年	2018 年比 2017 年增长 ±%
总产出	1242214	985893	21.9
第一产业	146764	143609	10.9
第二产业	457476	362180	23.2
工业	389367	320926	8.7
第三产业	637974	480104	24.5
交通运输、仓储和邮政业	112973	90921	20.1
批发和零售业	384209	276477	30.2
住宿和餐饮业	32737	12673	49.5
地区生产总值	346750	307712	11.6
第一产业	79011	78890	8.9
第二产业	102371	80004	13.4
工业	82207	61876	13.8
第三产业	165368	148818	12.4
交通运输、仓储和邮政业	30517	26335	15.0
批发和零售业	38536	36928	13.5
住宿和餐饮业	7722	6347	6.4
人均地区生产总值（元 / 人）	17920	15968	11.3
支出法地区生产总值	347139	308194	11.6
最终消费	158003	138687	12.0
消费率	45.5	45	1.1
资本形成总额	192301	173211	10.5
投资率	55.4	56.2	-1.4
居民总消费水平（元 / 人）	7195	6384	11.1
农村居民	5676	4970	10.8
城镇居民	10638	9600	11.3

注：2018 年，大同市进行区划调整，所辖云州区指标处于调整衔接阶段，故新旧行政区划并行统计

【全国绿色食品原料（黄花菜）标准化生产基地创建】 2018 年 1 月，农业部绿色食品管理办公室、中国绿色食品发展中心公布第十八批全国绿色食品原料标准化生产基地创建单位名单，由大同县建设的绿色食品原料（黄花菜）标准化生产基地获得批准，基地面积 0.23 万公顷，覆盖西坪、倍家造和瓜园 3 个乡（镇）。大同县是闻名全国的黄花菜主产地，有“中国黄花之乡”美誉，有 600 余年的黄花种植历史，所产黄花菜色泽金黄、角长肉厚、蕊多，久煮不烂、脆嫩可口，因医用价值和食用营养价值高，被中国绿色食品发展中心认定为绿色食品 A 级产品，在历届农博会上获过 12 次金奖。全县黄花总面积 1 万公顷，盛产期黄花总产值 3.5 亿元。大同县国家级出口食品农产品质量安全示范区通过验收，取得进入国际市场通行证。（吉广仁）

【农村实用人才建设】 2018 年，大同县按照乡村振兴战略和脱贫攻坚的需要，加强农村实用人才队伍建设，为加快全县产业发展，助推脱贫攻坚提供强有力支持和人才保障。建立农村实用人才“储备库”。注重特色产业发展过程中发现一些“土专家”“田秀才”和有一技之长的“老把式”作为农村实用人才，列入全县实用人才储备库。全县入库农村实用人才 518 人。建设农村实用人才“加油站”。整合培训资源，利用县委党校主阵地和远程教育站点培训农村实用人才。联系省市各领域专家教授，围绕时事政策、专业合作社、电子商务、实用技术等开展专题培训，加强农村实用人才知识储备，以县益民公司、三利农产品公司、天佑禽业等人才实训基地为依托，通过实地观摩、现场指导等方式培训指导农村实用人才，提升

致富能力。启用农村实用人才“练兵场”。选派农村实用人才进村入户。开展“下基层、促增收、保脱贫”活动，到田间地头、产业基地、耕作现场，面对面技术指导，手把手传授先进农业技术。加大各类农村实用人才创业扶持力度，采取“人才＋项目”“人才＋基地”“人才＋产业”等形式，引导各类农村实用人才带头发展特色产业，领办创办专业合作社，带领贫困户脱贫增收。全县各类农村实用人才领办黄花、绿豆、养殖、造林等专业合作社150余家，吸收带动9000余人脱贫致富。（吉广仁）

【大同县被评为“2018百佳深呼吸小城十佳示范城市”】 2018年5月19日，“2018百佳深呼吸小城”入选榜单在福建省邵武市发布，大同县凭借“百花迎春，绿荫护夏，红叶映秋，松柏伴冬”的壮美生态景观蝉联并评为“2018百佳深呼吸校城十佳示范城市”称号。大同县位于晋冀蒙三省交界，毛乌素沙漠边缘，大片土地位于火山群上，土壤贫瘠，干旱少雨，风大沙多，年平均气温6.4摄氏度，年降水量300余毫米，自然条件恶劣，生态环境脆弱。30余年来，全县大面积绿化荒山、大规模更新树种、大手笔规划林业生产，先后完成遇驾山、落鹰山、县城东山等10余处针叶林连片工程。全县树立“绿水青山就是金山银山”的理念，确立“生态立县”战略，以生态促转型，靠生态赢机遇，用生态引领发展，绿化面积以每年0.33万公顷速度递增，实施2万公顷大同火山群生态工程、1.33万公顷采凉山防沙治沙工程和0.67万公顷南山三北防护林工程，以及0.67余万公顷以上的绿化工程。截至2018年年底，全县林地面积发展至7.04万公顷，森林覆盖率34.8%，先后被授予“全国绿化模范县”“国家生态保护与建设示范县”“全域旅游示范区”“山西省造林绿化先进县”“山西省林业生态县”等称号。（吉广仁）

【云州区首届大同黄花丰收活动月】 2018年7月5日至26日，云州区首届大同黄花丰收活动月举行。开幕式上云州区政府与陕西大荔县政府、甘肃庆城县政府、中国农业科学院、中国农业大学等签订《中国黄花产业联盟框架协议》，协议要求各联盟成员发挥各自优势，抱团发展，互相学习，定期交流产业扶贫经验，共同带动村民致富增收。活动以“畅游黄花之乡，饱览火山胜景，助力脱贫攻坚”为主题，活动内容包括大同火山音乐节、黄花论坛、农副产品展销、“云州情的”书画摄影展、百名作家大同黄花采风、“黄花飘香”等群众文体活动。云州区是闻名全国的黄花菜主产地，有600余年黄花种植史。云州区全区黄花总面积1万公顷。其中，盛产期黄花0.33万公顷，总产值3.5亿元，农民人均增收2000余元。培育黄花深加工龙头企业，开发有较高品位的黄花系列食品。（吉广仁）

▲2018年7月6日，黄花丰收月祈福活动在云州区吉家庄乡举行（吉广仁 摄）

【云州区试种枸杞成功】 2015年，云州区吉家庄乡牛寺沟村的亿诚农业科技有限公司开始引进枸杞种植技术，经过试种试验，2018年，成功研制出鲜果枸杞，经专家鉴定，试种成功的鲜果枸杞维生素、糖分含量等主要参数与宁夏枸杞一样，这一试种成功填补全省枸杞种植空白。牛寺沟村群山环抱，桑干河环绕，水质好，空气好，土质条件为沙窝地，非常适宜种植枸杞。这里水土培育出的枸杞果实经检测维生素C含量是苹果的40倍，鲜桃的6倍，维他命C含量比橙子高，胡萝卜素含量比胡萝卜高。亿诚农业科技有限公司引进的品种有宁杞1号、5号、7号、9号以及黑枸杞等，采摘的鲜果直供大同市星级酒店和北京大型超市。（吉广仁）

【大同好粮·京东云州首届农民丰收节】 2018年9月20日，以“好粮庆丰收·神州享大同”为主题的大同好粮·京东云州首届农民丰收节在大同市云州区举行。活动由大同市人民政府、京东集团主办；大同市农业委员会、大同市云州区人民政府、大同经济技术开发区、京东云承办。来自农业农村部、山西省农业厅、大同市及各区（县）、农民日报社、京东集团等领导和500位大同优秀农民代表出席丰收节活动。

大同市首届“中国农民丰收节”以“庆祝丰收、弘扬文化、振兴乡村”为宗旨，在全市乡村开展“庆丰收、晒丰收、话丰收、享丰收”等群众喜闻乐见的系列活动，活动以云州区为活动主会场，平城区等6个县（区）设分会场，旨在调动起广大农民积极性、主动性、创造性，汇聚起全面实施乡村振兴战略，推进农业农村现代化建设。大同好粮·京东云州首届农民丰收节开幕式以“三晋三农·三敬天下”为主线，围绕《敬天佑农》《敬天恭耕》《敬农礼贤》三个文艺表演环节，大同市农业产业激活行动启动、“大同好粮”品牌形象亮相、大同（京东）电商精准扶贫项目签约、大同·京东2018乡村振兴创新创业大赛启动等各项

活动、“京东扶贫主题快闪店大同馆”启动运行。（红　远）

左云县

【概况】　大同市左云县位于北纬39°44'~40°14'，东经112°32'~112°59'。全县总面积1314平方千米。2018年，左云县下辖3镇6乡，226个村民委员会，7个社区居民委员会。全县总人口138772人，比上年下降0.84%。其中，女性人口68494人，占总人口比重49.3%。年末城镇人口40838人，占总人口比重29.4%；乡村人口97934人，占全县人口比重70.6%。据全县1%人口抽样调查显示：全县人口出生率8.92‰，死亡率4.50‰，人口自然增长率4.42‰。全县城镇化率49.91%，抽样测算常住人口162801人。全年城镇常住居民人均可支配收入27542元，增长6.6%；农村常住居民人均可支配收入12425元，增长8.9%。全年从业人员平均工资57898元。

全年全县地区生产总值530293万元，比上年增长11.2%。其中，第一产业增加值26078万元，下降7.7%，占生产总值比重4.9%；第二产业增加值229836万元，增长14.1%，占生产总值比重43.4%；第三产业增加值274379万元，增长11.7%，占生产总值比重51.7%。人均地区生产总值32654元。全年城镇新增就业1147人；城镇登记失业率3%；创业带动就业380人；就业困难人员就业180人；失业人员再就业1050人；转移农村劳动力2044人。

农业　年内，全县农作物种植面积27973.8公顷，比上年增加1723.2公顷。其中，粮食种植面积21542.1公顷，增加844公顷；油料种植面积4166.9公顷，增加317.6公顷。全年粮食产量32809.9吨，增长6.5%；油料产量3790.9吨，增长18.9%。

全年造林面积1017公顷，四旁植树65万株，育苗500公顷。

全年猪牛羊肉总产量7295吨，下降27.8%。其中，猪肉产量1902吨，下降17.8%；牛肉产量830吨，下降5%；羊肉产量4563吨，下降34%。年末生猪存栏17565头，出栏17300头；羊存栏114593只，出栏256678头。牛奶产量3985吨，增长12%。禽蛋产量1107吨，下降5.2%。

全年农林牧渔业总产值52892.8万元，下降8.9%。农林牧渔业增加值26947.3万元，下降7.68%。其中，农业增加值9163.8万元，下降2.02%；林业增加值2306.8万元，增长11.28%；牧业增加值14607.8万元，下降16.12%；农林牧渔服务业增加值869万元，增长7.28%。

年末全县农业机械总动力7.8万千瓦，增长2.6%，使用化肥6245.84吨，地膜77.27吨。

工业、建筑业与固定资产投资　年内，全县规模以上工业企业18家，全年规模以上工业增加值139662万元，增长20.9%。全县规模以上煤矿产原煤1044.6万吨，增长28.87%；规上企业发电量76260万千瓦时。规模以上工业企业实现主营业务收入414038万元，增长18.76%。其中，煤炭工业实现主营业务收入349361万元，增长27.6%；电力工业实现主营业务收入61806万元，下降11.8%。全年规模以上工业实现利润83651万元，增长82.75%；实现利税83651万元，增长82.8%。全年建筑业增加值18182万元，增长4.4%。全年固定资产投资增长16.04%。

国内贸易　年内，全县社会消费品零售总额267088万元，增长9.0%。按经营地分，城镇消费品零售额158377.2万元，增长8.4%；乡村消费品零售额108710.6万元，增长9.9%。按消费形态分，餐饮收入13459.6万元，增长24.6%；商品零售253628.2万元，增长8.3%。

交通与邮电　年内，全县公路通车里程1387.873千米，其中高速公路32.64千米，全县公路网密度105.6千米/百平方千米。年末全县拥有二级汽车站1座，四级乡镇客运站4座，客运企业4家。全县有省际线路11条，车辆11辆；市际线路6条，车辆9辆；县级线路7条，车辆30辆，共有线路24条，车辆50辆，座位数1555座。村村通线路11条，车辆23辆，座位数432座。通车行政村数216个，全年客运量72万人次，旅客周转量4176万人千米；全县货运大型企业1家，登记在册货车2511辆，牵引车1050辆，挂车1138辆，货运量228万吨，货物周转量43320万吨千米。

年内，全县邮电业务收入6225.3万元，下降8.4%。其中，邮政业务收入623.31万元，下降8.8%；通信业务收入5602万元，下降8%。年末固定电话用户4696户，移动电话用户113357户。全县宽带接入用户24480户。

财政与金融　年内，全县一般公共财政预算收入100995万元，增长55.6%。税收收入65929万元，增长36.7%。其中，增值税、企业所得税、个人所得税、资源税和城建税共计税收50063万元。一般公共财政预算支出196434万元，增长45.3%。其中，农林水支出21610万元，社会保障和就业支出20008万元，医疗卫生与计划生育支出8930万元，教育支出22960万元。

年末全县金融机构各项存款余额1060546万元，比年初增加87990万元，增长9%；年末各项贷款余额365163万元，比年初增加121838万元，增长50%。全年保险公司发展到13家，保费收入10519万元，全年支付各类赔款及给付2086万元。

科教、文化与卫生　年内，全县科技方面组织申报市级项目11项，落实资金235万元，申请专利40项，其中发明专利申报12件。年末全县普通中小学校24所，专任教师1317人，在校学生数10797人。其中，小学生5744人，初中生2477人，普通高中生2576人。幼儿园（不包括附属幼儿园）6所，在园幼儿2786人。

年末全县有文化馆1个，综合公共体育场1处，公共图书馆1个，分馆23个，藏书13.99万册，农村文化活动室228个。全县有报社1家，出版报纸33万份。旅游总收入171570万元，同比增长29%；接待人数215万人次，同比增长38.8%。

全县有卫生机构（含诊所、村卫生室）247个，床位521张。妇幼保健院（所、站）1个。全县卫生机构有卫生技术人员341人。

社会保障　年内，城镇企业职工基本养老保险参保10808人；城乡居民养老保险参保 63500 人；城镇职工基本医疗保险参保 17854 人；城乡居民基本医疗保险参保 97663 人；失业保险参保 8695 人；工伤保险参保 20893 人；生育保险参保 12008 人。全年全县有城市低保对象 462 户 825 人，累计发放低保资金 536.9 万元；农村低保对象 6151 户 11570 人，累计发放低保金 1505 万元。全年为 680 名特困人员发放供养资金 347.8 万元，护理补贴 22 万元；为 58 名孤儿发放供养金 54.3 万元。（邵明仁）

2017— 2018 年大同市左云县主要核算指标表

单位：万元

指　标	2018 年	2017 年	2018 年比 2017 年增长 ±%
总产出	1299479	1133527	12.5
第一产业	51293	56673	–8.6
第二产业	599883	498945	17.3
工业	545282	449908	18.0
第三产业	648303	577909	10.9
交通运输、仓储和邮政业	187696	161538	16.2
批发和零售业	205918	196036	5.0
住宿和餐饮业	39140	36179	8.2
地区生产总值	530293	451389	11.2
第一产业	26078	28158	–8.1
第二产业	229836	181071	14.1
工业	211654	164721	15.2
第三产业	274379	242160	11.8
交通运输、仓储和邮政业	74570	64350	15.0
批发和零售业	45069	42900	3.3
住宿和餐饮业	15343	14178	7.1
人均地区生产总值（元 / 人）	32654	27898	10.8
支出法地区生产总值	530293	451389	11.2
最终消费	269788	249936	7.7
消费率	50.9	55.4	–4.5
资本形成总额	260505	201453	16.3
投资率	49.1	44.6	4.5
居民总消费水平（元 / 人）	11196	10352	8.0
农村居民	7069	6635	6.4
城镇居民	15406	14297	7.5

【全国性自行车赛在左云举行】 2018年6月10日至15日，“大同·左云摩天岭长城杯”2018中国公路自行车联赛第三站、2018中国青少年自行车U系列赛暨公路自行车全国青少年冠军赛在左云县举行。

中国公路自行车联赛是由中国自行车运动协会主办的全国顶级专业自行车积分制联赛。“大同·左云摩天岭长城杯”2018中国公路自行车联赛第三站、2018中国青少年自行车U系列赛暨全国青少年冠军赛（北区预赛），由中国自行车运动协会、山西省体育局、大同市人民政府主办，山西省自行车击剑运动管理中心、大同市体育局、左云县人民政府承办，设团体计时赛、城市绕圈赛、个人赛和青少年个人计时赛、个人赛5个项目、10个组别。来自全国各地18支成人参赛队伍、267名运动员参加为期4天的中国公路自行车联赛；8支青少年参赛队伍、105名运动员参加为期2天的中国青少年自行车U系列赛暨公路自行车全国青少年冠军赛。其中，6月10日，男子、女子团体计时赛，6月12日、13日，男子、女子个人赛在“长城一号”公路左云摩天岭段举行；6月11日，城市绕圈赛，6月14日、15日，青少年男子、女子个人计时赛和个人赛在左云县城举行。

个人计时赛上，来自山西代表队的张鑫宇获男子甲组冠军，山西代表队的李阳宇获男子乙组冠军，山西代表队夏艺凤获女子乙组冠军。

（邵明仁）

【非洲猪瘟疫情处置】 2018年10月18日，大同市左云县发现的非洲猪瘟疫情得到有效处置，全市总体疫情稳定，市场猪肉供应平稳。

市防治重大动物疫病指挥部办公室10月18日情况通报：10月15日，左云县防疫员在摸排中，发现同发东周窑矿项目部（工棚）饲养的15头生猪中有7头发病，立即上报。市县两级技术人员第一时间赶到现场，开展诊断、采样、送检、隔离、监视等一系列紧急处置。16日下午3时，省动物疫病预防控制中心检测为非洲猪瘟病毒核酸阳性。市委、市政府高度重视，并作出重要批示，要求积极应对，迅速果断严格处置疫情，彻底扑灭疫情，严防疫情扩散蔓延。市县两级启动突发非洲猪瘟疫情应急响应，划定疫点、疫区和受威胁区，下达封锁令，开展扑杀、消毒、无害化处理，设立消毒检查站，限制生猪及其产品调入调出，关闭屠宰场等相关处置工作。市委常委、常务副市长薛明耀当天下午紧急赶到疫点，现场指导疫情应急处置工作，并于当晚主持召开全市疫情处置紧急会议。截至16日晚11时，疫点存栏11头生猪全部扑杀，并进行无害化处理；17日，疫区内存栏145头生猪全部扑杀，并进行无害化处理。当日，农业农村部新闻办公室发布大同市左云县排查出的这起生猪非洲猪瘟疫情。在疫情处置过程中，农业农村部、省农业厅有关专家和领导实地指导、督查疫情处置工作。 （红 远）

▲2018年6月11日，“大同·左云摩天岭长城杯”2018中国公路自行车联赛第三站在左云县举行 （邵明仁 摄）

阳高县

【概况】 大同市阳高县位于北纬39°49'~40°31'，东经113°28'~114°06'。2018年，全县总面积1598.29平方千米。全县下辖7镇5乡，即龙泉镇、罗文皂镇、大白登镇、王官屯镇、古城镇、东小村镇、友宰镇、狮子屯乡、长城乡、北徐屯乡、下深井乡、鳌石乡，241个村民委员会、15个社区居民委员会。总人口270182人。其中，城镇人口78143人，乡村人口192039人；男性137333人，女性132849人，男女性别比103.4：100。

全年全县地区生产总值（GDP）37.59亿元，比上年增长7.9%。第一产业增加值11.61亿元，比上年增长4.1%；第二产业增加值8.45亿元，比上年增长15.4%；第三产业增加值17.53亿元，比上年增长7.9%。三次产业结构比30.9：22.5：46.6。规模以上工业增加值6.27亿元，增长14.9%；固定资产投资38.85亿元，增长17.7%；社会消费品零售总额13.43亿元，增长9.0%；公共财政预算收入1.34亿元，增长8.3%；城镇常住居民人均可支配收入22176元，比上年增长7.2%，农村常住居民人均可支配收入7981元，比上年增长9.9%。

农业 年内，全县粮食播种面积74.5万亩，粮食总产量2.95亿公斤，蔬菜产量23.69万吨，生猪饲养量64.18万头，羊饲养量55.87万只，牛饲养量3.79万头。调减籽粒玉米种植面积5万亩，新增设施蔬菜面积5088亩。种植青贮玉米4.5万亩、收储12万吨，耕地种草8万亩。建成杏果苗木、设施蔬菜、林药套种、黄花、有机旱作农业小杂粮产业扶贫基地27个，建设万亩小杂粮生产基地2个，建成2000亩脱毒马铃薯良种扩繁基地1个。正大集团新型农牧食品产业综合开发项目一期项目建成投产，农产品加工企业销售收入17.16亿元。标准化规模养殖小区95家，新增农民专业合作社 50 家。耕地保护 92.67 万亩、基本农田保护 76.17 万亩，实施土地整治项目 12 个，发展节水喷灌 2 万亩，机播、机耕作业面积 60 万亩。堡子湾水库建设工程竣工。实施饮水安全工程 95 处，受益 8.23 万人。“三品一标”认证面积 3.9 万亩，涉及产品 15 个。加入“山西小米”产业联盟。举办首届农民丰收节，扩大农业品牌影响力。

工业　年内，全县实施工业振兴战略，出台工业振兴方案，推进税收、征地等 9 条招商引资优惠政策落到实处。全年落地开工重点项目 13 个，建成投产项目 4 个。项目储备库入库转型项目 18 个，新建亿元以上转型项目 8 个。培育规上企业 3 家，新增小微企业 200 户。编制成《阳高经济技术开发区总体规划》，园区面积由 26 平方千米调整为 24.4 平方千米。新铺设供水管网主体工程完工，铺设华润天然气管道 21.3 千米。山纳公司脱瓶颈改造和新上防水材料项目完工，年销售收入 10 亿元。园区落户企业 25 家，投产 11 家，新落户 7 家，年产值上亿元企业 4 家。

交通旅游　年内，全县建设“四好农村路”（即建好、管好、护好、运营好）165 千米。完成通用机场项目前期手续办理；大张高铁阳高段完成铺轨，高铁站主体工程完工。举办杏花文化旅游节、亚洲康养产业国际高峰论坛，加快三山两河旅游开发步伐。全年旅游总收入 21.69 亿元，接待游客 285.37 万人次。

生态建设　年内，全县落实河长制，开展“五河一沟”等河流管理范围内清理“四乱”专项行动。落实禁养区禁养限养，关闭并搬迁顺鑫猪场大白登养殖区。推进工业园区污水处理厂、白登河湿地净化处理、污水厂提标扩容和污泥处置 3 项工程，加快污水处理能力建设。“铁腕治污”常态化，取缔“散乱污”企业 19 家，淘汰 10 蒸吨以下燃煤锅炉 28 台，推广使用清洁能源汽车 122 辆。落实中央和省环保督察组反馈的 13 项环保整改任务，处罚 18 家企业 74.61 万元，查封关停违法企业 11 家，责令停产整治企业 6 家。截至 2018 年年底，全县空气质量监测 365 天，其中二级以上天数 304 天，空气质量优良天数比例 83.29%。全年营造林 1.8 万亩，京津风沙源治理 1.7 万亩，环京津生态屏障区建设 4000 亩，省级重点区域造林 400 亩，新发展经济林 1946 亩，全县森林覆盖率 26.2%。

城乡建设　年内，全县开展暄阳街东延雨水管网工程、阳和大道南延一期工程建设。云林寺周边棚户区改造征收拆迁 630 户 5 万余平方米。开展省级文明、平安、食品安全、环保、园林、卫生、双拥县城“七城联创”工作，打造宜居县城。筹资 5.63 亿元提升乡村环境。投资 5.1 亿元，实施“八大工程”，108 个贫困村的环境提质改造。安排 2000 万元奖补资金，开展“三容三貌”提质行动，全县村容村貌、户容户貌全部整治完毕。

脱贫攻坚　年内，全县减贫 5313 户 10686 人，剩余贫困人口 456 户 1015 人。全县退出贫困县 14 项指标，实现脱贫摘帽目标：全县贫困发生率降至 0.46%；农村常住居民人均可支配收入 7981 元，增长 9.9%；全县 118 个贫困村全部退出；农村低保每人每年 4134 元，超过国家扶贫标准；建档立卡贫困人口参加城乡居民基本养老保险和基本医疗保险参保率 100%；城乡居民基本养老保险和基本医疗保险参保率分别为 98.5%、98.6%；行政村卫生室达标率 100%；适龄儿童学前入园率 96.2%，达到全省平均水平且贫困村九年义务教育阶段无因贫辍学学生；全县 249 个行政村通村公路硬化率和开通客运班车率均 100%；行政村或自然村人口安全饮水达标率 98.8%；行政村和具备条件的自然村通动力电比率 100%；行政村互联网覆盖率 100%；全县 241 个行政村均有综合文化活动场所，覆盖率 100%；易地扶贫搬迁涉及 7231 户 15779 人，集中安置 7158 户 15655 人，分散安置 73 户 124 人，入住率 100%。5 月 30 日，大同市易地扶贫搬迁现场推进会在阳高县召开。10 月 19 日至 20 日，全省 2018 年拟退出贫困县对标提升现场推进会在阳高县召开。会议听取 2018 年计划脱贫摘帽的 26 个贫困县脱贫工作情况汇报，查找问题和短板，对贫困县退出工作进行再安排、再部署、再加压。

社会事业　年内，全县筹集 1.6 亿元实施“全面改薄”工程。投资 3000 万元实施保障房小区九年一贯制学校及幼儿园建设项目，开工建设幼儿园 3 个。阳高一中二本以上达线率 49.14%，同比增长 23%。推进医疗集团信息化建设，实现资源共享；开展巡诊、义诊 148 次，服务人群 1.83 万人次。家庭医生服务累计签约 13.9 万人，签约率 50.8%，建档立卡贫困人口和计划生育困难家庭应签尽签。县中医、妇幼医院综合楼建设项目主体工程竣工。210 个村卫生室全部建成并正常运行，覆盖率 100%。城镇新增就业 1536 人，失业登记率低于 2.35%；全民技能提升工程培训 4888 人。受理劳动监察协调处理案件 120 件，涉及农民工 912 人，追回 82 名农民工工资 230 万元。评选出县级卫生户 1500 户、十星级文明户 700 户，推选各类道德模范 57 人，推选各级文明单位、文明乡镇等 39 家。举办 2018 阳高杏花文化旅游节，接待游客 8 万人，带动餐饮、住宿、购物、娱乐等消费收入 1100 万元。放映公益电影 3144 场，送戏下乡 80 场。投资 108 万元为 54 个贫困村配备文化活动器材 1500 余件（套）；投资 240 万元为全县各村农家书屋配送图书 5 万册。大型脱贫攻坚二人台现代戏《杏泉沟》成功申报国家艺术基金项目和省文化厅 2018 年文化扶贫重点创作剧目，在全市各县（区）巡演 20 场。

（陆　飞）

2017—2018 年大同市阳高县主要核算指标表

单位：万元

指　标	2018 年	2017 年	2018 年比 2017 年增长 ±%
总产出	825564	734971	10.2
第一产业	241013	229565	4.6

县区概览

续 表

指 标	2018 年	2017 年	2018 年比 2017 年增长 ±%
第二产业	314868	240185	23.0
工业	295126	229403	20.1
第三产业	269683	265221	3.4
交通运输、仓储和邮政业	26344	24490	7.2
批发和零售业	27759	26384	10.4
住宿和餐饮业	5113	4829	5.5
地区生产总值	375922	333785	7.9
第一产业	116530	111799	4.0
第二产业	84531	62495	15.4
工业	80035	59966	13.1
第三产业	174861	159491	8.0
交通运输、仓储和邮政业	8998	7765	15.0
批发和零售业	14399	13609	4.0
住宿和餐饮业	4448	4106	7.2
人均地区生产总值（元 / 人）	13302	11895	7.2
支出法地区生产总值	380166	330982	9.4
最终消费	292149	272362	6.3
消费率	76.8	82.3	-6.7
资本形成总额	83787	53510	27.0
投资率	22	16.2	35.8
居民总消费水平（元 / 人）	8876	8293	6.0
农村居民	5952	5777	2.6
城镇居民	12906	11916	7.1

【阳高县“爱心超市”和“孝善基金工作站”成立】 2018 年初，山西省民政厅在扶贫点阳高县东小村镇成立“爱心超市”和“孝善基金工作站”。阳高县东小村镇成立孝善基金，由山西省民政厅注资 10 万元作为启动资金，探索实施阳高县“孝善基金养老”模式，弘扬敬老孝老风气，让老人的晚年生活有保障。孝善养老基金主要从生活照料、精神慰藉、经济保障 3 方面考量子女赡养照顾老人的情况进行孝善奖补，慈善救助子女无赡养能力及无人赡养的老人。开展“孝善养老”扶贫工作重点面向农村 70 岁以上建档立卡贫困老年人，解决农村贫困老年人因单独生活收入无保障而陷入贫困的问题，实现老年贫困人口稳定脱贫。通过正面激励、道德约束、示范带动、舆论监督，引导子女赡养老人尽孝心，倡导社会行善积德献爱心，鼓励各类主体参与养老扶贫事业，建立贫困老年人养老扶贫模式。“爱心超市”物资发放坚持“救急救难”原则，重点解决特困群众基本生活问题，物资发放对象主要是东小村镇的贫困户、低保户、五保户及其他因灾、因病造成生活特别困难的特困户。年内，“爱心超市”收到山西省民政厅捐赠的 300 床棉被、300 件棉衣，价值 6 万元的康复辅具器材和价值 3 万元的衣物和皮鞋等。

（陆 飞）

【阳高县示范园入选国家农村产业融合发展示范园创建单位】 2018 年 1 月 9 日，国家发改委、农业农村部等七部门公布首批 148 个国家农村产业融合发展示范园创建单位名单，阳高县农村产业融合发展示范园是全市唯一入选的农村产业融合发展示范园区。

阳高县农村产业融合发展示范园位于在县城南 4 千米处，紧邻京大高铁阳高站。示范园围绕发展特色杏果、设施蔬菜、康养三大产业；在核心区实施杏韵小镇、设施蔬菜产业示范园、宜居宜养宜业美丽乡村“一镇一园一村”三大工程；把大白登镇、龙泉镇、王官屯镇 92 个贫困村作为核心区的基地和生活区，示范全县，构成“核心区 + 基地 + 全县域”三大示范层级。

（陆 飞）

【阳高县行政区划调整】 2018 年 2 月 1 日，阳高县马家皂乡划归天镇县管辖，马家皂乡位于阳高、天镇、

▲ 2018 年 4 月 16 日，阳高县转型项目建设年项目集中开工仪式在龙泉工业园区举行（陆 飞 摄）

阳原三县交界处，全乡总面积 80.9 平方千米，人口 1.5 万人，下辖马家皂、安家皂、定安营、龙池堡、兴隆堡、强家营、东要泉、袁家皂、西一柳营、东一柳营、张家窑、同庆窑、右所窑 13 个行政村。（陆 飞）

【2018 阳高杏花节】 2018 年 4 月 10 日至 16 日，2018 阳高杏花节在守口堡旅游景区举行，杏花节以“幸福守望 杏韵花开”为主题。守口堡设有“杏花福韵、杏花美韵、杏花音韵、杏花童韵、杏花舞韵、杏花诗韵、杏花古韵、杏花农韵、杏花食韵和杏花水韵”为主题的“杏花十韵”游玩娱乐体验项目。在神泉水域、云门山温泉、大泉山、玉安生态度假岛、阳光 99 温泉多个旅游景点设置分会场区。

杏花节期间，该县推出手机自拍摄影比赛、有奖对诗词、民俗表演、二人台演出、舞韵瑜伽、旗袍走秀等系列活动。接待游客 8 万人，带动餐饮、住宿、购物、娱乐等消费收入 1100 万元。阳高县素有“三晋杏乡”之称，种植杏树有 300 年的历史，全县林果种植面积 17.8 万亩，其中杏树 16.5 万亩，杏果产业成为当地一项特色支柱富民产业。（陆 飞）

【阳高转型项目建设集中开工】 2018 年 4 月 16 日，阳高县转型项目建设年项目集中开工仪式在龙泉工业园区举行。集中开工项目分别为山西普源环保科技有限公司 5 万吨废旧机油回收利用项目、山西阳和药业有限公司制药生产线建设项目、大同市国腾生物有机肥有限公司 20 万吨生物有机肥生产线项目、北京首安通科技有限公司 200 万米可探测 PE 警示保护板项目、山西国润制药有限公司灵孢多糖注射技术改造项目和阳高县高昶光伏发电有限公司 30 兆瓦集中式光伏扶贫项目六个项目集中开工建设，北京首安通 PE 警示保护板项目从签约到开工仅用 23 天，实现当年建设当年投产，创造转型发展的阳高速度。（陆 飞）

【《杏泉沟》首演】 2018 年 6 月 5 日，阳高县大型二人台现代戏《杏泉沟》在大同市工人文化活动中心首演。该剧生动再现阳高县广大干部群众在脱贫攻坚中攻坚克难，坚韧不拔的奋斗精神。《杏泉沟》入列 2018 年度国家艺术基金大型舞台剧资助项目，被山西省文化厅列入 2018 年文化扶贫重点创作剧目，大同文旅振兴行动的重点项目，在省市进行巡回演出。（陆 飞）

【首届农民丰收节暨 2018 西红柿红了农业嘉年华活动】 2018 年 9 月 21 日至 23 日，阳高县举办首届农民丰收节暨西红柿红了农业嘉年华活动，活动以“欢天喜地庆丰收，脱贫攻坚奔小康”为主题。主会场设在县体育馆，分会场设在花苑村。设立阳高农业成就展、游览西红柿博览区等展区，开展农民体验、农民丰收趣味运动会等活动，共庆阳高农业丰收，宣传阳高农业品牌，展现阳高农民风采。年内，该县引进北京新发地、海南佳伟等农产品营销企业，“阳高红”水果蔬菜进入北京超市，销往广州深圳。（陆 飞）

天镇县

【概况】 大同市天镇县位于北纬 40°09'~40°44'，东经 113°53'~114°32'，全县总面积 1716 平方千米。2018 年 2 月 1 日，阳高县马家皂乡划归天镇县管辖。全县下辖 5 镇 7 乡，227 个村民委员会，12 个社区居民委员会。总人口 23.1 万人。耕地面积 80.52 万亩，林地面积 112 万亩，森林覆盖率 13.71%，是国家级贫困县。

全年全县地区生产总值 27.38 亿元，增长 8.1%；社会消费品零售总额 11.17 亿元，增长 8.2%；规模以上工业增加值 3.93 亿元，增长 22.7%；公共财政预算收入 1.42 亿元，增长 39.5%；城镇居民人均可支配收入 22388 元，增长 7.3%；农村居民人均可支配收入 7691 元，增长 12.8%。

农业农村　年内，全县农作物播种面积 66.9 万亩。其中，粮食作物 55.1 万亩，经济作物 7.8 万亩。全县粮食总产量 1.76 亿公斤。乡村环境整治工程主要围绕公路沿线、中心村镇，实施 102 个村环境提升工程，其中贫困村 56 个，总投资 10825 万元，实施石家庄、一畔庄等 26 个村环境整治提升工程，每村投资 150 万元。实施鲍家屯、东马坊等 31 个村环境整治提升工程，每村投资 100 万元。实施三里屯、葛家屯等 45 个村环境整治提升工程，每村投资 85 万元。截至 2018 年年底，环境整治村完工 68 个，投资 9033.1 万元；美丽宜居示范村建设省级投资 170 万元，建设省级美丽示范村马家皂乡右所夭村。建设美丽宜居乡村集中连片试点 1 个，包括贾家屯乡塔儿村、袁家窑、贾家屯、左家屯 4 个村。在卅里铺乡孙家店村建设公共浴室

1处。市投资290万元，建设新平堡村（新村）、安家皂村、大庄科村3个市级美丽宜居示范村。发展特色农业产业，有机旱作农业样板区建设在玉泉镇石家庄等村创建3000亩渗水地膜覆盖谷子试点，依托通航粮贸等4家企业或合作社在李家庄、石家庄、马家皂、谷大屯、段家沟5个村实施有机旱作农业样板区5000亩。特色农业观光区建设围绕境内高铁规划实施500亩片区36个，包括水果经济林片区12个、干果经济林片区12个、杏果片区8个、牧草片区1个、苜蓿片区3个。年内，仁用杏栽植1670亩，涉及马圈庠、谷后堡、张家庄、黄土崖等村。杂粮产业发展红芸豆5万亩，由通航粮贸有限公司、同兴源果蔬开发有限公司、博信农副产品有限公司、神山任启食用油有限公司4家龙头企业在11个乡（镇）111个村（贫困村79个）发展红芸豆种植5万亩，采取"企业+合作社+农户+保险"订单保底价收购形式，每亩补贴种植户120元，保险每亩21元，带动农户5042户（其中建档立卡贫困户3513户）稳定增收。发展中药材种植，台家坪村发展甘草种植1000亩，冯奈庄、于家夭村发展黄芪种植1000亩。蔬菜产业建设规模化种植，在南河堡乡、卅里铺乡、玉泉镇等乡（镇）发展设施蔬菜1070亩。博诚蔬菜有限公司在8个乡（镇）18个村（其中贫困村7个）发展脱水圆白菜基地7000亩，每亩补贴种植户120元，带动50%以上贫困户增收。安家皂村惠祥农民专业合作社与北京首农集团裕农公司合作，种植胡萝卜示范基地400亩，裕农集团按每公斤1元钱订单收购，每亩纯收入1500元，带动127户建档立卡贫困户稳定增收；实施高标准农田建设，在高墙框、范家屯村投资215万元，实施面积1496.33亩。主要项目有整修U30渠道3884米，整修矩形渠道727米，实施低压灌溉工程711亩，新打机井4眼，更新机井2眼，整修田间路总长1379米，增施商品有机肥1496.33亩，加厚耕作层1496.33亩。

畜牧业　年内，全县生猪饲养量37.4万头，其中出栏24万头，比上年同期分别下降10.7%、5.6%；牛饲养量6.6万头，存栏4.15万头，其中奶牛存栏1.68万头，比上年同期分别增长1.5%、1.2%、0.9%；羊饲养量60.1万只，其中出栏38.4万只，比上年同期分别增长0.6%、0.5%；鸡饲养量56.6万只，出栏22.6万只，比上年同期分别增长0.6%、0.5%。肉、蛋、奶产量分别3.2万吨、0.48万吨、4.1万吨。

农业机械化　年内，全县得到上级项目支持资金490万元，其中购机补贴资金350万元，农产品初加工项目20万元，物理农业技术推广项目15万元，农机深松整地作业补贴项目105万元，农机资产性收益扶贫项目15万元；全年得到国家补贴资金350万元，补贴各类机具267台，受益农户193户，拉动农民直接投资农业机械总额1392.54万元。主要包括耕整地机械、田间管理机械、收获机械、动力机械、收获后处理机械5大类；在农业生产中，农机部门投入各类拖拉机2560余台、联合收割机192台、马铃薯收获机15台、农用运输车1200台，玉米机收9.6万亩，机耕5万亩；开展农机化新技术推广示范，增加马铃薯收获机大型2台，小型10台，机播马铃薯面积0.7万亩。增加玉米精量播种机20台，机播玉米面积30.5万亩。通过购机补贴增加自走式玉米收获机47台。秸秆还田面积5.9万亩。利用卫星定位电子监控作业技术，深松作业3.5万亩；成立农机专业合作社2个，全县有农机专业合作社21个。全年全县农业机械总动力116938千瓦。拖拉机拥有量2565台，其中大型拖拉机1902台。玉米收获机192台，各种配套机引农机具3578台，播种机685台，其中精少量免耕播种机460台。大型饲草料及农作物秸秆加工转化机械105台，农副产品加工机械发展到1616台，农用排灌机械1637台（套），其中节水灌溉机械138台（套）。全县农业机械作业纯收入5000万元。全县机耕37.5万亩，其中深耕1.5万亩，旋耕31.5万亩。玉米机械播种30.75万亩，其中精少量播种完成25万亩。马铃薯机械播种0.75万亩，机械深施化肥30.75万亩，机械收获13.25万亩。机械排灌20万亩。农用适用技术培训200人次，其中新培训驾驶员62人次，农机操作手培训260人次；购机补贴拖拉机上户率100%。

水利水保　年内，全县总投资1907万元。其中，中央资金800万元，省级资金700万元，市级专项资金200万元，水库后期移民资金169万元，维修养护资金8万元，工队垫付资金30万元。实施43个村3.16万人饮水安全工程；京津风沙源治理铺设节水灌溉18处，投资90万元，主要涉及谷前堡镇的谷前堡、十里铺、南河堡乡的七里墩等5村。京津风沙源治理水源工程完成打井配套21处；实施坡耕地水土流失综合治理工程，工程投资1360万元，中央投资1000万元，地方配套360万元。主要涉及米薪关镇段家沟、谷大屯和蔡家庄3个村。该工程新修水平梯田493.33公顷，修筑和改造生产道路11.32千米，总投资1000万元；三沙河流域沟坝地治理工程总投资220万元，总治理面积300亩；南洋河天镇县核心区生态修复工程5千米（新南洋河桥西700米至旧南洋河桥东600米）水利蓄水景观。增加3座液压升降坝，建设控制室、管理站及两岸生态绿化带。投资1.2亿元，建设4座壅水坝，蓄水总长度3.3千米，蓄水量69万平方米，蓄水面积46.2万平方米，景观绿化面积75.4万平方米；农牧交错带高效节水工程项目实施喷灌面积2.19万亩，工程总投资3643.86万元。全年下达资金1000万元，完成永定河治理与生态修复项目面积6353亩，完成主要工程土方9.21万立方米，地埋输水管道2.75万米，指针式喷灌机15座，绞盘式喷灌机9座，200立方米蓄水池2座，地埋喷灌设备794套；地下水关井压采工程关闭地热水井20眼，完善天镇县地热水资源管理站配套设施建设，建设集中供水管网1477米，并建立地下水水位、水量等监测系统1套。地表水置换地下水源灌溉面积1000亩，新建地表水灌溉取水泵站1处，取水泵站流量200立方米/小时，扬程119米，并配套DN200灌溉干管4.517千米，50立方米高位调节水池1座，核定工程总投资400万元；县城供水改扩建工程总投资1944万元。完成南水源孤峰山水库下游新打机井5眼，护井坝120米，以及配套井房、机电工程、水源输水管道6.5千米、南水厂入网管线工程以双线入市网。完成北水厂蓄水池1座，增加北水厂蓄水能力。

生态建设　年内，在县城南部红土梁山区纵贯贾家屯和赵家沟2个乡开展大片造林工程项目，总投资2520万元，实施集中连片荒山造林3.15万亩。4个乡（镇）营造干果经济林面积1万亩。栽植木本药材5000亩；在明长城及旅游公路沿线两侧绿化总面积8.97万亩，年内投资1.1亿元，造林1.82万亩、栽植各类树木141.85万株；在玉泉镇、谷前堡镇、逯家湾镇、新平镇4个乡（镇）嫁接干果经济林1万亩，总投资200万元；村庄绿化工程总投资115万元，实施瓦夭口、西阳坡、师家梁、塔儿村、安家皂村；马家皂乡苗圃建设工程，苗圃位于马家皂乡安家皂村，占地458亩，总投资700余万元。该苗圃配套机井2眼、安装变压器2台、新建防渗渠2千米，苗圃新栽植油松、樟子松、杜松、云杉、侧柏苗木7万余株；通道绿化工程总投资605万元，通道绿化33.8千米；2018年京津风沙源治理二期工程在新平镇狼窝沟村，封山育林5000亩，总投资50万元；洋河生态公园造林工程投资28万元，在洋河生态公园区域内栽植海棠等树种1880株，种花10余亩。乡（镇）公益林建设工程总投资137万元，绿化麻黄塄村通道工程1千米，绿化白羊口、水磨口、榆林口、永嘉堡、薛家窑、白舍科6个移民新村，绿化西马坊村庄，补植沙梁坡汉墓群的林木，新平镇荒山造林400亩及新区绿化工程；碑牌围网工程总投资153万元，全年修复重建大中小型碑牌700余座（块），围网29.4千米。

脱贫攻坚　年内，全县有贫困村126个，建档立卡贫困人口2.01万户4.77万人。天镇县是国定贫困县，全省深度贫困县。全年召开13次县委常委会、12次政府常务会、29次脱贫攻坚领导小组会议专题研究脱贫攻坚工作。出台相关文件120余件，完善政策措施近200条。32名县级领导包联12个乡（镇）、48个重点贫困村，组织5800名党员干部结对帮扶贫困户。全年脱贫攻坚投入10亿余元，统筹整合涉农资金3.22亿元投入到脱贫村，占全县总财力38%。通过PPP模式引进社会资本，投资6.16亿元实施乡村提质工程。投入1.51亿元实施112个村乡村环境提质。全县行政村集体经济均达5万元，其中10万元以上152个。全年有31个村退出贫困村，1.35万人脱贫。

社会保障　年内，全县城镇登记失业率控制在3.2%以内，新增城镇就业人数1186人，占年度任务1300人的91.12%。城镇失业人员再就业人数1273人，占年度任务1100人的115.72%。就业困难人员就业208人，占年度任务240人的86.66%。安置退役军人公益岗275人。建档立卡贫困户实现就业965人。年内把农村贫困劳动力纳入“全民技能提升工程”重点人群，全县全民技能提升工程职业技能培训4100人，其中包括市卫生计生委“山西护工”（医疗护理员、母婴护理员）专项培训300人，市家政服务协会家政服务员、育婴员、养老护理员专项培训400人。县全民提升工程培训开设专业有“天镇保姆”、家政服务员、电工、农业技术员、电子商务、计算机操作与维修、中式烹调师、西式面点师、育婴员、“山西护工”10种。全年全民技能提升工程开展88期、培训4132人；与京、津、冀、蒙、闽等省市建立长效劳务合作机制，开展劳务对接招聘活动，全年转移农村劳动力2112人，占年度任务2100人的100.57%。全县常年外出务工人数保持在2.2万人以上。全年全县企业基本养老保险参保16649人，其中包括在职职工10962人，退休5687人。机关事业单位基本养老保险参保8026人，参加城乡居民社会养老保险参保人数113939人，参加城乡居民基本医疗保险176546人，参加失业保险人数7366人，参加工伤保险人数6532人。（高志英）

2017—2018年大同市天镇县主要核算指标表

单位：万元

指　标	2018年	2017年	2018年比2017年增长±%
总产出	624557	575033	7.9
第一产业	131978	124272	2.3
第二产业	189824	172028	10.7
工业	138580	123501	12.8
第三产业	302755	278733	8.5
交通运输、仓储和邮政业	54872	47829	14.7
批发和零售业	139893	129325	7.8
住宿和餐饮业	6450	5976	9.3
地区生产总值	273769	249281	8.1

续 表

指 标	2018 年	2017 年	2018 年比 2017 年增长 ±%
第一产业	71943	66916	3.4
第二产业	83752	74810	12.7
工业	55820	49252	17.8
第三产业	118074	107555	8.0
交通运输、仓储和邮政业	19406	17045	13.0
批发和零售业	23062	21911	3.5
住宿和餐饮业	1482	1345	9.1
人均地区生产总值（元 / 人）	12739	11687	7.3
支出法地区生产总值	273769	249281	8.1
最终消费	142099	127721	8.8
消费率	51.9	51.2	1.4
资本形成总额	129366	121560	4.6
投资率	47.3	48.8	-3.1
居民总消费水平（元 / 人）	5600	5029	8.2
农村居民	4231	3803	8.8
城镇居民	7515	6781	7.2

【低收入群体生活保障】 2018年，天镇县城市低保对象有2905户7703人，占全县城市人口21%，全年发放城市低保资金1438.5万元。农村低保对象有15495户24548人，占全县农村人口13%，发放资金5160.2万元。建档立卡贫困人口纳入农村低保范围8972户13488人，占低保对象51%，占建档立卡贫困对象26%，通过兜底脱贫4930户7445人，占低保建档对象55%。按照《天镇县城乡居民最低生活保障实施细则》规定，分别提高重残疾对象低保标准40%，重大病提高低保标准50%，独居老人提高低保标准20%，未成年人提高低保标准10%标准执行，补贴失能老人、高龄老人和残疾人生活费用，其中对低保中的573名失能老人发放每人每月60元的失能老人补贴，为4857名高龄老人发放每人每月30元的老人补贴，为2576名残疾人发放每人每月50元的生活补贴。1月，农村低保标准每月提高23元，达到3630元/年，10月1日起每月提高30元，达到3990元；加强农村敬老院建设，提高农村五保供养补助标准，全县有特困人员（五保户）3069人，其中分散供养2673人，敬老院集中供养396人。提标后农村五保集中和分散供养补助标准分别达每人每年5960元和4361元，并投入15.36万元，为全县特困人员购买1.1亿元人身意外伤害保险。孤儿养育标准每人每月630元，全县有210名孤儿。建成运营东沙河等5个农村老年人日间照料中心，为70岁以上的农村空巢老人提供休闲、娱乐、健身、阅览等活动和生活便利；在民政部门登记的社会组织有49个，其中社会团体19个，民办非企业30个。（高志英）

【天镇县行政区划调整】 早在1971年7月，把天镇县马家皂人民公社所属的右所窑、张家窑、龙池堡、东一柳营、安家皂、冯家窑、袁家窑、温小堡、枪架营、兴龙堡、马家皂、同庆窑、顾家营、西一柳营、东要泉、安定营16个自然村划归阳高县。2018年1月12日，山西省人民政府晋政函〔2018〕3号批复，同意把阳高县马家皂乡整建制划归天镇县管辖。1月26日，中共天镇县委、县人民政府出台《关于落实省市部署马家皂乡划归天镇县的实施方案》，于2月1日接管。划归后，马家皂乡所辖的右所窑、张家窑、龙池堡、强家营、东一柳营、安家皂、袁家皂、兴隆堡、马家皂、同庆窑、西一柳营、东要泉、安定营13个行政村属天镇管辖，行政区域范围、政区名称、政府驻地保持不变，有4463户14642人划归天镇县。（高志英）

浑源县

【概况】 大同市浑源县位于北纬39°27'～39°52'，东经113°23'～113°58'。全县总面积1968.49平方千米。2018年，浑源县下辖6镇12乡，即永安镇、蔡村镇、沙圪坨镇、西坊城镇、大磁窑镇、王庄堡镇，东坊城乡、裴村乡、西留乡、驼峰乡、下韩乡、南榆林乡、吴城乡、青磁窑乡、官儿乡、千佛岭乡、黄花滩乡、大仁庄乡，

301 个村民委员会，11 个社区居民委员会。户籍人口 34.91 万人，常住人口 35.66 万人。耕地面积 4.03 万公顷，粮食播种面积 4.54 万公顷，粮食产量 18.25 万吨。林地面积 2.21 万公顷。

全年全县地区生产总值 41.2 亿元，同比下降 2.8%。其中，第一产业增加值 11.16 亿元，同比增长 4.4%；第二产业增加值 10.59 亿元，同比下降 25.2%；第三产业增加值 19.44 亿元，同比增长 6.7%。人均地区生产总值 11552 元，增长 1.2%。固定资产投资 40.29 亿元，增长 23.5%。社会消费品零售总额 37.77 亿元，增长 8.9%，外贸出口额 801 万元，增长 0.01%；地方一般公共预算收入 2.48 亿元，下降 7.9%。城镇常住居民人均可支配收入 23255 元，增长 6.6%；农村常住居民人均可支配收入 8048 元，增长 9.3%。

乡村建设　年内，全县总投资 2 亿余元，通过乡村提质改造工程整治 178 个行政村的村容村貌，建成省级美丽宜居示范村 2 个，市级 4 个。举办第四届成龙国际动作电影周分会场星光帮扶行动、浑源凉粉列车行首发仪式和首届农民丰收节，以恒山正北芪、浑源凉粉、浑源杂粮为代表的特色品牌影响力逐步提升。全年投资 2.8 亿元，实施建制村通硬化路工程 280.47 千米；建成 5 条城内公交线路，15 条县乡公交线路，50 条通村支线路，农村客运班车 157 辆，形成全覆盖的路网和运网服务体系；投资 1329 万元，解决 37 个村 1.8 万人的农村饮水安全巩固提升问题。总投资 1.06 亿元，实施王千庄水库枢纽建设工程。投资 1550 万元，改造王千庄灌区节水工程；建成高标准农田 7650 亩；宽带网络实现乡村全覆盖。全年粮食作物播种面积 4.54 万公顷，粮食产量 18.25 万吨，同比增长 4.9%；黄芪等中药材种植 8200 公顷，比上年增加 6666.7 公顷；县财政补贴 743.2 万元，推广渗水地膜有机旱作谷、黍等杂粮应用面积 5666.7 公顷，比上年增加 666.7 公顷。其中，建成有机旱作农业示范区 12 个 466.7 公顷（中药材样板区 5 个 300 公顷，杂粮样板区 7 个 166.7 公顷）；食用菌种植 110 万棒，黄花种植 1352 亩。羊、牛、猪饲养量分别为 125.2 万只、8.03 万头、53.1 万头；实施泰源生 100 万头生态型猪场一期 20 万头建设项目和马嘴梁牛（驴）养殖项目。认证“三品一标”产品 10 个，产地认证面积 3 万亩。电子商务进农村综合示范项目批复，拓宽农村农产品销售渠道。全县 301 个村集体经济全部达 5 万元，50% 村达 10 万元以上；发展各类农民专业合作社 855 个。其中，国家级示范合作社 3 个，省级示范合作社 5 个。实现 500 万元以上农产品加工企业销售收入 3.25 亿元，同比增长 10% 以上。

林业　年内，全县投资 1375 万元，营造林 2633 公顷。其中，京津风沙源治理二期工程，人工造林 2233.3 公顷，封山育林 1000 公顷；环京津生态屏障区建设工程，人工造林 200 公顷，重点区域补植补造 200 公顷；永定河综合治理与生态修复桑干河防护林工程，人工造林 100 公顷。

工业　年内，全县抢抓国务院支持山西转型综改机遇，制定贯彻落实行动计划和转型项目建设年行动方案等。全年推进项目 111 个，总投资 291.3 亿元，年内投资 40.29 亿元，重点推进转型项目 61 个，转型项目投资 28.7 亿元。抽水蓄能电站项目通过多次与国家和省市有关部门沟通，解决生态红线瓶颈制约，23 个前期专题报告完成审查并批复 13 个。全县风电并网发电 50 万千瓦，（驼峰一期 10 万千瓦风电项目、大同二期光伏发电应用领跑基地浑源县 20 万千瓦项目及 1.36 万千瓦村级光伏电站）占全市并网 165 万千瓦的 30%，在建光伏领跑者项目占全市总规模 40%，推动光伏开发与采煤沉陷区治理、农业开发融合发展。

文旅振兴　年内，《浑源县全域旅游规划》完成编制并通过评审验收。投资 3700 万元完成恒山景区提升工程，投资 200 余万元实施神溪国家湿地公园建设项目，投资 3800 万元建设三大板块旅游公路 14.84 千米，239 国道过境恒山景区段改建工程开工。举办“山西省文物建筑认养北部片区推介会”、恒山国际太极拳论坛、乡村文化旅游月和纪念栗毓美诞辰 240 周年等系列旅游宣传活动。悬空寺旅游门票收入 6270 万元，恒山景区接待游客 140 余万人次，全县接待游客 940 余万人次，旅游综合收入 80.44 亿元。与银泰、瑞图等战略合作伙伴签订合作协议，与永定河投资公司、省水投公司合作的浑源县生态环境综合治理 PPP 项目完成框架协议签署。总投资 40 亿元，实施汤头温泉康养小镇建设项目；总投资 10 亿元，实施恒山古镇建设项目；推进凌云口、神溪、二岭等旅游乡村建设。

城市建设　年内，《山西省浑源历史文化名城保护规划（2014—2035）》获得省政府批准。全年投资 5080 万元实施云阁街、会府街、云园路建设并竣工通车；投资 270 万元硬化旧城区小街小巷 10 条；新建水冲厕所 4 座。棚户区改造投资 1.72 亿元。改造永安东街北侧线材厂周边地段棚户区 1142 套、翠屏路交通局周边地段一期棚户区 307 套，永安镇城中村改造项目货币化安置 58 户。加强市政综合执法力度，责令改造 30 余家商户门面，处理野广告 2 万余条，清理墙体广告 3000 余条，查扣露天烧烤炉具 58 个；集中治理城乡接合部环境，出动清运车辆 200 余车次，拆除高速口沿线龙门架 16 个、取缔临时商铺 13 家；启用 5 个农村垃圾中转站，实施二岭无害化垃圾场维修加固工程，全年处理生活垃圾 3 万余吨，县城生活垃圾无害化处理率 92% 以上；增加县城繁华路段夜间保洁班次，打造恒山南北路保洁示范一条街。

污染防治　年内，全县办结中央生态环境保护督察组“回头看”交办群众反映问题 13 批 16 件，办结率 100%；省委环保督察组反馈意见 17 项，整改 5 项，其余各项均达到序时进度；共问责 15 人次。出动执法人员 1400 余人次，检查企业 500 余家次，取缔“散乱污”企业 11 个，查封扣押企业 27 家，立案处罚企业 15 家，处罚 69.4 万元；拆除、改造经营性燃煤锅炉 116 台，增加集中供热面积 30 万平方米；取缔原煤销售点 23 处，发放环保型煤 2100 户 2100 吨；“煤改气”500 户、“煤改电”450 户。县级河长巡河 24 人次，乡级河长巡河 420 次，建立流域面积 50 平方千米以上 10 条河湖目录，编制“一河一档、一河一策”方案，组织开展河道整治和“清河行动”，实施一大批水保项目。清理煤渣等103余万立方米，清理河道73千米。总投资10.04亿元的浑源县生态环境综合治理PPP项目，被推荐为全省第五批示范项目。总投资2.65亿元的河湖连通及神溪湿地补水工程，初步设计得到批复。投资2000万元，实施唐河源头保护和生态治理修复工程，完成工程量85%。

教育　年内，全县投资振兴全县教育事业4750万元，完工8个乡村小学建设项目，开展9个中小学校校园建设项目，2个小学迁址重建项目办理前期手续；全县校园绿化覆盖率40%。建设18所示范幼儿园，投资648万元建设公办幼儿园2所，整治21所无证园幼儿园，认定3所民办幼儿园为普惠性幼儿园。制定并落实校长考核方案，全年培训教师1万余人次，补充70名特岗教师充实农村教育一线，城乡交流校长、教师117人。高考达二本B类以上327人，比上年增加110人，增长50.69%，其中达一本线79人，比上年增加39人，增长97.5%；县政府发放高考表彰奖励金65.9万元。专项排查全县40家民办培训机构，建立培训机构黑、白名单；全县职业学校整合为“浑源县职业教育中心”。

医疗卫生　年内，全县完成县级医疗集团内部行政、人员、资金、业务、绩效、药械“六统一”管理；药品采购实行“五统一”管理。全县建成中医馆9家，申报中医药特色乡（镇）卫生院1家；利用卫生部门中医适宜技术平台培训乡村卫生人员237人。建立家庭医生团队289个，全县总人口353945人，签约143064人，签约率40.4%。其中，重点人群签约率81.8%；建档立卡贫困人口数签约率100%。开展农村订单定向医学生免费培养，培养33名；建设18个村级卫生室。

“扫黑除恶”成果　年内，全县“扫黑除恶”活动中，打掉恶势力团伙14个，归案骨干成员63起，抓获团伙成员56人，刑拘49人，判决16人。排查化解矛盾纠纷。发现、预防到省进京非法集访104批次1909人，化解上访苗头140起，预防、制止各类群体性事件133批次3484人。

供给侧结构性改革　年内，全县围绕“生产能、去杠杆、去库存、降成本”四个方面深化供给侧结构性改革。全年全县所有煤矿和非煤矿山开展关停整顿。开展排查非法集资风险专项排查活动，维护金融秩序稳定；支持全县中小企业按照现代化企业标准规范经营管理和科学融资壮大，举办普惠金融产品推介会，推广“小微快贷”等大数据信贷产品，鼓励全县企业诚信贷款；召开县中小企业股份制改造暨融资上市推进会，为县18家重点企业讲解股改、上市相关政策；恒芪康、恒吉利、大瑞食品等9家行业龙头中小企业现场与湖北巨晟股权投资有限公司签署进入山西股权交易中心挂牌协议意向书。全县房地产去库存305套34409平方米。小微企业减免税费8749万元。

“放管服效”改革　年内，全县完善政府部门权力清单和责任清单。通过两次动态调整，对应上级政府取消16项行政职权事项，承接5项下放行政职权事项，县政府34个政府工作部门（单位）保留的行政职权事项1862项。推开“三十证合一、一照一码”改革，完善“一次申报、多证同办、一窗受理、多证同发”的一站式服务制度，为招商引资企业、涉农企业开辟绿色通道，其中食品经营许可证现场核查环节取消，办结工作日由原来法定20个工作日缩短为2个工作日。全年新增各类市场主体1311户，同比增长19.6%；新增注册资本15.8亿元，同比增长28.2%。出台《承诺制改革试点工作方案》《浑源县关于落实〈山西省、大同市鼓励投资政策（2017年版）〉实施意见》《浑源县招商引资重点产业指导目录》。浑源县试行行政区域内投资项目核准目录外的企业投资项目承诺制。浑源县按照“谁审批、谁监管，谁主管、谁监管”的原则，加强事中事后监管，寓管于服务中，做到接得住、管得好。开展14次抽查工作，涉及各类经营主体470户。浑源县出台《浑源县社会信用体系建设实施方案（2015—2020）》，建立浑源县社会信用体系建设联席会议。通过“信用大同”网站依法向社会公开信用信息，推送行政许可信息6358条，行政处罚信息291条，抽查检查信息180条，联合惩戒信息3条，让失信者“一处违法，处处受限”。

劳动就业　年内，全县在8个乡（镇）设立劳动保障平台，县城11个社区开设公共就业服务窗口；举办“就业援助月”“春风行动”“民营企业招聘周”“大中专毕业生招聘服务月”等招聘会120余场，面向求职人员提供就业单位115家、工种213个、就业岗位10300余个。城镇新增就业人数1510人，占目标任务101%，城镇登记失业率3.3%，低于4.2%的控制目标；转移农村劳动力就业4546人，占目标任务101%；城镇失业人员再就业培训520人；农村劳动力职业技能提升培训5379人，占目标任务102%。

脱贫攻坚　年内，全县统筹整合扶贫资金2.74亿元，37个贫困村退出序列，8427户2.03万名贫困人口脱贫，贫困发生率降至3.4%。全年投入5000万元用于149个贫困村产业发展。光伏产业扶贫实现贫困村全覆盖，有57个村以发展中药材为主，28个村以杂粮种植为主，26个村以养殖业为主，8个村以果蔬种植为主，6个村以林业为主，其余24个村分别以旅游、加工销售、高效农业、食用菌栽培等为主，形成各自的优势主导产业。总投资3.07亿元，涉及10个乡（镇）33个行政村2582户5991人的9个安置点中有1个主体工程竣工。投资4226.6万元，改造13个乡（镇）89个行政村4616户农村危房；投资3427.2万元，改造14个乡（镇）78个行政村2448户土窑洞。农村建档立卡贫困劳动力职业技能提升培训1216人，转移农村建档立卡贫困劳动力就业1328人。培训就业贫困对象2671人。建立从学前教育至就业“一条龙”帮困包扶机制，发放、免除各类资金4191.87万元，13236人次贫困学生从中受益。全县建档立卡贫困户省内外医保报销50931人次，总费用7595万元，报销额6460万元，自付1135万元，省内外自付比14.94%。为2820户贫困户发放小额贷款1.4亿元。32家造林专业合作社吸纳贫困人口707人，占入社总人数80%以上。在营林中聘用293名贫困人口为管护员，每人每年管护资金1万元。1333.33公顷仁用杏提质增效项目带动8个乡（镇）2382名贫困人口增收。电商扶贫受益贫困人口500人。

社会保障　年内，全县低保标准每人每月农村提高53元、城市提高20元。全县23158户29746名农村低保户中有建档立卡贫困户10549户13725名，占比45.55%，发放救助金6784.5万元；为4279户8596名城市低保户发放救助金3014.9万元；为低保中8465名特殊群体发放生活补贴388.4万元。救助因自然灾害和因病、因学等意外情况导致家庭生活困难群众41932人，发放各类救助金1.3亿元；新建4所农村老年人日间照料中心。城镇职工基本养老保险参保28158人，城乡居民基本养老保险参保183224人。养老保险基金征收，企业6819万元，征收率92%；机关事业单位12550万元，征收率97%；城乡居民1177万元，征收率99%。开展退役军人和其他优抚对象信息采集工作；全年为1922名各类重点优抚对象发放抚恤金1159.6万元；通过省市双拥办组织的考核。（范颖莲）

2017—2018年大同市浑源县主要核算指标表

单位：万元

指　标	2018年	2017年	2018年比2017年增长±%
总产出	782937	838403	-5.9
第一产业	175794	165955	5.0
第二产业	174983	256044	-29.1
工业	164487	245920	-30.4
第三产业	432160	416404	3.9
交通运输、仓储和邮政业	39055	40592	0.1
批发和零售业	69033	68784	1.0
住宿和餐饮业	73861	68875	7.3
地区生产总值	412236	405113	-2.8
第一产业	113631	106525	5.8
第二产业	103922	119689	-26.9
工业	96073	112547	-28.8
第三产业	194683	178899	6.7
交通运输、仓储和邮政业	15490	15372	0.0
批发和零售业	43098	41985	0.9
住宿和餐饮业	46822	42152	10.0
人均地区生产总值（元/人）	11576	11421	-3.2
支出法地区生产总值	412236	405113	-2.8
最终消费	369886	357202	2.1
消费率	96.3	88.2	9.2
资本形成总额	214404	216281	-2.5
投资率	52.0	53.3	-2.4
居民总消费水平（元/人）	9444	9125	1.9
农村居民	6836	6553	2.0
城镇居民	13090	12862	0.6

【矿山秩序整治 】 2018年，浑源县花岗岩矿企业全部停产停工停建。制定《浑源县关于加强全县煤矿企业土地复垦及生态修复治理工作的实施意见》，编制《矿山生态环境保护与恢复治理方案》，按照方案完成采区土地复垦绿化663.8公顷。加大涉矿犯罪打击力度，追缴采矿权价款、资金占用费及滞纳金8000余万元，查处领导干部32人，依法破获与矿山开采有关刑事案件21起，刑事拘留67人、逮捕41人。拆除、改造燃煤锅炉116台，增加集中供热面积30万平方米，取缔原煤销售点23处，发放环保型煤2100吨、生物质燃料2500吨。升级改造污水处理厂，清理整治河道73千米，经济林提质增效13333.3公顷。（范颖莲）

【浑源县与亿利生态公司签署框架协议】 2018年1月30日，浑源县与亿利生态修复股份有限公司签署战略合作框架协议。

亿利生态修复股份有限公司是亿利资源集团旗下核心业务企业，核心业务是生态环境修复、清洁能源和金融产业。根据协议，亿利生态修复股份有限公司按照浑源县生态保护和综合治理规划要求，在浑源县系统组织实施防护林更新改造、湿地保护、矿山修复、土壤修复、河道治理、水环境修复、绿化提升等领域相关工程。并发挥其自身优势，参与浑源县特色小镇建设、采煤沉陷区治理与光伏产业综合开发等项目建设，改造全县区域生态环境面貌。（范颖莲）

【浑源“九曲黄河灯阵”亮相古都灯会】 2018年，浑源县驼峰乡高窑村“九曲黄河灯阵”在大同古都灯会中展出。灯阵位于大同市城区南城墙，中央主灯塔高度20.18米，布置面积1000余平方米，“九曲黄河灯阵”是浑源县非物质文化遗产之一，距今传承300余年，是古代兵家布下的一种易守难攻的阵式，因其阵象九曲十八弯的黄河而得名。灯展期间，游客通过“福、禄、寿、喜、富、康、安、祥、吉”走一遍，祈求免灾驱病、家庭幸福。其中，浑源非物质文化遗产“要故事”，是九曲黄河灯阵不可或缺的一个重要环节，游客在“要故事”的助兴之下，体验其有趣的民俗传承之美。（范颖莲）

【浑源转型项目建设集中开工】 2018年4月16日，浑源县转型项目建设年项目启动。此次项目集中开工设1个主会场，6个分会场。主会场为工业园区的万吨级秸秆综合循环利用项目现场，分会场为道地药材恒山黄芪产业化项目现场、万众大数据商务基地现场、大唐浑源县凌云口二期风电项目现场、国道239东坊城至大磁窑段改建工程现场、正北芪循环经济产业项目现场、浑源县100万头生态型猪场一期20万头建设项目现场。集中开工25个重点项目，投资总额46.6亿元，涵盖新能源、新材料、农业科技、生态旅游、道路交通、民生保障等领域。一产、二产、三产中均有代表性推进项目。（范颖莲）

▲2018年7月28日，上千人的徒步队伍走进霞客谷（范颖莲 摄）

【浑源县上榜2018中国最美县域榜单】 2018年5月，作为第十四届中国（深圳）文博会主题活动之一，在文化成就旅游品牌高峰论坛暨优质文旅项目推介会上，“2018中国最美县域榜单”公布。大同市浑源县上榜，上榜的还有山西省阳城县、平遥县、方山县、壶关县、吉县、右玉县和隰县。浑源境内有北岳恒山，景区面积359.62平方千米，由天峰岭、翠屏山、千佛岭、天赐沟、神溪、落子洼、龙盆峪、大川岭、上桦岭、凌云口、五峰山、西河口、汤头、城关、龙山15个各具特色的景区组成，素有“人天北柱”“绝塞名山”之称号。浑源境内有悬空寺、神溪国家湿地公园、千佛岭等自然景观和永安寺、律吕神祠等历史人文景观。（蕙 兰）

【浑源县新时代农民讲习所成立】 2018年5月7日，浑源县“新时代农民讲习所”在驼峰乡西郭家庄村揭牌成立，这是浑源县为农民设立的首个理论辅导教室。浑源县“新时代农民讲习所”是浑源县把中共十九大精神向农村基层延伸的重要阵地，是决战决胜脱贫攻坚的重要抓手，目的是利用讲习所这一平台，把党的理论方针，以及科学农技、道德规范等知识养分传送到包括贫困户在内的广大农民脑海，提升农村民众知识修养，以文化激活脱贫攻坚的内生动力。当天，在西郭家庄村农民讲习所开讲首场讲习课，县委党校讲师许国华与农民朋友交流讨论中共十九大精神等方面内容。（红 远）

【凌云口徒步穿越活动】 2018年7月28日，山西浑源乡村文化旅游月之“走进凌云口·千人霞客行”徒步穿越活动在裴村乡凌云口村霞客谷举行。活动由县委、县政府和市体育局共同举办。周边县（区）和外地游客1100余名户外体验人士参加，穿越之旅全长7千米。

凌云口霞客谷山势奇险，风景秀美，天然原生态文化和人文底蕴浓厚，明代大旅行家徐霞客到这里，发出“高峻而古雅”的赞叹。凌云口以古长城边塞风光而闻名，凌云口作为全县重点开发景区，先后建成霞客公园、凌云口文化广场，修建旅游公路，发展黄芪种植、生态采摘、有机蔬菜种植等特色产业，走上自然景观、人文景观和历史景观融合发展之路。（范颖莲）

【脱贫攻坚战“星光行动”】2018年7月20日，“脱贫攻坚战、我们一起干”——作为第四届成龙国际电影周系列活动之一，国际电影艺术家成龙携团队到浑源县神溪村，走进农户，落实电影频道和成龙共同发展起的“脱贫攻坚战——星光行动”，用真心真情助力脱贫攻坚。

省委常委、市委书记张吉福，电影频道节目中心节目部主任王平久、市政协副主席武保洲，浑源县委书记、县长、宣传部长和分管文化、旅游的副县长等一同参加活动。

在神溪村，成龙一行先后走进贫困户王启、焦海军、焦海根家中慰问，为残疾人焦海根特意带来一部电动轮椅，并把红包亲手送到在场的10位贫困户手上，表达自己的一点心意。成龙到非物质文化遗产继承人牛晓铸钟工坊，听取介绍，并现场交付定金，订10口和平钟，表示把非物质文化遗产的风貌传到世界各地。（范颖莲）

【《影像浑源——纪念改革开放40周年》出版】2018年12月初，一部以影像反映地方改革发展、系统展现县域各方面成就和历史变迁、献礼改革开放40周年的专著《影像浑源——纪念改革开放40周年》由山西出版传媒集团山西经济出版社出版。该书为大度纸大型12开本，29印张，20余万字，340余页。

《影像浑源》首开以影像形式反映一个县改革开放这段珍贵历史的先河，是一部有特色、有收藏价值的地方“影像志”。作者佟永江从事新闻、摄像工作四十余年，他以新闻工作者的身份亲历全县许多重要活动，见证浑源从改革开放到现在的全过程。该书从作者四十年来积累的数十万张历史图片中，挑选不同时期1600余幅代表性作品，由作者历时3年，编撰而成。全书分“县城风貌”“工业商业”“农业农村”“风景名胜”“文教卫生”“市政回顾”六大部分，选取他收集的改革开放以前的部分历史照片作为延伸，旨在全面展示浑源县改革开放以来政治、经济、文化取得的成就和历史变迁。（范颖莲）

广灵县

【概况】大同市广灵县位于北纬39°35'～39°55'，东经113°51'～114°24'。2018年，全县下辖2镇7乡，172个村民委员会，6个社区居民委员会。全县总面积1283平方千米。人口18.5万人。耕地面积45万亩。广灵县是全省深度贫困县。

全年全县地区生产总值27.75亿元，同比增长7.5%；农林牧渔业增加值6.37亿元，同比增长6.4%；规模以上工业增加值5.26亿元，同比增长18.1%；第三产业增加值13.02亿元，同比增长6.9%；一般公共预算收入1.49亿元，同比增长42.5%；固定资产投资额28.46亿元，同比增长16.2%；社会消费品零售总额11.45亿元，同比增长7.6%；城镇居民人均可支配收入22377元，同比增长7.1%；农村居民人均可支配收入8071元，同比增长12.6%。

农业　年内，全县推进农副产品加工贸易园、有机香菇扶贫产业园、功能食品菌包生产线改扩建项目、海高牧业二期工程等项目。开展“院县合作”，叫响“大同好粮”，申报并成功建设省级现代农业食用菌产业园1个，建设省级有机旱作封闭示范片1个，新增省级农民专业合作示范社3个、市级6个，认证“三品一标”15个，东方物华、禾卓伟业2家企业获首批“山西小米”品牌授权，“东方亮”小米销售到北美市场，广灵县被省农业厅命名“山西好粮油”基地示范县。

工业振兴　年内，全县凌云聚氨酯、同德化工、金隅水泥3家工业企业实施技改，新增规上工业企业3家，签约项目37个，落地项目20个，实施重点项目39个，卧羊场三期风电、30兆瓦集中式光伏、13.9兆瓦村级光伏项目并网发电，实施上墨家沟风电、亿晨再生铅、钕铁硼永磁等项目。

旅游　6月，全县筛选谋划旅游重点招商项目28个，成功申报白羊峪、甸顶山旅游基础设施项目，实施涧西古民居、水神堂古建筑、宝峰寺等修缮工程，开通大同至广灵旅游直通车，中馨文化旅游发展有限公司挂牌，举办第二届“湿地文化节”，木厂、上寺、立景苑等农家乐投入运营。全县旅游综合收入9000万元，同比增长31.22%。

改革机制创新　年内，全县45项改革任务纳入台账管理，序时完成。经济体制方面，挂牌成立广灵县文旅公司，设立电商扶贫实训店和苦荞产业互联网基地交易中心。民主法制方面，创建说事评理室、法官工作室等一批“金牌调解室”，打造县乡村三级公共法律服务中心和工作站（室）185个。文化体制方面，开展“弘扬孝德文化，建设大美广灵”系列活动，选树“三好两美一讲”典范榜样，弘扬向上向善新风。社会体制改革方面，推进集团化办学，消除县城学校大班额现象；推进县乡村医疗卫生机构一体化改革，实现健康扶贫“双签约”全覆盖。生态文明体制方面，开展散乱污专项治理行动，建立区域环境执法联防联控机制。

产业结构　年内，全县推进大同好粮电商网购节，“广灵小米”在全国性产销对接活动中，签订535万公斤订单，并以“西方不亮东方亮”响亮口号步入国际市场。提速创建省级经济技术开发区，总投资66.78亿元的11个项目落地。抓融合做响文旅产业，以康养水城为龙头，以电商物流产业为依托，推动文旅产业深度融合，筹备成立广灵县旅发委，挂牌成立广灵县文旅发展公司，举办第二届广灵湿地文化节，全年旅游综合收入增长31.22%。

脱贫攻坚　年内，全县退出28村8722户19592人，贫困发生率降至3.55%。创新“志智双扶”，推进精神扶贫、文化扶贫、法制扶贫，建立爱心超市、孝德超市，有效激发群众内生动力。抓产业发展，制定《产业扶贫实施意见》，在全县打造“双十双百”示范工程；出台《“十三五”精准惠农政策奖补办法》，发放惠民补贴2412.2万元；实施17个扶贫“引擎”项目，带动1.5万名贫困群众人均增收1000元以上；投入各类资金2.44亿元的50个资产收益项目，辐射带动1.57万名贫困群众年均增收350元至1538元。实施易地搬迁，2016年、2017年，4097间易地搬迁安置房全部入住；2018年，6个搬迁工程点全部完工。实施危房“清零”行动，实现脱贫期内住房安全全覆盖。推进就业创业，一人一技“三个一”工程培训贫困群众3200名，公益岗位优先安排贫困群众就业347人，“广灵巧娘”、鸿棉制衣等企业入驻手工业园区并在40余个贫困村设立“扶贫车间”，带动贫困群众1500余人月均增收1000元至3000元。

社会事业　年内，全县推进文化下乡工程，安装广播电视“户户通”卫星接收设施8501户/套、送戏下乡318场、送电影下乡2160场；推进基层综合性文化服务中心建设，96个村级文化室配备音箱、乐器、点歌机等文化器材，实现各乡（镇）文化站、村级农家书屋全覆盖。发展卫生事业，落实取消药品加成政策，对实施取消药品加成政策的县级公立医院，按季拨付药品零差价补贴；开展“双签约”医生下乡、巡回医疗服务和免费下乡义诊服务，群众“看病难、看病贵”问题得到缓解。城乡居民养老保险基础养老金标准每月每人提高23元，达每人每年1236元；城镇新增就业1156人，失业人员再就业1115人；新建2所农村老年人日间照料中心。

（姜成晋）

2017—2018年大同市广灵县主要核算指标表

单位：万元

指　标	2018年	2017年	2018年比2017年增长 ±%
总产出	817937	698158	7.9
第一产业	122074	118137	6.3
第二产业	480205	396680	9.4
工业	425625	344340	10.5
第三产业	215658	183341	6.7
交通运输、仓储和邮政业	18560	15880	7.8
批发和零售业	32058	24009	3.2
住宿和餐饮业	10854	9804	8.5
地区生产总值	276321	254114	7.2
第一产业	59617	58009	5.6
第二产业	86164	76935	8.9
工业	67402	59700	10.3
第三产业	130540	119170	6.9
交通运输、仓储和邮政业	11679	10748	7.8
批发和零售业	17161	16358	3.2
住宿和餐饮业	7521	6863	8.5
人均地区生产总值（元/人）	14475	13403	6.4
支出法地区生产总值	279897	256704	7.3
最终消费	160460	142505	7.4
消费率	57.3	55.9	2.5
资本形成总额	117652	112674	6.9
投资率	42.0	44.1	–4.7
居民总消费水平（元/人）	6543	6155	6.3
农村居民	5590	5308	6.2
城镇居民	10619	9821	6.2

【第二届广灵湿地文化节】 2018年8月22日至28日，广灵县委、县人民政府举办第二届广灵湿地文化节暨第三届“聚焦域美广灵”全国媒体记者摄影采风行活动。

第二届广灵湿地文化节暨第三届“聚焦域美广灵”全国媒体记者摄影采风行活动的主题为“域美广灵 康养胜地”，内容包括第二届湿地文化节启动仪式和生态文明篇、产业转型篇、精神提振篇。生态文明篇，有环湿地千人健步行、户外美术写生、我最喜爱的广灵风景名胜评选等活动，展示广灵壶流河湿地、白羊峪、长江峪、圣眷峪等优质旅游资源；产业转型篇，有世界非遗南北剪纸艺术展、优势资源介绍暨招商引资推介会、民俗民食展、优质旅游产品展等活动，展现广灵在转型发展、人民群众脱贫增收进程中产业呈现多元发展良好局面；精神提振篇，有脱贫摘帽誓师大合唱、脱贫攻坚文艺调演暨自主脱贫典型颁奖晚会等活动，激励脱贫攻坚工作者和贫困群众干事创业的热情，激发群众的内生动力，为脱贫攻坚行动注入新活力；举办第三届“聚焦域美广灵”全国媒体记者摄影采风行、“人民摄影报创作基地”及“人民摄影影像艺术中心（广灵）”挂牌、微视频拍摄制作等活动。

（姜成晋）

【高考佳绩】 2018年，大同市6个国家级贫困县被清华、北大录取的优生11名，其中广灵县有6名被录取。广灵一中考生杨慧敏、彭心林、杨文旭、薛圣杰4位同学被清华大学录取，崔霄一、魏显如2位同学被北京大学录取。

广灵县参加高考1509名考生中，文科类474人，理科类1035人。达二本490名。其中，一中435人，二中46人，五中9人；文史类39人，理工类376人，艺术类73人，体育类2人。全县600分以上13人，其中理工类12人，文史类1人。理工类最高分672分，文史类最高606分。理工类在大同市7县（区）排名，前4名均属广灵一中考生。 （姜成晋）

灵丘县

【概况】 大同市灵丘县位于北纬39° 31′～39° 38′，东经113° 53′～114° 33′。2018年，灵丘县下辖3镇9乡，249个行政村，13个社区居委会。土地面积2732平方千米，年末户籍人口245858人，常住人口244109人。耕地面积3.4万公顷，粮食播种面积3.09万公顷，粮食产量9.9万吨。林地面积4.54万公顷，森林覆盖率32%。2018年，灵丘县入选农业农村部“全国农村创业创新典型县范例”；在休闲旅游发展与品质峰会上，入选全国首批休闲旅游胜地；被山西省评为“改善农村人居环境省级示范县”。灵丘有机农业助力脱贫攻坚模式作为典型案例，在中国扶贫国际论坛上展示和交流；健康扶贫“四方联动”案例作为培训内容，在国务院扶贫办举办健康扶贫工作班进行专题讲解；灵丘资产收益扶贫“润生模式”被财政部作为典型案例全国交流借鉴；团中央驻灵丘扶贫工作队被评为“中央和国家机关脱贫攻坚先进集体”。

全年全县地区生产总值39.05亿元，比上年增长8.0%。其中，第一产业增加值4.15亿元，增长3.8%；第二产业增加值14.47亿元，增长8.8%；第三产业增加值20.42亿元，增长8.4%；规模以上工业增加值4.08亿元，增长15.2%。固定资产投资36亿元，增长13.9%。社会消费品零售总额35.45亿元，增长8.6%。外贸进出口总额203万元。一般公共财政预算收入1.48亿元，增长9.4%。城镇常住居民人均可支配收入27275元，增长6.7%；农村常住居民人均可支配收入7969元，增长9.6%。

农业农村　年内，全县农作物播种面积3.35万公顷。实施红石塄乡全域有机农业示范基地项目，补助全乡600公顷耕地有机肥料；实施红石塄乡省级杂粮有机旱作农业封闭示范片项目，种植黑豆66.7公顷，采取农林立体种植方式，种植苹果树5.5万株；实施市级有机旱作农业样板区建设项目，创建千亩杂粮示范片3个、百亩杂粮示范田5个、秋膜覆盖试验田2个。全县测土配方施肥推广面积2.91万公顷，全县有机肥使用总量70.9万吨；化肥使用总量1.2万吨，实现化肥使用零增长。农产品加工业持续向好。国春苦荞谷物饮料生产线项目投产达效，立军种养专业合作社5000吨马铃薯储藏窖完工。组织国春、大山等企业参加农业农村部贫困地区农产品产销对接、第四届成龙国际动作电影周大同市产业扶贫名优产品展销等活动。全县农产品加工企业销售收入5.5亿元。休闲农业提档升级。开展省级休闲农业和乡村旅游精品采摘园、民宿（农家乐）创建申报工作，推动车河、北泉、城头会、花塔、小寨等休闲农业和生态旅游示范点提档升级，车河社区“梦幽谷”开业运营，《山水北泉》实景演出推陈出新，开启小寨村“含水人家”红色旅游，组织开展荷花节、插秧节、采摘节等农民活动，红石塄、白崖台、史庄等6个乡（镇）举办各具特色的“农民丰收节”庆祝活动。推进农村土地确权登记颁证扫尾工作，11个暂缓确权村完成确权工作并通过省、市验收；加快农村土地经营权流转，流转面积0.65万公顷，占承包耕地总面积19.65%；推进农村集体产权制度改革市级试点工作，清产核资135个行政村。灵丘县被评为“全国农村创业创新典型县”，举办第五届车河国际有机农业论坛。

工业　年内，全县实施转型项目127个，总投资101.3亿元，当年投资36亿元，转型项目占固定资产投资比重60%，战略性新兴产业占规上工业增加值比重28.7%，一、二、三产比例优化为10.6∶37.1∶52.3。全年新登记市场主体1685家，增加规模以上工业企业6户，增加小微企业300余户。其中，总投资2.25亿元山煤新能源30兆瓦集中式光伏扶贫项目、总投资1亿元首农公司14.68兆瓦光伏扶贫村级电站项目并网发电；总投资20亿元的建投200兆瓦风电项目前三期并网发电，实现利税1413万元，四期凤凰山49.5兆瓦风电场项目投资1.24亿元；总投资35亿元国家电投东方新能源40万千瓦风电供暖示范项目供热站部分竣工，为县城安置点供暖；总投资10.38亿元太原新能源小王庄12万千瓦风电项目开工建设；总投资9亿元北京乾盛新能风电项目做开工准备；总投资23亿元佐美新能源太阳能碟式光热电站项目前期手续办结；北京秦淮数据有限公司总投资60亿元的“环首都太行山”能源信息技术产业基地项目落地。传统产业持续发展。鼓励企业技术改造，总投资1亿元鑫光工贸年产6万吨超细煅烧高岭土加工技改项目，煤气发生炉主体完工，投资1000万元。总投资0.3亿元义洁环保珍珠岩保温材料及珍珠岩除渣剂项目投资2800万元。承接转移产业，到灵丘考察企业500余家，达成合作意向280余家，涉及精密制造、机械、包装、服装、制鞋、玩具等20余个行业门类，38家企业落地。旭燚化纤、环美合创新材料、奇灵家具制造、康佳乐塑料生产及加工等20余个项目开工建设，部分项目投产。全年规上工业总产值11.96亿元，同比增长12.96%；实现利税8563万元，全市工业振兴2018年奖励兑现大会中，灵丘县24家企业受奖，获奖金1187万元，受奖企业数占全市10%。

生态建设　年内，全县推进大气污染防治行动，实施居民“煤改电”450户，拆除县城建成区燃煤锅炉21台，清理取缔露天烧烤摊点30家，瑞通集中供热公司进行超低排放改造。推进水污染防治行动，建成唐河南水芦地表水国家考核断面水质自动监测站，唐河出境断面水质达Ⅲ类，三楼河出境断面水质达Ⅱ类，6个县级城镇集中式饮用水水源地水质达Ⅲ类。完成育英街、新华东街、沙河南路雨水、污水管网建设，实施10个易地扶贫搬迁安置点和2个行政村生活污水防治工程。推进土壤污染防治行动，振华东街垃圾转运站建成投运，在22个示范村实施垃圾分类，清理非正规垃圾点99处，处理垃圾8万立方米。开展“铁腕治污”查处企业7家，查封扣押13家，清理“散乱污”企业19家。开展环境“双随机”执法检查，检查企业215家，保证企业污染防治设施正常运行，达标排放。推进国土绿化，开展植树造林，全县营造林任务2.72万亩，造林3.32万亩，占全年总任务122%。其中，京津风沙源治理项目2.32万亩、环京津冀生态屏障项目1万亩，村庄绿化2个。加大县城绿化力度，增加园林绿化面积3.3万平方米，县城绿化覆盖率39%。推进天然气入户工程，投资5000万元，建设管网55千米，惠及群众4000户。

道路建设　年内，全县总投资5.44亿元，新建、改建道路457.5千米。其中，投资1367万元，改造全长593.9米的沙河南路工程；投资3780万元，改造全长1790米的新华东街工程；投资3308万元，建成全长1475米的育英街东段工程；投资4.05亿元，改建“四好农村路”农村公路432.2千米；投资3900万元，建成“长城板块”漫山—赵北段旅游公路主体工程15千米；投资1568万元，改造国防公路柳科—小彦段道路路基拓宽及路面工程6.523千米。沥青灌缝封闭59.9千米。开工总投资5.86亿元“三河”综合治理项目；投资5.44亿元，新建、改建沙河南路、新华东街、育英街东段和农村公路457.5千米；安保建设工程安装护栏68千米。全县县道好路率76.64%，乡、村道好路率66.04%。

基础设施建设　年内，全县5719户危房清零工程全部完工。沙河南路、新华东街改造工程和育英东街建设工程竣工通车。开工建设“胡服骑射”雕塑广场。新华街西出口商住楼建设项目开工建设。学府雅苑（唐河花园）、宝利·阳光城开盘售楼。四海广开展履行政府拍卖程序，唐河集贸市场完善后续工程，并推进市场搬迁。全年房地产去库存1060套，存量房转移登记确认48件5000余平方米。

文旅振兴　年内，全县对接全省“长城、黄河、太行”三大品牌的文旅发展战略，激活灵丘“红、古、绿”三色优势旅游资源，以山水北泉实景演出、桃花溶洞自然风光、车河有机社区“梦幽谷”“听溪谷”、觉山寺北魏佛教文化、城头会古村落为代表的唐河大峡谷特色生态旅游群和以平型关大捷遗址为代表的红色文化旅游群初具规模。建成花塔、小寨等一批新型乡村旅游示范点，打造77个四星级美丽乡村和五星级旅游示范村，推动全县旅游业由“景点旅游”向“全域旅游”转变，传统文化和现代文明相互交融。入选“全国首批休闲旅游胜地”；小寨村被评为“省级美丽宜居乡村创建村”，庄头村被评为“省级特色文化试点村”。举办第十二届平型关文化旅游节、第七届北泉荷花节、第四届“长青银行杯”全国友好城市毽球邀请赛等活动。编制《灵丘县全域旅游发展规划》。央视《东西南北贺新春》摄制组走进车河，《唐河风飚》成为2018年大同春节文化庙会重头戏，罗罗腔剧目《小二姐做梦》受邀参加2018年全国百戏盛典，红石塄乡被评为“山西省民间文化艺术之乡”。投资2250万元，改造平型关大捷纪念馆基础设施工程；投资1760万元，开工建设灵丘规划馆；投资3000万元，新建御射台有机社区旅游步道15千米，打造车河有机社区“梦幽谷”景区；全市首家县级综合性博物馆——灵丘县博物馆开馆；大同市全域旅游直通车灵丘A线B线首发营运，晋银银制品入围山西十佳旅游商品，花塔游客接待中心正式营业，觉山寺，曲回寺等一批文物保护工程完工，全县旅游总收入24.25亿元，同比增长26.9%；接待游客308.43万人次，同比增长26.5%。

脱贫攻坚　年内，全县投入20亿元，决战决胜脱贫攻坚，124个贫困村15941户41192名贫困人口稳定脱贫，贫困发生率降至0.44%。其中，投资4.53亿元，布局县、乡、村三级扶贫基地153个，建设集中式、村级式、分户式光伏电站47.15兆瓦，发挥平型关国家有机农业公园、扶贫产业园辐射作用，带动16325户贫困户稳定增收1000元至3000元。投资6.8亿元，建设安置点13个，14471名群众入住新居；投资1.8亿元，改造农村住房12841户，建成五保户集中供养中心——存孝公寓。发放教育资助金876万元，资助贫困学生13761人次。贫困人口医疗保险参保率、健康扶贫“双签约”覆盖率100%，贫困户患者报销比例90%。投资7.04亿元，推进水、电、路、暖等设施建设。推进“1+45321”包联工作机制，开展“贫困户对标研判大起底”专项行动，拓展“党群一家亲、帮扶心连心”主题活动，全县7759名党员干部每周面对面服务贫困户不少于两天。

社会事业　年内，全县民生支出8.02亿元，同比上年增长16.03%。落实就业政策，城镇增加就业1406人，农村劳动力转移就业3436人。全民技能提升工程培训4780人，合格4548人。大学生就业质量提升工程，办理就业困难高校毕业生就业见习80人。“互联网+就业服务”工程办理就业登记2502人、失业登记80人、求职登记4393人、农村劳动力就业登记2368人。增强社会救助能力，发放低保、五保金7548.6万元。义务教育均衡发展通过国家复查验收，公办民办互促互进，灵丘一中、灵丘二中、红军小学、平型关寄宿制学校和平型关纪念馆被评为“大同市德育示范基地”；2018年中考，隆昌学校考生均分574.7分，居全市第一，比第二名高36分；全县高考二本以上达线867人，比上年增加230人，达线率40.8%。落实医疗保障帮扶政策，城乡社会救助日益规范，跨省就医实现直接结算，城乡居民养老保险参保人数12.53万人，参保率100%。医疗保险应参保人数19.39万人，参保率100%。社会保险基金征缴39970万元。开展文化惠民活动，推进文化“三下乡”活动，文化下乡570场，电影下乡3181场，举办以“脱贫攻坚”为主题的各类晚会和多种农民技能大赛。评选“自力更生脱贫标兵”100名。

扫黑除恶　年内，全县打掉恶势力集团1个、恶势力团伙7个，抓获涉案团伙成员49人，破获刑事案件23起，治安案件6起。全年立刑事案件337起，同比上年下降38.1%。灵丘县被评为第四批“全国法治县创建活动先进单位”。

政府自身建设　年内，全县加强法治政府建设，执行人大及其常委会决议决定，接受人大、政协和社会监督，办复人大代表议案建议139件、政协提案138件，受理群众诉求3421条，办结率100%。（高晓彬　刘甫花）

2017—2018年大同市灵丘县主要核算指标表

单位：万元

指　标	2018年	2017年	2018年比2017年增长±%
总产出	763794	708347	7.6
第一产业	90003	86735	2.9
第二产业	383359	361274	6.4
工业	358657	338353	5.8
第三产业	290432	260338	10.8
交通运输、仓储和邮政业	33211	30262	10.8
批发和零售业	61590	54463	6.6
住宿和餐饮业	38123	34914	10.5
地区生产总值	390529	345319	8.0
第一产业	41762	39886	3.8
第二产业	144739	120604	8.8
工业	133623	110280	9.4
第三产业	204028	184829	8.5
交通运输、仓储和邮政业	20652	18829	8.8
批发和零售业	36179	33663	2.8
住宿和餐饮业	19303	17767	7.6
人均地区生产总值（元/人）	16033	14240	7.6
支出法地区生产总值	390530	345316	8.0
最终消费	164921	152266	7.4
消费率	42.2	44.1	–4.2
资本形成总额	210320	189936	6.2
投资率	53.9	55.0	–2.1
居民总消费水平（元/人）	5758	5315	7.9
农村居民	4757	4392	8.2
城镇居民	7743	7166	7.2

【省督导组督导二轮《灵丘县志》编纂工作】 2018年4月24日，由省地方志办公室党组书记、主任张志仁带队的督导组到灵丘，督导二轮《灵丘县志》编纂工作，市人大常委会副主任、灵丘县委书记张强参加督导并出席座谈会。督导组查看《灵丘县志》篇目、资料、记述、行文等方面情况，指出问题并提出解决办法。张志仁强调，志鉴“两全目标”任务是国务院赋予省、市、县三级政府的法定职责和刚性任务，完成“两全目标”是硬任务，下一步要加强组织协调，补充缺项资料，改变工作方法，对承包修志工作文化公司要高标准、严要求，请方志专家与文化公司共同修改完善，精心修改原稿，编出高质量的志书。张强表态，灵丘县委、县政府继续在人、财、物等方面全力支持，保证志书编纂出版工作；县志办要吸收专家提出的意见与建议，严格要求文化公司，按时要求评审；要采取有效办法，保证在要求时间内编纂出版经得起历史检验的二轮《灵丘县志》。督导期间，省、市、县三级方志办人员到平型关大捷纪念馆参观学习，为编纂《山西抗日战争志》收集史料。（高晓彬 刘甫花）

【灵丘县入选全国农村创业创新典型县范例】 2018年，农业农村部开展全国农村创业创新典型县范例宣传推介工作，经过地方推介初步评审，4月，向社会推介100个全国农村创业创新典型县范例。山西省有6个县市入选，灵丘县是大同市唯一入选的县。

近年来，灵丘县牢固树立创新、协调、绿色、开放、共享的新发展理念，以农业供给侧结构性改革为主线，推动农业转型升级，发展优质杂粮产业、生态畜牧业和农产品加工业，打造精品农业。该县以有机旱作农业为引领，践行绿色发展理念，打造生态农业。引入工商资本，汇聚专业人才，创新产权制度改革，采取“有机农业+美丽乡村+生态旅游”模式，建设车河、城头会、北泉、花塔、小寨等一批特色村庄，同步建设“一元圆你创业梦”创客公寓、电商公共服务中心等众创空间，推动有机农业与旅游休闲、农耕体验、文化传承、生态保护、农村电商等深度融合，带动发展新型经营主体927家，培育新型职业农民2117名。（红 远）

【灵丘博物馆开馆】 2018年5月18日，大同市第一个县级综合性博物馆——灵丘博物馆开馆。灵丘博物馆位于县城东南赵武灵王主题公园内，陈列面积2500平方米，陈列文物310余件，博物馆分8个部分：文明溯源、县郡肇兴、千古佛唱、深山炉火、燕云扼要、革命老区、风流俊杰、今朝辉煌。博物馆运用大量图片、图表、图示、模型、拓片、雕塑、沙盘、场景，以及音像、电子翻书、幻影成像等多媒体，以不同历史阶段的不同侧面和断面为内容，展示灵丘简史。（高晓彬 刘甫花）

▲2018年5月18日，大同市第一个县级综合性博物馆——灵丘博物馆举行开馆仪式（高晓彬 摄）

【第十二届平型关文化旅游节】 2018年7月12日至21日，灵丘县举行第十二届平型关文化旅游节。该文化旅游节活动由灵丘县委、县政府主办，县委宣传部、县文化局、县旅游发展服务中心承办，北京金艺世纪文化传媒有限公司协办。平型关文化旅游节依托传统“六月庙会”，以“文旅振兴助力脱贫攻坚，全域旅游促进经济发展”为活动主题，通过物资交流、旅游观光、文化演出、游戏娱乐、地方美食、招商引资等活动，把平型关红色旅游文化与传统文化交流相融，挖掘和弘扬灵丘地域文化，展示和推介灵丘旅游资源。这次文化旅游节设置旅游观光板块和每日活动板块15项内容。旅游观光板块分4项内容：“花塔观光游”活动、“魅力柳科”空中草原摄影大赛、桃花山观光游、游览参观红色爱国主义教育基地平型关大捷纪念馆。每日活动板块设置11项内容：举办乌克兰队对塞内加尔队篮球表演赛和外国球队对灵丘县篮球协会友谊赛，原生态歌唱家高保利“爱在灵丘”家乡公益演唱会、“非物质文化遗产展示”活动、“山水北泉”实景演出、“中国梦健康行、全县职工健步走”、庆祝改革开放40周年群众文化系列活动“群众大舞台”城内村专场晚会和“不忘初心跟党走，携手共筑中国梦”消夏晚会、“越唱越红红歌赛”决赛活动、“魅力柳科”空中草原摄影赛和“山水北泉营地篝火晚会”、车河社区“梦幻幽谷”旅游景点试营业启动仪式、首届“猫山杯”登山赛活动、平型关景区举行“决战平型关自行车骑行活动”。文化旅游节期间，全县各旅游景点限时免费对外开放。

（高晓彬 刘甫花）

【第五届中国（大同）车河国际有机农业论坛】 2018年9月8日至9日，由中国农业大学、太原理工大学、山西农业大学、大同市人民政府主办，国际有机农业亚洲联盟支持，灵丘县人民政府、灵丘车河有机农业发展有限公司承办的第五届中国（大同）车河国际有机农业论坛在大同举行。论坛的主题为“有机农业与乡村振兴”，来自国内外300余名有机农业、生态环境知名专家学者参加论坛。开幕式上，中国农业大学校长孙其信，山西农业大学校长赵春明、太原理工大学副校长吕永康出席论坛并讲话。中国人民大学教授温铁军、原农业部美丽乡村办公室主任魏玉栋、中国科学院大连化学物理研究所博士生导师徐恒泳、中国农业大学常务副校长李召虎分别做专题报告。中国十大有机行者朱安妮宣读亚洲有机联盟致论坛贺词。省委常委、市委书记张吉福出席开幕式并见证签约，市委副书记、市长武宏文致辞，市委副书记刘振国主持开幕式，市委常委、常务副市长薛明耀代表市政府分别与中国农业大学和山西农业大学签订战略合作协议，市人大常委会副主任、灵丘县委书记张强出席开幕式，县长罗永山代表灵丘县政府分别与太原理工大学及重庆国金建设集团、上海嘉仕禾投资管理有限公司签订合作协议和《灵丘生物产业园授权建设运营投资协议》。开幕式后，与会人员到灵丘县车河有机社区举行论坛专项活动。专家学者就车河经验的启示与乡村振兴、全域有机农业建设的理论与实践、有机社区建设、有机农业产业技术等作相关报告，并围绕有机创业园、美丽乡村建设座谈交流。

（高晓彬　刘甫花）

【三河综合治理工程开工】 2018年10月10日，灵丘县为解决唐河及泽水河、沙河槽、塌涧河三条支流存在的水生态和水环境破坏问题，三河综合治理工程开工建设，项目总投资5.9亿元，是山西省第五批PPP示范项目之一。项目建设期两年，建成后形成“一廊、三带、多景”的绿化格局，可提高抗灾能力，保障县城防洪安全，完善城市绿化系统，增强生态资源游憩功能，打造河畅岸绿、人水和谐、生态宜居的美丽灵丘。（红　远）

【灵丘县产业带动贫困户增收脱贫】 2018年，灵丘县搭建“一区、一带、两园、三级基地”产业发展格局，带动16325户42108名贫困人口稳定增收1000元至3000元。全域有机农业示范区：禁止红石塄乡9000亩耕地使用化学合成类农药、肥料，创建全域有机农业示范区，采取“有机农业+美丽乡村+生态旅游”模式，通过“资源全流转、村民全入社、三资全入股、收益全保障”发展路径，带动贫困户735户1934人脱贫。红石塄—独峪—白崖台乡村生态旅游带：改造南山区5乡（镇）1184平方千米村庄、道路、农田等景观，发展乡村旅游，通过引导贫困户发展农家乐、销售土特产品、开展旅游服务等，带动南山片区1.09万贫困人口增收脱贫。光伏产业园和扶贫产业园“两园”：采取“光伏扶贫+生态修复”模式，建设集中式、村级式和分户式光伏电站45.58兆瓦，在独峪乡尾矿回填区建设1个集中式、98个村级电站，实现生态修复与光伏扶贫双赢，带动4500余户贫困户户均年增收3000元。建设总面积6平方千米扶贫产业园，引进农副产品加工企业12家，采取“企业带基地、基地连农户、农户保收益”订单模式，收购、消化玉米、苦荞等农产品，辐射带动贫困户5000户。三级基地资产扶贫：布局万只育肥羊、万头育肥猪、万亩有机苦荞种植等县级“资产收益式”扶贫基地11个，带动7000户贫困户每户每年保底增收1000元。打造千亩种桃、千亩黄花、千亩蔬菜等乡级“农业订单式”产业片区16个，辐射带动贫困户稳定增收1000元至3000元。培育蚂蚱、白芍、黑木耳、大白谷等村级“精准滴灌式”特色项目126个，辐射带动贫困户稳定增收1000元以上。电商扶贫：以全国电子商务进农村综合示范县为契机，建成县乡村三级服务网点200个，开通双向物流快递线路6条，建立起电商扶贫农特产品目录库，70余种农副产品上线销售，覆盖贫困户2269户6168人。（高晓彬　刘甫花）

【农村“三貌”提升专项行动】 2018年，灵丘县实施乡村提升工程，动员全县干部群众，开展“村容村貌、户容户貌、精神面貌”提升专项行动，改善农村生产生活条件。建立四套班领导包乡联村制度，32名县级领导，每周至少3天在乡镇蹲点指导，123个县级帮扶单位“一把手”每周驻村4天，5600余名帮扶责任人投入帮扶活动。逐一筛查全县各村，重点解决新排查出463户可疑危房和特殊困难户。召开全县决战决胜脱贫攻坚冲刺动员大会，印发《关于全面开展提升“村容村貌、户容户貌、精神面貌”专项行动的实施方案》，明确整治提升目标任务和措施要求，做到目标明确、责任明确、时限明确。县级财政投入220万元，帮扶单位筹集资金200余万元，为群众解决生活所需，实现整治提升目标。县纪委和组织部成立专项督查组，采取进村实地查访、微信远程抽查相结合方式，盯人、盯事、盯结果，以严肃追责问责倒逼工作落实。成立“五人小组”（乡镇包村干部、第一书记、驻村工作队队长、村支书、村会计），逐村逐户开展自查。截至2018年年底，各帮扶单位集中整治院落30826个、房屋92483间，粉刷墙壁219万平方米，清理“四堆”24764处，清运重点部位垃圾7600吨。（高晓彬　刘甫花）

附　录

机构设置和负责人名录

中国共产党大同市第十五届委员会

书　记　张吉福
副书记　武宏文　刘振国
常　委　张吉福　武宏文　刘振国　黄岑丽(女)张　韬
　　　　宋　涛　姚鸿波　薛明耀　尉连生　梁晓旭
　　　　穆国新　冯苏京
委　员（以姓氏笔画为序）
　　　　丁国华　丁振雄　马安全　王凤瑞　王东升
　　　　王丽萍(女)王建江　王继武　王德成　方　旭
　　　　尹海斌　邓志蓉(女)白永旺　冯苏京　冯晓雷
　　　　任希杰　任建刚　刘川楠　刘振国　苏　智
　　　　李有清　李春平　李润军　李继忠　杨亚丁
　　　　宋　涛　张　强　张　韬　张吉福　张有喜
　　　　张清河＊武宏文　尚建军　罗永山　周聚德
　　　　赵　宇　赵向东　郝献民　荆　虎　郜向华
　　　　段运生　姚鸿波　高淑霞(女)唐　胜　黄岑丽(女)
　　　　梁晓旭　逯禾红　尉连生　董建中　雷雪峰
　　　　薛明耀　穆国新
候补委员（以姓氏笔画为序）
　　　　于雅丽(女)白雪峰　仝春生＊乔正南　刘国庆
　　　　李　霞(女)张海风　高　莹　曹　旭　魏丽雯(女)
秘书长　薛明耀＊尉连生

大同市第十五届人大常务委员会

主　任　赵向东
副主任　张翠萍(女)刘　美　雷雪峰　冯境城　张忠义
　　　　王淑琴(女)张　强
委　员（以姓氏笔画为序）
　　　　丁振雄　于化忠　马洪山　王　伟　王自润
　　　　王瑞霞(女)田培山＊刘志忠　刘　欣　刘　敬
　　　　李春平＊李　桦　李　彬　杨亚丁　杨素卿(女)
　　　　杨　琳　吴瑞生　张明元　张建华　张　艳(女)
　　　　张海兵　张燕威　武正河　周　谋　庞　君＊
　　　　赵建军　赵富义　柴　鑫　候　文　高淑霞(女)
　　　　郭占君　薄锦花(女)穆福喜
秘书长　郭普跃

大同市人民政府

市　长　武宏文
副市长　刘振国＊薛明耀　冯苏京　尚建军　尉连生＊
　　　　郭　蕾(女)马安全　荆　虎
秘书长　董建中

政协第十四届大同市委员会

主　席　郜向华
副主席　武保洲　许进娥(女)郭俊岗　杨硕平　王剑辉
　　　　王德成　李春平
秘书长　李安云
常委会组成人员（以姓氏笔画为序）
　　　　丁永胜　王月香(女)王玉娥(女)王肖倞　王迎宾
　　　　王国华　王宝林　王俊仁　王海玲(女)王雅丽(女)
　　　　任志强　刘　东　刘汉军　刘若亮　齐俊斌
　　　　孙　中　杜鹃华(女)李　建　李志红(女)李怀东
　　　　李林文(女)李海鸣　李润新　杨　峰　杨法珍(回族)
　　　　杨培宁＊杨彩霞(女)吴　云　何文平　何永毅
　　　　辛永强　张　团　张　炜　张有苇　张宝成
　　　　张润田　张瑞林　张慧勇　陈广明　陈玉田
　　　　范振凯　郑祝伟　赵建国　赵鸿文＊段贵宏(女)
　　　　侯　泽　洪维英(女)姚建平　高　谦　高中元
　　　　郭　彪　曹　进　曹　晖(女)韩云平　释妙真
　　　　睢建伟　解　谦　蔡志荣　薄玉林

中国共产党大同市第十五届纪律检查委员会

书　记　梁晓旭

常务副书记　方　旭
副书记　张有苇＊白玉玲(女)
常　委　梁晓旭　方　旭　张有苇＊白玉玲(女)
　　　　李春雨＊赵存斌　项鹏飞　许　慧
　　　　陈建明
委　员（以姓氏笔画为序）
　　　　于　君　王利军　王建平　牛志刚　方　旭
　　　　白玉玲(女)刘怀民　许　慧　孙一青　李　霞(女)
　　　　李义明　李文清　李江涛　李春雨　杨志文
　　　　张　军　张　炜　张有苇＊张建恒　陈建明
　　　　项鹏飞　赵存斌　赵建军　姚　锦　袁润德
　　　　高　飞　高　伟　曹　辉　梁晓旭　景　珍
　　　　魏宝成

大同市监察委员会

主　任　梁晓旭
副主任　方　旭　张有苇＊白玉玲(女)
委　员　李春雨＊赵存斌　项鹏飞　张丽珍(女)佘　儒

大同市中级人民法院

院　长　白永旺
常务副院长　王　发
副院长　苑春光　王永生(女)韩　毅　刘润玺
纪检监察组组长　孙一青
政治部主任　李长春

大同市人民检察院

检察长　段运生
常务副检察长　杨　波
副检察长　常向前　李　勇　韩　斌　姚　锦
纪检监察组组长　赵建军
政治部主任　王文萍(女)

大同市委工作部门

市委巡察工作领导小组办公室

主　任　郭　宪＊李春雨
副主任　周碧宇　闫海东

市委办公厅

秘书长、办公厅主任　薛明耀＊尉连生
常务副秘书长　王　伟
副秘书长　董宪军　唐　胜　耿建举　来　彦　庞　君＊
　　　　　刘尚文
纪检监察组组长　张建同

市信访局

局　长　唐　胜
副局长　白开明＊康　杰＊张兴平　宋京来

市委防范和处理邪教问题领导小组办公室（市防范和处理邪教问题办公室）

主　任　王福明
副主任　侯新民＊贾爱国

市委组织部

部　长　宋　涛
常务副部长　李春平＊周　灏
副部长　赵世亮　薛利云　曹　锋
纪检监察组组长　练志强

市委老干部局

局　长　赵世亮
副局长　刘鸿举　武丽霞(女)＊和武杰

市委宣传部

部　长　黄岑丽(女)
常务副部长　苏　珍
副部长　杨亚丁　赵建军　郝应府＊徐海滨　王　娟(女)
纪检监察组组长　王子祥＊

市委统一战线工作部

部　长　黄岑丽(女)
常务副部长　丁振雄＊
副部长　张　团　陈晓琳(女)段　军

市委台湾工作办公室（市政府台湾事务办公室）

主　任　来　彦
副主任　张平生　孙志远＊刘瑞星

市委政法委员会

书记　姚鸿波
常务副书记　柴　鑫
副书记　刘晋生　卫安运

市社会管理综合治理委员会办公室

副主任　张力平(女)刘继兴

市委政策研究室

主　任　董宪军＊李志刚
副主任　何永恩＊梁晓东(女)侯　忠　刘利新　高　泽
　　　　刘志财

市机构编制委员会办公室

主　任　姚志强
副主任　刘亮欢＊李海亮　潘振岭

市直属机关工作委员会

书　记　王益民
副书记　张　林＊张育新　钟建军　张志强＊
纪工委书记　张建恒

群众团体

市总工会

主　席　雷雪峰
常务副主席　柴京云＊姚夏冬
副主席　李安军＊王俊仁　张燕琴(女)

共青团大同市委

书　记　杨亚丁＊申海军

副书记　徐殿海　耿力韫(女)高　晶

市妇女联合会

主　席　高淑霞(女)

副主席　熊桂萍(女)* 王月香(女)* 章妙珍(女)王建平(女)
　　　　张　丽(女)

市科学技术协会

书　记　任志强

主　席　周　谋

副主席　王金成　李素玲(女)雷雪松(女)

市文学艺术界联合会

党组书记　李大军 * 樊　菁

副主席　张新明　程文栋

市社会科学界联合会

主　席　赵建军

副主席　李晓红(女)

中国国际贸易促进委员会大同市支会（中国国际商会大同商会）

会　长　刘红斌

副会长　张杰明　赵文君(女)

秘书长　赵文君(女)*

市残疾人联合会

理事长　幸学武

副理事长　武雁红(女)

市归国华侨联合会

党组书记　葛德军

市老龄工作委员会办公室

主　任　　邰德民

副主任　　白志勇

大同市人大及其常委会工作机构

市人大常委会办公厅

秘书长、办公厅主任　郭普跃

副秘书长　张秋珍　王晓东

纪检监察组组长　高　原(女)*

市人大常委会法制委员会（法制工作委员会）

主任委员　刘　欣

副主任委员　王日春

市人大常委会内务司法委员会

主任委员　吴瑞生

副主任委员　孔维盛

市人大常委会财政经济委员会

主任委员　于化忠

副主任委员　刘文飞

市人大常委会研究室

主　任　赵　军

副主任　贾鸿铸

市人大常委会教育科学文化卫生工作委员会

主　任　赵富义

副主任　李莹山

市人大常委会农村工作委员会

主　任　李　彬

副主任　李宏伟　张玉蓉(女)

市人大常委会城乡建设环保工作委员会

主　任　杨　琳

副主任　付　莉(女)常志宏

市人大常委会人事代表工作委员会

主　任　穆福喜

副主任　杨增武

市人大常委会民族宗教侨务外事工作委员会

主　任　张燕威

市人大常委会机关党委

专职副书记　马淑玲(女)

市人大常委会信访办公室

主　任　刘金锁

大同市政府工作部门

市政府办公厅

秘书长、办公厅主任　董建中

副秘书长　潘世君　李建贵　曹　晖(女)张建军　苏　坡
　　　　　郝　炜　谢　云　葛建义

纪检监察组组长　段永明

市发展和改革委员会

主　任　王明生

副主任　牛锐锦　鲁春江　李秉坤　刘少忠　胡桂森
　　　　张　健

纪检监察组组长　张日斌

市经济和信息化委员会

主　任　李有清 * 董宪军

副主任　韩雁春　丰志刚　苗泽峰　李元俊　刘建红

纪检监察组组长　赵雁平

市教育局

局　长　范振凯

副局长　魏丽雯(女)王希木　刘世勇　张学义 * 孙　朝
　　　　史建华

纪检监察组组长　李裕富

市科学技术局

局　长　王成舜

副局长　许福林 * 连满仓　张　咏　魏向军　赵　岷

市公安局

局　长　尚建军

常务副局长　宋世义

副局长　尉培军 * 曹居兰　王文成　王伟业　张文学
　　　　昝　斌

纪检监察组组长　魏宝成

政治部主任　庞忠杰

市民政局

局　长　张海凤

副局长　高　山　曹葆春　宿　权

纪检监察组组长　孙　团

市司法局
局　长　魏兴平
副局长　刘建军　王　磊(女)张培文
纪检监察组组长　马丽萍(女)
政治部主任　高　宁＊
市财政局
局　长　魏继平
副局长　郭福月＊刘怀民　闫绪文　姚　军　邓　敏
　　　　郭培新＊
纪检监察组组长　李　军
市人力资源和社会保障局
局　长　王东升
副局长　王国明　刘晓雁　李　坚　谢守功
纪检监察组组长　胡向东
市环境保护局
局　长　赫　瑞
副局长　王亚良　郭建生　丁中华＊白　福＊
市住房和城乡建设委员会
主　任　杨立新
副主任　王春生　徐倬伟　刘　顺
纪检监察组组长　王利军
市市政管理委员会
主　任　宋世义＊田培山
副主任　徐世平　赵　炳　张冬梅(女)杨琼圣
纪检监察组组长　王兴洲
市交通运输局
局　长　丁玉柱＊梁翼龙
副局长　胡建业　邹嘉荟＊　赵志刚　李　旺
纪检监察组组长　王立中
市水务局
局　长　文晓东
副局长　程建京　王　飞　任　宁
纪检监察组组长　冯玉胜
市农业委员会（市委农村工作领导组办公室）
主　任　麻树田＊张颖龙
副主任　高　飞　吴利生　马　忠　何长青　周妙英(女)
　　　　席志俊
纪检监察组组长　王　坤
市林业局
局　长　张宏东
副局长　张书民　张卫星　武俊胜
市商务局
局　长　曹　旭
副局长　王　彦　张　君
纪检监察组组长　赵晓东
市文化局（版权局）
局　长　刘广军
副局长　李　吉　郑建新　马雪峰　张俊杰
纪检监察组组长　薛　坤(女)
市卫生和计划生育委员会
主　任　刘国庆
副主任　师　卫　王　荣　杨　波＊郭志清　尉杰忠＊
纪检监察组组长　杜凤珍(女)
市审计局
局　长　于雅丽(女)
副局长　李毓智　李江涛　刘向东　徐利民
市政府外事侨务办公室
主　任　刘　锋
副主任　杨庆利(女)张文涛
市煤炭工业局
局　长　苏春枝
副局长　牛焕军　宋　洋　刘松湃
纪检监察组组长　李　叔
市政府国有资产监督管理委员会
主　任　周　灏＊王宏栓
党委书记　柴　毅＊
副主任　关　昭　郭天禄＊　张生平　马永前
纪检监察组组长　孔凡明
市工商行政管理局
局　长　武献民
副局长　赵文武　黄　胜　冯志伟
纪检监察组组长　谢宏福
市质量技术监督局
局　长　张渊启
副局长　曹　颖＊沈忠祥＊管立江　王立坚
市食品药品监督管理局
局　长　郝军生
副局长　于喜云　周正国　吴　金
市体育局
局　长　高东森
副局长　袁存杰　任　瑞　晋子顺
市统计局
局　长　刘义深
副局长　蔺林安　任广全　吴　钧(女)宋晓霞(女)
市安全生产监督管理局
局　长　梁全胜
副局长　王　江　池忠慧
市旅游局＊市旅游发展委员会
局　长＊主　任　高　莹
副局长＊副主任　常增宝　姜　文　牛翠珍(女)
市民族宗教事务局
局　长　杜　福
副局长　王建中　张建春
市文物局
局　长　刘建勇
副局长　于向东　许新红　何建国
市粮食局
局　长　王治军
副局长　昝文耀＊高勇林＊陈　瑛　高　波
市人民防空办公室（市民防局）
主　任（局　长）　李灵瑞＊赵晓周
副主任（副局长）　黄晓林　段凯瑞

市政府法制办公室
主　任　赵耀国
副主任　张延银　张晨光
市城乡规划局
局　长　刘明君
副局长　李生祥　薛建文＊
市房产管理局
局　长　张　炜
副局长　韩　岗　杜文件　王喜才

大同市政协工作机构

市政协办公厅
秘书长、办公厅主任　李安云
副秘书长　陈玉田　胡成启＊卢海军
纪检监察组组长　王　伟
市政协提案委员会
主　任　何永毅
副主任　郭文军
市政协经济和人口资源环境委员会
主　任　姚建平
副主任　邓守节　张宝元
市政协农村委员会
主　任　李润新
副主任　弓静义
市政协教育科学文化卫生体育委员会
主　任　王海玲(女)
副主任　康存锦(女)
市政协社会法制委员会
主　任　丁永胜
副主任　马志华(女)
市政协学习文史委员会
主　任　王海玲(女)＊李有清
副主任　杜　平(女)

民主党派和工商联

中国国民党革命委员会大同市委员会
主任委员　杨素卿(女)
副主任委员　高中元　杨小洁(女)李喜柱　朱壮彦(女)
李　光　杜慧娥(女)
中国民主同盟大同市委员会
主任委员　许进娥(女)
专职副主任委员（调研员）　张海兵
副主任委员　杨彩霞(女)解　谦　马建军　赵建国　高　谦
中国民主建国会大同市委员会
主任委员　侯　文
专职副主任委员　张瑞林
副主任委员　刘　东　孟冰山　曾季宁　邵继来
中国民主促进会大同市委员会
主任委员　周　谋
专职副主任委员　王肖倞
副主任委员　张宏斌　陈广明　王海平(女)段军山
吴巧云(女)
中国农工民主党大同市委员会
主任委员　郭俊岗
专职副主任委员　张宝成
副主任委员　赵鸿文　郭润利　王自润　崔志刚　贾文骐
九三学社大同市委员会
主任委员　杨硕平
专职副主任委员　刘志忠
副主任委员　郭　彪　王兴武　段贵宏(女)段爱旭(女)
市工商业联合会
党组书记　张　团
主　席　刘若亮
副主席　王建平　安世奎　贾雪花(女)

大同市直属事业单位

市委党校（市行政学院、市社会主义学院、共青团大同市委团校）
校　长（院长）高　键＊宋　涛（市委常委、组织部长）
常务副校长（常务副院长）　任建刚＊雷忠厚
市社会主义学院院长　刘　美（市人大常委会副主任）
市社会主义学院党委书记　丁振雄（市委统战部常务副部长）
副校长（副院长）　雷忠厚＊胡日红
副院长　张宝人
社会主义学院副院长　张庆祝
市委党史办公室
主　任　史　波
副主任　陈利云(女)刘　功　贾保权　王荣国
市委讲师团
团　长　文智军
副团长　白培枝(女)王玉梅(女)
市委、市政府新闻中心
主　任　白玉龙
副主任　刘月平　任　军
大同日报社
党委书记、社长，大同日报传媒集团董事长　胡怀生＊
牛志刚
党委副书记、总编辑　张　旭
常务副社长　郝跃进＊
副总编辑　程晓天　张素英(女)
大同广播电视台
党委书记、台长　张　瑜
党委副书记、总编辑　韩生利
常务副台长　王志强＊
副台长　韩生利＊裴兴荣（挂职）常　将
市文化艺术中心
主　任　李　民
副主任　赫福强　陈建华

市机关事务服务管理中心
主　任　薛润生（市政府机关党组成员）
副主任　王西恩　翟寅升
市档案局（馆）
党组书记、局（馆）长　曹　彬(女)
副局（馆）长　王　悦(女)魏向东　白锦文
市地震局
党组书记、局长　殷宝才
副局长　任建国　秦永霄　谢日升＊王爱全
市城镇集体工业联合社
党组书记、主任　付日平
副主任　董　军　郑　平
市招商局
党组书记、局长　赵晓周＊邹嘉荟
副局长　马祥元＊靳桂英(女)刘洪文
市农业机械化发展中心（市农机局）
党组书记、主任（局长）　李凤冉
副主任（副局长）　付建柏　李　飞　杜海峰
市册田水库管理局
党委副书记、局长　刘国兵
副局长　马文平　孟希平　任继宏　田生有
市农业综合开发办
党组书记、主任　王占福＊李灵生
副主任　李　情　高文山　孙利生
市园林管理局
党组书记、局长　刘法明
副局长　杜雪松　李　平＊赵璐玲(女)刘德日
市政府发展研究中心（市政府决策咨询委员会办公室）
党组书记、主任　王爱民
副主任　解江平　刘建军
市绿化委员会办公室
主　任　李灵生＊
副主任　魏炳琦　苏莲英(女)
市扶贫开发领导组办公室
党组书记、主任　白雪峰
副主任　孟汉仲
市长城山林场
场　长　张　雪
副场长　王世华　许　平　王　伟＊赵充胜
市恒山林场（恒山自然保护区管理处）
党支部书记　李　日
党支部副书记、场长　孙怀中
党支部副书记　陈学鹏
副场长　范德鑫　杨开胜
市就业指导中心
主　任　纪　勇
副主任　石文斌　吴建国
市地方志办公室（市文史馆）
党组书记、主任（馆长）　李　勇
副主任（副馆长）　金丽娟(女)曹力军　王　林

市接待办公室
党组书记、主任　王建新
副主任　侯振春　韩建强
市政务大厅管理中心
党委书记、主任　吕　忠
副主任　史桃林　常永青
市投资担保中心
党组书记、主任　刘怀民（市财政局党组成员、副局长）
副主任　苏凯涛　张秉文
市房屋交易权属登记管理中心
党支部书记　康　智
党支部副书记、主任　马玉泉（市住房和城乡建设局党组成员）
副主任　张　令
市工人文化活动中心
党支部书记　苏志兴
党支部副书记、主任　丁淑君(女)
市节能监测监控中心
党支部书记、主任　赵立新
市建筑设计院
党委副书记、院长　李　建
副院长　周玉礼
市云冈石窟文物研究院（市云冈旅游区管委会）
党支部书记　王雁翔
党支部副书记、院长（主任）　张　焯
副院长（副主任）　李立芬(女)卢继文
市供销合作社联合社
党组书记、理事会主任　刘立新
党组副书记、监事会主任　刘　江
理事会副主任　郑建华　张　统　葛　华(女)
市治理非法超限超载车辆工作办公室
主　任　田　宏
副主任　靳玉华(女)

驻外办事处

市政府驻北京联络处
副主任　刘清湖
市政府驻深圳联络处
主　任　苑晓东

本科院校

山西大同大学
党委书记　马存根
党委副书记、校长　冯　锋
党委副书记　孙　彦(女)刘　洪
党委常委、纪委书记　刘　洪＊张有苐
党委常委、副校长　张　策　寇福明　姚丽英(女)
翟大彤

高职高中专院校　正处级中学

山西电大大同分校
校　长　王希术＊张志刚
书　记　张志刚(兼)
副校长　孙　义　赵强柱＊
市现代教育培训中心
主　任　魏丽雯＊李志红(女)
副主任　孙翠平(女)温月冬　李永泽　牛有顺
山西大同大学大同师范分校
书　记　郝跃荣
校　长　皇甫世江
副校长　王文珠(女)＊张乙界　苏　柳＊
大同幼儿师范学校
副校长　闫　平(女)
山西大同大学浑源师范分校
书记、校长　王聪生
副校长　徐文保
大同一中集团校
书　记　张小立
校　长　张晋平
副校长　乔孝平＊安振邦
大同二中
书　记　杨跃庭
副校长　王有才　贺永义
大同三中集团校
书　记　马宝生
校　长　王　录＊贾建国
副校长　张国春(女)
北校校长　姚　军
大同四中
书记、校长　赵继强
副校长　吕雁民
大同五中
书　记　陈建平
校　长　马　良
副校长　龙海晏＊王　森
市实验中学
书记、校长　薛志文
副校长　郭红英(女)
北岳中学
书　记　杨占森
校　长　裴忠泽
纪检书记　杨宇光
副校长　王洪运
阳高中学
书记、校长　白志友
副校长　季培富　曹建明　孙玉河
浑源中学
书　记　栗淑琴(女)
副校长　陈修文　许建中＊
大同外国语学校
书　记　黄振宇
校　长　常健民
副校长　张俊超　张　瑜　王建军
同煤一中集团校
书记、校长　张建国
副校长　吴孟龙　任小明　落生贵
北校书记　张宝锁
北校校长　周国新
同煤二中集团校
书　记　桑　桂
校　长　马昌兴
副校长　康建英　张大明　马翠兵
北师大大同附中
副校长　郝　波＊田晟宇(女)姚建华(女)
市卫生学校
书　记　张智勇＊
校　长　吴　昊
纪检书记　杜桂平＊
副校长　白　炜
市高级技工学校
书　记　郭建邦
校　长　辛朝阳
副校长　张润田　韩力军　苑存良
市公安局人民警察培训学校（山西警校大同分校）
书　记　王　莉(女)
校　长　侯新民
副校长　杨红军
市体育运动学校（山西省体育局大同奥运人才训练基地）
书　记　刘建忠
校　长　甄泽斌
副校长（副主任）　解子冈＊魏继雄　兰　雷
市财会学校
书　记　李志权
校　长　岳艺斌
副校长　于忠孝＊郭文一
市文化艺术学校
书　记　郝应府＊
校　长　王和平
副校长　王和平＊罗学琨(女)张继云
市农业机械化学校
校　长　纪宇峰

大同市属医院

市第一人民医院
书　记　韩　柱
院　长　李奇海＊贺永春
纪检书记　叶小英(女)

副院长　张卫星＊曲明旭＊沈树军　高艳萍(女)

市第二人民医院（市肿瘤医院）

书　记　赵忠东

院　长　贺永春＊

副院长　马铁明(主持工作)贾鸿飞　朱利民＊范文有　李　晋

市第三人民医院

书　记　王海英(女)

院　长　马洪山

纪检书记　王崇丽(女)

副院长　张宝成　闫　莉(女)马铁明＊

市第四人民医院

院　长　邢福泰＊杨　波

副院长　杨　波＊张强世　冯金铭　王　萍(女)

市第五人民医院

书　记　臧天春

院　长　王迎宾

副院长　冀福林＊吕　宪　尉杰忠　孙元星　郭　平

市第六人民医院

院　长　母跃生＊

副院长　曹　德(主持工作)刘海云　代卫红(女)闫立新

市中医院

副院长　姜世瑞(主持工作)刘春力　葛德英　董义敏

县　区

城区＊（区划后更名为平城区）

中共区委书记　张　韬

副　书　记　李继忠　王丽萍(女)＊王　玺

常　委　张　韬　李继忠　王丽萍(女)＊王　玺　苏　坡＊曹葆春＊罗士彬＊郭云峰　梁　介　李文清　郭雁明　高　宁　薛晓明　李文瑞　徐文俊

区人大常委会主任　田培山＊王丽萍(女)

副　主　任　张　晓　费　勇＊李培荣　刘鹏飞　李鹏飞

区　长　李继忠

副　区　长　罗世彬＊郭雁明　昝　斌　王义萍(女)　闫慧芬(女)刘　顺＊韩　杰　欧阳宏海　韩朝炜(挂职)耿力韫(挂职)

区政协主席　赵世彪

副　主　席　吴芳芳(女)马少杰　田　夏(女)白志强

矿区＊（区划后撤销，原领导班子职务自行免除）

中共区委书记　赵　宇

副　书　记　逯禾红　戴　陶

常　委　赵　宇　逯禾红　戴　陶　靳文军＊　王建平　赵　雄　张　田　姚文章　邹嘉荟　陈晓琳(女)杨培孝　杨琼圣

区人大常委会主任　马曙光

副　主　任　裴启义　余天彪　赵志英　张　毅

区　长　逯禾红

副　区　长　靳文军＊邹嘉荟　王玉娥(女)马　翔　王玉璟　李永胜　孙　朝

区政协主席　睢占文

副　主　席　王建明　赵鸿文＊李翠兰(女)曹彩云(女)

南郊区＊（区划后撤销，原领导班子职务自行免除）

中共区委书记　任希杰

副　书　记　李东升　王　玺

常　委　任希杰　李东升　王　玺　杨志文　张建军　石　忠　马晓峰(女)刘巨平　刘中文　王富祥

区人大常委会主任　李　杰

副　主　任　明海君　李所仁　王永兴　李鹏飞

区　长　李东升

副　区　长　王　玺＊王义萍(女)李　宏　刘巨平　杨建中　李森林

区政协主席　梁翼龙

副　主　席　管民涛　许世明　赵跃宇

云冈区（区划由原矿区、南郊区合并组建）

中共区委书记　任希杰

副　书　记　李东升　戴　陶

常　委　任希杰　李东升　戴　陶　刘巨平　杨志文　赵　雄　姚文章　石　忠　马晓峰(女)刘中文　王富祥

区人大常委会主任　李　杰

副　主　任　裴启义　王永兴　余天彪　赵志英　张　毅

区　长　李东升

副　区　长　刘巨平　王玉娥(女)王玉璟　李永胜　杨建中　李森林　董雄伟(挂职)　陈建华(挂职)

区政协主席　睢占文

副　主　席　管民涛　王建明　李翠兰(女)许世明　赵跃宇

新荣区

中共区委书记　邓志蓉(女)

副　书　记　李　纬　靳文军

常　委　邓志蓉(女)李　纬　靳文军　姚夏冬＊　秦尚松　袁润德　樊　菁＊郭尚元　王晓琳　王利军　杨卫海＊张军峰

区人大常委会主任　乔　成

副　主　任　梁日山　田永明　张志军　魏守宇

区　长　李　纬

副　区　长　姚夏冬＊秦尚松　何文平　尹　奇　王晓媛(女)张建国　王志清　张　欣(挂职)　任永亮(挂职)

区政协主席　胡永祥

副　主　席　袁　晏　张　斌　张桃枝(女)何玉春＊

大同县＊（区划后更名云州区）

中共区委书记　王凤瑞

副　　书　　记　周聚德　罗士彬　解立鹰(挂职)*
　　　　　　　　江　荣(挂职)
常　　　　　委　王凤瑞　周聚德　罗士彬
　　　　　　　　解立鹰(挂职)*江　荣(挂职)牛志刚*
　　　　　　　　王成武　范晓强　乔来福　李　霞(女)
　　　　　　　　张文娟(女)徐彦君
区人大常委会主任　杨近源
副　　主　　任　乔　焕(女)刘德选　周　发　赵德清*
　　　　　　　　薛彦斌
县　　　　　长　周聚德
副　　区　　长　范晓强　冀昌海　夏静安(女)苗泽田
　　　　　　　　郝明利　王翔宇(挂职)谢　云(挂职)
　　　　　　　　逯建军(挂职)徐　军
区政协主席　闫　军
副　　主　　席　李　军*陈秀凤(女)*刘德舜　张　翠(女)
　　　　　　　　孙海生　龚德库

左云县

中共县委书记　苏　智
副　　书　　记　尹海斌　魏智力
常　　　　　委　苏　智　尹海斌　魏智力　景　珍
　　　　　　　　孟玉香(女)任　帅　何战勇　李国魁
　　　　　　　　崔　发
县人大常委会主任　刘志强
副　　主　　任　李永红　刘　耀　龚　文　高　丽(女)
县　　　　　长　尹海斌
副　　县　　长　任　帅　胡世玲(女)王俊云　张　俊
　　　　　　　　黄　炜(挂职)*马　杰　赵　波
　　　　　　　　车艳萍(女,挂职)刘首龙(挂职)
县政协主席　张立波
副　　主　　席　李爱新*彭　贤　宋　海　张　劲(女)

阳高县

中共县委书记　冯晓雷
副　　书　　记　丁国华　吴建强(挂职)*庞　君
　　　　　　　　杨宏伟(挂职)
常　　　　　委　冯晓雷　丁国华　吴建强(挂职)*
　　　　　　　　庞　君　杨宏伟(挂职)姜　荣
　　　　　　　　孟德昌*王　吉　李　霞(女)*徐碧洋
　　　　　　　　兰学欣　李雁侠　蔡杰锋　武志勇
　　　　　　　　谢留强(挂职)
县人大常委会主任　李晓红(女)
副　　主　　任　王瑞平(女)*韩　旭　李培华　高桂德
县　　　　　长　丁国华
副　　县　　长　孟德昌*王　吉　谢留强(挂职)
　　　　　　　　王爱党(女)张进才　郝贤颖　马　斌
　　　　　　　　李灵芝(女,挂职)贾春生(挂职)孟永泉
　　　　　　　　胡吉嵘(挂职)
县政协主席　项征武
副　　主　　席　景瑞平(女)孟　明　解秀成　杨占英(女)

天镇县

中共县委书记　王建江
副　　书　　记　刘川楠　王四小(挂职)*梁　军
　　　　　　　　蒋　煜(挂职)李克亮(挂职)
常　　　　　委　王建江　刘川楠　王四小(挂职)*
　　　　　　　　梁　军　蒋　煜(挂职)李克亮(挂职)
　　　　　　　　姜　荣*梁　军*高　伟　谢日升
　　　　　　　　贺胜利*张建明　宋桂珍(女)王　兴
　　　　　　　　周永波(挂职)*赵良斌　唐立波
县人大常委会主任　刘世清
副　　主　　任　贾进山*姚　琛*高世国　王　耀
　　　　　　　　郝　君
县　　　　　长　刘川楠
副　　县　　长　梁　军*张建明　周永波(挂职)*
　　　　　　　　田　炯　杨景利(女)郭立东　安洪涛
　　　　　　　　曹　毅(挂职)陈　洋(挂职)李　力(挂职)*
　　　　　　　　韩凤英(女)牛建强(挂职)
县政协主席　吕广权
副　　主　　席　王　义　李玢瑛(女)杨　智　张　凡(女)

浑源县

中共县委书记　张清河*赵　宇
副　　书　　记　王继武　郭晓楠(挂职)*闫保安(挂职)*
　　　　　　　　谢志海　李秀生(挂职)
常　　　　　委　张清河*赵　宇　王继武
　　　　　　　　郭晓楠(挂职)*闫保安(挂职)*谢志海
　　　　　　　　李秀生(挂职)赵　亮　张　军　白金义
　　　　　　　　于海滨　黄姝琦(女)王晓峰　李启忠
县人大常委会主任　王维平
副　　主　　任　韩玉明　杨　庆　王兴中　翟宝龙
县　　　　　长　王继武
副　　县　　长　谢志海*于海滨　王　银　张海波(女)
　　　　　　　　李跃新　钟志刚　陈利军
　　　　　　　　席小莉(女,挂职)刘训军(挂职)赵开成(挂职)
　　　　　　　　许从彬(挂职)
县政协主席　张振虎
副　　主　　席　李海枝　熊开明　李锦平(女)

灵丘县

中共县委书记　张　强
副　　书　　记　罗永山　张学梅(女)牛白琳(挂职)*
　　　　　　　　夏　祯(挂职)
常　　　　　委　张　强　罗永山　张学梅(女)
　　　　　　　　牛白琳(挂职)*夏　祯(挂职)戴　陶*
　　　　　　　　李大军　于　君　郭尚元*高志明*
　　　　　　　　白　洁(女)孙为军　李青春　阚宝奎(挂职)
　　　　　　　　李少波　郝宝玉
县人大常委会主任　索根生
副　　主　　任　郝建锋(女)张　文　董保林　王爱民
县　　　　　长　罗永山
副　　县　　长　戴　陶*李大军　阚宝奎(挂职)梁　介*
　　　　　　　　张　禄　王怀忠
　　　　　　　　张秀丽(女)陆辉山(挂职)左奇伟(挂职)
　　　　　　　　白发祥(挂职)高瑞龙
县政协主席　王瑞春
副　　主　　席　张永俊　燕　昱　刘文杰

广灵县

中共县委书记 李润军

副书记 王丽萍(女) 孟德昌 付强(挂职)* 秦爱民(挂职) 李纬* 李满田*

常委 李润军 王丽萍(女) 孟德昌 付强(挂职)* 秦爱民(挂职) 李纬* 李满田* 王崇虎 白洁(女)* 曹辉 吴华泽* 李贵峰 赵昱清 刘玉清(女) 王军

县人大常委会主任 苑在雨

副主任 周业贵 廉海义 李兴平 亢继军

县长 王丽萍(女)

副县长 王崇虎 刘尚文 杨培宁 安绍阳 阎熙福 刘玉清(女)* 常家宁(挂职) 杨志勇(挂职) 王爱举(挂职) 安永青(挂职)* 师文睿

县政协主席 刘宝贵

副主席 王正忠 苑在银 许翠叶(女) 郭元

注：2018 年 12 月 31 日前部门撤并，调离岗位人员在单位名称、人员名称右上角标注 *。

（市委组织部 市委统战部）

重要文献选登

在市委十五届四次全会上的工作报告（节选）

山西省委常委、大同市委书记 张吉福

（2018 年 1 月 20 日）

2017 年工作回顾

2017 年是大同发展进程中不平凡的一年。一年来，市委常委会团结带领全市广大党员干部群众，以习近平新时代中国特色社会主义思想为指导，深入学习宣传贯彻党的十九大精神和习近平总书记视察山西重要讲话精神，按照省委“一个指引、两手硬”重大思路和要求，深入推进“136”发展战略和“两个尖兵”建设，政治生态实现由“乱”转“治”，发展实现由“疲”转“兴”，各项事业取得明显进展，大同与全国全省一道进入中国特色社会主义新时代。

一、政治建设站上新高度

以党的政治建设为统领，把维护以习近平同志为核心的党中央权威和集中统一领导作为首要政治任务，引导全市党员干部始终与党中央保持思想一致、方向一致、步调一致。

坚决维护核心。把讲政治贯穿党性锤炼全过程，牢固树立“四个意识”，坚定“四个自信”，坚决维护习近平总书记的核心地位。扎实开展“维护核心、见诸行动”主题教育，全面落实“六个好”标准和“8+5”工作安排，举办 6 期学习十八届六中全会精神培训班，各级书记围绕“高举旗帜、维护核心”层层讲党课。这些举措，有力推动了全市党员干部把拥戴核心、维护核心、紧跟核心融入血脉、植入灵魂。

坚持高举旗帜。始终坚持以习近平新时代中国特色社会主义思想引领航向，深入推进“两学一做”学习教育常态化制度化。举办 7 期党的十九大精神专题研讨班，派出 1200 个宣讲团深入基层宣讲 7000 余场，组织全市党政主要领导干部开展大调研活动，兴起了学习贯彻党的十九大精神和习近平新时代中国特色社会主义思想的热潮，广大党员干部群众思想更加统一、信心更加坚定、行动更加有力。

坚守政治方向。充分发挥市委中心组示范带动作用，突出抓好“关键少数”，引导推动广大党员干部在武装头脑上下功夫。开展以“忆初心、强党性、见行动”为主题的基层党组织“六个一”活动。认真学习贯彻习总书记视察山西重要讲话精神，向全市发出了“一贯彻两推进”的号召，出台《深入学习贯彻落实习近平总书记视察山西重要讲话精神的实施意见》和《深入学习贯彻落实习近平总书记在深度贫困地区脱贫攻坚座谈会上重要讲话精神的实施意见》，召开专题研讨会、交流会，确保全市各项工作始终保持正确的方向。

二、转型发展开创新局面

对标习总书记关于“扎实转变经济发展方式”的指示和国发 42 号文件精神，坚持稳中求进工作总基调，把“供改”和“综改”结合起来作为经济工作的主线，推进转型发展形成良好局面。经济增长步入合理区间，财政收入、固定资产投资等 5 个重要经济指标增速高于全省平均水平。预计全年地区生产总值增长 6.5%，规模以上工业增加值增长 5.7%，固定资产投资增长 7.0%，财政收入增长 21.8%，社会消费品零售总额增长 7.5%。

坚持以思想转型为先导，紧紧围绕省委书记骆惠宁调研大同提出的“两个尖兵”要求，坚定提升经济转型发展的思想自觉，明确提出建设资源型经济转型发展示范区的先行区，深入开展“我为转型做什么”大讨论大调研，在全市掀起了谋转型、抓转型、促转型的热潮。

坚持以产业转型为重点，以深化供给侧结构性改革牵引转型升级，用“三去一降一补”打开经济转型发展新局面。淘汰煤炭落后产能415万吨，推进煤炭行业坚定走“减”“优”“绿”之路。大力发展非煤工业，出台能源革命、对外开放、打造国际一流全域旅游目的地等8个专项行动方案，加快培育新能源、新材料等八大战略性新兴产业。成功引进汉能、京能、科陆、雄韬等重大牵引项目，玄武岩纤维、石墨烯、高铁受电弓三大项目全部投产，非煤工业增加值、战略性新兴产业增加值、高新技术产业投资和第三产业投资分别增长14.5%、18.42%、98.7%和39.1%。国家级旅游业改革创新先行区成功获批，旅游人数和旅游收入增幅达到33%。

坚持以平台转型为载体，中科院大同新能源产业技术研究院正式运行，清华启迪科技城、能谷研发中心、未来能源馆等全面启动，中关村软件园山西基地落户大同，与太原理工大学、大同大学合作建立了本地科技成果产业化中心，“云中云”大数据产业园开工建设，智能机器人生产线进入试产阶段。

坚持以环境转型为保障，聚焦产业、企业、企业家，以“放管服效”为切入点，深入开展打造“六最”营商环境十大专项行动，积极试行企业投资项目承诺制，深入开展投诉直通车和入企服务长效化，优化招商引资体制机制，出台招商引资优惠政策和招商引资重点产业指导目录，启动“双人”计划和百名博士研究生引进工程，全市转型发展要素不断积聚。

三、改革开放迈出新步伐

深入贯彻习总书记“四个有利于”的改革方法论，践行“四个亲自”要求，按照“三个三”抓改革方法，以改革促转型，以开放促发展，总体呈现出多点突破、纵深推进的生动局面。

改革“四梁八柱”框架基本确立。年初部署的7个方面53项改革任务有序推进，省下达的五项考核任务如期完成，部分改革进入全省第一方阵。行政区划调整正式获批，行政体制改革扎实推进，组建城市综合行政执法局，成立新能源局；开发区“三化三制”改革基本完成，四大产业园区整合完毕；国企国资改革深入推进，组建市经发投、文旅集团和金控集团；同煤集团首批职工家属区“三供一业”分离移交工作顺利完成；监察体制、农村产权制度、商事制度、教育医疗等基础性改革稳步推进。

开放“桥头堡”地位更加凸显。认真落实省委书记骆惠宁“把大同打造成山西对外开放桥头堡”的指示要求，深入对接京津冀，设立6个高科技产业转移项目处，与商务部建立国家级产业转移大同示范区建设工作机制，实施“晋商晋才回乡创业创新工程”，积极参与中博会、“丝路行”等招商引资活动，成功签约重大项目42个，总投资700亿元；围绕建设全国综合性交通枢纽，提升“铁、公、机”，完善“岸、港、网”，大张、大西、大乌高铁进展顺利，灵丘—阜平高速公路列入规划，大同国际陆港建成运营，进口肉类指定查验场获批运行，航空口岸即将正式开放，陆海统筹、四向联动的全面开放大格局正在形成。

四、脱贫攻坚取得新成效

深入落实习总书记在深度贫困地区脱贫攻坚座谈会上的重要讲话精神，坚定“打不赢脱贫攻坚，就对不起这块红色土地”的决心，全力推进“八大工程二十项行动”，148个贫困村摘帽、7.2万贫困人口脱贫，超额完成年度考核任务，整体步入全省第一方阵。

坚持精准方略。以“一村一品一主体”为抓手，走出了以光伏、电商、旅游和特色农业为支撑的产业扶贫新路径。易地扶贫搬迁稳步实施，规划建设101个安置区，完成投资11.23亿元。组建造林专业合作社263家，带动脱贫1.14万人。放大“天镇保姆”等特色品牌效应，拓展就业扶贫新模式。大力实施金融扶贫，发放小额金融扶贫信贷7亿元。农村低保标准由2898元提高到3354元，顺利实现低保和贫困线“两线合一”。启动“扶贫超市”，85家企业认领扶贫项目350个，引入社会扶贫资金5000万元。

扣紧责任链条。召开12次扶贫领导小组会议，组织5次现场观摩，3次约谈贫困县县委书记，压实脱贫攻坚责任。坚持以党建促脱贫，建立市县乡三级“双签”责任制和党政“双组长”领导机制，进一步细化任务、措施、责任“三张清单”，引入市级第三方评估机制，脱贫主体责任压到第一线。组建3个综合督察组和2个明察暗访组常年开展督察。这一系列重要举措，确保了脱贫攻坚连战连胜，实现了进度与质量有机统一。

五、城市建设呈现新面貌

城市总体规划获国务院批复，“两河四区联动发展”深入实施，城建“十大提升工程”有序推进，区域性中心城市建设迈出新步伐。

城市品质不断提升。推进古城复兴计划，高规格编制古城保护修复与发展规划，代王府、潘家园、晋商联盟等项目全面推进，府衙、西北隅民居修复等项目启动；提速御东新区建设，体育中心、大剧院、美术馆后续工程有序推进，国际会展中心全面开工，高铁站等重点工程加快建设。

城市承载力不断增强。实施城建工程96项，总投资150亿元，完成道路工程82千米，配套供气、供水、排污等市政管网585千米，完成老旧小区改造1.3万套，新增集中供热面积450万平方米，北都街地下综合管廊等重点工程顺利推进。

城市管理不断改善。空间立体性、平面协调性、风貌整体性、文脉延续性管控得到强化，城市管理综合执法体制改革取得实质性进展，“多龙治水”问题有效解决；加快创建智慧城市，数字化管理平台基本建成；着力治理“城市病”，新建停车场10个、过街天桥10座、“公共空间”129座，新开公交线路3条，城市管理和服务水平不断提升。

六、民生保障再上新台阶

牢记习总书记“我们党干革命、搞建设、抓改革，都是为了让人民过上幸福生活”的要求，始终坚持以人民为中心的发展思想，全面提升民生改善质量，市级公共财政预算用于民生领域超过80%，年初确定的11件民生实事全部完成。

把就业增收作为民生之本，大力实施就业创业促进计划，做实去产能职工安置工作，城镇新增就业4.48万人，农村劳动力转移就业2.39万人，城镇失业登记率3.1%，低于控制目标，城镇居民人均可支配收入增长6.5%，农村居民人均可支配收入增长6.5%以上。

把教育医疗作为民生之要，坚持教育优先发展，实施“名师、名校、名校长”工程，在全省首创高校共建模式，大同师范成功升级为高等学校，城乡教育一体化改革取得突破性进展。深化医药卫生体制改革，公立医院综合改革全面覆盖，市级公立医院全部取消药品加成，分级诊疗制度建设加快推进，全市11个县（区）医疗集团挂牌成立，家庭医生签约完成，组织开展“健康扶贫村村行”和“巡回医疗服务”贫困乡村全覆盖工程。

把社会保障作为民生之基，稳步提高各项社保待遇标准，实现城镇职工、城镇居民和新农合“三保合一”，覆盖全民的医保和养老保险体系基本建成。持续加大保障性住房建设和棚户区改造力度，新开工1.2万套，建成9万套，城乡多层次、多渠道的住房保障体系初步建立。

把文化事业作为民生之重，启动文明城市创建，举办“砥砺奋进的五年”成就展，推出《太阳照在南阳河上》等精品剧目，本土电视剧《热泉》开机，中国·大同古都灯会和云冈文化旅游活动月品牌影响力日益提升，文化创新创造活力激情迸发。

把安全稳定作为民生之盾，严格落实党政同责、一岗双责，全年安全生产事故起数和死亡人数同比分别下降37.25%和31.5%。深入开展“春季攻势”“夏季风暴”严打整治专项行动，人民群众安全感全面提升。狠抓矛盾纠纷化解，2.9万名军队退役人员全部走访到位，3343名重点困难人员得到帮扶救助，全市进京、赴省非访量有所下降，确保政治稳定、社会安定。

七、生态环境有了新改善

牢固树立“绿水青山就是金山银山”的理念，把生态文明融入经济社会发展全过程，初步走出一条协调发展、和谐共赢的资源型城市绿色可持续发展新路。

治污成效显著。深入开展大气、水、土壤污染防治三大战役，大力实施“五水同治”，持续推进煤改气、煤改电，全面防治工业污染，加强污染减排和执法监管，空气质量综合指数、二级以上良好天数连续五年位居全省第一。

生态持续修复。推进山水林田湖一体化生态修复，御河等六大湿地工程陆续铺开，桑干河治理工程开工建设，全市水环境质量稳步好转。规模化整合荒山造林工程，持续推进大林业生态片区建设，全年累计造林34.5万亩，森林覆盖率达到23.5%。加快建设城市绿地系统，建成区绿地率达到37.67%，人均公园绿地面积15.36平方米，成功入列2017美丽山水城市。

落实环保制度。牢固树立绿色发展理念，建立以绿色GDP为导向的干部政绩考核制度，落实领导干部任期生态文明建设责任制和生态环境损害责任终身追究制，层层压实河长制，生态文明制度框架进一步完善。中央和省环保督察交办的662件案件全部办结，对56名责任人进行党纪政务处分。

八、民主法治取得新进步

坚持党的领导、人民当家作主、依法治国有机统一，不断发展社会主义民主政治，全市上下生动活泼、安定团结的政治局面不断巩固发展。

坚持完善人民代表大会制度。支持人大及其常委会依法履行职能，把人大立法、监督和重大事项决定工作纳入党委决策落实体系。召开推进县乡人大建设会议，制定出台《关于推进县乡人大工作和建设的实施意见》，基层人大建设得到加强。

支持政协依法履行职能。把人民政治协商作为重要环节纳入决策程序，支持政协围绕全市中心工作，开展专题调研，积极建言献策，加强民主监督。

巩固爱国统一战线。开展助力振兴崛起“六大行动”，圆满完成民主党派换届工作，成立北京大同企业商会，组织“百企帮百村”精准扶贫。推进群团改革，支持工会、共青团、妇联、科协、侨联等群团组织开展工作。

扎实推进依法治市进程。建立健全法制建设机构，制定《中共大同市委法制建设领导小组工作制度》等八项制度。扎实开展普法宣传教育，深化社会法治实践活动，推进执法司法规范化建设，全社会法治观念明显增强。

推进军民深度融合发展。加强国防后备力量建设，深入开展双拥共建和国防教育，实现经济建设和国防建设互促共进。

九、从严治党得到新加强

认真落实全面从严治党主体责任，按照新时代党的建设总要求，把严肃党内政治生活作为根本性基础工作，努力实现党内政治生态持久的风清气正。

全面落实管党治党责任。坚持清单化明责、项目化履责、常态化问责一体落实，狠抓压力传导。市委常委会40次研究全面从严治党工作，围绕政治建设、基层党建、正风肃纪、干部队伍等重点任务，作出安排部署，实施重大举措。全年因落实“两个责任”不力，问责追究43人，其中追究主体责任34人、监督责任9人。

全面加强干部队伍建设。严格落实“好干部”标准，把握正确用人导向，严防用人不正之风。全年调整县处级干部617人，246名业绩突出、担当负责的优秀干部被提拔重用。坚持“三个区分开来”，出台激励担当作为干事创业、支持改革创新合理容错两个试行办法，营造了干部必为、作为、愿为的制度环境。开展“不作为、慢作为、乱作为”集中整治，提振了干事创业信心、激发了内生动力。

全面推进正风肃纪反腐。把执纪与执法贯通起来，坚决减存量、重点遏增量，查处违纪干部837人，其中查处扶贫领域不正之风和腐败问题188人。把握运用“四种形态”，注重抓早抓小，全面从严治党的抓手越来越具体。制定《关于进一步贯彻落实中央八项规定精神的实施细则》，持续整治“四风”，全市查处违反中央八项规定精神问题102起，党纪政务处分78人，组织处理76人。开展巡视整改自行“回头看”，组织开展两轮市县巡察，推动全面从严治党向基层延伸。

附录

全面加强“三基建设”。围绕省委25条措施，细化我市25个方面100项具体工作，阵地建设全部达标，“五小”场所实现全覆盖，农村集体经济全部“破零”，80%以上突破5万元。设立市级基层党建基金5000万元，选派792名优秀干部到乡（镇）挂职。实施能力提升五大工程，培训基层党员6万人次，落实党建促脱贫项目1130个，党的执政基础得到夯实。

在看到成绩的同时，我们必须清醒地认识到，我们工作中还存在许多不足，前进道路上还有一些亟待解决的困难和问题。思想解放任重道远，一些党员干部创新思维不足，改革意识不强，开放视野不宽；转型发展步伐不快，传统产业仍占较大比重，新旧动能转换衔接不畅，推动转型的项目支撑不够，非煤产业尤其是非煤工业还不能挑起经济发展的大梁；如期全面建成小康社会任务艰巨，脱贫攻坚难度大，贫困人口自我发展能力弱，保证贫困群众持续增收、稳定脱贫办法还不多；营商环境仍需要进一步改善，市场经济体系还不完善，部分基础性、关键性改革不到位，对高端人才的吸引力不强，对技能型人才培养不够，政务服务水平仍需提高；市域经济发展不平衡，县域经济薄弱，乡村经济乏力；民生社会事业存在不少短板，公共服务整体水平不高，城乡区域间资源配置不均衡，与人民群众对美好生活的向往还有不小差距；党的建设任务繁重，干部在推动转型发展上能力不足、本领不强、作风不硬、落实不够，基层组织建设仍存在薄弱环节；生态环保、信访维稳、安全生产、风险防范形势依然严峻，等等。对这些问题，我们必须高度重视，采取有力措施加以解决。

2018年工作部署

2018年，是全面贯彻党的十九大精神开局之年，是改革开放40周年，是决胜全面建成小康社会关键之年，也是推动大同转型崛起攻坚之年。任务繁重，挑战严峻。我们必须以“开局就是决战、起步就要冲刺”的劲头，振奋精神，苦干实干，全力做好全年各项工作。

一、坚持以习近平新时代中国特色社会主义思想为指导，奋力开启大同发展新篇章

学习宣传贯彻党的十九大精神和习近平新时代中国特色社会主义思想是一项长期的政治任务，必须持续推动，不断引向深入。下一步，关键要在真正学懂弄通的基础上，在实际工作中认真践行，使大同发展在新时代顺利开启新征程、不断开辟新路径、持续开创新境界。

（一）主动对标党的十九大精神，牢牢把握新时代新要求。党的十九大是在我国全面建成小康社会决胜阶段、中国特色社会主义进入新时代的关键时期召开的一次十分重要的大会，在党和国家发展史上具有划时代的里程碑意义。我们要站在战略和全局的高度，深刻理解十九大的重要意义，切实增强学习贯彻落实十九大精神的政治自觉、思想自觉、行动自觉和使命自觉，进一步把全市党员干部群众的思想统一到十九大精神上来，把各方力量汇聚到落实十九大作出的重大决策部署上来。我们必须牢牢把握党的十九大的主题，坚定不移把这一具有全局性的旗帜方向在大同高举好；必须牢牢把握核心掌舵是党的十八大以来党和国家事业发生历史性变革的关键所在，坚定不移把这一具有根本性的政治要求在大同贯彻好；必须牢牢把握中国特色社会主义进入新时代的历史方位，坚定不移把这一具有统领性的政治判断在大同遵循好；必须牢牢把握习近平新时代中国特色社会主义思想，坚定不移把这一具有创造性的理论贡献在大同弘扬好；必须牢牢把握我国社会主要矛盾的变化，坚定不移把这一具有历史性的科学论断在大同认识好；必须牢牢把握“两个一百年”奋斗目标交汇衔接的战略安排，坚定不移把这一具有前瞻性的科学谋划在大同落实好；必须牢牢把握推进新时代中国特色社会主义伟大事业的重大决策，坚定不移把这一具有整体性的工作部署在大同实践好；必须牢牢把握新时代加强党的领导和党的建设总要求，坚定不移把这一具有决定性的伟大工程在大同建设好。

（二）深入贯彻中央和省委精神，踏上转型升级新征程。习总书记视察山西重要讲话精神，给山西指明了旗帜、格局、基调和要求，部署的五大任务事关全省长远发展，也为大同指明了前进方向。国发42号文件，是中央对山西的亲切关怀和大力支持，6处直接扶持大同，49处与大同密切相关，句句含金，条条给力，为我们打造资源型城市转型发展示范先行区提供了政策保障。省委书记骆惠宁调研大同部署的“两个尖兵”和“一个目的地”重大任务，赋予了大同新的历史使命。我们必须倍加珍惜机遇，大胆先行先试，把中央和省委的关心和支持转化成大同行动。要把转型升级作为振兴大同的长远之策，努力构建实体经济、科技创新、现代金融、人力资源“四位协同”的现代经济体系；把深化供给侧结构性改革作为破题之举，努力推进全市经济大调整；把改革创新作为动力之源，努力建设人才支撑下的创新高地；把生态建设作为立市之本，努力实现全域绿色发展；把当好“两个尖兵”作为先头之役，努力建设“新能源之都”和全省对外开放“桥头堡”。

（三）准确把握经济工作重大原则，开辟争先进位新路径。中央经济工作会议确立了习近平新时代中国特色社会主义经济思想，提出的“七个坚持”，部署的“三大攻坚”“八大重点”，为我们推动经济高质量发展提供了基本方法。省委经济工作会议，系统总结了我省“三条经验”，提出了“四大原则”，聚焦“三大目标”，作出了“十个关键”重大部署，为我们把握规律、超常发展、赢得主动指明了路径。我们必须乘势而上，全面提升大同在全国全省的战略地位。要深刻认识经济发展的阶段性特征，把高质量发展的根本要求贯穿始终，坚持稳中求进工作总基调，统筹改革、创新、开放同时发力，促进经济社会持续健康发展。要准确领会省委总结的“三条基本经验”，继续把“供改”和“综改”结合起来作为经济工作主线，谋划好争先进位的重大举措，引导好稳定好发展预期，找差距补短板强弱项，推动大同发展保持强劲的动力。要全面打好防范化解重大风险、精准脱贫、污染防治三大攻坚战，坚决守住不发生系统性金融风险和重大社会风险的底线，坚决保证现行标准下贫困人口的脱贫质量，坚决呵护大同蓝、植好大同绿、治出大同清、实现大同美。

（四）系统谋划全市工作总体要求，开创振兴崛起新境界。要认清大势，把好方向，坚持长短结合谋划未来发展。全市 2018 年和今后一个时期工作的总体要求是：全面贯彻党的十九大精神，坚持以习近平新时代中国特色社会主义思想为指导，统筹推进“五位一体”总体布局，协调推进“四个全面”战略布局，坚决打好三大攻坚战，按照省委“一个指引、两手硬”重大思路和要求，扎实做好稳增长、促改革、调结构、惠民生、防风险各项工作，围绕示范区、排头兵、新高地三大目标，深入实施“136”发展战略，打造先行区，当好两个尖兵，推进三大振兴，以五大行动引领五大工程，努力实现高质量发展，不断满足人民日益增长的美好生活需要，确保与全国全省同步全面建成小康社会，确保转型发展持久的强劲态势，确保政治生态持久的风清气正，奋力谱写新时代中国特色社会主义大同篇章。

二、坚持高质量发展，加快经济转型步伐

转型是山西大计，也是大同大事。我们必须用新发展理念统领经济发展全局，全力打造一个“先行区”、当好“两个尖兵”、推进“三大振兴”，加快构建现代产业体系，坚定不移走出一条产业优、质量高、效益好、可持续的高质量发展新路。

打造资源型经济转型发展示范区的先行区，要牢牢把握省委提出的“示范区”建设新要求，以构建现代产业体系为主攻方向，以转思想、转产业、转动能、转环境为着力点，深入推进供给侧结构性改革，增强“大同供给”，重塑“大同制造”，激活“大同智造”，全面加快产业转型升级步伐。深入实施创新驱动战略，设立新动能培育专项资金，深化与科研院所、知名大学、科技企业的合作，建设技术和知识产权交易平台，打造晋冀蒙交汇区创新中心。组建转型专家智库和专项工作小组，推动入企服务常态化，全面实施市场准入负面清单制度，探索建立“最多跑一次”机制，全面缩小与发达地区的梯度差。建立企业家维权服务平台，坚决维护公平健康的市场秩序，让更多企业家走向转型发展中心舞台。

当好能源革命排头兵和对外开放新高地的“尖兵”，就是要扛起省委赋予我们的重大历史使命，当好尖刀班、趟出新路子，在全省率先破题。

当好能源革命排头兵的“尖兵”。统筹推进“四个革命”，努力实现“传统能源向新能源、黑色能源向绿色能源、高碳能源向低碳能源”转变。坚定不移去煤炭落后产能，大力发展现代煤化工产业，实现煤燃料向煤原料转变。大力推进光伏领跑基地、汉能移动能源等重点项目，重点实施氢能发展战略，打造“氢都能谷”。加快电力体制改革步伐。利用“区块链”和“互联网+”技术抢占能源智慧化管理应用高地。开展能源总量和强度双控行动，推动清洁能源供暖工程。依托能源革命科技创新产业园，实施重大科技专项，构建新能源政、产、学、研、用结合的示范基地。

当好对外开放新高地的“尖兵”。要主动融入国家重大战略，与京津冀、雄安新区、长三角、珠三角及周边城市的联动发展。加快推进大张、大西、大乌高铁和广灵—门头沟等出省高速公路建设，构建立体联网、多式联运的综合运输体系。完善国际陆港功能，推进航空口岸正式开放，积极筹划自贸区大同片区和铁路口岸建设，推进国际邮件互换局和交换处理中心建设，打造国家级转型嘉年华品牌。推动与京津地区形成干部互派挂职长效机制，发挥驻外招商联络处作用，创新开展驻点招商、委托招商、以商招商。全面强化与珠三角、长三角、粤港澳大湾区合作，引导沿海资本、技术、人才向大同转移。

全面推进工业振兴、乡村振兴、文旅振兴三大战略，就是要扎实开展“转型项目建设年”活动，以项目促转型、以项目助振兴，加快区域经济协调发展，推动市域经济整体振兴。

全面实施工业振兴战略。工业兴则产业兴，工业强则产业强，工业振兴是市域经济振兴崛起的关键。要狠抓非煤工业这个核心。依托开发区“主战场”，全力推动非煤工业形成龙头、形成支柱、形成优势、形成品牌。要狠抓项目建设这个关键。谋划一批有支撑带动作用的战略性项目，统筹推进军民融合重大示范项目，努力实现早落地、早开工、早投产、早达效、早入统。要狠抓企业培育这个基础。制定综合性减负措施，实施企业标准领跑者制度，开展提品质、创品牌行动，加大精准服务力度，抓大扶强壮大骨干企业规模，全面提升民营经济发展水平。

全面实施乡村振兴战略。要走好融合发展、产业兴农、绿色发展、典型引领、乡村善治“五条道路”，推动农业全面升级、农村全面进步、农民全面发展。实施“五大”工程，推进农村厕所革命，完善农村基础设施，不断提升农村建设水平。深入推进农牧交错带核心示范区建设，大力发展有机旱作农业，巩固完善农村基本经营制度，加快构建现代农业生产、经验和服务体系。统筹山水林田湖系统治理，大力发展经济林产业，增强农业生态产品和服务供给。加快云冈小镇、恒山古镇、新平堡小镇等 10 个特色小镇建设，为全市农村城镇化创造示范。健全自治、法治、德治相结合的乡村治理体系，开展移风易俗行动，提升乡村文明。

全面实施文旅振兴战略。要围绕建设国际一流全域旅游目的地的战略要求，全面推进文化旅游业提档升级。发展全域旅游，突出全业、全民、全时、全要素原则，注重全景式打造、全社会参与、全产业发展、全方位服务、全区域管理，深化文旅体制改革，加快国家级旅游业改革创新先行区建设。突出精品策略，按照全省锻造黄河长城太行三大旅游版块的总体部署，围绕“一核一环四线”旅游格局，深入实施“五环联动”战略，全面推进云冈、恒山、古城等重点景区的提升工程，大力开发火山群、古长城等旅游景点以及各类特色小镇，加快推进方特二期等时尚旅游体验项目和长城一号旅游公路建设，打造多元化、系列化旅游精品。注重产业融合，推动旅游产品向观光、休闲、度假并重转变，丰富红色旅游内容，促进研学旅行、乡村旅游等多层次、多样化和特色旅游协调发展，构建城乡联动、多元发展、要素集聚、功能完备的全域旅游产业体系，全面叫响“中国古都·天下大同”品牌。

三、坚持全面深化改革，激发加快发展的动力活力

改革是转型发展振兴崛起的必由之路，必须从根本上破解、向关键处攻克、在关节点打通，坚定不移将改革进行到底。

推动转型综改“再出发”。要全面深化供给侧结构性改革，坚决落实“去降补”，充分激发各类实体经济内在活力。要加快开发区提质增效，巩固好“三化三制”改革成效，集中布局转型升级“十大工程”重点项目，对标发达地区先进做法，研究打出一整套政策组合拳，搭好平台、创优环境、筑巢引凤。各县（区）要依据省级开发区设立标准，加大项目落地力度，年内至少上马5个以上的亿元转型项目。

释放国企国资新活力。完善国有资产管理体制，积极推动整合重组，大力发展混合所有制经济，支持民企参与国企改革，推动交叉持股。实施“领导包联”机制，引入职业经理人，完善现代企业制度。加快供排水集团股份制改造和上市步伐，组建粮油产业集团公司和农业产业集团公司，整合煤机制造企业，做好国有企业“三供一业”分离移交工作，组建物业集团公司，规范完善经发投、开发建设集团、文旅集团的运营，稳妥有序推动27户僵尸企业依法破产出清。

构筑全方位改革新体系。深化金融体制改革，启动国家级绿色金融改革创新试验区建设，推进企业上市和“新三板”挂牌，发展多层次资本市场。完善金融风险监测预警、处置化解、长效应对机制，运用“四字”化债法，严格控制增量，逐步化解存量，坚决打赢化解防范风险攻坚战。深化商事制度改革，进一步完善“证照分离”“多证合一”。深化人才体制改革，集中实施党政人才优化、院士专家引进、优秀企业家培育、高技能人才开发等重点工程。突出抓好住房制度、农村土地、教育医疗等民生改革事项，以重点突破带动整体推进。

四、坚持突出“三个转变”，坚决打赢精准脱贫攻坚战

脱贫攻坚进入决战期。今年，重点要实现“三个转变”，确保大同、阳高、灵丘脱贫摘帽，确保天镇、广灵两个深度贫困县取得突破性成效。

由注重全面推进向聚焦深度贫困转变。坚持“一村一策、一户一方”，推动新增资金、项目、举措整体倾斜。着眼“脱贫”和“治贫”，重点抓好“基本生活、基本住房、基本教育、基本医疗”和“改善条件、提高能力、创造机会”七件事。开足“产业”和“就业”两个发动机，大力发展优势产业，加大劳务输出力度，切实增加困难群众的财产性、工资性、经营性、转移性收入。继续推动以“扶贫超市”为代表的社会扶贫模式，引导各方力量聚焦深度贫困地区，不断提升脱贫“温度”。

由注重开发式扶贫向开发保障并重转变。按照“六靠两有”原则，加快易地扶贫搬迁步伐，注重基础产业、公共服务、就医就学等政策配套，走融合搬迁、融合发展的路子。针对部分贫困人口“抗体弱”、易返贫的特征，构建教育、健康、兜底等多重防线，织密保障网络，保障无业可扶、无力脱贫“两无”人口的基本生活。继续推进资产收益项目，用好投融资扶贫政策，撬动更多社会资金投入。

由注重减贫进度向提升脱贫质量转变。处理好“输血”与“造血”的关系，既要帮在关键处，更要扶到根子上，提升稳定脱贫水平。处理好“领唱”与“合唱”的关系，推进物质脱贫与精神脱贫并重，在思想上扶志、能力上扶智、发展上扶持，增强自我发展能力。处理好“对上”与“对下”的关系，坚决杜绝“数字脱贫”“虚假脱贫”，务必做到组织、贫困户、社会、良心“四个”满意。处理好“当前”与“长远”的关系，做到既要按时完成脱贫目标又要巩固好脱贫成效。

五、坚持绿色发展理念，加快建设美丽大同

大同蓝、大同绿、大同清是大同美的基础，也是美丽大同最大的本钱。我们一定要牢固坚持生态立市的理念，坚定走生态良好、生产发展、生活富裕的绿色可持续发展路子。

全力优化生态环境，实现治理与美丽同步。突出管主体、控源头，压实排污主体和监管主体责任，筑牢“源头严防、过程严控、后果严惩”三道防线，坚决打赢污染防治攻坚战。不折不扣完成中央环保督察和省委省政府环保督察反馈问题整改任务，确保交出满意的整改答卷。通过治全域、保增长，启动大规模国土绿化行动，加大退耕还林还草、水土流失综合治理力度，统筹推进山水林田湖一体化保护修复。全面落实河长制、湖长制，加大御河、十里河等重点流域治理，大力推进桑干河、大清河生态治理。

推进生产方式转变，实现发展与美丽同行。围绕建机制、调结构，抬高准入门槛，强化绿色约束，牢固树立绿色GDP的鲜明导向，坚决杜绝高能耗、高排放和产能过剩行业项目，大力发展循环经济、低碳技术、环保产业，打造生态型经济体系，推动形成绿色的生产方式。坚持节约优先、减排激励和排放约束，加大各类垃圾废弃物回收和综合利用力度，鼓励使用清洁能源和可再生能源，提高资源利用综合效益。

加快生活方式变革，实现行为与美丽同伴。深入实施城乡人居环境提升行动，充分挖掘大同生态底蕴，全面推进城乡环境综合整治，综合提升城乡“颜值”和品质，让人民群众在宜居的环境中增强幸福感。培育生态文化，倡导勤俭节约、绿色低碳、文明健康的消费方式和生活习惯，让绿色消费、绿色生活成为时尚，让尊重自然、保护环境成为习惯。

打造绿色城市格局，实现建设与美丽同向。统筹抓好规划、建设、管理、运营四个环节，全面提升城市功能和城市品质。紧抓行政区划调整契机，启动2035年城乡总体规划修编。以十大城建质量提升工程为抓手，深入推进古城开发和御东新区提质，建设标志性建筑，提升宜居宜游宜业品质档次。健全道路交通体系，完善城市基础设施，大力解决“城郊矿”问题。加快推进智慧城市和海绵城市建设，稳妥推进城市管理综合执法体制改革，全力预防和治理“城市病”，提高城市综合承载能力。

六、坚持以人民为中心的发展思想，不断满足全市人民美好生活需要

坚持执政为民，真正把群众最急、最盼、最忧的事情办好办实，让惠民答卷更有“厚度”。

聚焦民生发展，办好老百姓的“三大急事”。着力促进更好的就业创业。大力培育拓展“互联网+”新形态、催生新职业、提供新岗位。推动大众创业、万众创新，提升以创业带动就业的能力。着力满足群众多样化住房需求。加快培育和发展住房租赁市场，大力推进公租房、廉租房建设，多渠道解决群众住房问题。坚决打击房地产领域欺诈行为，确保房地产市场健康平稳运行。着力提供更可靠的社会保障。推行全民参保计划，落实城乡医保“六合一”政策，落实保险待遇正常调整，着力构建覆盖全民、保障适度的多层次社会保障体系。

聚焦民生实事，满足老百姓的“三大期盼”。着力办好人民满意的教育。坚持教育优先发展，大力推进县域内城乡义务教育一体化，解决教育发展不充分不均衡的突出问题。开展教育振兴行动，深入实施“三名工程”，快速提高全市教育质量。支持社会力量兴办教育，优化职业教育发展，扩大优质和多样教育供给。着力提供人民满意的医疗服务。统筹推进“三医”联动改革，加快分级诊疗制度建设，全面取消以药养医，大力发展中医药事业，打造辐射周边的区域医疗中心。着力丰富人民满意的精神文化生活。积极谋划《大同记忆》大型演出剧目，建设天下大同影视基地，吸引更多文化名人来大同居住兴业。推进本土文化艺术展演，构建群众文化圈和体育健身圈，不断提升人民群众的文化生活质量。

聚焦民生安全，回应老百姓的“三大关切”。牢固树立国家总体安全观，严格落实“三个坚决防止”要求，统筹推进各方面安全工作。致力提供更安全的社会环境。继续开展严打整治行动，推进“雪亮工程”，构建立体式常态化社会治安防控体系。妥善化解各类社会矛盾，打造共建共治共享的社会治理格局，筑牢首都“护城河”的安全稳定屏障。致力提供更安全的生产环境。坚持“党政同责、一岗双责”，加大煤矿、非煤矿山等重点领域的监管力度，实施“四个清单”制度，确保安全责任、投入、培训、管理、应急救援“五到位”，坚决杜绝重特大事故，努力减少一般性事故。致力提供更安全的食品药品。建立综合性监管长效机制，加强基层监管力量，持之以恒开展食品药品专项整治，提高城乡一体化监管水平。

七、坚持全面从严治党，坚定不移把党的建设总要求落到实处

打铁必须自身硬。各级党组织一定要按照新时代党的建设总要求，坚持和加强党的全面领导，始终做到党要管党、全面从严治党，在坚持中深化、在深化中发展，坚决维护良好的党内政治生态。

要把政治建设摆在首位抓紧抓好。全市各级党组织和广大党员干部要始终保持对党绝对忠诚，坚决维护党中央权威和集中统一领导；坚定执行党的政治路线，严格遵守政治纪律和政治规矩；尊崇党章，严格执行新形势下党内政治生活若干准则，加强党内政治文化建设；严格执行民主集中制，通过严格的党性锻炼，提高政治觉悟和政治能力，在政治立场、政治方向、政治原则、政治道路上始终与以习近平同志为核心的党中央保持高度一致。

坚持用习近平新时代中国特色社会主义思想武装头脑。把学习这一马克思主义中国化最新理论成果作为首要任务，按照习总书记号召“全党来一个大学习”的要求，结合推进“两学一做”学习教育常态化制度化和即将开始的“不忘初心、牢记使命”主题教育，坚持每天学、反复学、深入学，善于把困难扛起来、把问题摆进去、把对策找出来，不断增强学习的坚定性和自觉性，创造无愧于人民、无愧于时代的新业绩。

着力锻造干事创业的高素质干部队伍。要不断增强新时代“八种本领”，切实加强好班长好班子好梯队建设，注重年轻化、专业化、知识化，打造信念过硬、政治过硬、责任过硬、能力过硬、作风过硬的大同脊梁。坚持“好干部”标准，大力培养年轻干部，注重在基层一线和困难艰苦的地方锻炼年轻干部，果断选拔使用经过实践考验的优秀年轻干部。继续强力推进干部能上能下，对满口大概其、承诺不落实、推责不扛事、占位不作为、能力不适应的坚决调整。深入实施“双人”计划，打造引人才、聚人气的政策高地，吸引一万高端人才、十万优秀青年来同创业。

夯实党的事业发展的坚实根基。认真落实党委抓基层党建工作责任制，围绕强化政治功能、突出服务功能、体现创新功能，进一步完善重心下移、力量下沉、保障下倾的体制机制，确保“三基”建设扎实推进、大见成效。以基层党组织标准化、规范化建设为总抓手，紧扣基本队伍、基本制度、基本保障、基本建设“四个基本”，突出集体经济、村务监督、社区党建、“两新”覆盖四个重点，全面提升基层党组织单元战斗力。围绕标准化建设，定规章制度、定规范标准、定达标细则，推动基础工作全面进步。建立教育培训、实践锻炼和奖惩激励三个常态化机制，练好发展、服务、治理三大基本功，重视培养好支书群体，努力打造一支冲在一线、敢上火线、群众信赖的基层干部队伍。

持续巩固深化作风建设成效。坚持把群众工作作为改进作风的根本着力点，建立健全联系服务群众的长效机制，持续推进“干部大调研”，真心实意解决人民群众反映强烈的突出问题，切实打通服务群众“最后一公里”。深化机关效能革命，坚决向“不作为、慢作为、乱作为”亮剑问责。把纠正“四风”往深里抓、实里做，坚决推动中央八项规定精神风化俗成。大力弘扬大泉山精神和平型关精神，始终保持迎难而上、艰苦奋斗的革命本色和久久为功、利在长远的实干精神，大力倡导劳模精神，激发广大党员干部主动担当作为、勇于争先进位。

坚定不移推进党风廉政建设和反腐败斗争。坚持无禁区、全覆盖、零容忍，以坚如磐石的决心巩固反腐败斗争压倒性态势，夺取压倒性胜利。进一步深化监察体制改革试点工作，构建党统一指挥、全面覆盖、权威高效的监督体系。加强政治巡察，解决基层党组织弱化、虚化、边缘化问题。坚决整治群众身边的腐败问题，严肃查处各项惠民政策落实过程中的“微腐败”。深入开展扶贫领域腐败和作风问题专项治理。把惩治基层腐败同扫黑除恶结合起来，坚决查处涉黑“保护伞”。深化运用监督执纪“四种形态”，立足日常监督，抓早抓小，在用好第一种形态上下功夫，让党员干部知敬畏、存戒惧、守底线。以永远在路上的坚韧和执着，着力强化不敢腐的震慑、扎紧不能腐的笼子、增强不想腐的自觉，展现出干部清正、政府清廉、政治清明、社会清朗的新气象。

政府工作报告（节选）

——在大同市第十五届人民代表大会第四次会议上

大同市人民政府市长 武宏文

（2019 年 2 月 24 日）

一、2018 年工作回顾

过去的一年，全市上下高举习近平新时代中国特色社会主义思想伟大旗帜，认真贯彻落实党的十九大精神和习近平总书记视察山西重要讲话精神，抢抓经济转型的重要窗口期、攻坚期，坚定战略自信，保持战略定力，以“示范区”“排头兵”“新高地”三大目标为牵引，坚定不移实施“136”发展战略，加快创新驱动转型升级步伐，扎实推进新旧动能转换，着力推动高质量发展，圆满完成了各项目标任务，为全面建成小康社会奠定了坚实基础。

综合实力在攻坚克难中实现新跨越。针对经济运行稳中有变、下行压力加大的形势，全力打好稳增长组合拳，多项指标争先进位，跃升到合理区间。地区生产总值完成 1271.8 亿元，增长 6.8%，增速排名全省第六；规模以上工业增加值完成 334.9 亿元，增长 5.7%，增速排名全省第六；固定资产投资完成 549.2 亿元，增长 12.3%，增速排名全省第三；第三产业增加值完成 742.8 亿元，增长 8.2%，增速排名全省第七；公共财政预算收入完成 119.7 亿元，增长 10.5%，增速排名全省末位；社会消费品零售总额完成 700 亿元，增长 8.1%，增速排名全省第六；城乡常住居民人均可支配收入分别达到 29911 元和 9710 元，增长 6.9% 和 9.6%，增速均排名全省第二；外贸进出口总额完成 37.56 亿元，增长 52.5%，增速排名全省第二。

能源革命在“尖兵”实践中取得新突破。坚持把能源革命作为大同高质量发展的最大王牌和经济转型发展的最亮品牌，下大气力推动平台搭建、人才聚集、项目建设、机制保障、科技成果落地和宣传发动，形成全面发力、多点突破的工作格局。能源革命科技创新园高位起步，“氢都”新能源产业城开工建设。迅速引进全科盟、中科院 10 所研究所，成立新能源产业局、新能源产业战略咨询委员会、全科盟新能源产业技术研究院，国内外高端能源研发智库汇聚大同。21 名两院院士、71 名能源领域领军人才竞相集聚大同，零排放煤化工、燃气热泵产业化等 7 项重大科技成果转化落地。北京汉能、西安隆基、深圳雄韬等能源革命十大突破工程稳步推进。成功举办首届“能源革命、对外开放”科技周国际高峰论坛，在“能源 1 号”举办能源革命百家讲座 91 讲，在大同日报每天整个版面、大同电视台每天新闻之后半个小时，开辟专栏专题进行能源革命讲座宣传。在能源革命交易博览中心和科创园新产品展示中心举办 119 项新能源新材料展览 100 余场次，积极抢占央视、高速、高铁、机场等重要平台宣传能源革命、开展项目招商，“争当能源革命尖兵、走出大同转型新路”已经成为大同最亮的一张名片，“能源革命·大同尖兵”已经成为大同人民合力奏唱的一曲新时代最亮的高歌！

改革开放在全面深化中迈出新步伐。实施走出去战略，设立京津冀、长三角、珠三角、雄安新区、一带一路、以色列特拉维夫六大高科技产业项目处，与国家商务部投促局、上海漕河泾开发区、中关村智造大街建立常态化对接合作机制，建立中关村智造大街大同服务平台和大同企业离岸创新孵化基地北京站，与北京海淀区、丰台区、上海松江区、华东理工大环境工程学院、南方科大创新创业学院、复旦大学生命工程学院等区校签订了战略合作协议，着力搭建产业合作新平台。启动谋划京晋（大同）协作新区和魏都新区，打造对外开放新窗口。在北京、深圳、西安、苏州成功举办大同“氢都”新能源产业城招商推介会，新引进项目 139 个、总投资 1200 亿元。坚持古城区、御东新区、同煤新区、开发区“四区”联动发展战略，百亿城建工程圆满收官，开源桥建成通车，永泰南门广场主体完工，云冈机场跻身全国百万级机场行列，同煤至云冈机场快速干线加快实施，大西、大乌高铁列入国家“八横八纵”交通网络，对外开放城市形象得到全面提升。行政区划调整圆满完成，重点领域和关键环节改革持续深化。

产业结构在强力反转中呈现新趋势。大抓、狠抓、强抓、实抓工业振兴，全市规模以上工业总产值突破千亿元大关。非煤工业增加值增长 14.5%，占规模以上工业增加值比重达到 56.1%；制造业增加值占规模以上工业增加值比重上升 3.5 个百分点；战略性新兴产业、高技术产业增速分别达到 28.1% 和 28.5%，占到规模以上工业增加值的比重达到 17.5% 和 8.5%。大大快于规模工业平均增速。深入开展转型项目建设年活动，全年开工建设的 176 个工业转型大项目建成 99 个，墨西科技年产 10 吨石墨烯粉体、雄韬年产 1 万套氢燃料电池发动机总成、中银纺织 2 条洗毛生产线、西安隆基单晶硅电池组件、晋投玄武岩等一批高端项目相继投产。出台鼓励和支持民营企业发展的“二十条”政策措施，拿出 5 亿元工业振兴奖励专项资金，对同煤集团、同车公司、宇林德石墨、新成新材料等贡献突出的企业进行了大奖励、硬扶持。坚持把文旅产业作为资源型经济转型的主攻方向，加快全域旅游示范区创建，大手笔运作古都灯会和成龙国际动作电影周，潘家园古玩市场落成运营，“火山天路”、古长城旅游路等项目扎实推进，大同文旅正在成为全国闻名、世界瞩目的旅游品牌。全市旅游总收入达到 620.9 亿元，同比增长 28.5%。三次产业结构调整为 5.1∶36.5∶58.4。

农业农村工作在强基固本中达到新水平。粮食总产量达到 24.6 亿斤，实现“九连丰”。“一带三区”建设扎实推进，粮改饲、设施农业、标准化养殖、有机旱作农业加快发展。拿出10亿元专项资金，大力实施乡村环境提升工程，安家皂、涧西等102个示范村实现村容村貌、户容户貌整治全覆盖。与北京首农、广东农垦、中国农大、中国农科院、山西农大、京东集团等名企名校开展战略合作，“大同好粮”正在阔步走上特色化、品牌化、市场化的高效发展之路。聚焦深度贫困，全面压实责任，对标“六个精准”，落实“五个一批”“一县一策”，精准滴灌，用心用情用力抓脱贫。云州黄花特色产业扶贫、灵丘资产收益扶贫、阳高集中式搬迁扶贫等工作走在全省前列，3个贫困县区、264个贫困村、10.4万贫困群众实现了脱贫摘帽，全市贫困发生率降至1.78%，我们正在大步走上全面建成小康社会的康庄大道！

生态环境在标本兼治中得到新改善。综合施策提升“大同蓝”，严格划定城市禁煤区，依法淘汰燃煤锅炉和柴油机车，新增及更换新能源或清洁能源公交车比重达到75%，持续扩大城市集中供热覆盖面，取缔“散乱污”企业209家，全市二级以上优良天数比例达到83.7%，全省排名第一，从“煤都黑”到“大同蓝”的典型经验和做法受到国务院通报表扬；强力保障“大同清”，大力实施桑干河流域五大污水处理厂提标改造工程，集中开展河道清淤清障，持续加大黄河生态补水增量，全面加快御河生态湿地修复，水生态环境显著改善；持续厚植“大同绿”，着力打造环首都生态安全屏障，完成营造林19.57万亩，全市建成区新增绿化面积165.7万平方米、绿化覆盖率达到42.87%、绿地率达到38.75%、人均公园绿地面积达到15.88平方米，美丽大同建设卓有成效，“大同蓝”成为大同生态环保建设一道新的靓丽的风景线！

民生事业在成果普惠中取得新进步。全市财政民生支出占比达到81.5%。教育事业加快发展，普惠性幼儿园覆盖率达到86.7%，县域义务教育均衡发展全部高质量通过国家复评。全面改薄累计投入资金8.39亿元，城乡中小学办学条件显著改善。县管校聘改革成效显著，高中教育办学水平正在加速提升。省教育厅与大同市共建大学模式取得重大进展。文化体育事业成绩斐然，传统文化村落和非物质文化遗产保护工作持续加强，春节文化庙会和民俗大展演等文化活动普惠群众，群众性文体活动蓬勃开展。大同图书馆、市少儿图书馆、市群众艺术馆免费开放，“书香大同”赢得真情点赞。全国第二届青年运动会冬季项目成功举办。千方百计拓宽就业渠道，就业创业形势喜人，超额完成年度目标任务。医疗卫生事业长足进步，公立医院改革持续深化，市五医院等三大医疗集团正式挂牌成立；在全省首家实行药品二次议价，年可节约医保资金和患者个人费用2亿元；分级诊疗、医养结合等便民医疗改革扎实推进。社会保障体系更加完善，落实社会救助资金10.8亿元，发放各类低保金6.7亿元，农村低保标准高于全省平均水平。在9个农业县区建立“孝养基金”试点，成功列入全国第三批社区和居家养老服务试点城市。安居工程扎实推进，全市棚改项目开工8806套，基本建成22772套，公租房建设完成2810套，完成投资27.29亿元。下大气力解决国有土地上房屋权属登记历史遗留问题，分8批办理了102个小区的房屋权属登记工作。平安大同建设成效显著，全面创新社会治理体系，狠抓基础能力建设，安全生产形势平稳向好。治超工作实现由奋力赶超到引领全省的根本转变。防震减灾工作荣获国家级表彰。扎实开展扫黑除恶专项斗争，成功打掉涉黑涉恶犯罪团伙106个、全省排名第二。市政府年初确定的10件惠民实事全部兑现，实实在在地提高了人民群众的获得感、幸福感、安全感。

政府自身建设在服务升级中迈上新台阶。将学习贯彻习近平新时代中国特色社会主义思想贯穿于政府工作全过程，推动习近平总书记视察山西重要讲话精神提到的“五项重大任务”在大同变成生动实践。认真落实党风廉政主体责任，真管真严、敢管敢严、长管长严，将全面从严治党要求落到工作的每一个角落。始终坚持依法行政，办理人大代表建议193件、政协委员提案300件，办结率均为100%。主动接受监委监督，实现对所有行使公权力的公职人员监察监督全覆盖。在全市政府系统开展干部素质能力大提升活动，干部推动发展、解决矛盾、服务群众的能力显著增强。持之以恒转变作风，严格执行中央八项规定精神，自觉践行省委“五倡导五反对”，激励引导广大干部激情干事、开拓干事、精准干事，形成了大力度、快节奏、高效率的工作作风。在全市大力推行“送服务、送环境、送效率、送资源、送市场”的“五送”服务行动，把“六最”营商环境转化为现实生产力。与此同时，信访、统计、民族、宗教、对台、侨务、民防、气象、双拥、国防动员、档案、史志等工作取得新进步。

在肯定成绩的同时，我们也要清醒地看到，政府工作还存在着一些不容忽视的问题：

一是经济运行质量不高。2018年全市地区生产总值仅占全省地区生产总值总量的7.6%，总量绝对额排在全省第8，与全省第二大城市的地位不相匹配；煤电产业仍占主导地位，高效益、高产出、高拉动型的非煤现代产业尚未形成气候，“一煤畸重”的结构性矛盾短期内难以得到有效化解；城乡常住居民人均可支配收入虽然增势强劲，但绝对额排在全省的末位，经济发展活力明显不强。

二是创新能力不足。高技术企业数量少，高精尖人才不足，资金投入不够；众创空间数量少，标准不高；企业创新意识不强，市场理念不浓，企业产品科技含量低，技术改造升级缓慢，以科技创新为驱动的产业发展模式还尚未形成；围绕服务转型、服务企业、服务发展，政府在创建“制度高地”“政策高地”等方面工作主动性不强、创新的好办法还不多。

三是民生领域欠账较多。市本级财力对民生保障能力弱，城乡基础设施建设滞后，城市公共服务水平低，教育、卫生、社保、住房等老百姓热切关注的民生工程还存在诸多堵点、痛点，政府要完成的“作业”量大任重。

四是“三大攻坚战”面临严峻挑战。作为典型的大市小财政，既要保吃饭、又要促发展、还要积极地化解债务风险，多重压力交错叠加；深度贫困量大、面广，精准脱贫面临最难啃的硬骨头；环保约束性指标不降反升，二级以上优良天数跌破300天，污染防治还存在诸多短板。

五是发展环境亟待进一步优化。有些部门工作效率低下、标准不高、服务意识不强，少数干部不善作为、与市场打交道能力弱的问题十分突出。对此，我们要认真面对，采取有力措施加以解决。

二、2019年经济和社会发展主要任务

2019年是中华人民共和国成立70周年，是全面建成小康社会的关键之年，是我市改革开放再出发、转型发展再发力、“两个尖兵”再攻坚、综合实力再跃升的奋进之年。今年政府工作的总体要求是：以习近平新时代中国特色社会主义思想为指导，全面贯彻党的十九大和十九届二中、三中全会精神，统筹推进“五位一体”总体布局，协调推进“四个全面”战略布局，深入贯彻习近平总书记视察山西重要讲话精神，按照中央和省委经济工作会议精神，以及省委十一届六次、七次全会部署，在市委的坚强领导下，坚持稳中求进工作总基调，坚持新发展理念，坚持推动高质量发展，坚持把供给侧结构性改革与转型综改试验区建设相结合作为经济工作主线，坚持深化市场化改革、扩大高水平开放，加快建设现代化经济体系，大力实施“136”发展战略，打造转型发展先行区，奋力争当“两个尖兵”，持续推进“三大振兴”，继续打好“三大攻坚战”，大力实施“十二大工程”，扎实做好稳增长、促改革、调结构、惠民生、防风险工作，全力争取“两转”基础上的更大进步，为全面建成小康社会收官打下决定性基础，以优异成绩庆祝中华人民共和国成立70周年。

今年的主要预期目标是：地区生产总值增长7%，第三产业增加值增长7.5%，规模以上工业增加值增长6.5%，全社会固定资产投资增长10%，社会消费品零售总额增长7%，公共财政预算收入增长7.5%，城乡常住居民人均可支配收入分别增长7%以上和7.5%，对外贸易进出口总额增长5%，居民消费价格指数控制在3%左右。各项约束性指标和转型考核指标完成省下达的考核任务。

做好今年工作，我们要做到“三个必须”：

一是必须鲜明确立“大转型、大创新、大改革、大开放、大提标、大市场”六大工作要求。“大转型”就是要紧紧扭住转型升级这个核心，坚持“一切为了转型、一切聚焦转型、一切服务转型”，当好能源革命尖兵，加快工业结构性反转，横下一条心，培育新动能，全力走出大同转型新路！“大创新”就是要坚持把创新作为引领发展的第一动力，着力打造项目承接、科研推广、高端智库和成果转化平台，实现金融、技术、人才、产业、业态和体制机制创新一起上，壮大创新主体，提升创新实力，锻造“双创”筋骨，大力增强创新自信！“大改革”就是要大力开展“改革创新、奋发有为”大讨论，凝聚改革共识，争当改革尖兵，在重点领域和关键环节改革上勇于先行先试、敢闯敢试，坚决破除发展瓶颈，最大限度释放发展活力！“大开放”就是要当好对外开放“尖兵”，彻底改变眼睛向内的习惯，坚决“跳出大同看大同”，就是要坚持世界眼光、高点定位，以开放促改革，以改革促转型，全力打造融入京津冀桥头堡！“大提标”就是要“对标作战、向标看齐、用标推进、对表交卷”，样样工作争一流，拉高思想境界的标杆，前推发展理念的起跑线，争先进位，全力冲刺全省第一方阵！“大市场”就是要坚持市场引领，盯住市场需求，围绕高端制造、新能源、新材料等新兴产业，在全省全国市场中找商机、引项目、办企业，培植大同发展的后劲优势！

二是必须大力实施对接“大企大校大院大所”四大工作举措。要强化对接“大企”意识，主动对接世界500强、中国500强，紧紧围绕构建12大产业集群，挂靠大企业，实施大项目，为做强做大实体经济构建硬支撑、硬后盾！要强化对接“大校”意识，主动对接清华、北大以及国际名校，强化战略合作，对接一流名校，培养一流人才，为转型发展培育资源，积累资本！要强化对接“大院”意识，积极对接中国科学院、工程院和农科院，引进市场机制，加强科研攻关，推动成果落地，切实增强企业生产发展的最大潜力！要强化对接“大所”意识，致力转型升级，引进科研院所，攻克关键难题技术，为实现“大同制造”向“大同创造”“大同智造”转变奠定坚实基础！

三是必须坚定不移开展“送服务、送环境、送效率、送资源、送市场”“五送”服务。“大送服务”就是要主动登门、主动服务，想企业所想，急企业所急，甘当服务企业的“店小二”！“大送环境”就是要围绕发展所需，大力营造廉洁高效的政务环境、民主公正的法制环境、公平诚信的市场环境、安全稳定的社会环境。要加强政企互动，构建“亲”“清”新型政商关系，真心营造政企“一家人”环境！“大送效率”就是要持续深化“放管服效”改革，马上办、争着办、真情办，竭诚当好为企业提供服务的“快递哥”！“大送资源”就是要打破常规，与国内国际一流企业加强合作，整合市内交通、矿产、文化等各类资源，高端策划，打包运营，以资源优势换取转型发展的经济优势，大力提升大同资源附加值、增加值！“大送市场”就是要纾解企业所困，下大气力敞开能源消费、新能源汽车、智慧城市等各类市场，帮助企业做大做强，用市场容量和市场消费助推大同转型发展！

围绕上述目标和总体要求，今年要重点抓好十二大工程：

（一）能源革命重大突破工程

抢抓全省开展能源革命综合试点的重大机遇，争创全省能源革命示范市，以打造现代能源产业体系作为总体方向，重点在六个方面实现重大突破。

一是在煤炭“减、优、绿”上实现重大突破。全年压减煤炭产能135万吨；推进煤矿减量重组，淘汰落后产能630万吨。分类指导、有序推进基建矿井产能释放，建成同煤集团同忻煤矿千万吨级矿井的智能化升级项目，左云鹊山产能达到350万吨，同煤塔山、同煤同忻和中煤塔山核增先进产能2850万吨，长春兴煤矿完成二代机器人和

附
录

“云控矿山”升级改造，将先进产能占比提高到72.8%。开工建设1座煤矸石填充开采示范项目。推动中海油煤制气、同煤烯烃和煤制氢三大煤化工项目开工，我们要把煤炭产业做深做长，全面开启燃料煤向原料煤转变的新时代。

二是在新能源产业上实现重大突破。建成120万千瓦晋北风电基地项目、50万千瓦国家光伏领跑者二期项目，开工建设150万千瓦光伏平价上网示范项目，将清洁能源发电装机占比提升10个百分点。着力打造新能源高端装备制造业，聚焦新能源汽车、氢能、光伏制造产业链、储能等领域，重点推进陕汽集团新增1万台天然气重卡扩建项目、深圳雄韬年产1万套氢燃料电堆发动机总成项目、北京新研年产1万套氢燃料动力系统项目、山西城市动力年产1GW储能动力电池项目、西安隆基年新增1GW光伏组件、卡本泰克新一代红外线供暖材料制造等项目建设，提速“煤都”向“氢都”和“新能源产业之都”的转变。

三是在科技创新平台上实现重大突破。推动中科院工程热物理研究所大同分所、中科院电工研究所大同基地、同煤集团双创中心、中关村智造大街孵化园、上海漕河泾开发区国际创新创业园、山西能源革命排头兵展示馆等项目建设。打造国内外能源技术创新生态圈，加强与以色列特拉维夫大学、荷兰莱顿大学、德国能源署等国际领先能源研究服务机构互动，在科技创新、技术转移、产学研合作等领域实现突破。依靠绿色金融等手段大力支持科技创新，鼓励和吸引全国、全球的能源技术初创企业落户大同。在储能、氢能、石墨烯、智能电网能源交易中心等关键领域开展战略性布局，抢占能源科技制高点。

四是在深化落实能源体制改革领域取得重大突破。深化电力、煤炭、新能源等领域改革，在“能源市场化交易”和“现代能源治理体系”两个领域形成模式。把握机遇，做好“开发区”和“能源革命科创园”两个国家级增量配电网示范项目，在电力挂牌交易、新能源直供等领域积极探索。把能源降成本作为供给侧改革的重要抓手，继续深化推进大用户直供，切实将能源优势转化为产业优势。

五是在推进园区建设上取得重大突破。“一园一城”是我市争当能源革命尖兵的“牛鼻子”工程，将对前沿技术创新、关键产品示范、创新模式打造、中小企业培育、创新要素聚集起到关键支撑作用。全面加快“一园一城”建设，科创园“23+1”项目全面提速，年内部分工程主体完工，全力打造“中国一流、世界前沿”的能源革命创新园区；“氢都”新能源产业城核心起步区10平方千米的16个新项目全部开工，着力打造智力密集、高技术汇集、新能源企业聚集的高品质产业城。

六是在能源绿色消费和全民共享领域上实现重大突破。聚焦绿色交通、节能建筑、清洁供暖、绿色乡村四大领域，启动规划能源革命“十大乡村”“十大小区”“十大校园”建设规划。打造城市绿色交通网络体系，实施氢燃料公交车和纯电动公交车示范工程，实现加氢制氢运氢一体化。在全市大力推广装配式建筑和被动式超低能耗建筑，开工建设全省首个装配式+被动式超低能耗三星级绿色建筑示范区。创新绿色采暖方式，推动谷电采暖、弃风限光采暖、红外线供暖、空气源/地源热泵供暖等多种方式的优化集成，实现“采煤不见煤”“煤都不烧煤”的历史性转变！

（二）工业大振兴工程

工业是立市之本、富市之要、强市之基。重点抓好工业大振兴五大行动。

一是高端制造大发展行动。要把发展高端制造业放在更加突出位置，围绕高端制造引领，重点推进“陕汽重型汽车百亿产业链”项目，加快陕汽大同公司年产2万辆重卡汽车生产项目开工，抓好重汽大齿公司和北宇专用车公司生产配套技术改造，确保新能源汽车产业链全年产值达到100亿元；大力推进电力机车产业提质增效，加快中车大同公司产能释放，力争年内完成产值65亿元；积极推进北方（大同）军民融合产业园建设，抓好总投资6亿元的国际高端铸造科研试制中心项目的规划启动；全面推进墨西科技、尚镁科技、轻型飞机、北斗显示等高端智能制造项目建设。

二是工业企业大技改行动。突出抓好总投资105亿元的50项重大技改项目，投产达效后年预增产值180亿元。重点推进悦凌空调年产10万套超低温空气源项目，一期工程年内产能达到2万套；重汽大齿公司变速箱及发电机齿轮智能制造项目年内建成投产；国药威奇达中抗青霉素绿色产业链升级项目，年内主体工程完工，一期工程投产达效；同药集团黄芪中药制剂生产线升级改造项目，年内实现部分投产。

三是转型项目大建设行动。突出抓好总投资1188亿元的50项重大新建转型项目，投产达效后年预计增加产值1400余亿元。重点推进同煤60万吨烯烃项目，3月全面开工，年内部分主体工程完工；中海油年产40亿立方煤制天然气项目，力争上半年开工建设；国网新源浑源150万千瓦抽水蓄能电站项目年内开工。

四是产业集群大培育行动。依托装备制造园区、医药园区、现代纺织园区等产业模式，加快产业集聚，重点培育装备制造、生物医药、现代纺织等产业集群。要立足产业优势，率先在医药产业集群培育上实现新突破，借助同药集团高福院士工作站、国药威奇达和普德药业等企业省级技术中心，加快药品一致性评价和新药品开发，力争年内医药产业产值增长30%以上，并牵头组建全省医药产业联盟集团。

五是现代工业大招商行动。按照《山西省制造业十二大领域发展（招商）图谱》，落实好我市招商引资引智“双十条”和民营经济“二十条”政策，以开发区整合扩区和新获批省级开发区为承载，主动对接京津冀一体化、雄安新区、东南沿海地区产业大转移，大力开展以商招商、产业链招商、特色化招商、区域合作招商等招商活动，着力招商引资推动一批科技含量高、成长性好、带动性强的高新技术产业项目和重大产业转型项目落户我市，持续增强工业大振兴发展后劲。

（三）对外开放大提升工程

把开放落实到项目和载体上，全力争当对外开放“尖兵”，要突出抓好“三个打造”。

一是打造京晋（大同）协作新区。深入贯彻国家支持山西与京津冀加强协作实现联动发展的意见，依托开发区、云州区黄金发展空间，规划面积53平方千米，起步区建设10平方千米，坚持产城融合，突出项目引领，加大基础设施建设的资金配套力度，建设融国际教育、智慧创新、文化创意、医疗康养、国际合作、总部经济、现代物流于一体的现代产业新城。

二是打造对外开放“五大桥头堡”。即中关村智造大街高端制造桥头堡，上海漕河泾开发区长三角东部产业转移项目桥头堡，深圳珠三角高科技产业转移项目桥头堡，以色列特拉维夫大学科技创新成果转化桥头堡，德国新能源产业创造研发桥头堡。在国家战略经济圈和区域经济圈中崭露头角，实现由“挤入”到“纳入”再到“融入”的根本性转折，以此链接产业、链接企业、链接项目，形成大项目好项目成批引进，捆绑进入、梯次建设、滚动发展、滚动投产的工作格局，形成大项目顶天立地、小项目铺天盖地。

三是打造现代交通“三大载体”。启动云冈机场三期改扩建项目建设，新建3.5万平方米候机楼，满足大型飞机起降，逐步向国际机场迈进。成立大同航空产业集团，大力培育低空旅游、航空物流、短途运输、私人飞行等八大业态，打造全省通用航空产业发展示范市；加快完善大同国际陆港功能，启动自贸大厦建设，年内获批保税物流中心。实现航空口岸正式开放。年内开通大同中欧（亚）班列不少于3列。开工建设投资5亿元的晋北国际物流园项目。大张高铁年内开通，集大原高铁项目全面启动，太原至怀仁东动车“五一”开通，年底开至大同高铁南站，确保实现大同至西安动车、高铁全线全贯通！

（四）古城复兴和“五区”联动发展工程

大力推进古城区、御东新区、同煤新区、魏都新区、京晋（大同）协作新区“五区”联动发展，立足未来产业发展方向，推动规划衔接、道路相同、产业互通、基础设施与公共服务共建共享，实现同城化建设、同城化管理、同城化发展。重点抓好四项工作。

一是实施古城复兴工程。古城是大同人民的精神家园，是大同文化的根和灵魂。要坚持把《大同历史文化名城保护规划》作为古城保护和管理的准则，加强历史街巷、古宅老店、建筑风貌和文化元素、民俗风情等的保护。深入挖掘传统优秀文化精华，鼓励和吸引社会资本参与，启动实施府衙、代王府、永兴坊、里坊巷等17个项目，3月1日全部开工，推动百座博物馆建设工程，坚决守住古城文化之魂、大同人民之根。

二是明确“五区”发展定位。按照“分区定位、各具特色、项目拉动、产业互补”的思路，有效整合资源，优化功能结构，提升城市品质。古城区以旅游、商贸等第三产业为主导，打造大同历史文化和古都文化的标识区。御东新区、同煤新区积极承接高端制造、煤基科技、新能源、新材料、新一代信息技术、高端医疗、现代康养、总部经济等战略性新兴产业，打造产业发展新高地。京晋（大同）协作新区主要承接京津冀产业转移和非首都功能疏解，打造对外开放合作先行区。全面启动25平方千米魏都新区规划，深入挖掘传承北魏平城京都文化，带动城市西北片区和新荣区整体发展，打造北魏平城京都文化传承区。

三是完善城市路网。全力推进平城街西跨桥及拥军路片区道路工程建设，年内实施道路工程108千米。加快实施同煤至机场的高架快线工程；加快推进大塘路与御河西路、大塘路与G208国道互通立交工程及御河西路、云冈、环城快速干线的前期准备工作；规划设计第八座跨御河大桥及大同外环高速连接线南延拓展工程，构建大进大出、快进快出的立体化交通体系。

四是优化城市服务功能。巩固行政区划调整成果，理顺城市管理体制，优化城市总体布局，统筹考虑平城、云冈、云州、新荣四区国土空间规划，统一安排基础设施建设，进一步拉大城市建成区发展框架。体育中心、大剧院、美术馆三大场馆年内完工，加快推进会展中心PPP项目。续建永泰门广场，打造华北地区最具活力的“都市大客厅”。建设高铁站前北广场综合枢纽工程以及配套道路工程，新建大同公交客运枢纽，补齐基础设施短板，大力提升城市品质，实现“城市让生活更美好”的追求目标。

（五）乡村振兴工程

坚持把实施乡村振兴战略作为新时代“三农”工作的总抓手，扎实推动农业农村优先发展。重点抓好“五个突出”。

一是突出壮大黄花产业。以云州为核心，以天镇、广灵、灵丘、阳高和浑源等县区为重点，今年力争新增黄花6万亩，总面积达到22万亩，在云州区创建以黄花为主导产业的融合火山森林公园、田园综合体，集种植、加工、科研、产业于一体的大同现代农业经济技术开发区，建设全国优质黄花种植基地、标准化示范区和产品集散中心。

二是突出发展有机旱作农业。毫不动摇抓好粮食生产，确保总产量稳定在8亿公斤以上。建设高标准农田19.1万亩。整建制推进灵丘、广灵2县创建市级示范县，灵丘县申报省级示范县，打造3个省级封闭示范片，创建有机旱作农业样板项目区10万亩，推广渗水地膜穴播技术10万亩、旱作节水和地膜减量增效技术15万亩。灵丘、广灵两县要抢抓机遇，大力提升有机旱作农业水平，为全市争创全国有机旱作农业示范市作出积极贡献。

三是突出建设雁门关农牧交错带。完成耕地种草55万亩、粮改饲12万亩，建设阳高正大、云冈四方、天镇中地等10大畜牧标杆园区，提升改造养殖场100个，建设左云、新荣、浑源等8个百万牛羊养殖大县，新增养羊50万只、养牛5万头。严防非洲猪瘟等动物疫情，确保农业生产安全。

四是突出培育农业产业龙头企业。坚持大项目引领，全力抓好农业嘉年华、农副产品物流园区等20个亿元以上项目建设，加快促进北京首农、华润创业、广垦粮油等业内龙头企业项目落户大同。引导农业加快发展城郊农业，促进农林文旅康养产业融合，走出农业＋工业＋文旅的大同农业转型发展新路。

五是突出改善人居环境。继续实施乡村环境提升工程，下大气力创建示范村200个、整治村1000个，深入开展拆违治乱、农村生活垃圾治理、生活污水处理、厕所革命、卫生乡村建设、清洁能源六大专项行动，使农村环境净起来、绿起来、美起来。

（六）脱贫摘帽攻坚工程

落实乡村振兴战略，聚焦深度贫困，巩固和扩大脱贫成果，确保决战决胜。重点抓好三项工作。

一是攻坚深度贫困。坚持政策向深度贫困聚焦、资金向深度贫困倾斜、项目向深度贫困聚集，“一县一策”，精准帮扶，确保村村有脱贫产业和带动主体，户户有增收项目和脱贫措施，全市实现2.2万贫困人口脱贫，101个贫困村退出，浑源、天镇、广灵三个贫困县摘帽，新荣区贫困村全部退出。

二是解决突出问题。紧盯贫困县退出的14项指标，着力解决易地扶贫搬迁、危房改造、卫生室、饮水安全、道路硬化、文化活动场所和网络覆盖七大突出问题，补齐基础设施和公共服务的短板。天镇、浑源6个易地扶贫搬迁安置点按期竣工，搬迁人口10月底全部入住；危房改造完成2.96万户，天镇、广灵、浑源和新荣四县区实现“危房清零”；91个行政村卫生室达标；200个村、15.2万人饮水安全问题得到全部解决；新建改建农村公路108千米；实现260个行政村综合文化活动场所全达标；建设260个村4G或宽带网络，推进市县电视台节目全覆盖。

三是巩固脱贫成果。坚持责任、政策、帮扶、监管“四不摘”，继续落实已摘帽贫困县、已退出贫困村和脱贫人口的扶持政策。阳高、云州、灵丘、云冈、左云五个县区抓好巩固提升，着力培育后续产业，实现农民持续稳定增收，建立防止返贫保障机制，筑牢返贫防线，让贫困群众健步走上真脱贫、真致富、真小康发展之道。

（七）文旅振兴工程

以文化为灵魂、旅游为载体，突出龙头景区建设，优化“3＋3＋3＋1”发展格局，推动“五环联动”，着力打造国际一流全域旅游目的地。重点抓好五大旅游景区工程。

一是古城文旅业态培育工程。要加大招商引资力度，吸引社会资本参与古城保护，建立多元化投融资机制，为古城发展提供有力支持。以历史文化街区为引领、休闲度假旅游为支柱、文化创意产业为特色，推动古城内业态有机统一，以产业多元化形成古城发展利用新格局，着力打造中国北方集乐宿、美食和文化体验于一体的综合性旅游胜地，让市民在这里有事可做、有商可营、有业可创，再现昔日古都市井繁华。

二是云冈景区大扩容工程。云冈石窟是历史赋予大同的世界级文化艺术宝库。必须站在引领世界文化的高度，对现有景区进行全面扩容升级。紧紧围绕历史价值、宗教文化、艺术魅力，拓展大云冈、大品牌、大市场、大文化，重点开发文化创意、佛学禅修、传统体验等，启动云冈小镇、游客集散中心、文化演艺、传统体验等项目，全面提升云冈石窟的国际影响力，努力将云冈景区打造成感受东西方文化融合的世界级观光胜地。

三是恒山景区大提升工程。恒山是中华五岳之一，悬空寺是世界建筑艺术的瑰宝。要突出围绕景区提质升级和服务重组、产品重构、品牌重塑，全面拓展游客集散体系，调整旅游交通线路，开发文化体验项目，提升服务品质，完善全域景区联动。启动游客集散中心、恒山小镇、温泉开发、世界级恒山森林生态公园等建设，完成景区交通改造、神溪湿地保护和文化体验等项目，努力将恒山景区建设成为弘扬中华文化、感受现代风情的国家级休闲森林公园。

四是长城1号景区大整合工程。大同长城是中华万里长城的重要组成部分，也是全省旅游三大板块的重点区域。要重点围绕空间组合和基础配套，在全面保护的前提下，完成“长城一号”国家风景道建设工程，启动建设汽车营地、艺术基地、长城人家、军事展览、体育运动等项目，积极开发户外休闲、研学度假和风情体验等项目，努力将大同长城建设成为感受历史风韵、体验塞上风情的综合性旅游胜地。

五是火山景区大完善工程。大同火山群是我国六大火山群之一，也是自然赋予大同的重要遗产。要重点围绕功能完善、产品开发和服务提升，进一步加大招商引资力度，加强战略投资合作，全面完善景区旅游服务功能，重点建设好集散中心、地质博物馆和景区导览系统等，大力培育住宿、餐饮、娱乐等业态开发，努力将大同火山群打造成为京津冀游客亲近自然、感受神奇、体验快乐的综合旅游胜地。

同时，进一步开发平型关、桑干河、土林、晋华宫、温泉、冰雪旅游，着力完善公共服务体系，加速智慧旅游系统，提升全域旅游品质，丰富大同冬季旅游项目和内容，形成功能完备、四季宜游的发展格局。

（八）生态文明建设工程

统筹山水林田湖草系统治理，加快建立健全生态环境治理体系，以壮士断腕的决心、背水一战的勇气、攻城拔寨的拼劲，做好生态保护的加法和污染排放的减法，落实好中央和省环保督察整改事项，坚决打赢污染防治攻坚的人民战争。重点抓好三大攻坚战。

一是坚决打赢蓝天保卫战。倍加珍惜来之不易的“大同蓝”，坚持转型、治企、减煤、控车、降尘“五管齐下”，坚决整治“散乱污”企业，持续推动清洁取暖和散煤替代由城市建成区向农村扩展，实现建筑工地绿色施工全覆盖，确保今年空气质量再提升，确保年内二级以上良好天气达到300天以上。

二是持续打好碧水保卫战。统筹实施“五水共治”，加快推进御河、十里河等重点流域生态修复工程，实施东郊污水处理厂搬迁和西郊污水处理厂提标扩容工程，深入开展入河排污口整治工作，加大截污纳管力度，继续补齐城镇污水收集和处理设施短板，新建和改造城市污水管线60千米，全力确保固定桥、利仁皂两个国考断面水质高标准退出劣五类。做好生态调水工作，增强河流纳污能力，国庆节期间御河南北20千米河道全线注水；加快建成御河两岸七大片区沿河公园和一个湿地公园，提升“一河两岸”人居环境和城市景观，着力打造风景如画的生态环境。

三是统筹打好净土保卫战。完成农用地、重点行业企业用地土壤污染状况调查，实施农用地分类管理和建设用地准入管理。启动土壤环境基础数据库和信息化管理平台建设。加强农业面源污染防控，继续在阳高县开展地膜回收试点工作，完成全市74个畜禽养殖场粪污治理和资源化利用，大力推进“开源一号”治理修复项目和云冈、天镇、灵丘农用地超标区域治理修复工程。召开“万人上恒山，生态大治理”誓师大会，高质量做好6.2万亩浑源矿山整治生态修复工程，今年首先完成大磁窑到官王铺道路带、阳光煤业修复示范点、多个露天采区“一带一点多区”修复工程，面积达到3.17万亩。在全市范围内同步开展生态破坏大排查大整治行动，守住生态文明底线，守住绿水青山。

（九）财源培育壮大工程

培植财源，开源节流，加强征管，为全市转型发展和高质量发展提供有力支撑。要实施三大培植工程。

一是发展经济，培植财源。在做大做强工业经济的基础上，加快发展一产、三产，延长产业链，拓展价值链。扶持发展民营经济，落实省鼓励和支持民营企业发展“30条”、市鼓励和支持民营企业发展“20条”政策措施，培育50家中小微企业进入规模工业企业，把更多的民营企业扶持成“税收大户”，成为支撑全市经济的“主力军”。培育壮大县域经济，坚持“因地制宜、错位发展、一县一业、整体提升”的思路，精心培育发展风电光电等能源产业、黄花黄芪等兴农产业、康养旅游等现代产业，着力补齐县域经济发展短板，尽快走出各具特色的富民兴县发展之路。

二是多措并举，开源节流。密切关注国家和省投资政策和动态，积极争取上级项目和资金支持；梳理公益性项目，多争取政府债券资金支持。加强财政资金引导，“四两拨千金”，有力撬动社会资本。加大土地收储出让力度，努力增加土地收入。推动盘活城市国有资产，实现保值增值。推进国有资产证券化，加快供排水集团股份制改造和上市，实现资本利润最大化。市县财政一律按照不低于10%的比例压减一般性财政支出，“三公”经费只减不增，降低行政运行成本，把有限的资金用在“刀刃”上。严格预算管理，加快支出进度，加强绩效管理，提高财政资金使用效益。

三是加强征管，应收尽收。加强重点行业、企业税收征管，加大政府住房基金和“两权价款”等非税收入征收管理，强化税费稽查，做到应收尽收。

（十）重点领域改革工程

以“改革关头勇者胜”的魄力，加快重点领域和关键环节体制机制改革，着力构建四梁八柱，充分释放改革红利。

一是深化开发区改革。以京晋（大同）协作新区为牵引，全面深化开发区“三化三制”改革，重点抓好土地审批、人才引进、项目建设等重大配套改革，充分发挥政策叠加效应。加快推动开发区“专业化、市场化、国际化”的推进力度，在全国叫响大同开发区的投资环境品牌，着力打造引领转型的尖刀班、突击连。

二是深化国资国企改革。全面加强国有资产运营管理，提高国有资产使用效益。大力发展混合所有制经济，积极引导民营企业参与市属企业改制重组，支持国有控股企业以多种方式入股非国有企业。推动“僵尸企业”依法破产出清，为下一步盘活资源、实现资产再利用扫清道路。加快剥离国有企业办社会职能，确保驻同27户央企和省属企业“三供一业”分离移交工作稳步推进，确保企业瘦身健体、聚焦主业、轻装前行。

三是深化“放管服效”改革。加快行政审批制度改革，进一步优化行政运行机制；深化承诺制改革，试行“容缺后补”，探索“一颗印章管审批”，推行审批服务“一窗通办”和政务服务“网上办理”。大力开展“五送”优质服务，营造“六最”营商环境，坚决消除“卷帘门”“玻璃门”“旋转门”现象，让不找人办事成为一种习惯。

（十一）重大风险防范工程

准确把握改革发展稳定面临的新情况新问题新挑战，坚持底线思维，保持斗争精神，有效防范化解重大风险。一是在全市范围内开展风险隐患大排查，建立“问题清单”“落实清单”“责任清单”，增强防范化解风险的针对性、有效性，把风险防范抓在早、控制在小、化解在源头、消灭在萌芽。二是稳妥推进政府隐性债务存量化解，做到坚定、可控、有序、适度；加强政府债务预算管理和限额管理，规范政府举债融资行为，坚决遏制隐性债务增量，全市综合债务率控制在风险预警线之内，风险债务率指标逐步改善。三是强化政府金融监管和服务能力，完善风险监测预警机制，加强金融风险源头管控，有序推进互联网金融风险专项整治，妥善处置非法集资、互联网金融、重点企业债务等金融风险，守住不发生区域性金融风险的底线。四是坚决防范社会风险，深入推进扫黑除恶专项斗争，在打防并举、标本兼治上下功夫；实施“雪亮工程”，完善社会治安技防体系。坚持发展新时代“枫桥经验”，扎实开展矛盾纠纷大排查、隐患大整改，防止各类矛盾叠加集聚，从源头上提升维护社会稳定能力和水平，增强人民群众安全感。

（十二）民生事业改善工程

坚持以人民为中心的发展思想，办更多的民生实事，把财富蛋糕更多地分给群众，让他们充分感受到民生清单的厚重温暖。

一是加快社会事业发展。优先发展教育事业，推进乡镇寄宿制学校建设，提高义务教育城乡一体化发展水平，打造义务教育优质均衡示范区；不断改善高中办学条件，提升高中阶段教育水平；持续规范治理校外培训；整合职业教育资源，加快高等职业院校建设，深入开展现代学徒制试点，推进校企合作、产教融合。深化市厅共建，扶持办好大同大学。深化卫生体制改革，推进优质医疗资源共享，加快完善城乡医疗服务体系，发展繁荣中医药事业，全面提高医疗卫生水平。加快省级文明城市创建步伐，促进城市环境、品位和市民素质整体提升，切实增强市民的归属感和幸福感；积极回应群众关切，在全长25千米的御河东岸，新建篮球、足球、门球等各类群众性文体设施和场馆。承办好全国第二届青年运动会夏季赛事，推动全民健身和竞技体育事业全面发展。

二是加大社会保障力度。全面做好就业创业工作，努力让每一个人“人尽其才”；完善覆盖城乡的社会保障体系，逐步提高城乡居民基本医疗、大病救助、低保五保水平，实现“应保尽保”；加强对老年人的关心关爱，健全完善养老服务体系，加强城乡养老服务设施建设，推动居家和社区养老服务改革，确保“老有颐养”。不断提升住房保障水平，筹集棚改安置房房源1.5万套，年内新开工建设1800套，全力推进棚改PPP项目建设运营工作，让各类群体都能有房住、住好房、能安居。积极落实优抚政策，加强退役军人服务管理工作，让最可爱的人得到全社会的尊崇。

三是加强社会治理创新。健全社区基础设施，强化社区服务功能，推进政府向社会力量购买服务，持续开展“三社联动”，提升城乡社区治理水平。强化应急管理工作，提升防灾减灾救灾能力。强化安全生产责任落实，坚决杜绝重特大安全事故发生，推进城市安全发展。加强国防动员、“双拥”创建等工作，推动军民融合发展。规范宗教事务管理，提升宗教工作法治化水平。

三、全面加强政府自身建设

大同正处在负重爬坡、滚石上山的攻坚期，形势逼人、不进则退。站在新的历史起点上，直面全市人民的新期待，我们将以“改革创新、奋发有为”大讨论牵引全年政府工作的新开局，全面有效提振政府系统广大干部干事创业的精气神，努力打造勤政为民、务实高效、清正廉洁、人民满意的政府，为圆满完成全年目标任务、在“两转”基础上全面拓展新局面提供坚强保障。

一是尊崇党章，严守纪律规矩。始终把政治建设摆在首位，牢固树立“四个意识”，不断增强“四个自信”，坚决做到“两个维护”，政府一切工作都要与以习近平同志为核心的党中央高度看齐，做到政治上旗帜鲜明、思想上同心同向、行动上紧紧跟随，确保习近平总书记视察山西重要讲话精神在大同深深扎根、开花结果。要及时与省委市委重大决策部署对表对标，确保大同经济建设和各项社会事业始终立足较高政治站位、保持正确方向、拥有开阔视野、不断破浪前行。

二是依法行政，维护宪法权威。主动接受市人大及其常委会的法律监督、工作监督和市政协的民主监督，认真办理人大代表建议和政协委员提案。认真落实《中华人民共和国监察法》，推进公职人员依法行政、依法履职。加强重点领域执法监督检查，大力推进政务公开，广泛接受公众监督和社会舆论监督，确保权力在阳光下运行。严格落实“三重一大”制度，充分吸纳各方面意见和建议，切实提高政府谋大事、抓实事、办好事的能力和水平。加快推进政府机构改革，着力构建办事高效、运转协调、行为规范的行政管理体系。

三是锐意改革，激发发展活力。扎实开展“改革创新、奋发有为”大讨论，对标“6个破除”“6个着力”“6个坚持”，坚决破除僵化保守、因循守旧、封闭狭隘、资源依赖、随遇而安、慵懒散漫，着力解决改革意识不强、创新精神不足、扩大开放不够、市场理念不浓、工作标杆不高、作风不硬不实等突出问题，坚持以改革破解发展难题、以创新激发动力活力、以开放促改革发展、以市场打开发展新通途、以一流标准创造一流业绩、以过硬作风彰显担当作为。要高标准、严要求、硬考核，科学建立《大同市政府工作标准体系》《大同市政府工作推进办法》，大幅度抬升工作标杆，实施高效能、科学化、项目式管理，提升干部干事创业的执行力，推动政府各项工作提质增效，确保实现一季度“开门红”、半年“双过半”、全年任务圆满收官。

四是担当作为，勇创一流业绩。勇于破除资源依赖的“挤出效应”，大力弘扬市场意识和创新精神，在争当能源革命和对外开放“两个尖兵”上敢闯敢为，在推进“三大振兴”上大胆作为，在实施“三大攻坚战”上奋发有为，确保“大同”号列车在奋进新时代的历史航程上敢于抢点、永不晚点、频现亮点，时时冲锋在前、站站大有收获。要始终保持勇立潮头不让、把住红旗不放的胆气和魄力，敢与强者比、敢与能者赛，勇攀经济高质量发展的顶峰，力克能源革命重大突破的堡垒，强攻贫中之贫、困中之困、难中之难、坚中之坚的硬坎，确保大同各项工作再上新台阶、再创新辉煌。

五是转变作风，狠抓工作落实。始终坚持激情干事、精准干事、开拓干事，抓住每一天、抓实每一月，撸起袖子加油干，干就干到最好，争就争到第一，以责任和务实安排日程，用心血和汗水浇灌行程，一锤接着一锤敲，一件接着一件办，把钉钉子精神写在大同大地上。要充分发扬求真务实精神，坚持百姓为本，问计于民，干部带头、取信于民，实干苦干、普惠于民，推动政府工作不断往深里走、往实里做。要主动深入基层、深入一线、深入群众，多与群众加强来往、联络感情、沟通思想，确保政府工作上接天线、下接地气。要从严建立督查考核、责任清单和群众评议制度，倒逼各级各部门牢固树立责任意识、指标意识、完成意识，推动政府工作干一件、成一件，向全市人民交出优秀答卷。

六是恪尽职守，打造廉洁政府。扛起“两个责任”，落实“一岗双责”，持之以恒抓好政府系统党风廉政建设和反腐败工作。充分发挥审计监督作用，加大审计发现问题整改力度，做到应审尽审、凡审必严，失职问责、严肃追责，努力构建集中统一、全面覆盖、权威高效的审计监督体系。严格控制“三公”经费，勒紧裤带过日子，把该省的钱坚决省下来，尽最大可能让位于经济发展和民生改善。严格落实中央八项规定精神，驰而不息纠正“四风”，坚决执行《中国共产党廉洁自律准则》《中国共产党纪律处分条例》，努力争取“两转”基础上的更大进步。

附录

地方性法规选登

大同市智慧城市促进条例

（2017 年 10 月 31 日大同市第十五届人民代表大会常务委员会第八次会议通过
2018 年 1 月 22 日山西省第十二届人民代表大会常务委员会第四十三次会议批准）

第一章 总 则

第一条 为了加快新型智慧城市建设，提升城市治理和服务水平，促进大同转型发展、绿色发展、智慧发展，根据有关法律法规的规定，结合大同实际，制定本条例。

第二条 本市行政区域内智慧城市建设和管理活动，适用本条例。

第三条 智慧城市建设应当遵循城乡一体、突显特色、政府引领、市场运作、开放共享、惠民便民、创新驱动、保障安全的原则。

第四条 市、县（区）人民政府应当将智慧城市基础设施建设、智慧应用推广、智慧产业发展纳入国民经济和社会发展规划；建立健全领导协调机制，构建统筹高效的组织体系和运行通畅的推进机制；组织编制智慧城市发展规划和行动计划，制定建设管理、推进保障的政策和措施，统筹推进智慧城市共性基础网络、通用功能平台和大数据体系建设。

第五条 市、县（区）人民政府应当在财政预算中安排专项资金扶持智慧城市建设和管理，并建立智慧城市发展投资融资机制，引导和支持社会资本投向智慧城市建设和管理。

第六条 市、县（区）智慧城市主管部门负责本行政区域内智慧城市建设的推进、监督、管理工作，履行下列主要职责：

（一）贯彻实施智慧城市建设有关法律法规；

（二）组织实施智慧城市发展规划和年度计划；

（三）指导、审核、监督智慧城市项目建设；

（四）建立推进协调机制，会同有关部门协调解决智慧城市建设中的有关问题；

（五）制定与大专院校、科研单位、大企业的合作制度，为智慧城市提供智力支撑；

（六）建立考核评估机制，落实智慧城市推进责任。

市、县（区）人民政府其他有关部门和单位、开发区管委会，应当按照各自职责做好智慧城市建设和管理的相关工作。

第二章 规划和建设

第七条 市、县（区）人民政府应当组织发展改革、城乡规划、经信、住房建设、国土资源、公安等部门，编制智慧城市发展总体规划、专项规划和实施方案，经本级人民政府常务会议审议通过后组织实施。

县（区）智慧城市发展总体规划、专项规划，在本级人民政府审议前，应当报市智慧城市主管部门审定。

第八条 编制智慧城市发展规划，应当体现创新、协调、绿色、开放、共享的发展理念，体现智慧城市建设的基本原则、新目标、新要求和建设重点，体现强化共用、整合通用、开放应用的建设理念，突出地方特色。

第九条 编制智慧城市发展规划，应当组织论证、座谈，征求有关专家和人大代表、政协委员的意见，并通过媒体向社会公开征求意见。

智慧城市建设的推进情况，应当定期向本级人民代表大会常务委员会报告，并向社会公布。

第十条 市、县（区）人民政府应当按照新标准、新要求，以物联网开放体系架构、城市开放信息平台、城市运行指挥中心、网络空间安全体系为重点，构建泛在先进、安全可靠的智慧城市基础设施体系，推进城际互联互通和信息共享，形成开放共享的智慧城市体系架构。

第十一条 市、县（区）人民政府应当整合和提升既有基础网络，完善时空信息基础设施，加速基础网络建设，提升网速，扩大覆盖，加速建设光网城市、无线城市，推进电子政务网与互联网、物联网之间多网融合，打造共性基础一张网，为城市服务治理精准感知、信息系统互联互通、惠民服务无处不在提供支撑。

第十二条 市、县（区）人民政府应当整合各类共性平台，汇集各级各类信息、数据、应用，构建智慧城市通用功能平台；依托城市通用功能平台建立智慧城市运行指挥中心，实现城市资源汇聚共享和协调联动。

第十三条 市、县（区）人民政府应当加快智慧城市时空信息云平台建设，以地理空间框架为基础，叠加各部门、各行业信息资源，汇集物联网、互联网信息资源，建设智慧城市大数据中心，将各类信息数据总和、过滤、存储，依托城市开放信息平台向社会开放。

第十四条 智慧城市项目建设，应当采取政府投资、社会投资、政府企业共建等方式，整合多种资源和汇聚多方资金，遵循城乡一体、集约统筹的原则，执行国家、行业强制性标准，避免重复建设、行业垄断和信息壁垒，高标准、高效率推进智慧城市建设，实现共建、共用、共享。

第十五条 市、县（区）人民政府应当采用新技术、新产品、新措施，构建安全可控的网络信息安全支撑体系、防护体系、管理体系和运营体系，建立信息安全等级保护、网络安全风险监测、通报预警、应急处置等新机制，落实安全责任，加强重要信息系统和关键数据资源的安全保障，维护智慧城市网络信息多维度安全。

第十六条　政府投资的智慧城市建设项目竣工验收合格后，应当依法推行投资绩效评估和投资绩效审计，促进投资绩效的提升。

第三章　智慧民生

第十七条　市、县（区）人民政府应当以政府大数据平台建设为基础，完善政务部门数据共享开放机制，推进"互联网＋政务服务"，促进部门间信息共享，形成全市统一的政府网站集约化门户，统一政务服务热线和在线办事平台，建立以城乡居民需求为中心的办事流程，实现政务服务一窗受理、一网通办。

第十八条　市、县（区）人民政府应当建设医疗、教育、社保、就业、养老、交通、文化、气象、支付、公共安全等民生领域的智慧化应用，提供多样化、普惠性、创新性便民服务，提高公共服务响应度，推进城市公共服务智慧化。

第十九条　引导和支持医疗、就业、养老等机构加快智慧化建设，向社会提供远程服务；组织和推进供电、供水、供气、供热、公共交通等企业加强信息互通，为居民提供便捷服务。

第二十条　市、县（区）人民政府应当推进智能美食、智能通讯、智能影院、智能租车、智能超市、智能零售等生活领域的智慧应用，为城乡居民提供便利服务。

第二十一条　市、县（区）人民政府应当整合民生领域的各类服务平台，构建统一全面、普惠便民的智慧民生服务体系，建立一站式便民服务平台，向市场和社会提供全程、全时、全位的信息服务。

第二十二条　市、县（区）人民政府应当推广市民一卡通和城市 APP 应用，集成公交、金融、缴费等公共服务卡的多项应用，实现一卡通用和一号通用。

第二十三条　市、县（区）人民政府应当利用物联网、云计算、大数据、移动互联网等新一代信息技术的集成应用，推进智慧物业服务、电子商务服务、智慧养老服务、智慧居家服务等智慧应用，构建设施智能、服务便捷、管理精细、环境宜居的智慧化社区，为社区居民提供一个安全、舒适、便利的现代化、智慧化生活环境。

第二十四条　市、县（区）人民政府应当结合小城市、小城镇建设任务，全面提升小城市、小城镇基础设施、服务能力和治理水平，推进智能制造、智慧物流、电子商务、康养医疗等智慧产业发展，推广智慧文娱、体育、游乐等智慧应用，打造宜业、宜居、宜游、宜乐的特色小镇。

第四章　智慧治理

第二十五条　市、县（区）公安机关应当推进智慧警务建设，整合城市信息资源，统筹公安业务应用系统，推广智慧应用，提高处理突发事件、维护公共安全、保障社会稳定能力；制定全市视频点位建设总体规划，整合市县两级和跨部门视频资源，建设公共安全视频监控综合应用平台，实现社会治安扁平化网格式管理。

第二十六条　市、县（区）人民政府应当建立纵横互联互通的城建管理信息系统，建设全市统一的规划编制、住房保障、土地供应、城市建设监管服务网格化监管平台，推进多证合一改革，实现城市规划引领、精致建设、综合治理、生态宜居的新生态。

第二十七条　市、县（区）人民政府城市管理相关部门应当整合城市管理信息资源，拓展智慧城市管理平台的服务功能，促进电网、管网、水务、市政、园林、环卫等管理的智慧化。

第二十八条　市、县（区）人民政府环境保护主管部门应当建立环保大数据中心，构建智慧环保平台，整合生态环境、企业生产和环保监管等信息资源，建设环境传感网络和污染物排放监测信息系统，对环境污染源开展动态实时信息采集和动态监管。

第二十九条　市、县（区）人民政府安全生产监管部门应当建设安全生产信息网络，构建安全生产综合信息平台，建立重大危害源监控和预警预报体系，建立企业安全生产动态监控和预警预报体系，创新安全生产监管方式，提高安全生产监管智慧化水平。

第三十条　市、县（区）人民政府食品药品监管部门应当建设统一信息网络和智能移动监管平台，实现食品药品安全监管信息共享与业务协同，推进电子监管，开展实时非现场监管，推进食品药品安全监管创新。

第三十一条　市、县（区）人民政府应当加快以政务、营商、社会、司法等领域为主体的社会信用体系建设，推进各类信用信息平台互联共享，建立统一的信用平台，为改善经济社会运行环境提供保障。

第三十二条　市、县（区）人民政府应当建立网格化、全覆盖的智慧应急预案体系、指挥系统、保障体系、平台体系，完善应急响应和应急处置机制，提升突发事件的预防和处置能力。

第五章　智慧产业

第三十三条　市、县（区）人民政府应当支持大数据核心技术研究、大数据创新应用、大数据创新服务，形成数据生产、数据交易、数据应用的产业链条，鼓励企业开展行业大数据平台建设，推动大数据产业发展。

第三十四条　市人民政府应当依托大同大数据产业园，引进大企业建设大数据创客基地、软件研发基地，支持智慧经济示范企业、示范基地建设，鼓励智慧产业集聚化、规模化发展，引领互联网＋新业态融合创新。

第三十五条　市、县（区）人民政府应当推进互联网与煤炭、电力、机械制造、医药等传统产业融合发展，加快工业企业技术创新、产品创新、业务创新和管理创新，培育发展工业互联网、物联网等新业态，发展基于互联网的云制造、云设计、云服务等智能制造模式。

第三十六条　市、县（区）人民政府应当鼓励大型互联网企业和基础电信企业向小微企业和创业团队开放平台入口、数据信息、计算能力等资源，支持创新工场、创客

附录

空间、社会实验室、智慧小企业创业基地等众创空间发展，推动大众创业、万众创新。

第三十七条　市、县（区）人民政府应当鼓励单位和个人进行智能制造技术研究，推动制造业从生产型制造向服务型制造转变，实现制造业的数字化、网络化、智能化，提高企业工业产品设计能力，培养具有竞争力的企业群体和优势产业。

第三十八条　市、县（区）人民政府旅游主管部门应当建立以旅游者需求为核心的旅游信息服务体系，为游客提供便捷、智慧化的旅游体验；打造智慧云冈、智慧恒山等智慧景区、创建智慧旅游企业、开发智慧旅游产品。

第三十九条　市、县（区）人民政府应当采取措施鼓励符合条件的单位和个人依法设立网络信贷、网络证券、网络保险等新型互联网金融机构，促进互联网金融产业发展。

第四十条　市、县（区）人民政府应当支持企业和个人集聚发展电子商务，培育电子商务龙头企业，引领产销对接，发展现代物流产业，提高核心竞争力；鼓励中小微企业利用第三方电子商务平台开展电子商务活动，推动电子商务发展。

第四十一条　市、县（区）人民政府应当将智慧农业、智慧乡村纳入建设规划，推进信息技术在农业生产、农产品流通、休闲旅游农业和农村生活中的智慧应用，提高农业生产、农村生活信息化水平。

第四十二条　市、县（区）人民政府应当整合产业数据信息、政策数据信息、资源数据信息，打造一站式招商平台，实现精准招商，吸引埠外资本投资大同经济、文化、社会、生态建设。

第六章　法律责任

第四十三条　违反本条例规定，法律、法规已经规定法律责任的，从其规定。

第四十四条　智慧城市建设和管理部门工作人员在智慧城市建设和管理中玩忽职守、滥用职权、徇私舞弊的，依法给予处分；构成犯罪的，依法追究刑事责任。

第七章　附　则

第四十五条　本条例自 2018 年 5 月 1 日起施行。

大同市电梯安全条例

（2017 年 12 月 26 日大同市第十五届人民代表大会常务委员会第十一次会议通过
2018 年 3 月 30 日山西省第十三届人民代表大会常务委员会第二次会议批准）

第一章　总　则

第一条　为了加强电梯安全管理，预防和减少事故，保障人身和财产安全，促进经济社会发展，根据《中华人民共和国特种设备安全法》等法律法规，结合本市实际，制定本条例。

第二条　本市行政区域内从事电梯生产（含设计、制造、安装、改造和修理）、经营、使用、维保、检验检测、安全评估、事故救援处理、监督管理等活动，适用本条例。

本条例所称电梯，包括载人（载货）电梯、自动扶梯和自动人行道等，具体范围按照国务院特种设备目录确定；非公共场所安装且仅供单一家庭使用的电梯参照本条例执行。

第三条　市、县（区）人民政府应当加强电梯安全管理工作的领导，督促有关部门依法履行监督管理职责，建立电梯事故及重大故障应急处置机制，引导和规范电梯维保单位建立区域电梯应急救援网络，及时协调解决电梯安全工作中的重大问题。

乡镇人民政府、街道办事处应当督促电梯使用单位落实电梯安全管理制度，协助有关部门做好电梯安全日常检查、隐患整改、事故处理等工作。

第四条　市、县（区）特种设备安全监督管理部门负责本行政区域内电梯安全监督管理工作。

建设管理部门负责电梯井道和机房工程质量、电梯选型配置、电梯安装期间安全管理的监管。

房产管理部门负责督促物业服务企业履行电梯使用安全管理职责，合理规范住房专项维修资金使用，会同价格管理部门监管电梯运行维护费的使用。

公安消防、医疗卫生等部门应当配合做好电梯事故的应急救援工作。

其他相关部门应当按照各自职责做好电梯安全监督管理工作。

第五条　鼓励居民住宅小区和学校、幼儿园、机场、车站、医院、商场、体育场馆、展览馆、公园等公众聚集场所的电梯使用单位投保电梯安全责任保险。

第六条　机关、团体、企业、学校等单位应当开展电梯使用安全法律法规和安全知识的宣传、普及工作，倡导文明乘梯，增强公众安全意识和自我保护能力。

新闻媒体应当开展电梯使用安全法律法规及相关安全知识的公益宣传，对违反电梯使用安全管理规定的行为进行舆论监督。

第二章　生产和经营

第七条　电梯制造单位应当保证电梯的质量、安全性能和能效指标符合安全技术规范的要求，并对其生产的电梯安全性能负责。

电梯投入使用后，电梯制造单位应当对其制造的电梯的安全运行情况进行跟踪调查、记录。

第八条　建设单位采购电梯的选型、配置应当与建筑结构、使用需求相适应，满足消防、急救、无障碍通行、通讯、视频安装等要求。

鼓励新建住宅使用双回路供电系统或者配置备用电源，并预留信息化平台建设管线接口。

第九条　电梯安装、改造、修理的施工单位应当在施工前将拟进行的电梯安装、改造、修理情况书面告知特种设备安全监督管理部门，真实记录施工过程，并在验收后三十日内将相关技术资料和文件移交电梯使用单位，办理书面交接手续。电梯使用单位应当将其存入安全技术档案。

电梯安装验收应当与建设工程验收同步进行，安装、改造、修理的电梯，未经检验或者检验不合格的不得投入使用。

第十条　电梯改造应当由原制造单位或其委托的有依法取得相应资质的改造单位进行。 原制造单位已经注销或者无法取得原制造单位委托的，改造单位应当在取得电梯产权单位同意后进行改造。该电梯改造单位应当出具改造合格证、更换电梯铭牌，对电梯进行校验和调试，并承担相关责任和义务。

第十一条　电梯因产品质量缺陷造成不能正常使用甚至人身伤害、财产损失的，电梯使用单位可以要求制造单位或者经营单位免费修理、更换、退货及赔偿。

第十二条　经营单位应当建立进货检查验收和经营记录制度，对其销售的电梯及安全保护装置的安全性负责，不得销售下列产品：

（一）未经许可生产、未经检验或者检验不合格的产品；

（二）无设计文件、型式试验报告、安装及使用维修说明、产品质量合格证明的产品；

（三）国家明令淘汰、已经报废或者翻新拼装的产品；

（四）法律法规禁止经营的其他电梯及其安全保护装置。

第十三条　住宅小区电梯需要更新、改造、修理的，所需资金按照以下方式筹集：

（一）已建立住宅专项维修资金的，应当按照有关规定使用住宅专项维修资金；

（二）未建立住宅专项维修资金或者住宅专项维修资金余额不足的，所在地街道办事处、乡镇人民政府应当组织相关业主按照其专有部分占建筑物单元总面积的比例承担费用。

第三章　使用管理

第十四条　电梯使用单位应当按照下列规定确定：

（一）新安装电梯未移交业主的，项目建设单位为电梯使用单位；

（二）委托物业服务企业或者其他单位管理的，受委托的物业服务企业或者其他单位为电梯使用单位；

（三）未委托物业服务企业或者其他单位管理的，电梯属于单一所有权人的，该所有权人为电梯使用单位，共有产权的，所有权人应当通过书面协议确定电梯使用单位；

（四）出租配有电梯的场所，租赁合同中应当约定电梯使用单位；未约定的，电梯所有权人为电梯使用单位；

（五）电梯使用单位无法确定的，由项目建设单位承担电梯使用安全管理责任。

第十五条　电梯使用单位是电梯安全的责任主体，电梯使用单位的主要负责人是电梯安全的第一责任人，对本单位使用的电梯安全负责。

第十六条　电梯使用单位应当履行下列安全管理义务：

（一）制定电梯安全管理制度（包括岗位责任、资金保障、日常巡查、定期报检、档案管理、安全培训、隐患排查治理、应急救援、事故处理、考核奖惩等）以及操作规程，并组织实施，落实安全管理责任；

（二）在电梯使用后三十日内向特种设备安全监督管理部门办理使用登记，申报并接受检验。电梯使用登记信息发生变更后，在变更后三十日内到原登记机关办理变更手续；

（三）建立并长期保存符合法律法规要求的电梯台账和技术档案；

（四）委托取得相应电梯维修项目许可的单位进行维保，监督并配合电梯安装、改造、维修和维保工作，协助做好电梯的检验和安全评估工作，并对维保记录进行确认；

（五）对电梯安全管理人员和驾驶人员进行电梯安全教育和培训；

（六）医院提供患者使用的电梯、直接用于旅游观光的速度大于2.5米/秒的乘客电梯，由持证的电梯司机操作；

（七）在电梯的明显位置标明使用登记标志、检验标志、警示标志、安全注意事项以及电梯使用单位、应急救援电话和电梯维保单位名称、抢修电话等信息；

（八）保持电梯紧急报警装置能够与值班人员实现有效联系；

（九）加强日常安全检查，发现隐患及时整改；

（十）在电梯出现故障或者发生异常情况时，组织全面检查，消除电梯事故隐患后方可重新投入使用；

（十一）电梯乘客被困时，及时采取措施安抚乘客并组织救援；

（十二）住宅小区和学校、幼儿园、机场、车站、医院、商场、体育场馆、展览馆、公园等公众聚集场所的电梯，安装电梯安全运行监控系统实施实时监控，自动扶梯和自动人行道在客流高峰时段安排专人值守；

（十三）制定房屋装修期间电梯安全使用管理规定，制止违规乘用电梯行为；

（十四）法律法规或者安全技术规范规定的其他电梯安全管理义务。

第十七条　电梯使用单位应当配备安全管理负责人和电梯安全管理员。安全管理员的数量，每五十台电梯配备一名，不足五十台的至少配备一名；未按规定配备电梯安全管理员的电梯不得投入使用。

安全管理员应当履行下列职责：

（一）组织建立电梯安全技术档案；

（二）办理电梯使用登记；

（三）组织制定电梯操作规程；

附录

（四）组织开展电梯安全教育和技能培训；

（五）组织开展电梯定期自行检查工作，编制电梯定期检验计划，督促落实定期检验和隐患治理工作；

（六）按照规定报告电梯事故，参加事故救援，协助进行事故调查和善后处理；

（七）进行电梯运行日常巡视，记录电梯日常使用状况，检查电梯安全注意事项和警示标志，发现电梯事故隐患，立即进行处理，情况紧急时，可以决定停用电梯，并且及时报告本单位安全管理负责人；

（八）纠正和制止电梯作业人员的违章行为；

（九）对电梯安装、改造、维修和维保工作进行监督，对维保单位的维保记录签字确认。

第十八条　电梯停用的，电梯使用单位应当在显著位置设置停用标识，落实必要的防护措施，切断电梯主电源，并将电梯停用的原因、期限和相关处理措施进行公示。

电梯停用一年以上或者停用期超过下一次定期检验日期的，电梯使用单位应当在停用后三十日内向登记机关办理报停手续；重新启用的，办理启用手续。

电梯报废的，使用单位应当在决定报废后三十日内到原使用登记机关办理报废手续。

第十九条　乘客使用电梯时不得有下列行为：

（一）违反电梯安全警示标志操作电梯；

（二）乘坐明示处于非正常状态的电梯；

（三）采用扒、撬等非正常手段开启电梯层门、轿门；

（四）拆除、破坏电梯的安全警示标志、检验合格标志、报警装置、安全部件及其他附属设施；

（五）在乘用电梯时拉扯、打闹、跳跃、追跑；

（六）在超过额定载重量时乘坐电梯；

（七）在遭遇地震、火灾、水灾等灾害时乘用电梯；

（八）其他危及电梯安全运行和他人乘坐安全的行为。

学龄前儿童、行动不便人员等不宜单独乘用电梯的，应当在成年人陪同下乘用电梯。

第四章　维护保养

第二十条　电梯维保单位，应当在本市设置固定的服务场所，配备与承保数量相适应的持证维保人员和相关资源条件。在本市首次从事维保业务前应当书面告知特种设备安全监督管理部门。经检查维保及应急救援能力不符合规定的，不得在本市从事电梯维保业务。

维保人员不得在两个及以上电梯维保单位从事电梯维保工作。

第二十一条　电梯维保单位应当履行下列安全管理职责：

（一）按照规定的维保项目、方法和周期要求，制定电梯日常维保方案，确保其维保电梯的安全技术性能；

（二）实施维保时，现场作业人员不得少于二人且至少一人持证，并做好自身安全防护；

（三）在维保作业期间采取围蔽、警示等安全防护措施，保证作业安全，防止意外发生；

（四）配备远程监测系统，真实记录维保过程和结果，由使用单位安全管理员确认签字，建立维保档案，档案保存期不少于四年；

（五）对电梯发生的故障等情况及时进行详细的记录，对电梯的维保质量进行考核检查，并做出客观记录；

（六）设立二十四小时值班电话，保证接到故障通知后及时予以排除。接到电梯困人故障报告后，维保人员应当及时抵达现场实施救援，市区内抵达时间不超过三十分钟，其他地区不超过一小时；

（七）每年至少组织一次对本单位电梯作业人员的安全教育和技能培训，安全教育和技能培训记录保存不少于两年；

（八）每年度至少进行一次自行检查。自行检查在特种设备检验检测机构进行定期检验之前进行；

（九）在维保过程中，发现事故隐患及时告知电梯使用单位，发现严重事故隐患及时向特种设备安全监督管理部门报告，并配合电梯使用单位采取有效措施处置；

（十）法律法规或者安全技术规范规定的其他职责。

第二十二条　电梯维保单位及其作业人员不得拆除电梯安全保护装置、短接安全回路；不得人为设置电梯故障，破坏电梯正常运行；不得使用不符合国家规定和安全技术规范的电梯配件。

第二十三条　变更在用电梯维保单位的，电梯使用单位应当自变更之日起五日内在电梯轿厢内明示更新后的维保信息，并在三十日内持合同原件等相关材料告知特种设备安全监督管理部门。

第二十四条　物业服务企业为住宅小区电梯使用单位的，物业服务企业应当将电梯运行维护费用单独设账，使用专用票据，专款专用，滚存使用，每半年向全体业主公布收支使用情况，并向房产管理部门报备。

第五章　检验检测

第二十五条　实施电梯安装、改造或者重大维修的施工单位应当在电梯交付使用前，向检验机构申请监督检验；电梯使用单位应当在安全检验标志所标注的下次检验日期届满前三十日内，向特种设备检验机构提出定期检验申请。电梯检验机构应当自受理申请之日起五个工作日内安排检验，并在检验后十个工作日内出具检验报告。

第二十六条　特种设备安全监督管理部门应当放开检验检测市场准入，允许有资质的电梯检验机构依法从事电梯检验活动。

电梯检验机构及其工作人员应当按照有关标准，规范开展监督检验、定期检验，客观及时出具报告，对检验结果、鉴定结论负责，并履行下列职责：

（一）督促使用管理单位按期申请检验，对逾期未申请检验的，及时报告特种设备安全监督管理部门；

（二）在电梯轿厢内、出入口处或者其他显著位置公布最近一次电梯检验信息；

（三）在检验活动中，对电梯生产、使用管理、维保单位执行安全技术标准的相关情况进行核查；

（四）将监督检验、定期检验结果报送特种设备安全监督管理部门。

第二十七条　电梯使用单位或者电梯所有权人（住宅小区单元业主达到单元业主总数五分之一）对电梯检验结果有异议的，可以在收到检验报告之日起十五日内以书面形式向电梯检验机构提出。电梯检验机构应当在十日内向电梯使用单位作出书面答复。

第二十八条　电梯检验机构应当在出具检验报告十个工作日内，将检验结果书面告知特种设备安全监督管理部门。

电梯检验机构发现电梯存在严重安全隐患的，应当及时书面告知电梯使用单位和维保单位采取相应措施，同时向特种设备安全监督管理部门报告。

第二十九条　电梯有下列情形之一，可能影响电梯使用安全的，电梯使用单位应当委托电梯制造、检验等单位进行安全评估或者监督检验，并根据评估结论或者检验结论对电梯进行更新、改造、修理；未进行安全评估或者监督检验的，安全评估或者监督检验不合格的，均不得继续使用：

（一）移装的；

（二）使用超过十五年的；

（三）发生电梯事故的；

（四）受水灾、火灾、地震等灾害影响的；

（五）故障频率高，多次受到电梯故障投诉的。

开展安全评估的单位应当提出继续使用、缩短定期检验周期、维修、改造或者报废的意见。

住宅小区的电梯经安全评估后，电梯使用单位应当将评估结果张贴在电梯轿厢内或者出入口处显著位置；评估结果可以作为申请使用住宅专项维修资金的依据。

第六章　事故救援和处理

第三十条　特种设备安全监督管理部门应当会同有关部门制定电梯事故应急预案；电梯使用单位应当制定电梯事故应急预案，每年至少组织一次救援演练；电梯维保单位应当根据维保电梯分布情况合理布置救援网络，制定电梯事故应急预案，每半年进行一次应急演练，并认真做好记录和演练分析评估。

第三十一条　电梯发生安全事故，使用单位管理人应当按照应急预案采取措施，组织抢救，防止事故扩大，减少人员伤亡和财产损失，保护事故现场和有关证据，并立即报告特种设备安全监督管理、公安消防部门和电梯维保、医疗单位。

相关部门和单位接到报告后，应当立即赶赴现场开展救援。特种设备安全监督管理部门接到事故报告，在开展救援的同时，应当尽快核实情况，立即向本级人民政府报告，并按照规定逐级上报。

第三十二条　因电梯事故造成人身伤害的，电梯使用单位应当做好受伤人员的救助、安置工作。已经投保安全责任保险的电梯，电梯使用单位应当通知电梯保险人及时启动电梯事故应急垫付、支付机制。

第三十三条　电梯发生安全事故，特种设备安全监督管理部门应当会同有关部门组成事故调查组进行调查，分析事故原因，提出事故调查报告，报告本级人民政府，并报上一级人民政府特种设备安全监督管理部门备案。

事故责任认定后，有关部门和单位应当依法追究事故责任单位和人员的责任。因事故造成人身损害或者财产损失的，事故责任单位应当依法承担赔偿责任。

第七章　监督管理

第三十四条　特种设备安全监督管理部门应当构建电梯运行信息监管平台和网络体系，并与制造单位、维保单位的远程监测系统联网，对电梯运行情况实时监控，实现智慧化管理。

第三十五条　特种设备安全监督管理部门办理电梯制造、安装、改造、修理许可和登记事项时，应当按照国家安全技术规范的规定对有关事项进行审查，并在审查过程中，优化办理流程，共享数据资源，避免申报资料重复提交。

第三十六条　特种设备安全监督管理部门应当按照法律法规和本条例的规定，对电梯制造单位，电梯安装、改造、修理单位，电梯经营、使用单位和特种设备检验机构实施监督检查。

学校、幼儿园、机场、车站、医院、商场、体育场馆、展览馆、公园等公众聚集场所使用的电梯，特种设备安全监督管理部门应当实施重点安全监督检查。

第三十七条　特种设备安全监督管理部门应当建立电梯维保质量评价制度，对电梯维保质量进行日常监督抽查和年度专项检查，监督抽查和专项检查结果应当向社会公布。对监督检查不符合规定的，责令维保单位限期整改；对未能按期整改或者整改后仍然不合格的，通报发证部门，记入换证评审档案和企业信用档案，并列入黑名单向社会公示。

特种设备安全监督管理部门应当对电梯监督检验、定期检验质量进行监督抽查，抽查结果向社会公示。

监督抽查可以委托相关机构进行，受委托的机构应当出具检查报告。

第三十八条　特种设备安全监督管理部门及其他有关部门应当建立电梯安全投诉和举报制度，公布举报电话。

任何单位和个人发现电梯安全违法行为或者电梯存在事故隐患，都可以向特种设备安全监督管理部门和其他有关部门投诉或者举报，接到投诉或者举报的部门应当及时调查处理。

第三十九条　鼓励特种设备行业协会发挥行业自律作用，定期开展电梯生产、维保服务质量评价活动，每年将评价结果向社会公示，促进行业有序竞争和规范运作。

第八章　法律责任

第四十条　违反本条例规定，电梯使用单位有下列行为之一的，由特种设备安全监督管理部门责令限期改正；逾期未改正的，处一万元以上三万元以下罚款：

（一）未按规定办理电梯使用登记、申报并接受检验的；

（二）未依法设置电梯使用登记标志、定期检验标志的；

（三）未制定电梯突发事故应急专项预案的；

（四）未按规定配备专职电梯安全管理人员的；

（五）未对电梯安全管理人员进行安全教育和技能培训的。

第四十一条　违反本条例规定，电梯维保单位有下列情形之一的，由特种设备安全监督管理部门责令限期改正；逾期未改正的，处一万元以上三万元以下罚款：

（一）接到电梯困人故障报告后，维修人员未按规定时限抵达现场实施救援的；

（二）发现事故隐患未及时告知电梯使用单位，发现严重事故隐患未及时向特种设备安全监督管理部门报告的；

（三）未按照法律规定以及安全技术规范的要求进行电梯维保的。

第四十二条　特种设备安全监督管理等行政管理部门及其工作人员违反本条例规定，玩忽职守、滥用职权、徇私舞弊的，依法给予行政处分；构成犯罪的，依法追究刑事责任。

第九章　附　则

第四十三条　本条例自 2018 年 6 月 1 日起施行。

中共大同市委　大同市人民政府 鼓励和支持民营企业发展的“二十条”政策措施

（2018 年 12 月 10 日）

第一章　总　则

为深入贯彻习近平总书记在民营企业座谈会上的重要讲话精神和全省支持民营企业发展大会精神，坚决落实“两个毫不动摇”“三个没有变”，进一步鼓励和支持我市民营经济快速健康发展，着力破解制约民营企业发展的突出困难和问题，现结合我市实际，制定如下政策措施。

一、减轻企业负担

1. 严格落实税费优惠政策。依法依规执行好小微企业免征增值税、小型微利企业减半征收企业所得税、金融机构向小微企业提供贷款的利息收入及担保机构向中小企业提供信用担保收入免征增值税等优惠政策。对确有特殊困难而不能按期缴纳税款的民营企业，可通过依法办理税款延期缴纳等方式，帮助企业缓解资金压力。稳定社会保险费缴费方式，严禁在社保费征管机制改革过程中自行对企业历史欠费进行集中清缴，对符合条件且努力稳定就业的参保企业，可通过减费方式返还企业及其职工缴纳的 50% 失业保险费。对用人单位和职工失业保险缴费比例总和从 3% 阶段降至 1% 的现行政策，到期后再延续实施一年。规范中介服务，严禁变相提高收费标准。（责任单位：市财政局、市人社局、市税务局、市经信委）

2. 着力降低企业运行成本。执行好省政府最低工资标准。规范涉企保证金管理。研究降低水电气暖等价格，确保稳定供应。开展支持民营企业“获得电力”专项行动，扩大民营企业参与市场交易电量规模，降低企业获得电力成本。支持符合条件的民营企业天然气用户改“转供”为“直供”。调整“公转铁”运输结构，降低企业物流成本。（责任单位：市发改委、市人社局、市交通局、大同供电分公司）

二、缓解企业融资难融资贵

3. 完善政府融资担保体系。完善政银担合作机制，建立合理的政银担合作与风险分担模式。市财政和市金控集团注资市财信融资担保公司，通过建立资本金补充机制，到 2019 年底增资到 10 亿元。支持市财信融资担保有限公司对接省再担保集团，鼓励其市场化参股、控股各县区政府融资担保机构，提高融资担保能力。建立大同市中小微企业融资担保贷款、创业担保贷款风险代偿补偿核销机制，鼓励、引导金融机构和担保机构向符合条件的中小微企业发放流动资金担保贷款、技术改造担保贷款、创业担保贷款等，对贷款担保出现的风险损失予以代偿补偿核销。对融资担保机构开展小微企业业务并满足一定条件的，市财政按照不超过上年度小微企业业务在保余额的 0.1% 给予风险补偿。市政府 2019 年新增不少于 2 亿元企业应急周转保障资金，扶持我市因临时资金困难难以还贷的企业。（责任单位：市财政局、市政府金融办、市经信委、大同银监分局）

4. 支持民营企业直接融资。大力推进民营企业股份制改造，对券商辅导期满并通过山西证监局辅导备案验收的企业，市政府给予一次性 20 万元奖励；上市申请被证监会正式受理的企业，给予一次性 30 万元奖励。对上市融资并投资在本市的企业给予 20 万 ~100 万元奖励。对通过并购重组上市并迁回我市的企业，给予 100 万 ~200 万元奖励。对新三板挂牌的企业，给予 100 万元的奖励，挂牌后融资并继续在我市投资的，按投资规模再给予 20 万 ~300 万元奖励。对通过区域性股权交易市场发行企业“私募债”“可转债”的企业，给予银行同期基准利率的贴息补贴；对完成规范化改制并经过第三方机构评审合格的企业，一次性奖励10万元；对股改并挂牌企业，奖励20万元；对在“晋兴板”挂牌并融资成功的企业，奖励30万元。对上市后备企业在改制过程中因盈余公积金、未分配利润转增股本而缴纳的个人所得税地方留成部分，给予全额返还扶持。（责任单位：市财政局、市政府金融办、市税务局、市经信委、大同银监分局、人行大同市中心支行）

5.降低民营企业流动性风险。建立民营企业纾困制度，将产品有市场、发展前景好、公司管理规范且信用良好的民营企业纳入纾困名单，在纾困名单内的企业暂时遇到经营困难，银行业金融机构要通过落实增贷、稳贷、降息、债务重组等措施，帮助企业渡过难关，不得盲目停贷、压贷、抽贷、断贷。推动银行业金融机构建立无还本续贷制度，将信用良好的民营企业纳入无还本续贷企业名录，根据名录内企业需求提前开展贷款审查和评审，理顺业务流程，实现贷款到期后无缝续贷，强化银行业金融机构员工行为管理和监督，杜绝人为缩短融资链条。（责任单位：市政府金融办、市财政局、大同市银监分局）

6.加大民营企业金融支持。紧紧抓住中国人民银行增加支小再贷款、再贴现1500亿元（其中支小再贷款500亿元，支小再贴现1000亿元）的政策机遇，鼓励和引导各商业银行加大小微企业和民营企业贷款投放力度，对民营企业的贷款利率参照支小再贷款利率执行；扩大支小再贴现支持范围，将单户授信额度500万元以下调至3000万元以下。鼓励民营企业在市场发行债券，支持商业银行购买民营企业发行的债券，以此拓展企业融资渠道。建立“红黑名单”制度，完善守信激励和失信惩戒机制，将综合信用评价良好的企业纳入“红名单”，对红名单内的企业进一步加大在融资担保、纾困、无还本续贷等方面的支持力度，并为其提供多样化、针对性的金融产品和服务；将失信严重、长期违约、恶意拖欠的企业纳入“黑名单”，并公开曝光，取消已有荣誉和补贴。（责任单位：市发改委、市经信委、市政府金融办、市税务局、大同银监分局）

三、营造公平竞争环境

7.放宽民间投资市场准入。按照“非禁即入、非禁即准”原则，对投资负面清单外的项目，除法律法规规定之外，不得以制定规范性文件、公布歧视性招标公告等任何形式设置或提高民间资本的准入门槛；对具备相应行业资质的民营企业，参与政府主导重大建设项目，不得设置初始业绩门槛。严格按照《中华人民共和国民办教育促进法》有关规定，使非营利性民办学校在税收、煤、水、电、暖等收费方面真正享受到与公办学校同等的标准。（责任单位：市发改委、各相关部门）

8.拓宽民营资本投资领域。允许和鼓励民间资本以独资、参股、控股等多种方式进入法律法规未禁止的行业，如基础设施建设、生态环保、交通运输、脱贫攻坚、能源等。鼓励民营企业创办以本科教育为主的应用型、综合性非营利普通高等院校，对取得学士学位授予权的民办院校一次性奖励2000万元，对综合排名进入我省前10名的再奖励1000万元；同时，积极引导我市企业与民办院校建立合作关系，在为企业输送人才的同时解决院校毕业生就业问题；鼓励民间资本创办具有国内外领先医疗技术水平的医疗机构，凡获得国家三级甲等和三级乙等的民营医院，分别给予300万元和100万元的一次性补助；鼓励民营企业以独资、合资、合作、联营等模式投资建设高端养老服务机构，对社会力量举办的非营利性养老服务机构，符合建设标准和资质条件、运营满一年的，在省级补贴的基础上，由许可部门的同级财政给予一次性建设补助。医养融合养老服务机构新建的每张床位一次性补助6000元、改扩建的每张床位一次性补助5000元；其他养老服务机构新建、改扩建的养老服务机构每张床位分别给予一次性5000元、3000元。对符合建设标准和资质条件、运营满一年的民办非营利性养老服务机构，给予运营补贴，补贴标准按照自理、半失能、失能老人分别为每人每月100元、150元、200元，所需补贴资金由许可部门的同级财政负担。（责任单位：市发改委、市财政局、市教育局、市民政局、市卫计委）

9.助推国企与民企合作发展。鼓励民营企业参与国有企业混合所有制改革，提高民间资本在混合所有制企业中的比重；竞争性领域的国有优质企业、优质资产、优质资源不得对民间资本设准入门槛、持股比例、合作领域。支持民营企业参与军民融合发展，对新取得或到期重审通过取得军工资质认证的“民参军”企业，给予每证一次性奖励50万元，对年度内新增武器装备科研生产合同或与军工企业配套合同金额1000万元以上的，按新增合同额的5%予以奖励，最高不超过200万元。（责任单位：市国资委、市经信委、市财政局、市税务局）

四、优化行政审批服务

10.加快推进“放管服效”改革。加快省、市、县、乡、村一体化政务服务平台建设，严格落实“大厅之外无审批”和“两集中、两到位”要求，全面推行政务服务事项网上办理，市级实行“一枚电子印章管审批”和“一窗通办”模式。深化“多证合一”“证照分离”改革，推进企业投资项目无审批承诺制和工程建设项目审批制度改革，在省级“3545”专项改革基础上，2019年实现市级申请新开办民营企业2个工作日内完成营业执照办理、涉税办理、公章刻制等事项；查封、抵押、注销登记等不动产登记压缩至3个工作日内完成；一般性工业项目从备案到竣工验收审批时限压缩至30个工作日内，其他工程建设项目审批时限压缩至60个工作日以内。（责任单位：各县区政府、市工商局、市发改委、市政务服务中心、市直有关部门）

11.优化完善环评服务。对未列入国家《建设项目环境影响评价分类管理名录》的建设项目，除未来可能出现的环境影响或环境风险较大的项目，以及涉及自然保护区、风景名胜区、饮用水水源保护区、泉域重点保护区等环境敏感区的项目外，无需履行环评手续。把区域环评纳入政府服务事项，简化区域内项目的评价内容、前置条件、总量管理等。根据园区规划环评的审查意见和结论等要求，项目环评与规划环评可共享环境现状、污染源调查等资料，简化入园项目相应评价内容。研究制定推进环境污染强制责任保险试点工作指导意见，在风险大、污染严重的区域或行业实施强制环境污染责任保险，积极化解民营企业环保责任风险。（责任单位：市环保局）

五、推动民营企业转型升级

12. 鼓励民营企业创新发展。对民营企业引进国际先进、填补省内空白的首台（套）重大技术装备，市财政按照投资额的 10% 给予补助，最高不超过 100 万元。对设立院士工作站、建立并认定为国家级、省级技术中心的企业，按工业振兴“十条”奖励政策规定执行；对设立博士后工作站、与高校、科研院所等科研单位签订产学研长期合作协议并产生高新技术成果且在我市转化的企业，依据企业创新情况市财政给予20万~100万元奖励。对列入山西省技术创新重点项目计划的企业进行重点关注，在融资担保、纾困、无还本续贷等方面优先考虑。（责任单位：市经信委、市财政局）

13. 支持民营企业做大做强。对首次上规入统的小微工业企业，按照工业振兴“十条”奖励政策执行；对上规入统后连续 2 年、3 年未退出规模以上工业企业库的，在省财政奖励基础上，市财政再分别给予 10 万元奖励。对进入中国民营企业 500 强的企业，在省财政给予 100 万元奖励基础上，市财政再奖励 50 万元；对进入山西民营企业 100 强、山西民营企业制造业 30 强的，市财政分别予以 50 万元、30 万元奖励，对在两榜单排名前 10 的企业再奖励 10 万元。对新取得中国驰名商标和山西省著名商标的企业分别一次性奖励 30 万元和 5 万元。发挥政府采购支持作用，通过采取预留采购份额、实施合同融资的方式，鼓励和支持中小企业按照国家经济和社会发展目标积极参与政府采购活动。（责任单位：市经信委、市财政局、市统计局、市工商联、市政府采购中心）

14. 支持民营企业引进人才。民营企业引进具有核心专利技术的“高精尖”人才到我市从事高新技术成果转化的，经审查合格，给予 100 万元奖励资金。企业聘任年薪 10 万元以上的中高端人才，缴纳个人所得税市县留成部分，企业注册地可视情况给予奖励。企业招录全日制本科毕业生，与之签订 3 年以上劳动合同并依法缴纳社会保险的，按照签订的劳动合同期限，给予最多不超过 5 年的单位承担部分基本养老保险、基本医疗保险和失业保险补贴。（责任单位：市税务局、市人社局、市财政局、市科技局）

15. 培养优秀民营企业家队伍。每年组织 50 名优秀民营企业家到国家知名重点院校进行管理研修培训；组织 100 名规模以上民营企业高管人员进行系统性管理培训，组织 300 名小微企业主进行专业化管理培训。定期召开表彰大会，评选表彰大同市优秀民营企业和企业家。逐步提升民营企业家政治地位，对为我市经济社会发展作出突出贡献的民营企业家优先推荐授予省、市劳动模范、“山西省优秀中国特色社会主义事业建设者”等荣誉称号。（责任单位：市委组织部、市委统战部、市人社局、市工商联、市经信委、市总工会）

六、保护民营企业合法权益

16. 依法保护企业家财产和人身安全。依法保护民营企业物权、债权、股权、知识产权等财产权和自主经营权，严厉打击针对民营企业的不正当竞争行为和影响正常经营的黑恶势力，不得阻碍民营企业正常的招投标和采购行为，不得要求企业停工停产或者采取停水停电停气等措施限制企业正常生产经营活动；依法加强企业家合法权益保护，严厉打击危害企业家生命健康、名誉等人身安全的违法犯罪行为，坚决防止和纠正滥用强制措施等侵害企业家人身权利的行为。（责任单位：市委政法委、市法院、市检察院、市公安局）

17. 妥善处理民营企业涉纪涉法案件。完善民营企业涉法维权机制，坚持公开公正文明执法，严格按照“罪刑法定、疑罪从无”原则，依法慎用拘留、逮捕和查封、扣押、冻结等强制措施，最大限度减少对产权主体合法权益和正常经营活动的损害及影响。严格区分经济纠纷与经济犯罪的界限，防范刑事执法介入经济纠纷。对一些民营企业或民营企业经营者历史上曾经有过的一些不规范行为，要以历史的、发展的眼光看问题，综合考量，严格审慎，妥善处理，区别对待。要注意把民营企业中的一般违规违法行为和犯罪行为严格区分开来，把民营企业中的单位犯罪行为与企业中的个人违规违法行为严格区分开来。对民营企业经营者违纪违法行为发生在党的十八大前与党的十八大后的区别对待，对拉拢腐蚀贿赂干部与因干部索贿、不作为而不得已送钱送物的区别对待，对主动讲清问题与不配合协助调查的区别对待，切实做到稳妥审慎、宽严相济。进一步细化实化涉嫌违法的企业和人员财产处置规则，对涉及民营企业重大财产处置的产权纠纷申诉案件、民营企业和投资人申诉案件、企业改制纠纷案件等进行依法甄别，规范、公开审理，接受社会监督。（责任单位：市纪委监委机关、市委政法委、市法院、市检察院、市公安局）

七、构建“亲”“清”政商关系

18. 努力构建“亲”“清”新型政商关系。畅通联系民营企业渠道，完善各级领导干部联系服务民营企业工作制度，强化市、县（区）级四套班子成员联系重点民营企业制度，原则上统筹安排 2 家民营企业作为每位成员联系点，了解企业经营情况和存在困难，听取企业家意见建议，及时帮助企业协调政府有关部门研究解决具体困难和问题。严格规范政商交往行为，各级纪检监察机关要加强执纪监督监察，对政商交往中各种违纪违法行为“零容忍”。健全企业家参与涉企政策制定机制，鼓励民营企业及其负责人积极主动同各级党委、政府多沟通多交流，通过正常渠道反映情况、解决问题，依法维护自身合法权益。（责任单位：市纪委监委机关、市委统战部、市经信委）

八、完善政策执行方式

19. 加强组织领导。成立以市长为组长、各政府组成部门负责人为成员的大同市促进民营经济发展工作领导组，定期召开会议，研究解决民营经济发展政策、重大困难和问题等事宜，加强民营经济发展规划指导，促进民营经济健康发展。（责任单位：市政府办公厅）

20. 加强督查考核。将民营经济发展指标和优化营商环境情况纳入县（区）和有关市直单位年度目标责任考核体系，加强对各级、各部门支持民营经济发展落实情况的督查，对政策执行不到位、对民营企业反映的合理合法诉求办理不力的依规依纪予以问责。（责任单位：市纪委监委机关、市考核办）

我市原有扶持民营经济发展政策与上述措施不一致的，以上述措施为准。本次扶持措施由大同市促进民营经济发展工作领导组负责解释。

（载自《大同日报》2018 年 12 月 13 日 第一版）

大同市兑现招才引智“三十条”奖励政策

（2018 年 9 月 1 日）

为深入贯彻落实党的十九大精神，加快人才强市步伐，促进转型升级，创新驱动，大力实施乡村振兴战略，深入推进脱贫攻坚行动，推动各路人才、工商资本、公共资源三下乡，全力营造重视人才、尊重人才的发展环境，大同市委、市政府出台了《大同市产业转型招才引智十条奖励政策》《大同市创新发展引才聚才十条奖励政策》《大同市乡村振兴人才激励十条奖励政策》等招才引智奖励政策。奖励政策主要内容如下：

大同市产业转型招才引智十条奖励政策

第一条　凡在大同市设立院士工作站，给予 500 万元的建站奖励，给予最高 1000 万元的科研经费，每年给予进站院士 100 万元工作津贴。

第二条　凡是国家“千人计划”“万人计划”“中国科学院百人计划”入选者，“国家百千万人才工程”国家级人选，“国家级学术技术带头人”以及相当层次的高端人才，在大同落地项目，给予最高 1000 万元项目资助，每年给予 50 万元工作津贴。

第三条　凡在省级及以上重点实验室、工程技术研究中心、科技企业孵化器、众创空间等工作的博士、行业领军人才、高技能人才，给予 100 万元奖励。

第四条　凡是在大同企业工作的全日制博士以及行业领军人才，每人每年给予 10 万元奖励，期限五年。

第五条　凡是在大同企业工作的“双一流”全日制硕士研究生、取得国外硕士及以上学位的留学归国人员、高级技师以及相当层次的高技能人才，每人每年给予 5 万元奖励，期限五年。

第六条　凡在大同自主创办高新技术研发、生产和转化类企业的创新创业高层次人才，经认定，给予创业券 10 万 ~100 万元奖励，免费提供创业孵化场地。

第七条　凡在大同设立的博士后科研工作站和博士后创新实践基地，一次性给予 50 万元建站资助。招收博士后研究人员，研究项目经专家评估论证后，可申请省博士后科研项目资助经费，同时市财政按 1∶1 的比例给予科研配套经费。

第八条　引进的高层次人才和各类急需紧缺人才，入职后三年内免费提供拎包入住的“梧桐苑”或“人才公寓”，服务满 8 年后房屋产权产籍归本人所有。符合第一、二、三、四条引进的高层次人才，自主在我市购房的，分别给予 200 万元、100 万元、80 万元、50 万元购房补贴。

第九条　对引进的能够引领产业发展、带动我市产业结构调整和产生重大经济效益的创新创业领军人才及其团队，可采取“一人一策”“一事一议”的引进方式，给予人才发展专项资金支持。

第十条　市政府以往发布的有关政策和本政策不一致的，以本政策规定为准。本政策由市人力资源和社会保障局按照市政府制定的实施细则负责兑现。

大同市创新发展引才聚才十条奖励政策（试行）

引进世界知名院校和全国“双一流”全日制本科及以上学历毕业生（以下简称“新引进人才”）来我市创业就业，制定十条奖励政策。

一、落户政策

凡“新引进人才”，均可凭毕业证、身份证在大同市落户。

二、住房保障

凡“新引进人才”在大同市落户后，提供拎包入住的“人才公寓”房一套，三年内免费入住。在大同市就业期满 8 年后房屋产权产籍归本人所有。

三、生活补贴

凡“新引进人才”在大同市落户后，即享受每人 3 万元的生活补贴。入职后每人每年给予 3 万元奖励，期限 3 年。

四、探亲补贴

凡“新引进人才”在大同市入职后，每人每年享受两次探亲假，给予探亲补贴每次 1000 元，期限 3 年。

五、考核聘用

凡“新引进人才”自愿到大同市医院或学校事业单位工作的，经考核合格，签订聘用合同，建立正式人事关系，执行国家关于事业单位人事管理政策。

六、优惠服务

凡“新引进人才”在大同市企事业单位工作的，其人事关系转入、户口迁移、子女入学、社会保险等服务事项实行“绿色通道”服务。在子女入学方面（义务教育阶段）提供优质服务。

七、配偶安置

凡“新引进人才”在大同市企事业单位工作的，配偶属事业单位在编在职人员且愿意来我市工作的，办理落户后按相关规定办理调动手续。

八、岗位待遇

凡“新引进人才”在大同市事业单位工作的，首次聘用时，符合《山西省事业单位特设岗位设置管理试行办法》规定的，不受本单位专业技术职务岗位等级职数限制，聘用其原专业技术职务。

九、创业扶持

凡来同创业的“新引进人才”，享受《大同市关于实施科技创业券的意见（试行）》（同政办发〔2018〕66 号）政策。

十、科研支持

凡“新引进人才”带技术、带项目、带资金来同开展科研工作的，在申报各类科研项目时，同等条件优先立项、优先推荐、优先支持。

大同市乡村振兴人才激励十条奖励政策（试行）

一、落户政策

凡志愿在乡村扎根创业就业的普通高校毕业生、近 3 年内中职院校毕业生、取得高级工以上国家职业资格的技能人才，均可凭相关证件在大同市落户，鼓励在各县区落户，鼓励在贫困乡村落户。

二、基层创业就业奖励

2018 年 1 月起在大同市各县区落户，且在贫困村创业就业的青年人才给予基层创业就业奖励。创业奖励：近 3 年毕业的普通高校全日制硕士研究生、大学生（含大专）每人每年分别给予 10 万元、5 万元奖励。就业奖励：近 3 年毕业的普通高校全日制硕士研究生、大学生（含大专）每人每年分别给予 2 万元、1 万元奖励。奖励优先用于缴纳各项社会保险，余额给付个人。奖励期限 5 年。

三、资本下乡创业奖励

鼓励和引导自带资金、项目的本土企业家、乡村振兴领军创业人才回乡投资兴业，对入村落地的企业可由村集体协助提供所需的流转土地，同时享受《大同市关于实施科技创业券的意见（试行）》（同政办发〔2018〕66 号）政策。

四、住房优惠政策

凡符合第二、三条的创业人才，由所在村村委会负责提供住宿。能够为振兴乡村经济发展起到带动效应的，创业满 5 年，由落户村村委会提供村民住房一套，产权归个人所有；创业满 15 年，在县城奖励一套 80~100 平方米的住房。

五、新录用公务员基层锻炼奖励

从 2018 年 1 月起，市、县新录用公务员入职后，在贫困村锻炼的，参照同组通字〔2017〕17 号文件，锻炼期间由所在村村委会提供住宿，每人每天补助伙食费 100 元，并由录用单位为其办理一次性人身意外伤害保险，保险额为 30 万元。

六、事业单位专业技术人才服务基层奖励

鼓励事业单位专业技术人才签订三方协议（单位、个人、村级组织）后到乡村开展创业和技术服务。离岗创业人才给予 20 万元以下的项目奖励，离岗创业期间的待遇按照同人社字〔2016〕213 号文件执行；技术服务人才由原单位照发工资，同时给予服务基层奖励，其中：副高以上专业技术职称每人每年给予 5 万元奖励，中级职称每人每年给予 3 万元奖励，初级职称每人每年给予 2 万元奖励。服务期限至少 1 年，奖励期限 3 年。

七、退休人才回乡创业服务奖励

充分发挥退休人才人脉优势、资金优势和技术优势，引导有一技之长的退休人才回乡创业或从事农业技术服务工作。根据创业投资规模，给予 20 万元以下的项目奖励；开展技术服务给予服务基层奖励，其中：副高以上专业技术职称每人每年给予 3 万元奖励，中级职称每人每年给予 1 万元奖励。服务期限至少 1 年，奖励期限 3 年。退休公务员参照给予奖励。

八、创业场地补贴

符合第二、三、七条回乡创业的，由所在村提供创业需要的工作实验场所，免费使用 3 年。

九、人才培训补贴

凡在乡村创业服务的人员，可免费参加市、县区人社部门组织的创业培训、职业技能提升培训。

十、一站式服务

普通高校毕业生、近 3 年内中职院校毕业生、取得高级工以上国家职业资格的技能人才，2018 年 1 月起在大同市落户的，其人事关系转入、户口迁移、子女入学、社会保险等服务事项实行“绿色通道”服务。

“三十条”奖励政策兑现工作从 2018 年 9 月起正式启动，市政府专门在大同市人力资源和社会保障局设立大同市人才奖励政策兑现服务办公室，提供有关政策咨询和兑现服务。

统计资料

◎ 统计表中符号使用说明：“—”表示该项统计指标数据不详或无该项指标数据；“#”表示其中项。
◎ 2018 年，大同市进行区划调整，所辖县（区）部分指标处于调整衔接阶段，故新旧行政区划并行统计。

综 合

2017—2018 年大同市国民经济主要比例关系表

单位：%

指 标	2018	2017 年
地区生产总值中三次产业比例		
第一产业	5.1	5.6
第二产业	36.5	36.8
第三产业	58.4	57.6
工业总产值中轻重工业比例		
轻工业	10.1	9.1
重工业	89.9	90.9
农林牧渔业总产值内部比例		
农业产值	40.5	40.2
林业产值	3.5	4.1
牧业产值	52.9	52.7
渔业产值	0.1	0.1
服务业产值	3.0	2.9
固定资产投资中三次产业投资比例		
第一产业	3.4	16.2
第二产业	37.1	33.6
第三产业	59.5	50.2

2018 年大同市国民经济和社会发展主要指标表

指　标	单 位	2018 年	2018 年比 2017 年 ±%
年末总人口	万人	345.60	0.4
年末总户数	万户	128.10	0.2
自然增长率	‰	3.96	下降 2 个千分点
地区生产总值	亿元	1271.96	6.8
第一产业	亿元	64.66	3.6
第二产业	亿元	464.48	5.3
第三产业	亿元	742.82	8.2
人均地区生产总值	元	36877	6.0
财政			
公共财政预算收入	亿元	119.69	10.5
公共财政预算支出	亿元	334.74	2.9
固定资产投资	亿元	549.20	12.3
# 第一产业	亿元	18.49	–76.7
第二产业	亿元	203.76	26.5
第三产业	亿元	326.95	31.4
农林牧渔业总产值	亿元	121.69	4.1
工业总产值	亿元	1082.17	13.4
工业增加值	亿元	334.92	5.7
工业企业利税总额	亿元	156.55	27.7
主要工农业产品产量			
原煤	万吨	11167	2.2
发电量	亿千瓦时	457.63	7.5
粗钢	万吨	69.70	86.8
粮食	万吨	123.29	7.6
社会消费品零售总额	亿元	700.03	8.1
海关进出口总额	亿元	37.56	52.5
金融机构各项存款余额	亿元	2879.47	6.8
# 住户储蓄存款	亿元	2017.47	7.0
金融机构各项贷款余额	亿元	1378.15	10.8
从业人员年平均工资	元	62328	7.3
城镇常住居民人均可支配收入	元	29911	6.9
农村常住居民人均可支配收入	元	9710	9.6
居民消费价格指数	上年 =100	101.7	1.7
旅游总收入	亿元	620.93	28.5

2017—2018年大同市社会经济主要指标人均水平表

指　标	单 位	2018年	2017年
地区生产总值	元	36877	32671
农林牧渔业总产值	元	3521	3395
主要产品产量			
原煤	吨	32.3	31.5
发电量	千瓦小时	13241	11805
钢	公斤	202	102
粮食	公斤	356.7	333.0
肉类总产量	公斤	42.2	43.7
社会消费品零售额	元	20255	19013
人民生活			
从业人员年平均工资	元	62328	58097
城镇常住居民人均可支配收入	元	29911	27981
农村常住居民人均可支配收入	元	9710	8862
城乡居民储蓄存款	元	58376	54773

2005—2018年大同市地区生产总值表

（按当年价格计算）

年　份	地区生产总值（万元）				人均地区生产总值（元/人）
		第一产业	第二产业	第三产业	
2005	3765060	218232	2008852	1537976	12114
2006	4219262	242180	2164462	1812620	13481
2007	5170420	279400	2628003	2263017	16413
2008	6126739	304000	3113330	2709409	19333
2009	5950389	303152	2757102	2890135	18710
2010	6951422	355139	3284785	3311498	21360
2011	8435804	455926	4160606	3819272	25341
2012	9217269	487615	4592941	4236713	27815
2013	9710826	536602	4409416	4764808	28850
2014	10015359	568900	4454968	4991491	29607
2015	10533703	566709	4400156	5566838	30989
2016	10330266	598791	3811717	5919758	30046
2017	11213101	620374	4132372	6460355	32671
2018	12719598	646554	4644815	7428229	36877

2005—2018 年大同市地区生产总值指数表

（上年为 100）

年 份	地区生产总值	第一产业	第二产业	第三产业
2005	114.1	113.2	116.4	112.4
2006	110.9	106.1	108.1	115.3
2007	116.8	94.1	116.8	119.9
2008	109.1	138.7	103.0	113.1
2009	102.3	103.3	98.4	106.5
2010	114.2	103.3	118.9	111.1
2011	112.4	109.3	114.5	110.6
2012	110.0	110.0	109.6	111.1
2013	108.3	104.9	108.8	108.1
2014	107.4	104.1	110.8	104.2
2015	109.0	102.5	107.8	111.0
2016	101.0	103.4	93.6	106.6
2017	106.5	103.4	105.7	107.4
2018	106.8	103.6	105.3	108.2

2017— 2018 年大同市地区生产总值表（一）

单位：亿元

指 标	2018 年	2017 年	2018 年比 2017 年 ±%
地区生产总值	1271.96	1121.31	6.8
第一产业	64.66	62.04	3.6
第二产业	464.48	413.24	5.3
# 工业	371.25	329.79	5.5
建筑业	93.23	83.45	4.9
第三产业	742.82	646.03	8.2
# 交通运输、仓储邮政业	149.44	133.30	4.4
批发和零售业	88.50	78.40	3.9
住宿和餐饮业	47.02	38.35	7.5
金融保险业	90.26	80.63	2.5
房地产业	82.30	67.65	10.0
居民服务和其他服务业	35.91	27.79	18.6
人均地区生产总值（元 / 人）	36877	32671	6.3

2017—2018 年大同市地区生产总值表（二）

单位：万元

县　区	2018 年	2017 年	2018 年比 2017 年 ±%
全　市	12719598	11213101	6.8
# 城　区	1967423	1704458	10.5
矿　区	286613	257987	3.5
南郊区	3765247	3607011	3.5
新荣区	354502	277505	11.8
阳高县	375922	333785	7.9
天镇县	273769	249281	8.1
广灵县	276321	254114	7.2
灵丘县	390529	345319	8.0
浑源县	412236	405113	–2.8
左云县	530293	451389	11.2
大同县	346750	307712	11.6
开发区	668563	546120	11.3

2017—2018 年大同市分县（区）第三产业增加值表

单位：万元

县　区	2018 年	2017 年	2018 年比 2017 年 ±%
全　市	7428229	6460355	8.2
# 城　区	1265131	1151833	8.8
矿　区	225999	216068	3.0
南郊区	1366923	1233213	8.7
新荣区	123521	111923	8.1
阳高县	174861	159491	8.0
天镇县	118074	107555	8.0
广灵县	130540	119170	6.9
灵丘县	204028	184829	8.5
浑源县	194683	178899	6.7
左云县	274379	242160	11.8
大同县	165368	148818	12.4
开发区	211120	197422	4.3

2018 年大同市国民经济主要指标占全省比重表

指　标	单位	全省	全市	占全省 %
年末总人口	万人	3718.3	345.6	9.3
城镇人口	万人	2171.9	221.1	10.2
地区生产总值（当年价格）	亿元	16818.1	1271.9	7.6
第一产业	亿元	740.6	64.7	8.7
第二产业	亿元	7089.2	464.5	6.6
第三产业	亿元	8988.3	742.8	8.3
农林牧渔业增加值	亿元	788.1	66.5	8.4
粮食总产量	万吨	1380.4	123.3	8.9
蔬菜总产量	万吨	821.9	61.0	7.4
肉类总产量	万吨	92.2	14.6	15.8
原煤产量	万吨	92634	11167	12.1
发电量	亿千瓦时	3041.7	457.6	15.0
钢产量	万吨	5386.2	69.7	1.3
水泥产量	万吨	4127.3	492.2	11.9
全社会固定资产投资	亿元	6050.4	549.2	9.1
社会消费品零售总额	亿元	7338.5	700.0	9.5
海关进出口总额	亿元	1369.9	37.6	2.7
旅游外汇收入	万美元	37798	4889	12.9
公共财政预算收入	亿元	2292.7	119.7	5.2
住户存款	亿元	35340.0	2017.5	5.7

2018 年大同市分县（区）总人口表

县 区	总人口（人）			性别比（女为 100）
	合 计	男	女	
总 计	3455996	1757201	1698795	103.44
平城区	938794	466891	471903	98.94
云冈区	743024	375441	367583	102.14
新荣区	128353	67098	61255	109.54
云州区	193792	100240	93552	107.15
阳高县	267316	136858	130458	104.91
天镇县	229812	117001	112811	103.71
广灵县	191341	100477	90864	110.58
灵丘县	244109	128241	115868	110.68
浑源县	356654	182671	173983	104.99
左云县	162801	82283	80518	102.19

注：全市人口出生率 10.09‰，死亡率 6.13‰，自然增长率 3.96‰

2018 年大同市分县（区）城乡人口表

县 区	总人口（人）			城镇人口比重（%）
	合 计	城 镇	乡 村	
总 计	3455996	2210709	1245287	63.97
平城区	938794	857979	80815	91.39
云冈区	743024	635865	107159	85.58
新荣区	128353	48695	79658	37.94
云州区	193792	83329	110463	43.00
阳高县	267316	116360	150956	43.53
天镇县	229812	92734	137078	40.35
广灵县	191341	62042	129299	32.42
灵丘县	244109	82481	161628	33.79
浑源县	356654	149971	206683	42.05
左云县	162801	81253	81548	49.91

注：全市总户数 128.1 万户（公安户籍）

核算指标

2017— 2018 年大同市主要核算指标表

单位：万元

指　标	2018 年	2017 年	2018 年比 2017 年增长 ±%
总产出	36576739	32581964	8.4
第一产业	1180128	1134112	3.5
第二产业	19286428	17225030	6.7
# 工业	17380587	15519186	6.2
第三产业	16110183	14222822	10.7
# 交通运输、仓储和邮政业	4808054	4476570	5.8
批发和零售业	2926424	2639112	9.1
住宿和餐饮业	1097570	904697	8.4
地区生产总值	12719598	11213101	6.8
第一产业	646554	620374	3.6
第二产业	4644815	4132372	5.3
# 工业	3712483	3297881	5.5
第三产业	7428229	6460355	8.2
# 交通运输、仓储和邮政业	1494371	1333065	4.4
批发和零售业	884981	784297	3.9
住宿和餐饮业	470229	383470	7.5
人均地区生产总值（元 / 人）	36877	32671	6.3
支出法地区生产总值	12413296	11497954	6.8
最终消费	6222099	5667801	7.9
消费率	50.1	49.3	1.7
资本形成总额	8300760	8266942	0.3
投资率	66.9	71.9	-7.0
居民总消费水平（元 / 人）	14080	12848	7.9
农村居民	6881	6571	2.9
城镇居民	18226	16619	8.1

2017—2018年大同市地区生产总值构成项目表

单位：万元

指 标	增加值		2018年比2017年增长 ±%
	2018年	2017年	
地区生产总值	12719598	11213101	6.8
第一产业	646554	620374	3.6
第二产业	4644815	4132372	5.3
工业	3712483	3297881	5.5
采掘业	1473984	1317587	–0.3
制造业	1171976	1036795	9.8
电力、煤气及水的生产和供应业	1066523	943499	12.9
建筑业	932332	834491	4.9
第三产业	7428229	6460355	8.2
交通运输、仓储和邮政业	1494371	1333065	4.4
信息传输、计算机服务和软件业	765142	577801	37.7
批发和零售业	884981	784297	3.9
住宿和餐饮业	470229	383470	7.5
金融保险业	902564	806309	2.5
房地产业	823037	676466	10.0
租赁和商务服务业	199716	151951	19.9
科学研究、技术服务和地质勘查业	99456	88560	3.5
水利、环境和公共设施管理业	42786	34520	6.7
居民服务和其他服务业	359125	277850	18.6
教育	318556	322992	–4.7
卫生、社会保障和社会福利业	110840	102818	2.1
文化、体育和娱乐业	51017	38558	37.1
公共管理和社会组织	888420	864914	0.8

农 业

2018 年大同市农村基层组织情况表

单位：个、户、人

县 区	乡、镇政府	# 镇政府	村民委员会	乡村户数	乡村人口数	农村劳动力	# 农业劳动力
总 计	99	33	1969	568731	1422886	744500	383388
南郊区	10	3	189	121144	283287	156625	39813
新荣区	7	1	140	27261	57938	33794	21322
阳高县	13	7	262	84586	224288	105022	59731
天镇县	11	5	222	58038	148471	77160	45354
广灵县	9	2	180	57283	146976	75114	44432
灵丘县	12	3	255	74822	193678	96633	59474
浑源县	18	6	315	72908	191327	103061	55668
左云县	9	3	228	18947	46237	28776	20261
大同县	10	3	175	48480	119315	61905	36203
开发区	—	—	3	5262	11269	6410	1130

2017—2018 年大同市农林牧渔业总产值表

单位：万元、%

指 标	2018 年	2017 年
农林牧渔业总产值	1216938	1168522
农业产值	493104	470171
林业产值	42727	47845
牧业产值	643539	615326
渔业产值	758	770
服务业产值	36810	34410
农林牧渔业总产值（内部比例）		
农业产值	40.5	40.2
林业产值	3.5	4.1
牧业产值	52.9	52.7
渔业产值	0.1	0.1
服务业产值	3.0	2.9

2017—2018 年大同市分县（区）农林牧渔业总产值表

单位：万元

县　区	2018 年	2017 年	2018 年比 2017 年 ±%
总　计	1216938	1168522	3.56
南郊区	137100	133020	1.25
新荣区	88461	80875	4.53
阳高县	247613	235565	4.70
天镇县	132338	124632	2.15
广灵县	128074	123623	6.51
灵丘县	91953	88615	2.90
浑源县	180094	169955	5.08
左云县	52893	58073	-7.95
大同县	151614	148109	10.74
辖　区	5079	4736	7.24
开发区	1056	1317	-20.11

2017—2018 年大同市农业生产条件表（一）

单位：万千瓦时、吨

县　区	农村用电量		农用化肥施用量	
	2018 年	2017 年	2018 年	2017 年
总　计	41465	38499	241521	237326
南郊区	14375	13793	8622	8495
新荣区	1282	1169	4085	4607
阳高县	3902	3838	44989	41797
天镇县	2885	2758	50556	51769
广灵县	3175	3137	25029	25259
灵丘县	5298	3771	40206	40564
浑源县	5761	5262	40787	41914
左云县	1292	1308	6246	6414
大同县	3331	3294	20697	16117
开发区	163	171	305	390

2017—2018 年大同市农业生产条件表（二）

单位：吨

县　区	农用薄膜使用量		农药使用量	
	2018 年	2017 年	2018 年	2017 年
总　计	6753	6384	743	779
南郊区	783	847	120	128
新荣区	191	201	10	11
阳高县	2073	1713	152	178
天镇县	919	911	76	80
广灵县	453	430	69	73
灵丘县	310	276	86	74
浑源县	858	770	117	109
左云县	77	80	13	15
大同县	1078	1132	90	106
开发区	11	25	11	6

2017—2018 年大同市农作物生产情况表（一）

单位：公顷

县　区	农作物总播面积	
	2018 年	2017 年
总　计	321710	311700
南郊区	16710	16920
新荣区	25100	24690
阳高县	57930	57780
天镇县	40450	40300
广灵县	31750	30900
灵丘县	33730	33710
浑源县	45560	38830
左云县	27970	26250
大同县	42270	42320

2017—2018 年大同市农作物生产情况表（二）

单位：公顷

县　区	粮食作物播种面积	
	2018 年	2017 年
总　计	266530	270690
南郊区	13020	13210
新荣区	20320	20860
阳高县	49700	50760
天镇县	37040	37290
广灵县	27340	27450
灵丘县	30950	30990
浑源县	34580	35560
左云县	21540	20700
大同县	31800	33870

2017—2018 年大同市农作物生产情况表（三）

单位：公顷

县　区	# 秋粮面积		谷物面积		豆类面积		薯类面积	
	2018 年	2017 年	2018 年	2017 年	2018 年	2017 年	2018 年	2017 年
总　计	266530	270690	218730	221500	26940	25620	20860	23570
南郊区	13020	13210	12240	12140	510	730	260	340
新荣区	20320	20860	14800	14780	2320	2470	3210	3610
阳高县	49700	50760	44440	45610	3380	2980	1880	2170
天镇县	37040	37290	27960	29520	4280	1960	4790	5810
广灵县	27340	27450	23740	23840	1710	1610	1890	2010
灵丘县	30950	30990	24960	24790	3150	3300	2850	2900
浑源县	34580	35560	27980	28810	3730	3690	2870	3060
左云县	21540	20700	15870	14850	3330	3300	2340	2540
大同县	31800	33870	26500	27160	4550	5580	750	1130

2017— 2018 年大同市农作物生产情况表（四）

单位：公顷

县　区	油料面积		甜菜面积		蔬菜面积		玉米面积	
	2018 年	2017 年	2018 年	2017 年	2018 年	2017 年	2018 年	2017 年
总　计	14780	16420	10	40	19530	16150	144430	148200
南郊区	230	260	—	10	2280	2100	9120	9450
新荣区	2220	2470	—	—	290	140	4120	4360
阳高县	2020	2820	—	—	4720	3450	31910	33080
天镇县	1170	1420	—	—	640	930	22980	24550
广灵县	1320	1710	—	—	1610	1510	15980	15830
灵丘县	1900	2180	—	—	290	240	18240	17370
浑源县	1300	1570	—	—	1010	1010	20560	21530
左云县	4170	3850	—	—	130	130	2550	2180
大同县	450	140	10	30	8560	6640	18730	19850

2018 年大同市农作物生产情况表（一）

单位：吨

县　区	粮食总产量		谷物产量	豆类产量	薯类产量	油料产量
		秋粮产量				
总　计	1232912	1232912	1148638	33899	50375	16685
南郊区	67075	67075	65903	836	336	216
新荣区	56578	56578	46894	2614	7070	1798
阳高县	294907	294907	284189	4973	5746	3165
天镇县	175478	175478	163554	3774	8150	1276
广灵县	183938	183938	175860	2598	5480	1576
灵丘县	102335	102335	91478	4654	6203	2418
浑源县	186326	186326	170583	5340	10403	1594
左云县	32810	32810	24320	3441	5049	3791
大同县	131701	131701	124097	5669	1934	638

2018 年大同市农作物生产情况表（二）

单位：吨

县 区	玉米产量	蔬菜产量
总 计	963160	610034
南郊区	56479	118532
新荣区	21967	14824
阳高县	236267	236938
天镇县	149556	47546
广灵县	156770	53589
灵丘县	76623	11841
浑源县	155726	50597
左云县	8137	9493
大同县	5127	85498

2018 年大同市林业生产和水果产量表

县 区	当年造林面积（公顷）	水果产量（吨）
总 计	13047	41857
南郊区	538	5253
新荣区	800	390
阳高县	1427	19946
天镇县	1486	9910
广灵县	2248	655
灵丘县	1813	1800
浑源县	1967	1540
左云县	1017	313
大同县	1714	2050

2017—2018 年大同市畜牧业生产情况表（一）

单位：头

县　区	大牲畜年末头数			# 牛			# 猪		
	2018 年	2017 年	2018 比 2017 ± %	2018 年	2017 年	2018 比 2017 ± %	2018 年	2017 年	2018 比 2017 ± %
总　计	237914	250083	–4.9	180134	187954	–4.2	602575	660839	–8.8
南郊区	22905	21635	5.9	22483	21293	5.6	46436	46185	0.5
新荣区	22033	21113	4.4	19352	18773	3.1	21710	19670	10.4
阳高县	37172	38816	–4.2	27258	28743	–5.2	252739	268645	–5.9
天镇县	40414	39555	2.2	24130	21182	13.9	66643	71579	–6.9
广灵县	24326	23752	2.4	15941	15100	5.6	51980	60548	–14.2
灵丘县	39723	40315	–1.5	29219	28801	1.5	47088	49037	–4.0
浑源县	29926	37632	–20.5	24966	32283	–22.7	61723	75691	–18.5
左云县	7890	9141	–13.7	6762	7745	–12.7	17565	11929	47.2
大同县	13302	17961	–25.9	9800	13871	–29.3	35831	56655	–36.8

2017— 2018 年大同市畜牧业生产情况表（二）

单位：只

县　区	# 羊		
	2018 年	2017 年	2018 比 2017 ± %
总　计	1959422	2172771	–9.8
南郊区	68911	69741	–1.2
新荣区	123865	121926	1.6
阳高县	303667	315219	–3.7
天镇县	172735	164184	5.2
广灵县	235481	274088	–14.1
灵丘县	487632	472356	3.2
浑源县	330015	409828	–19.5
左云县	114593	187745	–39.0
大同县	121394	156714	–22.5

2017—2018 年大同市畜牧业生产情况表（三）

单位：吨

县 区	肉类总产量		
	2018 年	2017 年	2018 比 2017 ± %
总 计	148330	150391	-1.4
南郊区	9160	9312	-1.6
新荣区	8234	7340	12.2
阳高县	37733	37392	0.9
天镇县	16271	17892	-9.1
广灵县	14515	13334	8.9
灵丘县	11248	10440	7.7
浑源县	27173	27780	-2.2
左云县	7409	10311	-28.1
大同县	16522	16485	0.2

2017—2018 年大同市畜牧业生产情况表（四）

单位：吨

县 区	# 猪肉			奶类产量			禽蛋产量		
	2018 年	2017 年	2018 比 2017 ± %	2018 年	2017 年	2018 比 2017 ± %	2018 年	2017 年	2018 比 2017 ± %
总 计	93045	96104	-3.2	278712	268609	3.8	73456	68065	7.9
南郊区	6165	6199	-0.6	89273	87815	1.7	16328	16174	1.0
新荣区	3324	2867	15.9	14120	12707	11.1	2256	2017	11.8
阳高县	31141	31495	-1.1	55216	53015	4.2	4320	3840	12.5
天镇县	10346	12282	-15.8	41176	36764	12.0	4222	3639	16.0
广灵县	7716	7034	9.7	15521	14800	4.9	5305	4594	15.5
灵丘县	5906	5488	7.6	5980	5686	5.2	6647	6494	2.4
浑源县	18413	19285	-4.5	25563	25349	0.8	5200	5038	3.2
左云县	1902	2315	-17.8	3985	3558	12.0	1107	1168	-5.2
大同县	8092	9064	-10.7	27586	28708	-3.9	28033	25032	12.0

2017—2018 年大同市畜牧业生产情况表（五）

单位：头、只

县　区	当年出栏肉猪			当年出栏羊		
	2018 年	2017 年	2018 比 2017 ± %	2018 年	2017 年	2018 比 2017 ± %
总　计	1029315	1038215	–0.86	1963847	1967654	–0.19
南郊区	64900	67247	–3.49	72936	75526	–3.43
新荣区	33586	29869	12.44	139845	127217	9.93
阳高县	389041	385202	1.00	254999	214622	18.81
天镇县	141505	153348	–7.72	237770	202942	17.16
广灵县	85725	78157	9.68	200926	187607	7.10
灵丘县	72780	69547	4.65	270460	247493	9.28
浑源县	153450	160719	–4.52	392344	383255	2.37
左云县	17300	21053	–17.83	256678	388825	–33.99
大同县	70428	72133	–2.36	137317	139257	–1.39

2017—2018 年大同市畜牧业生产情况表（六）

单位：只

县　区	家　禽		
	2018 年	2017 年	2018 比 2017 ± %
总　计	3990993	3952688	0.97
南郊区	596613	603562	–1.15
新荣区	241000	210200	14.65
阳高县	389767	334937	16.37
天镇县	314580	279802	12.43
广灵县	363489	342613	6.09
灵丘县	306208	277396	10.39
浑源县	359967	309910	16.15
左云县	46420	82905	–44.01
大同县	1370949	1504163	–8.86

工业

2017—2018 年大同市工业企业单位数表

单位：个

指　标	2018 年	2017 年
总　计	266	232
# 国有控股	66	64
按登记注册类型		
国有企业	2	3
集体企业	5	5
股份制合作企业	1	3
有限责任公司	87	78
股份有限公司	11	7
私营企业	146	123
港澳台投资企业	8	8
外商投资企业	6	8
按轻重工业		
轻工业	45	43
重工业	221	189
按企业规模分		
大型企业	8	9
中型企业	45	46
小型企业	169	146
微型企业	44	31
按隶属关系分		
中央企业	24	21
省属企业	26	47
市属企业	216	164

附录

2017—2018 年大同市工业销售产值表

单位：万元

指 标	2018 年	2017 年
总 计	9738299	7955398
#国有控股	7737477	6603818
按登记注册类型		
国有企业	53009	112616
集体企业	78739	66481
股份制合作企业	1978	
有限责任公司	7391579	6122815
股份有限公司	675057	545432
私营企业	1186635	764106
港澳台投资企业	92977	94906
外商投资企业	258326	249041
按隶属关系分		
中央企业	1646080	1302693
地方企业	5355454	5291036
其他企业	2736766	1361669
按轻重工业分		
轻工业	999132	730785
重工业	8739168	7224612
按企业规模分		
大中型企业	8266845	6888355
小微企业	1471454	1067043

2017—2018 年大同市工业产品销售率表

单位：%

指 标	2018 年	2017 年
总 计	89.99	83.38
#国有控股	87.97	81.04
按登记注册类型		
国有企业	101.4	100.4
集体企业	92.49	96.5
股份制合作企业	98.8	
有限责任公司	87.28	79.66
股份有限公司	94.46	98.76
私营企业	103.59	97.86
港澳台投资企业	100.02	100.8
外商投资企业	99.32	100.8
按隶属关系分		
中央企业	99.19	91.64
地方企业	84.7	78.65
其他企业	96.39	97.75
按轻重工业分		
轻工业	91.7	88.86
重工业	89.8	82.86
按企业规模分		
大中型企业	89.02	82.11
小微企业	95.83	92.58

2017—2018年大同市工业企业利税总额表

单位：万元

指 标	2018年	2017年
总 计	1627665	1229759
#国有控股	1303665	1038562
按经济类型分		
国有企业	5461	11173
集体企业	-15961	-20403
股份合作企业	-255	—
有限责任公司	1297478	1017841
股份有限公司	125625	64047
私营企业	123503	73998
港澳台投资企业	48545	37318
外商投资企业	43268	45785
按隶属关系分		
中央企业	310712	235388
地方企业	822709	801581
其他企业	494244	192790
按轻重工业分		
轻工业	124425	95690
重工业	1503241	1134069
按企业规模分		
大中型企业	1396042	1067389
小微企业	231624	162370

2018 年大同市工业企业主要经济指标表（一）

单位：万元

指 标	资产合计	固定资产原价	负债合计	所有者权益
总 计	34360525	15736431	26055682	8304840
#国有控股	29340110	13384065	22570162	6769948
按登记注册类型				
国有企业	29313	777	6779	22534
集体企业	284493	74290	424851	-140358
股份制合作企业	5706	1564	3795	1911
有限责任公司	29110444	11964352	22483773	6626670
股份有限公司	1050671	1657040	566438	484233
私营企业	2784754	1257352	1857970	926782
港澳台投资企业	686313	421527	345248	341065
外商投资企业	408831	359530	366828	42003
中央企业	2889386	3704772	1954745	934641
地方企业	24208150	8222705	18969534	5238616
其他企业	7262989	3808953	5131403	2131584
轻工业	1733869	882358	1066343	667526
重工业	32626656	14854073	24989339	7637314
大型企业	24618793	9727230	19269612	5349181
中型企业	4157449	2774302	2836757	1320692
小型企业	3333009	2062246	2201891	1131115
微型企业	2251275	1172653	1747423	503852

2018 年大同市工业企业主要经济指标表（二）

单位：万元

指 标	主营业务收入	管理费用	利润总额	亏损企业亏损额
总 计	19222520	1024084	703908	104729
#国有控股	17049478	848658	499649	40079
按登记注册类型				
国有企业	43864	594	2080	—
集体企业	158205	25889	-22562	22743
股份制合作企业	2398	130	-283	283
有限责任公司	16725421	873364	504947	42787
股份有限公司	695395	16878	81753	553
私营企业	1245347	84083	66090	29501
港澳台投资企业	91154	3754	44936	126
外商投资企业	260737	19393	26946	8738
中央企业	1674605	90929	191550	17610
地方企业	14586586	709117	174558	15563
其他企业	2961329	224038	337800	71556
轻工业	1043166	75076	69973	2555
重工业	18179353	949008	633935	102174
大型企业	15527159	754745	225664	22717
中型企业	2170227	184368	286130	41372
小型企业	1216696	77677	123956	31919
微型企业	308438	7293	68157	8721

2018 年大同市工业企业主要经济指标表（三）

单位：万元

指 标	利税总额	本年应付工资总额	本年应交增值税	从业人员年平均人数（人）
总 计	1627665	1513839	588798	187008
#国有控股	1303665	1349180	493928	151634
按登记注册类型				
国有企业	5461	231	3015	70
集体企业	-15961	14333	5559	10684
股份制合作企业	-255	114	25	46
有限责任公司	1297478	1333650	481639	154816
股份有限公司	125625	58942	35079	3690
私营企业	123503	79747	46805	15196
港澳台投资企业	48545	1699	2771	302
外商投资企业	43268	25123	13905	2204
中央企业	310712	158989	84831	12820
地方企业	822709	1139605	386073	132267
其他企业	494244	215244	117895	41921
轻工业	124425	60926	43695	10851
重工业	1503241	1452913	545103	176157
大型企业	874458	1211021	403633	143996
中型企业	521584	208922	156566	26868
小型企业	157787	85138	24832	15229
微型企业	73837	8758	3765	915

2018 年大同市分县（区）工业主要指标表（一）

单位：万元

县 区	企业数（个）	工业总产值	工业增加值
总 计	266	10821683	3349184
平城区	25	1560419	513502
云冈区	52	6283373	1985300
新荣区	18	324940	101817
云州区	21	400343	72520
阳高县	20	292979	62672
天镇县	13	109696	39270
广灵县	16	158014	52649
灵丘县	31	133404	40805
浑源县	16	164485	52468
左云县	24	442151	139662
开发区	30	951878	288517

注：工业总产值和工业增加值云冈区和左云县含同煤

附录

2018年大同市分县（区）工业主要指标表（二）

单位：万元

县 区	资产总计	工业销售产值
总 计	34360525	9738299
平城区	1874885	1557420
云冈区	24938972	5379003
新荣区	544996	277530
云州区	488679	392279
阳高县	606663	280814
天镇县	454711	107139
广灵县	799404	162220
灵丘县	728089	168801
浑源县	585890	136421
左云县	1874695	402649
开发区	1463540	874023

注：工业总产值和工业增加值云冈区和左云县含同煤

2018年大同市分县（区）工业主要指标表（三）

单位：万元

县 区	利税总额	利润总额	全部从业人员年平均人数
总 计	1627665	703908	187008
平城区	252318	160110	16563
云冈区	851981	206461	139740
新荣区	99066	73415	3229
云州区	20870	13448	2840
阳高县	25600	15030	2838
天镇县	33090	28922	674
广灵县	51500	44005	2014
灵丘县	12839	5578	3565
浑源县	25882	20212	862
左云县	159381	85822	5976
开发区	95138	50904	8707

能 源

2017—2018 年大同市分产业地区能源消耗增速情况表

单位：%

指 标	用电量 2018 年比 2017 年 ±%	地区能耗 2018 年比 2017 年 ±%
全 市	8.26	6.84
第一产业	11.62	10.15
第二产业	8.15	7.00
工业	8.35	7.21
建筑业	-2.48	-3.52
第三产业	11.02	7.93
居民生活	5.42	4.17
城镇居民	5.58	4.51
乡村居民	4.79	3.61

2018 年大同市工业主要能源消费与库存表

指 标	单 位	消费量			年末库存量
		合 计	工业生产消费	非工业生产消费	
能源总计	万吨标准煤	6115	6080	35	—
原煤	万吨	10641	10601	40	164
焦炭	万吨	44	44	—	2
汽油	吨	7457	1266	6191	329
柴油	吨	37116	23387	13729	1512
热力	万百万千焦	131	130	1	—
电力	亿千瓦时	102	95	7	—

2012—2018 年大同市分县（区）GDP 能耗指标完成情况表

单位：±（%）

县 区	2012 年	2013 年	2014 年	2015 年	2016 年	2017 年	县区	2018 年
大同市	-4.83	-4.34	-3.51	-5.48	-3.54	-2.27	全 市	-0.01
城 区	-3.83	-4.52	-3.68	-5.04	-3.80	-4.70	平城区	-3.59
矿 区	-4.75	-5.29	-3.64	-5.76	-3.56	-3.69	云冈区	3.31
南郊区	-4.64	-4.32	-3.76	-8.50	-3.43	-3.32	新荣区	-3.37
新荣区	-5.38	-5.36	-3.69	-3.74	-4.09	-2.22	云州区	-3.33
阳高县	-4.52	-3.83	-3.67	-6.60	-3.37	-2.49	阳高县	-3.22
天镇县	-5.07	-4.25	-3.68	-6.82	-3.74	-4.33	天镇县	-4.01
广灵县	-4.85	-3.51	-3.67	-7.06	-3.91	-4.57	广灵县	-3.27
灵丘县	-4.14	-4.35	-3.66	-4.24	-4.26	-4.63	灵丘县	1.68
浑源县	-4.82	-4.39	-3.62	-5.19	-3.46	-2.74	浑源县	-4.19
左云县	-5.11	-5.47	-3.69	-4.35	-3.41	-4.77	左云县	-3.44
大同县	-5.13	-4.30	-3.78	-4.65	-3.82	-4.17	开发区	-4.25
开发区	-3.96	-3.57	-3.80	-4.08	-4.54	-4.85		

固定资产投资 建筑业

2018 年大同市全社会固定资产投资情况表

单位：万元、%

指 标	2018 年	2017 年	2018 年比 2017 年 ±%
固定资产投资完成额	5491958	4892573	12.3
其中：房地产投资	1554488	1113918	39.6
民间投资	2900645	3115053	−6.9
国有经济控股	2348740	1777520	32.1
住宅	1212379	811860	49.3
按产业分			
第一产业	184873	793599	−76.7
第二产业	2037561	1611186	26.5
第三产业	3269524	2487788	31.4
在固定资产投资中			
工业行业	2037761	1622796	25.6
基础设施	934916	559672	67.0
高技术产业	35405	150479	−76.5
工业技改	654409	541914	20.8
施工项目个数（个）	837	1257	−33.4
本年新开工个数（个）	616	930	−33.8
本年投产个数（个）	461	456	1.1
本年施工房屋面积（平方米）	14968704	19036868	−21.4
其中：住宅	13954906	15897421	−12.2
本年竣工房屋面积（平方米）	1391112	4031212	−65.5
其中：住宅	518529	2457971	−78.9
商品房销售面积（平方米）	2482734	2005684	23.8

2017—2018 年大同市固定资产投资分行业情况表

单位：万元

指 标	2018 年	2017 年
合 计	5491958	4892573
农、林、牧、渔业	193030	801172
采矿业	375627	589848
制造业	911049	614248
电力、热力、燃气及水的生产和供应业	751085	418700
建筑业	—	18075
批发和零售业	30188	121345
交通运输、仓储和邮政业	202125	201923
住宿和餐饮业	6380	17498
信息传输、软件和信息技术服务业	10929	5706
金融业	—	—
房地产业	2080552	1359234
租赁和商务服务业	43191	121155
科学研究和技术服务业	26971	49604
水利、环境和公共设施管理业	732977	386794
居民服务和其他服务业	1995	9749
教育	59017	24761
卫生和社会工作	17245	33988
文化、体育和娱乐业	30853	33840
公共管理和社会组织	18744	84933

2018 年大同市分县（区）投资完成情况表

单位：万元

县 区	2018 年	
	总计	# 房地产开发
合 计	5491958	1554488
城 区	767965	512468
矿 区	153331	16200
南郊区	1348246	757866
新荣区	294464	320
阳高县	388533	—
天镇县	201450	—
广灵县	284638	34620
灵丘县	360006	6499
浑源县	402930	25000
左云县	371714	76
大同县	695769	70940
开发区	222912	130499

2017—2018 年大同市建筑业生产经营情况表

指　标	2018 年	2017 年
企业个数（个）	216	218
建筑总产值（万元）	1909169	1619053
建筑工程	1560475	1225299
安装工程	237006	233391
其他	111688	160363
竣工产值（万元）	1085431	945096
房屋建筑施工面积（平方米）	7904420	7718128
房屋建筑竣工面积（平方米）	3299273	2882317
利润总额（万元）	25412	22687
上缴税金（万元）	83831	67029
自有机械设备年末净值（万元）	47161	51819
从事主营业务活动的从业人员平均人数（人）	59724	63364

贸　易

2017—2018 年大同市社会消费品零售总额表

单位：万元

指　标	2018 年	2017 年	2018 年比 2017 年 ±%
社会消费品零售总额	7000265	6473645	8.1
按销售地区分			
城市零售额	5571070	5266740	5.8
乡村零售额	1429195	1206905	18.4
按行业分组			
批发、零售贸易业	6210172	5676754	9.4
限额以上贸易企业	1589702	1537423	3.4
限额以下及个体户	4620470	4139331	11.6
住宿和餐饮业	790093	796891	–0.9

2018 年大同市分县（区）社会消费品零售额表

单位：万元

县 区	社会消费品零售额		
		批发零售贸易业	住宿餐饮业
总 计	7000265	6210172	790093
城 区	2744846	2400153	344692
矿 区	1098127	878093	220034
南郊区	1216144	1163506	52638
新荣区	116511	91565	24946
阳高县	134259	125590	8668
天镇县	111712	105184	6529
广灵县	114520	106541	7979
灵丘县	354486	299437	55049
浑源县	377702	339074	38629
左云县	267088	253468	13619
大同县	187219	178098	9121
开发区	277652	269462	8190

2017— 2018 年大同市分县（区）社会消费品零售额表

单位：万元

县 区	2018 年	2017 年	2018 年比 2017 年 ±%
总 计	7000265	6473645	8.1
城 区	2744846	2532145	8.4
矿 区	1098127	1017727	7.9
南郊区	1216144	1133406	7.3
新荣区	116511	108483	7.4
阳高县	134259	123173	9.0
天镇县	111712	103246	8.2
广灵县	114520	106431	7.6
灵丘县	354486	326414	8.6
浑源县	377702	346834	8.9
左云县	267088	245035	9.0
大同县	187219	171289	9.3
开发区	277652	259462	7.0

2018 年大同市限额以上住宿和餐饮业经营状况表

单位：万元

指 标	法人企业（人）	从业人数（人）	营业额				
				客房收入	餐费收入	商品销售	其他收入
总 计	89	10795	144933.9	31759.4	106872.6	2460.5	3841.4
住宿业	25	2970	43550	14475	27022	529	1524
#国有及国有控股	1	21	265	243	4	—	18
按登记注册类型分组							
有限责任公司	10	1518	24082	7952	15277	210	643
私营企业	15	1452	19469	6523	11745	319	881
按国民经济行业分组							
旅游饭店	14	2554	39414	11386	26482	397	1149
一般旅馆	11	416	4136	3089	540	132	375
餐饮业	64	7825	101384	17285	79851	1931	2317
#国有及国有控股	2	138	1308	207	1011	90	—
按登记注册类型分组							
内资企业	64	7825	101384	17285	79851	1931	2317
国有企业	2	138	1308	207	1011	90	—
集体企业	1	31	271	—	271	—	—
有限责任公司	19	2034	26657	3560	22424	211	462
股份有限公司	1	63	466	203	263	—	—
私营企业	41	5559	72683	13315	55882	1631	1855
按国民经济行业分组							
正餐服务业	64	7825	101384	17285	79851	1931	2317

2018 年大同市限额以上批发零售贸易业商品销售情况表

单位：万元

指　标	法人企业（个）	从业人员数（个）	销售总额	批发	零售
总　计	171	15329	11336121	9767549	1568572
批发业	35	2431	9767038	9758741	8298
#国有及国有控股	5	1056	386977	385157	1821
按登记注册类型分组					
内资企业	35	2431	9767038	9758741	8298
国有企业	5	1056	386977	385157	1821
集体企业	1	92	2266	2266	—
有限责任公司	12	840	9170706	9169484	1223
私营企业	17	443	207089	201835	5254
按国民经济行业分组					
农畜产品	3	98	12429	8395	4035
食品、饮料及烟草制品	5	829	367210	367183	27
医药及医疗器材	4	317	129381	129381	—
矿产品、建材及化工产品	22	1182	9243380	9239144	4236
机械设备、五金交电及电子产品	1	5	14638	14638	—
零售业	136	12898	1569083	8809	1560274
#国有及国有控股	8	4304	531919	—	531919
按登记注册类型分组					
内资企业	134	11908	1490943	8809	1482135
国有企业	1	5	505	—	505
集体企业	3	49	6573		6573
有限责任公司	28	6965	750578	—	750578
股份有限公司	2	279	94469	—	94469
私营企业	99	4605	637592	8809	628783
其他	1	5	1227	—	1227
港澳台商投资企业	2	990	78140	—	78140
按国民经济行业分组					
综合零售业	20	2537	182881	262	182619
#百货	13	2245	174043	262	173781
超级市场	7	292	8838	—	8838
食品、饮料及烟草制品	7	138	18814	2479	16335
纺织、服装及日用品	4	340	21603	—	21603
文化、体育用品及器材	7	675	72322	—	72322
医药及医疗器材	6	899	54435	—	54435
汽车、摩托车、燃料及零配件	68	3999	901740	281	901460
家用电器及电子产品	12	621	86916	126	86790
五金、家具及室内装修材料	8	78	10790	5661	5130
无店铺及其他	4	3611	219582	—	219582

2018年大同市限额以上批发和零售业企业财务状况表（一）

单位：万元

指　标	流动资产小　计	固定资产小　计	资产总计	负债合计	主营业务收　入
总　计	1876145	418070	2507202	2024339	9929880
批发业	**1019944**	**50678**	**1162431**	**754580**	**8441965**
#国有及国有控股	824903	34783	940200	535154	8037173
按登记注册类型分组					
内资企业	1019944	50677.5	1162431.1	754579.5	8441965
国有企业	132874	15836	151468	43911	333948
集体企业	2612	263	3103	2273	1979
有限责任公司	775542	24635	884540	605184	7925992
私营企业	108916	9944	123321	103212	180046
按国民经济行业分组					
#农畜产品	1966	1188	3272	2543	11487
食品、饮料及烟草制品	137905	15022	155782	43745	316393
医药及医疗器材	42803	2455	45618	34288	111950
矿产品、建材及化工产品	833705	32012	954195	670439	7989509
机械设备、五金交电及电子产品	3565	—	3565	3565	12627
零售业	**856201**	**367392**	**1344771**	**1269759**	**1487914**
#国有及国有控股	303032	254130	610497	694007	545323
按登记注册类型分组					
内资企业	766758	317095	1197222	1172896	1387313
国有企业	138	171	309	203	420
集体企业	1270	506	1778	575	5706
有限责任公司	408314	265212	719660	804335	736877
股份有限公司	63496	16136	104892	104867	80755
私营企业	292645	35071	369686	262169	562440
其他企业	897	—	897	747	1115
港、澳、台商投资企业	89443	50297	147549	96864	100601
按国民经济行业分组					
#综合	102339	20057	130983	143938	164252
百货	96223	19348	121753	133218	155942
超级市场	6116	710	9230	10720	8310
食品、饮料及烟草制品	7671	3037	11078	6731	17503
纺织、服装及日用品	3492	28	5111	3221	18522
文化、体育用品及器材	67495	9784	104812	41187	62876
医药及医疗器材	24331	443	24982	22597	47831
汽车、摩托车、燃料及零配件	295910	74866	435463	402584	865774
家用电器及电子产品	21916	102	23630	18837	64304
五金、家具及室内装修材料	25400	2789	28787	23766	9925
无店铺及其他	307647	256286	579926	606899	236929

2018年大同市限额以上批发和零售业企业财务状况表（二）

单位：万元

指　标	主营业务成本	利润总额	本年应付工资总额	本年应交增值税总额
总　计	9576534	50998	59360	41636
批发业	8282289	38637	9152	29078
#国有及国有控股	7910881	36245	5294	22009
按登记注册类型分组				
内资企业	8282289	38637	9152	29078
国有企业	240752	33375	1856	12910
集体企业	1184	32	258	101
有限责任公司	7868829	5915	4781	15083
私营企业	171523	-685	2257	985
按国民经济行业分组				
#农畜产品	11158	-136	452	—
食品、饮料及烟草制品	224833	32899	1520	12705
医药及医疗器材	108537	394	1296	400
矿产品、建材及化工产品	7925276	5480	5871	15973
机械设备、五金交电及电子产品	12486	—	14	—
零售业	1294246	12361	50207	12558
#国有及国有控股	448601	-3681	17680	3970
按登记注册类型分组				
内资企业	1217947	2976	47038	11553
国有企业	354	-2	6	5
集体企业	4840	505	133	77
有限责任公司	621144	-7483	25131	6916
股份有限公司	79798	-4557	2016	317
私营企业	510741	14434	19751	4226
其他企业	1069	-12	1	12
港、澳、台商投资企业	76299	9385	3169	1004
按国民经济行业分组				
#综合零售业	149130	-3159	7425	1386
百货	141754	-2086	6758	1287
超级市场	7376	-1073	668	100
食品、饮料及烟草制品	15906	711	432	34
纺织、服装及日用品	16116	385	679	180
文化、体育用品及器材	49946	13556	3237	1351
医药及医疗器材	42904	-22	1642	502
汽车、摩托车、燃料及零配件	764091	-22691	19787	4280
家用电器及电子产品	55656	-1497	2022	1130
五金、家具及室内装修材料	8718	4	297	101
无店铺及其他	191779	25074	14686	3592

劳动工资

2017—2018 年大同市分行业城镇单位数表

单位：个

指　标	2018 年	2017 年
总　计	4187	4094
按企事业机关分		
企业	1056	964
事业	2011	2023
机关	1091	1098
民间非盈利组织	—	1
其他	29	8
按国民经济行业分		
农林牧渔业	41	49
采矿业	48	41
制造业	154	79
电力燃气及水的生产和供应业	72	64
建筑业	76	74
批发和零售业	192	163
交通运输、仓储和邮政业	53	54
住宿和餐饮业	40	35
信息传输、软件和信息技术服务业	19	12
金融业	227	338
房地产业	66	66
租赁和商务服务业	128	131
科学研究、技术服务和地质勘查	178	186
水利、环境和公共设施管理业	109	125
居民服务和其他服务业	20	19
教育	784	778
卫生、社会保障和社会福利业	263	253
文化、体育和娱乐业	118	107
公关管理和社会组织	1599	1520

2017—2018年大同市分行业城镇单位从业人员数表

单位：人

指　标	2018年	2017年
总　计	394612	397536
按企事业机关分		
企业	273261	260353
事业	83033	95727
机关	37169	41264
民间非盈利组织	—	9
其他	1149	183
按国民经济行业分		
农林牧渔业	1175	1321
采矿业	136169	137247
制造业	40915	37427
电力燃气及水的生产和供应业	10157	11500
建筑业	18518	15286
批发和零售业	21505	12618
交通运输、仓储和邮政业	11117	16570
住宿和餐饮业	3957	4151
信息传输、软件和信息技术服务业	2814	2645
金融业	9912	11457
房地产业	4070	4206
租赁和商务服务业	7299	6967
科学研究、技术服务和地质勘查	3943	5237
水利、环境和公共设施管理业	5082	11235
居民服务和其他服务业	1463	1714
教育	43069	45163
卫生、社会保障和社会福利业	16363	16532
文化、体育和娱乐业	5253	3640
公关管理和社会组织	51831	52620

2017—2018 年大同市分行业城镇单位从业人员工资总额表

单位：万元

指　标	2018 年	2017 年
总计	24767452	23123030
按企事业机关分		
企业	16793858	15070737
事业	5476140	5552781
机关	2438489	2491618
民间非盈利组织	—	248
其他	58965	7646
按国民经济行业分		
农林牧渔业	55478	73311
采矿业	9572495	8775927
制造业	2056929	1724814
电力燃气及水的生产和供应业	916624	1060991
建筑业	832483	690429
批发和零售业	1085982	524848
交通运输、仓储和邮政业	533638	676869
住宿和餐饮业	126222	116998
信息传输、软件和信息技术服务业	204045	192452
金融业	768748	995922
房地产业	173563	151330
租赁和商务服务业	286273	257738
科学研究、技术服务和地质勘查	267153	325140
水利、环境和公共设施管理业	232638	366677
居民服务和其他服务业	52373	25987
教育	3118262	3017146
卫生、社会保障和社会福利业	1033194	895666
文化、体育和娱乐业	282098	185199
公共管理和社会组织	3169254	3065586

2017— 2018 年大同市分行业城镇单位从业人员平均工资表

单位：元

指　标	2018 年	2017 年
总计	62328	58097
按企事业机关分		
企业	60928	57778
事业	65575	58010
机关	65763	60398
民间非盈利组织	—	27556
其他	51319	41781
按国民经济行业分		
农林牧渔业	46193	54587
采矿业	69885	63918
制造业	48669	45337
电力燃气及水的生产和供应业	87339	93307
建筑业	47118	41925
批发和零售业	50966	43311
交通运输、仓储和邮政业	42399	40886
住宿和餐饮业	31540	28425
信息传输、软件和信息技术服务业	72511	72761
金融业	79024	86041
房地产业	42855	36351
租赁和商务服务业	40751	37892
科学研究、技术服务和地质勘查	67651	62085
水利、环境和公共设施管理业	44816	33331
居民服务和其他服务业	35823	20208
教育	72145	66673
卫生、社会保障和社会福利业	63305	54204
文化、体育和娱乐业	52571	51005
公关管理和社会组织	61248	58310

2018 年大同市国有单位从业人员及工资表

指　标	年末人数（人）	工资总额（万元）	平均工资（元）
总计	136802	8976708	64033
按企事业机关分			
企业	16921	1079808	54196
事业	82720	5459356	65624
机关	37150	2437072	65758
民间非盈利组织	—	—	—
其他	11	472	42909
按国民经济行业分			
农林牧渔业	796	44410	54027
采矿业	573	29516	51511
制造业	786	85954	42699
电力燃气及水的生产和供应业	3700	270760	68184
建筑业	2484	229222	84866
批发和零售业	2375	143245	60314
交通运输、仓储和邮政业	3974	194104	36867
住宿和餐饮业	252	7989	31329
信息传输、计算机服务和软件业	113	7125	62500
金融业	537	50004	92600
房地产业	355	21654	60826
租赁和商务服务业	1516	88770	58401
科学研究、技术服务和地质勘查	3140	226909	71648
水利、环境和公共设施管理业	3925	204575	48743
居民服务和其他服务业	837	34384	40933
教育	41794	3047311	72647
卫生、社会保障和社会福利业	13376	886866	66462
文化、体育和娱乐业	4472	237163	52974
公关管理和社会组织	51797	3166747	61239

2018年大同市集体单位从业人员及工资表

指　标	年末人数（人）	工资总额（万元）	平均工资（元）
总计	21774	831425	38471
按企事业机关分			
企业	21601	819719	38237
事业	168	11406	67491
其他	5	300	60000
按国民经济行业分			
农林牧渔业	9	378	42000
采矿业	38	1992	52421
制造业	12795	467942	36727
电力燃气及水的生产和供应业	5	192	38400
建筑业	826	26149	34182
批发和零售业	3944	134183	34083
交通运输、仓储和邮政业	212	15191	72338
住宿和餐饮业	43	959	22302
信息传输、计算机服务和软件业	23	1273	55348
金融业	—	—	—
房地产业	41	734	17902
租赁和商务服务业	1255	60390	49500
科学研究、技术服务和地质勘查	99	2904	29333
水利、环境和公共设施管理业	55	1815	33000
居民服务和其他服务业	291	10404	36251
教育	40	960	24000
卫生、社会保障和社会福利业	2035	104370	51262
文化、体育和娱乐业	63	1589	25222

2018 年大同市其他单位从业人员及工资表

指　标	年末人数（人）	工资总额（万元）	平均工资（元）
总　计	236036	14959319	63502
按企事业机关分			
企业	234739	14894331	63577
事业	145	5378	36338
机关	19	1417	74579
民间非盈利	—	—	—
其他	1133	58193	51362
按国民经济行业分			
农林牧渔业	370	10690	28892
采矿业	135558	9540987	69968
制造业	27334	1503033	54636
电力燃气及水的生产和供应业	6452	645672	99045
建筑业	15208	577112	40636
批发和零售业	15186	808554	53918
交通运输、仓储和邮政业	6931	324343	45611
住宿和餐饮业	3662	117274	31661
信息传输、软件和信息技术服务业	2678	195647	73084
金融业	9375	718744	78226
房地产业	3674	151175	41384
租赁和商务服务业	4528	137113	31998
科学研究、技术服务和地质勘查	704	37340	54671
水利、环境和公共设施管理业	1102	26248	27953
居民服务和其他服务业	335	7585	22642
教育	1235	69991	56673
卫生、社会保障和社会福利业	952	41958	44589
文化、体育和娱乐业	718	43346	52477
公关管理和社会组织	34	2507	73735

2018 年大同市分县（区）城镇单位从业人员及工资表

县　区	单位数（个）	年末人数（人）	工资总额（万元）	平均工资（元）
全　市	4187	394612	24767452	62328
平城区	1259	115726	7360555	63302
云冈区	755	190699	12222351	63728
新荣区	265	10355	554757	53620
云州区	154	8669	517582	59301
阳高县	192	9226	626094	67394
天镇县	224	6280	271930	42716
广灵县	289	7843	486339	62851
灵丘县	462	11267	639013	57667
浑源县	239	10685	820345	66760
左云县	242	15194	878829	57898
开发区	106	8668	389657	47009

2018 年大同市分县（区）国有单位从业人员及工资表

县　区	单位数（个）	年末人数（人）	工资总额（万元）	平均工资（元）
全　市	3244	136802	8976708	64033
平城区	860	53588	3875218	69815
云冈区	389	22148	1285564	58015
新荣区	209	6120	359552	58750
云州区	146	6781	437293	63376
阳高县	182	7019	502702	71549
天镇县	218	5933	248978	41079
广灵县	271	6417	422115	65770
灵丘县	448	9006	567741	63181
浑源县	224	10090	773073	68317
左云县	215	8289	402075	48536
开发区	82	1411	102397	72571

2018 年大同市分县（区）集体单位从业人员及工资表

县 区	单位数（个）	年末人数（人）	工资总额（万元）	平均工资（元）
全 市	152	21774	831425	38471
平城区	22	4134	178578	44301
云冈区	89	16893	612634	36343
新荣区	10	63	2824	44825
云州区	—	—	—	—
阳高县	—	—	—	—
天镇县	—	—	—	—
广灵县	10	149	10180	67867
灵丘县	2	62	1586	25581
浑源县	4	45	342	7600
左云县	6	129	2814	21814
开发区	9	299	22467	81698

2018 年大同市分县（区）其他单位从业人员及工资表

县 区	单位数（个）	年末人数（人）	工资总额（万元）	平均工资（元）
全 市	791	236036	14959319	63502
平城区	377	58004	3306759	58280
云冈区	277	151658	10324153	67578
新荣区	46	4172	192381	46212
云州区	8	1888	80289	43922
阳高县	10	2207	123392	54502
天镇县	6	347	22952	75252
广灵县	8	1277	54044	46191
灵丘县	12	2199	69686	34277
浑源县	11	550	46930	50626
左云县	21	6776	473940	70047
开发区	15	6958	264793	40102

2018年大同市城乡劳动力情况表

单位：万人

指　标	2018年
从业人员总计	142.75
按经济类型分	
国有经济	13.68
集体经济	65.11
私营经济	17.12
个体经济	23.21
联营经济	—
股份制经济	1.43
外商投资经济	0.37
港澳台投资经济	0.24
其他经济	21.59
按国民经济行业分组	
农、林、牧、渔业	64.43
采矿业	14.01
制造业	7.53
电力、热力、燃气及水生产和供应业	1.19
建筑业	3.25
批发和零售业	20.17
交通运输、仓储和邮政业	4.67
住宿和餐饮业	3.72
信息传输、软件和信息技术服务业	0.70
金融业	1.25
房地产业	1.05
租赁和商务服务业	3.55
科学研究和技术服务业	0.91
水利、环境和公共设施管理业	0.61
居民服务、修理和其他服务业	3.28
教育	4.43
卫生和社会工作	1.88
文化、体育和娱乐业	0.90
公共管理、社会保障和社会组织	5.18
其他行业	0.04
按三次产业分	
第一产业	64.43
第二产业	25.98
第三产业	52.34

索　引

说　明　●索引采用主题分析方法，标目按汉语拼音音序排列，汉字打头的标目按首字的音序音调依次排列，首字相同时，则以第二字排序，依此类推；以阿拉伯数字打头的标目，排在最前面；以英文字母打头的标目，列于推后。

●索引标目之后的阿拉伯数字表示该标目所在正文中的页码，其后的小写英文字母（a、b、c）表示正文中的栏别（即版面的 1、2、3 栏）。

●文中的类目、分目、次分目用棕色标明，其余用书宋字排印。

●针对一些标目在多个页码出现或标目本身专指性较差的情况，为避免读者盲目检索，该索引特在部分标目后面设置限定词，表示该标目所在语义环境或所指对象，利于读者有针对性的检索。如“参政议政（民革）”则表示该标目是属于民革方面的资料。

●特载、大事记、附录、图表不在索引范围内。

索引

D

E

F

G

K

索引

索引

T

索引

索引

索引